JUS PUBLICUM

Beiträge zum Öffentlichen Recht

Band 70

Ralph Alexander Lorz

Interorganrespekt im Verfassungsrecht

Funktionenzuordnung, Rücksichtnahmegebote und Kooperationsverpflichtungen.
Eine rechtsvergleichende Analyse anhand der Verfassungssysteme der Bundesrepublik Deutschland, der Europäischen Union und der Vereinigten Staaten

Mohr Siebeck

Ralph Alexander Lorz, geboren 1965; 1983–1988 Studium der Rechtswissenschaft und Volkswirtschaftslehre in Mainz; 1988–1990 Wissenschaftlicher Mitarbeiter an der Universität Marburg; 1992 Promotion; 1990–1993 Referendariat in Wiesbaden; 1993–1994 Studium an der Harvard Law School, Cambridge/USA, Abschluß Master of Laws; 1995 Attorney-at-Law; 1994–2000 Wissenschaftlicher Assistent an der Universität Mannheim; 1999 Habilitation; seit November 2000 Inhaber des Lehrstuhls für Deutsches und Ausländisches Öffentliches Recht, Völkerrecht und Europarecht an der Heinrich-Heine-Universität Düsseldorf.

Als Habilitationsschrift auf Empfehlung der Fakultät für Rechtswissenschaft der Universität Mannheim gedruckt mit Unterstützung der Deutschen Forschungsgemeinschaft.

Die Deutsche Bibliothek – CIP-Einheitsaufnahme

Lorz, Ralph Alexander:
Interorganrespekt im Verfassungsrecht : Funktionenzuordnung, Rücksichtnahmegebote und Kooperationsverpflichtungen; eine rechtsvergleichende Analyse anhand der Verfassungssysteme der Bundesrepublik Deutschland, der Europäischen Union und der Vereinigten Staaten / Ralph Alexander Lorz. – Tübingen : Mohr Siebeck, 2001
Jus publicum ; 70)
ISBN 3-16-147446-5

Das Buch wurde von Computersatz Staiger in Pfäffingen aus der Times-Antiqua gesetzt, von Gulde-Druck in Tübingen auf alterungsbeständiges Werkdruckpapier gedruckt und von der Großbuchbinderei Heinr. Koch in Tübingen gebunden.

ISSN 0941-0503

Vorwort

Die vorliegende Arbeit wurde von der Fakultät für Rechtswissenschaft der Universität Mannheim im Wintersemester 1999/2000 als Habilitationsschrift angenommen. Literatur und Rechtsprechung befinden sich im wesentlichen auf dem Stand vom Sommer 2000.

Meinem verehrten akademischen Lehrer, Herrn Prof. Dr. Eibe Riedel, möchte ich noch einmal einen besonderen Dank abstatten für alle Wegweisung und Förderung, die er mir während der gesamten Zeit meiner akademischen Qualifikation hat angedeihen lassen. Seinem Vorbild verdanke ich die Motivation, mich für die wissenschaftliche Laufbahn zu entscheiden, und die Assistentenjahre an seinem Lehrstuhl haben mich nicht nur in fachlicher, sondern auch in persönlicher Hinsicht dauerhaft geprägt. Dank sagen möchte ich außerdem Herrn Prof. Dr. Wolf-Rüdiger Schenke für seinen vielfältigen Rat und die rasche Erstellung des Zweitgutachtens sowie der gesamten Fakultät für die zügige Durchführung des Habilitationsverfahrens, die es mir ermöglicht hat, einem Ruf an die Heinrich-Heine-Universität Düsseldorf zu folgen.

Viele Kollegen und Freunde am Lehrstuhl und in wie außerhalb der Fakultät haben mir in zahlreichen Gesprächen und Diskussionen wertvolle Hilfen und Anregungen vermittelt. Sie mögen es mir verzeihen, wenn ich angesichts des Risikos, den einen oder anderen Namen zu vergessen, an dieser Stelle darauf verzichte, sie im einzelnen aufzuführen. Dafür hoffe ich, mich zumindest bei einem Teil von ihnen in Zukunft noch revanchieren zu können.

Meine Mutter, Frau Dr. G. Anna Lorz, und Herr Staatssekretär a.D. Claus Demke haben mich nicht nur mit kontroversen Querfragen herausgefordert, sondern mir außerdem in der Schlußphase ihr Büro und ihre Mitarbeiter für die technische Bearbeitung zur Verfügung gestellt. Ohne diese Unterstützung hätte ich die Arbeit nicht noch 1999 abschließen können. In diesem Zusammenhang sage ich Dank an Frau Tatjana Schreiber, Frau Elisabeth Lauter, Frau Annette Nierhaus und Herrn Eike Scholz für die Erstellung des Manuskripts.

Ich widme die Arbeit meiner Familie, die – wie das wohl jeder Habilitand zu sagen weiß – lange genug unter meiner Beschäftigung mit ihr zu leiden hatte.

Düsseldorf, im Dezember 2000 Ralph Alexander Lorz

Inhaltsübersicht

Zweiter Teil

Anwendungsanalyse

Dritter Teil

Auswertung

Inhaltsverzeichnis

Zweiter Teil

Anwendungsanalyse

Dritter Teil

Auswertung

Erster Teil

Grundlagen

Erstes Kapitel

Aufgabenstellung und methodische Vorbemerkungen

„Power corrupts. Absolute power corrupts absolutely."
John Acton

Alle modernen Verfassungen, die auf den aufklärerischen Ideen der Volkssouveränität und der Herrschaft des Rechts basieren, stehen vor dem Problem der richtigen Allokation von Macht innerhalb des staatlichen Systems[1]. Historisch gesehen erklärt sich dies aus den negativen Erfahrungen mit absolutistischer Machtkonzentration; philosophisch betrachtet entsteht das Bedürfnis nach ausgeklügelten Mechanismen der Machtverteilung aus der Erkenntnis, daß der einzelne Mensch auch dort, wo er als Sachwalter einer staatlichen Institution und eines gesamtgesellschaftlichen Interesses auftritt, der ständigen Versuchung unterliegt, die ihm verliehene Macht zu mißbrauchen und nach ihrer Expansion zu streben, wie das zu Beginn dieses Kapitels zitierte berühmte Diktum des liberalen britischen Historikers *Acton* zum Ausdruck bringt[2]. Das fundamentale Organisationsproblem, dem sich der moderne Verfassungsstaat gegenübersieht, besteht also darin, einerseits übermäßige Machtkonzentrationen zu verhindern und nach einem ständigen Gleichgewicht der einzelnen Staatsorgane und -gewalten zu suchen, das jedoch andererseits so beschaffen sein muß, daß das Funktionieren der Staatsorganisation insgesamt, zu dem es der Fähigkeit zur Ausübung von Macht bedarf, nicht in Frage gestellt wird. Die tiefere Notwendigkeit zur Auflösung dieser Problemstellung liegt in der Sicherung der individuellen Freiheit der Bürger begründet; das gilt unabhängig davon, ob man mit *Kant* die Freiheit des autonomen Individuums als Grund aller rechtlichen Verbindlichkeit und jedes daraus folgenden staatlichen Zwanges ansieht oder

[1] Der Begriff der „Macht" wird in diesem Zusammenhang nur untechnisch im Sinne eines Oberbegriffs für rechtliche Befugnisse und Kompetenzen einerseits sowie für die Möglichkeiten ihrer Ausübung und ihre tatsächlichen Effekte andererseits verwendet. Zur tiefergehenden soziologischen Problematik dieses Begriffs vgl. stv. *Max Weber*, Soziologische Grundbegriffe, 3. Aufl. 1976, 71 (§ 16); und neuerdings die ausführliche Analyse von *Heinrich Popitz*, Phänomene der Macht, 2. Aufl. 1992, 11 ff.

[2] In ähnlicher Weise hält Kant die Korruption des individuellen Denkens und Handelns durch die äußeren Umstände der Macht für unvermeidbar und erteilt daher sogar dem platonischen Philosophenkönigtum eine Absage. Vgl. *Immanuel Kant*, Zum ewigen Frieden, in: ders., Werke, hg. von Wilhelm Weischedel, 1983, Bd. 9, 195–251, 228, wonach „der Besitz der Gewalt das freie Urteil der Vernunft unvermeidlich verdirbt"; gegen *Platon*, Der Staat, übers. u. erl. von Otto Apelt, 6. Aufl. 1923, Nachdr. 1944, 213 (Buch V, 18 – 473 a); und dazu etwa *Volker Gerhardt*, Der Thronverzicht der Philosophie, in: Otfried Höffe (Hg.), Immanuel Kant – Zum ewigen Frieden, 1995, 171–193, bes. 178 ff.

ob man mit *Hegel* die staatliche Gemeinschaft als das Erste und Höchste und ihre Existenz als Bedingung der Freiheit des Einzelnen betrachtet, solange nur das Postulat der Freiheit selbst, sei es als Voraussetzung oder als Ableitung des Rechts, nicht bestritten wird[3]. Staatliche Macht darf sich also weder in einer Person oder Institution zusammenballen noch sich gegenseitig neutralisieren, da in beiden Fällen die Freiheit der Bürger in Gefahr geriete.

Die zur Bewältigung dieses Problems erdachten Mechanismen und Systeme sind vielgestaltiger Natur und firmieren unter verschiedenen Namen und Begriffen. Im Kern geht es jedoch immer um die Bestimmung und wechselseitige Abgrenzung der Befugnisse der einzelnen staatlichen Gewalten, Organe und Institutionen. Die damit einhergehenden Probleme werden traditionellerweise meistens in Zusammenhang mit dem Gewaltenteilungsgrundsatz diskutiert, dessen theoretische Fundierung auf *Montesquieu* und seine bekannte Maxime zurückgeht, nach der sich die jeder politischen Macht innewohnende Mißbrauchsmöglichkeit, von der oben schon die Rede war, nur durch den gezielten Einsatz entgegenstehender Macht bezwingen läßt[4]. Auch wenn sich hinter dieser klassischen Terminologie heutzutage eher der Gedanke einer *funktionalen* Aufteilung der staatlichen Gesamtgewalt auf verschiedene Organe bzw. Organgruppen als Funktionsträger verbirgt[5], so lebt das dahinterstehende Grundprinzip doch unverändert fort: die Trennung staatlicher Funktionen und ihre Zuweisung an unterschiedliche Funktionsträger, verknüpft mit einem ausgefeilten System wechselseitiger Einwirkungen und Abhängigkeiten, soll im Ergebnis eine umfassende gegenseitige Begrenzung und Kontrolle der von den einzelnen Funktionsträgern ausgeübten Macht bewirken[6]. Im amerikanischen Rechtsraum wird dieser für das Zusammenspiel der Staatsorgane maßgebliche

---

[3] Vgl. etwa *Kant* (Fn. 2), 232; *ders.*, Über den Gemeinspruch: Das mag in der Theorie richtig sein, taugt aber nicht für die Praxis, in: ders., Werke (Fn. 2), Bd. 9, 127–172, 144; zur Frage des staatlichen Zwangs *ders.*, Die Metaphysik der Sitten, in: ders., Werke (Fn. 2), Bd. 7, 309–634, 338 ff., 464; und näher statt vieler *Ralph Alexander Lorz*, Modernes Grund- und Menschenrechtsverständnis und die Philosophie der Freiheit Kants, 1993, 136 ff., 141 f., 153; gegen *Georg Wilhelm Friedrich Hegel*, Grundlinien der Philosophie des Rechts, in: ders., Werke, 1970, Bd. 7, 11–512, der den Staat als „Wirklichkeit der sittlichen Idee" kennzeichnet (398 – § 257), zugleich jedoch die bürgerliche Gesellschaft als für den Fortbestand der staatlichen Gemeinschaft unverzichtbares „Subsystem" qualifiziert (406 ff. – §§ 260 ff.). Zum kulturellen Hintergrund des Verhältnisses zwischen Individuum und Staat und den daraus fließenden Konsequenzen für das Freiheitsverständnis vgl. außerdem *Paul Kirchhof*, Die kulturellen Voraussetzungen der Freiheit, 1995, bes. 14 ff.

[4] *Charles-Louis de Secondat, Baron de la Brède et de Montesquieu*, Vom Geist der Gesetze (De l'Esprit des Lois, 1748), übers. u. hg. von Ernst Forsthoff, 2. Aufl. 1992, Bd. 1, 213, 220 ff. (Buch XI, Kap. 4 u. 6); vgl. a. *Alexander Hamilton/James Madison/John Jay*, The Federalist Papers (1787/88), ed. by Clinton Rossiter, 1961, No. 51 (Madison): „Ambition must be made to counteract ambition" (322).

[5] Dazu und insbes. zur Relevanz des Funktionenbegriffs *Norbert Achterberg*, Probleme der Funktionenlehre, 1970, 109–112; vgl. weiter *Karl Loewenstein*, Verfassungslehre (Political Power and the Governmental Process, 1957), 2. Aufl. 1969, 32 f., 39–49; sowie *Gerhard Zimmer*, Funktion – Kompetenz – Legitimation, 1979, 60–68.

[6] Vgl. etwa *Klaus Stern*, Das Staatsrecht der Bundesrepublik Deutschland, Bd. II, 1980, 529 f.; *Konrad Hesse*, Grundzüge des Verfassungsrechts der Bundesrepublik Deutschland, 20. Aufl. 1995, 211 ff. (Rn. 488 ff.); auch schon *Carl Schmitt*, Verfassungslehre (1928), 7. Aufl. 1989, 182 ff.; und

Organisationsgrundsatz üblicherweise auch mit dem Begriff „checks and balances" umschrieben, der seinerseits längst Eingang in die deutschsprachige Verfassungsrechtsdogmatik gefunden hat[7]. Er bringt den Kern des Gewaltenteilungsgedankens auf den Punkt: Es geht um die Schaffung eines ausgefeilten Systems von gegenseitigen Hemmungs- und Kontrollmechanismen („checks"), das im Ergebnis eine Ausbalancierung der Befugnisse der einzelnen Gewalten bzw. Funktionsträger dahingehend bewirken soll, daß es nicht zu einem dauerhaften Übergewicht einzelner staatlicher Organe oder Institutionen kommen kann.

Dabei hat sich im Zuge der Entwicklung unterschiedlicher Formen von Verfassungsstaatlichkeit klar herauskristallisiert, daß jedes derartige System zur Erhaltung seiner Funktionsfähigkeit der Ergänzung durch neue Institute und Organisationsformen bedarf. Eine zeitlose Formulierung dieser Erkenntnis findet sich beispielsweise in dem von *Kägi* schon vor längerer Zeit gehaltenen Plädoyer für eine „umfassendere Ordnungsidee, in welcher Gewaltenteilung und Gewaltenverbindung, Dekonzentration und Konzentration, Vielheit und Einheit wieder stärker als Momente eines Ganzen gesehen werden, das die Verantwortung für die rechte Verwaltung der Macht optimal zu aktualisieren sucht"[8]. Die vorliegende Arbeit wendet sich mit dem Stichwort des „Interorganrespekts" einem potentiellen Kandidaten für die Funktion einer solch umfassenden Ordnungsidee zu. Sie geht dabei von der Prämisse aus, daß eine trennscharfe Abgrenzung der Befugnisse der jeweiligen Staatsorgane gegeneinander im Rahmen eines Verfassungstextes nur bedingt gelingen kann, daß also die Macht- und Kompetenzzuweisungen jeder Verfassung insgesamt ein unvermeidlich diffuses Bild ergeben. Vor diesem Hintergrund erscheint es um so notwendiger, auf ein Zusammenwirken der staatlichen Institutionen dergestalt bedacht zu sein, daß jede Gewalt und jedes Organ die Funktionsbereiche der anderen beteiligten Institutionen auch dort „respektieren" sollen, wo die konkrete Zuordnung der Kompetenzen nicht offen zutage liegt[9]. Nur durch ein solches Zusammenwirken kann letztlich die allgemein erwünschte Machtbalance entstehen.

---

speziell zum Kontrollgedanken als übergreifendem Prinzip *Karl-Ulrich Meyn*, Kontrolle als Verfassungsprinzip, 1982, 146 ff. m.w.N.

[7] *Hamilton/Madison/Jay* (Fn. 4), bes. No. 48 und 51 (Madison); und dazu statt vieler *Karl Loewenstein*, Das Gleichgewicht zwischen Legislative und Exekutive (1937), in: Heinz Rausch (Hg.), Zur heutigen Problematik der Gewaltentrennung, 1969, 210–271, 270; stv. für Deutschland *Stern* (Fn. 6), 529, der darin sogar „den politisch bedeutsameren Sinn des Gewaltenteilungsprinzips" erblicken will; für Europa zuletzt bestätigend *Barbara Zehnpfennig*, Das Experiment einer großräumigen Republik, in: FAZ vom 27.11.1997, 11.

[8] *Werner Kägi*, Von der klassischen Dreiteilung zur umfassenden Gewaltenteilung (1961), in: Heinz Rausch (Hg.), Zur heutigen Problematik der Gewaltentrennung, 1969, 286–312, 301; vgl. a. schon *Loewenstein* (Fn. 5), 167; und aus dieser Zeit ferner *Max Imboden*, Die politischen Systeme (1961), in: ders., Politische Systeme – Staatsformen, 1964, 3–130, 20 f.; *Walter Leisner*, Gewaltenteilung innerhalb der Gewalten, in: Fg. für Theodor Maunz, 1971, 267–283, bes. 281 ff.; *Roman Herzog*, Allgemeine Staatslehre, 1971, 234 ff. *Zimmer* (Fn. 5), 195, spricht von einem „mehrdimensionalen Bezugsfeld" der Gewaltenteilung.

[9] *Eibe Riedel*, Abschied vom Verfassungskonsens?, in: Johannes Gutenberg-Universität Mainz (Hg.), Reihe Antrittsvorlesungen, Bd. I, 1986, 155–206, 177, sieht dies auch als „entscheidend" für den gesamten Verfassungskonsens an.

In diesem Zusammenhang ist vorab auf die enge Wechselbeziehung hinzuweisen, die gerade diesen Bereich des Verfassungsrechts mit der politischen Realität verbindet. Eine potentiell umfassende Ordnungsidee wie der Gedanke vom gegenseitigen Respekt der Verfassungsorgane für ihre jeweiligen Funktionsbereiche kann ohne eine Ausleuchtung ihrer Verbindungslinien zu Politik und Verfassungswirklichkeit auch in rechtlicher Hinsicht nicht angemessen evaluiert werden. Zwar stehen die rechtlichen Aspekte naturgemäß im Zentrum dieser Arbeit, deren Fragestellung im Kern auf den *normativen* Gehalt der zu untersuchenden Ordnungsidee abzielt, welcher Politik und Faktizität nicht untergeordnet werden darf. Die realen Lebensverhältnisse, in denen die hier untersuchte mögliche Ordnungsidee letztlich ihre Wirksamkeit entfalten und unter Beweis stellen muß, dürfen dabei jedoch nicht außer Betracht bleiben, was beispielsweise zur Einbeziehung empirischer Analysen und politikwissenschaftlicher Fragestellungen zwingt, soweit diese zu einem besseren Verständnis der Auswirkungen bestimmter Verfassungsregelungen beitragen können[10]. Gerade die „Grauzonen" der wechselseitigen Befugnisabgrenzung, wo die Kompetenzräume der einzelnen Staatsgewalten und -organe ineinander verschwimmen, müssen in dieser Perspektive als Freiräume der Flexibilität gesehen werden, die zur Bewältigung tendenziell unbestimmbarer zukünftiger Konfliktlagen erforderlich sind. Allerdings findet die dadurch bedingte Veränderlichkeit der verfassungsmäßigen Machtkonstellationen ihre Grenzen immer in den expliziten Vorgaben der jeweiligen Verfassung, die damit einen festen strukturellen Rahmen für die Machtverteilung bilden[11]. Die Tauglichkeit des Interorganrespekts als umfassende Ordnungsidee wird sich daher nicht zuletzt daran entscheiden, welche Leistungsfähigkeit diesem Gedanken hinsichtlich der Erläuterung und Regulierung des Zusammenspiels von normativ fixierten Vorgaben einerseits und flexiblen Handlungsspielräumen andererseits innerhalb gegebener institutioneller Verfassungsstrukturen zukommt.

Die vorliegende Arbeit nähert sich dieser Frage auf der Basis von Anschauungsmaterial aus drei sehr unterschiedlich organisierten Verfassungssystemen. Als Maßstäbe dienen ihr zum einen das Grundgesetz der Bundesrepublik Deutschland, zum anderen die Verfassung der Vereinigten Staaten von Amerika und schließlich

---

[10] Das gilt insbesondere für den relativ neuartigen, auf die in den USA beheimatete „public choice theory" zurückgehenden Ansatz einer „ökonomischen Theorie der Politik", der die Entscheidungen der politischen Akteure auf den Feldern der Rechtsetzung und Rechtsanwendung zu einem beträchtlichen Teil in neuem Licht erscheinen läßt. Vgl. zur allgemeinen Erläuterung dieser Denkrichtung etwa *Daniel A. Farber/Philip P. Frickey*, Law and Public Choice, 1991, 1 ff. u. konkret 116 ff.; oder *Siegfried F. Franke*, (Ir)rationale Politik?, 1996, 13 ff., 17 ff.; zu den dahinterstehenden Annahmen und ihrer mathematisch-theoretischen Fundierung auch *Douglas G. Baird/Robert H. Gertner/Randal C. Picker*, Game Theory and the Law, 1994, bes. 188 ff. u. 219 ff. zum Ablauf von Verhandlungsprozessen.

[11] Nicht zuletzt deswegen weist *Wolf-Rüdiger Schenke*, Die Verfassungsorgantreue, 1977, 37 f., mit Recht darauf hin, daß eine Ordnungsidee der hier betrachteten Art konkrete rechtliche Resultate nur in Verbindung mit den jeweiligen positiv-rechtlich getroffenen Normierungen erbringen kann. Zu einer anderen Idee von vergleichbarer Tragweite *Hermann-Wilfried Bayer*, Die Bundestreue, 1961, 63 ff.

die der Europäischen Union zugrunde liegenden Verträge. Der darin zum Ausdruck kommende rechtsvergleichende Ansatz baut zugleich auf die Gemeinsamkeiten wie auf die Unterschiede der betrachteten Systeme. Gemeinsam sind ihnen vor allem folgende wesentliche Merkmale:

1. die Rückbindung an einen demokratischen Willensbildungsprozeß ihrer Bürger und die allgemeine Verpflichtung der politischen Entscheidungsprozesse auf demokratische Spielregeln;

2. die föderale Ausrichtung, die sich in der Existenz eigenständiger einzelstaatlicher Untergliederungen und der verfassungsmäßigen Gewährleistung einer ausgeprägt starken Rechtsstellung derselben zeigt;

3. die deutliche Betonung der Rechtsstaatlichkeit, die sich institutionell in einer herausgehobenen und wiederum verfassungs- bzw. primärrechtlich abgesicherten Position der Gerichtsbarkeit manifestiert;

4. und schließlich das Oberziel der Verwirklichung einer freiheitlichen Gesellschaft, das insbesondere in den diversen Grundrechtsgarantien seinen Niederschlag findet[12].

Aus diesen prinzipiellen Übereinstimmungen ergibt sich außerdem das für den Fortgang unserer Untersuchung entscheidende institutionelle Charakteristikum einer Existenz verschiedener, im Grundsatz jedoch gleichberechtigter oberster Verfassungsorgane, worin sich der oben schon angesprochene Gedanke einer funktionalen Aufteilung der staatlichen Gesamtgewalt widerspiegelt[13]. Die Problemlagen, die es hinsichtlich der politischen Machtverteilung aufzulösen gilt und an denen sich die Eignung des Interorganrespekts als Ordnungsidee im zuvor erläuterten Sinne erweisen muß, sind deshalb in den drei hier ausgewählten Systemen von sehr ähnlicher Natur. Ebenfalls grundsätzlich vergleichbar erscheint in Deutschland, Europa und Amerika das kulturell-philosophische Erbe, auf dem jeder verfassungsrechtliche Lösungsversuch in dieser Situation aufbauen muß. Um so interes-

---

[12] Auf die verschiedenen Ausprägungen dieser Merkmale und ihre Bedeutung unter dem Aspekt des Interorganrespekts wird im Laufe dieser Arbeit noch näher eingegangen werden. An dieser Stelle sei daher nur allgemein auf ihre fundamentale Verwurzelung in allen drei Systemen hingewiesen: Für Deutschland ergibt sie sich aus der besonderen Klausel des Art. 79 III GG, der die in den Artikeln 1 (Menschenwürde, Menschenrechte, Grundrechte) und 20 (Demokratie, Föderalismus, Rechtsstaatlichkeit) niedergelegten Grundsätze selbst gegen Änderungen der Verfassung schützt. Im Europäischen Unionsvertrag und in der amerikanischen Verfassung erhalten die entsprechenden Prinzipien eine Art „höhere Weihe" durch ihre Verankerung in der Präambel. Vgl. im EUV den 3. Absatz: „... IN BESTÄTIGUNG ihres Bekenntnisses zu den Grundsätzen der Freiheit, der Demokratie und der Achtung der Menschenrechte und Grundfreiheiten und der Rechtsstaatlichkeit ..." (der notwendige Fortbestand der einzelnen Mitgliedstaaten als Glieder der Union ergibt sich schon aus dem Charakter des Vertrages als zwischenstaatlicher Rechtsakt); sowie die Präambel der US-Verfassung: „We the People of the United States, in Order to form a more perfect Union, establish Justice, ...; and secure the Blessings of Liberty ..., do ordain and establish this Constitution for the United States of America."

[13] Nach Art. 16 der französischen Déclaration des droits de l'homme et du citoyen von 1789 ist dies sogar die Voraussetzung für Verfassungsstaatlichkeit überhaupt: „Toute société, dans laquelle la garantie des droits n'est pas assurée ni la séparation des pouvoirs déterminée, n'a point de constitution." (Übers. bspw. bei *Wolfgang Heidelmeyer* (Hg.), Die Menschenrechte, 4. Aufl. 1997, 59).

santer wirkt eine vergleichende Betrachtung der unterschiedlichen Lösungswege aufgrund der fundamentalen Differenzen ihrer systematischen Ansätze:

- Deutschland steht insoweit stellvertretend für das parlamentarische Regierungssystem im föderalen Rechtsstaat[14];
- die USA verkörpern das Urbild der Präsidialdemokratie mit einer eng an *Montesquieu* orientierten Gewaltentrennung[15];
- und die Europäische Union schließlich stellt als „supranationale Organisation" etwas ganz Neuartiges und Eigenes dar[16].

Die vorliegende Arbeit untersucht also gewissermaßen die idealtypischen Ausprägungen der für die Lösung der Machtverteilungsproblematik und damit für die Rahmenbedingungen des Interorganrespekts maßgeblichen Organisationsformen[17]. Hieraus resultiert methodisch ein Vorgehen im Wege „modelltypischer" Kategorisierungen: Während die Problemsituation in den grundlegenden Fragen der Machtallokation für alle betrachteten Systeme ähnlich erscheint, divergieren die zu ihrer Bewältigung eingeschlagenen Wege zum Teil erheblich, ohne daß jedoch diese Divergenzen, wie im einzelnen noch nachzuweisen sein wird, zwingend aus den Unterschieden der systematischen Ansätze folgen. Selbst unter der hier vorgenommenen Beschränkung auf drei idealtypische Verfassungssysteme läßt sich daher bereits ein reiches Spektrum möglicher Lösungswege im Umgang mit der Machtverteilungsproblematik gewinnen und modellhaft katalogisieren, was in den einzelnen Kapiteln der Untersuchung durch ausdrückliche Kennzeichnung der gebildeten Modelltypen hervorgehoben wird. Damit soll nicht geleugnet werden, daß vielfältige Sonder- und Mischformen innerhalb des so abgesteckten Lösungsspektrums

---

[14] Dabei wird der Begriff des „parlamentarischen Regierungssystems" idealtypisch in der üblichen Weise für jene Herrschaftsform verwendet, die im Kern durch die Verfügung des Parlaments über den Bestand der Regierung gekennzeichnet ist. Vgl. z.B. *Ulrich Scheuner*, Die Lage des parlamentarischen Regierungssystems in der Bundesrepublik, in: DÖV 1974, 433–441, 433 u. 437 ff. zu den daraus fließenden Folgen.

[15] Man vergleiche nur *Montesquieu* (Fn. 4), 214 ff. (Buch XI, Kap. 6); und die strikt gewaltenteilige Gliederung der ersten drei Artikel der amerikanischen Verfassung. Allg. dazu *Klaus v. Beyme*, Das präsidentielle Regierungssystem der Vereinigten Staaten in der Lehre der Herrschaftsformen, 1967, 1 ff.; beachte aber auch 30 ff. zu den Zweifelsfragen, die eine derart idealisierende Typologie notwendig aufwirft.

[16] Da auf die Rechtsnatur der EU im 4. Kap. noch ausführlicher eingegangen werden soll, mag an dieser Stelle ein Hinweis auf die von *Rudolf Streinz*, Europarecht, 4. Aufl. 1999, 41 ff. (Rn. 115 ff.), gegebene Kurzdarstellung genügen.

[17] Das stimmt insofern nicht ganz, als das Urbild des parlamentarischen Regierungssystems üblicherweise im britischen „Westminster-Modell" und der dahinterstehenden Doktrin von der „sovereignty of Parliament" gesehen wird. Vgl. dazu stv. *Albert V. Dicey*, Introduction to the Study of the Law of the Constitution, 7th ed. 1908, 38; weiter *Theo Langheid*, Souveränität und Verfassungsstaat. „The Sovereignty of Parliament", 1984, 76 ff.; sowie den idealtypischen Vergleich von *Terry M. Moe/Michael Caldwell*, The Institutional Foundations of Democratic Government: A Comparison of Presidential and Parliamentary Systems, in: JITE 150/1 (1994), 171–195; und aus dem umfangreichen Werk von *Klaus v. Beyme*, Die parlamentarischen Regierungssysteme in Europa, 2. Aufl. 1973, die Ausführungen 32 ff. In diesem Punkt trägt die Untersuchung eine „deutsche Brille".

ebenso möglich sind wie Lösungen, die gänzlich außerhalb der Reichweite der fraglichen Modelltypen liegen; es geht der Arbeit insoweit nicht um eine abschließende Zusammenstellung von Lösungsmöglichkeiten für einzelne Probleme, sondern vielmehr um die ausgewählte Analyse typischer Lösungsmodelle unter dem Gesichtspunkt des Interorganrespekts als eines möglichen umfassenden Ordnungsprinzips. Ähnliches gilt für die Tatsache, daß es sich bei den meisten Regierungssystemen dieser Welt um „hybride" Systeme handelt, die in der Regel über eine von der Parlamentsmehrheit abhängige Regierung *und* über ein mit beachtlichen Kompetenzen ausgestattetes Staatsoberhaupt verfügen[18]: Die meisten dieser Systeme kombinieren, ihrem „hybriden" Charakter entsprechend, Elemente der jeweiligen „Idealsysteme" in der verschiedenartigsten Weise. Aus diesem Grund müssen auch die Aufschlüsse, die sich aus der Analyse der hier ausgewählten idealtypischen Vertreter hinsichtlich des Interorganrespekts als übergreifender Ordnungsidee gewinnen lassen, bei Beachtung der jeweiligen konkreten Besonderheiten grundsätzlich auf alle derartigen Mischsysteme übertragbar sein.

Vor diesem Hintergrund läßt sich das Ziel der vorliegenden Untersuchung in der Hauptsache wie folgt umreißen:

1. Zum ersten geht es um die Feststellung, inwieweit die für ähnliche Problemlagen in verschiedenen Systemen entwickelten unterschiedlichen Lösungswege den Rückschluß auf eine dahinterstehende gemeinsame Ordnungsidee erlauben. Maßgeblich sind unter diesem Aspekt zunächst die ausdrücklichen normativen Vorgaben der jeweiligen Verfassungsordnung, die die Verteilung der wichtigsten Kompetenzen zwischen den obersten Verfassungsorganen und ihre Abgrenzung gegeneinander regeln. Darüber hinaus gilt jenen Bereichen ein besonderes Augenmerk, in denen die so zugewiesenen Kompetenzräume aufeinandertreffen und ineinander übergehen, wo sich also die oben schon erwähnten zwangsläufigen „Grauzonen" bilden, in denen der Verfassungstext allein keine klare Zuordnung mehr ermöglicht und daher dem tatsächlichen Umgang der obersten Organe miteinander Präzedenzfallcharakter zukommt. Insgesamt zielt die Fragestellung darauf ab, ob sich aus den konkreten inhaltlichen Konturen der hier betrachteten Verfassungsordnungen ein Prinzip des Interorganrespekts als zugrunde liegender allgemeiner Gedanke ableiten läßt.

---

[18] Das Paradebeispiel hierfür liefert Frankreich, für dessen Regierungssystem sich dementsprechend auch die Bezeichnung „semi-präsidentiell" eingebürgert hat. Dazu etwa *Maurice Duverger*, Institutions politiques et droit constitutionnel, Tome 1, 15e éd. 1978, 322 ff.; u. zus.fass. *Rainer Grote*, Das Regierungssystem der V. französischen Republik, 1995, 331 ff. Interessanterweise hat gerade diese Mischform nach dem Fall des Eisernen Vorhangs große Verbreitung in den ehemals kommunistischen Staaten gefunden; vgl. stv. *Horst Bahro*, Zur Verbreitung einer Regierungsform zwischen Parlamentarismus und Präsidentialismus, in: Osteuropa-Recht 43 (1997), 2–18; *Wolfgang Merkel*, Gegen alle Theorie, in: FAZ vom 19.11.1996, 12; und konkret zur Situation in Rußland *Jurij I. Lejbo*, Semipräsidialrepublik in Rußland: Theorie und Praxis, in: Osteuropa-Recht 43 (1997), 33–44. Auch die italienische Verfassungskommission hat zuletzt einen Übergang zum „semipräsidentiellen" Regierungssystem befürwortet.

2. An die zu diesem Punkt gewonnenen Erkenntnisse ist sodann die weiterführende Frage zu richten, inwieweit sich das entsprechende Prinzip für die Auflösung zukünftiger Problemlagen unter den Bedingungen der verschiedenen Verfassungssysteme als tauglich erweist. Diese Problemstellung weist wiederum eine zweifache Dimension auf: Zum einen betrifft sie neu entstehende Kompetenzkonflikte auf der Basis der bestehenden Verfassungsordnungen und damit die mögliche Aufklärung künftiger „Grauzonen“ mit Hilfe des Interorganrespekts als Ordnungsidee. Zum anderen geht es um das dieser Idee innewohnende reformatorische Entfaltungspotential, das sich in der Frage zusammenfassen läßt, welche Vorschläge sich aufgrund der bei ihrer Anwendung gefundenen Aufschlüsse für eine Veränderung der normativen Vorgaben der Verfassung selbst ergeben. Letzteres wird vor allem im Kontext möglicher Änderungen der europäischen Gründungsverträge relevant, nachdem der diesbezügliche Prozeß seinen Abschluß mit „Maastricht II“ noch lange nicht erfahren hat; hinsichtlich der amerikanischen Verfassungsordnung soll dieser Aspekt hingegen in der vorliegenden, aus deutscher bzw. europäischer Perspektive geschriebenen Arbeit lediglich am Rande thematisiert werden.

Angesichts des umfassenden Charakters der so formulierten Zielsetzung erscheinen zuletzt einige Bemerkungen zur Begrenzung des Untersuchungsrahmens unumgänglich:

– Die Arbeit geht bei der Betrachtung des europäischen Systems von der Grundposition aus, daß eine Weiterentwicklung der Europäischen Union im Sinne einer Vertiefung der europäischen Integration grundsätzlich wünschenswert sei. Sie folgt damit der Grundintention des Maastrichter Vertrages[19], was sich vor allem in der Bewertung institutioneller Reformvorschläge für die Union niederschlägt. Ohne diese Prämisse, die Union zumindest als ein sich entwickelndes föderales System und ihre Gründungsverträge als eine Verfassung in statu nascendi anzusehen, würde schon die allgemeine Berechtigung der Untersuchung zur Einbeziehung der europäischen Vertragsordnung in ihren Systemvergleich in Frage stehen: denn im Rahmen einer bloßen Freihandelszone oder einer rein intergouvernemental organisierten Zusammenarbeit gäbe es für ein Prinzip des Interorganrespekts keinen nennenswerten Anwendungsbereich.

– Die Arbeit behandelt ausschließlich die möglichen Anwendungsfälle eines solchen Prinzips zwischen den permanent tätigen höchsten Organen der jeweiligen Systeme auf Bundesebene, im Falle Deutschlands also zwischen Bundestag, Bundesrat, Bundesregierung, Bundespräsident und Bundesverfassungsgericht. Verfassungsorgane, die nur in besonderen Situationen zum Einsatz kommen, wie die Bundesversammlung und der Gemeinsame Ausschuß, bleiben grundsätzlich ebenso außer Betracht wie die sonstigen in der Verfassung verankerten staatlichen Institu-

[19] Art. 1 II (ex-Art. A II) EUV: „Dieser Vertrag stellt eine neue Stufe *bei der Verwirklichung einer immer engeren Union* der Völker Europas dar, …“ (Hervorhebung vom Verf.); vgl. dazu bspw. *Jean-Paul Jacqué*, in: Hans v. d. Groeben/Jochen Thiesing/Claus-Dieter Ehlermann (Hg.), Kommentar zum EU-/EG-Vertrag, 5. Aufl. 1997, Bd. 1, Art. A EUV Rn. 9 f.

tionen, etwa Bundesrechnungshof und Bundesbank[20]. Mit den Pendants all dieser Organe in der europäischen Vertrags- und amerikanischen Verfassungsordnung wird entsprechend verfahren, womit nicht geleugnet werden soll, daß auch die Einbettung dieser Einrichtungen in das jeweilige Kompetenzgeflecht ein weites Einsatzfeld für den Gedanken des Interorganrespekts eröffnet; der vorliegenden Untersuchung geht es jedoch nicht um die enzyklopädische Erfassung aller Anwendungsgebiete dieses Gedankens, sondern vielmehr um seine exemplarische Herausarbeitung.

– Die Arbeit beschränkt sich dementsprechend auch auf die „horizontale" Anwendungsebene des Interorganrespekts und thematisiert nicht die (vertikale) Kompetenzverteilung zwischen dem Bund bzw. der Union und den dazugehörigen einzelstaatlichen Untergliederungen, die in Deutschland und Europa unter den Schlagworten des Subsidiaritätsprinzips und der begrenzten Einzelermächtigung und in den USA unter ähnlichen Bezeichnungen den Gegenstand zahlreicher Betrachtungen bildet[21]. Auf die dem Interorganrespekt nahekommenden Rechtsfiguren, die in diesem Zusammenhang entwickelt worden sind, wird im folgenden Kapitel noch näher eingegangen.

– Schließlich muß die Arbeit selbst innerhalb der von ihr ausgewählten Anwendungsbereiche noch weiter selektieren und kann den Gedanken des Interorganrespekts immer nur anhand einzelner Aspekte und Anwendungsbeispiele konkretisieren. Eine erschöpfende Aufzählung der aus diesem Gedanken folgenden rechtsdogmatischen Konsequenzen und die Erstellung eines abschließenden Kataloges seiner praktischen Folgerungen sind wegen der unendlichen Zahl und Vielgestaltigkeit der politischen Konstellationen, in denen das Prinzip des Interorganrespekts seine potentielle Wirkung zu entfalten vermag, im Ergebnis nicht denkbar[22]. Die vorliegende Untersuchung konzentriert sich daher auf diejenigen Kompetenzbestimmungen und -abgrenzungen in den betrachteten Verfassungsordnungen, die für die Her-

---

[20] Das gilt natürlich in noch höherem Maße für solche „Organe", die in der Verfassung selbst gar nicht vorgesehen sind, wie z.B. im GG die Opposition; vgl. dazu *Stephan Haberland*, Die verfassungsrechtliche Bedeutung der Opposition nach dem Grundgesetz, 1995, 133–149; oder *Ralf Poscher*, Die Opposition als Rechtsbegriff, in: AöR 122 (1997), 444–468, 448 ff. Zum Begriff des (obersten) „Verfassungsorgans" und zu seiner Abgrenzung von den sonstigen „Staatsorganen", selbst wenn diese nach der Verfassung eine eigenständige Rechtsstellung genießen, in erster Linie *Stern* (Fn. 6), 342 ff.; vgl. a. spez. zum BVerfG, an dessen Rechtsstellung sich die Diskussion entzündet hat, *Klaus Schlaich*, Das Bundesverfassungsgericht, 4. Aufl. 1997, 23 ff. (Rn. 30 ff.); *ders.*, Die Verfassungsgerichtsbarkeit im Gefüge der Staatsfunktionen, in: VVDStRL 39 (1981), 99–146, 133 m.w.N.; gegen die h.M. *Rüdiger Zuck*, Die Stellung des Bundesverfassungsgerichts im Verfassungsgefüge, in: DVBl. 1979, 383–388, 384 f.

[21] Vgl. den in Maastricht neu eingeführten Art. 5 (ex-Art. 3 b) EGV und dazu statt vieler: *Stefan Ulrich Pieper*, Subsidiarität, 1994, 248 ff.; *Bernhard Schima*, Das Subsidiaritätsprinzip im Europäischen Gemeinschaftsrecht, 1994, 88 ff.; sowie zur Situation in den USA und anderen bundesstaatlich organisierten Herrschaftsverbänden stv. *Chester James Antieau*, States' Rights under Federal Constitutions, 1984, bes. 1 ff., 27 ff., 147 ff.

[22] Diese Feststellung hat *Schenke* (Fn. 11), 40, schon für die Verfassungsorgantreue getroffen.

ausarbeitung der Grundstruktur dieses Prinzips und die Illustration seiner Funktionsweise am fruchtbarsten erscheinen.

– Eine letzte Bemerkung gilt dem Aufbau: Die Arbeit weicht im Hauptteil bewußt von dem in den meisten Staatsrechtslehrbüchern zur Darstellung der Kompetenzregelungen verwendeten Erörterungsschema nach Staatsorganen bzw. -gewalten ab und kehrt erst im Ergebnisteil zu ihm zurück. Die im Hauptteil vorzunehmende Analyse der einzelnen Anwendungsfelder und Anwendungsfälle des Interorganrespekts ist stattdessen nach Staatsfunktionen, d.h. nach den von den Staatsorganen wahrgenommenen Tätigkeiten und Verhaltensweisen organisiert[23]. Zwar ist dieser Vorgehensweise der Nachteil inhärent, daß es teilweise zu Überlappungen kommt: so soll der Rolle der rechtsprechenden Gewalt wegen ihrer Besonderheiten ein eigenes Kapitel gewidmet sein, obgleich sie korrekterweise schon im Rahmen der vorhergehenden Funktionsanalysen angesprochen werden muß. Der höher einzuschätzende Vorteil dieses Gangs der Untersuchung ergibt sich jedoch daraus, daß er der grundsätzlichen Aufgabenstellung weitaus eher entspricht. Denn ein wesentliches Kennzeichen des Interorganrespekts besteht gerade darin, daß seine konkreten Ausprägungen nicht an den jeweils betroffenen Organen festgemacht werden können: Würde im Verhältnis zwischen zwei Organen immer nur das eine dem anderen Respekt schulden und niemals umgekehrt, so würde es sich dabei um ein schlichtes Über- bzw. Unterordnungsverhältnis handeln, das genausogut durch einfache hierarchische Weisungsbefugnisse strukturiert werden könnte. Für die sinnvolle Annahme eines „Respektsprinzips" als Rechtsfigur ist demgegenüber eine prinzipielle Gleichrangigkeit der Organe erforderlich, zwischen denen dieses Prinzip Anwendung finden soll, wie es in den hier betrachteten Verfassungsordnungen hinsichtlich der obersten Verfassungsorgane in der Tat der Fall ist. Aus dieser Gleichrangigkeit folgt jedoch, daß die Frage, welches Organ welchem anderen welche Form von Respekt schuldet, nicht abstrakt beantwortet werden kann, sondern immer nur für die konkrete Konstellation, wobei der Ausschlag des Pendels nach der einen oder anderen Seite maßgeblich von der Art der jeweils betroffenen Funktion und ihrer Zuordnung zu den einzelnen Staatsorganen und -gewalten bestimmt wird. So kann sich die Gesamtbewertung der verfassungsrechtlichen Machtstellung der einzelnen Organe unter dem Aspekt des Interorganrespekts im Ergebnis erst aus den Einzelanalysen ihrer Machtbefugnisse in den verschiedensten politischen Funktionsbereichen ergeben.

---

[23] Zum inzwischen weiter verstandenen Begriff der „Funktion" vgl. allg. *Helmut Lecheler*, „Funktion" als Rechtsbegriff?, in: NJW 1979, 2273–2277.

Zweites Kapitel

Ausgangspunkte für eine Theorie des Interorganrespekts

„Justice is not to be taken by storm. She is to be wooed by slow advances.“

Benjamin Cardozo

Die Arbeit hat sich hinsichtlich der Bezeichnung der gesuchten und im einzelnen noch zu untersuchenden übergreifenden Ordnungsidee für einen bislang relativ ungebräuchlichen Begriff entschieden: den „Interorganrespekt“. Warum das der Fall ist und was mit diesem Begriff genau umschrieben wird, soll im folgenden Kapitel erläutert werden. Der dahinterstehende Grundgedanke ist der öffentlich-rechtlichen Dogmatik jedoch nicht völlig neu. Daher soll in diesem Kapitel zunächst kurz auf andere im öffentlichen Recht verwendete Begriffe eingegangen werden, die mit dem Interorganrespekt teils weitläufig, teils eng verwandt sind und insofern als Ausgangspunkte einer Theorie des Interorganrespekts betrachtet werden können.

I. Die Bundestreue

Als erster, wahrscheinlich be- und anerkanntester Begriff ist in diesem Zusammenhang die Bundestreue zu nennen. Dabei handelt es sich ursprünglich um eine spezifische Entwicklung der deutschen Verfassungsrechtsdogmatik, die mittlerweile allerdings Vorbild- und Modellcharakter für zahlreiche andere Verfassungsordnungen mit föderativer Ausrichtung gewonnen hat[1].

1. Historische Grundlagen

Begriff und Inhalt der Bundestreue sind über einen langen Zeitraum historisch gewachsen. Ihre heutige Bedeutung läßt sich daher nur dann richtig erschließen, wenn man ihre geschichtliche Herausbildung zumindest kurz in den Blick nimmt[2].

---

[1] Vgl. etwa für Belgien: *André Alen/Patrick Peeters/Wouter Pas*, „Bundestreue“ im belgischen Verfassungsrecht, in: JöR N.F. 42 (1994), 439–505, 476; für Italien: *Adele Anzon*, La *Bundestreue* e il sistema federale tedesco: un modello per la riforma del regionalismo in Italia?, 1995, bes. 1 ff., 75 ff.; für die USA: *John S. Gardner*, Altered States: What America Can Learn from German Federalism, 1996, 7 f.

[2] Das ist bspw. auch der Ansatz der neuesten umfassenden Darstellung dieser Thematik von *Hartmut Bauer*, Die Bundestreue, 1992, 30 ff., der die Untersuchung insoweit folgt.

a) Vorgeschichte

Die verfassungsgeschichtlichen Spuren des Bundestreuegedankens werden zum Teil bis zu den Treuebindungen des mittelalterlichen Lehnsstaates im Heiligen Römischen Reich zurückverfolgt[3]. Für den Deutschen Bund werden Ausprägungen dieses Gedankens in der Bundesakte von 1815 und der Wiener Schlußakte von 1820 erkannt, namentlich in den Beschränkungen der außenpolitischen Befugnisse der einzelnen Bundes-Staaten zugunsten des Bundes sowie im Institut der Bundesexekution[4]. Der fehlende bundesstaatliche Charakter sowohl des Heiligen Römischen Reiches als auch des Deutschen Bundes[5] läßt jedoch alle Versuche einer direkten Rückführung des heutigen Verständnisses der Bundestreue auf diese alten Wurzeln problematisch erscheinen. Die dogmatischen Ursprünge der modernen bundesstaatlichen Treuepflicht werden daher zum überwiegenden Teil erst im zweiten deutschen Kaiserreich und seiner Reichsverfassung von 1871 verortet[6]. Insbesondere *Bismarck* sorgte dafür, daß die Bundestreue als politische Handlungs- und Verhaltensmaxime Eingang in die Verfassungswirklichkeit des Deutschen Reiches fand[7]. Der starken politischen Betonung dieses Prinzips entsprach seine Stellung in der damaligen Staatsrechtslehre jedoch keineswegs, was maßgeblich auf die positivistische Ausrichtung derselben zurückzuführen ist[8]. In der zu dieser Zeit vorherrschenden Sicht des Staates fand der Treuegedanke als Rechtsfigur allenfalls einen Platz am Rande und wurde darüber hinaus insoweit einseitig gesehen, als er vor allem die Einzelstaaten gegenüber dem Reich verpflichten sollte[9].

Vor diesem Hintergrund markiert nach verbreiteter Auffassung eine Abhandlung von *Smend* den entscheidenden Wendepunkt in Richtung einer Akzeptanz der Bun-

[3] Vgl. *Bernd Kowalsky*, Die Rechtsgrundlagen der Bundestreue, 1970, 9 ff.; *Sebastian Schröcker*, Ungeschriebenes Verfassungsrecht im Bundesstaat, in: Der Staat 5 (1966), 137–161, 315–340, 152 ff.; ähnlich und mit weiteren Bezugnahmen auf Ereignisse dieser Zeit auch *Herbert Krüger*, Völkerrecht im Bundesstaat, in: Fg. für Erich Kaufmann, 1950, 239–248, 245.

[4] Zur Rolle der Bundestreue im Zusammenhang mit diesem Rechtsinstitut *Ernst Rudolf Huber*, Bundesexekution und Bundesintervention, in: AöR 79 (1953/54), 1–57, 6 f.; vgl. allg. *ders.*, Deutsche Verfassungsgeschichte seit 1789, Bd. I, 2. Aufl. 1967, Nachdr. 1990, 635 u. bes. 660; *Kowalsky* (Fn. 3), 13 ff.

[5] Statt vieler: *Otto Kimminich*, Der Bundesstaat, in: Josef Isensee/Paul Kirchhof (Hg.), Handbuch des Staatsrechts der Bundesrepublik Deutschland, Bd. I, 1987, 1113–1150 (§ 26), 1129 ff. (Rn. 25 ff.); vgl. a. speziell zum Heiligen Römischen Reich *Michael Stolleis*, Geschichte des öffentlichen Rechts in Deutschland, Bd. 1, 1988, 170 ff.

[6] So schon *Hermann-Wilfried Bayer*, Die Bundestreue, 1961, 3 ff.; ihm insoweit folgend *Bauer* (Fn. 2), 36 ff.; vgl. a. etwa *Carsten Doerfert*, Bundesstaat und Bundestreue, in: JuS 1996, L 89–96, 90.

[7] Zitiert sei nur sein berühmtes Diktum vor dem Bundesrat am 01.04.1885: „Das Deutsche Reich hat die feste Basis in der Bundestreue der Fürsten, in welcher seine Zukunft verbürgt ist." Vgl. dazu weiter *Otto Mayer*, Republikanischer und monarchischer Bundesstaat, in: AöR 18 (1903), 337–372, insbes. 364 ff., 370; u. aus neuerer Zeit vor allem *Schröcker* (Fn. 3), 315 ff.

[8] Dazu allg. *Stolleis* (Fn. 5), Bd. 2, 1992, 330 ff.; u. etwa *Peter Badura*, Die Methoden der neueren allgemeinen Staatslehre, 1959, 133 ff.

[9] Stv. hierfür *Paul Laband*, Das Staatsrecht des Deutschen Reiches, 5. Aufl. 1911, Neudr. 1964, Bd. 1, 109; *Heinrich Triepel*, Unitarismus und Föderalismus im Deutschen Reiche, 1907, 29 f.; u. noch *ders.*, Die Reichsaufsicht, 1917, 451 f.; vgl. dazu *Schröcker* (Fn. 3), 152 ff.

destreue als Rechtsprinzip[10]. *Smend* wies insbesondere auf die inhaltliche Unvollständigkeit der Reichsverfassung und die daraus fließende Notwendigkeit hin, ungeschriebene verfassungsrechtliche Prinzipien zu akzeptieren[11]. Den Grundsatz der Bundestreue betrachtete er als ein solches „rechtssatzmäßig geltendes Verfassungsprinzip" auf ungeschriebener Basis, das den föderativen Grundlagen der Reichsverfassung inhärent sei[12]. Seine inhaltliche Ausgestaltung beschrieb er mit dem später vom Bundesverfassungsgericht aufgegriffenen, noch ganz auf den monarchischen Bundesstaat bezogenen Satz: „Jeder der Verbündeten schuldet den anderen und dem Ganzen die Bundes-, die „Vertrags"-Treue und hat in diesem Sinne seine reichsverfassungsmäßigen Pflichten zu erfüllen und seine entsprechenden Rechte wahrzunehmen."[13]

Smends These war in den ausgehenden Jahren des Kaiserreichs nur noch geteilte Aufmerksamkeit beschieden[14]. In der Weimarer Reichsverfassung fand sein Vorstoß keinen weiteren Niederschlag; die Verabschiedung dieser Verfassung durch die deutsche Nationalversammlung als Repräsentation des gesamten deutschen Volkes nährte im Gegenteil angesichts des Gegensatzes zur Entstehung des Kaiserreichs durch vertraglichen Zusammenschluß der deutschen Einzelstaaten bzw. Territorialfürsten erhebliche Zweifel daran, ob der neu gegründeten Republik überhaupt ein „bündischer" Charakter zuzusprechen sei[15]. Das politische Verhalten des Reiches gegenüber seinen Ländern lieferte Beispiele sowohl für als auch gegen eine Akzeptanz des Bundestreuegedankens: auf der einen Seite sind etwa die Reichsexekutionen gegen politisch mißliebige Länderregierungen zu nennen[16], auf der anderen Seite stehen Ereignisse wie die „Homburger Vereinbarung" von 1924, in der bayerische Regierung und Reichsregierung einen Konflikt um die Befehlsgewalt über die in Bayern stationierten Teile der Reichswehr einvernehmlich beilegten und die gerade von *Smend* als Musterbeispiel „bundesfreundlicher Haltung" gefeiert wurde[17]. Immerhin setzte sich in der staatsrechtlichen Literatur der Weimarer

---

10 *Rudolf Smend*, Ungeschriebenes Verfassungsrecht im monarchischen Bundesstaat, in: Fg. für Otto Mayer, 1916, 245–270. *Alexander Blankenagel*, Tradition und Verfassung, 1987, 76 Fn. 146, bezeichnet ihn daher als „Vater der Bundestreue"; ähnlich *Herbert Krüger*, Allgemeine Staatslehre, 2. Aufl. 1966, 491; dagegen aber vor allem *Klaus Stern*, Das Staatsrecht der Bundesrepublik Deutschland, Bd. I, 2. Aufl. 1984, 646; u. unter rechtshistorischen Aspekten auch *Willi Geiger*, Die wechselseitige Treupflicht von Bund und Ländern, in: Föderalistische Ordnung, 1961, 45–67, 45 f.

11 Zu seinem insoweit von der damals herrschenden Lehre abweichenden methodischen Ansatz *Stefan Korioth*, Erschütterungen des staatsrechtlichen Positivismus im ausgehenden Kaiserreich, in: AöR 117 (1992), 212–238, 221 ff. Vgl. insgesamt die ausführliche Analyse der Smend'schen Abhandlung bei *Bauer* (Fn. 2), 56 ff.

12 *Smend* (Fn. 10), 267 et seq.

13 *Smend* (Fn. 10), 260 f.; vgl. BVerfGE 1, 299, 315; 12, 205, 254.

14 Vgl. die Nachweise bei *Bauer* (Fn. 2), 64 ff.

15 Dagegen bspw. *Friedrich Giese*, Die Verfassung des Deutschen Reiches, 8. Aufl. 1931, 36 (Anm. 2 zum Vorspruch); vgl. a. insgesamt *Richard Thoma*, Das Reich als Bundesstaat, in: Gerhard Anschütz/ders. (Hg.), Handbuch des Deutschen Staatsrechts, Bd. 1, 1930, 169–186 (§ 15), 170 f.

16 Einzelheiten bei *Huber*, Deutsche Verfassungsgeschichte (Fn. 4), Bd. VI, 1981, 741 ff.

17 *Rudolf Smend*, Verfassung und Verfassungsrecht, 1928, 171; vgl. a. weitere Beispiele u. Nachweise dazu bei *Bayer* (Fn. 6), 17 f.

Zeit die Idee der Bundestreue zumindest in Einzelaspekten allmählich durch, wenngleich sie selten unter diesem Stichwort diskutiert wurde[18]. Vor allem aber nahm sich der Staatsgerichtshof für das Deutsche Reich in Teilen des Bundestreuegedankens an: Besonders deutlich wurde dies in der sogenannten „Preußenschlag"-Entscheidung, in der die Frage einer Pflichtverletzung des Landes Preußen gegenüber dem Reich unter dem Gesichtspunkt einer in Art. 48 I der Verfassung hineingelesenen, letztlich aber ungeschriebenen „Treupflicht" der Länder thematisiert wurde[19]. Darüber hinaus postulierte das Gericht auch für das prinzipiell gleichgeordnete Verhältnis der Länder untereinander – das dem hier zu behandelnden Gedanken des Interorganrespekts von der Konstellation her eher entspricht – die Existenz eines „Gemeinschaftsgedankens" als ungeschriebenes Reichsverfassungsrecht und begründete daraus besondere, über die allgemeinen Regeln des Völkerrechts hinausgehende wechselseitige Verpflichtungen der einzelnen Länder[20].

Die Blütezeit dieser ersten zarten Pflänzchen einer rechtlichen Fixierung und Konkretisierung des Bundestreuegedankens währte nur kurz. Mit der Beseitigung der herkömmlichen Bundesstaatlichkeit durch das nationalsozialistische Regime, das sogleich nach seiner Machtergreifung die Gleichschaltung der Länder mit dem Reich und damit die Umwandlung des Deutschen Reiches in einen straff zentralistisch organisierten Einheitsstaat betrieb[21], entfiel zugleich jeder Anwendungsraum für ein Prinzip der Bundestreue. So steht das Schicksal dieser Idee vor 1945 stellvertretend für die Schwierigkeiten, denen sich die Akzeptanz ungeschriebener Verfassungsprinzipien im allgemeinen und spezifischer Verpflichtungen der einzelnen Verfassungsglieder zu Kooperation und wechselseitiger Rücksichtnahme im besonderen bis dahin gegenübersah. Erst die Nachkriegsentwicklung ebnete den Weg für eine dahingehende Dynamisierung des Verfassungsrechts[22] und damit für

---

[18] Vgl. stv. *Thoma* (Fn. 15), 184: „Reichstreue"; *Gerhard Leibholz*, Die Gleichheit vor dem Gesetz (1925), 2. Aufl. 1959, 152: „Vertragstreue, bundesfreundliche Gesinnung"; *Gerhard Anschütz*, Die Verfassung des Deutschen Reichs vom 11. August 1919, 14. Aufl. 1932 (1. Teil), 272: „Treupflicht" der Länder; *Karl Bilfinger*, Der Einfluß der Einzelstaaten auf die Bildung des Reichswillens, 1923, 57: „Recht auf bundesfreundliche Behandlung" als „allgemeiner bündischer Rechtssatz".

[19] Dazu näher *Huber*, Deutsche Verfassungsgeschichte (Fn. 4), Bd. VII, 1984, 1120 ff.; *Henning Grund*, „Preußenschlag" und Staatsgerichtshof im Jahre 1932, 1976, 118 ff.; *Joachim Vetter*, Die Bundesstaatlichkeit in der Rechtsprechung des Staatsgerichtshofs der Weimarer Republik, 1979, 135 ff., 157 f.; u. aus der damaligen Literatur *Johannes Heckel*, Das Urteil des Staatsgerichtshofs vom 25.10.1932 in dem Verfassungsstreit Reich-Preußen, in: AöR 62 (1933), 183–246, bes. 211 ff.; *Hans Nawiasky*, Zum Leipziger Urteil, in: BayVBl. 1932, 338–345, 341 f.; *Heinrich Triepel*, Die Entscheidung des Staatsgerichtshofs im Verfassungsstreite zwischen Preußen und dem Reiche, in: DtJZ 1932, Sp. 1501–1508, 1503 f.

[20] So in der sog. „Donauversinkungs"-Entscheidung, vgl. dazu *Vetter* (Fn. 19), 154 ff.; ferner *Thoma* (Fn. 15), 178; u. insgesamt zur Judikatur des StGH *Bauer* (Fn. 2), 90 ff. m.w.N.

[21] In dieser Weise beschreibt *Willibalt Apelt*, Zum Begriff Föderalismus, in: Fg. für Erich Kaufmann, 1950, 1–17, 11, die Entwicklung nach dem 30.01.1933.

[22] Vgl. mit ausdrücklicher Bezugnahme auf die Bundestreue *Wolf-Rüdiger Schenke*, 40 Jahre Grundgesetz, in: JZ 1989, 653–663, 658 f.

die Herausarbeitung weiterer Rechtsinstitute dieser Art, zu denen im weiteren Sinne auch der Gedanke des Interorganrespekts gehört.

b) Die Verfassungsentwicklung unter dem Grundgesetz

Die Bundestreue fand zwar im Text des Grundgesetzes wiederum keine ausdrückliche normative Verankerung. Auch die Entstehungsgeschichte der neuen deutschen Verfassung lieferte keinen direkten Anhaltspunkt für die normative Anerkennung des Bundestreuegedankens; so erwähnt die Präambel im Gegensatz zur Weimarer Reichsverfassung zwar die einzelnen deutschen Länder, betont jedoch zugleich, das *Deutsche Volk* habe sich „kraft seiner verfassungsgebenden Gewalt dieses Grundgesetz gegeben", und erteilt damit allen Deutungen des Grundgesetzes als eines „bündischen" Vertrages zwischen den Ländern eine verfassungsdogmatische Absage[23]. Um so erstaunlicher wirkt die Selbstverständlichkeit, mit der in der unmittelbaren Nachkriegszeit von der Existenz eines Konstitutionsprinzips bundesfreundlichen Verhaltens ausgegangen wurde[24]. Bestätigt und verstärkt wurde die entsprechende Tendenz vor allem durch die Rechtsprechung des Bundesverfassungsgerichts, das sich mit der Frage der Existenz ungeschriebenen Verfassungsrechts gar nicht weiter aufhielt[25] und stattdessen bereits im ersten Band seiner amtlichen Entscheidungssammlung unter ausdrücklicher Bezugnahme auf *Smend* eine wechselseitige Pflicht von Bund und Ländern zu „bundesfreundlichem Verhalten" als inhärenten Bestandteil des verfassungsrechtlichen Föderalismusprinzips postulierte[26]. Im folgenden apostrophierte das Gericht die Bundestreue selbst als einen „ungeschriebenen Verfassungsgrundsatz" bzw. eine „dem Grundgesetz immanente Verfassungsnorm", die es „in Übereinstimmung mit der Rechtslehre aus dem Wesen des Bundesstaates entwickelt" habe[27], und fand schließlich in seinem berühmten „Ersten Fernsehurteil" zur Deutschland-Fernsehen-GmbH – wiederum unter Verweis auf *Smend* – zu der Formel:

---

[23] Verfassungstheoretisch wird das GG allerdings noch immer vereinzelt als Bundesvertrag behandelt, so etwa von *Helmuth Schulze-Fielitz*, Theorie und Praxis parlamentarischer Gesetzgebung, 1988, 215 ff.

[24] Dazu i. einz. die Nachweise bei *Bauer* (Fn. 2), 117 ff.

[25] - u. daher z.T. sogar auf die Nennung einer Rechtsgrundlage für die Bundestreue verzichtete, vgl. BVerfGE 3, 52, 57.

[26] BVerfGE 1, 299, 315: „Dem bundesstaatlichen Prinzip entspricht ... die verfassungsrechtliche Pflicht, daß die Glieder des Bundes sowohl einander als auch dem größeren Ganzen und der Bund den Gliedern die Treue halten und sich verständigen. Der im Bundesstaat geltende verfassungsrechtliche Grundsatz des Föderalismus enthält deshalb die Rechtspflicht des Bundes und aller seiner Glieder zu ‚bundesfreundlichem Verhalten'; d.h. alle an dem verfassungsrechtlichen ‚Bündnis' Beteiligten sind gehalten, dem Wesen dieses Bündnisses entsprechend zusammenzuwirken und zu seiner Festigung und zur Wahrung seiner und der wohlverstandenen Belange seiner Glieder beizutragen (so schon *R. Smend* ...)."

[27] BVerfGE 4, 115, 140; 6, 309, 361; 8, 122, 138; vgl. a. BVerfGE 1, 117, 131; 4, 214, 218; u. zum Hintergrund *Walter Rudolf*, Die Bundesstaatlichkeit in der Rechtsprechung des Bundesverfassungsgerichts, in: Fg. BVerfG II, 1976, 233–251, 246 ff.

„Im deutschen Bundesstaat wird das gesamte verfassungsrechtliche Verhältnis zwischen dem Gesamtstaat und seinen Gliedern sowie das verfassungsrechtliche Verhältnis zwischen den Gliedern durch den ungeschriebenen Verfassungsgrundsatz von der wechselseitigen Pflicht des Bundes und der Länder zu bundesfreundlichem Verhalten beherrscht."[28]

Diese scheinbar selbstverständliche Akzeptanz der Bundestreue geriet Anfang der sechziger Jahre in die Krise. Ausgelöst wurde sie in erster Linie durch eine Grundsatzkritik von *Hesse*, der die fehlende Weiterentwicklung des tradierten Bundesstaatsbegriffs und seine daraus folgende mangelnde Anpassung an die veränderte Staatskonstruktion beklagte und mit der „unkritischen Ableitung aus dem ‚Wesen des Bundesstaates'" die Rechtsgrundlagen des Bundestreueprinzips insgesamt in Zweifel zog[29]. Weitere Kritik entzündete sich an dem bereits angesprochenen, vom Bundesverfassungsgericht und Teilen der Literatur noch immer fortgeführten Bündnisgedanken[30]. Darüber hinaus wurden die inhaltliche Konturenunschärfe und die dadurch bedingte Rechtsunsicherheit und unzureichende Justitiabilität der Bundestreue angegriffen[31], und schließlich wurde generell die Notwendigkeit eines solchen Prinzips bestritten, da die mit seiner Hilfe gefundenen praktischen Ergebnisse „auch aus verfassungssystematischen Gesichtspunkten hätte(n) gewonnen werden können"[32].

Gerade der letztgenannte Kritikpunkt führte jedoch sehr schnell dazu, das unauflösliche Dilemma der Kritiker aufzuzeigen: Denn bei der Suche nach Alternativen, die die normativen Funktionen der Bundestreue hätten übernehmen sollen, sahen sie sich rasch dazu gezwungen, bei anderen ungeschriebenen Regeln und Rechtsgrundsätzen Zuflucht zu nehmen und etwa auf den allgemeinen Gedanken des Rechtsmißbrauchs oder auf das Verhältnismäßigkeitsprinzip zurückzugreifen[33]. So konnten die Verteidiger der Bundestreue zu ihren Gunsten in Anspruch nehmen, sie habe gegenüber dem Rückfall in den noch erheblich unbestimmteren Bereich der allgemeinen Rechtsgrundsätze jedenfalls den Vorteil systematischer Korrektheit für sich[34]; das mag erklären, warum eine Verabschiedung des Grundsatzes bundesfreundlichen Verhaltens ungeachtet der vorgetragenen Kritik kaum ernsthaft in Er-

---

[28] BVerfGE 12, 205, 254.

[29] *Konrad Hesse*, Der unitarische Bundesstaat, 1962, bes. 8 ff. u. Fn. 44.

[30] Vgl. nochmals BVerfGE 1, 299, 315; u. etwa *Bayer* (Fn. 6), 22, 45; sowie an kritischen Stimmen hierzu neben *Hesse* (Fn. 29), 8 f.; vor allem *Gerhard Kaiser*, Zur Ableitung des Verfassungsprinzips des „bundesfreundlichen Verhaltens" aus dem Begriff des Bundesstaates, in: DÖV 1961, 653–658, 657; u. *Ernst-Werner Fuß*, Die Bundestreue – ein unentbehrlicher Rechtsbegriff?, in: DÖV 1964, 37–42, 38 f.

[31] *Hesse* (Fn. 29), 9 f., bezeichnete sie als einen „ganz nebelhaften, unbestimmten" Rechtsgrundsatz; vgl. weiter *Hans Spanner*, Zur Rechtskontrolle des bundesfreundlichen Verhaltens, in: DÖV 1961, 481–486, 482 et seq.; *Fuß* (Fn. 30), 37 f.; *Schröcker* (Fn. 3), 339 f.

[32] So formuliert *Ulrich Scheuner*, Struktur und Aufgabe des Bundesstaates in der Gegenwart, in: DÖV 1962, 641–648, 646; vgl. a. *Hesse* (Fn. 29), 7; u. *Fuß* (Fn. 30), bes. 40 ff.

[33] Vgl. stv. *Spanner* (Fn. 31), 485; *Hesse* (Fn. 29), 7; *Fuß* (Fn. 30), 41.

[34] In diesem Sinne *Gebhard Müller*, Bundestreue im Bundesstaat, in: FS Kurt Georg Kiesinger, 1964, 213–234, 218 et seq.; vgl. a. *Peter Lerche*, Föderalismus als nationales Ordnungsprinzip, in: VVDStRL 21 (1964), 66–104, 88 f.

wägung gezogen wurde. Namentlich das Bundesverfassungsgericht hielt an seinen Grundentscheidungen aus der ersten Dekade des Grundgesetzes kontinuierlich fest und variierte allenfalls die angegebenen Rechtsgrundlagen[35]. Die im „Ersten Fernsehurteil" entwickelte und vom Gericht selbst auf *Smend* zurückgeführte Formel von der Bundestreue als einem das gesamte Verhältnis zwischen Bund und Ländern *beherrschenden* Grundsatz taucht bis heute in nur unwesentlich abgewandelter Form in den verfassungsgerichtlichen Entscheidungen auf[36]. Zwar betont das Gericht von Zeit zu Zeit den akzessorischen Charakter der Bundestreue, die Rechte und Pflichten nur innerhalb eines bestehenden Rechtsverhältnisses konstituieren oder begrenzen, nicht aber selbständig ein Rechtsverhältnis begründen könne[37], und achtet auch ansonsten darauf, den politischen Entscheidungsorganen von Bund und Ländern im Rahmen ihres bundesstaatlichen Verhältnisses die notwendigen Spielräume zu belassen[38]. Gleichzeitig hat es jedoch den Anwendungsbereich der Bundestreue auf immer neue Sachgebiete ausgedehnt und sie im Ergebnis zu einem umfassenden Auffang- bzw. Reserverechtssatz für kodifikatorisch nicht ausdrücklich geregelte Bundesstaatskonflikte ausgebaut[39]. Die Rechtswissenschaft hat diese Entwicklung weitestgehend akzeptiert und läßt zu einem beachtlichen Teil sogar deutliche Tendenzen in Richtung einer Expansion des Bundestreuegedankens erkennen[40].

Nach alledem darf die Bundestreue inzwischen als ein etablierter Grundsatz des ungeschriebenen Verfassungsrechts in Deutschland gelten. Für die Zwecke unserer Untersuchung sind in diesem Zusammenhang neben der Rechtsprechung des Bundesverfassungsgerichts vor allem jene Überlegungen in der Literatur von Bedeutung, die die Bundestreue über ihre Auffangfunktion hinaus als gemeinsamen Nenner auch des geschriebenen Verfassungsrechts verstehen, indem sie die das bundesstaatliche Verhältnis in Einzelfragen regelnden Rechtssätze des Verfassungstextes als besondere Ausdrucksformen des Bundestreueprinzips begreifen[41]. Sie zeigen,

---

[35] Statt vieler: BVerfGE 34, 9, 20 (Art. 20 Abs. 1 GG); 43, 291, 348 („bundesstaatliches Prinzip"); und immerhin noch 72, 330, 396 ff.: „bündisches Prinzip". Ohne ausdrückliche Rechtsgrundlage z.B. BVerfGE 56, 298, 322; 61, 149, 205; 73, 118, 197; 81, 310, 337.

[36] Vgl. etwa BVerfGE 61, 149, 205 (unter Hinweis auf BVerfGE 43, 291, 348); 81, 310, 337.

[37] BVerfGE 13, 54, 75; 21, 312, 326. Daraus wollen bspw. *Hans Joachim Faller*, Das Prinzip der Bundestreue in der Rechtsprechung des Bundesverfassungsgerichts, in: FS Theodor Maunz, 1981, 53–69, 61 ff.; und *Stefan Korioth*, Integration und Bundesstaat, 1990, 264 ff., eine restriktive Handhabung des Bundestreueprinzips ablesen.

[38] BVerfGE 95, 250, 266, wo auch die akzessorische Natur der Pflicht zu bundesfreundlichem Verhalten noch einmal besonders betont wird.

[39] Stv. dafür BVerfGE 34, 216, 232, wonach das Verhältnis der Länder im Bundesstaat zueinander heute durch das Bundesverfassungsrecht *lückenlos* geregelt sei, „teils durch ausdrückliche Regelungen im Grundgesetz, teils durch den vom Bundesverfassungsgericht entwickelten Grundsatz des bundesfreundlichen Verhaltens". Vgl. a. die Ausdehnung des Bundestreueprinzips auf die zwischen den Ländern bestehenden verwaltungsrechtlichen Beziehungen in BVerfGE 42, 103, 117 f.; u. die daraus in BVerwGE 50, 137, 148 gezogenen Folgerungen.

[40] Vgl. dazu die Nachweise i. einz. bei *Bauer* (Fn. 2), 192 ff.

[41] So schon *Bayer* (Fn. 6), 35 ff.; vgl. weiter *Norbert Achterberg*, Deutschland nach 30 Jahren

daß die Existenz einer solchen umfassenden Ordnungsidee, die als ungeschriebenes Strukturprinzip sowohl in einzelnen verfassungsrechtlichen Konkretisierungen aufscheint als auch, wie in ihrer Verwendung durch das Verfassungsgericht erkennbar wird, in Ermangelung solcher Konkretisierungen eine lückenausfüllende Funktion übernehmen kann, für die deutsche Verfassungsordnung kein fremdartiges Element darstellt. Damit sind durch die Bundestreue bestimmte normative Strukturen vorgeprägt, die sich für ein Prinzip des Interorganrespekts in paralleler Weise entwickeln lassen könnten.

2. Begrifflichkeit und normative Begründung

Die Zusammenführung aller Facetten der Bundestreue in einem einheitlichen Bundestreuebegriff bereitet vor dem Hintergrund dieser langen und wechselvollen Geschichte allerdings ebenso Schwierigkeiten wie die Frage ihrer normativen Fundierung. Da auch die hier auftretenden Probleme Ähnlichkeiten mit den im Kontext des Interorganrespekts zu erwartenden Fragestellungen aufweisen und ihre Erörterung daher erste Hinweise auf die in diesem Zusammenhang zu gebenden Antworten verspricht, sollen sie im folgenden kurz behandelt werden.

a) Umschreibungen und Definitionsversuche

Schon terminologisch erscheint das mit dem Begriff „Bundestreue" bezeichnete Rechtsprinzip in vielfältiger Gestalt. Das Bundesverfassungsgericht hat, wie oben bereits dargelegt, schon frühzeitig den Grundsatz „bundesfreundlichen Verhaltens" als Synonym zur Bundestreue etabliert[42]. Weitere Wortschöpfungen wie „bundesstaatliche Treuepflicht"[43], „Bundesstaatstreue"[44] und „bundesstaatsfreundliches Verhalten"[45] können wohl in die Kategorie rein sprachlicher Variationen eingeordnet werden. *Smend* hat seine ursprüngliche Formulierung „Grundsatz der Vertragstreue und der bundesfreundlichen Gesinnung" später durch den einfacheren Begriff der „bundesstaatlichen bona fides" ersetzt[46], *Stern* seinen Vorschlag des „bündnisfreundlichen Verhaltens" zugunsten der Wendung „gemeinschaftsfreundliches Verhalten" zurückgezogen[47]. Daneben finden sich weitere Umschreibungen wie etwa

Grundgesetz, in: VVDStRL 38 (1980), 55–111, 91 f.; *Stern* (Fn. 10), 14, 123, 719; *Hans-Jochen Vogel*, Zu einigen aktuellen verfassungspolitischen Problemen im Bund-Länder-Verhältnis, in: FS Wolfgang Zeidler, Bd. 2, 1987, 1059–1075, 1068.

[42] Vgl. BVerfGE 1, 299, 315 (oben Fn. 26).

[43] *Alfred Kölz*, Bundestreue als Verfassungsprinzip?, in: Schweizerisches Zentralblatt für Staats- und Gemeindeverwaltung 81 (1980), 145–177, 165 f.

[44] *Alfred Katz*, Staatsrecht, 13. Aufl. 1996, 123 f. (Rn. 246 f.).

[45] *Faller* (Fn. 37), 56 Fn. 9.

[46] Vgl. *Smend* (Fn. 10), 261; gegen *ders.* (Fn. 17), 172.

[47] Vgl. *Stern* (Fn. 10), 700; gegen die Vorauflage von 1977, 545.

der „Bundessinn"[48] oder das vom Verfassungsgericht noch gerne verwendete „bündische Prinzip"[49].

Gegenüber all diesen Alternativen hat sich der Begriff der Bundestreue letztlich durchgesetzt. Das mag zum einen an seiner prägnanten Kürze liegen, hat seinen Grund zum anderen aber sicher darin, daß die genannten Alternativen ihrerseits nicht unproblematisch erscheinen. So bringt etwa der Begriff des „Bundessinns" gegenüber dem der „Bundestreue" keine inhaltliche Präzisierung, auch nicht in bezug auf die Wechselseitigkeit der in diesem Prinzip enthaltenen Pflichten von Bund und Ländern. Die Formulierung vom „bündnisfreundlichen Verhalten" begründet Verwechslungsgefahren mit völkerrechtlichen Allianzen, die sich zwar durch den Übergang auf das „gemeinschaftsfreundliche Verhalten" ausräumen lassen[50], jedoch nur um den Preis anderer fehlgehender Assoziationsmöglichkeiten, in erster Linie hinsichtlich des europarechtlichen Prinzips der Gemeinschaftstreue[51]. Das „bündische Prinzip" knüpft schließlich ebenso wie andere, ältere Begriffsprägungen zu deutlich an den auf das Kaiserreich zurückgehenden Gedanken des „Bündnisses" und der „Bundesverträge" an[52]. Obgleich gerade dieser Gedanke bis zu einem gewissen Grade auch noch im Begriff der Bundestreue steckt, erscheint diese Bezeichnung daher insgesamt als die vorzugswürdige Alternative[53].

Die Versuche einer definitorischen Umschreibung der Bundestreue sind nicht minder zahlreich als die zur Identifikation dieses Rechtsprinzips diskutierten Begriffe. Das Bundesverfassungsgericht spricht in seiner klassischen, bis heute fortwirkenden Entscheidung aus dem ersten Band von einer Pflicht des Bundes und der Länder, sich wechselseitig zu *verständigen*, dem Wesen des bundesstaatlichen Verhältnisses entsprechend *zusammenzuwirken* und zu seiner Festigung sowie zur Wahrung der wohlverstandenen Belange von Bund und Ländern *beizutragen*[54]. Als hauptsächliche Funktion hat es der Bundestreue nur wenig später die Aufgabe zugewiesen, „die aufeinander angewiesenen ‚Teile' des Bundesstaates, Bund und Länder, stärker unter der gemeinsamen Verfassungsrechtsordnung aneinander zu binden"[55]. Hieraus ist in der Literatur beispielsweise „die Pflicht zu gegenseitiger Hilfeleistung, Rücksichtnahme und Verständigungsbereitschaft" geworden[56]. Die

---

48 *Lerche* (Fn. 34), 88.

49 Z.B. BVerfGE 72, 330, 397 f.

50 Daher resultiert der Begriffswechsel bei *Stern* (Fn. 10), 700, vgl. dort Fn. 311.

51 Art. 10 (ex-Art. 5) EGV; vgl. dazu etwa *Albert Bleckmann*, Europarecht, 6. Aufl. 1997, 244 ff. (Rn. 677 ff.); u. unten IV. 1. (72 ff.)

52 *A.A.* allerdings *Fritz Ossenbühl*, Föderalismus nach 40 Jahren Grundgesetz, in: DVBl. 1989, 1230–1237, 1230, der noch für die Bundesrepublik vom „quasi-bündischen Akt" der Verfassunggebung spricht; vgl. a. *Josef Isensee*, Idee und Gestalt des Föderalismus im Grundgesetz, in: ders./ Paul Kirchhof (Hg.), Handbuch des Staatsrechts der Bundesrepublik Deutschland, Bd. IV, 1990, 517–691 (§ 98), 597 (Rn. 148).

53 Allgemein zu diesen terminologischen Streitfragen *Bauer* (Fn. 2), 254 ff.

54 BVerfGE 1, 299, 315.

55 BVerfGE 8, 122, 140.

56 *Fritz Ossenbühl*, Landesbericht Bundesrepublik Deutschland, in: ders. (Hg.), Föderalismus und Regionalismus in Europa, 1990, 117–165, 137.

Schwierigkeiten, auf die die begriffliche Bestimmung der Bundestreue stößt, können in gewisser Weise als exemplarisch für alle übergreifenden Ordnungsideen betrachtet werden, deren gemeinsames Problem darin besteht, einen sehr weit gespannten Begriffsinhalt mit einer notwendigerweise kurzen Bezeichnung möglichst adäquat auf den Punkt zu bringen. Auch für den Begriff des Interorganrespekts wird daher eine entsprechende Klärung vonnöten sein. Gleiches gilt für die Versuche, den Gehalt dieses Prinzips näher zu definieren. Immerhin liefert die zur Bundestreue geführte Diskussion hierfür mit den Stichworten Verständigung und Rücksichtnahme schon einige wesentliche Anhaltspunkte.

b) Rechtsgrundlagen der Bundestreue

Was für den Begriff und die definitorischen Umschreibungen der Bundestreue gilt, setzt sich allerdings hinsichtlich ihrer rechtlichen Fundierung fort: Das Spektrum ihrer möglichen normativen Begründungen erweist sich ebenfalls als ausgesprochen vielfältig.

aa) Ältere Begründungsansätze

Traditionellerweise haben die allgemein entwickelten Bundesstaatslehren immer einen starken Einfluß auf das Grundverständnis der Bundestreue als Rechtsprinzip ausgeübt, und es mangelt nicht an Versuchen, die normative Verankerung dieses Prinzips unmittelbar in Begriff und Modell des Bundesstaates vorzunehmen. So wurde der alte Streit zwischen der sogenannten „Dreigliedrigkeitslehre“, die innerhalb des Gesamtstaates noch einmal zwischen dem Bund als dem Zentralstaat und den Ländern als den Gliedstaaten unterscheidet, und der inzwischen herrschenden „Zweigliedrigkeitslehre“ lange Zeit für den Gehalt der Bundestreue als bestimmend angesehen[57]. Später konzentrierte sich die Diskussion in formeller Hinsicht auf Fragen der sub- bzw. koordinationsrechtlichen Zuordnung von Bund und Ländern, wobei die unterschiedlichsten Formeln für die Bestimmung von Gleichordnungsverhältnissen bzw. von Über- und Unterordnungen zwischen diesen beiden Ebenen entwickelt wurden[58]. Diese Versuche erwiesen sich jedoch bald als nur zur

---

[57] Vgl. *Kowalsky* (Fn. 3), 85 ff.; zur alten „Dreigliedrigkeitslehre“ vor allem *Hans Kelsen*, Allgemeine Staatslehre, 1925, 199 f.; sowie *Hans Nawiasky*, Allgemeine Staatslehre, Dritter Teil, 1956, 159 ff.; zur Aufgabe derselben stv. BVerfGE 13, 54, 77 f.; u. allg. *Stern* (Fn. 10), 650 f.; sowie *Kimminich* (Fn. 5), 1137 ff. (Rn. 40 ff.); zu den daraus fließenden Konsequenzen neuerdings etwa *Markus Heintzen*, Die Beidseitigkeit der Kompetenzverteilung im Bundesstaat, in: DVBl. 1997, 689–693; beachte aber noch den Rückgriff auf diese Lehre zur Erläuterung der Bundestreue bei *Kölz* (Fn. 43), 165 f.

[58] Statt vieler: *Wolfgang Graf Vitzthum*, Die Bedeutung gliedstaatlichen Verfassungsrechts in der Gegenwart, in: VVDStRL 46 (1988), 7–56, 15 Fn. 30, der bei „eigenständiger“ Staatstätigkeit Gleichordnung und bei „fremdbestimmter“ Unterordnung ausmachen möchte; vgl. a. *ders.*, Der Föderalismus in der europäischen und internationalen Einbindung der Staaten, in: AöR 115 (1990), 281–304, 282; noch detaillierter *Isensee* (Fn. 52), 564 ff. (Rn. 85 ff.); u. allg. etwa BVerfGE 13, 54, 78; sowie *Bayer* (Fn. 6), 42 f.

Veranschaulichung geeignete Hilfsvorstellungen, die für sich allein die mit dem Bundestreueprinzip verbundenen normativen Aussagen nicht begründen konnten[59].

Ähnliches trifft auf die sogenannten „materiellen Bundesstaatslehren" zu. Hier wird eine solche Vielzahl von Theorien verschiedenster Provenienz vertreten, daß sich – in den Worten *Häberles* – „gar nicht abstrakt-generell ein für alle mal sagen (läßt), welches die ‚richtige' Bundesstaatstheorie ist"[60]. Die bloß erklärende bzw. illustrierende, rechtlich aber letztlich nicht bestimmende Funktion dieser Lehren läßt sich am Beispiel des Bündnisgedankens exemplarisch verdeutlichen: Zwar kann man verfassungstheoretisch auch moderne bundesstaatliche Verfassungen wie das Grundgesetz noch als „Bundesvertrag" deuten und etwa in dem Gedanken des „kooperativen Föderalismus" eine Art faktischer Verwirklichung dieser Vertragsidee erblicken[61]. Das ändert jedoch nichts daran, daß, wie bereits dargelegt[62], die Entscheidung für das Grundgesetz vom Deutschen Volk insgesamt kraft seiner verfassungsgebenden Gewalt getroffen wurde und ein Rückgriff auf den Bündnisgedanken zur normativen Fundierung der Bundestreue daher auf tönernen Füßen steht[63]. Unbefriedigend bleibt schließlich auch der Versuch, die Bundestreue rechtlich unmittelbar auf das bundesstaatliche Prinzip bzw. das „Wesen" des Bundesstaates zurückzuführen; diese Pauschalbegründung scheint zwar, wie sich aus einer ganzen Reihe von Entscheidungen ablesen läßt, für die Zwecke des Bundesverfassungsgerichts zu genügen[64], erweckt als normative Basis der Bundestreue aber keinen besonders tragfähigen Eindruck[65].

Vor diesem Hintergrund sind die Bemühungen zu sehen, der Bundestreue zusätzliche Stützen im Text der Verfassung zu verschaffen. Schon *Smend* bediente sich zu diesem Zweck einer Zusammenschau verschiedener Einzelaspekte, zu denen er vor allem die Vor- und Entstehungsgeschichte der jeweiligen Verfassung, die funktionelle Deutung einzelner geschriebener Rechtssätze sowie Beobachtungen

---

59 In dieser Richtung argumentiert schon *Smend* (Fn. 17), 116; ihm folgend *Isensee* (Fn. 52), 565 (Rn. 86); weiter *Stern* (Fn. 10), 659 Fn. 91 m.w.N.; vgl. a. entgegen der dort vertretenen Einordnung *Lerche* (Fn. 34), 67 f. Fn. 8.

60 *Peter Häberle*, Diskussionsbeitrag, in: VVDStRL 46 (1988), 148–151, 149 (Hinzufügung vom Verf.); vgl. a. *ders.*, Aktuelle Probleme des deutschen Föderalismus, in: Die Verwaltung 24 (1991), 169–209, 183 f. et seq.; u. allg. die Übersichten bei *Bauer* (Fn. 2), 56 ff., 85 ff., 118 ff., bes. 128 ff., 167 ff.

61 So etwa *Josef Isensee*, Der Föderalismus und der Verfassungsstaat der Gegenwart, in: AöR 115 (1990), 248–279, 268; vgl. a. *Schulze-Fielitz* (Fn. 23), 215 f.

62 Vgl. oben 1. b) (16).

63 *Klaus Meßerschmidt*, Der Grundsatz der Bundestreue und die Gemeinden, in: Die Verwaltung 23 (1990), 425–458, 431, bezeichnet die entsprechenden Bezugnahmen in der Rspr. des BVerfG (vgl. oben Fn. 30, 49) deshalb auch als „anachronistische" Relikte vergangener Verfassungsepochen.

64 Vgl. BVerfGE 1, 299, 315; 8, 122, 138; 34, 9, 20; 39, 96, 119 f.; 43, 291, 348; dazu *Rudolf* (Fn. 27), 246 f.; sowie *Stern* (Fn. 10), 646, 701; außerdem noch *Bayer* (Fn. 6), 43; u. *Joachim Schmidt*, Der Bundesstaat und das Verfassungsprinzip der Bundestreue, 1966, 119 ff.

65 *Meßerschmidt* (Fn. 63), 431, spricht sogar von einer „Leerformel"; krit. ferner *Hesse* (Fn. 29), 9 Fn. 44; *ders.*, Grundzüge des Verfassungsrechts der Bundesrepublik Deutschland, 20. Aufl. 1995, 96 f. (Rn. 217 f.); *Lerche* (Fn. 34), 88; *Isensee* (Fn. 52), 522 (Rn. 6).

aus der politischen Praxis rechnete[66]. In ähnlicher Weise wurden auch unter dem Grundgesetz zahlreiche Vorschriften zur Ausprägung der Bundesstaatlichkeit „auf den Gedanken der Bundestreue als gemeinsamen Nenner“ zurückgeführt[67]. Besondere Bedeutung hat in diesem Zusammenhang das Rechtsstaatsprinzip erlangt, mit dem die Bundestreue inhaltlich von manchen zumindest partiell identifiziert wird[68]. Letzterem steht jedoch nicht nur die Haltung des Bundesverfassungsgerichts entgegen, das die aus dem Rechtsstaatsprinzip abgeleiteten Schranken für Eingriffe des Staates in den Rechtskreis des Einzelnen für „im kompetenzrechtlichen Bund-Länder-Verhältnis nicht anwendbar“ erklärt, sondern vor allem der Charakter dieser rechtsstaatlichen Grundsätze wie etwa des Verhältnismäßigkeitsprinzips, das zur Verteidigung der individuellen Rechts- und Freiheitssphäre entwickelt wurde und nicht zur Kompetenzabgrenzung innerhalb der Staatsorganisation bestimmt ist[69]. Auch die unter sonstigen Einzelaspekten betriebene „Zusammenschau“ vermag zwar die Notwendigkeit eines Grundsatzes der Bundestreue darzutun, bleibt als alleinige normative Wurzel dieses Ordnungsprinzips jedoch Stückwerk.

Zu guter Letzt sei an dieser Stelle noch auf die Möglichkeit einer Etablierung der Bundestreue als verfassungsgewohnheitsrechtliches Prinzip hingewiesen[70]. Selbst wenn man aber die Existenz verfassungsrechtlichen Gewohnheitsrechts grundsätzlich anerkennt[71], so fehlt es im Falle der Bundestreue wohl an der langdauernden allgemeinen Übung, die erforderlich wäre, um ihre gewohnheitsrechtliche Geltung zweifelsfrei zu untermauern[72]. Dazu kommt, daß die inhaltlichen Konturen der Bundestreue einer permanenten Fortbildung und Fortentwicklung unterliegen, in der *Schenke* sogar eine besondere Bedeutung dieses Grundsatzes für die allgemeine „Dynamisierung des Verfassungsrechts“ erkennt[73] und die gewohnheitsrechtlich kaum zu leisten ist. Aus all diesen Gründen ist auch der Idee einer verfassungsgewohnheitsrechtlichen Begründung der Bundestreue keine Durchsetzungskraft beschieden gewesen.

---

66 Vgl. schon *Smend* (Fn. 10), 248 ff., bes. 258 f.; u. aus der Weimarer Zeit etwa *Bilfinger* (Fn. 18), 39 ff.

67 *Achterberg* (Fn. 41), 92 Fn. 120; vgl. a. *Schmidt* (Fn. 64), 73.

68 So in erster Linie *Kowalsky* (Fn. 3), 209 ff., 245; vgl. aber auch die abgeschwächte Identifikation vor allem mit dem Übermaßverbot bei *Peter Lerche*, Übermaß und Verfassungsrecht, 1961, 160; sowie *Bayer* (Fn. 6), 91 Fn. 53.

69 So ausdrücklich BVerfGE 81, 310 (Leitsatz 5), 338; vgl. a. schon BVerfGE 67, 256, 289; 79, 311, 341; u. bestätigend *Isensee* (Fn. 52), 581 f. (Rn. 118).

70 In dieser Richtung argumentieren etwa *Bayer* (Fn. 6), 32 f., 126; *Schmidt* (Fn. 64), 120; u. *Ossenbühl* (Fn. 56), 136.

71 Schon das ist zweifelhaft, vgl. stv. *Christian Tomuschat*, Verfassungsgewohnheitsrecht?, 1972, bes. 132 ff.; differenzierend allerdings *Fritz Ossenbühl*, Gesetz und Recht – Die Rechtsquellen im demokratischen Rechtsstaat, in: Josef Isensee/Paul Kirchhof (Hg.), Handbuch des Staatsrechts der Bundesrepublik Deutschland, Bd. III, 1988, 281–314 (§ 61), 301 f. (Rn. 42 ff.); sowie *Stern* (Fn. 10), 109 ff.; jew. m.w.N.

72 So schon *Martin Bullinger*, Zum Verhältnis von Bundesaufsicht und Bundestreue, in: AöR 87 (1962), 488–495, 493; ferner *Kowalsky* (Fn. 3), 111 f.; u. zuletzt *Bauer* (Fn. 2), 238 f.

73 *Schenke* (Fn. 22), 659.

Aus der hier interessierenden Perspektive des Interorganrespekts sind allerdings gerade die in den bisher behandelten Begründungsansätzen festgestellten Defizite von Belang. Denn alle diese Ansätze wären zur Fundierung des Interorganrespekts noch erheblich weniger tauglich als zur normativen Verankerung der Bundestreue: Mit dem Bundes- oder Rechtsstaatsprinzip – zumindest soweit letzteres auf die Verteidigung *individueller* Rechte und Freiheiten ausgerichtet ist – hat dieses Prinzip jedenfalls unmittelbar nichts zu tun. Als Verfassungsgewohnheitsrecht läßt es sich noch viel weniger als die Bundestreue etablieren, und was die Möglichkeit einer „Zusammenschau von Einzelaspekten" anbetrifft, so gilt für beide Grundsätze das Gleiche: historische Hinweise, die funktionelle Stellung einzelner Verfassungsvorschriften sowie Beobachtungen aus der politischen Praxis vermögen hervorragende Anhaltspunkte für die Existenz und Erforderlichkeit des jeweiligen Prinzips zu liefern – was hinsichtlich des Interorganrespekts in einer ausführlichen Anwendungsanalyse noch unter Beweis gestellt werden soll –, genügen für sich allein jedoch nicht als normative Basis desselben. Ließe sich daher die Bundestreue schwerpunktmäßig auf einen der genannten Begründungsansätze stützen, dann könnte man an dieser Stelle kaum Parallelen zwischen ihr und dem Interorganrespekt ziehen. So aber bedarf es schon für die Bundestreue eines Rückgriffs auf allgemeine Rechtsgrundsätze, der für die rechtliche Begründung des Interorganrespekts möglicherweise Vorbildcharakter entfalten kann.

bb) Der Grundsatz von Treu und Glauben

Wie zuvor schon angedeutet, provozierte die Notwendigkeit dieses Rückgriffs verschiedene Stimmen dazu, die Bundestreue insgesamt für entbehrlich zu halten und statt des „Rückgriffs" quasi einen unmittelbaren „Durchgriff" auf allgemeine Rechtsgrundsätze vorzuschlagen[74]. Hierzu wurde jedoch oben schon bemerkt, daß die Suche nach Alternativen, die die normativen Funktionen der Bundestreue übernehmen könnten, im Bereich der allgemeinen Rechtsgrundsätze nur zu Ergebnissen von gesteigerter Unbestimmtheit führen kann[75]. Die durch einen Verzicht auf die Rechtsfigur der Bundestreue entstehenden Regelungslücken müßten durch ein ganzes Bündel von Ersatzüberlegungen gefüllt werden, deren innerer Zusammenhang sich nur schwerlich herstellen ließe[76]. So ermöglicht die Bundestreue als „verdichtende Zwischenformel"[77] in jedem Fall eine größere inhaltliche Präzision bei der

---

[74] Stv. erneut *Hesse* (Fn. 29), 7, der zur Bundestreue erklärt, „daß *dieser* ungeschriebene Verfassungsgrundsatz der *geschriebenen* Verfassung und den *gesicherten* ungeschriebenen Rechtsgrundsätzen *ohne Notwendigkeit* hinzugefügt wird" (Hervorhebungen z.T. vom Verf.).

[75] Vgl. oben 1. b) (17 f.); stv. hierfür *Fuß* (Fn. 30), 41, der statt der Bundestreue kurzerhand ein Prinzip „gutnachbarlicher Rücksichtnahme der Länder untereinander" als „einen weiterer Ableitung nicht bedürftigen allgemeinen Rechtsgrundsatz" postuliert.

[76] In diesem Sinne schon *Hannfried Walter*, Unlauterer Wettbewerb unter Bundesländern?, in: DÖV 1967, 622–628, 625 Fn. 13; u. mit eindeutiger Stellungnahme *Bauer* (Fn. 2), 166.

[77] *Lerche* (Fn. 34), 89, der freilich statt der Bundestreue den Begriff eines „Bundessinns" einführen möchte.

Umsetzung allgemeiner Rechtsgrundsätze in konkrete Rechtsbeziehungen des Bund-Länder-Verhältnisses.

In die entgegengesetzte Richtung scheint auf den ersten Blick ein von *Bleckmann* unternommener Vorstoß zu zielen, der eine ausdrückliche normative Grundlegung der Bundestreue im geschriebenen Verfassungstext erblickt[78]. Zwar ist der von ihm hierfür herangezogene Art. 72 II GG in der Zwischenzeit geändert worden; der Kerngehalt seiner Aussage wird davon aber nicht berührt: Obwohl Art. 72 II GG seinem Wortlaut nach nur eine Kompetenzregelung enthält, schließt dies die Ableitung materieller Rechtssätze aus dieser Vorschrift nicht aus[79]. Konkret folgert *Bleckmann* aus der Bestimmung der Erforderlichkeit einer bundesgesetzlichen Regelung anhand des gesamtstaatlichen bzw. Allgemeininteresses in Art. 72 II GG, daß auch die subjektiven Rechte von Bund und Ländern im bundesstaatlichen Verhältnis – soweit sie nicht bereits im einzelnen festgelegt sind – anhand einer Abwägung der beiderseitigen Interessen zu bestimmen seien[80]. Maßstab für diese Abwägung soll die optimal-effektive Erfüllung der gesamtstaatlichen Aufgaben sein[81]; das alles erinnert sehr an den von verschiedener Seite ebenfalls zur Begründung der Bundestreue ins Spiel gebrachten Gedanken der „staatlichen Integration"[82].

Auch wenn diese Erwägungen ihren Ausgang von einer Vorschrift des geschriebenen Verfassungstextes nehmen, so deutet die Reichweite der daraus gezogenen Konsequenzen doch eher auf ihre Herkunft aus dem Gedankengut eines nur im Zivilrecht kodifizierten allgemeinen Rechtsgrundsatzes hin: des Grundsatzes von Treu und Glauben, der jedenfalls in vertraglichen und vertragsähnlichen Beziehungen regelmäßig als Maßstab zur Abwägung der beiderseitig involvierten Interessen dient[83]. Hinsichtlich der Bundestreue ist ihre *Verwandtschaft* mit dem Prinzip von Treu und Glauben schon von *Smend* selbst konstatiert worden[84] und wird auch, so-

---

[78] *Albert Bleckmann*, Zum Rechtsinstitut der Bundestreue, in: JZ 1991, 900–907, bes. 901 f.

[79] So schon *Albert Bleckmann*, Zum materiellrechtlichen Gehalt der Kompetenzbestimmungen des Grundgesetzes, in: DÖV 1983, 129–135, 129; vgl. a. allg. *Rupert Stettner*, Grundfragen einer Kompetenzlehre, 1983, 134 f., 137 f.; u. etwa BVerfGE 12, 45, 50; 53, 30, 56.

[80] *Bleckmann* (Fn. 78), 903 f., unter Rückgriff auf das von ihm so genannte „Zweistaatenmodell" des Völkerrechts. Vgl. a. *Heintzen* (Fn. 57), 692 f., zur Bestimmbarkeit der jeweiligen Kompetenzzuweisungen unter dem GG; u. speziell zum neuen Art. 72 II GG *Christian Calliess*, Die Justiziabilität des Art. 72 Abs. 2 GG vor dem Hintergrund von kooperativem und kompetitivem Föderalismus, in: Josef Aulehner u.a. (Hg.), Föderalismus – Auflösung oder Zukunft der Staatlichkeit?, 1997, 293–313, 306 et seq.

[81] *Bleckmann* (Fn. 78), bes. 902, 905.

[82] Vgl. *Wolf-Rüdiger Schenke*, Die Verfassungsorgantreue, 1977, 30; ferner *Stern* (Fn. 10), 701; sowie *Korioth* (Fn. 37), 219 ff., 279 f.

[83] Stv. dazu *Palandt-Heinrichs*, BGB, 56. Aufl. 1997, § 242 Rn. 5; *MünchKomm-Roth*, Bd. 2, 3. Aufl. 1994, § 242 Rn. 33 ff.; u. etwa BGHZ 49, 148, 153.

[84] *Smend* (Fn. 10), 261: „Was das Reich und die Einzelstaaten ... einander schuldig sind, das ist nur zum Teil der Reichsverfassung zu entnehmen; wie neben den sonstigen Vorschriften über den Inhalt der einzelnen Schuldverhältnisse für den Geist ihrer Erfüllung der Grundsatz von Treu und Glauben rechtlich maßgebend ist, so für den Inhalt der Vorschriften der Reichsverfassung, soweit die Einzelstaaten irgendwie beteiligt sind, der Grundsatz ... der bundesfreundlichen Gesinnung."

weit ersichtlich, bis heute kaum bestritten[85]. Der weitergehende Schritt einer normativen *Verankerung* der Bundestreue im Rechtsgrundsatz von Treu und Glauben ist bislang allerdings erst vereinzelt unternommen worden, wobei das zuletzt von *Bauer* gehaltene Plädoyer besondere Beachtung verdient[86]: Wie er im einzelnen nachweist, bestehen zunächst keine systematischen Bedenken dagegen, das Prinzip von Treu und Glauben auch im öffentlichen Recht zur Geltung zu bringen. Denn bei Treu und Glauben handelt es sich um einen im Wortsinne *allgemeinen* Rechtsgrundsatz, der zwar nur im Zivilrecht seinen kodifikatorischen Niederschlag gefunden hat, ungeachtet dessen jedoch in der gesamten Rechtsordnung Geltung beanspruchen kann[87]. Selbst das Bundesverfassungsgericht spricht wie selbstverständlich von „dem auch im öffentlichen Recht herrschenden Grundsatz von Treu und Glauben"[88]. Zwar stellt dieser Grundsatz im Prinzip ein Regulativ für zwischen*menschliche* Beziehungen dar, indem er normalerweise für einen Interessenausgleich zwischen Personen im Rahmen rechtsgeschäftlicher Kontakte sorgen soll[89]; allein die Wichtigkeit der „bona fides" im Völkerrecht, auf die weiter unten noch näher eingegangen werden soll[90], beweist aber schon, daß eine entsprechende Einschränkung des Anwendungsbereichs von Treu und Glauben logisch nicht zwingend ist und jedenfalls der zwischen*staatliche* Verkehr, auf dessen Regeln die Bundestreue historisch zurückgeführt werden kann[91], ohne diesen Grundsatz gar nicht auszukommen vermag.

Damit kann die Bundestreue als eine normative Ableitung und gleichzeitig als eine bereichsspezifische Ausprägung des allgemeinen Rechtsprinzips von Treu und Glauben betrachtet werden. Aus dieser Perspektive konkretisiert sie das abstrakte Normprogramm von Treu und Glauben entsprechend dem zwischen Bund und Län-

---

[85] Vgl. etwa aus der Weimarer Zeit *Bilfinger* (Fn. 18), 53 et seq., 63; u. weiterhin *Smend* (Fn. 17), 172; aus neuerer Zeit etwa *Christoph Degenhart*, Staatsrecht I, 14. Aufl. 1998, 78 (Rn. 182); *Bayer* (Fn. 6), 64 f.; *Isensee* (Fn. 52), 606 (Rn. 158); u. selbst *Fuß* (Fn. 30), 38.

[86] *Bauer* (Fn. 2), 245 ff. mit zahlreichen weiteren Nachweisen; vgl. aber auch schon die Ansätze bei *Friedrich Karl v. Kempis*, Die Treuepflicht zwischen Gemeinden und Staat und der Gemeinden untereinander, 1970, 107 ff., 114 ff.; sowie *Kölz* (Fn. 43), 169, 176.

[87] Vgl. etwa *Hans J. Wolff*, Rechtsgrundsätze und verfassunggestaltende Grundentscheidungen als Rechtsquellen, in: GS Walter Jellinek, 1955, 33–52, 39 f.; u. als neueres Zeugnis *Hans Peter Bull*, Allgemeines Verwaltungsrecht, 5. Aufl. 1997, 130 (Rn. 289).

[88] BVerfGE 59, 128, 167; vgl. a. schon RGZ 158, 100, 109; u. etwa *Manfred Weigert*, Besteht ein Rechtsgrundsatz der „Kreistreue"?, in: BayVBl. 1978, 597 f., 598; sowie aus schweizerischer Sicht *Katharina Sameli*, Treu und Glauben im öffentlichen Recht, in: Zeitschrift für Schweizerisches Recht N.F. 96 (1977), II. Halbbd., 287–390, 302 ff.; u. die weiteren Nachweise vor allem aus der zivilrechtlichen Kommentarliteratur bei *Bauer* (Fn. 2), 246.

[89] Darauf macht schon *Adolf Schüle*, Treu und Glauben im deutschen Verwaltungsrecht, in: VerwArch. 38 (1933), 399–436, 420 f., aufmerksam; grundsätzlich zust. *Bayer* (Fn. 6), 47 f.; *Schenke* (Fn. 82), 48 f.; *Kölz* (Fn. 43), 169.

[90] Vgl. stv. *Alfred Verdross*, Die bona fides als Grundlage des Völkerrechts, in: FS Rudolf Laun, 1953, 29–33; *ders./Bruno Simma*, Universelles Völkerrecht, 3. Aufl. 1984, 46 (§ 60); u. die näheren Ausführungen dazu am Ende dieses Kapitels (75 ff.).

[91] Das gibt selbst *Schüle* (Fn. 89), 423, zu; vgl. a. oben 1. a) et seq. (13 ff.) zu den „bündischen" Ursprüngen der Bundestreue.

dern bestehenden „eigentümlichen Grundverhältnis“[92] unter den Vorgaben der grundgesetzlichen Ordnung[93]. Der hier zu behandelnde Gedanke des Interorganrespekts könnte – bezogen auf die besonderen Bedingungen im Verhältnis der einzelnen Verfassungsorgane zueinander – möglicherweise eine ähnliche Rolle spielen und damit eine vergleichbare normative Verankerung finden.

3. Normative Bedeutung und Ausdifferenzierung

Mit der begrifflichen Bestimmung und normativen Begründung der Bundestreue ist freilich erst der erste Schritt zur Auslotung dieses Verfassungsprinzips getan. Hinzukommen muß eine Analyse seiner normativen Reichweite und der Möglichkeiten seiner Konkretisierung. In dieser Hinsicht könnte die rechtswissenschaftliche Behandlung der Bundestreue nämlich ebenfalls Vorbildcharakter für eine Theorie des Interorganrespekts besitzen.

a) Die Entwicklungsoffenheit der Bundestreue als Strukturprinzip

Trotz der zuvor beschriebenen prinzipiellen Anerkennung der Bundestreue konnte über die konkrete Reichweite und inhaltliche Ausgestaltung dieses Grundsatzes bislang keine vollständige Übereinstimmung erzielt werden. Dem Konzept, das der rechtspraktischen Handhabung der Bundestreue zugrunde liegt, fehlt es in letzter Konsequenz an Einheitlichkeit. So bleibt beispielsweise in der Spruchpraxis des Bundesverfassungsgerichts unklar, inwieweit es den Grundsatz des bundesfreundlichen Verhaltens tatsächlich als umfassend einsetzbare Generalklausel betrachtet und verwendet[94]. Die daraus resultierende relative Unschärfe der inhaltlichen Konturen des Bundestreueprinzips hat *Bayer* mit der nüchternen Feststellung auf den Punkt gebracht: „Die Bundestreue ist von Natur aus inhaltlich ungewiß“[95]. Diese Ungewißheit dürfte wiederum viel dazu beigetragen haben, die praktische Bedeutung der Bundestreue auf die freilich nicht zu unterschätzende Rolle eines „Reserve-Rechtssatzes“ zu reduzieren, auf den in erster Linie zur Schlichtung von kodifikatorisch nicht ausdrücklich geregelten Bundesstaatskonflikten zurückgegriffen wird[96].

Diese Erkenntnis ist jedoch nicht neu und stellt daher auch die Existenzberechtigung der Bundestreue jenseits der im Grundgesetz nicht direkt erfaßten Konfliktfälle nicht in Frage. Schon *Smend* selbst bezeichnete die bundesstaatliche Treuepflicht als einen elastischen allgemeinen Grundsatz, der geeignet sei, die Einzelhei-

[92] BVerfGE 31, 314, 354.

[93] So vor allem die Sicht von *Bauer* (Fn. 2), 252 f.; vgl. aber auch *Isensee* (Fn. 52), 605 f. (Rn. 158); u. für Belgien *Alen/Peeters/Pas* (Fn. 1), 475 ff.

[94] Dieser Meinung sind z.B. *Ulrich Battis/Christoph Gusy*, Einführung in das Staatsrecht, 3. Aufl. 1991, 178 (Rn. 181); vgl. a. vor allem *Geiger* (Fn. 10), 60, der dieses Verfassungsprinzip daher als „Rückgrat des Föderalismus“ bezeichnet (67).

[95] *Bayer* (Fn. 6), 127.

[96] In diesem Sinne äußert sich bspw. BVerwGE 50, 137, 148; vgl. a. BVerfGE 43, 291, 349.

ten der Problemlösung in allen denkbaren Bundesstaatskonflikten richtig zu bestimmen, sich aber in konkreten Verfassungsartikeln kaum adäquat ausdrücken lasse[97]. Der Gedanke von der notwendigen Elastizität der Bundestreue ist auch im folgenden immer wieder aufgegriffen worden[98]. Das Bundesverfassungsgericht bekennt sich seinerseits offen zur laufenden Fortentwicklung der materiellrechtlichen Inhalte des bundesfreundlichen Verhaltens und betont die Erforderlichkeit ihrer Bestimmung anhand der Umstände des jeweiligen Einzelfalls[99]. Vor diesem Hintergrund läßt sich ein Gesamtbild der Bundestreue zeichnen, das sie als ein zentrales Strukturprinzip des Bundesstaates Bundesrepublik Deutschland versteht, dessen übergreifender Charakter sich darin manifestiert, daß es in zahlreichen Einzelbereichen eine explizite verfassungsrechtliche Konkretisierung erfahren hat, im übrigen aber auch zusätzliche, erschöpfend nicht aufzählbare verfassungsrechtliche Pflichten des Bundes und der Länder begründet[100]. Insofern handelt es sich bei der Bundestreue um einen in besonderer Weise dynamischen, „entwicklungsoffenen" Rechtsgrundsatz[101], was für den Gedanken des Interorganrespekts in ähnlicher Weise zutreffen dürfte.

b) Konkretisierung und Justitiabilität

Versucht man, die Bundestreue weiter auszudifferenzieren, so stößt man zunächst auf eine Reihe allgemeiner Pflichten, die sich im wesentlichen mit den Begriffen der *Kooperation*, der *Koordination* sowie der *Rücksichtnahme* beschreiben lassen. So ergeben sich für das Bundesverfassungsgericht schon in einer seiner ersten Entscheidungen aus der Bundestreue konkrete Pflichten zum Zusammenwirken, zu Verhandlungen und zur Verständigung von Bund und Ländern mit der unmittelbaren Folge, daß etwa ein unsachlicher Widerspruch eines Beteiligten gegen einen im übrigen allseitigen Konsens rechtlich unbeachtlich werden kann[102]. Zur Rücksichtnahme präsentiert das Gericht ebenfalls sehr frühzeitig die allgemeine Formel, ein Landesgesetzgeber habe jedenfalls dann die Interessen des Bundes und der übrigen Länder zu berücksichtigen, wenn „die Auswirkungen einer gesetzlichen Regelung nicht auf den Raum des (eigenen) Landes begrenzt" sind[103]. Das Bundesverwaltungsgericht erstreckt den Grundsatz der Bundestreue inzwischen sogar auf alle

---

[97] *Smend* (Fn. 10), 265 f.; bestätigend etwa *Bilfinger* (Fn. 18), 57 ff.

[98] So ausdrücklich *Isensee* (Fn. 52), 596 f. (Rn. 147); u. selbst *Hesse* (Fn. 29), 9; vgl. a. *Erhard Denninger*, Verfassungsrechtliche Schlüsselbegriffe, in: FS Rudolf Wassermann, 1985, 279–298, 289.

[99] Vgl. zuletzt etwa BVerfGE 81, 310, 337. *Geiger* (Fn. 10), 47, schließt daraus, daß „noch einiges, bisher Unausgesprochenes, in diesem Prinzip enthalten zu sein (scheint), das aus gegebenem Anlaß neue Perspektiven unserer bundesstaatlichen Ordnung" eröffnen könnte (Klammerzusatz vom Verf.).

[100] In diesem Sinne bspw. schon *Geiger* (Fn. 10), 58.

[101] Das betont vor allem *Bauer* (Fn. 2), 313 ff.; unter Rückbezug auf *Bayer* (Fn. 6), 72; vgl. a. *Schenke* (Fn. 22), 658 f.

[102] BVerfGE 1, 299, 315 f.

[103] BVerfGE 4, 115, 140 (Klammerzusatz vom Verf.).

„Träger öffentlicher Verwaltung“ und leitet daraus eine allgemeine Pflicht der staatlichen Organe zu „gemeinschaftsfreundlichem Verhalten“ ab, die beispielsweise „eine wechselseitige Rücksichtnahme auf die Erfordernisse, die sich für die Aufgabenerfüllung des jeweils anderen Verwaltungsträgers ergeben“, einschließt[104].

Mit diesen Formeln ist das Problem der Konkretisierung im einzelnen freilich noch lange nicht gelöst, zumal neben Rechtsprechung und Rechtswissenschaft auch die bundesstaatlichen Akteure selbst fortlaufend an der inhaltlichen Weiterentwicklung des Bundestreueprinzips beteiligt sind. So lassen sich zahlreiche Normen sowohl des Grundgesetzes wie auch des einfachen Rechts als konkretisierte Ausprägungen des bundesfreundlichen Verhaltensgebots verstehen[105], und ebenso können formelle wie informelle Verständigungen zwischen Bund und Ländern wertvolle Hinweise für die inhaltliche Ausgestaltung der bundesstaatlichen Treuepflicht liefern[106]. Die damit zusammenhängende „Entwicklungsoffenheit“ der Bundestreue, von der im vorigen Abschnitt schon die Rede war, führt dazu, daß dieser Rechtsgrundsatz, obgleich als Prinzip von umfassendem Charakter, zur Ableitung konkreter Entscheidungen nur dort herangezogen wird, wo keine spezifischen Vorschriften des Verfassungsrechts zu finden sind. Diese Funktionsbeschreibung der Bundestreue kann allerdings insofern nicht überraschen, als sie ziemlich genau der Rolle von Treu und Glauben im Zivilrecht entspricht[107], was die oben bereits konstatierte Wesensverwandtschaft dieses Grundsatzes mit der Bundestreue erneut unterstreicht.

Für das Verhältnis zwischen der allgemeinen bundesstaatlichen Treuepflicht und ihren Konkretisierungen ergibt sich daraus folgendes: Zwar beherrscht die Bundestreue als Strukturprinzip das „verfassungsrechtliche Grundverhältnis“[108] zwischen Bund und Ländern, gelangt jedoch in der Regel immer nur im Rahmen eines *konkreten* verfassungsrechtlichen Verhältnisses[109] zur Wirksamkeit. *Bauer* unterscheidet deshalb auf der Basis der Rechtsverhältnislehre zwischen dem „allgemeinen Rechtsverhältnis“, zu dem Bund und Länder in der bundesstaatlichen Ordnung des Grundgesetzes verbunden sind, und den „besonderen Rechtsverhältnissen“, die konkrete Ausschnitte des bundesstaatlichen Gesamtrechtsverhältnisses zum Gegenstand haben[110]. Ohne in diesem Zusammenhang den tiefgehenden dogmati-

---

104 BVerwG DVBl. 1990, 46 ff., 47 f.

105 Vgl. erneut *Achterberg* (Fn. 41), 91 f. Fn. 120, zum GG; u. bspw. *Jörg Lücke*, Das Gebot der Rücksichtnahme in der länderüberschreitenden Raumordnung, in: VerwArch. 70 (1979), 293–308, 295 ff. m.w.N. zu Vorschriften des ROG.

106 Zu ausdrücklichen vertraglichen Fixierungen der Bundestreue vgl. etwa *Gunter Kisker*, Kooperation im Bundesstaat, 1971, 215 f. Fn. 801; u. zum informalen Handeln insbes. *Helmuth Schulze-Fielitz*, Der informale Verfassungsstaat, 1984, 104.

107 Stv. dazu *Soergel-Teichmann*, BGB, Bd. 2, 12. Aufl. 1990, § 242 Rn. 5 f.; vgl. a. *Joachim Gernhuber*, § 242 BGB – Funktionen und Tatbestände, in: JuS 1983, 764–769, 764 f.

108 BVerfGE 42, 103, 113; vgl. a. BVerfGE 39, 96, 108: „bundesstaatliches Grundverhältnis“; 72, 330, 388 f.: „bundesstaatliches Verfassungsverhältnis“.

109 Das betont bspw. BVerfGE 21, 312, 326.

110 *Bauer* (Fn. 2), 304 ff.; vgl. a. *ders.*, Geschichtliche Grundlagen der Lehre vom subjektiven öffentlichen Recht, 1986, 167 ff.; *Wilhelm Henke*, Das subjektive Recht im System des öffentlichen

schen Streit um die Rechtsverhältnislehre im einzelnen nachzeichnen zu wollen[111], kann diese Unterscheidung bei der Bestimmung der Beziehungen zwischen dem ungeschriebenen Rechtsgrundsatz der Bundestreue und den einschlägigen Verfassungsregelungen gute Dienste leisten: Die bundesstaatliche Treuepflicht erweist sich demnach im Rahmen des allgemeinen bundesstaatlichen Grundverhältnisses als umfassende und übergreifende Grundpflicht, die die bundesstaatliche Ordnung des Grundgesetzes hinsichtlich ihrer gesamten Ausrichtung und Orientierung entscheidend prägt[112]. Zur Beantwortung der in den zahlreichen besonderen Rechtsverhältnissen des Bundesstaates auftretenden Rechtsfragen ist sie wegen der Allgemeinheit ihrer Aussagen jedoch nur begrenzt geeignet. Für diesen Zweck muß daher in erster Linie auf die konkret normierten bundesstaatlichen Treuepflichten zurückgegriffen werden[113], die sich allerdings sämtlich aus der allgemeinen Grundpflicht ableiten lassen und insofern als spezifische Ausdrucksformen des übergreifenden Strukturprinzips Bundestreue anzusehen sind.

Aus dieser Einordnung der Bundestreue ergeben sich weitere bedeutsame Konsequenzen bezüglich ihrer Einsatzmöglichkeiten bei der Bearbeitung konkreter Streitfälle. Die erste liegt nach dem „lex specialis"-Grundsatz unmittelbar auf der Hand: Da der Rückgriff auf ungeschriebene Grundprinzipien regelmäßig entbehrlich ist, wenn ein Konflikt bereits anhand kodifizierter Spezialregelungen gelöst werden kann, kommt der Bundestreue für die gerichtliche Entscheidung konkreter bundesstaatlicher Rechtsstreitigkeiten grundsätzlich nur subsidiärer Charakter zu[114]. Darüber hinaus hat das Bundesverfassungsgericht sich schon sehr frühzeitig zu einer verringerten Kontrolldichte bei der Überprüfung von Gesetzen am Maßstab der Bundestreue bekannt[115] und für diese Zurückhaltung hinsichtlich der Justitiabilität der Bundestreue in der Literatur weitgehend Beifall geerntet[116]. Diese Be-

---

Rechts, in: DÖV 1980, 621–633, 624 f.; *Norbert Achterberg*, Die Rechtsordnung als Rechtsverhältnisordnung, 1982, 61 ff., 80 f., 83 f.; *Rolf Gröschner*, Das Überwachungsrechtsverhältnis, 1992, bes. 86 ff., 210 ff.; *Martin Schulte*, Zur Rechtsnatur der Bundesauftragsverwaltung, in: VerwArch. 81 (1990), 415–435, 421.

[111] Zu diesem Streit neuerdings wieder *Thomas v. Danwitz*, Zu Funktion und Bedeutung der Rechtsverhältnislehre, in: Die Verwaltung 30 (1997), 339–363, bes. 347 ff., 360 ff.; sowie *Rolf Gröschner*, Vom Nutzen des Verwaltungsrechtsverhältnisses, in: Die Verwaltung 30 (1997), 301–338, bes. 308 ff.; vgl. a. *Wolfgang Schur*, Anspruch, absolutes Recht und Rechtsverhältnis im öffentlichen Recht entwickelt aus dem Zivilrecht, 1993, 43 ff., 178 ff.; *Martin Schulte*, Schlichtes Verwaltungshandeln, 1995, insbes. 203 ff.; u. dagegen etwa *Jost Pietzcker*, Das Verwaltungsrechtsverhältnis – archimedischer Punkt oder Münchhausens Zopf?, in: Die Verwaltung 30 (1997), 281–299.

[112] In diesem Sinne etwa auch *Isensee* (Fn. 52), 600 f. (Rn. 154); oder *Stern* (Fn. 10), 700.

[113] Vgl. hierzu exemplarisch *Schulte* (Fn. 110), 423 ff.

[114] Ebenso z.B. auch *Hesse* (Fn. 65), 117 f. (Rn. 270); *Isensee* (Fn. 52), 604 f. (Rn. 157); u. *Kölz* (Fn. 43), 172, 177.

[115] BVerfGE 4, 115, 140: „Bei dieser Prüfung kann es sich ... nur um die Kontrolle der Einhaltung äußerster Grenzen handeln. Ein Landesgesetz könnte aus diesem Grunde nur verworfen werden, wenn der Landesgesetzgeber seine Freiheit offenbar mißbraucht hätte."

[116] Vgl. *Hesse* (Fn. 65), 117 f. (Rn. 269 f.); *Korioth* (Fn. 37), 277 ff.; *Faller* (Fn. 37), 66 ff.; *Kölz* (Fn. 43), 176; *Spanner* (Fn. 31), bes. 482; *Ossenbühl* (Fn. 56), 137; *Meßerschmidt* (Fn. 63), 455 ff.; *Bayer* (Fn. 6), 125; u. grundsätzlich *Gerhard Hoffmann*, Das verfassungsrechtliche Gebot der Rationalität im Gesetzgebungsverfahren, in: ZG 5 (1990), 97–116, 111.

obachtung sollte jedoch keinesfalls dazu verleiten, die Bundestreue jenseits ihres gerichtlich kontrollierbaren Anwendungsbereichs in positivistischer Manier aus der Sphäre des Rechts herauszunehmen und auf ein bloß politisches Moralgebot zu reduzieren[117]. Vielmehr reichen die rechtlichen Bindungen, die das Prinzip der Bundestreue Bund und Ländern auferlegt, weiter als die gerichtliche Kontrolle darüber, ob die bundesstaatlichen Akteure die für sie bestehenden Schranken beachtet haben. Wie *Schenke* für den gleich noch zu behandelnden Parallelfall der Verfassungsorgantreue exemplarisch herausgearbeitet hat, entspricht diese Unterscheidung zwischen Rechtsbindung und Justitiabilität weitgehend der auf *Forsthoff* zurückgehenden Differenzierung zwischen Funktions- und Kontrollnorm, die *Bauer* durch das Begriffspaar „Funktions- und Konfliktentscheidungsnorm" ersetzen möchte[118]. Sie bringt zum Ausdruck, daß ein Rechtsprinzip als pflichtenbegründende Funktionsnorm sehr wohl umfassende Verbindlichkeit beanspruchen, in seiner konkreten Relevanz für die gerichtliche Streitentscheidung aber hinter diesem umfassenden Anspruch zurückbleiben kann. Das Bundesverfassungsgericht bewegt sich der Sache nach ebenfalls ganz auf dieser Linie, die den aus der Bundestreue abgeleiteten Pflichten ungeachtet ihrer begrenzten Justitiabilität volle Rechtswirksamkeit zuerkennt[119] und insofern möglicherweise auch Vorbildcharakter für die dogmatische Einordnung des Interorganrespekts besitzen könnte.

c) Einzelne Ableitungen

Läßt man vor diesem Hintergrund die in der verfassungsgerichtlichen Rechtsprechung bislang gefundenen Konkretisierungsergebnisse bezüglich der Bundestreue Revue passieren, so ergibt sich zunächst eine Typologie spezifischer Pflichten, die das Verfassungsgericht dem Prinzip der Bundestreue entnimmt[120]. An erster Stelle sind hier wechselseitige Hilfs- und Unterstützungspflichten zu nennen, die für das Gericht schon frühzeitig Anlaß zur Aktualisierung des Bundestreuegedankens boten[121]; als Paradebeispiele fungieren insoweit etwa der verfassungsrechtliche Finanzausgleich oder die Verpflichtungen im Bereich der Rechts- und Amtshilfe[122].

---

117 So aber tendenziell *Bullinger* (Fn. 72), 494 f.; vgl. a. *Kölz* (Fn. 43), 167 ff.

118 I. einz. dazu *Ernst Forsthoff*, Über Maßnahme-Gesetze, in: GS Walter Jellinek, 1955, 221–236, 232 f.; *Schenke* (Fn. 82), 140 ff.; *Bauer* (Fn. 2), 369 ff.; vgl. a. *Ernst-Wolfgang Böckenförde*, Die Methoden der Verfassungsinterpretation – Bestandsaufnahme und Kritik, in: NJW 1976, 2089–2099, 2099; sowie *Hesse* (Fn. 65), 28 (Rn. 73).

119 BVerfGE 4, 115, 141: „Der Umstand, daß das Gericht insofern nur die Einhaltung äußerster Grenzen nachprüfen kann, darf aber nicht dazu führen, daß die Länder diese Pflichten weniger ernst nehmen als diejenigen, die sich aus positiven Rechtsvorschriften ergeben und einer strengeren verfassungsgerichtlichen Kontrolle unterliegen."

120 Die Arbeit orientiert sich insoweit an der von *Bauer* (Fn. 2), 343 ff., überzeugend entwickelten Typologie.

121 Vgl. z.B. BVerfGE 1, 117, 131; 12, 205, 254; u. allg. *Kölz* (Fn. 43), 175 f.

122 Zum Finanzausgleich vor allem BVerfGE 72, 330, 397 f.; zur Rechts- und Amtshilfe bspw. *Achterberg* (Fn. 41), 91 f. Fn. 120; *Isensee* (Fn. 52), 646 (Rn. 231); u. allg. *Torsten Stein*, Amtshilfe in auswärtigen Angelegenheiten, 1975, 80 f.

Eine wesentliche Rolle spielen in diesem Zusammenhang weiterhin Informations- und Konsultationspflichten, wie sie der Bund beispielsweise im Blick auf den beabsichtigten Abschluß völkerrechtlicher Verträge übernommen hat, die wesentliche Interessen der Länder berühren[123]; in Angelegenheiten der Europäischen Union haben die entsprechenden Verpflichtungen durch den neuen Art. 23 GG sogar eine verfassungsrechtliche Konkretisierung erfahren[124]. Darüber hinausgehende Pflichten zur gegenseitigen Abstimmung und Zusammenarbeit erkennt man namentlich im Rundfunkwesen, wo das Verfassungsgericht eine Kooperation der Länder als Voraussetzung für ein funktionierendes System der Programmverbreitung betrachtet und eine entsprechende Verpflichtung der Länder aus dem Grundsatz des bundesfreundlichen Verhaltens herleitet[125], sowie im Planungsrecht, wo der Bundesgesetzgeber in zunehmendem Maße vergleichbare Pflichten festschreibt[126]. Schließlich entspringen, wie das Bundesverfassungsgericht bereits im „Ersten Fernsehurteil" dargelegt und seither wiederholt bestätigt hat, aus der Bundestreue Anhörungs- und Verfahrenspflichten, insbesondere bei der Verhandlungsführung im Bundesstaat, die den Geboten der prozeduralen Fairneß und Sachlichkeit Genüge tun sollen[127].

Positive Handlungsverpflichtungen dieser Art bilden allerdings nur eine Seite der Medaille in der Funktionsbeschreibung des Bundestreueprinzips. Von vergleichbarer Wichtigkeit ist seine Bedeutung als Rechts- bzw. Kompetenzausübungsschranke, die sich beispielhaft in den Verboten mißbräuchlicher Rechtsausübung oder widersprüchlichen Verhaltens konkretisieren läßt[128] und die das Verfassungsgericht dahingehend umschreibt, Bund und Länder seien verpflichtet, bei der Inanspruchnahme ihrer Rechte die gebotene Rücksicht auf die Belange der anderen

---

[123] Vgl. Nr. 4 lit. a des Lindauer Abkommens vom 14.11.1957 – Text bei *Bernhard Hartung*, Die Praxis des Lindauer Abkommens, 1984, 170 f., 171; zu dessen allerdings umstrittener verfassungsrechtlicher Qualität *Stern* (Fn. 10), 696 ff. m.w.N.; u. zu dem gescheiterten Versuch seiner verfassungsmäßigen Kodifizierung *Kirsten Schmalenbach*, Der neue Europaartikel 23 des Grundgesetzes im Lichte der Arbeit der Gemeinsamen Verfassungskommission, 1996, 172 ff.

[124] Dazu i. einz. *Schmalenbach* (Fn. 123), 105 ff.; für die Länder ergeben sich entsprechende Pflichten z.B. dann, wenn sie Gesetze des Bundes ausführen oder Ausgaben des Bundes verwalten, vgl. etwa BVerfGE 39, 96, 127; 41, 291, 313.

[125] BVerfGE 73, 118, 196 f.; vgl. a. etwa *Walter Schmitt Glaeser/Christoph Degenhart*, Koordinationspflicht der Länder im Rundfunkwesen, in: AfP 17 (1986), 173–187, 178 ff.; u. krit. *Walter Rudolf/Siegfried Jutzi*, Verfassungspflicht zur Harmonisierung der Landesmediengesetze?, in: ZRP 1987, 2–4.

[126] So bspw. in §§ 8 II, 9 I, III, 13 ff. des neuen ROG; allg. zur Bedeutung der Bundestreue im Planungsrecht außerdem *Hans Friedrich Funke*, Bund-Länder-Abstimmung am Beispiel der Raumordnung und Landesplanung, 1987, bes. 44 ff., 70 ff., 149 f.

[127] Vgl. BVerfGE 12, 205, 255 f.; 32, 199, 219 f.; 81, 310, 337; u. etwa *Stern* (Fn. 10), 703; sowie *Isensee* (Fn. 52), 595 (Rn. 144).

[128] Zum Rechtsmißbrauchsverbot vgl. BVerfGE 1, 299, 316; 4, 115, 140; 12, 205, 254; 14, 197, 215; 43, 291, 348; 61, 149, 205; u. zum – schwieriger zu fassenden – Verbot des venire contra factum proprium im Bundesstaatsverhältnis z.B. *Dieter Carl*, Kompetenz und Pflicht des Bundes zur Unterstützung strukturschwacher Regionen, in: AöR 114 (1989), 450–491, 482 f.; sowie *Stern* (Fn. 10), 697 f.

Mitglieder der bundesstaatlichen Rechtsverhältnisse zu nehmen und „nicht auf Durchsetzung rechtlich eingeräumter Positionen zu dringen, die elementare Interessen eines anderen Landes (oder des Bundes) schwerwiegend beeinträchtigen“[129]. Im Rahmen bundesstaatlicher Vertragsverhältnisse können der Grundsatz „pacta sunt servanda“ und seine Einschränkung durch die „clausula rebus sic stantibus“ als spezifische Ausformungen des Bundestreuegedankens gelten[130]; diese Ableitungen zeigen außerdem erneut exemplarisch den engen Zusammenhang zwischen der Bundestreue und dem Prinzip von Treu und Glauben auf, das im Rahmen verwaltungsrechtlicher Vertragsverhältnisse zu ähnlichen Konsequenzen führt[131]. Zu guter Letzt fungiert der Bundestreuegrundsatz noch als Interpretationshilfe bei der systematischen und teleologischen Auslegung einzelner aus seinem Anwendungsbereich stammender Verfassungsrechtssätze[132].

II. Verfassungsorgantreue und Organadäquanz

Was die Bundestreue im Verhältnis zwischen Bund und Ländern, ist die sogenannte „Verfassungsorgantreue“ im Verhältnis der Staatsorgane untereinander. Sie kommt damit dem in dieser Arbeit verfolgten Anliegen des „Interorganrespekts“ von allen hier zu diskutierenden verwandten Prinzipien am nächsten. In engem Zusammenhang mit den durch dieses Prinzip umschriebenen Pflichten der Verfassungsorgane zur wechselseitigen Kooperation, Koordination und Rücksichtnahme steht außerdem der Gedanke der „Organadäquanz“ bzw. der „Grundsatz funktionsgerechter Organstruktur“, den das Bundesverfassungsgericht, soweit ersichtlich, erstmals in seinem Urteil zur Raketenstationierung bemüht und dahingehend definiert hat, daß „staatliche Entscheidungen möglichst richtig, d.h. von den Organen getroffen werden (sollen), die dafür nach ihrer Organisation, Zusammensetzung, Funktion und Verfahrensweise über die besten Voraussetzungen verfügen“[133]. Allerdings können sich sowohl die Verfassungsorgantreue als auch die Organadäquanz weder hinsicht-

---

[129] BVerfGE 34, 216, 232 (Klammerzusatz vom Verf.); vgl. a. schon BVerfGE 4, 115, 141 f.; u. bspw. BVerwGE 50, 137, 148. Besonders hervorgehoben wird diese Funktion der Bundestreue von *Ulrich Karpen/Matthias v. Rönn*, Bericht über die Rechtsprechung des Bundesverfassungsgerichtes und der Länderverfassungsgerichte zum Bundesstaatsprinzip (seit 1980), in: JZ 1990, 579–585, 584; u. für die Schweiz von *Kölz* (Fn. 43), 171.

[130] So für „pacta sunt servanda“ BVerwGE 50, 137, 145; dazu etwa *Michael Bothe*, in: AK-GG, 2. Aufl. 1989, Art. 31 Rn. 26; vgl. a. *Kölz* (Fn. 43), 173; für die „clausula rebus sic stantibus“ BVerfGE 34, 216, 232; 42, 345, 358 f.; BVerwGE 50, 137, 145; 60, 162, 193; dazu *Kisker* (Fn. 106), 213 ff.; u. noch weitergehend *Jost Pietzcker*, Landesbericht Bundesrepublik Deutschland, in: Christian Starck (Hg.), Zusammenarbeit der Gliedstaaten im Bundesstaat, 1988, 17–76, 51 f.

[131] Dazu neuerdings *Robert Keller*, Vorvertragliche Schuldverhältnisse im Verwaltungsrecht, 1997, 144 ff., 164 ff.; ihm folgend *Gröschner* (Fn. 111), 333.

[132] *Hans Peter Bull*, in: AK-GG (Fn. 130), Rn. 91 vor Art. 83, bezeichnet ihn sogar als „wichtiges Interpretationsprinzip“; dagegen aber *Denninger* (Fn. 98), 288 ff., bes. 297.

[133] BVerfGE 68, 1, 86 (Klammerzusatz vom Verf.).

lich des Grades ihrer Anerkennung noch hinsichtlich des Umfangs ihrer bisherigen rechtswissenschaftlichen Analyse mit der Bundestreue messen[134].

1. Zusammenhänge zwischen Verfassungsorgantreue und Bundestreue

Wegen ihrer unübersehbaren gedanklichen Zusammenhänge mit der Bundestreue soll von den beiden genannten Prinzipien zunächst die Verfassungsorgantreue in das Zentrum der Betrachtung rücken. In der Tat erscheint die Verfassungsorgantreue als unmittelbares Pendant und manchmal geradezu als „Kind" der Bundestreue. Eine vollständige Kongruenz dieser beiden Prinzipien scheidet jedoch allein schon wegen ihrer unterschiedlichen Adressatenkreise aus. Daher sind im folgenden zunächst ein paar klärende Bemerkungen zum Verhältnis dieser beiden Grundsätze erforderlich.

a) Grenzen einer Fortentwicklung des Bundestreuegedankens in Richtung einer allgemeinen Loyalitätspflicht

Die Neigung zu einer expansiven Weiterentwicklung des Bundestreuegedankens tritt in der Rechtswissenschaft noch wesentlich deutlicher hervor als in der traditionell zurückhaltenderen Rechtsprechung des Bundesverfassungsgerichts. Als stellvertretender Beleg hierfür sei eine schon länger zurückliegende Äußerung von *Kloepfer* zitiert, der die Bundestreue als „Einzelaspekt einer umfassenden Idee loyaler Zuständigkeitswahrnehmung" deuten und diese Idee ebenso wie die Verfassungsorgantreue als Ausdruck eines generellen „kooperativen Verfassungssinns aller Staatsgliederungen und -organe untereinander" verstehen wollte, woraus sodann ein „Verpflichtetsein aller Staatsgliederungen und -organe auf ein gemeinsames Ganzes und hieraus folgend eine umfassende Pflicht zur gegenseitigen Rücksichtnahme und Kooperation" abgeleitet werden könnte[135]. Zumindest für den Bereich der Bund-Länder-Streitigkeiten läßt sich auch empirisch konstatieren, daß die Bundestreue mehr und mehr omnipräsente Züge anzunehmen beginnt[136]. Aber

---

[134] So trifft die Feststellung von *Schenke* (Fn. 82), 19, dem Grundsatz der Verfassungsorgantreue sei „bisher in der Staatsrechtslehre kaum nähere Aufmerksamkeit geschenkt" worden, im Prinzip bis heute zu. Allerdings scheint sich dies in jüngster Zeit zu ändern. Vgl. etwa *Andreas Voßkuhle*, Der Grundsatz der Verfassungsorgantreue und die Kritik am Bundesverfassungsgericht, in: NJW 1997, 2216–2219; u. zum Gedanken der Organadäquanz *Thomas v. Danwitz*, Der Grundsatz funktionsgerechter Organstruktur, in: Der Staat 35 (1996), 329–350; jew. m.w.N. (2217 bzw. 330) zur bislang spärlichen Verwendung des entsprechenden Prinzips.

[135] *Michael Kloepfer*, Vorwirkung von Gesetzen, 1974, 52 ff. m.w.N. (auch krit.); vgl. weiter *ders.*, Verfassung und Zeit, in: Der Staat 13 (1974), 457–470, 465 f.

[136] Vgl. etwa nochmals die in Fn. 38 zit. Entscheidung des BVerfG; u. aus der neueren Lit. statt vieler: *Graf Vitzthum*, Die Bedeutung gliedstaatlichen Verfassungsrechts in der Gegenwart (Fn. 58), 40 Fn. 114; *ders.*, Der Föderalismus in der europäischen und internationalen Einbindung der Staaten (Fn. 58), 296; *Hermann-Josef Blanke*, Die Bundesländer im Spannungsverhältnis zwischen Eigenstaatlichkeit und Europäischer Integration, in: Dirk Heckmann/Klaus Meßerschmidt (Hg.), Ge-

selbst die Verfassungsorgantreue soll in dieser Perspektive nur noch „eine besondere Ausprägung des ungeschriebenen Verfassungsgrundsatzes der Bundestreue bzw. des bundesfreundlichen Verhaltens sein“[137].

Es liegt auf der Hand, daß eine solch weitgehende Interpretation der Bundestreue die Existenz sonstiger in diese Richtung zielender Verfassungsprinzipien überflüssig machen würde. Sie beschwört jedoch umgekehrt die Befürchtung einer Überdehnung des Bundestreuegedankens bis hin zur vollständigen Konturenlosigkeit herauf. Die Bundestreue würde zum „Zauberkästchen“ einer ungeschriebenen „Superrechtsquelle“ avancieren[138], zu einer Generalklausel, „in die sich alles und jedes hineininterpretieren läßt, ..., wenn ein bestimmtes Ergebnis als ‚fallgerecht‘ erscheint“[139]. Um die hieraus resultierende Gefahr der Beliebigkeit bei der verfassungsrechtlichen Konkretisierung zu vermeiden, empfiehlt es sich deshalb, auf eine derartige Erweiterung des Bedeutungsgehalts der Bundestreue im Sinne einer allgemeinen Loyalitätspflicht zu verzichten.

b) Verwandtschaften zwischen Verfassungsorgantreue und Bundestreue

Auch wenn aber eine Expansion der Bundestreue in der soeben angesprochenen Art zu weit ginge, soll die grundsätzliche Übertragbarkeit der sie tragenden Gedanken auf andere verfassungsrechtliche Bereiche damit nicht in Abrede gestellt werden. Deswegen weist auch die Konzeption der Verfassungsorgantreue unleugbare Ver-

---

genwartsfragen des Öffentlichen Rechts, 1988, 53–81, bes. 64 ff. m.w.N. *Battis/Gusy* (Fn. 94), 177 (Rn. 181), sprechen daher auch von dem „in beinahe allen Bund-Länder-Streitigkeiten bemühten Grundsatz des bundesfreundlichen Verhaltens“; tendenziell eher krit. hierzu *Jochen Abr. Frowein*, Bundesrat, Länder und europäische Einigung, in: Bundesrat (Hg.), Vierzig Jahre Bundesrat, 1989, 285–302, 292, 297 f.; zu weiteren Belegen dieser Art vgl. *Bauer* (Fn. 2), 195 ff.; u. zuletzt bspw. BVerfG NJW 1998, 2346 ff., 2347, wo die Erhebung landesrechtlicher Sonderabfallabgaben untersagt wurde, da das Bundesstaatsprinzip alle rechtsetzenden Organe dazu verpflichte, „ihre Regelungen jeweils so aufeinander abzustimmen, daß die Rechtsordnung nicht aufgrund unterschiedlicher Anordnungen widersprüchlich wird“; ebenso BVerfG NJW 1998, 2341 ff., 2342; näher dazu *Walter Frenz*, Das Prinzip widerspruchsfreier Normgebung und seine Folgen, in: DÖV 1999, 41–50, 43 et seq.; sowie *Helge Sodan*, Das Prinzip der Widerspruchsfreiheit der Rechtsordnung, in: JZ 1999, 864–873. Als politisches Beispiel aus neuerer Zeit darf außerdem die Auseinandersetzung im Bundestag über die Rechtschreibreform angeführt werden, in der der Abg. Kleinert postulierte, die Bundestreue verpflichte die Länder ungeachtet ihrer Kulturhoheit dazu, ihre amtlichen Schreibweisen an der des Bundes zu orientieren (FAZ vom 28.03.1998, 6).

[137] So *Martin Schürmann*, Die Umgehung des Bundesrates im sog. „Ersten Durchgang“ einer Gesetzesvorlage, in: AöR 115 (1990), 45–63, 61; allerdings gegen *Schenke* (Fn. 82), 29 ff.; u. *Stern* (Fn. 10), 134 f., 702 Fn. 327, 731. Vgl. a. die ähnlichen Überlegungen von *Brun-Otto Bryde*, Die Einheit der Verwaltung als Rechtsproblem, in: VVDStRL 46 (1988), 181–216, 192, 214 f.; u. aus der älteren Lit. *Erich Kaufmann*, Die Grenzen der Verfassungsgerichtsbarkeit, in: VVDStRL 9 (1952), 1–16, 14 f.; *Adolf Schüle*, Die Informationspflicht der Bundesregierung gegenüber dem Bundesrat, in: Fg. für Carl Bilfinger, 1954, 441–471, 452; *Ernst Heinsen*, Die Zustimmung des Bundesrates zu Bundesgesetzen, in: RiA 20 (1973), 146–148, 148.

[138] Diese Formulierungen stammen von *Stettner* (Fn. 79), 406; bzw. *Herbert Bethge*, Stichwort „Bundesstaat“, in: Görres-Gesellschaft (Hg.), Staatslexikon, 7. Aufl. 1985, 1. Bd., Sp. 993–999, 995.

[139] So die Kritik von *Walter* (Fn. 76), 625 Fn. 13.

wandtschaften mit ihr auf – Verwandtschaften, die sich in erster Linie aus einem gemeinsamen Ansatzpunkt von Verfassungsorgantreue und Bundestreue ergeben. Mit *Schenke* kann hier auf den Gedanken der Gewinnung staatlicher Einheit durch Integration verwiesen werden, der im Zentrum der Integrationslehre *Smends* steht und sich beispielsweise bei *Heller* in der Gestalt eines „die staatliche Einheit konstituierenden sozialen Wirkungszusammenhangs" wiederfindet[140]. Dieser gemeinsame Ansatzpunkt führt über das Verlangen nach einer integrationsfreundlichen Kooperation der Verfassungsorgane zum ungeschriebenen Grundsatz einer loyalen Zusammenarbeit auch jenseits der ausdrücklichen positivgesetzlichen Kooperationsnormen. Versteht man außerdem die föderalistische Organisation eines Staates wie der Bundesrepublik Deutschland schwerpunktmäßig als (vertikalen) Ausdruck des Gewaltenteilungsgedankens[141], so kann auch in diesem eine gemeinsame Wurzel von Verfassungsorgantreue und Bundestreue erblickt werden, da die hinter dem Prinzip der Organtreue stehende Problematik von vornherein nur im Rahmen gewaltenteiliger Verfassungssysteme auftreten kann, die auf ihrer obersten Organisationsstufe mehrere prinzipiell gleichberechtigte Organe nebeneinander kennen[142]. Wohl kann sich die Anerkennung der Verfassungsorgantreue als Rechtsprinzip nicht einfach aus einer Analogie zum Bundestreueprinzip ergeben; der mit den angesprochenen gemeinsamen Wurzeln bezeichnete Ausgangspunkt, den diese beiden Prinzipien miteinander teilen, erlaubt es jedoch, den Grundgedanken einer loyalen Zusammenarbeit über das zuvor beschriebene Verhältnis von Bund und Ländern hinaus auf das Verhältnis der Verfassungsorgane zueinander zu erstrekken[143]. Zwar mag, wer schon diesen Ansatzpunkt nicht teilt und daher auch dem Grundsatz der Bundestreue skeptisch gegenübersteht, diesen Schritt für zu weitge-

---

[140] Vgl. *Rudolf Smend*, Die politische Gewalt im Verfassungsstaat und das Problem der Staatsform (1923), in: ders., Staatsrechtliche Abhandlungen und andere Aufsätze, 3. Aufl. 1994, 68–88, bes. 85 ff.; u. umfassend *ders.* (Fn. 17), 18 ff.; weiter *ders.*, Das Recht der freien Meinungsäußerung, in: VVDStRL 4 (1928), 44–74, 46 ff.; sowie dazu *Schenke* (Fn. 82), 26 ff.; *Peter Häberle*, Verfassungsinterpretation als öffentlicher Prozeß – ein Pluralismuskonzept (1978), in: ders., Verfassung als öffentlicher Prozeß, 2. Aufl. 1996, 121–152, 143; ferner *Hermann Heller*, Staatslehre, 1934, 228 ff.; u. zu den Verbindungen zwischen Heller und Smend *Richard Bartlsperger*, Die Integrationslehre Rudolf Smends als Grundlegung einer Staats- und Rechtstheorie, 1964, 120 ff.

[141] In diesem Sinne etwa schon *Hesse* (Fn. 29), 27 ff.; u. *Herbert Schambeck*, Föderalismus und Gewaltenteilung, in: FS Willi Geiger, 1974, 643–676, 661 ff.; sowie aus jüngerer Zeit *Wolf-Rüdiger Schenke*, Föderalismus als Form der Gewaltenteilung, in: JuS 1989, 698–703; u. umfassend *Thomas F. W. Schodder*, Föderative Gewaltenteilung in der Bundesrepublik Deutschland, 1989, bes. 18 ff., 24 ff.; jew. m.w.N.

[142] Das betont auch *Schenke* (Fn. 82), 27 f.

[143] So argumentieren vor allem *Kloepfer*, Vorwirkung von Gesetzen (Fn. 135), 52 ff.; u. *Schenke* (Fn. 82), 29 f.; vgl. a. *Hans Schneider*, Der Niedergang des Gesetzgebungsverfahrens, in: FS Gebhard Müller, 1970, 421–434, 422 f.; *Klaus Stern/Herbert Bethge*, Öffentlich-rechtlicher und privatrechtlicher Rundfunk, 1971, 33 f.; *Michael Nierhaus*, Entscheidung, Präsidialakt und Gegenzeichnung, 1973, 216; u. zuletzt *Stern* (Fn. 10), 134; anders – nämlich „interorganfreundliche Verhaltenspflichten" aus dem Gewaltenteilungsprinzip herleitend – *Roman Herzog/Rainer Pietzner*, Möglichkeiten und Grenzen einer Beteiligung des Parlaments an der Ziel- und Ressourcenplanung der Bundesregierung (Gutachten 1971), 1979, 87; u. *Bayer* (Fn. 6), 56.

hend halten; für alle anderen verkörpert die Verfassungsorgantreue jedoch ebenso wie die Bundestreue einen Rechtsgedanken, der in einer Vielzahl von Fällen für die Auflösung grundlegender Verfassungskonflikte fruchtbar gemacht werden kann.

c) Die Notwendigkeit einer Unterscheidung beider Prinzipien

Die Fortdauer der Unterscheidung dieser beiden Prinzipien macht allerdings, wie zu Beginn dieses Abschnitts bereits verdeutlicht wurde, allein schon wegen ihrer unterschiedlichen Adressatenkreise Sinn. Zwar ist der alten, von *Jellinek* und *Laband* entwickelten Impermeabilitätslehre, nach der die einzelnen Staatsorgane im Gegensatz zu Bund und Ländern nicht als eigene Rechtssubjekte betrachtet wurden[144], spätestens durch *Rupp* in den sechziger Jahren der Boden entzogen worden: niemand wollte heute mehr bestreiten, daß die internen Beziehungen juristischer Personen des öffentlichen Rechts, zu denen auch die Relationen der staatlichen Organe und ihrer Organwalter zum staatlichen Gesamtorganismus gehören, ebenfalls rechtliche Beziehungen sind und von Sätzen des Rechts beherrscht werden[145]. Für die Verfassungsorgane hat das zur Folge, daß ihre Rechtssubjektivität im Grundsatz nicht mehr in Frage steht, wenngleich ihnen natürlich nicht die gleiche Rechtsfähigkeit zukommen kann wie den öffentlich-rechtlichen Gebietskörperschaften, denen sie letztlich zugeordnet sind[146]. Diese Überlegungen ändern jedoch nichts an der Tatsache, daß die Bundestreue rechtlich wie dogmatisch auf die Rechtsverhältnisse zwischen dem Bund und den Ländern sowie zwischen den Ländern untereinander zugeschnitten und in diesem Regelungsbereich verankert ist, woraus folgt, daß sie die in einem anderen Rechtskreis angesiedelten Rechtsbeziehungen der Bundesorgane untereinander nicht beeinflussen kann. Das gilt auch für das Verhältnis von Bundesregierung bzw. Bundestag einerseits und Bundesrat andererseits, da der Bundesrat durch das Grundgesetz als Bundesorgan konstituiert worden ist und deshalb im Rahmen des Verhältnisses zwischen Bund und Ländern trotz der von ihm wahrgenommenen Aufgabe, die Länderinteressen zu vertreten, der Seite des Bundes zugerechnet werden muß[147].

---

144 Vgl. *Georg Jellinek*, System der subjektiven öffentlichen Rechte, 2. Aufl. 1905, 194 et seq.; sowie *Laband* (Fn. 9), Bd. 2, 181 f.

145 *Hans Heinrich Rupp*, Grundfragen der heutigen Verwaltungsrechtslehre (1965), 2. Aufl. 1991, 16, vgl. a. 19 ff. allg. zu „Rechtsverhältnissen des Innenbereichs"; zur Aufgabe der Impermeabilitätstheorie ferner *Herbert Bethge*, Grundfragen innerorganisationsrechtlichen Rechtsschutzes, in: DVBl. 1980, 309–315, 310 f.; u. zuletzt *Gröschner* (Fn. 111), 311.

146 Das betont nicht zuletzt unter Berufung auf Art. 93 I Nr. 1 GG auch *Schenke* (Fn. 82), 25 f.; unter Rückbezug u.a. auf *Dieter Lorenz*, Der Organstreit vor dem Bundesverfassungsgericht, in: Fg. BVerfG I, 1976, 225–259, 236 ff.

147 Vgl. dazu *Stern* (Fn. 10), 731; sowie *Roman Herzog*, Stellung des Bundesrates im demokratischen Bundesstaat, in: Josef Isensee/Paul Kirchhof (Hg.), Handbuch des Staatsrechts der Bundesrepublik Deutschland, Bd. II, 1987, 467–488 (§ 44), 468 (Rn. 1 f.); u. mit ausdrücklicher Hervorhebung *ders.*, in: Theodor Maunz/Günter Dürig u.a., Grundgesetz-Kommentar (Loseblatt), Art. 20 IV. Abschn. Rn. 65.

Darüber hinaus zeigt ein Blick auf die mit diesen Rechtsbeziehungen jeweils verbundenen Zielvorstellungen einen weiteren entscheidenden Unterschied, auf den wiederum *Schenke* in besonderer Weise aufmerksam macht[148]: Während der Leitgedanke des Bundesstaatsprinzips gerade in der Wahrung der Vielheit in der Einheit besteht, unterliegt das Zusammenspiel der Verfassungsorgane des Zentralstaats dem Postulat der Integration in wesentlich stärkerem Maße. Von daher liegt es nahe, der Verfassungsorgantreue ungeachtet ihres gemeinsamen Ansatzpunktes im Verhältnis zur Bundestreue einen anderen – und letztlich noch stärker in Richtung einer loyalen Zusammenarbeit weisenden – Inhalt zu geben.

2. Grundlagen und Begriff der Verfassungsorgantreue

Auf dieser Basis soll im folgenden kurz auf die normative Begründung und Umschreibung des Prinzips der Verfassungsorgantreue eingegangen werden.

a) Herleitungsmöglichkeiten

Die bereits angesprochenen Verwandtschaften zwischen dem weitgehend sicher fundierten und gut ausgefächerten Grundsatz der Bundestreue und dem Gedanken einer gegenseitigen Treuepflicht der Verfassungsorgane legen es nahe, eine Herleitung der Verfassungsorgantreue als Rechtsfigur zunächst auf der Basis der gemeinsamen Ansatzpunkte diese beiden Prinzipien zu unternehmen. Als Leitidee für eine solche Fundierung bietet sich primär der Gedanke der staatlichen Integration an, der seit seiner wissenschaftlichen Etablierung durch *Smend* und *Heller* zumindest in Deutschland als Grundparameter jeder Verfassungsordnung betrachtet wird[149]. Aus diesem Gedanken entspringt eine allgemeine, sowohl an die einzelnen selbständigen Teile als auch an die Organe eines Staates gerichtete Pflicht, die zum Inhalt hat, die verfassungsmäßige Ordnung insgesamt und insbesondere die von ihr gewollten Prozesse aufrechtzuerhalten, um damit die Gewinnung staatlicher Einheit als zentrale Aufgabe der Verfassung realisieren zu können[150]. Hierzu bedarf es einer über die selbstverständliche Respektierung der positivgesetzlichen Normen hinausreichenden generellen Verfassungsverantwortung, die als Treupflicht gegenüber der Verfassung den Rang eines verfassungsrechtlichen Prinzips erhalten muß, um einen Zerfall des Staates in eine Vielzahl isolierter, sich gegenseitig blockierender Machtzentren und damit den beständig drohenden Prozeß staatlicher Desinte-

---

[148] *Schenke* (Fn. 82), 30 f.

[149] Vgl. dazu die schon oben Fn. 140 zit. Nachweise u. von einem scheinbar gegensätzlichen Ausgangspunkt her außerdem *Karl-Ulrich Meyn*, Kontrolle als Verfassungsprinzip, 1982, 127 ff., 131 ff.; beachte aber auch *Schenke* (Fn. 82), 145 f., zu den gegen die Integrationslehre vorgebrachten Einwänden.

[150] Vgl. in diesem Sinne die speziell auf die grundgesetzliche Ordnung zugeschnittenen Ausführungen von *Eckart Klein*, Funktionsstörungen in der Staatsorganisation, in: Josef Isensee/Paul Kirchhof (Hg.), Handbuch des Staatsrechts der Bundesrepublik Deutschland, Bd. VII, 1992, 361–387 (§ 168), 368 f. (Rn. 17 ff.).

gration zu verhindern[151]. Speziell in den Beziehungen zwischen Bund und Ländern einerseits und den obersten Verfassungsorganen andererseits wird die einheitsstiftende Wirkung eines solchen Prinzips benötigt, da wegen der Vielzahl selbständiger Kompetenzräume, die in diesen Beziehungsgeflechten existieren, sowie aufgrund der teilweisen Institutionalisierung verschiedener Organe innerhalb desselben Kompetenzraumes gerade bundesstaatliche Organisationsformen und parlamentarische ebenso wie präsidentielle Regierungssysteme auf ein permanentes Zusammenwirken ihrer Untereinheiten und Organe angewiesen sind, so daß jede Unfähigkeit oder Unwilligkeit zur Zusammenarbeit im politischen Willensbildungsprozeß sogleich verfassungsrechtliche Funktionsstörungen nach sich zieht[152]. Von daher kann es nicht verwundern, daß sich der allgemeine Rechtsgedanke der Verfassungsverantwortung in erster Linie in den für diese Anwendungsbereiche spezifischen Prinzipien der Verfassungsorgantreue und der Bundestreue manifestiert. Die dahinterstehende Überlegung zur Notwendigkeit staatlicher Integration kann über diese materiellrechtlichen Ausprägungen hinaus auch als Interpretationsrichtschnur ihren Niederschlag finden, indem sie nämlich bei der Auflösung verfassungsrechtlicher Konflikte zu einer Präferenz zugunsten derjenigen Gesichtspunkte führt, die einheitsstiftend und -erhaltend wirken[153].

Neben dem Gedanken der staatlichen Integration läßt sich weiterhin der Gewaltenteilungsgrundsatz für die Begründung interorganfreundlicher Verhaltenspflichten fruchtbar machen[154]. Allerdings kann es sich dabei, wie *Schenke* mit Recht hervorhebt, nur um eine mittelbare Anknüpfung handeln, da Verfassungsorgantreue und Gewaltenteilungslehre im Kern ganz unterschiedliche Zielsetzungen verfolgen: Während das Gewaltenteilungsprinzip seit seinen Ursprüngen primär als Instrument der Machtkontrolle verstanden und eingesetzt wird, zielt die Verfassungsorgantreue ebenso wie die allgemeine Integrationsidee auf eine einheitsstiftende Wirkung ab[155]. Die Verknüpfung dieser beiden Grundsätze erscheint dennoch

---

[151] *Schenke* (Fn. 82), 26 f.; vgl. a. schon *Hans Nawiasky*, Die Verpflichtung der Regierung durch Beschlüsse des Landtags nach bayerischem Verfassungsrecht, in: FS Willibalt Apelt, 1958, 137–148, 146; *Herzog/Pietzner* (Fn. 143), 88; u. zuletzt etwa *Peter Lerche*, „Funktionsfähigkeit“ – Richtschnur verfassungsrechtlicher Auslegung, in: BayVBl. 1991, 517–522, 521 f., der den gleichen Grundgedanken für die Auflösung von Kollisionen verfassungsrelevanter Güter zum Einsatz bringt.

[152] *Klein* (Fn. 150), 368 (Rn. 18); *Klaus Stern*, Das Staatsrecht der Bundesrepublik Deutschland, Bd. II, 1980, 1371; vgl. a. *Wolfgang Löwer*, in: Ingo v. Münch/Philip Kunig (Hg.), Grundgesetz-Kommentar, Bd. 2, 3. Aufl. 1995, Art. 28 Rn. 6.

[153] *Hesse* (Fn. 65), 29 (Rn. 74), spricht in diesem Zusammenhang von einem „Maßstab integrierender Wirkung“. Vgl. aber auch die Skepsis bei *Böckenförde* (Fn. 118), 2094 ff.

[154] *Herzog/Pietzner* (Fn. 143), 87 f., wollen die Verfassungsorgantreue sogar direkt auf das Gewaltenteilungsprinzip als Rechtsgrundlage stützen; vgl. zu dem dahinterstehenden Verständnis der Gewaltenteilung auch *Walter Leisner*, Die quantitative Gewaltenteilung, in: DÖV 1969, 405–411, 409 ff.

[155] *Schenke* (Fn. 82), 28 Fn. 35. Vgl. stv. zum Verständnis des Gewaltenteilungsprinzips *Reinhold Zippelius*, Problemfelder der Machtkontrolle, in: Detlef Merten (Hg.), Gewaltentrennung im Rechtsstaat, 2. Aufl. 1997, 27–35, 28 et seq.; zu seinen Ursprüngen in diesem Band auch *Ulrich Muhlack*, Montesquieu in seiner Zeit, 37–45, 42 ff.; u. zur Aufnahme dieses Verständnisses im GG

zwangsläufig, da sie einander notwendig bedingen: Für den Gedanken der Verfassungsorgantreue ist Raum von vornherein nur im Rahmen eines gewaltenteilig organisierten Systems, an dessen Spitze mehrere Organe prinzipiell gleichberechtigt nebeneinander stehen. Wo dies jedoch der Fall ist, können Konkurrenzen und Reibungen im Grenzbereich der Kompetenzen dieser Organe nicht ausbleiben, für deren Ausgleich ein Prinzip jenseits der geschriebenen verfassungsgesetzlichen Kompetenzordnung erforderlich wird. Auf das Gewaltenteilungsprinzip bezogen erfüllt die Verfassungsorgantreue damit eine Art Komplementärfunktion[156]. Eine modellhafte Ausprägung dieses Verhältnisses verkörpert der in Art. 35 I GG kodifizierte Amtshilfegrundsatz, der nach der Rechtsprechung des Bundesverfassungsgerichts als Ausfluß der allgemeinen Überlegung betrachtet werden kann, daß alle deutschen Staatsorgane letztlich Organe ein und desselben Herrschaftsverbandes sind und sich infolgedessen nicht nur gegenseitig zu unterstützen, sondern auch gegenseitig zu respektieren haben[157]. Als Brücke zwischen dem tendenziell desintegrierenden, zur Machtkontrolle jedoch unerläßlichen Gewaltenteilungsprinzip auf der einen und dem integrationsorientierten Gedanken der Verfassungsorgantreue auf der anderen Seite bietet sich schließlich wie schon bei der Bundestreue der die gesamte Rechtsordnung beherrschende Grundsatz von Treu und Glauben an[158]. Sonstige verfassungsrechtliche Herleitungsversuche begegnen ähnlichen Bedenken wie schon im Fall der Bundestreue[159].

---

an gleicher Stelle *Edgar Moss*, Montesquieu und die Entstehung des Grundgesetzes, 47–53, 50 ff. Deutet man die Gewaltenteilung allerdings diskursiv, d.h. als Institut des Zwangs zum Diskurs unter den Organen im Staat, so werden die Grenzen zwischen ihr und dem Integrationsgedanken mehr als fließend. Vgl. dazu *Jörg Paul Müller*, Demokratische Gerechtigkeit, 1993, 167 ff.

[156] Natürlich ohne den Begriff der „Verfassungsorgantreue" zu benutzen, stellt *Jean-Paul Jacqué*, La Constitution de la Communauté européenne, in: RUDH 1995, 397–423, 412 ff., für die EG in ähnlicher Weise fest, daß die Beziehungen zwischen ihren Organen durch drei Prinzipien geprägt werden, die ihrerseits untrennbar mit dem Gewaltenteilungsprinzip zusammenhängen: das Prinzip des institutionellen Gleichgewichts, das Prinzip der Autonomie der einzelnen Organe und – diese notwendig ergänzend – das Prinzip loyaler Zusammenarbeit zwischen den Organen.

[157] So *Roman Herzog*, in: Maunz-Dürig (Fn. 147), Art. 20 V. Abschn. Rn. 61; vgl. a. *Voßkuhle* (Fn. 134), 2217; u. i. einz. BVerfGE 31, 43, 46: „Diese Beistandspflicht (gemeint ist Art. 35 I GG) stellt sich als *notwendige Folge der Gewaltentrennung* und der Ausübung der Staatsgewalt durch verschiedene Behörden dar"; sowie BVerfGE 7, 183, 190: „Darin kommt die *Einheit des Staatsorganismus* zum Ausdruck" (Klammerzusatz u. Hervorhebungen vom Verf.).

[158] Vgl. oben I. 2. b) bb) (25 ff.). Auch *Schenke* (Fn. 82), 45 f., 48 ff., der vor allem die interessenausgleichende Funktion des Prinzips von Treu und Glauben betont, darf wohl in diesem Sinne interpretiert werden. Krit. *Christian Pestalozza*, Formenmißbrauch des Staates, 1973, 99.

[159] Das gilt etwa für die „Zusammenschau" verfassungsrechtlicher Einzelaspekte und für die Begründung der Verfassungsorgantreue als Verfassungsgewohnheitsrecht, vgl. schon oben I. 2. b) aa) (22 f.), sowie für den Gedanken der Kompetenzeffektivität, der durchaus nicht immer mit der Verfassungsorgantreue konform gehen muß. Vgl. dazu *Kloepfer*, Verfassung und Zeit (Fn. 135), 466 f.; *Schenke* (Fn. 82), 50 ff.; u. neuerdings etwa *Lerche* (Fn. 151), 517, 519, unter der Bezeichnung der „Funktionsfähigkeit". *Wilhelm Kewenig*, Staatsrechtliche Probleme parlamentarischer Mitregierung am Beispiel der Arbeit der Bundestagsausschüsse, 1970, 55 f., spricht von Sach- bzw. Funktions*gerechtigkeit*, meint damit aber im Kern ebenfalls effiziente Aufgabenerfüllung und nicht primär den gleich noch zu behandelnden Grundsatz funktionsgerechter Organstruktur. *Horst Eidenmüller*, Effizienz als Rechtsprinzip, 1995, 414 ff., 443 ff., sieht die Entscheidung über die Erzielung

b) Definitionsversuche

Auch terminologisch erscheint die Verfassungsorgantreue in einer der Bundestreue vergleichbaren Vielgestaltigkeit. Eine allgemein anerkannte Definition ist nicht ersichtlich; selbst der Begriff der Verfassungsorgantreue als solcher kann nicht unbedingt als generell akzeptiert gelten. Am ehesten dürfte die schon mehrfach gebrauchte Umschreibung dieses Prinzips als Verpflichtung der Verfassungsorgane zu loyalem Verhalten – wobei der Begriff „Loyalität" hier im Sinne der zuvor angesprochenen Verantwortung gegenüber der Verfassungsordnung als Ganzem zu verstehen ist – und integrationsfreundlichem Zusammenwirken den Kern treffen. Dies impliziert beispielsweise eine Pflicht der obersten Staatsorgane, bei der Wahrnehmung ihrer verfassungsmäßigen Kompetenzen und der Durchführung der in der Verfassung vorgesehenen Verfahren und Entscheidungsprozesse zumindest dahingehend zu kooperieren, daß Funktionsstörungen in der Verfassungsordnung selbst vermieden werden[160]. In den Worten des Bundesverfassungsgerichts:

„Die Koordination der Verfassungsorgane verlangt ... als Korrelat ihrer Unabhängigkeit, daß die Verfassungsorgane bei Ausübung ihrer verfassungsmäßigen Tätigkeit *harmonisch zusammenwirken* und alles unterlassen, was das Ansehen der anderen Verfassungsorgane schädigt und damit die Verfassung selbst gefährden könnte. Sind die Verfassungsorgane jene Organe, die durch die Verfassung konstituiert werden und ihrerseits durch ihr Zusammenwirken immer wieder die Verfassung in ihrem konkreten politischen Wesensgehalt bestätigen, so haben sie verfassungsmäßig die Verpflichtung, alles zu tun, um diese Verfassung *in ihrem Bestande zu sichern.*"[161]

In der Praxis kommt der Grundsatz der Verfassungsorgantreue, wie die verfassungsgerichtliche Rechtsprechung zeigt, in der Regel in Gestalt eines Gebots zur wechselseitigen Rücksichtnahme zum Einsatz. Danach haben die einzelnen Verfassungsorgane bei der Inanspruchnahme ihrer verfassungsmäßigen Befugnisse auch die Interessen der anderen Verfassungsorgane in ihre Entscheidungen einzustellen und die von diesen wahrgenommenen Funktionen zu beachten[162]. In kompetenzorientierter Perspektive schließt dieses Gebot eine Pflicht zu maßvoller, an der Verfassung und ihrem Funktionieren orientierter Kompetenzwahrnehmung und zu einer entsprechenden Kompromißbereitschaft ein[163], woraus sich umgekehrt ein Postulat der Selbstbeschränkung der einzelnen Verfassungsorgane auf die ihnen

---

von Effizienz in erster Linie in der Hand des Gesetzgebers und postuliert insoweit selbst entsprechende Respektierungspflichten von seiten der anderen Zweige der Staatsgewalt, vor allem der Judikative. Allg. skeptisch *Walter Leisner*, Effizienz als Rechtsprinzip, 1971, bes. 24 ff.

160 Vgl. etwa die Formulierungen bei *Gerd Sturm*, in: Michael Sachs (Hg.), Grundgesetz-Kommentar, 2. Aufl. 1999, Art. 93 Rn. 13; *Klein* (Fn. 150), 369 (Rn. 19); *Schenke* (Fn. 82), 19 ff., 59; u. für die EG bei *Jacqué* (Fn. 156), 415 f.

161 Bemerkungen des Bundesverfassungsgerichts zu dem Rechtsgutachten von Professor Richard Thoma, in: JöR N.F. 6 (1957), 194–207, 206 (Hervorhebungen vom Verf.).

162 Vgl. – mit unterschiedlichen Formulierungen – BVerfGE 35, 193, 199; 45, 1, 39; 90, 286, 337; *Voßkuhle* (Fn. 134), 2217 f.; u. speziell zur Rolle des BVerfG in diesem Kontext *Ernst Benda/ Eckart Klein*, Lehrbuch des Verfassungsprozeßrechts, 1991, 30 (Rn. 68); sowie *Gerd Sturm*, in: Sachs (Fn. 160), Art. 93 Rn. 13.

163 *Klein* (Fn. 150), 369 (Rn. 19).

originär zukommenden Aufgaben ergibt, das man auch als Ausfluß des allgemeinen Rechtsmißbrauchsverbots und damit wiederum des Grundsatzes von Treu und Glauben deuten kann[164]. Zusammenfassend geht es bei alledem in erster Linie darum, „den von der Verfassung für die anderen Verfassungsorgane garantierten Raum freier politischer Gestaltung offenzuhalten", wie das Verfassungsgericht es formuliert[165].

c) Die Ergänzung der Verfassungsorgantreue durch den Grundsatz der Organadäquanz

Die an alle Verfassungsorgane gerichtete Forderung nach „rücksichtsvoller" Kompetenzausübung, nach Beachtung der Funktionen der jeweils anderen obersten Staatsorgane und nach einer dieser korrespondierenden Selbstbeschränkung auf die eigenen originären Aufgaben, die nach den eben Gesagten im Prinzip der Verfassungsorgantreue angelegt ist, findet ihre notwendige Ergänzung in dem logisch vorausliegenden Verlangen danach, schon die ursprüngliche Zuweisung von Aufgaben, Funktionen und Kompetenzen an die einzelnen Organe so vorzunehmen, daß ihre im Sinne der Integrationsidee bestmögliche Wahrnehmung gewährleistet ist. Seinen rechtlichen Ausdruck hat dieses Verlangen in dem Grundsatz funktionsgerechter Organstruktur erhalten, dessen Kehrseite die Forderung nach einer organadäquaten Funktionenzuordnung bildet, weshalb beides zusammenfassend mit dem Begriff der „Organadäquanz" belegt werden kann[166]. Nach der bereits zu Beginn dieses Abschnitts zitierten Definition des Bundesverfassungsgerichts zielt dieser Grundsatz darauf ab, daß „staatliche Entscheidungen möglichst richtig, d.h. von den Organen getroffen werden, die dafür nach ihrer Organisation, Zusammensetzung, Funktion und Verfahrensweise über die besten Voraussetzungen verfügen"[167]. Negativ formuliert folgt daraus „ein prinzipielles Verbot der Wahrnehmung oder Zuweisung von Funktionen, die der Struktur des Organs und der von ihm wahrzunehmenden Grundfunktion nicht entsprechen"[168]. Beide Umschreibungen führen den Gedanken der Organadäquanz letztlich auf die staatsorganisationsrechtliche Grundregel zurück, nach der die Staatsgewalt, einheitlich verstanden und auf das Volk als Quelle ihrer demokratischen Legitimation bezogen, funktionsorientiert ausgestaltet und gegliedert werden muß[169]. Der Grundsatz der

---

[164] Zu dieser Ableitung statt vieler: *Palandt-Heinrichs* (Fn. 83), § 242 Rn. 38; *MünchKomm-Roth* (Fn. 83), § 242 Rn. 255 et seq. m.w.N.

[165] BVerfGE 36, 1, 15.

[166] *v. Danwitz* (Fn. 134), 330, führt diesen Grundsatz zurück auf *Otto Küster*, Das Gewaltenproblem im modernen Staat, in: AöR 75 (1949), 397–413, 402 f., 404 ff. Vgl. a. etwa *Hesse* (Fn. 65), 211 f. (Rn. 489); *Hans Meyer*, Das parlamentarische Regierungssystem des Grundgesetzes, in: VVDStRL 33 (1975), 69–119, 102, 111 f.; sowie *Fritz Ossenbühl*, Aktuelle Probleme der Gewaltenteilung, in: DÖV 1980, 545–553, 548 f.; weitere Nachweise bei *Siegfried Magiera*, Parlament und Staatsleitung in der Verfassungsordnung des Grundgesetzes, 1979, 90 Fn. 240.

[167] BVerfGE 68, 1, 86.

[168] *Hesse* (Fn. 65), 211 f. (Rn. 489).

[169] Vgl. schon *Georg Jellinek*, Allgemeine Staatslehre, 3. Aufl. 1913, 6. Neudr. 1959, 614 f., der

Organadäquanz adressiert damit ebenso wie das Prinzip der Verfassungsorgantreue die kompetenzrechtliche Grundfrage nach dem Bestehen sachgerechter Rahmenbedingungen für die Entscheidungsfähigkeit und die Beschlußfassung staatlicher Organe[170]. Er setzt dazu allerdings auf einer anderen Ebene an, indem er die institutionellen und strukturellen *Voraussetzungen* einer funktionstüchtigen Staatsorganisation thematisiert, während die Verfassungsorgantreue die daraus fließenden *Folgen* für das Verhalten der einzelnen Organe in den Blick nimmt und entsprechende Handlungsanweisungen formuliert.

Der hier zum Ausdruck kommende komplementäre Charakter dieser beiden Prinzipien zeigt sich auch in der weitgehenden Übereinstimmung ihrer Herleitungen. Dabei läßt sich der Grundsatz funktionsgerechter Organstruktur neben seiner ebenfalls im Integrationsgedanken zu findenden Wurzel noch unmittelbarer als die Verfassungsorgantreue in der klassischen Gewaltenteilungslehre verankern. Schon *Montesquieus* Beschreibung der englischen Verfassung spricht keineswegs von einer strikten *Trennung* der Gewalten und nimmt eine Zuordnung konkreter Staatsfunktionen lediglich innerhalb der damals real existierenden Organe vor[171]. Sie kann damit bereits als Ausgangspunkt eines funktionsadäquaten Organisationsschemas gelesen werden, wie es dem heutigen Verständnis der Gewaltenteilungsidee entspricht, das sie primär als Funktionentrennungs- und -zuteilungsprinzip betrachtet[172]. Von dort ist es aber nur noch ein kleiner Schritt zu dem Grundsatz funktionsgerechter Organstruktur und seinem aus den oben zitierten Ausführungen des Bundesverfassungsgerichts ersichtlichen Pendant einer organadäquaten Funktionenzuordnung. Dazu kommt ein kompetenzrechtlicher Aspekt, dem im Falle der Organadäquanz gegenüber der Verfassungsorgantreue deutlich mehr Gewicht beizumessen ist, während umgekehrt der Grundsatz von Treu und Glauben bei der Begründung der Verfassungsorgantreue wesentlich stärker zum Tragen kommt: Da eine Begründung von Kompetenzen notwendig eine Einräumung von Entscheidungsgewalt bedeutet[173], für deren Handhabung es einer entsprechenden Entschei-

---

davon ausgeht, daß erst der materielle Inhalt einer staatlichen Funktion den Weg dafür weist, was welchen Organen zuzuordnen ist; weiter *Ernst-Wolfgang Böckenförde*, Die Organisationsgewalt im Bereich der Regierung, 1964, 79; u. später *ders.*, Verfassungsfragen der Richterwahl, 1974, 64 f.

[170] Näher dazu – mit anderer Terminologie – *Stettner* (Fn. 79), bes. 73 ff., 182 ff.; vgl. a. *Gerhard Zimmer*, Funktion – Kompetenz – Legitimation, 1979, 177 ff.

[171] Das betont bspw. *Karl Loewenstein*, Das Gleichgewicht zwischen Legislative und Exekutive (1937), in: Heinz Rausch (Hg.), Zur heutigen Problematik der Gewaltentrennung, 1969, 210–271, 214; vgl. *Charles-Louis de Secondat, Baron de la Brède et de Montesquieu*, Vom Geist der Gesetze (De l'Esprit des Lois, 1748), übers. u. hg. von Ernst Forsthoff, 2. Aufl. 1992, Bd. 1, bes. 220 ff. (Buch XI, Kap. 6); u. weiter *Oskar Werner Kägi*, Zur Entstehung, Wandlung und Problematik des Gewaltenteilungsprinzipes, 1937, 209 ff.; *Günther Krauss*, Die Gewaltengliederung bei Montesquieu, in: FS Carl Schmitt (1959), 3. Aufl. 1994, 103–121, 118 f.; dort auch *Werner Weber*, Die Teilung der Gewalten als Gegenwartsproblem, 253–272, 255 f. et seq.; sowie *Ulrich Lange*, Teilung und Trennung der Gewalten bei Montesquieu, in: Der Staat 19 (1980), 213–234, 214 f.

[172] *Stern* (Fn. 152), 526, 536; vgl. a. etwa *Norbert Achterberg*, Probleme der Funktionenlehre, 1970, 109 ff.; *Zimmer* (Fn. 170), 60 ff.; *Magiera* (Fn. 166), 88 ff.; *Reinhold Zippelius*, Allgemeine Staatslehre, 11. Aufl. 1991, 292 ff. (§ 31); u. zuletzt *v. Danwitz* (Fn. 134), 332 ff.

[173] Dazu eingehend *Stettner* (Fn. 79), 73 ff.

dungsfähigkeit des kompetenten Organs bedarf, muß der mit einer Kompetenz auszustattende Funktionsträger über eine strukturell-organisatorische Basis verfügen, die ihn in die Lage versetzt, seine Aufgaben sachangemessen zu bewältigen[174]. Schließlich erhöhen eine funktionsgerechte Kompetenzzuordnung und eine dieser adäquate Organstruktur die Verläßlichkeit der Entscheidungsprozesse, erleichtern damit die rechtsstaatliche Kontrolle der getroffenen Entscheidungen und tragen so insgesamt zur Sicherung der bürgerlichen Freiheit bei[175]. Diese Zielrichtung ist dem Gedanken der Verfassungsorgantreue jedoch ebenfalls nicht fremd: Die von ihm geforderte Selbstbeschränkung der Verfassungsorgane auf ihre jeweils eigenen Aufgaben bei Beachtung der Funktionen der jeweils anderen Organe führt tendenziell zu einer klaren Zuordnung getroffener Entscheidungen zu den dafür verantwortlichen Funktionsträgern und erhöht so gleichermaßen ihre Nachprüfbarkeit.

3. Zur Ausgestaltung von Verfassungsorgantreue und Organadäquanz

Mit den vorstehenden Bemerkungen zu Begrifflichkeit und normativer Begründung von Verfassungsorgantreue und Organadäquanz ist die Frage nach ihrer Ausgestaltung im einzelnen natürlich noch nicht beantwortet. Die Umsetzung dieser Prinzipien in konkrete, entscheidungstaugliche Regeln sieht sich vielmehr ähnlichen Schwierigkeiten wie im Fall der Bundestreue gegenüber. Hieran erweist sich erneut die strukturelle Verwandtschaft all dieser Grundsätze.

a) „Elastizität" und Konkretisierung der Grundprinzipien

Die Verfassung statuiert in einer Vielzahl von Normen Regelungen, die dem bereits behandelten Zweck eines Zusammenwirkens der Verfassungsorgane mit dem Ziel der Gewinnung staatlicher Integration dienen. Beispielhaft seien hier nur die Art. 43 und 53 GG genannt, die Informationspflichten der Bundesregierung gegenüber Bundestag und Bundesrat bzw. umgekehrt Anhörungsrechte der Regierungsmitglieder in den parlamentarischen Gremien statuieren[176]. Aus diesem Grunde liegt es nahe, das Prinzip der Verfassungsorgantreue ebenso wie den Grundsatz funktionsgerechter Organstruktur primär anhand der von der Verfassung vorgegebenen institutionellen Ausgestaltung der einzelnen Verfassungsorgane und der dort normierten Beziehungen zwischen ihnen näher zu entfalten. Da sowohl die Organ-

---

[174] *Zimmer* (Fn. 170), 178; *v. Danwitz* (Fn. 134), 335.

[175] Diese Verknüpfung betont insbes. *v. Danwitz* (Fn. 134), 336 f., unter Heranziehung eines Parallelgedankens aus der amerikanischen Verfassungslehre, des „structural due process". Vgl. dazu stv. *Laurence H. Tribe*, American Constitutional Law, 2nd ed. 1988, 1673 ff.; u. aus dem dt. Sprachraum *Helmut Goerlich*, Zur „strukturellen Gerechtigkeit" der amerikanischen Verfassung, in: AöR 103 (1978), 425–463, bes. 461 ff.; sowie allg. *Reinhold Zippelius*, Der Weg der Demokratie – ein Lernprozeß, in: NJW 1998, 1528–1534, 1529.

[176] Vgl. etwa *Herzog/Pietzner* (Fn. 143), 88 ff.; *Schenke* (Fn. 82), 35 f.; *Dieter Blumenwitz*, in: Bonner Kommentar zum Grundgesetz (Loseblatt), Art. 53 Rn. 5 ff.

strukturen als auch die Entscheidungsprozesse jeder Verfassungsordnung weitgehend explizit festgelegt sind, bedürfen allgemeine Grundsätze wie Organtreue und Organadäquanz zunächst der Rückbindung an die speziellen Regeln des betroffenen Verfassungssystems. Ausgangspunkt für die Bestimmung ihres Bedeutungsgehalts im einzelnen muß deshalb die jeweils konkret konstituierte Verfassungsordnung sein, wobei in erster Linie auf die einschlägigen Kompetenznormen derselben zu achten ist[177].

Die Charakterisierung als Ausgangspunkt verdient in diesem Zusammenhang allerdings eine besondere Betonung. Denn selbst die ausgefeiltesten ausdrücklichen Verfassungsvorschriften vermögen naturgemäß keine abschließende Regelung aller zwischen den Verfassungsorganen bestehenden Loyalitäts-, Kooperations- und Zurückhaltungspflichten zu treffen[178]. Insofern kommt dem allgemeinen Rechtsgrundsatz der Verfassungsorgantreue über die unmittelbar in der Verfassung normierten Kompetenzen hinaus eine wesentliche Funktion als „Reserve-Rechtssatz" zu, indem er in erster Linie zur Schlichtung verfassungsgesetzlich nicht direkt geregelter Organkonflikte dient. Für den Grundsatz der Organadäquanz gilt im Prinzip das Gleiche. Diese Funktion können Organtreue und Organadäquanz jedoch nur dann erfüllen, wenn sie selbst „entwicklungsoffen" bleiben und damit jene „Elastizität" an den Tag legen, die ihrer rechtsgrundsätzlichen Natur entspricht und im Einzelfall zur Auflösung derartiger Konflikte benötigt wird. Die so beschriebene Situation entspricht demnach genau derjenigen des Prinzips der Bundestreue[179].

Alle diese Überlegungen dürfen freilich nicht zu der über das Ziel hinausschießenden Schlußfolgerung verleiten, Organtreue und Organadäquanz seien als gesonderte Verfassungs*rechts*prinzipien gar nicht existent[180]. Die These, mit den in der Verfassung kodifizierten Spezialkompetenzen sei für alle denkbaren Konfliktfälle bereits Vorsorge getroffen, läßt sich nämlich nur dann aufrechterhalten, wenn man die Kompetenzen jeweils unausgesprochen im Sinne des Treue- bzw. Adäquanzgedankens interpretiert und gegeneinander abgrenzt[181]. So stellt auch das Bundesverfassungsgericht schon sehr frühzeitig fest:

> „Die Koordination der Verfassungsorgane erschöpft sich … nicht in ihrer wechselseitigen Unabhängigkeit im Rahmen der Verfassung. Die Annahme, daß das Verhältnis der Verfassungsorgane zueinander, soweit es nicht ausdrücklich im Grundgesetz geregelt ist, in den rechtsleeren Raum falle, in dem nur Platz für den guten Willen der Verfassungsorgane und die Regeln der politischen Moral ist, ist rechtlich (!) unhaltbar."[182]

---

[177] Dies betonen vor allem *Schenke* (Fn. 82), 37 ff.; *Klein* (Fn. 150), 369 (Rn. 19); *v. Danwitz* (Fn. 134), 339. Vgl. a. BVerfGE 68, 1, 86 f.; 90, 286, bes. 357, 387 ff.

[178] Das hat bspw. bei der Bundestreue schon *Smend* (Fn. 10), 265 f., selbst hervorgehoben.

[179] Vgl. detailliert oben I. 3. a) (27 f.); u. zur Übertragung dieser Überlegungen auf die Verfassungsorgantreue stv. *Schenke* (Fn. 82), 36 f., 40, 111.

[180] So aber für eine allgemeine „Loyalitätspflicht der Staatsorgane" *Pestalozza* (Fn. 158), 100.

[181] In diesem Sinne argumentiert auch *Schenke* (Fn. 82), 38 f.

[182] Bemerkungen des Bundesverfassungsgerichts … (Fn. 161); Klammerzusatz vom Verf. Ähnlich BVerfGE 35, 193, 199, wo das Gericht noch einmal betont: „Oberste Verfassungsorgane haben von Verfassungs wegen aufeinander Rücksicht zu nehmen. Diese *rechtlich gebotene* Rücksicht

Auf der gleichen Linie bewegt sich die erst kürzlich erfolgte Klarstellung des Gerichts zum „ungeschriebenen Verfassungsgrundsatz der Organtreue“, wonach dieser „grundsätzlich geeignet“ ist, „Rechte i.S. von § 64 I BVerfGG zu begründen“ und damit Gegenstand eines Organstreitverfahrens nach Art. 93 I Nr. 1 GG zu sein[183].

Verfassungsorgantreue und Organadäquanz befinden sich damit hinsichtlich ihrer Bindungswirkung einerseits und ihrer Justitiabilität andererseits in einem Zwiespalt, der dem für die Bundestreue zuvor bereits beschriebenen Dilemma vergleichbar ist und daher auch in ähnlicher Weise aufgelöst werden kann[184]: Als Strukturprinzipien statuieren sie im Rahmen des allgemeinen Grundverhältnisses zwischen den Verfassungsorganen gewisse umfassende und übergreifende Grundpflichten, über deren Einhaltung im konkreten Streitfall jedoch in erster Linie anhand der ausdrücklich in der Verfassung normierten Kompetenzregelungen zu entscheiden ist. Diese explizit kodifizierten Regelungen lassen sich zugleich als spezifische Ausdrucksformen der allgemeinen Strukturprinzipien lesen, ohne allerdings deren Bedeutungsgehalt erschöpfen zu können. Selbst dort, wo keine Spezialvorschriften greifen und ein gerichtliches Verfahren zur Letztentscheidung nicht zur Verfügung steht, kann aber allein das Wissen um den Bestand zusätzlicher rechtlicher Bindungen noch eine heilsame Wirkung auf den politischen Stil der Verfassungsorgane untereinander entfalten[185]. Im Rückgriff auf das schon zur Kategorisierung der Bundestreue benutzte Begriffspaar von Funktions- und Kontrollnorm[186] kann deshalb festgehalten werden: Organtreue und Organadäquanz mögen in ihrer konkreten Relevanz für die gerichtliche Streitentscheidung nur von begrenzter Wirksamkeit sein; das ändert jedoch nichts am umfassenden Charakter ihrer rechtlichen Verbindlichkeit in funktioneller Perspektive.

Die Wirksamkeit dieser beiden Prinzipien als „Konfliktentscheidungsnormen“ und ihre Begrenzung läßt sich im einzelnen wie folgt umschreiben[187]: Soweit die Entscheidungsstrukturen der als Kompetenzträger in Betracht kommenden Verfassungsorgane und die Prozesse ihres Zusammenwirkens bereits in der Verfassung selbst festgelegt sind, kommen auch Organtreue und Organadäquanz verfassungsunmittelbar zur Anwendung und sind im Rahmen der betroffenen Kompetenz- und Verfahrensvorschriften verfassungsgerichtlich voll überprüfbar. Jenseits der ausdrücklichen Normierungen muß dagegen eine bestimmte „Schwelle“ überschritten werden, bevor der verfassungsgerichtliche Zugriff einsetzen kann: diese Schwelle ist nicht schon dann erreicht, wenn ein gewisser Optimierungsbedarf besteht, son-

---

kann durch *keinerlei politische* Erwägungen überwunden werden“ (Hervorhebungen vom Verf.); u. dazu etwa *Gerd Sturm*, in: Sachs (Fn. 160), Art. 93 Rn. 13.

183 BVerfGE 90, 286, 337.

184 Oben I. 3. b) (29 ff.).

185 *Voßkuhle* (Fn. 134), 2218 f.; unter Verweis auf *Schenke* (Fn. 82), 34 f.

186 Vgl. dazu die Nachweise oben Fn. 118.

187 Exemplarisch für den Grundsatz funktionsgerechter Organstruktur finden sich dazu Erläuterungen bei *v. Danwitz* (Fn. 134), 345 ff.

dern erst dann, wenn die vorhandene Entscheidungsstruktur bzw. das praktizierte Entscheidungsverfahren keine Gewähr für eine sachgerechte Entscheidungsfindung mehr bieten[188]. Streitentscheidungen anhand der zugrundeliegenden Strukturprinzipien laufen daher in der Regel auf eine „Evidenzprüfung" hinaus: es kann insoweit nur darum gehen, *evident* ungeeignete Entscheidungsstrukturen bzw. -verfahren als verfassungswidrig zu beanstanden[189]. Positiv ausgedrückt bedeutet das, daß Grundsätze wie Organtreue und Organadäquanz im wesentlichen auf die Festlegung verfassungsrechtlicher „Eckwerte" abzielen. Gerade diese Bedeutung kann aber gar nicht hoch genug eingeschätzt werden: das zeigt sich in der Praxis etwa daran, daß das Verfassungsgericht auf solche Strukturprinzipien insbesondere dann zurückgreift, wenn für die Verfassungsordnung zentrale Entscheidungen zur Debatte stehen[190].

b) Funktionsmodalitäten

Auf der Basis der bislang angestellten Überlegungen lassen sich zuletzt noch verschiedene Funktionsmodalitäten der Verfassungsorgantreue bzw. des Grundsatzes der Organadäquanz skizzieren[191]: Zunächst vermögen diese beiden Prinzipien als *Auslegungsgesichtspunkte* Bedeutung zu erlangen, indem sie zwischen den einzelnen, im Verfassungstext oft scheinbar beziehungslos nebeneinander stehenden Kompetenzen und Strukturen der Verfassungsorgane jene Verbindungen herstellen, derer es zur Erreichung und Erhaltung der staatlichen Integration bedarf, und insofern eine Art „Scharnierfunktion" erfüllen. Zwar halten manche Stimmen die in diesem Zusammenhang eröffneten Einsatzmöglichkeiten der fraglichen Prinzipien für zu weitgehend und wollen sie auf die Funktion einer bloßen Lückenschließung im Rahmen der verfassungsrechtlich festgelegten Kompetenzordnung beschränken[192]. Daran ist richtig, daß bei der Konkretisierung dieser strukturellen Grundsät-

---

[188] Hier beißt sich übrigens die Katze – unvermeidlich – in den Schwanz: Die unterhalb der fraglichen Zugriffsschwelle notwendige Zurückhaltung des Verfassungsgerichts stellt selbst nichts anderes als einen Anwendungsfall der Verfassungsorgantreue dar. Ebenso muß die Frage, wo diese Zugriffsschwelle konkret anzusiedeln ist, als Ausdruck des Grundsatzes einer organadäquaten Funktionenzuordnung gelesen werden. Der gesamte Komplex der verfassungsgerichtlichen Überprüfbarkeit von Organtreue und Organadäquanz bzw. des Interorganrespekts bildet daher in gewisser Weise ein selbstreferentielles System, auf das im 8. Kapitel noch näher eingegangen werden soll.

[189] Vgl. etwa BVerfGE 90, 60, 98 ff., wo das Verfassungsgericht die rein politische Festsetzung der Rundfunkgebühren als evident ungeeignet zur Gewährleistung einer sachgerechten Entscheidungsfindung beurteilt hat.

[190] So haben die meisten der (wenigen) Urteile, in denen das BVerfG auf die Organtreue eingeht, Verfassungsgeschichte geschrieben: BVerfGE 35, 193, 199 und 36, 1, 14 f. – Grundlagenvertrag; BVerfGE 89, 155, 191 – Maastricht; BVerfGE 90, 286, 337 f. – Auslandseinsätze der Bundeswehr.

[191] Die Darstellung folgt an dieser Stelle der von *Schenke* (Fn. 82), 41 ff., aufgestellten Systematik.

[192] Vgl. etwa – schon für einen subsidiären Charakter des Gewaltenteilungsprinzips selbst plädierend – *Rupert Stettner*, Not und Chance der grundgesetzlichen Gewaltenteilung, in: JöR N.F. 35

ze, wie im vorigen Abschnitt bereits ausgeführt wurde, die unmittelbar vom Verfassungsgeber selbst vorgenommenen Normierungen natürlich verbindliche Vorgaben darstellen. Wo diese Vorgaben jedoch ihrerseits auslegungsbedürftig sind, spricht nichts dagegen, ihre Wechselwirkungen mit den zugrundeliegenden Strukturprinzipien in die Betrachtung einzubeziehen und sie im Lichte dieser Prinzipien näher zu interpretieren[193].

Weiterhin wirken Organtreue und Organadäquanz als *Mißbrauchsschranken* bei der Ausübung bestehender verfassungsrechtlicher Kompetenzen durch die Verfassungsorgane und tragen so zur Abgrenzung und Limitierung dieser Kompetenzen bei. Dabei erschöpft sich ihre Bedeutung in dieser Funktionsmodalität nicht in rein kompetenzrechtlichen Aspekten: Indem sie die Wechselbezüglichkeit der den einzelnen Verfassungsorganen jeweils überantworteten Befugnisse betonen[194] und eine entsprechende Rücksichtnahme der Organe aufeinander einfordern, tragen sie zugleich zur Erhöhung der Legitimation staatlicher Entscheidungen bei, da sie das Vertrauen der Rechtsunterworfenen in die Sachgerechtigkeit der verschiedenen Entscheidungsverfahren und der mit ihnen gefundenen Ergebnisse stärken[195].

Über die Be- und Abgrenzung bestehender Kompetenzen hinaus können diese Strukturprinzipien schließlich selbst zu *Quellen ungeschriebener Verhaltenspflichten* und entsprechender Rechte werden, vor allem mit Blick auf eine positive Kooperation und Koordination der Verfassungsorgane untereinander. So hat das Bundesverfassungsgericht in seinem Urteil zum Grundlagenvertrag eine Unterlassungspflicht der übrigen Verfassungsorgane dahingehend angenommen, keine Schritte zu unternehmen, die „dem Bundesverfassungsgericht eine rechtzeitige und wirksame Ausübung seiner Kompetenz erschweren oder unmöglich machen“ könnten[196]. In einem anderen Fall, der das Notbewilligungsrecht des Bundesfinanzministers nach Art. 112 GG betraf, statuierte das Gericht sogar positive Prüfungs- und Verfahrenspflichten vor und bei der Wahrnehmung dieser Kompetenz:

„Die Prüfungspflicht geht dahin, ob nicht nach der Sachlage im Einzelfall eine Bewilligung durch den Gesetzgeber möglich ist. Ergeben sich in dieser Hinsicht begründete Zweifel, dann ist der Bundesminister der Finanzen gehalten, mit dem Gesetzgeber in Verbindung zu treten, um zu klären, ob dieser sich in der Lage sieht, im Hinblick auf die zeitliche Dringlichkeit des

---

(1986), 57–81, 75 f.; unter Verweis auf das Sondervotum von *Mahrenholz* in BVerfGE 68, 1, 111 ff. (129).

[193] *v. Danwitz* (Fn. 134), 339, weist dazu mit Recht auf das Auslegungsideal der praktischen Konkordanz hin, das auch in diesem Spannungsfeld als Leitlinie fungieren könnte. Vgl. i. einz. *Hesse* (Fn. 65), 28 (Rn. 72), 142 (Rn. 317 f.).

[194] So etwa BVerfGE 89, 155, 191 zum Verhältnis zwischen Bundestag und Bundesregierung im Zuge der Fortentwicklung der Europäischen Union.

[195] Diesen Gedanken betont wiederum *v. Danwitz* (Fn. 134), 345. Zur Wichtigkeit der Verfahrensgestaltung für die Sachgerechtigkeit von Entscheidungen und die damit zusammenhängende Legitimationswirkung allg. BVerfGE 42, 64, 73; 46, 325, 333; 49, 220, 226; auch 52, 131, 153; vgl. ferner BVerfGE 83, 60, 72; u. aus soziologischer Sicht *Niklas Luhmann*, Legitimation durch Verfahren, 1969, 27 ff.

[196] BVerfGE 36, 1, 15.

Bedürfnisses, rechtzeitig eine Bewilligung zu erteilen. *Erst nach dieser Konsultation* ist in solchen Zweifelsfällen der Weg frei für die Ausübung der Kompetenz aus Art. 112 GG."[197]

Zu all diesen Funktionsmodalitäten ist freilich abschließend zu bemerken, daß eine scharfe Trennung zwischen ihnen bei der konkreten Anwendung von Organtreue und Organadäquanz im Einzelfall nicht möglich ist. Zahlreiche Überschneidungen – so können etwa die ungeschriebenen Verhaltenspflichten eines Verfassungsorgans oft ebenso als Limitierung seiner Kompetenzen und diese wiederum als Auslegungsgesichtspunkt bei der Interpretation der zugrundeliegenden Befugnisnorm gedeutet werden – ziehen den Versuch einer klaren Grenzziehung immer wieder in Zweifel[198]. Auch wenn aber deshalb jede Typisierung von Funktionsweisen in diesem Bereich unvollkommen bleiben muß, so kann sie doch den Blick dafür schärfen, wie breit das potentielle Einsatzspektrum der hier betroffenen Rechtsgrundsätze sich darstellt, auf das im folgenden anhand einiger konkreter Anwendungsbeispiele eingegangen werden soll.

III. Ausgewählte Illustrationen

Die hierfür ausgewählten Beispiele, die die bislang nur abstrakt geschilderten Ausprägungen und Anwendungsmodalitäten der betrachteten Prinzipien idealtypisch illustrieren sollen, sind sämtlich der deutschen Verfassungsordnung entlehnt. Denn es geht an dieser Stelle nur darum, die konkreten Einsatzmöglichkeiten dieser Prinzipien exemplarisch aufzuzeigen. Eine umfassende Analyse dieser Möglichkeiten in den wichtigsten staatsverbandlichen Funktionsbereichen bleibt ebenso wie die Bezugnahme auf außerdeutsche Verfassungssysteme dem Anwendungsteil vorbehalten. Nachstehend werden daher nur einige Abgrenzungsprobleme herausgegriffen, die wegen ihres spezifisch deutschen Charakters im Anwendungsteil nicht mehr weiter analysiert werden sollen.

1. Die Beteiligung der Länder in europäischen Angelegenheiten

So stellt etwa die Beteiligung der Länder an Vorhaben im Rahmen der Europäischen Union, insbesondere an der Rechtsetzung durch die Europäischen Gemeinschaften, ein spezielles, bis heute nicht befriedigend gelöstes Problem innerhalb der deutschen Bundesstaatlichkeit dar.

---

[197] BVerfGE 45, 1, 39 (Hervorhebung vom Verf.; im GG-Text ist von derartigen Konsultationen auch nicht ansatzweise die Rede).

[198] In diesem Sinne für die Verfassungsorgantreue auch *Schenke* (Fn. 82), 46 ff.

a) Die Rechtslage nach der EEA

Die diesem Problem ursächlich zugrundeliegende Konstellation besteht darin, daß die Übertragung von Hoheitsrechten auf die supranationale europäische Ebene nach deutschem Verfassungsrecht in Form eines Bundesgesetzes erfolgt. Dabei verfügt der Bund auch über ausschließliche Gesetzgebungsbefugnisse der Länder, die dementsprechend Zuständigkeiten an die übergeordnete Einheit „Europa" verlieren[199]. Je weiter die „Vergemeinschaftung" auf europäischer Ebene fortschritt, desto dringlicher wurden daher die Bemühungen der Länder um eine möglichst intensive Beteiligung daran[200]. Nachdem diese Fragen lange Zeit eher informell geregelt worden waren, erreichten die Länder im Rahmen des Zustimmungsgesetzes zur Einheitlichen Europäischen Akte[201] zum ersten Mal die ausdrückliche Kodifizierung eines Verfahrens, das die sachliche Einbeziehung des Bundesrates als Vertretungsorgan der Länder sicherstellte.

Die insoweit entscheidenden Bestimmungen finden sich in Art. 2 EEAG[202]. Danach hatte die Bundesregierung den Bundesrat „umfassend und zum frühestmöglichen Zeitpunkt über alle Vorhaben im Rahmen der Europäischen Gemeinschaft, die für die Länder von Interesse sein könnten", zu unterrichten. Bei Beschlüssen der Europäischen Gemeinschaften, die *wesentliche* Interessen der Länder involvierten, hatte sie dem Bundesrat außerdem Gelegenheit zur Stellungnahme zu geben und diese Stellungnahme bei den Verhandlungen zu berücksichtigen. War eine Materie betroffen, die zur ausschließlichen Gesetzgebung der Länder gehörte, so verpflichtete das Gesetz die Bundesregierung sogar, „nur aus unabweisbaren außen- und integrationspolitischen Gründen" von der Stellungnahme des Bundesrates abzuweichen. Schließlich statuierte das Gesetz eine Pflicht der Regierung, im Rahmen des Möglichen auf Verlangen Ländervertreter zu den Verhandlungen in den europäischen Gremien hinzuzuziehen. Eine im Gesetz bereits anvisierte Vereinbarung zwischen Bund und Ländern fächerte die Einzelheiten dieser Verpflichtungen des Bundes gegenüber den Ländern weiter aus[203].

---

[199] Allg. dazu *Christian Schede*, Bundesrat und Europäische Union, 1994, 11 ff.; *Hans-Peter Donoth*, Die Bundesländer in der Europäischen Union, 1996, 37 ff.; vgl. aus der unter der Geltung der EEA entstandenen Lit. ferner *Ossenbühl* (Fn. 56), 146 f.; *Rudolf Streinz*, Der Verfassungsstaat als Glied einer europäischen Gemeinschaft, in: DVBl. 1990, 949–963, 962; sehr krit. hierzu *Hans-Joachim Schütz*, Bund, Länder und Europäische Gemeinschaften, in: Der Staat 28 (1989), 201–224; vermittelnd *Dieter Dörr*, Die Europäischen Gemeinschaften und die Deutschen Bundesländer, in: NWVBl. 1988, 289–294, 291 ff.

[200] Eine Kurzdarstellung dieser Entwicklung findet sich bei *Bauer* (Fn. 2), 198 ff. Vgl. zur Problematik weiter *Karl Schmitt*, Regionen, Regionalisierung und Föderalismus in Europa, in: Peter M. Huber (Hg.), Das Ziel der europäischen Integration, 1996, 55–79, 59 ff.

[201] EEAG vom 19.12.1986, BGBl. II, 1102 f.

[202] Zur Entstehungsgeschichte desselben *Michael Borchmann*, Bundesstaat und europäische Integration, in: AöR 112 (1987), 586–622, insbes. 605 ff. m.w.N.

[203] Vgl. Art. 2 VI EEAG; der Text der am 17.12.1987 abgeschlossenen Vereinbarung ist abgedr. bei *Stefan Schmidt-Meinecke*, Bundesländer und Europäische Gemeinschaft, 2. Aufl. 1988, 98 ff.

b) Veränderungen durch den neuen Art. 23 GG

Im Zusammenhang mit der Ratifikation des Unionsvertrages von Maastricht erreichten die Länder eine wesentliche Erweiterung dieser Gewährleistungen und darüber hinaus ihre Fixierung im Verfassungstext durch die Neufassung des Art. 23 GG. Danach bedürfen Bundesgesetze, die weitere Hoheitsrechte auf die Europäische Union übertragen, nunmehr der ausdrücklichen Zustimmung des Bundesrates (Art. 23 I 2 GG). Im Falle einer Änderung der vertraglichen Grundlagen der Union ist gem. Art. 23 I 3 GG sogar ein formelles Verfassungsänderungsverfahren erforderlich. Damit wird die Integrationsoffenheit des Grundgesetzes gegenüber der alten Regelung nach Art. 24 I GG unter Vorbehalte gestellt, deren Hürden erheblich höher liegen[204]. In der Literatur sind daher auch schon Stimmen laut geworden, die den neuen Art. 23 GG als einen potentiellen „Europabehinderungsartikel" betrachten[205].

Noch illustrativer als die Frage weiterer Hoheitsrechtsübertragungen stellen sich für unsere Zwecke jedoch die detaillierten Regelungen in den Absätzen 2 und 4–7 des neu geschaffenen Grundgesetzartikels dar, die die Mitwirkungsbefugnisse der Länder an den Entscheidungsprozessen der Europäischen Union im Rahmen der bereits auf sie übertragenen Befugnisse festlegen und als Ausdruck der prinzipiellen Gleichordnung von Bund und Ländern im bundesstaatlichen System der Bundesrepublik Deutschland fungieren sollen[206]. Verbunden mit der in Art. 23 VII GG vorgesehenen näheren gesetzlichen Regelung, die am 12.03.1993 getroffen wurde[207] und zusammen mit dem Vertrag von Maastricht selbst am 01.11.1993 in Kraft getreten ist[208], wird dort im wesentlichen folgendes bestimmt:

– Nach Art. 23 II 1 GG, § 1 EuZBLG wirken die Länder in Angelegenheiten der Europäischen Union durch den Bundesrat und damit über das von ihnen auf Bundesebene kontrollierte Organ mit[209]. Der Bundesrat ist von der Bundesregierung

---

[204] So die zusammenfassende Diagnose von *Schede* (Fn. 199), 85; vgl. a. etwa *Rudolf Geiger*, Die Mitwirkung des deutschen Gesetzgebers an der Entwicklung der Europäischen Union, in: JZ 1996, 1093–1098.

[205] *Thomas Oppermann/Claus Dieter Classen*, Die EG vor der Europäischen Union, in: NJW 1993, 5–12, 12. *Eibe Riedel*, Der Vertrag von Maastricht und das Grundgesetz, in: Hans G. Leser (Hg.), Aktuelle Entwicklungen des Rechts aus deutscher und französischer Sicht, 1993, 81–105, 94, spricht von einer „Vollintegrationsbarriere". Ähnlich *Michael Friedrich Commichau*, Nationales Verfassungsrecht und europäische Gemeinschaftsverfassung, 1995, 54 f.; sowie *Wolfgang Wessels*, Verwaltung im EG-Mehrebenensystem: Auf dem Weg zur Megabürokratie?, in: Markus Jachtenfuchs/Beate Kohler-Koch (Hg.), Europäische Integration, 1996, 165–192, 180 f., der die dadurch zunehmende „Komplexität und Unübersichtlichkeit" der europäischen Entscheidungsprozesse beklagt.

[206] *Rupert Scholz*, Grundgesetz und europäische Einigung, in: NJW 1992, 2593–2601, 2600.

[207] Gesetz über die Zusammenarbeit von Bund und Ländern in Angelegenheiten der Europäischen Union (EuZBLG), BGBl. I, 313 ff.

[208] Bekanntmachung vom 25.10.1993, BGBl. I, 1780.

[209] *Christoph Möllers*, Der parlamentarische Bundesstaat, in: Josef Aulehner u.a. (Hg.), Föderalismus – Auflösung oder Zukunft der Staatlichkeit?, 1997, 81–111, 110, weist mit Recht darauf hin, daß sich damit auch in diesem Zusammenhang die im 5. Kapitel noch näher zu behandelnde

„umfassend und zum frühestmöglichen Zeitpunkt" (Art. 23 II 2 GG) „über alle Vorhaben im Rahmen der Europäischen Union, die für die Länder von Interesse sein könnten" (§ 2 EuZBLG), zu unterrichten[210].

– Nach Art. 23 IV GG ist der Bundesrat „an der Willensbildung des Bundes zu beteiligen, soweit er an einer entsprechenden innerstaatlichen Maßnahme mitzuwirken hätte oder soweit die Länder innerstaatlich zuständig wären". Damit wird die in der Innenpolitik geltende Kompetenzverteilung zum Maßstab auch für die Festlegung der Zuständigkeiten im Rahmen der Europapolitik gemacht[211]. §§ 3, 4 EuZBLG konkretisieren die entsprechenden Verpflichtungen der Bundesregierung dahingehend, daß sie dem Bundesrat „rechtzeitig Gelegenheit zur Stellungnahme binnen angemessener Frist" zu geben und außerdem „vom Bundesrat benannte Vertreter der Länder an Beratungen zur Festlegung der Verhandlungsposition zu dem Vorhaben" zu beteiligen hat.

– Art. 23 V GG verleiht den daraufhin zu erwartenden Stellungnahmen des Bundesrates ein entsprechend der jeweiligen innerstaatlichen Kompetenzverteilung abgestuftes Gewicht[212]. Soweit der Bund das Recht zur Gesetzgebung hat, insbesondere wenn ausschließliche Zuständigkeiten des Bundes betroffen sind[213], behält die Bundesregierung das Letztentscheidungsrecht hinsichtlich der Festlegung der deutschen Verhandlungspositionen und braucht die Stellungnahme des Bundesrates lediglich zur Kenntnis zu nehmen (Art. 23 V 1 GG, § 5 I EuZBLG). Anders stellt sich die Lage jedoch dar, wenn ein Unionsvorhaben „im Schwerpunkt" Gesetzgebungsbefugnisse der Länder, die Einrichtung ihrer Behörden oder ihre Verwaltungsverfahren betrifft. Hier verbirgt sich hinter der in Art. 23 V 2 GG verwendeten Formel von der „maßgeblichen Berücksichtigung" der Auffassung des Bundesrates letztlich ein abschließendes Entscheidungsrecht dieses Organs[214],

---

Frage nach der Legitimation des Bundesrates stellt. Zur „Mediatisierung" der Länder durch den Bundesrat vgl. außerdem *Wolfgang Fischer*, Die Europäische Union im Grundgesetz: der neue Artikel 23, in: ZParl 24 (1993), 32–49, 41; sowie *Klaus Stern*, Verfassungen müssen von Schwärmereien frei bleiben, in: FAZ vom 26.01.1995, 8, der darin einen weiteren Schritt in Richtung eines „Regierungsföderalismus" sieht.

210 Diese Formulierung geht noch über den alten Art. 2 I EEAG hinaus, vgl. *Schede* (Fn. 199), 102.

211 *Schmalenbach* (Fn. 123), 118, weist darauf hin, daß diese Parallelität von den Ländern bewußt als Ausdruck einer im Entstehen begriffenen „europäischen Innenpolitik" verstanden wurde.

212 Als Kurzübersicht hierzu bspw. *Bruno Schmidt-Bleibtreu/Franz Klein*, Kommentar zum Grundgesetz, 8. Aufl. 1995, Art. 23 Rn. 23 f.; *Donoth* (Fn. 199), 202 ff.

213 Im Bereich der konkurrierenden Gesetzgebung war jedenfalls bis zum Erlaß des EuZBLG umstritten, ob der Bund von seinem Gesetzgebungsrecht nach Art. 72 II GG auch Gebrauch gemacht haben müsse, um in Unionsangelegenheiten nicht an die Stellungnahme des Bundesrates gebunden zu sein. Vgl. dazu *Paul Wilhelm*, Europa im Grundgesetz: Der neue Artikel 23, in: BayVBl. 1992, 705–710, 709; *Fischer* (Fn. 209), 42 f.; *Scholz* (Fn. 206), 2600; später aber *ders.*, Europäische Union und deutscher Bundesstaat, in: NVwZ 1993, 817–824, 823; u. zus.fass. *Schede* (Fn. 199), 123 ff.; sowie *Michael Paul*, Die Mitwirkung der Bundesländer an der Rechtsetzung der Europäischen Gemeinschaften de lege lata und de lege ferenda, 1996, 58 ff.

214 Stv. dazu erneut *Rupert Scholz*, Europäische Union und Verfassungsreform, in: NJW 1993, 1690–1692, 1691; abl. unter europarechtlichen Gesichtspunkten *Ulrich Everling*, Überlegungen

wenngleich dabei nach dem Verfassungswortlaut „die gesamtstaatliche Verantwortung des Bundes zu wahren" ist. § 5 II EuZBLG verpflichtet zu diesem Zweck Bundesregierung wie Bundesrat darauf, „ein Einvernehmen anzustreben" (S. 3), läßt im Ergebnis aber den Bundesrat jedenfalls dann die Oberhand behalten, wenn sich dort eine Zwei-Drittel-Mehrheit findet (S. 5). Nur soweit der Bundeshaushalt tangiert wird, bleibt gem. Art. 23 V 3 GG, § 5 II 6 EuZBLG die Zustimmung der Bundesregierung notwendig.

– Für den Fall, daß „im Schwerpunkt ausschließliche Gesetzgebungsbefugnisse der Länder betroffen sind", enthält Art. 23 VI 1 GG außerdem die Sollvorschrift, daß die Außenvertretung Deutschlands einem vom Bundesrat benannten Vertreter der Länder zu übertragen sei[215]. Dieser Vertreter ist nach Art. 23 VI 2 GG verpflichtet, die deutschen Mitgliedschaftsrechte „unter Beteiligung und in Abstimmung mit der Bundesregierung" wahrzunehmen und dabei erneut „die gesamtstaatliche Verantwortung des Bundes zu wahren"; im Falle divergierender Auffassungen folgt das Letztentscheidungsrecht jedoch, wie § 6 II 4 EuZBLG klarstellt, „den für die interne Willensbildung geltenden Regeln und Kriterien" des Art. 23 V GG[216].

c) Die Notwendigkeit einer Aktivierung des Bundestreueprinzips

Hier eröffnet sich dem Rechtsgedanken des wechselseitigen Respekts in seiner vertikalen Ausprägung des Bundestreueprinzips ein weites Anwendungsfeld. Die insoweit maßgeblichen Verfassungsakteure, Bundesregierung und Regierungen der Länder, haben die tragende Rolle des Grundsatzes der Bundestreue in diesem Zusammenhang von Anfang an ausdrücklich anerkannt. So heißt es bereits im Vorspruch der unter der Geltung des Zustimmungsgesetzes zur Einheitlichen Europäischen Akte getroffenen Vereinbarung über die Einzelheiten der Einbeziehung des Bundesrates, daß sich die beteiligten Regierungen des Bundes und aller sechzehn Länder „zur Europäischen Einigung ... sowie zu den sich daraus ergebenden Informations- und Handlungspflichten *in wechselseitigem Treueverhältnis*" bekennen[217]. Vor diesem Hintergrund wurden schon die meisten Einzelregelungen des

---

zur Struktur der Europäischen Union und zum neuen Europa-Artikel des Grundgesetzes, in: DVBl. 1993, 936–947, 947.

[215] Dazu stellt § 6 II 2 EuZBLG klar, daß es sich bei diesem Vertreter zumindest dann, wenn die Wahrnehmung der deutschen Mitgliedschaftsrechte im Rat betroffen ist, um einen Landesminister handeln muß. Dies ist wegen Art. 203 (ex-Art. 146) EGV erforderlich, wobei dieser in Maastricht noch speziell zu diesem Zweck geändert werden mußte (bis dahin waren nur Mitglieder der mitgliedstaatlichen Regierungen im Rat zugelassen gewesen); allerdings auf belgisches, nicht etwa auf deutsches Betreiben. Vgl. *Michael Borchmann/Wilhelm Kaiser*, Die Mitwirkung der Länder im EG-Ministerrat, in: Franz H. U. Borkenhagen u.a. (Hg.), Die deutschen Länder in Europa, 1992, 36–46, 43; *Rüdiger Rubel*, Das neue Grundgesetz (Teil 1), in: JA 1992, 265–271, 270 f.; u. insges. *Anette Greulich*, Der Landesminister als Vertreter der Bundesrepublik Deutschland im Rat der Europäischen Union, 1997, bes. 130 ff.

[216] Vgl. a. *Scholz* (Fn. 213), 822 ff.; u. insges. *Schede* (Fn. 199), 171 ff.; sowie *Paul* (Fn. 213), 68 f.

[217] Nachweis bei *Schmidt-Meinecke* (Fn. 203), 99 (Hervorhebung vom Verf.).

EEAG in der Literatur als Ausfluß oder Konkretisierung von bundesstaatlichen Treuepflichten gewertet und die Bundestreue ihrerseits für das Verständnis dieses Gesetzes im einzelnen fruchtbar gemacht[218].

Nichts anderes kann für die unter der Geltung des neuen Art. 23 GG getroffenen Festlegungen gelten. Das bringt schon der beinahe identische Vorspruch zu der in Ausführung von § 9 EuZBLG neu geschlossenen „Vereinbarung zwischen der Bundesregierung und den Regierungen der Länder über die Zusammenarbeit in Angelegenheiten der Europäischen Union" vom 29.10.1993 zum Ausdruck:

> „Bundesregierung und Regierungen der Länder bekennen sich zur Verwirklichung eines vereinten Europas und der Entwicklung der Europäischen Union ... sowie zu den sich daraus ergebenden Informations- und Handlungspflichten *im wechselseitigen bundesstaatlichen Treueverhältnis*."[219]

Die in Art. 23 II und IV GG zusammen mit §§ 1–4 EuZBLG statuierten Informations-, Konsultations- und Beteiligungspflichten verkörpern geradezu idealtypisch einen wesentlichen Anwendungsbereich des Bundestreuegedankens[220]. Darüber hinaus fordern aber auch die einzelnen Mitwirkungsregeln des Art. 23 V und VI GG sowie der §§ 5, 6 EuZBLG eine Aktivierung dieses Prinzips in gegenüber dem alten EEAG verstärktem Maße. Denn viele dieser neuen Regelungen können wegen ihrer zwangsläufigen Unbestimmtheit nur unter Rückgriff auf die allgemeine Kooperationspflicht zwischen Bund und Ländern verstanden und näher erläutert werden. Das gilt insbesondere für die Frage, wie die „Berücksichtigung" bzw. „maßgebliche Berücksichtigung" der Stellungnahme des Bundesrates bei den Verhandlungen der Bundesregierung auf europäischer Ebene zu leisten ist bzw. nach welchen Kriterien diese nach Art. 23 V GG ausschlaggebende Unterscheidung überhaupt eingreift, d.h. wann die Gesetzgebungs- oder Verwaltungszuständigkeiten der Länder „im Schwerpunkt" betroffen sind[221]. Nicht ohne Grund fordert § 5 II 3 EuZBLG Bundesregierung und Bundesrat insoweit nach Möglichkeit zum Einvernehmen auf. Auch die an dieser Stelle im einzelnen vorgenommene Verteilung des Letztent-

---

218 Vgl. etwa BVerfG NVwZ 1996, 1093 ff., 1095 f., wo der Bundesregierung „als Sachwalter der Länderrechte" eine besondere Verantwortlichkeit zugewiesen wurde, aus der nach Ansicht des Gerichts prozedurale Pflichten zu bundesstaatlicher Zusammenarbeit und Rücksichtnahme flossen; ferner *Eberhard Grabitz*, Die deutschen Länder in der Gemeinschaft, in: EuR 1987, 310–321, 317 f.; *Evelyn Haas*, Die Mitwirkung der Länder bei EG-Vorhaben, in: DÖV 1988, 613–623, 619; *Blanke* (Fn. 136), 64 f. et seq.; *Schmidt-Meinecke* (Fn. 203), 60, 65; *Konrad Kruis*, Variationen zum Thema Kompetenzkompensation, in: FS Willi Geiger, 1989, 155–178, 164 f.

219 Abgedr. bei *Schede* (Fn. 199), 261 ff. (Hervorhebung erneut vom Verf.).

220 Vgl. schon oben I. 3. c) (32).

221 Zu den entsprechenden Diskussionen in der Gemeinsamen Verfassungskommission *Schmalenbach* (Fn. 123), 123 ff., 131 f. Die Befürchtungen, die zur Notwendigkeit eines Rückgriffs auf die Bundestreue führen, artikulieren bspw. *Riedel* (Fn. 205), 94; *Peter Badura*, Die „Kunst der föderalen Form" – Der Bundesstaat in Europa und die europäische Föderation, in: FS Peter Lerche, 1993, 369–384, 380 f.; *Matthias Herdegen*, Die Belastbarkeit des Verfassungsgefüges auf dem Weg zur Europäischen Union, in: EuGRZ 1992, 589–594, 593 f.; *Jürgen Schwarze*, Das Staatsrecht in Europa, in: JZ 1993, 585–594, 590; u. *Michael Brenner*, Der unitarische Bundesstaat in der Europäischen Union, in: DÖV 1992, 903–911, 908.

scheidungsrechts, von der oben bereits die Rede war, entbindet Bund und Länder nicht von ihren wechselseitigen Loyalitätspflichten. So bleibt die Bundesregierung selbst dann, wenn der Bundesrat ihr nicht gem. § 5 II 5 EuZBLG mit zwei Dritteln seiner Stimmen entgegentritt und sie ihre Auffassung folglich nach außen durchsetzen kann, nach Art. 23 V GG zur Berücksichtigung der in der Stellungnahme des Bundesrates zum Ausdruck gebrachten Länderinteressen verpflichtet. Umgekehrt sind die Länder auch dort, wo dem Bundesrat das Letztentscheidungsrecht zukommt, gehalten, auf die Wahrung der gesamtstaatlichen Verantwortung des Bundes zu achten, worunter in diesem Zusammenhang vor allem die Verpflichtung zu verstehen ist, Gefährdungen der integrationspolitischen Handlungsfähigkeit Deutschlands zu vermeiden[222].

In Art. 23 VI GG, § 6 EuZBLG finden sich diese aus der Bundestreue fließenden Kooperations- und Loyalitätspflichten quasi in personalisierter Form wieder. Schon die Formulierung des Art. 23 VI 1 GG als Sollvorschrift stellt klar, daß die Entscheidung über die Übertragung der Verhandlungsführung auf einen Ländervertreter letztlich in der Kompetenz des Bundes verbleibt, fordert jedoch zugleich eine Loyalität der Bundesregierung gegenüber den Ländern dahingehend, daß sie unter den Voraussetzungen des Art. 23 VI GG die Übertragung nur ausnahmsweise und mit guten Gründen verweigern darf[223]. Im Falle der Übertragung ist der Ländervertreter wiederum durch Art. 23 VI 2 GG, § 6 II 3 EuZBLG verpflichtet, den Vertreter der Bundesregierung zu konsultieren und sich eng mit ihm abzustimmen; hier kommt außerdem erneut die gesamtstaatliche Verantwortung des Bundes ins Spiel, deren Nichtbeachtung durch den Ländervertreter im Extremfall zu seiner Abberufung durch die Bundesregierung führen kann[224]. Das Zusammenspiel all dieser Regelungen zeigt deutlich, daß die europapolitische Handlungsfähigkeit Deutschlands bei gleichzeitiger Wahrung der vom Grundgesetz vorgegebenen bundesstaatlichen Kompetenzordnung nur zu erhalten ist, wenn Bund und Länder bei der Ausführung von Art. 23 GG im Sinne des Bundestreueprinzips loyal und kooperativ miteinander umzugehen bereit sind[225]. Da die Interessen der Länder in diesem

---

[222] I. einz. dazu *Schede* (Fn. 199), 139 ff., der den Begriff der „gesamtstaatlichen Verantwortung" sogar ausdrücklich als Konkretisierung der Bundestreue versteht (146); u. *Scholz* (Fn. 206), 2600; vgl. a. *ders.* (Fn. 213), 824; ähnlich *Hans-Konrad Ress*, Die Beteiligung der deutschen Bundesländer am Rechtssetzungsprozeß der Europäischen Gemeinschaft, in: JuS 1998, 17–24, 23 f.; weiter *Udo Di Fabio*, Der neue Art. 23 des Grundgesetzes, in: Der Staat 32 (1993), 191–217, 208; sowie *Wilhelm* (Fn. 213), 709.

[223] Als ein solcher Grund würde vor allem die der Bundestreue auf Gemeinschaftsebene entsprechende Verpflichtung der Bundesrepublik zu gemeinschaftskonformem Verhalten angesehen, vgl. *Commichau* (Fn. 205), 55; erneut *Schede* (Fn. 199), 162 ff.; u. tendenziell auch *Everling* (Fn. 214), 946; *Schmalenbach* (Fn. 123), 138 f.; *Schmidt-Bleibtreu/Klein* (Fn. 212), Art. 23 Rn. 25; jew. m.w.N.

[224] *Schede* (Fn. 199), 173, 193; tendenziell *a.A. Greulich* (Fn. 215), 140 ff.

[225] Das gilt übrigens auch bei der Erfüllung europarechtlich vorgegebener Erfordernisse, etwa der Maastrichter Konvergenzkriterien zur Staatsverschuldung, deren Einhaltung im Sinne des vereinbarten Stabilitätspakts ebenfalls nur im Zusammenwirken von Bund und Ländern erfolgreich gewährleistet werden kann. Vgl. dazu bspw. den Zwischenbericht von *Katharina Gelinsky*, Geht es nicht ohne Karlsruhe?, in: FAZ vom 12.11.1997, 16.

Zusammenhang außerdem primär über den Bundesrat vertreten und gewahrt werden, liefert die hier behandelte Problematik zugleich eine erste Illustration für die Notwendigkeit eines Prinzips des wechselseitigen Respekts zwischen den Verfassungsorganen auf Bundesebene.

2. Politische Amtshandlungen des Bundespräsidenten ohne Rechtsaktscharakter

Auf der horizontalen Ebene des Verhältnisses der einzelnen Verfassungsorgane zueinander schafft insbesondere die Sonderstellung des Bundespräsidenten nach dem Grundgesetz spezifische Probleme innerhalb der deutschen Verfassungsordnung. Ein Paradebeispiel für die Notwendigkeit, in diesem Zusammenhang ungeschriebene Loyalitäts- und Kooperationspflichten zu aktivieren, stellt insoweit die Frage dar, wie mit rechtlich nicht verbindlichen, also rein politischen Amtshandlungen des Bundespräsidenten umzugehen ist.

a) Die grundsätzliche Problematik des Art. 58 GG

Verfassungsrechtlich ist diese Problematik in Art. 58 GG verankert. Nach Satz 1 dieser Vorschrift bedürfen „Anordnungen und Verfügungen des Bundespräsidenten … zu ihrer Gültigkeit der Gegenzeichnung" durch ein Mitglied der Bundesregierung. Historisch gesehen handelt es sich bei dieser „Kontrasignaturpflicht" um ein Relikt der Epoche des Konstitutionalismus, das zur Versöhnung des Prinzips der Volkssouveränität mit der monarchischen Idee beitragen sollte[226]. Mit der Gegenzeichnung übernimmt die Regierung, was Art. 50 S. 2 der Weimarer Reichsverfassung noch ausdrücklich klarstellte, in Ermangelung einer direkten parlamentarischen Verantwortlichkeit des Staatsoberhaupts die politische Verantwortung für dessen Amtshandlungen. Ob dieser traditionelle Zweck des Kontrasignaturerfordernisses vor dem Hintergrund eines Verfassungssystems, das dem Staatsoberhaupt im Verhältnis zu Parlament und Regierung kaum noch eigenständige Machtbefugnisse verleiht und damit das mögliche Defizit an parlamentarischer Verantwortlichkeit beinahe auf Null reduziert, überhaupt noch eine Berechtigung hat, wird freilich zunehmend bezweifelt[227]. In jedem Falle werden daraus jedoch entgegengesetzte Schlußfolgerungen gezogen:

Die vielleicht noch heute überwiegende Meinung im Schrifttum versucht politische Kollisionen zwischen Bundespräsident und Bundesregierung dadurch zu vermeiden, daß sie auch politische Amtshandlungen ohne Rechtsaktscharakter als An-

---

[226] Ausführlich dazu *Huber*, Deutsche Verfassungsgeschichte (Fn. 4), Bd. III, 3. Aufl. 1988, 55 f., 814 f.

[227] Vgl. statt vieler: *Roman Herzog*, Entscheidung und Gegenzeichnung, in: FS Gebhard Müller, 1970, 117–139, 124 ff.; *Hansjörg Biehl*, Die Gegenzeichnung im parlamentarischen Regierungssystem der Bundesrepublik Deutschland, 1971, 119 ff.; *Nierhaus* (Fn. 143), 50 ff.; u. maßgeblich *Wolf-Rüdiger Schenke*, in: Bonner Kommentar (Fn. 176), Art. 58 Rn. 14.

ordnungen und Verfügungen im Sinne des Art. 58 GG betrachtet und so der Gegenzeichnungspflicht unterwirft. Zu den politisch bedeutsamen Aktionsformen zählen damit auch Reden, Interviews und Empfänge des Bundespräsidenten ebenso wie seine Grußbotschaften an andere Staaten und deren Regierungen. Lediglich der Privatbereich des Staatsoberhaupts, der nach der Natur des Amtes eng zu begrenzen ist, bleibt ausgespart[228].

Die Gegenmeinung macht demgegenüber darauf aufmerksam, daß der Sinn der durch die Gegenzeichnung bewirkten Übertragung der parlamentarischen Verantwortlichkeit vom Bundespräsidenten auf die Bundesregierung im Kontext der grundgesetzlichen Verfassungsordnung außer in den Fällen des Art. 58 S. 2 GG, wo dem Bundespräsidenten ausdrücklich ein eigenes politisches Ermessen eingeräumt wird, nur noch in einer wechselseitigen Rechtmäßigkeitskontrolle bestehen kann und die Gegenzeichnung folglich auf Handlungen im rechtlichen Raum zu beschränken ist[229]. In der Tat deutet schon der Wortlaut des Art. 58 S. 1 GG, der von „Anordnungen" und „Verfügungen" spricht, die zu ihrer „Gültigkeit" der Gegenzeichnung bedürften, darauf hin, daß lediglich politisch relevante Akte des Bundespräsidenten nicht erfaßt sein sollten[230]. Vor allem aber droht unter der Annahme eines umfassenden Kontrasignaturerfordernisses die totale Entwertung des Präsidentenamtes: Der Bundespräsident könnte sich politisch nur noch im Sinne der Bundesregierung oder aber überhaupt nicht mehr äußern[231]. Daher sprechen die besseren Gründe dafür, rein politische Amtshandlungen des Bundespräsidenten von der Gegenzeichnungspflicht auszunehmen.

---

228 In diesem Sinne etwa *Klaus Kröger*, Die Ministerverantwortlichkeit in der Verfassungsordnung der Bundesrepublik Deutschland, 1972, 88 ff.; *Biehl* (Fn. 227), 83 f.; *Hartmut Maurer*, Die Gegenzeichnung nach dem Grundgesetz, in: FS Karl Carstens, 1984, 701–719, 712 ff.; *Ulfried Hemmrich*, in: v. Münch/Kunig (Fn. 152), Art. 58 Rn. 4; *Stern* (Fn. 152), 213 f.; *Hans-Joachim Winkler*, Der Bundespräsident, 1967, 49 f.

229 So i. Erg. übereinstimmend *Herzog* (Fn. 227), 134 ff.; *ders.*, in: Maunz-Dürig (Fn. 147), Art. 58 Rn. 50 ff.; *Nierhaus* (Fn. 143), 134 ff.; *Axel Schulz*, Die Gegenzeichnung, 1978, 122 f.; *Klaus Schlaich*, Die Funktion des Bundespräsidenten im Verfassungsgefüge, in: Josef Isensee/Paul Kirchhof (Hg.), Handbuch des Staatsrechts der Bundesrepublik Deutschland, Bd. II, 1987, 541–584 (§ 49), 571 ff. (Rn. 71 ff.); *Wolf-Rüdiger Schenke*, in: Bonner Kommentar (Fn. 176), Art. 58 Rn. 43; *Schmidt-Bleibtreu/Klein* (Fn. 212), Art. 58 Rn. 1.

230 Vgl. etwa *Wolf-Rüdiger Schenke*, in: Bonner Kommentar (Fn. 176), Art. 58 Rn. 20 f. Daher schlägt z.B. auch *Biehl* (Fn. 227), 79 ff., eine *analoge* Anwendung des Art. 58 GG auf solche Akte vor. *Dietmar Seidel*, Der Bundespräsident als Träger der auswärtigen Gewalt, 1972, 131 ff., möchte den Begriff der „Gültigkeit" extensiv interpretieren. Alle diese Versuche belegen die Schwierigkeiten der Befürworter einer umfassenden Gegenzeichnungspflicht mit dem Wortlaut des Art. 58 S. 1 GG.

231 *Franz Knöpfle*, Das Amt des Bundespräsidenten in der Bundesrepublik Deutschland, in: DVBl. 1966, 713–722, 721 f., will dem Bundespräsidenten daher trotz prinzipieller Bejahung der Gegenzeichnungspflicht ausnahmsweise auch ohne Gegenzeichnung ein politisches Aktionsrecht zugestehen, wenn eine politische Verständigung mit der Bundesregierung nicht erreichbar erscheint. Solche Konsequenzen wirken in juristischer Hinsicht jedoch äußerst mißlich, wie *Schenke* (Fn. 82), 66 f., mit Recht hervorhebt. Vgl. a. *ders.*, in: Bonner Kommentar (Fn. 176), Art. 58 Rn. 42 ff.; *Herzog* (Fn. 227), 134 ff.; u. selbst *Stern* (Fn. 152), 214.

b) Möglichkeiten eines Rückgriffs auf allgemeine Prinzipien

Dennoch kann man in Ermangelung weiterer ausdrücklicher Verfassungsvorschriften in diesem Bereich nicht einfach von einem rechtsfreien Raum für den Bundespräsidenten ausgehen. Zwar muß der Bundespräsident die Freiheit zu politischen Äußerungen auch dort haben, wo er mit den Positionen der Bundesregierung nicht übereinstimmt; andernfalls könnte er die ihm unter dem Aspekt der staatlichen Integration zugewiesene Rolle, Staatsoberhaupt des ganzen Volkes zu sein[232], gegenüber der notwendigerweise parteipolitisch ausgerichteten Bundesregierung gar nicht sinnvoll wahrnehmen. Auf der anderen Seite darf der Bundespräsident sich nicht ungehemmt auf Gegenkurs zur Politik der Bundesregierung begeben, da er in diesem Falle das ebenfalls aus seiner diesbezüglichen Funktion fließende Gebot parteipolitischer Neutralität mißachten und so die Gefahr einer Desintegration der gesamten politischen Staatsleitung heraufbeschwören würde. Damit ergibt sich ein schwieriger Balanceakt zwischen der politischen Knebelung des Bundespräsidenten durch die Bundesregierung einerseits und der Möglichkeit einer ungehinderten Konfrontation zwischen diesen beiden Verfassungsorganen andererseits.

Die rechtliche Steuerung dieses Balanceaktes kann, wie im vorigen bereits deutlich geworden ist, nicht durch eine strikte Kompetenzregelung nach Art des Art. 58 GG geleistet werden, sondern bedarf eines in sich selbst entwicklungsoffenen und „elastischen" Verfassungsprinzips. In der Literatur wird daher in zunehmendem Maße auf das Ideengut ungeschriebener Loyalitäts- und Kooperationspflichten zwischen den Verfassungsorganen zurückgegriffen, wie es nach traditioneller Bezeichnung im Verfassungsgrundsatz der Organtreue zum Ausdruck kommt[233]. Aus diesem Grundsatz läßt sich beispielsweise eine Pflicht des Bundespräsidenten begründen, vor politisch bedeutsamen Amtshandlungen, die nach der hier vertretenen Interpretation des Art. 58 GG nicht der Gegenzeichnungspflicht unterliegen, die Verständigung mit der Bundesregierung zumindest zu suchen. *Schenke* postuliert darüber hinaus ein Gebot des „political self-restraint", wonach der Bundespräsident sich um so mehr mit politischen Äußerungen zurückhalten sollte, je weitreichender die potentiellen Konsequenzen dieser Äußerungen erscheinen[234]; ein Grundsatz, der vor allem im Bereich der auswärtigen Beziehungen Deutschlands Bedeutung im Hinblick auf mögliche diplomatische Verwicklungen erlangen dürfte. Ganz im

---

[232] Vgl. dazu *Stern* (Fn. 152), 218 f.; u. schon *Peter Pernthaler*, Das Staatsoberhaupt in der parlamentarischen Demokratie, in: VVDStRL 25 (1967), 95–208, 170 ff.; sowie *Nierhaus* (Fn. 143), 203 ff. m.w.N.

[233] So bereits *Eberhard Menzel*, Ermessensfreiheit des Bundespräsidenten bei der Ernennung der Bundesminister?, in: DÖV 1965, 581–597, 592 f., allerdings noch unter dem Begriff einer „verfassungsrechtlichen Verpflichtung zu konkordanten Entscheidungen", die der Sache nach nichts anderes als ein Gebot zur gegenseitigen Rücksichtnahme darstellt; weiter *Nierhaus* (Fn. 143), 213 ff.; u. ausführlich *Schenke* (Fn. 82), 67 ff.; sowie *ders.*, in: Bonner Kommentar (Fn. 176), Art. 58 Rn. 16, 49; vgl. a. *Stern* (Fn. 152), 214; u. *Schlaich* (Fn. 229), 573 (Rn. 74). *Maurer* (Fn. 228), 718 f., will die Verfassungsorgantreue dagegen allenfalls „zur Eingrenzung oder Ergänzung" der Gegenzeichnung eingesetzt wissen.

[234] *Schenke* (Fn. 82), 68 f.

Sinne des vom Verfassungsgericht geforderten „harmonischen Zusammenwirkens" zwischen den Verfassungsorganen geht es also darum, „den von der Verfassung ... garantierten Raum freier politischer Gestaltung offenzuhalten"[235]: die Rollen von Bundespräsident und Bundesregierung müssen insofern unterscheidbar bleiben, als der Bundesregierung die maßgebliche Formulierung der deutschen Politik obliegt, dem Bundespräsidenten jedoch die Möglichkeit eigenständiger Akzentsetzungen nicht versagt werden darf. Die Ausgestaltung dieses Zusammenspiels im einzelnen stellt freilich nicht unerhebliche Anforderungen an Takt, Gespür und „goodwill" der beiden Verfassungsorgane.

3. Das „destruktive Mißtrauensvotum"

Eine andere, auf den ersten Blick gar nicht unmittelbar einschlägige Illustration der Notwendigkeit, solche Erwägungen als einen festen Bestandteil der Verfassungsdogmatik zu etablieren, knüpft an eine weitere Besonderheit der deutschen Verfassungsordnung an: nämlich an die Möglichkeit des Deutschen Bundestages, die Bundesregierung durch ein „konstruktives Mißtrauensvotum" - und nur durch ein solches - gem. Art. 67 GG zu stürzen. Für die Zwecke unserer Illustration ist in diesem Zusammenhang vor allem bedeutsam, daß das Grundgesetz weder ein Selbstauflösungsrecht des Bundestages noch die Möglichkeit einer einfachen Vertrauensentziehung durch das Parlament gegenüber der Regierung kennt[236].

a) Hintergrund: Die vorgezogenen Neuwahlen zum Deutschen Bundestag 1983

Das einzige erfolgreiche Mißtrauensvotum der genannten Art in der deutschen Verfassungsgeschichte fand am 01.10.1982 statt, als Helmut Kohl nach dem Bruch der sozialliberalen Koalition von CDU/CSU und F.D.P. gemeinsam zum neuen Kanzler gewählt wurde. Sowohl vor als auch nach dieser Wahl erklärte er in der Öffentlichkeit mehrfach, daß es das Ziel der Bundesregierung sei, so schnell wie möglich Neuwahlen herbeizuführen, da die neue Regierung nur einen inhaltlich und zeitlich begrenzten Auftrag habe[237]. Gerade auch der gestürzte SPD-Kanzler Schmidt be-

---

[235] BVerfGE 36, 1, 15. *Schulz* (Fn. 229), 123, betont darüber hinaus speziell die Integrationsaufgabe des Bundespräsidenten.

[236] Zu den Hintergründen dieser vom GG ganz bewußt getroffenen Entscheidung statt vieler: *Hans-Peter Schneider*, in: AK-GG (Fn. 130), Art. 67 Rn. 1, Art. 68 Rn. 1; *Martin Oldiges*, in: Sachs (Fn. 160), Art. 67 Rn. 3, 8, Art. 68 Rn. 24 f.; u. schon *Thomas Puhl*, Die Minderheitsregierung nach dem Grundgesetz, 1986, 61 f.; jew. m.w.N.

[237] Besonders deutlich wurde er in seiner Regierungserklärung am 13.10.1982 vor dem Bundestag: „Die Koalitionsparteien FDP, CSU und CDU haben vereinbart, sich am 6. März 1983 dem Urteil der Wähler zu stellen. Dies ist auch die Meinung der Bundesregierung. Ich weiß, daß es verfassungsrechtlich nicht einfach ist, diese Absicht zu verwirklichen." Vgl. *Karl Carstens*, Die Auflösung des Deutschen Bundestages im Januar 1983, in: FS zur 600–Jahr-Feier der Universität zu Köln, 1988, 661–677, 664; u. zu der hier dargestellten Vorgeschichte ferner *Klaus Bohnsack*, Die Koalitionskrise 1981/82 und der Regierungswechsel 1982, in: ZParl 14 (1983), 5–32, bes. 25 ff.;

stand darauf, seine Regierung sei 1980 ausdrücklich mit einem sozialliberalen Wählermandat ausgestattet worden; wenn jetzt eine konservativ-liberale Regierung amtiere, werde der Wählerwille verfälscht, so daß es der neuen Regierung an demokratischer Legitimation gebreche. Kaum war daher der Haushalt für 1983 unter Dach und Fach, erklärte Bundeskanzler Kohl, nachdem das Dringendste getan sei, sei es jetzt geboten, sich dem Votum der Wähler zu stellen, und bat den Bundestag am 13.12.1982 gem. Art. 68 GG, ihm das Vertrauen auszusprechen. Drei Tage nach diesem Antrag erfolgte die Schlußabstimmung über das Haushaltsgesetz 1983 und seine Begleitgesetze, die mit einer komfortablen Mehrheit der neuen Regierung aus CDU/CSU und F.D.P. verabschiedet wurden; nur einen weiteren Tag danach enthielten sich die Abgeordneten dieser Fraktionen bei der Abstimmung über den Antrag Kohls nach Art. 68 GG vereinbarungsgemäß der Stimme, so daß die Vertrauensfrage wie geplant scheiterte.

Der Kanzler bat daraufhin den Bundespräsidenten, von seiner Befugnis gem. Art. 68 I 1 GG Gebrauch zu machen, d.h. den Bundestag aufzulösen und Neuwahlen festzusetzen. Für die Entscheidung des Bundespräsidenten waren nach seiner eigenen Darstellung folgende Gründe maßgebend[238]: Alle im Bundestag vertretenen Parteien waren mit den geplanten Neuwahlen einverstanden; die Bundesregierung traute sich die Lösung der drängenden Probleme des Landes ohne einen neuen, ausdrücklichen Auftrag der Wähler nicht zu; und schließlich hatten die die Regierung tragenden Fraktionen im Bundestag klargemacht, daß sie eine Fortsetzung der Regierungsarbeit ohne Neuwahlen nicht mehr unterstützen würden. Vor diesem Hintergrund ließ sich der Bundespräsident davon überzeugen, den Bundestag am 06.01.1983 aufzulösen und seine Neuwahl auf den 06.03.1983 anzusetzen.

b) Das „Wahlurteil“ des Bundesverfassungsgerichts

Zwischenzeitlich hatten vier Abgeordnete des Bundestages im Wege des Organstreits das Bundesverfassungsgericht angerufen und argumentiert, daß vorgezogene Neuwahlen trotz des Vorhandenseins einer effektiven Regierungsmehrheit ihre durch die auf vier Jahre erfolgte Wahl erlangten Abgeordnetenrechte beschneiden würden. Die Stellung der Vertrauensfrage stelle unter den gegebenen Umständen nichts anderes dar als eine verfassungswidrige Kollusion zwischen Parlamentsmehrheit und Regierung[239]; das konstruktive Mißtrauensvotum werde zu einem

sowie *Eibe Riedel*, Abschied vom Verfassungskonsens?, in: Johannes Gutenberg-Universität Mainz (Hg.), Reihe Antrittsvorlesungen, Bd. I, 1986, 155–206, 160 ff.

[238] *Carstens* (Fn. 237), 666 f.

[239] So die zusammenfassende Deutung von *Riedel* (Fn. 237), 160, 163 f.; vgl. in diesem Sinne etwa auch *Hartmut Maurer*, Vorzeitige Auflösung des Bundestages, in: DÖV 1982, 1001–1007, 1004 ff.; *Wolf-Rüdiger Schenke*, Die verfassungswidrige Bundestagsauflösung, in: NJW 1982, 2521–2528, 2522 ff.; *ders.*, Zur verfassungsrechtlichen Problematik der Bundestagsauflösung, in: NJW 1983, 150–153, 151 f.; dagegen bspw. *Meinhard Schröder*, Parlamentsauflösung bei gesicherten Mehrheitsverhältnissen?, in: JZ 1982, 786–788, 787 f.; *Günter Püttner*, Vorzeitige Neuwahlen – ein ungelöstes Reformproblem, in: NJW 1983, 15 f.; *Wolfgang Zeh*, Bundestagsauflösung und Neu-

bloßen Zwischenspiel zur Herbeiführung von Neuwahlen über eine „unechte Vertrauensfrage“ abgeschwächt.

Das Gericht wies diese Klage noch vor den festgesetzten Neuwahlen durch Urteil vom 16.02.1983[240] ab. Die das Urteil tragende Senatsmehrheit führte dazu im einzelnen aus: Art. 68 I 1 GG sei von seinem Wortlaut her eine „offene“ Vorschrift, die auch für eine geplante Ablehnung des Vertrauens Raum lasse[241]. Allerdings setze sie „eine politische Lage der Instabilität zwischen Bundeskanzler und Bundestag“ voraus und erfordere als „ungeschriebenes Tatbestandsmerkmal“, „daß der Bundeskanzler der stetigen parlamentarischen Unterstützung durch die Mehrheit des Bundestages nicht sicher sein kann“; einem Bundeskanzler, dessen Mehrheit im Bundestag außer Zweifel stehe, sei nicht gestattet, „sich zum geeignet erscheinenden Zeitpunkt die Vertrauensfrage negativ beantworten zu lassen mit dem Ziel, die Auflösung des Bundestages zu betreiben“. Auch seien weder die Behauptung, ein über ein konstruktives Mißtrauensvotum neu gewählter Bundeskanzler bedürfe neben seiner verfassungsmäßigen Legalität noch einer durch Neuwahlen vermittelten Legitimität, noch die Einigkeit aller im Bundestag vertretenen politischen Parteien als Rechtfertigung für die Auflösung des Bundestages tauglich[242].

Auf der Basis dieser verfassungsrechtlichen Ausgangspunkte hätte man wohl ohne weiteres dazu gelangen können, die Klage als begründet anzusehen, und in der Tat haben die Richter *Rinck* und *Rottmann* das auch in ihren Sondervoten getan[243]. Vor diesem Hintergrund erscheinen die Äußerungen des Gerichts zur Rolle der verschiedenen an der Auflösungsentscheidung beteiligten Verfassungsorgane in besonderer Weise bemerkenswert: Es betrachtet nämlich nicht nur die Anordnung bzw. Ablehnung der Auflösung selbst als eine „politische Leitentscheidung, die dem pflichtgemäßen Ermessen des Bundespräsidenten obliegt“, sondern betont auch für die vorangehenden Entscheidungen des Bundestages und des Bundeskanzlers deren Charakter als „selbständige politische Beurteilungen“[244]. Zunächst könne dem Bundestag nicht von Verfassungs wegen vorgeschrieben werden, wie lange er eine von ihm installierte Bundesregierung mitzutragen habe[245]. Sodann komme dem Bundeskanzler die Einschätzungs- und Beurteilungskompetenz dahingehend zu, ob er angesichts der politischen Kräfteverhältnisse eine vom stetigen Vertrauen

wahlen, in: Der Staat 22 (1983), 1–20, 8 ff., bes. 13 ff.; *Helmuth Liesegang*, Zur verfassungsrechtlichen Problematik der Bundestagsauflösung, in: NJW 1983, 147–150, 148 f.

[240] BVerfGE 62, 1 ff.; vgl. insges. dazu *Wolfgang Heyde/Gotthard Wöhrmann* (Hg.), Auflösung und Neuwahl des Bundestages 1983 vor dem Bundesverfassungsgericht, 1984, bes. das Protokoll der mündlichen Verhandlung 154 ff.

[241] BVerfGE 62, 1, 38.

[242] Alles BVerfGE 62, 1, 42 f.

[243] BVerfGE 62, 1, 70 ff.; 108 ff. Insbesondere der Richter Rottmann fand in diesem Zusammenhang starke Worte: So bezeichnete er den ganzen Vorgang als „eine verabredete politische Manipulation an den Regeln des Grundgesetzes vorbei“; er dokumentiere „die Verfassungsfremdheit der Fraktionsspitzen der Koalitionsfraktionen und die Unbefangenheit, mit der versucht worden ist, die Vorschriften der Verfassung zurechtzubiegen“ (114 f.).

[244] BVerfGE 62, 1, 35.

[245] BVerfGE 62, 1, 61 f.

der Mehrheit des Bundestages getragene und unterstützte Politik noch für möglich halte[246]. Auf der Grundlage dieser Voreinschätzungen erfolge die – oben bereits angesprochene – pflichtgemäße Ermessensbetätigung durch den Bundespräsidenten hinsichtlich der endgültigen Auflösungsentscheidung, was den Senat zu guter Letzt dazu veranlaßt, sich angesichts der umfassenden „Einräumung von Einschätzungs- und Beurteilungsspielräumen sowie von Ermessen zu politischen Leitentscheidungen an drei oberste Verfassungsorgane" ausdrücklich zu einer weitgehenden Zurücknahme der verfassungsgerichtlichen Überprüfungsmöglichkeiten zu bekennen[247]. In der abweichenden Meinung des Vizepräsidenten *Zeidler*, der die von seiten des Bundeskanzlers und der Parteien vorgetragenen Argumente im Prinzip als „außerhalb der Verfassung" qualifiziert, spielt dieses Postulat der richterlichen Selbstbeschränkung sogar die für seine schließliche Zustimmung ausschlaggebende Rolle[248].

c) Implikationen für den Verfassungskonsens

Sowohl das Vorgehen von Bundesregierung und Bundestag in diesem Falle als auch das nachfolgende Urteil des Bundesverfassungsgerichts sind im Schrifttum heftig kritisiert worden, wenngleich sich letztlich viele Autoren im Ergebnis mit der Entscheidung des Gerichts einverstanden erklären[249]. Die Ansatzpunkte der Kritik va-

---

[246] Vgl. BVerfGE 62, 1, 60 f.; die diesbezügliche Einschätzung des Bundeskanzlers ist außer in eindeutig anders gelagerten Fällen auch für den Bundespräsidenten verbindlich, wie das Gericht an anderer Stelle (50) hervorhebt: „Kommt der Bundeskanzler zu der Auffassung, daß *seine* politischen Gestaltungsmöglichkeiten bei den gegebenen politischen Kräfteverhältnissen im Rahmen des parlamentarischen Regierungssystems erschöpft sind, so kann der Bundespräsident nicht seine eigene Beurteilung der politischen Gegebenheiten an die Stelle der Auffassung des Bundeskanzlers setzen." Krit. zu dieser restriktiven Deutung der Rolle des Bundespräsidenten *Carstens* (Fn. 237), 672.

[247] BVerfGE 62, 1, 51, wo das Gericht abschließend betont: „... das Grundgesetz vertraut insoweit in erster Linie auf das in Art. 68 GG selbst angelegte System der gegenseitigen politischen Kontrolle und des politischen Ausgleichs zwischen den beteiligten politischen Verfassungsorganen."

[248] BVerfGE 62, 1, 64 ff.; vgl. bes. 69 f.: „Es ist dem Bundesverfassungsgericht nicht möglich, im einzelnen die Überzeugungsbildung des Bundespräsidenten nachzuprüfen, und es ist auch nicht seine Aufgabe, darüber zu befinden, ob der Bundespräsident in der konkreten politischen Situation die bestmögliche Entscheidung getroffen hat."

[249] Tendenziell zugunsten des Verfassungsgerichts vor allem *Roman Herzog*, in: Maunz-Dürig (Fn. 147), Art. 68 Rn. 40, 71 ff.; mit Einschränkungen ferner *Hans-Peter Schneider*, in: AK-GG (Fn. 130), Art. 68 Rn. 6 f.; *Hans Hugo Klein*, Die Auflösung des Deutschen Bundestages nach Art. 68 GG, in: ZParl 14 (1983), 402–421, 413 ff.; *Puhl* (Fn. 236), 60 ff.; *Willi Geiger*, Die Auflösung des Bundestages nach Art. 68 GG, in: JöR N.F. 33 (1984), 41–61, 51 ff.; *Herbert Schambeck*, Der Bundespräsident und das Parlament, in: FS Karl Carstens, 1984, 789–815, 808 ff.; *Walter Seuffert*, Freiheit der Politik und Grenzen des Rechts, in: AöR 108 (1983), 403–409; wohl auch noch *Norbert Achterberg*, Vertrauensfrage und Auflösungsanordnung, in: DVBl. 1983, 477–486, 484 f.; *a.A. Ute Mager*, in: v. Münch/Kunig (Fn. 152), Art. 68 Rn. 16; *Jost Delbrück/Rüdiger Wolfrum*, Die Auflösung des 9. Deutschen Bundestages vor dem BVerfG, in: JuS 1983, 758–764; *Hans Meyer*, Anmerkung zum Urteil des BVerfG vom 16.2.1983, in: DÖV 1983, 243–246; *Axel Hopfauf*, Zur Entstehung des Artikels 68 GG, in: AöR 108 (1983), 391–403; *Uwe J. Hochrathner*, Anwendungs-

riieren, konzentrieren sich jedoch weitgehend auf den bereits in *Rottmanns* Sondervotum anklingenden Vorwurf, die Vorschriften der Verfassung seien zurechtgebogen worden, „um der offenbar als unzureichend angesehenen legalen Wahl zum Bundeskanzler nach Art. 67 GG die angeblich durch eine Bundestagswahl zu vermittelnde bessere und wertvollere politische Legitimität hinzuzufügen“[250]. Die Schöpfer des Grundgesetzes hätten sich demgegenüber in bewußter Abkehr von Weimarer Verhältnissen für das repräsentativ-demokratische Regierungsmodell und gegen eine direkte „urdemokratische“ Herrschaft entschieden[251]; der argumentative Rückgriff auf den Wählerwillen, mit dem die Minderwertigkeit einer rein parlamentarischen Kanzlerwahl suggeriert werden solle, rüttele daher ganz zentral an den Fundamenten der Verfassung, am Inhalt des Verfassungskonsenses[252].

Die vieldiskutierte Frage der Richtigkeit der verfassungsgerichtlichen Entscheidung soll und kann an dieser Stelle nicht abschließend beantwortet werden. Für die Zwecke der vorliegenden Arbeit sind vielmehr folgende Aspekte von Bedeutung: Zum Verfassungskonsens gehört nicht zuletzt die funktionell-gewaltenteilige Verschränkung der obersten Verfassungsorgane, die wiederum eine gegenseitige Rücksichtnahme dieser Organe auf ihre jeweiligen Kompetenzsphären bedingt, was im Rahmen dieser Arbeit als „Interorganrespekt“ gekennzeichnet werden soll. Der Fall der vorzeitigen Bundestagsauflösung verkörpert insoweit geradezu das Musterbeispiel für den umfassenden Anwendungsbereich dieses Prinzips. Denn nahezu alle obersten Verfassungsorgane waren in ihn involviert und haben es an „Respektsbezeugungen“ nicht fehlen lassen.

Zunächst ist hier das Verhalten des Bundespräsidenten anzusprechen, der die Auflösung des Bundestages nach der formell gescheiterten Vertrauensfrage verfügen mußte. Sicherlich hätte er theoretisch die Möglichkeit gehabt, diese Auflösung zu verweigern. Da er sich damit aber nicht nur gegen den Wunsch des Bundeskanzlers gestellt, sondern auch die Vorstellungen der überwältigenden Mehrheit des Parlaments ignoriert hätte[253], hätte der Gedanke des Interorganrespekts eine solche Verweigerung nur zugelassen, wenn es dabei um die Verhinderung eines *evidenten* Verfassungsverstoßes gegangen wäre. Dementsprechend betont das Verfassungsgericht in diesem Punkt die weitgehende Verbindlichkeit der Beurteilung der politischen Gegebenheiten durch den Bundeskanzler auch für den Bundespräsidenten,

---

bereich und Grenzen des Parlamentsauflösungsrechts nach dem Bonner Grundgesetz, 1985, bes. 108 ff., 145 ff., 236 ff. m.w.N.

250 BVerfGE 62, 1, 108 ff. (113).

251 Statt vieler: *Stern* (Fn. 10), bes. 600 ff., 608 ff.; *Roman Herzog*, in: Maunz-Dürig (Fn. 147), Art. 20 II. Abschn., bes. Rn. 61 ff., 66 ff.; *Ernst-Wolfgang Böckenförde*, Mittelbare/repräsentative Demokratie als eigentliche Form der Demokratie, in: FS Kurt Eichenberger, 1982, 301–328, bes. 306 ff., 320 ff.

252 So vor allem *Riedel* (Fn. 237), 164 f.

253 In der Tat begründete der Bundespräsident seine Entscheidung in einer Fernsehansprache am 07.01.1983 ganz wesentlich mit dieser Übereinstimmung aller im Bundestag vertretenen Fraktionen und hielt diesen Faktor auch Jahre danach noch für ein zentrales Argument. Vgl. *Carstens* (Fn. 237), 669, 676.

sofern „nach pflichtgemäßer Beurteilung des Bundespräsidenten eine andere, die Auflösung verwehrende Einschätzung der politischen Lage der Einschätzung des Bundeskanzlers nicht *eindeutig* vorgezogen werden" muß[254]. Genau aus diesem Grunde ist selbst in der tendenziell gegen die Auflösung gerichteten Literatur die Kritik am Verhalten des Bundespräsidenten vergleichsweise zurückhaltend ausgefallen[255].

Das Bundesverfassungsgericht sah sich allerdings in einem ähnlichen Dilemma: Hätte es, wie von manchen Autoren vorgeschlagen[256], die ganze Problematik kurzerhand der politischen Sphäre zugeordnet und als außerrechtliche Fragestellung behandelt, so wäre dies einer partiellen Selbstaufgabe gleichgekommen und hätte eine wesentliche Schwächung des verfassungsrechtlichen Geltungsanspruchs bedeutet, der gerade auch darin besteht, der Politik rechtliche Grenzen zu setzen. Auf der anderen Seite hätte das Gericht angesichts der einhelligen Stellungnahmen aus den Führungsriegen der Bundestagsfraktionen mit einem „Vertrauensbefehl", der Parlament und Regierung zur Fortsetzung ihrer Arbeit ohne Neuwahlen gezwungen hätte, die gebotene Rücksichtnahme auf die politischen Einschätzungen der volksgewählten parlamentarischen Repräsentanten vermissen lassen. Vor diesem Hintergrund konnte es nur mit der Bejahung weitgehender Beurteilungsspielräume für die an dem Verfahren nach Art. 68 GG beteiligten obersten Staatsorgane dem besonderen politischen Charakter der Bundestagsauflösung Rechnung tragen und gleichzeitig den umfassenden Geltungsanspruch des Verfassungsrechts sowie den korrespondierenden Kontrollanspruch der Verfassungsgerichtsbarkeit aufrechterhalten, indem es für sich selbst die Möglichkeit offenließ, im Falle eines Mißbrauchs dieser Beurteilungsspielräume gegen die sich dann ergebende *offenkundige* Verfassungsverletzung einzuschreiten. Der vom Verfassungsgericht hier gesteuerte Kurs stellt einen bemerkenswerten Mittelweg „zwischen der Skylla einer ‚Politisierung des Rechts' und der Charybdis einer zu weitreichenden ‚Verrechtlichung der Politik'" dar[257] und verleiht dem Gedanken des Interorganrespekts damit fast schon einen idealtypischen Ausdruck.

Selbst das Verhalten der beiden im Zuge dieses Verfahrens am heftigsten kritisierten Verfassungsorgane Bundestag und Bundesregierung wird auf der Basis des Interorganrespekts noch am ehesten verständlich. Denn es entsprang zum großen Teil – ob nun zu Recht oder zu Unrecht – einer besonderen Variante dieses Prinzips: dem Respekt gegenüber dem Volk als Staatsorgan, auf dessen unmittelbar geäußerten Willen die Regierung ihre parlamentarische Mehrheit und damit ihre eigene Existenzberechtigung zurückgeführt wissen wollte. Nach alledem illustriert die Vorgeschichte der Neuwahlen vom 06.03.1983 die Lebendigkeit dieses Gedankens in der bundesdeutschen Staatspraxis in besonderer Weise und bestätigt so, wie loh-

---

[254] BVerfGE 62, 1, 50 f. (Zitat 51; Hervorhebung vom Verf.).

[255] Vgl. hierzu statt vieler: *Werner Heun*, Die Stellung des Bundespräsidenten im Licht der Vorgänge um die Auflösung des Bundestages, in: AöR 109 (1984), 13–36, 18 ff.

[256] So z.B. *Seuffert* (Fn. 249), 404; vgl. a. *Geiger* (Fn. 249), 50.

[257] Diese Formulierung stammt von *Schenke* (Fn. 22), 659.

nend eine vertiefte Beschäftigung mit diesem Grundsatz und seinen verschiedenen Ausprägungen sein kann, wie sie die vorliegende Untersuchung zu unternehmen beabsichtigt.

4. Die Bindungswirkung verfassungsgerichtlicher Entscheidungen für den Gesetzgeber

Die letzte beispielhafte Illustration in diesem Zusammenhang soll das Verhältnis zwischen Gesetzgeber und Verfassungsgericht näher beleuchten. Hier wirft die deutsche Rechtsordnung mit ihrer Anordnung einer sehr weitgehenden Bindungswirkung der Entscheidungen des Bundesverfassungsgerichts abermals spezifische Probleme auf.

a) Die Problemstellung am Beispiel der „Kruzifix"-Entscheidung

Die Beschäftigung mit dieser Problematik hat durch eine Reaktion des bayerischen Landesgesetzgebers auf die sogenannte „Kruzifix"-Entscheidung des Bundesverfassungsgerichts erst kürzlich neue Aktualität gewonnen. In der fraglichen Entscheidung[258] wurde § 13 I 3 der bayerischen Volksschulordnung, der vorsah, daß in jedem Klassenzimmer ein Kreuz anzubringen sei, wegen Verstoßes gegen die in Art. 4 I GG gewährleistete Religionsfreiheit für nichtig erklärt. Daraufhin verabschiedete der Bayerische Landtag nur wenig mehr als ein halbes Jahr später ein Gesetz, das genau diese Vorschrift wieder enthielt, allerdings ergänzt um einen Auftrag an den Schulleiter, auf eine gütliche Einigung hinzuwirken und notfalls „für den Einzelfall eine Regelung zu treffen, welche die Glaubensfreiheit des Widersprechenden achtet und die religiösen und weltanschaulichen Überzeugungen aller in der Klasse Betroffenen zu einem gerechten Ausgleich bringt; dabei ist auch der Wille der Mehrheit soweit möglich zu berücksichtigen"[259]. Dieses Vorgehen rief im Schrifttum die Frage hervor, ob der bayerische Gesetzgeber damit nicht gegen die Bindungswirkung der vorhergehenden Entscheidung des Bundesverfassungsgerichts verstoßen habe[260].

b) Die Vorschrift des § 31 I BVerfGG

Die generelle Bindungswirkung verfassungsgerichtlicher Entscheidungen ist in § 31 I BVerfGG festgelegt. In einer Mißachtung dieser Bindungswirkung durch einen Landesgesetzgeber läge daher ein Verfassungsverstoß dergestalt, daß die jeder

[258] BVerfG, Beschl. v. 16.05.1995 – 1 BvR 1087/91 –, abgedr. z.B. in: EuGRZ 1995, 359 ff.; NJW 1995, 2477 ff.

[259] Art. 7 III des Bayerischen Gesetzes über das Erziehungs- und Unterrichtswesen nach der Änderung durch Gesetz vom 23.12.1995, verkündet in: BayGVBl. 1995, 850.

[260] Vgl. in erster Linie *Steffen Detterbeck*, Gelten die Entscheidungen des BVerfG auch in Bayern?, in: NJW 1996, 426–432, der einen Verstoß tendenziell bejaht; gegen *Gregor C. Biletzki*, Das Kreuz im Klassenzimmer, in: NJW 1996, 2633 f.

bundesstaatlichen Verfassung eigene und für Deutschland in Art. 31 GG kodifizierte Regel vom Vorrang des Bundesrechts gegenüber dem Landesrecht verletzt wäre. Fraglich ist jedoch die genaue Reichweite der Vorschrift des § 31 I BVerfGG.

aa) Der formelle Gesetzgeber als Adressat

Das beginnt bereits mit der Frage, ob sich die Bindungswirkung nach dieser Vorschrift in *subjektiver* Hinsicht überhaupt auf den formellen Gesetzgeber erstreckt. Unmittelbar von Verfassungs wegen läßt sich eine solche Bindung nicht begründen, da Art. 20 III GG den Gesetzgeber lediglich an die „verfassungsmäßige Ordnung" bindet, worunter in diesem Fall allein formelles Verfassungsrecht zu verstehen ist[261]. Andererseits hat der Bundesgesetzgeber bei der Schaffung von § 31 I BVerfGG keine Einschränkungen hinsichtlich der Bindungsadressaten vorgenommen. Zwar nimmt sich das Bundesverfassungsgericht selbst in ständiger Rechtsprechung von der Bindungswirkung des § 31 I BVerfGG aus[262], doch ergibt sich diese scheinbare Ausnahme notwendig aus seiner spezifischen Funktion, ist zur Vermeidung einer Erstarrung der Rechtsentwicklung erforderlich und läßt sich im übrigen auch zwanglos mit dem Wortlaut der Vorschrift in Einklang bringen[263].

Dennoch verneint ein Teil der Literatur die Existenz einer Bindungswirkung aus § 31 I BVerfGG für den formellen Gesetzgeber, im wesentlichen mit der Begründung, dieser müsse sich nicht an einem von ihm selbst geschaffenen Rechtsakt festhalten lassen, den er genausogut jederzeit wieder ändern könne[264]. Der Gedanke einer Selbstbindung des Urhebers an seine eigenen Rechtsakte ist der Rechtsordnung jedoch keineswegs fremd; zur Bewahrung der Transparenz und Verläßlichkeit staatlichen Handelns ist im Gegenteil zu fordern, daß die Aufhebung der Bindungswirkung eines Rechtsakts durch seinen Erzeuger nur ausdrücklich durch einen konträren Rechtsakt gleicher Qualität erfolgen kann. Für § 31 I BVerfGG bedeutet dies,

---

[261] Statt vieler: *Hans D. Jarass/Bodo Pieroth*, Grundgesetz für die Bundesrepublik Deutschland, 4. Aufl. 1997, Art. 20 Rn. 23; *Friedrich E. Schnapp*, in: v. Münch/Kunig (Fn. 152), Bd. 1, 4. Aufl. 1992, Art. 20 Rn. 35.

[262] In diesem Sinne zuletzt etwa BVerfGE 78, 320, 328; 82, 198, 205; 85, 117, 121.

[263] So bspw. auch *Brun-Otto Bryde*, Verfassungsentwicklung, 1982, 425 f.

[264] Vgl. *Helmut Simon*, Verfassungsgerichtsbarkeit, in: Ernst Benda/Werner Maihofer/Hans-Jochen Vogel (Hg.), Handbuch des Verfassungsrechts der Bundesrepublik Deutschland, 2. Aufl. 1994, 1637–1677 (§ 34), 1657 f. (Rn. 36); *Klaus Schlaich*, Das Bundesverfassungsgericht, 4. Aufl. 1997, 325 f. (Rn. 448); *Klaus Rennert*, in: Dieter C. Umbach/Thomas Clemens (Hg.), Bundesverfassungsgerichtsgesetz, 1992, § 31 Rn. 67; *Philippe Gerber*, Die Rechtsetzungsdirektiven des Bundesverfassungsgerichts, in: DÖV 1989, 698–707, 705; *Stefan Korioth*, Die Bindungswirkung normverwerfender Entscheidungen des Bundesverfassungsgerichts für den Gesetzgeber, in: Der Staat 30 (1991), 549–571, 556 f.; sowie die zumindest mißverständliche Formulierung in BVerfGE 77, 84, 104: „*Ebensowenig* wie die von der Rechtskraft zu unterscheidende Bindungswirkung für das Bundesverfassungsgericht selbst besteht ..., verwehrt diese einfachgesetzlich angeordnete Bindung es dem Gesetzgeber, seiner Gestaltungsfreiheit und Gestaltungsverantwortung durch Verabschiedung einer inhaltsgleichen Neuregelung nachzukommen, wenn er sie für erforderlich hält ..." (Hervorhebung vom Verf.); auf diese beruft sich bspw. *Jan Ziekow*, Abweichung von bindenden Verfassungsgerichtsentscheidungen?, in: NVwZ 1995, 247–250, 248.

daß auch der formelle Gesetzgeber an die Entscheidungen des Bundesverfassungsgerichts so lange gebunden ist, wie er nicht von der ihm offenstehenden Möglichkeit Gebrauch macht, die diese Bindungswirkung statuierende Norm des § 31 I BVerfGG selbst aufzuheben bzw. entsprechend zu modifizieren[265]. Diese Einbeziehung des formellen Gesetzgebers in den Kreis der von § 31 I BVerfGG erfaßten Verfassungsorgane führt im übrigen zu keinem systemimmanentem Widerspruch, da Aufgabe und Funktion des Bundesverfassungsgerichts nicht zuletzt in der Kontrolle eben dieses Gesetzgebers bestehen[266]. Schließlich sei am Rande angemerkt, daß diese Folgerung in einer Fallkonstellation von der Art der „Kruzifix"-Entscheidung fast schon zwingend erscheint, da die gesetzgebenden Organe der Länder – wie hier der Bayerische Landtag – im Gegensatz zum Bundesgesetzgeber von vornherein nicht über die Möglichkeit verfügen, § 31 I BVerfGG seinerseits zu ändern und damit eine Einschränkung seiner Bindungswirkung zu erreichen[267].

bb) Die objektive Reichweite der Vorschrift

In *objektiver* Hinsicht ist die Reichweite des § 31 I BVerfGG dahingehend umstritten, ob nur der Tenor oder auch die tragenden Gründe der Entscheidung an der Bindungswirkung nach dieser Vorschrift teilhaben. In der Literatur wird hierzu teilweise die Meinung vertreten, die Bindungswirkung des § 31 I BVerfGG müsse auf den bloßen Entscheidungsausspruch beschränkt bleiben[268]. Begründet wird dies vor allem mit der Gefahr einer „Kanonisierung"[269] der vom Bundesverfassungsgericht

---

[265] Von einer solchen Selbstbindung des formellen Gesetzgebers gehen etwa aus: *Theodor Maunz/Herbert Bethge*, in: Theodor Maunz/Bruno Schmidt-Bleibtreu/Franz Klein/Gerhard Ulsamer, Bundesverfassungsgerichtsgesetz (Loseblatt), § 31 Rn. 17, 24; *Roman Herzog*, in: Maunz-Dürig (Fn. 147), Art. 20 VI. Abschn. Rn. 23; *Wolfgang Löwer*, Zuständigkeiten und Verfahren des Bundesverfassungsgerichts, in: Josef Isensee/Paul Kirchhof (Hg.), Handbuch des Staatsrechts der Bundesrepublik Deutschland, Bd. II, 1987, 737–848 (§ 56), 795 f. (Rn. 92); *Christian Pestalozza*, Verfassungsprozeßrecht, 3. Aufl. 1991, 321 f.; *Richard Häußler*, Der Konflikt zwischen Bundesverfassungsgericht und politischer Führung, 1994, 119 ff.; *Steffen Detterbeck*, Streitgegenstand und Entscheidungswirkungen im Öffentlichen Recht, 1995, 366 ff.; *ders.* (Fn. 260), 428 f.; zusammen mit zahlreichen Entscheidungen des BVerfG, vgl. etwa BVerfGE 1, 14, 37; 69, 112, 115; u. zuletzt 85, 117, 123.

[266] Das betonen vor allem *Benda/Klein* (Fn. 162), 519 f. (Rn. 1255); ihnen folgend *Detterbeck* (Fn. 260), 428; sowie *Biletzki* (Fn. 260), 2633.

[267] Wie hier z.B. *Pestalozza* (Fn. 265), 308 Fn. 174; u. *Jochen Rozek*, Das Grundgesetz als Prüfungs- und Entscheidungsmaßstab der Landesverfassungsgerichte, 1993, 95; zuletzt bestätigt durch BVerfG, Beschl. v. 15.07.1997 – 1 BvL 20/94 u. 6/96 –, abgedr. in: ZBR 1998, 142 f., wo das Gericht eine Übergangsbestimmung des hessischen Sonderurlaubsgesetzes für verfassungswidrig erklärte, da sich der hessische Gesetzgeber damit über frühere verfassungsrechtliche Beanstandungen des BVerfG hinweggesetzt hatte.

[268] Vgl. etwa *Klaus Stern*, in: Bonner Kommentar (Fn. 176), Art. 94 Rn. 129; *Alfred Rinken*, in: AK-GG (Fn. 130), Art. 94 Rn. 67 ff.; *Gernot Biehler*, Zur Bindungswirkung von Urteilen des Bundesverfassungsgerichts, in: DVBl. 1991, 1237–1239, 1239; *Löwer* (Fn. 265), 796 f. (Rn. 93 f.); zurückhaltender *Pestalozza* (Fn. 265), 325 f.; weitere Nachweise zur älteren Lit. bei *Ziekow* (Fn. 264), 248.

[269] Dieses Wort stammt von *Schlaich* (Fn. 264), 328 (Rn. 451); vgl. dort auch die weiteren Nachweise.

zur Begründung seiner Entscheidungen formulierten Sätze und der Befürchtung einer daraus folgenden Erstarrung der Rechtsentwicklung. Darüber hinaus wird auf den Wortlaut des § 31 II BVerfGG verwiesen: In diesem Abschnitt sei ebenfalls von „Entscheidung" die Rede, was sich aber hinsichtlich der dort ausgesprochenen Zumessung von Gesetzeskraft logisch nur auf die Entscheidungsformel beziehen könne. Die Verwendung des gleichen Wortes im vorhergehenden Absatz weise deshalb darauf hin, daß an dieser Stelle ebenfalls nur der Entscheidungstenor zum Gegenstand der Regelung gemacht werden sollte[270].

Unter systematischen Aspekten zwingt jedoch gerade die Zusammenschau von § 31 I und II BVerfGG zu einer weitergehenden Interpretation der Bindungswirkung. Würde sie nämlich ebenfalls auf die Entscheidungsformel reduziert, so käme § 31 I BVerfGG angesichts der durch § 31 II BVerfGG ohnedies angeordneten Gesetzeskraft einer Vielzahl von Entscheidungsformeln kaum noch eigenständige Bedeutung zu[271]. Die notwendige Flexibilität der Rechtsentwicklung wird jedenfalls von seiten des Bundesverfassungsgerichts dadurch gewahrt, daß das Gericht, wie bereits erwähnt, sich selbst von der Bindungswirkung nach § 31 I BVerfGG ausnimmt[272] und somit freie Hand behält, eine später als verfehlt erkannte Rechtsauffassung aufzugeben. Konsequenterweise spricht das Verfassungsgericht denn auch den „tragenden Gründen" seiner Entscheidungen Bindungswirkung zu, jedenfalls soweit sie Auslegung und Anwendung des Grundgesetzes betreffen[273].

cc) Die Frage des „Normwiederholungsverbots"

Folgt man der hier vertretenen, durch die Judikatur des Bundesverfassungsgerichts selbst gestützten Auffassung, nach der sich die in § 31 I BVerfGG angeordnete Bindungswirkung verfassungsgerichtlicher Entscheidungen auch auf den formellen Gesetzgeber als Adressaten sowie auf die tragenden Entscheidungsgründe des Verfassungsgerichts erstreckt, so tritt das Problem zutage, das die am Beispiel der „Kruzifix"-Entscheidung geschilderte Fallkonstellation zu einer idealtypischen Illustration für die Notwendigkeit wechselseitiger Rücksichtnahme zwischen den Verfassungsorganen werden läßt: die Frage des sogenannten „Normwiederholungsverbots". In diesem Punkt besteht eine gewisse Divergenz zwischen den beiden Senaten des Bundesverfassungsgerichts: Der Zweite Senat nimmt jedenfalls bei der

---

[270] So *Pestalozza* (Fn. 265), 325 f.; sowie *Wolf-Rüdiger Schenke*, Verfassungsgerichtsbarkeit und Fachgerichtsbarkeit, 1987, 62 f. et seq.

[271] Vgl. *Detterbeck* (Fn. 260), 430; unter Verweis auf *Bryde* (Fn. 263), 420.

[272] St. Rspr. seit BVerfGE 4, 31, 38; vgl. a. BVerfGE 20, 56, 87; sowie die Nachweise oben Fn. 262.

[273] Ebenfalls st. Rspr., vgl. etwa BVerfGE 19, 377, 391 f.; 20, 56, 87; 24, 289, 297; 40, 88, 93 f.; 79, 256, 264; u. dazu *Ziekow* (Fn. 264), 248 f.; *Benda/Klein* (Fn. 162), 513 ff. (Rn. 1237 ff.); sowie *Klaus Rennert*, in: Umbach/Clemens (Fn. 264), § 31 Rn. 72 ff. Im konkreten Fall der „Kruzifix"-Entscheidung hat sich im übrigen auch der Bayerische Verwaltungsgerichtshof diesem weiten Verständnis der objektiven Reichweite der Bindungswirkung unterworfen, vgl. VGH München NJW 1996, 1554 f., 1555.

Nichtigerklärung von Rechtsnormen die Existenz eines solchen Verbots an, d.h. daß ein Gesetz desselben Inhalts „nicht noch einmal von den gesetzgebenden Körperschaften beraten, beschlossen und ... verkündet werden kann"[274]. Der Erste Senat geht hingegen davon aus, die Bindungswirkung normverwerfender verfassungsgerichtlicher Entscheidungen hindere „den Gesetzgeber nicht, eine inhaltsgleiche oder inhaltsähnliche Neuregelung zu beschließen"[275]. Nur diese Beurteilung entspräche „der besonderen Verantwortung des demokratisch legitimierten Gesetzgebers für die Anpassung der Rechtsordnung an wechselnde soziale Anforderungen und veränderte Ordnungsvorstellungen"[276]. Dem Bundesverfassungsgericht, das selbst nicht die Initiative zur Veränderung seiner einmal eingenommenen Positionen ergreifen kann, bleibt außerdem nur auf diesem Wege die Möglichkeit, „einem Wandel der tatsächlichen Verhältnisse und der Rechtsauffassung in der Bevölkerung durch Respektierung des demokratischen Willensbildungsvorgangs Rechnung zu tragen"[277].

Die angesprochene Divergenz innerhalb des Gerichts relativiert sich freilich bei näherem Hinschauen: Zum einen kann auch der Zweite Senat kein starres Normwiederholungsverbot von absoluter Geltung postulieren[278]. Denn zumindest in zeitlicher Hinsicht verlangt allein schon der „clausula rebus sic stantibus"-Gedanke, daß der Gesetzgeber auf tatsächliche Umstände, die sich erst nach einer Entscheidung des Verfassungsgerichts ergeben, notfalls auch mit dem erneuten Erlaß einer nunmehr durch andere und eventuell bessere Argumente gestützten Norm reagieren können muß; das gilt insbesondere dann, wenn sich in diesem Zusammenhang neue, vom Gericht bislang nicht behandelte verfassungsrechtliche Gesichtspunkte ergeben[279]. Darüber hinaus zeigt die Rechtsprechung des Bundesverfassungsgerichts selbst in aller Deutlichkeit – man denke nur an die Abtreibungsproblematik

---

[274] BVerfGE 1, 14, 37; vgl. a. BVerfGE 69, 112, 115.

[275] BVerfGE 77, 84, 103.

[276] BVerfGE 77, 84, 104.

[277] So formuliert *Martin Heckel*, Das Kreuz im öffentlichen Raum, in: DVBl. 1996, 453–482, 457, vgl. dort Fn. 17 auch das Zitat einer entsprechenden Äußerung der Verfassungsgerichtspräsidentin; u. weiter *Korioth* (Fn. 264), 564 f.; sowie allg. zu der dahinterstehenden, im Anwendungsteil noch näher zu behandelnden Problematik *Ernst Benda*, Das Verhältnis von Parlament und Bundesverfassungsgericht, in: Uwe Thaysen/Roger H. Davidson/Robert G. Livingston (Hg.), US-Kongreß und Deutscher Bundestag, 1988, 218–232, 222 f. et seq.; *Christoph Gusy*, Die Offenheit des Grundgesetzes, in: JöR N.F. 33 (1984), 105–130, 116 ff.; *Christine Landfried*, Bundesverfassungsgericht und Gesetzgeber, 2. Aufl. 1996, 85 ff.; u. schon *Jörn Ipsen*, Richterrecht und Verfassung, 1975, 158 ff.; sowie *Folke Schuppert*, Die verfassungsgerichtliche Kontrolle der Auswärtigen Gewalt, 1973, 207 ff.

[278] *Josef Isensee*, Bundesverfassungsgericht – quo vadis?, in: JZ 1996, 1085–1093, 1088, stellt dementsprechend ungeachtet der in der dazugehörigen Fn. notierten Divergenz der beiden Senate fest, das BVerfG insgesamt bestehe nicht auf einem starren Normwiederholungsverbot.

[279] Dazu näher *Detterbeck* (Fn. 265), bes. 332 ff., 338 ff., 370 f., 453 f.; vgl. a. zur parallelen Problematik in bezug auf Richtervorlagen *Karl-Georg Zierlein*, Zur Prozeßverantwortung der Fachgerichte im Lichte der Verwerfungskompetenz des Bundesverfassungsgerichts nach Art. 100 Abs. 1 GG, in: FS Ernst Benda, 1995, 457–498, 471 f.; sowie BVerfGE 33, 199, 203 f.; 39, 169, 181 ff.

oder die „Sitzblockaden“-Entscheidungen[280] –, wie sich Sichtweise und Auslegung bestimmter Verfassungsvorschriften verändern können, so daß dem Gesetzgeber beim Erlaß einer Wiederholungsnorm bis zu einem gewissen Grade auch die Hoffnung zuzugestehen ist, das Verfassungsgericht könne seine einmal vertretene Auffassung zu einer bestimmten Verfassungsfrage revidieren[281]. Auf der anderen Seite gewährt der Erste Senat dem Gesetzgeber ebensowenig eine unbegrenzte Freiheit zur Verabschiedung von Wiederholungsnormen: Nach seiner Ansicht muß im Falle eines solchen Vorgehens im Gesetzgebungsverfahren jedenfalls eine inhaltliche Auseinandersetzung mit den zuvor vom Verfassungsgericht geäußerten Beanstandungen stattfinden, d.h. Abweichungen von den verfassungsgerichtlichen Vorgaben müssen besonders begründet werden[282].

c) Ergebnisdilemma und Auflösungsvorschlag

Das aus diesen Entscheidungslinien folgende Gesamtbild stellt einen fast schon klassischen Ausdruck der im Begriff des Interorganrespekts gebündelten Gedanken dar. Die Notwendigkeit eines Rückgriffs auf diese Gedanken resultiert in den meisten Fällen aus einen ansonsten unauflöslichen Dilemma, das in der Frage des „Normwiederholungsverbots“ wie folgt umschrieben werden kann: Eine striktes Normwiederholungsverbot würde den Gesetzgeber in der Erfüllung seiner ureigensten Aufgabe, auf gesellschaftliche Veränderungen und Erfordernisse regelnd einzuwirken, unangemessen behindern. Andererseits darf dem Gesetzgeber keine völlig freie Hand zum Erlaß von Wiederholungsnormen eingeräumt werden, da ihn sonst nichts daran hindern könnte, sich mit dem Bundesverfassungsgericht ein Rennen wie zwischen Hase und Igel zu liefern, wobei dem Gericht freilich die Rolle des Hasen zufiele. Die Auflösung dieses Dilemmas kann nur auf der Basis jener allgemeinen Grundsätze für das loyale Zusammenwirken zwischen den Verfassungsorganen erfolgen, die im Prinzip der Verfassungsorgantreue – für die Legislativorgane der Länder ergänzt durch den Gesichtspunkt der Bundestreue – bzw. des Interorganrespekts kulminieren: Der Gesetzgeber muß sich danach dem Verfassungsgericht gegenüber insofern loyal verhalten, als er seine Rechtsprechung nicht einfach konterkarieren darf, da dies die Bedeutung des Gerichts als letzte verbindliche Instanz in Verfassungsfragen in nicht hinnehmbarer Weise unterminieren würde[283]. Ein in dieser Hinsicht „illoyales“ Verhalten liegt etwa dann vor, wenn der

---

[280] BVerfGE 39, 1 gegen 88, 203; BVerfGE 73, 206 gegen 92, 1.

[281] In diesem Sinne etwa *Schlaich* (Fn. 264), 325 (Rn. 448); *Detterbeck* (Fn. 260), 431; *ders.*, Normwiederholungsverbote aufgrund normverwerfender Entscheidungen des Bundesverfassungsgerichts?, in: AöR 116 (1991), 391–459, 425 ff., bes. 428 ff.; u. schon *Christoph Gusy*, Parlamentarischer Gesetzgeber und Bundesverfassungsgericht, 1985, 232 ff., 245.

[282] So zuletzt BVerfG, Beschl. v. 15.07.1997 – 1 BvL 20/94 u. 6/96 –, abgedr. in: ZBR 1998, 142 f.

[283] *Schlaich* (Fn. 264), 326 (Rn. 448) Fn. 98, formuliert, der Gesetzgeber dürfe „das Gericht nicht brüskieren und dessen Autorität nicht in Frage stellen“. Vgl. a. schon *Korioth* (Fn. 264), 565;

Gesetzgeber mit seinem Wiederholungsakt das vorherige Kontrollergebnis des Gerichts wirkungslos macht – wie es vor allem bei bewußten Gesetzesrepetitionen im direkten zeitlichen Anschluß an eine Normverwerfungsentscheidung geschieht – oder versucht, den wiederholten Norminhalt der Kontrolle des Gerichts zu entziehen[284]. Anders ausgedrückt darf der Gesetzgeber eine für verfassungswidrig erklärte Norm nicht einfach so lange wiederholen, bis das Bundesverfassungsgericht auf seine Linie einschwenkt, sondern muß im Falle einer Normwiederholung zumindest tatsächlich veränderte Umstände oder Sichtweisen geltend machen[285]. Kommt er jedoch nach einer sorgfältigen Prüfung der Sach- und Rechtslage zu der begründeten Einschätzung, ein zuvor vom Verfassungsgericht für verfassungswidrig erklärter Norminhalt sei doch anders zu beurteilen, so muß er das Recht auf einen „zweiten Anlauf" behalten; der Vorwurf verfassungswidrigen Verhaltens kann der parlamentarischen Mehrheit insoweit nur gemacht werden, „wenn sie sich *grob fahrlässig oder gar vorsätzlich* über verfassungsrechtliche Bedenken hinweggesetzt"[286].

Für die zum Ausgangspunkt dieses Abschnitts gewählte Fallkonstellation der „Kruzifix"-Entscheidung und des als Reaktion darauf vom Bayerischen Landtag verabschiedeten Gesetzes ergibt sich auf dieser Grundlage beispielsweise folgende Schlußfolgerung: Als entscheidender Gesichtspunkt erweist sich die Tatsache, daß die neu geschaffene Vorschrift zur Anbringung von Kreuzen in den Klassenräumen nicht einfach den Wortlaut der für verfassungswidrig erklärten bayerischen Volksschulordnung wiederholt, was eine offenkundige Mißachtung der verfassungsgerichtlichen Rechtsprechung bedeutet hätte. Die Modifikation der alten Vorschrift durch Einführung einer Ausgleichsregelung für den Fall eines Widerspruchs gegen die Anbringung des Kreuzes ist vielmehr als Versuch des bayerischen Landesgesetzgebers zu lesen, die nach der „Kruzifix"-Entscheidung noch bestehenden gesetzgeberischen Spielräume auszuloten. Da die in dem Fehlen einer solchen Ausgleichsregelung liegende Mißachtung des Toleranzgebots jedoch einen wesentlichen Grund für die Verfassungswidrigkeit von § 13 I 3 der bayerischen Volksschulordnung gebildet und das Bundesverfassungsgericht in der „Kruzifix"-Entscheidung zudem dem Landesgesetzgeber ausdrücklich die Aufgabe zugewiesen hatte, das „unvermeidliche Spannungsverhältnis zwischen negativer und positiver Reli-

---

u. im spezifischen Zusammenhang der „Kruzifix"-Entscheidung *Peter Badura*, Das Kreuz im Schulzimmer, in: BayVBl. 1996, 33–40, 71–77, 37 f.

[284] Vgl. *Korioth* (Fn. 264), 566; *Voßkuhle* (Fn. 134), 2218.

[285] *Hans Hugo Klein*, Verfassungsgerichtsbarkeit und Verfassungsstruktur, in: FS Franz Klein, 1994, 511–526, 518 f., folgert aus der Verfassungsorgantreue eine Pflicht des Gesetzgebers, „die Rechtsprechung des Bundesverfassungsgerichts zu beachten und nur dann von ihr abzuweichen, wenn neue Tatsachen, ein grundlegender Wandel der Lebensverhältnisse oder auch der allgemeinen Rechtsauffassung erwarten lassen, *daß das Bundesverfassungsgericht von seiner bisherigen Ansicht abweichen wird*" (Hervorhebung vom Verf.); vgl. a. schon *ders.*, Probleme der Bindung des „einfachen Richters" an Entscheidungen des BVerfG, in: NJW 1977, 697–700, 700.

[286] *Benda* (Fn. 277), 218 (Hervorhebung vom Verf.); vgl. a. *Korioth* (Fn. 264), 567.

gionsfreiheit unter Berücksichtigung des Toleranzgebotes zu lösen"[287], kann dieser „zweite Anlauf" des bayerischen Gesetzgebers nicht als Verstoß gegen die Verfassungsorgan- und Bundestreue bzw. den Gedanken des Interorganrespekts bewertet werden. Die durch das Gesetz vom 23.12.1995 vorgenommene Änderung von Art. 7 III des Bayerischen Gesetzes über das Erziehungs- und Unterrichtswesen verletzte daher nicht die in § 31 I BVerfGG statuierte Bindungswirkung der „Kruzifix"-Entscheidung des Bundesverfassungsgerichts – womit kein Urteil darüber gefällt ist, ob die neue Vorschrift zur Anbringung von Kreuzen in den bayerischen Klassenzimmern ihrerseits mit Art. 4 I GG in Einklang steht[288].

IV. Weitere vergleichbare Prinzipien

Die im vorigen Abschnitt behandelten ausgewählten Illustrationen stehen idealtypisch für den Bedarf, der ganz offensichtlich in den verschiedensten staatlichen Funktionsbereichen hinsichtlich eines allgemeinen Regulativs für mögliche Befugniskollisionen gesehen wird, mag es sich dabei wie im Fall der Bundestreue um ungelöste Kompetenzkonflikte zwischen den einzelnen Gliedern eines Bundesstaates oder wie im Anwendungsbereich von Verfassungsorgantreue bzw. Interorganrespekt um Kollisionslagen zwischen den Verfassungsorganen handeln. Bevor die konzeptionellen Grundlagen dieses allgemeinen Regelungsprinzips näher erläutert werden sollen, sei jedoch anhand einiger weiterer verwandter Grundsätze aus jenseits des Staatsrechts liegenden Bereichen aufgezeigt, wie sehr der dahinterstehende Gedanke die gesamte Rechtsordnung durchdringt.

1. Pflichten zur loyalen Zusammenarbeit im Europarecht

Vielleicht am deutlichsten tritt er im Europarecht zutage, wo er in Art. 10 (ex-Art. 5) EGV – vom Amsterdamer Vertrag unberührt – sogar eine teilweise positivrechtliche Konkretisierung erfahren hat. Art. 10 (ex-Art. 5) EGV statuiert insgesamt drei an die Mitgliedstaaten der Europäischen Gemeinschaft gerichtete Verpflichtungen, die auf das Gelingen des Gemeinschaftszwecks hinwirken sollen und für die Mitgliedstaaten eine entsprechende aktive Mitwirkungspflicht am Gemeinschaftsprozeß begründen[289]: sie müssen – dies ist eigentlich eine Selbstverständ-

---

[287] BVerfG EuGRZ 1995, 359 ff., 364 f. (Zitat 365).

[288] Wie hier etwa *Badura* (Fn. 283), 38 ff.; sowie *Biletzki* (Fn. 260), 2634; vgl. a. *Voßkuhle* (Fn. 134), 2218, der schon bei „leichten Modifizierungen des ursprünglichen Gesetzes oder größerer zeitlicher Distanz" kein aus der Verfassungsorgantreue fließendes Normwiederholungsverbot mehr postulieren will; dagegen allerdings *Detterbeck* (Fn. 260), 432. Das BVerwG hat die bayerische Neuregelung inzwischen mit Entscheidung vom 21.04.1999, abgedr. in: NJW 1999, 3063 ff., „bei verfassungskonformer Auslegung" als unbedenklich eingestuft; vgl. dazu *Achim Nolte*, Das Kreuz mit dem Kreuz, in: JöR N.F. 48 (2000), 87–116.

[289] *Commichau* (Fn. 205), 67 f.; vgl. a. *Manfred Zuleeg*, in: Hans v. d. Groeben/Jochen Thie-

lichkeit – ihre aus dem Gemeinschaftsrecht oder den Handlungen der Gemeinschaftsorgane folgenden Verpflichtungen erfüllen (Art. 10 I 1 (ex-Art. 5 I 1) EGV), darüber hinaus aber auch die Gemeinschaft bei der Erfüllung ihrer Aufgaben unterstützen (Art. 10 I 2 (ex-Art. 5 I 2) EGV) und schließlich jedes Verhalten unterlassen, das den *Zielen* des Gemeinschaftsvertrages zuwiderlaufen könnte (Art. 10 II (ex-Art. 5 II) EGV). Der Europäische Gerichtshof hat aus dieser weitgefaßten, generalklauselartigen Vorschrift zahlreiche zentrale Institute des Gemeinschaftsrechts abgeleitet und ihr damit eine Schlüsselstellung hinsichtlich der Europäisierung der nationalen Rechtsordnungen zugewiesen[290].

Im Zusammenhang unseres Themas sind die über den Wortlaut des Art. 10 (ex-Art. 5) EGV hinausreichenden Implikationen allerdings von weit größerer Bedeutung als die unmittelbaren Wirkungen dieser Vorschrift. Festzuhalten ist hier insbesondere, daß nach der Rechtsprechung des Gerichtshofs Art. 10 (ex-Art. 5) EGV seinerseits nur als Ausdruck eines übergreifenden allgemeinen Rechtsgrundsatzes zu verstehen ist, nämlich „daß den Mitgliedstaaten und den Gemeinschaftsorganen gegenseitige Pflichten zur loyalen Zusammenarbeit obliegen“[291]. Dementsprechend bestehen auch für die Gemeinschaftsorgane gegenüber den Mitgliedstaaten allgemeine Pflichten zu Kooperation und Rücksichtnahme, obwohl sich Art. 10 (ex-Art. 5) EGV nach seinem Wortlaut allein an die Mitgliedstaaten als Verpflichtungsadressaten richtet. So muß etwa die Kommission bei Schwierigkeiten oder Unklarheiten Hilfestellung gewähren und den mitgliedstaatlichen Behörden bei der Verfolgung von Verstößen gegen das Gemeinschaftsrecht Amtshilfe leisten[292]; darüber hinaus scheint sich jedenfalls im deutschen Rechtsraum die Ansicht durchgesetzt zu haben, die Gemeinschaftsorgane seien verpflichtet, bei der Ausübung ihrer Kompetenzen zumindest auf die Verfassungsprinzipien sowie auf elementare, be-

---

sing/Claus-Dieter Ehlermann (Hg.), Kommentar zum EU-/EG-Vertrag, 5. Aufl. 1997, Bd. 1, Art. 5 EGV Rn. 1 f., 4 et seq.

[290] *Armin v. Bogdandy*, in: Eberhard Grabitz/Meinhard Hilf (Hg.), Kommentar zur Europäischen Union (Loseblatt), Art. 5 EGV Rn. 1, 4, vgl. dort auch die einzelnen Nachweise zur Rspr. des EuGH, bes. Rn. 36 f., 43 ff., 55; u. zuletzt *John Temple Lang*, The Duties of National Authorities Under Community Constitutional Law, in: ELR 23 (1998), 109–131, 111 ff.; sowie als neueres Bsp. die Plenarentscheidung des EuGH vom 09.12.1997 – Rs. C-265/95 –, abgedr. z.B. in: EuZW 1998, 84 ff. m. Anm. *Gert Meier* (87 f.), EuR 1998, 47 ff. m. Anm. *Jürgen Schwarze* (53 ff.), in der der Gerichtshof eine Verletzung von Art. 10 (ex-Art. 5) EGV durch Frankreich darin erkannte, daß die französischen Behörden nicht alle erforderlichen und angemessenen Maßnahmen ergriffen hätten, um Attacken französischer Bauern auf spanische Agrartransporte zu unterbinden; dazu ferner *Koen Muylle*, Angry Farmers and Passive Policemen: Private Conduct and the Free Movement of Goods, in: ELR 23 (1998), 467–474; u. *Jürgen Kühling*, Staatliche Handlungspflichten zur Sicherung der Grundfreiheiten, in: NJW 1999, 403 f.

[291] St. Rspr., vgl. etwa EuGH Slg. 1983, 255 – Rs. 230/81 –, 287; Slg. 1988, 4821 – Rs. 358/85 u. 51/86 –, 4855; Slg. 1989, 3677 – Rs. 14/88 –, 3706; Slg. 1990, I-3365 – Rs. C-2/88 Imm. –, I-3372; u. allg. zum dogmatischen Charakter schon *Helmut Lecheler*, Der Europäische Gerichtshof und die allgemeinen Rechtsgrundsätze, 1971, 145 ff.

[292] Vgl. EuGH Slg. 1986, 89 – Rs. 52/84 –, 105; Slg. 1989, 175 – Rs. 94/87 –, 192; Slg. 1990, I-3365 – Rs. C-2/88 Imm. –, I-3372; Slg. 1991, I-935 – Rs. C-234/89 –, I-994; u. etwa *J. A. Usher*, Variable Geometry or Concentric Circles: Patterns for the European Union, in: ICLQ 46 (1997), 243–273, 245 ff.

rechtigte Eigeninteressen der Mitgliedstaaten Rücksicht zu nehmen[293], wofür seit Maastricht zusätzlich Art. 6 III (ex-Art. F I) EUV ins Feld geführt werden kann, der die Europäische Union zur Achtung der nationalen Identität ihrer Mitgliedstaaten verpflichtet und in Amsterdam unverändert beibehalten wurde. Ebenfalls im deutschen Rechtsraum hat sich darüber hinaus in Anlehnung an den zu Beginn dieses Kapitels behandelten Bundestreuegedanken die Zusammenfassung aller dieser Unterstützungs-, Kooperations- und Rücksichtnahmepflichten unter dem Dachbegriff der „Gemeinschaftstreue“ eingebürgert[294]. Zwar halten einige Autoren die Verwendung dieses Begriffs im Gemeinschaftsrecht für unglücklich und bevorzugen beispielsweise eine ergänzende Auslegung des Art. 10 (ex-Art. 5) EGV, um die entsprechenden Pflichten der Gemeinschaftsorgane zu begründen[295]. An der grundsätzlichen Bejahung eines für Gemeinschaft und Mitgliedstaaten gleichermaßen geltenden allgemeinen Loyalitätsgebots mit dem Inhalt einer umfassenden gegenseitigen Verpflichtung zur Zusammenarbeit führt jedoch kein Weg vorbei.

Die europarechtlichen Parallelen zu den im deutschen Verfassungsrecht ungeschrieben verankerten „Treueprinzipien“ beschränken sich außerdem keineswegs auf die Bundestreue, sondern schließen ebenso die für das mit der vorliegenden Arbeit verfolgte Anliegen noch viel zentralere Verfassungsorgantreue ein. Dies ist nicht zuletzt deswegen bemerkenswert, weil sich im Gegensatz zur Gemeinschaftstreue für eine europäische Organtreue keinerlei normative Verankerung im Wortlaut des EG-Vertrages finden läßt. Ungeachtet dessen geht der Gerichtshof in ständiger Rechtsprechung davon aus, daß „im Rahmen des Dialogs der Organe ... die

---

293 In diesem Sinne vor allem BVerfGE 89, 155, 202; vgl. aber auch *Rudolf Geiger*, EG-Vertrag, 2. Aufl. 1995, Art. 5 Rn. 5; *Armin v. Bogdandy*, in: Grabitz/Hilf (Fn. 290), Art. 5 EGV Rn. 82; *ders.*, Rechtsfortbildung mit Artikel 5 EG-Vertrag, in: GS Eberhard Grabitz, 1995, 17–28, 25 ff.; *Scholz* (Fn. 206), 2598 f.; *Hermann-Josef Blanke*, Die kommunale Selbstverwaltung im Zuge fortschreitender Integration, in: DVBl. 1993, 819–831, 825 f.; *Manfred Zuleeg*, in: v. d. Groeben/Thiesing/Ehlermann (Fn. 289), Art. 5 EGV Rn. 11; umfassend *Albrecht Randelzhofer*, in: Maunz-Dürig (Fn. 147), Art. 24 Abs. 1 Rn. 84 ff.

294 Als kleine Auswahl sei zitiert: *Thomas Oppermann*, Europarecht, 2. Aufl. 1999, 146 (Rn. 367), 187 (Rn. 486); *Michael Schweitzer/Waldemar Hummer*, Europarecht, 5. Aufl. 1996, 321 ff. (Rn. 1045 ff.); *Michael Lück*, Die Gemeinschaftstreue als allgemeines Rechtsprinzip im Recht der Europäischen Gemeinschaft, 1992, bes. 130 ff., 137 ff.; *Wilfried Bernhardt*, Verfassungsprinzipien – Verfassungsgerichtsfunktionen – Verfassungsprozeßrecht im EWG-Vertrag, 1987, 190 f.; *Eberhard Grabitz*, Stillhalte-Verpflichtungen vor dem Binnenmarkt, 1988, 40 ff.; *Joachim Wuermeling*, Kooperatives Gemeinschaftsrecht, 1988, 187 ff. m.w.N.; u. schon *Albert Bleckmann*, Art. 5 EWG-Vertrag und die Gemeinschaftstreue, in: DVBl. 1976, 483–487; *ders.*, Die Rechtsprechung des Europäischen Gerichtshofes zur Gemeinschaftstreue, in: RIW 1981, 653–655; *ders.*, Die Bindungswirkung der Praxis der Organe und der Mitgliedstaaten der EG bei der Auslegung und Lückenfüllung des Europäischen Gemeinschaftsrechts, in: Roland Bieber/Georg Ress (Hg.), Die Dynamik des Europäischen Gemeinschaftsrechts/The dynamics of EC-law, 1987, 161–227, 190 ff.

295 Vgl. etwa *Rudolf Streinz*, Europarecht, 4. Aufl. 1999, 51 (Rn. 143); anders aber noch *ders.*, Bundesverfassungsgerichtlicher Grundrechtsschutz und Europäisches Gemeinschaftsrecht, 1989, 333 f.; *Bengt Beutler/Roland Bieber/Jörn Pipkorn/Jochen Streil*, Die Europäische Union, 4. Aufl. 1993, 89; *Renate Söllner*, Art. 5 EWG-Vertrag in der Rechtsprechung des Europäischen Gerichtshofes, 1985, 28; *Commichau* (Fn. 205), 68 f.; u. schon *Hans Peter Ipsen*, Europäisches Gemeinschaftsrecht, 1972, 217 f. (§ 9 Rn. 22).

gleichen gegenseitigen Pflichten zu redlicher (loyaler) Zusammenarbeit (gelten), wie sie die Beziehungen zwischen den Mitgliedstaaten und den Gemeinschaftsorganen prägen"[296], und hat zu diesem Punkt in der zugegebenermaßen spärlichen Literatur nur Zustimmung erfahren[297]. Hierin erweist sich die Selbstverständlichkeit, mit der der Rechtsgedanke einer wechselseitigen Loyalitäts- und Kooperationsverpflichtung zwischen den obersten Unions- bzw. Gemeinschaftsorganen auch in der europäischen Vertragsordnung als fundamentales Prinzip betrachtet wird.

2. Völkerrechtliche Parallelgedanken

Einen vergleichbar spezifisch ausgeformten Grundsatz gibt es im Bereich des Völkerrechts zwar nicht. Dafür spielt dort jedoch der auf einer höheren Abstraktionsebene angesiedelte Gedanke von Treu und Glauben, die völkerrechtliche „bona fides", eine besonders herausgehobene Rolle und kann in gewisser Weise als zentrale Grundlage der gesamten Völkerrechtsordnung angesehen werden[298]. Die einzelnen Ausprägungen dieses Prinzips sind mannigfacher Natur[299]: Neben dem Verbot des Rechtsmißbrauchs, dem Estoppel-Grundsatz und dem Verbot widersprüchlichen Verhaltens (*venire contra factum proprium*) hat es insbesondere im internationalen Vertrags- und Umweltrecht unmittelbare Relevanz erlangt. Für das Völkervertragsrecht statuiert die Wiener Vertragsrechtskonvention von 1969[300] beispielsweise in Art. 26 den allgemeinen Grundsatz der Vertragserfüllung nach Treu und Glauben und in Art. 62 die letztlich ebenfalls aus diesem Grundsatz fließende Regel vom Wegfall der Geschäftsgrundlage (*clausula rebus sic stantibus*). Der Internationale Gerichtshof hat neben dem grundlegenden Prinzip der Einhaltung von Verträgen (*pacta sunt servanda*) etwa auch die Verbindlichkeit unilatera-

---

[296] So zuletzt EuGH Slg. 1995, I-660 – Rs. C-65/93 –, I-668 (Hervorhebung u. Klammerzusätze vom Verf.); vgl. a. schon Slg. 1983, 255 – Rs. 230/81 –, 287; Slg. 1983, 1451 – Rs. 244/81 –, 1477; u. vor allem Slg. 1988, 5354 – Rs. 204/86 –, 5359.

[297] Vgl. etwa *Jacqué* (Fn. 156), 415 f.; *Martin Nettesheim*, in: Grabitz/Hilf (Fn. 290), Art. 4 EGV Rn. 36; *Roland Bieber*, The Settlement of Institutional Conflicts on the Basis of Article 4 of the EEC Treaty, in: CMLR 21 (1984), 505–523, 519 ff.; *ders.*, Kooperation und Konflikt – Elemente einer Theorie des internen Organisationsrechts der EG, in: GS Christoph Sasse, 1981, Bd. I, 327–347, 330 f., 336 ff., zus.fass. 346 f.; *Meinhard Hilf*, Die Organisationsstruktur der Europäischen Gemeinschaften, 1982, 356. In der Erklärung zur Schlußakte der Konferenz von Nizza im Dezember 2000 zu interinstitutionellen Vereinbarungen ist dies von seiten der europäischen Staats- und Regierungschefs noch einmal ausdrücklich bekräftigt worden.

[298] Vgl. die schon oben Fn. 90 zit. Nachweise, insbes. den letzteren: „Denkt man sich den Grundsatz der *bona fides* weg, dann bricht das ganze Völkerrecht in sich zusammen."

[299] Zum Folgenden bspw. *Verdross/Simma* (Fn. 90), 47 f. (§ 62); *Knut Ipsen*, Völkerrecht, 3. Aufl. 1990, 512 f. et seq.; *Ignaz Seidl-Hohenveldern*, Völkerrecht, 9. Aufl. 1997, 78 ff. (Rn. 334 ff.), 85 ff. (Rn. 382 ff.); jew. m.w.N. *Albert Bleckmann*, Allgemeine Staats- und Völkerrechtslehre, 1995, 737 ff., begründet völkerrechtliche Kooperationsverpflichtungen der hier untersuchten Art dagegen nicht aus dem „bona fides"-Grundsatz, sondern aus dem Allgemeininteresse der Völkerrechtsgemeinschaft.

[300] BGBl. 1985 II, 927 ff.

ler Versprechungen aus der „bona fides" begründet[301]. Im Umweltvölkerrecht und internationalen Nachbarrecht werden aus dem Gebot von Treu und Glauben, wie es nicht zuletzt in der „Friendly Relations"-Deklaration[302] bekräftigt wurde, vermehrt Rücksichtnahme- und Kommunikationspflichten hergeleitet. So sollen den Staaten neben einer Unterlassungspflicht hinsichtlich größerer grenzüberschreitender Umweltbeeinträchtigungen neuerdings gegenüber potentiell betroffenen Nachbarstaaten auch Informationspflichten bezüglich umweltgefährdender Vorhaben sowie Warnpflichten in Fällen eingetretener Umweltschäden obliegen[303]. Ganz in diesem Sinne fordert im übrigen schon die Stockholmer Deklaration von 1972 eine verstärkte Kooperation und Konsultation unter den Staaten zur Sicherung der natürlichen Lebensgrundlagen ein[304].

Alle diese Pflichten, die im Völkerrecht als konkrete Ableitungen aus der „bona fides" erscheinen, erinnern in ihrer Zielrichtung und Struktur sehr stark an die im deutschen Verfassungs- und Europarecht bereits entwickelten Verpflichtungen zu loyalem Zusammenwirken und gegenseitiger Rücksichtnahme. Speziell im Bereich der internationalen Organisationen wird allgemein von der ungeschriebenen Existenz ähnlicher Pflichten der jeweiligen Mitgliedstaaten ausgegangen, wie sie für die Glieder der Europäischen Gemeinschaft in der gerade behandelten Vorschrift des Art. 10 (ex-Art. 5) EGV normiert sind und wie sie die Charta der Vereinten Nationen für die dort zusammengeschlossenen Staaten gleich an mehreren Stellen stipuliert[305]. Auch wenn daher die Regelungsdichte des Völkerrechts derjenigen des nationalen Staatsrechts bzw. der europäischen Vertragsordnung nicht vergleichbar ist, ergeben sich insgesamt doch beträchtliche Parallelen zwischen Bundestreue,

---

[301] *Nuclear Tests Cases*, Australia v. France u. New Zealand v. France, ICJ Rep. 1974, 253 ff., 268 (Rz. 46), u. 457 ff., 473 (Rz. 49): „One of the basic principles governing the creation and performance of legal obligations ... is the principle of good faith. ... Just as the very rule of *pacta sunt servanda* in the law of treaties is based on good faith, so also is the binding character of an international obligation assumed by unilateral declaration." Vgl. a. die weiteren Nachweise zur Rspr. bei *Ian Brownlie*, Principles of Public International Law, 4th ed. 1990, 18.

[302] UNGA Res. 2625 (XXV) – letzter Grundsatz.

[303] Vgl. schon den *Trail Smelter Case*, USA v. Canada, RIAA Vol. III, 1905 ff.; u. etwa *Wolfgang Graf Vitzthum*, Raum, Umwelt und Wirtschaft im Völkerrecht, in: ders. (Hg.), Völkerrecht, 1997, 393–524, 488 f.; *Michael Kloepfer*, Umweltrecht, 2. Aufl. 1998, 579 ff.; *Adrian J. Bradbrook*, Energy Use and Atmospheric Protection, in: The Australasian Journal of Natural Resources Law and Policy 3 (1996), 25–60, 30 ff.

[304] Grundsätze 21, 22 u. 24 der Stockholmer Deklaration, abgedr. in: EA 27 (1972), D 443 ff.; vgl. weiter Grundsätze 21 a, d u. 22 der UN-Weltcharta für die Natur von 1982, abgedr. in: VN 31 (1983), 29 ff.; u. Grundsätze 2, 7, 9, 12, 14, 18, 19 u. 27 der Rio-Deklaration von 1992, abgedr. in: Jahrbuch des Umwelt- und Technikrechts 21 (1993), 411 ff. Allein die zunehmende Zahl der auf Zusammenarbeit ausgerichteten Artikel zeigt schon die im Fortgang der umweltvölkerrechtlichen Prozesse laufend wachsende Bedeutung der entsprechenden Pflichten.

[305] Art. 2 Ziff. 2 u. 5, 25, 48 II; vgl. dazu stv. *Verdross/Simma* (Fn. 90), 46 f. (§ 61); *Schweitzer/Hummer* (Fn. 294), 322 (Rn. 1046); u. speziell zum Zusammenwirken der einzelnen Organe in internationalen Organisationen *Ignaz Seidl-Hohenveldern/Gerhard Loibl*, Das Recht der Internationalen Organisationen einschließlich der Supranationalen Gemeinschaften, 6. Aufl. 1996, 201 ff. (Rn. 1401 ff.).

europarechtlicher Gemeinschaftstreue und dem völkerrechtlichen Grundsatz von Treu und Glauben in seinen entsprechenden Ausprägungen[306].

3. Rücksichtnahmegebote und Funktionsgerechtigkeit im Verwaltungsrecht

Ähnliche Parallelerscheinungen lassen sich zu guter Letzt sogar in dem scheinbar durchnormierten Gebiet des Verwaltungsrechts auffinden. Am häufigsten sind hier erneut Rücksichtnahmegebote vertreten, wobei die besondere Stellung der kommunalen Gebietskörperschaften im deutschen Recht die meisten Anlässe zum Rückgriff auf entsprechende ungeschriebene Prinzipien liefert. So geht die verwaltungsgerichtliche Rechtsprechung vor allem im Planungsrecht von einer interkommunalen Rücksichtnahmepflicht aus, die zum Teil weiter in Abstimmungs-, Auskunfts- und Beratungspflichten ausdifferenziert wird[307]. In der Literatur wird zum Teil unter ausdrücklicher Anlehnung an den Bundestreuegedanken ein Grundsatz der Staats- und Gemeindetreue sowie der „Kreistreue" konzipiert bzw. parallel zum „bundesfreundlichen Verhalten" von einer Pflicht zu „gemeindefreundlichem Verhalten" gesprochen, zu deren Begründung überwiegend das allgemeine Gebot von Treu und Glauben herangezogen wird[308]. Aber auch im Zusammenwirken sonstiger selbständiger Rechtsträger entdeckt man ein Gebot der Rücksichtnahme als „übergreifendes organisationsrechtliches Prinzip"[309]. Darüber hinaus werden dem verfassungsrechtlichen Organtreuegedanken vergleichbare Pflichten als quasi natürliche Bestandteile von Verwaltungsrechtsverhältnissen postuliert und vereinzelt sogar unter dem Begriff der „Verwaltungsorgantreue" zusammengefaßt[310]. Andere

---

306 Wie hier *Manfred Zuleeg*, in: v. d. Groeben/Thiesing/Ehlermann (Fn. 289), Art. 5 EGV Rn. 1; *Michael Bothe*, Völkerrecht und Bundesstaat, in: FS Hermann Mosler, 1983, 111–143, 122 ff., 133, 138 f.; *Bauer* (Fn. 2), 208 f.

307 In diesem Sinne vor allem BVerwGE 40, 323, 331; vgl. a. VGH München NVwZ 1985, 837 ff. zum „interkommunalen Abwägungsgebot"; weiter OVG Münster UPR 1988, 456 ff.; zuletzt OVG Frankfurt/Oder NVwZ-RR 1998, 484; u. VG Neustadt/W. NVwZ 1999, 101 ff.; dazu etwa *Richard Pfaff*, Planungsrechtsprechung und ihre Funktionen, 1980, bes. 110 ff. u. 132 f., unter expliziter Einbeziehung der Föderalismusproblematik. *Winfried Brohm*, Gemeindliche Selbstverwaltung und staatliche Raumplanung, in: DÖV 1989, 429–441, 438, postuliert in diesem Zusammenhang sogar die Existenz eines übergreifenden kompetenzrechtlichen Grundsatzes der Rücksichtnahme „als Leitprinzip für die Ausübung von Kompetenzen".

308 Vgl. insbes. *v. Kempis* (Fn. 86), 28 ff., 61 ff.; u. *Weigert* (Fn. 88), 598; ferner *Stern* (Fn. 10), 418 f. m.w.N.; *Albert Janssen*, Über die Grenzen des legislativen Zugriffsrechts, 1990, 140 f.; u. aus der Rspr. etwa BayVerfGH NVwZ 1989, 551 ff., 552.

309 So z.B. für die Rechtsbeziehungen zwischen Staat und Universität *Hans-Uwe Erichsen/ Arno Scherzberg*, Verfassungsrechtliche Determinanten staatlicher Hochschulpolitik, in: NVwZ 1990, 8–17, 16; vgl. a. schon *Dieter Lorenz*, Die Rechtsstellung der Universität gegenüber staatlicher Bestimmung, in: WissR 11 (1978), 1–23, 19 ff.

310 Ausdrücklich verwendet diesen Begriff *Dieter Lorenz*, Die Bedeutung der Sonderrechte gemäß § 35 StVO in ihrem Verhältnis zum Straßenrecht, in: DÖV 1990, 517–521, 519; vgl. a. *Hermann Hill*, Das fehlerhafte Verfahren und seine Folgen im Verwaltungsrecht, 1986, 336 f.: „(gegenseitige) Funktionentreue innerhalb der Staatsgewalt"; u. zur Existenz einer generellen Rücksicht-

Autoren sprechen von einem „Grundsatz gegenseitiger Rücksichtnahme bei der Erfüllung von Verwaltungsaufgaben"[311] oder von einem „institutionellen Rücksichtnahmegebot", das zum Teil sogar als „allgemeines Verfassungsprinzip" angesehen wird[312]. Insgesamt kann man daher schon von einer weitverbreiteten Strömung dahingehend ausgehen, die Existenz ungeschriebener Treue- bzw. Respektspflichten als allen gesellschaftlichen Rechtsverhältnissen zugrundeliegende Idee zu akzeptieren[313].

Hinzu kommt das Prinzip funktionsgerechter Organstruktur, das ebenfalls nicht nur im Verfassungs-, sondern genauso und vielleicht noch stärker im Verwaltungsrecht eine bestimmende Funktion erfüllt, indem es nämlich den Gesetzgeber darauf verpflichtet, die Entscheidungsstrukturen innerhalb der Verwaltung aufgabenadäquat auszugestalten[314]. Als idealtypisches Beispiel mögen insoweit die zum Zweck eines effektiven Risikomanagements geschaffenen spezifischen Verfahren dienen: Hier bildet sich angesichts der Überforderung des staatlichen Vollzugs mehr und mehr ein kooperativer Verwaltungsstil heraus, in dessen Rahmen einer kontrollierten Mitwirkung der Betreiber von Risikoanlagen und einer teilweisen Verantwortungsverlagerung auf Private entscheidendes Gewicht zukommt[315]. Insbesondere im Atom-, Gentechnik- und Arzneimittelrecht sind inzwischen unabhängige Sachverständigengremien zur Beratung und Vorbereitung behördlicher Entscheidungen institutionell fest in den Verfahrensgang eingebaut worden[316]. Solche mit der klassischen Dogmatik des Verwaltungsrechts nur begrenzt vereinbare Entwicklungen[317] demonstrieren beispielhaft, wie sehr neben den oben erwähnten Rücksichtnahmepflichten auch der Gedanke der Organadäquanz die gesamte

---

nahmepflicht auch in den Rechtsverhältnissen zwischen Verwaltung und Bürger *Friedhelm Hufen*, Fehler im Verwaltungsverfahren, 2. Aufl. 1991, 345 (Rn. 543) – ausführlicher noch die 1. Aufl. 1986, 360; sowie *Bauer* (Fn. 2), 214 ff.

311 *Bryde* (Fn. 137), 192; vgl. a. *Detlef Czybulka*, Die Legitimation der öffentlichen Verwaltung, 1989, 223: „Pflichten gegenseitiger Rücksichtnahme zwischen Verwaltungsorganisationen".

312 Den erstgenannten Begriff benutzt *Eberhard Schmidt-Aßmann*, Verwaltungsverfahren, in: Josef Isensee/Paul Kirchhof (Hg.), Handbuch des Staatsrechts der Bundesrepublik Deutschland, Bd. III, 1988, 623–651 (§ 70), 640 (Rn. 22); als Verfassungsprinzip sieht die Rücksichtnahme *Rainer Pitschas*, Verwaltungsverantwortung und Verwaltungsverfahren, 1990, 509 f., bes. Fn. 322.

313 Vgl. dazu schon die Analogien zur „bundesfreundlichen Gesinnung" bei *Krüger* (Fn. 10), 511 f., 629, 877.

314 *v. Danwitz* (Fn. 134), 340 et seq.

315 Hierzu i. einz. *Hans-Heinrich Trute*, Staatliches Risikomanagement im Anlagenrecht, in: Eibe Riedel (Hg.), Risikomanagement im öffentlichen Recht, 1997, 55–109, 85 ff.; vgl. dort auch *Rudolf Steinberg*, Staatliches Risikomanagement im europäischen Anlagenrecht, 17–54, 43 ff. *Udo Di Fabio*, Das Kooperationsprinzip – ein allgemeiner Rechtsgrundsatz des Umweltrechts, in: NVwZ 1999, 1153–1158, 1156 ff., postuliert auf der Basis der neuen verfassungsgerichtlichen Rechtsprechung den Kooperationsgedanken in diesem Bereich sogar als allgemeines Rechtsprinzip.

316 Vgl. näher *Udo Di Fabio*, Risikoentscheidungen im Rechtsstaat, 1994, bes. 128 ff. u. 192 ff., jew. m.w.N.; sowie erneut *Trute* (Fn. 315), 94 ff.

317 Stv. hierzu *Gerlinde Dauber*, Möglichkeiten und Grenzen kooperativen Verwaltungshandelns, in: Kathrin Becker-Schwarze/Wolfgang Köck/Thomas Kupka/Matthias v. Schwanenflügel (Hg.), Wandel der Handlungsformen im Öffentlichen Recht, 1991, 67–98, 84 ff.

Rechtsordnung durchzieht und zur Ausbildung kooperativer Entscheidungsmechanismen beiträgt, zu deren Funktionsfähigkeit es wiederum eines wechselseitigen Respekts der beteiligten Entscheidungsträger hinsichtlich ihrer jeweiligen Aufgaben- und Befugniszuweisungen bedarf.

V. Schlußbemerkung

Die Nachweise und Illustrationen dieses Kapitels haben gezeigt, daß ungeschriebene Respektspflichten, Loyalitätsbindungen und Kooperationsgebote, wie sie in Deutschland noch meistens unter dem Begriff der „Treue“ diskutiert werden, mittlerweile im öffentlichen Recht an vielen Stellen Anerkennung gefunden haben und der Trend sogar in Richtung einer weiteren Ausdehnung ihrer Anwendungsbereiche zeigt. Allein das legt schon die Vermutung nahe, daß hinter ihren im Einzelfall unterschiedlichen Erscheinungsformen ein allgemeinerer, die Rechtsordnung umfassend durchdringender Gedanke steht[318], dessen Ausführung die Rechtswissenschaft bisher freilich schuldig geblieben ist[319]. Auch die vorliegende Untersuchung kann keine Schließung dieser Lücke anstreben. Vielleicht kann die mit ihr beabsichtigte Analyse und Entwicklung des entsprechenden Prinzips für den speziellen Bereich der Beziehungen zwischen den Verfassungsorganen jedoch einen weiteren Stein zur späteren Vervollständigung dieses hier nur skizzierten Mosaiks beitragen.

---

[318] *Kloepfer*, Vorwirkung von Gesetzen (Fn. 135), 53 et seq., hat zu dessen Beschreibung im staatsrechtlichen Bereich bspw. den Begriff des „kooperativen Verfassungssinns“ geprägt.

[319] Das konstatiert etwa auch *Meßerschmidt* (Fn. 63), 435 f.; ihm folgend *Bauer* (Fn. 2), 208.

Drittes Kapitel

Grundlinien einer Theorie des Interorganrespekts

„Power is of an encroaching nature ... it ought to be effectually restrained from passing the limits assigned to it."

James Madison

Im vorigen Kapitel wurden die mit dem Gedanken des Interorganrespekts mehr oder weniger deutlich verwandten Prinzipien angesprochen, die bereits Eingang in die rechtswissenschaftliche Diskussion gefunden haben. Der Interorganrespekt selbst ist jedoch bislang nur im ersten Kapitel ungefähr umschrieben bzw. im zweiten Kapitel anhand einzelner Ausprägungen illustriert worden. Eine umfassende Erörterung seines Bedeutungsgehalts und normativen Charakters soll und kann auch erst nach der im folgenden Teil durchzuführenden Analyse seiner möglichen Anwendungsfälle und -bereiche erfolgen und muß daher dem Auswertungsteil vorbehalten bleiben. Zuvor bedarf es aber einer theoretischen Grundlegung zumindest insoweit, als sie erforderlich ist, um die Ausgangsbasis der nachfolgenden Anwendungsanalyse zu umreißen. In dieser Grundlegung besteht der Zweck dieses Kapitels.

I. Zielbeschreibung

Zunächst geht es hier um eine näherungsweise Beschreibung der Ziele, die mit dem Gedanken des Interorganrespekts verfolgt werden. Eine solche Beschreibung kann auf die Parallelen zurückgreifen, die zwischen den im vorangegangenen Kapitel erörtern Prinzipien bestehen, und insbesondere die darin zum Ausdruck kommenden grundsätzlichen Gemeinsamkeiten fruchtbar machen, die ihrerseits die Verwurzelung all dieser Prinzipien in einer tieferliegenden theoretischen Ebene suggerieren.

1. Oberziele

Zwei der hierfür in Betracht kommenden *Ziele* weisen einen besonders herausgehobenen Charakter auf.

a) Integration

Das erste kann in der bei der Erörterung der Verfassungsorgantreue bereits angesprochenen Idee der (staatlichen) Integration gesehen werden. Nach *Hofmann* lassen sich mindestens vier Funktionen einer Verfassung feststellen, wobei sich rechtliche und politische Elemente wechselseitig überlagern: Zum einen stifte sie eine Rechtsgemeinschaft, verleihe dem Staat damit seine rechtliche Form und fungiere darüber hinaus „als legitimierender Grund der gesetzesstaatlichen Legalität". Zum anderen stelle sie aber auch die für das Funktionieren des politischen Prozesses notwendige Grundordnung bereit und beinhalte damit zugleich ein politisches Integrationsschema der Gesellschaft[1]. Dieser Gedanke verweist letzten Endes auf die Integrationslehre *Smends* zurück, die schon im vorhergehenden Kapitel behandelt wurde und als gemeinsame Wurzel von Bundestreue und Verfassungsorgantreue heute weitgehend anerkannt erscheint[2]. Zusammenfassend gesagt geht es dabei um die Gewinnung staatlicher Einheit durch Integration bzw. um die Herstellung eines als Fundament der staatlichen Einheit hinreichend tragfähigen sozialen Wirkungszusammenhangs[3]. Aufgrund ihrer herausgehobenen Stellung sind die obersten Verfassungsorgane in besonderer Weise auf dieses Ziel verpflichtet; nach *Smend* trifft dies in erster Linie die Regierung, „die nach innen und nach außen eigens diesem Zwekke dient"[4]. *Klein* formuliert als allgemeine Selbstverständlichkeit: „Jede Verfassung verpflichtet *begriffsnotwendig alle* Staatsorgane primär zur Erhaltung des von ihr konstituierten Staatswesens"[5].

Der hierin zum Ausdruck kommende Gedanke läßt sich auch jenseits der spezifisch deutschen Ausformung der Integrationslehre in anderen Rechtsordnungen entdecken. So hat sich sogar der Begriff der Integration selbst inzwischen als fester Bestandteil jeder Zielbeschreibung des Europarechts etabliert[6], wobei Integration generell als Herstellung oder Wiederherstellung eines Ganzen bzw. als ein Prozeß oder Zustand definiert wird, der im Vergleich zum vorherigen einen höheren Grad an Einheit bringt bzw. darstellt[7]. Juristisch kann man in diesem Zusammenhang weiter unterscheiden zwischen politischer Integration (Zusammenschluß von Staaten mit dem Ziel der Verschmelzung zu einer höheren politischen Einheit), wirtschaftlicher Integration (Abbau der Handelsbarrieren und Schaffung eines einheitlichen regulierten Binnenmarktes), militärischer Integration (Herstellung einheitlicher Kommando- und Organisationsstrukturen) und schließlich rechtlicher Integration im engeren Sinne durch Vereinheitlichung der für bestimmte Materien

---

[1] *Hasso Hofmann*, Legitimität und Rechtsgeltung, 1977, 58; ihm insoweit folgend *Eibe Riedel*, Abschied vom Verfassungskonsens?, in: Johannes Gutenberg-Universität Mainz (Hg.), Reihe Antrittsvorlesungen, Bd. I, 1986, 155–206, 174.

[2] Vgl. oben 2. Kap. II. 1. b) (35 ff.) u. 2. a) (38 f.), insbes. die Nachweise Fn. 140, aber auch Fn. 149.

[3] Der letztere Gedanke stammt von *Hermann Heller*, Staatslehre, 1934, 228 ff.; vgl. dazu auch *Wolf-Rüdiger Schenke*, Die Verfassungsorgantreue, 1977, 26 ff.

[4] *Rudolf Smend*, Verfassung und Verfassungsrecht, 1928, 103.

[5] *Hans Hugo Klein*, Bundesverfassungsgericht und Staatsraison, 1968, 36 f. (Hervorhebung vom Verf.), vgl. a. schon 33; u. näher *Eckart Klein*, Funktionsstörungen in der Staatsorganisation, in: Josef Isensee/Paul Kirchhof (Hg.), Handbuch des Staatsrechts der Bundesrepublik Deutschland, Bd. VII, 1992, 361–387 (§ 168), 368 f. (Rn. 17 ff.).

[6] Vgl. stv. den ersten und siebten Erwägungsgrund der Präambel des EUV, die der Vertrag von Amsterdam insoweit nicht verändert hat.

[7] *Heinrich Schneider*, Leitbilder der Europapolitik – Der Weg zur Integration, 1977, 227.

entwickelten rechtlichen Regelungen[8]. Zwar nicht als Begriff, wohl aber der Sache nach findet sich der Gedanke der staatlichen Einheit auch in der amerikanischen Verfassungsdiskussion unmittelbar wieder: praktisch die gesamte erste Serie der „Federalist Papers" ist dem Anliegen gewidmet, die Notwendigkeit der Herstellung einer nationalen „Union" zu begründen, in der das Schwergewicht auf der gesamtstaatlichen Souveränität liegen soll und die Bundesregierung wie auch alle anderen Bundesorgane primär zu dem Zweck existieren „to preserve and perpetuate ... the value and blessings of union"[9].

Von der Idee der (staatlichen) Integration zur Überlegung des Interorganrespekts führt schließlich ein verhältnismäßig kleiner Schritt: In einem System, das wie das Grundgesetz, die Vertragsordnung der Europäischen Union oder die amerikanische Verfassung auf der obersten Entscheidungsebene mehrere grundsätzlich gleichberechtigte Organe kennt, droht prinzipiell immer die Gefahr einer Fragmentierung der Staats- bzw. Unionsgewalt und einer daraus folgenden Desintegration, nämlich dann, wenn das eigentlich nötige Zusammenwirken der verschiedenen Machtzentren nicht mehr stattfindet bzw. sich in einer permanenten gegenseitigen Blockade erschöpft[10]. Nur ein Mindestmaß an wechselseitigem Respekt zwischen den insoweit beteiligten Organen vermag diesen Prozeß zu verhindern und eine fortdauernde Integration sicherzustellen.

b) Machtbalance

Die Frage nach dem Grund für die Existenz einer solchen Struktur prinzipiell gleichberechtigter oberster Entscheidungsorgane, deren Berechtigung ungeachtet ihres desintegrativen Potentials so gut wie nicht bestritten wird, leitet über zu dem zweiten Zielpunkt, auf den der Gedanke des Interorganrespekts ausgerichtet ist und der letztlich in der spezifisch westlichen Konzeption eines grund- bzw. menschenrechtlich verfaßten Staates wurzelt: eine wirksame und zweckmäßige Organisation der im politischen Bereich ordnungstiftenden Kräfte bei gleichzeitiger Verhinderung übermäßiger Machtkonzentrationen, von denen eine Gefahr für die individuelle Freiheit der Bürger ausgehen könnte[11]. Schon die weit in die Antike zurückreichende politische Uridee der gemischten Verfassung zielte darauf ab, ein

---

[8] Dazu etwa *Peter Fischer/Heribert Franz Köck*, Europarecht, 3. Aufl. 1997, 47 ff. m.w.N.

[9] *Alexander Hamilton/James Madison/John Jay*, The Federalist Papers (1787/88), ed. by Clinton Rossiter, 1961, No. 2 (Jay); vgl. weiter insbes. No. 1 (Hamilton), 9 (Hamilton) u. 10 (Madison); zur näheren rechtlichen Ausformung vor allem No. 39 u. 44 (Madison); u. dazu etwa *Harald v. Bose*, Republik und Mischverfassung – zur Staatsformenlehre der Federalist Papers, 1989, 210 ff.; vgl. a. schon *Alexis de Tocqueville*, Über die Demokratie in Amerika, Erster Teil (1835), hg. von Jacob P. Mayer, 1976, 130 ff. (I. Teil, 8. Kap., § 3).

[10] *Roman Herzog/Rainer Pietzner*, Möglichkeiten und Grenzen einer Beteiligung des Parlaments an der Ziel- und Ressourcenplanung der Bundesregierung (Gutachten 1971), 1979, 88, sprechen in diesem Zusammenhang auch von einer „Gewaltenisolation".

[11] Vgl. statt vieler: *Reinhold Zippelius*, Problemfelder der Machtkontrolle, in: Detlef Merten (Hg.), Gewaltentrennung im Rechtsstaat, 2. Aufl. 1997, 27–35, 27 f.

Gleichgewicht der einzelnen Machtfaktoren im Staate zu schaffen, um so den mißbräuchlichen Einsatz der Staatsgewalt zu verhindern[12]. Auch die von *Locke* und *Montesquieu* propagierte funktionale und organisatorische Aufteilung der Staatsgewalt findet ihren tieferen Sinn letztlich in der Herstellung eines annähernden Gleichgewichts der Gewalten und der sie politisch repräsentierenden Kräfte, mit dem das zum Mißbrauch verleitende Übergewicht eines einzelnen Machtträgers von vornherein vermieden werden soll[13]. Balance und wechselseitige Kontrolle der Gewalten avancieren damit im Dienste der Freiheitssicherung zum konsenswürdigen Verfassungswert[14].

Vor allem aus diesem Grunde sind westliche Verfassungssysteme durch einen Pluralismus von Verfassungsorganen mit jeweils eigenständigen Kompetenzbereichen gekennzeichnet: Sie bezwecken eine Verteilung der Macht auf verschiedene Handlungseinheiten, die sich gegenseitig so ausbalancieren sollen, daß keine allein die Oberhand gewinnen kann. Gleichzeitig darf jedoch die staatliche Aktionsfähigkeit nicht über Gebühr eingeschränkt werden; in diesem Sinne gehört auch das Effektivitätsgebot zu den unverzichtbaren Bestandteilen der Gewaltenteilungslehre[15]. Funktionieren kann diese Konzeption daher nur, wenn die einzelnen Organe die in der jeweiligen Verfassungsstruktur vorgesehene Machtverteilung insgesamt respektieren und ihre spezifisch eigenen Machtpositionen nicht bloß zu einer wechselseitigen Paralyse nutzen. Diese Notwendigkeit kommt in der Idee des Interorganrespekts ebenfalls zum Ausdruck.

2. Übergeordnete Ausprägungen

Nach alledem handelt es sich bei dem Gedanken des Interorganrespekts um einen auf (staatliche) Integration und Machtbalance ausgerichteten Grundsatz für den Umgang von Verfassungsinstitutionen miteinander. Hinsichtlich der in diesem Grundsatz enthaltenen *Elemente* lassen sich in Anlehnung an die für die Prinzipien

---

[12] Stv. *Polybios*, Geschichte (Historion), Gesamtausgabe in 2 Bänden, 1961, 1. Bd., 534 ff. (VI. Buch, Rz. 10 et seq.); u. dazu etwa *v. Bose* (Fn. 9), 1 ff.; sowie *Klaus Stern*, Das Staatsrecht der Bundesrepublik Deutschland, Bd. I, 2. Aufl. 1984, 576 f., 735 f.

[13] Vgl. vor allem *John Locke*, The Second Treatise of Civil Government (1690), ed. by J. W. Gough, 1948, 53 (§ 107); *Charles-Louis de Secondat, Baron de la Brède et de Montesquieu*, Vom Geist der Gesetze (De l'Esprit des Lois, 1748), übers. u. hg. von Ernst Forsthoff, 2. Aufl. 1992, Bd. 1, 86 ff. (Buch V, Kap. 14); u. zus.fass. *Klaus Stern*, Das Staatsrecht der Bundesrepublik Deutschland, Bd. II, 1980, 529 f.

[14] *Zippelius* (Fn. 11), 27 f.; *Riedel* (Fn. 1), 171 f., 175 f.; vgl. a. *Karl-Ulrich Meyn*, Kontrolle als Verfassungsprinzip, 1982, bes. 198 ff., 207 ff.

[15] *Schenke* (Fn. 3), 116; vgl. a. schon – in anderem Zusammenhang – *Josef Isensee*, Dienst nach Vorschrift als vorschriftswidriger Dienst, in: JZ 1971, 73–80, 75; *Michael Kloepfer*, Vorwirkung von Gesetzen, 1974, 35 f.; *ders.*, Verfassung und Zeit, in: Der Staat 13 (1974), 457–470, 466 f.; u. zuletzt etwa *Peter Lerche*, „Funktionsfähigkeit" – Richtschnur verfassungsrechtlicher Auslegung, in: BayVBl. 1991, 517–522, 521 f.; zweifelnd allerdings *Walter Leisner*, Effizienz als Rechtsprinzip, 1971, 24 f.

der Bundes- und der Verfassungsorgantreue bereits herausgearbeiteten Ausprägungen zwei wesentliche Grundaussagen treffen.

a) Das Rücksichtnahmegebot

Die erste ergibt sich unmittelbar aus der Bedeutung des Wortes Interorganrespekt: Es geht zunächst um die *Rücksichtnahme* der einzelnen Verfassungsorgane aufeinander. Dieser Gesichtspunkt nimmt traditionell schon im Rahmen der zu den verschiedenen Treuepflichten geführten Diskussionen, die im vorigen Kapitel nachvollzogen wurden, eine herausgehobene Stellung ein, etwa wenn *Ossenbühl* den Gehalt der Bundestreue zusammenfassend als „Pflicht zu gegenseitiger Hilfeleistung, *Rücksichtnahme* und Verständigungsbereitschaft" umschreibt[16]. Bedeutung gewinnt das Postulat der Rücksichtnahme vor allem im Hinblick auf die Beachtung der jeweiligen Kompetenzsphären, deren Kerngehalte und immanente Grenzen die Verfassungsorgane auch dort wechselseitig respektieren sollen, wo die kodifizierte Kompetenzordnung prinzipiell mehrere Zuständigkeitsansprüche möglich erscheinen läßt[17]. Rechtstechnisch wirkt der Interorganrespekt daher insoweit als Schranke für die Ausübung von Befugnissen, die der zur Rücksichtnahme verpflichteten Institution von Verfassungs wegen eigentlich zustehen[18]. Dabei kann im Extremfall eine bestimmte *Handhabung* von Kompetenzen unmittelbar aufgrund des im Interorganrespekt enthaltenen Rücksichtnahmegebots als mißbräuchlich qualifiziert werden; häufiger dürfte jedoch die Konstellation vorkommen, in der eine systematische Zusammenschau der in Betracht kommenden Kompetenzen unter dem Aspekt des Interorganrespekts zu einer restriktiven *Auslegung* bestimmter Befugnisnormen führt und damit quasi die „Mißbrauchsschwelle" hinsichtlich der Nutzung der dort statuierten Befugnisse herabsetzt. Der Übergang zwischen diesen beiden Spielarten der rechtsbeschränkenden Ausprägung des Interorganrespekts bleibt allerdings fließend[19].

---

[16] *Fritz Ossenbühl*, Landesbericht Bundesrepublik Deutschland, in: ders. (Hg.), Föderalismus und Regionalismus in Europa, 1990, 117–165, 137 (Hervorhebung vom Verf.); vgl. a. stv. BVerfGE 4, 115, 141 f.

[17] Vgl. im Vorgriff auf die noch durchzuführende Anwendungsanalyse idealtypisch statt vieler: *Gunnar Folke Schuppert*, Funktionell-rechtliche Grenzen der Verfassungsinterpretation, 1980, 53 ff.; u. *Eckart Klein*, Verfassungsprozeßrecht, 2. Teil, in: AöR 108 (1983), 561–624, 616 f. Selbst *Christian Pestalozza*, Formenmißbrauch des Staates, 1973, 99 ff., erkennt diese Bedeutung an, wenngleich er die entsprechenden Pflichten direkt aus den einzelnen speziellen Kompetenzvorschriften herleiten möchte.

[18] Für die Bundestreue formuliert das BVerfG, sie ziehe der Geltendmachung eines „an sich" gegebenen Rechts Grenzen. Vgl. BVerfGE 34, 9, 44; u. dazu ferner *Ossenbühl* (Fn. 16), 137; *Alfred Kölz*, Bundestreue als Verfassungsprinzip?, in: Schweizerisches Zentralblatt für Staats- und Gemeindeverwaltung 81 (1980), 145–177, 171; u. *Ulrich Karpen/Matthias v. Rönn*, Bericht über die Rechtsprechung des Bundesverfassungsgerichtes und der Länderverfassungsgerichte zum Bundesstaatsprinzip (seit 1980), in: JZ 1990, 579–585, 584.

[19] Das betont etwa auch *Schenke* (Fn. 3), 44.

Wie vor allem die höchstrichterliche Rechtsprechung zur Bundestreue anschaulich belegt, betrifft das aus einem übergeordneten Treue- bzw. Respektsprinzip abgeleitete Gebot zur gegenseitigen Rücksichtnahme aber nicht nur Kompetenzen im engeren Sinn. Vielmehr gilt es darüber hinaus für alle rechtlich geschützten Interessen und Belange der einzelnen Beteiligten, worunter vor allem die durch die jeweiligen Aufgaben bedingten Erfordernisse zu verstehen sind[20]. Auf dieser Linie bewegt sich auch das Bundesverfassungsgericht mit seiner Forderung, Bund und Länder hätten bei der Inanspruchnahme ihrer Rechte die gebotene Rücksicht auf die Belange der anderen Mitglieder der bundesstaatlichen Rechtsverhältnisse zu nehmen und dürften nicht egoistisch auf die einseitige Durchsetzung eigener Rechtspositionen pochen[21].

Für den Interorganrespekt zeichnet sich nach alledem ein sehr weitreichendes Verständnis seiner Wirkungsweise als Kompetenzausübungsschranke ab: Die einem Verfassungsorgan rechtlich zugewiesenen Belange und Aufgaben machen zu ihrer sinnvollen Wahrnehmung bzw. Erfüllung bestimmte Befugnisse erforderlich, die deshalb der Kompetenzsphäre des jeweiligen Verfassungsorgans zuzuordnen sind. Die so abgesteckten Kompetenzsphären müssen dann ihrerseits von den anderen Verfassungsorganen respektiert werden, selbst wenn dies im Einzelfall den Verzicht auf die volle Ausnutzung der eigenen Rechtsstellung und eine dementsprechende Selbstbeschränkung bedeutet.

b) Die Pflicht zum positiven Zusammenwirken

In dieser beschränkenden Wirkung des Rücksichtnahmegebots kann sich der materielle Inhalt des Interorganrespekts jedoch nicht erschöpfen, wie ein Rückblick auf die zuvor beschriebenen Oberziele zeigt, die mit diesem Prinzip verfolgt werden sollen. Zwar ließe sich das zu Beginn dieses Kapitels formulierte Ziel der Machtbalance über ein umfassendes Gebot zur wechselseitigen Rücksichtnahme einigermaßen verwirklichen, nicht jedoch die weitergehende Zielvorgabe der (staatlichen) Integration. Denn ein integrationsfreundlicher Umgang der Verfassungsorgane miteinander kann letztlich nur durch positives Handeln erreicht werden. Aus diesem Grund muß der Gedanke des Interorganrespekts über die *negative* Dimension der Selbstbeschränkung in eigenen Rechten hinaus noch eine *positive* Ausprägung in Gestalt einer Pflicht zu konstruktivem Zusammenwirken der Verfassungsorgane aufweisen[22]. Mit *Schenke* läßt sich diese Pflicht auch als Postulat einer loyalen Kooperation formulieren, wobei der schillernde Begriff der Loyalität in diesem Fall, wie im Zuge der Erörterungen zur Verfassungsorgantreue bereits angedeutet, kei-

---

[20] Vgl. BVerwG DVBl. 1990, 46ff., 48, zur wechselseitigen Rücksichtnahme zwischen verschiedenen Verwaltungsträgern.

[21] In diesem Sinne z.B. BVerfGE 34, 216, 232; vgl. a. BVerwGE 50, 137, 148.

[22] Sogar von „harmonischem" Zusammenwirken ist die Rede, bspw. in den Bemerkungen des Bundesverfassungsgerichts zu dem Rechtsgutachten von Professor Richard Thoma, in: JöR N.F. 6 (1957), 194–207, 206.

neswegs als einseitiges Folgsamkeitsgebot zu verstehen ist, sondern vielmehr die gemeinschaftliche Verpflichtung aller Verfassungsorgane auf die Funktionsfähigkeit der ihrer Existenz zugrundeliegenden Verfassungsordnung bezeichnet[23]. Positive Verhaltenspflichten müssen sich aus diesem im Interorganrespekt enthaltenen Gedanken vor allem dort ergeben, wo die Erzielung einvernehmlicher Lösungen eine *Koordination* verschiedener Standpunkte und Interessen erfordert oder zur Verwirklichung gemeinsamer Anliegen eine kooperative *Mitwirkung* aller Beteiligten vonnöten ist. Wiederum liefert die zur Bundestreue ergangene Rechtsprechung das beste Anschauungsmaterial dafür, was hierunter im einzelnen zu verstehen ist[24]: Eine erfolgreiche Koordination setzt in erster Linie intensive Konsultationen voraus, die ihrerseits eines umfassenden Informationsaustausches als Basis bedürfen. Kooperative Mitwirkung zielt darüber hinaus auf Abstimmungsprozesse ab, die jedenfalls mit dem ehrlichen Bemühen um eine gemeinsame Lösung betrieben werden müssen und daher eine entsprechende Ausgleichs- und Kompromißbereitschaft verlangen – was freilich nicht bedeuten kann, daß am Ende dieser Prozesse immer ein Ergebnis zu stehen hätte.

Zu beachten ist schließlich sowohl für die positive Dimension des Interorganrespekts als auch für seine negative Ausprägung in Gestalt des Rücksichtnahmegebots die *Wechselseitigkeit* der jeweiligen Bindungen, die sich wiederum aus dem Gedanken der Machtbalance ergibt: Denn wären Rücksichtnahme und Kooperation einseitige Verpflichtungen, d.h. wäre ein Verfassungsorgan den anderen gegenüber hiervon freigestellt, so würde diese Privilegierung allein schon eine eindeutige Überordnung des entsprechenden Organs gegenüber allen anderen begründen, was der Grundanlage unseres Verfassungssystems zuwiderliefe. Das Prinzip des Interorganrespekts muß also von allen Verfassungsorganen gleichermaßen zweierlei verlangen: eine Rücksichtnahme auf die jeweiligen Kompetenzsphären aller anderen, um die Machtbalance zwischen den Organen sicherzustellen, und eine grundsätzliche Bereitschaft zur Kooperation, um so die Integrationsfähigkeit der Verfassungsordnung insgesamt zu erhalten.

3. Interorganrespekt und Kompetenzproblematik

Schon in der zuletzt gebrauchten Formulierung kommt zum Ausdruck, daß Kompetenzfragen im Rahmen der positiven Dimension des Interorganrespekts auf den ersten Blick nur eine untergeordnete Rolle spielen: Es geht ja gerade darum, die den verschiedenen Organen zugewiesenen Befugnisse im Interesse eines gemeinsamen Ziels zu bündeln, in dem sich letztlich das Oberziel der (staatlichen) Integration widerspiegelt. Darüber hinaus wurde für die negative Ausprägung des Interorganrespekts in der Gestalt des Rücksichtnahmegebots bereits angesprochen, daß dieses

---

[23] Vgl. *Schenke* (Fn. 3), 19, 26 ff., 59; *Gerd Sturm*, in: Michael Sachs (Hg.), Grundgesetz-Kommentar, 2. Aufl. 1999, Art. 93 Rn. 13; u. schon oben 2. Kap. II. 2. b) (41 f.).

[24] Vgl. dazu die typisiert zusammengefaßten Nachweise bei *Hartmut Bauer*, Die Bundestreue, 1992, 342 ff., bes. 346 ff., 349 ff.

Gebot ebenfalls nicht nur für die unmittelbar von Verfassungs wegen gewährleisteten Kompetenzen der einzelnen Organe gilt, sondern allgemein für ihre rechtlich geschützten Interessen und Belange. Schließlich sei am Rande bemerkt, daß der vom Grundgesetz gar nicht verwendete Begriff der „Kompetenz" selbst einen stark schillernden Charakter aufweist und ein allgemeingültiges Verständnis dieser Kategorie in der Rechtswissenschaft bisher nicht entwickelt werden konnte[25]. Insbesondere die Unterscheidung von Aufgaben und Befugnissen wirft in diesem Zusammenhang Probleme auf: so wird „Kompetenz" teilweise als Oberbegriff für beides verstanden[26], teilweise mit der „Zuständigkeit" zur Wahrnehmung einer bestimmten Aufgabe gleichgesetzt, was bedeutet, daß die Existenz der entsprechenden Aufgabe als eine der Kompetenzproblematik vorgelagerte Fragestellung behandelt wird[27], teilweise aber auch genau entgegengesetzt mit dem Gegenstand von Zuständigkeit, also der Aufgabe selbst, identifiziert[28].

All dies scheint dafür zu sprechen, Kompetenzfragen im Zuge der hier vorzunehmenden Untersuchung jedenfalls keine herausgehobene Rolle zuzuweisen. Jedoch wird nicht nur allgemein die Beantwortung konkreter Rechtsfragen recht häufig durch das zugrundeliegende Kompetenzverständnis beeinflußt[29], sondern gerade das Problemfeld des Interorganrespekts hängt mit der Kompetenzproblematik untrennbar zusammen. Denn die Verteilung von Kompetenzen – hier primär im Sinne von Befugnissen verstanden – bildet den Ausgangspunkt für die meisten Problemlagen, die den Einsatz des Prinzips vom Interorganrespekt erfordern. Das soll im folgenden noch einmal kurz herausgearbeitet werden.

a) Die Unzulänglichkeit des bloßen Gewaltenteilungskonzepts

Zunächst ist klarzustellen, daß der Gedanke des Interorganrespekts trotz seiner engen Verwandtschaft mit dem Gewaltenteilungskonzept nicht in diesem aufgeht, sondern ein Eigenleben führt. Das kommt bereits in der näheren Beschreibung der Oberziele dieser Idee zum Ausdruck, wie sie zu Beginn dieses Kapitels vorgenommen wurde. Das Anliegen des Gewaltenteilungsprinzips konzentriert sich im wesentlichen auf den Aspekt der Machtkontrolle und versucht, dieses Ziel durch eine

---

[25] Vgl. die Übersicht zu den mit diesem Begriff in der Regel bezeichneten Materien bei *Robert Alexy*, Theorie der Grundrechte, 2. Aufl. 1994, 211 ff.; ferner *Bodo Pieroth*, Materiale Rechtsfolgen grundgesetzlicher Kompetenz- und Organisationsnormen, in: AöR 114 (1989), 422–450, 433; sowie stv. die monographischen Untersuchungen von *Gerhard Zimmer*, Funktion – Kompetenz – Legitimation, 1979, bes. 177 ff.; u. *Helmut Goerlich*, „Formenmißbrauch" und Kompetenzverständnis, 1987, 8 ff. *Rupert Stettner*, Grundfragen einer Kompetenzlehre, 1983, 43, spricht sogar von einer terminologischen „Konfusion".

[26] *Pieroth* (Fn. 25), 434.

[27] So z.B. *Josef Isensee*, Gemeinwohl und Staatsaufgaben im Verfassungsstaat, in: ders./Paul Kirchhof (Hg.), Handbuch des Staatsrechts der Bundesrepublik Deutschland, Bd. III, 1988, 3–82 (§ 57), 65 f. (Rn. 140 ff.).

[28] Etwa von *Martin Oldiges*, Verbandskompetenz, in: DÖV 1989, 873–884, 874.

[29] Dazu bspw. näher *Jost Pietzcker*, Landesbericht Bundesrepublik Deutschland, in: Christian Starck (Hg.), Zusammenarbeit der Gliedstaaten im Bundesstaat, 1988, 17–76, 55 ff.

gegenseitige Ausbalancierung der Kräfteverhältnisse zwischen den Verfassungsorganen zu realisieren[30]. Der Interorganrespekt geht, wie oben dargelegt, darüber hinaus, indem er zusätzlich zu dieser Machtbalance die (staatliche) Integration als zweites Oberziel verfolgt[31]. Zwar erscheint es möglich, im Zuge der Weiterentwicklung des ursprünglichen Gewaltenteilungsgedankens in Richtung einer umfassenden Zuordnung der Staatsfunktionen[32] dieses zweite Ziel sozusagen im Wege einer erweiternden Auslegung in die Idee der Gewaltentrennung einzubeziehen und ihr damit den weitergehenden Gehalt einer sinnvollen Kompetenzzuordnung zu unterlegen[33]. Diese Einbeziehung trägt jedoch in gewisser Weise gewaltsamen Charakter; denn dem Oberziel der Integration läuft der Gewaltenteilungsgedanke tendenziell gerade zuwider: Indem er eine Rollenverteilung zwischen mehreren Verfassungsorganen schafft, die bezogen auf ihre jeweiligen Kompetenzen gleichberechtigt nebeneinander stehen, begründet er zugleich ein Potential für Konkurrenzen und Reibungen zwischen ihnen, das im staatlichen Integrationsprozeß zu erheblichen Spannungen führen kann. Das Erfordernis, Mechanismen zum Ausgleich dieser Spannungen zu schaffen, ist dem Gewaltenteilungsgrundsatz daher nur insoweit immanent, als es sich dabei um eine notwendige Folge seines Wirkprinzips handelt. Für die dogmatische Klarheit erscheint es hingegen förderlicher, die Bewältigung dieser Konsequenz über ein gesondertes Prinzip vorzunehmen, statt den Gewaltenteilungsgrundsatz auf sie auszuweiten[34].

b) Ergänzungsmöglichkeiten durch den Gedanken des Interorganrespekts

An dieser Stelle kann die Idee des Interorganrespekts in besonderer Weise fruchtbar gemacht werden, da sie kraft ihrer Oberziele von vornherein darauf angelegt ist, die Erfordernisse der Machtbalance einerseits und der (staatlichen) Integration andererseits gerade bei der Abgrenzung und Limitierung der Kompetenzen der einzelnen Verfassungsorgane zum Ausgleich zu bringen. Der Interorganrespekt erfüllt insoweit vor allem die Aufgabe, die unterschiedlichen Funktionsbereiche dieser Or-

---

[30] Statt vieler vgl. *Meyn* (Fn. 14), 157 ff., 207 ff.

[31] So schon für die Verfassungsorgantreue *Schenke* (Fn. 3), 117.

[32] Vgl. *Zippelius* (Fn. 11), 29 ff., bes. 32; *Stern* (Fn. 13), 521 f.; *Norbert Achterberg*, Probleme der Funktionenlehre, 1970, 109 ff.; *Karl Loewenstein*, Verfassungslehre (Political Power and the Governmental Process, 1957), 2. Aufl. 1969, 32 f., 39 ff.; *Siegfried Magiera*, Parlament und Staatsleitung in der Verfassungsordnung des Grundgesetzes, 1979, 90 f.; tendenziell dagegen u. für eine strengere Unterscheidung von Funktionen- und Gewaltentrennung *Zimmer* (Fn. 25), 60 ff.; *Georg Brunner*, Kontrolle in Deutschland, 1972, 63 ff.; *Karl Doehring*, Das Staatsrecht der Bundesrepublik Deutschland, 3. Aufl. 1984, 200.

[33] Ausdrücklich in diesem Sinne *Stern* (Fn. 13), 530; vgl. a. *Hans-Jürgen Papier*, Gewaltentrennung im Rechtsstaat, in: Detlef Merten (Hg.), Gewaltentrennung im Rechtsstaat, 2. Aufl. 1997, 95–114, 95, der bspw. den Grundsatz der Organadäquanz – dazu oben 2. Kap. II. 2. c) (42 ff.) – kurzerhand in den Gewaltenteilungsgrundsatz integriert.

[34] Andernfalls kommt man zu der paradoxen Schlußfolgerung, daß das Gewaltenteilungsprinzip gar nicht auf eine Teilung der Staatsgewalt abzielen darf. Vgl. stv. *Stern* (Fn. 13), 530, der diese Folgerung in der Tat zieht.

gane zu wahren, und leistet damit zugleich einen wesentlichen Beitrag zum Erhalt des Verfassungskonsenses, soweit sich dieser darauf erstreckt, Existenz und Arbeitsweise der obersten Verfassungsorgane in ihrer funktionell-gewaltenteiligen Verschränkung außer Streit zu stellen[35]. Seine integrative und in diesem Sinne zuvor als „positiv" bezeichnete Dimension trägt außerdem noch über den Ausgleich der durch das Gewaltenteilungsprinzip hervorgerufenen Spannungen hinaus[36]: Das Prinzip des Interorganrespekts kann nicht nur Reibungen und Kompetenzstreitigkeiten zwischen den Verfassungsorganen entschärfen, sondern auch schlichte gegenseitige Blockaden dieser Organe vermeiden helfen, indem es sie in bestimmten Fällen zu einer konstruktiven Kooperation verpflichtet. Gerade in Deutschland, dessen politisches System eine im internationalen Vergleich besonders ausgeprägte „Konkordanzdemokratie" begründet und in dem aus der historischen Erfahrung ungezügelten Machtmißbrauchs heraus mehr Instanzen mit effektiver Verhinderungsmacht ausgestattet sind als in den meisten anderen Staaten[37], erscheint diese zusätzliche Pflichtenebene unverzichtbar. Freilich muß hier bei der konkreten Umsetzung darauf geachtet werden, die Reichweite des Interorganrespekts nicht zu überdehnen: Denn bis zu einem gewissen Grade gehören auch Reibungsverluste und Selbstblockaden zwangsläufig zum demokratischen Entscheidungsprozeß. Im Namen der Kooperation darf daher keine „Konsensdiktatur" errichtet werden.

II. Begriffswahl

Nachdem nunmehr die Ziele der in dieser Arbeit verfolgten Konzeption des Interorganrespekts umrissen sind, erscheint es angebracht, einen kurzen Exkurs zur Begriffswahl einzuschieben. Dabei geht es insbesondere um die Frage, warum der Interorganrespekt – ein von *Delbrück* und *Riedel* in die verfassungsrechtliche Debatte eingeführter Begriff[38] – terminologisch gegenüber der Verfassungsorgantreue den Vorzug erhalten sollte. Diese Frage erscheint deshalb berechtigt, weil die in der so-

---

[35] Vgl. dazu – noch unter dem Begriff der Verfassungsorgantreue – *Stefan Korioth*, Die Bindungswirkung normverwerfender Entscheidungen des Bundesverfassungsgerichts für den Gesetzgeber, in: Der Staat 30 (1991), 549–571, 567; u. allg. zur Rolle des Interorganrespekts für den Verfassungskonsens *Riedel* (Fn. 1), 177 et seq.

[36] Für die Verfassungsorgantreue betont dies in anderem Zusammenhang auch *Schenke* (Fn. 3), 35.

[37] Zu der dieser Feststellung zugrundeliegenden Analyse etwa *Manfred G. Schmidt*, Demokratietheorien, 2. Aufl. 1997, 231 ff. m.w.N.; vgl. a. bspw. *Fritz W. Scharpf*, Nötig, aber ausgeschlossen, in: FAZ vom 05.06.1997, 35.

[38] *Jost Delbrück*, Die Rolle der Verfassungsgerichtsbarkeit in der innenpolitischen Kontroverse um die Außenpolitik, in: Albrecht Randelzhofer/Werner Süß (Hg.), Konsens und Konflikt, 1986, 54–67, 60, 67; *Riedel* (Fn. 1), 177; u. zuletzt *ders.*, Diskussionsbeitrag, in: VVDStRL 56 (1997), 146 f., 147. Vgl. aber auch schon die Bemerkungen des Bundesverfassungsgerichts … (Fn. 22), 207. Der Begriff findet mittlerweile zunehmend Verwendung, so z.B. bei *Wilhelm G. Grewe*, Auswärtige Gewalt, in: Josef Isensee/Paul Kirchhof (Hg.), Handbuch des Staatsrechts der Bundesrepublik Deutschland, Bd. III, 1988, 921–975 (§ 77), 968 f. (Rn. 101), der ihn allerdings als ein „Sprachun-

eben gegebenen Zielbeschreibung herausgearbeiteten Elemente dieses Prinzips mehr oder weniger deutlich auch in den bisherigen Veröffentlichungen zur Verfassungsorgantreue aufgefunden werden können. Zwar läßt sich, wie aus den im vorigen Kapitel enthaltenen Ausführungen zu beiden Prinzipien hervorgeht, eine allgemein anerkannte Definition und Ausgestaltung der Verfassungsorgantreue im Gegensatz zur Bundestreue nur begrenzt ausmachen; soweit dies jedoch möglich ist, weisen Verfassungsorgantreue und Interorganrespekt im Kern erhebliche Gemeinsamkeiten auf. Weshalb also der hier vorgeschlagene Begriffswechsel?

Zunächst birgt der Begriff der Verfassungsorgantreue in sich einige Probleme, die sich vor allem an der Bedeutung von „Treue" festmachen lassen: Treue setzt ursprünglich eine personale Beziehung voraus, die zwischen Verfassungsorganen nun einmal nicht denkbar ist[39]. Darüber hinaus ist der Begriff in gewisser Weise historisch vorbelastet, da er in seinem Kern auf die im Zeitalter des Feudalismus geknüpften Bande zwischen einzelnen Landesfürsten und ihren Oberherren zurückgeht, was ihm eine Art mystischen Beiklang verleiht[40]. Dem ist zwar entgegenzuhalten, daß sich der Begriff „Treue" zur Bezeichnung von Verwurzelung und *Herkunft* des im Zentrum dieser Arbeit stehenden Prinzips insofern besser eignen könnte, als er eine semantische Brücke sowohl zum Grundsatz von Treu und Glauben als auch zum Parallelprinzip der Bundestreue schlägt[41]. Für einen Begriff, der nicht in gleicher Weise wie die Bundestreue auf eine lange Tradition dogmatischer Festigung zurückblicken kann, sollte diese auf die Vergangenheit bezogene Erwägung jedoch kein entscheidendes Argument darstellen. Aus ähnlichen Gründen empfiehlt sich ferner ein Verzicht auf das Wort „Loyalität" als Bestandteil des zu suchenden Oberbegriffs, auch wenn in der näheren Beschreibung der Inhalte unseres Leitprinzips durchaus von ungeschriebenen Loyalitätspflichten zwischen den Verfassungsorganen die Rede sein mag.

Der Begriff des „Respekts" wirkt zur Bezeichnung des dogmatischen *Gehalts* des hier behandelten Prinzips demgegenüber vorzugswürdig. Das ist in erster Linie darauf zurückzuführen, daß er schon von seiner terminologischen Aussage her eine direkte Verbindung zum Rücksichtnahmegebot und damit zu dem wesentlichsten Grundelement herstellt, das für den Umgang der Verfassungsorgane miteinander maßgeblich sein sollte. Zwar läßt sich die gleichfalls erforderliche Verbindung zur

---

getüm" bezeichnet; u. *Henning Schwarz*, Die verfassungsgerichtliche Kontrolle der Außen- und Sicherheitspolitik, 1995, 203.

39 Das gibt auch *Schenke* (Fn. 3), 20, zu bedenken; unter Rückgriff auf *Adolf Schüle*, Treu und Glauben im deutschen Verwaltungsrecht, in: VerwArch. 38 (1933), 399–436, 420.

40 Explizit äußert diese Kritik sowohl für die Bundes- als auch für die Organ- und Gemeinschaftstreue *Peter Lerche*, Zustimmungsgesetze, in: Bundesrat (Hg.), Vierzig Jahre Bundesrat, 1989, 183–198, 197, der in diesem Zusammenhang von einem „etwas nibelungenhaften deutschen Denken" spricht. Vgl. a. schon *ders.*, Föderalismus als nationales Ordnungsprinzip, in: VVDStRL 21 (1964), 66–104, 88, zur Bundestreue.

41 So argumentiert bspw. *Schenke* (Fn. 3), 20, vgl. dort auch 48 f. zu einer möglichen Rückbindung der Verfassungsorgantreue an Treu und Glauben; u. zu diesem Prinzip in Zusammenhang mit der Bundestreue *Bauer* (Fn. 24), 254 f.

positiven Integrationsdimension des vorliegend untersuchten Prinzips so nur mittelbar herstellen, wahrt dabei aber die logische Reihenfolge: denn die wechselseitige Rücksichtnahme der Verfassungsorgane auf ihre jeweiligen Kompetenzsphären bildet eine unverzichtbare Voraussetzung dafür, bei der Ausfüllung dieser Sphären zum Wohle des Ganzen konstruktiv zusammenzuwirken. Konstruktives Zusammenwirken ohne Rücksichtnahme erscheint hingegen nicht denkbar. Daher scheiden für die zutreffende Bezeichnung unseres Leitgedankens auch all jene Begriffe aus, die wie z.B. das Wort „Kooperation" einseitig sein positives Handlungselement betonen. Schließlich bringt die Kennzeichnung als „*Inter*organrespekt" in besonderer Weise die *Wechselseitigkeit* der Verpflichtungen zum Ausdruck, denen die einzelnen Verfassungsorgane unterliegen, während mit dem Begriff der Treue oftmals die terminologisch naheliegende Vorstellung einer *einseitigen* Bindung assoziiert wird, wie das Beispiel der Bundestreue anschaulich beweist[42].

Allgemein betrachtet, kann die Einführung einer neuen, relativ unbelasteten Terminologie außerdem helfen, Verwechslungen mit den unterschiedlichen Bedeutungsgehalten zu vermeiden, mit denen das Schrifttum dem Begriff der Verfassungsorgantreue bereits aufgeladen hat: So wird die Verfassungsorgantreue beispielsweise meistens als subsidiäres Auffangprinzip zur Ausfüllung jener Lücken verwendet, die bei der Anwendung der ausdrücklich in der Verfassung kodifizierten Regeln, hauptsächlich des Gewaltenteilungsprinzips, verbleiben[43]. Im Gegensatz dazu geht es der hier unternommenen Analyse, wie im ersten Kapitel bereits herausgearbeitet wurde, um die Entwicklung einer umfassenden, die Kompetenzverteilung unter den Verfassungsorganen ebenso wie ihre Struktur und ihr Zusammenwirken einschließenden Ordnungsidee. In der zu Beginn dieses Kapitels gegebenen Zielbeschreibung kommt diese Idee darin zum Ausdruck, daß der Gedanke des Interorganrespekts dazu bestimmt wird, die im Kern gegensätzlichen Oberziele von Machtbalance einerseits und (staatlicher) Integration andererseits miteinander zum Ausgleich zu bringen.

Sein potentiell umfassender Charakter markiert daher auch den wesentlichen Unterschied zwischen Interorganrespekt und Verfassungsorgantreue, der sich darin manifestiert, daß der Interorganrespekt zwar die meisten der bislang unter dem Begriff der Verfassungsorgantreue diskutierten Inhalte in sich aufnimmt, sich jedoch nicht auf diese beschränkt. Während die Organtreue nach ihrem herkömmlichen Verständnis die internen Strukturen der Verfassungsorgane und die Befugnisverteilung zwischen ihnen als gegeben voraussetzt und lediglich die daraus fließenden Konsequenzen für das Verhalten der einzelnen Organe zu regulieren beansprucht, greift der Interorganrespekt mit seiner Intention, eine allgemeine Ordnungsidee darstellen zu wollen, darüber hinaus und thematisiert ebenso die Frage, wie die Entscheidungsstrukturen innerhalb der Verfassungsorgane und die Zuweisung der ver-

---

42 Vgl. dazu *Hermann-Wilfried Bayer*, Die Bundestreue, 1961, 58; *Stern* (Fn. 12), 699 f.; *Kölz* (Fn. 18), 165 f.

43 Zum Verhältnis von Gewaltenteilung und Verfassungsorgantreue in erster Linie *Schenke* (Fn. 3), 116 ff.; u. mit anderer Akzentuierung *Herzog/Pietzner* (Fn. 10), 87 f.

schiedenen Funktionen an sie beschaffen sein müssen, um ein ausgewogenes Verhältnis des Respekts zwischen ihnen herbeizuführen und so zugleich effiziente und verläßliche Entscheidungsprozesse zu gewährleisten. Er bezieht damit zusätzlich zu der klassischen Organtreue auch den Gedanken der Organadäquanz mit ein, der oben so umschrieben wurde, daß „staatliche Entscheidungen möglichst richtig, d.h. von den Organen getroffen werden (sollten), die dafür nach ihrer Organisation, Zusammensetzung, Funktion und Verfahrensweise über die besten Voraussetzungen verfügen“[44]. Für die Zusammenfassung dieser beiden Prinzipien ist aber noch kein gemeinsamer Oberbegriff gefunden worden, so daß der Interorganrespekt insoweit auch eine terminologische Lücke füllt.

Zu guter Letzt ist noch auf das dieser Idee über den Rahmen der vorliegenden Untersuchung hinaus innewohnende Potential hinzuweisen: Während die Verfassungsorgantreue per definitionem nur auf das Verhältnis der Verfassungsorgane untereinander bezogen werden kann, schlummert im Interorganrespekt ein universaler Maßstab, der prinzipiell in jeder nicht strikt hierarchisch strukturierten Beziehung zwischen Institutionen einen möglichen Anwendungsbereich findet. Als „Intraorganrespekt“ kann er sogar für organinterne Beziehungen dieser Art fruchtbar gemacht werden. Beides wird im Rahmen dieser auf die Stellung der obersten Verfassungsorgane beschränkten Arbeit allenfalls am Rande thematisiert werden können. An den entsprechenden Beispielen erweist sich jedoch erneut die umfassende Anlage dieses Prinzips, die es rechtfertigt, dafür insgesamt einen neuen Begriff einzuführen. Aus all diesen Gründen wird in dieser Arbeit von nun an nur noch vom Interorganrespekt die Rede sein, wobei dieser Begriff den tradierten Gehalt der Verfassungsorgantreue weitestgehend integrieren soll.

III. Konzeptionelle Alternativen

Bevor allerdings die Einzelanalyse seiner Inhalte einsetzen kann, sind noch einige konzeptionelle Grundlinien vorzuzeichnen, die sich aus Zielbeschreibung und Begriff des Interorganrespekts nicht ohne weiteres ergeben. In diesem Zusammenhang sind vor allem Begründung, Kategorisierung und Ausgestaltung des Grundprinzips unter dem Aspekt der dafür in Betracht kommenden Alternativen zu erörtern. Dabei bleibt die Erörterung an dieser Stelle zum überwiegenden Teil auf eine *Vorstellung* der einzelnen Alternativen beschränkt, soweit zwischen ihnen eine *Entscheidung* erst im abschließenden Teil der Arbeit getroffen werden kann.

---

[44] BVerfGE 68, 1, 86 (Klammerzusatz vom Verf.); vgl. a. nochmals *Thomas v. Danwitz*, Der Grundsatz funktionsgerechter Organstruktur, in: Der Staat 35 (1996), 329–350, 330 ff.; *Stettner* (Fn. 25), 73 ff.; *Zimmer* (Fn. 25), 178 ff.; u. allg. dazu oben 2. Kap. II. 2. c) (42 ff.).

1. Normative Fundierung

Ähnlich wie für Bundes- und Verfassungsorgantreue lassen sich zunächst auch für den Interorganrespekt verschiedene Möglichkeiten seiner normativen Begründung denken. So kann man ihn beispielsweise als *ungeschriebenes* Verfassungsrecht zur Ergänzung der geschriebenen Verfassungsnormen entwerfen. In diesem Falle bieten sich wiederum mehrere potentielle Begründungsstränge an:

– Die wohl einfachste Alternative dürfte darin bestehen, den Interorganrespekt als einen dem gewaltenteilig verfaßten Staat notwendig immanenten allgemeinen Rechts- bzw. Verfassungsgrundsatz oder als ungeschriebene Generalklausel zu qualifizieren[45]. Auch eine gewohnheitsrechtliche Geltung dieses Grundsatzes ist prinzipiell in Betracht zu ziehen[46]. Denkbar erscheint außerdem, den bereits in der Zielbeschreibung genannten Gedanken der staatlichen Integration zugleich als normative Verwurzelung des Interorganrespekts anzusehen, wie es *Schenke* für die Verfassungsorgantreue tut[47].

– Wer eine Anknüpfung an *geschriebenes* Verfassungsrecht für unverzichtbar hält, kann den Interorganrespekt entweder in den Gewaltenteilungsgrundsatz hineinlesen oder aus einer Zusammenschau von Gewaltenteilungs- und allgemeinem Rechtsstaatsprinzip heraus entwickeln[48].

– Eine Art *Mittelweg* zwischen diesen beiden Positionen tut sich schließlich auf, wenn man den Interorganrespekt als verfassungsrechtliche Ausprägung des allgemeinen Rechtsprinzips von Treu und Glauben betrachtet[49]: Zwar ist dieses Rechtsprinzip als solches nirgendwo in der Verfassung kodifiziert und zählt daher zum ungeschriebenen Verfassungsrecht. Im Gegensatz zu den meisten anderen Postulaten

[45] Diese Fundierung entspräche der oben diskutierten Herleitung der Bundestreue aus dem „Wesen" des Bundesstaates. Vgl. schon *Rudolf Smend*, Ungeschriebenes Verfassungsrecht im monarchischen Bundesstaat, in: Fg. für Otto Mayer, 1916, 245–270, bes. 258 ff., 267 ff.; u. weiter *Jochen Frowein*, Die selbständige Bundesaufsicht nach dem Grundgesetz, 1961, 76; *Stern* (Fn. 12), 646, 701; *Bayer* (Fn. 42), 27 ff., 126; *Walter Rudolf*, Die Bundesstaatlichkeit in der Rechtsprechung des Bundesverfassungsgerichts, in: Fg. BVerfG II, 1976, 233–251, 247; *Peter Badura*, Staatsrecht, 2. Aufl. 1996, 303 (Rn. D 86); *Hans-Jochen Vogel*, Die bundesstaatliche Ordnung des Grundgesetzes, in: Ernst Benda/Werner Maihofer/ders. (Hg.), Handbuch des Verfassungsrechts der Bundesrepublik Deutschland, 2. Aufl. 1994, 1041–1102 (§ 22), 1061 ff. (Rn. 45 ff.).

[46] Insofern kann wiederum die Bundestreue als Vorbild dienen. Vgl. *Bayer* (Fn. 42), 31 ff., 126; *Joachim Schmidt*, Der Bundesstaat und das Verfassungsprinzip der Bundestreue, 1966, 120; *Bernd Kowalsky*, Die Rechtsgrundlagen der Bundestreue, 1970, 111 f.; *Ossenbühl* (Fn. 16), 136. Beachte aber auch *Christian Tomuschat*, Verfassungsgewohnheitsrecht?, 1972, 133 ff., zur dogmatischen Fragwürdigkeit einer solchen Fundierung.

[47] *Schenke* (Fn. 3), 26 ff.

[48] Vgl. für die Verfassungsorgantreue z.B. *Herzog/Pietzner* (Fn. 10), 88; u. für eine parallele Anknüpfung der Bundestreue an das Bundesstaatsprinzip *Erhard Denninger*, Staatsrecht, Bd. 2, 1979, 124.

[49] So für die Bundestreue vor allem *Bauer* (Fn. 24), 245 ff. m.w.N.; vgl. a. *Erhard Bauschke*, Bundesstaatsprinzip und Bundesverfassungsgericht, 1970, 110; *Kölz* (Fn. 18), 169; *Christoph Degenhart*, Staatsrecht I, 14. Aufl. 1998, 78 (Rn. 182); u. *Josef Isensee*, Idee und Gestalt des Föderalismus im Grundgesetz, in: ders./Paul Kirchhof (Hg.), Handbuch des Staatsrechts der Bundesrepublik Deutschland, Bd. IV, 1990, 517–691 (§ 98), 606 (Rn. 158).

ungeschriebener Rechtsgrundsätze steht seine Verbindlichkeit für die gesamte Rechtsordnung jedoch außer Streit[50]. Eine Rückbindung des Interorganrespekts an Treu und Glauben könnte seine Akzeptanz daher auch für prinzipielle Kritiker ungeschriebener Verfassungsgrundsätze erleichtern.

2. Dogmatische Einordnung

Was die dogmatische Kategorisierung des Interorganrespekts anbetrifft, so kommen im wesentlichen drei Möglichkeiten seiner Einordnung in Betracht, die sich wiederum analog zur Bundes- und Verfassungsorgantreue ergeben:

– Zum ersten kann der Interorganrespekt als eine die Interpretation von geschriebenen Normen ergänzende Kategorie und insofern als verfassungsrechtliches *Auslegungsprinzip* angesehen werden[51]. Vor allem in jenen Bereichen, in denen das Zusammenwirken der Verfassungsorgane nicht von der Verfassung selbst bis ins Detail geregelt wird, kann er in dieser Eigenschaft bei der Ausfüllung und Konkretisierung der entsprechenden Normen durch die Verfassungs*praxis* Hilfestellung leisten. Gleichzeitig manifestiert sich in dieser Funktion sein Charakter als einer allen Beziehungen zwischen den Verfassungsorganen zugrundeliegenden Ordnungsidee in besonderer Weise.

– Zum zweiten stellt das Prinzip des Interorganrespekts eine mögliche Quelle von *Kompetenznormen* dar. Dabei ist in erster Linie an eine negative *Beschränkung* der Ausübung von Kompetenzen zu denken, wie sie sich aus der oben erläuterten Funktion dieses Rechtsgrundsatzes als Verpflichtung der Verfassungsorgane zur wechselseitigen Rücksichtnahme aufeinander ergeben kann[52]. Dazu kommt jedoch außerdem eine positive Dimension, wie sie im Rahmen der Zielbeschreibung ebenfalls bereits angesprochen wurde: Danach ist auch die *Herleitung* bestimmter Befugnisse aus dem Gedanken des Interorganrespekts nicht auszuschließen[53]. Zusammenfassend kann eine Anerkennung dieses Gedankens als übergeordnete Idee der verfassungsrechtlichen Kompetenzordnung daher sowohl aktuelle Kompetenzkonflikte zwischen den Verfassungsorganen entschärfen als auch eventuelle Lücken in der geschriebenen Kompetenzordnung schließen helfen.

---

[50] Vgl. stv. BVerfGE 59, 128, 167; u. etwa *Katharina Sameli*, Treu und Glauben im öffentlichen Recht, in: Zeitschrift für Schweizerisches Recht N.F. 96 (1977), II. Halbbd., 287–390, 302 ff.; sowie für das Völkerrecht *Alfred Verdross/Bruno Simma*, Universelles Völkerrecht, 3. Aufl. 1984, 46 (§ 60).

[51] Vgl. zur Verfassungsorgantreue *Schenke* (Fn. 3), 41 ff.; u. zur Organadäquanz *v. Danwitz* (Fn. 44), 339. Den historischen Ausgangspunkt für diese Einordnung bildet allerdings die Bundestreue, vgl. schon *Smend* (Fn. 45), 260 f., 265 f.; *Bayer* (Fn. 42), 65 f., 126 f.; *Ulrich Scheuner*, Struktur und Aufgabe des Bundesstaates in der Gegenwart, in: DÖV 1962, 641–648, 646; *Schmidt* (Fn. 46), 116; u. *Hans Peter Bull*, in: AK-GG, 2. Aufl. 1989, Rn. 91 vor Art. 83.

[52] Zu den entsprechenden Parallelerscheinungen bei der Bundestreue bspw. *Stern* (Fn. 12), 703; u. *Degenhart* (Fn. 49), 78 f. (Rn. 183); zur Verfassungsorgantreue wiederum *Schenke* (Fn. 3), 43 f.; u. zur Organadäquanz *v. Danwitz* (Fn. 44), 345 ff.; krit. *Pestalozza* (Fn. 17), 99.

[53] Vgl. oben I. 2. b) (85 f.) und 3. b) (88 f.).

– Die Frage einer unmittelbaren Ableitung von Befugnissen aus dem Gedanken des Interorganrespekts bildet zugleich die Nahtstelle des Übergangs in die dritte dogmatische Kategorie, zu der dieses Prinzip möglicherweise zu rechnen ist: Die Idee des Interorganrespekts könnte zuletzt als Ansatzpunkt für die Entwicklung konkreter *Verhaltenspflichten* im Verhältnis der Verfassungsorgane zueinander dienen. Als potentielle Kandidaten kommen in dieser Hinsicht alle Forderungen in Betracht, die auf eine Verbesserung der Koordination und Kooperation zwischen den Verfassungsorganen abzielen, d.h. vor allem solche Postulate, die Informations-, Konsultations- und Abstimmungsverpflichtungen beinhalten. Auch der Stil und das Procedere des gegenseitigen Umgangs dieser Organe miteinander können Gegenstände entsprechender Verhaltenspflichten sein[54].

3. Funktionelle Bedeutung

Die Frage der näheren Ausgestaltung des Interorganrespekts wirft schließlich zwei besondere funktionelle Problemstellungen auf.

a) Das Verhältnis des Grundprinzips zu seinen Konkretisierungen

Die erste betrifft das Verhältnis des allgemeinen Grundsatzes vom wechselseitigen Respekt der Verfassungsorgane füreinander zu seinen Konkretisierungen. Hier sind im Kern zwei verschiedene Vorgehensweisen denkbar:

– Zum einen kann man den Interorganrespekt als übergreifendes, zentrales Strukturprinzip der Verfassungsordnung ansehen. In dieser Eigenschaft würde er eine fundamentale, umfassende und das gesamte Verfassungsleben tiefgreifend gestaltende Bedeutung besitzen; er wäre als prägender Bestandteil der Verfassungsordnung zu qualifizieren und würde das gesamte verfassungsrechtliche Verhältnis zwischen den Verfassungsorganen beherrschen[55].

– Wem dies zu weit geht, der kann versuchen, den Begriff des Interorganrespekts terminologisch dahingehend einzuengen, daß er nur solche Fälle erfaßt, in denen sich aus ihm ungeschriebene Verhaltenspflichten ableiten lassen. Der Interorganrespekt würde damit die Rolle eines „Reserve-Rechtssatzes" gewinnen, auf den bei der Schlichtung von Konflikten unter den Verfassungsorganen jedenfalls subsidiär zurückgegriffen werden könnte. Noch enger gefaßt würde der Interorganrespekt dann, wenn man ihm eine lediglich akzessorische Natur zuspräche, d.h. ihn

[54] So ausdrücklich *Rudolf* (Fn. 45), 250, für die Bundestreue; vgl. zu dieser ferner *Stern* (Fn. 12), 702 f.; u. im Detail *Bauer* (Fn. 24), 342 ff.; sowie zur Verfassungsorgantreue *Hans Schneider*, Der Niedergang des Gesetzgebungsverfahrens, in: FS Gebhard Müller, 1970, 421–434, 422 ff.; *Klaus Stern/Herbert Bethge*, Öffentlich-rechtlicher und privatrechtlicher Rundfunk, 1971, 33 ff.; *Michael Nierhaus*, Entscheidung, Präsidialakt und Gegenzeichnung, 1973, 213 ff.; *Kloepfer*, Verfassung und Zeit (Fn. 15), 468 f.; u. *Schenke* (Fn. 3), 44 ff.

[55] Vgl. die entsprechenden Formulierungen für die Bundestreue in BVerfGE 12, 205, 254; 61, 149, 205; 81, 310, 337; sowie *Willi Geiger*, Die wechselseitige Treupflicht von Bund und Ländern, in: Föderalistische Ordnung, 1961, 45–67, 46 f., 60; *Stern* (Fn. 12), 700; u. *Rudolf* (Fn. 45), 235.

von vornherein nur im Rahmen anderweitig begründeter verfassungsrechtlicher Verhältnisse zwischen den Verfassungsorganen zur Anwendung kommen ließe, da er in einer solchen Funktion nur noch eingesetzt werden könnte, um bereits kodifizierte Rechte und Pflichten zu moderieren, zu variieren oder zu ergänzen[56].

– Schließlich bleibt zwischen diesen beiden Betrachtungsweisen ein Mittelweg möglich. Ein solcher ließe sich beispielsweise durch eine Anleihe bei der Rechtsverhältnislehre eröffnen, indem man die Beziehungen zwischen den Verfassungsorganen aufspaltet: einerseits in ein „Grundverhältnis", das von der Idee des Interorganrespekts in umfassender Weise beherrscht wird, und andererseits in ein Bündel besonderer Rechtsverhältnisse, die jeweils nur konkrete Ausschnitte des Gesamtrechtsverhältnisses zum Gegenstand haben und innerhalb derer sich die einzelnen Rechte und Pflichten aus den in der Verfassung kodifizierten Konkretisierungen des Interorganrespekts ergeben[57]. Nach einer anderen, besonders von *Alexy* vertretenen rechtstheoretischen Unterscheidung könnte man den Gedanken des Interorganrespekts auch als übergeordnetes *Prinzip* qualifizieren, aus dem sich unmittelbar anwendbare *Regeln* nur unter Zuhilfenahme einer „Speisung" durch konkrete verfassungsgesetzliche Bestimmungen ableiten lassen[58].

b) Praktische Konturierung und Flexibilität

Bei der zweiten Problemstellung, die an dieser Stelle angesprochen werden soll, geht es um die Bestimmung der praktischen Konturen des Interorganrespekts. In dieser Hinsicht lassen sich ebenfalls zwei grundsätzlich verschiedene Vorgehensweisen denken:

– Zum einen könnte man den Versuch unternehmen, einen umfassenden, ausgefächerten Katalog von Konkretisierungen des Interorganrespekts aufzustellen. Bedenken gegen ein solches Vorhaben ergeben sich jedoch aus der notwendigen Flexibilität, die diesem Grundsatz rechtlich zugestanden werden muß. Die Konstellation erinnert insoweit abermals an diejenige der Bundestreue, wo das entsprechende

---

[56] Auch für diese Betrachtungsweise lassen sich in der verfassungsgerichtlichen Rechtsprechung zur Bundestreue Modellentscheidungen finden. Vgl. BVerfGE 13, 54, 75; 21, 312, 326; 42, 103, 117; u. in diesem Sinne auch *Ernst Benda*, Föderalismus in der Rechtsprechung des Bundesverfassungsgerichts, in: Probleme des Föderalismus, 1985, 71–83, 80 f.; *Ossenbühl* (Fn. 16), 137; abwägend *Hans Joachim Faller*, Das Prinzip der Bundestreue in der Rechtsprechung des Bundesverfassungsgerichts, in: FS Theodor Maunz, 1981, 53–69, 68 f.; ähnlich *Theodor Maunz/Reinhold Zippelius*, Deutsches Staatsrecht, 30. Aufl. 1998, 108 f.; sowie zur Verfassungsorgantreue *Schenke* (Fn. 3), 145.

[57] Dieses Vorgehen würde dem von *Bauer* (Fn. 24), 304 ff., für die Bundestreue unterbreiteten Vorschlag entsprechen. Zu betonen ist allerdings, daß sich diese Betrachtungsweise unabhängig davon als hilfreich erweisen kann, ob man die umstrittene Rechtsverhältnislehre insgesamt adaptiert. Vgl. dazu schon oben 2. Kap. I. 3. b) (34 f.); u. etwa *Wolfgang Schur*, Anspruch, absolutes Recht und Rechtsverhältnis im öffentlichen Recht entwickelt aus dem Zivilrecht, 1993, 178 ff.

[58] Zu der dieser Überlegung zugrundeliegenden Differenzierung zwischen „Regeln" und „Prinzipien" i. einz. *Alexy* (Fn. 25), 71 ff.; u. schon *ders.*, Theorie der juristischen Argumentation, 1978, 299, 319 et seq.; vgl. zur Verfassungsorgantreue auch *Schenke* (Fn. 3), 44.

Problem unter dem Emblem der Entwicklungsoffenheit diskutiert wurde[59]. Auch beim Interorganrespekt kann es sich naturgemäß nur um einen *allgemeinen* Rechtsgrundsatz handeln, dessen Konkretisierungen sicherlich nicht erschöpfend in der Verfassung aufgezählt werden können. Als Verfassungsrechtstatbestand muß der Interorganrespekt vielmehr eine besondere „Situationsoffenheit" aufweisen, die ihn befähigt, auf neue Herausforderungen im Sinne einer „Dynamisierung des Verfassungsrechts" elastisch zu reagieren[60].

– Die vorliegende Arbeit wählt daher einen anderen konzeptionellen Ansatz: Sie hält sich die Möglichkeit offen, den Interorganrespekt im Sinne von *Riedel* als einen „Standard" zu begreifen, der zwar in *potentiell* unendlich vielen verfassungsrechtlichen Problemlagen angewendet werden kann, jedoch nicht unbedingt in *jeder* hierfür in Betracht kommenden Situation angewendet werden muß[61]. Dementsprechend beschränkt sie sich auf eine Auswahl *wesentlicher* Konkretisierungen des Interorganrespekts, deren Bestand dann zugleich als Grundlage wie als Ausgangspunkt für alle weiteren Entwicklungen dieses Standards fungieren kann. Diese Vorgehensweise entspricht dem in unserer Rechtsordnung auch sonst gebräuchlichen Umgang mit „offenen" Normen, wie sich etwa anhand des allgemeinen Rechtsgrundsatzes von Treu und Glauben demonstrieren läßt[62], dessen zumindest enge Verwandtschaft mit dem Interorganrespekt außer Zweifel stehen dürfte.

IV. Zwischenergebnis: Die Ausgangsbasis der folgenden Anwendungsanalyse

Vor dem so beschriebenen Hintergrund läßt sich nunmehr die Ausgangsbasis des folgenden Anwendungsteils umreißen: Wenn man einer Theorie des Interorganrespekts die zu Beginn gegebene Zielbeschreibung zugrundelegt, so kann dem damit begründeten Anspruch, beispielsweise auf der Ebene der Oberziele einen Ausgleich zwischen dem Gesichtspunkt der Machtbalance und dem Aspekt der (staatlichen)

---

[59] Oben 2. Kap. I. 3. a) (27 f.).

[60] Vgl. die entsprechenden Formulierungen zur Bundestreue bei *Smend* (Fn. 45), 265 f.; *Bayer* (Fn. 42), 72 f.; *Konrad Hesse*, Der unitarische Bundesstaat, 1962, 9; *Bauschke* (Fn. 49), 110 f.; *Erhard Denninger*, Verfassungsrechtliche Schlüsselbegriffe, in: FS Rudolf Wassermann, 1985, 279–298, 289; *Wolf-Rüdiger Schenke*, 40 Jahre Grundgesetz, in: JZ 1989, 653–663, 658 f.; *Isensee* (Fn. 49), 596 f. (Rn. 147 et seq.); sowie stv. BVerfGE 81, 310, 337.

[61] Zu diesem Verständnis i. einz. – am Beispiel der Menschenrechte – *Eibe Riedel*, Theorie der Menschenrechtsstandards, 1986, 260 ff., bes. 307 ff.; vgl. a. schon *Friedrich Müller*, Juristische Methodik, 7. Aufl. 1997, 182, 243.

[62] Vgl. dazu aus dem Zivilrecht stv. *Soergel-Teichmann*, BGB, Bd. 2, 12. Aufl. 1990, § 242 Rn. 5; *Gunther Teubner*, in: AK-BGB, Bd. 2, 1980, § 242 Rn. 5 et seq.; *Joachim Gernhuber*, § 242 BGB – Funktionen und Tatbestände, in: JuS 1983, 764–769, 764 f.; u. aus allg. methodologischer Perspektive *Hans-Martin Pawlowski*, Methodenlehre für Juristen, 2. Aufl. 1991, 93 ff. (Rn. 180 ff.), 101 ff. (Rn. 195 ff.); *Karl Larenz*, Methodenlehre der Rechtswissenschaft, 5. Aufl. 1983, 279 f.; *Dirk Looschelders/Wolfgang Roth*, Juristische Methodik im Prozeß der Rechtsanwendung, 1996, 135 ff. u. bes. 198 ff.

Integration herbeiführen zu wollen, zunächst nur ein *umfassendes* Verständnis dieses Prinzips genügen. Das bedeutet für die vorliegende Untersuchung, daß der Interorganrespekt jedenfalls im Rahmen der nachfolgenden Anwendungsanalyse in der Tat als übergreifendes *Strukturprinzip* und nicht lediglich als lückenschließender „Reserve-Rechtssatz" betrachtet werden soll. Nur auf dieser Grundlage kann später im Ergebnisteil, wenn auch zu der Berechtigung dieser Annahme abschließend Stellung zu nehmen ist, eine begründete Bewertung der im vorigen dargestellten konzeptionellen Alternativen erfolgen. Würde man hingegen die Bedeutung des Interorganrespekts von vornherein terminologisch einengen, so würde man sich bereits für die Analyse seiner möglichen Einzelanwendungen zahlreiche Erkenntniswege verbauen.

Aus dieser Grundannahme ergibt sich eine weitere Arbeitshypothese für das Verhältnis zwischen dem Gewaltenteilungsgrundsatz und anderen ausdrücklich im Verfassungstext getroffenen Festlegungen für den wechselseitigen Umgang der Verfassungsorgane einerseits und dem Gedanken des Interorganrespekts andererseits: Es wird davon ausgegangen, daß der Interorganrespekt in seiner Funktion als umfassende Ordnungsidee inbesondere dort, wo er sich am Oberziel der Machtbalance ausrichtet, grundsätzlich auch in den explizit formulierten Mechanismen der Kompetenzverteilung und der gegenseitigen Kontrolle wiedergefunden werden kann, die das Verhältnis der Verfassungsorgane zueinander regulieren. Die entsprechenden Normen der Verfassung stellen sich in dieser Perspektive als besondere Ausprägungen der Idee vom Interorganrespekt dar[63]; sie bilden sozusagen die kodifikatorisch gehärteten Korsettstangen innerhalb der offenen Norm des Interorganrespekts, was im folgenden anhand einzelner Beispiele noch exemplarisch demonstriert werden soll. Mit anderen Worten: Das gesamte System der in der Verfassung statuierten „checks and balances", das im Gewaltenteilungsgrundsatz lediglich seinen wesentlichsten Ausdruck findet, soll – zunächst jedenfalls probehalber – als eine *Teilpositivierung* des Interorganrespekts behandelt werden; das Verhältnis zwischen den entsprechenden Verfassungsvorschriften und dem Prinzip des Interorganrespekts wird insoweit einem Verhältnis von Teil- und Gesamtmenge gleichgesetzt.

Dabei ist zuzugeben, daß dort, wo die Regeln der Verfassung die Machtverteilung eindeutig festlegen, für einen Rückgriff auf das dahinterstehende allgemeine Prinzip wenig Raum bleibt. Aus diesem Grunde konzentriert sich auch die vorliegende Untersuchung weitgehend auf die „Grauzonen", in denen die ausdrücklichen Festlegungen der Verfassung der Eindeutigkeit entbehren, so daß der Gedanke des Interorganrespekts dort unmittelbare praktische Bedeutung erlangen kann. Man

---

[63] In ähnlicher Weise betrachtet bspw. das BVerfG die in Art. 107 II GG festgeschriebene Verpflichtung zum horizontalen Finanzausgleich als unmittelbaren Ausdruck der Bundestreue. Vgl. BVerfGE 72, 330, 397 f.; u. weiter *Norbert Achterberg*, Deutschland nach 30 Jahren Grundgesetz, in: VVDStRL 38 (1980), 55–111, 91 f. Fn. 120; *Bauer* (Fn. 24), 170 ff.; sowie zum kooperativen Föderalismus bereits *Jochen Abr. Frowein*, Gemeinschaftsaufgaben im Bundesstaat, in: VVDStRL 31 (1973), 13–50, 20.

kann insofern von einer *Komplementarität* dieses Gedankens und des Verfassungstextes sprechen: Zusammengenommen regulieren die einschlägigen Normen der Verfassung und das Prinzip des Interorganrespekts das Verhältnis zwischen den Verfassungsorganen *lückenlos*[64]. Ein unmittelbarer Durchgriff auf den Interorganrespekt kommt jedoch nur in Betracht, soweit die spezifischen Regeln der Verfassung Spielräume eröffnen. Allerdings erschöpft sich die Funktion des Interorganrespekts nicht in dieser Auffangwirkung. Vielmehr müssen sich die einzelnen Regelungen der Verfassung auch die Frage gefallen lassen, ob es sich bei ihnen um sinnvolle Konkretisierungen dieses grundlegenden Prinzips handelt oder ob sie unter diesem Aspekt Defizite aufweisen. Diese Frage soll ebenfalls Gegenstand der vorliegenden Arbeit sein.

Zu guter Letzt setzt das so zum Ausgangspunkt der Arbeit gemachte Grundverständnis des Interorganrespekts noch wesentliche Koordinaten hinsichtlich der *Maßstäbe* des folgenden Anwendungsteils. Der übergreifende strukturelle Charakter dieser Norm und ihre gleichzeitige ausgeprägte Entwicklungsoffenheit machen eine strikte Beschränkung der Anwendungsanalyse auf die klassischen Ansatzpunkte normativer Untersuchungen – Verfassungs- bzw. Gesetzgebung einerseits und (höchstrichterliche) Rechtsprechung andererseits – unmöglich. Die Vielfalt der potentiellen Konkretisierungen des Interorganrespekts und die wechselseitige Beeinflussung der an seiner Ausformung beteiligten Institutionen begründen stattdessen eine grundsätzliche Notwendigkeit, die im Rahmen der jeweiligen Verfassungsordnung stattfindende politische Praxis in die Betrachtung einzubeziehen. Freilich kann diese Einbeziehung angesichts der uferlosen Ausdehnung des für diesen Zweck in Frage kommenden Anschauungsmaterials immer nur punktuell geleistet werden und muß sich daher auf besonders markante Erscheinungen der Verfassungspraxis konzentrieren.

---

[64] So etwa auch *Isensee* (Fn. 49), 605 (Rn. 157), für die Bundestreue; das BVerfG liegt zumindest partiell auf derselben Linie, vgl. BVerfGE 34, 216, 232.

Zweiter Teil

Anwendungsanalyse

Viertes Kapitel

Vorstellung der Untersuchungsgegenstände

„Nichts wird geschaffen ohne die Menschen,
nichts hat Dauer ohne die Institutionen."

Jean Monnet

Die den Hauptteil dieser Arbeit bildende Analyse der verschiedenen Anwendungsformen des Interorganrespekts bezieht ihr Anschauungsmaterial, wie im ersten Kapitel bereits angesprochen wurde, aus drei verschiedenen Verfassungsordnungen, die gerade wegen ihrer Unterschiedlichkeit als Testfälle für die universelle Einsetzbarkeit dieses Prinzips fungieren sollen, und konzentriert sich darüber hinaus aus Platzgründen auf eine Untersuchung der in jedem gewaltenteilig strukturierten Verfassungssystem zentralen Funktionsbereiche. Die auf diese Weise gewonnene Auswahl von Untersuchungsgegenständen soll mit ihren charakteristischen Merkmalen im folgenden noch einmal überblicksartig vorgestellt werden.

I. Grundsätzliche Charakteristika der betrachteten Systeme

Als erstes geht es um die Vergleichbarkeit der als Analyseobjekte herangezogenen Verfassungsordnungen.

1. *Modell I:* Deutschland – das parlamentarische Regierungssystem

Mit dem Grundgesetz der Bundesrepublik Deutschland, der Verfassung der Vereinigten Staaten und den Gründungsverträgen der Europäischen Union wählt die Arbeit drei mehr oder weniger idealtypische Vertreter unterschiedlich konzipierter staatlicher bzw. staatsähnlicher Organisationsstrukturen aus. Deutschland vertritt hierbei modellhaft den Typus des parlamentarischen Regierungssystems.

a) Der Kerngedanke des parlamentarischen Regierungssystems

Im Prinzip handelt es sich beim „parlamentarischen Regierungssystem" lediglich um einen Sammel- oder Gattungsbegriff, der eine bestimmte Regierungsform bezeichnet, in der dem Parlament ein maßgeblicher Anteil an der eigentlichen Staatsleitung zukommt[1]. Allgemein gesprochen, stellt dieses System neben der Präsidial-

---

[1] Vgl. etwa *Hans-Peter Schneider*, Gewaltenverschränkung zwischen Parlament und Regie-

demokratie, die sogleich am Beispiel der USA veranschaulicht werden soll, die „genuine Verwirklichungsform der Demokratie“[2] schlechthin dar und verkörpert damit eines der beiden grundlegenden Prinzipien zur Organisation, Gestaltung und Kontrolle der staatlichen Macht. Seine Ausgestaltung im einzelnen umfaßt jedoch eine Vielzahl möglicher Erscheinungsformen, unter denen der Staatsaufbau der Bundesrepublik Deutschland lediglich eine Variante darstellt, und eröffnet damit einen weiten Spielraum für das Zusammenwirken von rechtlichen Regelungen und politischen Zusammenhängen, für das sich im Rahmen der Grundform zahlreiche eigene Typologien entwickeln lassen[3]. Gerade diese Formenvielfalt des parlamentarischen Systems begründet auch seine Anpassungsfähigkeit und mit dieser einen Großteil seiner integrativen Wirkungskraft, die die meisten einschlägigen Untersuchungen jedenfalls in Deutschland zu dem Ergebnis geführt hat, es gebe zu dieser grundsätzlichen Organisationsform keine realistische Alternative[4]. Worin bestehen dann aber die unverzichtbaren Bestandteile dieses Systems, die zwingend vorliegen müssen, um eine bestimmte Regierungsform als „parlamentarisch“ kennzeichnen zu können?

Im Kern reduziert sich das insoweit ausschlaggebende Merkmal, das nicht zuletzt der Abgrenzung der parlamentarischen gegenüber der präsidentiellen Regierungsform dient, auf die Abberufbarkeit bzw. Nicht-Abberufbarkeit der Regierung bzw. des Regierungschefs durch die Legislative. In der parlamentarischen Demokratie muß die Regierung in ihrer Amtsdauer und Amtsführung grundsätzlich vom Vertrauen der Parlamentsmehrheit abhängig sein, und über die Notwendigkeit dieses Vertrauensbands erhält das Parlament indirekt einen entscheidenden Anteil an der Staatsleitung[5]. Wie diese Abhängigkeit im einzelnen ausgestaltet ist, erweist sich dabei als zweitrangig; so kann beispielsweise die Amtszeit der Regierung allein an die Wahlperiode des Parlaments geknüpft sein oder stattdessen oder darüber

---

rung, in: Detlef Merten (Hg.), Gewaltentrennung im Rechtsstaat, 2. Aufl. 1997, 77–89, 82; u. schon *Karl Loewenstein*, Verfassungslehre (Political Power and the Governmental Process, 1957), 2. Aufl. 1969, 82 ff.

[2] *Klaus Stern*, Das Staatsrecht der Bundesrepublik Deutschland, Bd. I, 2. Aufl. 1984, 955.

[3] Darauf macht bspw. *Dietrich Rauschning*, Das parlamentarische Regierungssystem des Grundgesetzes in der Rechtsprechung des Bundesverfassungsgerichts, in: Fg. BVerfG II, 1976, 214–232, 217, aufmerksam. Eine Typologie der genannten Art findet sich etwa bei *Winfried Steffani*, Parlamentarisches und präsidentielles Regierungssystem, in: Lexikon der Politik, Bd. 3, hg. von Manfred G. Schmidt, 1992, 288–295, 291 ff.

[4] Vgl. schon *Norbert Achterberg*, Das Parlament im modernen Staat, in: DVBl. 1974, 693–707, 699 f.; u. ihm übereinstimmend folgend die beiden Referate von *Thomas Oppermann* und *Hans Meyer*, Das parlamentarische Regierungssystem des Grundgesetzes, in: VVDStRL 33 (1975), 7–68, 12 f., u. 69–119, 69 f.

[5] Vgl. statt vieler: *Reinhold Zippelius*, Allgemeine Staatslehre, 11. Aufl. 1991, 394 ff. (§ 41); *Siegfried Magiera*, Parlament und Staatsleitung in der Verfassungsordnung des Grundgesetzes, 1979, bes. 240 ff.; *Christoph Gusy*, Das parlamentarische Regierungssystem und der Bundesrat, in: DVBl. 1998, 917–928, 918 et seq.; *Ulrich Scheuner*, Die Lage des parlamentarischen Regierungssystems in der Bundesrepublik, in: DÖV 1974, 433–441, bes. 436 f.; *Achterberg* (Fn. 4), 695 ff.; *Oppermann* (Fn. 4), 9 f.; *Rauschning* (Fn. 3), 214 f.; sowie BVerfGE 9, 268, 281; 27, 44, 56.

hinaus auch durch ein Mißtrauensvotum des Parlaments ihr Ende finden[6]. Das Zustandekommen der Regierung setzt jedoch regelmäßig eine positive Loyalitätserklärung in Gestalt eines Vertrauensvotums der parlamentarischen Mehrheit voraus, wodurch sich die enge Verbindung zwischen dieser Mehrheit und „ihrer" Regierung erst bildet[7]. Als logische Konsequenz aus dieser Verbindung und damit als weiteres allgemeines Strukturmerkmal des parlamentarischen Regierungssystems[8] ergibt sich ferner die Entstehung einer parlamentarischen Opposition, die als mehr oder weniger offizieller innerparlamentarischer Gegenpart der Regierungsmehrheit fungiert. So kommt es zu der vielzitierten Charakterisierung der für die parlamentarische Demokratie typischen politischen Frontstellung, wonach sich dort nicht mehr Parlament und Regierung gegenüberstehen, sondern die parlamentarische Opposition auf der einen und die Parlamentsmehrheit mit der von ihr gestützten Regierung auf der anderen Seite[9].

b) Besondere Strukturelemente der deutschen Verfassungsordnung

Über diesen Kerngedanken des parlamentarischen Regierungssystems hinaus weist das Grundgesetz zahlreiche eigene Strukturelemente auf, die für das Vorliegen einer parlamentarischen Regierungsform nicht konstitutiv sind und insofern als Besonderheiten der deutschen Verfassungsordnung gelten dürfen. Dennoch sollen zumindest die wesentlichsten unter ihnen kurz aufgezählt werden, da sich gerade an diesen Elementen sinnvolle Vergleiche mit den anderen zu betrachtenden Modellen staatlicher bzw. staatsähnlicher Organisation festmachen lassen.

Die vom Grundgesetz aufgestellte „freiheitlich-demokratische Grundordnung" ist demnach vor allem durch folgende zusätzliche Elemente gekennzeichnet[10]:

– sie ist *föderativ*, indem sie neben der Bewahrung originärer Länderkompetenzen, etwa durch die in den Art. 30, 70, 83 GG niedergelegten Zuständigkeitsvermutungen zugunsten der Länder sowie durch die „Ewigkeitsgarantie" des Art. 79

---

[6] Zu den verschiedenen in dieser Hinsicht denkbaren Systemvarianten *Schneider* (Fn. 1), 83 f. m.w.N.

[7] Die besondere Bedeutung der Parteienstruktur thematisiert in diesem Zusammenhang z.B. *Peter Badura*, Parlamentarismus und parteienstaatliche Demokratie, in: FS Karl Michaelis, 1972, 9–25, 21 f.

[8] Über die hier behandelten Kernelemente hinaus werden in der Lit. noch weitere Strukturmerkmale diskutiert. Vgl. etwa *Stern* (Fn. 2), 959 ff.; u. schon *Loewenstein* (Fn. 1), 84 f.

[9] Vgl. bspw. *Manfred G. Schmidt*, Demokratietheorien, 2. Aufl. 1997, 220; u. speziell zu den Aufgaben der Opposition in dieser Konstellation *Hans-Peter Schneider*, Die parlamentarische Opposition im Verfassungsrecht der Bundesrepublik Deutschland, Bd. I, 1974, 391 ff.; *Stephan Haberland*, Die verfassungsrechtliche Bedeutung der Opposition nach dem Grundgesetz, 1995, 17 ff., 39 ff., 174 ff.; sowie bereits BVerfGE 2, 1, 13; 5, 85, 140.

[10] Die Aufzählung erfolgt in Anlehnung an *Stern* (Fn. 2), 954; der seinerseits an die Kennzeichnung der Weimarer Reichsverfassung durch *Richard Thoma*, Die rechtliche Ordnung des parlamentarischen Regierungssystems, in: Gerhard Anschütz/ders. (Hg.), Handbuch des Deutschen Staatsrechts, 1. Bd., 1930, 503–511 (§ 43), 504 f., anknüpft. Vgl. a. nochmals die Ausfächerungen des Begriffs „freiheitlich-demokratische Grundordnung" in den oben Fn. 9 zit. Urteilen des Bundesverfassungsgerichts.

III GG, vor allem eine zwingende Mitwirkung der Länder an der Gesetzgebung durch ein eigenes Vertretungsorgan auf Bundesebene vorsieht (Art. 50 GG);

– sie ist *rechtsstaatlich,* was vor allem in den Verfassungsbindungen der Staatsgewalt durch die Grundrechte (Art. 1 III GG) und das Rechtsstaatsprinzip (Art. 20 III, 28 I 1 GG) sowie in dem von Art. 19 IV GG gewährleisteten ausgefächerten gerichtlichen Rechtsschutzsystem zum Ausdruck kommt[11], das seine Krönung in einer machtvollen Verfassungsgerichtsbarkeit findet;

– sie ist *antiplebiszitär*, indem sie die unmittelbare Mitwirkung des Volkes ungeachtet der Tatsache, daß von ihm als Souverän letztlich alle „Legitimationsstränge" ausgehen, im Kern auf die Wahlen zu den Repräsentativorganen beschränkt[12];

– und schließlich handelt es sich bei ihr um eine „Kanzlerdemokratie"[13], was etwa durch die in Art. 64, 65 GG festgeschriebene Machtstellung des Bundeskanzlers im Bereich der Kabinettsbesetzung und -leitung demonstriert wird. Anders ausgedrückt, ist die für parlamentarische Regierungssysteme allgemein charakteristische „doppelte Exekutive" aus Regierungschef und Staatsoberhaupt in Deutschland sehr einseitig zugunsten einer Dominanz des Regierungschefs bei gleichzeitig schwacher Stellung des Staatsoberhaupts ausgestaltet[14].

Insbesondere diese Strukturmerkmale können, wie sich nachfolgend zeigen wird, als Ausgangspunkte einer vergleichenden Betrachtung auch gegenüber nichtparlamentarischen Regierungssystemen fungieren.

---

[11] Vgl. dazu allg. *Eberhard Schmidt-Aßmann*, Der Rechtsstaat, in: Josef Isensee/Paul Kirchhof (Hg.), Handbuch des Staatsrechts der Bundesrepublik Deutschland, Bd. I, 1987, 987–1043 (§ 24), 1002 (Rn. 28), 1024 f. (Rn. 71 ff.); u. zuletzt etwa *Eibe Riedel*, Access to Justice as a Fundamental Right in the German Legal Order, in: ders. (ed.), German Reports on Public Law, 1998, 77–102, 79 ff.

[12] Insoweit hält die Arbeit lediglich das Ergebnis der wohl herrschenden Meinung in der deutschen Staatsrechtslehre als Charakteristikum der deutschen Verfassungsordnung fest. Zu dem dahinterstehenden, hier nicht weiter ausgetragenen Streit, ob direktdemokratische Elemente auch unter der Geltung des GG zulässig sein könnten, vgl. statt vieler: *Friedrich E. Schnapp*, in: Ingo v. Münch/Philip Kunig (Hg.), Grundgesetz-Kommentar, Bd. 1, 4. Aufl. 1992, Art. 20 Rn. 30 f.; *Jörn Ipsen*, Staatsrecht I, 10. Aufl. 1998, 33 ff. (Rn. 90 ff.); *Christoph Degenhart*, Staatsrecht I, 14. Aufl. 1998, 6 f. (Rn. 13 f.); *Roman Herzog*, in: Theodor Maunz/Günter Dürig u.a., Grundgesetz-Kommentar (Loseblatt), Art. 20 II. Abschn. Rn. 42 ff.; *Stern* (Fn. 2), 607 f.; *Rauschning* (Fn. 3), 219 f.; jew. m.w.N. zur Rspr. des BVerfG; *a.A.* etwa *Meyer* (Fn. 4), 115 (These 28); *Albert Bleckmann*, Die Zulässigkeit des Volksentscheides nach dem Grundgesetz, in: JZ 1978, 217–223; *Christian Pestalozza*, Der Popularvorbehalt, 1981, 11 f. et seq.; *ders.*, Volksbefragung – das demokratische Minimum, in: NJW 1981, 733–735, 734 f.

[13] Stv. hierfür *Karlheinz Niclauß*, Kanzlerdemokratie, 1988, zus.fass. 267 ff.

[14] Vgl. *Joachim Jens Hesse/Thomas Ellwein*, Das Regierungssystem der Bundesrepublik Deutschland, Bd. 1, 8. Aufl. 1997, 329, die dies dahingehend kommentieren, daß „die *Zuwendung des Verfassungsgebers der Regierung*, *die Sorge* aber *dem Parlament* und das *Mißtrauen dem Staatsoberhaupt* gehörten"; *Schmidt* (Fn. 9), 220, 222 ff.; u. zur Ausstrahlungswirkung dieses speziellen Modells auf die Staaten Ostmitteleuropas *Wolfgang Merkel*, Gegen alle Theorie, in: FAZ vom 19.11.1996, 12.

2. *Modell II:* USA – die Präsidialdemokratie

Den klassischen Gegensatz zum parlamentarischen Regierungssystem bildet die Präsidialdemokratie. Die Vereinigten Staaten gelten dabei nicht zuletzt aufgrund des hohen Alters ihrer Verfassungsordnung als geradezu archetypische Vertretung dieser staatlichen Organisationsform.

a) Das allgemeine Kennzeichnungsmerkmal des Präsidialsystems

Auch wenn man in einem weit gefaßten Sinne jedes System, das die Gesetzgebung bei einem demokratisch gewählten Parlament monopolisiert, als „parlamentarisch" bezeichnen und unter diesem Aspekt das Präsidialsystem als bloße Gattung innerhalb der Ordnung des parlamentarischen Regierungsprinzips betrachten kann[15], so repräsentieren hinsichtlich der institutionellen Ausformung demokratischer Verfassungssysteme der Präsidentialismus und der Parlamentarismus im engeren Sinne doch die klassischen konzeptionellen Gegenpole[16]. Das echte Präsidialsystem stellt daher nach allgemeinem Verständnis keinen parlamentarischen Regierungstypus dar[17]. Sein grundsätzliches Erkennungsmerkmal ergibt sich dementsprechend aus dem notwendigen Kontrast zu dem im vorigen Abschnitt erläuterten ausschlaggebenden Kennzeichen des eigentlichen parlamentarischen Regierungssystems: Während dort zumindest die Regierungsspitze vom Parlament gewählt wird und die Regierung jedenfalls in der Regel auf das Vertrauen des Parlaments gestützt sein muß, ist im Präsidialsystem die Regierung nicht unmittelbar von diesem Vertrauen abhängig. Vielmehr existiert dort neben dem Parlament typischerweise ein zweites volksgewähltes Staatsorgan, das im Rahmen der ihm durch die Verfassung gezogenen Grenzen die oberste Staatsleitung innehat und vom Parlament, dem es auf prinzipiell gleicher Ebene gegenübertritt, auch nicht nach dessen Belieben abgelöst werden kann[18]. Hiervon verspricht man sich traditionell eine größere Stabilität und Durchsetzungskraft der Exekutive und damit eine ausgeprägtere Handlungsfähigkeit des Staates insgesamt[19]. Allerdings erzwingt die Grundorganisation des Präsi-

---

[15] In diesem Sinne z.B. *Thomas Oppermann*, Diskussionsbeitrag, in: VVDStRL 33 (1975), 148–153, 149 f.

[16] Vgl. stv. *Terry M. Moe/Michael Caldwell*, The Institutional Foundations of Democratic Government: A Comparison of Presidential and Parliamentary Systems, in: JITE 150/1 (1994), 171–195, 171; sowie *Schmidt* (Fn. 9), 219.

[17] Statt vieler: *Loewenstein* (Fn. 1), 81 ff., 109 ff.; *Ulrich Scheuner*, Entwicklungslinien des parlamentarischen Regierungssystems in der Gegenwart, in: FS Adolf Arndt, 1969, 385–404, 386 f., 389 f.; *Zippelius* (Fn. 5), 388 ff., 401 ff. (§§ 41 f.).

[18] Vgl. zus.fass. *Stern* (Fn. 2), 957 f. Nur am Rande sei außerdem bemerkt, daß zur Verdeutlichung dieser Unterscheidung der Volksvertretung in präsidentiellen Regierungssystemen teilweise sogar die Kennzeichnung als „Parlament" verweigert und stattdessen – ihrer verbleibenden Kernaufgabe entsprechend – nur der Begriff der „Legislative" verwendet wird. Der besseren Gegenüberstellung halber übernimmt die vorliegende Arbeit diese strikte terminologische Trennung jedoch nicht.

[19] Stv. hierfür sei auf *Alexander Hamilton/James Madison/John Jay*, The Federalist Papers (1787/88), ed. by Clinton Rossiter, 1961, No. 70 (Hamilton), hingewiesen.

dialsystems zugleich eine konsequentere Durchführung der Gewaltentrennung zwischen Exekutive und Legislative, was, wie in den folgenden Kapiteln an diversen Beispielen deutlich werden wird, in erheblichem Maße den Keim zu Antagonismen zwischen diesen beiden Gewalten in sich trägt[20].

b) Zusätzliche „checks and balances" in der amerikanischen Verfassungsordnung

Von allen westlichen Industriestaaten verkörpern eigentlich nur die USA den Gedanken der Präsidialdemokratie in Reinkultur[21]. In ihrer Verfassungsordnung finden wir daher noch zwei zusätzliche Elemente, die beispielsweise im französischen System nicht gegeben sind und ihm daher lediglich einen „semi-präsidentiellen" Charakter verleihen[22]: eine monistische Exekutive, in der Regierung und Staatsoberhaupt in einer Person vereint sind, sowie eine wechselseitige Unabhängigkeit von Präsident und Kongreß dergestalt, daß nicht nur der Kongreß den Präsidenten nicht abberufen kann (von der Besonderheit des nur unter engen Voraussetzungen möglichen[23] und noch nie erfolgreich durchgeführten „Impeachment"-Verfahrens abgesehen), sondern umgekehrt der Präsident ebenfalls kein Recht zur Parlamentsauflösung besitzt. Hinzu kommen als Strukturmerkmale der politischen Praxis in den Vereinigten Staaten vergleichsweise locker gefügte Parteien und eine schwache Fraktionsdisziplin, weshalb man im amerikanischen Präsidialsystem – unabhängig von der jeweiligen parteipolitischen Konstellation – auch nicht von einer „Opposition" nach dem Vorbild parlamentarischer Regierungssysteme sprechen kann[24].

Die amerikanische Verfassungsordnung gibt sich jedoch, was zu einem großen Teil aus der Entstehungsgeschichte der USA zu erklären ist, unter dem Aspekt des Machtausgleichs zwischen den Gewalten mit der durch den Gegensatz zwischen

---

[20] *Charles O. Jones*, The Separated Presidency, in: Anthony King (ed.), The New American Political System, 2nd Version 1990, 1–28, 3, spricht daher auch mit Blick auf das amerikanische System von „competitive power centers". *Kurt L. Shell*, Die Macht amerikanischer Präsidenten wird immer wieder überschätzt, in: FAZ vom 25.09.1998, 14, hält wegen dieser bewußt in Kauf genommenen Antagonismen sogar die ganze Bezeichnung des amerikanischen Regierungssystems als „präsidentiell" für irreführend.

[21] *Peter Woll*, American Government, 11th ed. 1993, 291, konstatiert daher auch: „The American presidency is the only unique political institution that the United States has contributed to the world."

[22] Vgl. hierzu schon die Nachweise oben Kap. 1 Fn. 18; u. zusätzlich *Ralph Alexander Lorz*, Der gemeineuropäische Bestand von Verfassungsprinzipien zur Begrenzung der Ausübung von Hoheitsgewalt, in: Peter-Christian Müller-Graff/Eibe Riedel (Hg.), Gemeinsames Verfassungsrecht in der Europäischen Union, 1998, 99–121, 111, 113 m.w.N.

[23] Art. II Sect. 4 der US-Verfassung: nur „Treason, Bribery, or other high Crimes and Misdemeanors" rechtfertigen ein „Impeachment"-Verfahren, d.h. es geht gerade *nicht* um eine *politische* Verantwortlichkeit des Präsidenten gegenüber dem Kongreß. Das jüngste Anschauungsbeispiel des gegen Bill Clinton durchgeführten Verfahrens hat dies im Ergebnis erneut bestätigt.

[24] Zu den Einzelheiten näher *Steffani* (Fn. 3), 289 f.; u. schon *ders.*, Parlamentarische und präsidentielle Demokratie, 1979, 100 ff., 317 ff.; ferner *Arend Lijphart*, Introduction, in: ders. (ed.), Parliamentary versus Presidential Government, 1992, 1–27, 11 ff.; u. zus.fass. *Schmidt* (Fn. 9), 219 f.

zwei volksgewählten Staatsorganen erzeugten Balancewirkung[25] nicht zufrieden. Stattdessen hat sie zusätzliche Organisationsstrukturen geschaffen, die eine weitere Aufteilung und gegenseitige Kontrolle der staatlichen Macht nach dem Prinzip der „checks and balances" gewährleisten sollen. Zwei grundsätzliche Charakteristika sind insoweit hervorzuheben:

– zum einen die Schaffung einer mit dem eigentlichen Repräsentativorgan gleichberechtigten zweiten Kammer im Bereich der gesetzgebenden Gewalt, die nach dem Verständnis der amerikanischen Verfassungsväter nicht nur die Vertretung der einzelstaatlichen Interessen auf Bundesebene wahrnehmen, sondern zugleich als mäßigender und korrigierender Faktor innerhalb der Legislative selbst wirken sollte[26];

– zum anderen die Einrichtung einer mit weitreichender Entscheidungsgewalt ausgestatteten unabhängigen Gerichtsbarkeit, wobei im Rahmen der vorliegenden Untersuchung in erster Linie die Verfassungsrechtsprechung mit ihrer Machtstellung gegenüber den anderen Verfassungsgewalten von Bedeutung ist[27].

Daneben ist außerdem die in dieser Arbeit nicht weiter zu vertiefende Aufteilung der Kompetenzen zwischen Bundesstaat und Einzelstaaten als wesentliches Element der „checks and balances" nach der amerikanischen Verfassungsordnung zu nennen[28].

3. Zwischenbetrachtung zur Vergleichbarkeit der Modelle I und II

Fragt man vor diesem Hintergrund nach den prinzipiellen Möglichkeiten, ein parlamentarisches Regierungssystem wie das deutsche und ein Präsidialsystem wie das amerikanische zueinander in Beziehung zu setzen, so leuchtet zunächst unmittelbar ein, daß die kennzeichnenden Elemente, die gerade den entscheidenden Unter-

---

[25] *Richard E. Neustadt*, Presidential Power and the Modern Presidents, 1990, 29, trifft hierzu die schon in der ersten Ausgabe seines Buches dreißig Jahre zuvor formulierte und inzwischen klassisch gewordene Feststellung: „The Constitutional Convention of 1787 is supposed to have created a government of ‚separated powers'. It did nothing of the sort. Rather, it created a government of separated institutions *sharing* powers." Vgl. a. *Jörg-Detlef Kühne*, 200 Jahre: Amerikanische Verfassung und deutsche Verfassungsstrukturen, in: FS zur 600–Jahr-Feier der Universität zu Köln, 1988, 747–769, 755.

[26] Vgl. *Hamilton/Madison/Jay* (Fn. 19), No. 62 u. 63 (Madison); dazu etwa *Woll* (Fn. 21), 391 f.

[27] Hierzu bspw. *Sotirios A. Barber*, The Constitution of Judicial Power, 1993, bes. 26 ff., 66 ff., 202 ff.; *Winfried Brugger*, Grundrechte und Verfassungsgerichtsbarkeit in den Vereinigten Staaten von Amerika, 1987, 1 ff.; *Archibald Cox*, The Court and the Constitution, 1987, 44 ff., 370 ff.; *Jesse H. Choper*, Judicial Review and the National Political Process, 1980, 60 ff., bes. 64.

[28] Das notiert z.B. schon *Alexis de Tocqueville*, Über die Demokratie in Amerika, Erster Teil (1835), hg. von Jacob P. Mayer, 1976, 179 ff. (I. Teil, 8. Kap., § 22); vgl. ferner den historischen Überblick bei *Peter Hay/Ronald D. Rotunda*, The United States Federal System, 1982, 29 ff.; u. näher *Gordon S. Wood*, The Creation of the American Republic, 1969, 524 ff.; sowie *Jack N. Rakove*, Original Meanings, 1996, 168 ff.; außerdem *Samuel H. Beer*, To Make A Nation, 1993, 289 ff., 386 ff.; *Hans-Heinrich Trute*, Zur Entwicklung des Föderalismus in den Vereinigten Staaten von Amerika, in: ZaöRV 49 (1989), 191–256, 203 ff.; *David E. Engdahl*, Constitutional Federalism, 2nd ed. 1987, 4 f.

schied zwischen diesen beiden Organisationsformen ausmachen, außerhalb der Reichweite systemimmanenter Modifikationen liegen. Sie bilden also die vorgegebenen Rahmenbedingungen jeder vergleichenden Betrachtung, können aber wegen ihrer Unveränderlichkeit selbst als Objekte eines solchen Vergleichs keinen Ertrag versprechen. So kommt beispielsweise eine Volkswahl des Bundeskanzlers ebensowenig in Betracht wie seine Ausstattung mit einer Vetobefugnis, die der des amerikanischen Präsidenten vergleichbar wäre. Umgekehrt erwiese es sich als absolut systemwidrig, dem amerikanischen Kongreß für den Fall eines Wechsels der politischen Mehrheiten die Möglichkeit zur freien Abwahl des Präsidenten zu eröffnen. Diese Strukturmerkmale der verschiedenen Verfassungssysteme fungieren daher auch im Rahmen der vorliegenden Untersuchung zum Interorganrespekt als unverrückbare Ausgangspunkte der Analyse.

Unter diesen Umständen lautet die nächste Frage, ob unterhalb der Schwelle jener Merkmale, die für das jeweilige Regierungssystem konstitutiv sind, eine Vergleichbarkeit und wechselseitige Übertragbarkeit von einzelnen Organisationsmechanismen potentiell bejaht werden kann. Vergleiche zwischen den unterschiedlichen Entscheidungsstrukturen und ihren Wirkungsweisen in präsidentiellen und parlamentarischen Regierungssystemen finden sich vor allem in der Politikwissenschaft in großer Zahl[29]. Die Bilanz fällt dabei überwiegend zuungunsten des Präsidialsystems aus: So wird der Präsidialdemokratie zwar in der Regel ein höheres Maß an Regierungsstabilität bei einer gleichzeitigen Tendenz zu regelmäßigen Macht- und Politikwechseln bescheinigt; auf der Gegenseite stehen jedoch das aus der doppelten Legitimität von Präsident und Parlament und der dadurch bedingten strikteren Gewaltentrennung folgende höhere Konfliktpotential zwischen Exekutive und Legislative, der Nullsummenspielcharakter von Präsidentschaftswahlen („winner takes all"), der ebenfalls zur politischen Polarisation beiträgt, und die durch fixierte Amtszeiten und wechselseitig beschränkte Wahl- und Abwahlmöglichkeiten entstehende systemimmanente Rigidität, wodurch sich insgesamt die Kosten der Konsensbildung erhöhen und eine längerfristig konzipierte Politik ebenso behindert wird wie die Koordination verschiedener Politikbereiche[30]. Während sich im parlamentarischen Regierungssystem die Schlüsselpositionen für die

---

[29] Vgl. stv. nochmals *Lijphart* (Fn. 24), 11 ff.; *ders.*, Democracies, 1984, 68 ff.; *Moe/Caldwell* (Fn. 16), bes. 173 ff.; dort auch *Gebhard Kirchgässner*, The Institutional Foundations of Democratic Government: A Comparison of Presidential and Parliamentary Systems, 196–202; u. *Arthur Lupia*, Bounded Rationality and „The Institutional Foundations of Democratic Government", 203–210.

[30] In diesem Sinne etwa *Juan J. Linz*, Presidential or Parliamentary Democracy: Does It Make a Difference?, in: ders./Arturo Valenzuela (ed.), The Failure of Presidential Democracy, Vol. 1, 1994, 3–87, 6 ff.; dort auch *Arend Lijphart*, Presidentialism and Majoritarian Democracy: Theoretical Observations, 91–105, 101 ff.; ferner *Alfred Stepan/Cindy Skach*, Constitutional Frameworks and Democratic Consolidation: Parliamentarism versus Presidentialism, in: World Politics 46 (1993/94), 1–22; *Axel Hadenius*, The Duration of Democracy: Institutional vs Socio-economic Factors, in: David Beetham (ed.), Defining and Measuring Democracy, 1994, 63–88, 74 f., 79 ff.; *Arturo Valenzuela*, Latin America: Presidentialism in Crisis, in: Journal of Democracy 4/1993, 3–16, 5 ff.; u. zus.fass. *Schmidt* (Fn. 9), 227 ff.

Politikgestaltung weitgehend in den Händen der politischen Parteien befinden[31], die aus wohlverstandenem Eigeninteresse darauf achten, ihre Flexibilität nicht über Gebühr einzuschränken, besteht im Präsidialsystem ein starkes Bedürfnis nach institutionellen Gegenkräften zur Macht des Präsidenten, das sich in einer wesentlich ausgeprägteren Formalisierung von Entscheidungsvorgaben und -strukturen niederschlägt[32]. Aus all diesen Eindrücken leitet ein wesentlicher Teil der Politikwissenschaft die Folgerung ab, parlamentarischen und präsidentiellen Demokratien seien jeweils spezifische Profile der politischen Prozesse und der Regierungspraxis eigen; jedes dieser beiden politischen Modelle besitze einen besonderen organisatorischen „Code", der sich bis in die Einzelheiten der Organisation fortsetze, so daß mit der Grundentscheidung über die Wahl eines dieser Systeme die weitere organisatorische Entwicklung bereits „programmiert" sei[33].

Diese Feststellung könnte auf den ersten Blick zu dem Schluß verleiten, eine vergleichende Diskussion der institutionellen Ausgestaltung von parlamentarischen und präsidentiellen Regierungssystemen von vornherein auszuschließen. Die Tatsache, daß bestimmte *politische* Abläufe für das eine oder andere Modell typisch sein mögen, sagt für sich allein jedoch noch nichts über den zwangsläufigen Charakter der zugrundeliegenden *normativen* Strukturen aus. In dieser Hinsicht zeigt vielmehr schon die bloße Existenz zahlreicher „semi-präsidentieller" oder anderer Mischformen[34], daß jenseits der konstitutiven Kernelemente, die in der Tat mit der Grundentscheidung für das eine oder das andere System festgelegt werden, die weiteren Einzelaspekte der staatlichen Organisation innerhalb des gewählten Systems veränderlich bleiben und sich im Detail gerade nicht notwendig aus der Systemwahl ergeben. Die normative Begründung für diese Beobachtung ist vor allem darin zu suchen, daß die sonstigen verfassungsrechtlichen Grundbedingungen für das Wirken der Organe in beiden Modellen eine weitgehende Übereinstimmung aufweisen. Zu nennen sind hier in erster Linie[35]:

---

[31] *Linz* (Fn. 30), 62 ff.; *Ian Budge/Hans Keman*, Parties and Democracy, 1990, 63 ff., 89 ff.; vgl. a. schon *Gerhard Leibholz*, Der Strukturwandel der modernen Demokratie (1952), in: ders., Strukturprobleme der modernen Demokratie, 3. Aufl. 1967, 78–129, 89 ff.; sowie BVerfGE 4, 144, 151; 32, 157, 164.

[32] So z.B. *James Q. Wilson*, Bureaucracy, 1989, 295 ff. Speziell die Einschränkungen des amerikanischen Präsidenten durch eine Vielzahl von formellen und informellen Vorgaben und Handlungssperren fallen hier ins Auge, vgl. dazu vor allem *Peter Lösche*, Amerika in Perspektive, 1989, 106 ff.; *ders.*, Parteienstaat Bundesrepublik – Koalitionsbildungsstaat USA, in: ZParl 20 (1989), 283–291, 286 ff.

[33] Stv. hierfür *Moe/Caldwell* (Fn. 16), 192 f.; vgl. a. *Schmidt* (Fn. 9), 224 f.; jew. m.w.N.

[34] Vgl. etwa zum französischen System schon oben Fn. 22 sowie *Klaus v. Beyme*, Die parlamentarischen Regierungssysteme in Europa, 2. Aufl. 1973, 381 ff.; *Georg Brunner*, Vergleichende Regierungslehre, Bd. 1, 1979, 105 f.; *a.A. Franz Lehner/Ulrich Widmaier*, Vergleichende Regierungslehre, 3. Aufl. 1995, 106 et seq., beachte dort auch 113 ff. zum schweizerischen Modell; zu diesem ferner *Steffani* (Fn. 3), 292 f.

[35] Vgl. dazu schon oben 1. a) (103 f.) u. 2. a) (106 f.) mit den dortigen Nachweisen.

- die Funktion des Parlaments als Hauptorgan zur Repräsentation der Bevölkerung;
- die Freiheit des Abgeordnetenmandats;
- das Vorhandensein eines funktionierenden Parteiensystems als Grundlage der politischen Entscheidungsprozesse, mag dies auch in der Präsidialdemokratie tendenziell weniger ausgeprägt sein;
- die Teilung der Staatsleitung zwischen Parlament und Regierung, die sich im Präsidialsystem zwangsläufig ergibt, aber auch zum Grundverständnis des parlamentarischen Regierungssystems gehört;
- und schließlich die Existenz bestimmter politischer und bürgerlicher Freiheitsrechte als Fundament der Gesellschaft insgesamt.

Angesichts dieser Parallelen in der normativen Konstruktion machen weder die organisatorischen Herausforderungen an der jeweiligen Systemgrenze halt, noch können es die hierfür in Betracht kommenden Lösungsvorschläge tun. Auch die politischen Grundkräfte, die in beiden Systemen am Werk sind, unterscheiden sich in dem für die Begründung von Interorganrespekt zentralen Punkt nicht wesentlich voneinander: Aus dem vorgegebenen Faktum periodisch stattfindender Wahlen und der dabei jeweils bestehenden Möglichkeit eines Regierungswechsels folgt eine gewisse Unsicherheit der gegenwärtig an der Macht befindlichen Gruppe – der parlamentarischen Mehrheitspartei bzw. der Partei des Präsidenten – hinsichtlich des Fortbestandes ihrer Macht, die sie im politischen Alltag dazu bewegt, zumindest partiell Kompromisse mit dem politischen Gegner einzugehen und die ihr für einen begrenzten Zeitraum verliehenen Befugnisse nicht bis zur äußersten verfassungsrechtlichen Grenze auszureizen[36]. Gleichzeitig liegt beiden Organisationsformen der Grundgedanke einer Furcht vor dem Staat und einer daraus erwachsenden Notwendigkeit zugrunde, Abwehrmechanismen gegen einen Mißbrauch der staatlichen Macht zu entwickeln. Letztlich läßt sich – wie schon zu Beginn der vorliegenden Untersuchung angesprochen[37] – die gesamte Problematik der funktionalen Aufteilung der Staatsgewalt, die beiden Regierungsmodellen gleichermaßen eigen und für die Möglichkeit einer umfassenden Ordnungsidee nach Art des Interorganrespekts bestimmend ist, auf diesen vollkommen systemunabhängigen Grundsatz zurückführen. Die institutionellen Antworten hierauf müssen sich daher im Kern ebenfalls unabhängig von der grundsätzlichen Systemwahl entwickeln lassen.

---

[36] Diese Gemeinsamkeit gestehen selbst *Moe/Caldwell* (Fn. 16), 174 ff., zu. Zu ihren unterschiedlichen Ausprägungen in Gestalt von Mehrheits- bzw. Konsensdemokratiemodellen vgl. etwa *Lijphart* (Fn. 29), bes. 4 ff., 23 ff.; ähnlich *John D. Huber/G. Bingham Powell Jr.*, Congruence between Citizens and Policymakers in Two Visions of Liberal Democracy, in: World Politics 46 (1993/94), 291–326; u. zu der damit verwandten Unterscheidung zwischen Konkurrenz- und Konkordanzdemokratie wiederum *Arend Lijphart*, Democratic Political Systems, in: Journal of Theoretical Politics 1 (1989), 33–48; *Wolfgang Luthardt*, Konkurrenz- und Konkordanzdemokratie im Vergleich, in: ders./Arno Waschkuhn (Hg.), Politik und Repräsentation, 1988, 225–248; u. etwa *Gerhard Lehmbruch*, Konkordanzdemokratie, in: Lexikon der Politik, Bd. 3, hg. von Manfred G. Schmidt, 1992, 206–211.

[37] Oben 1. Kap. (3 ff.).

Soweit davon die Rede ist, das Präsidialsystem begünstige die Entstehung formalisierter Strukturen stärker als die parlamentarische Regierungsform, ist außerdem darauf hinzuweisen, daß im parlamentarischen Regierungssytem oftmals formal andersartige Strukturen die essentiell gleichen Funktionen übernehmen[38]. Ohne den folgenden Kapiteln insoweit vorgreifen zu wollen, sei an dieser Stelle nur beispielhaft vermerkt, daß sich der in der Präsidialdemokratie angelegte Antagonismus zwischen Präsident und Parlament auf der Seite des parlamentarischen Regierungssystems zumindest teilweise in dem innerparlamentarischen Verhältnis zwischen Regierungsmehrheit und Opposition wiederfindet[39]. Die Frage der Formalisierung betrifft daher nur die *Ausprägungen* der funktionalen Aufteilung der Staatsgewalt, nicht hingegen ihre prinzipielle *Existenz*, die die entscheidende Voraussetzung für den Rechtsgedanken des Interorganrespekts bildet.

Alle diese Erwägungen laufen im Ergebnis auf eine Schlußfolgerung zu: Die Beobachtung, daß sich parlamentarische und präsidentielle Demokratien in der Praxis ihrer politischen Führung und Entscheidungsprozesse grundsätzlich voneinander unterscheiden, besitzt für die Anwendbarkeit des Interorganrespekts in beiden Regierungssystemen nur sekundäre Bedeutung. Denn beide Regierungsformen sind dadurch gekennzeichnet, daß die Staatsleitung in ihnen zwischen Parlament und Regierung aufgeteilt ist und es daher zur Verwirklichung politischer Führung einer Koordination und Kooperation dieser Verfassungsorgane bedarf, die nur auf der Basis wechselseitiger Rücksichtnahme und Bereitschaft zur Zusammenarbeit funktionieren kann. Damit stellt sich die Ausgangskonstellation für einen Einsatz des Interorganrespekts als Ordnungsprinzip im parlamentarischen Regierungssystem ganz ähnlich dar wie in der Präsidialdemokratie. Erst in den einzelnen Ausprägungen dieses Prinzips treten die Unterschiede der beiden Regierungssysteme zutage: In der stärker formalisierten und fragmentierten Präsidialdemokratie muß die Betonung auf dem Gedanken der *Zusammenarbeit* liegen, damit der bewußt herbeigeführte Antagonismus der beiden volksgewählten Organe Präsident und Parlament nicht in einer bloßen gegenseitigen Blockade endet. Im parlamentarischen Regierungssystem mit seiner größeren Flexibilität, von der in erster Linie die Mehrheitspartei profitiert, spielt dagegen der Aspekt der *Rücksichtnahme* die wichtigere Rolle, damit die dortige Vorrangstellung der politischen Parteien nicht auf dem Weg über ihre Beherrschung des Parlaments in allgegenwärtige Parteienmacht ausartet[40]. Diese Unterschiede beziehen sich jedoch durchweg nur auf die jeweiligen Erscheinungsformen des Interorganrespekts und nicht auf seine Existenz als solche.

---

[38] Auch dieser Hinweis findet sich schon bei *Moe/Caldwell* (Fn. 16), 181 f.; vgl. dazu außerdem die Bezugnahmen auf das schweizerische Modell bei *Kirchgässner* (Fn. 29), 199 ff.

[39] Vgl. dazu stv. *Haberland* (Fn. 9), 17 ff., relativierend allerdings 181 f.; u. *Ralf Poscher*, Die Opposition als Rechtsbegriff, in: AöR 122 (1997), 444–468, 446 ff.

[40] *Erwin K. Scheuch/Ute Scheuch*, Cliquen, Klüngel und Karrieren, 1992, 116 ff., sprechen in diesem Zusammenhang von einer „Feudalisierung des politischen Systems". Vgl. a. *Hans Herbert v. Arnim*, Deutschland – eine Demokratie der Funktionäre?, in: DIE ZEIT vom 26.06.1992, 4.

Zu guter Letzt sind im Rahmen dieser Untersuchung noch einmal die besonderen Ähnlichkeiten gerade zwischen der deutschen und der amerikanischen Verfassungsordnung hervorzuheben, die bereits bei der Gegenüberstellung ihrer spezifischen nicht-konstitutiven Strukturelemente zutage getreten und zu einem nicht unwesentlichen Teil auf den Einfluß der amerikanischen Verfassung bei der Schaffung des Grundgesetzes zurückzuführen sind[41]: Beide sind föderative Systeme und sehen deswegen neben der Gewährleistung originärer Länderkompetenzen auf Bundesebene ein zweites parlamentarisches Organ zur Vertretung der Interessen ihrer Gliedstaaten vor. Beide sind sehr stark rechtsstaatlich orientiert und verfügen speziell im verfassungsrechtlichen Bereich über im internationalen Vergleich extrem mächtige Gerichtsbarkeiten. Beide sind antiplebiszitär veranlagt, weisen dem Parlament also eine sehr weitreichende Repräsentationsfunktion zu. Schließlich hat das Grundgesetz mit seiner „Kanzlerdemokratie"[42] hinsichtlich der Machtstellung des Regierungschefs eine gewisse Annäherung an das Präsidialsystem vollzogen. Alle diese Gemeinsamkeiten lassen ungeachtet der Unterschiede in der konkreten Austarierung der einzelnen Staatsprinzipien[43] eine vergleichende Analyse gerade dieser beiden Verfassungssysteme unter dem Aspekt des Interorganrespekts vielversprechend erscheinen.

4. *Modell III:* Europa – die supranationale Gemeinschaft

Die Europäischen Gemeinschaften und die Europäische Union fallen auf den ersten Blick in keine der traditionellen Kategorien für Regierungssyteme, sondern stellen eine im internationalen Vergleich einzigartige Konstruktion dar, deren genaue Charakterisierung bis heute umstritten ist. Daher muß auch für sie die Frage nach der Statthaftigkeit eines Vergleichs mit den beiden erstgenannten Modellen gestellt werden.

a) Die EG im Geflecht der traditionellen Dogmatik

Die dogmatische Einordnung der Europäischen Gemeinschaften in die Systematik der Staatenverbindungen hat sich von Anfang an als problematisch erwiesen. Die teilweise auch als „traditionalistische"[44] Auffassung bezeichnete *völkerrechtliche*

---

[41] Dazu etwa *Helmut Steinberger*, 200 Jahre amerikanische Bundesverfassung, 1987, 32 ff.; u. *Georg-Christoph v. Unruh*, Nordamerikanische Einflüsse auf die deutsche Verfassungsentwicklung, in: DVBl. 1976, 455–464, 461 ff.

[42] Vgl. oben Fn. 13 sowie *Schmidt* (Fn. 9), 222 ff. m.w.N.

[43] *Kühne* (Fn. 25), 762 f., konstatiert hierzu, daß in der deutschen Verfassungsordnung seit 1949 ein Übergewicht der demokratischen Strukturen bestehe, während in den USA die klassischen Staatsprinzipien Monarchie (verkörpert durch den Präsidenten), Aristokratie (verkörpert in der Stellung der Gerichtsbarkeit) und Demokratie (in erster Linie verkörpert im Kongreß) weitgehend gleichwertig ausbalanciert seien.

[44] Diesen Begriff verwenden vor allem *Michael Schweitzer/Waldemar Hummer*, Europarecht, 5. Aufl. 1996, 27 (Rn. 74).

Theorie knüpft an die Tatsache an, daß das primäre Gemeinschaftsrecht ursprünglich als eine Serie völkerrechtlicher Verträge – von Paris über Rom nach Maastricht und Amsterdam – entstanden ist, die nach den Regeln des Völkervertragsrechts geschlossen wurden und von den Mitgliedstaaten zu ratifizieren waren[45]. Das Recht der Europäischen Gemeinschaften ist nach dieser Ansicht im Kern normales Völkerrecht geblieben; hieraus folgt für ihren Rechtscharakter, daß es sich bei ihnen um einfache internationale Organisationen handelt, wenngleich selbst die Vertreter dieser Auffassung zugestehen, daß sie sich durch ihre spezifische Integrationsdichte von dem klassischen Typus der internationalen Organisation in vielfältiger Weise abheben und insofern zumindest als völkerrechtliche Besonderheit zu behandeln sind[46].

Demgegenüber hat in Deutschland vor allem *Ipsen* ins Feld geführt, daß diese Kennzeichnung „zwar nicht unzutreffend, aber unzulänglich"[47] sei. Der Gründungsakt determiniere nicht notwendigerweise die Rechtsnatur des gegründeten Gebildes; entscheidend sei vielmehr die aus dem Gesamtzusammenhang der Gemeinschaftsverträge folgende Struktur, die eine Doppelnatur des primären Gemeinschaftsrechts erkennen lasse: Einerseits sei es natürlich Völkervertragsrecht geblieben, besitze jedoch andererseits zugleich Verfassungscharakter, auch wenn es weder einen Staat noch eine staatsartige Konstruktion begründe[48]. Auf diese Interpretation geht die *gemeinschaftsrechtliche* Theorie der sogenannten „Autonomisten" zum Rechtscharakter der Europäischen Gemeinschaften zurück, die den Gemeinschaftsverträgen und dem aus ihnen abgeleiteten Recht einen Sonderstatus als eigenständige Rechtsordnung sui generis zuspricht und sich mehr und mehr als die herrschende Lehre durchzusetzen scheint[49]. Stützen können sich die Vertreter dieser Theorie vor allem auf die Rechtsprechung des Europäischen Gerichtshofs,

---

[45] Vgl. dazu stv. *Theodor Schilling*, The Autonomy of the Community Legal Order: An Analysis of Possible Foundations, in: Harvard International Law Journal 37 (1996), 389–409, 390 ff.; *Christian Hillgruber*, Das Verhältnis der Europäischen Gemeinschaften und der Europäischen Union zu ihren Mitgliedstaaten, in: ArchVR 34 (1996), 347–375, 348.

[46] Vgl. etwa *Alois Riklin*, Die Europäische Gemeinschaft im System der Staatenverbindungen, 1972, 345, 357 ff.; *Helmut Steinberger*, Der Verfassungsstaat als Glied einer europäischen Gemeinschaft, in: VVDStRL 50 (1991), 9–55, 16 f.; außerdem noch *Manfred Zuleeg*, in: Hans v. d. Groeben/Jochen Thiesing/Claus-Dieter Ehlermann (Hg.), Kommentar zum EU-/EG-Vertrag, 5. Aufl. 1997, Bd. 1, Art. 1 EGV Rn. 1 ff.; *Ignaz Seidl-Hohenveldern/Gerhard Loibl*, Das Recht der Internationalen Organisationen einschließlich der Supranationalen Gemeinschaften, 6. Aufl. 1996, 7 ff. (Rn. 113 ff.).

[47] *Hans Peter Ipsen*, Europäisches Gemeinschaftsrecht, 1972, 195 (§ 8 Rn. 22).

[48] Vgl. *Ipsen* (Fn. 47), 59 ff. (§ 2 Rn. 22 ff.); u. schon *Peter Badura*, Bewahrung und Veränderung demokratischer und rechtsstaatlicher Verfassungsstruktur in den internationalen Gemeinschaften, in: VVDStRL 23 (1966), 34–104, 60.

[49] Das konstatieren etwa *Bengt Beutler/Roland Bieber/Jörn Pipkorn/Jochen Streil*, Die Europäische Union, 4. Aufl. 1993, 70 m.w.N. Zum schrittweisen Aufbau dieses Rechtsgebäudes vgl. a. *Christian Joerges*, Das Recht im Prozeß der europäischen Integration, in: Markus Jachtenfuchs/Beate Kohler-Koch (Hg.), Europäische Integration, 1996, 73–108, 78 ff.; sowie – aus externer Perspektive – *Joseph H. H. Weiler*, The Transformation of Europe, in: Yale Law Journal 100 (1991), 2403–2483, 2413 ff.

der schon sehr frühzeitig sowohl die unmittelbare Wirkung des Gemeinschaftsrechts[50] als auch seinen Vorrang gegenüber dem nationalen Recht der Mitgliedstaaten[51] postulierte und die Gemeinschaften seither in ständiger Rechtsprechung als autonome Rechtsordnung qualifiziert[52]. Aber auch das Bundesverfassungsgericht hat jedenfalls bis zu seiner Entscheidung über den Maastrichter Vertrag regelmäßig akzeptiert, daß die EG „eine im Prozeß fortschreitender Integration stehende Gemeinschaft eigener Art"[53] sei.

Noch deutlich über diese Sicht hinaus geht die freilich nur vereinzelt in der deutschen europarechtlichen Literatur vertretene *bundesstaatliche* Theorie, nach der es sich bei den Europäischen Gemeinschaften um einen unvollendeten Bundesstaat oder jedenfalls um ein bundesstaatsähnliches Gebilde handeln sollte[54]. Dieser Theorie wird üblicherweise entgegengehalten, daß es den Gemeinschaften im Gegensatz zu ihren Mitgliedstaaten und überhaupt zum klassischen Typus des Bundesstaats an einer „Kompetenzkompetenz" fehle und daß die Mitgliedstaaten die „Herren der Verträge" geblieben seien[55]. Zwar wird speziell die Frage der Herrschaft über die Verträge – dahingehend zugespitzt, ob sich die Mitgliedstaaten durch einen rein völkerrechtlichen Akt ohne Mitwirkung der Gemeinschaftsorgane wieder aus der Gemeinschaftsrechtsordnung lösen könnten – durchaus

---

[50] EuGH Slg. 1963, 1 – Rs. 26/62.

[51] EuGH Slg. 1964, 1251 – Rs. 6/64. Vgl. zuletzt auch das neue, in Amsterdam beschlossene Protokoll über die Anwendung des Subsidiaritätsprinzips u. dazu *Kai Hasselbach*, Der Vorrang des Gemeinschaftsrechts vor dem nationalen Verfassungsrecht nach dem Vertrag von Amsterdam, in: JZ 1997, 942–944; skeptisch allerdings *Bernhard Kempen*, Die Europäische Währungsunion und der Streit um die Geltung des Gemeinschaftsrechts, in: ArchVR 35 (1997), 273–294, 278 f.

[52] Dabei bezeichnete der Gerichtshof die EWG zunächst noch ausdrücklich als „eine neue Rechtsordnung des Völkerrechts" (EuGH Slg. 1963, 1 – Rs. 26/62 –, 5), schwenkte dann jedoch rasch um und konstatierte als seine bis heute gültige Auffassung (EuGH Slg. 1964, 1251 – Rs. 6/64 –, 1269): „*Zum Unterschied von gewöhnlichen internationalen Verträgen* hat der EWG-Vertrag eine *eigene Rechtsordnung* geschaffen, ..." (Hervorhebungen vom Verf.). Vgl. a. die Bestätigung dieser These durch das Europäische Parlament in seiner „Entschließung zu den Beziehungen zwischen dem Völkerrecht, dem Gemeinschaftsrecht und dem Verfassungsrecht der Mitgliedstaaten" vom 02.10.1997, BR-Drs. 829/97 vom 21.10.1997.

[53] So z.B. BVerfGE 22, 293, 296; 37, 271, 278. *Rudolf Streinz*, Europarecht, 4. Aufl. 1999, 38 f. (Rn. 110), betrachtet dies allerdings als bloßes terminologisches Lippenbekenntnis, da das Verfassungsgericht sich schon immer eine gewisse Letztkontrolle auch über das europäische Primärrecht bewahrt habe.

[54] Vgl. die Nachweise bei *Peter Fischer/Heribert Franz Köck*, Europarecht, 3. Aufl. 1997, 336; oder *Schweitzer/Hummer* (Fn. 44), 30 f. (Rn. 84).

[55] Vgl. schon *Werner Meng*, Das Recht der Internationalen Organisationen – eine Entwicklungsstufe des Völkerrechts, 1979, 162 ff.; weiter *Rudolf Bernhardt*, Das Recht der Europäischen Gemeinschaften zwischen Völkerrecht und staatlichem Recht, in: FS Rudolf Bindschedler, 1980, 229–239, 230; *Manfred Zuleeg*, Der Bestand der Europäischen Gemeinschaft, in: GS Christoph Sasse, Bd. I, 1981, 55–72, 57 ff.; *Eckart Klein*, Der Verfassungsstaat als Glied einer europäischen Gemeinschaft, in: VVDStRL 50 (1991), 56–96, 58 f.; *Rudolf Streinz*, Bundesverfassungsgerichtlicher Grundrechtsschutz und Europäisches Gemeinschaftsrecht, 1989, 125 ff.; *ders.* (Fn. 53), 42 f. (Rn. 121), 47 (Rn. 123). Das BVerfG hat sich dieser Auffassung zuletzt im „Maastricht"-Urteil ausdrücklich angeschlossen: BVerfGE 89, 155, 188 ff.

kontrovers diskutiert[56]; darüber, daß bis zur Schaffung eines europäischen Bundesstaates noch ein weiter Weg zurückzulegen wäre, scheint aber weitestgehend Einigkeit zu bestehen.

Unabhängig davon, ob man die Europäischen Gemeinschaften lediglich als einen speziellen Typus internationaler Organisationen oder mit den „Autonomisten" als Staatenverbindung sui generis, d.h. als eigenständige, keiner bestehenden Rechtsordnung zuzurechnende Gebilde betrachtet, bleibt jedoch ein besonderes Charakteristikum hervorzuheben, das üblicherweise mit dem Begriff der „Supranationalität"[57] umschrieben wird: Die Gemeinschaftsorgane können verbindliche Beschlüsse fassen, mit denen sie unter bestimmten Voraussetzungen die Mitgliedstaaten auch gegen ihren Willen zu einem bestimmten Verhalten verpflichten können. Diese autonome Rechtsetzungsgewalt entfaltet darüber hinaus in der überwiegenden Zahl der Fälle Durchgriffswirkung, was bedeutet, daß das von den Gemeinschaftsorganen gesetzte Recht in den Mitgliedstaaten unmittelbar gilt, ohne daß es hierfür noch eines nationalen Bestätigungsaktes bedürfte. Schließlich wacht eine lückenlose, obligatorische Gerichtsbarkeit für die Gemeinschaften über die Durchsetzung der entsprechenden Beschlüsse[58]. Diese Strukturelemente sind von entscheidender Bedeutung dafür, die Problematik des Interorganrespekts auch auf europäischer Ebene zu thematisieren.

b) Neue Entwicklungen durch die Verträge von Maastricht und Amsterdam

Bevor dies geschehen kann, bedarf es jedoch noch eines kurzen Überblicks über die seit 1992 mit dem Maastrichter Vertrag eingetretenen Veränderungen in den organisatorischen Konstruktionen der europäischen Integration. Denn mit der in Maastricht erfolgten Neuschöpfung der „Europäischen Union" sind die im vorigen dargestellten, scheinbar geklärten Fronten der theoretischen Auseinandersetzung über Natur und Charakter der europäischen Rechtsordnung und ihrer Institutionen wie-

---

[56] Tendenziell eher dagegen *Joseph H. H. Weiler/Ulrich R. Haltern*, The Autonomy of the Community Legal Order – Through the Looking Glass, in: Harvard International Law Journal 37 (1996), 411–448, bes. 423 ff.; vgl. a. schon *Ulrich Everling*, Sind die Mitgliedstaaten der Europäischen Gemeinschaft noch Herren der Verträge?, in: FS Hermann Mosler, 1983, 173–191, 186 ff.; *ders.*, Brauchen wir „Solange III"?, in: EuR 1990, 195–227, 222 f.; u. *Jürgen Schwarze*, Das allgemeine Völkerrecht in den innergemeinschaftlichen Rechtsbeziehungen, in: EuR 1983, 1–39, 14 ff.

[57] Statt vieler: *Schweitzer/Hummer* (Fn. 44), 275 ff. (Rn. 872 ff.); *Christian Koenig/Andreas Haratsch*, Europarecht, 2. Aufl. 1998, 5 (Rn. 12 f.).

[58] Zu den einzelnen Elementen von Supranationalität vgl. etwa *Fischer/Köck* (Fn. 54), 320; *Streinz* (Fn. 53), 41 f. (Rn. 115 ff.); *Joerges* (Fn. 49), 78 ff.; *Hillgruber* (Fn. 45), 356 f.; zu ihrer Bedeutung für die Entwicklung der EG als eines neuen „Verbandstypus" vor allem *Armin v. Bogdandy*, Skizzen einer Theorie der Gemeinschaftsverfassung, in: Thomas v. Danwitz u.a. (Hg.), Auf dem Wege zu einer Europäischen Staatlichkeit, 1993, 9–29, 13 ff.; vgl. dort aus rechtstheoretischer Perspektive auch *Wolf-Dietrich Grussmann*, Grundnorm und Supranationalität, 47–64, 58 ff.; u. weiter *Stephan Breitenmoser*, Die Europäische Union zwischen Völkerrecht und Staatsrecht, in: ZaöRV 55 (1995), 951–992, 972 ff. m.w.N.; *Ludwig Schmahl*, Die Rechtsquellen der Europäischen Union und der Bundesrepublik Deutschland, in: Verwaltungs-Rundschau 1995, 193–199, 196 f.

der in Bewegung geraten[59]. Das liegt im wesentlichen daran, daß die Union verschiedene „Bauelemente" von sehr unterschiedlicher Qualität zusammenführt[60]: Ihre Grundlage bilden, wie Art. 1 III (ex-Art. A III) EUV klarstellt, die fortbestehenden Europäischen Gemeinschaften; gleichzeitig greift sie jedoch mit der Einbeziehung der bisher nicht vergemeinschafteten Bereiche der Außen- und Sicherheitspolitik einerseits sowie der Justiz- und Innenpolitik andererseits weit über den EG-Rahmen hinaus, weshalb es sich eingebürgert hat, von der Union als einem auf drei „Säulen" ruhenden „Dach" zu sprechen[61]. Für die Zwecke unserer Untersuchung ist in diesem Zusammenhang vor allem der unterschiedliche Charakter dieser „Säulen" von Bedeutung: Während innerhalb der Reichweite der Gemeinschaftsrechtsordnung der zuvor geschilderte Gedanke der „Supranationalität" die beherrschende Stellung einnimmt, arbeiten die Mitgliedstaaten in den beiden neu hinzugekommenen Politikbereichen im Prinzip nicht anders zusammen als auf einer permanent tagenden internationalen Konferenz oder im Rahmen sonstiger auf rein völkerrechtlicher Basis beruhender internationaler Organisationen, wofür sich insbesondere die exklusive Entscheidungsbefugnis des Ministerrates bei gleichzeitiger Beibehaltung eines praktisch nicht eingeschränkten Einstimmigkeitserfordernisses als verantwortlich erweist[62]. Das Wesen der Europäischen Union besteht demnach in der einzigartigen Aufgabe, supranationale Gemeinschaftspolitiken nach den EG-Gründungsverträgen einerseits und nahezu rein intergouvernementale Willensbildungen im Bereich der beiden nichtwirtschaftlichen „Säulen" andererseits miteinander zu verklammern[63].

Die Tatsache, daß die Union zu diesem Zweck gem. Art. 3 I (ex-Art. C I) EUV über einen „einheitlichen institutionellen Rahmen" verfügt, macht ihre dogmatische Einordnung nicht leichter. Nicht einmal über die Frage, ob sie eine eigene Rechtspersönlichkeit besitzt, konnte bislang eine verbindliche Klärung herbeigeführt werden. Der Maastrichter Vertrag selbst sieht – anders als etwa Art. 281, 282

---

[59] Zu den hier ablaufenden „evolutiven Prozessen" vgl. etwa *Hans-Joachim Glaesner*, Der Weg nach Maastricht, in: Georg Ress/Jürgen Schwarze/Torsten Stein (Hg.), Die Organe der Europäischen Union im Spannungsfeld zwischen Gemeinschaft und Zusammenarbeit, EuR Beiheft 2/1995, 15–22, 20 ff.

[60] Die Formulierung stammt von *Streinz* (Fn. 53), 43 (Rn. 121 a).

[61] Zählt man die Gemeinschaften einzeln, so kommt man sogar auf fünf Säulen; die gebräuchliche Ausdrucksweise faßt EG, EAG und EGKS jedoch unter dem Begriff der „ersten Säule" zusammen. Vgl. stv. nochmals *Streinz* (Fn. 53), 43 (Rn. 121 a); *Peter M. Huber*, Recht der Europäischen Integration, 1996, 25; *Fischer/Köck* (Fn. 54), 332; *Sven Hölscheidt/Christian Baldus*, EU und EG als terminologisches Problem, in: DVBl. 1996, 1409–1412, 1410 f.; u. *Wolfgang Spieker*, Der steinige Weg zur nächsten Reform der Europäischen Union, in: WSI-Mitteilungen 1994, 721–735, 725 f.; krit. zu dieser Metapher vor allem *Armin v. Bogdandy/Martin Nettesheim*, Die Europäische Union: Ein einheitlicher Verband mit eigener Rechtsordnung, in: EuR 1996, 3–26, 7 f.; ähnlich *Oliver Dörr*, Zur Rechtsnatur der Europäischen Union, in: EuR 1995, 334–348, 334, 344 ff.

[62] Statt vieler: *Albert Bleckmann*, Europarecht, 6. Aufl. 1997, 83 (Rn. 164); *Koenig/Haratsch* (Fn. 57), 290 ff. (Rn. 590 ff.); *Schweitzer/Hummer* (Fn. 44), 302 ff. (Rn. 967 ff.). Auf die im Rahmen der GASP zu beachtenden Einzelheiten wird im 7. Kap. näher eingegangen werden.

[63] So beschreiben es *Matthias Pechstein/Christian Koenig*, Die Europäische Union, 2. Aufl. 1998, 2 ff. (Rn. 4 ff.).

(ex-Art. 210, 211) EGV – nichts dergleichen vor. Zwar spricht er von der Union an mehreren Stellen (z.B. Art. 1 I (ex-Art. A I), 18 I (ex-Art. J.5 I) und 49 (ex-Art. O) EUV) in einer Art und Weise, die den Schluß nahelegt, er habe mit ihr ein neues Rechtssubjekt ins Leben rufen wollen. Die eigenständigen Handlungsmöglichkeiten der Europäischen Union auf internationaler Ebene erscheinen jedoch so beschränkt, daß sie die Zuerkennung einer Rechtssubjektivität aufgrund von „implied powers"-Erwägungen nicht zu tragen vermögen[64]. Auch die reizvolle Interpretation der Union als einheitlich organisierter Wirkungsverband, in dem die vormals eigenständigen Gemeinschaften aufgegangen sein sollen[65] – was eine zumindest partielle Übertragung der den Gemeinschaften zweifellos zukommenden Rechtspersönlichkeit auf die Union zur Folge hätte –, wirkt angesichts des eindeutig zwischen Gemeinschaften und Union trennenden Wortlauts von Art. 1 III (ex-Art. A III) EUV zweifelhaft. Man kann daher wohl allenfalls davon sprechen, die Union sei auf dem Wege, eine eigenständige juristische Person zu werden[66], sozusagen eine „persona in statu nascendi".

Das Bundesverfassungsgericht hat unter Rückgriff auf frühere Publikationen des zuständigen Berichterstatters[67] die neue Wortschöpfung „Staaten*verbund*" zur Bezeichnung der Europäischen Union in die Debatte eingeführt[68]. Sein damit verfolgtes Ziel läßt sich als Suche nach einem Mittelweg zwischen den durch das klassische Begriffspaar „Bundesstaat" und „Staatenbund" markierten Polen umschreiben: Einerseits schreckte das Gericht offenkundig davor zurück, die Europäische Union angesichts ihrer einzigartigen Integrationsdichte ohne besondere Qualifikation in die lange Kette der sonstigen Staatenverbindungen einzureihen. Andererseits kam es ihm aber zentral darauf an, eine Gleichsetzung der Union mit einem europäischen Bundesstaat auszuschließen[69]. Ohne in diesem Zusammenhang auf

---

[64] Wie hier *Dörr* (Fn. 61), 339 ff.; *Pechstein/Koenig* (Fn. 63), 37 ff. (Rn. 73 ff.); *Streinz* (Fn. 53), 45 f. (Rn. 121 b); vgl. a. BVerfGE 89, 155, 194 ff.

[65] *Armin v. Bogdandy/Martin Nettesheim*, Die Verschmelzung der Europäischen Gemeinschaften in der Europäischen Union, in: NJW 1995, 2324–2328, bes. 2327; *dies.* (Fn. 61), 12 ff., 20 ff.; vgl. zuletzt auch *Armin v. Bogdandy*, The legal case for unity: The European Union as a single organization with a single legal system, in: CMLR 36 (1999), 887–910; krit. zu dieser „Verschmelzungsthese" bspw. *Oliver Dörr*, Noch einmal: Die Europäische Union und die Europäischen Gemeinschaften, in: NJW 1995, 3162–3165.

[66] Befürwortend hierzu *Georg Ress*, Ist die Europäische Union eine juristische Person?, in: ders./Jürgen Schwarze/Torsten Stein (Hg.), Die Organe der Europäischen Union im Spannungsfeld zwischen Gemeinschaft und Zusammenarbeit, EuR Beiheft 2/1995, 27–40, 30 ff.; ähnlich *Hillgruber* (Fn. 45), 352 ff.

[67] Z.B. *Paul Kirchhof*, Der deutsche Staat im Prozeß der europäischen Integration, in: Josef Isensee/ders. (Hg.), Handbuch des Staatsrechts der Bundesrepublik Deutschland, Bd. VII, 1992, 855–887 (§ 183), 879 ff. (Rn. 50 ff.); vgl. a. *ders.*, Europäische Einigung und der Verfassungsstaat der Bundesrepublik Deutschland, in: Josef Isensee (Hg.), Europa als politische Idee und als rechtliche Form, 1993, 63–101, 92 ff.

[68] BVerfGE 89, 155, 156 (8. Leitsatz); in den Urteilsgründen 181 u. 188.

[69] BVerfGE 89, 155, 181: „Der Vertrag ... betrifft die Mitgliedschaft Deutschlands in supranationalen Organisationen, *nicht* eine Zugehörigkeit zu einem europäischen Staat" (Hervorhebung vom Verf.). Vgl. insges. dazu *Bruno Kahl*, Europäische Union: Bundesstaat – Staatenbund – Staatenverbund?, in: Der Staat 33 (1994), 241–258, bes. 256 f.

die grundsätzlichen Erwägungen des Gerichts zur Problematik der Souveränität und der in Art. 6 III (ex-Art. F I) EUV festgeschriebenen Achtung der nationalen Identität der EU-Mitgliedstaaten sowie zur demokratischen Legitimation europäischer Hoheitsgewalt näher einzugehen[70], lassen sich für die Zwecke der vorliegenden Arbeit vor allem jene zwei Konstruktionsmerkmale der Europäischen Union festhalten, mit denen das Gericht begründet, warum der Maastrichter Vertrag gar nicht auf die Schaffung eines europäischen Bundesstaates abzielte: Zum einen verweigert er der Union ungeachtet der Formulierung von Art. 6 IV (ex-Art. F III) EUV die „Kompetenzkompetenz", hält also im Grundsatz am hergebrachten Prinzip der begrenzten Einzelermächtigung fest[71]; zum anderen ergänzt er, wie oben schon angesprochen wurde, die bislang bestehende reine Wirtschaftsgemeinschaft in den klassischen Staatsdomänen der äußeren und inneren Sicherheit lediglich um neue Formen intergouvernementaler Zusammenarbeit[72]. Solange diese beiden Strukturelemente der Union nicht verändert werden, signalisiert der Begriff des Staatenverbundes nach Auffassung des Bundesverfassungsgerichts daher ebenso die fortbestehende Distanz zu einem europäischen Bundesstaat wie die besondere Stellung der Union im allgemeinen System der internationalen Organisationen.

Das „Maastricht"-Urteil ist in der Literatur zum Teil heftig kritisiert worden, in erster Linie wegen der verfassungsrechtlichen Schranken, die es gegenüber weiteren Übertragungen hoheitlicher Befugnisse auf die Europäische Union aufgerichtet hat[73]. Die von ihm eingeführte Qualifikation der Union als „Staatenverbund" hat hingegen keine nennenswerte Kritik erfahren, sondern ist im Gegenteil von zahlreichen deutschsprachigen Autoren zum Europarecht übernommen worden[74]. Auch diejenigen, die andere Bezeichnungen bevorzugen[75], sind sich mit dem Bundesver-

---

[70] BVerfGE 89, 155, 189 ff.; u. dazu bspw. *Albert Bleckmann*, Die Wahrung der „nationalen Identität" im Unions-Vertrag, in: JZ 1997, 265–269, bes. 266 ff.; sowie *Stefan Oeter*, Souveränität und Demokratie als Probleme in der „Verfassungsentwicklung" der Europäischen Union, in: ZaöRV 55 (1995), 659–712, 664 ff.; u. aus französischer Sicht *Jean-Paul Jacqué*, La Constitution de la Communauté européenne, in: Revue universelle des droits de l'homme 1995, 397–423, 399 ff.

[71] Vgl. BVerfGE 89, 155, 194 ff.; u. dazu schon *Hans-Peter Kraußer*, Das Prinzip begrenzter Ermächtigung im Gemeinschaftsrecht als Strukturprinzip des EWG-Vertrages, 1991, 16 ff.; sowie konkret zur Konzeption des BVerfG *Juliane Kokott*, German Constitutional Jurisprudence and European Integration: Part I, in: European Public Law 2 (1996), 237–269, 252 ff.; vgl. a. *Hillgruber* (Fn. 45), 364 ff.; u. insges. *Josef Isensee*, Integrationsziel Europastaat?, in: FS Ulrich Everling, 1995, Bd. I, 567–592, 573 ff.

[72] Das betont BVerfGE 89, 155, 190; dazu etwa *Astrid Epiney*, Der Maastrichter Vertrag auf dem Prüfstand der deutschen Verfassung, Cahiers de l'IDHEAP no. 123, 1993, 13.

[73] Vgl. stv. *Manfred Zuleeg*, Die Rolle der rechtsprechenden Gewalt in der europäischen Integration, in: JZ 1994, 1–8, bes. 3 f.; *Christian Tomuschat*, Die Europäische Union unter der Aufsicht des Bundesverfassungsgerichts, in: EuGRZ 1993, 489–496, 495 f.; zurückhaltender *Volkmar Götz*, Das Maastricht-Urteil des Bundesverfassungsgerichts, in: JZ 1993, 1081–1086, 1085 f.; *Joerges* (Fn. 49), 81 ff.; *Epiney* (Fn. 72), 31 f.

[74] Das gilt vor allem für die einschlägigen Lehrbücher, vgl. etwa *Huber* (Fn. 61), 67 ff. m.w.N.; *Schweitzer/Hummer* (Fn. 44), 23 (Rn. 67); *Streinz* (Fn. 53), 154 (Rn. 423 c); sowie bspw. *Dörr* (Fn. 65), 3165; zuletzt auch *Udo Di Fabio*, Was der Staatenverbund leisten kann, in: FAZ vom 06.04.1999, 11.

[75] Z.B. *Ingolf Pernice*, Deutschland in der Europäischen Union, in: Josef Isensee/Paul Kirchhof

fassungsgericht jedenfalls dahingehend einig, daß die Europäische Union ein mit den hergebrachten Begriffen der Staats- und Völkerrechtstheorie nur noch begrenzt erfaßbares Gebilde darstellt. Diese Beobachtung bestätigt im Ergebnis die bereits im vorigen Abschnitt dargestellte Theorie der „Autonomisten", nach der es sich bei der gesamten europäischen Rechtsordnung um ein System sui generis handelt, das maßgeblich durch seinen in weiten Teilen „supranationalen" Charakter geprägt wird[76].

Der Vertrag von Amsterdam ändert – ebenso wie die Beschlüsse von Nizza – nichts Entscheidendes an diesem Befund. Eine ausdrückliche Verleihung der Rechtspersönlichkeit an die Europäische Union wurde trotz entsprechender Vorschläge bei der Regierungskonferenz abgelehnt[77]. Die grundsätzliche Trennung von Europäischem Gemeinschaftsrecht (erste Säule) und materiellem Unionsrecht (zweite und dritte Säule) bleibt ebenso bestehen wie die im wesentlichen intergouvernementale Ausrichtung der beiden nichtwirtschaftlichen Säulen, auch wenn in Amsterdam eine teilweise Vergemeinschaftung der Asyl-, Visa- und Einwanderungspolitik beschlossen und im Bereich der Gemeinsamen Außen- und Sicherheitspolitik die Tür zur Mehrheitsentscheidungen weiter geöffnet wurde[78]. Als äußeres Zeichen hierfür darf gewertet werden, daß eine Zusammenführung und

---

(Hg.), Handbuch des Staatsrechts der Bundesrepublik Deutschland, Bd. VIII, 1995, 225–280 (§ 191), 242 f. (Rn. 22), 270 f. (Rn. 61), der den Begriff des „Verfassungsverbunds" vorschlägt; zuletzt *ders.*, Der Europäische Verfassungsverbund auf dem Wege der Konsolidierung, in: JöR N.F. 48 (2000), 205–232, 208 ff.; vgl. a. die von *Ulrich Everling*, Das Maastricht-Urteil des BVerfG und seine Bedeutung für die Entwicklung der Europäischen Union, in: Integration 1994, 165–175, 167, geäußerte Kritik, daß die Bezeichnung „Staatenverbund" den weitergehenden Charakter der Union als Zusammenschluß der *Bürger* Europas vernachlässige; ebenso *Meinhard Hilf*, Die Europäische Union und die Eigenstaatlichkeit ihrer Mitgliedstaaten, in: Peter Hommelhoff/Paul Kirchhof (Hg.), Der Staatenverbund der Europäischen Union, 1994, 75–85, 76; ähnlich *Dimitris Th. Tsatsos*, Die Europäische Unionsgrundordnung, in: EuGRZ 1995, 287–296, 291 ff.; u. *Wolfgang Merkel*, Das Demokratie-Effizienz-Dilemma, in: FAZ vom 24.04.1996, 12.

[76] Manche Autoren ordnen daher auch die EU insgesamt einfach als „supranationale Organisation" ein, obwohl dies strenggenommen bis jetzt eigentlich nur auf die EG als ihre „Grundlage" zutrifft. Vgl. *Breitenmoser* (Fn. 58), 980 ff.; u. schon *Ulrich Fastenrath*, Nicht Staatenbund, nicht Bundesstaat, in: FAZ vom 16.09.1994, 14; krit. *Hillgruber* (Fn. 45), 357 f.; beachte aber auch *Roland Bieber*, Verfassungsentwicklung der Europäischen Union: Autonomie oder Konsequenz staatlicher Verfassungsentwicklung?, in: Peter-Christian Müller-Graff/Eibe Riedel (Hg.), Gemeinsames Verfassungsrecht in der Europäischen Union, 1998, 209–219, 211 ff., zum hier notwendigen *relativen* Autonomieverständnis.

[77] Vgl. hierzu *Ulrich Karpenstein*, Der Vertrag von Amsterdam im Lichte der Maastricht-Entscheidung des BVerfG, in: DVBl. 1998, 942–952, 945 m.w.N.; ferner ausführlich *Pechstein/Koenig* (Fn. 63), 31 ff. (Rn. 61 ff.); u. schon *dies.*, Rechtspersönlichkeit für die Europäische Union?, in: EuZW 1997, 225; dezidiert dagegen *Matthias Pechstein*, Rechtssubjektivität für die Europäische Union?, in: EuR 1996, 137–144; *a.A.* aber *Johannes Christian Wichard*, Wer ist Herr im europäischen Haus?, in: EuR 1999, 170–184, 172 f.

[78] Zus.fass. *Rudolf Streinz*, Der Vertrag von Amsterdam, in: Jura 1998, 57–65, 60 f.; vgl. a. den *Editorial Comment* „The Treaty of Amsterdam: Neither a bang nor a whimper", in: CMLR 34 (1997), 767–772, 767; u. ausführlich *Bernd Meyring*, Die Reform der Bereiche Justiz und Inneres durch den Amsterdamer Vertrag, in: EuR 1999, 309–324.

Konsolidierung der vier Gründungsverträge in einem einzigen Vertrag trotz fertiger Vorschläge[79] und der damit einhergehenden Verheißung einer erheblichen Vereinfachung des gesamten Vertragswerks auf der Regierungskonferenz nicht erreicht werden konnte. Angesichts der Tatsache, daß Art. 12 des Amsterdamer Vertrages stattdessen eine komplett neue Numerierung der Verträge über Europäische Union und Europäische Gemeinschaft etabliert, scheint eine Verschmelzung dieser Verträge darüber hinaus auf absehbare Zeit ausgeschlossen zu sein.

5. Schlußbetrachtung

Nach alledem unterscheidet sich die Europäische Union nach wie vor erheblich von einem Nationalstaat klassischer Prägung, wie er ungeachtet aller organisatorischen Differenzen im einzelnen sowohl in Deutschland als auch in den Vereinigten Staaten vorliegt. Vor diesem Hintergrund gewinnt die Frage, ob im Rahmen der vorliegenden Arbeit das europäische Vertragssystem mit den Verfassungssystemen dieser beiden Staaten überhaupt in Beziehung gesetzt werden kann, besondere Dringlichkeit.

a) Europa im Vergleich mit den einzelstaatlichen Modellen

Zur Beantwortung dieser Frage bedarf es zunächst einer Rückbesinnung auf das eigentliche Anliegen der Arbeit, aus dem sich in diesem Zusammenhang notwendig eine gewisse Einschränkung der Betrachtungsweise ergibt: Die Untersuchung betrifft, wie im vorigen Kapitel schon dargelegt wurde, ausschließlich das Verhältnis zwischen den obersten Organen einer mit der Ausübung von Hoheitsgewalt gegenüber den einzelnen Bürgern betrauten Institution und konzentriert sich dabei auf das Problem des Vorliegens ungeschriebener Rücksichtnahme- und Kooperationspflichten. Diese thematische Eingrenzung relativiert die Bedeutung jener Elemente, an denen sich die Unterscheidung der Europäischen Union gegenüber anderen, mit den klassischen Kennzeichen der Staatlichkeit ausgestatteten Gebilden hauptsächlich festmachen läßt, in erheblichem Ausmaß. So spielt beispielsweise die Frage der Rechtspersönlichkeit der Union für die Ausgestaltung des Verhältnis-

---

[79] Hier ist insbes. der „Florentiner Entwurf" zur Vereinheitlichung der Europäischen Gründungsverträge zu nennen („A Unified and Simplified Model of the European Communities Treaties and the Treaty on European Union in Just One Treaty", erstellt vom Robert Schuman Center am Europäischen Hochschulinstitut, Florenz, im Auftrag des Europäischen Parlaments u. von diesem als Working Paper W-9 (Ed. *Klaus H. Offermann*) im Oktober 1996 publiziert); vgl. dazu *Christian Koenig/Matthias Pechstein*, Der Florentiner Entwurf zur Vereinheitlichung der Europäischen Gründungsverträge, in: NJW 1997, 996–998; *Armin v. Bogdandy/Claus-Dieter Ehlermann*, Zur Konsolidierung der Europäischen Gründungsverträge, in: EuZW 1996, 737; *dies.*, Consolidation of the European Treaties: feasibility, costs and benefits, in: CMLR 33 (1996), 1107–1116; u. allg. *Roland Bieber*, Die Vereinfachung der Verträge zur Errichtung der Europäischen Union, in: DVBl. 1996, 1337–1342; beachte ferner das „CELS (Cambridge) E.C. Treaty Project", abgedr. in: ELR 22 (1997), 399 ff.; u. dazu an gleicher Stelle *Alan Dashwood/Angela Ward*, General Introduction, 395–398.

ses zwischen ihren Organen im Prinzip keine Rolle. Gleiches gilt für das Prinzip der begrenzten Einzelermächtigung, also das Fehlen einer „Kompetenzkompetenz" der Union; dieser Grundsatz bestimmt zwar das Verhältnis der Union zu ihren Mitgliedstaaten in entscheidender Weise[80], nicht jedoch dasjenige ihrer Organe untereinander. Eine abschließende enumerative Aufzählung der der Bundesebene verliehenen Rechtsetzungskompetenzen findet im übrigen auch in den nationalstaatlichen Modellen Deutschlands und Amerikas statt, wie die Art. 73–75 des Grundgesetzes sowie Art. I Sect. 8 der US-Verfassung belegen, so daß man selbst mit Bezug auf das Verhältnis von Europäischer Union und Mitgliedstaaten zumindest von „prä-föderalen" Strukturen sprechen kann[81].

Ernsthaft betroffen wird die Vergleichbarkeit der Europäischen Union mit den einzelstaatlichen Modellen unter dem Aspekt des Interorganrespekts daher nur durch die Tatsache, daß ihre beiden nichtwirtschaftlichen Säulen im Kern nach wie vor einen rein intergouvernementalen Charakter aufweisen. Institutionelle Strukturen, die sich mit denen der klassischen Nationalstaaten jedenfalls im Prinzip vergleichen lassen, finden sich daher von vornherein nur im Rahmen der Europäischen Gemeinschaften. Dieses Faktum zwingt dazu, von europäischer Seite vor allem das institutionelle Gefüge der EG-Organe in den Mittelpunkt der folgenden Analyse zu rücken, auch wenn sich die Auswirkungen dieses Gefüges unter Außerachtlassung der speziellen Regelungen für Atom- und Montanindustrie formal auf den Bereich der Wirtschafts- und Währungspolitik beschränken. Dem Anliegen unserer Untersuchung sollte diese Beschränkung jedoch nicht sonderlich abträglich sein. Denn zum einen weisen die der Gemeinsamen Außen- und Sicherheitspolitik korrespondierenden Entscheidungsstrukturen auf dem Gebiet der auswärtigen Gewalt gerade auch in den einzelstaatlichen Modellen starke Besonderheiten gegenüber der sonstigen Befugnisverteilung auf und verlangen aus diesem Grund ohnedies nach einer gesonderten Betrachtung. Was zum anderen die Zusammenarbeit in den Bereichen Justiz und Inneres, also die „dritte Säule" der Union anbetrifft, so bringt bereits der Vertrag von Amsterdam bei all seiner Begrenztheit gewisse Fortschritte im Sinne einer teilweisen „Vergemeinschaftung" dieser Säule[82]. Dabei ist zu beachten, daß die Beschlüsse von Amsterdam nicht zuletzt auf deutsches Drängen hin wesentlich hinter den ursprünglichen Vorschlägen, wie sie etwa in der Reflexionsgruppe zur Regierungskonferenz entwickelt wurden[83], zurückgeblieben sind und praktisch alle

---

[80] Vgl. dazu neben den schon oben Fn. 71 zit. Nachweisen in tatsächlicher Hinsicht krit. *Thomas C. W. Beyer*, Die Ermächtigung der Europäischen Union und ihrer Gemeinschaften, in: Der Staat 35 (1996), 189–220, 213 ff.; sowie *Hans D. Jarass*, Die Kompetenzverteilung zwischen der Europäischen Gemeinschaft und den Mitgliedstaaten, in: AöR 121 (1996), 173–199, 174 ff.

[81] So formuliert etwa *Klaus Otto Nass*, Verpönt und vergöttert, in: FAZ vom 30.12.1997, 9.

[82] Vgl. *Karpenstein* (Fn. 77), 943 f.; zus.fass. *Rudolf Streinz*, Der Vertrag von Amsterdam, in: EuZW 1998, 137–147, 141 f.; u. weiter *Michael Borchmann*, Amsterdam – Weder kleine Taten noch „Reförmchen"!, in: EuZW 1997, 513; sowie *Monica den Boer*, Step by Step Progress: An Update on the Free Movement of Persons and Internal Security, in: EIPASCOPE 1997, 8–11.

[83] Vgl. den Bericht der Reflexionsgruppe vom 05.12.1995, SN 520/95 (REFLEX 21), 17 (2. Teil Rn. 49); u. den noch deutlicheren Zwischenbericht des Vorsitzenden vom 24.08.1995, SN 509/95

auf die Fortentwicklung der „dritten Säule“ angelegten Analysen in die Schlußfolgerung münden, diesen Pfeiler soweit als möglich in die Strukturen der „ersten Säule“, also der Wirtschafts- und Währungsunion im Rahmen der EG, zu integrieren[84]. Geht man daher in bester „euromantischer“ Perspektive davon aus, daß sich Europa weiter in die bundesstaatliche Richtung bewegen wird, so ist zumindest für die „dritte Säule“ ein Fortschreiten des Vergemeinschaftungsprozesses zu erwarten, was bedeutet, daß die derzeitige Machtverteilung zwischen den Organen der EG höchstwahrscheinlich auch das Grundmuster für die zukünftigen Entscheidungsstrukturen in der Justiz- und Innenpolitik abgeben wird[85]. Vor diesem Hintergrund erscheint die prinzipielle Statthaftigkeit eines Vergleichs der Ordnung der europäischen Institutionen mit derjenigen der einzelstaatlichen Modelle nicht ernstlich gefährdet.

Zu untersuchen bleibt, ob die institutionellen Strukturen der EG denen der einzelstaatlichen Regierungssysteme ähnlich genug sind, um eine solche vergleichende Betrachtung sinnvoll durchzuführen. Daß auch der EG, obgleich im Gegensatz zur EU durch Art. 281, 282 (ex-Art. 210, 211) EGV unzweifelhaft mit Rechtspersönlichkeit ausgestattet, im Ergebnis keine Staatsqualität zugesprochen werden kann, wird, wie schon zuvor erläutert[86], kaum ernsthaft bestritten. Selbst wenn sie aber deswegen nicht als bundesstaatliche Ordnung begriffen werden kann, so merkt man ihren Institutionen doch eindeutig an, daß sie im Prinzip nach dem Muster einer solchen Ordnung gestrickt sind[87]. Unter dem hier allein interessierenden Ge-

---

(REFLEX 10), 23; sowie die Entschließungen des Europäischen Parlaments vom 17.05.1995 (A 4–0102/95), Leitlinie 4, u. vom 13.03.1996 (A 4–0068/96), Abs. 2. II.; ferner noch früher die Erklärung der Bundesregierung zum Europäischen Rat in Cannes, abgedr. in: Bull. vom 26.06.1995, 457–460, 459. Selbst der deutsch-französische Diskussionsbeitrag für die Regierungskonferenz vom 17.10.1996 spricht die „Vergemeinschaftung“ von Teilen der „dritten Säule“ noch ausdrücklich an (Bull. vom 23.10.1996, 918–920, 919).

[84] Statt vieler: *Bernd Meyring*, Intergovernmentalism and Supranationality: Two Stereotypes for a Complex Reality, in: ELR 22 (1997), 221–247, 237 f., 245 f.; *Justus Lipsius*, The 1996 Intergovernmental Conference, in: ELR 20 (1995), 235–267, 249 f.; *J. A. Usher*, Variable Geometry or Concentric Circles: Patterns for the European Union, in: ICLQ 46 (1997), 243–273, 252; implizit auch *Peter-Christian Müller-Graff*, Die Europäische Zusammenarbeit in den Bereichen Justiz und Inneres (JIZ), in: FS Ulrich Everling, 1995, Bd. II, 925–944, 931 f.; u. *Monica den Boer*, Justice and Home Affairs Cooperation in the European Union: Current Issues, in: EIPASCOPE 1996, 12–16, 14; vg. ferner zu Einzelfragen *Raimund Schütz*, Europaweite Freizügigkeit ohne demokratische Kontrolle?, in: AöR 120 (1995), 509–548, bes. 535 ff., 543 ff.

[85] Auch wenn über diese Grundrichtung Einigkeit besteht, muß freilich hinzugefügt werden, daß der diesbezügliche Fortschritt wohl eher schneckenhaft erfolgen wird. Vgl. *David O'Keeffe*, Recasting the Third Pillar, in: CMLR 32 (1995), 893–920, zus.fass. 919 f.; skeptisch auch *Udo Di Fabio*, Die „Dritte Säule“ der Union, in: DÖV 1997, 89–101, 90 f.; *a.A.* – zugunsten einer „Re-Nationalisierung“ von EG-Politiken – *Daniela Obradovic*, Repatriation of Powers in the European Community, in: CMLR 34 (1997), 59–88, 68 ff.

[86] Vgl. oben 4. a) (113 ff.) zu den verschiedenen Theorien über die Rechtsnatur der EG. Die bundesstaatliche Sicht bildet danach die nur von einer verschwindend geringen Minderheit vertretene Ausnahme, s. dazu die Nachweise oben Fn. 54.

[87] Das gilt insbes. für den wichtigen Grundsatz der prinzipiellen Gleichberechtigung aller ihrer (Haupt-)Organe. Vgl. exemplarisch zum Verhältnis von Rat u. Kommission EuGH Slg. 1982, 2545

sichtspunkt des Verhältnisses zwischen ihren Organen und der darin wirksamen Kompetenzabgrenzungen, Rücksichtnahmegebote und Kooperationspflichten weist sie daher sehr wohl bundesstaatliche Assoziationen auf, die sich in erster Linie aus ihrem Charakter als einer „supranationalen" Gemeinschaft ergeben. Im einzelnen läßt sich dies vor allem an der zumindest partiellen Durchgriffswirkung des Gemeinschaftsrechts, d.h. an seiner unmittelbaren Anwendbarkeit in den Mitgliedstaaten, sowie an seiner prinzipiellen Höherrangigkeit gegenüber nationalem Recht festmachen[88]. Darüber hinaus sind an dieser Stelle in teilweisem Vorgriff auf die folgenden Kapitel zu nennen:

- die Möglichkeit, Mitgliedstaaten auch gegen ihren Willen rechtlich zu verpflichten, die insbesondere durch Mehrheitsentscheidungen im Ministerrat eröffnet wird;
- die Funktion des Europäischen Parlaments als allgemeines Repräsentativorgan der europäischen Völker;
- die Existenz einer gemeinschaftlichen rechtsprechenden Gewalt, der nach Art. 220 (ex-Art. 164) EGV die alleinige Kompetenz zur abschließenden Wahrung der gemeinschaftlichen Rechtsordnung zukommt;
- und schließlich die eigenständigen Befugnisse, die die Kommission in ihrer Funktion als zentrales Exekutivorgan der Gemeinschaft besitzt.

Zwar entspricht die Funktionsverteilung zwischen diesen Organen in ihren Einzelheiten nicht dem herkömmlichen gewaltenteilenden Schema, wie es in den meisten staatlichen Ordnungen gebräuchlich ist, weshalb in der Regel auch davon gesprochen wird, das Gemeinschaftsrecht stehe nicht unter dem Grundsatz der Gewaltenteilung[89]. Statt seiner hat der Gerichtshof für den übergeordneten Problemkomplex einer effektiven Machtverteilung, -beschränkung und -kontrolle eine andere Rechtsfigur entwickelt, die er mit dem Begriff des „institutionellen Gleichgewichts" bezeichnet[90]. In seiner Rechtsprechung findet dieser Gedanke bislang vor allem dann Verwendung, wenn es um die Begründung bestimmter Mitwirkungsrechte eines Organs bzw. um Verletzungen solcher Mitwirkungsrechte geht[91], was schon auf den ersten Blick die enge Verwandtschaft der dahinterstehenden Überle-

– verb. Rs. 188–190/80 –, 2573; u. weiter *Roland Bieber/Isabelle Salome*, Hierarchy of Norms in European Law, in: CMLR 33 (1996), 907–930, 915.

[88] Zu diesen Punkten als dem Kerngehalt der „Supranationalität" vgl. nochmals oben 4. a) (116) mit den Nachweisen in Fn. 58; u. zus.fass. *Beutler/Bieber/Pipkorn/Streil* (Fn. 49), 60 ff.; sowie zuletzt *Jürgen Schwarze*, Das schwierige Geschäft mit Europa und seinem Recht, in: JZ 1998, 1077–1088, 1080 f.

[89] So z.B. *Schweitzer/Hummer* (Fn. 44), 287 (Rn. 925); vgl. zuletzt auch *Christian Koenig*, Ist die Europäische Union verfassungsfähig?, in: DÖV 1998, 268–275, 273.

[90] Vgl. schon EuGH Slg. 1970, 1161 – Rs. 25/70 –, 1173; u. dazu etwa *Ingolf Pernice*, in: Eberhard Grabitz/Meinhard Hilf (Hg.), Kommentar zur Europäischen Union (Loseblatt), Art. 164 EGV Rn. 36; *Roland Bieber*, Das Verfahrensrecht von Verfassungsorganen, 1992, 102.

[91] Eine Verletzung der Anhörungsrechte des Parlaments betraf bspw. EuGH Slg. 1980, 3333 – Rs. 138/79; die Begründung eines Mitwirkungsrechts – nämlich der aktiven Klagebefugnis – des Parlaments war hingegen Gegenstand von EuGH Slg. 1990, I-2041 – Rs. C-70/88.

gungen mit der Idee des Interorganrespekts unterstreicht. Auffällig erscheint freilich die inhaltliche Konturenlosigkeit dieses Begriffs: Zwar entfaltet er als verfassungspolitische Zielsetzung durchaus beachtliche appellative Wirkungen, Entscheidungsrelevanz im Sinne rechtlicher Verbindlichkeit vermag er jedoch nur in Verbindung mit konkreten Bestimmungen des EG-Vertrags zu gewinnen, denen er allenfalls in teleologischer Hinsicht zu einer erweiterten Auslegung verhelfen kann. Von daher kann die weitverbreitete Einschätzung nicht verwundern, nach der das Postulat des „institutionellen Gleichgewichts" keine eigenständigen Rechtsfolgen nach sich ziehen soll und als autonome Quelle normativer Aussagen zum Organverhältnis kurzerhand für untauglich erklärt wird[92]. Darüber hinaus scheidet eine Interpretation dieses Verlangens als Leitidee einer gleichgewichtigen Machtverteilung von vornherein aus, wie ein Blick auf die im Vertrag selbst begründete Kräfteverteilung zwischen den Gemeinschaftsorganen zeigt. Insbesondere das im nächsten Kapitel noch detailliert zu behandelnde ungleiche Verhältnis von Rat und Parlament im Bereich der gemeinschaftlichen Rechtsetzung legt hierfür Zeugnis ab.

Im Vergleich mit den am klassischen Gewaltenteilungsgrundsatz ausgerichteten nationalstaatlichen Systemen wirkt diese Problematik allerdings bis zu einem gewissen Grade vertraut. Auch dort lassen sich unmittelbar aus dem Gewaltenteilungsgedanken selbst nur sehr begrenzt normative Schlußfolgerungen ziehen. Gerade die Gegenüberstellung des deutschen parlamentarischen Regierungssystems und der amerikanischen Präsidialdemokratie belegt, wie sehr die konkreten Ausformungen des Gewaltenteilungsprinzips von den ausdrücklichen Kompetenzzuweisungen der jeweiligen Verfassungsordnung abhängen. Zudem finden sich in jeder dieser Ordnungen zuhauf Durchbrechungen des Trennungsgrundsatzes und Verschränkungen der einzelnen Gewalten[93], die oftmals der Herstellung einer effektiven Machtbalance dienen, jedoch nicht zwingend auf die Etablierung eines tatsächlichen Machtgleichgewichts hinauslaufen müssen. So steht inzwischen auch auf nationalstaatlicher Ebene eine funktionale Aufteilung der öffentlichen Gewalt auf verschiedene Institutionen im Vordergrund, die den idealtypischen Vorgaben des ursprünglichen Gewaltenteilungsmodells allenfalls teilweise entspricht[94]. Umgekehrt kann das institutionelle System der Europäischen Gemeinschaft nicht den

---

[92] So von *Wilfried Bernhardt*, Verfassungsprinzipien – Verfassungsgerichtsfunktionen – Verfassungsprozeßrecht im EWG-Vertrag, 1987, 86 ff.; *Thomas Läufer*, Die Organe der EG – Rechtsetzung und Haushaltsverfahren zwischen Kooperation und Konflikt, 1990, 219 ff.; u. *Bieber* (Fn. 90), 102 m.w.N.

[93] Hierüber besteht allgemeine Einigkeit, vgl. stv. aus deutscher Perspektive *Roman Herzog*, Die Beziehungen des Bundesrates zu Bundestag und Bundesregierung (insbesondere die Information nach Art. 53 Satz 3 GG), in: Bundesrat (Hg.), Vierzig Jahre Bundesrat, 1989, 167–178, 167 f.; *Hans-Jochen Vogel*, Gewaltenvermischung statt Gewaltenteilung?, in: NJW 1996, 1505–1511, 1506; *Reinhold Zippelius*, Problemfelder der Machtkontrolle, in: Detlef Merten (Hg.), Gewaltentrennung im Rechtsstaat, 2. Aufl. 1997, 27–35, 29 ff.

[94] Dazu schon oben 1. Kap. (3); u. aus europäischer Perspektive statt vieler: *Martin Nettesheim*, in: Grabitz/Hilf (Fn. 90), Art. 4 EGV Rn. 1. Im Auswertungsteil der Arbeit wird hierauf noch ausführlicher eingegangen werden.

fundamentalen Strukturprinzipien zuwiderlaufen, die den Verfassungen ihrer Mitgliedstaaten gemeinsam sind und zu denen eine mehr oder weniger ausgeprägte wechselseitige Austarierung der obersten Verfassungsorgane durch ein System von „checks and balances“ gehört, wenngleich die Ausformungen dieses Systems im Detail erheblich variieren[95]. Daher existiert in den gemeinschaftlichen Entscheidungsprozessen ebenfalls eine Vielzahl gegenseitiger Verschränkungen und Hemmungen, die in Verbindung mit der strikten Rechtmäßigkeitskontrolle durch den Gerichtshof ähnliche Auswirkungen zeitigen wie das Prinzip der Gewaltenteilung in den einzelstaatlichen Verfassungsordnungen. In diesem Sinne kann man die europäischen Institutionen mit *Bieber* als „Ausdruck und gleichzeitig Garanten eines – allerdings noch nicht voll ausgereiften – gewaltenteilig-demokratischen Organisationsprinzips“ verstehen[96].

Darüber hinaus ist festzustellen, daß sich die institutionelle Struktur der Gemeinschaft mit jeder Vertragsrevision dem klassischen Gewaltenteilungsschema stärker annähert. So verfügt die Kommission neben ihrer Stellung als Hauptexekutivorgan im wesentlichen nur noch über abgeleitete Rechtsetzungskompetenzen, und die nahezu ausschließlich rechtsprechende Funktion des Europäischen Gerichtshofs stand ohnedies nie in Frage. Für das Europäische Parlament bleibt demgegenüber nach wie vor ein beträchtlicher Weg bis zur Übernahme jener Steuerungs- und Gestaltungsfunktion zurückzulegen, die den Parlamenten der einzelstaatlichen Verfassungsordnungen als Selbstverständlichkeit obliegt und auf europäischer Ebene bislang weitgehend vom Rat wahrgenommen wird[97]. Die in Maastricht und Amsterdam erfolgte erhebliche Aufwertung seiner legislativen Rolle beweist jedoch, daß seine Chancen, letztlich gemeinsam mit dem Rat in umfassender Weise zur Legislative der EG zu avancieren, durchaus hoch veranschlagt werden müssen – die Fundamente dafür sind jedenfalls bereits gelegt[98].

---

[95] I. einz. dazu *Lorz* (Fn. 22), 104 et seq., anhand einer Gegenüberstellung von britischem, deutschem und französischem System, die sowohl die Gemeinsamkeiten des zugrundeliegenden Gedankenguts als auch die außerordentliche Vielfalt seiner möglichen Ausprägungen belegt. Der in Amsterdam neu formulierte Art. 6 I (ex-Art. F I) EUV zeigt darüber hinaus, wie sehr die mitgliedstaatlichen Verfassungsüberlieferungen inzwischen als Basis gleichgerichteter Strukturen auf der europäischen Ebene angesehen werden, auch wenn speziell der Gewaltenteilungsgrundsatz in dieser Aufzählung wegen der Unterschiedlichkeit der in den Mitgliedstaaten damit verbundenen Vorstellungen fehlt.

[96] *Roland Bieber*, in: v. d. Groeben/Thiesing/Ehlermann (Fn. 46), Art. 4 EGV Rn. 6.

[97] Hierzu stv. *Martin Nettesheim*, in: Grabitz/Hilf (Fn. 90), Art. 4 EGV Rn. 17 f., 20 m.w.N. Andere Autoren gehen bereits jetzt weiter und postulieren eine unmittelbare Vergleichbarkeit des Europäischen Parlaments mit staatlichen Parlamenten, z.B. *v. Bogdandy* (Fn. 58), 17 f.; u. wiederum *Roland Bieber*, in: v. d. Groeben/Thiesing/Ehlermann (Fn. 46), Art. 4 EGV Rn. 35 m.w.N.

[98] Wie hier bspw. *Markus Heintzen*, Gemeineuropäisches Verfassungsrecht in der Europäischen Union, in: EuR 1997, 1–16, 14 f. Dabei ist im Vergleich zur Präsidialdemokratie eine erheblich größere Affinität der EG-Regierungsstrukturen zum parlamentarischen Regierungssystem festzustellen, vgl. dazu *Olivier Gohin*, Les facteurs communs de l'organisation des pouvoirs publics des Etats membres des Communautés européennes, in: RUDH 1995, 428–433, 432 f.; *Adolf Kimmel*, Verfassungsrechtliche Rahmenbedingungen: Grundrechte, Staatszielbestimmungen und Verfassungsstrukturen, in: Oscar W. Gabriel/Frank Brettschneider (Hg.), Die EU-Staaten im Vergleich, 2. Aufl.

Für die spezifischen Zwecke unserer Untersuchung bedarf es außerdem keineswegs einer Deckungsgleichheit hinsichtlich der funktionellen Positionierung der einzelnen Organe. Der hier beabsichtigte Vergleich zielt ganz im Gegenteil darauf ab, die Existenz und Notwendigkeit des Interorganrespekts als einer gemeinsamen Ordnungsidee im Hintergrund unterschiedlicher Erscheinungsformen von Rücksichtnahme und Kooperation unter Beweis zu stellen. Dabei steht von vornherein fest, daß sich die Konkretisierungen dieser Idee – wie bereits für die Verfassungsorgantreue als einen ihrer Ausgangspunkte konstatiert wurde – immer nur anhand der besonders kodifizierten Regeln des jeweiligen Verfassungssystems entwickeln lassen können[99]. Ihre grundsätzliche Anwendbarkeit setzt daher lediglich voraus, daß die betroffenen Organe einander prinzipiell gleichgestellt sind und über hinreichend ausgeprägte eigene Rechte verfügen, um den Respekt der jeweils anderen für die Wahrnehmung der ihnen zugewiesenen Funktionen beanspruchen zu können. Diese Voraussetzung ist aber im Rahmen der Europäischen Gemeinschaft ebenso wie in den nationalstaatlichen Verfassungsordnungen gegeben: Die Hauptorgane Parlament, Rat, Kommission und Gerichtshof stehen sich nach Art. 7 I (ex-Art. 4 I) EGV in gleichem Rang gegenüber[100], und selbst das in seiner ursprünglichen Konzeption als „Versammlung" wenig maßgebliche Parlament verfügt auf dem Gebiet der Rechtsetzung inzwischen über eine starke eigenständige Position, die es im Bereich der Interorganbeziehungen ebenso als Träger von Respektsansprüchen wie als Subjekt von Respektsverpflichtungen auftreten läßt[101]. Dementsprechend richtet sich an alle diese Organe gleichermaßen das vom Gerichtshof aufgestellte Postulat, ihre Funktionen in einer Weise auszuüben, die den übrigen Organen ebenfalls die optimale Wahrnehmung ihrer Funktionen ermöglicht und so die Funktionsfähigkeit der Gemeinschaft insgesamt gewährleistet, was neben der Erhaltung der jeweiligen „Organidentität" die Bereitschaft zu gegenseitiger Rücksichtnahme und Kooperation und damit zur Beachtung der im vorigen Kapitel identifizierten übergeordneten Ausprägungen des Interorganrespekts voraussetzt[102].

Als Resultat dieser Überlegungen zur grundsätzlichen Vergleichbarkeit des europäischen Modells mit den in dieser Analyse herangezogenen einzelstaatlichen

1992, 23–51, 44 ff.; *Winfried Kluth*, Die demokratische Legitimation der Europäischen Union, 1995, 78.

[99] Vgl. schon oben 2. Kap. II. 3. a) (44 f.) u. 3. Kap. III. 3. a) (96).

[100] *Martin Nettesheim*, in: Grabitz/Hilf (Fn. 90), Art. 4 EGV Rn. 3; vgl. außerdem schon oben Fn. 87. Als einziges der in Art. 7 I (ex-Art. 4 I) EGV genannten Hauptorgane wird der Rechnungshof in dieser Untersuchung nur am Rande thematisiert.

[101] Bezeichnenderweise beschäftigten sich die oben Fn. 91 zit. Entscheidungen des Gerichtshofs, in denen das „institutionelle Gleichgewicht" problematisiert wurde, daher auch weitgehend mit den Mitwirkungsrechten des Parlaments. Eine nähere Erörterung dieser Rechte bleibt dem folgenden Kapitel vorbehalten.

[102] Oben 3. Kap. I. 2. (84 ff.); vgl. zum Gedanken der Funktionsfähigkeit EuGH Slg. 1983, 255 – Rs. 230/81; Slg. 1986, 2607 – Rs. 5/85; u. zum Postulat wechselseitiger Rücksichtnahme und Kooperation EuGH Slg. 1988, 5323 – Rs. 204/86; Slg. 1995, I-643 – Rs. C-65/93; sowie insges. *Bernhardt* (Fn. 92), 107; *Roland Bieber*, in: v. d. Groeben/Thiesing/Ehlermann (Fn. 46), Art. 4 EGV Rn. 57 ff. m.w.N.; u. rechtsvergleichend *ders.* (Fn. 90), 87 ff.

Modellen ergibt sich: Der besondere Charakter der EG als einer supranationalen, demokratisch legitimierten Rechtsgemeinschaft[103], die daraus folgende Ähnlichkeit ihrer Organstrukturen mit der in Deutschland und Amerika gewählten institutionellen Grundkonstruktion und die dadurch bedingte Verwandtschaft der in allen drei Modellen auftretenden Problemlagen überwiegen jedenfalls im Verhältnis zwischen den Organen die fortbestehende Unterschiedlichkeit zwischen der klassischen Staats- und einer Staatengemeinschaftsordnung. Die Voraussetzungen für eine bedeutsame Rolle des Gedankens vom Interorganrespekt sind damit in allen drei Modellen gleichermaßen gegeben.

b) Zur europäischen „Verfassungs"-Diskussion

Auf der Basis dieser Feststellung ist nunmehr zum Abschluß dieses Abschnitts noch eine Frage anzusprechen, die schon seit Jahren zu heftigen Kontroversen führt, da sie untrennbar mit dem zukünftigen Bild der Europäischen Union zusammenhängt: nämlich die, ob „Europa" bereits eine Verfassung besitzt bzw. ob es eine solche erhalten kann und sollte.

Für den Europäischen Gerichtshof steht die Verfassungsfunktion der europäischen Gründungsverträge außer Frage. Schon in früheren Entscheidungen hat er jedenfalls den EWG-Vertrag als „Verfassungsurkunde" angesehen[104]. In seinem Gutachten zum Vertrag über den Europäischen Wirtschaftsraum formuliert er unzweideutig:

> „Dagegen stellt der EWG-Vertrag, obwohl er in der Form einer völkerrechtlichen Übereinkunft geschlossen wurde, nichtsdestoweniger die Verfassungsurkunde einer Rechtsgemeinschaft dar. Nach ständiger Rechtsprechung des Gerichtshofes haben die Gemeinschaftsverträge eine neue Rechtsordnung geschaffen, zu deren Gunsten die Staaten in immer weiteren Bereichen ihre Souveränitätsrechte eingeschränkt haben und deren Rechtssubjekte nicht nur die Mitgliedstaaten, sondern auch deren Bürger sind."[105]

---

[103] Die zentrale Bedeutung dieses Gedankens der Rechtsgemeinschaft für die gesamte Existenz der EG betonen etwa EuGH Slg. 1980, 3333 – Rs. 138/79 –, 3360; *Thomas Oppermann*, Der Europäische Traum zur Jahrhundertwende, in: JZ 1999, 317–326, 324 f.; *Ingolf Pernice*, Die Dritte Gewalt im europäischen Verfassungsverbund, in: EuR 1996, 27–43, 28; *Manfred Zuleeg*, Die Europäische Gemeinschaft als Rechtsgemeinschaft, in: NJW 1994, 545–549; *v. Bogdandy/Nettesheim* (Fn. 61), 17 ff.; *Thomas Oppermann*, Die Dritte Gewalt in der Europäischen Union, in: DVBl. 1994, 901–908, 902; *Günter Hirsch*, Europäischer Gerichtshof und Bundesverfassungsgericht – Kooperation oder Konfrontation?, in: NJW 1996, 2457–2466, 2457 f., 2463; tendenziell *a.A.* wiederum *Obradovic* (Fn. 85), 78 ff. Vgl. a. aus eher rechtsvergleichender Perspektive *Peter Häberle*, Gemeineuropäisches Verfassungsrecht, in: EuGRZ 1991, 261–274, bes. 264 f. Auf in dieser Hinsicht bedenkliche Entwicklungstendenzen weist *Mathias Rohe*, Notwehr gegen Europa?, in: EuZW 1997, 491–498, hin. Vgl. hierzu auch das Urteil EuGH Slg. 1996, I-5793 – Rs. C-84/94 –, an dem sich ein gewaltiger politischer Streit mit Großbritannien entzündet hat, u. die dazugehörige Anmerkung von *Evelyn Ellis*, in: CMLR 34 (1997), 1049–1060; ferner *Ulrich Everling*, Steht Deutschland noch zur Rechtsgemeinschaft?, in: FAZ vom 03.09.1996, 11.

[104] Z.B. in EuGH Slg. 1986, 1339 – Rs. 294/83 –, 1365.

[105] EuGH Slg. 1991, I-6079 – Gutachten 1/91 –, I-6102.

Auch das Bundesverfassungsgericht hatte zumindest bis zum „Maastricht"-Urteil keine Schwierigkeiten damit, die „Römischen Verträge" als Verfassung der durch sie gegründeten Gemeinschaften zu behandeln[106]. Da die Gemeinschaften gem. Art. 1 III (ex-Art. A III) EUV zugleich als Grundlage der neuen Europäischen Union fungieren, müssen ihre Gründungsverträge in diesem Sinne außerdem zusammen mit dem Unionsvertrag selbst als „Verfassung" der Union gelten[107]. Dies wird von zahlreichen Stimmen in der Literatur ebenso gesehen[108].

Fast noch zahlreicher sind allerdings die Stimmen, die einer formellen Konstitutionalisierung der Europäischen Union das Wort reden. Die hinter dieser Auffassung stehenden Motivationslagen erweisen sich dabei als divergent: So wollen einige, ohne den bereits jetzt gegebenen Verfassungscharakter des europäischen Vertragssystems in Frage zu stellen, durch die Zusammenfassung der entsprechenden Vertragsbestimmungen in einer einheitlichen Verfassungsurkunde einfach nur die Transparenz und die Überzeugungskraft der europäischen Rechtsordnung stärken und das Bewußtsein dafür schärfen, daß mit der Europäischen Union eine ganz neuartige, mit erheblichen Souveränitätsrechten ausgestattete quasi-föderale Organisation Europas ins Leben gerufen wurde[109]. Andere wiederum halten einen verfas-

---

106 Vgl. insbes. BVerfGE 22, 293, 296; u. zu einem möglichen neuen Verständnis „geteilter" Souveränität vor dem Hintergrund des „Maastricht"-Urteils *Neil MacCormick*, The Maastricht-Urteil: Sovereignty Now, in: ELJ 1 (1995), 259–266; sowie aus französischer Sicht *Michel Fromont*, Le droit constitutionnel national et l'intégration européenne, in: Revue des Affaires Européennes 1997, 191–208, 199; ferner *Jochen Abr. Frowein*, Die Verfassung der Europäischen Union aus der Sicht der Mitgliedstaaten, in: EuR 1995, 315–333, 317 ff.; *Pernice* (Fn. 103), 30 f.; *Oeter* (Fn. 70), 685 ff.

107 Dabei kann die institutionelle „Dichte" der einzelnen Verfassungsbestandteile durchaus unterschiedlich ausgestaltet sein. So kann etwa der EuGH wegen Art. 46 (ex-Art. L) EUV nur für die EG als „Verfassungsgericht" angesehen werden, nicht hingegen für die EU. Vgl. *Manfred Zuleeg*, Die Verfassung der Europäischen Gemeinschaft in der Rechtsprechung des Europäischen Gerichtshofs, in: BB 1994, 581–587, 581; u. schon *Gil Carlos Rodriguez Iglesias*, Der Gerichtshof der Europäischen Gemeinschaften als Verfassungsgericht, in: EuR 1992, 225–245, 243 f.; krit. hierzu bspw. *David A. O. Edward*, Is Art. L of the Maastricht Treaty workable?, in: Georg Ress/Jürgen Schwarze/Torsten Stein (Hg.), Die Organe der Europäischen Union im Spannungsfeld zwischen Gemeinschaft und Zusammenarbeit, EuR Beiheft 2/1995, 23–25.

108 Vgl. etwa *Ingolf Pernice*, in: Grabitz/Hilf (Fn. 90), Art. 164 EGV Rn. 6 m.w.N.; differenzierend *ders.*, Multilevel constitutionalism and the Treaty of Amsterdam: European constitution-making revisited, in: CMLR 36 (1999), 703–750, 707 ff.; *Jochen Abr. Frowein*, Die Herausbildung europäischer Verfassungsprinzipien, in: FS Werner Maihofer, 1988, 149–158, 149 f.; *Rudolf Steinberg*, Grundgesetz und Europäische Verfassung, in: ZRP 1999, 365–374; *Michael Friedrich Commichau*, Nationales Verfassungsrecht und europäische Gemeinschaftsverfassung, 1995, 40 ff.; *Jacqué* (Fn. 70), 402 ff.; *Vlad Constantinesco*, L'émergence d'un droit constitutionnel européen, in: RUDH 1995, 445–450, 449 f.; *Gil Carlos Rodriguez Iglesias*, Zur „Verfassung" der Europäischen Gemeinschaft, in: EuGRZ 1996, 125–131, 128 f.; *ders.*, Gedanken zum Entstehen einer europäischen Rechtsordnung, in: NJW 1999, 1–9, 2 f.; *Manfred Zuleeg*, The European Constitution under Constitutional Constraints: The German Scenario, in: ELR 22 (1997), 19–34, 20 ff.; *Thomas Giegerich*, Europarecht und deutsches Recht, in: JuS 1997, 39–43, 39 f.; trotz Bedenken wohl auch *Matthias Herdegen*, Vertragliche Eingriffe in das „Verfassungssystem" der Europäischen Union, in: FS Ulrich Everling, 1995, Bd. I, 447–461, bes. 450 ff.; u. zuletzt die Gesamtdarstellung von *Peter Häberle*, Europa als werdende Verfassungsgemeinschaft, in: DVBl. 2000, 840–847, 841 ff.

109 In diesem Sinne bspw. *Ernst-Ulrich Petersmann*, How Can the European Union Be

sunggebenden Akt für unverzichtbar, um der Union zu einem weiteren qualitativen Sprung in Richtung eines bundesstaatlichen oder zumindest bundesstaatsähnlichen Gebildes zu verhelfen; in diesem Zusammenhang wird oft auf die verbleibenden Defizite der Union hingewiesen, die nur im Wege einer konstitutionellen Neuschöpfung zu beheben seien – beispielsweise hinsichtlich ihrer demokratischen Legitimation, der expliziten Verankerung eines eigenständigen europäischen Grundrechtsschutzes oder einer wirksamen gerichtlichen Kontrolle der in den beiden nichtwirtschaftlichen „Säulen" stattfindenden Aktivitäten[110].

Gerade an dieser Schnittstelle scheiden sich jedoch ebenso die Geister derjenigen, die der ausdrücklichen Formalisierung eines europäischen Verfassungsrechts eher skeptisch gegenüberstehen. Hier lassen sich erneut zwei diametral entgegengesetzte Argumentationsstränge identifizieren: Auf der einen Seite steht eine Gruppe von Integrationsbefürwortern, die die formelle Etablierung einer „Verfassung" für Europa deshalb vermeiden wollen, weil sie die klassischen Kategorien der (föderativen) Staatlichkeit, zu denen die Notwendigkeit einer Verfassung seit der Französischen Revolution weitgehend unbestritten gehört, nicht vorschnell auf Europa übertragen sehen möchten; die Europäische Union soll sich nach dieser Auffassung gerade auch in eine andere Richtung als die der staatlichen Integration entwickeln können[111]. Auf der anderen Seite findet sich eine Fraktion von Unionsskeptikern, die vor einem unbekümmerten Umgang mit dem Verfassungsbegriff warnen und ihn am liebsten auf solche Akte beschränken möchten, die ein Staatsvolk zum Zwecke seiner Konstitutionalisierung setzt; da ein europäisches „Staatsvolk" aber noch nirgendwo in Sicht ist, erscheint die Schaffung einer europäischen Verfassung dieser Ansicht bis auf weiteres denkunmöglich[112].

Constitutionalized?, in: Außenwirtschaft 50 (1995), 171–220, 174 f.; weitgehend auch *Meinhard Hilf*, Eine Verfassung für die Europäische Union, in: Integration 1994, 68–78, 69 f.; u. zuletzt *Günter Hirsch*, EG: Kein Staat, aber eine Verfassung?, in: NJW 2000, 46 f.

[110] Vgl. etwa *Siegbert Alber*, Die Entwürfe des Europäischen Parlaments für eine europäische Verfassung, 1994, 5 ff.; u. neben anderen den zugrundeliegenden Entwurf der „European Constitutional Group" (London 1993); sowie den *Editorial Comment* „Union without constitution", in: CMLR 34 (1997), 1105–1111, 1110 f.; *Louis Favoreu*, Quel(s) modèle(s) constitutionnel(s)?, in: RUDH 1995, 357–360; *Werner Weidenfeld*, Europa '96 – Unterwegs wohin?, in: APuZ B 1–2/1996, 3–10, 10; *Jürgen Habermas*, Remarks on Dieter Grimm's „Does Europe Need a Constitution?", in: ELJ 1 (1995), 303–307.

[111] So argumentieren z.B. *Joseph H. H. Weiler*, Does Europe Need a Constitution?, in: ELJ 1 (1995), 219–258, bes. 248 ff.; *Philip Allott*, The Crisis of European Constitutionalism: Reflections on the Revolution in Europe, in: CMLR 34 (1997), 439–490, bes. 483 ff.; vgl. a. – ohne Abneigung gegen den Verfassungsbegriff als solchen – *Wolfram Hertel*, Die Normativität der Staatsverfassung und einer Europäischen Verfassung, in: JöR N.F. 48 (2000), 233–251; *Thomas Läufer*, Zum Stand der Verfassungsdiskussion in der Europäischen Union, in: GS Eberhard Grabitz, 1995, 355–368, bes. 363 ff.; *Schwarze* (Fn. 88), 1083 ff.; ferner das „Triadische Integrationsmodell" von *Waldemar Schreckenberger*, Von den Schengener Abkommen zu einer gemeinsamen Innen- und Justizpolitik (Die Dritte Säule), in: VerwArch. 88 (1997), 389–415, 394 ff.; sowie den Vorschlag von *Christian Koenig*, Anmerkungen zur Grundordnung der Europäischen Union und ihrem fehlenden „Verfassungsbedarf", in: NVwZ 1996, 549–552, 551 f., für ein europäisches „Unionsstatut"; näher zuletzt *ders.* (Fn. 89), 268 ff.

[112] Stv. dafür *Dieter Grimm*, Braucht Europa eine Verfassung?, in: JZ 1995, 581–591, 590 f.;

Insgesamt läßt sich der Streit um Existenz und Zielvorstellung einer Verfassung im Kontext der Europäischen Union daher zu einem erheblichen Teil auf die Frage reduzieren, welches Verfassungsverständnis in der Diskussion zugrundegelegt wird. Reserviert man den Verfassungsbegriff für Staaten, so ergibt sich daraus die klare Konsequenz, der Union erst in dem Moment eine Verfassung zuzugestehen, in dem sie – falls dies jemals der Fall sein sollte – die Schwelle zu einem europäischen Bundesstaat überschreitet. Geht man hingegen von einem offeneren Verfassungsverständnis aus und bezieht die normativen Fundamente nichtstaatlicher Rechtsordnungen und politischer Herrschaftssysteme ein[113], so spricht nichts dagegen, die europäischen Vertragswerke, die sowohl eine neue Rechtsordnung als auch ein neues Herrschaftssystem konstituieren, im funktionellen Sinne als Verfassung zu bezeichnen[114].

Für die Zwecke der vorliegenden Untersuchung bedarf es jedoch nicht zwingend einer Entscheidung dieses Streits. Denn in diesem Rahmen stehen nicht die Integrationsziele, Werte und Grundrechte der europäischen Vertragsordnung mit ihrem potentiellen verfassungsrechtlichen Gehalt zur Debatte, sondern in erster Linie die dort normierten Kompetenz- und Organisationsvorschriften, soweit sie das Verhältnis zwischen den Organen von Union und Gemeinschaft regeln. Für die institutionell-organisatorischen Vorschriften der europäischen Gründungsverträge kann jedoch nicht bestritten werden, daß sie in ihrem Kontext essentiell die gleichen Funktionen erfüllen wie die entsprechenden Regeln in einer staatlichen Verfassungsordnung: Sie konstituieren die Organe; sie legen ihre Bildung und Zusammensetzung fest; sie weisen ihnen jeweils bestimmte Aufgaben und Befugnisse zur vorrangigen Wahrnehmung zu; und sie regulieren schließlich die Verfahren, nach denen im Zusammenspiel der Organe die einzelnen Entscheidungen getroffen werden sollen. Unter diesem für die Frage des Interorganrespekts ausschlaggebenden Aspekt unterscheiden sich die drei hier untersuchten Modelle daher erneut nicht wesentlich voneinander; und nur in diesem Sinne ist es auch zu verstehen, wenn im

---

Hans Heinrich Rupp, Europäische „Verfassung" und demokratische Legitimation, in: AöR 120 (1995), 269–275, 271 f.; vgl. a. *Helmut Lecheler*, Braucht die „Europäische Union" eine Verfassung?, in: GS Eberhard Grabitz, 1995, 393–407, 400 ff.; u. *Isensee* (Fn. 71), 580 ff. Außerhalb Deutschlands wird diese Problematik zwar ebenfalls gesehen, jedoch nicht mit der gleichen Verbissenheit. Vgl. stv. *Jean-Claude Piris*, L'Union européenne a-t-elle une constitution? Lui en faut-il une?, in: Revue trimestrielle de droit européen 1999, 599–635.

113 So z.B. *Bieber* (Fn. 76), 210; unter Rückgriff auf *Hans Kelsen*, Hauptprobleme der Staatsrechtslehre, 2. Aufl. 1923, 233; vgl. a. die umfassende Analyse von *Wolfram Hertel*, Supranationalität als Verfassungsprinzip, 1999, 75 ff.; u. aus politikwissenschaftlicher Sicht *Markus Jachtenfuchs/Beate Kohler-Koch*, Regieren im dynamischen Mehrebenensystem, in: dies. (Hg.), Europäische Integration, 1996, 15–44, bes. 30 ff.

114 Wie hier bspw. auch *Christian Tomuschat*, Das Endziel der europäischen Integration – Maastricht ad infinitum?, in: DVBl. 1996, 1073–1082, 1074; *v. Bogdandy* (Fn. 58), 24 ff.; *Oppermann* (Fn. 103), 904; u. *Heintzen* (Fn. 98), 12. Selbst *Grimm* (Fn. 112), 586, gesteht dies zu. Für die Charta der Vereinten Nationen zieht mit ausführlicher Begründung eine vergleichbare Schlußfolgerung *Bardo Faßbender*, The United Nations Charter as Constitution of the International Community, in: Columbia Journal of Transnational Law 36 (1998), 529–619, 568 ff.

folgenden neben den deutschen und amerikanischen Verfassungssystemen ebenso von einer europäischen „Verfassungsordnung" die Rede sein soll.

II. Übersicht der zu analysierenden Funktionsbereiche

Nach der Bestimmung der übergreifenden Ordnungen, in deren Rahmen die Bedingungen für die Ausbildung von Interorganrespekt analysiert werden sollen, bleibt als letzte vorbereitende Fragestellung zu klären, welche Funktionsbereiche dieser Ordnungen im einzelnen als Schwerpunkte einer solchen Analyse in Betracht kommen. Die Auswahl dieser Fragestellung bedarf allerdings zunächst noch einer kurzen Erläuterung.

1. Vorbemerkung

Zumindest im deutschen Staatsorganisationsrecht unterteilen zahlreiche Lehrbücher, dem Grundgesetz folgend, nach den *Organen* des Staates und analysieren den Staatsaufbau im wesentlichen anhand der den einzelnen Organen zugewiesenen Kompetenzen[115]. Diese Vorgehensweise hat notwendig zur Folge, daß die verschiedenen *Funktionen* des Staates teilweise nur fragmentarisch, nämlich in ihrer Ausübung durch die einzelnen Organe, in den Blick genommen werden können. Lediglich den gesondert als solchen im Grundgesetz geregelten Funktionsbereichen, namentlich Gesetzgebung, Verwaltung und Finanzwesen, kommt insoweit regelmäßig eine Sonderstellung zu. Bei den entsprechenden Darstellungen steht dann jedoch meistens - wiederum dem Verfassungstext korrespondierend - die Zuständigkeitsverteilung zwischen Bund und Ländern und nicht mehr der Umgang der Organe des Bundes miteinander im Vordergrund[116].

Im Gegensatz hierzu geht die vorliegende Untersuchung von einer Gliederung nach (staatlichen) Funktionsbereichen aus. Dabei werden als „Funktionen" nicht nur die Aufgaben, sondern vor allem die von den jeweiligen Verbandsorganen wahrgenommenen Tätigkeiten wie Rechtsetzung, Regierung, Normvollzug und Rechtsprechung behandelt[117]. Jede Tätigkeit staatlicher bzw. auf europäischer Ebe-

---

[115] Vgl. etwa *Ipsen* (Fn. 12), 58 ff. (§§ 5 ff.); *Degenhart* (Fn. 12), 162 ff. (§§ 5 ff.). Im Europarecht ist diese Tendenz schon weniger ausgeprägt; dort konzentriert sich die Darstellung der Organe in erster Linie auf ihre Zusammensetzung und Arbeitsweise, während die Funktionsbereiche Rechtsetzung, Verwaltungsvollzug, Rechtsprechung etc. noch einmal gesondert behandelt werden, vgl. dazu stv. *Streinz* (Fn. 53), 162 ff. (§§ 6 ff.); *Schweitzer/Hummer* (Fn. 44), 98 ff. (§ 4 E et seq.). In amerikanischen Lehrbüchern zum Verfassungsrecht steht die Wahrnehmung der staatlichen Funktionen demgegenüber eindeutig im Vordergrund, so z.B. bei *Laurence H. Tribe*, American Constitutional Law, 2nd ed. 1988, 21 f. et seq. (Ch. 3–5).

[116] Stv. hierfür nochmals *Degenhart* (Fn. 12), 42 ff. (§ 2 II et seq.).

[117] Vgl. zum Funktionenbegriff schon oben 1. Kap. (3); u. nochmals *Norbert Achterberg*, Probleme der Funktionenlehre, 1970, 109 ff.; *Gerhard Zimmer*, Funktion – Kompetenz – Legitimation, 1979, 60 ff.; *Helmut Lecheler*, „Funktion" als Rechtsbegriff?, in: NJW 1979, 2273–2277.

ne gemeinschaftlicher Organe läßt sich grundsätzlich einem solchen Funktionsbereich zuordnen[118]. Für eine Anwendungsanalyse zum Interorganrespekt verspricht dieser Ansatz deshalb mehr, weil er die Befugnisse der Organe nicht abstrakt aufzählt, sondern im Rahmen jeder der betrachteten Tätigkeiten unmittelbar miteinander kontrastiert und ihre Abgrenzungen und gegenseitigen Beeinflussungen zu untersuchen erlaubt, aus denen sich die Einsatzfelder für ein Prinzip des Interorganrespekts überhaupt erst ergeben.

Angesichts der Reichhaltigkeit des verfügbaren Anschauungsmaterials kann die Untersuchung in dieser Hinsicht freilich nur exemplarischen Charakter tragen. Sie beschränkt sich daher auch auf die jeweils höchsten Verbandsorgane, so daß Institutionen wie Notenbanken oder Rechnungshöfe allenfalls am Rande thematisiert werden können, obwohl dort ebenfalls ein beachtliches Potential an Interorganrespekt schlummert. Gleiches gilt für Organe wie den Gemeinsamen Ausschuß oder die Bundesversammlung, die nicht in das politische Tagesgeschäft eingebunden sind, sondern lediglich in spezifischen, verfassungsrechtlich eng umgrenzten Situationen zum Einsatz kommen. Damit bleiben nach der herkömmlichen Klassifizierung im deutschen Verfassungssystem, von der insoweit ausgegangen werden soll, folgende fünf Verfassungsorgane als Untersuchungsgegenstände übrig[119]:

– der Bundestag als zentrales Repräsentationsorgan für die deutsche Bevölkerung insgesamt; diese Funktion erfüllt im Rahmen des amerikanischen Kongresses das Repräsentantenhaus und für die „Völker der in der Gemeinschaft zusammengeschlossenen Staaten“ gem. Art. 189 (ex-Art. 137) EGV das Europäische Parlament;

– der Bundesrat als Vertretungsorgan der Länder, dem auf europäischer Ebene der Rat gem. Art. 203 (ex-Art. 146) EGV bzw. im Unionsbereich der Europäische Rat gem. Art. 4 (ex-Art. D) EUV sowie im amerikanischen System der Senat als „zweite Kammer“ des Kongresses entsprechen;

---

[118] *Klaus Stern*, Das Staatsrecht der Bundesrepublik Deutschland, Bd. II, 1980, 560.

[119] Für Deutschland ergibt sich diese Einteilung i. wes. schon aus den Kapitelüberschriften der Abschnitte III-VI des GG. Lediglich das BVerfG ist dort nicht erwähnt und mußte prompt um seine Anerkennung als Verfassungsorgan kämpfen, die heute allerdings weitestgehend gesichert erscheint. Vgl. hierzu unter bes. Bezugnahme auf die integrierende Funktion des BVerfG im Sinne der Integrationslehre die „Bemerkungen des Bundesverfassungsgerichts zu dem Rechtsgutachten von Professor Richard Thoma“, in: JöR N.F. 6 (1957), 194–207, 198; sowie *Hans-Ernst Böttcher/Dieter C. Umbach*, in: Dieter C. Umbach/Thomas Clemens (Hg.), Bundesverfassungsgerichtsgesetz, 1992, § 1 Rn. 8; *Herbert Bethge*, in: Theodor Maunz/Bruno Schmidt-Bleibtreu/Franz Klein/Gerhard Ulsamer, Bundesverfassungsgerichtsgesetz (Loseblatt), § 1 Rn. 16 ff.; *a.A.* zuletzt *Bernhard Großfeld*, Zur Stellung des Bundesverfassungsgerichts im Grundgesetz, in: NJW 1998, 3544–3547, 3545 f.; skeptisch gegenüber der Begrifflichkeit „(oberstes) Verfassungsorgan“ auch *Klaus Schlaich*, Das Bundesverfassungsgericht, 4. Aufl. 1997, 25 ff. (Rn. 32 ff.); weitere Nachweise bei *Stern* (Fn. 118), 345. Im amerikanischen System gibt die Verfassung selbst innerhalb der streng nach Funktionsbereichen gegliederten Einteilung ihrer ersten drei Artikel die diesbezüglichen Entsprechungen vor. Ähnliches gilt im EGV für die ersten vier Abschnitte des 5. Teils, die allerdings wieder strikt organorientiert ausgestaltet sind; zur Zuordnung der Organe statt vieler: *Schweitzer/Hummer* (Fn. 44), 284 f. (Rn. 908 ff.).

– die Bundesregierung als Zentralorgan der Exekutive, der in dieser Eigenschaft der amerikanische Präsident mit seiner Administration und in der Europäischen Gemeinschaft gem. Art. 211 (ex-Art. 155) EGV die Kommission korrespondieren;
– der Bundespräsident als Staatsoberhaupt; hier sind die Parallelen zu den anderen Systemen am schwierigsten zu ziehen, da in den USA der Präsident die Funktionen des Regierungschefs und des Staatsoberhaupts in seiner Person vereint und in der europäischen Vertragsordnung eine vergleichbare Position gar nicht vorgesehen ist, auch wenn der Amsterdamer Vertrag in seinem Art. 2 Nr. 41 zum ersten Mal die Kategorie der „politischen Führung" des Kommissionspräsidenten einführt;
– und schließlich das Bundesverfassungsgericht als oberste verfassungsrechtliche Kontrollinstanz, dessen Funktion als „Hüter der Verfassung" in den Vereinigten Staaten vom Supreme Court wahrgenommen wird und hinsichtlich des primären europäischen Gemeinschaftsrechts nach Art. 220 (ex-Art. 164) EGV dem Europäischen Gerichtshof obliegt.

Dabei ist zu betonen, daß diese Gegenüberstellung nur die grundsätzlichen funktionellen Entsprechungen der jeweiligen Organe widerspiegelt. Sowohl in ihrer Zusammensetzung als auch in ihrer Arbeitsweise und ihren konkreten Kompetenzzuweisungen finden sich im einzelnen zahlreiche Unterschiede, die in den nachfolgenden Kapiteln zu thematisieren sind, soweit sie sich in unterschiedlichen Ausprägungen des Interorganrespekts niederschlagen. Gegenstand dieser Kapitel sollen daher diejenigen (staatlichen) Funktionen sein, die für das Verhältnis der genannten Verbandsorgane zueinander die meisten Aufschlüsse versprechen. Wiederum von einer in der deutschen Staatsrechtslehre gebräuchlichen Zusammenstellung ausgehend, lassen sich diese Funktionsbereiche in aller Kürze wie folgt umschreiben.

2. Gesetzgebung und Verordnungsgebung

Die herausragendste Stellung unter den staatlichen Funktionen nimmt seit langem die Gesetzgebung ein. Ein Staat bedarf des gesetzten, für jedermann verbindlichen Rechts, das von einer Rechtsetzungsautorität ausgehen muß[120]. Für ein Gebilde wie die Europäische Gemeinschaft bzw. die Europäische Union, das sich nach dem oben Gesagten zu einem wesentlichen Teil als Rechtsgemeinschaft definiert[121], gilt dies mindestens im gleichen Maße. Dabei wird in der deutschen allgemeinen Rechtslehre traditionell zwischen Gesetzen im formellen und solchen im materiellen Sinne unterschieden: Unter Gesetzen im formellen Sinn sind die von einem besonders dafür vorgesehenen Legislativorgan in einer bestimmten Form erlassenen Anordnungen zu verstehen, während als Gesetze im materiellen Sinn grundsätzlich alle rechtsverbindlichen Anordnungen von Rechtssätzen gelten[122]. Eine

---

[120] So formuliert *Stern* (Fn. 118), 562.

[121] Vgl. dazu nochmals die Nachweise oben Fn. 103.

[122] Diese Unterscheidung läßt sich bis ins Kaiserreich zurückverfolgen. Vgl. etwa *Paul Laband*,

Sonderstellung im Bereich der nur materiellen, nicht auch formellen Gesetze nehmen die Rechtsverordnungen ein, definiert als von der Exekutive aufgrund gesetzlicher Ermächtigung erlassene, für jedermann verbindliche Rechtsvorschriften[123].

Die Notwendigkeit und Aussagekraft dieser hergebrachten Unterscheidung werden in der modernen deutschen Staatsrechtslehre oft bezweifelt, nicht zuletzt deswegen, weil der Gesetzesbegriff vom Grundgesetz selbst nicht einheitlich gebraucht wird[124]. In den beiden anderen hier zu betrachtenden Rechtsordnungen wird auf eine derartige begriffliche Differenzierung ohnedies kein vergleichbarer Wert gelegt, zumal sie speziell für die Rechtsetzung auf europäischer Ebene auch gar nicht passen würde. Scheint dieser theoretische Streit also auf den ersten Blick ein rein deutsches Problem darzustellen, so verbirgt sich hinter ihm bei näherem Hinsehen doch ein Punkt von eminenter allgemeiner Wichtigkeit, nämlich die Frage: Wann müssen zur wirksamen Rechtsetzung die im jeweiligen Verfassungssystem originär dafür vorgesehenen Legislativorgane tätig werden, und wann genügt eine von diesen abgeleitete Rechtsetzungsautorität? Dieses Problem besitzt für die Ausgestaltung des Interorganrespekts im Verhältnis der Verfassungsorgane zueinander unmittelbare Relevanz, da die Mitwirkungs- und Entscheidungsbefugnisse der einzelnen Organe, aus deren Verteilung ein möglicher Interorganrespekt resultiert, beispielsweise im förmlichen Gesetz- und im Verordnungsgebungsverfahren nach dem Grundgesetz sehr unterschiedliche Ausprägungen zeigen; für die Prozesse originärer und derivativer Rechtsetzung in den Verfassungsordnungen Amerikas und Europas gilt nichts anderes. Aus diesem Grund werden im Rahmen der vorliegenden Untersuchung beide Normerzeugungsarten getrennt behandelt: Das ursprüngliche Gesetzgebungsverfahren soll Gegenstand des folgenden Kapitels sein, während die Frage der Delegation von legislativer Macht dem weiterreichenden Kapitel der Exekutivkontrolle unterfällt.

3. Regierung und Verwaltung

Der Funktionsbereich der vollziehenden Gewalt bildet die zweite wesentliche Säule im Geflecht der staatlichen Tätigkeiten. Ihn kann man – erneut ausgehend von der deutschen Staatsrechtslehre – in zwei Unterbereiche unterteilen, die sich mit den Begriffen Regieren und Verwalten umschreiben lassen[125]. Die Abgrenzung die-

Das Staatsrecht des Deutschen Reiches, 5. Aufl. 1911, Neudr. 1964, Bd. 2, 1 ff.; weitere Nachweise bei *Magiera* (Fn. 5), 185 ff.

123 Statt vieler vgl. *Ipsen* (Fn. 12), 201 ff. (Rn. 683 ff.); *Hans-Wolfgang Arndt/Walter Rudolf*, Öffentliches Recht, 11. Aufl. 1996, 73 ff.

124 Das gesteht das BVerfG schon sehr frühzeitig zu, etwa in BVerfGE 1, 184, 189; 24, 184, 195 f. Vgl. dazu auch *Gerd Roellecke*, Der Begriff des positiven Gesetzes und das Grundgesetz, 1969, 17 f.; u. exemplarisch zur Kritik an der Zweiteilung des Gesetzesbegriffs *Christian Starck*, Der Gesetzesbegriff des Grundgesetzes, 1970, 21 ff., 166 ff.; sowie *Konrad Hesse*, Grundzüge des Verfassungsrechts der Bundesrepublik Deutschland, 20. Aufl. 1995, 216 ff. (Rn. 502 ff.).

125 Zum Teil wird darüber hinaus noch die „Planung“ als gesonderter Funktionsbereich des Staates angesehen und behandelt. Vgl. stv. *Stern* (Fn. 118), 700 ff.

ser beiden Unterbereiche erweist sich jedoch als äußerst schwierig: Für das Bundesverfassungsgericht, das insoweit von dem überwiegenden Teil der Literatur unterstützt wird, stellt die Regierung eine „selbständige politische Entscheidungsgewalt“ dar, deren Hauptfunktion in der Wahrnehmung der politischen Leitungsaufgaben besteht, die der gesamten Staatstätigkeit die Richtung geben[126]. Im Kontrast hierzu läßt sich Verwaltung dann als die nicht zur eigentlichen Staatsleitung gehörende Erfüllung öffentlicher Aufgaben durch die Organe der vollziehenden Gewalt definieren[127]. Letzten Endes bleibt die Konturierung der zwischen diesen beiden Begriffen verlaufenden Trennung jedoch verschwommen, zumal die Regierung nach der in Art. 20 II 2 GG vorgegebenen klassischen Dreiteilung der Staatsgewalt ungeachtet ihrer politischen Leitungsfunktion allenfalls als ein besonders herauszuhebender Teil der vollziehenden Gewalt angesehen werden kann und unter diesem Aspekt eine scharfe Abgrenzung ihrer Tätigkeit gegenüber derjenigen der eigentlichen Verwaltung nicht unbedingt notwendig erscheint[128]. In den beiden anderen Verfassungsordnungen, die den Gegenstand der vorliegenden Untersuchung bilden, spielt diese Frage wiederum keine weitere Rolle: in der amerikanischen deswegen, weil Art. II der US-Verfassung die Exekutive als einheitliche Gewalt behandelt und im Prinzip vollständig in der Person des Präsidenten konzentriert; in der europäischen deswegen, weil die Kommission gar keine „Regierung“ im hier erläuterten Sinne verkörpern soll. Unabhängig von ihrer näheren Unterteilung und Ausgestaltung stellt die Kontrolle der exekutiven Gewalt, die in der Regel den unmittelbarsten Zugriff auf die Bürger besitzt, jedoch seit dem Absolutismus das Hauptproblem der konstitutionellen Machtverteilung dar. Die zu diesem Zweck ersonnenen „checks and balances“ bilden daher einen wesentlichen Teil des verfassungsrechtlichen Nährbodens, auf dem der Gedanke des Interorganrespekts gedeihen kann. Unter diesen Umständen soll in der folgenden Analyse das Schwergewicht nicht auf einzelne funktionelle Unterbereiche im Rahmen dieses Teils der Staatsgewalt, sondern auf die unterschiedlichen Herausforderungen an die Exekutivkontrolle gelegt werden.

---

126 BVerfGE 9, 268, 281 f.; s. a. später BVerfGE 49, 89, 124 ff. Das Gericht greift hierbei auf eine Definition von *Erich Kaufmann*, Die Grenzen der Verfassungsgerichtsbarkeit, in: VVDStRL 9 (1952), 1–16, 7, zurück. Vgl. dazu weiter *Rauschning* (Fn. 3), 225 ff.; *Thomas Würtenberger*, Staatsrechtliche Probleme politischer Planung, 1979, 225 f.; u. ausführlich *Magiera* (Fn. 5), 47 ff.; *Karl Doehring*, Das Staatsrecht der Bundesrepublik Deutschland, 3. Aufl. 1984, 211 ff.; *Peter Badura*, Staatsrecht, 2. Aufl. 1996, 393 (Rn. E 18); *a.A. Werner Frotscher*, Regierung als Rechtsbegriff, 1975, 193 ff.

127 Zur näheren Bestimmung des Verwaltungsbegriffs vgl. i. einz. schon *Werner Thieme*, Verwaltungslehre, 4. Aufl. 1984, 1 ff. (Rn. 1 ff.); weiter *Hans J. Wolff/Otto Bachof/Rolf Stober*, Verwaltungsrecht I, 10. Aufl. 1994, 25 ff., bes. 28 ff.; *Günter Püttner*, Allgemeines Verwaltungsrecht, 7. Aufl. 1995, 12 ff.; *Hans Peter Bull*, Allgemeines Verwaltungsrecht, 5. Aufl. 1997, 11 ff. (Rn. 16 ff.); *Franz-Joseph Peine*, Allgemeines Verwaltungsrecht, 4. Aufl. 1998, 7 ff. (Rn. 10 ff.).

128 Vgl. dazu die detaillierten Nachweise bei *Frotscher* (Fn. 126), 182 ff.; u. *Stern* (Fn. 118), 693 ff. *Armin v. Bogdandy*, Gubernative Rechtsetzung, 2000, 107 ff., möchte nicht zuletzt deswegen den Begriff der Exekutive durch den der „Gubernative“ ersetzen. Die vorliegende Untersuchung bleibt allerdings aus Verständlichkeitsgründen beim überkommenen Begriffsverständnis.

4. Auswärtige Gewalt und militärische Verteidigung

Ein Teilgebiet aus dem Funktionsbereich der Exekutive verdient allerdings unter dem Aspekt des Interorganrespekts besondere Beachtung, da es sich dabei überwiegend gerade nicht um vollziehende Gewalt im Wortsinne handelt, sondern die politische Staatsleitung dort einen spezifischen gestalterischen Freiraum jenseits ausdrücklicher gesetzlicher Bindungen erhält: die sogenannte „auswärtige Gewalt“ als Inbegriff der staatlichen Zuständigkeiten für die Beziehungen zu auswärtigen Staaten oder anderen Völkerrechtssubjekten[129] unter Einschluß des Umgangs mit der bewaffneten Macht des Staates. Speziell die militärische Verteidigung nach außen bildet seit jeher eine staatliche Urfunktion[130], obwohl die modernen Verfassungen dazu tendieren, sich im wesentlichen als Grundordnungen des zivilen Lebens zu verstehen, und daher lediglich einzelne Vorschriften über das Militärwesen enthalten. Wenn aber die militärische Verteidigung eine Aufgabe des Staates darstellt, so muß sie sich auch in die Staatsverfassung einfügen, da ansonsten ein verfassungsfreier Raum entstünde, der wahrscheinlich nirgendwo gefährlicher sein könnte als in der Frage der zivilen Kontrolle militärischer Macht[131]. Denn im Umgang mit der bewaffneten Macht stellt sich die Machtfrage und damit zugleich die grundsätzliche Problematik des Interorganrespekts im Verfassungssystem mit unmittelbarer Schärfe, was sowohl das Grundgesetz als auch die amerikanische Verfassung in ihren jeweiligen Vorschriften zu berücksichtigen versuchen. Ähnliches gilt in abgeschwächter Form für die sonstige auswärtige Gewalt, was an dieser Stelle auch die europäische Ebene ins Spiel bringt, auf der sich bei allen gerade in militärischen Fragen verbleibenden Defiziten eine ständige Tendenz zur zunehmenden Vereinheitlichung der auswärtigen Aktivitäten zeigt. Die Besonderheiten, die das positive Recht für die entsprechenden Äußerungsformen von Staats- bzw. Unionsgewalt normiert, lassen es folglich geraten erscheinen, diesen Bereich nicht als bloßen Annex zur vollziehenden Gewalt abzuhandeln, sondern ihm ein eigenes Kapitel zu widmen.

5. Rechtsprechung und Verfassungsgerichtsbarkeit

Die „dritte Säule“ der Staatsgewalt, die Gesetzgebung und vollziehender Gewalt nach deutschem Verständnis zumindest seit Beginn dieses Jahrhunderts verfassungsstrukturell gleichgestellt ist[132], wird von der Rechtsprechung gebildet. Materiell kann Rechtsprechung definiert werden als die Beurteilung von Sachverhalten

[129] Vgl. die entsprechenden Definitionen bei *Kay Hailbronner*, Kontrolle der auswärtigen Gewalt, in: VVDStRL 56 (1997), 7–37, 9; *Rüdiger Wolfrum*, Kontrolle der auswärtigen Gewalt, in: VVDStRL 56 (1997), 38–66, 39 f.; *Ipsen* (Fn. 12), 285 (Rn. 938).

[130] So formuliert *Stern* (Fn. 118), 844.

[131] *Herbert Krüger*, Allgemeine Staatslehre, 2. Aufl. 1966, 929, bezeichnet die Frage des Verhältnisses von ziviler und militärischer Gewalt sogar als den ältesten Konflikt innerhalb der Staatsgewalt.

[132] Statt vieler: *Roman Herzog*, in: Maunz-Dürig (Fn. 12), Art. 92 Rn. 1 ff.

anhand des geltenden Rechts durch einen Richter als unbeteiligtes (Staats-)Organ in einem besonders geregelten Verfahren, das zu einer letztverbindlichen Entscheidung führt[133]. Nach der in Art. 92 GG zum Ausdruck kommenden Sicht, die, wie an gegebener Stelle noch zu zeigen sein wird, der amerikanischen und gemeinschaftsrechtlichen weitgehend entspricht, handelt es sich hierbei um eine eigenständige (staatliche) Funktion, die von den anderen Funktionsbereichen der öffentlichen Gewalt abgehoben ist und in einzigartiger Weise als einheitliche, in sich geschlossene Gewalt begriffen wird, was sich vor allem in ihrer exklusiven, monopolisierenden Zuweisung an die Richter äußert[134]. Diese in allen hier betrachteten Verfassungsordnungen festzustellende besondere Stellung der Rechtsprechung und ihrer Vertreter rechtfertigt auch unter dem Gesichtspunkt des Interorganrespekts eine gesonderte Analyse. Dabei konzentriert sich die Untersuchung, wie in der Vorbemerkung bereits angekündigt, auf das Verhältnis der höchsten Verbandsorgane zueinander und damit im Bereich der Rechtsprechung auf die Verfassungsgerichtsbarkeit. Die Eindeutigkeit dieser Zuordnung ist zwar selbst unter der Geltung des Grundgesetzes noch vereinzelt angezweifelt worden, was auf die unvermeidlichen politischen Implikationen der Rolle des Bundesverfassungsgerichts zurückzuführen ist[135]; die vorliegende Arbeit folgt insoweit jedoch schon um der Parallelität zu den Verfassungssystemen Amerikas und Europas willen der ganz herrschenden Meinung, nach der die Verfassungsgerichtsbarkeit sozusagen als „Krone" der Dritten Gewalt zur Rechtsprechung gehört[136]. Die notwendig enge Verflechtung von Verfassungsgerichtsbarkeit, Gesetzgebung und politischer Staatsleitung hat freilich zur Folge, daß im Verhältnis der hier involvierten Organe zueinander dem Interorganrespekt eine ausgeprägt zentrale Bedeutung zukommt.

---

[133] Vgl. schon *Christian Starck*, Die Bindung des Richters an Gesetz und Verfassung, in: VVDStRL 34 (1976), 43–93, 65 f.; u. zuletzt ausführlich *Andreas Voßkuhle*, Rechtsschutz gegen den Richter, 1993, 69 ff.

[134] Stv. hierzu *Wolfgang Meyer*, in: v. Münch/Kunig (Fn. 12), Bd. 3, 3. Aufl. 1996, Art. 92 Rn. 4 f.; *Dieter Lorenz*, Der Rechtsschutz des Bürgers und die Rechtsweggarantie, 1973, 200 f.

[135] Vgl. *Ernst Forsthoff*, Über Maßnahme-Gesetze, in: GS Walter Jellinek, 1955, 221–236, 231; *Krüger* (Fn. 131), 709; sowie *Werner Weber*, Spannungen und Kräfte im westdeutschen Verfassungssystem, 3. Aufl. 1970, bes. 29 ff., 146 ff., 229 f.

[136] Statt vieler: *Hesse* (Fn. 124), 239 ff. (Rn. 559 ff.); *Schlaich* (Fn. 119), 26 f. (Rn. 33 f.); *Herbert Bethge*, in: Maunz/Schmidt-Bleibtreu/Klein/Ulsamer (Fn. 119), § 1 Rn. 3 f.; *Klaus Stern*, Verfassungsgerichtsbarkeit zwischen Recht und Politik, 1980, 13 ff., 16 ff.; differenzierend *Starck* (Fn. 133), 66 f., 74 ff.; vgl. a. die weiteren Nachweise bei *Stern* (Fn. 118), 941 f.

Fünftes Kapitel

Interorganrespekt im Gesetzgebungsverfahren

„Die Gesetze werden nicht von der Vernunft gemacht, sondern von den Abgeordneten."
Benjamin Disraeli

Im Kreis der klassischen Kernfunktionen des Staates und staatsähnlicher Herrschaftsverbände beansprucht die Gesetzgebung, im weiteren Sinne definiert als die originäre Schaffung allgemeinverbindlicher Regeln für das Zusammenleben der Mitglieder des jeweiligen Herrschaftsverbandes, traditionell die zentrale Rolle. Die Anwendungsanalyse der vorliegenden Untersuchung soll daher mit der Frage eröffnet werden, inwieweit sich im Rahmen der für diese Regelsetzung vorgesehenen Verfahren Erscheinungsformen des Interorganrespekts auffinden lassen und welche zusätzlichen Vorgaben jenseits der bereits in der jeweiligen Verfassungsordnung kodifizierten aus diesem Prinzip für das Gesetzgebungsverfahren abgeleitet werden können.

I. Die Verteilung der Initiativrechte

Der erste Schritt jedes Gesetzgebungsverfahrens besteht in der Einbringung einer Gesetzesinitiative. Wer das Recht zu einer solchen Initiative hat, kann direkt Einfluß auf die gesetzgeberische Agenda nehmen. Wem dieses Recht fehlt, dem stehen allenfalls indirekte Möglichkeiten für eine derartige Einflußnahme zur Verfügung. Insofern bildet die Frage des Initiativrechtes im Bereich der Gesetzgebung den ersten Problemkomplex der Machtverteilung, der als Nährboden des Interorganrespekts in Frage kommt. Modellhaft kann man in diesem Zusammenhang zwei grundlegende Ausgestaltungen unterscheiden.

1. *Modelltyp I:* Monopolistische Systeme

Der erste Modelltypus monopolisiert das Initiativrecht weitgehend in den Händen eines Verfassungsorgans. Als Vertreter dieses Modelltyps können unter den hier betrachteten Verfassungsordnungen die Systeme der USA und der EG angesehen werden, wobei die Monopolisierung dort jeweils zugunsten höchst unterschiedlicher Organe erfolgt.

a) Die amerikanische Wahl: Monopol der Legislative

In den Vereinigten Staaten ist das Recht zur Einbringung von Gesetzesinitiativen (sogenannten „bills“) auf den Kongreß und damit auf die beiden zur Legislative gehörigen Verfassungsorgane Senat und Repräsentantenhaus beschränkt. Zwar kann im Prinzip jeder Bürger dem Kongreß Gesetzesvorschläge unterbreiten, wovon insbesondere die zahlreichen organisierten Interessengruppen in Washington regen Gebrauch machen; zu einer formellen Gesetzesinitiative wird ein solcher Vorschlag allerdings nur, wenn sich dafür ein Mitglied des Kongresses als „Sponsor“ findet und ihn offiziell einbringt[1]. Aus welchem der beiden Häuser des Kongresses das betreffende Mitglied stammt, spielt grundsätzlich keine Rolle, da die beiden Kammern im Gesetzgebungsverfahren normalerweise vollständig gleichberechtigt sind und es vor diesem Hintergrund auch nicht darauf ankommt, in welcher eine „bill“ zuerst eingebracht wird. Eine Ausnahme gilt insoweit nur für Steuergesetze („bills for raising revenue“), für die die US-Verfassung in Art. I Sect. 7 festlegt, daß sie zuerst im Repräsentantenhaus eingebracht werden müssen. Hierbei handelt es sich jedoch um eine rein historisch bedingte Anomalie: Da die Mitglieder des Senats ursprünglich nicht direkt vom Volk gewählt wurden, wollte man auf diese Weise erreichen, daß die für die Bürger besonders schmerzlichen Steuergesetze ausschließlich von ihren direkt gewählten und dementsprechend unmittelbar verantwortlichen Repräsentanten auf den Weg gebracht werden sollten[2]. Der Präsident ist jedenfalls nicht zur eigenständigen Einbringung von Gesetzesinitiativen ermächtigt, kann aber gem. Art. II Sect. 3 der Verfassung dem Kongreß solche „Maßnahmen“ zur Verabschiedung empfehlen, die er für „notwendig und dringlich“ hält. Hieraus hat sich eine Praxis entwickelt, nach der der Präsident in regelmäßigen Abständen seine Wünsche hinsichtlich der Gesetzgebung in Form eines „Programms“ äußert, dessen legislative Umsetzung im einzelnen dann durch die höchstrangigen seiner Partei angehörenden Mitglieder der jeweils zuständigen Ausschüsse in Senat und Repräsentantenhaus erfolgt[3].

b) Die europäische Wahl: Monopol der Exekutive

Genau die umgekehrte Wahl ist im Bereich der Europäischen Gemeinschaft getroffen worden. Hier beginnt der Rechtsetzungsprozeß im Prinzip immer mit einer Vorlage der Europäischen Kommission, die ihre Vorschläge intern in einem vielfältig

---

[1] Diese Einbringung setzt immerhin nicht die inhaltliche Unterstützung des betreffenden Senators bzw. Abgeordneten voraus, sondern kann auch lediglich „by request“ (of a constituent) erfolgen. Vgl. *Ronald D. Rotunda/John E. Nowak/J. Nelson Young*, Treatise on Constitutional Law, Vol. 1, 1986, 540 f. (§ 10.2).

[2] Wenn man bedenkt, daß eine der entscheidenden Forderungen der amerikanischen Revolutionäre „No taxation without representation“ lautete, erscheint dies auch nicht weiter verwunderlich. Zum historischen Hintergrund vgl. erneut *Rotunda/Nowak/Young* (Fn. 1), 542 (§ 10.2).

[3] Eine detaillierte Beschreibung dieses Prozesses findet sich bspw. bei *Mary L. McNeil* (ed.), Congressional Quarterly's How Congress Works, 1983, 40.

verwobenen Prozeß zwischen den fachlich zuständigen Generaldirektionen und den Kabinetten der Kommissare entwickelt[4]. Ohne eine solche Vorlage können die eigentlichen Rechtsetzungsorgane Rat und Parlament nicht tätig werden. Ihnen bleibt nur die Möglichkeit, die Kommission zur Abgabe entsprechender Vorschläge aufzufordern, die für den Rat in Art. 208 (ex-Art. 152) EGV und für das Parlament seit Maastricht in Art. 192 II (ex-Art. 138 b II) EGV vorgesehen ist; diese Aufforderungen sind für die Kommission jedoch allenfalls hinsichtlich des „Ob" einer Vorlage verbindlich[5] und können ihr keine inhaltlichen Vorgaben bezüglich der Ausgestaltung ihrer Vorschläge machen. Man spricht in diesem Zusammenhang von einem sogenannten „Initiativmonopol" der Kommission, das ihr die Funktion zuweist, als „Motor der Integration" die Entwicklung des Gemeinschaftsrechts in Gang zu halten[6]. Dieses Monopol ist zwar im EG-Vertrag nicht ausdrücklich statuiert, ergibt sich aber faktisch aus einer Zusammenschau der einzelnen Kompetenz- und Verfahrensbestimmungen des Vertrages, insbesondere aus den Vorschriften über die praktisch bedeutsamsten Verfahren der Mitentscheidung und der Zusammenarbeit, die in Art. 251 II (ex-Art. 189 b II) bzw. 252 lit. a (ex-Art. 189 c lit. a) EGV jeweils einen Vorschlag der Kommission zu Beginn des Rechtsetzungsverfahrens voraussetzen[7]. Seine wichtigsten Konsequenzen bestehen zum einen darin, daß der Rat Änderungen des Kommissionsvorschlages gem. Art. 250 I (ex-Art. 189 a I) EGV grundsätzlich nur einstimmig beschließen kann, zum anderen darin, daß der Kommission auf diese Weise die Wahl der Rechtsgrundlage für den zu erlassenden Rechtsakt zufällt, was wiederum entscheidende Auswirkungen auf das einzuhaltende Rechtsetzungsverfahren nach sich zieht und letztlich nur der Kontrolle durch den Europäischen Gerichtshof unterliegt[8].

---

[4] Näher hierzu aus politischer Sicht *Wolfgang Wessels*, Verwaltung im EG-Mehrebenensystem: Auf dem Weg zur Megabürokratie?, in: Markus Jachtenfuchs/Beate Kohler-Koch (Hg.), Europäische Integration, 1996, 165–192, 171 f.

[5] Selbst dies ist in der Kommentarliteratur noch umstritten: So will *Michael Schweitzer*, in: Eberhard Grabitz/Meinhard Hilf (Hg.), Kommentar zur Europäischen Union (Loseblatt), Art. 152 EGV Rn. 3, eine entsprechende Verbindlichkeit nur dort annehmen, wo der EGV eine ausdrückliche Bindung der Kommission vorsieht. Vgl. dagegen allerdings *Otto Harnier*, in: Hans v. d. Groeben/ Jochen Thiesing/Claus-Dieter Ehlermann (Hg.), Kommentar zum EU-/EG-Vertrag, 5. Aufl. 1997, Bd. 4, Art. 152 EGV Rn. 4; *Rudolf Geiger*, EG-Vertrag, 2. Aufl. 1995, Art. 152 Rn. 2.

[6] *Les Metcalfe*, Building Capacities for Integration: The Future Role of the Commission, in: EIPASCOPE 1996, 2–8, 3 f., spricht in diesem Zusammenhang von der „leadership role" der Kommission im Gegensatz zu ihrer „management role".

[7] Vgl. i. einz. bspw. *Rudolf Streinz*, Europarecht, 4. Aufl. 1999, 98 (Rn. 292); oder *Thomas Oppermann*, Europarecht, 2. Aufl. 1999, 141 ff. (Rn. 352 ff.).

[8] Diese Konsequenz betont vor allem *Peter M. Huber*, Recht der Europäischen Integration, 1996, 241.

2. *Modelltyp II:* Deutschland als Kombinationssystem

Das deutsche Verfassungssystem hat demgegenüber darauf verzichtet, das Recht zur Einbringung einer Gesetzesinitiative bei einem bestimmten Verfassungsorgan oder einem bestimmten Zweig der Staatsgewalt zu monopolisieren. Stattdessen erlaubt es sowohl der Exekutive als auch beiden Legislativorganen die formelle Einleitung eines Gesetzgebungsverfahrens. Art. 76 I GG bestimmt:

„Gesetzesvorlagen werden beim Bundestage durch die Bundesregierung, aus der Mitte des Bundestages oder durch den Bundesrat eingebracht.“

Unter dem Aspekt des Interorganrespekts verdienen über diesen Grundsatz hinaus vor allem die in Art. 76 II, III GG festgeschriebenen Verfahrensschritte zur wechselseitigen Unterrichtung der beteiligten Verfassungsorgane Beachtung. Bemerkenswert erscheint in diesem Zusammenhang insbesondere, daß der Bundestag außer bei den aus seiner eigenen Mitte kommenden Initiativen die Gesetzesvorlage immer erst als letztes Organ erhält. Regierungsvorlagen sind gem. Art. 76 II GG zunächst dem Bundesrat in einem „ersten Durchgang“ vorzulegen, um es den nach Art. 83 ff. GG in der Regel für ihre Ausführung zuständigen Ländern zu ermöglichen, ihren administrativen Sachverstand vorab in das Verfahren einzubringen[9]. Umgekehrt gebietet Art. 76 III GG die Zuleitung von Bundesratsvorlagen an den Bundestag auf dem Weg über die Bundesregierung, die damit noch vor Beginn der parlamentarischen Beratungen Gelegenheit zu einer eigenen Stellungnahme erhält[10]. Im Zuge der Umsetzung der von der Gemeinsamen Verfassungskommission entwickelten Empfehlungen sind die entsprechenden Fristen dahingehend vereinheitlicht worden, daß die normale Dauer sechs Wochen beträgt, wobei das befaßte Organ eine Fristverlängerung von drei Wochen in Anspruch nehmen und das Initiativorgan andererseits eine Fristverkürzung um ebenfalls drei Wochen herbeiführen kann[11]. Der neu eingeführte Art. 76 III 6 GG bestimmt außerdem, daß der Bundestag „über die Vorlagen in angemessener Frist zu beraten und Beschluß zu fassen“ hat.

---

[9] Vgl. schon *Klaus Stern*, Das Staatsrecht der Bundesrepublik Deutschland, Bd. II, 1980, 619 f. m.w.N.; weiter *Rupert Stettner*, in: Horst Dreier (Hg.), Grundgesetz-Kommentar, Bd. II, 1998, Art. 76 Rn. 22; u. *Jörg Lücke*, in: Michael Sachs (Hg.), Grundgesetz-Kommentar, 2. Aufl. 1999, Art. 76 Rn. 20.

[10] Art. 76 III 2 GG statuiert die Abgabe einer solchen Stellungnahme sogar als Sollvorschrift. Vgl. dazu wiederum *Rupert Stettner*, in: Dreier (Fn. 9), Art. 76 Rn. 24; u. *Jörg Lücke*, in: Sachs (Fn. 9), Art. 76 Rn. 29.

[11] Zu diesem Teil der Verfassungsreform i. einz. *Klaus G. Meyer-Teschendorf*, Die Vorschläge der Gemeinsamen Verfassungskommission zur Reform des Gesetzgebungsverfahrens, in: DÖV 1994, 766–777, 767 ff.; *Hans Hofmann*, Die Ausgestaltung des Gesetzgebungsverfahrens nach der Reform des Grundgesetzes, in: NVwZ 1995, 134–138, 135 ff.; *Rüdiger Sannwald*, Die Neuordnung der Gesetzgebungskompetenzen und des Gesetzgebungsverfahrens im Bundesstaat, 1996, 41 ff., 44 ff.

3. Erscheinungsformen des Interorganrespekts am Beginn des Gesetzgebungsprozesses

Analysiert man die in den hier modellhaft betrachteten Verfassungssystemen getroffenen Entscheidungen zur Verteilung der Initiativrechte im Gesetzgebungsverfahren aus dem Blickwinkel des Interorganrespekts, so scheint die amerikanische Verfassungsordnung zunächst nur geringe Spielräume für einen Einsatz dieses Prinzips zu eröffnen. Ganz im Sinne der starken Betonung der ursprünglichen Gewaltentrennungsidee in der Verfassungsstruktur der USA wird die Gesetzgebung dort als ausschließliche Angelegenheit des Parlaments verstanden, in die sich die Exekutive nicht einzumischen hat. Aus dieser Sicht stellt sich die von der US-Verfassung gezogene Konsequenz, schon den Beginn des Gesetzgebungsprozesses allein in die Hände der einzelnen Kongreßmitglieder zu legen, nur als logisch dar. Die normative Ausgangslage in den Vereinigten Staaten bildet daher lediglich einen Beleg für den schon im Grundlagenteil vermuteten engen Zusammenhang zwischen Interorganrespekt und Gewaltenteilungsprinzip: Der vom Präsidenten aufgrund des Gewaltenteilungsgedankens geforderte Respekt gegenüber der legislatorischen Hoheit des Kongresses verbietet die Anerkennung einer eigenen Befugnis der Exekutivspitze zur Einleitung eines Gesetzgebungsverfahrens.

Die auf der Basis dieser Verfassungsbestimmungen entstandene politische Praxis belegt jedoch zugleich, daß ein derart starres Verständnis des Interorganrespekts, das ihn in der Tat nur als eine andere Ausdrucksform des Gewaltenteilungsprinzips erscheinen ließe, die Verfassungsrealität nur sehr unvollkommen erfassen könnte. Wie bereits angesprochen[12], spielt der Präsident nämlich spätestens seit *Roosevelts* „New Deal"-Gesetzgebung in den USA die entscheidende Rolle bei der Initiierung von Gesetzgebungsvorhaben[13], was angesichts der generell überlegenen Ressourcen der Exekutive und der Möglichkeit ihrer effizienten Bündelung auf Geheiß des Präsidenten auch nicht überraschen kann. Der in Art. II Sect. 3 der Verfassung selbst vorgeschriebene (jährliche) Bericht zur Lage der Nation („State of the Union Address"), die seit dem „Budget and Accounting Act" von 1921 mögliche Erstellung einer Haushaltsvorlage durch den Präsidenten, sein vom Kongreß ebenfalls gesetzlich geforderter jährlicher Wirtschaftsbericht und die ihm prinzipiell jederzeit zur Verfügung stehende Möglichkeit, den Kongreß mehr oder weniger öffentlich zu bestimmten gesetzgeberischen Schritten aufzufordern, eröffnen der Exekutive weitreichende Gelegenheiten, zumindest auf die parlamentarische Agenda entscheidend Einfluß zu nehmen[14]. Es ist schließlich kein Fall bekannt gewor-

---

[12] Oben 1. a) (140) mit Fn. 3.

[13] Näher zu der historischen Entwicklung dieser Rolle bspw. *James P. Pfiffner*, The Modern Presidency, 1994, 141 ff.

[14] Vgl. i. einz. etwa *Roger H. Davidson/Walter J. Oleszek*, Congress and Its Members, 4th ed. 1994, 240 ff. m.w.N., die den Präsidenten daher auch im faktischen Sinne als „chief legislator" bezeichnen; *McNeil* (Fn. 3), 37 f.; *Mark A. Peterson*, Legislating Together, 1990, 80 ff.; *Rotunda/Nowak/Young* (Fn. 1), 541 (§ 10.2); *Wolfgang Jäger*, Der Präsident, in: ders./Wolfgang Welz (Hg.),

den, in dem der Präsident an der Aufgabe gescheitert wäre, ein Mitglied des Kongresses dazu zu bewegen, seine Vorschläge als offizielle „bill" einzubringen. Von daher verdeckt das in Amerika verfassungsrechtlich verankerte Initiativmonopol der Legislative bis zu einem gewissen Grade die verfassungspolitische Realität.

Wenn man so will, hat man in Deutschland hieraus die logische Konsequenz gezogen, auch der Exekutive in Gestalt der Bundesregierung ein formelles Initiativrecht zuzubilligen, das hinsichtlich des Haushaltsplans gem. Art. 110 III GG sogar ausschließlichen Charakter trägt. Im Rahmen des parlamentarischen Regierungssystems des Grundgesetzes kann man dieses Initiativrecht der Regierung sogar als ein wesentliches Verfassungselement betrachten[15]. Für das Anliegen unserer Untersuchung ist jedoch ein anderer Aspekt von Interesse: Die gleichgewichtige Einräumung des Rechts zur Einbringung von Gesetzesinitiativen an Regierung, Volksvertretung und Länderkammer vervollständigt nämlich den Anwendungsbereich des Interorganrespekts insofern, als sie seine in der amerikanischen Verfassungsordnung noch feststellbare *einseitige* Ausgestaltung zugunsten des legislativen Zweigs der Staatsgewalt aufhebt und durch eine umfassend *wechselseitige* Ausrichtung ersetzt. Anders ausgedrückt erfordert der von Deutschland verkörperte Modelltypus des Kombinationssystems einen gleichmäßigen Respekt aller drei beteiligten Verfassungsorgane füreinander.

Als zentraler normativer Ausdruck dieses Respekts fungieren die in Art. 76 II, III GG festgelegten wechselseitigen Unterrichtungspflichten. Die in diesem Zusammenhang auffallende Ungleichbehandlung des Bundestages, der von Gesetzesvorschlägen der Bundesregierung und des Bundesrates jeweils erst als letztes Organ offiziell in Kenntnis gesetzt wird, ist einfach zu erklären: Das gesetzgeberische Beschlußverfahren liegt nach Einbringung der Initiative zunächst allein in seiner Hand, so daß er nicht unbedingt auf Respektsbezeugungen in Form von Vorabinformationen angewiesen ist, während Bundesrat und Bundesregierung genau dieser Vorabunterrichtung bedürfen, um ihre Positionen rechtzeitig in die parlamentarischen Beratungen einbringen zu können. Die Anforderungen der Interorganrespekts gegenüber dem Bundestag werden dabei durch die von der Verfassung gesetzten Maximalfristen für diesen Informationsvorsprung der anderen Organe sowie unterhalb der Verfassungsebene durch die Vorgaben des Geschäftsordnungsrechts gewahrt, die die Zuleitung von Gesetzentwürfen an die Fraktionen des Bundestages zeitgleich mit der Versendung an Fachkreise und Verbände vorschrei-

---

Regierungssystem der USA, 1995, 136–169 (§ 7), 152 ff.; *Uwe Thaysen/Roger H. Davidson/Robert G. Livingston*, US-Kongreß und Deutscher Bundestag im Vergleich. Ein ergänzendes Resümee, in: dies. (Hg.), US-Kongreß und Deutscher Bundestag, 1988, 517–568, 530 ff.; speziell zum Budgetentwurf durch den Präsidenten auch *Werner Heun*, Das Budgetrecht im Regierungssystem der USA, 1989, 25 ff.; u. zu Parallelitäten hinsichtlich deutscher Regierungserklärungen *Klaus v. Beyme*, Der Gesetzgeber, 1997, 101 ff.

[15] In diesem Sinne äußern sich z.B. *Meinhard Schröder*, Aufgaben der Bundesregierung, in: Josef Isensee/Paul Kirchhof (Hg.), Handbuch des Staatsrechts der Bundesrepublik Deutschland, Bd. II, 1987, 585–601 (§ 50), 597 f. (Rn. 25 f.) m.w.N.; u. *Peter Badura*, Staatsrecht, 2. Aufl. 1996, 487 (Rn. F 42).

ben[16]. Umgekehrt fordert der neue Art. 76 III 6 GG noch nach Einbringung einer Gesetzesinitiative dergestalt Interorganrespekt vom Bundestag, daß er die Vorlagen von Bundesrat und Bundesregierung „in angemessener Frist" behandeln muß[17].

Über diese allgemeinen Parameter des Interorganrespekts hinaus hat die spezifische Ausgestaltung des in der deutschen Verfassungsordnung für die Verteilung der Initiativrechte verankerten Modelltyps durch das Grundgesetz zwei weitere Fragen aufgeworfen, die schon in der Vergangenheit nur mit einem Rückgriff auf das Prinzip der Verfassungsorgantreue beantwortet werden konnten und daher nunmehr ebenfalls unter dem Aspekt des Interorganrespekts zu thematisieren sind. Bei der ersten dieser Fragen geht es um die Pflicht der Bundesregierung zur Mithilfe bei der Ausarbeitung von Gesetzentwürfen aus der Mitte des Bundestages. Hierzu wird argumentiert, daß die Exekutive aufgrund ihres erheblich größeren Apparates und ihrer dadurch bedingten überlegenen Datenbasis verpflichtet werden müsse, den Parlamentsmitgliedern bzw. den von ihnen gebildeten Fraktionen die für die Ausarbeitung ihrer Gesetzentwürfe notwendigen Informationen zu liefern und eventuell sogar bei der Formulierung dieser Entwürfe im Sinne juristischer Korrektheit behilflich zu sein[18]. Diese Mithilfepflicht entspringt aus der Perspektive des Interorganrespekts der in diesem Grundsatz positiv enthaltenen Grundverpflichtung der Verfassungsorgane zu loyaler Kooperation[19] und muß zumindest so lange angenommen werden, wie der Bundestag nicht über eine dem amerikanischen „House and Senate Office of Legislative Counsel"[20] vergleichbare Beratungseinrichtung verfügt. Die zweite Frage, die inzwischen bereits die Dimensionen eines klassischen Verfassungsproblems angenommen hat, betrifft die mögliche Umgehung des Bundesrates im „ersten Durchgang" einer Gesetzesvorlage: Wenn die Bundesregie-

---

[16] *Volker Busse*, Zur Gesetzgebungsarbeit der Bundesregierung, in: VerwArch. 87 (1996), 445–472, 459. *Michael Kloepfer*, Abwägungsregeln bei Satzungsgebung und Gesetzgebung, in: DVBl. 1995, 441–448, 441 f., spricht daher hinsichtlich der Entwurfserstellung durch die Ministerialbürokratie unter Beteiligung der verschiedenen Interessengruppen und möglicherweise interessierter Abgeordneter auch vom „inneren Gesetzgebungsverfahren"; ihm folgend aus landesrechtlicher Sicht *Sighart Lörler*, Normenerlaßrecht und Gewaltenteilung, in: ZRP 1996, 361–366, 362.

[17] Mit der Einführung dieser Vorschrift 1994 ist allerdings nicht etwa eine neue Pflicht statuiert, sondern lediglich eine aufgrund des Interorganrespekts bereits bestehende ungeschriebene Pflicht des Bundestages kodifiziert worden. Vgl. dazu – freilich noch unter dem Stichwort der Verfassungsorgantreue – *Martin Schürmann*, Grundlagen und Prinzipien des legislatorischen Einleitungsverfahrens nach dem Grundgesetz, 1987, 138 ff.; *Rüdiger Sannwald*, Die Reform der Gesetzgebungskompetenzen und des Gesetzgebungsverfahrens nach den Beschlüssen der Gemeinsamen Verfassungskommission von Bundestag und Bundesrat, in: ZG 9 (1994), 134–145, 144; *Meyer-Teschendorf* (Fn. 11), 769; *Hofmann* (Fn. 11), 137; u. schon BVerfGE 1, 144, 153; sowie *Stern* (Fn. 9), 618.

[18] Vgl. etwa *Wolf-Rüdiger Schenke*, Die Verfassungsorgantreue, 1977, 107 ff.; u. schon die Ansätze dazu bei *Roman Herzog/Rainer Pietzner*, Möglichkeiten und Grenzen einer Beteiligung des Parlaments an der Ziel- und Ressourcenplanung der Bundesregierung (Gutachten 1971), 1979, 88 ff., die aus Art. 43 I GG in Verbindung mit der Verfassungsorgantreue eine allgemeine Pflicht zu einem Mindestmaß an Kontakt zwischen Parlament und Regierung herleiten wollen.

[19] Dazu oben 3. Kap. I. 2. b) (85 f.).

[20] Dieses Büro beschäftigt sich speziell mit der Hilfestellung für Abgeordnete bzw. Senatoren bei der Formulierung von Gesetzentwürfen. Vgl. *McNeil* (Fn. 3), 40.

rung einen in Wirklichkeit von ihr ausgearbeiteten Gesetzentwurf durch ihr nahestehende Parlamentsabgeordnete aus der Mitte des Bundestages einbringen läßt – was im parlamentarischen Regierungssystem mit seiner engen Verflechtung zwischen Regierung und Parlamentsmehrheit normalerweise keine exorbitanten Überredungskünste erfordert –, so kann sie das in Art. 76 II GG vorgeschriebene Vorverfahren zur Einschaltung des Bundesrates vermeiden. Diese Methode ist vor allem zum Zwecke der Verfahrensbeschleunigung wiederholt praktiziert worden und hat im Schrifttum wegen des darin enthaltenen Verstoßes gegen die Intentionen von Art. 76 GG erhebliche Kritik erfahren[21]. Da die Abgeordneten des Bundestages aber nun einmal initiativberechtigt und nach Art. 38 I 2 GG nur ihrem Gewissen unterworfen sind, sehen die meisten Autoren ungeachtet der verfassungspolitischen Unerwünschtheit dieser Verfahrensweise keine verfassungsrechtliche Handhabe zu ihrer Unterbindung[22]. Bezieht man jedoch den Gedanken des Interorganrespekts an dieser Stelle in die Betrachtung ein, so müßte zumindest eine ständige Praxis dieser Art mit dem Ziel, die Rechte des Bundesrates zu verkürzen, als eindeutige Verletzung dieses Prinzips und damit als verfassungswidrig angesehen werden[23]. Bezeichnenderweise ist es daher auch nie zu einer Verfestigung dieses Vorgehens gekommen; und wo zur Beschleunigung des Verfahrens der Weg der sogenannten „Paralleleinbringung“ gewählt wird, wird zwischen Bund und Ländern häufig informell verabredet, daß mit den entscheidenden inhaltlichen Beratungen im Bundestag gewartet wird, bis die Stellungnahme des Bundesrates vorliegt[24].

Nach alledem verlangt der in Deutschland verwirklichte Modelltypus des Kombinationssystems bei der Verteilung der Initiativrechte eine besonders intensive und vielfältige Berücksichtigung der Idee des Interorganrespekts. Das kann von der europäischen Ebene nicht annähernd im gleichen Maß behauptet werden, wo nicht nur ein monopolistisches System besteht, sondern das Initiativmonopol noch dazu im exekutiven Bereich verankert ist, was dem mit dem Interorganrespekt eng verwandten Gewaltenteilungsgedanken tendenziell zuwiderläuft. Erklären läßt sich dies nur als eine besondere Hervorhebung der Kontrollfunktion, die die Kommission nach dem Willen der Gemeinschaftsgründer vor allem gegenüber den Mitgliedstaaten erfüllen soll: Selbst wenn diese über einen Mehrheitsbeschluß des Rates nach Art. 208 (ex-Art. 152) EGV eine Initiative veranlassen, bleibt die Ausgestaltung derselben in der Hand der Kommission[25]. Die Kommission gewinnt damit im Anfangsstadium jeder Gemeinschaftsrechtsetzung die Schlüsselstellung und

---

[21] Vgl. zuletzt die Übersicht bei *Martin Schürmann*, Die Umgehung des Bundesrates im sog. „Ersten Durchgang“ einer Gesetzesvorlage, in: AöR 115 (1990), 45–63, 51 ff.; u. die Beispiele bei *v. Beyme* (Fn. 14), 176 ff.

[22] *Schürmann* (Fn. 21), 55 ff.; vgl. a. *Brun-Otto Bryde*, in: Ingo v. Münch/Philip Kunig (Hg.), Grundgesetz-Kommentar, Bd. 3, 3. Aufl. 1996, Art. 76 Rn. 21; u. zuletzt *Michael Sachs*, Das parlamentarische Regierungssystem und der Bundesrat, in: VVDStRL 58 (1999), 39–80, 65 f.; jew. m.w.N.; beispielhaft außerdem BVerfGE 30, 250, 253 f., 261 f.

[23] In diesem Sinne *Stern* (Fn. 9), 621; u. schon *Schenke* (Fn. 18), 94 ff.

[24] *Busse* (Fn. 16), 447.

[25] Oben 1. b) (141).

kann so als Filter gegenüber solchen Normierungsvorhaben wirken, die vom Gemeinschaftsstandpunkt aus kontraproduktiv erscheinen. Den Mitgliedstaaten soll auf diese Weise verwehrt werden, in ein Verhalten nach rein intergouvernementalem Muster zurückzufallen[26].

Wie lange dieser Erwägung noch ausschlaggebender Charakter zukommen wird, stellt allerdings eine offene Frage dar. Denn auch dieses primärrechtlich gesicherte Initiativmonopol entspricht nicht unbedingt der politischen Realität. Es dürfte außer Zweifel stehen, daß der Rat bzw. die in ihm vertretenen Mitgliedstaaten jederzeit in der Lage sind, ähnlich wie der amerikanische Präsident im Verhältnis zum Kongreß über ihnen verpflichtete Beamte der Kommission – ungeachtet ihrer persönlichen Unabhängigkeit – Entscheidungsprozesse in der Kommission zu initiieren und generell die kommissionsinternen Vorbereitungen zur Rechtsetzung zu beeinflussen[27]. Vor diesem Hintergrund kann es nicht verwundern, daß im Zuge der Regierungskonferenz verschiedentlich Vorschläge zu einer Abschwächung des Initiativmonopols der Kommission laut geworden sind; gerade von deutscher Seite sind beispielsweise die Ersetzung des Einstimmigkeitserfordernisses in Art. 250 I (ex-Art. 189 a I) EGV durch das Erfordernis einer qualifizierten Mehrheit sowie die Setzung verbindlicher Fristen für die Vorlage von Initiativen aufgrund von Art. 208 (ex-Art. 152) EGV ins Gespräch gebracht worden[28]. Die Kommission hat sich ihrerseits jedoch immer heftig gegen derartige Modifikationen gesträubt, die sie als erste Schritte auf dem Weg zu einem eigenen Vorschlagsrecht des Rates und damit zu einer massiven Verschiebung des institutionellen Gleichgewichts wertete[29], und damit zunächst insoweit Erfolg gehabt, als der Vertrag von Amsterdam keine Auflockerung ihres Initiativmonopols mit sich bringt, was sich auch nach Nizza nicht ändern wird.

All dies scheint auf den ersten Blick gar nicht zu den oben aus amerikanischer und insbesondere aus deutscher Sicht entwickelten Erscheinungsformen des Inter-

---

[26] Statt vieler: *Ingolf Pernice*, Der Europäische Verfassungsverbund auf dem Wege der Konsolidierung, in: JöR N.F. 48 (2000), 205–232, 226 f.; u. *Armin v. Bogdandy*, Skizzen einer Theorie der Gemeinschaftsverfassung, in: Thomas v. Danwitz u.a. (Hg.), Auf dem Wege zu einer Europäischen Staatlichkeit, 1993, 9–29, 17.

[27] Darüber hinaus werden nationale Beamte und Verbandsvertreter über spezifische Gremien schon frühzeitig in die Willensbildung der Kommission einbezogen. Vgl. *Wessels* (Fn. 4), 171; u. nochmals *v. Bogdandy* (Fn. 26), 17; sowie *Heinrich Siedentopf/Christoph Hauschild*, Europäische Integration und die öffentlichen Verwaltungen der Mitgliedstaaten, in: DÖV 1990, 445–455, 447 f.

[28] Vgl. die FAZ-Berichte vom 11.02.1997 („Für eine ‚starke EU-Kommission'", 6) u. vom 07.05.1997 („Gute Aussichten für Regierungskonferenz", 7); sowie den gemeinsamen deutsch-französischen Diskussionsbeitrag für die Regierungskonferenz, abgedr. in: Bull. vom 23.10.1996, 918–920, 919, zum Initiativrecht hinsichtlich einer verstärkten Zusammenarbeit der Mitgliedstaaten; u. die Entschließung des Europäischen Parlaments vom 13.03.1996 (A 4–0068/96), Abs. 23. (viii), zur Beantwortungspflicht für Initiativen nach Art. 192 II (ex-Art. 138 b II) EGV.

[29] Sogar eine stärkere Absicherung des Initiativmonopols der Kommission forderte *Justus Lipsius*, The 1996 Intergovernmental Conference, in: ELR 20 (1995), 235–267, 251. Vgl. a. den Bericht der Reflexionsgruppe vom 05.12.1995, SN 520/95 (REFLEX 21), 30 (2. Teil Rn. 109); u. den Zwischenbericht ihres Vorsitzenden vom 24.08.1995, SN 509/95 (REFLEX 10), 14. Krit. hingegen bspw. *Roland Vaubel*, Institutional Design for a Larger EU, in: European Economic Review 41 (1997), 443–450, 444 et seq.

organrespekts zu passen, und in der Tat erfüllt das Prinzip des Interorganrespekts in diesem Kontext eine andere Erkenntnisfunktion: Während es in der deutschen und amerikanischen Verfassungsordnung einzelne verfassungsrechtliche Vorgaben erklären und jenseits dieser ausdrücklichen Vorgaben als Basis weiterer ungeschriebener Kooperationspflichten zwischen den Verfassungsorganen fungieren konnte, trägt es auf der europäischen Ebene zur Identifizierung eines normativen Defizits bei. Denn aus der Perspektive dieser Ordnungsidee müßte den Rechtsetzungsbefugnissen der eigentlichen Legislativorgane Rat und Parlament eine Befugnis entsprechen, die jeweiligen Prozesse auch in Gang zu setzen. Solange daher die Aufrechterhaltung des Initiativmonopols der Europäischen Kommission notwendig erscheint, um einen Rückfall der Mitgliedstaaten in alte zwischenstaatliche Verhaltensmuster zu verhindern und nicht zuletzt die kleineren Mitgliedstaaten vor der Dominanz der großen zu bewahren, ist der Grundsatz des Interorganrespekts nur unvollkommen verwirklicht. Ein Defizit in der Verwirklichung dieses Grundsatzes indiziert aber zugleich eine Schwachstelle in einem auf ein gleichberechtigtes Verhältnis mehrerer oberster Verfassungsorgane ausgerichteten Verfassungssystem. Der Interorganrespekt hilft damit im vorliegenden Fall zu erkennen, daß eine Weiterentwicklung der Europäischen Gemeinschaft im föderalen Sinne an einem bestimmten Punkt die Aufhebung des Initiativmonopols der Kommission verlangen wird.

II. Das Verhältnis zwischen den Legislativkammern

Sobald eine Gesetzesinitiative eingebracht ist, liegt das Verfahren zunächst allein in den Händen der Legislative, deren ureigenste Aufgabe die Gesetzgebung darstellt. In diesem Zusammenhang werfen die hier betrachteten Systeme aufgrund ihres mehr oder weniger föderalistischen Zuschnitts ein gemeinsames Sonderproblem auf: Sie verfügen – untechnisch gesprochen – alle über zwei Legislativkammern, von denen es sich bei der einen um eine im wesentlichen proportionale Vertretung der Bürger handelt, während die andere das Vertretungsorgan der (Mit-)Gliedstaaten bildet. Die nähere Ausgestaltung der Befugnisse dieser beiden mit unterschiedlichen Aufgaben betrauten Vertretungsorgane formt ein Kernstück der Machtverteilung in den Gesetzgebungsverfahren der jeweiligen Systeme und schafft damit ein zentrales Einsatzfeld für das Prinzip des Interorganrespekts.

1. Übersicht der Zustimmungserfordernisse

Im einzelnen spiegelt sich diese Problematik vor allem in der Frage wider, welche Zustimmungserfordernisse von seiten der beiden Legislativorgane erfüllt sein müssen, um ein Gesetz wirksam verabschieden zu können. Hier lassen sich wiederum modellhaft zwei Ausgestaltungstypen unterscheiden.

a) Modelltyp I: Das echte Zwei-Kammer-System der USA

Die Vereinigten Staaten verfügen über ein sogenanntes „echtes" Zwei-Kammer-System. Das bedeutet, daß jeder Gesetzentwurf und überhaupt jede auf verbindliche Außenwirkung gerichtete Maßnahme[30] unabhängig von Gegenstand und Inhalt der mehrheitlichen Zustimmung beider Häuser des Kongresses bedarf, um Gesetz zu werden. Darüber hinaus ist entweder die Zustimmung des Präsidenten oder die Überstimmung eines von seiner Seite eingelegten Vetos erforderlich, worauf jedoch erst weiter unten eingegangen werden soll. Im Verfassungstext ergibt sich der Zweikammercharakter der amerikanischen Legislative indirekt aus Art. I Sect. 7 Cl. 2:

> „Every Bill *which shall have passed the House of Representatives and the Senate*, shall, before it becomes a Law, be presented to the President of the United States;..."

Verfahrenstechnisch wird jeder von einer Kammer verabschiedeter Gesetzentwurf zunächst so in die andere Kammer eingebracht, als ob er dort entstanden wäre, und dementsprechend separat beraten, verändert und verabschiedet[31]. Sofern die Beschlüsse beider Kammern nicht von vornherein identisch sind, was in den seltensten Fällen vorkommt, geht es anschließend darum, eine Übereinstimmung der beiden differierenden Entwürfe herbeizuführen, was ein im nächsten Abschnitt noch zu schilderndes diffiziles Abstimmungsverfahren erfordert. Das Verfahren zur Haushaltsgesetzgebung unterscheidet sich hierbei nur insofern, als der budgetäre Entscheidungsprozeß mit einer „concurrent resolution" beginnt, die als rein internes Koordinationsinstrument des Kongresses ohne direkte Beteiligung des Präsidenten die Eckwerte des kommenden Haushalts festlegt. Die einzelnen Bewilligungen werden dann jedoch sämtlich als normale Gesetze („appropriation bills") nach dem in Art. I Sect. 7 Cl. 2 der Verfassung vorgesehenen Verfahren beschlossen[32].

---

[30] In der Praxis des Kongresses wird zwischen den eigentlichen Gesetzentwürfen („bills") und sog. „joint resolutions" unterschieden. Mit dem letzteren Begriff werden dabei in der Regel Maßnahmen begrenzter und punktueller Natur bezeichnet. Abgesehen von dieser semantischen Differenz bestehen rechtlich jedoch keine Unterschiede zwischen diesen beiden Instrumenten, vgl. schon *Levey v. Stockslager*, 129 U.S. 470 (1889). „Concurrent resolutions", an denen der Präsident nicht teilhat, können demgegenüber nur kongreßinterne Bindungswirkung entfalten. Für sich allein sind Senat und Repräsentantenhaus normalerweise überhaupt nur zu unverbindlichen einfachen „resolutions" in der Lage. Eine nähere Übersicht geben *Rotunda/Nowak/Young* (Fn. 1), 543 ff.

[31] Zu den Einzelheiten statt vieler: *McNeil* (Fn. 3), 63 f.; *Rotunda/Nowak/Young* (Fn. 1), 559 f.

[32] Das Verfahren ist natürlich i. einz. noch deutlich komplizierter: So setzen die „appropriation bills" bspw. ihrerseits noch gesonderte Ermächtigungen („authorizations") durch die zuständigen Fachausschüsse des Kongresses voraus. Da es für die Anwendung des Interorganrespekts zwischen beiden Häusern jedoch nur auf die prinzipielle Ausgestaltung ankommt, wird auf die Details hier nicht weiter eingegangen. Vgl. stattdessen näher *Heun* (Fn. 14), 34 ff.; *Alice M. Rivlin*, Kongreß und Wirtschaftspolitik: Der Bundeshaushalt, in: Uwe Thaysen/Roger H. Davidson/Robert G. Livingston (Hg.), US-Kongreß und Deutscher Bundestag, 1988, 329–341, 334 f.; *Davidson/Oleszek* (Fn. 14), 394 ff.

b) Modelltyp II: Unechte Zwei-Kammer-Systeme

Im Gegensatz zu dieser Ausgestaltung besitzen sowohl Deutschland als auch die EG – für die selbst diese Terminologie nur mit Einschränkungen zu verwenden ist – lediglich ein „unechtes“ Zwei-Kammer-System. Damit ist gemeint, daß zwar ein Teil der entsprechenden Normierungen wie im amerikanischen Modell der Zustimmung beider Legislativorgane bedarf, ein anderer Teil jedoch auch Gesetz werden kann, wenn nur eines der beiden Organe mehrheitlich zustimmt[33].

aa) Verfahrensdualismus in Deutschland

Innerhalb des deutschen Systems erweist sich die Lage noch als relativ überschaubar. Denn es gibt dort im Prinzip nur zwei unterschiedliche Verfahrensarten im Bereich der Gesetzgebung, die im folgenden kurz dargestellt werden sollen.

(1) Einspruchsgesetze

Das Verfahren zum Erlaß sogenannter „Einspruchsgesetze“ stellt nach dem Grundgesetz den Regelfall des Gesetzgebungsverfahrens dar. Auch über solche Gesetze befindet der Bundesrat gem. Art. 77 I GG mit und kann ihr Inkrafttreten durch seinen Widerspruch zumindest verzögern. Allerdings setzt ein rechtswirksamer Einspruch des Bundesrates gem. Art. 77 III GG zum einen die vorherige Durchführung des Vermittlungsverfahrens nach Art. 77 II GG und zum anderen nach Abschluß dieses Verfahrens die Einhaltung einer Frist von zwei Wochen voraus[34]. Werden diese Voraussetzungen beachtet und hat sich der Bundesrat mehrheitlich für einen Einspruch entschieden, so kommt der Bundestag ein zweites Mal zum Zuge: Er kann den Einspruch gem. Art. 77 IV GG zurückweisen, muß dafür jedoch im Gegensatz zu seinem ursprünglichen Gesetzesbeschluß, der mit einfacher Mehrheit erfolgen konnte, die sogenannte „Kanzlermehrheit“, d.h. die Mehrheit seiner Mitglieder, aufbringen. Hat der Bundesrat den Einspruch mit Zwei-Drittel-Mehrheit beschlossen, so muß diese Mehrheit des Bundestages außerdem ihrerseits zwei Drittel der Abstimmenden umfassen. Im Rahmen der Beratungen der Gemeinsamen Verfassungskommission haben die Länder den Versuch unternommen, diese zur Zurückweisung eines „qualifizierten Einspruchs“ erforderliche Mehrheit noch weiter auf zwei Drittel der Mitglieder des Bundestages anzuheben, sind damit jedoch nicht durchgedrungen[35]. In jedem Falle bleibt dem Bundestag die Möglichkeit, Einspruchsgesetze mit der jeweils geforderten Mehrheit notfalls entgegen dem

---

[33] *v. Beyme* (Fn. 14), 292, bezeichnet den Bundestag daher sogar als „alleinigen Gesetzgeber“ und jedenfalls als das legislative Entscheidungszentrum.

[34] Vgl. an Gesamtdarstellungen zum Verfahren bspw. *Stern* (Fn. 9), 627 f.; *Ekkehart Stein*, Staatsrecht, 16. Aufl. 1998, 127 f.; *Jörg Lücke*, in: Sachs (Fn. 9), Art. 77 Rn. 19, 36 ff.; *Rupert Stettner*, in: Dreier (Fn. 9), Art. 77 Rn. 30 f. Der Vorschlag, die Frist zur Einlegung des Einspruchs zu verlängern, fand in der Gemeinsamen Verfassungskommission keine Mehrheit.

[35] *Meyer-Teschendorf* (Fn. 11), 774 f. m.w.N.

Willen des Bundesrates in Kraft zu setzen. Anders als in den Vereinigten Staaten trifft dies insbesondere auch auf den Haushaltsplan zu.

(2) Zustimmungsgesetze

Genau diese Möglichkeit ist dem Bundestag bei den sogenannten „Zustimmungsgesetzen" verwehrt: Verweigert der Bundesrat einem solchen Gesetz seine Zustimmung, so besiegelt er damit jedenfalls fürs erste sein Scheitern. Da der Bundestag, wie Art. 78 GG zeigt, eine fehlende Zustimmung des Bundesrates in keiner Weise ersetzen kann, könnte der Bundesrat Zustimmungsgesetze im Prinzip sogar durch bloße Untätigkeit in der Schwebe lassen und so faktisch zum Scheitern bringen; aus diesem Grund stellt die zusammen mit dem oben behandelten Art. 76 III 6 GG neu eingeführte Parallelvorschrift des Art. 77 II a GG klar, daß der Bundesrat verpflichtet ist, über Zustimmungsgesetze „in angemessener Frist" Beschluß zu fassen[36]. Nach alledem besitzt für die konkrete Machtposition des Bundesrates die Frage, ob ein Gesetz seiner Zustimmung bedarf oder lediglich ein Einspruchsgesetz darstellt, entscheidende Bedeutung, was sich des öfteren – zuletzt etwa bei der Diskussion um das Hochschulrahmengesetz – in der Heftigkeit der darüber geführten politischen Auseinandersetzung widerspiegelt. Eine allgemeine Bestimmung über die Abgrenzung von Zustimmungs- und Einspruchsgesetzen findet sich jedoch im Grundgesetz nicht; stattdessen werden die zustimmungspflichtigen Gesetze an verschiedenen Stellen im Verfassungstext aufgeführt. Die praktisch wichtigsten Fälle betreffen Gesetze, die entweder das Verwaltungsverfahren und die Organisation der Landesbehörden bei der Ausführung der Bundesgesetze oder die finanzielle Ausstattung im Verhältnis zwischen Bund und Ländern regeln[37]. Da diese Gesetze die Mehrzahl bilden, hat sich das vom Grundgesetz vorgegebene Regel-Ausnahme-Verhältnis zwischen Einspruchs- und Zustimmungsgesetzen in der Praxis zugunsten der Zustimmungsgesetze umgekehrt[38].

bb) Verfahrensvielfalt in Europa

Anders als im deutschen System besteht auf europäischer Ebene eine nur schwer zu überblickende Vielfalt von unterschiedlichen Rechtsetzungsverfahren[39]. Der Vertrag von Amsterdam bemüht sich insoweit allerdings zumindest dahingehend um

---

[36] Zur Entstehungsgeschichte nochmals *Meyer-Teschendorf* (Fn. 11), 770; sowie *Hofmann* (Fn. 11), 137.

[37] Vgl. i. einz. *Badura* (Fn. 15), 491 f. (Rn. F 52); *Jörg Lücke*, in: Sachs (Fn. 9), Art. 77 Rn. 13; *Rupert Stettner*, in: Dreier (Fn. 9), Art. 77 Rn. 12. Nachweise zu den einzelnen Fallgruppen der zustimmungsbedürftigen Gesetze finden sich außerdem bei *Günter Püttner/Gerald Kretschmer*, Die Staatsorganisation, 2. Aufl. 1993, 138.

[38] Vgl. z.B. *Busse* (Fn. 16), 460 m.w.N.; sowie die Statistik bei *Jörn Ipsen*, Staatsrecht I, 10. Aufl. 1998, 91 (Rn. 288) Fn. 10.

[39] Der Bericht der Kommission an die Reflexionsgruppe zur Regierungskonferenz 1996 weist allein für den EG-Bereich 22 verschiedene Entscheidungsverfahren aus (Anhang 8, 82 ff.). Hinzu kommen noch die besonderen Verfahren von GASP und ZBJI/PJZS.

eine Vereinfachung, daß er die Beteiligungsformen des Europäischen Parlaments vereinheitlicht und ihre Zahl damit reduziert[40]. Da für die Frage des Interorganrespekts in diesem Bereich vor allem das Kompetenzverhältnis zwischen Rat und Europäischem Parlament als den beiden überwiegenden Legislativorganen der EG von Interesse ist, sollen deshalb im folgenden auch nur die wichtigsten Verfahren herausgegriffen werden, die dieses Verhältnis am deutlichsten kennzeichnen.

(1) Obligatorisches Anhörungsverfahren

Nach der ursprünglichen Konzeption des EWG-Vertrages sollte dem Parlament bzw. der Versammlung als seinem Vorläufer lediglich die Aufgabe einer öffentlichen Beratung von Rechtsetzungsvorschlägen zukommen, während die Beschlußfassung allein in den Händen des Rates liegen sollte. Hieraus resultierten zahlreiche vertragliche Einzelvorschriften, die jeweils punktuell eine konsultative Einbeziehung des Parlaments in den europäischen Rechtsetzungsprozeß herbeiführten. Seit der Einheitlichen Europäischen Akte, mit der zum ersten Mal darüber hinausgehende Beteiligungsrechte des Parlaments geschaffen wurden, hat sich der Anwendungsbereich des Anhörungsverfahrens freilich sukzessive reduziert und ist mit dem Vertrag von Amsterdam weiter zurückgegangen[41]. Soweit sich die Einbeziehung des Europäischen Parlaments weiterhin auf eine bloße Anhörung beschränkt – so etwa im Vertragsergänzungsverfahren nach Art. 308 (ex-Art. 235) EGV und bei den Maßnahmen der Gemeinsamen Agrarpolitik gem. Art. 37 II 3 (ex-Art. 43 II 3) EGV –, bedeutet dies, daß dem Parlament Gelegenheit zur Stellungnahme gegeben werden muß und daß der von ihm bezogene Standpunkt vom Rat zu berücksichtigen ist, wenngleich sich der Rat im Ergebnis darüber hinwegsetzen darf[42]. Werden diese Erfordernisse nicht beachtet, so folgt daraus die Nichtigkeit des entsprechenden Rechtsaktes wegen Verstoßes gegen eine wesentliche Formvorschrift im Sinne von Art. 230 II (ex-Art. 173 II) EGV[43].

Unter dem Aspekt des Interorganrespekts sind insoweit vor allem die näheren Präzisierungen von Interesse, die das Anhörungsverfahren in der Rechtsprechung des Europäischen Gerichtshofs erfahren hat: So muß der Rat das Parlament erneut konsultieren, wenn er den Rechtsakt endgültig in einer Fassung beschließen will, die substantiell von der im Parlament behandelten abweicht[44]; damit soll sicherge-

---

40 *Meinhard Hilf/Eckhard Pache*, Der Vertrag von Amsterdam, in: NJW 1998, 705–713, 710.

41 Vgl. hierzu stv. *Christoph Ohler*, Perspektiven der Gemeinschaftsrechtsentwicklung nach Maastricht: das Europäische Parlament, in: ZG 10 (1995), 223–239, 227; *Walter Götz*, Mitwirkungsrechte des Europäischen Parlaments bei der Rechtssetzung, in: JA 1997, 990–994, 992.

42 I. einz. z.B. *Joel Rideau*, La fonction législative dans les Communautés Européennes, in: Revue des Affaires Européennes 1995, 63–82, 66 f.; *Huber* (Fn. 8), 223 f.; *Streinz* (Fn. 7), 163 (Rn. 443); *Michael Schweitzer/Waldemar Hummer*, Europarecht, 5. Aufl. 1996, 70 f. (Rn. 231 f.).

43 Statt vieler: EuGH Slg. 1980, 3333 – Rs. 138/79 –, 3360; Slg. 1980, 3393 – Rs. 139/79 –, 3424.

44 Vgl. zuletzt etwa EuGH Slg. 1992, I-4593 – Rs. C-65/90 –, I-4621; Slg. 1994, I-2067 – Rs. C-388/92 –, I-2085; Slg. 1995, I-1827 – Rs. C-21/94 –, I-1852; Slg. 1996, I-2943 – Rs. C-303/94 –, I-

stellt werden, daß der Rat sich mit der Stellungnahme des Parlaments auch tatsächlich ernsthaft auseinandersetzt und ihre Einholung nicht als bloße Formsache betrachtet. Aus dem gleichen Grund darf der Rat sich ohne Kenntnis des parlamentarischen Standpunktes noch keine abschließende Meinung bilden, wenngleich die Grenze zur erlaubten Entscheidungsvorbereitung hier ausgesprochen fließend erscheint[45]. Schließlich achtet auf der europäischen Ebene der Gerichtshof ebenfalls auf die Einhaltung angemessener Fristen, und zwar in beiden Richtungen: zunächst muß dem Parlament eine solche Frist für seine Entscheidungsfindung verbleiben; wenn es dann jedoch in dieser Zeit nicht zu einer Stellungnahme kommt, ist der Rat frei, die Rechtsetzung auch in Abwesenheit einer Äußerung von seiner Seite vorzunehmen[46].

(2) Verfahren der Zusammenarbeit

Im Zuge der Einheitlichen Europäischen Akte wurde die Position des Parlaments erstmals wesentlich gestärkt. Das oft auch als „Kooperationsverfahren" bezeichnete und seit Maastricht in Art. 252 (ex-Art. 189 c) EGV geregelte „Verfahren der Zusammenarbeit" beläßt zwar die Letztentscheidung noch immer in den Händen des Rates, erzeugt diesem gegenüber jedoch einen größeren Druck zugunsten eines Kompromisses im Sinne des Parlaments. Erreicht wird dieses Ziel durch ein ausgeklügeltes prozedurales Zusammenspiel von Parlament, Rat und Kommission, das insbesondere in seinen wechselnden Mehrheitserfordernissen verschiedene Ausprägungen des Interorganrespekts widerspiegelt[47]: Zunächst formuliert der Rat einen „gemeinsamen Standpunkt", der dem Parlament zugeleitet wird (Art. 252 lit. a, b (ex-Art. 189 c lit. a, b) EGV). Im Falle der Billigung dieses Standpunktes durch das Parlament steht einer Verabschiedung des entsprechenden Rechtsaktes durch den Rat ebensowenig entgegen wie im Falle der Nichtäußerung des Parlaments innerhalb einer dreimonatigen Beratungsfrist (Art. 252 lit. b (ex-Art. 189 c lit. b) EGV). Wenn das Parlament den Rechtsakt jedoch ablehnt, zwingt es den Rat damit, wenn dieser ihn trotzdem verabschieden will, zu einer einstimmigen Beschlußfassung (Art. 252 lit. c S. 4 (ex-Art. 189 c lit. c S. 4) EGV). Noch eine andere Kon-

2969; Slg. 1997, I-3213 – Rs. C-392/95 –, I-3246 f.; u. allg. krit. *Ulrich Everling*, Will Europe Slip on Bananas?, in: CMLR 33 (1996), 401–437, 423 ff.

[45] Zu dieser Abgrenzung zuletzt EuGH Slg. 1995, I-1185 – Rs. C-417/93 –, I-1213 ff.; vgl. dazu auch den Kommentar von *Sophie Boyron*, The Consultation Procedure: Has the Court of Justice Turned against the European Parliament?, in: ELR 21 (1996), 145–150, 147 ff.

[46] EuGH Slg. 1995, I-643 – Rs. C-65/93 –, I-668 f.: Dort hatte der Rat ausdrücklich auf eine Eilentscheidung des Parlaments gedrungen und nach Meinung des Gerichtshofs alles Zumutbare getan, um eine solche herbeizuführen; da der Rechtsakt keinen weiteren Aufschub duldete, durfte der Rat ihn deshalb angesichts des Ausbleibens einer parlamentarischen Entscheidung auch ohne Stellungnahme des Parlaments verabschieden. Vgl. dazu ebenfalls *Boyron* (Fn. 45), 146 ff.

[47] Zus.fass. u. mit schematischen Überblicken hierzu *Streinz* (Fn. 7), 164 f. (Rn. 445 ff.), 168 (Rn. 452); *Huber* (Fn. 8), 221 f.; vgl. a. *Hans-Jürgen Ihnen*, Grundzüge des Europarechts, 1995, 40; *Rideau* (Fn. 42), 69 ff.; u. ausführlich *Johann Schoo*, in: v. d. Groeben/Thiesing/Ehlermann (Fn. 5), Art. 189 c EGV Rn. 7 ff.

stellation ergibt sich, wenn das Parlament wie meistens einen Mittelweg wählt und lediglich Änderungsvorschläge geltend macht: In diesem Fall gewinnt erneut die Kommission die Vorhand, indem sie von Vertrags wegen zu einer Stellungnahme aufgefordert ist, nach deren Inhalt sich im folgenden die Mehrheitserfordernisse innerhalb des Rates richten. Denn nur soweit der Rat der Stellungnahme der Kommission folgt, genügt ihm die qualifizierte Mehrheit zur Verabschiedung des Rechtsaktes; ansonsten muß er wiederum zu einem einstimmigen Beschluß finden (Art. 252 lit. d, e (ex-Art. 189 c lit. d, e) EGV). Hierdurch entsteht, auch wenn dem Rat letztlich die entscheidende Machtposition verbleibt, eine doppelte Einhegung dieser seiner Position durch Parlament und Kommission.

Dieses neue Verfahren erwies sich schon frühzeitig als ein wesentlicher Beitrag zur Stärkung der Rolle des Parlaments, was daran zu erkennen war, daß das Parlament den weitaus überwiegenden Teil seiner in den Kooperationsprozeß eingebrachten Änderungsvorschläge durchsetzen konnte[48]. Vielen ging dies jedoch noch lange nicht weit genug, so daß immer wieder die Abschaffung oder wenigstens eine Reduzierung des Anwendungsbereichs von Art. 252 (ex-Art. 189 c) EGV gefordert wurde[49]. In der Tat besteht einer der zentralen Erfolge des Parlaments bei der Aushandlung des Amsterdamer Vertrages darin, daß fast alle Rechtsetzungsbereiche, die bislang dem Verfahren der Zusammenarbeit unterlagen, nunmehr in den Anwendungsbereich des sogleich zu erörternden Mitentscheidungsverfahrens transferiert werden. Nur auf dem zugegebenermaßen höchst wichtigen Feld der Wirtschafts- und Währungsunion behält das Kooperationsverfahren seine Funktion, wie beispielsweise die Art. 99 V (ex-Art. 103 V) und 102 II (ex-Art. 104 a II) EGV zeigen, die in Amsterdam unverändert geblieben sind[50].

(3) Mitentscheidungs- und Zustimmungsverfahren

Der Europäische Unionsvertrag verschaffte dem Parlament mit der Einführung des sogenannten „Mitentscheidungsverfahrens" in Art. 251 (ex-Art. 189 b) EGV eine weitere und im Hinblick auf seine Funktion als weitgehend gleichberechtigtes zweites Legislativorgan der EG ausschlaggebende Stärkung. Denn in diesem Verfahren verfügt das Parlament im Gegensatz zum Verfahren der Zusammenarbeit über ein echtes Zustimmungs- bzw. Vetorecht, d.h. die entsprechenden Rechtsakte können nur dann wirksam verabschiedet werden, wenn ihnen sowohl der Rat als auch das Parlament zustimmen, was die EG in den diesem Procedere unterliegenden Fragen in die gleiche Lage bringt, die in Deutschland bei Zustimmungsgesetzen besteht. Mit dieser Vetoposition im Hintergrund hat das Parlament natürlich

---

[48] Vgl. etwa die Statistik bei *Wolfgang Wessels*, Wird das Europäische Parlament zum Parlament?, in: GS Eberhard Grabitz, 1995, 879–904, 890.

[49] Das trifft natürlich in erster Linie auf das Europäische Parlament selbst zu, wie insbes. Abs. 29. (i) seiner Entschließung vom 13.03.1996 (A 4–0068/96) zeigt. Vgl. a. Rn. 84 im 2. Teil des Berichts der Reflexionsgruppe vom 05.12.1995, SN 520/95 (REFLEX 21), 24.

[50] Statt vieler: *Sally Langrish*, The Treaty of Amsterdam: Selected Highlights, in: ELR 23 (1998), 3–19, 4 f.; *Götz* (Fn. 41), 992.

auch noch ganz andere Möglichkeiten, seinen Änderungswünschen Geltung zu verschaffen, weswegen im Falle seiner Äußerung solcher Wünsche ein besonderes Verfahren Platz greift, das dem Gedanken des Interorganrespekts eine spezifische Ausprägung gibt und daher in einem gesonderten Abschnitt behandelt werden soll[51]. Das Mitentscheidungsverfahren hat sich im Ergebnis als ein solcher Erfolg erwiesen, daß sein Anwendungsbereich unter gleichzeitiger Vereinfachung des Ablaufs in Amsterdam erheblich ausgeweitet wurde und nunmehr etwa drei Viertel der gemeinschaftlichen Rechtsetzung umfaßt, darunter vor allem fast die gesamte Binnenmarktgesetzgebung[52]. Insofern kann man es nach Amsterdam als das zentrale Rechtsetzungsverfahren der Gemeinschaft bezeichnen, was bedeutet, daß Rat und Parlament in Zukunft hinsichtlich der Gemeinschaftsgesetzgebung überwiegend gleichgestellt sind.

In sehr ähnlicher Weise gilt dies auch für das sogenannte „Zustimmungsverfahren", das in einzelnen hervorgehobenen Normierungsbereichen sowie bei gewissen grundlegenden Entscheidungen im Unionsrecht Anwendung findet[53] und explizit einen zustimmenden Mehrheitsbeschluß durch das Parlament verlangt. Genau wie im Mitentscheidungsverfahren setzt die Gültigkeit der entsprechenden Rechtsakte damit (mindestens) die positive Übereinstimmung von Rat und Parlament voraus. Der entscheidende Unterschied besteht jedoch darin, daß das Parlament bei diesem Verfahren keine Möglichkeit zur Einbringung von Änderungsvorschlägen besitzt[54].

---

[51] Unten 2. bei den Vermittlungsverfahren. An Übersichten zu dem in seinen Einzelheiten sehr komplizierten Mitentscheidungsverfahren vgl. erneut *Streinz* (Fn. 7), 165 ff. (Rn. 451 ff.), 169 (Rn. 452); u. *Huber* (Fn. 8), 218 ff.; ferner *Michael Nentwich*, Institutionelle und verfahrensrechtliche Neuerungen im Vertrag über die Europäische Union, in: EuZW 1992, 235–243, 236, 241 ff.; *Geiger* (Fn. 5), Art. 189 b Rn. 3 ff.; *Schweitzer/Hummer* (Fn. 42), 71 f. (Rn. 234 ff.), 114 (Rn. 387); *Götz* (Fn. 41), 992 f.; *Rideau* (Fn. 42), 71 ff.

[52] Zur Beurteilung des Mitentscheidungsverfahrens: *Michael Shackleton*, The Politics of Codecision, in: Journal of Common Market Studies 38 (2000), 325–342, 326 ff.; *Sophie Boyron*, Maastricht and the Codecision Procedure: A Success Story, in: ICLQ 45 (1996), 293–318, 302 ff.; *Jean-Claude Piris*, After Maastricht, are the Community Institutions More Efficacious, More Democratic and More Transparent?, in: ELR 19 (1994), 449–487, 464 f. et seq.; *Thomas König*, Vom Intergouvernementalismus zum Parlamentarismus?, in: ders./Elmar Rieger/Hermann Schmitt (Hg.), Das europäische Mehrebenensystem, 1996, 70–98, 89 ff.; vgl. a. den Bericht der Kommission an die Reflexionsgruppe zur Regierungskonferenz 1996, 29 (Rz. 43); zu den Veränderungen durch Amsterdam: *Hilf/Pache* (Fn. 40), 710; *Langrish* (Fn. 50), 5; *Rudolf Streinz*, Der Vertrag von Amsterdam, in: Jura 1998, 57–65, 64.

[53] Z.B.: Errichtung von Struktur- und Kohäsionsfonds (Art. 161 (ex-Art. 130 d) EGV); Abschluß von Assoziations- und anderen wichtigen Verträgen (Art. 300 III UAbs. 2 (ex-Art. 228 III UAbs. 2) EGV); Beitritt zur Union (Art. 49 (ex-Art. O) EUV); Feststellung einer Verletzung der tragenden Grundsätze der Union durch einen Mitgliedstaat (Art. 7 (ex-Art. F.1) EUV; in Amsterdam neu eingefügt). Weitere Beispiele bei *Guido Odendahl*, Die Organe der Europäischen Union (I), in: JA 1995, 121–126, 122.

[54] Das betont auch der Bericht der Kommission an die Reflexionsgruppe zur Regierungskonferenz 1996, 29 (Rz. 46). Insbesondere in den Fällen der Beschlußfassung über völkerrechtliche Verträge weist diese Beobachtung auf ein zentrales Problem des Interorganrespekts im Bereich der auswärtigen Gewalt hin, das im 7. Kap. noch näher erörtert werden soll.

(4) Besonderheiten bei der Haushaltsgesetzgebung

Für die Beschlußfassung über den Haushalt der EG gilt keines der im vorigen beschriebenen Verfahren. Vielmehr ist hierfür in Art. 272 (ex-Art. 203) EGV eine besondere, im einzelnen ziemlich komplizierte Prozedur festgelegt, in der der Rat und das Parlament als gemeinsame Haushaltsbehörde fungieren. Vereinfacht dargestellt[55] beschließt zunächst der Rat auf der Grundlage eines Vorentwurfs der Kommission mit qualifizierter Mehrheit über den Gesamthaushaltsplan (Art. 272 II, III (ex-Art. 203 II, III) EGV). An diesem Plan kann das Parlament anschließend Änderungen vornehmen, allerdings nur im Bereich der nicht obligatorischen Ausgaben. Hinsichtlich der obligatorischen Ausgaben – im Vertrag definiert als solche Ausgaben, „die sich zwingend aus dem Vertrag oder den aufgrund des Vertrags erlassenen Rechtsakten ergeben" – kann es hingegen nur Änderungsvorschläge unterbreiten (Art. 272 IV UAbs. 2 (ex-Art. 203 IV UAbs. 2) EGV). Die Letztentscheidungskompetenz ist dementsprechend aufgeteilt: über die obligatorischen Ausgaben, worunter im wesentlichen die Kosten der Gemeinsamen Agrarpolitik fallen, beschließt im Ergebnis der Rat, über die nicht obligatorischen jedoch das Parlament, sofern sich dort eine Drei-Fünftel-Mehrheit, die mindestens die absolute Mehrheit der Mitglieder umfassen muß, für eine Abänderung des vom Rat insoweit vorgelegten Entwurfes findet (Art. 272 VI (ex-Art. 203 VI) EGV). Hinzu kommt die Befugnis des Parlaments, den Haushaltsplan insgesamt abzulehnen und damit die Vorlage eines neuen Entwurfs durch den Rat zu verlangen; hierfür bedarf es allerdings einer Zwei-Drittel-Mehrheit, die wiederum mindestens die absolute Mehrheit der Mitglieder umfassen muß (Art. 272 VIII (ex-Art. 203 VIII) EGV). Insgesamt ergibt sich so unter Berücksichtigung der unterschiedlichen Mehrheitserfordernisse eine dem Mitentscheidungsverfahren relativ nahe kommende, halbwegs gleichgewichtige Machtverteilung zwischen Rat und Parlament im Haushaltsverfahren, wenngleich das Parlament beispielsweise von seiner schärfsten Waffe, der Globalablehnung des gesamten Haushalts, nur sehr zurückhaltend Gebrauch macht[56].

Die diffizile Ausgestaltung des Haushaltsverfahrens und die mühsam entwickelte Austarierung der Befugnisse von Rat und Parlament haben zu zahlreichen Kompetenzkonflikten zwischen diesen beiden Organen geführt, die letztlich vom Gerichtshof entschieden werden mußten[57]. Die Vorschrift des Art. 272 (ex-Art. 203)

---

[55] Auch zu den Einzelheiten dieses Verfahrens liefern die einschlägigen Lehrbücher gute Übersichten. Vgl. *Streinz* (Fn. 7), 211 ff. (Rn. 586 ff.); *Huber* (Fn. 8), 225 ff.; *Bengt Beutler/Roland Bieber/Jörn Pipkorn/Jochen Streil*, Die Europäische Union, 4. Aufl. 1993, 179 f.; auch *Götz* (Fn. 41), 993; u. *Geiger* (Fn. 5), Art. 203 Rn. 10 ff.

[56] Nachweise hierzu finden sich bei *Roland Bieber*, in: v. d. Groeben/Thiesing/Ehlermann (Fn. 5), Art. 203 EGV Rn. 42.

[57] Vgl. aus den letzten Jahren bspw. EuGH Slg. 1986, 2155 – Rs. 34/86 (Befugnis des Parlaments zur Erhöhung der nicht-obligatorischen Ausgaben); Slg. 1988, 4017 – Rs. 377/87 (zeitlicher Ablauf des Haushaltsverfahrens); Slg. 1992, I-2277 – Rs. C-284/90 (Befugnis zur Übertragung von Einnahmen in das folgende Haushaltsjahr); Slg. 1994, I-625 – Rs. C-316/91 (Befugnis zur Einrichtung des Europäischen Entwicklungsfonds für die AKP-Staaten).

EGV hat jedoch - wahrscheinlich gerade deswegen - sowohl in Maastricht als auch in Amsterdam allen Modifikationsversuchen widerstanden und eröffnet damit nach wie vor ein weites Einsatzfeld für den Gedanken des Interorganrespekts. Von Bedeutung ist insoweit vor allem die von vielen Autoren als problematisch gekennzeichnete Abgrenzung von obligatorischen und nicht obligatorischen Ausgaben[58]. So hat der Rat beispielsweise 1995 einen Verstoß des Parlaments gegen die vom Gerichtshof anerkannte Pflicht zur loyalen Zusammenarbeit zwischen den Organen gerügt, weil das Parlament nach seiner Ansicht einseitig und willkürlich eine Umklassifizierung von obligatorischen und nicht obligatorischen Ausgaben vorgenommen hatte, um so seine Entscheidungskompetenzen zu erweitern[59]. Auch die in Art. 272 IX (ex-Art. 203 IX) EGV vorgesehene Festlegung eines Höchstsatzes für die obligatorischen Ausgaben, die von der Kommission vorgenommen wird, von Rat und Parlament jedoch mit den im Bereich dieser Ausgaben üblichen Mehrheitserfordernissen gemeinsam abgeändert werden kann, hat in diesem Zusammenhang Streit hervorgerufen: der Haushaltsplan für 1995 war vom Präsidenten des Parlaments gem. Art. 272 VII (ex-Art. 203 VII) EGV festgestellt worden, obwohl sich der Rat hinsichtlich der Bestimmung des fraglichen Höchstsatzes durch das Parlament „alle Rechte vorbehalten" hatte, und wurde daher wegen Mißachtung der Befugnisse des Rates durch das Parlament vom Gerichtshof für unwirksam erklärt[60]. Zur Vermeidung derartiger Konflikte wird in erster Linie die Herstellung eines Gleichklangs der Befugnisse zum Erlaß materieller Rechtsakte einerseits und der mit ihrer Ausführung verknüpften Haushaltsbewilligungen andererseits gefordert[61]; die Erfüllung dieser Forderung erscheint jedoch nicht absehbar, so daß bis auf weiteres von einer Fortdauer dieser Konflikte und damit von einer besonderen Notwendigkeit zur Beachtung des Interorganrespekts im europäischen Haushaltsverfahren ausgegangen werden muß[62].

---

[58] Stv. für die hieran geäußerte Kritik etwa *Alan Dashwood*, The Limits of European Community Powers, in: ELR 21 (1996), 113–129, 126 ff.; *Siegfried Magiera*, Zur Finanzverfassung der Europäischen Union, in: GS Eberhard Grabitz, 1995, 409–430, 422; *Roland Bieber*, in: v. d. Groeben/Thiesing/Ehlermann (Fn. 5), Art. 203 EGV Rn. 25 ff.

[59] EuGH Slg. 1995, I-4411 – Rs. C-41/95 (zum Gesamthaushaltsplan für 1995).

[60] Nochmals EuGH Slg. 1995, I-4411 – Rs. C-41/95 –, I-4437 ff. Da es demzufolge schon an der vertraglich geforderten Übereinstimmung von Rat und Parlament fehlte, mußte der Gerichtshof zur Rüge des Rates, die Pflicht zur loyalen Zusammenarbeit zwischen den Organen sei verletzt worden, nicht mehr abschließend Stellung nehmen.

[61] Z.B. von *Lipsius* (Fn. 29), 254 f.; vgl. a. *Siegfried Magiera*, in: Grabitz/Hilf (Fn. 5), Art. 203 EGV Rn. 19 ff.; ferner *Heinz Josef Lenzen*, Der EU-Haushalt: Ein Katalysator für Legislativmaßnahmen?, in: EuR 1996, 214–224, 217 ff.

[62] Der Interorganrespekt wird in diesem Falle vor allem vom Rat eingefordert, vgl. schon oben Fn. 59 sowie den Bericht des Rates über das Funktionieren des Vertrags über die Europäische Union, 1995, 20 (Rz. 35), wo kritisiert wird, das Parlament nutze seine Haushaltsbefugnisse zuweilen, um auch die inhaltliche Festlegung der Gemeinschaftspolitiken zu beeinflussen.

(5) Interorganvereinbarungen

Für die Bewältigung der durch die oben dargestellte Vielfalt und Komplexität der Rechtsetzungsverfahren bedingten Herausforderungen an den Interorganrespekt hat man auf europäischer Ebene ein spezifisches Instrument entwickelt, das die Notwendigkeiten eines wechselseitigen Respekts zwischen den Organen formalisiert zum Ausdruck bringt: die sogenannten „interinstitutionellen Vereinbarungen", kurz als Interorganvereinbarungen bezeichnet. Es erscheint charakteristisch, daß die erste dieser Vereinbarungen, eine Übereinkunft zwischen Parlament und Rat aus dem Jahr 1971, die Zusammenarbeit im Haushaltsverfahren betraf[63]. Auch in der Folgezeit bildete dieses Verfahren ein zentrales Einsatzfeld für Interorganvereinbarungen[64]; heute reguliert eine solche Vereinbarung seine Einzelheiten ebenso wie die Haushaltsdisziplin[65]. Aus den Zeiten, als die Rechte des Parlaments sich im Kern noch auf eine bloße Anhörung beschränkten, stammen eine Selbstverpflichtung der Kommission vom 30.05.1973 zur fakultativen Einbeziehung des Parlaments[66] und eine Gemeinsame Erklärung von Rat, Kommission und Parlament vom 04.03.1975, mit der das sogenannte „Konzertierungsverfahren" für alle ins Gewicht fallenden Rechtsakte mit finanziellen Auswirkungen eingerichtet wurde[67]. Unter der Geltung des Maastrichter Vertrages wurden am 25.10.1993 eine Interinstitutionelle Erklärung über Demokratie, Transparenz und Subsidiarität verabschiedet und zugleich die Verfahren zur Anwendung des Subsidiaritätsprinzips und die Abwicklung der Arbeiten des im Mitentscheidungsverfahren vorgesehenen Vermittlungsausschusses durch Interorganvereinbarungen geregelt; hinzu kam am 20.12.1994 eine Vereinbarung zur Beschleunigung der offiziellen Kodifizierung der Rechtstexte[68]. Weiterhin konnte das Parlament am 15.03.1995 mit der Kommission einen umfassenden Verhaltenskodex über die künftige gemeinsame Gesetzgebungsarbeit aushandeln, der unter anderem eine bessere Berücksichtigung seiner legislativen Wünsche, seine möglichst frühzeitige Unterrichtung über anstehende Normierungsvorhaben und im Vorfeld der Rechtsetzung einen Konsultationsprozeß

---

63 ABl. C 124/1971, 62 f.

64 Vgl. die Gemeinsame Erklärung von Parlament, Rat und Kommission zum Haushaltsverfahren vom 30.06.1982, ABl. C 194/1982, 1 ff.; u. die erste bewußt auf rechtliche Verbindlichkeit angelegte Vereinbarung über die Haushaltsdisziplin und die Verbesserung des Haushaltsverfahrens in: ABl. L 185/1988, 33 ff.

65 ABl. C 172/1999, 1 ff.

66 Text in: *Roland Bieber*, Organe der erweiterten Europäischen Gemeinschaften: Das Parlament, 1974, 185 ff.

67 Näher hierzu *Thomas Läufer*, Die Organe der EG – Rechtsetzung und Haushaltsverfahren zwischen Kooperation und Konflikt, 1990, 54 ff. (Wortlaut abgedr. 63 f.); vgl. a. schon *Siegfried Magiera*, Die Haushaltsbefugnisse des Europäischen Parlaments – Ansatz zur parlamentarischen Mitregierung auf Gemeinschaftsebene?, in: FS Hans-Jürgen Schlochauer, 1981, 829–853, 848 ff.

68 Vgl. zur erstgenannten Erklärung ABl. C 329/1993, 133 ff.; sowie zu der letztgenannten, dort im Anhang abgedruckten Vereinbarung *Claude Blumann*, Le Parlement européen et la comitologie: une complication pour la Conférence intergouvernementale de 1996, in: Revue trimestrielle de droit européen 1996, 1–24, 12 ff.; u. insges. die Übersicht in Anlage V f zum Bericht des Rates über das Funktionieren des Vertrags über die Europäische Union, 1995.

hinsichtlich der Wahl der Rechtsgrundlage durch die Kommission und der daraus fließenden prozeduralen Konsequenzen vorsieht; hinzu kam nach dem Inkrafttreten des Amsterdamer Vertrages eine neue gemeinsame Erklärung über die praktischen Modalitäten des neugestalteten Mitentscheidungsverfahrens[69].

Alle diese Vereinbarungen dienen der generellen Entschärfung der Probleme, die mit der wechselseitigen Abgrenzung der Befugnisse der einzelnen Organe in den verschiedenen europäischen Rechtsetzungsverfahren einhergehen, und können insoweit als normative Formulierung des hinter dieser Abgrenzung stehenden allgemeinen Gedankens vom Interorganrespekt gelesen werden. Die Frage ihrer Voraussetzungen und Rechtswirkungen ist nicht abschließend geklärt; unbestritten scheint jedoch, daß die beteiligten Organe kraft ihres Selbstorganisationsrechts grundsätzlich zum Abschluß solcher Vereinbarungen berechtigt sind[70]. *Schwarze* bemüht darüber hinaus ausdrücklich den im Prinzip des Interorganrespekts enthaltenen Grundsatz der Organtreue, um die rechtliche Bindungswirkung der entsprechenden Absprachen zu begründen; dieser Grundsatz dient ihm außerdem als Maßstab für die Beurteilung der Zulässigkeit möglicher Abweichungen von den getroffenen Vereinbarungen[71]. Schließlich entspricht auch die Limitierung der potentiellen Spielräume von Interorganvereinbarungen der der ungeschriebenen Idee des Interorganrespekts zu ziehenden Grenze: die ausdrücklich kodifizierten Vorgaben der jeweiligen Verfassungsordnung bzw. des EG-Vertrages, insbesondere diejenigen, die Kompetenzzuweisungen treffen und das damit verbundene institutionelle Gleichgewicht konstituieren, dürfen nicht angetastet werden[72]. Alle diese in der Praxis entwickelten und im Schrifttum herausgearbeiteten Elemente der interinstitutionellen Vereinbarungen haben im übrigen mittlerweile eine ausdrückliche Bestätigung in der Erklärung für die Schlußakte der Konferenz von Nizza zu Art. 10 EGV gefunden.

(6) Anmerkung zur Stellung des Europäischen Rates

Als ungeklärt muß spätestens seit dem Vertrag von Maastricht die genaue Positionierung des Europäischen Rates in diesem Kräftefeld gelten. Nach Art. 4 I (ex-

---

[69] ABl. C 148/1999, 1 ff., hier zit. nach: Revue trimestrielle de droit européen 1999, 337 f.; näheres zum Inhalt des Verhaltenskodex in: EuZW 1995, 324.

[70] So *Jürgen Schwarze*, Möglichkeiten und Grenzen interinstitutioneller Vereinbarungen nach Maastricht, in: Georg Ress/ders./Torsten Stein (Hg.), Die Organe der Europäischen Union im Spannungsfeld zwischen Gemeinschaft und Zusammenarbeit, EuR Beiheft 2/1995, 49–67, 53; vgl. a. allg. zur Klassifizierung der Interorganvereinbarungen *Marijke Gauweiler*, Die rechtliche Qualifikation interorganschaftlicher Absprachen im Europarecht, 1988, 3 ff.; *Beutler/Bieber/Pipkorn/Streil* (Fn. 55), 199 f. m.w.N.; sowie insbes. *Roland Bieber*, Das Verfahrensrecht von Verfassungsorganen, 1992, 187 ff.; u. zuletzt *Carine Guérassimoff*, La coopération interinstitutionelle dans l'union européenne, in: Revue des Affaires Européennes 1997, 472–495, 489 ff.

[71] *Schwarze* (Fn. 70), 54 f., 61; vgl. a. allg. *Ulrich Everling*, Zur rechtlichen Wirkung von Beschlüssen, Entschließungen, Erklärungen und Vereinbarungen des Rates oder der Mitgliedstaaten der Europäischen Gemeinschaft, in: GS Léontin-Jean Constantinesco, 1983, 133–156, 140 ff.

[72] Zur parallelen Problematik schlichter Parlamentsbeschlüsse und interfraktioneller Absprachen im deutschen Verfassungsrecht vgl. *Norbert Achterberg*, Parlamentsrecht, 1984, 747; *Helmuth Schulze-Fielitz*, Der informale Verfassungsstaat, 1984, 86 ff.

Art. D I) EUV gibt der Europäische Rat der gesamten Union – was nach Art. 1 III (ex-Art. A III) EUV die drei Gemeinschaften einschließt – die für ihre Entwicklung erforderlichen Impulse und legt die allgemeinen politischen Zielvorstellungen für diese Entwicklung fest. Eine ähnliche Kompetenz wird ihm in Art. 99 II (ex-Art. 103 II) EGV für den Bereich der Wirtschaftspolitik sogar direkt durch das Gemeinschaftsrecht zugewiesen. Die genauen Konsequenzen dieser Lenkungsbefugnis sind freilich umstritten[73]. Ihre überragende politische Bedeutung steht allein schon deshalb außer Frage, weil sich die im Rat vertretenen Minister kaum jemals gegen ihre eigenen Staats- und Regierungschefs wenden werden. In rechtlicher Hinsicht wirkt sie sich jedoch in keiner Weise auf die im vorigen erläuterten Rechtsetzungsverfahren aus, weshalb sich die Betrachtung auch im folgenden nur auf diese Verfahren konzentrieren soll.

2. Vermittlungsverfahren

Überall dort, wo die Verfassungsordnung kein Letztentscheidungsrecht für ein bestimmtes Legislativorgan vorsieht, sondern die Gesetzgebungsentscheidung zumindest auf beide „Kammern" der Legislative aufteilt, entsteht das Problem einer möglichen Blockade des Rechtsetzungsprozesses durch die gegensätzliche Ausübung der gleichgewichtigen Machtpositionen beider Legislativorgane. Zur Überwindung solcher Blockaden bedarf es daher in jedem auf dieser Basis organisierten Verfassungssystem besonderer Verfahren zur „Vermittlung" zwischen den verschiedenen am Normierungsprozeß beteiligten Organen. Die nähere Ausgestaltung dieser Verfahren, über die im folgenden ein kurzer Überblick gegeben werden soll, hängt dabei wesentlich von den im vorigen Abschnitt behandelten Zustimmungserfordernissen ab, läßt sich darüber hinaus aber auch wieder nach einzelnen Modelltypen kategorisieren.

a) Modelltyp I: Ad hoc-Vermittlung

Der erste dieser Modelltypen sieht lediglich eine punktuelle Vermittlung durch ad hoc gebildete Institutionen vor, deren Einrichtung jeweils spezifisch im Rahmen eines bestimmten streitigen Gesetzgebungsvorhabens erfolgt. Erstaunlicherweise findet dieser Typus gerade in den Vereinigten Staaten Anwendung, wo jedes Gesetz der Zustimmung beider Häuser des Kongresses bedarf und man daher eigentlich von ei-

---

[73] Eine umfassende Darstellung des diesbezüglichen Streitstandes findet sich bei *Matthias Pechstein/Christian Koenig*, Die Europäische Union, 2. Aufl. 1998, 90 ff. (Rn. 165 ff.); vgl. a. *Streinz* (Fn. 7), 91 f. (Rn. 279); sowie *Ulrich Everling*, Die Rolle des Europäischen Rates gegenüber den Gemeinschaften, in: Georg Ress/Jürgen Schwarze/Torsten Stein (Hg.), Die Organe der Europäischen Union im Spannungsfeld zwischen Gemeinschaft und Zusammenarbeit, EuR Beiheft 2/1995, 41–48. Zum Ausnahmefall der Europäischen Währungsunion, in deren Einführung der Europäische Rat in bislang ungewohnter Intensität involviert war, vgl. zuletzt *Bernd Martenczuk*, Der Europäische Rat und die Wirtschafts- und Währungsunion, in: EuR 1998, 151–177, bes. 174 ff. zu einer möglichen Weiterwirkung seiner dort entfalteten Aktivitäten.

ner gesteigerten Notwendigkeit zur permanenten Vermittlung zwischen Senat und Repräsentantenhaus ausgehen müßte. In der Tat werden auch nur die wenigsten größeren Gesetzgebungsprojekte von vornherein im Konsens beider Kammern verabschiedet[74]; daß die Verfassung hierauf nicht schon längst mit der Etablierung eines festgeschriebenen Vermittlungsprozesses reagiert hat, ist wohl allein ihrem ehrwürdigen Alter und ihrer generellen Resistenz gegenüber Änderungen zuzuschreiben.

In der amerikanischen Verfassungspraxis hat sich folgendes Verfahren herausgebildet[75]: Jeder von einer Kammer beschlossene Gesetzentwurf wird zunächst der anderen Kammer zugeleitet. Diese sendet ihn, sofern sie ihn nicht rundweg bejaht oder ablehnt, mit ihren Ergänzungen und Abweichungen zur erneuten Beschlußfassung zurück an die erste Kammer. Theoretisch könnte so ein fast endloser Kreislauf entstehen. Um dies zu vermeiden, wird bei größeren inhaltlichen Meinungsverschiedenheiten durch Beschluß beider Häuser eine sogenannte „bi-cameral conference" einberufen. Die Zusammensetzung und genauen Aufgaben dieser Konferenz werden ad hoc bestimmt; üblicherweise gehören ihr allerdings die Vorsitzenden der mit dem fraglichen Gesetzgebungsvorhaben befaßten Ausschüsse beider Häuser und die „ranking members" der Fraktionen in diesen Ausschüssen an, wobei darauf geachtet wird, daß sich die in Senat und Repräsentantenhaus bestehenden Mehrheitsverhältnisse in der Besetzung der jeweiligen Delegationen widerspiegeln[76]. Gelangt die Konferenz mehrheitlich zu einem Kompromißvorschlag, so wird dieser als „conference report" an die beiden Legislativkammern zurückübermittelt; Gesetz werden kann er jedoch nur, wenn diese anschließend übereinstimmende Plenarbeschlüsse zu seiner Annahme fassen.

Die besondere Vetomacht des amerikanischen Präsidenten, auf die weiter unten noch näher eingegangen werden soll, bringt darüber hinaus eine zusätzliche Vermittlungsnotwendigkeit im Verhältnis zwischen Legislative und Exekutive mit sich. Nach dem in Art. I Sect. 7 Cl. 2 der Verfassung vorgesehenen Verfahren kommt der Präsident zwar in der Theorie erst dann ins Spiel, wenn das Verfahren innerhalb des Kongresses abgeschlossen ist. In der Praxis stehen ihm jedoch zahlreiche informelle Handlungsmöglichkeiten offen, von denen er im Regelfall auch reichlich Gebrauch macht: Die Palette reicht hier von öffentlichen Auftritten, die der Stimmungsmache für oder gegen einen bestimmten Gesetzentwurf dienen, über einzelne Treffen mit den politischen Führungspersonen des Kongresses bis hin zur direkten persönlichen Einflußnahme auf einzelne Abgeordnete[77]. In umgekehrter Richtung versucht die

---

[74] Das bestätigt auf empirischer Basis bspw. *McNeil* (Fn. 3), 63 et seq.

[75] Für eine Kurzdarstellung mit schematischer Übersicht vgl. *Peter Filzmaier/Fritz Plasser*, Die amerikanische Demokratie, 1997, 77 ff.

[76] Einzelheiten bei *Rotunda/Nowak/Young* (Fn. 1), 560 ff. (§ 10.6); *McNeil* (Fn. 3), 64 ff.; u. *Davidson/Oleszek* (Fn. 14), 349 ff.

[77] Der Präsident unterhält zu diesem Zweck sogar ein eigenes „Office of Congressional Relations". Näher dazu *Pfiffner* (Fn. 13), 97 ff.; konkrete Beispiele aus dem Haushaltsverfahren nennt *Heun* (Fn. 14), 88 f. m.w.N.; vgl. a. insges. *Peterson* (Fn. 14), 91 ff., bes. 118 ff.; u. *Nelson W. Polsby*, Political Change and the Character of the Contemporary Congress, in: Anthony W. King (ed.), The New American Political System, 2nd Version 1990, 29–46, 39 f. m.w.N.

Kongreßführung normalerweise ebenfalls, eine Kraftprobe mit dem Präsidenten schon im Vorfeld zu vermeiden, da die politische Erfahrung lehrt, daß ein präsidentielles Veto nur selten überwunden werden kann[78]. Selbst wenn daher kein formelles Verfahren zur Vermittlung zwischen Kongreß und Präsident existiert, übt die in der Verfassung festgeschriebene Machtverteilung zwischen diesen beiden Institutionen im Gesetzgebungsverfahren doch einen beträchtlichen Druck zugunsten frühzeitiger Koordination und Kooperation aus[79] und bereitet damit den Boden für eine umfassende Anwendung des Prinzips vom Interorganrespekt.

b) Modelltyp II: Ständiger Vermittlungsausschuß mit Generalzuständigkeit

Da es etwas der Vetomacht des US-Präsidenten Vergleichbares im deutschen Verfassungssystem nicht gibt, kommt das Grundgesetz mit einer einfachen Vermittlungsnotwendigkeit aus, die sich auf das Verhältnis zwischen Bundestag und Bundesrat beschränkt. Zwar verlangt Art. 77 IV 1 GG, wie vorhin schon dargestellt wurde[80], auch bei nicht zustimmungspflichtigen Gesetzen die Durchführung eines Vermittlungsverfahrens als zwingende Voraussetzung der Rechtswirksamkeit eines Einspruchs des Bundesrates; seine eigentliche Bedeutung entfaltet der Vermittlungsprozeß jedoch nur dort, wo ein Gesetzgebungsprojekt ohne seine Einschaltung zum Scheitern verurteilt wäre, d.h. bei Zustimmungsgesetzen. Art. 77 II GG konstituiert für diesen Zweck einen ständigen Ausschuß, der die Generalzuständigkeit für alle potentiellen Gesetzesvorhaben besitzt, und etabliert damit das modelltypische Gegenstück zum amerikanischen System der ad hoc-Vermittlung[81]. Die Exekutive wird dabei zumindest insoweit einbezogen, als die Bundesregierung neben Bundestag und Bundesrat zum Kreis derjenigen Institutionen gehört, die die Einberufung des Vermittlungsausschusses verlangen können (Art. 77 II 4 GG). Der Ausschuß selbst ist allerdings ausschließlich mit Mitgliedern der beiden Legislativorgane besetzt; die in Art. 77 II 2 GG vorgesehene Geschäftsordnung legt eine paritätische Besetzung durch jeweils 16 Mitglieder der beiden Organe fest, wobei die Angehörigen des Bundesrates gem. Art. 77 II 3 GG von ihrer ansonsten bestehenden Weisungsgebundenheit freigestellt werden. Die parteipolitische Verteilung der Ausschußsitze auf die einzelnen Fraktionen bzw. Ländervertreter richtet sich wie in Amerika nach den im jeweiligen Organ herrschenden Mehrheitsverhältnis-

---

[78] Zwischen 1789 und 1995 wurden von insgesamt 1.468 präsidentiellen Vetos nur 104 überstimmt. Vgl. dazu *Filzmaier/Plasser* (Fn. 75), 81; u. die ausführliche Statistik bei *Lyn Ragsdale*, Vital Statistics on the Presidency, 1996, 396 ff.

[79] Vgl. statt vieler: *Peterson* (Fn. 14), 84 ff.; u. *Davidson/Oleszek* (Fn. 14), 374 ff., die insoweit unverhüllt von „legislative bargaining“ sprechen; ähnliche Folgerungen zieht speziell für den budgetären Entscheidungsprozeß auch *Heun* (Fn. 14), 80.

[80] Oben 1. b) aa) (1) (150).

[81] In diesem Sinne auch *Wilhelm Opfermann*, Der europäische Vermittlungsausschuß, in: FS Ernst-Wolfgang Böckenförde, 1995, 177–197, 189. Allg. zur Rolle des deutschen Vermittlungsausschusses schon *Ekkehart Hasselsweiler*, Der Vermittlungsausschuß, 1981, bes. 39 ff. u. zus.fass. 287 ff. m.w.N.

sen[82]; seine Beschlüsse faßt der Ausschuß jedoch mit einfacher Mehrheit, was in Abhängigkeit von den aktuellen parteipolitischen Konstellationen und in Verbindung mit der formellen Ungebundenheit der Ausschußmitglieder durchaus dazu führen kann, daß am Ende des Verfahrens ein Vermittlungsvorschlag steht, der dem ursprünglichen Gesetzesbeschluß des Bundestages diametral zuwiderläuft[83]. Eigene Entscheidungskompetenzen sind dem Vermittlungsausschuß im deutschen System nicht eingeräumt; stattdessen ist er auf die Unterbreitung von Änderungsvorschlägen beschränkt, über die der Bundestag gem. Art. 77 II 5 GG erneut beschließen muß und die er bei dieser Gelegenheit vollkommen frei ablehnen kann[84]. Allerdings kommt diesen Änderungsvorschlägen trotz ihrer formellen Unverbindlichkeit in der politischen Praxis ein beachtlicher Konsenseffekt zu, der zumindest tendenziell im Sinne des Interorganrespekts gedeutet werden kann. Denn zunächst muß der Bundestag, sofern der Vermittlungsausschuß dies nach § 10 seiner Geschäftsordnung so bestimmt – was in den meisten Fällen geschieht –, über die Vorschläge des Ausschusses en bloc abstimmen, und anschließend muß sich der Bundesrat hinsichtlich des Gesetzentwurfs im ganzen ebenfalls zwischen Zustimmung und Ablehnung entscheiden[85]. Wer immer in dieser Phase des Verfahrens den Empfehlungen des Ausschusses die Anerkennung versagt, muß daher in der Regel auch die politische Verantwortung für das Scheitern des Gesetzes insgesamt auf sich nehmen.

c) Der europäische Mittelweg

Auch auf der europäischen Ebene hat Art. 251 IV (ex-Art. 189 b IV) EGV im Rahmen des Mitentscheidungsverfahrens einen Vermittlungsausschuß etabliert, der wie in Deutschland aus gleichvielen Vertretern des Rates und des Europäischen Parlaments besteht. Im Rahmen des Haushaltsverfahrens nach Art. 272 (ex-Art. 203) EGV existiert eine solche Institution nicht; entsprechend den oben behandelten Interorganvereinbarungen zu diesem Verfahren finden im Zuge der Haushaltsberatungen jedoch regelmäßige Treffen und ständige Abstimmungen zwischen

---

82 Zur Zusammensetzung des Vermittlungsausschusses i. einz. *Jörg Lücke*, in: Sachs (Fn. 9), Art. 77 Rn. 8; vgl. a. schon – noch mit den alten, auf der Existenz von nur 11 Ländern vor der Wiedervereinigung beruhenden Zahlen – *Diether Posser*, Der Vermittlungsausschuß, in: Bundesrat (Hg.), Vierzig Jahre Bundesrat, 1989, 203–211, 204 f.

83 Das ist bspw. im amerikanischen System anders, wo bereits im „conference"-Verfahren jeder Beschluß sowohl in der Senatsdelegation als auch in der Abordnung des Repräsentantenhauses die Mehrheit finden muß. Vgl. näher *Hasselsweiler* (Fn. 81), 25; sowie *McNeil* (Fn. 3), 66. *Busse* (Fn. 16), 460, weist dementsprechend auch auf die geringere „Erfolgsquote" der Vorschläge des deutschen Vermittlungsausschusses hin.

84 BVerfGE 72, 175, 188; vgl. dazu insges. auch *Max Josef Dietlein*, Der Dispositionsrahmen des Vermittlungsausschusses, in: NJW 1983, 80–89.

85 Vgl. näher – unter ausdrücklichem Verweis auf die Verfassungsorgantreue – *Hans Bismark*, Grenzen des Vermittlungsausschusses, in: DÖV 1983, 269–279, 275 ff.; weiter *Opfermann* (Fn. 81), 190 ff.; sowie *Posser* (Fn. 82), 205 et seq.; u. aus politikwissenschaftlicher Sicht *v. Beyme* (Fn. 14), 296 ff. Nur bei Vorschlägen zur Änderung des GG wird diese Regel durchbrochen, vgl. dazu die letzte Änderung der GO-VA vom 16.05.1995, BGBl. I, 742.

Vertretern des Rates und des Parlaments statt, um eventuelle Konfrontationen über das Budget nach Möglichkeit frühzeitig zu entschärfen[86]. Dies belegt erneut, wie sehr eine weitgehend gleichgewichtige Machtverteilung auf verschiedene Verfassungsorgane jenseits aller ausdrücklich kodifizierten Kooperationsverpflichtungen den praktischen Einsatz von Mechanismen des Interorganrespekts erzwingt.

Für den einzigen vertraglich festgeschriebenen Vermittlungsprozeß im Kontext des Kodezisionsverfahrens hat der EGV einen Mittelweg zwischen den in Deutschland und den USA vorgefundenen Modelltypen gewählt[87]: So trägt der europäische Vermittlungsausschuß im Gegensatz zum deutschen Vorbild als Ganzes keinen ständigen Charakter, wird aber andererseits jeweils nach gewissen allgemein vorgegebenen Regeln besetzt und daher auch nicht vollständig ad hoc zusammengestellt. Seine Zuständigkeit ist entsprechend der vertraglichen Kompetenzverteilung auf jene Bereiche beschränkt, die dem Mitentscheidungsverfahren unterliegen, wobei gerade jene Bereiche in Amsterdam erheblich ausgedehnt worden sind und jetzt etwa drei Viertel der gesamten europäischen Rechtsetzung ausmachen[88]. Anders als in Deutschland kann der Rat ein Vermittlungsverfahren vermeiden, indem er von vornherein auf die Änderungswünsche des Parlaments eingeht (Art. 251 III (ex-Art. 189 b III) EGV; sog. „Änderungsdurchgriff"). Ein europäisches Spezifikum ist in der formellen Einbeziehung der Kommission zu sehen, die gem. Art. 251 IV 2 (ex-Art. 189 b IV 2) EGV an den Arbeiten des Vermittlungsausschusses teilnimmt und „alle erforderlichen Initiativen" zur Annäherung der gegenseitigen Standpunkte ergreifen soll[89]. Die negative Entscheidungskompetenz des europäischen Vermittlungsausschusses reicht noch weiter als die des deutschen: kann sich der Ausschuß nämlich nicht auf einen gemeinsamen Entwurf einigen, so ist der vorgeschlagene Rechtsakt insgesamt gescheitert (Art. 251 VI (ex-Art. 189 b VI) EGV). Da ähnlich wie im amerikanischen System die Vorlage eines gemeinsamen Vorschlags durch den Vermittlungsausschuß sowohl von den Vertretern des Parlaments als auch von denen des Rates im Ausschuß jeweils mehrheitlich mitgetragen werden muß – die Vertreter des Rates müssen sogar eine qualifizierte Mehrheit aufbringen, da die endgültige Verabschiedung des Rechtsaktes im Rat ebenfalls einer solchen bedarf (Art. 251 IV 1, V 1 (ex-Art. 189 b IV 1, V 1) EGV)[90] – und Art. 251 V, VII

---

[86] Vgl. schon oben die in Fn. 63–65 zit. interinstitutionellen Vereinbarungen bzw. Erklärungen; außerdem *Guérassimoff* (Fn. 70), 479 ff.; u. statt vieler: *Siegfried Magiera*, in: Grabitz/Hilf (Fn. 5), Art. 201 a EGV Rn. 14 ff. Die Arbeitsweise des durch Art. 251 IV (ex-Art. 189 b IV) EGV etablierten Vermittlungsausschusses wurde im Oktober 1993 ebenfalls in einer interinstitutionellen Vereinbarung näher geregelt und nach Amsterdam in einer gemeinsamen Erklärung der beteiligten Organe modifiziert, vgl. oben Fn. 68 und 69.

[87] Eine umfassende Gegenüberstellung der unterschiedlichen Regelungen findet sich bei *Opfermann* (Fn. 81), 180 ff. Näheres zum europäischen Vermittlungsverfahren ferner bei *Johann Schoo*, in: v. d. Groeben/Thiesing/Ehlermann (Fn. 5), Art. 189 b EGV Rn. 51 ff.; vgl. weiter *Schweitzer/Hummer* (Fn. 42), 71 f. (Rn. 234 ff.); *Rideau* (Fn. 42), 72 f.; *Boyron* (Fn. 52), 297 f., 305, 310 ff.

[88] *Streinz* (Fn. 52), 64; *Hilf/Pache* (Fn. 40), 710.

[89] Näher zu dieser etwas irritierenden Rolle der Kommission *Boyron* (Fn. 52), 298 ff., 312 f.

[90] Um die Erreichung dieser Mehrheit zu erleichtern, wird für die interne Abstimmung im Rat

(ex-Art. 189 b V, VII) EGV dem Ausschuß außerdem eine strikte Zeitbegrenzung vorgeben, erzeugt der Vertrag damit einen beachtlichen Einigungsdruck. Andererseits sichern gerade diese Mehrheitserfordernisse im Normalfall zugleich die abschließende Annahme des Vermittlungsvorschlags in Rat und Parlament, die von Art. 251 V (ex-Art. 189 b V) EGV gefordert wird[91]. Die dem Rat im ursprünglichen Art. 189 b VI EGV eingeräumte Möglichkeit, den fraglichen Rechtsakt im Falle einer Nichteinigung im Vermittlungsausschuß zu „bestätigen", was vom Parlament nur mit der absoluten Mehrheit seiner Mitglieder überwunden werden konnte, ist in Amsterdam zugunsten eines noch stärker ausgeprägten Machtgleichgewichts zwischen Rat und Parlament gestrichen worden[92].

3. Europäische Spezialfragen

In den bislang behandelten Bereichen kann man trotz aller modelltypischen Unterschiede zwischen den betrachteten Verfassungsordnungen von einer weitgehenden Parallelität der Grundstrukturen in den nationalstaatlichen Systemen Deutschlands und der USA einerseits und der supranationalen Organisationsform der Europäischen Union andererseits sprechen. Auf der europäischen Ebene existieren darüber hinaus jedoch zwei spezifische Problemkomplexe, die weder das deutsche noch das amerikanische Modell in dieser Form kennen und die daher vor einer zusammenfassenden Bewertung noch kurz zum Gegenstand der Erörterung gemacht werden müssen.

a) Das Problem der Abstimmungsmehrheiten im Ministerrat

Der erste dieser Komplexe betrifft die unterschiedlichen Mehrheitsanforderungen, die der EG-Vertrag für die Verabschiedung von Rechtsakten im Ministerrat statuiert. Während in allen anderen hier behandelten Legislativorganen - von Bundestag und Bundesrat über das Europäische Parlament bis hin zu Senat und Repräsentantenhaus - bei Abstimmungen grundsätzlich die einfache Mehrheit entscheidet und besondere Mehrheiten, wie im vorigen teilweise schon dargelegt, nur in bestimmten wenigen Situationen zur Anwendung kommen, sieht Art. 205 (ex-Art. 148) EGV für die Beschlußfassung im Rat noch zwei weitere Möglichkeiten

---

der Ausschuß der Ständigen Vertreter (COREPER) in den Vermittlungsprozeß mit eingebunden. Vgl. stv. *P. J. G. Kapteyn/P. VerLoren van Themaat*, Introduction to the Law of the European Communities, 3rd ed. 1998, 194 f.

[91] Das bestätigt aus empirischer Perspektive wiederum *Opfermann* (Fn. 81), 187 f. Vgl. stv. die Entstehungsgeschichte der „Novel Food"-Verordnung, die eines der großen Vermittlungsprojekte der letzten Jahre auf europäischer Ebene darstellte, u. dazu bspw. *Rudolf Streinz*, Die EG-Verordnung über neuartige Lebensmittel und neuartige Lebensmittelzusätze, in: EuZW 1997, 487–491, 487 f.; weitere Beispiele bei *Boyron* (Fn. 52), 306 ff.

[92] In diesem Sinne auch *Rudolf Streinz*, Der Vertrag von Amsterdam, in: EuZW 1998, 137–147, 143 f.; u. *Langrish* (Fn. 50), 4 f.

vor[93]: zum einen Einstimmigkeit, zum anderen die sogenannte „qualifizierte Mehrheit", bei der die Stimmen der einzelnen Mitgliedstaaten entsprechend ihrer Größe unterschiedlich gewichtet werden und der Rechtsakt außerdem noch eine deutlich über der absoluten Mehrheit liegende Mindeststimmenzahl erhalten muß. Dabei ist das Erfordernis der einfachen Mehrheit, obwohl in Art. 205 I (ex-Art. 148 I) EGV scheinbar als Regelfall vorgesehen, auf relativ wenige und eher unwichtige Fälle beschränkt[94]. Auch Einstimmigkeit wird vom EG-Vertrag nur selten und normalerweise nur in besonders sensiblen Bereichen gefordert; allerdings darf in diesem Zusammenhang die wichtige Vorschrift des Art. 250 I (ex-Art. 189 a I) EGV nicht vergessen werden, die für Änderungen ursprünglicher Kommissionsvorschläge auch in Bereichen, die ansonsten mehrheitlichen Entscheidungen zugänglich sind, Einstimmigkeit im Rat verlangt und ihm damit eine spezifische Form von Interorganrespekt gegenüber dem vertraglichen Initiativmonopol der Kommission abnötigt[95]. Insgesamt stellt aber die „qualifizierte Mehrheit" nach dem EG-Vertrag den Regelfall der Beschlußfassung im Rat dar, wobei sich in Art. 205 II (ex-Art. 148 II) EGV bei näherem Hinsehen eine weitere Anforderung dieser Form des Interorganrespekts zeigt: Beschließt nämlich der Rat auf Vorschlag der Kommission, so genügt ihm die einfache Erreichung der Mindestzahl von 62 Stimmen, was sich theoretisch mit der Zustimmung von 8 Mitgliedstaaten verwirklichen ließe; ohne einen solchen Kommissionsvorschlag müssen darüber hinaus jedoch wenigstens 10 Mitgliedstaaten zustimmen. Die so beschriebene Verteilung der Mehrheitserfordernisse im Rat erweist sich insofern als systemspezifisch, als sie den besonderen supranationalen Charakter der Europäischen Gemeinschaft widerspiegelt[96].

Zusätzliche, im Vertrag eigentlich nicht angelegte Komplikationen hinsichtlich der Abstimmungsmehrheiten im Ministerrat ergeben sich aus dem sogenannten „Luxemburger Kompromiß" von 1966, in dem sich die damaligen Mitgliedstaaten verpflichteten, im Falle der Berührung „sehr wichtiger Interessen" einzelner Partner besondere Bemühungen zur Herstellung eines Konsenses zu unternehmen, und Frankreich außerdem die Existenz eines Vetorechtes für in solchen Interessen betroffene Mitgliedstaaten postulierte[97]. Der rechtliche Charakter dieser Vereinbarung war immer umstritten; fraglich erscheint außerdem, ob unter den Bedingungen

---

[93] Dabei werden punktuell vorgeschriebene besondere Mehrheiten wie etwa die in Art. 104 XIII (ex-Art. 104 c XIII) EGV festgelegte „qualifizierte Zwei-Drittel-minus-eins"-Mehrheit sogar von vornherein außer Betracht gelassen.

[94] So z.B. auch *Streinz* (Fn. 7), 86 (Rn. 263); vgl. weiter die Beispiele bei *Michael Schweitzer*, in: Grabitz/Hilf (Fn. 5), Art. 148 EGV Rn. 3.

[95] Vgl. schon oben I. 1. b) (141); u. insges. zu den Einstimmigkeitserfordernissen bspw. *Huber* (Fn. 8), 199 f.; *Jean-Paul Jacqué*, in: v. d. Groeben/Thiesing/Ehlermann (Fn. 5), Art. 148 EGV Rn. 3; sowie Anhang 7 zum Bericht der Kommission an die Reflexionsgruppe zur Regierungskonferenz 1996.

[96] *v. Bogdandy* (Fn. 26), 18, stellt hierzu fest: „Im Kernbereich der jeweiligen Aufgaben ist die einfache Mehrheit die regelmäßige Entscheidungsform staatlicher, die Einstimmigkeit die regelmäßige Entscheidungsform internationaler und die qualifizierte Mehrheit die regelmäßige Entscheidungsform supranationaler Rechtsetzung."

[97] Der Text der Vereinbarung findet sich bspw. in: EuR 1966, 73 f.

der Verträge von Maastricht und Amsterdam noch von einer Fortdauer ihrer Wirksamkeit ausgegangen werden kann[98]. Immerhin hat der Rat von 1966 bis 1982 fast ganz auf Mehrheitsentscheidungen verzichtet; seither nimmt die Zahl dieser Entscheidungen allerdings stetig zu und schließt inzwischen auch politisch und rechtlich höchst kontroverse Materien ein, wie beispielsweise die gegen den erbitterten Widerstand Deutschlands durchgesetzte Bananenmarktordnung oder die gegen einen vergleichbaren Widerstand Großbritanniens verabschiedete Arbeitszeit-Richtlinie zeigen[99]. Wenngleich aber das ursprünglich von Frankreich postulierte Vetorecht zunehmend in den Hintergrund tritt, so spielt die in Luxemburg von allen Partnern bestätigte Kooperationsverpflichtung der Mitgliedstaaten untereinander nach wie vor eine herausragende Rolle. Das beste Beispiel hierfür verkörpert der Kompromiß von Ioannina, der im Laufe der Beitrittsverhandlungen für Österreich und die nordischen Länder 1994 vereinbart wurde, da Großbritannien und Spanien auf der Beibehaltung der damals geltenden Sperrminorität von 23 Stimmen bestanden: Zwar wurde diese Sperrminorität im Zuge der Erweiterung 1995 auf 26 Stimmen angehoben; der Rat verpflichtete sich jedoch durch Beschluß, solche Entscheidungen, die gegen eine Minderheit von wenigstens 23 Stimmen getroffen werden müßten, nach Möglichkeit zu vermeiden und sich stattdessen um eine breitere Zustimmungsbasis zu bemühen[100].

Die in derartigen Vereinbarungen zum Ausdruck kommende Bereitschaft der Mitgliedstaaten zu gegenseitiger Rücksichtnahme verlangsamt und erschwert zwar einerseits die europäischen Entscheidungsprozesse, bildet aber andererseits eine wohl unverzichtbare Voraussetzung für den Zusammenhalt der Gemeinschaft. Denn die Verteilung der Gewichte im Rahmen der „qualifizierten Mehrheit" gehört zu den politisch schwierigsten und am heftigsten umkämpften institutionellen Fragen innerhalb der EG[101]. Gezeigt hatte sich das zuletzt in Amsterdam, wo dieses Kapitel

---

[98] Immerhin geht noch der sog. „Dooge-Bericht" vom 29./30.03.1985 (abgedr. in: EA 1985, D 240 ff.) in Abschn. III A offenbar davon aus, daß der Luxemburger Kompromiß gegenüber den seither neu beigetretenen Mitgliedstaaten einen Vertrauenstatbestand hinsichtlich der Existenz eines Vetorechts geschaffen habe; ebenso *Rudolf Streinz*, Die Luxemburger Vereinbarung, 1984, 80 ff., vgl. dort auch 31 ff. allg. zur Rechtsnatur des Kompromisses; dazu ferner *Michael Schweitzer*, in: Grabitz/Hilf (Fn. 5), Art. 148 EGV Rn. 14 f. m.w.N.; *Geiger* (Fn. 5), Art. 148 Rn. 14 f.; *Huber* (Fn. 8), 18 f.; u. zum praktisch wichtigsten Anwendungsfeld *Martin Vasey*, Decision-Making in the Agriculture Council and the „Luxembourg Compromise", in: CMLR 25 (1988), 725–732.

[99] Beide Streitigkeiten sind von den unterlegenen Staaten vor den EuGH gebracht worden, vgl. EuGH Slg. 1994, I-4973 – Rs. C-280/93; u. EuGH Slg. 1996, I-5755 – Rs. C-84/94 –, ohne daß jedoch in irgendeiner Form ein Vetorecht reklamiert worden wäre. Zur praktischen Entwicklung der Mehrheitsentscheidungen vgl. stv. *Volkmar Götz*, Mehrheitsbeschlüsse des Rates der Europäischen Union, in: FS Ulrich Everling, 1995, 339–353, 340 ff.; u. etwa die Übersicht in Anlage IV des Berichts des Rates über das Funktionieren des Vertrags über die Europäische Union (1995).

[100] Beschluß des Rates vom 29.03.1994, ABl. C 105/1994, 1 – geändert durch Beschluß vom 01.01.1995, ABl. C 1/1995, 1; vgl. dazu auch *Gisbert Poensgen*, Das Paradox von Ioannina: Betrachtungen zu einem Ratsbeschluß, in: FS Ulrich Everling, 1995, 1133–1140; sowie *Götz* (Fn. 99), 352 f.

[101] Das belegen die etwa von *Michael Schweitzer*, in: Grabitz/Hilf (Fn. 5), Art. 148 EGV Rn. 5, dargestellten zahlreichen Erwägungen bezüglich möglicher europäischer Interessenkonstella-

am Ende angesichts der Unmöglichkeit einer rechtzeitigen Einigung aus der Vertragsrevision herausgenommen werden mußte, obwohl weitestgehend Einigkeit darüber bestand, daß die geplante Osterweiterung der EG eine Reform der Entscheidungsstrukturen im Ministerrat voraussetzt, und obwohl zahlreiche Vorschläge zu einer Neuberechnung der Stimmenverteilung auf dem Tisch lagen[102]. Erst in Nizza konnte die entsprechende Einigung erreicht werden, jedoch nur auf eine Art und Weise, die heftigste Kritik auf sich gezogen hat und deren Haltbarkeit in Frage steht.

b) Verwicklungen in der demokratischen Legitimationskette

Der zweite hier anzureißende Problemkomplex rekurriert auf die Rückbindung des Handelns der europäischen Institutionen an den in Wahlen geäußerten Willen der Unionsbürger und wird in der Regel unter dem Schlagwort eines europäischen „Demokratiedefizits“ behandelt. Hinter diesem Begriff verbergen sich allerdings ganz unterschiedliche Erwägungen mit einander zum Teil widersprechenden Stoßrichtungen. Im wesentlichen lassen sich die folgenden vier Argumentationsfiguren herauskristallisieren:

– Die erste setzt an dem noch immer feststellbaren Ungleichgewicht zwischen Rat und Parlament im Rechtsetzungsverfahren an und bemängelt, daß das Europäische Parlament als einzige unmittelbar von den europäischen Völkern gewählte Institution nur an einem Teil der europäischen Rechtsetzung mit echter Entscheidungsgewalt beteiligt ist[103]. Zwar hat sich dieser Teil in Maastricht und zuletzt in Amsterdam erheblich vergrößert; die prinzipielle Problematik, daß sich der Mini-

---

tionen, die der Festlegung der derzeitigen Anforderungen an die „qualifizierte Mehrheit“ zugrundeliegen. Zudem kann die schlichte Anwendung der Mehrheitsregel in komplexen Entscheidungssituationen, wie sie für die EG typisch sind, im Ergebnis sogar größere politische Ungleichgewichte und Ineffizienz erzeugen als die scheinbar komplizierten Verfahren, die solchen Situationen eher angemessen sind. Vgl. stv. die Analyse von *Douglas W. Rae/Eric Schickler*, Majority rule, in: Dennis C. Mueller (ed.), Perspectives on Public Choice, 1997, 163–180, 170 ff.

[102] Vgl. z.B. *Hans-Georg Kamann*, Regierungskonferenz 1996/97 – Überlegungen zu einer Reform des Beschlußverfahrens im Rat der Europäischen Union, in: EuR 1997, 58–73, bes. 60 ff., 66 ff.; *Eberhard Rhein*, Die Europäische Union à 25, in: Internationale Politik 11/1997, 25–30, 25 f.; *Lipsius* (Fn. 29), 251; *Gerhard Konow*, Die Beschlußfassung des Rates und die Erweiterung der Europäischen Gemeinschaften, in: ZRP 1997, 321–325; *Josef Janning*, Politische und institutionelle Konsequenzen der Erweiterung, in: Werner Weidenfeld (Hg.), Reform der Europäischen Union, 1995, 265–281, 276 ff.; allg. auch *Christian Tomuschat*, Das Endziel der europäischen Integration – Maastricht ad infinitum?, in: DVBl. 1996, 1073–1082, 1077 f. et seq.; ferner den Bericht der Reflexionsgruppe vom 05.12.1995, SN 520/95 (REFLEX 21), 27 f. (2. Teil Rn. 102 ff.); sowie die Stellungnahme der Kommission „Stärkung der Politischen Union und Vorbereitung der Erweiterung“ vom 28.02.1996, KOM (96) 90 endg., Nr. 44, 18 f.

[103] So z.B. *Rhein* (Fn. 102), 25; vgl. weiter *Marcel Kaufmann*, Europäische Integration und Demokratieprinzip, 1997, 284; *Birgit Suski*, Das Europäische Parlament, 1996, 177 ff., 184 et seq.; *Peter M. Schmidhuber*, Föderalistische und demokratische Grundlagen des Europäischen Unionsrechts, in: FS Ulrich Everling, 1995, 1265–1279, 1274 f.; *Michael Friedrich Commichau*, Nationales Verfassungsrecht und europäische Gemeinschaftsverfassung, 1995, 102 ff.; *Ernst-Ulrich Petersmann*, How Can the European Union Be Constitutionalized?, in: Außenwirtschaft 50 (1995), 171–220, 173, 184 f.; *Klaus Hänsch*, Zwei Konzepte für ein Europa?, in: FAZ vom 24.04.1998, 11.

sterrat als „Staatenkammer" nach wie vor in wichtigen Politikbereichen – vor allem in der finanziell ausschlaggebenden Agrarpolitik – über das Votum des Parlaments hinwegsetzen kann, ist aber bestehengeblieben.

– Der zweite Kritikpunkt bezieht sich darauf, daß der Rat ungeachtet dieser Tatsache, daß er in vielerlei Hinsicht das Letztentscheidungsrecht über die europäische Rechtsordnung besitzt, nicht auf europäischer Ebene demokratisch legitimiert ist, sondern seine Legitimation vielmehr daraus zieht, daß die ihm angehörenden Minister von Regierungen entsandt werden, die ihrerseits durch die nationalen Parlamente gewählt worden sind. Diese nur mittelbare Begründung demokratischer Legitimität könnte für sich allein noch als unschädlich erachtet werden, wenn dafür die nationalen Parlamente unmittelbaren Einfluß auf das Verhalten ihrer Regierungsvertreter im europäischen Ministerrat ausüben könnten. Da sich diese Einflußmöglichkeiten aber zumindest faktisch in Grenzen halten, sieht der entsprechende Argumentationsstrang der Kritik am europäischen „Demokratiedefizit" das Hauptproblem im partiellen Fehlen *jeglicher* effektiven parlamentarischen Kontrolle der europäischen Normierungshandlungen[104].

– Die dritte Gruppe der europäischen Demokratiekritiker konzentriert sich auf die mangelnde Beachtung des Grundsatzes der proportionalen Repräsentanz bei der Besetzung der europäischen Institutionen. Vor allem im Rat besitzen die kleineren Mitgliedstaaten ein unangemessen großes Stimmgewicht im Verhältnis zur jeweiligen Bevölkerung, was durch die besonderen Erfordernisse der „qualifizierten Mehrheit" lediglich teilweise ausgeglichen werden kann und spätestens im Falle einer neuerlichen Erweiterung der EG neu austariert werden müßte[105], was aber in Nizza, wie schon angemerkt, nicht geglückt ist. Aber auch im Parlament entspricht die Verteilung der Sitze auf die Mitgliedstaaten, die noch dazu kein einheitliches Verfahren zur Wahl ihrer jeweiligen europäischen Abgeordneten praktizieren, nicht annähernd der Bevölkerungsverteilung. Die nach der letzten Erweiterungsrunde hiergegen gerichtete Verfassungsbeschwerde, mit der eine Verletzung des demokratischen Grundsatzes der Wahlgleichheit gerügt wurde, konnte vom Bundesverfas-

---

[104] Vgl. z.B. aus britischer Sicht *Patrick Birkinshaw/Diamond Ashiagbor*, National Participation in Community Affairs: Democracy, the UK Parliament and the EU, in: CMLR 33 (1996), 499–529; aus französischer Perspektive *Michel Fromont*, Frankreich und die Europäische Union, in: DÖV 1995, 481–487, 486 f.; ferner den Überblick bei *Philippe A. Weber-Panariello*, Nationale Parlamente in der Europäischen Union, 1995, 46 ff., 141 ff., 240 ff.; u. aus dem deutschen Schrifttum *Peter Graf Kielmansegg*, Integration und Demokratie, in: Markus Jachtenfuchs/Beate Kohler-Koch (Hg.), Europäische Integration, 1996, 47–71, 52 f.; *Peter M. Huber*, Die parlamentarische Demokratie unter den Bedingungen der europäischen Integration, in: ders./Wilhelm Mößle/Martin Stock (Hg.), Zur Lage der parlamentarischen Demokratie, 1995, 105–133, 121 f.; *Paul Kirchhof*, Das Recht Europas und das der Staaten, in: FAZ vom 04.12.1996, 11; explizit für einen Vorrang der national-indirekten parlamentarischen Legitimation z.B. *Astrid Epiney*, Der Maastrichter Vertrag auf dem Prüfstand der deutschen Verfassung, Cahiers de l'IDHEAP no. 123, 1993, 23 f.

[105] Darauf weist etwa *Kamann* (Fn. 102), 65 f., hin; ferner – basierend auf eigener diplomatischer Erfahrung – *Rudolf G. Adam*, Wo ein Wille ist, gibt es viele Wege, in: FAZ vom 05.12.1995, 16 f.; vgl. a. erneut *Rhein* (Fn. 102), 25 f.; u. *Manfred A. Dauses/Friedrich Fugmann*, Die politisch-institutionelle Stellung des Europäischen Parlaments nach dem Maastricht-Vertrag, in: APuZ B 3–4/1995, 24–32, 31.

sungsgericht daher auch nur mit der Begründung verworfen werden, die Zusammensetzung des Europäischen Parlaments entspreche „dem Charakter der Europäischen Union als eines Verbundes souveräner Mitgliedstaaten (vgl. Art. F I EUV)“ und könne „mithin nicht an den Maßstäben gemessen werden ..., die nach dem Grundgesetz für die Wahl eines Parlaments in der Bundesrepublik Deutschland Geltung haben“[106].

– An diese im Prinzip aus dem „Maastricht“-Urteil abgeleitete Argumentation knüpft schließlich der vierte und grundsätzlichste Zweig der Kritik an. Die Vertreter dieser Denkrichtung sehen auf absehbare Zeit überhaupt keine Möglichkeit zur Begründung einer eigenständigen demokratischen Legitimation auf europäischer Ebene: Das Europäische Parlament könne selbst dann, wenn es strikt proportional zur Bevölkerung der Union zusammengesetzt würde und im Sinne eines echten Zwei-Kammer-Systems eine der Entscheidungsposition des Rates vollkommen gleichgewichtige Machtstellung erhielte, keine solche Legitimation vermitteln, solange es kein einheitliches europäisches Volk gebe[107]. Die Völker Europas, wie sie derzeit existieren und in Art. 1 II, III (ex-Art. A II, III) EUV als Basis der Europäischen Union angesprochen werden, können nach dieser Auffassung nur durch die Einbindung ihrer nationalen Parlamente demokratisch legitim vertreten werden[108]. Wenn aber die Legitimationsbasis der Europäischen Union essentiell von nationaler Natur ist, beschwört dies die weitergehende Frage herauf, inwieweit unter diesen Umständen überhaupt Mehrheitsentscheidungen im Ministerrat zugelassen werden können, bedeutet doch jede solche Entscheidung, daß die national fundierte demokratische Legitimation einer Staatenmehrheit die Oberhand über eine im Prinzip gleichwertige Legitimationsgrundlage der überstimmten Minderheit ge-

---

106 BVerfG NJW 1995, 2216; vgl. dazu *Christofer Lenz*, Das Grundgesetz und die Verteilung der Sitze im Europäischen Parlament, in: NJW 1996, 1328 f.; u. *Hans Heinrich Rupp*, Wahlrechtsgleichheit bei der Verteilung der Sitze im Europäischen Parlament auf die Mitgliedstaaten, in: NJW 1995, 2210 f.; weiter *Tomuschat* (Fn. 102), 1079 f.; *Commichau* (Fn. 103), 131 ff.; *Schmidhuber* (Fn. 103), 1275 f.; *Arved Deringer*, Europäisches Parlament und Maastrichturteil des Bundesverfassungsgerichts, in: FS Ulrich Everling, 1995, 245–262, 246 f.; zuletzt *Christian Koenig*, Ist die Europäische Union verfassungsfähig?, in: DÖV 1998, 268–275, 271; weitere Nachweise bei *Siegfried Magiera*, Das Europäische Parlament als Garant demokratischer Legitimation in der Europäischen Union, in: FS Ulrich Everling, 1995, 789–801, 795 f., bes. Fn. 41.

107 In diesem Sinne – allerdings mit teilweise deutlichen Relativierungen – BVerfGE 89, 155, 184 ff.; vgl. a. zuletzt etwa *Dieter Grimm*, Braucht Europa eine Verfassung?, in: JZ 1995, 581–591, 589 f. m.w.N.; u. *Kaufmann* (Fn. 103), 284 f.; sowie die umfangreichen Nachweise zur älteren Lit. bei *Winfried Kluth*, Die demokratische Legitimation der Europäischen Union, 1995, 30 ff.; scharf dagegen bspw. *Joseph H. H. Weiler*, Does Europe Need a Constitution?, in: ELJ 1 (1995), 219–258, 250 ff.; krit. auf historischer Grundlage auch *Stefan Oeter*, Souveränität und Demokratie als Probleme in der „Verfassungsentwicklung“ der Europäischen Union, in: ZaöRV 55 (1995), 659–712, 683 ff.

108 BVerfGE 89, 155, 184: „... sind es zuvörderst die Staatsvölker der Mitgliedstaaten, die dies über die nationalen Parlamente demokratisch zu legitimieren haben“. Vgl. dazu zuletzt *Adelheid Puttler*, Das BVerfG und die Rechte des Deutschen Bundestages bei der Einführung des Euro, in: ZRP 1998, 168–173, 170; *Epiney* (Fn. 104), 21 ff.; u. *Huber* (Fn. 104), 120 f.; auch *Koenig* (Fn. 106), 271 f.

winnt. Spätestens an dieser Stelle treffen daher die beiden in diesem Abschnitt angesprochenen europäischen Spezialprobleme aufeinander und begründen einen Zwiespalt zwischen der Notwendigkeit effizienter Entscheidungsstrukturen und dem Erfordernis demokratischer Legitimation[109].

4. Zusammenfassende Analyse aus der Perspektive des Interorganrespekts

Wie sind alle diese Beobachtungen und Erwägungen unter dem Aspekt des Interorganrespekts zu beurteilen? Welche Erscheinungsformen dieses Prinzips lassen sich in den so beschriebenen Regelwerken auffinden, und inwieweit bedarf es darüber hinaus seines Einsatzes zu ihrer Ergänzung? Diesen Fragen soll im folgenden vor dem oben gezeichneten Hintergrund der unterschiedlichen Ausgestaltungen des Gesetzgebungsprozesses in den hier betrachteten Verfassungssystemen nachgegangen werden. Dabei gilt ein besonderes Augenmerk der Möglichkeit, Vorschläge zu einer Reformierung dieser Ausgestaltungen, wie sie vor allem auf der europäischen Ebene diskutiert werden, aus der Perspektive des Interorganrespekts sinnvoll zu bewerten.

a) Prozedurale Gesichtspunkte

Das klassische, in Deutschland bislang vor allem unter dem Begriff der „Verfassungsorgantreue" thematisierte Einsatzfeld des Interorganrespekts im Gesetzgebungsverfahren umfaßt die prozeduralen Einzelheiten seines Ablaufs. Aus diesem Grund richtet sich der Blick der vorliegenden Analyse als erstes auf dieses Anwendungsgebiet.

aa) Allgemeine Parameter: Konsultationspflichten, Fristvorgaben, Mehrheitserfordernisse

Dabei lassen sich zunächst bestimmte grundsätzliche Anforderungen identifizieren, die dieses Prinzip unabhängig von den konkreten Wesensmerkmalen des jeweiligen Rechtsetzungsprozesses aufstellt. Zu diesen gehört die Verpflichtung desjenigen Verfassungsorgans, das entweder das fragliche Normierungsverfahren in Gang gesetzt hat oder aber die meiste Herrschaft über seinen Ablauf besitzt, die anderen daran zu beteiligenden Organe darüber zu informieren, ihnen mindestens Gelegenheit zur Stellungnahme zu geben, d.h. sie zu konsultieren, und auf diese Weise eine umfassende Einbindung aller betroffenen Verfassungsorgane in den Rechtsetzungsprozeß sicherzustellen. Soweit die Befugnisverteilung zwischen den Legislativ-

[109] So etwa *Wolfgang Merkel*, Das Demokratie-Effizienz-Dilemma, in: FAZ vom 24.04.1996, 12; vgl. a. *Rudolf Hrbek*, Der Vertrag von Maastricht und das Demokratie-Defizit der Europäischen Union auf dem Weg zu stärkerer demokratischer Legitimation?, in: GS Eberhard Grabitz, 1995, 171–193, 177; *Graf Kielmansegg* (Fn. 104), 56 ff.; u. zuletzt *Hans Herbert v. Arnim*, Reformblockade der Politik?, in: ZRP 1998, 138–147, 145 f.

kammern der eines echten Zwei-Kammer-Systems amerikanischer Bauart entspricht, was in Deutschland etwa bei Zustimmungsgesetzen und auf europäischer Ebene im Mitentscheidungs- und Zustimmungsverfahren der Fall ist[110], ergibt sich diese Einbindung schon aufgrund politischer Erwägungen in der Regel von selbst; das gilt aufgrund der gleich noch zu erörternden Vetomacht des Präsidenten im amerikanischen System gleichermaßen für die Beteiligung der Exekutive. Wo hingegen allenfalls von einem „unechten" Zwei-Kammer-System gesprochen werden kann, sorgen normalerweise besondere Vorschriften, die insoweit als Ausdrucksformen des Interorganrespekts gelesen werden können, für die Einbeziehung der nicht über eigene Letztentscheidungsmacht verfügenden Organe. Diesem Zweck dienen in der deutschen Verfassungsordnung neben den bereits behandelten wechselseitigen Unterrichtungspflichten im Zuge der Einbringung von Gesetzesinitiativen die für Einspruchsgesetze festgelegten Modalitäten der Bundesratsbeteiligung und im Rahmen der gemeinschaftlichen Rechtsetzungsverfahren die zwingend vorgeschriebenen Anhörungen des Parlaments[111]. Der Charakter dieser Vorschriften als spezifische Kodifikationen des Interorganrespekts zeigt sich insbesondere daran, daß im Falle ihres Fehlens die von diesem allgemeinen Gedanken geforderte Einbindung der betroffenen Organe anderweitig herbeigeführt wird: Als beste Beispiele hierfür dürfen die zahlreichen Interorganvereinbarungen im europäischen Rechtsraum gelten, die schon frühzeitig dafür gesorgt haben, daß das Parlament über seine vertraglich festgeschriebenen Beteiligungsrechte hinaus zumindest konsultativ in die Entstehung aller EG-Rechtsakte einbezogen wird[112].

Eine wesentliche Konkretisierung erfahren nahezu alle in diesem Zusammenhang maßgeblichen Beteiligungsrechte außerdem durch die Vorgabe mehr oder weniger strikter Fristsetzungen. Als Ableitungen aus der Idee des Interorganrespekts wirken diese Fristvorgaben in zwei verschiedene Richtungen: Zum einen verhindern *maximale* zeitliche Begrenzungen, daß ein Organ durch schlichte Nichtbehandlung der ihm unterbreiteten Vorlagen das Zustandekommen eines Rechtsaktes mißbräuchlich torpedieren kann, ohne dazu im Rahmen seiner Kompetenzen eine politisch begründete Entscheidung fällen zu müssen. Diese Begrenzungen sind teilweise kalendarisch genau fixiert – beispielsweise in den Verfahren nach Art. 251 und 252 (ex-Art. 189 b, c) EGV – und teilweise nur allgemein beschrieben wie in der Formulierung des neuen Art. 77 II a GG, nach der der Bundesrat über zustimmungspflichtige Gesetze „in angemessener Frist" beschließen muß; aber selbst dort, wo solche normativen Festlegungen fehlen, existieren die entsprechenden Handlungspflichten als ungeschriebene Ausflüsse des Interorganrespekts[113]. Zum

---

[110] Oben 1. b) aa) (2) (151) und bb) (3) (154 f.).

[111] Oben I. 2. (142), 1. b) aa) (1) (150 f.) und bb) (1) (152 f.).

[112] Vgl. oben 1. b) bb) (5) (158 f.), insbes. die Nachweise in Fn. 66 u. 67.

[113] So gilt etwa Art. 77 II a GG ebenso wie Art. 76 III 6 GG nur als deklaratorische Kodifizierung einer zweifelsfrei schon vorher bestehenden Pflicht, vgl. nochmals *Meyer-Teschendorf* (Fn. 11), 770; sowie *Hofmann* (Fn. 11), 137; u. das oben Fn. 46 bereits zit. Urteil des EuGH, mit dem das Erfordernis einer Stellungnahme in angemessener Frist in das Anhörungsrecht des Parlaments hineingelesen wurde.

anderen bedarf es ebenso *minimaler* zeitlicher Garantien, um zu gewährleisten, daß die am Rechtsetzungsprozeß beteiligten Organe ihre diesbezüglichen Zuständigkeiten in der notwendigen Gewissenhaftigkeit, d.h. frei von Zeitnot und Pressionen, ausüben können. Wird ein Gesetzesprojekt daher in einer Art und Weise „durchgepeitscht", die von vornherein darauf angelegt ist, eine intensive Beschäftigung des fraglichen Verfassungsorgans mit seiner Problematik zu verhindern und insbesondere der parlamentarischen Minderheit jede wirksame Ausübung ihrer Oppositionsrechte unmöglich zu machen, so muß dies als eine Verletzung des Prinzips vom Interorganrespekt gewertet werden. An Beispielen hierfür hat es vor allem Ende der sechziger und Anfang der siebziger Jahre nicht gefehlt, was in der Literatur heftige Klagen über den „Niedergang des Gesetzgebungsverfahrens" hervorgerufen und der Rechtsfigur der Verfassungsorgantreue eine ungeahnte Aktualität und Brisanz beschert hat[114].

Zu guter Letzt erweist sich die Einführung spezifischer Mehrheitserfordernisse für gesetzgeberische Beschlüsse eines Verfassungsorgans, die den Intentionen eines anderen am Normierungsprozeß beteiligten, aber selbst nicht mit Letztentscheidungsmacht ausgestatteten Organs zuwiderlaufen, als ein wesentliches Instrument zur Durchsetzung des Interorganrespekts, wobei zuzugeben ist, daß dieses Instrument nur vom Verfassunggeber im Wege ausdrücklicher Kodifizierung gehandhabt werden kann, seine konkreten Einsatzmodalitäten also nicht unmittelbar aus dem allgemeinen Prinzip folgen. An Beispielen für eine derartige in der Verfassung selbst angeordnete Erzwingung von Interorganrespekt fehlt es weder im deutschen noch im europäischen System: Zu nennen sind hier etwa die in Art. 77 IV GG für die Zurückweisung von Einsprüchen des Bundesrates vorgeschriebenen Bundestagsmehrheiten, das im Verfahren der Zusammenarbeit auf europäischer Ebene geltende Einstimmigkeitserfordernis, wenn der Rat sich über Parlament und/oder Kommission hinwegsetzen will, und die von Art. 272 VI bzw. VIII (ex-Art. 203 VI, VIII) EGV geforderten besonderen Mehrheiten innerhalb des Parlaments, wenn dieses seine Letztentscheidungsmacht im Haushaltsverfahren gegenüber dem Rat ausspielen möchte[115]. In einem echten Zwei-Kammer-System wie dem amerikanischen bedarf es des Einsatzes solcher Mittel natürlich nicht.

bb) Interorganrespekt als Voraussetzung der Konfliktbewältigung

Konsultationspflichten, Fristvorgaben und Mehrheitserfordernisse bilden nach diesen Ausführungen klassische Bestandteile des Werkzeugarsenals zur Implementation von Interorganrespekt. Die konkrete Anwendung dieses Instrumentariums wird, wie die oben formulierte Übersicht der legislativen Zustimmungser-

---

[114] Vgl. *Hans Schneider*, Der Niedergang des Gesetzgebungsverfahrens, in: FS Gebhard Müller, 1970, 421–434, bes. 424 ff.; *Klaus Stern/Herbert Bethge*, Öffentlich-rechtlicher und privatrechtlicher Rundfunk, 1971, 31 ff.; *Michael Kloepfer*, Verfassung und Zeit, in: Der Staat 13 (1974), 457–470, 462 ff.; *ders.*, Vorwirkung von Gesetzen, 1974, 52 ff.; *Schenke* (Fn. 18), 112 ff.; *Klaus Stern*, Das Staatsrecht der Bundesrepublik Deutschland, Bd. I, 2. Aufl. 1984, 134 f.

[115] I. einz. dazu oben 1. b) aa) (1) (150 f.) sowie bb) (2) (153 f.) und (4) (156 f.).

fordernisse in den drei hier behandelten Systemen deutlich gemacht hat, normalerweise direkt vom Verfassunggeber determiniert und geht nur insoweit auf die Judikative über, als die entsprechenden Verfassungsvorschriften Lücken lassen, die durch unmittelbare Ableitungen aus der Idee des Interorganrespekts selbst geschlossen werden müssen. Jenseits aller dieser konkreten Durchsetzungsinstrumente kommt der Interorganrespekt aber auch auf einer allgemeineren Ebene als Grundvoraussetzung politischer Konfliktbewältigung ins Spiel. In den zum Gegenstand dieser Untersuchung gemachten Verfassungsordnungen erweist sich diese Funktion des Interorganrespekts vor allem im Kontext der unterschiedlichen Vermittlungsverfahren[116].

Die notwendige Existenz dieser Verfahren ergibt sich genau aus jenem allen hier betrachteten Verfassungsordnungen gemeinsamen Charakteristikum, das in anderem Zusammenhang bereits als entscheidender Wegbereiter des Interorganrespekts erkannt worden ist: aus der durch die Anwendung der Gewaltenteilungslehre bedingten prinzipiellen Gleichberechtigung einer Mehrzahl von obersten Verfassungsorganen. Abstrakt gesprochen schafft das Fehlen einer hierarchischen Struktur auf dieser Entscheidungsebene ein Potential für Konkurrenzen und Reibungen, das im Interesse der gesamtverbandlichen Integration durch den Interorganrespekt als Komplementäridee entschärft werden muß[117]. Die konkrete Anwendung dieser Überlegung auf den Gesetzgebungsprozeß zeigt, daß immer dort Blockaden drohen, wo die Letztentscheidungsmacht über den fraglichen Rechtsakt gleichgewichtig auf mehrere Verfassungsorgane aufgeteilt ist, deren Aufgabe jeweils in der Vertretung unterschiedlicher Interessen besteht – eine in föderativen Systemen unvermeidlich eintretende Situation, da dort zumindest ein Legislativorgan explizit zur Vertretung der einzelstaatlichen Interessen berufen sein muß. Die zur Vermeidung und Auflösung dieser Blockaden erdachten Vermittlungsverfahren, in denen es um die Suche nach einem in allen beteiligten Organen durchsetzbaren politischen Kompromiß geht[118], stellen sich folglich selbst bereits als eine spezifische Erscheinungsform des Interorganrespekts dar, die der zumindest partiellen Wiederherstellung der zugunsten eines wirksamen Systems von „checks and balances“ aufgegebenen Effektivität der gesetzgeberischen Entscheidungsstrukturen dient[119]. Eine ähnliche Aufgabe erfüllen im Verwaltungsrecht die neuen Formen des kooperativen Verwaltungshandelns, die angesichts

---

[116] Vgl. die Übersicht oben 2. (160 ff.).

[117] Dazu schon oben 3. Kap. I. 3. (87 ff.).

[118] Näher hierzu – auf der Basis extensiver eigener Erfahrung – *Friedrich Vogel*, Der Vermittlungsausschuß, in: Bundesrat (Hg.), Vierzig Jahre Bundesrat, 1989, 213–225, 214 f. et seq.; vgl. a. bejahend *Sachs* (Fn. 22), 58 ff.

[119] Auf der europäischen Ebene, wo die Mitgliedstaaten ohnedies nicht bereit sind, sich einfachen Mehrheitsentscheidungen zu unterwerfen – dazu oben 3. a) (165 ff.) –, weiten daher auch die zur Erreichung „qualifizierter“ Mehrheiten nötigen komplizierten Abstimmungsprozesse letztlich den Bereich effektiver Selbstbestimmung aus. Vgl. *Fritz W. Scharpf*, Demokratie in der transnationalen Politik, in: Internationale Politik 1996, 11–20, 13 f.

der Unzulänglichkeiten der klassischen staatlichen Regulation auf die Umsetzung konsensualer Steuerungstechniken abzielen[120].

Voraussetzung hierfür ist allerdings das Funktionieren der durch diese Verfahren konstituierten Verhandlungssysteme, das seinerseits auf seiten aller Beteiligten die Bereitschaft zu konstruktiver Kooperation voraussetzt. Der Gedanke des Interorganrespekts präsentiert sich damit in einer Doppelrolle: Er begründet zum einen die Erforderlichkeit der Vermittlungsverfahren als solche und bildet zum anderen innerhalb dieser Verfahren einen entscheidenden Parameter ihres Gelingens. Seine in letzterer Hinsicht zentrale Bedeutung wird etwa durch die Kriterien unterstrichen, die in der empirischen Verhandlungslehre für erfolgreiches Verhandeln und Vermitteln entwickelt worden sind: die Fähigkeit, auf die Positionen der anderen Seite einzugehen, die das Verstehen ihrer Interessen voraussetzt; die Vermeidung jeder nicht in der Sache begründeten Konfrontation; die unbedingte Bereitschaft zur Zusammenarbeit und notfalls zum Bau „goldener Brücken" im Dienste eines für alle Beteiligten günstigen Ergebnisses[121]. Sogar auf der rein persönlichen Ebene des Verhältnisses zwischen den Unterhändlern gilt der wechselseitige Respekt als wesentlicher Baustein einer guten Verhandlung bzw. Vermittlung[122]. Freilich lassen sich diese Anforderungen nur schwer in die Form einer Rechtsvorschrift gießen; Bestimmungen wie Art. 251 IV 2 (ex-Art. 189 b IV 2) EGV, der der Kommission – sozusagen als „Konfliktmittler" - die Aufgabe zuweist, alle erforderlichen Initiativen zu einer „Annäherung der Standpunkte" von Parlament und Rat zu ergreifen, deuten jedoch darauf hin, daß die verfassungsgesetzlichen Urheber der verschiedenen hier betrachteten Vermittlungsverfahren sich dieser Implikationen durchaus bewußt waren.

cc) Spezifische Probleme unechter Zwei-Kammer-Systeme

Die bisher behandelten allgemeinen Verfahrensaspekte treffen im Prinzip auf echte wie unechte Zwei-Kammer-Systeme gleichermaßen zu. Unechte Zwei-Kammer-Systeme stellen aber darüber hinaus besondere Anforderungen an den Grundsatz des Interorganrespekts, die aus ihrer systemspezifischen Eigenart resultieren, die

---

[120] Stv. hierzu zuletzt *Bernd Holznagel*, Mediation im Umwelt- und Planungsrecht, in: Jura 1999, 71–76, 74 ff.; vgl. a. *Christian Duve*, Mediation als Mittel der Konfliktbewältigung, in: Ingo Erberich u.a. (Hg.), Frieden und Recht, 1998, 135–155, bes. 146 ff.; u. *Wolfgang Hoffmann-Riem*, Verhandlungslösungen und Mittlereinsatz im Bereich der Verwaltung: Eine vergleichende Einführung, in: ders./Eberhard Schmidt-Aßmann (Hg.), Konfliktbewältigung durch Verhandlungen, Bd. I, 1990, 13–41, 16 ff.; weitere Nachweise bei *Gunnar Folke Schuppert*, Konfliktmittlung bei Verhandlungen und Verwaltungsverfahren, ebd. Bd. II, 29–53, 31 f.

[121] Aus der stetig wachsenden Literatur zu Verhandlungssystemen und Verhandlungsführung seien insoweit nur die einschlägigen Veröffentlichungen des „Harvard Negotiation Project" herausgegriffen, das sicherlich einen der ältesten Versuche darstellt, diese Problematik aus juristischer Sicht zu evaluieren: *Roger Fisher/Scott Brown*, Getting Together, 1989, bes. 24 ff., 64 ff.; *William Ury*, Getting Past No, 1993, bes. 52 ff., 105 ff.; *Roger Fisher/Elizabeth Kopelman/Andrea Kupfer Schneider*, Beyond Machiavelli, 1994, bes. 19 ff., 42 ff.

[122] Nachweis bei *Howard Raiffa*, The Art and Science of Negotiation, 1982, 120 f.

gesetzgeberische Letztentscheidungsmacht nur partiell zwischen den Verfassungsorganen aufzuteilen und für den verbleibenden Teil der Normsetzung die Entscheidungsgewalt in den Händen eines Organs zu konzentrieren. Denn aus dieser Konstellation folgt je nach der Verteilung der politischen Mehrheiten nahezu automatisch das Bemühen des legislatorischen Hauptorgans, die alleinige Entscheidungsmacht über möglichst viele Gesetzgebungsprojekte für sich zu reklamieren, dem auf der anderen Seite das Bemühen des zweiten Legislativorgans entspricht, einen möglichst großen Teil der Normsetzung dem geteilten Letztentscheidungsrecht zu unterwerfen. Diese Interessenkollision und die hierdurch bedingten Konflikte können letztlich nur mit Hilfe des Interorganrespekts befriedigend aufgelöst werden.

Im Verfassungssystem des Grundgesetzes tritt das geschilderte Problem typischerweise in Gestalt der Aufspaltung zustimmungspflichtiger Gesetze auf. Die jüngste Novelle des Bundesnaturschutzgesetzes läßt die ungebrochene Aktualität dieser Vorgehensweise erkennen; die grundsätzliche Kontroverse hierüber ist jedoch bereits Jahrzehnte alt und darf zumindest in prinzipieller Hinsicht als entschieden gelten. Ihr Ausgangspunkt findet sich in der Regel, daß die Zustimmungsbedürftigkeit eines Gesetzes insgesamt schon dann ausgelöst wird, wenn nur eine einzige Bestimmung desselben der Zustimmung des Bundesrates bedarf[123]. Da sich die Zustimmungsbedürftigkeit vieler Gesetze in der Praxis aber nur daraus ergibt, daß sie organisatorische Regelungen für das Verwaltungsverfahren im Sinne von Art. 84 I GG enthalten, gerät der Bundestag insbesondere dann, wenn eine andersfarbige politische Mehrheit im Bundesrat ein solches Gesetzgebungsvorhaben zu blockieren droht, in Versuchung, das fragliche Gesetz in einen materiellrechtlichen und einen organisatorischen Teil aufzuspalten, um so den eigentlichen Inhalt der geplanten Regelung in alleiniger Kompetenz verabschieden zu können und sich mit dem Bundesrat nur noch über die verwaltungstechnische Umsetzung einigen zu müssen. Diese beliebte Praxis ist verschiedentlich für eine verfassungswidrige Umgehung der grundgesetzlichen Regeln zur Zustimmungspflicht gehalten worden, vor allem in der Konstellation der sogenannten „reaktiven Aufteilung", wenn also die Zerlegung des Gesetzes überhaupt erst aufgrund einer negativen Stellungnahme des Bundesrates zum Gesetzentwurf erfolgt[124]. Das Bundesverfassungsgericht fällte über sie jedoch kein generell negatives Verdikt, sondern stellte vielmehr auf den Einzelfall ab: Danach stellt sich eine solche Aufteilung nur dann als verfassungswidrig dar, wenn sie die Sinneinheit von materiellem und organisatorischem Recht auflöst oder – wie *Schenke* formuliert – eine „untrennbare Gemengelage von mate-

[123] So schon BVerfGE 1, 76, 79; 8, 274, 294 f.; 24, 184, 195 ff.; 55, 274, 319; ferner statt vieler: *Brun-Otto Bryde*, in: v. Münch/Kunig (Fn. 22), Art. 77 Rn. 21; *Bruno Schmidt-Bleibtreu/Franz Klein*, Kommentar zum Grundgesetz, 8. Aufl. 1995, Art. 84 Rn. 10; *Hans D. Jarass/Bodo Pieroth*, Grundgesetz für die Bundesrepublik Deutschland, 4. Aufl. 1997, Art. 77 Rn. 4; jew. m.w.N.

[124] Vgl. hierzu insbes. *Christian Pestalozza*, Ausschaltung des Bundesrates durch Einbringung von Gesetzesteilen als Teilgesetze?, in: ZRP 1976, 153–157, 154 ff.; sowie allg. die in BVerfGE 24, 184, 189 f. dargestellte Ansicht des Bundesrates selbst.

riell-rechtlichen und verwaltungsverfahrensrechtlichen Regelungen“ besteht[125]. In ähnlicher Weise werden Änderungen zustimmungsbedürftiger Gesetze vom Verfassungsgericht nur dann selbst wieder für zustimmungsbedürftig gehalten, wenn entweder die geänderten bzw. die ändernden Einzelvorschriften für sich betrachtet eine Zustimmungspflicht begründen oder aber die Änderungen den fortbestehenden Regelungen des Ursprungsgesetzes „eine wesentlich andere Bedeutung und Tragweite verleihen“[126].

Diese Rechtsprechung des Bundesverfassungsgerichts spiegelt in geradezu idealtypischer Weise den Charakter des Interorganrespekts als eines Prinzips wider, das auf die Gewährleistung wechselseitiger Rücksichtnahme und den Ausgleich widerstreitender Interessen unter den obersten Verfassungsorganen gerichtet ist. Respekt wird zum einen vom Bundesrat gegenüber der politischen Gestaltungsbefugnis des Bundestages gefordert: Die notwendige Gestaltungsfreiheit des parlamentarischen Gesetzgebers würde in unerträglicher Weise beschnitten, wenn jede noch so marginale zustimmungsbedürftige Einzelregelung einer geplanten Kodifikation das umfassende Verbot einer Ausklammerung oder Modifikation auch jener Regelungsbereiche aus diesem Gesetzgebungswerk nach sich zöge, die selbst gar nicht der Zustimmungspflicht unterliegen. Darüber hinaus wären eventuelle politische Erpressungsmanöver des Bundesrates dahingehend, die Zustimmung zu einem zustimmungsbedürftigen Gesetz zu verweigern, um den Bundestag zu Änderungen an einem zulässigerweise hiervon getrennten Einspruchsgesetz zu bewegen, als verfassungswidrige Verletzung des Interorganrespekts zu qualifizieren[127]. Seine Grenze findet der vom Bundesrat geschuldete Respekt allerdings dort, wo der Bundestag seine Gestaltungsfreiheit mißbraucht, um sich einem als hinderlich empfundenen Zustimmungserfordernis zu entziehen: An dieser Stelle dreht sich die Stoßrichtung des Interorganrespekts um und richtet sich in der Gestalt einer Forderung nach Rücksichtnahme auf die Beteiligungsrechte der Ländervertretung gegen den Bundestag. Nur so ist zu verhindern, daß der Bundestag die Mitwirkungsrechte des Bundesrates durch eine willkürliche Aufteilung von Gesetzesvorhaben aushebelt oder den Bundesrat dadurch überspielt, daß er zunächst scheinbar auf die Wünsche der Länderkammer eingeht, um dann, nachdem die zustimmungsbedürftigen Teile des Gesetzentwurfs verabschiedet sind, die nicht zustimmungsbedürftigen nach Belieben ändern zu können[128].

Auf der europäischen Ebene entspricht dieser Streitfrage der Aufspaltung von Gesetzesprojekten das Problem, welche Ermächtigungsgrundlage für den Erlaß ei-

---

[125] BVerfGE 37, 363, 382 m.w.N.; *Schenke* (Fn. 18), 79 f.; vgl. a. die umfassenden Nachweise pro und contra bei *Rupert Stettner*, in: Dreier (Fn. 9), Art. 77 Rn. 12 Fn. 26.

[126] BVerfGE 37, 363, 383; hierzu erneut *Schenke* (Fn. 18), 88 f.; sowie *Stern* (Fn. 9), 146 f.; *Christoph Degenhart*, Staatsrecht I, 14. Aufl. 1998, 189 f. (Rn. 424 ff.); u. *Brun-Otto Bryde*, in: v. Münch/Kunig (Fn. 22), Art. 77 Rn. 22 m.w.N.

[127] Ebenso – freilich unter Rückgriff auf die Verfassungsorgantreue – *Schenke* (Fn. 18), 92 f.

[128] Diese Sorge trägt u.a. das Sondervotum in BVerfGE 37, 363, 401 ff., 408.

nes Rechtsaktes zu wählen ist[129]. Die oben entwickelte Übersicht zu der in Europa herrschenden Vielfalt von Rechtsetzungsverfahren[130] zeigt, daß die Mitwirkungsrechte des Europäischen Parlaments je nach der Art des durchgeführten Verfahrens erheblich differieren und von bloßen Anhörungsrechten bis hin zu einer echten Teilhabe an der Letztentscheidungsmacht des Rates reichen; letzteres ist vor allem im Mitentscheidungsverfahren sowie in bezug auf die nicht obligatorischen Ausgaben im Haushaltsverfahren der Fall. Da sich das Verfahren zum Erlaß von Sekundärrecht in der Europäischen Gemeinschaft aber jeweils nach der primärrechtlichen Grundlage hierfür richtet, erweist sich die vom Rat zu treffende Angabe der Ermächtigungsgrundlage eines zur Verabschiedung vorgesehenen Rechtsaktes als entscheidend für den Umfang der Beteiligungsrechte des Parlaments. Sofern von dieser Seite politische Widerstände zu befürchten sind, entsteht dadurch für den Rat eine ähnliche Versuchung wie die zuvor für den Bundestag beschriebene: nämlich die, den umstrittenen Rechtsakt im Zweifel auf eine Ermächtigungsgrundlage zu stützen, die dem Parlament keine Teilhabe an der Letztentscheidungsmacht einräumt. Vor diesem Hintergrund sind die zahlreichen Rechtsstreitigkeiten zu verstehen, die das Parlament vor dem Europäischen Gerichtshof mit dem Rat bereits ausgefochten hat, um die Frage der zutreffenden Rechtsgrundlage eines Sekundärrechtsaktes zu klären[131]. Gleiches gilt für die oben schon angesprochenen gerichtlichen Auseinandersetzungen über das Problem der Klassifizierung von Ausgaben als obligatorisch oder nicht obligatorisch[132]. Schließlich sind an dieser Stelle jene Fälle zu nennen, in denen ein unter ordnungsgemäßer Mitwirkung des Parlaments erlassener Rechtsakt die Ermächtigung zum Erlaß von Durchführungsvorschriften ohne weitere Beteiligung des Parlaments enthält und diese Ermächtigung später in einer Art und Weise ausgeübt wird, die einer faktischen Änderung der ermächtigenden Norm gleichkommt[133].

---

[129] Darüber hinaus kann unter dem GG die grundsätzliche Frage aufgeworfen werden – die bspw. den Streit um das neue HRG beherrscht hat –, ob ein bestimmtes Gesetz überhaupt zustimmungspflichtig ist. Der Kampf um diese Definition stellt letztlich ebenfalls einen Machtkampf zwischen Bundestag und Bundesrat dar, der in Ermangelung einer einvernehmlichen Lösung nur vom BVerfG abschließend entschieden werden kann: zu alledem näher *v. Beyme* (Fn. 14), 296 ff. Schließlich gibt es zur Aufspaltung von Gesetzesvorhaben noch das Parallelproblem einer Koppelung eigentlich nicht zusammenhängender Gesetzentwürfe. Der besseren Vergleichbarkeit halber wird dieses Phänomen jedoch erst unter III. behandelt.

[130] Oben 1. b) bb) (151 ff.).

[131] Vgl. insbes. die für das Parlament erfolgreichen Urteile EuGH Slg. 1996, I-1195 – Rs. C-360/93 –, mit Anm. von *Marise Cremona*, in: CMLR 34 (1997), 389–399; u. EuGH Slg. 1996, I-1689 – Rs. C-271/94 –, mit Anm. von *René Barents*, in: CMLR 33 (1996), 1273–1277; weitere Nachweise bei *Johann Schoo*, Vom Strahlenschutz zum Pflanzenschutz – Nichtigkeitsklagen des Europäischen Parlaments, in: EuZW 1996, 581–583, 582. Das hier angesprochene Problem der richtigen Rechtsgrundlage wird im Verhältnis von Rat und Kommission zum Parlament besonders virulent; allerdings können auch zwischen Rat und Kommission insoweit Interessendivergenzen auftreten, vgl. dazu *James Hanlon*, European Community Law, 1998, 18.

[132] Hierzu oben 1. b) bb) (4) (157), insbes. Fn. 58.

[133] Das betrifft vor allem EuGH Slg. 1996, I-2943 – Rs. C-303/94; näher dazu erneut *Schoo* (Fn. 131), 582 f.

Das Prinzip des Interorganrespekts schlägt sich in der diesbezüglichen Entscheidungspraxis des Europäischen Gerichtshofs in ähnlicher Weise nieder, wie dies zuvor schon für die Rechtsprechung des Bundesverfassungsgerichts festgestellt werden konnte: Zwar befindet sich der Rat nach den Regelungen des EG-Vertrages in der Vorhand, auch und gerade soweit der Vertrag hinsichtlich der möglichen Ermächtigungsgrundlage Spielräume eröffnet, und kann daher insoweit für seine Entscheidungen den Respekt des Parlaments einfordern. Insbesondere darf sich das Parlament über die entsprechenden Vorgaben des Rates nicht einseitig hinwegsetzen, indem es beispielsweise Haushaltstitel eigenmächtig umklassifiziert[134]. Umgekehrt gebietet der Grundsatz des Interorganrespekts jedoch dem Rat, die vertraglich festgelegten Mitwirkungsbefugnisse des Parlaments zu achten und seinen Entscheidungsspielraum hinsichtlich der Wahl der Rechtsgrundlage nicht zu dem Zweck zu mißbrauchen, den Umfang der Beteiligung des Parlaments zu minimieren. Ebensowenig darf der Rat versuchen, die parlamentarischen Beteiligungsrechte dadurch auszuhebeln, daß er in seinen Durchführungsvorschriften Regelungen versteckt, die eigentlich in die unter Mitwirkung des Parlaments erlassene Grundnorm aufgenommen werden müßten.

Zu guter Letzt ist noch darauf hinzuweisen, daß die Möglichkeit, alle diese Streitfragen im Ergebnis gerichtlich entscheiden zu lassen, die jedenfalls auf europäischer Ebene erst seit relativ kurzer Zeit anerkannt ist[135], ihrerseits eine wesentliche Ausprägung des Interorganrespekts darstellt. Denn wo zwei prinzipiell gleichberechtigte Verfassungsorgane einander wechselseitig Respekt schulden und eine Scheidelinie existiert, jenseits derer sich die Stoßrichtung des geschuldeten Respekts umdreht, bedarf es eines dritten, in den ursprünglichen Disput nicht involvierten Organs, um diese Scheidelinie im Interesse einer effektiven Verwirklichung des Interorganrespekts zu ziehen. In diesem Sinne kann die Etablierung einer eigenständigen Klagebefugnis des Europäischen Parlaments zur Wahrung seiner Rechte durch den Gerichtshof zugleich als Anzeichen dafür gelesen werden, daß mit der Ausweitung der Entscheidungsmacht eines Verfassungsorgans, wie sie hinsichtlich des Europäischen Parlaments in den letzten Jahren stattgefunden hat, grundsätzlich eine wachsende Notwendigkeit zur Beachtung des Interorganrespekts einhergeht. In Deutschland stand die verfassungsprozessuale Absicherung dieser Beachtung seit jeher nicht in Frage[136].

---

[134] Vgl. nochmals die in Fn. 59 zit. Entscheidung des EuGH zum Haushaltsplan 1995.

[135] Den definitiven Beginn dieser ausdrücklich auf das mit dem Interorganrespekt eng verwandte Prinzip des „institutionellen Gleichgewichts" gestützten Anerkennung markiert EuGH Slg. 1990, I-2041 – Rs. C-70/88; vgl. a. etwa EuGH Slg. 1994, I-2857 – Rs. C-187/93 –, I-2879; u. zur Entwicklung dieser Rspr. *Johann Schoo*, Das Europäische Parlament und sein Verfassungsgericht, in: EuGRZ 1990, 525–533, 530 ff.; ferner allg. *Otmar Philipp*, Regierungskonferenz 1996 und europäische Gerichtsbarkeit, in: EuZW 1996, 624–627, 626; *Michael Stauß*, Das Europäische Parlament und seine Untergliederungen als Parteien im Verfahren der Nichtigkeitsklage (Art. 173 EGV), 1996, 22 ff., 92 ff.

[136] Mit den Möglichkeiten eines Organstreitverfahrens Bundesrat gegen Bundestag gem. Art. 93 I Nr. 1 GG, § 63 BVerfGG, und einer von jeder Landesregierung einzuleitenden abstrakten

b) Institutionelle Überlegungen

Der letztgenannte Aspekt lenkt den am Interorganrespekt ausgerichteten Blick dieser Untersuchung über die Fragen des Verfahrensablaufs hinaus auf die institutionellen Grundstrukturen, die in den drei hier betrachteten Verfassungssystemen den Bereich der Gesetzgebung bestimmen. Gemeinsam ist all diesen Systemen, daß sie im Prinzip zwei Legislativorgane aufweisen, wobei eines zur unmittelbaren Repräsentation der Bürger und ein weiteres primär zur Repräsentation der Einzelstaaten dient. Die Koexistenz zweier solcher Organe mit jeweils zumindest partieller Teilhabe an der Letztentscheidungsmacht schafft aber, wie die bisherigen Erörterungen zur Verfahrensproblematik gezeigt haben, eine institutionelle Konstellation, die den Einsatz von Interorganrespekt in besonderem Maße erfordert. Fraglich bleibt, wie sich die unterschiedlichen Ausgestaltungen dieser Situation auf die konkrete Anwendung des Interorganrespekts auswirken und wie diese Auswirkungen unter föderativen Aspekten zu bewerten sind.

aa) Bestandsaufnahme

Hierzu bedarf es zunächst einer Bestandsaufnahme derjenigen Varianten, die in den jeweiligen Verfassungsordnungen zur Verteilung der gesetzgeberischen Entscheidungsmacht auf die beiden beteiligten Repräsentativorgane entwickelt worden sind. Die Positionsbestimmung der verschiedenen Organbalancen kann dabei auf folgender Skala veranschaulicht werden:

max. Macht Bürgerorgan ⟵ ⟶ max. Macht Länderorgan

Für ein Zwei-Kammer-System gleich welcher Art ist in diesem Zusammenhang vorab festzuhalten, daß die Extreme dieser Skala lediglich theoretische Möglichkeiten darstellen, da eine Machtverteilung, die einem Organ die maximale Entscheidungsbefugnis und dem anderen folglich keine Teilhabe hinsichtlich des Letztentscheidungsrechts einräumt, im Ergebnis auf ein Ein-Kammer-System hinauslaufen würde, in dem naturgemäß auch kein nennenswerter Anwendungsbereich für den Interorganrespekt verbliebe. Wie der zuvor gegebene Überblick über die Zustimmungserfordernisse und die Notwendigkeit von Vermittlungsverfahren gezeigt haben, findet in den vorliegend behandelten Systemen jedoch eine echte Aufteilung der gesetzgeberischen Letztentscheidungsmacht statt, was den Boden für eine wichtige Rolle des Interorganrespekts erst bereitet. Die Auswirkungen dieser

---

Normenkontrolle gem. Art. 93 I Nr. 2 GG, § 76 BVerfGG, stellt das GG sogar zwei potentielle Wege zur Verfügung, auf denen eine verfassungsgerichtliche Klärung der Zustimmungspflichtigkeit von Gesetzen herbeigeführt werden kann. Vgl. dazu statt vieler: *Ernst Benda/Eckart Klein*, Lehrbuch des Verfassungsprozeßrechts, 1991, 278 (Rn. 645), 385 (Rn. 921), 398 f. (Rn. 951); *Christian Pestalozza*, Verfassungsprozeßrecht, 3. Aufl. 1991, 104, 111, 123; u. noch die Ausführungen unten im 8. Kap.

Aufteilung unterscheiden sich allerdings in den einzelnen hier analysierten Verfassungsordnungen erheblich, wie ihre Positionierung auf der obigen Skala belegt:

– Die USA liegen sozusagen in der Mitte, da in ihrem System zwischen beiden Legislativkammern eine Balance im Wortsinn besteht: Beide Häuser des Kongresses sind im Gesetzgebungsverfahren vollständig gleichberechtigt und können nur im Zusammenwirken verbindliche Normierungsakte setzen[137]. Diese Form der Organbalance macht zugleich den Charakter eines echten Zwei-Kammer-Systems aus.

– In Deutschland ist die entsprechende Balance zumindest theoretisch stark zugunsten des gesamtstaatlichen Repräsentativorgans – der „Bürgerkammer" – verschoben, indem der Bundestag einen wesentlichen Teil der Gesetzgebung, nämlich alle Einspruchsgesetze, auch gegen den Willen des Bundesrates durchzubringen vermag, wenngleich er in diesem Fall besondere Mehrheitserfordernisse erfüllen muß[138]. Faktisch hat sich das deutsche System jedoch der Mittelposition erheblich angenähert, da die politische Praxis erweist, daß gerade die wichtigsten Gesetzesvorhaben ohne Zustimmung des Bundesrates nicht zur Verwirklichung gelangen[139].

– Auf der europäischen Ebene ist die Balance dagegen im Prinzip genau anders herum gekippt, indem außerhalb des Mitentscheidungs- und in gewissen Grenzen des Haushaltsverfahrens der Ministerrat die Letztentscheidungsbefugnis über Rechtsetzungsvorhaben besitzt[140]. Da der Rat sich aus weisungsgebundenen Vertretern der mitgliedstaatlichen Regierungen zusammensetzt, spiegelt dies zugleich den noch immer stark intergouvernementalen Charakter der Europäischen Gemeinschaft wider, der in dieser Form in den nationalstaatlichen Modellen Deutschlands und Amerikas nicht mehr vorliegt. Auch das europäische System rückt freilich in der obigen Skala zusehends zur Mitte: Besaß der Rat bis zum Vertrag von Maastricht noch eine beinahe allumfassende Letztentscheidungskompetenz, so hat er diese mit dem Vertrag von Amsterdam bereits für drei Viertel der gemeinschaftlichen Rechtsetzung aufgegeben[141].

bb) Die Zusammensetzung der Länderkammer als Einflußfaktor des Interorganrespekts

Bei oberflächlicher Betrachtung scheinen die Zusammenhänge zwischen den relativen Machtpositionen der jeweiligen Legislativorgane und dem Prinzip des Interorganrespekts auf eine einfache Regel zuzulaufen: Je näher sich eine Verfassungsordnung an der im vorigen skalierten Mittellage befindet, je stärker also die Balance zwischen den beiden gesetzgebenden Kammern ausgeprägt ist, desto vollkommener erscheint die Durchsetzung der Idee des Interorganrespekts. In der

137 Oben 1. a) (149).
138 Oben 1. b) aa) (1) (150 f.), vgl. a. oben a) aa) (173) zu den Mehrheitserfordernissen.
139 Oben 1. b) aa) (2) (151).
140 Vgl. i. einz. die Übersicht oben 1. b) bb) (1)-(4) (152 ff.).
141 Oben 1. b) bb) (3) (155), beachte insbes. die Nachweise in Fn. 52.

Tat erzeugt die umfassende gegenseitige Hemmung der beteiligten Organe, die in einem echten Zwei-Kammer-System amerikanischer Bauart entsteht, einen permanenten Zwang zum Kompromiß zwischen den gesamtstaatlichen Repräsentanten der „Bürgerkammer" und den Vertretern der Einzelstaaten in der Länderkammer[142]. Unter föderativen Aspekten wird der Länderkammer zugleich eine uneingeschränkte Kontrollfunktion gegenüber dem gesamtstaatlichen Repräsentativorgan zugestanden.

Diese Betrachtung klammert allerdings einen entscheidenden Gesichtspunkt aus, der im Kontext des Interorganrespekts nicht vernachlässigt werden darf: die Effektivität der verbandlichen Willensbildung bzw. die Funktionsfähigkeit des Gesetzgebungsverfahrens insgesamt. Denn nur wenn auf beiden Seiten die – vom Interorganrespekt im Sinne einer loyalen Zusammenarbeit der Organe eingeforderte – Bereitschaft zum Kompromiß besteht, artet die gewollte gegenseitige Hemmung nicht in eine fruchtlose Blockade aus[143]. Gerade die deutsche Erfahrung zeigt jedoch, daß der Bundesrat nur allzu häufig als ein solches Blockadeinstrument eingesetzt wird: Zum Teil geschieht dies noch in Wahrnehmung seiner eigentlichen Aufgabe, wenn beispielsweise die Länder finanzielle Belastungen nicht übernehmen wollen, die aufgrund der Sachregelungen eines Bundesgesetzes auf sie zukommen könnten[144], zum Teil dient der Bundesrat aber auch primär als Werkzeug der Parteipolitik, wenn nämlich die Oppositionsparteien des Bundestages über die von ihnen beherrschten Landesregierungen die Mehrheit im Bundesrat stellen und diese zur Verhinderung von Gesetzen benutzen, deren Verabschiedung im Bundestag über ihre Köpfe hinweg stattgefunden hat[145].

Vor allem das letztgenannte Phänomen läuft dem Gedanken des Interorganrespekts diametral zuwider. Daraus könnte man die Folgerung ableiten, eine parteipolitische Instrumentalisierung des Bundesrates unter Berufung auf dieses Prinzip als Verletzung einer ungeschriebenen Verfassungsgrundpflicht zur Kooperation unter-

---

142 Vgl. nochmals oben 2. a) (160 ff.) zur Komplexität der Vermittlungsverfahren innerhalb des Kongresses, die diesen Zwang zum Kompromiß widerspiegelt.

143 In Amerika hat sich für eine solche Blockade – die allerdings meistens zwischen Kongreß und Präsident stattfindet, worauf unter III. noch eingegangen werden soll – der Begriff „gridlock" eingebürgert. Vgl. stv. *Davidson/Oleszek* (Fn. 14), 365 f., 438; u. *Winand Gellner*, Die Blockade der politischen Gewalten in den USA, in: APuZ B 8–9/1996, 3–10.

144 Als Beispiel aus jüngerer Zeit sei erneut der schon oben a) cc) (176) erwähnte Streit um die Novelle des BNatSchG angeführt, in dem die Länder sich insbesondere gegen die Einführung von Ausgleichszahlungen an die Landwirte wandten.

145 Diese Entwicklung wurde schon sehr frühzeitig beklagt, vgl. statt vieler: *Wolf-Rüdiger Bandorf*, Der Bundesrat als Instrument der Parteienpolitik, 1978, bes. 81 ff. m.w.N.; u. aus neuerer Zeit etwa *Busse* (Fn. 16), 460; *Reinhold Zippelius*, Der Weg der Demokratie – ein Lernprozeß, in: NJW 1998, 1528–1534, 1533; sowie auf umfassender empirischer Grundlage *v. Beyme* (Fn. 14), 58 ff., 296 ff.; u. *Gerhard Lehmbruch*, Parteienwettbewerb im Bundesstaat, 2. Aufl. 1998, 136 ff., zur gesamten Entwicklung. Positiv bewertet den damit einhergehenden Konsenszwang *Christoph Gusy*, Das parlamentarische Regierungssystem und der Bundesrat, in: DVBl. 1998, 917–928, 927 f. Eine gegenläufige Tendenz zeigte sich freilich bspw. im Vermittlungsverfahren über die Steuerreform des Jahres 2000, als die Bundesregierung trotz fehlender Bundesratsmehrheit die Länder mit finanziellen Versprechungen gegeneinander ausmanövrieren konnte.

sagen zu wollen. Ein derartiger Anspruch würde die rechtliche Leistungsfähigkeit dieses Grundsatzes jedoch kraß überfordern: Es wäre unmöglich, das von den einzelnen Landesregierungen gesteuerte Abstimmungsverhalten im Bundesrat dahingehend zu bewerten, ob es in erster Linie auf sach- oder auf parteipolitischen Differenzen beruht, zumal sich solche Differenzen in der Regel zu decken pflegen. Aus der Perspektive des Interorganrespekts, der insoweit in der Gestalt des schon erörterten Grundsatzes funktionsgerechter Organstruktur erscheint[146], kann daher nur eine andere Frage sinnvoll gestellt werden: Inwiefern präjudiziert die institutionelle Grundstruktur der Länderkammer möglicherweise bestimmte Formen der Ausübung oder Nichtausübung von Interorganrespekt?

Für die Beantwortung dieser Frage liefert ein vergleichender Blick in die USA interessante Aufschlüsse. Zwar blockieren sich auch im amerikanischen System die beiden Legislativorgane gegenseitig oft genug, doch verlaufen die Bruchlinien nur selten genau entlang der parteipolitischen Präferenzen oder der Interessengegensätze zwischen Bundesstaat und Einzelstaaten. Das liegt natürlich zum einen daran, daß aufgrund der Dezentralisierung der politischen Parteien in den Vereinigten Staaten und der entsprechend großen Bedeutung der lokalen Verwurzelung eines Kongreßmitgliedes für seinen Wahlerfolg die persönliche Abhängigkeit der Abgeordneten und Senatoren von ihren Parteien und die dadurch begründeten Bindungen nur gering ausgeprägt sind[147]. Eine wesentliche Rolle spielt aber ebenso das Wahlsystem und innerhalb desselben die Tatsache, daß die Angehörigen des Senats niemals von ihren einzelstaatlichen Heimatregierungen abhängig waren. Ursprünglich wurde die Rückbindung der Senatoren an ihre Heimatstaaten gewährleistet, indem sie von den jeweiligen einzelstaatlichen Legislativorganen gewählt wurden[148]. 1913 ersetzte der 17. Zusatzartikel zur amerikanischen Verfassung dieses indirekte Verfahren jedoch durch die direkte Volkswahl auch der Senatoren, die bis heute Bestand hat. Seither hat sich die Doppelfunktion der Senatoren, zugleich die Interessen ihrer Heimatstaaten und das Interesse des Gesamtstaates vertreten zu sollen, in ihrer Gewichtung eindeutig zugunsten der gesamtstaatlichen Verantwortung verschoben: Empirische Analysen des Abstimmungsverhaltens in Senat und Repräsen-

---

146 Hierzu oben 2. Kap. II. 2. c) (42 ff.). In Rheinland-Pfalz hat man aus parteipolitischen Gründen sogar kurzzeitig darüber nachgedacht, die Stimmabgabe im Bundesrat von einem Losentscheid abhängig zu machen. Vgl. dazu *Rüdiger Zuck*, Politische Sekundärtugenden (III): Die Kunst, das Los zu werfen, in: NJW 1997, 297–299.

147 Vgl. *Peter Lösche*, Die politischen Parteien, in: Wolfgang Jäger/Wolfgang Welz (Hg.), Regierungssystem der USA, 1995, 268–296 (§ 14), 289 ff.; *Filzmaier/Plasser* (Fn. 75), 47 ff.; *Randall B. Ripley*, Kongreß und Einzelstaaten: Zentralisierter Interessenausgleich, in: Uwe Thaysen/Roger H. Davidson/Robert G. Livingston (Hg.), US-Kongreß und Deutscher Bundestag, 1988, 156–174, 166 ff.

148 *Alexander Hamilton/James Madison/John Jay*, The Federalist Papers (1787/88), ed. by Clinton Rossiter, 1961, No. 62 (wahrscheinlich Madison), 377: „It (the appointment of senators by the State legislatures) is recommended by the double advantage of favoring a select appointment, and of giving to the State governments such an agency in the formation of the federal government *as must secure the authority of the former, and may form a convenient link between the two systems.*" (Zusatz u. Hervorhebung vom Verf.)

tantenhaus zeigen hinsichtlich der Vertretung der einzelstaatlichen Interessen keine signifikanten Unterschiede mehr; der Interessenausgleich im Kongreß trägt einen klar bundesstaatlich ausgerichteten, zentralisierten Charakter[149].

Hieraus ist zu schließen, daß die Zusammensetzung der Länderkammer im föderalistischen Staat im Kontext des Gesetzgebungsprozesses einen wesentlichen Einflußfaktor des Interorganrespekts darstellt[150]. Entscheidet man sich wie in Deutschland für das „Bundesratsmodell", in dem die Mitglieder der Länderkammer als weisungsgebundene Vertreter ihrer Heimatregierungen fungieren, so muß man damit rechnen, daß ihr Verständnis des dem gesamtstaatlichen Repräsentativorgan geschuldeten Respekts in erster Linie durch ihre Verpflichtung zur Wahrnehmung der Interessen ihrer Länder bestimmt wird und das Interesse des Gesamtstaates dabei eher in den Hintergrund tritt. Unter diesen Umständen sind Blockadesituationen zwischen den beiden Legislativorganen vorprogrammiert, was zu der Konsequenz zwingt, die Reichweite der Zustimmungserfordernisse des Bundesrates möglichst gering zu halten. Da aber eine Zustimmungspflicht des Bundesrates für solche Bundesgesetze, die den Ländern für ihre eigene Tätigkeit verbindliche Vorgaben machen, nicht ausgeschlossen werden kann, ohne die Länderkammer ihrer eigentlichen Funktion zu berauben, bedeutet dies, daß Gesetzgebung, Verwaltung und Finanzierung von Staatsaufgaben zwischen Bund und Ländern weitgehend getrennt werden müßten; die in Deutschland seit langem zu beobachtende Entwicklung hin zu immer neuen Kompetenzverschränkungen und Mischfinanzierungen erweist sich aus dieser Perspektive als fatal für die Effektivität des bundesstaatlichen Gesetzgebungsverfahrens[151]. Umgekehrt setzt ein echtes Zwei-Kammer-System, in

---

[149] Davon spricht insbes. *Ripley* (Fn. 147), 170 f.; vgl. a. *Graf Kielmansegg* (Fn. 104), 60 f.; u. *Wolfgang Welz*, Die bundesstaatliche Struktur, in: Wolfgang Jäger/ders. (Hg.), Regierungssystem der USA, 1995, 80–108 (§ 5), 99 f.

[150] Vgl. dazu auch die empirische Analyse von *Roland Vaubel*, Constitutional Safeguards Against Centralization in Federal States, in: Constitutional Political Economy 7 (1996), 79–102, 92 ff.

[151] An Beispielen sei etwa auf die nachträglich eingefügten Art. 91 a und b GG über Gemeinschaftsaufgaben sowie auf die Festsetzung der wichtigsten Steuern als Gemeinschaftsteuern in Art. 106 III GG hingewiesen. Vgl. zu Entwicklung und Reformvorschlägen z.B. die Stellungnahme „Reform der Finanzverfassung" der Reformkommission Soziale Marktwirtschaft vom 10.07.1998, bes. 5 ff., 15 ff.; ferner *Hans-Wolfgang Arndt/Ernst Benda/Klaus v. Dohnanyi/Hans-Peter Schneider/Rita Süssmuth/Werner Weidenfeld*, Zehn Vorschläge zur Reform des deutschen Föderalismus, in: ZRP 2000, 201–206, 204 ff.; *Rudolf Dolzer*, Das parlamentarische Regierungssystem und der Bundesrat, in: VVDStRL 58 (1999), 7–38, 24 ff.; *Lehmbruch* (Fn. 145), 183 ff.; *Irene Kesper*, Bundesstaatliche Finanzordnung, 1998, 131 ff., bes. 134 ff., zu einer möglichen Neuordnung allg. 295 ff.; *Stefan Oeter*, Integration und Subsidiarität im deutschen Bundesstaatsrecht, 1998, 259 ff., 461 ff.; *Hans Hofmann*, Notwendigkeit und Perspektiven einer Föderalismusreform, in: ZRP 1999, 465–471; *Hans-Peter Schneider*, Nehmen ist seliger als Geben. Oder: Wieviel „Förderalismus" verträgt der Bundesstaat?, in: NJW 1998, 3757–3759, 3758 f.; *Dieter Puchta*, Mehr Autonomie für Länder und Gemeinden, in: FAZ vom 28.06.1997, 15; ebenso *Carl Christian v. Weizsäcker*, Demokratie ist Konkurrenz, nicht Konsens, in: FAZ vom 04.07.1997, 17; ähnlich *Zippelius* (Fn. 145), 1533 f.; als Hintergrundanalyse vgl. *Robert P. Inman/Daniel L. Rubinfeld*, The political economy of federalism, in: Dennis C. Mueller (ed.), Perspectives on Public Choice, 1997, 73–105, 96 ff., 103 f.; dort auch *Dennis C. Mueller*, Constitutional public choice, 124–146, 138 f.; teilw. krit. dazu *Rainer*

dem grundsätzlich alle Bereiche der Gesetzgebung der potentiellen wechselseitigen Blockade beider Legislativorgane ausgesetzt sind, als Grundlage des zur Vermeidung solcher Blockaden erforderlichen Interorganrespekts ein möglichst freies Mandat der Mitglieder der Länderkammer voraus; die Einführung des „Senatsmodells", die im Parlamentarischen Rat für Deutschland ebenfalls diskutiert wurde und nur relativ knapp scheiterte[152], verlangt daher zumindest die Unabhängigkeit der Angehörigen der zweiten Kammer von den einzelstaatlichen Regierungen.

Zugegeben werden muß in diesem Zusammenhang, daß das Problem der parteipolitischen Instrumentalisierung des Bundesrates auf diese Weise nur begrenzt zu lösen ist, wenngleich eine Reduzierung der Zustimmungserfordernisse durch vermehrte Trennung der Aufgabenwahrnehmung zwischen Bund und Ländern natürlich zugleich eine automatische Einschränkung der parteipolitisch motivierten Blockademöglichkeiten zur Folge hätte. Solange die derzeitige starke Stellung der politischen Parteien in Deutschland jedoch fortbesteht[153], werden auch die Mitglieder der Länderkammer unabhängig von der Art ihrer Bestellung einer parteipolitischen Einflußnahme in ganz anderem Ausmaß unterliegen als etwa die amerikanischen Senatoren. Allerdings könnte eine Veränderung des Wahlverfahrens insoweit zumindest für eine größere Transparenz der Entscheidungsmodalitäten sorgen: Während sich die Bürger momentan kaum bewußt sind, daß sie mit der Wahl eines Landtages und damit indirekt einer Landesregierung gleichzeitig über die Stimmenverteilung im Bundesrat mitbestimmen, wäre bei einer direkten Wahl der zweiten Kammer jedenfalls der Zusammenhang zwischen Bürgerwillen und politischen Mehrheitsverhältnissen offenkundig. Eine durch die unterschiedliche parteipolitische Färbung der beiden Legislativorgane bedingte Blockade wäre dann nicht mehr unbedingt als Verletzung des Interorganrespekts, sonder vielmehr als legitimer Ausdruck einer auf gegenseitige Hemmung der Organe gerichteten Wählerintention zu werten.

Eckertz, Bundesstaat und Demokratie, in: FS Ernst-Wolfgang Böckenförde, 1995, 13–28, 14 ff.; tendenziell *a.A. Sachs* (Fn. 22), 60 ff.; vgl. a. *Hans Peter Bull*, Finanzausgleich im „Wettbewerbsstaat", in: DÖV 1999, 269–281, 270 ff., der aber trotzdem eine „Entflechtung als Voraussetzung eines Neuanfangs" fordert (276 f.). Immerhin zeigt die Einsetzung einer Arbeitsgruppe von Bund und Ländern zu diesem Thema, daß das hier angesprochene Problem inzwischen auch auf politischer Ebene als ein solches gesehen wird.

[152] Nachweise hierzu bei *Bandorf* (Fn. 145), 11 ff.; vgl. ferner *Graf Kielmansegg* (Fn. 104), 61 ff.; *Oeter* (Fn. 151), 127 ff.; u. *Dolzer* (Fn. 151), 10 ff.

[153] Zu den spezifisch parlamentarischen Ausprägungen dieser Machtstellung der Parteien in Deutschland und den insoweit bestehenden Unterschieden zum US-Kongreß stv. *Winfried Steffani*, Parteien (Fraktionen) und Ausschüsse im Deutschen Bundestag, in: Uwe Thaysen/Roger H. Davidson/Robert G. Livingston (Hg.), US-Kongreß und Deutscher Bundestag, 1988, 260–280, 272 ff. *Sachs* (Fn. 22), 49 ff., sieht diese Machtstellung im Falle des „Senatsmodells" sogar als noch stärker an.

cc) Besonderheiten des europäischen Systems

Die dargelegten Einflüsse der Zusammensetzung der Länderkammer auf die genaue Ausformung des Interorganrespekts zwischen den Legislativorganen im Gesetzgebungsprozeß wirken auf der europäischen Ebene prinzipiell in gleicher Weise wie in den nationalstaatlichen Verfassungssystemen. Da der Ministerrat sich aus weisungsgebundenen Vertretern der Regierungen der Mitgliedstaaten zusammensetzt und damit dem „Bundesratsmodell" entspricht, steht folglich zu erwarten, daß innerhalb der Europäischen Gemeinschaft Rechtsetzungsblockaden aufgrund einzelstaatlicher Interessenlagen keine Seltenheit darstellen. Das ist auch in der Tat der Fall, wenngleich diplomatische Vorklärungen und Rücksichtnahmen sowie vor allem die Filterfunktion der Kommission im Entwurfsstadium[154] oft verhindern können, daß derartige Blockaden von der Öffentlichkeit als solche wahrgenommen werden. Die im Ministerrat geltenden besonderen Mehrheitserfordernisse bis hin zum faktischen Einstimmigkeitszwang nach Art des „Luxemburger Kompromisses"[155] tragen das Ihre dazu bei, dieses Problem zu verschärfen. Doch erscheint es bis auf weiteres sinnlos, sich über institutionelle Änderungen in der Zusammensetzung der europäischen Staatenkammer den Kopf zu zerbrechen: Solange die nationalen Identitäten der EG-Mitgliedstaaten in ihrer Eigenständigkeit fortbestehen, werden die diese Identitäten repräsentierenden einzelstaatlichen Regierungen weder auf die umfassende Teilhabe des Rates an der gesetzgeberischen Letztentscheidungsmacht noch auf die unmittelbare Rückbindung der Ratsmitglieder an ihre Heimatregierungen verzichten[156]. Aus der Perspektive des Interorganrespekts muß sich der Blick im europäischen System daher weniger auf die Länderkammer als vielmehr auf die Stellung des Europäischen Parlaments richten.

Hinsichtlich dieses Organs ist nun ebenfalls ein interessanter Zusammenhang zwischen dem Modus seiner Wahl und der Art des ihm entgegengebrachten Respekts zu verzeichnen: Solange sich das Parlament – damals noch als „Versammlung" betitelt – aus entsandten Mitgliedern der nationalen Parlamente zusammensetzte (bis 1979), konnte es nicht über eine bloße Anhörungsbefugnis hinauskommen, wenngleich immerhin schon diese Befugnis durch Interorganvereinbarungen als einer besonderen Ausdrucksform des Interorganrespekts über den in den Verträgen festgeschriebenen Umfang hinaus erweitert wurde[157]. Erst seitdem die Abgeordneten des Parlaments in allgemeiner unmittelbarer Wahl von den Bürgern Europas bestimmt werden, spiegelt sich der wachsende Respekt gegenüber dieser Institution in einer kontinuierlichen Expansion ihrer Mitwirkungsrechte wider: von der Entwicklung des Verfahrens der Zusammenarbeit in der Einheitlichen Europäischen Akte über die Einführung des Mitentscheidungsverfahrens im Vertrag von

[154] Dazu schon oben I. 1. b) (140 f.) und 3. (146 f.).

[155] Vgl. oben 3. a) (166 f.).

[156] Das wäre außerdem bis auf weiteres gerade wegen der notwendigen Berücksichtigung der nationalen Identitäten gar nicht ratsam. Vgl. zu der entsprechenden Rolle des Rates bspw. *Alan Dashwood*, States in the European Union, in: ELR 23 (1998), 201–216, 205 ff.

[157] Dazu schon oben 1. b) bb) (5) (158 f.), bes. Fn. 66 und 67.

Maastricht bis hin zur jüngsten Ausweitung dieses Verfahrens durch die Beschlüsse von Amsterdam, von den zahlreichen weitergehenden Interorganvereinbarungen der letzten Jahre zu schweigen[158]. Diese Tendenz läßt sich problemlos fortschreiben: Zumindest wenn man die Europäische Gemeinschaft bzw. Union institutionell in die Richtung eines föderal-demokratischen Systems nach Art der nationalstaatlichen Modelle Deutschlands und Amerikas weiterentwickeln will, wird sich langfristig eine umfassende Beteiligung des Parlaments an der Letztentscheidungsbefugnis im Gesetzgebungsprozeß und damit die Einrichtung eines echten Zwei-Kammer-Systems nicht umgehen lassen[159]. Gerade der Vergleich mit den deutschen und amerikanischen Verfassungssystemen hilft jedoch auch, die in diesem Zusammenhang lauernden Probleme zu erkennen: Ein echtes Zwei-Kammer-System, in dem die Länderkammer nach dem „Bundesratsmodell" organisiert ist, bietet demnach den maximalen Spielraum für Blockaden des gesetzgeberischen Entscheidungsprozesses[160]. Da aber die Idee des Interorganrespekts eine dauerhafte Benachteiligung des direkt gewählten „Bürgerorgans" in diesem Prozeß verbietet und der besondere Charakter der Europäischen Gemeinschaft auf absehbare Zeit eine Einschränkung der umfassenden Entscheidungsgewalt des Rates verhindern wird, bleibt unter institutionellen Aspekten zur Verringerung des entsprechenden Blockadepotentials derzeit nur die eine Möglichkeit, die Mehrheitserfordernisse bzw. den (faktischen) Einstimmigkeitszwang bei Abstimmungen im Rat zu reduzieren[161] – und auch diese Möglichkeit ist jedenfalls in Nizza nicht wirklich genutzt worden.

---

[158] Vgl. insges. die Übersicht oben 1. b) bb) (2), (3) und nochmals (5) (153 ff.) mit den dortigen Nachweisen.

[159] Ebenso *Pernice* (Fn. 26), 224 f.; u. *Renaud Dehousse*, European Institutional Architecture after Amsterdam: Parliamentary System or Regulatory Structure?, in: CMLR 35 (1998), 595–627, 608. An entsprechenden Vorschlägen, die in der Regel auf eine Etablierung des Mitentscheidungsverfahrens als alleiniges Rechtsetzungsverfahren der Gemeinschaft hinauslaufen, fehlt es nicht. Vgl. insbes. die Stellungnahmen des Parlaments selbst in seiner Resolution zum Funktionieren des Vertrages über die Europäische Union vom 17.05.1995 (Punkt 29) sowie in seiner Entschließung zur Regierungskonferenz vom 13.03.1996 (Punkt 23); u. zuletzt auch die Stellungnahme der Kommission zur Regierungskonferenz 2000 (KOM (2000) 34 endgültig); ferner etwa *Richard v. Weizsäcker/Jean-Luc Dehaene/David Simon*, Die institutionellen Auswirkungen der Erweiterung, 1999, 8 f.; *Commichau* (Fn. 103), 135 f.; *Werner Weidenfeld*, Europa '96 – Unterwegs wohin?, in: APuZ B 1–2/1996, 3–10, 6; *ders./Christian Jung*, Das Entscheidungsgefüge der Europäischen Union: Institutionen, Prozesse und Verfahren, in: ders. (Hg.), Maastricht in der Analyse, 1994, 11–53, 41 f.; *Petersmann* (Fn. 103), 184 f.; *Schmidhuber* (Fn. 103), 1275; mit Einschränkungen *Huber* (Fn. 104), 122 ff.; *Lipsius* (Fn. 29), 256; *Deringer* (Fn. 106), 255; u. *Rolf Wägenbaur*, „Mitentscheidung": Stärkung der Rechte des Europäischen Parlaments?, in: EuZW 1996, 587–589, 588 f.

[160] Diese Befürchtung äußert bspw. auch *Boyron* (Fn. 52), 317.

[161] Auch diese Forderung, die vor allem die endgültige Gegenstandslosigkeit des „Luxemburger Kompromisses" zum Ziel hat – dazu nochmals oben 3. a) (166 f.) –, wird schon seit längerem erhoben und diskutiert. Vgl. z.B. *Pernice* (Fn. 26), 225; *Lipsius* (Fn. 29), 251, 258 f.; *v. Weizsäcker/Dehaene/Simon* (Fn. 159), 7 f.; *Mathias Rohe*, Notwehr gegen Europa?, in: EuZW 1997, 491–498, 497; u. die detaillierten Vorschläge von *Kamann* (Fn. 102), 62 ff.; beachte aber auch die empirisch fundierte Kritik von *Götz* (Fn. 99), 350 ff.; u. *Martin Seidel*, Die Einstimmigkeit im EU-Rat – eine leidige, aber nicht dispensable Regel, in: EuZW 2000, 65.

In ähnlicher Weise läßt sich ein weiterer immer wiederkehrender Vorschlag zur Reform der europäischen Institutionen aus dem Blickwinkel des Interorganrespekts besser bewerten: nämlich der, die nationalen Parlamente stärker in den europäischen Rechtsetzungsprozeß einzubeziehen und gegebenenfalls sogar in Gestalt einer dritten Kammer direkt daran zu beteiligen[162]. Daran ist richtig, daß die Einbindung der nationalen Parlamente in die auf europäischer Ebene zu treffenden Entscheidungen teilweise zu wünschen übrigläßt und eine Verbesserung ihrer Mitwirkung schon im Vorfeld geplanter europäischer Normierungsakte die anschließende innerstaatliche Durchsetzung derselben sicherlich erleichtern würde. Auf der anderen Seite würde speziell die Schaffung einer dritten Kammer mit eigener Teilhabe an der gesetzgeberischen Letztentscheidungsmacht die Spielräume für Blokkaden des europäischen Rechtsetzungsverfahrens noch erheblich erhöhen. Der Gedanke des Interorganrespekts kann hier in erster Linie bei der Verortung des Problems von Nutzen sein, indem er hilft, die unterschiedlichen Ebenen der Interorganbeziehungen gegeneinander abzugrenzen: Ohne Zweifel gebührt auch den nationalen Parlamenten Respekt, wenn es um den Erlaß von für sie verbindlichen europäischen Rechtsakten geht. Ihr „Anspruchsgegner" hinsichtlich dieses Respekts ist jedoch nicht der europäische Ministerrat als Gesamtorgan, sondern vielmehr ihre jeweilige nationale Regierung, deren Vertreter im Rat den Kurs der Gemeinschaft maßgeblich mitbestimmt. Möglichkeiten einer besseren Verwirklichung des Interorganrespekts zugunsten der nationalen Parlamente müssen daher auf der nationalen Ebene im Verhältnis der einzelstaatlichen Regierungen zu ihren Parlamenten gesucht werden[163]. Die Einrichtung eines eigenen Vertretungsorgans im europäischen Rahmen erscheint demgegenüber aus der Sicht des Interorganrespekts als unzutreffender Ansatzpunkt.

[162] So etwa *Vaubel* (Fn. 29), 447 f.; tendenziell auch *Lipsius* (Fn. 29), 256 f.; *Jochen Abr. Frowein*, Die Verfassung der Europäischen Union aus der Sicht der Mitgliedstaaten, in: EuR 1995, 315–333, 324 ff.; *Petersmann* (Fn. 103), 200 f.; vgl. weiter *Commichau* (Fn. 103), 124 ff.; *Hrbek* (Fn. 109), 187 ff.; u. schon *Eckart Klein*, Der Verfassungsstaat als Glied einer europäischen Gemeinschaft, in: VVDStRL 50 (1991), 56–96, 75 f.; sowie *Rudolf Streinz*, Der Verfassungsstaat als Glied einer europäischen Gemeinschaft, in: DVBl. 1990, 949–963, 961; ablehnend bspw. *Weidenfeld* (Fn. 159), 7; *Gil Carlos Rodriguez Iglesias*, Zur „Verfassung" der Europäischen Gemeinschaft, in: EuGRZ 1996, 125–131, 131; *Deringer* (Fn. 106), 260 f.; u. sogar der Europa-Ausschuß des Deutschen Bundestages, vgl. wib 23/1996, 55. Hiervon ist der nur selten geäußerte Gedanke zu unterscheiden, die Mitglieder der europäischen Staatenkammer wie diejenigen des US-Senats im vorigen Jahrhundert von den nationalen Parlamenten wählen zu lassen, der auf eine Aufgabe des „Bundesratsmodells" im fortbestehenden Rahmen eines Zwei-Kammer-Systems hinausliefe, aus den oben dargelegten Gründen jedoch bis auf weiteres unrealistisch erscheint.

[163] Ebenso z.B. *Volker Neßler*, Der transnationale Verwaltungsakt, in: NVwZ 1995, 863–866, 866.

c) Transparenzerwägungen

Nachdem bislang die prozeduralen Anwendungen und institutionellen Rahmenbedingungen des Interorganrespekts im Gesetzgebungsverfahren im Mittelpunkt der Betrachtung gestanden haben, ist es nunmehr an der Zeit, den Blick auf eine eher problematische Konsequenz zu richten, die mit der Umsetzung dieses Prinzips einherzugehen pflegt. Gemeint sind damit seine Auswirkungen auf die Transparenz des Rechtsetzungsprozesses.

aa) Problemlage

Parlamentarische Plenarsitzungen finden naturgemäß in jedem der hier betrachteten Systeme öffentlich statt. Schon in den Ausschüssen, in denen heutzutage die eigentliche parlamentarische Arbeit geleistet wird, ist die Öffentlichkeit jedoch nicht mehr gewährleistet, wie § 69 I der Geschäftsordnung für den Bundestag exemplarisch belegt[164]. Noch wesentlich bedenklicher erscheinen unter Transparenzaspekten freilich jene Verfahren, die entweder aufgrund unmittelbarer verfassungsrechtlicher Vorgaben oder aber auf rein informeller Basis zwischen den einzelnen am Gesetzgebungsverfahren beteiligten Organen ablaufen, um ihnen eine Konsensfindung zu ermöglichen, und die insofern als spezifische Ausprägungen der im Prinzip des Interorganrespekts angelegten Pflichten zu Koordination und Kooperation verstanden werden müssen.

In erster Linie gilt dies für die diversen Vermittlungsverfahren, von denen oben bereits die Rede war. In den USA haben zwar Senat und Repräsentantenhaus ihre „bi-cameral conferences" nach jahrhundertelanger Geheimhaltung in den siebziger Jahren weitgehend geöffnet[165]; die in der Verfassung ohnedies nicht vorgesehenen, durch die politische Realität aber regelmäßig gebotenen Abstimmungen zwischen Kongreßführung und Präsident im Vorfeld der Verabschiedung von Gesetzentwürfen finden allerdings weiterhin im Verborgenen statt, von den informellen Einflußnahmen des Präsidenten auf einzelne Abgeordnete und Senatoren ganz zu schweigen[166]. In Deutschland, wo schon die einfachen Bundestagsausschüsse grundsätzlich in nichtöffentlicher Sitzung tagen, unterliegen die Beratungen des in Art. 77 II GG festgeschriebenen ständigen Vermittlungsausschusses von Bundestag und Bundesrat von vornherein der Vertraulichkeit; die entsprechenden Protokolle werden normalerweise erst in der übernächsten Legislaturperiode freigegeben[167]. Ähnliches gilt auf der europäischen Ebene, wo immerhin die Kommission durch Art. 251 IV 2 (ex-Art. 189 b IV 2) EGV formell in die Arbeit des Vermittlungsausschusses eingebunden wird, während sich US-Präsident und deutsche Bundesregierung auf inoffizieller Basis in die Vermittlungsbemühungen einschalten müssen; dazu kommen allerdings viele weitere nichtöffentliche Gesprächsrunden zwischen Vertretern

---

164 Das bemängelt speziell für den Bundestag bspw. *Steffani* (Fn. 153), 272.

165 Vgl. die historische Übersicht bei *McNeil* (Fn. 3), 65.

166 Vgl. schon oben 2. a) (161 f.), insbes. die Nachweise in Fn. 77.

167 *Vogel* (Fn. 118), 219; *Stern* (Fn. 9), 100.

der drei Hauptorgane Rat, Parlament und Kommission, die insbesondere außerhalb des Anwendungsbereichs von Art. 251 (ex-Art. 189 b) EGV der Auslotung von Konsensfindungsspielräumen dienen und zum großen Teil in den schon mehrfach angesprochenen Interorganvereinbarungen festgelegt sind[168].

Schließlich muß man außerhalb der eigentlichen Vermittlungsverfahren in Deutschland die bedeutende Rolle von Koalitionszirkeln, „Elefantenrunden" und Kanzlergesprächen sowie die zahlreichen informellen Kontakte zwischen der Bundesregierung bzw. der sie tragenden Bundestagsmehrheit und den einzelnen im Bundesrat vertretenen Landesregierungen erwähnen[169]. Im europäischen System erzeugt allein die zu Beginn dieses Abschnitts erörterte Verfahrensvielfalt bereits ein zusätzliches Transparenzdefizit, das noch durch zwei Besonderheiten gesteigert wird: die inhaltliche Vorbereitung der Ratssitzungen hinter verschlossenen Türen im Ausschuß der Ständigen Vertreter der Mitgliedstaaten (COREPER), die in Art. 207 I (ex-Art. 151 I) EGV zwar vorgesehen, jedoch nicht näher spezifiziert wird[170], und die Nichtöffentlichkeit der anschließenden Beratungen im Ministerrat selbst. Insgesamt ergibt sich so für den Außenstehenden ein ganz beachtlicher Dschungel[171].

bb) Vermeidbarkeit und Unvermeidlichkeit von Transparenzmängeln

Viele der aufgezählten Transparenzmängel erscheinen ohne Zweifel vermeidbar. So würde allein schon die vielfach angemahnte, in Amsterdam nur zum Teil verwirklichte Verringerung der Zahl und Komplexität der europäischen Rechtsetzungsverfahren[172] auf dieser Ebene für eine wesentliche Verbesserung der Transparenzlage sorgen. Die Vorgehensweise in den Vereinigten Staaten, wo bereits das Tagesgeschäft der Kongreßausschüsse weitgehend im Lichte der Öffentlichkeit

---

[168] Oben 1. b) bb) (5) (158 f.), vgl. a. insbes. die Nachweise in Fn. 86 zum Haushaltsverfahren. Die strikte Geheimhaltung der Arbeiten im Vermittlungsausschuß kritisiert bspw. *Boyron* (Fn. 52), 313 f.

[169] Vgl. etwa *Busse* (Fn. 16), 455 ff., 462 ff. Dazu kommen jetzt noch institutionalisierte Gesprächsrunden mit Interessenvertretern wie z.B. im „Bündnis für Arbeit".

[170] Näher dazu *Michael Mentler*, Der Ausschuß der Ständigen Vertreter bei den Europäischen Gemeinschaften, 1996, bes. 51 ff., 66 ff., 102 ff.; vgl. ferner *Piris* (Fn. 52), 457 f.; *Kapteyn/van Themaat* (Fn. 90), 193 f.; *Wessels* (Fn. 4), 172 ff.; EuGH Slg. 1996, I-1469 – Rs. C-25/94; u. dazu *Noreen Burrows*, COREPER, Competence and Conservation, in: ELR 22 (1997), 64–67.

[171] In heftiger Form kritisiert dies bspw. *Rolf Lamprecht*, Untertan in Europa – Über den Mangel an Demokratie und Transparenz, in: NJW 1997, 505 f. Vgl. ferner *Joseph H. H. Weiler*, The European Union Belongs to its Citizens: Three Immodest Proposals, in: ELR 22 (1997), 150–156, 151; allg. *Zippelius* (Fn. 145), 1532; u. *Jürgen Schwarze*, Das schwierige Geschäft mit Europa und seinem Recht, in: JZ 1998, 1077–1088, 1080, 1083; sowie speziell zur mangelnden Transparenz des Ministerrates *Joachim Wuermeling*, Streicht die Räte und rettet den Rat!, in: EuR 1996, 167–178, 170 ff., der den Rat als „*black box* des europäischen Entscheidungsfindungsprozesses" bezeichnet (173).

[172] Vgl. stv. den Bericht der Kommission an die Reflexionsgruppe zur Regierungskonferenz 1996, 32 f. (Rz. 54 ff.); ähnlich *Lipsius* (Fn. 29), 262 ff.; *Weidenfeld/Jung* (Fn. 159), 38 ff.; *Götz* (Fn. 41), 994; *Roland Bieber/Isabelle Salome*, Hierarchy of Norms in European Law, in: CMLR 33 (1996), 907–930, 925 f.

stattfindet[173] und selbst die offene Zugänglichkeit der „bi-cameral conferences" inzwischen zur Regel geworden ist, belegt darüber hinaus, daß auch interne parlamentarische Vorgänge und Beratungen der Legislativorgane untereinander nicht notwendig geheim ablaufen müssen. In der unter diesem Aspekt besonders problematischen Europäischen Gemeinschaft sind gerade in den letzten Jahren vermehrt Initiativen zur Steigerung der Transparenz ergriffen worden: So nahmen die Mitgliedstaaten in die Schlußakte des Maastrichter Vertrages eine Erklärung zum Recht auf Zugang zu Informationen auf, auf deren Basis Kommission und Rat einen Verhaltenskodex erstellten, der vom Rat am 20.12.1993 und von der Kommission am 08.02.1994 in entsprechenden Beschlüssen für die Dokumente des jeweiligen Organs konkretisiert und umgesetzt wurde[174]. Die ersten Gerichtsverfahren von Unionsbürgern zur Durchsetzung der darin festgelegten Zugangsrechte haben mittlerweile schon ihren (erfolgreichen) Abschluß gefunden[175], und der Vertrag von Amsterdam hat den entsprechenden Ansprüchen in Gestalt des neuen Art. 255 (ex-Art. 191 a) EGV auch eine primärrechtliche Grundlage verliehen[176]. Schließlich bringt der in Amsterdam ebenfalls neu eingeführte Art. 207 III UAbs. 2 (ex-Art. 151 III UAbs. 2) EGV eine weitere Verbesserung, indem er für das gesetzgeberische Handeln des Rates die Veröffentlichung der Abstimmungsergebnisse und der Protokollerklärungen zwingend gebietet.

Alle diese Verbesserungsmöglichkeiten stoßen jedoch an einem bestimmten Punkt an eine immanente Grenze, die sich aus der Teilung der gesetzgeberischen Letztentscheidungsmacht zwischen den Legislativorganen und dem daraus folgenden Bedürfnis nach Interorganrespekt ergibt. Denn eine solche Teilung begründet,

---

[173] Hierzu näher *Samuel C. Patterson*, Parteien und Ausschüsse im Kongreß, in: Uwe Thaysen/Roger H. Davidson/Robert G. Livingston (Hg.), US-Kongreß und Deutscher Bundestag, 1988, 236–259, 253 f. Die entsprechenden Regeln werden in plastisch amerikanischer Ausdrucksweise zusammenfassend als „sunshine rules" bezeichnet.

[174] Beschluß 93/731 des Rates, ABl. L 340/1993, 43 f.; bzw. Beschluß 94/90 der Kommission, ABl. L 46/1994, 58 f. Die Kompetenz der Organe, solche Regelungen aufgrund ihrer internen Organisationsgewalt zu erlassen, wurde vom EuGH auf eine Klage der Niederlande hin ausdrücklich bestätigt (Slg. 1996, I-2169 – Rs. C-58/94). Vgl. a. *Frédérique Lafay*, L'accès aux documents du Conseil de l'Union: contribution à une problématique de la transparence en droit communautaire, in: Revue trimestrielle de droit européen 33 (1997), 37–68, 57 ff.; u. *Wolfgang Kahl*, Das Transparenzdefizit im Rechtsetzungsprozeß der EU, in: ZG 11 (1996), 224–240, 228 ff.

[175] Für den Zugang zu Dokumenten des Rates: EuG Slg. 1995, II-2765 – Rs. T-194/94; vgl. dazu *Dieter Kugelmann*, Zur Transparenz des Handelns der Europäischen Union, in: EuR 1996, 207–213; u. zuletzt EuG, Urt. v. 19.07.1999 – Rs. T-14/98 –, abgedr. in: NVwZ 1999, 1216 ff.; für den Zugang zu Dokumenten der Kommission: EuG Slg. 1997, II-313 – Rs. T-105/95; u. zuletzt EuG, Urt. v. 06.02.1998 – Rs. T-124/96 –, abgedr. in: EuR 1998, 362 ff.; sowie EuGH, Urt. v. 11.01.2000 – verb. Rs. C-174/98 P u. C-189/98 P –, abgedr. in: EuZW 2000, 346 ff. Sehr positiv bewertet die Gesamtentwicklung in Richtung Transparenz *Meinhard Hilf*, Amsterdam – Ein Vertrag für die Bürger?, in: EuR 1997, 347–361, 358 f.; vgl. a. schon den Überblick bei *Piris* (Fn. 52), 471 ff.; u. zuletzt *Roy W. Davis*, The Court of Justice and the right of public access to Community-held documents, in: ELR 25 (2000), 303–309.

[176] Näher hierzu *Dehousse* (Fn. 159), 619 ff.; u. i. einz. *Deirdre M. Curtin*, Citizens' fundamental right of access to EU information: an evolving digital passepartout?, in: CMLR 37 (2000), 7–41, bes. 14 ff.

wie zuvor schon festgestellt werden konnte[177], automatisch das Erfordernis formalisierter Vermittlungsverfahren und ergänzender informeller Absprachen, das unter bestimmten Umständen durch politische Sachzwänge wie etwa Koalitionserwägungen noch verstärkt wird. So wichtig daher die Transparenz der Beschlußfassungsmechanismen in einer demokratischen Gesellschaft ist, einen absoluten Wert stellt sie nicht dar; vielmehr muß sie stets gegen die Effizienz dieser Mechanismen zur Erreichung sachgerechter Lösungen abgewogen werden[178], deren Notwendigkeit dem Prinzip des Interorganrespekts als ein wesentliches Motiv zugrundeliegt. Gerade die Effizienz von Vermittlungsverfahren hängt jedoch manchmal in entscheidender Weise von der zumindest temporären Vertraulichkeit der Beratungen ab: Sie setzt die Bereitschaft zu „offenen Worten" voraus, die unter den Augen der Fernsehkameras so nicht gesprochen werden können; sie verlangt ein Abrücken von vorgefaßten Positionen, das im nachhinein leichter zu erklären ist als während des Verhandlungsprozesses; sie bedarf schließlich einer weitgehenden Unabhängigkeit der Vermittler von Pressionen der hinter ihnen stehenden politischen Kräfte, die sich ebenfalls im Rahmen nichtöffentlicher Gespräche eher erreichen läßt[179]. Im europäischen Ministerrat bemerkt man darüber hinaus deutlich das Fortwirken der im zwischenstaatlichen Verkehr entwickelten diplomatischen Gepflogenheiten, zu denen Ludwig *Marcuse* einmal treffend bemerkt hat, Diplomatie und Öffentlichkeit gingen eine ähnliche Verbindung ein wie Feuer und Wasser.

Aus alledem läßt sich eine allgemeine Regel ableiten: Je gründlicher die gesetzgeberische Letztentscheidungsbefugnis zwischen den Legislativorganen aufgeteilt ist, je stärker also die wechselseitigen Kontrollbefugnisse und Blockademöglichkeiten ausgeprägt sind, desto wichtiger wird die Rolle, die der Gedanke des Interorganrespekts in der jeweiligen Verfassungsordnung spielt. Eine der wesentlichen Konsequenzen dieser Konstellation besteht aber in der Einrichtung formeller und informeller Verfahren zur Entschärfung des bewußt geschaffenen Blockadepotentials, die ihrem Wesen nach allenfalls eine begrenzte Transparenz aufweisen können. Je mehr die Normierungsprozesse eines Verfassungssystems daher an der Idee des Interorganrespekts ausgerichtet sind, desto größer wird tendenziell auch die Unübersichtlichkeit der entsprechenden Mechanismen. Dieser umgekehrt proportionale Zusammenhang zwischen Interorganrespekt und Transparenz läßt sich nur partiell außer Kraft setzen.

---

[177] Oben 2. (160 ff.).

[178] So formulieren etwa *Rüdiger Bandilla/Jan-Peter Hix*, Demokratie, Transparenz und Bürgerrechte in der Europäischen Gemeinschaft, in: NJW 1997, 1217–1219, 1217; für eine Lösung „im Wege praktischer Konkordanz" auch *Kahl* (Fn. 174), 237 et seq.

[179] Den letzten Punkt betont aus eigener Erfahrung *Vogel* (Fn. 118), 219 f. Vgl. a. etwa *Oeter* (Fn. 151), 473 m.w.N.

d) Interorganrespekt und Demokratieprinzip

Was oben über den Gesichtspunkt der Transparenz gesagt wurde, gilt in ähnlicher Weise für das demokratische Prinzip: Eine unmittelbare Verknüpfung zwischen ihm und dem Prinzip des Interorganrespekts besteht nicht. Gewisse wechselseitige Einflußnahmen dieser Prinzipien sind jedoch nicht zu verkennen.

aa) Deutsch-amerikanische Gemeinsamkeiten

Im deutschen und im amerikanischen System folgt die Umsetzung des demokratischen Prinzips im Gesetzgebungsverfahren weitgehend derselben Grundstruktur. Damit ist insbesondere gemeint, daß jedenfalls ohne die Zustimmung des vom gesamten Volk mit gleicher Stimme gewählten Repräsentativorgans – der „Bürgerkammer" – kein Legislativakt wirksam werden kann. In Deutschland bedarf die Verabschiedung jedes Gesetzes der Billigung des Bundestages; in den USA gilt grundsätzlich dasselbe hinsichtlich der Mitwirkung des Repräsentantenhauses[180]. Die erforderliche Mitwirkung der Länderorgane in diesen beiden Modellen führt daher lediglich zu einer Reduzierung der Durchsetzungskraft der demokratischen Mehrheitsregel: Zwar entspricht die in Art. 51 II GG vorgesehene Stimmenverteilung unter den Ländern im Bundesrat dem Verhältnis der Bevölkerungszahlen der Länder nur bedingt, und im amerikanischen Senat wird sogar überhaupt keine Rücksicht auf eine proportionale Repräsentation der einzelstaatlichen Bevölkerungen genommen, indem Art. I Sect. 3 Cl. 1 der US-Verfassung jedem der fünfzig Bundesstaaten zwei Senatoren zuspricht[181], doch können sich diese Ungleichgewichte im Gesetzgebungsprozeß lediglich in negativer Form auswirken. Denn gegen den in einer Mehrheit von Bundestag bzw. Repräsentantenhaus zum Ausdruck kommenden Willen der gesamtstaatlichen Bevölkerungsmehrheit können Bundesrat bzw. Senat nur das Zustandekommen von Gesetzen verhindern, nicht jedoch positiv selbst Gesetze schaffen.

bb) Folgerungen für Europa

Genau dies ist in Europa aus zwei Gründen nicht der Fall: Zum einen wird das Europäische Parlament auch nach Amsterdam im Bereich eines Viertels der gemeinschaftlichen Rechtsetzung weiterhin keine echten Mitentscheidungsbefugnisse besitzen[182]. Soweit in diesem Bereich die Beschlüsse des insofern mit Letzt-

---

[180] Vgl. schon oben 1. a) und b) aa) (149 ff.). Die einzige spezifisch amerikanische Ausnahme zu diesem Grundsatz bilden Zustimmungsgesetze zu völkerrechtlichen Verträgen, denen nach Art. II Sect. 2 Cl. 2 der US-Verfassung nur der Senat (mit Zwei-Drittel-Mehrheit) zustimmen muß und auf die unten im 7. Kap. noch näher eingegangen werden soll.

[181] Anzumerken ist in diesem Zusammenhang, daß die numerische Gleichberechtigung der US-Bundesstaaten im Senat sogar den einzigen Bestandteil der Verfassung darstellt, der durch eine Art. 79 III GG vergleichbare „Ewigkeitsklausel" selbst gegen Verfassungsänderungen geschützt ist (Art. V S. 3 der US-Verfassung).

[182] Vgl. die Nachweise oben Fn. 52 und Fn. 88.

entscheidungsmacht ausgestatteten Rates von einer Mehrheit der nationalen Regierungsvertreter mitgetragen werden, die zugleich eine Mehrheit der Unionsbevölkerung repräsentiert, mag dies unter dem Aspekt der demokratischen Legitimation noch angehen. Da aber die Stimmengewichtung der einzelnen Mitgliedstaaten im europäischen Ministerrat dem Verhältnis ihrer Bevölkerungszahlen zueinander nur sehr ungefähr entspricht und es zu manchen Beschlüssen nicht einmal der qualifizierten Mehrheit bedarf[183], ist dies nicht immer gewährleistet, was im Zuge der Regierungskonferenz von 1996 speziell von deutscher Seite die – erst in Nizza zum Teil erfüllte – Forderung ausgelöst hat, für die Wirksamkeit von Rechtsetzungsakten des Ministerrates zukünftig eine „doppelte Mehrheit" der Mitgliedstaaten einerseits und der von ihnen repräsentierten Bevölkerungen andererseits zu verlangen[184]. Dazu kommt, daß das Parlament selbst, wie zuvor schon erläutert wurde[185], dem Ideal proportionaler demokratischer Repräsentanz ebenfalls nur annähernd entspricht, so daß sogar die Etablierung des Mitentscheidungsverfahrens als Regelfall nicht sicherstellen könnte, daß nicht doch Rechtsakte zustandekommen, die dem in den jeweiligen nationalen Parlamenten abgebildeten politischen Willen der Bevölkerungsmehrheit in der Europäischen Gemeinschaft zuwiderlaufen.

Auch in Verbindung mit dem zusätzlichen Argument, daß es auf der europäischen Ebene an einem einheitlichen Staatsvolk als Ausgangspunkt der demokratischen Legitimationskette fehle[186], können diese Erwägungen ein demokratisches Legitimationsdefizit der europäischen Institutionen nicht zwingend begründen. Denn die Europäische Union ist ebenso wie die ihr nach Art. 1 III (ex-Art. A III) EUV zugrundeliegende Gemeinschaft als selbständige, wenngleich abgeleitete Herrschaftsordnung zu qualifizieren und kann deshalb ein eigenständiges Legitimationssystem verwirklichen[187]. Sie verfügt in der Gestalt von Parlament und Rat über zwei demokratisch legitimierte Organe mit allerdings unterschiedlicher Legitimationsbasis: das Parlament ist durch eine direkte Wahl seitens der Unionsbürger unmittelbar legitimiert, während die Legitimation des Rates indirekt durch eine Rückbindung an die in den einzelnen Mitgliedstaaten demokratisch gewählten Re-

---

183 Hierzu oben 3. a) (165 f.) und Fn. 105.

184 Näher dazu *Kamann* (Fn. 102), 67 f.; vgl. a. *Lipsius* (Fn. 29), 256 f.; *Konow* (Fn. 102), 324; *Wernhard Möschel*, Europapolitik zwischen deutscher Romantik und gallischer Klarheit, in: APuZ B 3–4/1995, 10–16, 16; *Michael Borchmann*, Regierungskonferenz 1996 – das Positionspapier der deutschen Länder, in: EuZW 1995, 570–573, 572.

185 Oben 3. b) (169 f.).

186 Vgl. die Nachweise oben Fn. 107.

187 *Kluth* (Fn. 107), 45 ff.; *Suski* (Fn. 103), 89 ff.; *Kaufmann* (Fn. 103), zus.fass. 479 ff.; *Armin v. Bogdandy*, Supranationaler Föderalismus als Wirklichkeit und Idee einer neuen Herrschaftsform, 1999, 53 ff.; *Wolfram Hertel*, Supranationalität als Verfassungsprinzip, 1999, 136 ff.; *Dimitris Th. Tsatsos*, Die Europäische Unionsgrundordnung, in: EuGRZ 1995, 287–296, 292 f.; *Albrecht Randelzhofer*, Zum behaupteten Demokratiedefizit der Europäischen Gemeinschaft, in: Peter Hommelhoff/Paul Kirchhof (Hg.), Der Staatenverbund der Europäischen Union, 1994, 39–55, 54 f.; *Claus Dieter Classen*, Europäische Integration und demokratische Legitimation, in: AöR 119 (1994), 238–260, zus.fass. 259 f.; *Commichau* (Fn. 103), 126 f.; *Magiera* (Fn. 106), 790 f.

gierungen erfolgt[188]. Dabei handelt es sich im Prinzip um nichts Ungewöhnliches, wie das im deutschen Verfassungssystem gewählte „Bundesratsmodell" exemplarisch belegt. Die im vorigen Abschnitt herausgearbeitete Gemeinsamkeit der hier betrachteten, föderalistisch organisierten nationalstaatlichen Ordnungen, die ihrer jeweiligen Länderkammer die Möglichkeit zur Verhinderung von Gesetzen einräumen, ohne daß die hierfür erforderliche Mehrheit der Ländervertreter ihrerseits eine Mehrheit der Gesamtbevölkerung repräsentieren müßte, zeigt darüber hinaus, daß sich ein generelles Gebot, nach dem sich der Wille der parlamentarisch vertretenen Bevölkerungsmehrheit in der Gesetzgebung immer durchsetzen müßte, aus dem demokratischen Prinzip so nicht herleiten läßt. Schließlich darf nicht vergessen werden, daß die nationalen Parlamente und zum Teil sogar die Völker der EG-Mitgliedstaaten den europäischen Entscheidungsstrukturen in ihrer derzeit existierenden Form alle zugestimmt und ihre eigene unzweifelhafte Legitimation damit in gewisser Weise an die Institutionen der Gemeinschaft weitergegeben haben[189].

Selbst wenn man aber aus diesen Gründen die demokratische Legitimation der europäischen Institutionen und des von ihnen erlassenen Rechts bejaht, bleibt die geschilderte Situation unbefriedigend, was in erster Linie mit dem zuletzt schon angesprochenen Unterschied von negativer und positiver Macht im Gesetzgebungsverfahren zusammenhängt: Daß *negative* Macht zur *Verhinderung* von Gesetzen auch gegen den Willen einer Bevölkerungsmehrheit ausgeübt werden kann, muß im Interesse eines wirksamen Minderheitenschutzes und im Bundesstaat außerdem zur Gewährleistung einer substantiellen Eigenstaatlichkeit der Länder bis zu einem gewissen Grad hingenommen werden. Für eine Verleihung *positiver* Macht zur *Schaffung* von Gesetzen gegen den Mehrheitswillen gibt es hingegen keine vergleichbare Rechtfertigung; als Konsequenz hieraus fehlen entsprechende Befugnisse beispielsweise in den national-bundesstaatlichen Modellen Deutschlands und Amerikas. Die dieser Beobachtung korrespondierende Forderung für den weiteren Fortgang der europäischen Integration läuft darauf hinaus, diese Möglichkeit auf der europäischen Ebene gleichfalls auszuschalten, also sicherzustellen, daß gegen die Mehrheit der Unionsbevölkerung, wie sie politisch von den nationalen Parlamenten und Regierungen sowie von ihren Abgeordneten im Europäischen Parlament reprä-

---

[188] Ebenso *Frauke Brosius-Gersdorf*, Die doppelte Legitimationsbasis der Europäischen Union, in: EuR 1999, 133–169, bes. 166 ff.; *Magiera* (Fn. 106), 793 ff.; u. *Schmidhuber* (Fn. 103), 1272 ff. Auf der prinzipiellen Gleichwertigkeit von unmittelbarer und indirekter demokratischer Legitimation bestehen etwa auch *Rodriguez Iglesias* (Fn. 162), 130 f.; *Lipsius* (Fn. 29), 255 f.; *Bandilla/Hix* (Fn. 178), 1217; *Commichau* (Fn. 103), 117 ff.; i. Erg. ähnlich *Kluth* (Fn. 107), 82 ff.; vgl. a. schon *Eckart Klein*, Entwicklungsperspektiven für das Europäische Parlament, in: EuR 1987, 97–112, 101; *Streinz* (Fn. 162), 951; u. zur materiellrechtlichen Rückbindung jedenfalls des deutschen Ratsvertreters *Theodor Schilling*, Zur Verfassungsbindung des deutschen Vertreters bei der Mitwirkung an der Rechtsetzung im Rate der EU, in: DVBl. 1997, 458–463.

[189] Diesen Gedanken betonen etwa *Bandilla/Hix* (Fn. 178), 1217; u. *Otmar Philipp*, Europäische Union und demokratische Legitimation, in: EuZW 1997, 289. *Classen* (Fn. 187), 250; u. *Magiera* (Fn. 106), 792 f., weisen freilich mit Recht darauf hin, daß diese einmalige Zustimmung angesichts des weitgefaßten Integrationsprogramms von EG und EU für sich allein nicht ausreichen könnte.

sentiert wird, jedenfalls keine Rechtsetzungsakte zustandekommen können. Ob dies im einzelnen durch eine veränderte Einbindung des Europäischen Parlaments oder durch die Einführung „doppelter Mehrheiten" im Ministerrat besser zu bewerkstelligen ist[190], kann an dieser Stelle dahingestellt bleiben.

cc) Fazit

Aus den im vorigen getroffenen Feststellungen und angestellten Überlegungen läßt sich für das Verhältnis von Interorganrespekt und demokratischem Prinzip folgende Wechselbezüglichkeit ableiten: Einerseits übt der Gedanke des Interorganrespekts Einfluß auf die Ausgestaltung der demokratischen Entscheidungsstrukturen und speziell auf die Durchsetzungskraft der demokratischen Mehrheitsregel aus, soweit es im Gesetzgebungsverfahren um die negative Macht zur Gesetzesverhinderung geht. Insbesondere der in einem Bundesstaat typischerweise geforderte Respekt gegenüber der Eigenstaatlichkeit der Länder und dem zu ihrer Vertretung berufenen Verfassungsorgan führt dazu, daß die demokratisch unmittelbar legitimierte Mehrheit des vom gesamten Volk mit gleicher Stimme gewählten Repräsentativorgans auf die Realisierung ihrer Gesetzesvorhaben zumindest teilweise verzichten muß. Andererseits läßt aber auch der Grundgedanke des Demokratieprinzips die konkrete Verwirklichung des Interorganrespekts hinsichtlich der Verteilung der positiven Macht zur Rechtsetzung nicht unberührt: Die von ihm verlangte Rücksichtnahme auf den Willen der jeweiligen Bevölkerungsmehrheit mündet insoweit in eine Forderung nach Respekt gegenüber dem diesen Willen am unmittelbarsten repräsentierenden Verfassungsorgan, die zum Inhalt hat, daß gegen die Mehrheit dieses Organs jedenfalls keine Gesetze zustandekommen dürfen.

III. Abschließende Kontrollbefugnisse von Staatsoberhaupt und Exekutive

Das bislang behandelte Verhältnis der Legislativkammern zueinander bildet zwar das Kernstück der vom Prinzip des Interorganrespekts im Gesetzgebungsverfahren aufgeworfenen Problematik, schöpft sie jedoch nicht vollständig aus. Denn es bedarf oft noch eines zusätzlichen Akts der exekutiven Seite, um einen Gesetzentwurf, der die Legislativorgane bereits passiert hat, tatsächlich in Kraft treten zu lassen. Selbst wo dies aber nicht der Fall ist, stellt sich die Frage nach abschließenden Kontrollbefugnissen des Staatsoberhauptes bzw. der Exekutive zur Gewährleistung der Übereinstimmung des beschlossenen Gesetzes mit der verfassungs- bzw. vertragsmäßigen Ordnung, die für die Rolle des Interorganrespekts im Rechtsetzungsprozeß erhebliche Bedeutung besitzt.

---

190 Vgl. hierzu insbes. die Nachweise Fn. 159 und Fn. 184.

1. Die „veto power" des amerikanischen Präsidenten

Am deutlichsten tritt die Notwendigkeit eines zusätzlichen Tätigwerdens der Exekutive im amerikanischen Modell hervor. In den USA kann nach Art. I Sect. 7 Cl. 2 der Verfassung grundsätzlich kein Gesetz ohne die Zustimmung des Präsidenten in Kraft treten. Legt dieser sein „Veto" ein, so bedarf es einer Zwei-Drittel-Mehrheit in beiden Häusern des Kongresses, um das Gesetz trotzdem in Kraft zu setzen – eine Hürde, die erfahrungsgemäß nur selten gemeistert wird[191], auch wenn der Supreme Court das Zwei-Drittel-Erfordernis dahingehend flexibilisiert hat, daß es sich nicht auf die Zahl der gesetzlichen Mitglieder jeder Kammer bezieht, sondern nur auf jene Zahl, die zur Beschlußfähigkeit der jeweiligen Kammer erforderlich ist[192]. Äußert sich der Präsident nicht innerhalb von zehn Tagen zu dem ihm vorgelegten Entwurf, so wird dieser auch ohne seine Unterschrift Gesetz; der umgekehrte Effekt tritt allerdings ein, wenn in der Zwischenzeit die Sitzungsperiode des Kongresses zu Ende gegangen ist, so daß im Sinne des letzten Satzes von Art. I Sect. 7 Cl. 2 der amerikanischen Verfassung dem Präsidenten die rechtzeitige Rücksendung des von ihm abgelehnten Entwurfs an den Kongreß nicht möglich war[193]. In diesen Fristvorgaben der Verfassung selbst läßt sich erneut unschwer ein allgemeiner Parameter des Interorganrespekts wiederfinden: Der Präsident schuldet dem Kongreß dahingehend Respekt, daß er sich mit seinen Gesetzentwürfen recht kurzfristig abschließend befassen muß, und der Kongreß muß umgekehrt dem Präsidenten gegenüber zumindest bereit sein, sich mit seinen eventuellen Einwänden inhaltlich auseinanderzusetzen. Hieran wird außerdem deutlich, daß im Falle eines von der Verfassung gewollten Zusammenspiels verschiedener Organe zur Rechtsetzung der dabei gebotene Interorganrespekt zugleich eine wesentliche Funktion für die Herstellung eines Zustandes der Rechtssicherheit erfüllt.

Der Zweck des präsidentiellen Vetos, das der ansonsten relativ strikten Gewaltentrennung im amerikanischen Verfassungssystem prinzipiell zuwiderläuft[194], geht aus dem Verfassungstext selbst sowie aus den bei seiner Entstehung geführten Debatten nicht eindeutig hervor. Noch bis in die neuere Zeit hinein wurden Stimmen laut, die eine systematische Beschränkung des Vetorechts auf solche Gesetzesvorhaben postulierten, die eine Verschiebung des Machtgleichgewichts zwischen Kongreß und Präsident zugunsten der Legislative mit sich brächten[195]. Das Veto

---

[191] Vgl. nochmals den Nachweis oben Fn. 78; für eine Aufschlüsselung der „veto rate" nach einzelnen Präsidenten außerdem *Pfiffner* (Fn. 13), 139.

[192] *Missouri Pacific Railway Co. v. Kansas*, 248 U.S. 276 (1919).

[193] Im letzteren Fall spricht man vom sog. „pocket veto" des Präsidenten. Zu den Einzelheiten vgl. etwa *Rotunda/Nowak/Young* (Fn. 1), 566 f. (§ 10.7); oder *Louis Fisher*, Constitutional Conflicts between Congress and the President, 4th ed. 1997, 128 ff. m.w.N.

[194] Das wurde schon von Anfang an kritisiert und spielte in den Ratifikationsdebatten um die amerikanische Verfassung eine beachtliche Rolle. Vgl. stv. *Jürgen Heideking*, Die Verfassung vor dem Richterstuhl, 1988, 289 f.; u. *Herbert J. Storing*, What the Anti-Federalists Were FOR, 1981, 60 f.; jew. m.w.N.

[195] So etwa Justice White in seinem Sondervotum zu *Buckley v. Valeo*, 424 U.S. 1 (1976), 257 ff., 285; u. vor allem *Charles L. Black*, Some Thoughts on the Veto, in: Law and Contemporary

des Präsidenten würde in dieser Sicht ein reines Abwehrinstrument zur Gewährleistung des dem Präsidenten seitens des Kongresses geschuldeten Interorganrespekts darstellen. In der Verfassungspraxis hat sich jedoch sehr schnell eine wesentlich weiter reichende Interpretation durchgesetzt, nach der der Präsident bei der Ausübung seines Vetorechts in keiner Weise beschränkt ist und folglich auch solche Gesetzentwürfe an den Kongreß zurücksenden kann, deren Inhalte er einfach nur politisch nicht teilt[196]. Wie diese Entwicklung aus der Perspektive des Interorganrespekts zu bewerten ist, soll anhand eines Vergleichs mit den deutschen und europäischen Verfassungssystemen im folgenden noch thematisiert werden.

Unmittelbare verfassungsrechtliche Aktualität erlangte demgegenüber vor kurzem eine besondere Erscheinungsform präsidentieller Vetomacht, die in der Verfassung selbst gar nicht vorgesehen und erst kürzlich durch einfaches Gesetz eingeführt worden war: das sogenannte „line-item veto", das es dem Präsidenten ermöglichen sollte, gegen einzelne Posten der Haushaltsbewilligungsgesetze Einspruch einzulegen. Hierzu muß man zunächst wissen, daß sich das reguläre Veto des Präsidenten immer nur auf ein Gesetz in seiner Gesamtheit, nicht hingegen auf einzelne Vorschriften desselben beziehen kann[197]. Auf dieser Grundlage hat der Kongreß eine politische Strategie entwickelt, Gesetzesvorhaben, die dem Präsidenten am Herzen liegen, mit solchen zu verknüpfen, die für sich allein möglicherweise ein Veto auf sich ziehen könnten[198]. Speziell im Haushaltsbereich entsteht so oft eine Lage, in der der Präsident gezwungen ist, entweder die Ausgabenpläne des Kongresses in toto zu akzeptieren oder aber die Gesamtbewilligung mit seinem Veto zu torpedieren. Der daraus folgenden, von vielen Präsidenten erhobenen Forderung nach einem Recht, einzelne Ausgabenpositionen aus den Haushaltsgesetzen des Kongresses herausnehmen zu können, wurden bis zu dem großen Budgetstreit von 1996 kaum Verwirklichungschancen eingeräumt[199]. Dieser Streit, der sich über Monate hinzog, dreizehn Überbrückungshaushalte erforderlich machte und zwei-

---

Problems 40 (1976), 87–101, 90 f. Sie können sich dabei insoweit auf die historischen Belege stützen, als diese erkennen lassen, daß dieser Aspekt auf der „Constitutional Convention" die ausschlaggebende Rolle spielte. Vgl. dazu *Jack N. Rakove*, Original Meanings, 1996, 259 et seq.; u. etwa *Hamilton/Madison/Jay* (Fn. 148), No. 73 (Hamilton), 442: „,... the one (the executive) ought not to be left to the mercy of the other (the legislative) but ought to possess a constitutional and effectual power of self-defense." (Klammerzusätze vom Verf.)

[196] Diese Interpretation entspricht auch dem ursprünglichen Anliegen der „Federalists", vgl. dazu nochmals *Hamilton/Madison/Jay* (Fn. 148), No. 73 (Hamilton), der im Vetorecht des Präsidenten „an additional security against the enaction of improper laws" und „a salutary check upon the legislative body" erblickte (443); sowie insges. *Fisher* (Fn. 193), 120 ff. m.w.N.

[197] Vgl. statt vieler: *Winfried Steffani*, Der Gesetzgebungsprozeß, in: Wolfgang Jäger/Wolfgang Welz (Hg.), Regierungssystem der USA, 1995, 184–197 (§ 9), 191.

[198] Man spricht insoweit von „riders". Als Beispiel aus neuerer Zeit mag ein Gesetz zur Hilfe für die Opfer des Hochwassers von 1997 dienen, das mit einer Regelung für den Einsatz von Computern in der Volkszählung des Jahres 2000 verbunden wurde. Vgl. a. insges. *Filzmaier/Plasser* (Fn. 75), 81 f.

[199] So noch *Pfiffner* (Fn. 13), 140; entschieden dagegen auch *Fisher* (Fn. 193), 132 ff.; *a.A.* aber noch vor dem Budgetstreit z.B. *Martin Thunert*, Die Innenpolitik der USA unter Präsident Clinton zwischen Reform und Gegenreform, in: APuZ B 17/1995, 3–12, 11 f.

mal sogar zur Zahlungsunfähigkeit der amerikanischen Regierung und zur vorübergehenden Schließung der Bundesverwaltung führte, änderte jedoch die Lage: Vom 01.01.1997 an besaß der Präsident nunmehr das gesetzliche Recht, kleineren Steuersubventionen, Sonderausgabenprogrammen und nicht anderweitig gesetzlich festgelegten Geldzuweisungen einzeln zu widersprechen; der Kongreß sollte dann gezwungen sein, zur Wiederherstellung der fraglichen Position ein gesondertes Gesetz zu verabschieden, gegen das dem Präsidenten wiederum das reguläre Veto zur Verfügung gestanden hätte[200]. Diese Selbstfesselung des Kongresses löste sofort eine verfassungsrechtliche Auseinandersetzung aus: eine erste Klage von sechs Kongreßmitgliedern, die das gegen ihre Stimmen verabschiedete Gesetz unmittelbar nach seinem Inkrafttreten wegen eines Verstoßes gegen das Prinzip der Gewaltenteilung angriffen und in der ersten Instanz obsiegten, wurde vom Supreme Court noch wegen mangelnder persönlicher Betroffenheit und damit fehlender Klagebefugnis der Kläger abgewiesen[201]; nachdem Präsident *Clinton* jedoch kurz darauf von seiner neuen Befugnis Gebrauch gemacht hatte, erfolgte direkt die nächste Klage, die wiederum in der ersten Instanz erfolgreich war und schließlich vom Supreme Court bestätigt wurde[202]. Die gleich noch zu erörternde Beurteilung dieses Streits aus dem Blickwinkel des Interorganrespekts vermag daher einen guten Prüfstein für die allgemeine Leistungsfähigkeit dieses Prinzips abzugeben.

2. Befugnisse von Staatsoberhaupt und Exekutive in Deutschland

Zuvor soll aber noch auf die abschließenden Kontrollbefugnisse des Staatsoberhauptes bzw. der Exekutive in den Rechtsetzungsverfahren der beiden anderen hier betrachteten Verfassungsordnungen eingegangen werden. In Deutschland erfordert dies eine Unterscheidung nach den beiden hierbei involvierten Verfassungsorganen.

a) Ausfertigungspflicht und materielles Prüfungsrecht des Bundespräsidenten

Nach Art. 82 I 1 GG bedarf zunächst jedes Gesetz, um in Kraft treten zu können, der Ausfertigung durch den Bundespräsidenten. Die genaue Bestimmung seiner Position im Rahmen dieses Vorgangs hat in der Literatur jedoch schon heftige Kontroversen ausgelöst: Obliegt dem Bundespräsidenten insoweit lediglich die Rolle des „Staatsnotars“[203] oder kommen ihm zumindest teilweise die Befugnisse eines „pouvoir neutre“, einer Art vierter Staatsgewalt mit schiedsrichterlicher Funktion gegenüber den anderen[204], zu? Unumstritten scheint, daß der Bundespräsident eine

---

[200] Public Law 104–130 = 2 U.S.C. § 691 et seq.

[201] *Raines v. Byrd*, 521 U.S. 811 (1997).

[202] *Clinton v. City of New York*, 524 U.S. 417 (1998); 985 F. Supp. 168 (D.D.C. 1998).

[203] So etwa *Roman Herzog*, Allgemeine Staatslehre, 1971, 287.

[204] Vgl. z.B. – i. Erg. allerdings ablehnend – *Karl Doehring*, Der „pouvoir neutre“ und das Grundgesetz, in: Der Staat 3 (1964), 201–219, 207 ff.

„formelle" Prüfungskompetenz dahingehend besitzt, ob dem Bund die Gesetzgebungskompetenz für die fragliche Materie zusteht und ob das parlamentarische Gesetzgebungsverfahren einschließlich der notwendigen Mitwirkung des Bundesrates korrekt abgelaufen ist; die entsprechende Berechtigung des Bundespräsidenten wird in der Regel aus der Formulierung des Art. 82 I 1 GG abgeleitet, nach der nur die „nach den Vorschriften dieses Grundgesetzes zustandegekommenen Gesetze" vom Bundespräsidenten nach Gegenzeichnung ausgefertigt werden[205]. Nicht bestritten wird umgekehrt auch das Fehlen eines „politischen" Prüfungsrechts auf seiten des Bundespräsidenten, der also keine der Vetomacht des US-Präsidenten vergleichbare unbeschränkte Befugnis geltend machen kann, sich der Mitwirkung an einem Gesetzesbeschluß zu verweigern[206]. Fraglich ist allein, ob der Bundespräsident die ihm zur Ausfertigung vorgelegten Gesetze über die Beachtung der verfassungsrechtlichen Kompetenz- und Verfahrensbestimmungen hinaus auf ihre inhaltliche Übereinstimmung mit dem Grundgesetz prüfen darf oder vielleicht sogar muß[207]. Hier gingen die Meinungen lange Zeit auseinander und reichten von der völligen Verneinung eines solchen Prüfungsrechts des Bundespräsidenten bis hin zu seiner umfassenden Bejahung[208]. Inzwischen scheint sich eine vermittelnde Ansicht durchgesetzt zu haben, nach der der Bundespräsident als oberstes Verfassungsorgan nicht verpflichtet sein kann, Handlungen vorzunehmen, die seiner Auffassung nach gegen die Verfassung verstoßen, und insofern ein materielles Prüfungsrecht besitzen muß, das zugleich als zusätzliche „Sicherung der Beachtung von Verfassungsrecht" fungiert[209]; allerdings soll sich diese Prüfung auf mehr oder minder offenkundige Verstöße gegen die Verfassung beschränken, wobei der Bundespräsident die Ausfertigung eines Gesetzes nur soll verweigern dürfen, wenn er nach sorgfältiger Prüfung und Abwägung aller Umstände von seiner Verfassungswidrigkeit überzeugt ist[210]. Auch dieser Meinungsstreit wird als möglicher Anwen-

---

[205] Statt vieler: *Karl Heinrich Friauf*, Zur Prüfungszuständigkeit des Bundespräsidenten bei der Ausfertigung der Bundesgesetze, in: FS Karl Carstens, Bd. 2, 1984, 545–568, 547; *Ingo v. Münch*, Staatsrecht, Bd. 1, 5. Aufl. 1993, 321 (Rn. 784), 333 (Rn. 821); *Hartmut Bauer*, in: Dreier (Fn. 9), Art. 82 Rn. 12.

[206] Dazu z.B. *Konrad Hesse*, Grundzüge des Verfassungsrechts der Bundesrepublik Deutschland, 20. Aufl. 1995, 278 (Rn. 668); *Siegfried F. Franke*, Staatsrecht der Bundesrepublik Deutschland, 2. Aufl. 1998, 239; u. nochmals *Hartmut Bauer*, in: Dreier (Fn. 9), Art. 82 Rn. 12.

[207] Man spricht insoweit von der „materiellen Prüfungskompetenz" des Bundespräsidenten oder – in der Terminologie von *Stern* (Fn. 9), 229 – von seiner „rechtswahrenden Prüfungszuständigkeit".

[208] Vgl. die Nachzeichnung dieser Diskussion – mit umfassenden Nachweisen – bei *Norbert K. Riedel/Axel Schmidt*, Die Nichtausfertigung des Gesetzes zur Privatisierung der Flugsicherung durch den Bundespräsidenten, in: DÖV 1991, 371–375, 372 ff.; *Friauf* (Fn. 205), 548 f.; *Stern* (Fn. 9), 231 f.; auch schon *Michael Nierhaus*, Entscheidung, Präsidialakt und Gegenzeichnung, 1973, 91 ff.; u. *Rudolf Weber-Fas*, Zur staatsrechtlichen Stellung des Bundespräsidenten, in: FS Konrad Duden, 1977, 685–704, 701 ff.; sowie aus rechtsvergleichender amerikanischer Perspektive *David P. Currie*, The Constitution of the Federal Republic of Germany, 1994, 137 f.

[209] I. einz. dazu schon *Dietrich Rauschning*, Die Sicherung der Beachtung von Verfassungsrecht, 1969, 151 et seq.

[210] In diesem Sinne etwa *Ipsen* (Fn. 38), 124 f. (Rn. 414); *Stern* (Fn. 9), 235 f.; *Volker Epping*,

dungsfall des Interorganrespekts gleich noch einmal aus der Perspektive dieses Prinzips zu erörtern sein.

Von der soeben geschilderten Problematik zu unterscheiden ist die Frage, ob der Bundespräsident von Verfassungs wegen verpflichtet ist, Gesetze, deren Verfassungsmäßigkeit außer Zweifel steht, innerhalb einer bestimmten Frist auszufertigen. Das Grundgesetz enthält hierfür im Gegensatz zu seinem Vorläufer, der Weimarer Reichsverfassung, keine explizite Vorgabe. Daher bedurfte es zur Begründung einer entsprechenden Pflicht des Bundespräsidenten zur unverzüglichen Ausfertigung der vom Bundestag unter Beachtung der Rechte des Bundesrates korrekt beschlossenen Gesetze – deren Existenz, soweit ersichtlich, nicht bestritten wird[211] – von vornherein eines Rückgriffs auf jene ungeschriebenen Verhaltenspflichten der Verfassungsorgane untereinander, die in dieser Untersuchung unter dem Begriff des Interorganrespekts thematisiert werden[212]: Das in Art. 77 GG enthaltene Gesetzgebungsrecht des Bundestages verlangt, daß der in seinen Gesetzesbeschlüssen zum Ausdruck kommende Wille nicht mehr zur Disposition anderer Verfassungsorgane stehen darf[213]. Das muß insbesondere der Bundespräsident respektieren, dessen Ausfertigungskompetenz nach dem zuvor Gesagten zwar eine rechtswahrende Kontrollfunktion beinhaltet, ihm darüber hinaus jedoch keine Dispositionsbefugnis einräumt[214]; könnte er die Ausfertigung von Gesetzen nach Belieben verweigern oder verzögern, so würde das vom Grundgesetz vorgesehene Zusammenspiel der Verfassungsorgane im Gesetzgebungsverfahren empfindlich gestört. In dem auf Kooperation angelegten Interorganverhältnis zwischen Bundestag und Bundespräsident muß der Bundestag folglich auch zur Verteidigung seines zentralen Funktionskomplexes einen generellen Ausfertigungsanspruch gegenüber dem Bundespräsidenten besitzen[215]; diesem Anspruch kann zwar wegen der prinzi-

---

Das Ausfertigungsverweigerungsrecht im Selbstverständnis der Bundespräsidenten, in: JZ 1991, 1102–1110, 1107 ff.; *Riedel/Schmidt* (Fn. 208), 374; *Brun-Otto Bryde*, in: v. Münch/Kunig (Fn. 22), Art. 82 Rn. 6; *Jarass/Pieroth* (Fn. 123), Art. 82 Rn. 3. Eine Übersicht der bisherigen Fälle einer solchen Ausfertigungsverweigerung findet sich bei *Badura* (Fn. 15), 437 f. (Rn. E 85).

[211] *Friedrich E. Schnapp*, Ist der Bundespräsident verpflichtet, verfassungsmäßige Gesetze auszufertigen?, in: JuS 1995, 286–291, 290 f., unterscheidet insoweit allerdings – etwas künstlich – zwischen der Verpflichtung des Bundespräsidenten als Organ, die auch er nicht in Zweifel zieht, und der persönlichen Verpflichtung des jeweiligen Organwalters, die er von Verfassungs wegen nicht für gegeben hält.

[212] *Jörg Lücke*, in: Sachs (Fn. 9), Art. 82 Rn. 5, benennt als Wurzel dieser Pflicht in hergebrachter Form ausdrücklich noch den Grundsatz der Verfassungsorgantreue; ebenso *Schnapp* (Fn. 211), 290.

[213] *Klaus Schlaich*, Die Funktionen des Bundespräsidenten im Verfassungsgefüge, in: Josef Isensee/Paul Kirchhof (Hg.), Handbuch des Staatsrechts der Bundesrepublik Deutschland, Bd. II, 1987, 541–584 (§ 49), 552 f. (Rn. 27).

[214] Zur allg. beurkundenden Funktion der Ausfertigung nochmals *Stern* (Fn. 9), 229; weiter z.B. *Ulrich Ramsauer*, in: AK-GG, 2. Aufl. 1989, Art. 82 Rn. 14 f.; u. *Brun-Otto Bryde*, in: v. Münch/Kunig (Fn. 22), Art. 82 Rn. 9.

[215] *Rauschning* (Fn. 209), 243, spricht mit Blick darauf von einer „Zuständigkeit, auf die Verfassungsbeachtung durch die anderen Organe insoweit hinzuwirken, als deren Beachtung der Verfassung für die Wahrnehmung bzw. Erfüllung der eigenen verfassungsrechtlichen Zuständigkeiten und Aufgaben erforderlich ist". Vgl. a. – noch weitergehend – *Dieter Lorenz*, Der Organstreit vor

piellen Gleichrangigkeit der obersten Verfassungsorgane kein Weisungsrecht korrespondieren, doch müßte der Bundestag ihn notfalls im Wege eines Organstreitverfahrens vor dem Bundesverfassungsgericht durchsetzen können. Die allgemeine Gesetzesausfertigungspflicht des Bundespräsidenten verkörpert damit ein idealtypisches Anwendungsbeispiel dafür, wie aus dem Gedanken des Interorganrespekts sogar unmittelbar justitiable und gerichtlich durchsetzbare Verhaltenspflichten der einzelnen Verfassungsorgane hergeleitet werden können.

b) Normen- und Haushaltskontrollbefugnisse der Bundesregierung

Im Vergleich zur Stellung des Bundespräsidenten lassen sich die abschließenden Kontrollbefugnisse der Bundesregierung im Gesetzgebungsverfahren relativ kurz abhandeln. Denn obwohl die Bundesregierung durch die von Art. 82 I 1 GG vorgeschriebene Gegenzeichnung selbst noch einmal in das Abschlußverfahren zu jedem Gesetzentwurf eingebunden wird und im Falle von Zweifeln an der Verfassungsmäßigkeit eines Gesetzesbeschlusses die Gegenzeichnung unter ähnlichen Voraussetzungen verweigern kann wie der Bundespräsident die Ausfertigung[216], spielt diese Befugnis in der Praxis aus zwei Gründen keine Rolle: Zum einen kann die Bundesregierung im Gegensatz zum Bundespräsidenten nach Art. 93 I Nr. 2 GG den direkten Weg einer abstrakten Normenkontrolle vor dem Bundesverfassungsgericht beschreiten, zum anderen pflegen in parlamentarischen Regierungssystemen solche Konflikte zwischen der Parlamentsmehrheit und der üblicherweise von ihr getragenen Regierung im Vorfeld formeller Gesetzesbeschlüsse aufgelöst zu werden. In jedem Falle beschränkt sich die Kontrollkompetenz der Bundesregierung jedoch auf die Frage der Verfassungsmäßigkeit der vom Bundestag beschlossenen Gesetze; eine Beanstandung ihrer politischen Zweckmäßigkeit, wie sie der Präsident in den Vereinigten Staaten durch sein Veto faktisch vornehmen kann, steht der Regierung in Deutschland nicht zu.

Eine Ausnahme von diesem Grundsatz bilden allerdings die der Bundesregierung in Art. 113 GG zugestandenen Kontrollrechte gegenüber finanzwirksamen Gesetzesbeschlüssen des Bundestages. Nach dieser Vorschrift können solche Gesetze, wenn sie gegenüber der Haushaltsvorlage der Bundesregierung zusätzliche Belastungen des Staates mit sich bringen[217], nur mit Zustimmung der Bundesregierung in Kraft treten, wobei die Erteilung bzw. Verweigerung der Zustimmung allein im politischen Ermessen der Regierung steht. Im einzelnen enthält Art. 113 GG verschiedene Verfahrensschritte, die die hieraus potentiell resultierenden Konflikte

---

dem Bundesverfassungsgericht, in: Fg. BVerfG I, 1976, 225–259, 237 ff.; u. wiederum *Schnapp* (Fn. 211), 289 f.

[216] Statt vieler: *Schmidt-Bleibtreu/Klein* (Fn. 123), Art. 82 Rn. 2 f. m.w.N.

[217] Dazu i. einz. *Helmut Karehnke*, Die Einschränkung des parlamentarischen Budgetrechts bei finanzwirksamen Gesetzen durch Artikel 113 des Grundgesetzes, in: DVBl. 1972, 811–817, 812; zur Frage, ob Haushaltsplan und Haushaltsgesetz selbst ebenfalls in diese Kategorie fallen, vgl. *Ekkehard Moeser*, Die Beteiligung des Bundestages an der staatlichen Haushaltsgewalt, 1978, 118 ff.; gegen *Reinhard Mußgnug*, Der Haushaltsplan als Gesetz, 1976, 206 ff.; jew. m.w.N.

zwischen Parlamentsmehrheit und Regierung entschärfen sollen: So muß die Bundesregierung entweder noch vor der Beschlußfassung des Bundestages deren Aussetzung verlangen und dem Bundestag binnen sechs Wochen eine Stellungnahme zuleiten oder aber innerhalb von vier Wochen nach dem Beschluß des Bundestages eine erneute Beschlußfassung einfordern, bevor sie ihre Zustimmung verweigern darf; im übrigen wird die Zustimmung sechs Wochen nach dem Zustandekommen des Gesetzes fingiert, falls sie bis dahin nicht explizit versagt worden ist[218]. All dies fügt sich zu einem Bild zusammen, das die Bestimmungen des Art. 113 GG insgesamt selbst als eine spezifische Ausdrucksform des Interorganrespekts erscheinen läßt: Auf der einen Seite verlangen sie vom Bundestag einen besonderen Respekt gegenüber den Haushaltsvorgaben der Bundesregierung, deren Apparat insoweit der größere Überblick und die unmittelbare Verantwortlichkeit für die Haushaltsdeckung zugebilligt wird[219]. Die damit einhergehende Einschränkung der budgetären Gestaltungsfreiheit des Parlaments stellt eine auch außerhalb der USA im internationalen Vergleich nicht unübliche Konsequenz dar, wie ein Blick in die Verfassungsordnungen Großbritanniens und Frankreichs exemplarisch beweist[220]. Auf der anderen Seite dienen die genauen Verfahrens- und Fristvorgaben in Art. 113 GG dazu, umgekehrt ebenso die Bundesregierung zum Respekt gegenüber dem allgemeinen parlamentarischen Budgetbewilligungsrecht anzuhalten. Freilich hat das so erdachte Wechselspiel zwischen Parlament und Regierung in der Verfassungspraxis letztlich keine Wirkung entfaltet[221], weshalb an dieser Stelle auch nicht weiter darauf eingegangen werden soll.

3. Die Kommission als „Hüterin" der europäischen Verträge

Auf der europäischen Ebene existiert im Gegensatz zu den beiden anderen besprochenen Modellen kein Organ, dessen Handeln nach der Beschlußfassung der Legislativorgane Rat und (eventuell) Parlament über einen Rechtsetzungsakt noch zum Inkrafttreten desselben erforderlich wäre. Diese Feststellung ist allerdings sogleich mit dem Hinweis zu relativieren, daß das hinsichtlich der Rechtsetzung bestehende

---

[218] Zu den Einzelheiten dieses Verfahrens vgl. etwa *Helmut Siekmann*, in: Sachs (Fn. 9), Art. 113 Rn. 13 ff.; u. *Herbert Fischer-Menshausen*, in: v. Münch/Kunig (Fn. 22), Art. 113 Rn. 8 ff.

[219] Vgl. zur allg. Bedeutung des Art. 113 GG bspw. *Schmidt-Bleibtreu/Klein* (Fn. 123), Art. 113 Rn. 1; *Helmut Siekmann*, in: Sachs (Fn. 9), Art. 113 Rn. 4 ff.; u. schon *Stern* (Fn. 9), 1219.

[220] Im britischen Verfassungssystem verlangt eine allgemein anerkannte „constitutional convention", daß jede Begründung oder Erhöhung von Ausgaben oder Steuern der Zustimmung der Regierung bedarf, vgl. *Emlyn C. Wade/Anthony W. Bradley*, Constitutional and Administrative Law, 11th ed. 1993, 194; in Frankreich erklärt Art. 40 der Verfassung Gesetzesvorschläge und Änderungsanträge der Abgeordneten der Nationalversammlung, die die Finanzlage des Staates verschlechtern würden, sogar kurzerhand für unzulässig. Näher hierzu *Ralph Alexander Lorz*, Der gemeineuropäische Bestand von Verfassungsprinzipien zur Begrenzung der Ausübung von Hoheitsgewalt, in: Peter-Christian Müller-Graff/Eibe Riedel (Hg.), Gemeinsames Verfassungsrecht in der Europäischen Union, 1998, 99–121, 112.

[221] Das konstatieren schon *Mußgnug* (Fn. 217), 205 f.; u. *Stern* (Fn. 9), 1222 f.; vgl. a. zuletzt *Helmut Siekmann*, in: Sachs (Fn. 9), Art. 113 Rn. 2 f., 8.

„Initiativmonopol" der Kommission[222] diesem Organ hinreichende Einflußmöglichkeiten an die Hand gibt, um den Verzicht auf seine formelle Beteiligung an der Inkraftsetzung der europäischen Rechtsvorschriften als Marginalie erscheinen zu lassen. Zudem verfügt die Kommission – ebenso wie der Rat, für den dies aber in bezug auf die von ihm selbst erlassenen Normierungsakte kaum relevant werden dürfte – mit der in Art. 230 II (ex-Art. 173 II) EGV vorgesehenen Nichtigkeitsklage über ein machtvolles Kontrollinstrument, das sie befähigt, grundsätzlich jeden Rechtsetzungsakt der europäischen Legislativorgane einer objektiven Rechtmäßigkeitskontrolle durch den Gerichtshof zu unterziehen[223], und in dieser Hinsicht dem zuvor erwähnten Institut der abstrakten Normenkontrolle im deutschen Verfassungsrecht vergleichbar ist. Ähnlich wie im Rahmen des Vertragsverletzungsverfahrens nach Art. 226 (ex-Art. 169) EGV, mit dem die Kommission die korrekte Umsetzung des EG-Rechts in den Mitgliedstaaten sicherstellt, kann die Kommission zwar nicht zur Erhebung einer solchen Klage gezwungen werden[224], ist aber aufgrund ihrer allgemeinen Aufgabenzuweisung in Art. 211 (ex-Art. 155) EGV dazu verpflichtet, als „Hüterin des Gemeinschaftsrechts"[225] „für die Anwendung dieses Vertrags ... Sorge zu tragen", und erhebt daher beispielsweise auch Klagen zur Wahl der richtigen Rechtsgrundlage für einen bestimmten Rechtsetzungsakt und zur Sicherung der Rechte des Parlaments im dazugehörigen Verfahren, obwohl das Parlament insoweit gem. Art. 230 III (ex-Art. 173 III) EGV über eine eigene Klagebefugnis verfügt[226]. Diese Positionierung der Kommission erzeugt einen „kooperativen Kontrollmechanismus"[227], wie er für eine vom Prinzip des Interorganrespekts beherrschte Situation typisch ist: Wie sie die Beachtung der primärrechtlichen Vertragsordnung durch die anderen Organe der Gemeinschaft im Rechtsetzungsverfahren sicherstellt, bleibt grundsätzlich dem pflichtgemäßen Ermessen der Kommission überlassen, die also nicht unbedingt den Klageweg beschreiten muß, sondern auch eine kooperative und damit „respektvollere" Form der Einflußnahme wählen kann; um allerdings im Rahmen dieses Kontrollmechanismus umgekehrt

---

[222] Dazu schon oben I. 1. b) (141).

[223] Vgl. *Huber* (Fn. 8), 272 ff.; *Geiger* (Fn. 5), Art. 173 Rn. 1, 8, 13; *Hans Krück*, in: v. d. Groeben/Thiesing/Ehlermann (Fn. 5), Art. 173 EGV Rn. 1, 10, 21.

[224] Für Vertragsverletzungsverfahren ist dies st. Rspr. seit EuGH Slg. 1989, 291 – Rs. 247/87; vgl. a. aus neuerer Zeit EuGH Slg. 1997, I-947 – Rs. C-107/95 P; sowie EuGH, Beschl. v. 15.01.1998 – Rs. C-196/97 P –, abgedr. in: EuZW 1998, 219 f.

[225] So z.B. *Streinz* (Fn. 7), 99 (Rn. 296); vgl. a. explizit EuGH Slg. 1995, I-2189 – Rs. C-431/92 –, 2219: „In Anbetracht ihrer Rolle als Hüterin des Vertrages ...".

[226] Vgl. zuletzt etwa die Klagen der Kommission gegen den Rat in Rs. C-170/96 – die der EuGH allerdings mit Urteil vom 12.05.1998 abgewiesen hat, da der Rat zu Recht im Bereich der „dritten Säule" der EU tätig geworden war – und Rs. C-209/97.

[227] Diesen Begriff verwendet *Siegfried Magiera*, Die Durchsetzung des Gemeinschaftsrechts im europäischen Integrationsprozeß, in: DÖV 1998, 173–183, 183, für die von ihm als notwendig postulierte Zusammenarbeit zwischen den mitgliedstaatlichen Verwaltungen und der Kommission bei der Durchführung des Gemeinschaftsrechts. Er läßt sich aber ebensogut auf das Verhältnis zwischen Rat, Parlament und Kommission im Rahmen der Schaffung des europäischen Sekundärrechts übertragen.

ebenso den Respekt der anderen Organe gegenüber der Rolle der Kommission und ihre Kooperationsbereitschaft zu gewährleisten, muß der Kommission als letztes Mittel eine unbeschränkte Klagemöglichkeit zur Verfügung stehen, die notfalls als neutrale Entscheidungsinstanz den Gerichtshof ins Spiel bringt.

4. Kategorisierung der Kontrollmechanismen am Maßstab des Interorganrespekts

Die teilweise engen Zusammenhänge zwischen den zuletzt erläuterten abschließenden Kontrollbefugnissen von Staatsoberhaupt und Exekutive in den Gesetzgebungsverfahren der verschiedenen Verfassungssysteme und dem Grundsatz des Interorganrespekts wurden auf punktueller Basis schon verschiedentlich herausgearbeitet. Eine allgemeine Kategorisierung und Bewertung der entsprechenden Mechanismen anhand der Idee des Interorganrespekts steht jedoch noch aus, desgleichen die Beantwortung der Frage, ob diese Idee zur Entscheidung der vor allem in den Verfassungsordnungen Deutschlands und Amerikas aufgetretenen Streitpunkte einen sinnvollen Beitrag leisten kann.

a) Modelltyp I: Umfassende Einbeziehung der Exekutive

Versucht man die vorliegend analysierten Kontrollkompetenzen in Kategorien einzuordnen, so schälen sich zwei unterschiedliche Grundmodelle heraus: Das eine sieht eine umfassende Einbindung von Staatsoberhaupt bzw. Exekutive in die Rechtsetzung vor und läßt dabei auch ihr politisches Urteil noch maßgeblich einfließen, während das andere die Einbindung allenfalls insofern vollzieht, als es diesen Instanzen eine abschließende Prüfung der Verfassungsmäßigkeit beschlossener Gesetze ermöglicht. In Anlehnung an die aus dem Verwaltungsrecht bekannte Unterscheidung zwischen Rechts- und Fachaufsicht[228] kann man diese beiden Modelltypen daher als Verkörperung einer übergreifenden Zweckmäßigkeitskontrolle einerseits und einer bloßen Rechtmäßigkeitskontrolle andererseits charakterisieren.

aa) Systemspezifische Grundstruktur

Den ersten Typus, die umfassende Einbeziehung einer zur politischen Zweckmäßigkeitskontrolle befugten Exekutivspitze, findet man im Rahmen der hier untersuchten Verfassungssysteme nur im amerikanischen Modell vor. Diese Beobachtung legt die Schlußfolgerung nahe, daß eine formelle politische Kontrollbefugnis der Exekutive gegenüber der parlamentarischen Gesetzgebungsarbeit nur in einem

---

228 Dazu statt vieler: *Hans Peter Bull*, Allgemeines Verwaltungsrecht, 5. Aufl. 1997, 70 f. (Rn. 150 ff.); vgl. a. hinsichtlich der Bundesaufsicht über die Ausführung der Bundesgesetze durch die Länder die entsprechende Unterscheidung zwischen der bloßen Rechtskontrolle nach Art. 84 III 1 GG und dem die Zweckmäßigkeit der Ausführung einschließenden Weisungsrecht nach Art. 85 III 1 GG u. dazu z.B. *Siegfried Broß*, in: v. Münch/Kunig (Fn. 22), Art. 84 Rn. 31, Art. 85 Rn. 17.

präsidentiellen Regierungssystem Sinn macht und sogar notwendig erscheint, um dem direkt vom Volk gewählten Präsidenten einen Spielraum eigener politischer Gestaltungsmöglichkeiten zu erhalten. Gerade wenn der Präsident außerdem, wie es im amerikanischen Modell der Fall ist[229], selbst kein Initiativrecht zur Schaffung von Gesetzen besitzt, muß er wenigstens Gesetze, die seinen politischen Gestaltungswillen konterkarieren, verhindern können, solange dem nicht eine besonders qualifizierte parlamentarische Mehrheit entgegensteht. Im parlamentarischen Regierungssystem mit seiner veränderten Frontstellung, wo sich Regierung und Parlamentsmehrheit auf der einen Seite und oppositionelle Parlamentsminderheit auf der anderen Seite gegenüberstehen, besteht dagegen kein vergleichbares Bedürfnis nach abschließenden politischen Kontrollbefugnissen der Exekutive, da sie im Regelfall ohnedies mit der Parlamentsmehrheit politisch an einem Strang zieht.

Für die hier interessierende Ausgestaltung des Interorganrespekts ergibt sich daraus eine systemspezifische Differenzierung: In einem System, in dem die Exekutivspitze eine eigenständige demokratische Legitimation und die entsprechende Unabhängigkeit gegenüber der Legislative besitzt – was typischerweise nur im präsidentiellen Regierungssystem der Fall ist –, bedarf sie einer formalisierten politischen Einflußmöglichkeit im Gesetzgebungsverfahren, da die Legislative andernfalls in der Lage wäre, den in einem solchen System gebotenen und vom Interorganrespekt geschützten selbständigen politischen Gestaltungsspielraum der Exekutive zu usurpieren. Auf dieser Basis läßt sich auch die in der ursprünglichen amerikanischen Verfassungsdiskussion aufgeworfene Streitfrage nach der Reichweite der präsidentiellen Vetomacht[230] einfach beantworten: Die Beachtung des vom Kongreß dem volksgewählten Präsidenten geschuldeten Interorganrespekts und die Erhaltung der Machtbalance zwischen diesen beiden Organen sind in der Tat nur zu gewährleisten, wenn man dem Präsidenten ein unbeschränktes Vetorecht zugesteht, wie es sich in der amerikanischen Verfassungspraxis längst durchgesetzt hat. Wo die parlamentarische Mehrheit dagegen von vornherein mit der Exekutivspitze zusammenarbeitet, wie es der Natur des parlamentarischen Regierungssystems entspricht, bedarf es keines derartigen Instruments zur Sicherstellung des notwendigen Interorganrespekts.

bb) Systemübergreifende Konsequenzen

Freilich darf in diesem Zusammenhang nicht übersehen werden, daß die Kehrseite einer solchen formellen Absicherung des Interorganrespekts in einem potentiellen Verlust an politischer Effizienz besteht. Für die insoweit möglichen gegenseitigen Lähmungen und Blockaden bietet das amerikanische Haushaltsverfahren, exemplarisch illustriert durch den großen Budgetstreit von 1996, das beste Anschauungsbeispiel[231]: Auf der einen Seite sieht sich der Kongreß gezwungen, seine Bud-

---

229 Vgl. oben I. 1. a) (140).

230 Oben 1. (197 f.).

231 Vgl. a. dazu i. einz. schon oben 1. (198 f.).

getbewilligungen mit materiellrechtlichen Vorgaben für die Verwendung der bewilligten Gelder zu verknüpfen, da er ansonsten sein wichtigstes politisches Druckmittel aus der Hand geben würde – der Präsident könnte die Bewilligung der Etats für seine Administration dankend entgegennehmen und die spezifischen Verwendungswünsche des Kongresses nach Belieben mit seinem Veto blockieren. Auf der anderen Seite kann der Kongreß den Präsidenten mit Hilfe solcher Verknüpfungen in ein fiskalpolitisches Korsett schnüren, das der Exekutive jeden eigenen Entscheidungsspielraum nimmt und das der Präsident nur noch durch den Einsatz eines globalen Vetos sprengen kann – mit den aus 1996 bekannten Folgen für die Zahlungs- und die daraus folgende Handlungsfähigkeit des amerikanischen Staates. An diesem Beispiel läßt sich modellhaft studieren, wie selbst die Gesetzgebungstechnik durch die zugrundeliegenden formalisierten Mechanismen zur Gewährleistung des Interorganrespekts im Gesetzgebungsverfahren beeinflußt wird; ein Phänomen, das im übrigen allgemeingültigen Charakter trägt: Zwar kann es im parlamentarischen Regierungssystem nach den zuvor getroffenen Feststellungen nicht im Verhältnis zwischen Parlament und Regierung auftreten, wohl aber in einer föderalistischen Verfassungsordnung zwischen den beiden Legislativkammern, deren Beziehungen zueinander in ähnlicher Weise vom Erfordernis des Interorganrespekts geprägt sind[232]. So hat beispielsweise der Bundestag im Mai 1998 das von ihm gewünschte Änderungsgesetz zur Kfz-Steuer gesetzgebungstechnisch mit einer Änderung des sogenannten „Zerlegungsgesetzes“ zur Aufteilung gemeinschaftlicher Steuern auf Bund und Länder gekoppelt, was seit langem ein Anliegen der Länder war, und diese damit im Bundesrat vor die Alternative gestellt, entweder die Änderung des Kfz-Steuergesetzes mit zu akzeptieren oder auf die von ihnen gewollte Änderung des Zerlegungsgesetzes zu verzichten[233].

Aus diesem Dilemma kann wiederum nur die Idee des Interorganrespekts in ihrer Funktion als Mißbrauchsschranke einen Ausweg weisen: Die Respektsverpflichtung trifft dabei naturgemäß in erster Linie dasjenige Organ, das über die gesetzgebungstechnische Gestaltungsfreiheit verfügt, also im amerikanischen Modell den Kongreß im Verhältnis zum Präsidenten und im deutschen Verfassungssystem den Bundestag im Verhältnis zum Bundesrat. Der Gestaltungsspielraum dieser Organe muß im Prinzip des Interorganrespekts dort seine Grenze finden, wo Gesetzesvorhaben ohne jeden sachlichen Zusammenhang allein zu dem Zweck miteinander gekoppelt werden, eine politische Drohkulisse gegenüber dem potentiell vetoberechtigten gesetzgeberischen Partnerorgan aufzubauen. Fraglich ist allerdings, ob sich dieser Respekt in der Gestalt eines gesetzgebungstechnischen Instruments von der Art des in Amerika getesteten „line-item veto“[234] formalisieren läßt; eine vergleichbare zusätzliche Handlungsmöglichkeit des Bundesrates könnte als punktu-

---

232 Dazu näher oben II. 4. a) (171 ff.).

233 In der FAZ vom 26.05.1998, 17, war in diesem Zusammenhang offen davon die Rede, die Koalitionsmehrheit im Bundestag wolle sich ein „Faustpfand“ für das erwartete Vermittlungsverfahren mit dem parteipolitisch anders eingefärbten Bundesrat verschaffen.

234 Vgl. dazu wiederum oben 1. (198 f.).

elle Zustimmungsverweigerung auch im deutschen Modell eingeführt werden. Denn das Problem derartiger Instrumente besteht darin, daß sie im Ergebnis lediglich eine Verlagerung der Respektsverpflichtung erzeugen: Ein unbeschränktes punktuelles Veto- bzw. Zustimmungsverweigerungsrecht der eigentlich nur zu Kontrollzwecken beteiligten Institution hebt die legislatorische Gestaltungsfreiheit der primären Gesetzgebungsorgane faktisch auf, droht ihren gesetzgeberischen Willen zu verfälschen und dürfte daher ebenfalls nur unter Ausübung des notwendigen Respekts gegenüber ihrer originalen gesetzgeberischen Intention in Anspruch genommen werden. Für das Problem der Konkretisierung der entsprechenden Respektsverpflichtungen wäre damit nichts gewonnen, so daß aus der Perspektive des Interorganrespekts von der verfassungsrechtlichen Etablierung solcher punktueller Gesetzesablehnungsrechte abzuraten ist. Ihre in den USA vorgenommene Einführung durch einfaches Gesetz hätte dagegen noch als besonderer Ausdruck des dem Präsidenten vom Kongreß ursprünglich geschuldeten Interorganrespekts gedeutet werden können; die Tatsache, daß dieses Gesetz vom Kongreß gegen den Willen des Präsidenten nur mit Zwei-Drittel-Mehrheiten hätte widerrufen werden können, stellte es jedoch in seiner Wirkung einer unmittelbaren verfassungsrechtlichen Verlagerung der Respektsverpflichtung weitgehend gleich. Unter diesen Umständen hätte der Gedanke des Interorganrespekts dem amerikanischen Supreme Court ein durchaus aussagekräftiges Kriterium zur Beurteilung der gegen das „line-item veto" angestrengten Klage geboten: auch nach diesem Maßstab wäre das „line-item veto" zu verwerfen gewesen[235].

b) Modelltyp II: Bloße Rechtmäßigkeitskontrolle

Dem zweiten Modelltypus, der durch eine Beschränkung von Staatsoberhaupt und Exekutive auf eine reine Rechtmäßigkeitsprüfung gekennzeichnet ist, liegen wesentlich andere Erwägungen zugrunde. Als Ausgangspunkt ist zunächst erneut die bereits festgestellte systemspezifische Differenzierung zu beachten, nach der eine politische Kontrolle der von den Legislativorganen beschlossenen Rechtsetzungsakte durch die Exekutive im parlamentarischen Regierungssystem aus dem Blick-

[235] Die Mehrheit des Supreme Court, vertreten durch Justice Stevens, beschränkte sich demgegenüber auf die eher formalistische Argumentation, das „line-item veto" verletze die „Presentment Clause" aus Art. I Sect. 7 Cl. 2 der Verfassung. Nur Justice Kennedy bezog sich in seinem Sondervotum gegen dieses Instrument ausdrücklich auf den allgemeinen Bedeutungsgehalt des Gewaltenteilungsprinzips. Justice Breyer teilte diese Bedenken deswegen nicht, weil der Kongreß in jeder neuen „appropriation bill" die Anwendbarkeit des „line-item veto" gesondert hätte ausschließen können; dieses Argument vermag jedoch aus dem Grund nicht zu überzeugen, daß alle diese „bills" ihrerseits wieder dem Veto des Präsidenten unterlegen hätten. Ein Beispiel dafür, wie sehr die Ausgangsbewertung eines bestimmten Sachverhalts natürlich auch die Fragestellung unter dem Aspekt des Interorganrespekts beeinflußt, liefert schließlich die „dissenting opinion" von Justice Scalia: für ihn stellte das „line-item veto" essentiell ein exekutives Instrument des Haushaltsvollzuges dar und warf damit erst gar kein Gewaltenteilungs- bzw. Respektsproblem auf. Zum Nachweis s. oben Fn. 202.

winkel des Interorganrespekts keine sinnvolle Funktion erfüllen würde[236]. Die extreme Gegenposition, auf ein korrigierendes Eingreifen der anderen Verfassungsorgane gegenüber den gesetzgeberischen Entscheidungen des Parlaments vollständig zu verzichten, wird jedoch ebenfalls von kaum einer Verfassungsordnung, die diese Regierungsform wählt, gezogen[237]. Dahinter steht die Überzeugung, daß auch die Legislativorgane sich in der Beurteilung der Verfassungslage irren können, d.h. daß selbst die Gesetzesbeschlüsse eines unmittelbar demokratisch legitimierten Parlaments möglicherweise nicht mit den höherrangigen Normen der Verfassung vereinbar sind. Geht man aber von dieser Prämisse aus, so muß eine zusätzliche Institution existieren, die die entsprechenden Streitfragen mit der gebotenen politischen Neutralität entscheiden und damit den Respekt des Parlaments gegenüber der verfassungsmäßigen Ordnung sicherstellen kann. Sowohl im deutschen als auch im europäischen Modell ist diese wichtige Kontrollaufgabe dem höchsten Gericht zugewiesen[238]. Daraus ergibt sich ein erster Anwendungsbereich für das Prinzip des Interorganrespekts: Von den Gesetzgebungsorganen fordert es die Befolgung der von den Gerichten abschließend getroffenen Entscheidungen zur Verfassungsmäßigkeit ihrer Beschlüsse. Umgekehrt dürfen sich die Gerichte jedoch nicht zu „Obergesetzgebern" aufschwingen, sondern müssen grundsätzlich die politische Gestaltungsfreiheit des Gesetzgebers respektieren. Ein wichtiges und daher in allen westlichen Verfassungssystemen gleichermaßen eingesetztes verfahrenstechnisches Mittel zur Gewährleistung dieses Respekts besteht darin, den Gerichten keine eigene Befugnis zum Aufgreifen der entsprechenden Fälle zuzugestehen und sie stattdessen nur auf Antrag tätig werden zu lassen.

Damit bedarf es allerdings einer *weiteren* politisch weitgehend unabhängigen Institution, die ein solches Verfahren einleiten kann, was ein zusätzliches Einsatzfeld für die Idee des Interorganrespekts eröffnet. Auf der europäischen Ebene findet die Kommission in der Ausfüllung dieser Rolle eine ihrer vornehmsten Aufgaben, die ihre gängige Charakterisierung als „Hüterin" der europäischen Vertragsordnung gerechtfertigt erscheinen läßt[239]. Im deutschen Modell kommt hingegen nur der Bundespräsident für eine vergleichbare Position in Frage: Zwar besitzt die Bundesregierung nach Art. 93 I Nr. 2 GG die Möglichkeit zur Einleitung eines abstrakten Normenkontrollverfahrens vor dem Bundesverfassungsgericht; da sie jedoch, wie

---

[236] Vgl. oben a) aa) (206).

[237] Die große Ausnahme hierzu bildet jedenfalls in theoretischer Hinsicht die Verfassungsordnung Großbritanniens, die dementsprechend auch keine Gewaltenteilung im amerikanischen oder kontinentaleuropäischen Sinne kennt und damit dem Gedanken des Interorganrespekts nur wenige normative Anwendungsfelder eröffnet. Vgl. statt vieler: *Albert V. Dicey*, Introduction to the Study of the Law of the Constitution, 7th ed. 1908, 38; *Anthony W. Bradley*, The Sovereignty of Parliament, in: Jeffrey Jowell/Dawn Oliver (eds.), The Changing Constitution, 2nd ed. 1989, 25–52; Übersicht u. weitere Nachweise bei *Eibe Riedel*, Der gemeineuropäische Bestand von Verfassungsprinzipien zur Begründung von Hoheitsgewalt, in: Peter-Christian Müller-Graff/ders. (Hg.), Gemeinsames Verfassungsrecht in der Europäischen Union, 1998, 77–97, 88 ff.; u. *Lorz* (Fn. 220), 108 ff.

[238] Auf die Einzelheiten dieser Problematik wird im 8. Kap. noch näher eingegangen werden.

[239] Vgl. oben 3. (203 f.), insbes. Fn. 225.

es dem Wesen des parlamentarischen Regierungssystems entspricht, in der Regel mit der Mehrheit des Bundestages auf einer Linie liegt, kommt dieser Befugnis unter normalen Umständen nur hypothetische Bedeutung zu[240]. Daß Art. 93 I Nr. 2 GG den Regierungen der Bundesländer und einem Drittel der Mitglieder des Bundestages, also quasi der parlamentarischen Opposition, die gleiche Befugnis einräumt, mag faktisch dazu führen, daß hierdurch kein Kontrolldefizit entsteht, ändert aber nichts an der auf der Ebene der obersten Verfassungsorgane vorliegenden Nachprüfungslücke, die nur durch die Einbeziehung des Bundespräsidenten geschlossen werden kann. Der Gedanke des Interorganrespekts ermöglicht damit auch eine abschließende Stellungnahme zu der umstrittenen Prüfungskompetenz des Bundespräsidenten im Rahmen der Gesetzesausfertigung[241], mit der zugleich dieses Kapitel beschlossen werden soll: Er gebietet dem Parlament insofern Respekt gegenüber dem Staatsoberhaupt, als diesem ein materielles, auf die Wahrung der verfassungsmäßigen Ordnung und ihrer integrativen Funktion gerichtetes Prüfungsrecht zugestanden werden muß. Zur optimalen Gewährleistung dieses Respekts wäre es darüber hinaus vorteilhaft, dem Bundespräsidenten eine eigenständige Befugnis zur Einleitung eines Normenkontrollverfahrens vor dem Bundesverfassungsgericht einzuräumen. Umgekehrt schuldet aber auch der Bundespräsident der gesetzgeberischen Gestaltungsfreiheit des Bundestages Respekt und muß deshalb von einer Vermutung zugunsten der Verfassungsmäßigkeit vom Bundestag beschlossener Gesetze ausgehen, was dazu führt, daß er, wie die inzwischen dominierende Meinung daher völlig zu Recht annimmt[242], nur im Falle eines evidenten Verfassungsverstoßes und einer daraus folgenden eigenen Überzeugung von der Verfassungswidrigkeit eines Gesetzes die Ausfertigung desselben verweigern darf.

---

240 Dazu schon oben 2. b) (202).

241 Zur Darstellung des entsprechenden Streitstandes vgl. oben 2. a) (199 ff.).

242 Vgl. die Nachweise oben Fn. 210.

Sechstes Kapitel

Interorganrespekt bei der Exekutivkontrolle

„Grundlage der freien Regierung ist das Mißtrauen.“

Thomas Jefferson

Die Beherrschbarkeit der Aktionen der vollziehenden Gewalt stellt nach der im vorigen behandelten Ausgestaltung der Mechanismen zur Schaffung eben jener Rechtssätze, die die Exekutive ihrem Wesen nach vollziehen soll, das zweite große Problemfeld der konstitutionellen Machtverteilung dar. Das liegt zum einen daran, daß Regierung und Verwaltung, wie zu Beginn des Hauptteils dieser Untersuchung schon ausgeführt wurde[1], neben der Gesetzgebung den zweiten hauptsächlichen Funktionsbereich der öffentlichen Gewalt bilden. Zum anderen entfalten das jeder gewaltenteilig organisierten Verfassungsordnung zugrundeliegende Mißtrauen und der daraus folgende Kontrollgedanke in diesem Bereich eine stark ausgeprägte Wirkung, da die öffentliche Gewalt in ihrer exekutiven Äußerungsform regelmäßig am unmittelbarsten auf die Individualsphäre der Bürger einwirkt und damit die größte potentielle Bedrohung für ihre Freiheiten verkörpert. Hieraus resultiert ein besonders dichtes Geflecht von Kontrollbefugnissen der anderen Gewalten gegenüber der Exekutive wie auch innerhalb der gesetzesausführenden Institutionen selbst, das seinerseits eine bewußt in Kauf genommene Vielfalt von Möglichkeiten zur Hemmung ihrer Tätigkeit erzeugt und daher eines korrigierenden Komplementärprinzips von der Art des Interorganrespekts bedarf. Dabei konzentriert sich die vorliegende Arbeit entsprechend ihrer Schwerpunktsetzung auf das Verhältnis der obersten Verfassungsorgane zueinander und somit innerhalb des exekutiven Bereichs auf das Handeln der Regierungen in den betrachteten Verfassungssystemen, wenngleich oben schon festgestellt wurde, daß sich die Regierungstätigkeit im engeren Sinne von der allgemeinen Verwaltungstätigkeit nur eingeschränkt abgrenzen läßt[2].

I. Administrative Rechtsetzung

Als erstes ist in diesem Zusammenhang der Problemkomplex der administrativen Rechtsetzung zu erörtern, der sozusagen die Nahtstelle zwischen der eigentlichen Gesetzgebung und den zu ihrer Ausführung nötigen Vollzugsakten markiert: Vom

---

[1] Oben 4. Kap. II. 3. (135 ff.).

[2] Ebd.

Funktionsbereich her zählt er noch wie die Gesetzgebung selbst zur allgemeinen Normsetzung; unter dem Aspekt der institutionellen Zuständigkeit bildet er dagegen die erste und allgemeinste Aktionsstufe des exekutiven Handelns. Aus der Perspektive des Interorganrespekts kommt die zentrale Bedeutung insoweit der *Rechtsetzung durch Exekutivorgane mit Außenwirkung* zu, also derjenigen Tätigkeit, die nach deutscher Terminologie als Verordnungsgebung bezeichnet wird[3]. Denn bei dieser Gelegenheit treffen die Kompetenzsphären und -ansprüche der Exekutivorgane und der mit der förmlichen Gesetzgebung betrauten Institutionen am deutlichsten aufeinander und lösen damit das stärkste Bedürfnis nach einem wechselseitigen Respekt aus. Die nachfolgende Analyse beschränkt sich deshalb auf die exemplarische Untersuchung dieser Problematik und klammert die vielfältigen sonstigen Spielarten der administrativen Rechtsetzung, namentlich den Erlaß von Verwaltungsvorschriften, die Satzungsgebung in den deutschen Selbstverwaltungskörperschaften, die Entstehung kommunaler „ordinances" in den USA und die gemeinschaftsinterne Rechtsetzung auf europäischer Ebene sowie generell alle Formen der organinternen Rechtsetzung wie z.B. Geschäftsordnungen aus. Die bei der Betrachtung der Verordnungsgebung zu gewinnenden Erkenntnisse lassen sich jedoch bei Beachtung der besonderen Voraussetzungen der jeweiligen administrativen Rechtserzeugung prinzipiell durchaus übertragen.

1. Erscheinungsformen und allgemeine Voraussetzungen

Eine modelltypische Kategorisierung der Rechtsetzung durch Exekutivorgane mit Außenwirkung ist anhand der drei zum Gegenstand dieser Arbeit gemachten Verfassungssysteme nicht möglich. Vielmehr bildet jedes dieser Systeme ein eigenes Modell, wenngleich die Zusammenschau am Ende dieses Abschnitts zeigen wird, daß hinsichtlich der fundamentalen Prämissen eine weitgehende Übereinstimmung aller drei Modelle besteht, die sich auch in der übereinstimmenden Entstehung bestimmter Streitfragen widerspiegelt.

a) Modell I: Deutschland

Das deutsche Modell liefert für die hier interessierende Problematik die vergleichsweise klarsten Vorgaben im Verfassungstext selbst und kann daher am besten als Ausgangspunkt dienen.

aa) Abgeleitete Rechtsetzung durch Rechtsverordnungen

In Deutschland geschieht die Rechtsetzung durch Exekutivorgane mit Außenwirkung im wesentlichen durch das Instrument der Rechtsverordnung auf der Basis des Art. 80 GG. Rechtsverordnungen sollen den Inhalt eines förmlichen Gesetzes

---

[3] Zur Definition vgl. etwa *Klaus Stern*, Das Staatsrecht der Bundesrepublik Deutschland, Bd. II, 1980, 653; *Jörn Ipsen*, Staatsrecht I, 10. Aufl. 1998, 201 (Rn. 683); *Hartmut Bauer*, in: Horst Dreier (Hg.), Grundgesetz-Kommentar, Bd. II, 1998, Art. 80 Rn. 14.

verdeutlichen und konkretisieren, auf diese Weise den parlamentarischen Gesetzgeber bei der Gesetzgebungsarbeit entlasten und zugleich eine kurzfristige Anpassung des Rechts an die sich ändernden Verhältnisse ermöglichen[4]. Ihr Erlaß bildet eine eigenständige Aufgabe der Exekutive, die sich insoweit mit dem Parlament die Verantwortung für die allgemeine Rechtsetzung teilt[5]; allerdings bleibt diese Rechtsetzungsbefugnis der Exekutive immer abgeleiteter Natur, d.h. eine autonome Verordnungsgewalt der Regierung, wie sie etwa nach der französischen Verfassung existiert[6], kennt das Grundgesetz nicht[7]. Rechtsverordnungen können also nur existieren, soweit sie sich auf eine durch förmliches Gesetz geschaffene Ermächtigungsgrundlage zurückbeziehen lassen; eine Verordnung, der eine solche Ermächtigungsgrundlage fehlt oder die die Grenzen ihrer Ermächtigung überschreitet, ist nichtig[8]. Aus dem Charakter der Verordnungen als abgeleitetes Recht folgt außerdem, daß zwischen Gesetz und Verordnung ein klares Rangverhältnis dahingehend besteht, daß Rechtsverordnungen in der Normenhierarchie generell unter dem förmlichen Gesetz rangieren[9]. Da sie stets auf einem solchen beruhen müssen, kann auf Bundesebene nur der Bundestag die Ermächtigung zum Erlaß einer Verordnung erteilen; nach Art. 80 II GG bedürfen bestimmte Rechtsverordnungen allerdings von Verfassungs wegen der Zustimmung des Bundesrates, der bei der letzten Verfassungsreform mit dem neuen Art. 80 III GG darüber hinaus eine Art Initiativrecht für diese besondere Kategorie der Verordnungsgebung erhalten hat[10]. Der Kreis der Ermächtigungsadressaten wird ebenfalls unmittelbar in der Verfassung festgelegt und durch Art. 80 I 1 GG auf die Bundesregierung bzw. ihre einzelnen Mitglieder sowie auf die Landesregierungen begrenzt. Läßt man die in Art. 80 I 4 GG eröffnete Möglichkeit der „Subdelegation" außer Betracht, so ist damit insbesondere der Boden für eine umfassende Anwendbarkeit des Interorganrespekts zwischen Bundes-

[4] St. Rspr., vgl. schon BVerfGE 7, 267, 274; 8, 274, 321 f.

[5] So formuliert *Paul Kirchhof*, Rechtsquellen und Grundgesetz, in: Fg. BVerfG II, 1976, 50–107, 82 f.

[6] Art. 34 u. 37 der französischen Verfassung; näher dazu *Ralph Alexander Lorz*, Der gemeineuropäische Bestand von Verfassungsprinzipien zur Begrenzung der Ausübung von Hoheitsgewalt, in: Peter-Christian Müller-Graff/Eibe Riedel (Hg.), Gemeinsames Verfassungsrecht in der Europäischen Union, 1998, 99–121, 111 f. m.w.N.

[7] Statt vieler: *Thomas v. Danwitz*, Die Gestaltungsfreiheit des Verordnungsgebers, 1989, 32 f.; *Stefan Studenroth*, Einflußnahme des Bundestages auf Erlaß, Inhalt und Bestand von Rechtsverordnungen, in: DÖV 1995, 525–537, 526; *a.A.* aber *Fritz Ossenbühl*, Rechtsverordnungen, in: Josef Isensee/Paul Kirchhof (Hg.), Handbuch des Staatsrechts der Bundesrepublik Deutschland, Bd. III, 1988, 387–424 (§ 64), 394 (Rn. 16).

[8] Vgl. etwa *Peter Badura*, Staatsrecht, 2. Aufl. 1996, 474 (Rn. F 16); *Hartmut Bauer*, in: Dreier (Fn. 3), Art. 80 Rn. 43.

[9] Zu den heute nicht mehr maßgeblichen Ausnahmefällen gesetzesvertretender sowie zu gesetzesergänzenden und -ändernden Rechtsverordnungen vgl. stv. *Stern* (Fn. 3), 662 ff.

[10] Allg. zu dieser Zustimmungsbedürftigkeit *Brun-Otto Bryde*, in: Ingo v. Münch/Philip Kunig (Hg.), Grundgesetz-Kommentar, Bd. 3, 3. Aufl. 1996, Art. 80 Rn. 26 ff.; speziell zum neuen Art. 80 III GG außerdem *Hans Hofmann*, Die Ausgestaltung des Gesetzgebungsverfahrens nach der Reform des Grundgesetzes, in: NVwZ 1995, 134–138, 137; u. *Klaus G. Meyer-Teschendorf*, Die Vorschläge der Gemeinsamen Verfassungskommission zur Reform des Gesetzgebungsverfahrens, in: DÖV 1994, 766–777, 770 f.

regierung und Bundestag bereitet. Gleiches gilt übrigens für das Prinzip der Bundestreue, soweit es um bundesgesetzliche Verordnungsermächtigungen an die Landesregierungen geht[11].

bb) Die Vorschrift des Art. 80 I 2 GG

Indem Art. 80 GG gestattet, daß die Rolle des materiellen Gesetzgebers um einer effektiven Arbeitsteilung willen auch von der Exekutive ausgeübt werden darf, durchbricht er das Gewaltenteilungsprinzip in einem ganz entscheidenden Punkt[12]. Hieraus resultieren potentielle Gefahren sowohl für die demokratische Rückkopplung der Staatsgewalt als auch für ihre Ausübung im Sinne jener Rechtsstaatlichkeit, von der der Gewaltenteilungsgrundsatz einen wesentlichen Teil bildet[13]. Um diesen Gefahren zu begegnen, installiert Art. 80 I 2 GG einen „dreifachen Delegationsfilter"[14], der den Bereich exekutiver Rechtsetzung begrenzen und eine (Selbst-) Entmachtung des Parlaments verhindern soll: Er verlangt die Bestimmung von „Inhalt, Zweck und Ausmaß der erteilten Ermächtigung" unmittelbar im ermächtigenden Gesetz. Damit richtet er sowohl eine quantitative als auch eine qualitative Hürde auf: In quantitativer Hinsicht untersagt er dem Gesetzgeber die Erteilung von Globalermächtigungen im Sinne einer Einräumung unbegrenzter Regelungsbefugnisse für die Exekutive und gebietet ihm, die Grenzen administrativer Rechtsetzungsmacht im jeweiligen Gesetz selbst festzulegen[15]. Unter qualitativen Aspekten zwingt er den Gesetzgeber dazu, die für die Ordnung eines bestimmten Lebensbereichs entscheidenden Vorschriften stets in seiner eigenen Verantwortung zu behalten und dem Verordnungsgeber insoweit Leitlinien und konkrete Orientierungspunkte vorzugeben[16]. Alle diese Vorkehrungen dienen dazu, eine relativ enge Rückbindung der administrativen Normsetzung an den Willen des parlamentarischen Gesetzgebers sicherzustellen, und fungieren damit zugleich als Instrumente zur Durchsetzung des Interorganrespekts, indem sie die innerhalb der Exekutive zur Rechtsetzung ermächtigten Institutionen dazu anhalten, bei ihrer Normierungstätigkeit die zugrundeliegenden Intentionen der Legislativorgane zu respektieren. Dieser Zielsetzung entspringt auch das in Art. 80 I 3 GG normierte Zitiergebot, das von jeder Rechtsverordnung die Angabe ihrer gesetzlichen Ermächtigungsgrundla-

---

11 Vgl. als neuestes Indiz hierfür *Monika Böhm*, Sperrwirkung von Verordnungsermächtigungen, in: DÖV 1998, 234–239, 238.

12 So schon BVerfGE 18, 52, 59; vgl. a. *Bruno Schmidt-Bleibtreu/Franz Klein*, Kommentar zum Grundgesetz, 8. Aufl. 1995, Art. 80 Rn. 1; u. zuletzt *Christian Calliess*, Die verfassungsrechtliche Zulässigkeit von fachgesetzlichen Rechtsverordnungsermächtigungen zur Umsetzung von Rechtsakten der EG, in: NVwZ 1998, 8–13, 11.

13 *Calliess* (Fn. 12), 12.

14 *Jörg Lücke*, in: Michael Sachs (Hg.), Grundgesetz-Kommentar, 2. Aufl. 1999, Art. 80 Rn. 22.

15 Vgl. etwa BVerfGE 20, 296, 306 ff.; 58, 283, 292 et seq.; 80, 1, 21 f.; u. erneut *Jörg Lücke*, in: Sachs (Fn. 14), Art. 80 Rn. 23.

16 Z.B. BVerfGE 20, 296, 304 ff.; 58, 257, 277; 78, 249, 272; 80, 1, 20; u. nochmals *Jörg Lücke*, in: Sachs (Fn. 14), Art. 80 Rn. 24; insges. auch *Hans D. Jarass/Bodo Pieroth*, Grundgesetz für die Bundesrepublik Deutschland, 4. Aufl. 1997, Art. 80 Rn. 11.

ge verlangt und auf diese Weise die zwischen ermächtigendem Gesetz und Rechtsverordnung geforderte Verknüpfung zu verdeutlichen hilft[17].

b) Modell II: Die USA

Im Gegensatz zum deutschen Grundgesetz enthält die amerikanische Verfassung keinerlei ausdrückliche Vorgaben für die Rechtsetzung durch Exekutivorgane mit Außenwirkung. Eine Analyse der Behandlung dieser Problematik im amerikanischen Modell erfordert daher von vornherein einen Blick auf seine über lange Zeit hinweg entwickelte Verfassungspraxis und die Aussagen der höchstrichterlichen Rechtsprechung dazu.

aa) Typisierung der exekutiven Rechtsetzungsakte

Die im folgenden kurz beschriebenen Möglichkeiten administrativer Normsetzung haben im Laufe der Jahre allgemeine Akzeptanz in der amerikanischen Verfassungsordnung gefunden.

(1) Presidential Proclamations

Die am seltensten genutzte dieser Möglichkeiten, die in der Regel nur bei Aktionen eingesetzt wird, denen der Präsident über die bloße Rechtsetzung hinaus eine besondere politische Betonung verleihen will, stellt das Mittel einer feierlichen „presidential proclamation" dar. Als Paradebeispiel hierfür darf Richard *Nixons* „New Economic Policy" von 1971 gelten, die neben zahlreichen unverbindlichen Aufrufen und Ankündigungen einen unmittelbar wirksamen zehnprozentigen Zusatzzoll auf Importe in die Vereinigten Staaten verhängte. Diese „Proclamation 4074" hatte zwar in der Berufungsinstanz vor den amerikanischen Gerichten Bestand, jedoch nur deshalb, weil das Berufungsgericht ungeachtet der Tatsache, daß sie keine gesetzliche Ermächtigungsgrundlage spezifizierte, in dem sogenannten „Trading with the Enemy Act" eine solche Grundlage erblickte[18]. Das erstinstanzliche Gericht war noch nicht dieser Meinung gewesen und hatte die „proclamation" insoweit konsequenterweise als „beyond the scope of any authority delegated to him (the President) by the Congress" aufgehoben[19]. Eine ähnliche Proklamation von 1980, mit der Präsident *Carter* einen Zuschlag auf den Preis importierten Öls erheben wollte, um so den amerikanischen Energieverbrauch zu reduzieren, erlitt dieses Schicksal dann definitiv[20]. Damit erscheint zumindest geklärt, daß der Präsident in keinem Falle administrative Normsetzung ohne eine Ermächtigungsgrundlage be-

---

[17] Vgl. statt vieler: *Stern* (Fn. 3), 671; *Hartmut Bauer*, in: Dreier (Fn. 3), Art. 80 Rn. 38.

[18] *U.S. v. Yoshida International, Inc.*, 526 F. 2d 560 (Ct. Cust. and Pat. App. 1975). Diese Entscheidung ist im Schrifttum freilich zum Teil heftig kritisiert worden, vgl. stv. *Louis Fisher*, Constitutional Conflicts between Congress and the President, 4th ed. 1997, 108 f.

[19] *Yoshida International, Inc. v. U.S.*, 378 F. Supp. 1155 (Cust. Ct. 1974), 1167 (Klammerzusatz vom Verf.).

[20] *Independent Gasoline Marketers Council v. Duncan*, 492 F. Supp. 614 (D.D.C. 1980), 620 f.:

treiben kann, auch wenn er nicht in gleicher Weise wie die deutsche Exekutive auf die formelle Angabe einer bestimmten festgelegt wird[21].

(2) Executive Orders

Wesentlich gebräuchlicher als „presidential proclamations" sind im Bereich exekutiver Rechtsetzung die sogenannten „executive orders". Sie werden vom Präsidenten sowohl zur Koordinierung seiner Verwaltung als auch zur Umsetzung seiner politischen Agenda genutzt[22]. Da sie jedoch nur im letzteren Fall als materielle Gesetze Außenwirkung entfalten und mit Rechtsverordnungen deutscher Provenienz verglichen werden können, während die meisten „executive orders" eher die Funktion von Verwaltungsvorschriften bzw. von verwaltungsinternen Richtlinien ohne Außenwirkung erfüllen, muß im Einzelfall sorgfältig danach differenziert werden, ob es sich bei ihnen tatsächlich um Normierungsakte oder nicht vielmehr um einfache Dienstanweisungen handelt. Dramatische Beispiele von „executive orders", die zur Regelung zentraler Politikbereiche erlassen wurden, bilden etwa die Anordnung Präsident *Roosevelts* zur Internierung von 70.000 Amerikanern japanischer Abstammung im Zweiten Weltkrieg oder die Gewährung der gewerkschaftlichen Vereinigungsfreiheit für die öffentlichen Bediensteten durch Präsident *Kennedy*[23]. Darüber hinaus sind „executive orders" mit zumindest teilweise rechtsetzendem Charakter von den Präsidenten vor allem zur Schaffung neuer Verwaltungseinheiten („agencies")[24] sowie zur unmittelbaren Kontrolle strategisch wichtiger Produktionsmittel in Krisenzeiten[25] eingesetzt worden. Eine präsidentielle Verfügung der letztgenannten Art lieferte dann allerdings den Anlaß für eine der maßgeblichen Entscheidungen des Supreme Court zur Begrenzung der exekutiven Regelungsgewalt: Präsident *Truman* versuchte während des Koreakrieges, die amerikanische Stahlindustrie mit Beschlag zu belegen, um so einen drohenden Streik der Stahlarbeiter und eine mögliche Unterbrechung der Rüstungslieferungen an die amerikanischen Truppen in Korea zu verhindern, und berief sich dafür auf seine Notstandsbefugnisse sowie auf seine Funktion als Oberbefehlshaber der Streitkräfte. Der Supreme Court akzeptierte diese Rechtfertigung jedoch nicht, sondern erklärte die Anordnung des Präsidenten in Ermangelung einer entsprechenden gesetzlichen Er-

---

(the proclamation) „does not fall within the inherent powers of the President, is not sanctioned by the statutes cited … and is contrary to manifest Congressional intent."

[21] Vgl. a. schon *Carl Zeiss, Inc. v. U.S.*, 76 F. 2d 412 (Ct. Cust. and Pat. App. 1935); *Schmidt Pritchard & Co. v. U.S.*, 167 F. Supp. 272 (Cust. Ct. 1958).

[22] *Bernd Becker/Wolfgang Welz*, Verwaltung und Vollzug, in: Wolfgang Jäger/Wolfgang Welz (Hg.), Regierungssystem der USA, 1995, 231–243 (§ 12), 234.

[23] Vgl. *Peter Filzmaier/Fritz Plasser*, Die amerikanische Demokratie, 1997, 113.

[24] So wurde bspw. das „Peace Corps" 1961 durch eine Anordnung von Präsident Kennedy ins Leben gerufen. Der Kongreß übt über derartige Maßnahmen des Präsidenten allerdings eine indirekte Kontrolle dergestalt aus, daß er sich eine spezielle Bewilligung der Haushaltsmittel für die Verwaltungstätigkeit neuer „agencies" vorbehält. Vgl. 31 U.S.C. 1347 (1988).

[25] Diese Praxis führte Präsident Roosevelt 1941 ein. Auch hierauf reagierte der Kongreß allerdings mit der Schaffung eines speziellen Gesetzes. Vgl. dazu näher *Fisher* (Fn. 18), 110.

mächtigungsgrundlage für unwirksam[26]. Seither haben die amerikanischen Gerichte in ständiger Rechtsprechung immer wieder bestätigt, daß „executive orders" des Präsidenten, die auf eine Regelungswirkung nach außen gerichtet sind, ebenso wie derartige präsidentielle Proklamationen sowohl im Falle des Fehlens einer höherrangigen Rechtsgrundlage als auch bei Verstößen gegen Verfassungs- bzw. Gesetzesrecht keine eigene Verbindlichkeit begründen können[27].

(3) Agency Rulemaking

Im Gegensatz zu den beiden zuvor genannten Mitteln stellt das sogenannte „agency rulemaking" eine originäre Form exekutiver Rechtsetzung mit Außenwirkung dar und ist insofern am ehesten mit der deutschen Rechtsverordnung zu vergleichen. Das Verwaltungsverfahrensgesetz des Bundes – der in Titel 5 des United States Code enthaltene „Federal Administrative Procedure Act" (APA) – definiert die verwaltungsrechtliche „rule" in seinem § 551 (4) als Erklärung einer Verwaltungsbehörde („agency"), die allgemein oder individuell anwendbar ist, Wirkung in der Zukunft entfaltet und dazu bestimmt ist, Rechtsnormen oder Politiken („law or policy") umzusetzen, auszulegen oder vorzuschreiben. Dabei darf man sich weder von dem Tatbestandsmerkmal der individuellen Anwendbarkeit irritieren lassen, das nur dazu dient, die Festsetzung von Tarifen und Preisen entsprechend dem traditionellen amerikanischen Verwaltungsrechtsverständnis dem Prozeß des „rulemaking" zuordnen zu können[28], noch von dem Verlangen nach einer Wirkung in der Zukunft („future effect"), das auf die Wahrung des rechtsstaatlichen Erfordernisses abzielt, Verwaltungsbehörden grundsätzlich keine Kompetenz zur Schaffung rückwirkender Vorschriften zu gewähren[29]: Das entscheidende Kriterium zur Abgrenzung der „rule" von der verwaltungsbehördlichen Einzelfallentscheidung („adjudication"), wie sie in § 551 (7) des APA definiert wird, bildet ihre generelle Wirkung[30]. Allerdings entspricht damit noch nicht jede „rule" der deutschen Rechtsverordnung; vielmehr werden „interpretative rules", die nur die Sichtweise der Verwaltung hinsichtlich bereits existierender Rechtsvorschriften darstellen sollen, „general statements of policy", die lediglich Ankündigungen für die Zukunft

---

[26] *Youngstown Sheet and Tube Co. v. Sawyer*, 343 U.S. 579 (1952).

[27] Zum Fehlen einer Ermächtigungsgrundlage vgl. außer der in Fn. 26 zit. Entscheidung etwa noch *Manhattan-Bronx Postal Union v. Gronouski*, 350 F. 2d 451 (D.C. Cir. 1965); *Stevens v. Carey*, 483 F. 2d 188 (7th Cir. 1973); *Independent Meat Packers Association v. Butz*, 526 F. 2d 228 (8th Cir. 1975); zu Kollisionen von „executive orders" mit gesetzlichen Bestimmungen *Cole v. Young*, 351 U.S. 536 (1956); *Weber v. Kaiser Aluminum & Chemical Corp.*, 563 F. 2d 216 (5th Cir. 1977); *Marks v. CIA*, 590 F. 2d 997 (D.C. Cir. 1978).

[28] Diese Erklärung geben *Ernest Gellhorn/Ronald M. Levin*, Administrative Law and Process, 4th ed. 1997, 300; u. *Axel Linneweber*, Einführung in das US-amerikanische Verwaltungsrecht, 1994, 72.

[29] Es sei denn, der Kongreß verliehe ihnen diese Kompetenz ausdrücklich per Gesetz, vgl. *Bowen v. Georgetown University Hospital*, 488 U.S. 204 (1988), 208: „... unless that power is conveyed by Congress in express terms ...".

[30] Ebenso *Gellhorn/Levin* (Fn. 28), 301 f.; u. *Linneweber* (Fn. 28), 72 f.; vgl. a. *Winfried Brugger*, Einführung in das öffentliche Recht der USA, 1993, 193; sowie *Becker/Welz* (Fn. 22), 235.

ohne eigene Bindungswirkung enthalten, und „rules of agency organization, procedure, or practice", die wie die meisten „executive orders" eher internen Verwaltungsvorschriften gleichzusetzen sind, von § 553 (b) (3) (A) des APA selbst bewußt aus dem Prozeß des „rulemaking" ausgeklammert, da sie nicht auf die Begründung rechtlicher Verbindlichkeit nach außen gerichtet sind[31]. Eine deutschen Rechtsverordnungen vergleichbare Stellung kommt deshalb nur den „substantive rules" zu, die auf eine Veränderung der Rechtsstellung der Bürger abzielen und daher auch oft als „legislative rules" bezeichnet werden[32]. Für diese „rules" gelten dann jedoch die gleichen Grundsätze, wie sie oben bereits für die „proclamations" und „executive orders" des Präsidenten mit rechtsetzender Außenwirkung festgestellt wurden[33]: Jede Form des „agency rulemaking" muß sich auf eine vom Kongreß geschaffene gesetzliche Ermächtigungsgrundlage stützen lassen und kann ohne eine solche bzw. im Falle des Verstoßes gegen ein Gesetz keine Rechtswirkung entfalten[34].

bb) Die „nondelegation doctrine" und ihre theoretische Konkretisierung

Jenseits dieser Grundsätze hat die amerikanische Verfassungsdogmatik Schwierigkeiten mit der Einordnung dieser faktisch beträchtlichen Normsetzungsmacht der Exekutive. Der Ursprung dieser Schwierigkeiten läßt sich bis zu *Locke* und der alten common law-Maxime *„delegata potestas non potest delegari"* zurückverfolgen, nach der eine einmal delegierte Befugnis nicht weiter delegiert werden kann, so daß die demokratisch gewählte Legislative, die ihre Rechtsetzungsmacht vom Volk ableitet, diese Macht an keine andere Institution mehr weitergeben dürfte[35]. Darüber hinaus reagiert die amerikanische Verfassungsordnung als echtes präsidentielles Regierungssystem per se wesentlich empfindlicher als etwa ihr deutsches Pendant auf Durchbrechungen der Gewaltentrennung, wie sie die Verleihung von Rechtsetzungsbefugnissen an die Exekutive nun einmal darstellt. Vor diesem Hin-

---

[31] Näher dazu *Richard J. Pierce/Sidney A. Shapiro/Paul R. Verkuil*, Administrative Law and Process, 2nd ed. 1992, 285 ff.; u. *Peter L. Strauss*, An Introduction to Administrative Justice in the United States, 1989, 157 f.

[32] Vgl. stv. nochmals *Linneweber* (Fn. 28), 74 m.w.N.

[33] Am Rande sei bemerkt, daß wegen der von der US-Verfassung vorgegebenen Konzentration der gesamten Exekutivgewalt in der Hand des Präsidenten die von den einzelnen „agencies" erlassenen „rules" letztlich ebenfalls durchweg auf den Präsidenten zurückgeführt werden können. Die Situation entspricht insoweit ungefähr der durch Art. 80 I 4 GG ermöglichten „Subdelegation" administrativer Rechtsetzungsbefugnisse in Deutschland. Eine gewisse Ausnahme bildet die Tätigkeit der sog. „independent regulatory agencies", auf die weiter unten noch eingegangen werden soll.

[34] Die Leitentscheidung hierfür ist *Chrysler Corp. v. Brown*, 441 U.S. 281 (1979); vgl. a. schon *Manhattan Co. v. Commissioner*, 297 U.S. 129 (1936), 134: „A regulation which does not do this (carry into effect the will of Congress as expressed in a statute), but operates to create a rule out of harmony with the statute, is a mere nullity." (Klammerzusatz vom Verf.)

[35] *John Locke*, The Second Treatise of Civil Government (1690), ed. by J. W. Gough, 1948, 71 (§ 141): The legislative „cannot transfer the power of making laws to any other hands; for it being but a delegated power from the people, they who have it cannot pass it over to others". Selbst er muß jedoch zugestehen, daß der Gesetzgeber nicht für alles Vorsorge treffen kann und die Legislativorgane außerdem Sitzungspausen einlegen müssen (76 – § 153), so daß für diese Fälle eine andere Lösung gefunden werden muß.

tergrund verwundert es nicht, daß der Supreme Court zunächst ein relativ striktes Delegationsverbot für diesen Bereich formulierte, das als „nondelegation doctrine“ bekannt geworden ist, und Ausnahmen hiervon allenfalls insoweit zulassen wollte, als es um das Ausfüllen von Details innerhalb eines vom Gesetzgeber eng vorgegebenen Rahmens gehen sollte[36].

Die Zwänge der modernen Welt mit ihrer zunehmenden Komplexität ließen die Delegation von Rechtsetzungskompetenzen an die Administration jedoch bald unausweichlich erscheinen[37]. Der Supreme Court reagierte darauf, indem er diese Delegation nicht mehr grundsätzlich in Frage stellte, sondern nur noch ein „verständliches Prinzip“ verlangte, das aus dem Gesetz selbst hervorgehen und seine Ausfüllung durch die Verwaltung steuern müsse[38]. Im Jahr 1935 kam es anläßlich der „New Deal“-Gesetzgebung von Präsident *Roosevelt* zur Probe aufs Exempel: Der „National Industrial Recovery Act“ räumte der neu geschaffenen und unter der direkten Kontrolle des Präsidenten stehenden „National Industrial Recovery Administration“ allumfassende Regulierungskompetenzen für weite Bereiche der amerikanischen Industrie ein, ohne ihr mehr als eine vage und zahlreiche potentiell inkonsistente Ziele zum Ausdruck bringende „declaration of policy“ mit auf den Weg zu geben[39]. Das nahm der Supreme Court nicht mehr hin; er bemängelte das Fehlen jeglicher Kriterien für die Ausübung dieser Kompetenzen im Gesetz und etablierte einen als „Schechter Rule“ bekannt gewordenen Grundsatz, der als zeitgemäße Modifizierung der „nondelegation doctrine“ gedeutet werden kann: Zwar gewähre die Verfassung dem Kongreß hinsichtlich der Wahrnehmung von Regulierungsaufgaben durch Verwaltungseinheiten die notwendige Flexibilität „which will enable it to perform its function in laying down policies and establishing standards“, doch beschränke sich der entsprechende Delegationsspielraum des Kongresses auf „the making of *subordinate rules within prescribed limits* and the determination of facts to which *the policy as declared by the legislature* is to apply“[40]. Der Kongreß muß also seine der Delegation zugrundeliegenden Zielvorstellungen, die wesentlichen Kriterien für den Erlaß der entsprechenden Rechtsvorschriften und die äußeren Grenzen der der Verwaltung verliehenen Normierungsbefugnisse im delegierenden Gesetz selbst statuieren; das erinnert sehr an die

---

[36] Die Formulierung dieser Ausnahme („to fill up the details“) geht zurück auf *Wayman v. Southard*, 23 U.S. (10 Wheat.) 1 (1825), 43. Vgl. aber zum generellen Prinzip den klaren Ausspruch in *Field v. Clark*, 143 U.S. 649 (1892), 692: „That Congress cannot delegate legislative power to the President is a principle universally recognized as vital to the integrity and maintenance of the system of government ordained by the Constitution“; u. näher *Georg Nolte*, Ermächtigung der Exekutive zur Rechtsetzung, in: AöR 118 (1993), 378–413, 381 f.

[37] *Strauss* (Fn. 31), 21, spricht von „sheer necessity of the case“.

[38] *J. W. Hampton, Jr. & Co. v. U.S.*, 276 U.S. 394 (1928), 409: „intelligible principle“.

[39] Zu den Einzelheiten dieser Ermächtigung und der daraus resultierenden Streitfälle *Uwe Kischel*, Delegation of Legislative Power to Agencies: A Comparative Analysis of United States and German Law, in: Administrative Law Review 46 (1994), 213–256, 219 f.; vgl. a. *Pierce/Shapiro/Verkuil* (Fn. 31), 48 ff.

[40] *Schechter Corp. v. U.S.*, 295 U.S. 495 (1935), 530; vgl. a. schon *Panama Refining Co. v. Ryan*, 293 U.S. 388 (1935), 421 (Hervorhebungen vom Verf.).

in Art. 80 I 2 GG kodifizierte Forderung nach der Bestimmung von „Inhalt, Zweck und Ausmaß der erteilten Ermächtigung“ im jeweils ermächtigenden Gesetz[41]. Der Sache nach läßt sich dieses Verlangen in der seitherigen Rechtsprechung des Supreme Court durchgängig wiederfinden[42].

c) Modell III: Die Europäische Gemeinschaft

Auf der europäischen Ebene besitzt die Kommission nach den allgemeinen Regeln des EG-Vertrages eine auf den ersten Blick erheblich weiter reichende Befugnis zum Erlaß von Rechtsnormen mit Außenwirkung als die Exekutivorgane in den Verfassungsordnungen Deutschlands und Amerikas. Dabei sind die folgenden beiden Erscheinungsformen zu unterscheiden.

aa) Eigenständige Rechtsetzung durch die EG-Kommission

Zunächst kann die EG-Kommission unmittelbar aufgrund des Vertrages eigene Rechtsetzungsbefugnisse geltend machen, die sich mit denen des Rates wechselseitig ergänzen. Diese Möglichkeit beruht auf Art. 211 UAbs. 3 (ex-Art. 155 UAbs. 3) EGV, der der Kommission die Aufgabe zuweist, „nach Maßgabe dieses Vertrags in eigener Zuständigkeit Entscheidungen zu treffen“, wobei der Begriff „Entscheidungen“ an dieser Stelle nicht im rechtstechnischen Sinne des Art. 249 IV (ex-Art. 189 IV) EGV zu verstehen ist, sondern alle vom EGV in einer konkreten Einzelermächtigung vorgesehenen oder zugelassenen Maßnahmen umfaßt, also auch den Erlaß von Verordnungen und Richtlinien durch die Kommission[43]. Im ersten Moment scheint dies einen fundamentalen Unterschied zwischen dem europäischen Modell einerseits und den beiden hier betrachteten nationalstaatlichen Verfassungssystemen andererseits zu markieren; denn für die USA und Deutschland wurde oben festgestellt, daß diese beiden Modelle jeweils nur abgeleitete Rechtsetzungsermächtigungen für ihre Exekutivorgane kennen[44]. Ein Blick auf die konkrete primärrechtliche Ausfüllung des Art. 211 UAbs. 3 (ex-Art. 155 UAbs. 3) EGV zeigt jedoch ein anderes Bild: Im Gegensatz etwa zum EGKSV, wo die Kommission das Hauptorgan für die Setzung sekundären Gemeinschaftsrechts darstellt, lag das Schwergewicht ihrer eigenständigen Normierungsbefugnisse nach dem EG-Vertrag in der Übergangszeit zum Gemeinsamen Markt. Seit dem Ablauf dieser Übergangszeit haben sich ihre diesbezüglichen Kompetenzen dagegen auf einige wenige vereinzelte Ermächtigungen reduziert, und es ist keine Vertragsände-

---

[41] Vgl. oben a) bb) (214).

[42] Vgl. stv. *Mistretta v. U.S.*, 488 U.S. 361 (1989); *Skinner v. Mid-America Pipeline Co.*, 490 U.S. 212 (1989); u. insges. dazu – im Vergleich mit Deutschland – *Hermann Pünder*, Exekutive Normsetzung in den Vereinigten Staaten von Amerika und der Bundesrepublik Deutschland, 1995, 39 ff.

[43] *Peter M. Huber*, Recht der Europäischen Integration, 1996, 241 f.; vgl. a. *Rudolf Geiger*, EG-Vertrag, 2. Aufl. 1995, Art. 155 Rn. 11.

[44] Oben a) aa) (212 ff.) und b) aa) (215 ff.).

rung absehbar, die diese Tendenz noch einmal umkehren würde[45]. Dieser Umstand rechtfertigt es, im Rahmen der vorliegenden vergleichenden Analyse die originären Rechtsetzungsbefugnisse der Kommission nicht weiter zu thematisieren.

bb) Erlaß von Durchführungsvorschriften

Im Gegensatz dazu kommt der auf Art. 211 UAbs. 4 (ex-Art. 155 UAbs. 4) EGV gegründeten *abgeleiteten* Rechtsetzungsgewalt der Kommission erhebliche praktische Bedeutung zu. Nach dieser Vorschrift kann die Kommission all jene Befugnisse ausüben, „die ihr der Rat zur Durchführung der von ihm erlassenen Vorschriften überträgt". Hierunter fallen im Prinzip alle Tätigkeiten der Kommission auf der Basis sekundärrechtlicher Ermächtigungen in Verordnungen, Richtlinien und Entscheidungen des Rates, wozu neben den zahlreichen Einzelentscheidungen vor allem die rahmenausfüllende Normsetzung in Form von Durch- bzw. Ausführungsverordnungen zählt[46].

Die entsprechende Ermächtigung des Rates zur Übertragung der genannten Durchführungsbefugnisse findet sich in Art. 202 UAbs. 3 (ex-Art. 145 UAbs. 3) EGV. Die Neueinführung dieser Vorschrift durch die Einheitliche Europäische Akte kehrte das bis dahin bestehende Regel-Ausnahme-Verhältnis zwischen vom Rat selbst ausgeübten und an die Kommission übertragenen Durchführungskompetenzen zugunsten der Kommission um und begründete eine grundsätzliche Verpflichtung des Rates zur Befugnisübertragung (sog. „Regeldelegation")[47]. Allerdings kann sich der Rat „in spezifischen Fällen außerdem vorbehalten, Durchführungsbefugnisse selbst auszuüben", und der Europäische Gerichtshof hat die diesbezüglichen Entscheidungen des Rates bislang immer akzeptiert[48], was als eine besondere Erscheinungsform seiner im übernächsten Kapitel noch näher zu behandelnden Verpflichtung zum Interorganrespekt gegenüber dem Rat betrachtet werden muß. Immerhin bekennt sich der Gerichtshof in ständiger Rechtsprechung dazu, daß der Begriff der Durchführung weit auszulegen sei, und räumt so umgekehrt der Kommission einen erheblichen Spielraum hinsichtlich der Ausfüllung ihrer sekun-

---

[45] Die vermutlich wichtigste dieser Ermächtigungen findet sich in Art. 86 III (ex-Art. 90 III) EGV; vgl. dazu näher EuGH Slg. 1982, 2545 – verb. Rs. 188–190/80; ferner allg. *Rudolf Streinz*, Europarecht, 4. Aufl. 1999, 100 (Rn. 299). Eine Übersicht der sonstigen Ermächtigungen im Sinne von Art. 211 UAbs. 3 (ex-Art. 155 UAbs. 3) EGV bringt z.B. *Helmut Schmitt v. Sydow*, in: Hans v. d. Groeben/Jochen Thiesing/Claus-Dieter Ehlermann (Hg.), Kommentar zum EU-/EG-Vertrag, 5. Aufl. 1997, Bd. 4, Art. 155 EGV Rn. 63 ff.

[46] Vgl. i. einz. *Bengt Beutler/Roland Bieber/Jörn Pipkorn/Jochen Streil*, Die Europäische Union, 4. Aufl. 1993, 218 f.; *Michael Schweitzer/Waldemar Hummer*, Europarecht, 5. Aufl. 1996, 63 f. (Rn. 205); *Helmut Schmitt v. Sydow*, in: v. d. Groeben/Thiesing/Ehlermann (Fn. 45), Art. 155 EGV Rn. 68 ff.

[47] Näher hierzu *Hans-Joachim Glaesner*, Die Einheitliche Europäische Akte, in: EuR 1986, 119–152, 146; *Thomas Bruha/Wolfgang Münch*, Stärkung der Durchführungsbefugnisse der Kommission, in: NJW 1987, 542–545, 543.

[48] *Michael Schweitzer*, in: Eberhard Grabitz/Meinhard Hilf (Hg.), Kommentar zur Europäischen Union (Loseblatt), Art. 145 EGV Rn. 22, hält die entsprechende Abgrenzung daher auch für „nicht justitiabel".

därrechtlichen Normsetzungsermächtigungen ein[49]. An der schon aus den Verfassungsordnungen Deutschlands und Amerikas bekannten Grundvoraussetzung, daß der Erlaß derartiger Durchführungsvorschriften inhaltlich von einer ausdrücklichen legislatorischen Ermächtigung gedeckt sein muß, ändert dies jedoch nichts; darüber hinaus verlangt auch der Europäische Gerichtshof eine hinreichende Bestimmtheit der Ermächtigungsnormen[50] und hat außerhalb des Agrarbereichs schon Verordnungen der Kommission wegen einer zu weiten Auslegung der ihr erteilten Ermächtigungen für nichtig erklärt[51]. Mit der wachsenden Einbindung des Europäischen Parlaments als mitentscheidendes Organ in den gemeinschaftlichen Rechtsetzungsprozeß nimmt außerdem die Relevanz möglicher Abweichungen in den Ausführungsverordnungen der Kommission gegenüber den von Parlament und Rat gemeinsam verabschiedeten „Grundverordnungen" zu: Da über den Wortlaut von Art. 202 UAbs. 3, 211 UAbs. 4 (ex-Art. 145 UAbs. 3, 155 UAbs. 4) EGV hinaus nunmehr auch die Rückbindung dieser Durchführungsbestimmungen an den Normierungswillen des Parlaments gewährleistet werden muß, sind solche Ausführungsverordnungen, die mit ihrer jeweiligen Grundverordnung nicht in Einklang stehen, ohne Rücksicht auf das Verhalten des Rates von vornherein als nichtig anzusehen[52].

2. Beschränkungen der Delegationsgewalt der Legislative

Aus den bisherigen Ausführungen ergibt sich, daß alle hier betrachteten Systeme die Notwendigkeit administrativer Rechtsetzung anerkennen und sie auf der Basis und in den Grenzen einer entsprechenden Befugnisübertragung durch die Legislativorgane zulassen. Allerdings ist eine derartige Übertragung nicht unbeschränkt möglich, wie der folgende Überblick zeigt.

a) Parlamentsvorbehalt und „Wesentlichkeitstheorie" des BVerfG

Der „Vorbehalt des Gesetzes", der als Ausfluß der Rechtsgebundenheit der Staatsorgane zum festen Bestand des deutschen Verfassungsrechts gehört, besagt in diesem Zusammenhang zunächst nur, daß bestimmte Regelungen, zu denen insbesondere

---

[49] Vgl. etwa zu Art. 16 III der Bananenmarktordnung EuGH Slg. 1997, I-645 – verb. Rs. C-9, 23 u. 156/95 –, I-681: „Da nur die Kommission in der Lage ist, die Entwicklung der Agrarmärkte ständig und aufmerksam zu verfolgen und mit der durch die Situation gebotenen Schnelligkeit zu handeln, kann sich der Rat veranlaßt sehen, ihr auf diesem Gebiet weitgehende Befugnisse zu übertragen"; u. zu dem ähnlich weit gefaßten Art. 30 derselben Marktordnung *Claus Dieter Classen*, Die Bananenmarktordnung der EG – ein Fall für das Bundesverfassungsgericht?, in: JZ 1997, 454–456, 454; sowie zuletzt zu den diesbezüglichen „emergency regulatory powers" der Kommission die Anmerkung zu Rs. C-68/95 u.a. von *Albertina Albors-Llorens*, in: CMLR 35 (1998), 227–245, bes. 238 ff.

[50] So z.B. EuGH Slg. 1988, 3679 – Rs. 291/86 –, 3706.

[51] EuGH Slg. 1988, 973 – Rs. 264/86; Slg. 1988, 2041 – Rs. 338/85.

[52] Vgl. vom Grundsatz her schon EuGH Slg. 1995, I-2019 – Rs. C-156/93; u. weiter EuGH Slg. 1996, I-2943 – Rs. C-303/94.

solche mit grundrechtseinschränkendem Charakter gehören, einer formell-gesetzlichen Grundlage bedürfen[53]. Auf dieser Grundlage kann die Regelung im einzelnen durchaus per Rechtsverordnung erfolgen, wobei der bereits behandelte Art. 80 I 2 GG zumindest das „Wie" dieser Regelung näher bestimmt. Dazwischen liegt jedoch nach allgemeiner Auffassung ein Bereich, der exklusiv parlamentarischer Regelung bedarf, wo also schon das „Ob" einer Rechtsverordnung zugunsten einer ausschließlichen Zuständigkeit des parlamentarischen Gesetzgebers zu verneinen ist[54]. Dieser „Parlamentsvorbehalt" steht zum allgemeinen Gesetzesvorbehalt in einem Stufenverhältnis[55], d.h. er kommt nur zur Anwendung, soweit überhaupt der allgemeine Gesetzesvorbehalt eingreift, und hebt aus diesem Anwendungsbereich bestimmte Regelungskategorien besonders heraus, indem er sie mit einer Delegationssperre belegt.

Definition und Abgrenzung dieser Kategorien gehören zu den vermutlich umstrittensten Problemen der Staatsrechtslehre. Das Bundesverfassungsgericht hat hierzu eine Theorie entwickelt, die als „Wesentlichkeitslehre" bekannt geworden ist[56]. Ihr Kernsatz läßt sich dahingehend formulieren, der Gesetzgeber sei vor allem aufgrund des Demokratie-, aber auch wegen des Rechtsstaatsprinzips dazu verpflichtet, in grundrechtsrelevanten Bereichen die „wesentlichen Entscheidungen" selbst zu treffen und nicht der Verwaltung zu überlassen[57]. Die Bewertung einer Entscheidung als „wesentlich" wird in diesem Kontext ausdrücklich nicht auf den klassischen Bereich der Eingriffe in Freiheit und Eigentum der Bürger beschränkt[58], sondern vom jeweiligen Sachbereich und von der Intensität der geplanten oder getroffenen Regelung abhängig gemacht, wobei die „verfassungsrechtli-

---

[53] Dazu bspw. *Ipsen* (Fn. 3), 204 (Rn. 695); *Helmuth Schulze-Fielitz*, in: Dreier (Fn. 3), Art. 20 (Rechtsstaat) Rn. 95 ff.; noch weitergehend BVerfGE 33, 125, 158, wonach „jede Ordnung eines Lebensbereichs durch Sätze objektiven Rechts auf eine Willensentschließung der vom Volke bestellten Gesetzgebungsorgane" zurückgeführt werden muß.

[54] Vgl. etwa *Bernhard Busch*, Das Verhältnis des Art. 80 Abs. 1 S. 2 GG zum Gesetzes- und Parlamentsvorbehalt, 1992, 62 ff., bes. 74 ff.; *Michael Kloepfer*, Der Vorbehalt des Gesetzes im Wandel, in: JZ 1984, 685–695, 694 f.

[55] So ausdrücklich *Wolfram Cremer*, Art. 80 Abs. 1 S. 2 GG und Parlamentsvorbehalt – Dogmatische Unstimmigkeiten in der Rechtsprechung des Bundesverfassungsgerichts, in: AöR 122 (1997), 248–267, 251; zus.fass. *Jürgen Staupe*, Parlamentsvorbehalt und Delegationsbefugnis, 1986, 387.

[56] *Klaus v. Beyme*, Der Gesetzgeber, 1997, 56, stellt dazu treffend fest: „Das Verfassungsgericht hätte ein Lehrbuch voller Typologien schreiben müssen, um dies abzugrenzen. Es flüchtete lieber in eine Wesentlichkeitslehre."

[57] Z.B. BVerfGE 33, 303, 346; 40, 237, 249 f., wo allerdings noch von „grundlegenden" Entscheidungen die Rede ist; sodann BVerfGE 45, 400, 417 f.; 47, 46, 78; vgl. dazu etwa *Armin v. Bogdandy*, Gubernative Rechtsetzung, 2000, 325 ff.; *Gunter Kisker*, Neue Aspekte im Streit um den Vorbehalt des Gesetzes, in: NJW 1977, 1313–1320, 1317 ff.; u. *Peter M. Huber*, Die parlamentarische Demokratie unter den Bedingungen der europäischen Integration, in: ders./Wilhelm Mößle/Martin Stock (Hg.), Zur Lage der parlamentarischen Demokratie, 1995, 105–133, 117 f.

[58] BVerfGE 40, 237, 249: „Im Rahmen einer demokratisch-parlamentarischen Staatsverfassung, wie sie das Grundgesetz ist, liegt es näher anzunehmen, daß die Entscheidung aller grundsätzlichen Fragen, die den Bürger unmittelbar betreffen, durch Gesetz erfolgen muß, und zwar losgelöst von dem in der Praxis fließenden Abgrenzungsmerkmal des ‚Eingriffs'."

chen Wertungskriterien ... in erster Linie den tragenden Prinzipien des Grundgesetzes, insbesondere den vom Grundgesetz anerkannten und verbürgten Grundrechten zu entnehmen“ sein sollen[59].

Die Wesentlichkeitstheorie hat – wohl auch in Ermangelung einer überzeugenden Alternative – in der Literatur überwiegend Zustimmung erfahren, wegen ihrer dogmatischen Unbestimmtheit allerdings ebenso berechtigte Kritik geerntet[60]. Schon hinsichtlich der Begründung eines delegationsfesten Parlamentsrefugiums gehen die Meinungen deutlich auseinander und reichen von seiner unmittelbaren Verankerung in Art. 80 I 2 GG[61] über die Herleitung aus Kompetenznormen, Grundrechtsvorbehalten und den vom Verfassungsgericht bemühten Staatsstrukturprinzipien bis hin zu funktionellrechtlichen Überlegungen[62]. Seine Konkretisierung im Einzelfall bereitet eher noch größere Schwierigkeiten[63]. Als bekanntestes Paradebeispiel aus jüngster Zeit darf insoweit die Auseinandersetzung um die Rechtschreibreform gelten, in der vor allem die „Jenenser Kritik“ wegen des Vorbildcharakters, den die Reform nach dem Willen der sie betreibenden Kultusminister für die Allgemeinheit entfalten sollte, einen klaren Anwendungsfall der Wesentlichkeitsdoktrin erblickte und dafür zum Teil heftigst gescholten wurde[64]. Die Meinungen innerhalb der quer durch ganz Deutschland angerufenen Verwaltungsgerichtsbarkeit zu dieser Frage differierten derart, daß Spötter schon begannen, die Entscheidungen für und gegen die Wesentlichkeit der Reform nach Art der Tore in

---

[59] BVerfGE 49, 89, 127.

[60] Nachweise zur Zustimmung finden sich bspw. bei *Staupe* (Fn. 55), 131 f.; vgl. a. schon *Kisker* (Fn. 57), 1317 et seq.; u. *Jost Pietzcker*, Vorrang und Vorbehalt des Gesetzes, in: JuS 1979, 710–715, 713 ff.; krit. z.B. *Richard Bäumlin/Helmut Ridder*, in: AK-GG, 2. Aufl. 1989, Art. 20 Abs. 1–3 III Rn. 62; *Busch* (Fn. 54), 41 ff.; *Ulrich R. Haltern/Franz C. Mayer/Christoph R. Möllers*, Wesentlichkeitstheorie und Gerichtsbarkeit, in: Die Verwaltung 30 (1997), 51–74, 60 f.

[61] In diesem Sinne vor allem *v. Danwitz* (Fn. 7), 86 ff.; *Busch* (Fn. 54), 124 ff.; u. zuletzt *Ulrich M. Gassner*, Parlamentsvorbehalt und Bestimmtheitsgrundsatz, in: DÖV 1996, 18–25, 23; sowie zumindest tendenziell *Michael Nierhaus*, Bestimmtheitsgebot und Delegationsverbot des Art. 80 Abs. 1 Satz 2 GG und der Gesetzesvorbehalt der Wesentlichkeitstheorie, in: FS Klaus Stern, 1997, 717–732, 731 f.

[62] Einen ausführlichen Überblick über die verschiedenen Begründungsansätze gibt mit zahlreichen Nachweisen *Staupe* (Fn. 55), 163 ff., der selbst (201 ff.) für eine „funktionell-strukturelle Begründung“ plädiert; vgl. aber auch die unterschiedliche Kategorisierung der einzelnen dogmatischen Theorien bei *Nierhaus* (Fn. 61), 725 ff.

[63] Das zeigt an ausgewählten Entscheidungen des BVerfG z.B. *Cremer* (Fn. 55), 260 ff. Vgl. a. *Uwe Volkmann*, Qualifizierte Blankettnormen, in: ZRP 1995, 220–226, bes. 222 ff.

[64] Für eine Wesentlichkeit vor allem *Wolfgang Kopke*, Rechtschreibreform und Verfassungsrecht, 1995, 177 ff.; *ders.*, Rechtschreibreform auf dem Erlaßwege?, in: JZ 1995, 874–880, 877 f.; *Rolf Gröschner/ders.*, Die „Jenenser Kritik“ an der Rechtschreibreform, in: JuS 1997, 298–303, 300 f.; u. zuletzt noch *Wolfgang Roth*, Zur Verfassungswidrigkeit der Rechtschreibreform, in: BayVBl. 1999, 257–266, 263 ff., der darüber hinaus (259 ff.) auch das Vorliegen eines legitimen Eingriffszweckes und einer staatlichen Sprachreformkompetenz überhaupt in Abrede stellt; aus historischer Sicht die Legitimationsgrundlage der Reform bestreitend *Stephan Meder*, Der Streit um die Kodifikation von Recht und Schreibung, in: JZ 1997, 190–193, 192 f.; *a.A. Gerd Roellecke*, Grundrecht auf richtiges Deutsch?, in: NJW 1997, 2500 f.; *Ulrich Hufeld*, Verfassungswidrige Rechtschreibreform?, in: JuS 1996, 1072–1076, 1076; u. zuletzt *Jörg Menzel*, Von Richtern und anderen Sprachexperten, in: NJW 1998, 1177–1184, 1182 f.

einem Fußballspiel zu zählen[65]. Schließlich mußte als letzte Autorität das Bundesverfassungsgericht selbst eingreifen und sich damit wie so oft dem Vorwurf aussetzen, seine Wesentlichkeitstheorie sei letztlich nichts anderes als eine „Bemäntelung richterlicher Dezision“[66]. Inwieweit der Gedanke des Interorganrespekts angesichts dieses Dilemmas bei der Etablierung und näheren Bestimmung des delegationsfesten Parlamentsrefugiums von Nutzen sein kann, soll sogleich näher betrachtet werden; festzuhalten bleibt an dieser Stelle zunächst, daß über die Notwendigkeit einer partiellen Delegationssperre für den parlamentarischen Gesetzgeber in Deutschland Einigkeit besteht und jedenfalls in der Rechtsprechung des Bundesverfassungsgerichts die Ausgestaltung dieser Sperre nach *inhaltlichen* Kriterien vorgenommen wird, wobei der Grundrechtsrelevanz zentrale Bedeutung zukommt.

b) Die „nondelegation doctrine“ in der neueren Praxis des Supreme Court

Während man im deutschen Modell davon sprechen kann, eine ursprünglich weitreichende Delegationsbefugnis sei durch die Rechtsprechung des Verfassungsgerichts wieder eingeschränkt worden, hat sich in den USA im Prinzip die umgekehrte Entwicklung vollzogen: Von einem theoretisch strikten Delegationsverbot ausgehend, hat der Supreme Court dort der Exekutive einen stetig wachsenden Rechtsetzungsspielraum auf der Basis entsprechender legislatorischer Ermächtigungen zugestanden. Seit der „New Deal“-Ära der dreißiger Jahre, in deren Verlauf die „Schechter Rule“ entwickelt wurde, sind praktisch alle Delegationen legislativer Macht an die Exekutive vom Gerichtshof akzeptiert worden, selbst solche, in denen sich die inhaltlichen Vorgaben des Kongresses auf die Angabe der mit der Delegation verfolgten Zielsetzungen in der Präambel des ermächtigenden Gesetzes beschränkten oder aus generalklauselartigen Verweisungen auf das Gemeinwohl bestanden[67]. Zahlreiche Autoren haben die „nondelegation doctrine“ angesichts dieser Entwicklung bereits zu einem lebenden Leichnam erklärt[68]. Vereinzelte in

---

[65] Ohne Anspruch auf Vollständigkeit seien aus der 2. Instanz genannt: als Befürworter der Wesentlichkeit und damit Gegner der – nicht einmal durch Verordnung, sondern lediglich auf dem Erlaßwege eingeführten – Reform SächsOVG DÖV 1998, 118 ff.; u. OVG Lüneburg NJW 1997, 3456 ff.; dagegen OVG Münster NJW 1998, 1240 ff.; VGH Kassel NJW 1997, 2970 ff.; OVG Schleswig NJW 1997, 2536 ff. Zur Lage nach der Entscheidung des BVerfG vgl. stv. BVerwG NJW 1999, 3503 ff.

[66] *Ulrich Karpen*, Gesetzgebungslehre und Rechtsprechungslehre, in: Werner Hoppe/Werner Krawietz/Martin Schulte (Hg.), Rechtsprechungslehre, 1992, 29–64, 52; er fährt im Anschluß an *Kloepfer* (Fn. 54), 692, fort: „wesentlich ist, was das Bundesverfassungsgericht dafür hält“. Das Urteil zur Rechtschreibreform vom 14.07.1998 – 1 BvR 1640/97 –, abgedr. in: NJW 1998, 2515 ff., stellt mit seiner Begründung in der Tat einen der am wenigsten überzeugenden Versuche zur Abgrenzung „wesentlicher“ und „unwesentlicher“ Sachverhalte dar. Vgl. a. *Hartmut Bauer/Christoph Möllers*, Die Rechtschreibreform vor dem Bundesverfassungsgericht, in: JZ 1999, 697–702, 700 ff.

[67] Vgl. *Yakus v. U.S.*, 321 U.S. 414 (1944); *Arizona v. California*, 373 U.S. 546 (1963); *FEA v. Algonquin Sng., Inc.*, 426 U.S. 548 (1976); u. zuletzt vor allem *Mistretta v. U.S.*, 488 U.S. 361 (1989), 371 ff. m.w.N.

[68] So schon die „dissenting opinion“ von Justice Marshall in *Federal Power Commission v. New England Power Co.*, 415 U.S. 345 (1974), 352 ff., 353: „This doctrine is surely as moribund as

abweichenden Meinungen der obersten Richter aufscheinende Wiederbelebungsversuche, insbesondere des derzeitigen Vorsitzenden *Rehnquist*[69], sind von der Mehrheit des Gerichtshofs bislang nicht mitgetragen worden. Der Hauptgrund hierfür läßt sich bis zu der abweichenden Meinung von Richter *Cardozo* in einem der 1935 gegen die Exekutive entschiedenen „New Deal"-Fälle zurückverfolgen und liefert jenseits des Verhältnisses von Legislative und Exekutive interessante Aufschlüsse über das beim Supreme Court herrschende Verständnis seiner eigenen Verpflichtung zum Interorganrespekt, das in einem späteren Kapitel noch schwerpunktmäßig thematisiert werden soll: *Cardozo* forderte eine „sensible Annäherung" und „elastische Anpassung" der Gewaltentrennungsdoktrin an die „praktischen Notwendigkeiten", die in erster Linie von den hierzu berufenen Akteuren Kongreß und Präsident zu leisten sei[70]; in der Terminologie unserer Untersuchung verlangte er also eine weitgehende Respektierung der Entscheidungen dieser Akteure durch den Gerichtshof. Ausdrückliche Bekenntnisse zu der von ihm angemahnten dementsprechenden Flexibilität der Rechtsprechung finden sich seither wiederholt in den Entscheidungen des Supreme Court[71].

Der Gerichtshof hat allerdings zugleich neuartige Strategien in der Überprüfung der der Exekutive gewährten Rechtsetzungsermächtigungen entwickelt, die im Ergebnis auf eine Begrenzung des Spielraums der Administration bei ihrer Ausfüllung hinauslaufen. Eine dieser Strategien besteht darin, potentiell zu weit reichende Delegationsnormen zur Herstellung ihrer Verfassungskonformität restriktiv zu interpretieren. Zu dieser Technik einschränkender Auslegung greift der Supreme Court vor allem dann, wenn eine Beschneidung von Grundrechten in Frage steht[72], und nähert sich damit in diesem Punkt der Wesentlichkeitsrechtsprechung des Bundesverfassungsgerichts an. Anders sieht es hinsichtlich der zweiten, hauptsächlich

---

the substantive due process approach of the same era …"; weitere Nachweise bei *Kischel* (Fn. 39), 223 f.; u. *Alfred C. Aman, Jr./William T. Mayton*, Administrative Law, 1993, 7.

[69] Vgl. seine „dissenting opinions" in *Industrial Union Department v. American Petroleum Institute*, 448 U.S. 607 (1980), 671 ff.; u. *American Textile Manufacturers Institute, Inc. v. Donovan*, 452 U.S. 490 (1981), 543 ff.; sowie dazu *Nolte* (Fn. 36), 387 f.; weitere Nachweise zu anderen „dissents" bei *Fisher* (Fn. 18), 102 Fn. 67. Auf dieser Linie liegt bspw. auch die neue Entscheidung *American Trucking Ass'ns, Inc. v. EPA*, 175 F. 3d 1027 (D.C. Cir. 1999), modified, 195 F. 3d 4 (D.C. Cir. 1999); vgl. dazu die krit. Anm. in: Harvard Law Review 113 (2000), 1051–1056.

[70] *Panama Refining Co. v. Ryan*, 293 U.S. 388 (1935), 440: „Under these decisions the separation of powers between the Executive and Congress is not a doctrinaire concept to be made use of with pedantic rigor. There must be sensible approximation, there must be elasticity of adjustment, in response to the practical necessities of government, which cannot foresee today the developments of tomorrow in their nearly indefinite variety."

[71] So z.B. *Mistretta v. U.S.*, 488 U.S. 361 (1989), wo Justice Blackmun feststellte, eine solche Flexibilität sei geboten „by a practical understanding that in our increasingly complex society, replete with ever changing and more technical problems, Congress simply cannot do its job absent an ability to delegate power under broad general directives" (372).

[72] Stv. hierfür *National Cable Television Association v. U.S.*, 415 U.S. 336 (1974); *Industrial Union Department v. American Petroleum Institute*, 448 U.S. 607 (1980); u. schon *Kent v. Dulles*, 357 U.S. 116 (1958). Vgl. a. *Strauss* (Fn. 31), 23 ff.; *Pierce/Shapiro/Verkuil* (Fn. 31), 55 f.; *Aman/Mayton* (Fn. 68), 36; *Laurence H. Tribe*, American Constitutional Law, 2nd ed. 1988, 366.

angewandten Vorgehensweise des Gerichtshofs aus: Seine Rechtsprechung läßt erkennen, daß er um so eher bereit scheint, auch umfassende Delegationen von Rechtsetzungsmacht an die Exekutive zu akzeptieren, je mehr prozedurale Absicherungen in den Prozeß der Ausfüllung der delegierten Befugnisse durch die Administration eingebaut werden. Hierzu zählen etwa verwaltungsintern eine Beteiligung von Sachverständigen und der betroffenen Bürger sowie verwaltungsextern die Gewährleistung einer intensiven gerichtlichen Kontrolle der administrativen Normsetzung, die die Verwaltung selbst beispielsweise durch die Formulierung eigener Standards zur Steigerung der Vorhersehbarkeit ihrer Entscheidungen erleichtern muß[73]. Die Anforderungen des Gerichts an die Zulässigkeit von Delegationsnormen haben sich damit faktisch „from standards to safeguards" verschoben, indem die Betonung statt auf materiellrechtliche Substanz stärker auf rechtsstaatliche Verfahrensweisen gelegt wird. Hier liegt auch der wesentliche Unterschied zwischen den Rechtsprechungen des Supreme Court und des Bundesverfassungsgerichts: Über die Notwendigkeit partieller Delegationssperren besteht in beiden Verfassungsordnungen Einigkeit; während jedoch das Verfassungsgericht solche Sperren anhand inhaltlicher Kriterien aufrichtet, mißt der Supreme Court im Ergebnis *prozeduralen* Gesichtspunkten die entscheidende Bedeutung zu[74].

c) Äquivalente auf europäischer Ebene

Eine Entsprechung zur Wesentlichkeitstheorie bzw. zur „nondelegation doctrine" existiert auf der europäischen Ebene nicht. Allerdings hat der Europäische Gerichtshof zumindest für die Übertragung von Kompetenzen auf nachgeordnete Einrichtungen bzw. Hilfsorgane Kriterien zur Beurteilung ihrer Zulässigkeit entwickelt[75] und an anderer Stelle durchblicken lassen, daß die Delegation von Befugnissen an die Kommission gem. Art. 211 UAbs. 4 (ex-Art. 155 UAbs. 4) EGV jedenfalls nicht unbegrenzt möglich sein kann[76], wenngleich es an praktischen Fällen zur Konkretisierung der entsprechenden Grenzziehung fehlt. Die Notwendigkeit dieses Grundsatzes folgt schon aus der Tatsache, daß Art. 202 UAbs. 3 (ex-Art. 145

---

[73] Vgl. etwa schon *Fahey v. Mallonee*, 332 U.S. 245 (1947); u. weiter *Pierce/Shapiro/Verkuil* (Fn. 31), 51 f.; auch *Brugger* (Fn. 30), 177. An untergerichtlichen Entscheidungen ist hier vor allem *Amalgamated Meat Cutters & Butcher Workmen v. Connally*, 337 F. Supp. 737 (D.D.C. 1971), zu nennen. *Strauss* (Fn. 31), 20 f., macht in diesem Zusammenhang darauf aufmerksam, daß auch die Entscheidungen von 1935 wesentlich dadurch zu erklären seien, daß es *sowohl* an gesetzgeberischen Vorgaben *als auch* an einer gerichtlichen Kontrolle der Ausübung der delegierten Macht gemangelt habe.

[74] Zus.fass. *Kischel* (Fn. 39), 250 f. m.w.N.

[75] Vgl. schon *Léontin-Jean Constantinesco*, Das Recht der Europäischen Gemeinschaften, Bd. I, 1977, 400 f.; u. etwa *Schweitzer/Hummer* (Fn. 46), 287 f. (Rn. 928 ff.).

[76] Dazu nochmals EuGH Slg. 1997, I-645 – verb. Rs. C-9, 23 u. 156/95 –, I-680. *Christoph Demmke/Georg Haibach*, Die Rolle der Komitologieausschüsse bei der Durchführung des Gemeinschaftsrechts und in der Rechtsprechung des EuGH, in: DÖV 1997, 710–718, 714, sind sogar der Ansicht, der EuGH verlange ähnlich wie das BVerfG eine Regelung der „wesentlichen Elemente" einer Materie in der Grundverordnung.

UAbs. 3) ebenso wie Art. 211 UAbs. 4 (ex-Art. 155 UAbs. 4) EGV zwischen Grund- und Ausführungsnormen differenziert und nur die Ermächtigung zum Erlaß der letzteren zur Übertragung auf die Kommission freigibt. Als entscheidendes Differenzierungskriterium fungiert insoweit das vom Gerichtshof fest etablierte Prinzip des „institutionellen Gleichgewichts“[77]: Wenn die Delegation einer bestimmten Normierungsbefugnis dieses Gleichgewicht stören würde, darf sie nicht stattfinden. Besondere Bedeutung erlangt dieser Gedanke mit der zunehmenden Ausweitung des Mitentscheidungsverfahrens im Verhältnis zwischen Parlament und Kommission, da der Rat über die von ihm eingerichtete und sogleich noch näher zu behandelnde „Komitologie“ auch die Ausführungsmaßnahmen der Kommission bis zu einem gewissen Grade steuern kann, während dem Parlament eine vergleichbare Möglichkeit nicht zur Verfügung steht. Eine Selbstentmachtung des Parlaments durch Übertragung von Kompetenzen, die mehr als reine Durchführungsbefugnisse darstellen, würde das institutionelle Gleichgewicht daher in jedem Falle empfindlich beeinträchtigen und dürfte folglich nicht zugelassen werden. Zudem ist in diesem Zusammenhang noch auf das das gesamte europäische Recht beherrschende Prinzip der begrenzten Einzelermächtigung[78] hinzuweisen: Der EG-Vertrag ermächtigt stets nur ein bestimmtes Organ zu bestimmten Entscheidungen, und die dadurch begründete Kompetenzzuordnung darf grundsätzlich nicht durchbrochen werden[79]. Insgesamt muß man aber dennoch konstatieren, daß die Delegationssperren im europäischen Verfassungssystem gegenüber den Verfassungsordnungen Deutschlands und Amerikas relativ unterentwickelt sind.

3. Verbleibende Kontrollbefugnisse des Gesetzgebers

Von ähnlicher Bedeutung wie die Frage möglicher Delegationsbeschränkungen ist im Bereich der administrativen Rechtsetzung das Problem der gesetzgeberischen „Rückholbefugnisse“. Dabei steht außer Frage, daß der Gesetzgeber eine einmal erfolgte Delegation durch einen legislativen Gegenakt jederzeit rückgängig machen kann. Ob er jedoch bei grundsätzlich fortbestehender Delegation die Ausübung der delegierten Normsetzungsmacht durch die Exekutive im Einzelfall noch überwachen und gegebenenfalls korrigieren darf, erscheint weniger klar.

---

[77] Vgl. hierzu schon die Nachweise oben 4. Kap. Fn. 90.

[78] Dieses Prinzip findet zwar in erster Linie im Verhältnis zwischen der Gemeinschaft und ihren Mitgliedstaaten Anwendung, wirkt aber indirekt auch in das Verhältnis der Gemeinschaftsorgane untereinander hinein. Vgl. allg. *Hans-Peter Kraußer*, Das Prinzip begrenzter Ermächtigung im Gemeinschaftsrecht als Strukturprinzip des EWG-Vertrages, 1991, bes. 21 ff., 86 ff.; *Streinz* (Fn. 45), 162 (Rn. 436 f.); *Geiger* (Fn. 43), Art. 4 Rn. 15.

[79] Eine gewisse Ausnahme hiervon bilden lediglich die ihrerseits begrenzten Anwendungsbereiche der „implied powers“-Doktrin. Vgl. hierzu – wiederum mit der Betonung auf dem Verhältnis zwischen Gemeinschaft und Mitgliedstaaten – statt vieler: *Schweitzer/Hummer* (Fn. 46), 99 (Rn. 338); *Kraußer* (Fn. 78), 59 ff. m.w.N.

a) Das „legislative Veto" des US-Kongresses und seine Alternativen

In den USA hat sich der Kongreß lange Zeit ein sogenanntes „legislatives Veto" vorbehalten, worunter die Möglichkeit zu verstehen ist, Maßnahmen der Administration, die auf der Basis einer gesetzlich festgelegten Kompetenzverlagerung von der Legislative zur Exekutive ergehen, per Resolution für unwirksam zu erklären[80]. Im Detail wurden hierfür viele Variationen entwickelt: so genügte in manchen Fällen schon die Unwirksamkeitserklärung durch einen Ausschuß, in anderen mußte sie zumindest von einer Kammer des Kongresses abgegeben werden, und in einigen bedurfte es schließlich einer „concurrent resolution" beider Häuser der Legislative[81]. Bemerkenswert erscheint ferner, daß die entsprechenden Vorbehalte des Kongresses nicht nur auf die Ausfüllung von gesetzlichen Normierungsermächtigungen durch „agency rulemaking" beschränkt blieben, sondern teilweise auch den Prozeß der verwaltungsbehördlichen Einzelfallentscheidung („adjudication") erfaßten[82]. In jedem Falle sollte den fraglichen Resolutionen jedoch unmittelbare rechtliche Wirkung zukommen, ohne den Präsidenten noch in irgendeiner Form einzubeziehen. Daß eine solche Vorbehaltstechnik gerade in den Vereinigten Staaten entwickelt wurde und dort große Verbreitung fand – zu Beginn der achtziger Jahre waren fast 200 gesetzliche Ermächtigungen des Kongresses mit einem „legislativen Veto" versehen worden[83] – kann angesichts der Besonderheiten des amerikanischen Gesetzgebungsverfahrens nicht verwundern[84]: Da der Widerruf einer der Exekutive durch Gesetz gewährten Ermächtigung zwar jederzeit möglich ist, es hierfür aber eines gesetzgeberischen Gegenaktes bedarf, der seinerseits wieder dem Veto des Präsidenten unterliegt, kann der Präsident im Ergebnis jede „Rückholung" der an seine Administration delegierten Macht verhindern, solange sich nicht in beiden Häusern des Kongresses eine Zwei-Drittel-Mehrheit gegen ihn findet. Das „legislative Veto" erschien dem Kongreß daher erforderlich, um eine zuverlässige Rückbindung des Verwaltungshandelns an die den entsprechenden Ermächtigungen zugrundeliegenden legislatorischen Intentionen sicherzustellen.

Diese über Jahrzehnte hinweg geübte Praxis fand 1983 ein jähes Ende, als der Supreme Court zum ersten Mal ein „legislatives Veto" aus Gründen der Gewaltenteilung für verfassungswidrig erklärte[85]. Der Fall betraf die Befugnis des Justizministers, nach dem „Immigration and Naturalization Act" im Einzelfall über

---

[80] Nähere Erläuterungen z.B. bei *Roger H. Davidson/Walter J. Oleszek*, Congress and Its Members, 4th ed. 1994, 282; *James P. Pfiffner*, The Modern Presidency, 1994, 138 ff.; *Wolfgang Jäger*, Der Präsident, in: ders./Wolfgang Welz (Hg.), Regierungssystem der USA, 1995, 136–169 (§ 7), 155.

[81] Vgl. *Mary L. McNeil* (ed.), Congressional Quarterly's How Congress Works, 1983, 70; *Ronald D. Rotunda/John E. Nowak/J. Nelson Young*, Treatise on Constitutional Law, Vol. 1, 1986, 568; *Linneweber* (Fn. 28), 176; jew. m.w.N.

[82] Hierzu nochmals *Linneweber* (Fn. 28), 177 f.

[83] Angabe nach der „dissenting opinion" von Justice White in *INS v. Chadha*, 462 U.S. 919 (1983), 967 ff., 968, vgl. dort auch die Übersicht im Anhang 1003 ff.

[84] Vgl. schon oben 5. Kap. III. 1. (197 ff.).

[85] *INS v. Chadha*, 462 U.S. 919 (1983).

die Abschiebung von Ausländern zu entscheiden. Der Kongreß hatte sich im Gesetz vorbehalten, die betreffenden Entscheidungen durch Resolution einer seiner beiden Kammern für unwirksam erklären zu können, und das Repräsentantenhaus hatte hiervon im fraglichen Fall Gebrauch gemacht, um die vom Justizminister verfügte Aussetzung einer Deportation aufzuheben. Zur Debatte stand also eine verwaltungsbehördliche Einzelfallentscheidung; der hiergegen gerichteten Entschließung des Repräsentantenhauses maß die Mehrheit des Gerichtshofs dennoch legislativen Charakter zu, da der Kongreß ohne die Möglichkeit des „legislativen Vetos" seinen Zweck nur auf gesetzlichem Wege hätte verwirklichen können, und stellte auf dieser Grundlage einen Verstoß gegen das von der Verfassung vorgeschriebene Gesetzgebungsverfahren fest, das eine Beteiligung beider Häuser und des Präsidenten verlange[86]. Noch in demselben Jahr machten zwei weitere Entscheidungen des Supreme Court klar, daß diese Argumentation für gesetzgeberische Vorbehalte gegen administrative Rechtsetzungsmaßnahmen gleichermaßen anzuwenden sei[87], so daß das „legislative Veto" insgesamt dem Verdikt der Verfassungswidrigkeit anheimfiel.

Die einschlägige Rechtsprechung des Gerichtshofs hat in der Literatur gemischte Reaktionen hervorgerufen, die Lob für die strikte Verteidigung des Gewaltentrennungsprinzips ebenso einschließen wie Kritik am überzogen formalistischen Verständnis dieses Grundsatzes[88]. Ihre Bewertung aus dem Blickwinkel des Interorganrespekts soll sogleich als weiterer Prüfstein für die Leistungsfähigkeit dieser Ordnungsidee fungieren. Einigkeit besteht jedoch im Rückblick darüber, daß sich die in der abweichenden Meinung des Richters *White* zu der wegweisenden Grundentscheidung des Supreme Court geäußerte Befürchtung, der Kongreß werde damit eines wesentlichen Instruments zur Kontrolle der Exekutive beraubt[89], so nicht be-

---

[86] *INS v. Chadha*, 462 U.S. 919 (1983), 958: „To accomplish what has been attempted by one House of Congress in this case requires action in conformity with the express procedures of the Constitution's prescription for legislative action: passage by a majority of both Houses and presentment to the President." Justice Powell hielt die Charakterisierung der Entschließung als legislative Maßnahme für unzutreffend, stimmte dem Ergebnis der Entscheidung aber deswegen zu, weil er das Handeln des Kongresses als gewaltenteilungswidriges Eindringen in die *judikative* Sphäre wertete. Vgl. *INS v. Chadha*, 462 U.S. 919 (1983), 959 ff. (Powell, J., concurring).

[87] *Process Gas Consumers Group v. Consumer Energy Council of America*, 463 U.S. 1216 (1983) – affirmation per curiam of *Consumer Energy Council v. FERC*, 673 F. 2d 425 (D.C. Cir. 1982); *U.S. Senate v. FTC*, 463 U.S. 1216 (1983) – affirmation per curiam of *Consumers Union of U.S., Inc., v. FTC*, 691 F. 2d 575 (D.C. Cir. 1982); vgl. a. *AFGE v. Pierce*, 697 F. 2d 303 (D.C. Cir. 1982) zur Verfassungswidrigkeit eines legislativen Ausschußvetos.

[88] Vgl. stv. *Linneweber* (Fn. 28), 181; ablehnend *E. Donald Elliott*, INS v. Chadha: The Administrative Constitution, the Constitution, and the Legislative Veto, in: Supreme Court Review 1983, 125–135, 132 ff.; *Pierce/Shapiro/Verkuil* (Fn. 31), 62 f.; *Fisher* (Fn. 18), 152 ff.; zus.fass. *Pünder* (Fn. 42), 153 ff.; weitere Nachweise bei *Rotunda/Nowak/Young* (Fn. 81), 569 f.

[89] *INS v. Chadha*, 462 U.S. 919 (1983), 967 (White, J., dissenting), 972 f.: (the legislative veto) „is an important if not indispensable political invention that allows the President and Congress to resolve major constitutional and policy differences, assures the accountability of independent regulatory agencies, and preserves Congress' control over (agency) lawmaking" (Klammerzusätze vom Verf.).

wahrheitet hat. Denn der Kongreß hat inzwischen zahlreiche Alternativstrategien entwickelt, um die maßgebliche Berücksichtigung seiner Intentionen bei der Gesetzesausführung durch die Administration zu gewährleisten: Hierzu gehören beispielsweise „report and wait“-Verfahren, bei denen der Entwurf einer beabsichtigten administrativen Normsetzung dem Kongreß vor Erlaß der Norm vorzulegen ist, um ihm die Möglichkeit zu geben, eventuell mit einem eigenen Gesetz gegenzusteuern, oder die sogenannten „sunset laws“, mit denen eine Ermächtigung nur auf Zeit gewährt wird und einer periodischen Erneuerung durch den Kongreß bedarf[90]. Auch eine für die Exekutive tendenziell nachteilige Umkehrung des „legislativen Vetos“ ist zu beobachten, indem der Kongreß bestimmte Ermächtigungen von vornherein mit der Bedingung versieht, daß ihre Ausfüllung durch die Exekutive nur mit einer gesonderten Zustimmung des Kongresses wirksam wird[91]. Zusammen mit der „power of the purse“, die der Kongreß mit seiner Bewilligung der Budgets für die einzelnen Verwaltungseinheiten ausübt, sorgen all diese Mechanismen im Ergebnis dafür, daß dem Kongreß auch ohne die formale Möglichkeit eines „legislativen Vetos“ ein hinreichender Einfluß auf die Ausfüllung seiner Rechtsetzungsermächtigungen durch die Exekutive verbleibt.

b) Zustimmungs- und Änderungsvorbehaltsverordnungen in Deutschland

Tendenzen, die eine gewisse Ähnlichkeit zum „legislativen Veto“ des US-Kongresses erkennen lassen, treten in Deutschland in jüngerer Zeit verstärkt zutage. Schon länger bekannt ist das Institut der Zustimmungsverordnung, mit dem die Bundesregierung dazu ermächtigt wird, bestimmte Fragen durch Rechtsverordnungen zu regeln, die der Zustimmung des Bundestages bedürfen; einer Unterart hiervon stellt der sogenannte Vetovorbehalt dar, nach dem die Zustimmung als erteilt gilt, wenn der Bundestag sie nicht innerhalb einer bestimmten Frist nach Eingang der Vorlage der Bundesregierung verweigert[92]. Weitere mögliche Spielarten einer Mitwirkung des Bundestages beim Erlaß von Rechtsverordnungen bestehen in Verpflichtungen der Exekutive, geplante Verordnungen vor ihrem Erlaß dem Parlament oder einem seiner Ausschüsse vorzulegen und eventuell dessen Stellungnahme abzuwarten, was sehr an das „report and wait“-Verfahren des amerikanischen Kongresses erinnert, oder in der Einfügung ausdrücklicher Rückhol- bzw. Kassationsvorbehalte[93];

---

[90] Vgl. *Brugger* (Fn. 30), 182; *Pierce/Shapiro/Verkuil* (Fn. 31), 63 f.; *Davidson/Oleszek* (Fn. 80), 282 f.; sowie den Überblick von *Strauss* (Fn. 31), 191 ff.

[91] Näher dazu *Fisher* (Fn. 18), 155 f. et seq.

[92] Vgl. schon *Gunter Kisker*, Zulässigkeit und Konsequenzen einer Mitwirkung des Parlaments beim Erlaß von Rechtsverordnungen, in: Schule im Rechtsstaat, Bd. II, 1980, 9–71, 22; ferner *Karl-Peter Sommermann*, Verordnungsermächtigung und Demokratieprinzip, in: JZ 1997, 434–441, 436; u. *Thomas v. Danwitz*, Der Grundsatz funktionsgerechter Organstruktur, in: Der Staat 35 (1996), 329–350, 343.

[93] Übersicht bei *Kisker* (Fn. 92), 22 ff.; vgl. a. schon *ders.* (Fn. 57), 1319 f.; weiter *Staupe* (Fn. 55), 304 ff.; u. zuletzt *Olaf Konzak*, Die Änderungsvorbehaltsverordnung als neue Mitwirkungsform des Bundestages beim Erlaß von Rechtsverordnungen, in: DVBl. 1994, 1107–1112, 1109.

auch der den amerikanischen „sunset laws" entlehnte Gedanke einer zeitlichen Befristung von Gesetzen wird in Deutschland – über die Kategorie der bloßen Verordnungsermächtigungen hinaus – vermehrt diskutiert[94]. Eine relativ neue und für eine Betrachtung aus der Perspektive des Interorganrespekts besonders interessante Variante hat sich schließlich mit der „Änderungsvorbehaltsverordnung" entwickelt: Bei dieser behält sich der Bundestag schon mit Erteilung der Verordnungsermächtigung das Recht vor, die ihm vorgelegten Verordnungsentwürfe der Bundesregierung durch einfachen Beschluß inhaltlich abzuändern[95].

Die verfassungsrechtliche Zulässigkeit all dieser Institute war – wie in den USA – von Anfang an umstritten, was darauf zurückzuführen ist, daß hier zwei potentiell entgegengesetzte Prinzipien aufeinandertreffen: Auf der einen Seite stellt, wie schon dargelegt wurde[96], die Delegation von Rechtsetzungsbefugnissen an die Exekutive selbst bereits eine Durchbrechung des Gewaltenteilungsprinzips dar, nach dem die Schaffung abstrakt-genereller Normen dem parlamentarischen Gesetzgeber vorbehalten bleiben sollte. Unbestritten ist daher auch, daß der Gesetzgeber, statt zum Erlaß von Rechtsverordnungen zu ermächtigen, von vornherein selbst tätig werden und ebenso nachträglich erlassenes Verordnungsrecht durch eigene gesetzliche Regelungen ersetzen kann[97]; die entsprechende Befugnis der Landtage im Hinblick auf die den Landesregierungen durch Bundesgesetz erteilten Ermächtigungen ist nunmehr ausdrücklich in Art. 80 IV GG statuiert[98]. Auf der anderen Seite fällt der Erlaß von Rechtsverordnungen in den spezifischen Kompetenzbereich der Exekutive, darf also nicht einfach vom Parlament an sich gezogen werden; wenn das Parlament allgemeine Normen setzen will, muß es sich dafür des in der Verfassung vorgesehenen Gesetzgebungsverfahrens bedienen[99]. Die Schwierigkeiten, die die entsprechenden Kompetenzabgrenzungen mit sich bringen, lassen sich nur auf der Basis gegenseitiger Rücksichtnahme lösen und eröffnen damit ein für die Anwendung des Interorganrespekts geradezu prädestiniertes Feld. Das Bundesverfassungsgericht hat jedenfalls für den klassischen Streitfall der Zustimmungsverordnungen einen adäquaten Mittelweg gefunden: Zwar trüge diese Kategorie nicht zu

---

[94] So lautet insbes. eine Forderung des Sachverständigenrates „Schlanker Staat"; vgl. dazu - allerdings tendenziell ablehnend - *Ingo v. Münch*, Justiz – Reparaturbetrieb der Politik?, in: NJW 1996, 2073–2076, 2076; *Ernst Benda*, Gesetze mit Verfallsdatum?, in: NJW 1996, 2282–2284; *Steffen Heitmann*, „Recht muß doch Recht bleiben" – Zur Befristung von Gesetzen, in: NJW 1997, 1488 f.; u. zuletzt *Hans-Peter Schneider*, Vernunft wird Unsinn, Wohltat Plage…, in: NJW 1998, 2505–2507, 2506 f.

[95] Beispiele bei *Konzak* (Fn. 93), 1107 f.; u. *Sommermann* (Fn. 92), 437 f.

[96] Vgl. oben 1. a) bb) (214) mit Fn. 12.

[97] Statt vieler: *Manfred Lepa*, Verfassungsrechtliche Probleme der Rechtsetzung durch Rechtsverordnung, in: AöR 105 (1980), 337–370, 350 f.

[98] Vgl. dazu näher *Peter Schütz*, Der neue Art. 80 IV GG – Gesetzgebung an Verordnungs Statt, in: NVwZ 1996, 37–40; *Edgar Wagner/Lars Brocker*, Das „verordnungsvertretende Gesetz" nach Art. 80 IV GG, in: NVwZ 1997, 759–761; auch *Sighart Lörler*, Normenerlaßrecht und Gewaltenteilung, in: ZRP 1996, 361–366, 362 f.; zur Entstehungsgeschichte ferner *Meyer-Teschendorf* (Fn. 10), 771; u. *Hofmann* (Fn. 10), 137 f.

[99] Vgl. BVerfGE 22, 330, 346; 24, 184, 199.

einer klaren Abgrenzung der Verantwortung zwischen Exekutive und Legislative bei, doch enthielte sie „im Vergleich zur vollen Delegation der Rechtsetzung auf die Exekutive ein Minus“. Zustimmungsverordnungen seien daher unter der Voraussetzung mit dem Grundgesetz vereinbar, daß ein „legitimes Interesse“ der Legislative bestehe, einerseits die Rechtsetzung auf die Exekutive zu delegieren, andererseits aber wegen der Bedeutung der zu treffenden Regelungen trotzdem entscheidenden Einfluß auf ihren Erlaß und Inhalt ausüben zu können[100].

Auch wenn die verfassungsrechtliche Zulässigkeit von Zustimmungsverordnungen seither kaum noch bestritten wird[101], gilt dies für das neue Institut der „Änderungsvorbehaltsverordnung“ nicht in gleichem Maße. Denn zumindest in den Fällen einer obligatorischen Wirkung der parlamentarischen Änderungsbeschlüsse nimmt die Mitwirkung des Bundestages am Verordnungserlaß eine andere Qualität an: Während er bei der Zustimmungsverordnung zwar die abschließende Entscheidung über ihr Inkrafttreten fällt, mögliche inhaltliche Abänderungen aber nur durch die ermächtigten Exekutivorgane erfolgen können, sind seiner inhaltlichen Einflußnahme im Falle der „Änderungsvorbehaltsverordnung“ keine Grenzen gesetzt[102]. Dies führt zu einer Beeinträchtigung des im Gewaltenteilungs- und Rechtsstaatsprinzip verankerten Grundsatzes der Verantwortungsklarheit, der eine erkennbare Trennung und Unterscheidung der Verantwortungsbereiche der verschiedenen Zweige der Staatsgewalt verlangt[103]. Hinzu kommt die Möglichkeit des Bundestages, materiellrechtliche Regelungen zu schaffen, ohne dafür das förmliche Gesetzgebungsverfahren mit seinen Sicherungen in Anspruch nehmen zu müssen[104]. Aus all diesen Gründen steht die Verfassungsmäßigkeit parlamentarischer Änderungsvorbehalte im Rahmen von Verordnungsermächtigungen erheblich in Frage[105]. Bemerkenswert erscheint dabei vor allem der häufige – und oft widersprüchliche – Rückgriff auf die mit dem Interorganrespekt eng verwandten Rechtsfiguren: Während etwa *v. Danwitz* die Zustimmungsverordnung als besonders gelungenes Beispiel für eine funktionsgerechte Entscheidungsstruktur bezeichnet, das die Legitimatorischen Erfordernisse mit den sachlichen Gegebenheiten der jeweiligen Materie angemessen zu verbinden in der Lage sei[106], betrachtet *Sommermann* gerade die Änderungsvorbehaltsverordnung als eine Verletzung der Organtreue[107]. Damit

---

[100] Alles BVerfGE 8, 274, 321; vgl. dazu *Kisker* (Fn. 92), 31 ff.

[101] Nachweise bei *Staupe* (Fn. 55), 319.

[102] Darauf weist insbes. *Hans Heinrich Rupp*, Rechtsverordnungsbefugnis des Deutschen Bundestages?, in: NVwZ 1993, 756–759, 757 f., hin.

[103] Näher hierzu *v. Danwitz* (Fn. 7), 108 f.; vgl. a. *Peter Lerche*, in: Theodor Maunz/Günter Dürig u.a., Grundgesetz-Kommentar (Loseblatt), Art. 83 Rn. 110.

[104] Vgl. anhand des speziellen Beispiels von § 59 KrW-/AbfG *Michael Hoffmann*, Verfassungsrechtliche Anforderungen an Rechtsverordnungen zur Produktverantwortung nach dem Kreislaufwirtschafts- und Abfallgesetz, in: DVBl. 1996, 347–354, 350 f.; *Calliess* (Fn. 12), 11; u. allg. *Jörg Lücke*, in: Sachs (Fn. 14), Art. 80 Rn. 38 ff., bes. Rn. 41.

[105] Ablehnend neben den in Fn. 104 zit. Nachweisen vor allem *Konzak* (Fn. 93), 1111 f.; u. *Sommermann* (Fn. 92), 438 ff.

[106] *v. Danwitz* (Fn. 92), 343 f.; ebenso schon *ders.* (Fn. 7), 116, 119 f.

[107] *Sommermann* (Fn. 92), 439 f.

wird zumindest deutlich, wie hoch in diesem Bereich der Bedarf nach einer zur Schlichtung der auftretenden Kompetenzkonflikte geeigneten Ordnungsidee eingeschätzt wird. Inwieweit der Gedanke des Interorganrespekts diesen Bedarf befriedigen kann, wird deshalb unsere abschließende Frage bilden.

c) Die europäische „Komitologie"

Zuvor bedarf es zur Vervollständigung unserer Analyse jedoch noch eines kurzen Überblicks über die Versuche des europäischen Ministerrats, die Kommission bei der Ausübung der ihr übertragenen Durchführungsbefugnisse zu kontrollieren. Im Kern handelt es sich dabei um spezielle Ausschußverfahren, die dem Rat und damit indirekt den Mitgliedstaaten nach erfolgter Delegation fortdauernde Mitwirkungsrechte und Einflußmöglichkeiten sichern und für die sich angesichts ihrer Bedeutung der Sammelbegriff „Komitologie" eingebürgert hat. Nachdem diese ursprünglich nur punktuell eingeführten Verfahren immer mehr Bedeutung erlangt hatten, wurden sie schließlich am 13.07.1987 mit dem sogenannten „Komitologie-Beschluß" des Rates[108] auf eine gemeinsame rechtliche Grundlage gestellt. Im einzelnen unterschied man danach drei Verfahrenstypen, von denen zwei in jeweils zwei Untervarianten erschienen[109]: Die am zahlreichsten auftretenden „Beratenden Ausschüsse" (Verfahren I) konnten keine für die Kommission verbindlichen Beschlüsse fassen, sondern mußten lediglich unterrichtet, angehört und mit ihren Stellungnahmen soweit wie möglich berücksichtigt werden. Die vor allem im Agrarbereich eingesetzten „Verwaltungsausschüsse" waren im Prinzip ebenfalls nur zur Abgabe von Stellungnahmen befugt; fiel eine solche mit qualifizierter Mehrheit abzugebende Stellungnahme allerdings negativ aus, so führte dies zu einer Befassung des Rates mit der Angelegenheit, wobei die Kommission mit der endgültigen Durchführung ihrer Maßnahme entweder bis zu einem Monat warten konnte (Verfahren II a) oder bis zu drei Monaten warten mußte (Verfahren II b), um dem Rat die Gelegenheit zu geben, selbst mit qualifizierter Mehrheit in der Sache zu entscheiden. Am härtesten trafen die Kompetenzen von Kommission und Rat jedoch in den Verfahren der sogenannten „Regelungsausschüsse" aufeinander: Dort mußte die Kommission entweder eine qualifizierte Mehrheit für ihre Vorschläge finden oder aber den Rat damit befassen. Gewann sie dort die qualifizierte Mehrheit oder brachte der Rat innerhalb von drei Monaten keinen Beschluß zustande, so konnte die Kommission die vorgeschlagenen Maßnahmen durchführen. Für inhaltliche Abänderungen der Kommissionsvorschläge war in diesem Zusammenhang – wegen Art. 250 I (ex-Art. 189 a I) EGV[110] – eine einstimmige Beschlußfassung des Rates erforderlich

[108] Beschluß 87/373/EWG, abgedr. in: ABl. L 197/1987, 33 ff.

[109] Vgl. die Überblicke bei *Demmke/Haibach* (Fn. 76), 710 f.; *Streinz* (Fn. 45), 170 ff. (Rn. 455 ff.); *Huber* (Fn. 43), 329 ff.; *Joel Rideau*, La fonction législative dans les Communautés Européennes, in: Revue des Affaires Européennes 1995, 63–82, 76 ff.; u. *Werner Meng*, Die Neuregelung der EG-Verwaltungsausschüsse, in: ZaöRV 48 (1988), 208–228.

[110] Vgl. schon oben 5. Kap. I. 1. b) (141).

(Verfahren III a – sog. „Filet"-Verfahren); nur unter besonderen Umständen (Verfahren III b – sog. „Contrefilet"-Verfahren) konnte der Rat hingegen die Maßnahmen der Kommission noch durch einfachen Mehrheitsbeschluß blockieren.

Es fällt auf, daß das Europäische Parlament, das dem Rat doch immerhin seit Amsterdam als Legislativorgan weitgehend gleichgestellt erscheint[111], in alle diese Verfahren offiziell überhaupt nicht eingebunden war. Zwar wurde die prinzipielle Rückbindung der Kommissionsmaßnahmen an den Gesetzgebungswillen des Parlaments dadurch nicht in Frage gestellt, da alle Durchführungsrechtsakte der Kommission die Bestimmungen der vom Parlament mitbeschlossenen jeweiligen Basisrechtsakte beachten müssen und dies auch der Kontrolle durch den Gerichtshof unterliegt[112], doch kann es nicht verwundern, daß das Parlament mit dieser Absicherung allein nicht zufrieden war. Nachdem seine unmittelbar gegen den Komitologie-Beschluß gerichtete Klage, mit der es eine Verletzung seiner Aufsichtsrechte gegenüber der Kommission sowie allgemein des institutionellen Gleichgewichts zwischen den Organen geltend gemacht hatte, vom Gerichtshof angesichts der damaligen Fassung des Art. 173 EWGV als unzulässig abgewiesen worden war[113], erzwang das Parlament schließlich unter Ausnutzung seiner Befugnisse im Mitentscheidungs- und Haushaltsverfahren den Abschluß einer Interorganvereinbarung, mit der ein „modus vivendi" seiner Einbeziehung in die Komitologie-Verfahren festgelegt wurde[114].

Aber nicht nur das Parlament, sondern auch die Kommission und selbst der Rat fanden an dem beschriebenen Stand der „Komitologie" einiges auszusetzen. So versuchte beispielsweise die Kommission, das „Contrefilet"-Verfahren, in dem schon eine einfache Mehrheit des Rates ihre Vorschläge blockieren konnte, nach Möglichkeit zu vermeiden bzw. seine Abschaffung zu erreichen[115]. Umgekehrt war dem Rat das „Filet"-Verfahren, in dem ihm inhaltliche Änderungen nur mit Einstimmigkeit möglich waren, oft ein Dorn im Auge: Wie der BSE-Skandal und insbesondere die Auseinandersetzungen um die Kennzeichnungspflicht nach der „Novel Food"-Verordnung zeigten, konnte es im Extremfall dazu kommen, daß die Kommission ihre Vorschläge für Durchführungsregelungen auch gegen eine überwältigende Mehrheit der im Rat vertretenen Mitgliedstaaten durchzusetzen in der Lage war, von der Mehrheit des Europäischen Parlaments ganz zu schwei-

---

111 Dazu bereits oben 5. Kap. II. 1. b) bb) (3) (155).

112 Oben 1. c) bb) (222); vgl. a. nochmals EuGH Slg. 1996, I-2943 – Rs. C-303/94 –, I-2969.

113 EuGH Slg. 1988, 5615 – Rs. 302/87.

114 ABl. C 43/1995, 40 f.; dazu etwa *Claude Blumann*, Le Parlement européen et la comitologie: une complication pour la Conférence intergouvernementale de 1996, in: Revue trimestrielle de droit européen 1996, 1–24, 12 ff.; zur Vorgeschichte auch *Sophie Boyron*, Maastricht and the Codecision Procedure: A Success Story, in: ICLQ 45 (1996), 293–318, 308 f.; zur Problematik *Markus Jachtenfuchs/Beate Kohler-Koch*, Regieren im dynamischen Mehrebenensystem, in: dies. (Hg.), Europäische Integration, 1996, 15–44, 26 f.; u. zur möglichen Weiterentwicklung *Arved Deringer*, Europäisches Parlament und Maastrichturteil des Bundesverfassungsgerichts, in: FS Ulrich Everling, 1995, 245–262, 253 ff.

115 Das geht bspw. aus dem Bericht der Kommission an die Reflexionsgruppe zur Regierungskonferenz 1996, 31, hervor; vgl. dazu *Demmke/Haibach* (Fn. 76), 711.

gen[116]. Ungeachtet der Tatsache, daß die meisten Durchführungsregelungen die Komitologie seit jeher unbeanstandet passieren[117], lösen derart spektakuläre Fälle immer wieder Forderungen nach einer Reform der Ausschußverfahren aus. Nachdem der auf der Regierungskonferenz unternommene erste Anlauf hierzu gescheitert war[118], hat der Rat nunmehr am 28.06.1999 einen neuen Beschluß gefaßt, der die Interessen aller beteiligten Organe untereinander besser zum Ausgleich bringen soll[119].

Die durch diesen Beschluß herbeigeführten Veränderungen bestehen im wesentlichen daraus, daß die Untervarianten der Verfahren II und III wegfallen. Die für das Verfahren vor den Verwaltungsausschüssen geltende Regelung ist in Art. 4 des neuen „Komitologie-Beschlusses" dahingehend vereinheitlicht worden, daß die Kommission im Falle einer negativen Stellungnahme des Ausschusses einen Durchführungsaufschub von maximal drei Monaten gewähren und der Rat während dieses Zeitraums mit qualifizierter Mehrheit einen gegenteiligen Beschluß fassen kann. Für das Verfahren vor den Regelungsausschüssen hat Art. 5 des Beschlusses einen Kompromiß zwischen den bisherigen Varianten von „Filet"- und „Contrefilet"-Verfahren gefunden: Statt des im bisherigen „Filet"-Verfahren geltenden Einstimmigkeitserfordernisses und der im „Contrefilet"-Verfahren ausreichenden einfachen Mehrheit hat der Rat nunmehr einheitlich die Möglichkeit, Vorschläge der Kommission scheitern zu lassen, sofern sich dafür eine qualifizierte Mehrheit findet. Dem Parlament wird durch den neuen Beschluß in Art. 7 III ein umfassendes Unterrichtungsrecht eingeräumt, das es in die Lage versetzt, auf Überschreitungen des der Kommission in dem jeweiligen Basisrechtsakt eingeräumten Spielraums mit einer Unterrichtung des Rates nach Art. 5 V und Entschließungen an die Kommission nach Art. 8 des „Komitologie-Beschlusses" zu reagieren; dar-

---

[116] Stv. zu dem entsprechenden Art. 13 der „Novel Food"-Verordnung Nr. 258/97 vom 27.01.1997 *Rudolf Streinz*, Die EG-Verordnung über neuartige Lebensmittel und neuartige Lebensmittelzusätze, in: EuZW 1997, 487–491, 490 Fn. 36.

[117] Nachweise bei *Demmke/Haibach* (Fn. 76), 712 f.; vgl. a. *Jean-Claude Piris*, After Maastricht, are the Community Institutions More Efficacious, More Democratic and More Transparent?, in: ELR 19 (1994), 449–487, 480; *Wolfgang Wessels*, Verwaltung im EG-Mehrebenensystem: Auf dem Weg zur Megabürokratie?, in: Markus Jachtenfuchs/Beate Kohler-Koch (Hg.), Europäische Integration, 1996, 165–192, 176 f.

[118] Vgl. schon den Bericht der Reflexionsgruppe vom 05.12.1995, SN 520/95 (REFLEX 21), 35 f. (2. Teil Rn. 127 f.); dazu *Blumann* (Fn. 114), 18 ff.; u. zur Beratung dieser Vorschläge in Amsterdam *Rudolf Streinz*, Der Vertrag von Amsterdam, in: Jura 1998, 57–65, 64; die dort verabschiedete „Erklärung 31", ABl. C 340/1997, 137; sowie zu einer möglichen Beteiligung der nationalen Parlamente stv. *Patrick Birkinshaw/Diamond Ashiagbor*, National Participation in Community Affairs: Democracy, the UK Parliament and the EU, in: CMLR 33 (1996), 499–529, 512 ff. *Georg Haibach*, Komitologie nach Amsterdam – Die Übertragung von Rechtsetzungsbefugnissen im Rechtsvergleich, in: VerwArch. 90 (1999), 98–111, 109 ff., sah angesichts der bestehenden Interessendivergenzen für eine grundlegende Reform von vornherein wenig Chancen. Zum weiteren Fortgang des Verfahrens vgl. den Entwurf der Kommission, Dokument COM (1998) 380 final, abgedr. z.B. in: Revue trimestrielle de droit européen 1998, 442 ff.; u. dort auch *Helmut Kortenberg*, Comitologie: le retour, 317–327.

[119] Beschluß 1999/468/EG, abgedr. in: ABl. L 184/1999, 23 ff.; i. einz. dazu *Christian Mensching*, Der neue Komitologie-Beschluss des Rates, in: EuZW 2000, 268–271.

über hinaus bleibt ihm natürlich wie bisher die Klagemöglichkeit vor dem Gerichtshof. Inhaltlich besitzt es allerdings nach wie vor keinen bindenden Einfluß auf die Durchführungsmaßnahmen der Kommission.

4. Der Interorganrespekt als Beurteilungskriterium

Die vergleichende Betrachtung aller zum Gegenstand dieser Untersuchung gemachten Verfassungssysteme macht klar, daß im Bereich der administrativen Rechtsetzung ein gewaltiges Potential an Kompetenzkonflikten zwischen Exekutive und Legislative schlummert. Dabei versuchen die Legislativorgane traditionell, ihre angesichts der komplexen Regulierungsprobleme der modernen Welt unvermeidliche Abgabe von Rechtsetzungsbefugnissen im Ergebnis möglichst gering zu halten, während umgekehrt die Exekutive nach einer Maximierung ihrer Normierungsspielräume strebt. Eine Versöhnung dieses Interessengegensatzes erscheint nur auf der Basis einer wechselseitigen Verpflichtung zu kooperativer Rücksichtnahme denkbar, wie sie im Prinzip des Interorganrespekts zum Ausdruck kommt.

a) Die systemübergreifende Gemeinsamkeit beschränkter Delegation

Betrachtet man zunächst die Rahmenbedingungen für den Einsatz dieses Prinzips bei der exekutiven Rechtsetzung, so fällt ins Auge, daß alle drei hier analysierten Modelle in diesem Punkt eine fundamentale Gemeinsamkeit aufweisen, die darin besteht, Normierungen durch die Exekutive nur auf abgeleiteter Basis zuzulassen. Weder das deutsche noch das amerikanische Verfassungssystem kennen eine eigenständige Rechtsetzungsgewalt der Exekutive; administrative Rechtsetzung bedarf dort vielmehr immer einer vorherigen Delegation von Befugnissen durch die Legislative[120]. Die europäische Ebene bildet lediglich eine scheinbare Ausnahme von diesem Grundsatz: Zwar besitzt die Kommission bereits aufgrund primären Gemeinschaftsrechts begrenzte eigene Normierungsbefugnisse, doch fallen diese von ihrer Bedeutung her inzwischen nur noch so wenig ins Gewicht[121], daß sie als bestimmender Faktor für die Ausgestaltung des Interorganrespekts nicht mehr in Frage kommen.

Die nächste Gemeinsamkeit ist darin zu finden, daß die entsprechende Delegation immer hinreichend bestimmt und seitens der Legislative in berechenbarer Weise eingegrenzt sein muß, d.h. der Gesetzgeber muß die Standards setzen und die Grenzen ziehen. Dabei existieren naturgemäß Variationen hinsichtlich der Intensität dieser Anforderungen: In Deutschland legt Art. 80 I 2 GG die Schwelle schon von Verfassungs wegen relativ hoch, während in den USA die Frage materiellrechtlicher Standards laxer gehandhabt wird, was durch eine stärkere Betonung

---

[120] Oben 1. a) aa) (212 ff.) und b) aa) (215 ff.). Dies kann in gewisser Weise sogar als gemeineuropäische Regel angesehen werden. Vgl. dazu *v. Bogdandy* (Fn. 57), 266 ff.

[121] Oben 1. c) aa) (220 f.).

der Wirksamkeit der prozeduralen Sicherungen kompensiert werden soll[122], und der Europäische Gerichtshof in Ermangelung genauer vertragsrechtlicher Vorgaben eine Tendenz erkennen läßt, die Anforderungen an die Bestimmtheit der Ermächtigungsgrundlage der Eigenart des jeweiligen Sachgebietes anzupassen[123].

Ungeachtet dieser Unterschiede entspringen die hierzu entwickelten Regeln jedoch in allen drei Systemen demselben Grundgedanken: Die Schaffung abstrakt-genereller Normen stellt das ursprüngliche Geschäft der Legislativorgane dar und muß daher stets auf ihren Willen zurückgeführt werden können. Andernfalls stünde ein normativ abgesichertes institutionelles Übergewicht der Exekutive zu befürchten, da diese im Falle des Besitzes einer eigenständigen Rechtsetzungsgewalt sowohl Normen ohne hinreichende Gegenkontrolle erlassen als auch anschließend selbst über ihren Vollzug entscheiden könnte. Der Verhinderung eines solchen Übergewichts dienen gleichermaßen der „dreifache Delegationsfilter" des Art. 80 I 2 GG, die vom Supreme Court postulierte „nondelegation doctrine" und die Unterscheidung zwischen Grundrechtsakten und bloßen Durchführungsnormen im europäischen Recht[124]. Die Rahmenbedingungen der Ausgestaltung des Interorganrespekts sind daher wie folgt abgesteckt: Da es bei der administrativen Rechtsetzung im Kern um eine Aufgabe der Legislative geht und Grenzüberschreitungen folglich in erster Linie von seiten der Exekutivorgane drohen, muß sich die Idee des Interorganrespekts in diesem Bereich vorrangig darauf richten, eine Rücksichtnahme der mit der administrativen Schaffung von Normen betrauten Institutionen auf die Intentionen der Legislativorgane sicherzustellen. Die Exekutivorgane sollen also dazu angehalten werden, bei ihrer Normierungstätigkeit den Willen der gesetzgebenden Körperschaften insoweit zu respektieren, als sie den von diesen vorgezeichneten Grundlinien folgen.

Das setzt freilich voraus, daß die Grundlinien in erkennbarer Weise vorgezeichnet werden, und an dieser Stelle setzt die komplementäre Funktion des Interorganrespekts ein: Nur ein hinreichend deutlich zum Ausdruck gebrachter Wille kann Respekt erheischen, und so fordert der Gedanke des Interorganrespekts nicht nur von den Exekutivorganen eine Berücksichtigung der Intentionen der Legislative, sondern umgekehrt auch von den Legislativorganen eine nachvollziehbare Anleitung der Exekutive. Der Etablierung eines entsprechenden Kooperationsverhältnisses dient neben den bereits hervorgehobenen Bestimmtheitsanforderungen an die delegierende Ermächtigungsgrundlage vor allem das Beharren auf einem delegationsfesten Refugium des Gesetzgebers, das ebenfalls allen hier betrachteten Verfassungsordnungen gemeinsam ist, auch wenn im Detail wiederum Unterschiede bestehen: In Deutschland wird die Verwaltung traditionell stärker als rein ausführendes Organ gesehen, während in den USA und auf europäischer Ebene eine größere Bereitschaft anzutreffen ist, den „agencies" bzw. der Kommission einen rela-

[122] Oben 1. a) bb) (214 f.) und b) bb) (219 f.) sowie 2. b) (226 f.).

[123] Oben 1. c) bb) (221 f.); vgl. nochmals idealtypisch EuGH Slg. 1984, 2039 – Rs. 121/83 – gegen EuGH Slg. 1988, 973 – Rs. 264/86.

[124] Dazu wiederum oben 1. a) bb) (214 f.), b) bb) (218 ff.) und c) bb) (221 f.).

tiv weiten, politisch wichtige Entscheidungen potentiell einschließenden Spielraum zuzugestehen[125]. Unterhalb der generellen Übereinstimmung dahingehend, daß die wesentlichen Elemente jeder Regulierung vom Gesetzgeber in eigener Regie festgelegt werden müssen, die Legislative sich also nicht selbst entmachten darf und die Exekutive ihre Festlegungen in dieser Hinsicht respektieren muß, was letztlich von den Gerichten als der „dritten Gewalt" sicherzustellen ist, führen diese Unterschiede zu einer abweichenden Gewichtung der für die Bestimmung der Wesentlichkeit herangezogenen Kriterien: In Deutschland genießen insoweit inhaltliche Überlegungen den Vorzug, während in den USA und tendenziell ebenso in der Europäischen Gemeinschaft eher prozedurale Erwägungen im Vordergrund stehen[126].

Der die Notwendigkeit eines delegationsfesten Parlamentsrefugiums zumindest mitbegründende Gedanke des Interorganrespekts, den in diesem Falle primär die Exekutive gegenüber der Legislative erbringen muß, bleibt im Zuge der Konkretisierung dieses Refugiums jedoch oft außer Betracht. Dabei könnte seine Berücksichtigung durchaus helfen, die richterliche Dezision der entsprechenden Fälle nachvollziehbarer zu gestalten und so die Berechenbarkeit der diesbezüglichen Rechtsprechung zu erhöhen. Ein Paradebeispiel hierfür liefert die jüngste Entscheidung des Bundesverfassungsgerichts zur Rechtschreibreform[127]: Das Gericht konzentrierte sich hauptsächlich auf das Problem, ob der Staat überhaupt Regelungen zur Gestaltung der Schriftsprache erlassen dürfe, sowie darauf, ob die klagenden Eltern und Schüler „wesentlich" in ihren Grundrechten betroffen seien. Keine weitere Beachtung schenkte es hingegen der Frage, ob angesichts der intensiven öffentlichen Debatte und der gerade auch in den Parlamenten geäußerten Zweifel nicht schon der Respekt gegenüber dem Willen des parlamentarischen Gesetzgebers den Kultusministern hätte gebieten sollen, die Landesparlamente an der Beschlußfassung über das Reformwerk zu beteiligen. Es blieb den Abgeordneten des Bundestages vorbehalten, zumindest für den in die Zuständigkeit des Bundes fallenden Bereich der dortigen Amtssprache eine solche Beteiligung des Parlaments ausdrücklich von der Regierung einzufordern[128]. Hieran wird deutlich, daß die vom Bundesverfassungsgericht geübte weitgehende Beschränkung der Wesentlichkeitskriterien auf die Intensität der Grundrechtsbetroffenheit zu kurz greift[129]. Gleiches

---

[125] Zum Vergleich Deutschland-USA vgl. stv. *Kischel* (Fn. 39), 255 f.; zur Rolle der Kommission in Europa nochmals *Demmke/Haibach* (Fn. 76), 714; u. neben der oben Fn. 49 zit. Entscheidung schon EuGH Slg. 1975, 1279 – Rs. 23/75 –, 1302.

[126] Dazu i. einz. oben 2. (222 ff.).

[127] Nachweis oben Fn. 66.

[128] Gruppenantrag 13/7028, vgl. wib 4/1997, 42; modifiziert durch Empfehlung des Rechtsausschusses, BT-Drs. 13/10183; am 14.05.1997 vom Haushaltsausschuß befürwortet, vgl. wib 9/1997, 3; u. schließlich vom Plenum verabschiedet, vgl. wib 5/1998, 3.

[129] So auch *Bauer/Möllers* (Fn. 66), 702. Unter *diesem* Aspekt ist an der neuesten Entscheidung des nordrhein-westfälischen Verfassungsgerichtshofs vom 09.02.1999, abgedr. in: NJW 1999, 1243 ff., zu begrüßen, daß sie die Frage der „Wesentlichkeit" auch im Verhältnis von Landesregierung und Landtag hinsichtlich der Organisation der Landesregierung zum ausschlaggebenden Kriterium für die Notwendigkeit einer Beteiligung des Landtages machte. Vgl. hierzu – allerdings krit. – *Ralf Brinktrine*, Organisationsgewalt der Regierung und der Vorbehalt des Gesetzes – zur Reich-

gilt für die Hervorhebung der prozeduralen „safeguards" in der Rechtsprechung des Supreme Court und des Europäischen Gerichtshofs zur „Komitologie"[130]: Sie ermöglichen lediglich nachträgliche Korrekturen mißglückter Delegationen anhand ihrer Konkretisierung im Einzelfall und setzen zudem in den Vereinigten Staaten ebenfalls einen Eingriff in individuelle Rechte voraus. Daß der Erhalt eines delegationsfesten Kerns an Rechtsetzungsmacht in der Hand der Legislative aber zugleich einen Ausgleichsmechanismus zur Herstellung der notwendigen Konkordanz von parlamentarischem Gesetzgebungswillen und administrativer Normierungsentscheidung darstellt, gerät bei dieser Betrachtung aus dem Blickfeld. Die auf diese Weise entstandene Lücke kann nur mit der Idee des Interorganrespekts geschlossen werden.

b) Die systemübergreifende Streitfrage legislativer Vorbehalte

Auf der Basis dieser grundsätzlichen Positionsbestimmung soll die Leistungsfähigkeit des Gedankens vom Interorganrespekt abschließend noch einmal am Beispiel der in allen drei Modellen gleichermaßen am heißesten umstrittenen Fragestellung überprüft werden: der Beurteilung der Zulässigkeit von legislativen Vorbehalten. Bereits im Zuge des zuvor gegebenen Überblicks ist aufgefallen, daß von vielen Seiten offensichtlich ein eigenständiger Rechtsetzungsbereich der Exekutive, mag er auch nur auf der Basis einer vorherigen Delegationsentscheidung der Legislative begründet werden können, als wesentlicher Faktor eines institutionellen Gleichgewichts der Kräfte angesehen wird. Anders läßt sich der systemübergreifende Widerstand gegen eine Zurückbehaltung von Kontroll- und Einflußrechten durch die Legislative im Bereich der administrativen Rechtsetzung nicht erklären, der in den USA in der Ablehnung des „legislativen Vetos", in Deutschland im Streit um das Institut der „Änderungsvorbehaltsverordnung" und auf europäischer Ebene in der Diskussion um die „Komitologie", die zumindest die Kommission zur Erhaltung ihrer Handlungsspielräume weitgehend zurückzudrängen versucht, zum Ausdruck kommt[131].

Eine Betrachtung dieser Situation aus der Perspektive des Interorganrespekts läßt die insoweit feststellbaren Widerstände jedenfalls in prinzipieller Hinsicht nicht gerechtfertigt erscheinen. Denn wenn man von der im vorigen Abschnitt statuierten Prämisse ausgeht, daß die Exekutive im Falle administrativer Normsetzung letztlich eine Kernaufgabe der Legislative wahrnimmt und daher dem der entsprechenden Delegation zugrundeliegenden Gestaltungswillen der gesetzgebenden Organe Respekt schuldet, so muß die Legislative diesem Respekt grundsätzlich auch im Wege von Vorbehaltsrechten zur Durchsetzung verhelfen können. Zwei zusätzli-

weite der „Wesentlichkeitstheorie" am Beispiel der Zusammenlegung von Justiz- und Innenministerium in Nordrhein-Westfalen, in: Jura 2000, 123–132. In der Schlußbetrachtung zu diesem Kapitel wird uns dieser Gedanke noch einmal beschäftigen.

[130] Oben 2. b) (226 f.) bzw. 3. c) (235 ff.).

[131] Näheres hierzu oben 3. (228 ff.).

che Argumente untermauern diese Schlußfolgerungen: Zum einen zeigt die im wesentlichen unbeschränkte und lediglich auf europäischer Ebene durch Art. 202 UAbs. 3 (ex-Art. 145 UAbs. 3) EGV modifizierte Befugnis des Gesetzgebers zur Entscheidung über das „Ob" einer Delegation[132], daß die Abgabe von Rechtsetzungsmacht an die vollziehende Gewalt eben nicht der Etablierung eines eigenständigen Normierungsbereichs der Exekutive dient, sondern vielmehr aus der Not heraus geboren ist, daß der parlamentarische Gesetzgeber sich nicht um jede Durchführungsregelung zu den von ihm geschaffenen allgemeinen Rechtssätzen im einzelnen kümmern kann. Könnte er sich aber im Prinzip die gesamte Normsetzungsmacht selbst vorbehalten, so müssen ihm a maiore ad minus auch residuale Kontrollfunktionen zugestanden werden, die gegenüber einer vollständigen Delegationsverweigerung in ihrer Intensität wesentlich kürzer greifen[133]. Zum anderen belegen die vor allem in Amerika nach der Untersagung des „legislativen Vetos" durch den Supreme Court entwickelten alternativen Kontrollmechanismen des Kongresses[134], daß die hier analysierten Verfassungssysteme gerade keinen von Einflußnahmen der Gesetzgebungsorgane vollkommen freien Rechtsetzungsbereich der Exekutive begründen wollten, sondern im Gegenteil bewußt zahlreiche Kanäle für eine wirksame Exekutivkontrolle durch den Gesetzgeber eröffnen.

Diese allgemeinen Erwägungen lassen zumindest jene legislativen Rückholbefugnisse unproblematisch erscheinen, bei denen es wie im Falle des eigentlichen „legislativen Vetos" oder der deutschen „Zustimmungsvorbehaltsverordnungen" um eine bloße Möglichkeit zur Blockade administrativer Rechtsetzungsvorhaben geht. Der Gedanke des Interorganrespekts reicht jedoch darüber hinaus und erfaßt ebenso inhaltliche Änderungswünsche des Gesetzgebers. Denn aus ihm folgt ein generelles Gebot an die Exekutive, bei der Ausübung der an sie delegierten Normierungsbefugnisse auf die mit der Delegation assoziierten Intentionen der Legislative Rücksicht zu nehmen. Dies begründet eine Verpflichtung der zur Rechtsetzung ermächtigten Exekutivorgane, auch den inhaltlichen Ausgestaltungsvorgaben des Gesetzgebers Rechnung zu tragen, soweit er solche erkennen läßt. Da aber das Institut der „Änderungsvorbehaltsverordnung" gerade dazu dient, dem Gesetzgeber eine entsprechende Verdeutlichung zu ermöglichen, führt dies nicht nur zu einer Zurückweisung der dagegen geäußerten prinzipiellen Bedenken, sondern außerdem zu einer Pflicht des Verordnungsgebers, jenseits aller formalrechtlichen Bindungen in jedem Falle auf die Vorgaben des Gesetzgebers soweit als möglich einzugehen[135]; soweit sich dies als nicht durchführbar erweist, trifft den Verord-

---

[132] Vgl. insbes. oben 3. b) (232) mit Fn. 97 und zu Art. 202 UAbs. 3 EGV schon oben 1. c) bb) (221).

[133] Diese Überlegung entspricht der Argumentation des BVerfG zu Zustimmungsvorbehaltsverordnungen (vgl. nochmals BVerfGE 8, 274, 321).

[134] Dazu näher oben 3. a) (231).

[135] *A.A.* insoweit vor allem *Sommermann* (Fn. 92), 439 f. Vgl. a. für die entsprechende Rechtslage in der Schweiz *Marcel Buttliger*, Die Verordnungstätigkeit der Regierung – insbesondere deren Kontrolle durch das Parlament mittels Verordnungsvorbehalt, 1993, der allerdings einen m.E. nicht gangbaren Mittelweg zu steuern versucht: Einerseits soll auch die Exekutive einen normativen

nungsgeber zumindest die Begründungslast hinsichtlich der vorgenommenen Abweichungen. In ähnlicher Weise lassen sich die Verfahren der europäischen „Komitologie" anhand des Kriteriums der Wahrung des Interorganrespekts beurteilen, wie insbesondere eine Betrachtung des oben als Typ III kategorisierten Regelungsverfahrens belegt[136]: Das von der Kommission bevorzugte „Filet"-Verfahren, das ihr unter extremen Umständen sogar die Durchsetzung ihrer Regelungsvorschläge mit der Unterstützung nur eines Mitgliedstaates im Rat erlaubte, lief demnach dem Prinzip des Interorganrespekts diametral zuwider. Umgekehrt gewährleistete speziell das von ihr abgelehnte „Contrefilet"-Verfahren als einziges, daß die Kommission jedenfalls den Willen einer Mehrheit des Rates respektieren mußte, und entsprach damit der aus dem Interorganrespekt fließenden Grundforderung[137]. Die Neugestaltung des Regelungsverfahrens im Ratsbeschluß vom 28.06.1999 hat einen Mittelweg zwischen diesen beiden Verfahrensvarianten gewählt und stellt insofern aus der Perspektive des Interorganrespekts ebenso einen partiellen Fortschritt wie auch einen teilweisen Rückschritt dar. Im Einklang mit der Idee des Interorganrespekts befindet sich schließlich auch die in dem neuen Beschluß institutionalisierte Beteiligung des Parlaments an der „Komitologie"[138], wenngleich diese ebenfalls noch deutlich hinter dem aus der Sicht dieses Prinzips anzustrebenden Idealzustand zurückbleibt, da das Parlament in den Bereichen, in denen es gleichberechtigt mit dem Rat als Gesetzgeber tätig wird, eigentlich in der Lage sein müßte, hinsichtlich der Durchführung seiner Rechtsetzungswünsche den gleichen Respekt wie der Rat zu beanspruchen.

Nach alledem könnte man meinen, der Interorganrespekt reduziere sich im Bereich der administrativen Rechtsetzung auf eine reine Verpflichtung des Verordnungsgebers zum Gehorsam gegenüber dem Gesetzgeber. Ein ganz wesentliches Kennzeichen dieses Prinzips besteht jedoch in der grundsätzlichen Wechselbezüglichkeit der von ihm begründeten Pflichten. So ist auch der Gesetzgeber bei der Delegation von Rechtsetzungsbefugnissen und der Ausübung eventueller Vorbehaltsrechte zur Rücksichtnahme auf und Kooperation mit den involvierten Exekutivorganen verpflichtet. Insbesondere kann er keine Vorbehaltsrechte in bezug auf die Konkretisierung seiner Gesetze durch Einzelfallentscheidungen der Verwaltung ausüben, da solche Entscheidungen im Gegensatz zur Schaffung ab-

---

Kernbereich in Anspruch nehmen können, in dem sie „ungestört legiferieren" können soll (171 f.), andererseits statuiert er axiomatisch: „In Anbetracht der Bedeutung der Exekutivverordnung innerhalb der gesamten Rechtsmasse sollte eine permanente Kontrollmöglichkeit des Parlamentes über die Verordnungen der Regierung vorhanden sein" (191).

[136] Zu den Einzelheiten der hier bewerteten Verfahren vgl. oben 3. c) (234 f.).

[137] Dabei war der Kommission zuzugestehen, daß dieses Verfahren eine Beschlußfassung nicht garantierte, vgl. ihren Bericht an die Reflexionsgruppe zur Regierungskonferenz 1996, 31. Der Verzicht auf eine Beschlußfassung erscheint insoweit jedoch als Teil des für den Interorganrespekt zu zahlenden Preises.

[138] Vgl. dazu schon den Vorschlag von *Francesca E. Bignami*, The Democratic Deficit in European Community Rulemaking: A Call for Notice and Comment in Comitology, in: Harvard International Law Journal 40 (1999), 451–515, 506 ff.

strakt-genereller Normen das Kerngeschäft der Exekutive bilden, dem der Gesetzgeber seinerseits Respekt schuldet[139]; unter diesem Blickwinkel erscheint beispielsweise die ursprüngliche Entscheidung des Supreme Court zum „legislativen Veto", in der es um die Deportation einer Einzelperson ging, vollkommen berechtigt und lediglich ihre spätere Erweiterung auf alle Formen parlamentarischer Einspruchsvorbehalte unzutreffend[140]. Vor allem aber fordert der Gedanke des Interorganrespekts vom Gesetzgeber, solche „unwesentlichen" Fragen, die sich durch administrative Rechtssätze adäquater regeln lassen als auf der formellgesetzlichen Ebene, auch tatsächlich an die Exekutive zu delegieren[141]; Art. 202 UAbs. 3 (ex-Art. 145 UAbs. 3) EGV stellt insoweit den Prototyp einer verfassungsmäßigen Konkretisierung des Interorganrespekts in diesem Teilaspekt dar. Schließlich sei am Rande noch darauf hingewiesen, daß etwaige Versuche des Gesetzgebers, das formelle Gesetzgebungsverfahren über den umfassenden Einsatz von Änderungsvorbehalten zu umgehen[142], nichts mit der hier diskutierten Gewährleistung des notwendigen Respekts der Exekutive für seinen gesetzgeberischen Willen zu tun hätten und daher theoretisch ohne weiteres als rechtsmißbräuchlich qualifiziert werden könnten.

II. Kontroll- und Weisungsrechte innerhalb der Exekutive

Die bislang behandelte Problematik der administrativen Rechtsetzung ist unter dem Gesichtspunkt des Interorganrespekts deshalb von besonderer Bedeutung, weil sie eine Nahtstelle zwischen Gesetzgebung und Gesetzesvollzug betrifft, an der der Gedanke der Gewaltentrennung jedenfalls nicht mehr unmittelbar angewendet werden kann und folglich in spezifischer Weise der Ergänzung durch ein Komplementärprinzip bedarf. Der Bereich des eigentlichen Gesetzesvollzuges bildet demgegenüber ein herkömmlich strukturiertes Einsatzfeld für den Interorganrespekt, soweit es dort um die Abgrenzung der Kompetenzen von Legislative und Exekutive geht. Aber auch innerhalb des zwischen den einzelnen Exekutivorganen bestehen-

---

[139] Ähnlich – wenngleich ohne Bezugnahme auf den Interorganrespekt – differenziert *Lörler* (Fn. 98), 364 f.

[140] *INS v. Chadha*, 462 U.S. 919 (1983), war demnach richtig entschieden. Unangebracht wirken aus der Perspektive des Interorganrespekts demgegenüber die nachfolgenden, oben in Fn. 87 nachgewiesenen Entscheidungen.

[141] In diesem Sinne – auf der Grundlage einer „funktionell-strukturellen Verfassungsinterpretation" – vor allem *Staupe* (Fn. 55), 280 ff.; vgl. a. schon *Hermann Heussner*, Vorbehalt des Gesetzes und „Wesentlichkeitstheorie", in: FS Erwin Stein, 1983, 111–126, 116 et seq.; *Hans Herbert v. Arnim*, Zur „Wesentlichkeitstheorie" des Bundesverfassungsgerichts, in: DVBl. 1987, 1241–1249, 1243 et seq.; u. *Kirchhof* (Fn. 5), 81; ablehnend *Michael Kloepfer*, Gesetzgebung im Rechtsstaat, in: VVDStRL 40 (1982), 63–98, 79.

[142] So die Bedenken von *Sommermann* (Fn. 92), 438 f.; *Konzak* (Fn. 93), 1109 ff.; u. *Calliess* (Fn. 12), 11; jew. m.w.N. Die Furcht vor solchen Versuchen identifiziert bspw. auch *Laurence H. Tribe*, Constitutional Choices, 1985, 67 ff., als das vermutlich ausschlaggebende Motiv hinter der Entscheidung des Supreme Court zum „legislativen Veto".

den Geflechts von Kontroll- und Weisungsrechten kann der Interorganrespekt noch seine Funktion als allgemeine Ordnungsidee entfalten, wie im folgenden gezeigt werden soll.

1. Vorbemerkung: Intraorganrespekt auf Regierungsebene

Auf der obersten Exekutivebene, d.h. innerhalb der Regierung selbst, kann zwar rein terminologisch nicht mehr vom *Inter*organrespekt die Rede sein. Die Beziehungen zwischen den einzelnen Mitgliedern des obersten Führungsgremiums eignen sich jedoch in besonderer Weise dazu, die Existenz und Notwendigkeit eines Zwillings dieser Rechtsfigur zu illustrieren: des *Intra*organrespekts, der als grundlegendes Strukturprinzip für die interne Organisation der Verfassungsorgane und ihre insoweit maßgeblichen Entscheidungsverfahren in Betracht kommt. Hier verkörpert wiederum jedes der drei zum Gegenstand unserer Untersuchung gemachten Verfassungssysteme einen eigenen Modelltypus.

a) Modelltyp I: Die Konzentrationsmaxime

Die klarste hierarchische Gliederung weist dabei das amerikanische Modell auf. Art. II Sect. 1 Cl. 1 der US-Verfassung bringt klar zum Ausdruck, daß nach der Konzeption der amerikanischen Verfassungsordnung alle Exekutivgewalt in den Händen des Präsidenten konzentriert sein soll: „The executive Power shall be vested in a President of the United States of America". Der Präsident avanciert damit im Prinzip zum unumschränkten Herrscher über seine Administration, was nicht ohne Auswirkungen auf das Verhältnis zu seinen Ministern bleiben kann. Diese tauchen in der Verfassung nicht einmal gesondert auf, wenn man von Art. II Sect. 2 Cl. 1 absieht, der dem Präsidenten die ausdrückliche Befugnis einräumt, von ihnen schriftliche Stellungnahmen zu allen Angelegenheiten aus ihrem Geschäftsbereich zu verlangen. Zwar bedarf der Präsident zur Schaffung neuer Ministerien eines vom Kongreß verabschiedeten Gesetzes[143] und zur Ernennung seiner Minister der Zustimmung des Senats – was unter dem Aspekt des Interorganrespekts die interessante, hier in Ermangelung deutscher und europäischer Parallelen nicht weiter zu vertiefende Frage aufwirft, inwieweit der Senat es dem Präsidenten verwehren darf, mit den Ministern seines Vertrauens zusammenzuarbeiten[144]. Ist ein Minister jedoch einmal ernannt, so untersteht er rechtlich von diesem Augenblick an nur noch der Autorität und Weisungsgewalt des Präsidenten, was schon der überkommene

---

[143] Vgl. *Brugger* (Fn. 30), 168 ff.; näher zu den „cabinet departments" *Strauss* (Fn. 31), 87 f.

[144] Das komplizierte, zeitraubende und nicht immer nur von sachlichen Auseinandersetzungen geprägte Ernennungsverfahren, das nach Art. II Sect. 2 Cl. 2 der US-Verfassung nicht nur bei den Ministern, sondern im Prinzip bei allen „Officers of the United States" Anwendung findet, stößt gerade in jüngerer Zeit vermehrt auf Kritik. Vgl. statt vieler: *Stephen L. Carter*, The Confirmation Mess, 1994, bes. 6 ff. u. 23 ff., beachte auch seine Vorschläge zur Rückbesinnung auf den ursprünglichen Zweck der „confirmation procedure" 159 ff.

amerikanische Sprachgebrauch vermittelt, der die Ministerien als „departments" und ihre Chefs als „secretaries" (des Präsidenten nämlich) kennzeichnet[145]. Auch die durchaus gebräuchliche Bezeichnung der Versammlung aller Ressortleiter als „cabinet" darf nicht dazu führen, sie mit einem Kabinett im europäischen Sinne zu verwechseln: Sie besitzt keine formelle Funktion, sondern kann allenfalls den Präsidenten beraten, der aber in jedem Falle zur Letztentscheidung befugt bleibt[146]. Schließlich haben sich die Präsidenten seit 1939 ein eigenes „Executive Office" eingerichtet, innerhalb dessen das „White House Office" mit seinem Stabschef besonders hervorragt und über dessen Organisationseinheiten dem Präsidenten ein noch direkterer Zugriff auf einzelne Politikbereiche möglich ist als durch die nicht minder von ihm abhängigen Minister[147].

b) Modelltyp II: Die Richtlinienkompetenz

Weniger ausgeprägt, aber doch noch deutlich vorhanden erscheint die hierarchische Struktur im deutschen Modell, dem das Grundgesetz prinzipiell, wie schon die Überschrift des VI. Abschnitts anschaulich belegt, eine kollektive Exekutivspitze in Gestalt der Bundesregierung zugrundelegt. Der Bundeskanzler ist als Regierungschef kein eigenständiges oberstes Verfassungsorgan, sondern repräsentiert lediglich einen besonderen Teil des Kollektivorgans Bundesregierung. Freilich besitzt er in dieser Funktion eine unter mehreren Aspekten herausgehobene verfassungsrechtliche Position: Seine in Art. 65 S. 1 GG normierte Richtlinienkompetenz läßt ihn in jedem Falle die Grundzüge der Politik bestimmen und ermächtigt ihn nach weitaus überwiegender Ansicht in „hochpolitischen" Angelegenheiten sogar zu konkreten Weisungen an seine Minister[148]. Seine Geschäftsleitungsbefugnis und insbesondere seine Organisationsgewalt hinsichtlich des Zuschnitts der einzelnen Ressorts und der Aufgabenverteilung zwischen ihnen geben ihm weitere, nicht unbeträchtliche Einflußmöglichkeiten auf dem Gang der Kabinettsgeschäfte[149]; die Frage, inwieweit speziell diese Organisationsgewalt gegenüber parlamentarischen Eingriffen von der Verfassung geschützt wird, betrifft wieder den Interorganrespekt

---

[145] Darauf weisen etwa *Filzmaier/Plasser* (Fn. 23), 125, besonders hin.

[146] Statt vieler: *Pfiffner* (Fn. 80), 110 ff., der dazu auch die von Abraham Lincoln erzählte schöne Anekdote überliefert (111), dieser habe eine Abstimmung in seinem „Kabinett" wie folgt zusammengefaßt: „Seven nays and one aye, the ayes have it."

[147] Zum „Executive Office of the President" zählen bspw. noch der „Council of Economic Advisers", der „National Security Council", das „Office of Management and Budget" und das „Office of the U.S. Trade Representative". Vgl. stv. *Jäger* (Fn. 80), 146 ff. *Pfiffner* (Fn. 80), 117 ff., 132 ff., sieht daher heute auch die wesentlichen Entscheidungsstränge an den Ministerien vorbei im Weißen Haus zusammenlaufen.

[148] Vgl. etwa *Ipsen* (Fn. 3), 108 f. (Rn. 358); *Roman Herzog*, in: Maunz-Dürig (Fn. 103), Art. 65 Rn. 7 f. m.w.N.; allg. zur Richtlinienkompetenz *Hans-Peter Schneider*, in: AK-GG (Fn. 60), Art. 65 Rn. 3, ebenfalls m.w.N.

[149] Grundlegend zur Organisationsgewalt des Bundeskanzlers *Ernst-Wolfgang Böckenförde*, Die Organisationsgewalt im Bereich der Regierung, 1964, 139 ff.; vgl. ferner statt vieler: *Georg Hermes*, in: Dreier (Fn. 3), Art. 65 Rn. 16; *Badura* (Fn. 8), 444 (Rn. E 97).

zwischen Regierung und Parlament und soll daher in anderem Zusammenhang erörtert werden[150]. Schließlich sorgt die durch Art. 64 I, 69 II GG begründete persönliche Abhängigkeit der anderen Mitglieder der Bundesregierung vom Bundeskanzler dafür, daß der Kanzler sein Kabinett von Verfassungs wegen in der Regel auf seine politische Linie einschwören kann, weshalb das deutsche Regierungsmodell auch als „moderiertes Kanzlersystem" bezeichnet wird[151].

Gerade diese Abhängigkeit stößt allerdings in der Verfassungspraxis rasch an Grenzen: Innerparteiliche Hausmachtpotentiale und Koalitionsrunden schränken hier den Entscheidungsspielraum des Kanzlers faktisch erheblich ein[152]. Verfassungsrechtlich können sich die Minister außerdem auf das in Art. 65 S. 2 GG niedergelegte Ressortprinzip berufen, das ihnen – innerhalb der vom Bundeskanzler vorgegebenen Richtlinien – die selbständige Leitung ihrer Geschäftsbereiche „in eigener Verantwortung" garantiert[153]. Ressortprinzip und Richtlinienkompetenz stecken damit ein für den Einsatz des Gedankens vom Intraorganrespekt geradezu prädestiniertes Konfliktfeld ab. Das dem dritten Satz von Art. 65 GG zu entnehmende Kabinettsprinzip rückt dabei weitgehend in den Hintergrund und findet seinen Anwendungsbereich wortlautgerecht auf die Schlichtung von Divergenzen zwischen den Ressorts reduziert[154]. Allerdings verlangt das Grundgesetz an zahlreichen Stellen ausdrücklich eine kollegiale Entscheidung der Bundesregierung insgesamt[155], und die vom Bundesverfassungsgericht am Beispiel des Erlasses von Rechtsverordnungen aufgestellten Voraussetzungen für die Herbeiführung solcher Entscheidungen lassen ihrerseits deutliche Anleihen bei den Bedeutungsgehalten der Organtreue bzw. – nach der hier verwendeten Terminologie – des Intraorganrespekts erkennen: So fordert das Gericht insbesondere, „daß sämtliche Mitglieder der Bundesregierung von der anstehenden Entscheidung und ihrem Gegenstand in Kenntnis gesetzt werden und Gelegenheit erhalten, an der Entscheidung mitzuwirken", was eine umfassende Information aller Kabinettsmitglieder und eine ausrei-

---

[150] Vgl. die Ausführungen zum „Kernbereich der Exekutive" am Ende dieses Kapitels u. stv. den Überblick bei *Thomas Puhl*, Die Minderheitsregierung nach dem Grundgesetz, 1986, 153 ff., mit den dortigen Nachweisen.

[151] Diese Bezeichnung verwendet vor allem *Stern* (Fn. 3), 299; vgl. a. *ders.*, Das Staatsrecht der Bundesrepublik Deutschland, Bd. I, 2. Aufl. 1984, 1011.

[152] Näher dazu auf empirischer Grundlage *v. Beyme* (Fn. 56), 140 f.

[153] Vgl. i. einz. etwa *Karl-Ulrich Meyn*, in: Ingo v. Münch/Philip Kunig (Hg.), Grundgesetz-Kommentar, Bd. 2, 3. Aufl. 1995, Art. 65 Rn. 13 ff.; *Martin Oldiges*, in: Sachs (Fn. 14), Art. 65 Rn. 19 ff.; *Theodor Maunz/Reinhold Zippelius*, Deutsches Staatsrecht, 30. Aufl. 1998, 301 f.

[154] Diese Diagnose von *v. Beyme* (Fn. 56), 139, teilt bspw. auch *Wolf-Rüdiger Schenke*, Die Aufgabenverteilung innerhalb der Bundesregierung, in: Jura 1982, 337–348, 343, der der Richtlinienkompetenz des Bundeskanzlers im Zweifel den Vorrang einräumt; näher *Martin Oldiges*, Die Bundesregierung als Kollegium, 1983, bes. 132 ff., 452 ff. *Manfred Melchior*, Verfassungsreform im Regierungsbereich?, in: Klaus Borgmann u.a. (Hg.), Verfassungsreform und Grundgesetz, 1992, 31–50, 39 ff., will dem Prinzip daher auch im Wege einer Verfassungsänderung neue Bedeutung verleihen.

[155] Übersichten z.B. bei *Stern* (Fn. 3), 311 f.; u. neueren Datums bei *Schmidt-Bleibtreu/Klein* (Fn. 12), Art. 65 Rn. 6.

chende Frist für ihre Entscheidungsfindung einschließt[156]. Der Bundeskanzler unterliegt somit in der Regierungsführung letztlich doch einer ganzen Reihe von Einschränkungen, die seine Möglichkeiten eines unmittelbaren Zugriffs auf einzelne Politikbereiche hemmen und denen er auch durch die Verlagerungen von Koordinationskompetenzen in das Bundeskanzleramt oder durch die in den letzten Jahren besonders in Mode gekommene Einrichtung spezieller „Beauftragter" allenfalls begrenzt entgehen kann[157].

c) Modelltyp III: Das Kollegialprinzip

Das europäische Modell differenziert innerhalb seines obersten Leitungsgremiums im verhältnismäßig geringsten Maße. Während etwa das deutsche Verfassungssystem zwar ein Kollegialorgan als formelle Exekutivspitze installiert, zugleich aber dem Bundeskanzler in eindeutiger Weise die Führung dieses Organs anvertraut, macht der EG-Vertrag mit dem kollektiven Führungsverständnis Ernst: Die klassische exekutive Aufgabe, „für die Anwendung dieses Vertrags sowie der von den Organen aufgrund dieses Vertrags getroffenen Bestimmungen Sorge zu tragen", die an der Spitze des in Art. 211 (ex-Art. 155) EGV normierten Zuständigkeitskatalogs steht, obliegt der Kommission als Ganzes. Der Kommissionspräsident leitet ihre Sitzungen und vertritt sie nach außen, besitzt aber ansonsten keine Vorrechte und fungiert demnach als „primus inter pares"[158]. Alle Beschlüsse dieses obersten Gemeinschaftsorgans werden nach Art. 219 II (ex-Art. 163 I) EGV mit der einfachen Mehrheit der Kommissionsmitglieder getroffen und spiegeln damit das für die interne Organisation der Kommission kennzeichnende Kollegialprinzip in Reinkultur wider[159]. Der Europäische Gerichtshof hat hierzu festgestellt,

> „daß dieses Kollegialprinzip auf der Gleichheit der Mitglieder der Kommission bei der Teilnahme an der Entscheidungsfindung beruht und voraussetzt, daß die Entscheidungen gemeinsam beraten werden und daß alle Mitglieder des Kollegiums für sämtliche erlassenen Entscheidungen politisch gemeinsam verantwortlich sind",

und daraus die Nichtigkeit aller Rechtsakte der Kommission abgeleitet, die sich nicht zur Gänze auf einen entsprechenden Beschluß des Kollegiums zurückführen lassen[160].

---

[156] BVerfG NJW 1995, 1537 ff., 1539 f.; dazu *Volker Epping*, Die Willensbildung von Kollegialorganen, in: DÖV 1995, 719–724, bes. 720, 724.

[157] Näher hierzu bspw. *Jens Brauneck*, Die rechtliche Stellung des Bundeskanzleramtes, 1994, 12 ff., bes. 23 ff.

[158] *Helmut Schmitt v. Sydow*, in: v. d. Groeben/Thiesing/Ehlermann (Fn. 45), Art. 161 EGV Rn. 7; *Schweitzer/Hummer* (Fn. 46), 62 (Rn. 200).

[159] Vgl. etwa *Streinz* (Fn. 45), 101 f. (Rn. 303); u. *Geiger* (Fn. 43), Art. 163 Rn. 1 f.

[160] EuGH Slg. 1994, I-2555 – Rs. C-137/92 P –, I-2650 et seq.; vgl. a. schon EuGH Slg. 1986, 2585 – Rs. 5/85 –, 2614. Allerdings stellt der Gerichtshof an die „Billigung" der Entscheidungen einzelner Kommissionsmitglieder durch das Kollegium keine allzu hohen Anforderungen, vgl. EuGH Slg. 1994, I-4973 – Rs. C-280/93 –, I-5053 f.; u. dazu *Jochim Sedemund/Frank Montag*, Die Entwicklung des Europäischen Gemeinschaftsrechts, in: NJW 1995, 1126–1133, 1126.

Die Verträge von Maastricht und Amsterdam haben diese aus den Anfängen der Europäischen Gemeinschaften stammende Konstruktion im Grundsatz nicht angetastet. Eine gewisse Tendenz zugunsten einer Hervorhebung des Kommissionspräsidenten läßt sich jedoch nicht übersehen. So wurde die Benennung des Präsidenten zunächst von der Auswahl der übrigen Kommissare abgetrennt und zeitlich vorgezogen[161]. Art. 2 Nr. 40 des Amsterdamer Vertrages räumt darüber hinaus im Wege einer Änderung von Art. 214 (ex-Art. 158) EGV dem Präsidenten ein maßgebliches Mitspracherecht bei der Selektion der weiteren Kommissionsmitglieder ein, indem er statt der bisher geforderten Konsultation nunmehr das „Einvernehmen" des Präsidenten mit der Benennung der sonstigen Kommissare verlangt. Nach einem aufgrund von Art. 2 Nr. 41 des Amsterdamer Vertrages in Art. 219 (ex-Art. 163) EGV neu eingefügten ersten Absatz wird dem Präsidenten schließlich zum ersten Mal die „politische Führung" innerhalb der Kommission zugestanden[162]. Inwieweit diese Änderungen – speziell nach dem zuletzt wegen Verfehlungen einzelner Kommissare notwendig gewordenen Rücktritt der gesamten Kommission – auch faktisch einen Machtzuwachs des Kommissionspräsidenten herbeiführen werden, wird freilich erst die Zukunft zeigen können. Das gilt in noch höherem Maße für den noch gar nicht ratifizierten Vertrag von Nizza, der immerhin eine Entscheidungsbefugnis des Kommissionspräsidenten über die interne Organisation und die Zuständigkeitsverteilung innerhalb der Kommission, über die Bestimmung von Vizepräsidenten sowie über die Aufforderung zum Rücktritt an ein einzelnes Mitglied der Kommission vorsieht.

d) Auswirkungen der Bestimmung des Regierungschefs auf den Intraorganrespekt

Die Analyse des vorstehenden Überblicks läßt einen deutlichen Zusammenhang zwischen dem Wahl- bzw. Bestimmungsmodus für das Amt des Regierungschefs und den verfassungsrechtlichen Befugnissen dieses Amtes erkennen: Je unmittelbarer sich der Einfluß des Volkes auf seine Besetzung darstellt, desto mehr Macht kann der Amtsinhaber in seiner Hand vereinigen. Das Bestehen eines solchen Zusammen-

[161] Zu dem daraus resultierenden mehrstufigen Ernennungsverfahren statt vieler: *Huber* (Fn. 43), 237 f.

[162] Eine Aufwertung der Stellung des Kommissionspräsidenten könnte sich außerdem dadurch ergeben, daß für seine Benennung mit dem Amsterdamer Vertrag eine gesonderte Zustimmung des Europäischen Parlaments erforderlich geworden ist. Vgl. *Meinhard Hilf/Eckhard Pache*, Der Vertrag von Amsterdam, in: NJW 1998, 705–713, 710; sowie *Streinz* (Fn. 118), 63; insges. zu der Stärkung des Kommissionspräsidenten durch den Vertrag von Amsterdam *Renaud Dehousse*, European Institutional Architecture after Amsterdam: Parliamentary System or Regulatory Structure?, in: CMLR 35 (1998), 595–627, 611 f.; sowie *Paul F. Nemitz*, Europäische Kommission: Vom Kollegialprinzip zum Präsidialregime?, in: EuR 1999, 678–686. Damit könnte ein wesentlicher Nachteil des Kollegialprinzips zumindest abgemildert werden, der erst zu Beginn des Jahres 1999 wieder deutlich hervorgetreten ist: Obwohl sich die in einem Mißtrauensvotum des Parlaments gegen die Kommission gipfelnden Vorwürfe nur gegen einzelne Kommissare richteten, gegenüber denen der Kommissionspräsident keine wie auch immer geartete Weisungsgewalt besaß, mußte letztlich die Kommission als Ganzes gestürzt werden, um die fraglichen Verfehlungen politisch zu ahnden. Vgl. dazu auch die Vorschläge in der Stellungnahme der Kommission zur Regierungskonferenz 2000 (KOM (2000) 34 endgültig).

hangs leuchtet allein schon deswegen ein, weil die Bürger von einem durch direkte Wahl bestimmten Regierungschef subjektiv mehr zu erwarten pflegen als von einem nur indirekt legitimierten und der Regierungschef folglich im Falle der Direktwahl über stärkere Machtbefugnisse verfügen muß, um diesen Erwartungen gerecht werden zu können; andernfalls droht das Entstehen einer permanenten Enttäuschung der Wähler über die mangelnde Handlungsfähigkeit ihres politischen Führungspersonals, was unter diesen Umständen das Vorliegen einer verfassungsrechtlichen Fehlkonstruktion anzeigt[163]. So erscheint beispielsweise im amerikanischen Modell angesichts der direkten Volkswahl des Präsidenten die Konzentration aller Exekutivgewalt in seiner Person schlicht konsequent. In Deutschland findet die Wahl des Bundeskanzlers demgegenüber – bedingt durch die Grundstrukturen des parlamentarischen Regierungssystems – indirekt über das Parlament statt. Der Kanzler muß sich daher mit seiner parlamentarischen Mehrheit arrangieren, die außerdem in der Regel nur über Koalitionsbildungen zustandekommt. Das hat besondere Zwänge bei der Kabinettsbildung und der letztlichen Politikformulierung zur Folge[164], denen auf der verfassungsrechtlichen Ebene die relativ eigenständige Stellung der Bundesminister und die Gesamtverantwortlichkeit der Bundesregierung als Kollektivorgan entsprechen. Im europäischen System schließlich wurden die Mitglieder der Kommission bislang alle gem. Art. 158 II EGV (alt) von den Regierungen der Mitgliedstaaten „im gegenseitigen Einvernehmen" ernannt und vom Europäischen Parlament lediglich als „Kollegium" bestätigt, so daß der Kommissionspräsident im Verhältnis zu den übrigen Kommissaren gar keine gesteigerte Legitimation besaß, woraus sich das Fehlen jeglicher Vorrechte des Präsidenten zwanglos erklärt.

Für die Ausprägung des Intraorganrespekts auf Regierungsebene kann man damit als korrespondierende Grundregel formulieren: Je indirekter die Rückbindung des Regierungschefs an eine unmittelbare demokratische Legitimation durch das Volk ausgestaltet ist, desto bedeutender wird die Rolle, die der Gedanke des Intraorganrespekts im Verhältnis zwischen ihm und den anderen Regierungsmitgliedern spielt. In der amerikanischen Verfassungsordnung tendiert die Relevanz dieses Gedankens demzufolge gegen Null, da der direkt gewählte Präsident verfassungsrechtlich in keiner Weise gehalten ist, einen Eigenbereich seiner Minister zu respektieren, sondern vielmehr jederzeit nach Belieben auf einzelne Politikbereiche zugreifen kann, wobei die zuständigen Minister seinen Weisungen zu folgen haben[165]. Im Gegensatz dazu baut Art. 65 GG mit der prinzipiell gleichwertigen Normierung von Richtlinienkompetenz und Ressortprinzip ein Spannungsfeld auf, des-

---

[163] Ein illustratives Beispiel hierfür liefert die Lage in Israel nach der Einführung der Direktwahl des Ministerpräsidenten bei ansonsten weitgehender Beibehaltung des klassischen parlamentarischen Regierungssystems: Die Anforderungen an eine positive Parlamentsmehrheit blieben im wesentlichen gleich, der Sturz des Regierungschefs wurde jedoch erheblich erschwert – mit dem Ergebnis einer dauerhaften Lähmung der israelischen Politik, also dem genauen Gegenteil dessen, was man mit der Einführung der Direktwahl hatte erreichen wollen.

[164] Darauf wurde oben unter b) (246) schon hingewiesen; vgl. a. nochmals *v. Beyme* (Fn. 56), 140 f.

[165] Vgl. i. einz. oben a) (244 f.), insbes. die in Fn. 146 angeführte bezeichnende Anekdote.

sen Entschärfung die Bereitschaft zum Intraorganrespekt geradezu zwingend voraussetzt: Zwar treffen die aus diesem Grundsatz fließenden Loyalitätsgebote in erster Linie die Minister, die den Richtlinienvorgaben des Kanzlers selbst dort noch Respekt und Befolgung schulden, wo sie sich zu konkreten Einzelweisungen verdichten. Soll das Ressortprinzip jedoch nicht zur völligen Bedeutungslosigkeit verkommen, so muß auch dem Kanzler umgekehrt eine Respektsverpflichtung dahingehend obliegen, daß er seinen Ministern die eigenverantwortliche Leitung ihrer Geschäftsbereiche zu ermöglichen hat, was für die Streitfrage konkreter Einzelweisungen bedeutet, daß der Kanzler von diesem Mittel zurückhaltend Gebrauch machen muß und in der Tat nur bei zentralen politischen Fragen dazu greifen darf[166]. In ähnlicher Weise verkörpert das in Art. 65 S. 3 GG kodifizierte Kabinettsprinzip eine besondere Spielart des Intraorganrespekts dergestalt, daß sowohl der Bundeskanzler als auch die einzelnen Bundesminister in bestimmten Angelegenheiten auf die Meinung des gesamten Kollegiums Rücksicht zu nehmen haben. Für die vom Kollegialprinzip beherrschte Europäische Kommission stellt diese Spielart sogar die ausschlaggebende Erscheinungsform dieser Ordnungsidee dar. Dabei belegen gerade die mit dem Vertrag von Amsterdam eingeführten Modifikationen[167] in höchst aktueller Weise die oben postulierte Korrelation zwischen der Bestimmung der Exekutivspitze und der Ausgestaltung des dort geltenden Intraorganrespekts: Solange sich die Legitimation des Kommissionspräsidenten nicht von der der übrigen Kommissare unterschied, entsprachen sich auch die jeweiligen Rücksichtnahmepflichten in Anspruch und Gewicht. Die Legitimationssteigerung aber, die der Kommissionspräsident von nun an durch die gesonderte Zustimmung des Europäischen Parlaments zu seiner Person und durch das Erfordernis seines Einvernehmens bei der Benennung der weiteren Kommissionsmitglieder erfahren wird, verlangt nach der oben statuierten Grundregel eine asymmetrische Verschiebung des Intraorganrespekts zu seinen Gunsten – und genau dies bewirkt Art. 2 Nr. 41 des

---

[166] Die Anwendung des Intraorganrespekts auf diese Problematik belegt damit zugleich den zutreffenden Charakter des oben unter b) (245) schon als „überwiegende Ansicht" gekennzeichneten Lösungsansatzes, dem Bundeskanzler ein Einzelweisungsrecht nur ausnahmsweise in „hochpolitischen" Angelegenheiten zuzugestehen; vgl. dazu die Nachweise in Fn. 148. Aus der neuesten Verfassungspraxis – vgl. dazu die Berichterstattung in: FAZ vom 15.12.1998, 1 f. – sei als Beispiel für das dringende Bedürfnis nach einem solchen Prinzip die Nichteinladung des fachlich zuständigen Bundesumweltministers Trittin durch Bundeskanzler Schröder zu den Energiekonsensgesprächen mit der Stromindustrie erwähnt. Der vom Bundeskanzler in diesem Zusammenhang geprägte Satz „Wen ich einlade, den lade ich ein" zeugt von einer besonders offenkundigen Mißachtung des vom Ressortprinzip gebotenen Intraorganrespekts. Umgekehrt ließ auch die „Revanche" des Umweltministers, die Reaktorsicherheits- und Strahlenschutzkommission ohne Rücksprache mit dem Kanzleramt aufzulösen (FAZ vom 23.12.1998, 1 f.), den nötigen Respekt gegenüber der Richtlinienkompetenz des Kanzlers vermissen. Denn wenn der Bundeskanzler einmal klargemacht hat, daß er eine bestimmte Angelegenheit als zentrale politische Frage betrachtet und damit zur „Chefsache" erklärt, müssen dies auch die zuständigen Fachminister respektieren. Allg. zur Funktion der hier involvierten Prinzipien unter dem Aspekt des vom Intraorganrespekt gebotenen Interessenausgleichs *Matthias Ruffert*, Interessenausgleich im Verwaltungsorganisationsrecht, in: Ingo Erberich u.a. (Hg.), Frieden und Recht, 1998, 157–182, 165 ff., zus.fass. 174 f.

[167] Dazu oben c) (248), insbes. Fn. 162.

Amsterdamer Vertrages, der die Kommission insgesamt darauf verpflichtet, in Zukunft die „politische Führung" ihres Präsidenten zu respektieren.

Abschließend sei in diesem Zusammenhang noch einmal darauf hingewiesen, daß sich die Bedeutung des Intraorganrespekts auf Regierungsebene nicht auf die bislang erörterte Frage der prinzipiellen Ausformung des Verhältnisses zwischen Regierungschef und Ressortleitern beschränkt, wenngleich es sich dabei natürlich um die grundlegende Problemstellung handelt. Speziell im Anwendungsbereich des Kollegialprinzips fungiert der Grundsatz des Intraorganrespekts jedoch darüber hinaus als Quelle positiver Verhaltenspflichten. Ablesen läßt sich dies insbesondere an der einschlägigen Rechtsprechung von Bundesverfassungsgericht und Europäischem Gerichtshof zur Gültigkeit von Kollegialentscheidungen[168], wonach eine rechtzeitige und umfassende Information und Konsultation aller Mitglieder des Kollegiums als immanente Voraussetzung einer wirksamen Entscheidung anzusehen ist.

2. Begründungsmöglichkeiten eines Interorganrespekts zwischen Regierung und Verwaltung

Neben der Machtverteilung auf der obersten Exekutivebene kommt unter dem Gesichtspunkt der Gewaltenbalance besondere Wichtigkeit der Frage zu, welche Weisungs- und Kontrollrechte die Exekutivspitze gegenüber den nachgeordneten Verwaltungsebenen geltend machen kann bzw. inwieweit einzelne Verwaltungsorgane ihrer Kontrolle entzogen werden können. Der Gedanke des Interorganrespekts kommt dabei in zweifacher Hinsicht ins Spiel: Zum einen liefert er ein potentielles Beurteilungskriterium dafür, bis zu welchem Grade die Legislative bestimmte Verwaltungsbereiche aus der allgemeinen Hierarchie der Exekutive ausgliedern darf; zum anderen verkörpert er die mögliche Konsequenz einer solchen Ausgliederung im Verhältnis zwischen Regierung und Verwaltung.

a) Grundsatz: Hierarchie statt Respekt

Als Ausgangspunkt der entsprechenden Betrachtung muß zunächst der in allen drei zum Gegenstand dieser Untersuchung gemachten Verfassungssystemen identische Grundsatz von Hierarchie und Kontrolle zugrundegelegt werden. Läßt man die besondere Problematik des einzelstaatlichen Verwaltungsvollzugs von Bundes- bzw. Gemeinschaftsrecht beiseite und konzentriert sich entsprechend der Aufgabenstellung der vorliegenden Arbeit auf die Umsetzung dieses Rechts durch bundeseigene bzw. gemeinschaftsunmittelbare Institutionen, so ergibt sich auf den ersten Blick eine scheinbar klare Grundstruktur: Die Verwaltungsebenen sind der Regierungsebene insgesamt hierarchisch untergeordnet und unterliegen ihrer Kontrollmacht in umfassender Weise. Für die USA folgt dies aus der bereits erwähnten monokratischen Struktur der obersten Exekutivebene, nach der sich die gesamte vollziehende

[168] Vgl. die Nachweise oben Fn. 156 und 160.

Gewalt in der Hand des Präsidenten konzentriert[169]; Art. II Sect. 3 der amerikanischen Verfassung bestätigt das noch einmal ausdrücklich, indem er dem Präsidenten die Aufgabe zuweist: „he shall take Care that the Laws be faithfully executed“[170]. Im deutschen Modell entspricht die Unterordnung der Verwaltung unter die Leitung der Regierung einem Grundcharakteristikum des parlamentarischen Regierungssystems, wonach die Mitglieder der Regierung dem Parlament gegenüber die Verantwortung für das gesamte Handeln der Exekutive tragen sollen[171]. Die europäische Vertragsordnung schließlich hat die Kommission – die ohnedies keine Regierung im klassisch-nationalstaatlichen Sinne darstellen soll[172] – bewußt in erster Linie als Zentralorgan der gemeinschaftsunmittelbaren Vollziehung konzipiert und mit der Aufsicht über die nachgeordneten Verwaltungsorgane der Gemeinschaft betraut[173].

Für die Zwecke unserer Analyse bleibt in diesem Zusammenhang nur festzuhalten: Soweit diese Grundstrukturen reichen, kann der Gedanke des Interorganrespekts keine Anwendung finden. Denn Interorganrespekt kann sich per definitionem nur in einem Verhältnis entwickeln, das zumindest partiell auf einer Gleichrangigkeit der beteiligten Organe basiert. Wo dagegen strikt hierarchische Strukturen dominieren, bleibt für die Idee des Interorganrespekts kein Raum. Im Bereich der Verwaltungskontrolle durch die Regierung sind für uns daher von vornherein nur jene Bereiche von Interesse, in denen der Grundsatz der hierarchischen Unterworfenheit der Verwaltung unter die oberste Exekutivebene eine Durchbrechung erfahren hat.

b) Allgemeine Ausnahme: Ministerialfreie Räume im Bereich der Finanzkontrolle

Dabei läßt sich zunächst eine interessante Einigkeit der drei hier betrachteten Systeme konstatieren, die die Durchbrechung dieses Grundsatzes in dem besonders zentralen Bereich der Finanzkontrolle betrifft: Soweit es um die Gestaltung der Geld- und Währungspolitik und um die Kontrolle des Finanzgebarens der Exekutive geht, schließen sie alle die Weisungs- und Kontrollbefugnis der Regierung gegenüber den damit betrauten Institutionen aus. Im einzelnen geschieht dies durch folgende Mechanismen:

– In Deutschland institutionalisiert Art. 88 GG die Bundesbank als Währungs- und Notenbank der Bundesrepublik. Über ihre „Ministerialfreiheit“ sagt die Verfassung selbst allerdings noch nichts. Erst das Bundesbankgesetz qualifiziert sie in § 2 S. 1 als „bundesunmittelbare juristische Person des öffentlichen Rechts“ und stellt

---

169 Oben 1. a) (244 f.).

170 Näher hierzu stv. *Brugger* (Fn. 30), 167 ff.; *Pierce/Shapiro/Verkuil* (Fn. 31), 78 ff.; vgl. aber auch zu den faktischen Grenzen der Implementation dieser verfassungsrechtlichen Vorgabe *Jäger* (Fn. 80), 151; u. *Filzmaier/Plasser* (Fn. 23), 108 f.

171 Statt vieler: *Stern* (Fn. 3), 790.

172 Vgl. schon oben 4. Kap. II. 3. (136).

173 In diesem Sinne bspw. *Hans-Wolfgang Arndt*, Europarecht, 3. Aufl. 1998, 30; *Schweitzer/Hummer* (Fn. 46), 127 f. (Rn. 429 ff.); *Beutler/Bieber/Pipkorn/Streil* (Fn. 46), 141 f.

sie in § 12 „von Weisungen der Bundesregierung unabhängig“. Diese Herauslösung der Bundesbank aus der allgemeinen ministeriellen Hierarchie hat in der Literatur heftige Diskussionen über ihre mögliche Qualität als eigenständiges Verfassungsorgan ausgelöst[174], die im Kontext unseres Themas jedoch nicht weiter zu vertiefen sind. Jedenfalls hatte sich die Bundesbank, wie zuletzt ihre Auseinandersetzung mit dem Finanzminister über die Neubewertung ihrer Goldbestände zeigte, im Laufe der Jahre eine derartige Reputation erworben, daß ein Angriff auf ihre Unabhängigkeit schließlich sogar von seiten des Gesetzgebers nicht mehr denkbar schien. Mit der Einführung der Europäischen Währungsunion, die die Bundesbank freilich entsprechend Art. 88 S. 2 GG ihrer wichtigsten Befugnisse beraubt hat[175], ist eine gesetzliche Aufhebung der Unabhängigkeit der Bundesbank außerdem nunmehr durch Art. 109 (ex-Art. 108) EGV ausdrücklich ausgeschlossen.

Im Gegensatz zur Bundesbank ist der Bundesrechnungshof in seiner Unabhängigkeit nicht nur gegenüber der Regierung, sondern auch gegenüber dem Parlament direkt in der Verfassung selbst gesichert. Art. 114 II 1 GG verleiht den Mitgliedern des Rechnungshofes den Status richterlicher Unabhängigkeit und trifft darüber hinaus für die gesamte Institution eine verfassungsunmittelbare Kompetenzzuweisung[176]. Diese ist allerdings nicht abschließend zu verstehen; vielmehr kann der Gesetzgeber dem Rechnungshof weitere Befugnisse übertragen, soweit er dadurch nicht in der Erfüllung seiner unmittelbar von der Verfassung vorgegebenen Prüfungsaufgabe beeinträchtigt wird[177].

– Im europäischen Raum mißt der EG-Vertrag der Unabhängigkeit der neugegründeten Europäischen Zentralbank eine noch erhebliche größere Bedeutung zu. Art. 108 (ex-Art. 107) EGV verbietet jede Weisung „von Organen oder Einrichtungen der Gemeinschaft, Regierungen der Mitgliedstaaten oder anderen Stellen“. Die in Art. 112 II (ex-Art. 109 a II) EGV festgelegte achtjährige Amtszeit der Direktoriumsmitglieder bei gleichzeitiger Unzulässigkeit der Wiederernennung soll darüber hinaus sicherstellen, daß sich die Führungspersonen der Zentralbank auch personell jeder Abhängigkeit und Einflußnahme entziehen können, wenngleich der

---

174 Vgl. etwa *Stern* (Fn. 3), 469 („einem Regierungsorgan vergleichbar“); *Hugo J. Hahn*, Die Deutsche Bundesbank im Verfassungsrecht, in: BayVBl. 1982, 33–37, 70–75, 70 f. („atypische selbständige Anstalt des öffentlichen Rechts“); *Kay Waechter*, Geminderte demokratische Legitimation staatlicher Institutionen im parlamentarischen Regierungssystem, 1994, 206 („autonomes Kontrollorgan“); ohne klare Entscheidung *Detlef Czybulka*, Die Legitimation der öffentlichen Verwaltung, 1989, 144 f.; jew. m.w.N.

175 Näher hierzu etwa *Martin Weber*, Die Kompetenzverteilung im Europäischen System der Zentralbanken bei der Festlegung und Durchführung der Geldpolitik, 1995, 86 ff.; u. *Rainer Stadler*, Der rechtliche Handlungsspielraum des Europäischen Systems der Zentralbanken, 1996, 156 ff.

176 Allg. zur institutionellen Garantie des Bundesrechnungshofs und zu seiner Stellung als „oberste Bundesbehörde“ gem. § 1 BRHG *Czybulka* (Fn. 174), 143 f.; *Schmidt-Bleibtreu/Klein* (Fn. 12), Art. 114 Rn. 6 f.

177 Vgl. i. einz. *Thomas Puhl*, Budgetflucht und Haushaltsverfassung, 1996, 409 ff. m.w.N.; zur Reichweite der Kontrollrechte des Bundesrechnungshofs zuletzt auch VGH München NVwZ 1996, 1130 ff.

Streit um die Ernennung des ersten Zentralbankpräsidenten insoweit gewisse Zweifel hat aufkeimen lassen[178].

Für den schon länger etablierten Europäischen Rechnungshof finden sich die entsprechenden Vertragsbestimmungen – mit Ausnahme der nach Abs. 3 unterschiedlichen Amtszeit und der Zulassung der Wiederernennung – in Art. 247 (ex-Art. 188 b) EGV. Dessen vierter Absatz normiert ebenfalls ein Verbot jeglicher „Anweisungen von einer Regierung oder einer anderen Stelle" und verlangt, daß die Mitglieder des Rechnungshofes ihre Tätigkeit „in voller Unabhängigkeit zum allgemeinen Wohl der Gemeinschaft" ausüben sollen. Spezielle Inkompatibilitäts- und Immunitätsregeln bieten zusätzliche Absicherungen ihrer personellen Unabhängigkeit[179].

– Vorschriften vergleichbarer Art kennt die amerikanische Verfassung nicht, und dennoch hat auch dort der Kongreß es geschafft, dem Präsidenten die Kontrolle der Geld- und Währungspolitik weitgehend zu entwinden. Erreicht hat er dies dadurch, daß er das entscheidende Gremium auf Bundesebene – das „Board of Governors of the Federal Reserve System" – zu einer sogenannten „independent regulatory agency" erklärt hat[180]. Auf diese besondere, inzwischen in zahlreichen weiteren Verwaltungsbereichen genutzte einfachgesetzliche Konstruktion soll sogleich noch näher eingegangen werden.

Die unmittelbare Kontrolle des exekutiven Finanzgebarens hat sich der Kongreß schließlich selbst vorbehalten. Zu diesem Zweck unterhält er mit dem „General Accounting Office" eine eigene, dem mit der Haushaltsplanung betrauten „Congressional Budget Office" vergleichbare Verwaltungseinheit[181]. Ihr Leiter, der „Comptroller-General", wird zwar vom Präsidenten ernannt; dies geschieht jedoch auf der Basis einer vom Kongreß aufgestellten Kandidatenliste. Zudem kann der „Comptroller-General" seine Position im Gegensatz zu allen „normalen" Verwaltungsbeamten auf eine Initiative des Kongresses hin verlieren und ist daher vom Supreme Court als „agent of Congress" qualifiziert worden[182].

---

[178] Neben dieser funktionellen und personellen Unabhängigkeit kann man auch noch die instrumentellen, strukturellen und institutionellen Sicherungen der Unabhängigkeit der EZB unterscheiden. Zu alledem ausführlich *Jan Endler*, Europäische Zentralbank und Preisstabilität, 1998, 405 ff.; vgl. a. *Martin Selmayr*, Gefahr für die Europäische Zentralbank?, in: Europa-Blätter 1998, 39–44; *Werner Heun*, Die Europäische Zentralbank in der Europäischen Währungsunion, in: JZ 1998, 866–876, 874 ff.; u. zuletzt *Helge Sodan*, Die funktionelle Unabhängigkeit der Zentralbanken, in: NJW 1999, 1521–1524; krit. zu den Umständen der Präsidentenernennung *Ulrich Häde*, Zur Rechtmäßigkeit der Entscheidungen über die Europäische Wirtschafts- und Währungsunion, in: JZ 1998, 1088–1095, 1093.

[179] I. einz. hierzu stv. *Siegfried Magiera*, in: Grabitz/Hilf (Fn. 48), Art. 188 b EGV Rn. 5.

[180] 44 U.S.C. § 3502 (10); vgl. a. *Linneweber* (Fn. 28), 60; *Filzmaier/Plasser* (Fn. 23), 132; *Brugger* (Fn. 30), 168.

[181] Vgl. näher *Werner Heun*, Das Budgetrecht im Regierungssystem der USA, 1989, 22; *Strauss* (Fn. 31), 58 f.; *Fisher* (Fn. 18), 215.

[182] *Bowsher v. Synar*, 478 U.S. 714 (1986).

c) Sonstige Bereiche eingeschränkter Verwaltungskontrolle durch die Regierung

Außerhalb dieses gemeinsamen Ausnahmebereiches kennt jedes der drei zum Gegenstand dieser Untersuchung gemachten Verfassungssysteme noch besondere Organisationsformen der Verwaltung, mit denen ihre Kontrolle seitens der Regierung von der Legislative in bestimmten Arbeitsfeldern eingeschränkt werden kann.

aa) „Independent Administrative Agencies" in den USA

In den USA geschieht dies vor allem durch die Konstruktion der „independent administrative agencies". Unter diesem Sammelbegriff werden alle diejenigen Verwaltungseinheiten zusammengefaßt, die nicht in die allgemeine Hierarchie der Ministerien eingegliedert sind. Innerhalb dieser Kategorie ist allerdings weiter zu unterscheiden: Die sogenannten „independent executive agencies" wie der Nachrichtendienst CIA und die Umweltbehörde EPA gehören noch unzweifelhaft zum Bereich der Exekutive; ihre „Unabhängigkeit" besteht lediglich darin, daß sie keinem einzelnen Minister, sondern direkt dem Präsidenten unterstellt sind[183]. Im Rahmen unserer Untersuchung ist daher nur die zweite Spielart von Interesse: die „independent regulatory agencies" bzw. „commissions" von der Art des Federal Reserve Board. Verwaltungsträger dieser Art werden vom Kongreß – dessen Intentionen sich freilich nicht in jedem Einzelfall nachvollziehen lassen – in der Regel dann eingerichtet, wenn eine gewisse Unabhängigkeit der Behörde gegenüber dem Präsidenten angestrebt wird[184]. Die Verwirklichung dieses Ziels geschieht in erster Linie durch eine Organisation der Behördenspitze nach dem Kollegialprinzip und durch eine Beschränkung der Entlassungskompetenz des Präsidenten: Die „agency" wird nicht von einem einzelnen „administrator", sondern von einer „commission" geleitet; die Mitglieder dieses Führungsgremiums werden zwar nach dem gewöhnlichen, in Art. II Sect. 2 Cl. 2 der Verfassung vorgesehenen Verfahren mit Zustimmung des Senats vom Präsidenten ernannt, der Präsident muß dabei jedoch bestimmte gesetzliche Vorgaben insbesondere hinsichtlich der parteipolitischen Mehrheiten beachten; und schließlich kann der Präsident einen „commissioner" im Gegensatz etwa zu seinen Ministern nur aus begründetem Anlaß entlassen[185]. Alle diese Vorkehrungen können die betroffenen Behörden zwar nicht dem Einflußbereich des Präsidenten entziehen, ihm jedoch den direkten Zugriff auf die entsprechenden Politikbereiche erheblich erschweren.

---

[183] Vgl. etwa *Linneweber* (Fn. 28), 57 f. m.w.N.; *Filzmaier/Plasser* (Fn. 23), 131.

[184] Da der Kongreß wegen des allgemeinen Gewaltenteilungsprinzips selbst keine Verwaltungsaufgaben übernehmen kann, bedeutet Unabhängigkeit vom Präsidenten in diesem Fall zugleich generelle Unabhängigkeit, weswegen die „independent regulatory agencies" schon frühzeitig als „headless fourth branch" bezeichnet worden sind. Vgl. *Pierce/Shapiro/Verkuil* (Fn. 31), 89 et seq. m.w.N.; auch *Brugger* (Fn. 30), 172; u. zur historischen Entwicklung der „independent regulatory commissions" ausführlich *Oliver Lepsius*, Verwaltungsrecht unter dem Common Law, 1997, 68 ff.

[185] Vgl. statt vieler die Übersichten bei *Strauss* (Fn. 31), 91 f.; u. *Linneweber* (Fn. 28), 59 ff.

Das Konzept der „independent regulatory agencies" steht damit auf den ersten Blick im Widerspruch zu der verfassungsrechtlichen Grundkonstruktion des Präsidenten als einer einheitlichen Exekutivspitze, die gem. Art. II Sect. 3 der Verfassung die generelle Verantwortung dafür tragen soll „that the Laws be faithfully executed". Der Supreme Court hat dementsprechend auch beträchtliche Schwierigkeiten, in der Behandlung dieser „agencies" zu einer einheitlichen Linie zu finden: Er begann zunächst mit einer deutlichen Zurückweisung der Versuche des Kongresses, selbst Einfluß auf die Abberufung hoher Verwaltungsbeamter nehmen zu können, indem er eine Klausel, die dem Präsidenten analog zum Ernennungsverfahren die Entlassung ebenfalls nur mit Zustimmung des Senats zugestehen wollte, für verfassungswidrig erklärte[186]. Die These, daß die Entlassungskompetenz des Präsidenten vom Kongreß gar nicht beschränkt werden dürfe, fand vor den Augen des Gerichtshofs jedoch ebensowenig Gnade[187]: so entstanden die heute in den jeweiligen Gesetzen festgelegten sachlichen Begrenzungen des Präsidenten hinsichtlich der Abberufung von Mitgliedern der „independent regulatory commissions". Die neuere Rechtsprechung des Supreme Court signalisiert nunmehr die Anwendung eines flexiblen Beurteilungsmaßstabs, in dem neben dem hergebrachten Gewaltentrennungsverständnis die Gedanken der Machtbalance und der Sicherung der „core functions" aller drei Staatsgewalten entscheidende Rollen spielen[188]. Damit bewegt sich der Gerichtshof zunehmend in die Richtung eines der Idee des Interorganrespekts eng verwandten Gedankenguts, was im folgenden noch näher herausgearbeitet werden soll.

bb) Weisungsfreiheiten im deutschen Verwaltungssystem und europäische Äquivalente

Im deutschen Modell, das von vornherein nicht vom Konzept einer einheitlichen Exekutivspitze ausgeht, sondern eine erhebliche „Binnendifferenzierung" der vollziehenden Gewalt aufweist[189], finden sich schon von Verfassungs wegen zahlreiche Ausgliederungen von Verwaltungsbereichen aus der allgemeinen ministeriellen Hierarchie, unter denen diejenigen der Gemeinden und Gemeindeverbände, der Universitäten und der Rundfunkanstalten die bekanntesten sein dürften. Generell wird hier vor allem die Unterscheidung zwischen unmittelbarer und mittelbarer Staatsverwaltung von Bedeutung, an der das Grundgesetz festhält, um so einen gewissen Grad an Dezentralisierung und Autonomie innerhalb der Verwaltung zu erreichen[190]. Zwar bleiben auch die zur letzteren Kategorie gehörenden „selbständi-

---

186 *Myers v. U.S.*, 272 U.S. 52 (1926).

187 *Humphrey's Executor v. U.S.*, 295 U.S. 602 (1935).

188 *Morrison v. Olson*, 487 U.S. 654 (1988), bes. 689 ff.; vgl. a. *Mistretta v. U.S.*, 488 U.S. 361 (1989), bes. 408 ff.

189 I. einz. hierzu *Czybulka* (Fn. 174), 118 ff.

190 Statt vieler: *Stern* (Fn. 3), 791 f.; *Walter Rudolf*, Verwaltungsorganisation, in: Hans-Uwe Erichsen (Hg.), Allgemeines Verwaltungsrecht, 10. Aufl. 1995, 683–737, 699 f., 722 ff.; *Heiko Faber*, Verwaltungsrecht, 4. Aufl. 1995, 53 ff.

gen juristischen Personen des öffentlichen Rechts" grundsätzlich der Aufsicht der staatlichen Exekutive unterworfen; in der Regel handelt es sich dabei aber nur um eine Rechtsaufsicht[191]. Soweit es an fachaufsichtlichen Weisungsbefugnissen fehlt, kann man daher in aller Vereinfachung von einer zumindest partiellen Unabhängigkeit der entsprechenden mittelbaren Verwaltungsträger reden.

Im Zusammenhang unseres Themas erweist sich allerdings die Frage, inwieweit der Gesetzgeber innerhalb der unmittelbaren Staatsverwaltung sogenannte „ministerialfreie Räume" schaffen darf – was grundsätzlich mit einem Verzicht auf seine eigenen, im nächsten Abschnitt noch zu behandelnden Kontrollkompetenzen einhergeht[192] –, als die interessantere. Diese Problematik ist unter der Geltung des Grundgesetzes seit jeher heiß umstritten gewesen und kann im Rahmen der vorliegenden Arbeit auch nur im Grundsatz erörtert werden. Aus den ersten Jahren der Bundesrepublik stammt hierzu die apodiktische Auffassung, ministerialfreie Räume der fraglichen Art dürfe es gerade um des Erhalts der parlamentarischen Kontrolle willen auf unterverfassungsrechtlicher Basis überhaupt nicht geben[193]. Hierüber ist die ständige Staatspraxis relativ rasch hinweggegangen; als Beispiele seien etwa die Bundesprüfstelle für jugendgefährdende Schriften, der Bundespersonalausschuß sowie die Ausschüsse für Kriegsdienstverweigerer und die Musterungsausschüsse genannt[194]. Einigkeit besteht dennoch dahingehend, daß der Gesetzgeber nicht nach Belieben ministerialfreie Räume schaffen darf. Denn jeder solche Raum reißt eine Lücke in die durch Art. 65 S. 2 GG allgemein garantierte ministerielle Leitungsbefugnis und erweckt außerdem unter dem Aspekt des Demokratieprinzips Bedenken, da er die Verantwortlichkeit der darin tätigen Akteure gegenüber dem Parlament reduziert[195].

Die gleichzeitig zur Rechtfertigung wie zur Begrenzung ministerialfreier Räume vorgebrachten Argumente differieren erheblich. Das Bundesverfassungsgericht stellt wesentlich auf die „politische Tragweite" der ausgegliederten Befugnisse

---

[191] Näheres zu den in diesem Bereich bestehenden vielfältigen Differenzierungen, auf die im Rahmen dieser Arbeit nicht weiter eingegangen werden kann, bspw. bei *Rudolf* (Fn. 190), 701 ff.; oder *Hans Peter Bull*, Allgemeines Verwaltungsrecht, 5. Aufl. 1997, 71 (Rn. 152), 77 ff. (Rn. 166 ff.).

[192] Vgl. *Eckart Klein*, Die verfassungsrechtliche Problematik des ministerialfreien Raumes, 1974, 190 ff., der daher auch (67) mit Recht darauf hinweist, „ministerialfrei" und „parlamentsfrei" seien insoweit synonyme Begriffe. Davon zu unterscheiden ist der Versuch der *Regierung* selbst, bestimmte Verwaltungsbereiche durch Ausgliederung aus der Ministerialbürokratie der parlamentarischen Kontrolle zu entziehen, der im nächsten Abschnitt noch zu behandeln sein wird.

[193] So z.B. *Hellmuth Loening*, Der ministerialfreie Raum in der Staatsverwaltung, in: DVBl. 1954, 173–180, 175 ff.

[194] Vgl. die Beispiele bei *Janbernd Oebbecke*, Weisungs- und unterrichtungsfreie Räume in der Verwaltung, 1986, 170 ff.; sowie die Sammlungen bei *Carl Peter Fichtmüller*, Zulässigkeit ministerialfreien Raums in der Bundesverwaltung, in: AöR 91 (1966), 297–355, 307 ff.; u. *Klein* (Fn. 192), 58 ff.

[195] Vgl. i. einz. *Oebbecke* (Fn. 194), 24 ff., 139; sowie *Waechter* (Fn. 174), 32 ff., 168; u. aus dem amerikanischen Blickwinkel rechtsvergleichend *David P. Currie*, The Constitution of the Federal Republic of Germany, 1994, 145 ff.

ab[196]. Zahlreiche ältere Autoren versuchen ministerialfreie Räume aus der „Natur der Sache" zu begründen, etwa wenn eine Kollegialentscheidung ermöglicht werden soll[197], eine politische Neutralisierung bestimmter Entscheidungen beabsichtigt ist, was insbesondere im Prüfungs- und Beurteilungswesen zutrifft[198], oder ganz einfach eine besondere Sachkompetenz zum Tragen gebracht werden soll[199]. *Oebbecke* will Einschränkungen der ministeriellen Leitungsbefugnis nur „mit Rücksicht auf kollidierende Verfassungsrechtsgüter", insbesondere die Grundrechte, zulassen[200]. *Waechter* entwickelt ein Modell, nach dem Ministerialfreiheit in bestimmten „Kontrollbereichen" gerechtfertigt sein soll, in denen „Fehlfunktionen der existierenden staatlichen Institutionenordnung durch die Einrichtung von Gegenkräften kompensiert werden sollen", denen insoweit eine besondere „treuhänderische Verantwortlichkeit" zufällt[201]. In einer Hinsicht sind sich freilich alle einig: Ministerialfreie Räume müssen die Ausnahme bleiben und dürfen die verfassungsrechtlich vorgegebene Machtverteilung zwischen Parlament und Regierung nicht grundsätzlich in Frage stellen[202]. Hier liegt der zentrale Ansatzpunkt für eine gleich noch zu thematisierende Anwendung des Prinzips vom Interorganrespekt.

Eine den „ministerialfreien Räumen" vergleichbare Rechtsfigur, die bestimmte Bereiche des (externen) gemeinschaftsunmittelbaren Verwaltungsvollzugs der Kontrolle der Kommission entziehen würde, existiert auf sekundärrechtlicher Basis in Europa nicht. Allerdings sind dort im Laufe der Zeit – meistens aufgrund von vertragsergänzenden Entscheidungen nach Art. 308 (ex-Art. 235) EGV – einige besondere Verwaltungsstellen entstanden, die über eigene Entscheidungsbefugnisse und zum Teil sogar über eine eigene Rechtspersönlichkeit verfügen. Zu nennen sind hier beispielsweise die in Art. 159 (ex-Art. 130 b) EGV erwähnten „Finanzierungs-

---

196 So schon BVerfGE 9, 268, 282; vgl. a. BVerfGE 22, 106, 113 f.; BVerwGE 46, 55, 57; u. *Klein* (Fn. 192), 211 ff.

197 Z.B. *Ernst Rasch*, Die staatliche Verwaltungsorganisation, 1967, 52.

198 Selbst *Loening* (Fn. 193), 175, macht hierfür eine Ausnahme von seinem ansonsten aufgestellten Postulat. Vgl. weiter BVerwGE 12, 359, 363; 14, 31, 34; *Fritz Ossenbühl*, Verwaltungsvorschriften und Grundgesetz, 1968, 340 f., 442 – einschränkend allerdings *ders.*, Die pädagogische Freiheit und die Schulaufsicht, in: DVBl. 1982, 1157–1165, 1163 f.; *Gerhard Zimmer*, Funktion – Kompetenz – Legitimation, 1979, 286 f.; auch *Fichtmüller* (Fn. 194), 310; u. *Hans Peter Bull*, in: AK-GG (Fn. 60), Art. 86 Rn. 28; teilw. *a.A. Gerd Roellecke*, Rechtsaufsicht und informelle Steuerung am Beispiel der Universitäten, in: DÖV 1985, 854–862, 860.

199 In diesem Sinne etwa *Arno Risken*, Grenzen amtlicher und dienstlicher Weisungen im öffentlichen Dienst, 1969, 114 f.

200 *Oebbecke* (Fn. 194), 65 f.

201 *Waechter* (Fn. 174), 67 ff. (Zitate 169). Vgl. a. allg. *Ruffert* (Fn. 166), 175 ff., zu den Zusammenhängen zwischen der Gewaltenteilungsproblematik und der Legitimation von Verwaltungsentscheidungen unter dem Gesichtspunkt des optimalen Interessenausgleichs.

202 Darauf zielt schon die Formel des BVerfG von der (nicht-zentralen) „politischen Tragweite" der ausgegliederten Aufgaben ab, vgl. oben Fn. 196. *Fichtmüller* (Fn. 194), 353 ff., stellt in ähnlicher Weise auf die Quantität dessen ab, was dem Regierungseinfluß entzogen wird. Vgl. weiter *Stern* (Fn. 3), 791 („Regel-Ausnahme-Schema"); *Oebbecke* (Fn. 194), 128 ff., 139 („wegen der eintretenden Schwächung der Exekutive darf die Funktionsfähigkeit des verfassungsrechtlichen Systems der Machthemmung dadurch nicht aufgehoben werden"); u. *Waechter* (Fn. 174), 168 („letzte Grenze dort, wo der Kernbereich der drei Hauptstaatsfunktionen beginnt").

instrumente", namentlich die Strukturfonds[203]. Die Stellung dieser juristischen Sondereinheiten gegenüber der Kommission läßt sich unter Hinnahme einer gewissen Vergröberung in etwa mit derjenigen der mittelbaren Staatsverwaltung in Deutschland im Verhältnis zur staatlichen Exekutive vergleichen.

d) Bewertung

Eine vergleichende Analyse des Verhältnisses zwischen Regierung bzw. Exekutivspitze und Verwaltung unter dem Aspekt eines möglichen Interorganrespekts muß ihren Ausgang von den Übereinstimmungen der zum Gegenstand dieser Untersuchung gemachten Verfassungssysteme nehmen. Die erste diesbezügliche Übereinstimmung ist darin zu sehen, daß das Verlangen nach einem Interorganrespekt zwischen der Exekutivspitze und einzelnen Verwaltungsinstitutionen nur ausnahmsweise seine Berechtigung hat; denn im Normalfall sind Verwaltungsbehörden der Regierung unterstellt und haben den Anweisungen der für sie zuständigen Regierungsmitglieder zu folgen[204]. Die zweite interessante Gemeinsamkeit liegt in dem Mißtrauen, das alle drei Systeme der Regierung im Finanzbereich entgegenbringen: Geld- und Wechselkurspolitik werden ihr weitgehend aus der Hand genommen und ebenso wie die Aufgabe der abschließenden Rechnungsprüfung unabhängigen Fachleuten übertragen, die keiner übergeordneten Weisungsmacht, sondern nur einer materiellrechtlichen Bindung unterliegen, die sie auf die Verfolgung eines bestimmten Zieles wie z.B. der Geldwertstabilität verpflichtet[205]. Hinter dieser Besonderheit steckt die Furcht davor, daß die Exekutivspitze sich auf diesen Gebieten unter Hintanstellung finanzwirtschaftlicher Gesichtspunkte von rein politischen Erwägungen leiten lassen könnte, bzw. der Versuch, diesen Einflußfaktor nach Möglichkeit schon institutionell zu eliminieren[206].

Gehen die drei hier betrachteten Rechtsordnungen insoweit noch konform, so zeigen sich bereits in der Frage der entsprechenden Einflußmöglichkeiten der Legislative bemerkenswerte Unterschiede: Das amerikanische Modell wird ersichtlich noch von dem Grundsatz geleitet, daß in erster Linie der Exekutive zu mißtrauen sei; so behält der Kongreß die Rechnungsprüfung vollständig in seiner Hand

---

[203] Näher hierzu etwa *Geiger* (Fn. 43), Art. 130 b Rn. 4 m.w.N.; vgl. a. die Übersicht bei *Schweitzer/Hummer* (Fn. 46), 472 ff. (Rn. 1545 ff.); sowie *Beutler/Bieber/Pipkorn/Streil* (Fn. 46), 159 f.; u. zu den diversen Agenturen und Ämtern der EG *Reimer v. Borries*, Verwaltungskompetenzen der Europäischen Gemeinschaft, in: FS Ulrich Everling, 1995, 127–147, 143 ff. Eine verstärkte Nutzung unabhängiger Verwaltungseinrichtungen auch auf europäischer Ebene fordert bspw. *Ernst-Ulrich Petersmann*, How Can the European Union Be Constitutionalized?, in: Außenwirtschaft 50 (1995), 171–220, 201 f.

[204] Oben a) (251 f.).

[205] Vgl. § 3 BBankG u. jetzt – in Entsprechung zu Art. 88 S. 2 GG – Art. 105 I EGV bzw. Art. 114 II 1 GG u. Art. 248 (ex-Art. 188 c) EGV für die jeweiligen Rechnungshöfe.

[206] Dabei ist auch unter Ökonomen durchaus umstritten, welcher Zusammenhang genau zwischen der Unabhängigkeit der Notenbank und der Geldwertstabilität besteht. Vgl. dazu etwa *Endler* (Fn. 178), 213 ff.; *a.A. Sylvia Liebler*, Der Einfluß der Unabhängigkeit von Notenbanken auf die Stabilität des Geldwertes, 1996, 203 ff.; jew. m.w.N.

und hat die Notenbank der Verfügungsgewalt des Präsidenten so weit entzogen, wie das unter Beachtung der verfassungsrechtlichen Vorgabe einer einheitlichen Exekutivspitze überhaupt nur möglich war[207]. Im deutschen Modell stand die Unabhängigkeit der Bundesbank theoretisch ebenfalls noch lange Zeit zur Disposition des Gesetzgebers; dem Bundesrechnungshof gibt dagegen bereits das Grundgesetz eine gerichtsgleiche Unabhängigkeitsgarantie. Und auf europäischer Ebene sind Zentralbank und Rechnungshof gleichermaßen unmittelbar durch den Vertrag selbst gegen Einflußnahmen von allen nur denkbaren Seiten gesichert, was die rechtsetzenden Organe der Gemeinschaft und die Regierungen der Mitgliedstaaten ausdrücklich einschließt und damit ein nicht unbeträchtliches, in Deutschland schon aus der Diskussion um die „ministerialfreien Räume" bekanntes Problem hinsichtlich der demokratischen Legitimation ihrer Entscheidungen heraufbeschwört[208].

Zumindest für Deutschland und die USA setzen sich diese Unterschiede in der weiteren Ausgestaltung der Verwaltungskontrolle fort: Die Durchbrechungen der ministeriellen Hierarchie im Falle der amerikanischen „independent administrative agencies" beruhen in der Regel auf dem Motiv des Kongresses, für die Machtverhältnisse zwischen ihm und dem Präsidenten eine neue Form der Balance zu finden, indem er bestimmte Bereiche der Administration der unmittelbaren Verfügungsgewalt des Präsidenten entzieht und selbst über die Auswahl der „commissioners" einen größeren Einfluß auf die in diesen Bereichen verfolgte Politik zu gewinnen versucht[209]. Demgegenüber entspringt im deutschen Modell die teilweise Autonomie bestimmter juristischer Personen des öffentlichen Rechts eher dem Gedanken, daß Dezentralisation und Autonomisierung zur Steigerung von Bürgernähe und Effizienz der Verwaltung führen, und die Schaffung ministerialfreier Räume geht, wie oben schon dargelegt wurde[210], notwendig mit einem Verzicht des Parlaments auf seine eigenen Kontrollkompetenzen in den betroffenen Bereichen einher. Anders als in Amerika strebt der deutsche Gesetzgeber daher weniger nach einer Verlagerung politischer Entscheidungsbefugnisse zu seinen Gunsten als vielmehr nach einer politischen Neutralisierung bestimmter Entscheidungen durch ihre Überantwortung an ein Expertengremium.

Dieser Unterschied ist letztlich auf die systemspezifischen Differenzen der beiden Regierungssysteme zurückzuführen[211]: Da in Deutschland die Regierung ohnedies vom Vertrauen der parlamentarischen Mehrheit abhängt, ist die Befürchtung, daß sie sich bei ihren Vorgaben an die Verwaltung zu weit von den Intentionen des

---

[207] Oben b) (254) und c) aa) (255).

[208] Hierzu stv. nochmals *Endler* (Fn. 178), 262 ff., 565 ff.; vgl. a. schon für die Bundesbank *Frauke Brosius-Gersdorf*, Deutsche Bundesbank und Demokratieprinzip, 1997, bes. 103 ff., 178 ff., 292 ff.; u. *Waechter* (Fn. 174), 188 ff.; sowie allg. *Oebbecke* (Fn. 194), 67 ff.; u. *Czybulka* (Fn. 174), 56 ff., bes. 90 ff.

[209] I. einz. dazu oben c) aa) (255 f.).

[210] Oben c) bb) (257 f.).

[211] Vgl. oben 4. Kap. I. 1. a) (102 ff.) und 2. a) (106 f.).

parlamentarischen Gesetzgebers entfernen und zu eigenmächtig handeln könnte, dort verhältnismäßig gering ausgeprägt. In den USA hingegen, wo der volksgewählte Präsident persönlich vom Kongreß vollkommen unabhängig ist, wirkt das Streben der Legislative nach der Ausgliederung einzelner Verwaltungsteile als Teil des ständigen Machtkampfes zwischen ihr und der Exekutivspitze erheblich verständlicher. Dem entspricht die Beobachtung, daß der Kongreß die Unabhängigkeit der amerikanischen „independent regulatory agencies" vom Präsidenten so stark wie möglich abzusichern sucht, während die selbständigen Verwaltungsträger in Deutschland von vornherein zumindest partiell unter der Aufsicht der staatlichen Exekutive belassen werden[212].

Nach alledem läßt sich als allgemeine These formulieren: Je geringer die Abhängigkeit der Exekutivspitze von der Legislative ausfällt, desto größer wird das Bedürfnis der Legislative, Teile der Verwaltung der unmittelbaren Kontrolle durch die Exekutivspitze zu entziehen. Die Situation in der Europäischen Gemeinschaft scheint dem nur auf den ersten Blick zu widersprechen: Zwar besitzt dort das Europäische Parlament nach Art. 201 (ex-Art. 144) EGV die Möglichkeit eines Mißtrauensvotums gegen die Kommission, während dem Rat kein vergleichbares Instrument zur Verfügung steht; dennoch versucht der Rat allenfalls in geringfügigem Ausmaß, der Kommission Verwaltungszuständigkeiten zu entziehen. Ein Blick auf den Ablauf des Bestellungsverfahrens für die Kommission relativiert jedoch die Bedeutung dieser Beobachtung: Über die zukünftigen Mitglieder einer Kommission verständigen sich nach Art. 214 II (ex-Art. 158 II) EGV zunächst die Regierungen der Mitgliedstaaten, deren Vertreter wiederum den Rat bilden. Ganz offensichtlich vertraute man daher in den Reihen der Mitgliedstaaten bislang darauf, daß die so bestimmten Kommissare speziell angesichts der Möglichkeit einer Wiederernennung nicht über Gebühr zu eigenmächtigem Verwaltungshandeln neigen würden, zumal sich die gemeinschaftseigenen Vollzugskompetenzen noch immer in Grenzen halten[213]. Mit der Ausdehnung dieser Kompetenzen und der allgemeinen Stärkung der Kommission seit Maastricht sowie der durch den Amsterdamer Vertrag erfolgten Aufwertung ihres Präsidenten[214] wird dieses Vertrauen jedoch zunehmend hinfällig; und prompt läßt sich auf seiten der Mitgliedstaaten eine wachsende, die oben statuierte These bestätigende Tendenz erkennen, unter dem Banner des in Art. 5 (ex-Art. 3 b) EGV normierten Subsidiaritätsprinzips einzelne Verwaltungsbereiche wieder der Kontrolle durch die Kommission entziehen und in die einzelstaatliche Verantwortung zurück überführen zu wollen[215].

---

[212] Hierzu i. einz. nochmals oben c) (255 ff.).

[213] In einzelnen zentralen Bereichen gilt dieser Satz freilich heute schon nicht mehr, vor allem im Wettbewerbs- und Beihilferecht. Vgl. stv. *Huber* (Fn. 43), 324 ff.

[214] Dazu schon oben 1. c) (248) m.w.N.

[215] Als Beleg hierfür sei etwa die gemeinsame Initiative von Bundeskanzler Kohl und Präsident Chirac vor dem Gipfel des Europäischen Rates in Cardiff vom Juni 1998 genannt. Vgl. a. *Pierre-Alexis Feral*, Le principe de subsidiarité à la lumière du traité d'Amsterdam, in: Revue des Affaires Européennes 8 (1998), 76–82, 78 ff.

Welche Regeln lassen sich aus alledem hinsichtlich der Ausgestaltung des Interorganrespekts ableiten? Zunächst kann er als Beurteilungskriterium dafür fungieren, ob der Gesetzgeber einen bestimmten Sachbereich aus der allgemeinen administrativen Hierarchie herauslösen und einer mehr oder weniger unabhängigen Institution überantworten darf. Auszugehen ist dabei von dem Grundsatz, daß die Verwaltung insgesamt zum Bereich der Exekutive gehört. Diese Zuordnung hat die Legislative generell zu respektieren. Daraus ergibt sich, daß für die Schaffung unabhängiger Verwaltungseinheiten oder ministerialfreier Räume in der Tat ein Regel-Ausnahme-Schema gelten muß und der Kernbereich der exekutiven Zuständigkeiten nicht in einer Art und Weise angetastet werden darf, die eine grundsätzliche Verschiebung der Verantwortungsbereiche beider Staatsgewalten zur Folge hätte. Die Rechtsprechung des Bundesverfassungsgerichts, nach der Entscheidungen von zentraler „politischer Tragweite" nicht aus der Verantwortlichkeit der Regierung herausgenommen werden dürfen[216], kann in diesem Sinne ebenfalls als Ausdruck eines von der Legislative geforderten Interorganrespekts verstanden werden. Aus dem Gedanken des Interorganrespekts läßt sich darüber hinaus eine Beweislastregel mit folgendem Inhalt ableiten: Soweit die Legislative ihre prinzipielle Respektsverpflichtung gegenüber der Exekutive im Verwaltungsbereich durchbrechen möchte, muß sie dafür einen besonderen sachlichen Grund geltend machen und belegen, d.h. sie ist in der Einrichtung weisungsfreier Verwaltungsinstitutionen keineswegs frei, sondern muß jede solche Einrichtung gesondert rechtfertigen. Schließlich lassen sich mit Hilfe des Interorganrespekts auch die Anforderungen an diesen sachlichen Grund noch näher bestimmen; hier kommt die oben aufgestellte These wieder ins Spiel, nach der zwischen der Abhängigkeit der Exekutivspitze von der Legislative und dem Bedürfnis der Legislative nach Ausgliederung ein Zusammenhang besteht. Denn wo die Exekutivspitze ohnedies schon von der Legislative abhängig ist, bedarf es auf seiten der Legislative in besonderer Weise des Interorganrespekts gegenüber ihrem Verantwortungsbereich. Die Anforderungen an die Begründung für die Schaffung eines zusätzlichen ministerialfreien Raumes müssen deshalb unter diesen Umständen höher sein als im Falle einer wechselseitigen Unabhängigkeit zwischen Exekutivspitze und Legislativorganen.

Mit der Idee des Interorganrespekts läßt sich aber nicht nur die Zulässigkeit der Herauslösung bestimmter Verwaltungsbereiche aus der ministeriellen Hierarchie besser beurteilen; vielmehr entfaltet sie auch nach einer positiven Beantwortung dieser Frage im Falle der Ausgliederung noch Folgewirkungen. Allerdings dreht sich ihre Stoßrichtung dann um: Soweit nämlich der Gesetzgeber tatsächlich zulässigerweise ministerialfreie Räume schaffen und weisungsfreien Verwaltungsinstitutionen überantworten darf, ist umgekehrt die Regierung verpflichtet, diese Räume und die unabhängige Wahrnehmung der darin entstehenden Aufgaben durch die entsprechenden Institutionen zu respektieren[217]. Eine gleichgerichtete

---

[216] Vgl. nochmals BVerfGE 9, 268, 282.

[217] Dazu gehört auch der Verzicht darauf, durch öffentlichen Meinungsdruck Einfluß auf die

Respektsverpflichtung kann sogar die Legislative treffen, nämlich dann, wenn bereits die Verfassungsordnung selbst bestimmten Verwaltungsorganen einen unabhängigen Status verleiht, wie dies etwa beim Bundesrechnungshof und im europäischen Vertragssystem sowohl für die Zentralbank als auch für den Rechnungshof der Fall ist[218]. Die Ausgestaltung dieser Respektsverpflichtung wird allerdings ihrerseits wieder durch das Demokratieprinzip beeinflußt: Wenn also der demokratisch unmittelbar legitimierte Gesetzgeber einer unabhängigen Verwaltungsinstitution in einem bestimmten Kompetenzbereich Rücksichtnahme schuldet, so muß dies im Gegenzug durch eine positive Pflicht zur Kooperation auf seiten des ansonsten unabhängigen Administrativorgans ausgeglichen werden; nur auf diese Weise ist außerdem die dem Prinzip des Interorganrespekts eigentümliche Wechselseitigkeit der jeweiligen Verpflichtungen zu wahren. In der Praxis äußert sich die hier verlangte Kooperation vor allem in umfassenden Informations- und Unterrichtungspflichten: So hat schon die Bundesbank ihre geldpolitischen Entscheidungen stets nach außen vertreten und begründet, und in den USA tritt der Vorsitzende des „Federal Reserve Board" in regelmäßigen Abständen vor beiden Häusern des Kongresses auf, um Perspektiven und Strategie der Notenbank zu erläutern. Für die Europäische Zentralbank ist eine vergleichbare Verpflichtung in Art. 113 III (ex-Art. 109 b III) EGV festgeschrieben worden, die für den Bundesrechnungshof nach Art. 114 II 2 GG und für sein europäisches Pendant gem. Art. 248 I UAbs. 2, IV (ex-Art. 188 c I UAbs. 2, IV) EGV schon länger existiert[219]. Der Gedanke des Interorganrespekts vermag die Existenz derartiger Pflichten allerdings auch unabhängig von ihrer ausdrücklichen verfassungs- bzw. vertragsrechtlichen Verankerung zu fundieren.

III. Zur externen Kontrolle von Verwaltungsentscheidungen

Die Problematik der Schaffung unabhängiger Verwaltungsinstitutionen und ministerialfreier Räume stellt einen besonders wichtigen und symptomatischen Ausschnitt aus dem allgemeinen Machtgeflecht der Verwaltungskontrolle dar, in dem die Interessen von Exekutive und Legislative permanent aufeinanderprallen und

---

Aufgabenwahrnehmung dieser Institutionen gewinnen zu wollen. Die scharfen Angriffe auf die Bundesbank unmittelbar nach dem Regierungswechsel 1998 mit dem Ziel, sie zu einer Geldpolitik nach den Wünschen der Regierung zu veranlassen, waren unter diesem Aspekt als Verletzung der genannten Respektsverpflichtung zu werten.

[218] Vgl. oben b) (252 ff.).

[219] Für das amerikanische „General Accounting Office" erübrigt sich eine entsprechende normative Vorgabe, da es ohnedies nicht unabhängig, sondern dem Kongreß angegliedert ist, s. hierzu ebenfalls oben b) (254). Die Berichtspflicht gegenüber dem Parlament schließt übrigens nicht notwendig die Berechtigung ein, den Berichtsinhalt auch selbst in die Öffentlichkeit zu tragen, vgl. stv. *Franz Knöpfle*, Die Zulässigkeit einer Öffentlichkeitsarbeit der Rechnungshöfe, in: FS Klaus Stern, 1997, 629–648, bes. 636 ff.; u. speziell zur Europäischen Zentralbank *Hugo J. Hahn*, Berichtspflichten und Informationsmöglichkeiten der Europäischen Zentralbank, in: JZ 1999, 957–963.

eine ausgeprägte Notwendigkeit für den Einsatz von Interorganrespekt begründen. Das Verhältnis der Exekutive zu den beiden anderen Zweigen der öffentlichen Gewalt und ihre Kontrolle durch diese kann sich jedoch auch im „Tagesgeschäft“ der Verwaltungsarbeit oft als schwierig erweisen. Daher soll vor dem Abschluß dieses Kapitels hierauf noch ein kurzer Blick geworfen werden.

1. Kontrolle durch die Legislative

Im Kontext unseres Themas interessiert hier in erster Linie das Verhältnis zwischen Exekutive und Legislative, weshalb im folgenden zunächst ein kurzer Überblick über das Arsenal der gesetzgeberischen Kontrollrechte gegenüber der allgemeinen Verwaltungstätigkeit gegeben werden soll.

a) Das parlamentarische Untersuchungsrecht

Als zentrale Kontrollbefugnis, mit der das Parlament auch Einzelentscheidungen der Exekutive jedenfalls ex post überwachen kann, gilt seit langem das parlamentarische Untersuchungsrecht. Für Deutschland ist das entsprechende Recht des Bundestages, „einen Untersuchungsausschuß einzusetzen, der in öffentlicher Verhandlung die erforderlichen Beweise erhebt“ und dessen Beschlüsse „der richterlichen Erörterung entzogen“ sind, in Art. 44 GG festgeschrieben. Im amerikanischen System hat der Kongreß von Anbeginn an das Recht zur Durchführung von Untersuchungen für sich in Anspruch genommen, das ihm auch, soweit ersichtlich, im Grundsatz nie bestritten worden ist[220]. Auf der europäischen Ebene schließlich kann das Europäische Parlament seit dem Vertrag von Maastricht aufgrund von Art. 193 (ex-Art. 138 c) EGV ebenfalls ein Untersuchungsrecht geltend machen, das aus rechtsvergleichendem Blickwinkel als ein Entwicklungsschritt hin zur parlamentarischen Normalität zu begrüßen ist[221]. Das Parlament hat von dieser Möglichkeit inzwischen mehrfach Gebrauch gemacht, in erster Linie zur Aufarbeitung der BSE-Krise[222]; das diesbezügliche Fallmaterial dürfte allerdings noch nicht ausreichen, um darauf eine eigenständige Doktrin aufzubauen.

Aus den zahlreichen Einzelfragen, die das Recht der Untersuchungsausschüsse in allen hier betrachteten Systemen aufwirft, seien im folgenden nur zwei herausgegriffen, die die vielfältige Anwendbarkeit des Interorganrespekts in diesem Zusammenhang illustrieren sollen. Bei der ersten handelt es sich um die grundsätzliche

---

220 Als maßgebliche Äußerung des Supreme Court hierzu vgl. *McGrain v. Daugherty*, 273 U.S. 135 (1927), 175: „A legislative body cannot legislate wisely or effectively in the absence of information respecting the conditions which the legislation is intended to affect or change; …“; u. allg. *Davidson/Oleszek* (Fn. 80), 281.

221 I. einz. hierzu bspw. *Ingo Beckedorf*, Das Untersuchungsrecht des Europäischen Parlaments, 1995, bes. 109 ff. u. zus.fass. 412 ff. mit zahlreichen Nachweisen.

222 Vgl. näher *Reinhard Rack/Christoph Gasser*, Mehr Transparenz und mehr Verantwortlichkeit im Gemeinschaftsrecht, in: EuZW 1998, 421–426, 422 ff.; u. wiederum *Ingo Beckedorf*, Das Untersuchungsrecht des Europäischen Parlaments, in: EuR 1997, 237–260, 239 ff.

Frage, wann ein Untersuchungsausschuß überhaupt eingesetzt werden darf. Zwar obliegt die Entscheidung darüber in jedem Falle dem Parlament; in Deutschland muß das von einem solchen Ausschuß zu untersuchende Thema allerdings im Einsetzungsbeschluß gegenständlich bestimmt und eingegrenzt werden, d.h. Untersuchungsausschüsse als ständige Überwachungsausschüsse der Exekutive in einem bestimmten Bereich wären verfassungsrechtlich unzulässig[223]. Der amerikanische Kongreß praktiziert Ähnliches nur, wenn er tatsächlich einen speziellen Ausschuß mit der Untersuchung einer spezifisch definierten Angelegenheit betraut, wie es zuletzt mit der „Whitewater"-Affäre und der Parteispendenpraxis geschah; darüber hinaus sehen es jedoch auch die allgemeinen Ausschüsse von Senat und Repräsentantenhaus als eine ihrer wichtigsten Aufgaben an, die Verwaltungstätigkeit der in ihren jeweiligen Zuständigkeitsbereichen agierenden Behörden kontinuierlich zu überwachen[224]. Der hier festzustellende Unterschied läßt sich mit Hilfe des Interorganrespekts am einfachsten erklären, da er auf dem gleichen Gedanken beruht, der oben schon zur Differenzierung der an die Begründung ministerialfreier Räume zu stellenden Anforderungen herangezogen wurde[225]: Wo wie im parlamentarischen Regierungssystem die Exekutivspitze ohnedies schon von der Legislative abhängig ist, bedarf es auf seiten der Legislative in besonderer Weise des Interorganrespekts gegenüber ihrem Verantwortungsbereich. Mit diesem Prinzip würde sich daher eine permanente Überwachung bestimmter Verwaltungstätigkeiten durch Parlamentsausschüsse nicht vertragen[226]. In einem von gegenseitiger Unabhängigkeit zwischen Exekutivspitze und Legislativorganen gekennzeichneten System, wie es die amerikanische Verfassungsordnung idealtypisch verkörpert, stellt sich die Lage wesentlich anders dar: dort wird gerade nur eine fortlaufende Überwachung sicherstellen können, daß die Verwaltung ihrerseits der Verpflichtung zum Interorganrespekt gegenüber den gesetzgeberischen Vorgaben und Intentionen des Parlaments nachkommt.

Das zweite Problem, das an dieser Stelle exemplarisch angesprochen werden soll, betrifft die Verpflichtung der Exekutive, dem Parlament bei der Wahrnehmung seines Untersuchungsrechts behilflich zu sein, insbesondere im Hinblick auf die Offenbarung von Amtsgeheimnissen und allgemein die Herausgabe vertraulicher

---

223 So schon HessStGH ESVGH 17 (1967), 1 ff., 13; vgl. aus den Bundesländern weiter BayVerfGH BayVBl. 1977, 597 ff., 599; BaWüStGH DÖV 1977, 524 ff., 525 f.; sowie *Stern* (Fn. 3), 63; u. – trotz gewisser Bedenken – *Martin Morlok*, in: Dreier (Fn. 3), Art. 44 Rn. 26; jew. m.w.N. Ausnahmeerscheinungen wie die Parlamentarische Kontrollkommission zur Überwachung der Geheimdienste bestätigen insoweit nur die Regel.

224 Der „Legislative Reorganization Act" von 1946 spricht insoweit von „continuous watchfulness"; *Woodrow Wilson*, Congressional Government, 1885 (Neudr. 1981), 195, schreibt: „Quite as important as legislation is vigilant oversight of administration." Vgl. a. statt vieler: *Strauss* (Fn. 31), 191 ff.

225 Oben II. 2. d) (260 ff.).

226 Keine Regel ohne Ausnahmen: In denjenigen Bereichen, in denen die Tätigkeit der Exekutive ihrem Wesen nach geheim abläuft, können nur permanente Überwachungsausschüsse eine wirksame parlamentarische Kontrolle sicherstellen. Vgl. dazu *Hermann Borgs-Maciejewski*, Zur parlamentarischen Kontrolle der Nachrichtendienste, in: ZRP 1997, 361–364.

Informationen[227]. Zu dem hier auftretenden Konflikt zwischen dem parlamentarischen Untersuchungsrecht und der Geheimhaltungsbedürftigkeit bestimmter Vorgänge hat das Bundesverfassungsgericht entschieden, die Exekutive könne sich zwar auch dem Parlament gegenüber auf Geheimhaltungsbelange berufen, müsse jedoch gewissenhaft prüfen, ob zur Wahrung dieser Belange kein geringeres Mittel als die Vorenthaltung der entsprechenden Unterlagen genüge, und im Falle der Verneinung dieser Frage dem Ausschuß jedenfalls die Gründe ihrer Weigerung verständlich machen, um diesen in die Lage zu versetzen, ihre Berechtigung beurteilen und gegebenenfalls selbst geeignete Verfahrensvorkehrungen zur Wahrung der Geheimhaltung anbieten zu können[228]. Es bedarf also in jedem Falle einer Abwägung zwischen dem Aufklärungsinteresse des Parlaments und dem Geheimhaltungsinteresse der Exekutive anhand der konkreten Umstände. In ähnlicher Weise akzeptiert der Supreme Court ein Recht des Präsidenten, vertrauliche Informationen auch gegenüber dem Kongreß zurückzuhalten, als von der Verfassung impliziert, setzt den Einsatz dieses „executive privilege" jedoch zugleich in Beziehung zur effektiven Wahrnehmung der präsidentiellen Befugnisse und endet so ebenfalls bei einer Abwägung der widerstreitenden Interessen in jedem konkreten Einzelfall[229]. Hier vermag der Grundsatz des Interorganrespekts seine Funktion als Abwägungsmaßstab zu entfalten: In seiner „negativen" Ausdrucksform des Rücksichtnahmegebots ver-

---

[227] Von dieser Fragestellung ist das im Recht der Untersuchungsausschüsse immer wichtiger werdende, im Kontext unseres Themas aber nicht weiter interessierende Problem des Schutzes *individueller* Geheimnisse zu unterscheiden, vgl. dazu stv. *Klaus Stern*, Die Kompetenz der Untersuchungsausschüsse nach Artikel 44 Grundgesetz im Verhältnis zur Exekutive unter besonderer Berücksichtigung des Steuergeheimnisses, in: AöR 109 (1984), 199–303, 284 ff.; u. zuletzt etwa BVerfG NJW 1996, 1085 f.; sowie *Christian Raap*, Grundrechtsschutz bei der Information des Parlaments durch die Bundesregierung, in: NJW 1997, 508 f., zum vergleichbaren Auftreten dieses Problems bei der Beantwortung parlamentarischer Anfragen; umfassend *Johannes Masing*, Parlamentarische Untersuchungen privater Sachverhalte, 1998, 329 ff.

[228] Vgl. schon zur Rolle von Amtsgeheimnissen im Strafverfahren BVerfGE 57, 250, 288; u. konkret zum Recht der Untersuchungsausschüsse BVerfGE 67, 100, 133 ff.; ferner *Schmidt-Bleibtreu/Klein* (Fn. 12), Art. 44 Rn. 8; *Siegfried Magiera*, in: Sachs (Fn. 14), Art. 44 Rn. 19 f.; u. speziell zur Rspr. des BVerfG bspw. *Stern* (Fn. 227), 291 ff.; *Wolfgang Löwer*, Der Aktenvorlageanspruch des parlamentarischen Untersuchungsausschusses vor dem Bundesverfassungsgericht, in: Jura 1985, 358–368, 364 ff.; *Gerhard Seibert*, Parlamentarischer Untersuchungsausschuß und Steuergeheimnis, in: NJW 1984, 1001–1009, 1005. Eine besondere und permanente Relevanz gewinnt die Auflösung dieses Konflikts bei der parlamentarischen Kontrolle der Geheimdienste.

[229] *U.S. v. Nixon*, 418 U.S. 683 (1974), 711: „To the extent this interest (in withholding confidential information) relates to the effective discharge of a President's powers, it is constitutionally based" (Klammerzusatz vom Verf.); i. Erg. kam der Supreme Court allerdings gerade in diesem Fall zu dem Resultat, Präsident Nixon müsse angesichts des überwiegenden Aufklärungsinteresses die „Watergate"-Tonbänder herausgeben (an ein Gericht). Vgl. a. *Ivo Joswig*, Die implied powers-Lehre im amerikanischen Verfassungsrecht, 1996, 169 ff.; u. *Fisher* (Fn. 18), 160: „We are left with a search for general boundaries and guideposts that satisfy constitutional principles as well as practical realities." Ob diese Suche allerdings gerade im Fall von Präsident Clintons Sex-Affären richtig durchgeführt wurde, erscheint mehr als zweifelhaft; stv. krit. hierzu *Hans-Joachim Mengel*, Hat der Präsident kein Recht auf Privatheit?, in: FAZ vom 22.09.1998, 6; allg. rechtsvergleichend *Donald P. Kommers*, The Constitutional Jurisprudence of the Federal Republic of Germany, 2nd ed. 1997, 122 f.

pflichtet er das Parlament darauf, die Funktionsfähigkeit der Exekutive und ihre dadurch begründeten Geheimhaltungsinteressen zu respektieren. Soweit das Parlament allerdings diese Verpflichtung wahrt, kommt in umgekehrter Richtung die positive Pflichtenseite des Interorganrespekts ins Spiel, indem nämlich die Exekutive dazu angehalten wird, mit dem jeweils zuständigen Parlamentsausschuß dahingehend zu kooperieren, daß diesem die Erfüllung seines Untersuchungsauftrags nach Möglichkeit erleichtert wird.

b) Weitere Kontrollmöglichkeiten des Parlaments

Neben den parlamentarischen Untersuchungsausschüssen sind in den drei zum Gegenstand dieser Untersuchung gemachten Verfassungssystemen vor allem folgende weitere Kontrollinstitutionen des Parlaments zu nennen, deren Respektsansprüche und -verpflichtungen gegenüber der Exekutive im Prinzip den gleichen Regeln unterliegen: für Deutschland der aufgrund von Art. 45 b GG bestellte Wehrbeauftragte sowie der in Art. 45 c GG verankerte Petitionsausschuß und für die Europäische Gemeinschaft der mit Art. 195 (ex-Art. 138 e) EGV eingerichtete Bürgerbeauftragte[230]. In den USA hatte sich insbesondere die Einsetzung von unabhängigen Sonderermittlern, sogenannten „independent counsels“, eingebürgert, unter denen der wegen diverser Sexaffären gegen Präsident *Clinton* ermittelnde *Starr* zuletzt besondere Aufmerksamkeit erregte. Unter dem Gesichtspunkt des zwischen Exekutive und Legislative geforderten Interorganrespekts warf diese Institution jedoch keine spezifischen Probleme auf, da nach dem zugrundeliegenden Gesetz, dem auf die „Watergate“-Affäre zurückgehenden „Ethics in Government Act“ von 1978, die Bestellung eines unabhängigen Ermittlers vom Justizministerium jedenfalls beantragt werden mußte[231].

Aus den sonstigen parlamentarischen Kontrollmöglichkeiten, die von System zu System stark differieren und daher nur begrenzt als Basis einer auf allgemeine Aussagen zielenden rechtsvergleichenden Analyse in Betracht kommen, sei zum Abschluß dieses Abschnitts nur noch beispielhaft auf das Zitierrecht hingewiesen, das mit dem parlamentarischen Frage- bzw. Interpellationsrecht eng zusammenhängt und für den Deutschen Bundestag in Art. 43 I GG normiert ist. Eine alte Kontroverse um die Bedeutung dieser Vorschrift betrifft die Frage, ob die dort festgeschriebene Pflicht der Regierungsmitglieder, auf Anforderung des Bundestages vor ihm zu erscheinen, ebenso die Pflicht einschließt, dem Parlament auch tatsächlich Rede

---

[230] Zu letzterem stv. *Rüdiger Strempel*, Der Europäische Bürgerbeauftragte, in: JA 1997, 261–264.

[231] Der Supreme Court hat dies unter allgemeinen Gewaltenteilungsaspekten ebenso gesehen, vgl. *Morrison v. Olson*, 487 U.S. 654 (1988), wo Chief Justice Rehnquist auch noch einmal die aus dem Blickwinkel des Interorganrespekts selbstverständlich erscheinende Aussage traf (693 f.): „…, we have never held that the Constitution requires that the three branches of Government ‚operate with absolute independence‘“. Freilich kann, wie die Lewinsky-Affäre zeigt, ein solcher Sonderermittler praktisch ein erhebliches Eigenleben entwickeln, was den Kongreß letztlich auch dazu bewogen hat, das entsprechende Gesetz nicht mehr zu verlängern.

und Antwort zu stehen. Interessanterweise plädieren gerade im jüngeren Schrifttum verschiedene Autoren dafür, Art. 43 I GG eng am Wortlaut orientiert auszulegen und reine „Anwesenheit" eben nicht mit aktiver „Teilnahme" gleichzusetzen[232]. Bezieht man hier jedoch das Prinzip des Interorganrespekts in seiner Funktiön als Auslegungsgesichtspunkt ein, so kann eigentlich kein Zweifel daran bestehen, daß die bloß stumme Präsenz eines Mitglieds der Bundesregierung und seine Verweigerung jeglicher Auskunft auf Fragen des ihn zitierenden Parlaments die im Interorganrespekt positiv enthaltene Grundverpflichtung der Regierung zu loyaler Zusammenarbeit mit dem Parlament verletzt, was das Bundesverfassungsgericht und der bis heute überwiegende Teil der Literatur im Ergebnis genauso sehen[233]. Daß der Gedanke des Interorganrespekts im Kontext von Art. 43 GG eine herausragende Rolle spielen muß, zeigt im übrigen schon ein Blick auf die Konstruktion dieser Vorschrift, die in ihren beiden Absätzen die wechselseitigen Respektspflichten von Bundestag und Bundesrat bzw. Bundesregierung hervorkehrt: Die Mitglieder der Bundesregierung schulden dem Bundestag dahingehend Respekt, auf Anforderung zu erscheinen; umgekehrt muß aber auch der Bundestag den Mitgliedern von Bundesregierung und Bundesrat insoweit Respekt entgegenbringen, als er ihnen jederzeit Zutritt und Stellungnahme ermöglichen muß. Von selbst versteht sich schließlich, daß nach den Vorgaben des aus dem Interorganrespekt fließenden Rücksichtnahmegebots keines der dort normierten Rechte exzessiv oder anderweitig mißbräuchlich ausgeübt werden darf[234].

c) *Besondere Probleme der Haushaltswirtschaft*

Im modernen Staat mit seiner Verpflichtung zur Daseinsvorsorge und seiner massiven – für viele bereits übertriebenen – Teilhabe am gesamtwirtschaftlichen Produktions- und Verteilungsprozeß kommt dem staatlichen Budget angesichts seines hohen ökonomischen Lenkungspotentials besondere Bedeutung zu[235]. Dementsprechend

---

232 So insbes. *Heinz-Wilhelm Meier*, Zitier- und Zutrittsrecht im parlamentarischen Regierungssystem, 1982, 134 ff., zus.fass. 144 f.; vgl. a. *Oebbecke* (Fn. 194), 108 f.

233 Vgl. etwa BVerfGE 13, 123, 125; 57, 1, 5; BVerfG DVBl. 1984, 827 ff., 828; *Ulrich Rösch*, Geheimhaltung in der rechtsstaatlichen Demokratie, 1999, 136 f. et seq.; *Joachim Linck*, Zur Informationspflicht der Regierung gegenüber dem Parlament, in: DÖV 1983, 957–964, 960; *Hans-Uwe Erichsen*, Staatsrecht und Verfassungsgerichtsbarkeit II, 2. Aufl. 1979, 80; *Roman Herzog/ Rainer Pietzner*, Möglichkeiten und Grenzen einer Beteiligung des Parlaments an der Ziel- und Ressourcenplanung der Bundesregierung (Gutachten 1971), 1979, 73 f., 89 ff.; sehr weitgehend *Siegfried Magiera*, Parlament und Staatsleitung in der Verfassungsordnung des Grundgesetzes, 1979, 307 ff.; *ders.*, in: Sachs (Fn. 14), Art. 43 Rn. 6; u. *Hans-Peter Schneider*, in: AK-GG (Fn. 60), Art. 43 Rn. 3; mit Einschränkungen *Norbert Achterberg*, Parlamentsrecht, 1984, 462 f.

234 Näher hierzu bspw. *Gert Schönfeld*, Das Zitier-, Zutritts- und Rederecht des Artikels 43 Grundgesetz, 1973, 90 ff.; ihm folgend *Wolf-Rüdiger Schenke*, Die Verfassungsorgantreue, 1977, 100 f.; vgl. a. *Stern* (Fn. 3), 54; u. zuletzt *Stefan Queng*, Das Zutritts- und Rederecht nach Art. 43 II GG, in: JuS 1998, 610–614, bes. 612 ff.

235 Das BVerfG bezeichnet dementsprechend den Haushaltsplan als „wirtschaftliche Grundsatzentscheidung für zentrale Bereiche der Politik während des Planungszeitraumes" (BVerfGE 45, 1, 32).

hoch ist auch das Konfliktpotential, das sich hinsichtlich der Ausführung des von der Legislative verabschiedeten Haushaltsplans durch die Exekutive zwischen diesen beiden Zweigen der öffentlichen Gewalt ergibt und für dessen Entschärfung der Gedanke des Interorganrespekts fruchtbar gemacht werden kann. Dabei gebietet es die Ehrlichkeit, zuzugeben, daß über die vielfältigen Anwendungsmöglichkeiten des Interorganrespekts im Haushaltsvollzug ein eigenes Buch geschrieben werden könnte. Die folgenden Bemerkungen können daher nur dazu angetan sein, in skizzenhafter Form die Breite des diesbezüglichen Einsatzspektrums zu veranschaulichen.

Alle hier analysierten Verfassungsordnungen stimmen dahingehend überein, daß die Exekutive für die von ihr zu tätigenden Ausgaben – von Notfallsituationen nach Art der in Art. 111 und 112 GG geregelten abgesehen – jeweils einer haushaltsgesetzlichen Bewilligung bedarf[236]. Ihre Ausgabengewalt ist somit insgesamt abgeleiteter Natur und prinzipiell dem Zugriff des Haushaltsgesetzgebers ausgesetzt. Andererseits kann dieser nicht jede im Laufe eines Haushaltsjahres anfallende Ausgabe schon bei der Aufstellung des Haushaltsplans detailliert präjudizieren, sondern muß der Exekutive notgedrungen erhebliche Entscheidungsspielräume eröffnen, deren Ausübung allerdings durch parlamentarische Rückkopplungen konkret wieder eingeschränkt wird. Hieraus resultieren zahlreiche spezifische Ausprägungen eines Zusammenspiels zwischen Legislative und Exekutive, wie es für die Anforderungen des Interorganrespekts typisch ist.

aa) Interorganrespekt gegenüber der Vollzugsverantwortung der Exekutive

Im amerikanischen System entscheidet zunächst der Kongreß, in welchem Ausmaß er dem Präsidenten Pauschalbewilligungen („lump-sum appropriations") zugesteht und bis zu welchem Grade er eine Spezialisierung („line-itemization") der zu tätigenden Ausgaben vornimmt. Die in diesem Zusammenhang zu beobachtende Tendenz geht dahin, nach einer langen Periode zunehmender Spezialisierung verstärkt von Pauschalbewilligungen Gebrauch zu machen, die in einzelnen Punkten mit speziellen Vorgaben versehen werden[237]. Soweit unter Abweichung von diesen Vorgaben Mittel innerhalb eines Haushaltsansatzes umgeschichtet werden sollen („reprogramming"), ist in der Regel die Zustimmung der zuständigen Kongreßausschüsse erforderlich; beim „transfer of funds", der Mittel von einem Haushaltsansatz in einen anderen überträgt, bedarf es sogar einer besonderen gesetzlichen Ermächtigung[238]. Andererseits ermächtigte etwa der „Budget Enforcement Act"

---

236 Vgl. für die USA stv. *Heun* (Fn. 181), 58; für Deutschland *Stern* (Fn. 3), 1223; u. *Hansjörg Götz*, Der Vorbehaltsbereich der Bundesregierung, 1993, 178 et seq.; zur historischen Entwicklung der Parlamentarisierung des Budgetrechts *Wilhelm Mößle*, Regierungsfunktionen des Parlaments, 1986, 60 ff.; für die EG ausdrücklich Art. 274 I (ex-Art. 205 I) EGV: „im Rahmen der zugewiesenen Mittel"; u. dazu *Siegfried Magiera*, in: Grabitz/Hilf (Fn. 48), Art. 205 EGV Rn. 2.

237 Vgl. schon *Louis Fisher*, Presidential Spending Power, 1975, 59 ff.; weitere Nachweise bei *Heun* (Fn. 181), 58 ff.

238 I. einz. nochmals *Heun* (Fn. 181), 60 ff.; sowie *Wolfgang Welz*, Budget und Haushaltsverfahren, in: Wolfgang Jäger/ders. (Hg.), Regierungssystem der USA, 1995, 198–211 (§ 10), 208.

von 1990 den Präsidenten zur eigenständigen Vornahme von Haushaltskürzungen mit dem Ziel, das Gesamtdefizit im vorgegebenen Rahmen zu halten, wenn die Haushaltsansätze in einzelnen Bereichen – sei es auch aufgrund spezifischer zusätzlicher Bewilligungen des Kongresses – aus dem Ruder zu laufen drohten[239].

Das deutsche Haushaltsrecht gibt im Gegensatz zum amerikanischen von vornherein eine größere Detailgliederung des Etats verbindlich vor[240]. Darüber hinaus könnte man meinen, im parlamentarischen Regierungssystem sei eine gesonderte Rückbindung des Ausgabeverhaltens der Exekutive an die Intentionen der Legislative weniger nötig. Der Streit um die Zulässigkeit sogenannter „qualifizierter Sperrvermerke" zeigt jedoch, daß diese Annahme nicht zutrifft. Mit dem Instrument des qualifizierten Sperrvermerks gem. §§ 22 S. 3, 36 S. 2 BHO behält sich der Bundestag die konkrete Entscheidung über die Freigabe bestimmter Mittel ungeachtet ihrer Einstellung in den Haushaltsplan vor[241]. Diese Verfahrensweise ist insbesondere in der älteren Literatur zum großen Teil als unzulässiger Eingriff des Parlaments in den der Exekutive überantworteten Haushaltsvollzug gewertet worden[242]. Demgegenüber scheint sich in neuerer Zeit die Ansicht durchzusetzen, daß angesichts des umfassenden Charakters des parlamentarischen Budgetbewilligungsrechts auch die Entscheidung über Sperrung und Freigabe einzelner Haushaltstitel dem Parlament überlassen bleiben muß[243].

Das Prinzip des Interorganrespekts vermag in diesem Zusammenhang zumindest eine wertvolle Argumentationshilfe zu liefern, da es die Wichtigkeit der wechselseitigen Rücksichtnahmeverpflichtungen von Regierung und Parlament hervor-

---

239 Zum Inhalt dieses Gesetzes vgl. näher *Davidson/Oleszek* (Fn. 80), 403 f.

240 Allerdings beruhen diese Vorgaben zum größten Teil nur auf einfachgesetzlicher Basis, vgl. §§ 10 HGrG, 13 BHO.

241 In der Regel delegiert der Bundestag die entsprechende Befugnis allerdings auf den Haushaltsausschuß und evtl. weitere Ausschüsse, was zusätzliche rechtliche Probleme hervorruft. Vgl. *Werner Heun*, Staatshaushalt und Staatsleitung, 1989, 358 ff.; *Puhl* (Fn. 150), 174 ff.; u. bereits *Heinhard Steiger*, Organisatorische Grundlagen des parlamentarischen Regierungssystems, 1973, 137 ff.; *a.A.* auf der Basis eines Rechtsvergleichs mit der Rolle des Comptroller-General *Joachim Wieland*, Haushaltsentscheidungen im gewaltenteiligen Staat, in: AöR 112 (1987), 449–484, 483 f. Beispiele zu qualifizierten Sperrvermerken finden sich schon bei *Werner Patzig*, Haushaltsrecht des Bundes und der Länder, Bd. I, 1981, 304 ff. (Rn. 244); u. *Ekkehard Moeser*, Die Beteiligung des Bundestages an der staatlichen Haushaltsgewalt, 1978, 163 ff.

242 So etwa *Horst Goltz*, Mitwirkung parlamentarischer Ausschüsse beim Haushaltsvollzug, in: DÖV 1965, 605–616, 613; *Klaus Kröger*, Zur Mitwirkung des Bundestages am Haushaltsvollzug, in: DÖV 1973, 439–442; u. *Böckenförde* (Fn. 149), 309; zweifelnd *Schmidt-Bleibtreu/Klein* (Fn. 12), Art. 110 Rn. 10.

243 Vgl. schon *Karl Heinrich Friauf*, Öffentlicher Haushalt und Wirtschaft, in: VVDStRL 27 (1969), 1–46, 35; u. trotz Bedenken *Wilhelm Kewenig*, Staatsrechtliche Probleme parlamentarischer Mitregierung am Beispiel der Arbeit der Bundestagsausschüsse, 1970, 33 ff.; weiter *Reinhard Mußgnug*, Der Haushaltsplan als Gesetz, 1976, 374 f.; *Moeser* (Fn. 241), 169 f.; *Stern* (Fn. 3), 1225 f.; *Patzig* (Fn. 241), 311 (Rn. 250); *Gunnar Folke Schuppert*, Die Steuerung des Verwaltungshandelns durch Haushaltsrecht und Haushaltskontrolle, in: VVDStRL 42 (1984), 216–266, 233 f.; *Puhl* (Fn. 150), 170 ff.; *Gunter Kisker*, Staatshaushalt, in: Josef Isensee/Paul Kirchhof (Hg.), Handbuch des Staatsrechts der Bundesrepublik Deutschland, Bd. IV, 1990, 235–293 (§ 89), 259 (Rn. 55); zuletzt *Götz* (Fn. 236), 183 f.

hebt: Nachdem sich die Ausgabenkompetenz der Exekutive praktisch vollständig von entsprechenden parlamentarischen Ausgabeermächtigungen herleitet, verpflichtet der Gedanke der loyalen Zusammenarbeit die Exekutive darauf, in ihrem Ausgabeverhalten den Intentionen der Legislative Rechnung zu tragen. Der Einsatz qualifizierter Sperrvermerke stellt ein probates Mittel der Legislative dar, diese Intentionen gezielt zum Ausdruck zu bringen, und muß unter diesem Aspekt grundsätzlich für zulässig erachtet werden. Allerdings findet er dort seine Grenze, wo das Parlament durch einen umfassenden Gebrauch dieses Instruments faktisch den überwiegenden Teil des Haushaltsvollzugs in seine eigenen Hände nehmen könnte. Die Einschränkung des § 22 S. 3 BHO, wonach der Bundestag sich nur „in Ausnahmefällen" die Einwilligung zur Entsperrung bestimmter Mittel selbst vorbehalten darf, erweist sich daher aus der Sicht des Interorganrespekts als zwingend notwendiges Element. Zudem darf das Parlament dieses Institut nicht dazu benutzen, um die Exekutive zu Entscheidungen zu zwingen, die auf normalem gesetzgeberischem Wege nicht herbeigeführt werden dürften[244].

bb) Interorganrespekt gegenüber der Gestaltungsverantwortung der Legislative

Während der Einsatz von qualifizierten Sperrvermerken tendenziell eine Bedrohung der Vollzugsverantwortung der Exekutive durch die Legislative darstellt, rühren die Möglichkeiten der Exekutive, Ausgaben zu präjudizieren, umgekehrt an die Gestaltungsverantwortung der Legislative hinsichtlich der Erstellung des Haushaltsplans. Neben politischen Verpflichtungserklärungen, die der gesetzgeberischen Mehrheit in bezug auf die spätere Bewilligung der für ihre Erfüllung notwendigen Mittel faktisch keine Wahl mehr lassen, ist hier aus der amerikanischen Erfahrung vor allem die vorzeitige Verausgabung der verfügbaren Gelder zu nennen, die das Parlament im Ergebnis vor die Alternative stellt, entweder zusätzliche Mittel zu bewilligen oder aber das Sterben bestimmter Programme in Kauf zu nehmen[245]. In Deutschland sieht Art. 112 GG darüber hinaus die Möglichkeit vor, über- und außerplanmäßige Ausgaben „im Falle eines unvorhergesehenen und unabweisbaren Bedürfnisses" am Parlament vorbei vorzunehmen, wobei die Zustimmung des Bundesfinanzministers die haushaltsgesetzliche Ermächtigung ersetzt[246]. Selbst die ursprüngliche Haushaltsaufstellung wird inzwischen schon zum überwiegenden Teil von vorgegebenen Ausgabenzwängen bestimmt; so muß das Parlament Leistungen, auf die Dritte einen Anspruch haben oder die gesetzlich vorgesehen bzw. zur Bewältigung gesetzlich vorgesehener Aufgaben erforderlich sind, in

---

[244] Das Standardbeispiel hierfür bildet die Konstruktion eines Sperrvermerks, der dazu benutzt werden soll, die Besetzung einer Planstelle mit einer bestimmten Person von der Mitwirkung des Bundestages abhängig zu machen. Vgl. *Götz* (Fn. 236), 184; *Puhl* (Fn. 150), 120.

[245] Vgl. i. einz. *Fisher* (Fn. 237), 229 ff.; sowie *Heun* (Fn. 181), 67 f.

[246] Vgl. schon BVerfGE 20, 56, 90; ferner *Herbert Fischer-Menshausen*, in: v. Münch/Kunig (Fn. 10), Art. 112 Rn. 3; u. etwa *Herbert Wiesner*, Öffentliche Finanzwirtschaft I, 8. Aufl. 1986, 154 f.

jedem Falle in den Haushalt einstellen. Man kann insoweit von speziellen „Bewilligungspflichten des Parlaments" sprechen[247].

Ein vernünftiger Ausgleich zwischen der prinzipiellen Gestaltungsfreiheit des Haushaltsgesetzgebers, ohne die das parlamentarische Budgetbewilligungsrecht zu einer leeren Hülse verkäme, und der Verantwortung der Exekutive für die – notwendigerweise finanzwirksame – Erfüllung der von ihr wahrzunehmenden Aufgaben kann hier wiederum nur auf der Grundlage einer loyalen Kooperation gefunden werden, wie sie das Prinzip des Interorganrespekts gebietet. Aus diesem Prinzip folgt zunächst eine Verpflichtung der Exekutive, auf das Gestaltungsrecht des Parlaments dahingehend Rücksicht zu nehmen, daß eventuelle Ausgabenpräjudizierungen durch das Verhalten von Regierung und Verwaltung auf ein Minimum beschränkt bleiben. Soweit allerdings, um in der Terminologie des Art. 112 GG zu bleiben, ein unabweisbares Bedürfnis nach bestimmten Ausgaben besteht, ohne die die Exekutive ihre in Verfassung und Gesetz vorgesehenen Aufgaben nicht erfüllen könnte, muß umgekehrt das Parlament gehalten sein, ihr die Inanspruchnahme der dafür nötigen Mittel zu ermöglichen. Diese materiellrechtlichen Bindungen werden von entsprechenden Verfahrenspflichten flankiert, die sich ebenfalls unmittelbar aus dem Grundsatz des Interorganrespekts ableiten lassen und über die das Bundesverfassungsgericht – wenngleich natürlich unter anderem Namen – bereits positiv entschieden hat: So ist der Bundestag ebenso wie die übrigen am Haushaltsverfahren beteiligten Verfassungsorgane dazu verpflichtet, durch die Bereitschaft zu loyaler Zusammenarbeit auf die rechtzeitige Verabschiedung eines Haushaltsplanes hinzuwirken[248], was eine Akzeptanz der für ihn bestehenden Bewilligungspflichten einschließt. Auf der anderen Seite trifft etwa den Bundesfinanzminister und die Bundesregierung vor der Inanspruchnahme von Art. 112 GG „eine besondere Kommunikations- und Konsultationspflicht zum Zwecke der Prüfung, ob eine im Hinblick auf die zeitliche Dringlichkeit des Bedürfnisses rechtzeitige Bewilligung durch den Gesetzgeber möglich ist"[249].

Auf dieser Basis läßt sich mit Hilfe des Interorganrespekts beispielsweise die im Zuge des Bundeshaushalts 1996 umstrittene Frage entscheiden, ob die Kreditbegrenzung des Art. 115 I 2 GG neben dem Haushaltsgesetzgeber auch die Exekutive bindet. Zweifellos verlangt der Wortlaut dieser Vorschrift nur, daß die Kreditein-

---

[247] Grundlegend *Puhl* (Fn. 150), 120 ff.; vgl. a. schon *Böckenförde* (Fn. 149), 110 f., 305 f.; *Mußgnug* (Fn. 243), 341 ff.; *Moeser* (Fn. 241), 169 ff.; weiter *Heun* (Fn. 241), 151 ff.; *Herbert Fischer-Menshausen*, in: v. Münch/Kunig (Fn. 10), Art. 110 Rn. 4; u. BVerfGE 45, 1, 32. Auch in den USA und der EG ist der Löwenanteil des Haushalts durch gesetzliche Bindungen schon vor seiner Verabschiedung festgelegt, vgl. *Davidson/Oleszek* (Fn. 80), 398; u. *Streinz* (Fn. 45), 213 (Rn. 588).

[248] BVerfGE 45, 1, 33, vgl. dort auch Leitsatz 2: „Die ... enge Begrenzung des Spielraumes der Bundesregierung während des etatlosen Zustandes korrespondiert mit der verfassungsrechtlichen Verpflichtung aller beteiligten Verfassungsorgane, daran mitzuwirken, daß der Haushaltsplan regelmäßig vor Ablauf des vorherigen Rechnungsjahres verabschiedet werden kann"; sowie BVerfGE 66, 26, 38; ferner *Moeser* (Fn. 241), 114 ff.; u. umfassend zum kooperativen Charakter des budgetären Prozesses *Heun* (Fn. 241), 521 ff.

[249] BVerfG NJW 1977, 1387 ff. (Leitsatz 3); vgl. hierzu auch *Kommers* (Fn. 229), 123 f.

nahmen die *im Haushaltsplan veranschlagten* Investitionsausgaben nicht überschreiten dürfen; es handelt sich also primär um eine Veranschlagungs- und nicht um eine Vollzugsmaxime[250]. Genau wie im Falle des Art. 112 GG kann daraus jedoch keine Befugnis der Bundesregierung folgen, am „Gesetzgeber vorbei ... eine eigenständige Ausgabenpolitik zu treiben“[251]. Das Prinzip des Interorganrespekts gebietet daher der Bundesregierung, die in Art. 115 I 2 GG vorgesehene Ausgabenobergrenze auch während des Haushaltsvollzugs zu beachten und im Falle einer drohenden Überschreitung baldmöglichst eine Entscheidung des Bundestages darüber herbeizuführen, ob dies „zur Abwehr einer Störung des gesamtwirtschaftlichen Gleichgewichts“ erforderlich ist[252].

Den für die budgetäre Gestaltungsverantwortung der Legislative nicht minder bedrohlichen Gegenpol zur Ausgabenpräjudizierung durch die Exekutive stellt die Möglichkeit der Regierung dar, bewilligte Gelder nicht auszugeben. In den USA ist dieses „impoundment“ insbesondere durch das Verhalten der Nixon-Administration in Verruf geraten. Präsident *Nixon* nahm sich die Freiheit, ganze Programme und Institutionen einfach dadurch sterben zu lassen, daß er die vom Kongreß für sie vorgesehenen Gelder zurückhielt[253]. Verschiedene Bundesgerichte bis hoch zum Supreme Court entschieden allerdings dagegen und zwangen den Präsidenten letztlich zur Auszahlung[254]. Der Kongreß reagierte außerdem mit dem „Impoundment Control Act“ von 1974, der dem Präsidenten nunmehr lediglich noch eine temporäre Zurückhaltung von bewilligten Ausgabemitteln gestattet und ihn ansonsten zur Einholung einer Entscheidung des Kongresses verpflichtet[255]. In Deutschland haben vergleichbare Auseinandersetzungen zwischen Bundesregierung und Bundestag systembedingt bisher nicht stattgefunden, doch ist auch hier die Frage einer Verpflichtung der Exekutive zur Ausgabe bewilligter Haushaltsmittel nicht ohne

---

[250] Vgl. allg. zur Bedeutung dieser Vorschrift BVerfGE 79, 311, 333 ff.; *Helmut Siekmann*, in: Sachs (Fn. 14), Art. 115 Rn. 42; u. umfassend *Wolfram Höfling*, Staatsschuldenrecht, 1993, 158 ff., 278 ff.

[251] Nochmals BVerfG NJW 1977, 1387 ff., 1390.

[252] Andernfalls könnte auch der Haushaltsgesetzgeber durch nicht ernst gemeinte Veranschlagungen für Investitionen ein Kreditvolumen in beliebiger Größe schaffen. Vgl. *Karl Heinrich Friauf*, Staatskredit, in: Josef Isensee/Paul Kirchhof, Handbuch des Staatsrechts der Bundesrepublik Deutschland, Bd. IV, 1990, 321–355 (§ 91), 341 f. (Rn. 43); *Hans Herbert v. Arnim/Dagmar Weinberg*, Staatsverschuldung in der Bundesrepublik Deutschland, 1986, 110 f.; u. zum insoweit allerdings bestehenden Einschätzungs- und Beurteilungsspielraum des Haushaltsgesetzgebers BVerfGE 79, 311, bes. 334 u. 336.

[253] Zu den entsprechenden Auseinandersetzungen i. einz. *Pfiffner* (Fn. 80), 157 ff.; u. *Joswig* (Fn. 229), 181 f.; vgl. a. *Brugger* (Fn. 30), 69.

[254] *National Council of Community Mental Health Centers, Inc. v. Weinberger*, 361 F. Supp. 897 (D.D.C. 1973), 901: „... whatever may be the President's power to limit expenditures to accommodate the total moneys available, he does not have complete discretion to pick and choose between programs when some are made mandatory by conscious, deliberate congressional action.“ Vgl. weiter z.B. *State of Iowa ex rel. State Highway Commission v. Brinegar*, 512 F. 2d 722 (8th Cir. 1975); u. als einzige Supreme Court-Entscheidung *Train v. City of New York*, 420 U.S. 35 (1975); dazu auch *Fisher* (Fn. 237), 184 ff., bes. 189 ff.

[255] Vgl. *Fisher* (Fn. 18), 206; *Tribe* (Fn. 72), 259 ff.; sowie *Welz* (Fn. 238), 208; jew. m.w.N.

Brisanz. Die wohl herrschende Meinung geht dahin, das Haushaltsgesetz grundsätzlich nur als Ermächtigung der Exekutive aufzufassen, wofür neben dem überkommenen Gewaltenteilungsverständnis § 3 I HGrG und die in § 25 desselben Gesetzes vorgesehene Möglichkeit einer Verhängung von Haushaltssperren durch den Finanzminister sprechen, dem Parlament jedoch die Möglichkeit einzuräumen, im Einzelfall die unmittelbare Vollzugsverbindlichkeit bestimmter Etatansätze gesondert anzuordnen[256].

Die an dieser Stelle denkbaren Konflikte könnten wiederum unter Rückgriff auf die Idee des Interorganrespekts leichter zu entschärfen sein. Wie bereits mehrfach hervorgehoben wurde, gebietet dieser Grundsatz der Exekutive, den Intentionen des Haushaltsgesetzgebers beim Vollzug des Haushaltsplans soweit wie möglich Rechnung zu tragen. Mit dieser Vorgabe würde sich eine Interpretation des Haushaltsgesetzes als bloße Ermächtigung, die der Regierung völlige Freiheit hinsichtlich der Nichtausführung einzelner Etatansätze ließe, nicht vertragen. Andererseits besteht auch für den Haushaltsgesetzgeber eine Verpflichtung zur Rücksichtnahme auf die eigenständige Vollzugsverantwortung der Exekutive, so daß eine vollverbindliche Verpflichtungswirkung des Haushaltsgesetzes ebenfalls ausscheidet. Das Prinzip des Interorganrespekts spricht also allgemein dafür, der Regierung ein Abweichen von den Vorgaben des Haushaltsplans im Haushaltsvollzug nicht grundsätzlich zu verweigern, Abweichungen dieser Art jedoch nur ausnahmsweise zu gestatten und der Regierung für diesen Fall außerdem flankierende Verhaltenspflichten aufzuerlegen, namentlich Informations-, Konsultations- und Begründungspflichten gegenüber dem Parlament. Sinngemäß läßt sich dieses Postulat beispielsweise auch für die verwandte Problematik der Übertragung unverbrauchter Kreditermächtigungen in das folgende Haushaltsjahr zur Anwendung bringen[257].

cc) Verwandte Fragestellungen

Auseinandersetzungen der hier auf der Grundlage deutscher und amerikanischer Erfahrungen und Diskussionen beschriebenen Art hat der Haushaltsvollzug in den Europäischen Gemeinschaften bisher nur sehr begrenzt ausgelöst. Seine rechtliche Grundstruktur ist verhältnismäßig einfach: Der gesamte Haushaltsvollzug obliegt nach Art. 274 (ex-Art. 205) EGV der Kommission in eigener Verantwortung, die darüber gem. Art. 275 (ex-Art. 205 a) EGV Rechnung zu legen hat. Parlament und Rat kontrollieren das Vollzugsgebaren der Kommission im wesentlichen über das in Art. 276 (ex-Art. 206) EGV vorgesehene Rechtsinstitut der Entlastung, die das

---

[256] So i. Erg. auch *Mußgnug* (Fn. 243), 377 f.; *Moeser* (Fn. 241), 123; *Christian Tomuschat*, Die parlamentarische Haushalts- und Finanzkontrolle in der Bundesrepublik Deutschland, in: Der Staat 19 (1980), 1–28, 10 f.; *Puhl* (Fn. 150), 119 f.; *Götz* (Fn. 236), 178 ff.; jew. m.w.N. auch zur (älteren) Gegenansicht.

[257] Allg. zu diesem hier nicht weiter vertieften Problem statt vieler: *Hans-Michael Wolffgang*, Die Fortgeltung von Kreditermächtigungen nach § 13 Abs. 2 Satz 1 HGrG – Grundlage für eine „Schattenkreditwirtschaft"?, in: DVBl. 1984, 1049–1054; *Höfling* (Fn. 250), 72 ff.; zur Rolle sog. „permanent appropriations" in den USA *Heun* (Fn. 181), 65 f. m.w.N.

Parlament der Kommission erst kürzlich im Dezember 1998 für das Haushaltsjahr 1996 verweigert hat. Darüber hinaus tritt im Bereich der Haushaltsausführung das oben schon angesprochene Problem der „Komitologie" mit besonderer Schärfe hervor[258]. Mit der allgemein wachsenden Inanspruchnahme des EG-Haushalts und der zunehmend stärkeren Rolle des Parlaments in den gemeinschaftlichen Entscheidungsprozessen steht jedoch zu erwarten, daß auch auf europäischer Ebene das Konfliktpotential des Haushaltsvollzugs innerhalb des institutionellen Dreiecks aus Rat, Parlament und Kommission größer werden wird. Dem Grundsatz des Interorganrespekts mag unter diesen Umständen bald eine ähnliche Bedeutung wie in den Verfassungsordnungen Deutschlands und Amerikas zukommen.

Jenseits der im vorigen thematisierten, in gewisser Weise fast schon „klassischen" Probleme der Haushaltsausführung beschwören neuere Entwicklungen in der Haushaltspraxis weitere Fragestellungen herauf, die das potentielle Anwendungsfeld des Interorganrespekts zusätzlich erweitern. So ist beispielsweise die Zulässigkeit der Einrichtung von Nebenhaushalten und der damit einhergehenden „Budgetflucht" erst kürzlich in den Mittelpunkt der wissenschaftlichen Debatte gerückt[259]. Nebenhaushalte verstoßen nicht grundsätzlich gegen das in Art. 110 I 1 GG normierte Prinzip der Einheit des Budgets und können durchaus einige Vorteile für sich in Anspruch nehmen, insbesondere die durch die größere Freiheit gegenüber haushaltsrechtlichen und finanzpolitischen Bindungen ermöglichte höhere Flexibilität und damit zusammenhängend eine bessere Wirtschaftlichkeit. Dem steht allerdings eine erhebliche Einengung der parlamentarischen Steuerungs- und Kontrollmöglichkeiten und damit eine Beeinträchtigung des allgemeinen Budgetbewilligungsrechts der Legislative gegenüber[260]. Das Prinzip des Interorganrespekts gebietet daher ebenso wie in den Fällen sonstiger Abweichungen der Exekutive vom Haushaltsplan[261]: daß diese Abweichungen – hier die Einrichtung von Nebenhaushalten – Ausnahmecharakter haben müssen[262]; daß ihr Ziel nicht lediglich die Umgehung der parlamentarischen Kontrolle sein darf[263]; und daß es für sie hinreichende sachliche Gründe geben muß, deren Bewertung zudem in der Regel im

---

258 Vgl. schon oben I. 3. c) (234 ff.); u. stv. *Siegfried Magiera*, in: Grabitz/Hilf (Fn. 48), Art. 205 EGV Rn. 4 f.; sowie *Roland Bieber*, in: v. d. Groeben/Thiesing/Ehlermann (Fn. 45), Art. 205 EGV Rn. 9 m.w.N.

259 *Puhl* (Fn. 177), 103 ff., listet inzwischen über 300 Nebenhaushalte auf. Vgl. an neueren Veröffentlichungen zu einer Auswahl der wichtigsten i. einz. *Michael Kilian*, Nebenhaushalte des Bundes, 1993, 398 ff.; u. *Kerstin Burmeister*, Außerbudgetäre Aktivitäten des Bundes, 1997, 178 f., 190 ff., 261 ff.

260 Vgl. die Gegenüberstellung der Vor- und Nachteile von Nebenhaushalten durch den Hamburgischen Rechnungshof, Anlage 3 der Bürgerschaftsdrucksache 9/2600 vom 28.11.1980 (111), zit. nach *Puhl* (Fn. 177), 17 ff.

261 Oben bb) (271 ff.).

262 Ebenso *Kilian* (Fn. 259), 546 ff.; vgl. a. BVerfGE 82, 159, 179, wonach der Haushaltsplan grundsätzlich das *gesamte* staatliche Finanzvolumen der zentralen Budgetplanung und -entscheidung von Parlament und Regierung unterstellen soll.

263 In diesem Sinne etwa auch *Kisker* (Fn. 243), 263 f. (Rn. 65); u. *Klaus Grupp*, Rechtsprobleme der Privatfinanzierung von Verkehrsprojekten, in: DVBl. 1994, 140–147, 144.

Zuge der grundsätzlichen Ausgliederungsentscheidung dem Gesetzgeber zu überlassen ist. Gerade letzteres ist im Haushaltsverfassungsrecht nicht eindeutig festgelegt[264], so daß der Interorganrespekt insoweit eine wesentliche Auslegungs- und Lückenschließungsfunktion erfüllen kann.

Ein sehr ähnlich gelagertes Problem bringt die mit der zum 01.01.1998 in Kraft getretenen Reform des Haushaltsrechts nunmehr offiziell geschaffene Möglichkeit zur „Budgetierung" mit sich, bei der den Verwaltungen nicht mehr jeder einzelne Ausgabenposten vorgegeben, sondern vielmehr ein Ausgabenrahmen festgelegt wird, innerhalb dessen die Verwaltungen ihre Mittel eigenständig bewirtschaften können. In diesem Fall steht erneut die Hoffnung auf größere Flexibilität und mehr Wirtschaftlichkeit einer erheblichen Einbuße an parlamentarischen Steuerungsmöglichkeiten gegenüber. Damit entsteht die für eine sinnvolle Anwendbarkeit des Interorganrespekts typische Konfliktsituation. Rechnung wird ihr beispielsweise dadurch getragen, daß zur Wahrung des parlamentarischen Budgetrechts beim Einsatz des Budgetierungsinstruments regelmäßige Berichte auf der Grundlage eines betriebswirtschaftlich orientierten Controlling-Verfahrens verlangt werden[265].

Während also bei der Budgetierung von vornherein an gesetzliche Vorgaben gedacht wurde, die den Gedanken des Interorganrespekts verbindlich konkretisieren sollen, findet sich ein entsprechender kodifikatorischer Rahmen hinsichtlich des dritten in diese Auswahl gehörenden Problemkomplexes, der Privatisierung staatlicher Aufgaben, allenfalls zum Teil. Dabei fällt die materielle Privatisierung, also die vollständige Übertragung der Aufgabe an den privaten Wirtschaftssektor, aus dem Bereich unseres Themas weitgehend heraus, weil die Verfassungsorgane, um deren Verhältnis zueinander es vorliegend geht, in diesem Fall höchstens noch bestimmte Aufsichts- und Regulierungsbefugnisse zur generellen Überwachung der Aufgabenerfüllung zurückbehalten, für deren Ausübung die allgemeinen Regeln gelten[266]. Anders sieht es hingegen bei der formellen Privatisierung aus, bei der die Aufgabe in staatlicher Hand bleibt und lediglich die zu ihrer Erfüllung eingesetzte Organisationsform privatrechtlich ausgestaltet wird[267]. Denn mit der Aufgabenübertragung auf ein öffentliches Unternehmen wird das ministerielle Hierarchieprinzip verlassen[268], was tendenziell eine Schwächung der ministeriellen Verantwortlichkeit für die Aufgabenerfüllung und damit der an dieser Verantwortlichkeit

---

[264] Näher hierzu *Puhl* (Fn. 177), 175 ff. m.w.N.

[265] Vgl. i. einz. das Haushaltsrechts-FortentwicklungsG vom 22.12.1997, BGBl. I, 3251 ff., insbes. den neuen § 6 a HGrG.

[266] Vgl. bspw. *Christoph Gusy*, Privatisierung und parlamentarische Kontrolle, in: ZRP 1998, 265–270, 268 f.

[267] Zur Unterscheidung der verschiedenen Privatisierungsformen stv. *Friedrich Schoch*, Privatisierung von Verwaltungsaufgaben, in: DVBl. 1994, 962–977, bes. 962 f., 974 ff.; u. zu dem Problem, „öffentliche Aufgaben" zu definieren, *Udo Di Fabio*, Privatisierung und Staatsvorbehalt, in: JZ 1999, 585–592.

[268] Allg. zu diesem schon oben II. 2. a) (251 f.); vgl. a. zur generellen Krise dieses Prinzips in der modernen Exekutive *Horst Dreier*, Hierarchische Verwaltung im demokratischen Staat, 1991, 148 ff., beachte auch 195 ff.

festgemachten parlamentarischen Kontrollbefugnis bedeutet. An dieser Stelle kann abermals der Gedanke des Interorganrespekts ansetzen: Zum einen fordert er angesichts der mit einer formellen Privatisierung einhergehenden Reduzierung der parlamentarischen Einwirkungsmöglichkeiten, daß grundsätzlich das Parlament selbst die Entscheidung über ein solches Vorgehen treffen sollte[269]. Zum anderen darf sich die nach einer formellen Privatisierung verbleibende Kontrolle nicht gänzlich in den Händen der Exekutive konzentrieren, sondern auch das Parlament muß noch gewisse Kontrollinstrumente behalten, was mindestens einen regelmäßigen Informations- bzw. Berichtsanspruch hinsichtlich der Tätigkeit des jeweiligen öffentlichen Unternehmens begründet[270]. Diese aus dem Postulat einer loyalen Zusammenarbeit zwischen Exekutive und Parlament abgeleiteten Mindestanforderungen gelten in gleicher Weise für die verwandte Problemlage der Schaffung ministerialfreier Räume seitens der Exekutive, wie sie zuletzt etwa im Streit um den Hochschulrat im niedersächsischen Vechta zu besichtigen war, sowie allgemein für alle Formen der Entparlamentarisierung von Entscheidungen durch die Exekutive[271]. Die Idee des Interorganrespekts ergänzt insoweit außerdem das in die gleiche Richtung wirkende Demokratieprinzip[272] und wird umgekehrt von diesem ebenfalls gestützt und verstärkt.

2. Exkurs: Kontrolle durch die Judikative

Nachdem bislang ausschließlich von dem Verhältnis zwischen Exekutive und Legislative die Rede war, erscheint zum Abschluß dieses Abschnitts noch ein Blick auf die Judikative als „dritte Gewalt" angebracht. Denn die im Einzelfall entscheidende Kontrolle von Verwaltungsentscheidungen wird letztlich zum überwiegenden Teil von der Rechtsprechung bewerkstelligt. Da sich die vorliegende Arbeit im Prinzip auf die Beziehungen der Verfassungsorgane untereinander konzentriert und die Kontrolle der Exekutive durch die Verfassungsgerichtsbarkeit zum Gegenstand der beiden folgenden Kapitel gehört, muß es insoweit allerdings bei einem notgedrungen stark verkürzenden Exkurs sein Bewenden haben, mit dem auch nur de-

---

269 Der Interorganrespekt plädiert damit für eine extensive Anwendung des Parlamentsvorbehalts. Ähnlich etwa *Görg Haverkate*, Die Einheit der Verwaltung als Rechtsproblem, in: VVDStRL 46 (1988), 217–258, 230; vgl. a. die Ausführungen oben I. 2. a) (222 ff.) und 4. a) (237 ff.). Differenzierend – unter Heranziehung der hier behandelten Gedanken – äußert sich *Martin Burgi*, Funktionale Privatisierung und Verwaltungshilfe, 1999, 289 ff.

270 Ebenso – auf anderer Grundlage – *Gusy* (Fn. 266), 270.

271 Hierunter fällt potentiell vor allem die faktische Übertragung von Entscheidungsbefugnissen auf Sachverständigengremien, externe Beiräte etc. Zur Problematik beispielhaft *Gregor Stricker*, Der Beirat – ein Rat contra legem?, in: ZRP 1996, 184–187, 186; u. *Katharina Sobota*, Die Ethik-Kommission – Ein neues Institut des Verwaltungsrechts?, in: AöR 121 (1996), 229–260, 247 ff.

272 Dieses Prinzip verhindert nämlich sogar jenseits des hier nur betrachteten Verhältnisses zwischen den Verfassungsorganen eine beliebige Entparlamentarisierung von Entscheidungen durch den Gesetzgeber selbst. Vgl. etwa BVerfG NVwZ 1996, 574 ff.; u. dazu *Torsten v. Roetteken*, Verfassung und Personalvertretungsrecht, in: NVwZ 1996, 552–554, 553.

monstriert werden soll, daß der Gedanke des Interorganrespekts über die reinen Organbeziehungen hinaus generell in allen zwischen den einzelnen Zweigen der öffentlichen Gewalt begründeten Verhältnissen auf fruchtbaren Boden fällt.

Alle hier betrachteten Systeme stimmen zunächst darin überein, daß grundsätzlich alle Verwaltungsentscheidungen von den Betroffenen einer gerichtlichen Überprüfung zugeführt werden können. Für Deutschland folgt dies aus der umfassenden Rechtsschutzgarantie des Art. 19 IV GG[273]. In den USA begründen vor allem die §§ 703 und 704 des Federal Administrative Procedure Act[274] eine ansonsten auch aus dem allgemeinen rechtsstaatlichen Verständnis fließende „Überprüfbarkeitsvermutung" („presumption of reviewability"), wenngleich in diesem Zusammenhang die besonderen, quasi erstinstanzlichen Rechtsprechungsbefugnisse bestimmter „agencies" zu beachten sind[275]. Auf europäischer Ebene existiert zwar kein derartiges Prinzip; die zahlreichen vor dem Europäischen Gerichtshof und dem Gericht erster Instanz eröffneten Rechtsschutzmöglichkeiten, unter denen insbesondere die Nichtigkeits- und Untätigkeitsklagen hervorzuheben sind, die von einzelnen Entscheidungen bzw. Nichtentscheidungen betroffene Individuen gegen Kommission und Rat anstrengen können, lassen dort jedoch ebenfalls einen Trend in Richtung eines möglichst lückenlosen Rechtsschutzes erkennen[276].

Wenn im Prinzip keine Verwaltungsentscheidung der gerichtlichen Kontrolle gänzlich entzogen werden kann, so kann sich ein Interorganrespekt der Gerichte gegenüber der Verwaltung nur in der punktuellen Zurücknahme der gerichtlichen Prüfungsdichte äußern. Hierfür liefert in erster Linie die amerikanische Rechtsordnung einen eindrucksvollen Beleg. 1984 dehnte der Supreme Court den Entscheidungsspielraum der Verwaltung unter bestimmten Umständen auf Rechtsfragen aus und entwickelte hierzu eine zweistufige Prüfung: Zunächst sei festzustellen, ob der Kongreß der Verwaltung eine klare gesetzliche Zielsetzung vorgegeben habe. Existiere eine solche, so könnten die Gerichte die Rechtsauslegungen der Verwaltung anhand dieser Vorgabe kontrollieren. Andernfalls müßten sich die Gerichte jedoch auf eine Nachprüfung dahingehend beschränken, ob die Ansicht der Verwaltung nachvollziehbar oder offenkundig unvertretbar („arbitrary and capricious") sei[277]. Diese Doktrin hat ungeachtet späterer Modifikationen und Einwände seitens der

---

[273] Vgl. dazu etwa *Eberhard Schmidt-Aßmann*, in: Maunz-Dürig (Fn. 103), Art. 19 Abs. IV Rn. 7 ff., 52 ff.; *Hartmut Krüger*, in: Sachs (Fn. 14), Art. 19 Rn. 107 ff.; BVerfGE 40, 272, 275; 61, 82, 111; BVerwGE 80, 355, 361; *Eibe Riedel*, Access to Justice as a Fundamental Right in the German Legal Order, in: ders. (ed.), German Reports on Public Law, 1998, 77–102, 79 m.w.N.; u. zuletzt *Ralf Halfmann*, Entwicklungen des Verwaltungsrechtsschutzes in Deutschland, Frankreich und Europa, in: VerwArch. 91 (2000), 74–99, 76 ff.

[274] 5 U.S.C., Chapter 5.

[275] Vgl. näher *Strauss* (Fn. 31), 216 ff.; zus.fass. auch *Brugger* (Fn. 30), 204 ff.

[276] Eine Zusammenschau der einzelnen hierzu beitragenden Verfahren findet sich bspw. bei *Christian Koenig/Claude Sander*, Einführung in das EG-Prozeßrecht, 1997, 121 ff. (Rn. 240 ff.), 130 ff. (Rn. 258 ff.), 173 (Rn. 341), 181 ff. (Rn. 358 ff.); vgl. a. *Halfmann* (Fn. 273), 80 f.; u. speziell zur Nichtigkeitsklage *Hans-Werner Rengeling/Andreas Middeke/Martin Gellermann*, Rechtsschutz in der Europäischen Union, 1994, 70 f. (Rn. 134), 75 ff. (Rn. 142 ff.), 83 ff. (Rn. 156 ff.).

[277] *Chevron USA, Inc. v. Natural Resources Defense Council, Inc.*, 467 U.S. 837 (1984), 844.

Literatur in der amerikanischen Rechtsprechung bis heute Bestand[278]. Auch der Europäische Gerichtshof nimmt in weiten Bereichen der Gemeinschaftstätigkeit nur eine begrenzte Kontrolle vor; dazu zählt insbesondere die Anwendung unbestimmter Gesetzesbegriffe bei wirtschaftlich oder technisch komplexen Sachverhalten[279]. In solchen Fällen beschränkt sich der Gerichtshof – um sich nicht an die Stelle der an sich zuständigen politischen Organe der Gemeinschaft zu setzen – auf eine Prüfung dahingehend, ob die Verfahrens- und Begründungsvorschriften eingehalten worden sind, ob der Sachverhalt zutreffend festgestellt und nicht offensichtlich fehlerhaft gewürdigt wurde und ob ein eventuelles Ermessen richtig betätigt wurde[280]. Im englischen und französischen Recht finden sich vergleichbare Erscheinungsformen gerichtlicher Zurückhaltung[281].

Für Deutschland nimmt sich die Lage auf den ersten Blick unterschiedlich aus: Während die anderen europäischen Rechtsordnungen ebenso wie die amerikanische ein relativ großes Gewicht auf die Verfahrensüberwachung, d.h. die Einhaltung der „safeguards", legen, betont das deutsche Recht in besonderem Maße die Intensität der materiellen Rechtskontrolle, d.h. die Sicherstellung von „standards"[282]. An dieser grundsätzlichen Differenz wird sich vermutlich auch in absehbarer Zukunft nichts ändern, wenngleich im Zuge der Europäisierung des Verwal-

---

[278] Vgl. an späteren Entscheidungen vor allem *INS v. Cardoza-Fonseca*, 480 U.S. 421 (1987); *NLRB v. United Food & Commercial Workers Union*, 484 U.S. 112 (1987); ferner den Diskussionsüberblick bei *Cass R. Sunstein*, Constitutionalism After the New Deal, in: Harvard Law Review 101 (1987), 421–510, 464 ff.; u. *Kenneth W. Starr/ders./Richard K. Willard/Alan B. Morrison*, Judicial Review of Administrative Action in a Conservative Era, in: Administrative Law Review 39 (1987), 353–398; zus.fass. *Haltern/Mayer/Möllers* (Fn. 60), 69 ff.; sowie *Brugger* (Fn. 30), 214 f.; jew. m.w.N. Ein spezielles Problem aus diesem Bereich behandelt *Gunnar Schuster*, Bundeskompetenz, Kontrolldichte und Grundrechtsschutz bei Ausweisungen, in: JöR N.F. 43 (1995), 661–707, bes. 675 ff.

[279] Vgl. *Michael Brenner*, Der Gestaltungsauftrag der Verwaltung in der Europäischen Union, 1996, 390 f.; u. *Thomas v. Danwitz*, Verwaltungsrechtliches System und Europäische Integration, 1996, 184 et seq., der in der Rechtsprechung des Gerichtshofs sogar die „Anerkennung einer umfassenden Freiheit zur letztverbindlichen Verwaltungsentscheidung" konstatiert.

[280] So etwa EuGH Slg. 1996, I-723 – Rs. C-56/93 –, I-772, in einem Beihilfefall m.w.N. zur früheren Rspr.; zum Hintergrund dieser Vorgehensweise des Gerichtshofs vgl. *Claus Dieter Classen*, Die Europäisierung der Verwaltungsgerichtsbarkeit, 1996, 171; *Winfried Anselm Adam*, Die Kontrolldichte-Konzeption des EuGH und deutscher Gerichte, 1993, 217 ff.; sowie *Ulrich Everling*, Zur Funktion des Gerichtshofs der Europäischen Gemeinschaften als Verwaltungsgericht, in: FS Konrad Redeker, 1993, 293–311, 306 f.; jew. m.w.N.

[281] Dazu näher *Eberhard Schmidt-Aßmann*, Die Kontrolldichte der Verwaltungsgerichte: Verfassungsgerichtliche Vorgaben und Perspektiven, in: DVBl. 1997, 281–289, 284 m.w.N. Vgl. a. allg. zu dem in anderen Ländern üblichen „Bonus für die Verwaltung" bei der Sachverhaltsermittlung *Eibe Riedel*, Europäische Verwaltungsverfahrenssysteme im Vergleich, in: EuR Beiheft 1/1995, 49–73, 52 ff., 63 ff., zus.fass. 73.

[282] Vgl. schon oben I. 2. a) (225) und b) (226 f.) zu den gleichgerichteten Unterschieden zwischen Deutschland und den USA in der Frage der Überwachung von Rechtsetzungsdelegationen; dazu nochmals zus.fass. *Kischel* (Fn. 39), 250 f. m.w.N.; ferner zur französischen Sicht *Classen* (Fn. 280), 141 ff., 160 ff.; u. zuletzt *Eibe Riedel*, Rechtliche Optimierungsgebote oder Rahmensetzungen für das Verwaltungshandeln?, in: VVDStRL 58 (1999), 177–217, 186, 198 f., zum französischen und englischen Recht.

tungsrechts gewisse Annäherungstendenzen nicht zu verkennen sind[283]. Dennoch finden sich im deutschen Recht ebenfalls zahlreiche Bereiche, in denen die gerichtliche Kontrolldichte gegenüber Verwaltungsentscheidungen zurückgenommen wird. Neben denjenigen Fällen, in denen der Verwaltung vom Gesetzgeber echtes Rechtsfolgeermessen eingeräumt wird, sind an dieser Stelle vor allem die verschiedenartigen Beurteilungsspielräume zu nennen, die der Verwaltung bei der Ausfüllung gesetzlicher Vorgaben von seiten der Gerichte zugestanden werden[284]. Zu den klassischen Fallgruppen der Prüfungs- und prüfungsähnlichen Entscheidungen tritt dabei gerade in jüngerer Zeit vermehrt eine Anerkennung von Risikobewertungen und Prognoseentscheidungen der Verwaltung durch die Verwaltungsgerichte, insbesondere im Umwelt- und Technikrecht[285]. Begründet wird dies vom Bundesverwaltungsgericht regelmäßig damit, daß das entscheidende Verwaltungsorgan aufgrund seiner Fachkunde und Zusammensetzung für die fragliche Entscheidung besonders qualifiziert sei[286]. Das Gericht spricht damit genau jenen Gedanken der Organadäquanz an, der nach der hier verfolgten Konzeption als Bestandteil des Interorganrespekts anzusehen ist[287]. Auch das Bundesverfassungsgericht gesteht im Zuge der von ihm entwickelten „normativen Ermächtigungslehre" jedenfalls dem Gesetzgeber die Möglichkeit zu, derart qualifizierte Verwaltungsorgane mit Entscheidungen zu betrauen, ohne ihnen detaillierte Vorgaben zu machen, und nimmt die gerichtliche Kontrolle entsprechend zurück[288], wenngleich einige jüngere Ent-

---

[283] Zu diesen im Vergleich zu England *Jürgen Schwarze*, Die gerichtliche Kontrolle der Verwaltung in England, in: DÖV 1996, 771–776, 773 ff.; im Vergleich zu Frankreich *ders.*, Grundlinien und neuere Entwicklungen des Verwaltungsrechtsschutzes in Frankreich und Deutschland, in: NVwZ 1996, 22–29, 24 ff.; u. insges. nochmals *Riedel* (Fn. 282), 206 ff., bes. 212. Die fortbestehende Differenz ist zum Teil auf die stärkere Betonung der Grundrechtsbezüge in Deutschland zurückzuführen, vgl. dazu *Classen* (Fn. 280), 180.

[284] Über die hier nicht weiter vertiefungsfähigen Einzelheiten besteht im Schrifttum seit langem Streit. Vgl. bspw. *Hans Heinrich Rupp*, Grundfragen der heutigen Verwaltungsrechtslehre, 2. Aufl. 1991, 210 ff.; *Christian Starck*, Das Verwaltungsermessen und dessen gerichtliche Kontrolle, in: FS Horst Sendler, 1991, 167–181, 175 ff.; *Wolf-Rüdiger Schenke*, in: Bonner Kommentar zum Grundgesetz (Loseblatt), Art. 19 Abs. 4 Rn. 334 ff.; zuletzt *Jan-R. Sieckmann*, Beurteilungsspielräume und richterliche Kontrollkompetenzen, in: DVBl. 1997, 101–107; u. *Riedel* (Fn. 273), 87 f. Unklar ist insbes. die Einordnung der verwaltungsgerichtlichen Abwägungskontrolle in diese Systematik, vgl. *Schmidt-Aßmann* (Fn. 281), 288; weshalb in der jüngeren deutschen Lit. z.T. der Übergang zu einer einheitlichen Ermessenslehre vorgeschlagen wird, die alle diese Fälle umfassen soll – grundlegend hierzu *Michael Gerhardt*, in: Friedrich Schoch/Eberhard Schmidt-Aßmann/Rainer Pietzner (Hg.), VwGO-Kommentar (Loseblatt), § 114 Rn. 4 ff. Für die Zwecke der vorliegenden Arbeit kommt es jedoch ausschließlich auf die Tatsache an, daß die Gerichte in bestimmten Bereichen der Verwaltung eine Art „Beurteilungsvorrang" einzuräumen geneigt sind.

[285] Vgl. etwa BVerwGE 72, 282, 286 f.; 78, 177, 180; 81, 185, 190 ff.; auch BVerwGE 80, 113, 120; u. dazu *Rainer Wahl*, Risikobewertung der Exekutive und richterliche Kontrolldichte – Auswirkungen auf das Verwaltungs- und das gerichtliche Verfahren, in: NVwZ 1991, 409–418, 410, 414 ff.; sowie *Helmuth Schulze-Fielitz*, Neue Kriterien für die verwaltungsgerichtliche Kontrolldichte bei der Anwendung unbestimmter Rechtsbegriffe, in: JZ 1993, 772–781, 776 ff.

[286] BVerwGE 39, 197, 204; 59, 213, 217 f.; 62, 330, 340; 72, 195, 201.

[287] Oben 2. Kap. II. 2. c) (42 ff.), 3. Kap. II. (91 f.).

[288] Entstanden sind diese Überlegungen bezeichnenderweise im Atomrecht, vgl. BVerfGE 49, 89, 133 ff.; u. weiter BVerfGE 61, 82, 111; in anderem Zusammenhang, aber noch deutlicher BVerf-

scheidungen aus Karlsruhe inzwischen eine denkbare Trendwende in dieser Rechtsprechung signalisieren[289].

Für die Zwecke unserer Untersuchung bleibt als Ergebnis dieses Exkurses festzuhalten: Im Prinzip muß sich die Exekutive in Gestalt der Verwaltung in vollem Umfang der gerichtlichen Kontrolle unterwerfen und damit der „dritten Gewalt" insofern Respekt entgegenbringen, als sie die rechtlichen Feststellungen und Auslegungen der Gerichte zur maßgeblichen Grundlage ihrer künftigen Entscheidungen machen muß. Wie es für den wechselseitigen Charakter des Interorganrespekts typisch ist, schuldet aber auch die rechtsprechende Gewalt der vollziehenden dahingehend Respekt, daß sie in bestimmten Bereichen eine Eigenverantwortlichkeit der Exekutive anerkennen muß, die entweder auf eine Entscheidung des Gesetzgebers zurückgehen oder aber autonom aus dem Gedanken der Organadäquanz entspringen kann. Wie sich dieser Respekt im Verhältnis zwischen Verfassungsgerichtsbarkeit und Regierung äußert, soll Gegenstand eines späteren Kapitels sein; zwischen Verwaltung und Verwaltungsgerichtsbarkeit findet er jedenfalls seine spezifische Ausdrucksform in einer Zurücknahme der gerichtlichen Kontrolldichte.

IV. Schlußbetrachtung

Das zuletzt herausgearbeitete Ergebnis eignet sich zugleich als nahtloser Übergang in die Schlußbetrachtung, die die in diesem Kapitel zur Exekutivkontrolle gewonnenen Erkenntnisse noch einmal generalisierend zusammenfassen soll.

1. Interorganrespekt seitens der Exekutive

Als fundamentale Gemeinsamkeit der hier analysierten Verfassungssysteme fällt zunächst auf, daß die Exekutive in der Ausübung ihrer Befugnisse jeweils einer relativ strikten Kontrolle durch die beiden anderen Gewalten unterliegt. Für die Judikative wurde soeben festgestellt, daß die Exekutive ihrer Kontrolle im Prinzip uneingeschränkt untersteht; für die Legislative ergibt sich angesichts des engmaschigen Geflechts von Kontrollinstrumenten, über die sie entweder unmittelbar von Verfassungs wegen verfügt oder die sie sich – wie etwa die „qualifizierten Sperrvermerke" im Haushaltsrecht – selbst geschaffen hat[290], ein ähnliches Resultat. Diese Ausgestaltung der Beziehungen zwischen den einzelnen Zweigen der öffentlichen Gewalt beruht offenkundig auf der Vorstellung, daß die Exekutive potentiell

---

GE 88, 40, 61; dazu außerdem *Eberhard Schmidt-Aßmann*, in: Maunz-Dürig (Fn. 103), Art. 19 Abs. IV Rn. 185 ff.; u. speziell zu der dahinterstehenden Überlegung der Organadäquanz *Wahl* (Fn. 285), 410 f.

[289] Näher hierzu *Norbert Niehues*, Die Bindungswirkung und Umsetzung verfassungsgerichtlicher Entscheidungen, in: NJW 1997, 557–560; tendenziell zurückhaltend gegenüber der Begründung von Beurteilungsspielräumen auch *Sieckmann* (Fn. 284), 106 f.

[290] I. einz. oben III. 1. (264 ff.).

die größte Bedrohung für die individuelle Freiheit der Bürger darstellt, da sie in der Regel für konkrete Eingriffe in die individuelle Rechtssphäre zuständig ist und die hoheitliche Macht den Bürgern daher in Gestalt der vollziehenden Gewalt am unmittelbarsten gegenübertritt. Legislative und Judikative werden demgegenüber als weniger gefährlich eingestuft; das liegt im Falle der Legislative zum einen daran, daß ihre Mitglieder mehr oder weniger direkt vom Votum der Wahlbevölkerung abhängen und deshalb von sich aus dazu neigen müssen, die Willensäußerungen der von ihnen repräsentierten Bürger gebührend zu berücksichtigen[291], zum anderen daran, daß der Gesetzgeber grundsätzlich nur abstrakt-generelle Regelungen treffen und im Normalfall nicht individuell zugreifen kann. Im Falle der Judikative ist insbesondere das Fehlen eines eigenständigen Befassungsrechts zu vermerken, das bewirkt, daß die Gerichte den Bürgern von sich aus keine Lasten auferlegen können und ihnen somit in erster Linie als Abhilfeinstanz dienen[292]. Die Summe dieser Erwägungen hat in allen vorliegend untersuchten Verfassungsordnungen zu der Schlußfolgerung geführt, die drohende Übermacht der öffentlichen Vollzugsgewalt gegenüber den einzelnen Bürgern durch die Einräumung umfassender Kontrollbefugnisse an die beiden anderen Gewalten ausbalancieren zu wollen.

Unter dem Aspekt des Interorganrespekts ergibt sich daraus ein entsprechend weitreichendes, an die Exekutive gerichtetes Respektsverlangen. Nicht nur sind die Exekutivorgane gehalten, die von den Gerichten in Auslegung der verfassungsrechtlichen und gesetzlichen Vorgaben entwickelten Konkretisierungen bei ihrer Tätigkeit maßgeblich zu berücksichtigen[293]; sie müssen darüber hinaus auch mit der Legislative insofern loyal zusammenarbeiten, als sie bei der Wahrnehmung ihrer in der Regel gesetzlich begründeten Befugnisse zur größtmöglichen Rücksichtnahme auf die von der Legislative damit verfolgten Intentionen verpflichtet sind. Konkret äußert sich diese Verpflichtung beispielsweise darin, daß die Ausübung delegierter Normsetzungsmacht im Sinne des vom Gesetzgeber mit der Delegation angestrebten Ziels erfolgen muß[294], daß der Gesetzgeber durch Ausgabenpräjudizierungen seitens der Exekutive nicht unnötig seines budgetären Gestaltungsspielraums beraubt werden darf und daß die Exekutive beim Haushaltsvollzug bewilligte und vom Gesetzgeber zur Ausgabe vorgesehene Gelder nicht nach Belieben zu-

---

[291] Die Wiederwahl bzw. die als bedrohlich empfundene Möglichkeit der Nicht-Wiederwahl gilt dementsprechend auch in der Institutionenökonomie als entscheidender Anreizgesichtspunkt für das Verhalten von Berufspolitikern. Vgl. stv. *Daniel A. Farber/Philip P. Frickey*, Law and Public Choice, 1991, 21 ff.; u. *Siegfried F. Franke*, (Ir)rationale Politik?, 1996, 17 f.

[292] Alexander Bickel hat die Gerichtsbarkeit – in Gestalt des Supreme Court – daher auch im Titel seines wegweisenden Buches von 1962 als „The Least Dangerous Branch" bezeichnet; eine Charakterisierung, die bis heute in vielen Stellungnahmen wiederkehrt. Zurückführen läßt sie sich auf *Alexander Hamilton/James Madison/John Jay*, The Federalist Papers (1787/88), ed. by Clinton Rossiter, 1961, No. 78 (Hamilton), 465: „... the judiciary, from the nature of its functions, will always be the least dangerous (department of power) to the political rights of the Constitution; because it ... has no influence over either the sword or the purse; ..." (Klammerzusatz vom Verf.).

[293] Oben III. 2. (281).

[294] Oben I. 4. a) (238).

rückhalten kann. Ebenso dürfen finanzwirtschaftliche Instrumente wie die Einrichtung von Nebenhaushalten, Budgetierungen oder auch Privatisierungen grundsätzlich nicht am Parlament vorbei eingesetzt werden[295]. Indirekt rechtfertigt das Prinzip des Interorganrespekts außerdem zugleich die Existenz solcher Kontrollinstrumente, die – wie beispielsweise die oben schon angesprochenen „qualifizierten Sperrvermerke“ – hauptsächlich zur Sicherstellung der Beachtung dieser Respektsverpflichtungen seitens der Exekutive eingesetzt werden, und verpflichtet die Exekutive darauf, mit der Legislative bei der Ausübung der entsprechenden Kontrollrechte konstruktiv zusammenzuarbeiten[296].

2. Interorganrespekt gegenüber der Exekutive

Wie stets wirkt der Interorganrespekt jedoch auch bei der Exekutivkontrolle nicht bloß in eine Richtung. Vielmehr müssen Legislative und Judikative ebenso umgekehrt der Exekutive gegenüber zu Rücksichtnahme und loyaler Kooperation verpflichtet sein. Diese Anforderung erscheint gleichermaßen unter dem Gesichtspunkt der Gewaltenbalance erforderlich, die gestört würde, wenn die Exekutive keinerlei Freiräume besäße und die Legislative bis in Einzelfallentscheidungen hinein alles regulieren könnte. Eine total gelenkte Verwaltung ist keine Verwaltung mehr, die diesen Namen verdienen würde[297].

Für den Erhalt entsprechender Handlungsspielräume der Exekutive ist im deutschen Schrifttum vor allem die „Kernbereichslehre“ entwickelt worden, die von manchen Autoren sogar explizit als Gegenmodell zu einem primär am Balancegedanken ausgerichteten Gewaltenteilungsverständnis diskutiert wird[298]. Eine Frontstellung zwischen Balanceidee und Kernbereichsmodell ergibt sich jedoch nur dann, wenn man den Balancegedanken als rein quantitativen Maßstab der Machtverteilung zwischen den Gewalten versteht[299] und ihm dementsprechend den Kernbereich als qualitatives Abgrenzungsmerkmal zur exklusiven Zuweisung bestimmter Funktionen an einen spezifischen Zweig der öffentlichen Gewalt gegenüberstellt. Sieht man den Balanceaspekt hingegen eher als übergeordnete Zielvorstellung, so präsentieren sich die zum Kernbereich angestellten Überlegungen lediglich als eine in der Verfolgung dieser Zielvorstellung zu berücksichtigende Strategie. Denn die Gewährleistung einzelner Funktionen als unantastbares Hausgut eines bestimmten Zweigs der öffentlichen Gewalt trägt dazu bei, daß sich im

---

[295] I. einz. zu diesen Instrumenten oben III. 1. c) cc) (274 ff.).

[296] Vgl. oben III. 1. a) (264 ff.) zum parlamentarischen Untersuchungsrecht und b) (267 f.) zur Reichweite des Zitierrechts.

[297] *Stern* (Fn. 3), 757.

[298] So vor allem bei *Thomas Kuhl*, Der Kernbereich der Exekutive, 1993, 126 ff.

[299] Der Begriff der „quantitativen“ Gewaltenteilung findet sich etwa bei *Walter Leisner*, Die quantitative Gewaltenteilung, in: DÖV 1969, 405–411, bes. 409 ff. Vgl. weiter *Jürgen Becker*, Gewaltenteilung im Gruppenstaat, 1986, 78 ff.; oder *Werner Weber*, Die Teilung der Gewalten als Gegenwartsproblem (1959), in: Heinz Rausch (Hg.), Zur heutigen Problematik der Gewaltentrennung, 1969, 185–209, 186 et seq.

Verhältnis zu den anderen kein entscheidendes Übergewicht einer Gewalt herausbilden kann.

Das Bundesverfassungsgericht, auf dessen Rechtsprechung die Kernbereichslehre letztlich zurückgeht, hat demzufolge auch nie einen Gegensatz zwischen den Kriterien der Gewaltenbalance und des Kernbereichs postuliert, sondern im Gegenteil beide Gesichtspunkte ursprünglich nebeneinander verwendet[300]. Erst in seiner jüngeren Rechtsprechung scheint der Kernbereichsgedanke eine dominierende Stellung zu gewinnen[301]. Die Literatur hat sich dem überwiegend angeschlossen und darauf zum Teil eigene Doktrinen aufgebaut, die allerdings in der Regel nicht auf den Versuch einer vollständigen Herauslösung bestimmter Funktionen aus dem allgemeinen Beziehungsgeflecht der Gewalten abzielen, sondern lediglich den Zugriffsmöglichkeiten der anderen auf den zentralen Funktionsbereich jeder Gewalt eine Grenze zu ziehen versuchen[302].

Gerade diese Beobachtung deutet freilich zugleich auf das der Kernbereichslehre immanente Hauptproblem hin: nämlich auf die Schwierigkeit, den Kernbereich speziell der Exekutive näher zu bestimmen[303]. Allgemeine Definitionsversuche dahingehend, der Kernbereich der Exekutive umfasse „diejenigen Kompetenzen, für die die Qualitäten Flexibilität, unmittelbare Sachkunde und Sachnähe sowie die Möglichkeit zu tatsächlichem Handeln, persönlicher Präsenz und Vertraulichkeit allein maßgeblich sind“[304], tragen sicherlich zur Erkenntnis der typischen Charakteristika exekutiven Handelns bei, vermögen jedoch im konkreten Fall keine klare Grenzziehung zwischen unantastbarer exekutiver Prärogative und erlaubtem Zugriff der anderen Gewalten zu begründen. Nichts anderes gilt für die Versuche, Elemente eines absolut schützenswerten exekutiven Kernbereichs punktuell zu präzisieren[305], wenngleich beispielsweise über die Existenz einer allgemeinen Notkompetenz der Exekutive systemübergreifende Einigkeit

---

[300] Vgl. BVerfGE 9, 268, 279 f. – soweit ersichtlich die erste Entscheidung, in der ausdrücklich vom Kernbereich die Rede ist.

[301] BVerfGE 30, 1, 28; 34, 52, 59; u. vor allem BVerfGE 67, 100, 139; 68, 1, 87; zu dieser Rspr. bspw. *Rupert Stettner*, Der Verwaltungsvorbehalt, in: DÖV 1984, 611–622, 612.

[302] Vgl. statt vieler: *Eberhard Schmidt-Aßmann*, Der Rechtsstaat, in: Josef Isensee/Paul Kirchhof (Hg.), Handbuch des Staatsrechts der Bundesrepublik Deutschland, Bd. I, 1987, 987–1043 (§ 24), 1015 ff. (Rn. 56 f.); *Ernst-Wolfgang Böckenförde*, Verfassungsfragen der Richterwahl, 1974, 63; *Karl-Ulrich Meyn*, Kontrolle als Verfassungsprinzip, 1982, 215 f.; *Stettner* (Fn. 301), 620 ff.; *ders.*, Not und Chance der grundgesetzlichen Gewaltenteilung, in: JöR N.F. 35 (1986), 57–81, 79 ff.; *Roman Herzog*, in: Maunz-Dürig (Fn. 103), Art. 20 V. Abschn. Rn. 121 f.; weitere Nachweise bei *Kuhl* (Fn. 298), 128 f.; u. zur älteren Lit. bei *Stern* (Fn. 3), 541 f.

[303] Dieses Problem bildet auch den Hauptgrund, warum einige Autoren dem Kernbereichsmodell nach wie vor kritisch gegenüberstehen. Vgl. schon *Norbert Achterberg*, Probleme der Funktionenlehre, 1970, 200 f.; u. *Hans D. Jarass*, Politik und Bürokratie als Elemente der Gewaltenteilung, 1975, 7 f.; ferner *Hartmut Maurer*, Der Verwaltungsvorbehalt, in: VVDStRL 43 (1985), 135–171, 148 ff.; *Becker* (Fn. 299), 73 f.; *Christoph Degenhart*, Der Verwaltungsvorbehalt, in: NJW 1984, 2184–2190, 2187; *Heun* (Fn. 241), 89 f.

[304] *Kuhl* (Fn. 298), 149.

[305] Vgl. etwa *Fritz Ossenbühl*, Vorrang und Vorbehalt des Gesetzes, in: Josef Isensee/Paul Kirchhof (Hg.), Handbuch des Staatsrechts der Bundesrepublik Deutschland, Bd. III, 1988, 315–

besteht[306]. Bei dem sogenannten „Kernbereich der Exekutive“ handelt es sich folglich um eine unscharfe Größe, deren Linien im einzelnen nur näherungsweise bestimmt werden können. Unter diesen Umständen ist zu fragen, ob nicht das für die Anwendung auf solche „Grauzonen“ der Kompetenzabgrenzung prädestinierte Prinzip des Interorganrespekts einen besseren, weil flexibleren Beurteilungsmaßstab bereithält. Dies soll abschließend an zwei Beispielen illustriert werden, die üblicherweise zu den bevorzugten Kandidaten für eine Zuordnung zum exekutiven Kernbereich gehören: an der Frage der Organisationsgewalt einerseits und dem Problem der Planungshoheit andererseits.

Als Organisationsgewalt bezeichnet man insbesondere die Befugnis, die Errichtung von Funktionsträgern, die Abgrenzung ihrer Zuständigkeiten, ihre innere Gliederung und den Geschäftsgang zu regeln[307]. Für das Verhältnis zwischen Exekutive und Legislative ist dabei vor allem die Organisationsgewalt im Bereich der Regierung von Interesse, konkret die als „organisatorische Regierungsbildung“ zu bezeichnende Errichtung und Auflösung von Bundesministerien sowie die Geschäftsverteilung zwischen den Ministerien[308]. Da Näheres hierzu im Grundgesetz nicht geregelt ist, kann diese Organisationsgewalt allenfalls aufgrund der Art. 64 I und 65 GG zugeordnet werden[309] – obwohl diese Vorschriften unmittelbar nur das Verhältnis zwischen dem Bundeskanzler und seinen Bundesministern betreffen, was allein schon den Bedarf nach einem an dieser Stelle eingreifenden übergeordneten Verfassungsprinzip signalisiert. Unstreitig ist, daß in Abwesenheit entgegenstehender gesetzlicher Regelungen der Bundeskanzler sein Kabinett grundsätzlich nach seinen Wünschen organisieren kann; fraglich erscheint aber, ob dem Gesetzgeber ein Zugriff auf die innere Organisation der Bundesregierung grundsätzlich zu verwehren ist. Hierüber herrscht in der Literatur ein heftiger und bislang unentschiedener Streit[310]. Selbst diejenigen Autoren, die dem Bundeskanzler über die personelle Besetzung der Ministerien hinaus auch hinsichtlich ihrer Zahl und Zuständigkeiten

---

349 (§ 62), 347 f. (Rn. 65 f.); *Ulrich Karpen*, Gesetzgebungs-, Verwaltungs- und Rechtsprechungslehre, 1989, 71; u. in anderem Zusammenhang auch den Ansatz von *v. Arnim* (Fn. 141), 1245.

306 Vgl. für Deutschland nochmals *Ossenbühl* (Fn. 305), 346 (Rn. 61); für die USA *Tribe* (Fn. 72), 210 ff., 241 ff.; u. *Brugger* (Fn. 30), 68; sowie für die EG stv. EuGH Slg. 1997, I-645 – Rs. C-9/95 u.a. –, I-681.

307 Def. nach *Puhl* (Fn. 150), 153; vgl. zum Begriff der Organisationsgewalt auch *Ossenbühl* (Fn. 198), 251 ff.; *Böckenförde* (Fn. 149), 29; *Hans-Uwe Erichsen/Ulrich Knoke*, Organisation bundesunmittelbarer Körperschaften durch die Länder?, in: DÖV 1985, 53–60, 54; u. zuletzt *Dodo Traumann*, Die Organisationsgewalt im Bereich der bundeseigenen Verwaltung, 1998, 18 ff.

308 Der Ausdruck stammt von *Stern* (Fn. 151), 985; vgl. a. *Wolf-Rüdiger Schenke*, in: Bonner Kommentar (Fn. 284), Art. 64 Rn. 40 et seq.; u. *Oldiges* (Fn. 154), 237 ff.

309 *A.A. Böckenförde* (Fn. 149), 132 ff., der hierfür auf Art. 86 S. 2 GG zurückgreifen möchte, mit dieser Ansicht aber keine weitere Gefolgschaft gefunden hat.

310 Für ein diesbezügliches Zugriffsrecht des Gesetzgebers bspw. *Klaus Kröger*, Die Ministerverantwortlichkeit in der Verfassungsordnung der Bundesrepublik Deutschland, 1972, 36; *Hans-Peter Schneider*, in: AK-GG (Fn. 60), Art. 64 Rn. 3; *Puhl* (Fn. 150), 156 f.; *Ruffert* (Fn. 166), 178 f.; *a.A. Wolf-Rüdiger Schenke*, in: Bonner Kommentar (Fn. 284), Art. 64 Rn. 63 ff.; *Stern* (Fn. 151), 985; *Mußgnug* (Fn. 243), 282 ff.; *Götz* (Fn. 236), 126 ff.; tendenziell auch *Oldiges* (Fn. 154), 241 f.; ambivalent *Steiger* (Fn. 241), 318 ff.

freie Hand geben wollen, müssen jedoch in der Regel zugestehen, daß der Bundestag über sein Budgetbewilligungsrecht die faktische Reichweite der entsprechenden Organisationsgewalt des Bundeskanzlers erheblich beeinflussen kann, und akzeptieren außerdem, daß der Gesetzgeber einzelne Aufgaben bestimmten Ministerien zuweisen kann[311]. Der Streit betrifft also nicht etwa eine generelle Unantastbarkeit der Organisationsgewalt als „Kernbereich" der exekutiven Befugnisse des Regierungschefs, sondern geht vielmehr allein um die Frage, wie umfassend das in einzelnen Punkten unbestrittene Zugriffsrecht des Bundestages auf diese Organisationsgewalt ausgeübt werden darf.

Noch deutlicher stellt sich diese Frage in dem zweiten hier zu behandelnden Bereich, den die (staatliche) Planungsfunktion verkörpert. Das liegt in erster Linie daran, daß im Gegensatz zur Organisationsgewalt für die Planung von vornherein keine eindeutige Zuordnung zu einem bestimmten Zweig der öffentlichen Gewalt behauptet wird[312]. Zumindest Planinitiative und Planerarbeitung werden jedoch schon aus Gründen einer funktionsgerechten Arbeitsteilung in aller Regel als genuine Bereiche der Exekutive betrachtet[313]. Über die Frage, inwieweit das Parlament konkrete Planentscheidungen an sich ziehen darf, hatte das Bundesverfassungsgericht erst kürzlich anhand der sogenannten „Südumfahrung Stendal" zu urteilen. Der hierzu ergangene Beschluß spiegelt die ganze Problematik schwerpunktmäßig exekutiver, dem legislatorischen Zugriff aber nicht ganz entzogener Funktionsbereiche idealtypisch wider. Das Verfassungsgericht wiederholt zunächst alle Parameter, die im Laufe der Zeit zum Problem der Kompetenzabgrenzung in solchen Bereichen entwickelt worden sind: den Grundsatz funktionsgerechter Organstruktur, den Balancegedanken, nach dem „keine Gewalt … ein von der Verfassung nicht vorgesehenes Übergewicht über eine andere Gewalt erhalten" darf, und schließlich die Idee eines unveränderbaren Kernbereichs der verschiedenen Gewalten[314]. Obwohl es jedoch feststellt, daß konkrete Fachplanungen „nach den ein-

---

311 Vgl. *Böckenförde* (Fn. 149), 292, 313; *Steiger* (Fn. 241), 319; *Mußgnug* (Fn. 243), 283, 326 ff.; *Oldiges* (Fn. 154), 243 f.; *Götz* (Fn. 236), 128 f.; *Wolf-Rüdiger Schenke*, in: Bonner Kommentar (Fn. 284), Art. 64 Rn. 59 f., 66; u. auf Landesebene zuletzt die Entscheidung NWVerfGH NJW 1999, 1243 ff., die für die von Ministerpräsident Clement beabsichtigte Zusammenlegung von Innen- und Justizministerium einen Gesetzesvorbehalt postulierte und damit sogar über das hier allein diskutierte Zugriffs*recht* des parlamentarischen Gesetzgebers hinausgeht; an dieser Erweiterung des parlamentarischen Zugriffsrechts auf eine „Zugriffspflicht" nimmt etwa *Ernst-Wolfgang Böckenförde*, Organisationsgewalt und Gesetzesvorbehalt, in: NJW 1999, 1235 f., Anstoß.

312 Vgl. zuletzt eindeutig BVerfG NJW 1997, 383 ff. (Leitsatz 1); u. allg. *Werner Hoppe*, Planung, in: Josef Isensee/Paul Kirchhof (Hg.), Handbuch des Staatsrechts der Bundesrepublik Deutschland, Bd. III, 1988, 653–716 (§ 71), 672 ff. (Rn. 38 ff.); *Thomas Würtenberger*, Staatsrechtliche Probleme politischer Planung, 1979, 217 ff.; *Wolfgang Graf Vitzthum*, Parlament und Planung, 1978, 242 ff.

313 So etwa *Stern* (Fn. 3), 719; *Roman Herzog*, in: Maunz-Dürig (Fn. 103), Art. 65 Rn. 82; *Volker Busse*, Zur Gesetzgebungsarbeit der Bundesregierung, in: VerwArch. 87 (1996), 445–472, 453 et seq.; *Meinhard Schröder*, Aufgaben der Bundesregierung, in: Josef Isensee/Paul Kirchhof (Hg.), Handbuch des Staatsrechts der Bundesrepublik Deutschland, Bd. II, 1987, 585–601 (§ 50), 598 f. (Rn. 27); u. erneut BVerfG NJW 1997, 383 f.

314 Alles BVerfG NJW 1997, 383 = DVBl. 1997, 42 ff., 43 = JZ 1997, 300.

schlägigen Fachplanungsgesetzen üblicherweise der Verwaltung vorbehalten (sind), die dafür den erforderlichen Verwaltungsapparat und Sachverstand besitzt", kommt es zuletzt zu dem Ergebnis:

„Auch Detailpläne im Bereich der anlagenbezogenen Fachplanung sind einer gesetzlichen Regelung zugänglich. Das Parlament darf durch Gesetz eine solche Entscheidung freilich nur dann an sich ziehen, wenn hierfür im Einzelfall gute Gründe bestehen."[315]

Dieses Ergebnis und die oben zur Organisationsgewalt angestellten Überlegungen stehen symptomatisch für das Schicksal aller Befugnisse, die man zu einem „Kernbereich" der Exekutive zählen könnte. Zwar läßt sich von vielen Gebieten sagen, daß sie *primär* in die Zuständigkeit der Exekutive fallen, doch begründet dies allenfalls in Ausnahmefällen eine *ausschließliche* Zuständigkeit dergestalt, daß dem Gesetzgeber nicht einmal punktuelle Zugriffsrechte verbleiben. Das hier zum Vorschein kommende Regel-Ausnahme-Schema, nach dem der Gesetzgeber grundsätzlich eingreifen darf, jedoch nur in einer Art und Weise, die die Verantwortungsbereiche der verschiedenen Zweige der öffentlichen Gewalt nicht fundamental verschiebt, ist uns im Laufe dieses Kapitels bereits mehrfach begegnet – namentlich bei den Änderungsvorbehaltsverordnungen[316], der Schaffung ministerialfreier Räume[317], den „qualifizierten Sperrvermerken" im Haushaltsrecht[318] und schließlich im Verhältnis von Exekutive und Judikative bei der Frage der gerichtlichen Kontrolldichte[319] – und kann daher fast schon repräsentativen Charakter für das gesamte Feld der Exekutivkontrolle beanspruchen. Wenn es aber bei der Wahrung exekutivischer Eigenverantwortung in erster Linie darum geht, zu verhindern, daß der Gesetzgeber von seinen punktuellen Zugriffsrechten derart umfassend Gebrauch macht, daß der Exekutive am Ende keine eigenen Handlungsspielräume mehr verbleiben, so ist das Konzept eines unveränderlichen Kernbereichs der Exekutive wegen seines statischen Charakters hierfür ungeeignet. Dem unvermeidlich gleitenden Übergang zwischen Zugriff der Legislative und Eigenverantwortung der Exekutive wird das Prinzip des Interorganrespekts deutlich besser gerecht: Es fordert zum einen vom Gesetzgeber, bei der Ausübung seiner Zugriffsrechte auf die Exekutive dergestalt Rücksicht zu nehmen, daß er Entscheidungen aus ihrem primären Kompetenzbereich nur ausnahmsweise und nur dann an sich zieht, wenn hierfür, wie es das Verfassungsgericht in der „Stendal"-Entscheidung formuliert hat, „im Einzelfall gute Gründe bestehen"; solche Gründe werden in aller Regel nur dann vorliegen können, wenn einer bestimmten Entscheidung aufgrund besonderer

---

[315] BVerfG NJW 1997, 383 (Leitsatz 2), 384 (Klammerzusatz vom Verf.).An Reaktionen auf diese Entscheidung vgl. positiv die Anmerkung von *Ulrich Hufeld*, in: JZ 1997, 302–305; u. krit. *Willi Blümel*, Fachplanung durch Bundesgesetz (Legalplanung), in: DVBl. 1997, 205–216, 210 f., 215 f.; ferner zuletzt BVerfG NVwZ 1998, 1060 f., zur Feststellung einer Planrechtfertigung unmittelbar durch den Gesetzgeber.

[316] Oben I. 4. b) (241 f.).

[317] Oben II. 2. d) (262).

[318] Oben III. 1. c) aa) (270 f.).

[319] Oben III. 2. (278 ff.).

Umstände eine herausragende politische Tragweite zukommt[320]. Bejaht der Gesetzgeber allerdings in nachvollziehbarer Weise das Vorliegen solcher Gründe, so schuldet umgekehrt die Exekutive diesem politischen Urteil Respekt und dem Parlament eine entsprechende loyale Kooperation dahingehend, daß die im Wege des ausnahmsweisen gesetzgeberischen Zugriffs aufgestellten Vorgaben von der Exekutive bei ihrer weiteren Tätigkeit zu beachten und nach Möglichkeit umzusetzen sind.

---

[320] Ähnlich *v. Bogdandy* (Fn. 57), 378.

Siebtes Kapitel

Interorganrespekt im Bereich der auswärtigen Gewalt

„Die Diplomatie ist die Polizei in Galauniform."
Napoleon Bonaparte

Im Gegensatz zu den bisher bearbeiteten Bereichen von Gesetzgebung und Regierung bzw. Verwaltung kennzeichnet der Begriff der „auswärtigen Gewalt" nicht etwa einen eigenständigen Zweig der öffentlichen Gewalt, sondern vielmehr ein Bündel (staatlicher) Zuständigkeiten, das allerdings wegen seiner vielfältigen Besonderheiten in zahlreichen Punkten eigenen Regeln folgt[1]. Von der Wissenschaft entwickelt, dient die „auswärtige Gewalt" heute als Sammelbezeichnung für diejenigen verfassungsrechtlichen Kompetenzen, die in der Gestaltung der auswärtigen Angelegenheiten zum Tragen kommen, wobei unter „auswärtigen Angelegenheiten" in erster Linie die Beziehungen zu auswärtigen Staaten oder anderen Völkerrechtssubjekten zu verstehen sind[2]. Im folgenden wird dieses Kompetenzbündel in drei Bereiche zerlegt, indem neben den allgemeinen Regeln der Abschluß und die Umsetzung völkerrechtlicher Abkommen sowie der Einsatz der bewaffneten Macht als Spezialgebiete, die spezifischen verfassungsrechtlichen Anforderungen unterliegen, behandelt werden.

I. Völkerrechtliche Verträge und Regierungsabkommen

Begonnen werden soll mit den völkerrechtlichen Verträgen und Regierungsabkommen als demjenigen Instrumentarium, durch das die Rechtsbeziehungen der Völkerrechtssubjekte untereinander heute hauptsächlich geregelt werden.

---

[1] Vgl. *Wilhelm G. Grewe*, Auswärtige Gewalt, in: Josef Isensee/Paul Kirchhof (Hg.), Handbuch des Staatsrechts der Bundesrepublik Deutschland, Bd. III, 1988, 921–975 (§ 77), 923 ff. (Rn. 5 ff.); in Bd. VII (1992) dort auch *Rudolf Bernhardt*, Verfassungsrecht und völkerrechtliche Verträge, 571–597 (§ 174), 572 (Rn. 1); sowie *Klaus Stern*, Das Staatsrecht der Bundesrepublik Deutschland, Bd. III/1, 1988, 1361 f.

[2] In diesem Sinne schon *Hermann Mosler*, Die auswärtige Gewalt im Verfassungssystem der Bundesrepublik Deutschland, in: Fg. Carl Bilfinger, 1954, 243–299, 246 f.; ferner etwa *Günter Püttner/Gerald Kretschmer*, Die Staatsorganisation, 2. Aufl. 1993, 269; *Rudolf Geiger*, Grundgesetz und Völkerrecht, 2. Aufl. 1994, 117 f.; *Jörn Ipsen*, Staatsrecht I (Staatsorganisationsrecht), 10. Aufl. 1998, 285 (Rn. 938).

1. Vertragsschluß und Vertragsumsetzung

Völkerrechtliche Verträge erzeugen regelmäßig keine unmittelbaren Rechte und Pflichten auf der Ebene des nationalen Rechts, sondern überlassen die Herbeiführung dieser Wirkungen der nationalen Gesetz- bzw. Verordnungsgebung. Darüber, wie dies im einzelnen geschieht, besteht in der Staats- und Völkerrechtslehre ein fast schon ewiger Streit, der auf eine fundamentale Differenz in der Sicht des Verhältnisses von Völkerrecht und nationalem Recht zurückzuführen ist: Für die Anhänger der „dualistischen Theorie", die Völkerrecht und nationales Recht als zwei getrennte Rechtskreise betrachten, bedarf es hierfür eines „Transformationsaktes", der die eingegangene völkerrechtliche Verpflichtung in nationales Recht überführt[3], während für die Vertreter der „monistischen Theorie", die Völkerrecht und nationales Recht als Bestandteile einer einheitlichen Rechtsordnung werten, nationale Rechtsakte nur erforderlich sind, um den innerstaatlichen „Vollzug" der völkerrechtlichen Anordnungen sicherzustellen[4]. Im Rahmen der vorliegenden Untersuchung ist dieser Streit jedoch ohne Belang, da nach beiden Theorien jedenfalls ein nationalstaatlicher Rechtsetzungsakt zur Umsetzung eines völkerrechtlichen Vertrages benötigt wird. Für die interne Machtverteilung hinsichtlich völkerrechtlicher Abkommen, die einer möglichen Anwendung des Interorganrespekts zugrundezulegen ist, ist daher ebenfalls zwischen der Kompetenz zum Abschluß einerseits und der Befugnis zur Umsetzung andererseits zu unterscheiden[5]; auf der Ebene der Europäischen Gemeinschaft stellt sich dieses Problem in analoger Form. Für das Verhältnis dieser beiden Kompetenzen zueinander kann man im Vergleich der hier analysierten Verfassungssysteme wiederum zwei unterschiedliche Modelltypen ausmachen.

a) Modelltyp I: Trennung der Kompetenzen

Den ersten Typus, nämlich den einer weitgehenden Trennung der Kompetenzen, verkörpert das amerikanische Modell.

---

[3] Vgl. z.B. *Christian Gloria*, in: Knut Ipsen, Völkerrecht, 3. Aufl. 1990, 1074 f. m.w.N.; u. aus staatsrechtlicher Sicht *Konrad Hesse*, Grundzüge des Verfassungsrechts der Bundesrepublik Deutschland, 20. Aufl. 1995, 44 f. (Rn. 104).

[4] So vor allem *Alfred Verdross/Bruno Simma*, Universelles Völkerrecht, 3. Aufl. 1984, 53 ff. (§§ 72 ff.) m.w.N.; vgl. weiter *Geiger* (Fn. 2), 172 f.; sowie *Karl Doehring*, Das Staatsrecht der Bundesrepublik Deutschland, 3. Aufl. 1984, 195.

[5] Nur am Rande sei vermerkt, daß sich die Arbeit an dieser Stelle, ihrem Anliegen einer exemplarischen Verdeutlichung des Interorganrespekts entsprechend, auf das grundsätzliche Muster völkervertragsrechtlicher Bindungen beschränkt. Außer Betracht bleibt daher die besondere Konstellation des Beitritts zu solchen internationalen Organisationen, die ihre Mitgliedstaaten anschließend durch verbindliche Beschlüsse zusätzlich verpflichten können, ebenso die spezielle Frage der Mitwirkung des Bundestages an Angelegenheiten der Europäischen Union nach Art. 23 GG, die allerdings im Zusammenhang der Kompetenzverteilung hinsichtlich der allgemeinen Außenpolitik noch von Interesse sein wird. Vgl. stv. zu beiden Problemkomplexen *Rüdiger Wolfrum*, Kontrolle der auswärtigen Gewalt, in: VVDStRL 56 (1997), 38–66, 51 ff., 55 ff.

aa) Die allgemeine Regel für völkerrechtliche Verträge der USA

Die verfassungsmäßige Grundregel für den Abschluß völkerrechtlicher Verträge durch die Vereinigten Staaten scheint auf den ersten Blick denkbar einfach. Art. II Sect. 2 Cl. 2 der Verfassung statuiert aus der Sicht des Präsidenten:

„He shall have Power, by and with the Advice and Consent of the Senate, to make Treaties, provided two thirds of the Senators present concur;…"

Damit sind die Rollen zunächst einmal klar verteilt: Der Präsident „macht" die Verträge, d.h. er handelt sie aus und schließt sie ab, muß sich aber für den letztgenannten Akt der Zustimmung einer Zwei-Drittel-Mehrheit im Senat versichern. Der Terminus „advice" hat unmittelbar keine weitere Bedeutung erlangt; seit dem Fehlschlag von Präsident *Washingtons* erstem Versuch, die Ausgangsposition für einen zu verhandelnden Vertrag gemeinsam mit dem Senat festzulegen[6], hat kein Präsident mehr in direkter Zusammenarbeit mit dem Senat als Körperschaft über noch im Verhandlungsstadium befindliche Verträge beratschlagt. Vor diesem Hintergrund kann es nicht verwundern, daß der Prozeß des Aushandelns und Ausarbeitens von Verträgen lange Zeit als „presidential monopoly" angesehen wurde[7].

Eine Zwei-Drittel-Mehrheit für die Ratifikation eines Vertrages im Senat zu erreichen, hat sich in der amerikanischen Staatspraxis jedoch als äußerst schwierig herausgestellt[8], weshalb die USA auch im Verhältnis zu ihrer weltpolitischen Bedeutung nur bei sehr wenigen Verträgen Partei sind. Die teilweise spektakulären Niederlagen amerikanischer Präsidenten in diesem Verfahren sind Legion; am berühmtesten ist sicherlich das Scheitern Präsident *Wilsons* hinsichtlich des Versailler Vertrages geworden[9]. Selbst eine grundsätzliche Zustimmung des Senats muß den Präsidenten nicht notwendig aller Probleme entheben; so fügt der Senat seinen zustimmenden Voten oftmals Einschränkungen, Zusätze oder Bedingungen hinzu, die den Inhalt des geplanten Vertrages in einem Maße verändern können, das zu Neu-

---

[6] Näher hierzu *Louis Fisher*, Constitutional Conflicts between Congress and the President, 4th ed. 1997, 227 f.; u. *James P. Pfiffner*, The Modern Presidency, 1994, 184 f.

[7] In diesem Sinne äußerte sich der Supreme Court bspw. in *U.S. v. Curtiss-Wright Corp.*, 299 U.S. 304 (1936), 319; vgl. a. das Standardwerk von *Edward S. Corwin*, The President, 4th ed. 1957, 211 f.; ähnlich noch *Phillip R. Trimble*, The President's Foreign Affairs Power, in: AJIL 83 (1989), 750–757, 755 f.

[8] *Louis Henkin*, Foreign Affairs and the United States Constitution, 2nd ed. 1996, 178, zitiert die gängige Kennzeichnung des Senats als „graveyard of treaties". *Christian Tomuschat*, Der Verfassungsstaat im Geflecht der internationalen Beziehungen, in: VVDStRL 36 (1978), 7–63, 28, erwähnt eine Äußerung des damaligen Außenministers Hay aus dem Jahre 1899, wonach das Schicksal eines dem Senat vorgelegten Vertrages mit den düsteren Lebenshoffnungen eines in die Arena getriebenen Stieres zu vergleichen sei.

[9] *Pfiffner* (Fn. 6), 185; u. ausführlich dazu *Daniel Patrick Moynihan*, On the Law of Nations, 1990, 46 ff. In manchen Fällen haben Präsidenten fertige Vertragsvorlagen auch wieder zurückgezogen, um sich eine voraussehbare Abstimmungsniederlage im Senat zu ersparen, so z.B. im Falle des SALT-II-Vertrages nach der sowjetischen Invasion in Afghanistan. Vgl. *Herbert Dittgen*, Präsident und Kongreß im außenpolitischen Entscheidungsprozeß, in: Wolfgang Jäger/Wolfgang Welz (Hg.), Regierungssystem der USA, 1995, 420–440 (§ 21), 435.

verhandlungen zwingt[10]. Unterhalb dieser Schwelle liegen Interpretationserklärungen, mit denen dem Präsidenten eine bestimmte Auslegung mehrdeutiger Vertragsbestimmungen verbindlich vorgegeben werden soll[11]. Um all diese potentiell störenden Einflußnahmen nach Möglichkeit bereits im Vorfeld zu verhindern oder wenigstens zu minimieren, sind die Präsidenten deshalb schon sehr frühzeitig dazu übergegangen, den Senat informell über aktuelle Vertragsverhandlungen auf dem laufenden zu halten, dort auftauchende Einwände frühzeitig zu entkräften oder in die Verhandlungen einzubringen und in einzelnen Fällen einflußreiche Senatoren auch direkt in die Verhandlungen einzubinden, so daß von einem „presidential monopoly" in diesem Bereich faktisch kaum mehr gesprochen werden kann[12].

bb) Das Problem der Einbeziehung des Repräsentantenhauses

Besondere Schwierigkeiten bereitet dem amerikanischen Verfassungssystem die Rolle des Repräsentantenhauses im Zusammenhang mit völkerrechtlichen Verträgen. Das liegt daran, daß dem Repräsentantenhaus unmittelbar von Verfassungs wegen keine Einflußmöglichkeiten auf das Vertragsabschlußverfahren eingeräumt sind, die Umsetzung völkerrechtlicher Verpflichtungen der USA aber andererseits häufig eine Mitwirkung des Hauses erfordert. Der Ausschluß des Hauses von der Beschlußfassung über Verträge erfolgte aufgrund einer sehr bewußten Entscheidung der amerikanischen Verfassungsväter, die einer großen, volksgewählten Versammlung mit hoher Fluktuation weder die langfristige politische Perspektive noch die Fähigkeit zur Diskretion zutrauten, die sie zur Gestaltung der internationalen Beziehungen ihres jungen Staates für unerläßlich hielten[13]. Mit der Einführung der Volkswahl der Senatoren und der Zunahme ihrer Zahl über die ursprüngliche Größe

---

[10] So geschah es z.B. hinsichtlich des Panamakanals, wo der Senat den USA das Recht zu einem militärischen Eingreifen im Falle der Schließung des Kanals vorbehalten wollte, was zu erheblichen Irritationen auf seiten Panamas führte. Vgl. *Dittgen* (Fn. 9), 436; *Thomas M. Franck/Edward Weisband*, Foreign Policy by Congress, 1979, 275 ff.; u. allg. *Louis Henkin*, Constitutionalism, Democracy, and Foreign Affairs, 1990, 55 ff.; sowie *Michael J. Glennon*, Constitutional Diplomacy, 1990, 124 ff.

[11] Das wichtigste Beispiel hierfür ist die Kontroverse um den ABM-Vertrag, vgl. *Abram Chayes/Antonia Handler Chayes*, Testing and Development of „Exotic" Systems under the ABM Treaty: The Great Reinterpretation Caper, in: Harvard Law Review 99 (1986), 1956–1971, 1958 ff.; u. an gleicher Stelle dagegen *Abraham D. Sofaer*, The ABM Treaty and the Strategic Defense Initiative, 1972–1985, 1980 ff.; ferner *Henkin* (Fn. 10), 52 ff.; u. allg. *ders.* (Fn. 8), 180 ff.

[12] I. einz. hierzu *Henkin* (Fn. 8), 177 f.; *Fisher* (Fn. 6), 228 ff.; sowie *Franck/Weisband* (Fn. 10), 136 ff.

[13] *Alexander Hamilton/James Madison/John Jay*, The Federalist Papers (1787/88), ed. by Clinton Rossiter, 1961, No. 64 (Jay), 391 f.: „They who wish to commit the power under consideration to a popular assembly composed of members constantly coming and going in quick succession seem not to recollect that such a body must *necessarily be inadequate* to the attainment of those great objects which require to be *steadily contemplated* in all their relations and circumstances, ..." (Hervorhebungen vom Verf.); No. 75 (Hamilton), 452: „Accurate and comprehensive knowledge of foreign politics; a steady and systematic adherence to the same views; a nice and uniform sensibility to national character; decision, *secrecy*, and dispatch, are incompatible with the genius of a body so variable and so numerous."

des Repräsentantenhauses hinaus haben diese Argumente zwar weitgehend an Kraft verloren, und das Haus hat schon oft eine formelle Aufwertung seiner Stellung und eine gleichberechtigte Einbeziehung in das Verfahren zum Vertragsschluß angemahnt[14]; die Widerstandsfähigkeit der amerikanischen Verfassung gegenüber Änderungsversuchen hat sich jedoch auch an diesem Beispiel bestätigt.

Frühzeitig erkannt und vom Supreme Court herausgearbeitet worden ist allerdings die Tatsache, daß die meisten Verträge eines nationalen Rechtsaktes zu ihrer Umsetzung bedürfen, der über die bloße Zustimmung zum Vertrag hinausgeht[15]. An dieser Stelle kommt das Repräsentantenhaus quasi über die Hintertür wieder ins Spiel. Denn überall dort, wo die Implementation eines völkerrechtlichen Vertrages ein eigenes Gesetz erfordert, kann das Haus zwar nicht den Abschluß, wohl aber die Umsetzung des Vertrages in amerikanisches Recht blockieren[16] und damit die Erfüllung des abgeschlossenen Vertrages durch Amerika unmöglich machen. Sein Versuch, die in Art. IV Sect. 3 S. 2 der Verfassung festgeschriebene Verfügungsgewalt des Kongresses über Bundeseigentum zur Erlangung eines formellen Mitspracherechts über die Panamakanalverträge zu nutzen, wurde zwar von den Gerichten abgewiesen[17]; dafür hat sich seine Teilhabe am Budgetbewilligungsrecht faktisch zum wichtigsten Druckmittel des Hauses entwickelt: Jeder Vertrag, dessen Umsetzung Gelder aus dem Bundesetat erfordert, kann ohne die Mitwirkung des Repräsentantenhauses nicht verwirklicht werden. Den Präsidenten bleibt unter diesen Umständen nur die Wahl zwischen zwei alternativen Strategien: Entweder müssen sie die fraglichen Verträge ihren Vertragspartnern gegenüber von vornherein unter den Vorbehalt einer späteren Finanzierung durch den Kongreß stellen[18], oder sie müssen versuchen, eventuelle Widerstände des Repräsentantenhauses schon im Vorfeld auszuschalten, indem sie das Haus bzw. seine führenden Mitglieder eben doch in gleicher Weise wie die Senatoren in die Vertragsverhandlungen einbezie-

---

[14] Statt vieler: *Henkin* (Fn. 10), 47.

[15] Nach der englischen Terminologie ist hier auf die Unterscheidung zwischen „self-executing treaties“ – die mit der Ratifikation automatisch zu direkt ausführbarem nationalem Recht werden – und „executory treaties“ – die eines zusätzlichen gesetzgeberischen Umsetzungsaktes auf nationaler Ebene bedürfen – abzustellen. Vgl. schon *Foster v. Neilson*, 27 U.S. (2 Pet.) 253 (1829), 314; ferner *Whitney v. Robertson*, 124 U.S. 190 (1888), 194; u. dazu *Ronald D. Rotunda/John E. Nowak/J. Nelson Young*, Treatise on Constitutional Law, Vol. 1, 1986, 391 f. (§ 6.6). Die letztere Kategorie löst dabei die hier angesprochenen Probleme aus.

[16] Vgl. oben 5. Kap. II. 1. a) (149) zu diesem durch das echte Zwei-Kammer-System der USA bedingten Effekt.

[17] *Edwards v. Carter*, 445 F. Supp. 1279 (D.D.C. 1978); 580 F. 2d 1055 (D.C. Cir. 1978); cert. denied, 436 U.S. 907 (1978).

[18] Das geschah z.B. im Falle der Verträge mit Großbritannien über Kanada (1854), Hawaii (1875), Mexiko (1883) und Kuba (1903), deren Gültigkeit teilweise sogar von der Verabschiedung der entsprechenden Gesetze durch den Kongreß abhängig gemacht wurde. Vgl. *Henkin* (Fn. 8), 181 Fn. 29. Heute sehen die entsprechenden Klauseln meistens vor, daß der amerikanische Vertragspartner „alle Anstrengungen“ zur Erreichung eines bestimmten Ziels unternehmen wird, was dann die (nicht unbedingt erfolgreiche) Überredung des Repräsentantenhauses durch den Präsidenten einschließt.

hen[19]. Speziell bei Handelsabkommen, deren Umsetzung ohne ein gesetzgeberisches Tätigwerden des Kongresses nach Art. I Sect. 8 Cl. 3 der amerikanischen Verfassung kaum denkbar ist, wird der Präsident heute in der Regel überhaupt nur noch auf der Basis einer vorherigen grundsätzlichen Autorisierung durch den gesamten Kongreß verhandelnd tätig.

cc) „Executive agreements" und die Wahlfreiheit der Exekutive

Von den eigentlichen Staatsverträgen, den „treaties" im Sprachgebrauch der amerikanischen Verfassung, sind „executive agreements" zu unterscheiden, die vom Präsidenten allein abgeschlossen werden. Die Zahl dieser Vereinbarungen hat speziell seit dem Zweiten Weltkrieg sprunghaft zugenommen und entspricht inzwischen einem Anteil von etwa 95% an allen internationalen Abkommen der Vereinigten Staaten[20]. Auf zwei nachfolgend skizzierte Problemkomplexe ist in diesem Kontext besonders hinzuweisen.

Der erste betrifft die Befugnis des Präsidenten zum Abschluß solcher „agreements", an denen unmittelbar weder der Senat noch das Repräsentantenhaus beteiligt werden. Sofern der Präsident dabei nicht auf der Basis einer ausdrücklichen Ermächtigung des Kongresses tätig wird, muß er sich auf eine direkt in der Verfassung verankerte Exekutivkompetenz berufen. Ein Beispiel hierfür bildet die in Art. II Sect. 2 Cl. 2 und Sect. 3 der Verfassung niedergelegte Ermächtigung des Präsidenten zur Ernennung und Akkreditierung von Botschaftern, die nach verbreiteter Auffassung die Befugnis zur Entscheidung über die Anerkennung fremder Staaten und Regierungen einschließt[21]. Diese Kompetenz ist von präsidentieller Seite beispielsweise zur Bereinigung der Rechtsansprüche von US-Bürgern im Zusammenhang mit der Anerkennung der Sowjetunion benutzt und in dieser weiten Auslegung vom Supreme Court bestätigt worden[22]. Als Rechtfertigungsgrundlage für „executive agreements" hat darüber hinaus der dem Präsidenten durch Art. II Sect. 2 Cl. 1 der Verfassung überantwortete militärische Oberbefehl Bedeutung erlangt, auf den wegen seines unmittelbaren Bezugs zur bewaffneten Macht allerdings erst weiter un-

---

[19] Diese Strategie wandte schon Präsident Jefferson beim Kauf von Louisiana an, der durch Vertrag vereinbart wurde, von dem aber klar war, daß er über Etatmittel finanziert werden mußte, deren Bewilligung die Zustimmung beider Häuser des Kongresses erforderte. Vgl. dazu u. zu weiteren Beispielen *Fisher* (Fn. 6), 236 f. et seq.

[20] Eine nähere Aufstellung findet sich z.B. bei *Michael Nelson* (ed.), Congressional Quarterly's Guide to the Presidency, 1989, 1104; sowie bei *Dittgen* (Fn. 9), 437; vgl. a. *Franziska Helm-Busch*, Executive Agreements im US-amerikanischen Verfassungsrecht, 1995, 88 ff. Allg. zu „executive agreements" aus deutscher Sicht *Rolf Kühner*, Executive Agreements im Verfassungsrecht der Vereinigten Staaten, in: JöR N.F. 35 (1986), 365–397, bes. 378 ff. zu ihrer praktischen Bedeutung.

[21] Stv. hierfür *Henkin* (Fn. 8), 37 f.

[22] *U.S. v. Belmont*, 301 U.S. 324 (1937); *U.S. v. Pink*, 315 U.S. 203 (1942). Die hierdurch begründete Praxis diente dem Gerichtshof außerdem später als Argument dafür, eine vergleichbare Entscheidung Präsident Carters im Zuge des Abkommens über die Freilassung der Teheraner Botschaftsgeiseln als verfassungsmäßig zu sanktionieren. Vgl. *Dames & Moore v. Regan*, 453 U.S. 654 (1981); u. dazu *Henning Schwarz*, Die verfassungsgerichtliche Kontrolle der Außen- und Sicherheitspolitik, 1995, 154 ff.

ten eingegangen werden soll. Schließlich spricht der Supreme Court dem Präsidenten generell die Stellung des „sole organ of the federal government in the field of international relations" zu, also eine Art Generalzuständigkeit für die internationalen Beziehungen der USA, aus der sich die Befugnis zum Abschluß von „executive agreements" als sogenannte „implied power" ergeben kann[23]. Auch die nähere Betrachtung dieser Zuständigkeit soll wegen ihrer allgemeinen Relevanz für die Gestaltung der Außenpolitik einem späteren Abschnitt vorbehalten bleiben; aus der Perspektive des Interorganrespekts verdient jedoch ein anderer Punkt hinsichtlich des Abschlusses von „executive agreements" festgehalten zu werden, nämlich die verschiedenartigen Bemühungen des Kongresses, den Präsidenten daran zu hindern, die potentiellen Regelungsgegenstände eines „treaty" zum Inhalt eines „executive agreement" zu machen und damit das Erfordernis der Senatszustimmung mit Zwei-Drittel-Mehrheit zu umgehen: Ausgangspunkt ist hierbei die Tatsache, daß ohne die Mitwirkung des Gesetzgebers abgeschlossene „executive agreements" im Gegensatz zu „treaties" nicht zum „supreme Law of the Land" gem. Art. VI Cl. 2 der Verfassung werden können, so daß der Präsident sich mit derartigen Abkommen jedenfalls nicht auf Gegenkurs zu sonstigem Bundesrecht begeben darf[24]. Um feststellen zu können, ob eine derartige Gefahr besteht, und um eventuell selbst gegensteuern zu können, bedarf der Kongreß allerdings genauer Informationen über die von der Exekutive begründeten Bindungen; diesem Zweck dient der sogenannte „Case Act" von 1972[25], der in Verbindung mit ergänzenden Vorschriften eine Pflicht der Administration statuiert, jedes von ihr geschlossene Abkommen binnen 20 Tagen dem Kongreß vorzulegen. Zur Sanktionierung dieser Pflicht setzt der Kongreß seine „power of the purse" ein, indem er jedem nicht übermittelten Abkommen automatisch die Finanzierung seiner Umsetzung versagt[26]. Der Senat, dessen Rechte durch den Verzicht auf die Rechtsform des „treaty" am unmittelbarsten gefährdet sind, hat schließlich schon mehrfach zu Waffen aus anderen politischen Bereichen gegriffen, um den Präsidenten zur Kooperation zu zwingen, insbesondere zum Mittel der Verweigerung bei der Bestätigung von präsidentiellen Ernennungen[27].

Von der Frage, ob der Präsident überhaupt zu dem Instrument des „executive agreement" greifen und den Vertrags*abschluß* damit allein in seine Hände nehmen

---

[23] Vgl. nochmals *U.S. v. Belmont*, 301 U.S. 324 (1937), 330 f.; u. ausdrücklich *U.S. v. Pink*, 315 U.S. 203 (1942), 229; allg. dazu *Helm-Busch* (Fn. 20), 151 ff.; *Ivo Joswig*, Die implied powers-Lehre im amerikanischen Verfassungsrecht, 1996, 195 f.; u. *Glennon* (Fn. 10), 177 ff.

[24] Das gilt allerdings nur gegenüber Bundesgesetzen; gegenüber Landesrecht kommt auch bloßen „executive agreements" nach der Rspr. des Supreme Court die Priorität zu. Vgl. erneut *U.S. v. Belmont*, 301 U.S. 324 (1937), 331; u. dazu *Laurence H. Tribe*, American Constitutional Law, 2nd ed. 1988, 229 f.

[25] 1 U.S.C. 112 b.

[26] Näher zu diesem Gesetzespaket *Fisher* (Fn. 6), 253 f.; *Pfiffner* (Fn. 6), 187; *Nelson* (Fn. 20), 513; u. *Helm-Busch* (Fn. 20), 220 ff., vgl. dort auch 160 ff. speziell zur Bedeutung des legislativen Budgetrechts.

[27] Speziell unter dem Vorsitz von Jesse Helms im Senate Committee on Foreign Relations ist dieses Mittel wieder häufig zur Anwendung gekommen. Vgl. allg. *Henkin* (Fn. 10), 58.

darf, sind die Probleme zu unterscheiden, die sich ergeben, wenn zur *Implementation* eines solchen Abkommens die Mitwirkung des Kongresses unzweifelhaft erfordert wird, sei es, weil ein besonderes Gesetz dafür verabschiedet werden muß oder weil es der spezifischen Bewilligung von Haushaltsmitteln bedarf. Die hierdurch entstehende Konstellation ähnelt im Prinzip derjenigen, die im vorigen Abschnitt anläßlich der Einbeziehung des Repräsentantenhauses in die Verhandlungen über „treaties“ erörtert wurde, allerdings mit einem Unterschied, der dem Präsidenten letztlich einen bemerkenswerten Spielraum eröffnet: Die Abgrenzung zwischen „treaties“ und „executive agreements“ ist keineswegs trennscharf; vielmehr können die meisten Abkommen zumindest auf bilateraler Ebene sowohl in der einen als auch in der anderen Form abgeschlossen werden[28]. Dem Präsidenten bleibt damit weitgehend die Wahl, ob er eine Vereinbarung nur dem Senat als „treaty“ oder beiden Häusern des Kongresses zur gesetzgeberischen Bestätigung als „executive agreement“ vorlegt; und es liegt nahe, daß er bei Abkommen, die ohnedies einen nationalen Gesetzgebungsakt zur Umsetzung erfordern, von vornherein den zweiten Weg wählt, um sich die Erreichung der für „treaties“ geforderten Zwei-Drittel-Mehrheit im Senat nicht noch zusätzlich aufzubürden. Selbst Verträge, die als „treaties“ im Senat gescheitert sind, kann er anschließend noch als „executive agreements“ mit einfachen Mehrheiten in beiden Häusern durch den Kongreß zu bringen versuchen[29]. Allerdings steht er dabei in jedem Falle vor dem gleichen Problem, was die Vorarbeiten zu dem jeweiligen Abkommen betrifft: Potentielle Widerstände aus den Reihen der Organe, deren Zustimmung er am Ende des Prozesses anstrebt, kann er in der Regel nur durch eine möglichst frühzeitige Einbeziehung dieser Organe bzw. ihrer führenden Personen in den Verhandlungsprozeß minimieren[30]. Die ihm andernfalls drohenden Nachverhandlungsauflagen schwächen die amerikanische Position speziell in komplizierten multilateralen Verhandlungsrunden derart, daß die meisten US-Präsidenten an solchen Runden jedenfalls im Handelsbereich nur noch auf der Basis eines sogenannten „fast track“-Mandats teilnehmen: Bei diesem – zeitlich üblicherweise begrenzten – Modell verzichtet der Kongreß von vornherein auf die Möglichkeit, den fertigen Vertragsentwurf mit punktuellen Änderungswünschen zu befrachten, und legt sich stattdessen auf eine einfache Zustim-

---

[28] Der Supreme Court hat in seinen bereits mehrfach zitierten Leitentscheidungen zur Gültigkeit von „executive agreements“ ausdrücklich deren Charakter als „valid international compacts“ bestätigt, mißt ihnen also im Prinzip die gleiche völkerrechtliche Bindungskraft zu wie „treaties“. Vgl. *U.S. v. Belmont*, 301 U.S. 324 (1937), 330 f.; *U.S. v. Pink*, 315 U.S. 203 (1942), 229 f.; u. dazu *Rotunda/Nowak/Young* (Fn. 15), 394 f. (§ 6.8).

[29] So geschah es bspw. bei den Annexionen von Texas und Hawaii. Vgl. dazu u. zu weiteren Beispielen *Fisher* (Fn. 6), 238 m.w.N. Darüber hinaus schließen Präsidenten „executive agreements“ z.T. auch ohne jede Beteiligung des Kongresses ab, wenn sie zu ihrer Umsetzung keiner legislativen Absicherung bedürfen. Versuche des Kongresses, diese Praxis durch eine Verfassungsänderung – das sog. „Bricker Amendment“ – zu unterbinden, fanden nicht die erforderliche Mehrheit. Näher hierzu *Herbert Dittgen*, Amerikanische Demokratie und Weltpolitik, 1998, 133.

[30] Vgl. schon oben aa) und bb) (291 ff.) zur Einbeziehung von Senat und Repräsentantenhaus in die Aushandlung völkerrechtlicher Verträge.

mung bzw. Ablehnung des Vertragswerks insgesamt fest[31]. Die Erteilung eines solchen Mandats kommt freilich nur in Betracht, wenn der Präsident im Gegenzug eine umfassende Konsultation des Kongresses während der Aushandlungsphase zusagt[32]. Insofern liefert gerade das „fast track"-Verfahren ein Musterbeispiel für jene Form loyaler Zusammenarbeit zwischen den Organen, die im Rahmen dieser Arbeit mit dem Begriff des Interorganrespekts gekennzeichnet wird.

dd) Das Sonderproblem der Vertragskündigung

Im Gegensatz zu der bislang diskutierten Problematik der Vertragsabschlußkompetenz enthält die amerikanische Verfassung keine Entscheidung zu der Frage, welche innerstaatliche Institution zur Kündigung von völkerrechtlichen Verträgen befugt sein soll. Als weitestgehend unstreitig darf gelten, daß der Kongreß solche Kündigungen im Wege des normalen Gesetzgebungsverfahrens, d.h. entweder unter Mitwirkung des Präsidenten oder unter Überstimmung seines Vetos, aussprechen kann, da „treaties" nach Art. VI Cl. 2 der Verfassung innerstaatlich auf der gleichen Stufe wie Bundesgesetze stehen[33]; klar erscheint auch, daß der Präsident „executive agreements" in eigener Verantwortung kündigen kann. Ob der Präsident jedoch ebenso „treaties" kraft seiner eigenen Entscheidungskompetenz beenden kann, stellt eine offene Frage dar.

Der maßgebliche Fall hierzu stammt aus dem Jahr 1979, als Präsident *Carter* im Zuge der Anerkennung der Volksrepublik China das als „treaty" abgeschlossene Verteidigungsabkommen der Vereinigten Staaten mit Taiwan einseitig aufheben wollte. Bemerkenswert erscheint, daß er die entsprechende Kündigung während der sitzungsfreien Zeit des Kongresses aussprach, nachdem der Kongreß noch zwei Monate zuvor eine vorherige Konsultation mit dem Präsidenten für den Fall irgendwelcher Änderungen des Verteidigungsvertrages verlangt hatte. Der Senat fand hinsichtlich dieses Verhaltens des Präsidenten zu keiner klaren Stellungnahme, wenngleich er seiner Meinung Ausdruck gab, daß künftige Entscheidungen dieser Art nur mit seiner Zustimmung getroffen werden sollten[34]. Daraufhin klagten zwanzig Senatoren gegen den Präsidenten, um ihn an der Beendigung des Vertrages mit Taiwan zu hindern. Der District Court gab ihnen recht, da eine Parallelität zwischen Vertragsabschluß- und Vertragsbeendigungskompetenz bestehen müsse und

---

[31] Die letzten großen Freihandelsabkommen, an denen die USA mitgewirkt hat – NAFTA und die Verträge der „Uruguay-Runde" –, konnten auch nur auf dieser Basis zustandekommen. Seither bemühte sich Präsident Clinton vergeblich um ein neues „fast track"-Mandat des Kongresses – und prompt stagnierten die globalen wie auch die inneramerikanischen Handelsgespräche.

[32] Zur Entwicklung dieses Verfahrens vgl. etwa *Ian M. Destler*, Die Stimme des Kongresses in der Außenpolitik, in: Uwe Thaysen/Roger H. Davidson/Robert G. Livingston (Hg.), US-Kongreß und Deutscher Bundestag, 1988, 366–382, 376 f.

[33] Vgl. dazu schon aus dem letzten Jahrhundert die Supreme Court-Entscheidungen *The Head Money Cases*, 112 U.S. 580 (1884), 597 ff.; *Whitney v. Robinson*, 124 U.S. 190 (1888), 193 f.; u. *The Chinese Exclusion Case*, 130 U.S. 581 (1889), 600 ff.

[34] Die gesamte Entwicklung ist gut dargestellt bei *Fisher* (Fn. 6), 242 ff.; sowie *Glennon* (Fn. 10), 145 ff.; jew. m.w.N.

der Präsident folglich auch die letztere mit dem Kongreß zu teilen habe[35]. Der Court of Appeals verneinte diese Prämisse und gestand dem Präsidenten eine eigenständige Vertragsbeendigungskompetenz zumindest in den Fällen zu, in denen – wie hier – der Kongreß nicht eindeutig einen entgegenstehenden Willen artikuliert hatte[36] – ein Argument, dem sich bei der nachfolgenden Entscheidung des Supreme Court Richter *Powell* der Sache nach anschloß und das uns im Rahmen der allgemeinen außenpolitischen Kompetenzverteilung noch näher beschäftigen wird. Die Mehrheit des Obersten Gerichtshofs erklärte die gesamte Problematik jedoch kurzerhand zur politischen Frage, die von den dafür zuständigen Organen, d.h. Kongreß und Präsident, in eigener Verantwortung zu lösen sei[37] – auch dies ein Ausweg, der eine vertiefte Analyse in einem späteren Kapitel hinsichtlich des Selbstverständnisses der rechtsprechenden Gewalt verdient. Im Ergebnis behielt Präsident *Carter* so die Oberhand und etablierte einen Präzedenzfall dafür, daß der Präsident im Bereich völkerrechtlicher Verträge mehr negative als positive Macht besitzt: für ihren Abschluß braucht er die Zustimmung anderer Organe, für ihre Beendigung hingegen nicht. Angesichts des besonderen Charakters der entsprechenden Entscheidung des Supreme Court, der noch dazu in sich hoffnungslos gespalten war, muß diese Frage aus verfassungsrechtlicher Sicht allerdings weiterhin als offen bewertet werden.

b) Modelltyp II: Parallelität der Kompetenzen

Dem amerikanischen Modell mit seiner weitgehenden Trennung von Abschluß- und Umsetzungskompetenzen steht auf deutscher bzw. europäischer Seite ein Modell gegenüber, das diese Befugnisse grundsätzlich parallel an dieselben Institutionen vergibt.

aa) Die Regelungen des Art. 59 GG

In dem nationalstaatlichen Verfassungssystem Deutschlands, mit dem hier wegen seiner direkteren Vergleichbarkeit mit dem ebenfalls nationalstaatlichen System der USA begonnen werden soll, statuiert Art. 59 GG die einschlägigen Regelungen.

---

[35] *Goldwater v. Carter*, 481 F. Supp. 949 (D.D.C. 1979), 963 f.

[36] *Goldwater v. Carter*, 617 F. 2d 697 (D.C. Cir. 1979), 714: „Congress as a body has chosen not to confront the President directly on the treaty termination."

[37] *Goldwater v. Carter*, 444 U.S. 996 (1979), 1002: „... the basic question presented by the petitioners in this case is 'political' and therefore nonjusticiable because it involves the authority of the President in the conduct of our country's foreign relations and the extent to which the Senate or the Congress is authorized to negate the action of the President." Allerdings muß man einschränkend hinzufügen, daß dieses Statement nur von vier Richtern und damit lediglich von einer relativen Mehrheit des Gerichtshofs unterschrieben wurde. Die für die Abweisung der Klage entscheidende fünfte Stimme gab Justice Powell nur deswegen ab, weil er den Fall nicht für entscheidungsreif hielt, also die allgemeine Zulässigkeitsvoraussetzung der „ripeness" verneinte – mehr dazu im folgenden Kapitel. Vgl. a. die nähere Analyse bei *Schwarz* (Fn. 22), 76 f. et seq.; sowie *Rotunda/Nowak/Young* (Fn. 15), 390 f. (§ 6.5).

(1) Abschluß und Kündigung von Staatsverträgen

Wenn man von der Kategorie der „politischen Verträge" absieht, die nach der Begriffsbestimmung in Art. 59 II 1 GG „die politischen Beziehungen des Bundes regeln" sollen und die das Bundesverfassungsgericht schon frühzeitig als solche definiert hat, die „die Existenz des Staates, seine territoriale Integrität, seine Unabhängigkeit, seine Stellung oder sein maßgebliches Gewicht in der Staatengemeinschaft" berühren[38], beläßt die Vorschrift des Art. 59 II 1 GG es bei einer scheinbar einfachen Vorgabe: Alle Verträge, die sich „auf Gegenstände der Bundesgesetzgebung beziehen", müssen von den für eine entsprechende Gesetzgebung zuständigen Körperschaften, also in erster Linie von Bundestag und Bundesrat, „in der Form eines Bundesgesetzes" genehmigt werden. Eine die parlamentarische Mitwirkung favorisierende Grundhaltung von Lehre und Rechtsprechung sorgt für eine relativ umfassende Auslegung des Kriteriums „Gegenstände der Bundesgesetzgebung", indem sie beispielsweise Parallelabkommen, Kodifikationsverträge und insbesondere haushaltswirksame Vereinbarungen in den Anwendungsbereich von Art. 59 II 1 GG einbezieht[39]. Die Zustimmung der Legislative zu völkerrechtlichen Verträgen der Bundesrepublik Deutschland gilt dem Bundesverfassungsgericht als ein nicht an die Exekutive delegierbarer Regierungsakt des Parlaments[40] und erfüllt eine doppelte Funktion: zum einen dient sie als notwendige Ermächtigung zum Vertragsabschluß der Kontrolle der Regierung und zum anderen sichert sie als innerstaatlicher Rechtsanwendungsbefehl die Umsetzung der aus dem abgeschlossenen Vertrag für Deutschland resultierenden völkerrechtlichen Verpflichtungen[41]. Mit dieser Konstruktion vermeidet die deutsche Verfassungsordnung das in den Vereinigten Staaten problematische Auseinanderfallen des Vertragsschlusses, über den der Präsident allenfalls im Zusammenwirken mit dem Senat entscheidet, und der Vertragsumsetzung, für die im Falle der Erforderlichkeit innerstaatlicher Gesetzgebungsmaßnahmen der Kongreß insgesamt zuständig ist. Schließlich wird auch noch der Bundespräsident in dieses Verfahren einbezogen, indem er – ähnlich der Ausfertigung der Bundesgesetze – den jeweiligen Vertrag formell ratifizieren muß[42].

---

[38] BVerfGE 1, 372, 381; vgl. a. BVerfGE 90, 286, 359; u. dazu statt vieler *Rudolf Streinz*, in: Michael Sachs (Hg.), Grundgesetz-Kommentar, 2. Aufl. 1999, Art. 59 Rn. 29.

[39] Dazu i. einz. *Ulrich Fastenrath*, Kompetenzverteilung im Bereich der auswärtigen Gewalt, 1986, 221 ff. m.w.N.

[40] BVerfGE 1, 372, 395.

[41] Vgl. zum Ermächtigungscharakter des Vertragsgesetzes BVerfGE 68, 1, 85 f.; 90, 286, 357 f.; u. dort auch 364 zu seiner Funktion als Rechtsanwendungsbefehl; näher *Walter Rudolf*, Völkerrecht und deutsches Recht, 1967, 200 et seq.; *Doehring* (Fn. 4), 195; *Fastenrath* (Fn. 39), 134; *Helmut Steinberger*, Entwicklungslinien in der neueren Rechtsprechung des Bundesverfassungsgerichts zu völkerrechtlichen Fragen, in: ZaöRV 48 (1988), 1–17, 4; *Geiger* (Fn. 2), 172; *Ondolf Rojahn*, in: Ingo v. Münch/Philip Kunig (Hg.), Grundgesetz-Kommentar, Bd. 2, 3. Aufl. 1995, Art. 59 Rn. 14, 33.

[42] Dabei kommt ihm – wie bei sonstigen Gesetzen – ein materielles Prüfungsrecht dahingehend zu, daß er den geplanten Vertrag auf seine Verfassungsmäßigkeit überprüfen kann und soll. Vgl.

Jenseits dieser Unterschiede stellen sich für das Zusammenwirken von Bundesregierung und insbesondere Bundestag im deutschen Verfassungssystem jedoch ähnliche Fragen wie in den USA für die Kooperation zwischen Präsident und Kongreß. Die systembedingten Differenzen beider Verfassungsordnungen verwischen nur die Klarheit der insoweit bestehenden Parallelitäten: In dem potentiell antagonistischen System Amerikas spielen sich Auseinandersetzungen der obersten Verfassungsorgane regelmäßig in der Öffentlichkeit ab, während im parlamentarischen Regierungssystem Deutschlands Regierung und Parlamentsmehrheit großes Interesse daran haben, nach außen Einigkeit vorzuführen, und eventuelle Differenzen deshalb frühzeitig und im stillen beizulegen versuchen[43]. So sieht beispielsweise § 82 II GOBT als generelle Regel vor, daß Änderungsanträge zu völkerrechtlichen Verträgen nicht zulässig sind, und enthebt die Bundesregierung damit der Sorge, mit parlamentarischen Nachverhandlungsauflagen rechnen zu müssen. Zusammen mit der in § 81 IV GOBT vorgeschriebenen en-bloc-Abstimmung entspricht dies einem scheinbar unbegrenzten „fast track"-Mandat, doch handelt es sich dabei ebenfalls nur um einen im Prinzip jederzeit revidierbaren Verzichtsakt des Parlaments, so daß der Bundestag durch eine einfache Änderung seiner Geschäftsordnung zur Inanspruchnahme eines materiellen Mitbestimmungsrechts bei der Ratifikation völkerrechtlicher Verträge gelangen könnte[44]. Auch ohne diese Möglichkeit bleibt ihm noch ein erhebliches verfahrensrechtliches Einflußpotential: So kann er Änderungen zwar nicht am Vertragstext, wohl aber am Vertragsgesetz vornehmen[45]; er kann mit Einschränkungen zustimmen, die die Regierung zur Anbringung entsprechender Vorbehalte zwingen[46]; und er kann einem Vertrag Präambeln voranstellen bzw. Entschließungen dazu verabschieden, die ungeachtet ihrer fehlenden rechtlichen Bindungswirkung erhebliche politische Bedeutung für Interpretation und dynamische Fortentwicklung des Vertrages entfalten können[47]. Wenngleich die

---

oben 5. Kap. III. 2. a) (199 f.) und 4. b) (209 f.); u. schon *Dietmar Seidel*, Der Bundespräsident als Träger der auswärtigen Gewalt, 1972, 166 ff.; außerdem statt vieler: *Ingolf Pernice*, in: Horst Dreier (Hg.), Grundgesetz-Kommentar, Bd. II, 1998, Art. 59 Rn. 22.

[43] Mißt man die Mitwirkung des Bundestages bei völkerrechtlichen Verträgen daher an der Nutzung der allgemeinen parlamentarischen Kontrollinstrumente durch das Plenum, so scheint sich das Bild eines kaum involvierten und relativ einflußlosen Parlaments zu ergeben. Vgl. *Lothar Wilker*, Bundestag und Außenpolitik, in: Uwe Thaysen/Roger H. Davidson/Robert G. Livingston (Hg.), US-Kongreß und Deutscher Bundestag, 1988, 383–399, 387 ff. Dieses Bild trügt jedoch.

[44] Vgl. etwa *Bernhard Ehrenzeller*, Legislative Gewalt und Aussenpolitik, 1993, 202 f.; *a.A.* aber *Helmuth Schulze-Fielitz*, Theorie und Praxis parlamentarischer Gesetzgebung, 1988, 56, der die Unzulässigkeit entsprechender Änderungsanträge als „charakteristische, typische, empirisch zu überprüfende Eigenart der Vertragsgesetze *nach Art. 59 III GG*" ansieht (Hervorhebung vom Verf.). Vgl. a. BVerfGE 77, 170, 231; u. schon *Hans W. Baade*, Das Verhältnis von Parlament und Regierung im Bereich der auswärtigen Gewalt der Bundesrepublik Deutschland, 1962, 89.

[45] Näher dazu *Siegfried Weiß*, Auswärtige Gewalt und Gewaltenteilung, 1971, 138 et seq.

[46] Vgl. *Weiß* (Fn. 45), 141 f.; *Walter Wiese*, Verfassungsrechtliche Aspekte der Vorbehalte zu völkerrechtlichen Verträgen, in: DVBl. 1975, 73–79, 77; *Hans D. Jarass*, Die Erklärung von Vorbehalten zu völkerrechtlichen Verträgen, in: DÖV 1975, 117–124, 123 f.; u. *Fastenrath* (Fn. 39), 234 m.w.N.

[47] So geschah es etwa im Falle des Elysée-Vertrages, dem eine Präambel vorangestellt wurde,

Exekutive also in Deutschland wie in Amerika formell die Herrschaft über Aushandlung und Erarbeitung völkerrechtlicher Verträge innehat, was sich aufgrund der besonderen Natur der zugrundeliegenden diplomatischen Prozesse natürlich ergibt[48], so ist sie dennoch gut beraten, das Parlament zumindest in Gestalt ausgewählter Vertreter an diesen Prozessen teilhaben zu lassen. Dementsprechend pflegt die Bundesregierung den zuständigen Auswärtigen Ausschuß des Bundestages in Vertragsverhandlungen einzubinden, um so die Wahrscheinlichkeit einer späteren unproblematischen Zustimmung der Parlamentsmehrheit zu erhöhen[49]. Im Falle einer antizipierten Zustimmung des Bundestages durch Erlaß eines Gesetzes, das die Bundesregierung in den Grenzen des Art. 80 I 2 GG zum Abschluß eines anschließend durch Rechtsverordnung zu implementierenden Vertrages ermächtigt, verstärkt sich die parlamentarische Mitwirkung entgegen dem ersten Eindruck noch, da der Bundestag insgesamt vor dem Vertragsabschluß umfassend zu informieren ist und seinen Einfluß noch während der Verhandlungen entsprechend geltend machen kann[50].

Hinsichtlich der Kündigung völkerrechtlicher Verträge stellt sich die Situation in Deutschland ebenfalls ganz ähnlich wie in den Vereinigten Staaten dar: Eine ausdrückliche verfassungsrechtliche Regelung gibt es nicht. Da es in der Praxis zwischen Bundesregierung und Bundestag auch noch nie zum Streit über eine Kündigung gekommen ist, existiert eine Leitentscheidung des Bundesverfassungsgerichts ebensowenig[51]. Die wohl bis heute überwiegende Meinung in der Literatur geht aufgrund des Wortlauts von Art. 59 II 1 GG in Verbindung mit der Verfassungstradition davon aus, daß eine parlamentarische Mitwirkung im auswärtigen Bereich nur dort gefordert ist, wo das Grundgesetz dies ausdrücklich normiert, im Falle der Vertragskündigung also nicht[52]. Dagegen steht die Überlegung, daß das

---

die dem gesamten Abkommen einen durchaus anderen Sinn gab, und bei den Ostverträgen in Gestalt der Gemeinsamen Entschließung des Bundestages vom 17.05.1972. Vgl. insges. *Ehrenzeller* (Fn. 44), 204 m.w.N.; u. zu dem speziellen Problem, wie der Bundestag an der dynamischen Fortentwicklung eines Vertrages partizipieren kann, *Wolfrum* (Fn. 5), 54 f.

[48] In diesem Sinne vor allem *Wilhelm G. Grewe*, Zum Verfassungsrecht der auswärtigen Gewalt, in: AöR 112 (1987), 521–543, 527 f.

[49] Vgl. *Hans Troßmann*, Der Bundestag: Verfassungsrecht und Verfassungswirklichkeit, in: JöR N.F. 28 (1979), 1–304, 90 f.; *Christian Tomuschat*, Parliamentary Control over Foreign Policy in the Federal Republic of Germany, in: Antonio Cassese (ed.), Parliamentary Control over Foreign Policy, 1980, 25–51, 36; *Wilhelm Mößle*, Regierungsfunktionen des Parlaments, 1986, 164 f. m.w.N.; u. allg. zum Auswärtigen Ausschuß schon *Weiß* (Fn. 45), 125 ff., der ihn sogar noch wesentlich gestärkt sehen möchte (219 ff.).

[50] *Wolfrum* (Fn. 5), 46 f.; vgl. a. näher *Meinulf Dregger*, Die antizipierte Zustimmung des Parlaments zum Abschluß völkerrechtlicher Verträge, die sich auf Gegenstände der Bundesgesetzgebung beziehen, 1989, 71 ff. u. exemplarisch 100 ff.

[51] BVerfGE 68, 1, 83 f. deutet allerdings an, daß das Gericht im Ernstfall wohl der Regierung allein die entsprechende Kompetenz zusprechen würde.

[52] Vgl. *Karl Josef Partsch*, Parlament und Regierung im modernen Staat, in: VVDStRL 16 (1958), 74–112, 98; *Hermann-Wilfried Bayer*, Die Aufhebung völkerrechtlicher Verträge im deutschen parlamentarischen Regierungssystem, 1969, 201 ff.; *Wilhelm A. Kewenig*, Demokratie und Staatsverträge: Einige Bemerkungen zur Kündigungsproblematik, in: FS Hans Huber, 1981, 501–

politische Gewicht und selbst der legislatorische Effekt einer Kündigung genauso schwer wiegen können wie die Konsequenzen eines Vertragsabschlusses, so daß aus systematischen Gründen Vertragsschluß und Vertragskündigung institutionell den gleichen Regeln folgen sollten. Diese Meinung scheint gerade in jüngerer Zeit zunehmend Unterstützung zu finden[53].

(2) Verwaltungsabkommen

Zu guter Letzt ist darauf hinzuweisen, daß das Grundgesetz auch eine Regelung für völkerrechtliche Vereinbarungen kennt, die von der Exekutive allein abgeschlossen werden können. Art. 59 II 2 GG spricht insoweit von „Verwaltungsabkommen", wobei man diese terminologisch noch weiter unterteilen kann in die von der Bundesregierung abgeschlossenen „Regierungsabkommen" und die in die Zuständigkeit einzelner Fachminister fallenden „Ressortabkommen"[54]. Im Zusammenhang unseres Themas ist hierzu nur hervorzuheben, daß das Grundgesetz im Gegensatz zur amerikanischen Verfassungsordnung eine klare inhaltliche Trennlinie zwischen derartigen Exekutivabkommen und den anderen bislang behandelten Verträgen zieht: Verwaltungsabkommen können nur solche Vereinbarungen sein, die die Bundesregierung im Rahmen ihrer eigenständigen, vom Parlament unabhängigen Verwaltungskompetenzen implementieren kann[55]. Die parlamentarische Mitwirkung beim Vertragsabschluß hängt also vollständig von der Notwendigkeit eines parlamentarischen Umsetzungsaktes ab. Art. 59 II 2 GG komplettiert diese Parallelität zwischen Vertragsschluß und Vertragsumsetzung mit Blick auf die Kompetenzen der Bundesländer, indem er ebenso wie Art. 59 II 1 GG für die Bundesgesetzgebung die Vorschriften über die Bundesverwaltung für entsprechend anwendbar erklärt, in

511, 510 f.; *Albert Bleckmann*, Grundgesetz und Völkerrecht, 1975, 225 f.; *Ondolf Rojahn*, in: v. Münch/Kunig (Fn. 41), Art. 59 Rn. 47.

[53] Vgl. aber auch schon *Ernst Friesenhahn*, Parlament und Regierung im modernen Staat, in: VVDStRL 16 (1958), 9–73, 70 (Leitsatz 3); u. *Baade* (Fn. 44), 121 f. Fn. 117; ferner *Thomas Puhl*, Die Minderheitsregierung nach dem Grundgesetz, 1986, 146; u. zuletzt *Wolfrum* (Fn. 5), 50; zumindest für „politische Verträge" auch *Juliane Kokott*, Art. 59 Abs. 2 GG und einseitige völkerrechtliche Akte, in: FS Karl Doehring, 1989, 503–528, 512; ebenso *Ingolf Pernice*, in: Dreier (Fn. 42), Art. 59 Rn. 40.

[54] Dazu z.B. *Ondolf Rojahn*, in: v. Münch/Kunig (Fn. 41), Art. 59 Rn. 53.

[55] Vgl. schon *Rudolf Bernhardt*, Der Abschluß völkerrechtlicher Verträge im Bundesstaat, 1957, 133 f., 157 ff.; weiter *Bruno Schmidt-Bleibtreu/Franz Klein*, Kommentar zum Grundgesetz, 8. Aufl. 1995, Art. 59 Rn. 23 ff.; u. *Ehrenzeller* (Fn. 44), 193 f. Fraglich bleibt in diesem Zusammenhang, wie zu verfahren ist, wenn die Implementation einer Rechtsverordnung bedarf, für die die entsprechende Verordnungsermächtigung bereits existiert, dem Bundestag aber einen Zustimmungs- bzw. Änderungsvorbehalt einräumt (vgl. dazu oben 6. Kap. I. 3. b) (231 ff.)). BVerfGE 1, 372, 390 fordert unter diesen Umständen ein zusätzliches Gesetz; ebenso *Bleckmann* (Fn. 52), 221; der Gegenansicht genügt dagegen ein einfacher Beschluß, vgl. *Rudolf* (Fn. 41), 199; u. ähnlich *Fastenrath* (Fn. 39), 221. Für die Anwendung des Interorganrespekts macht dieser Streit jedoch keinen Unterschied, da die Mitwirkungsrechte des Bundestages nach beiden Ansichten gewahrt bleiben und die Bundesregierung dadurch in jedem Fall veranlaßt wird, den Bundestag in die Aushandlung des jeweiligen Abkommens einzubeziehen, um die Blamage eines völkerrechtswidrigen Scheiterns bei seiner Umsetzung zu vermeiden.

denen etwa Zustimmungserfordernisse des Bundesrates zu allgemeinen Verwaltungsvorschriften der Bundesregierung normiert sind[56].

bb) Die Regelungen des Art. 300 (ex-Art. 228) EGV

Auf eine Parallelität von Abschluß- und Umsetzungskompetenzen achtet in der Regel auch das europäische Vertragssystem. Die besonderen Notwendigkeiten einer hinreichenden Rücksichtnahme auf die Interessen der Mitgliedstaaten bedingen jedoch eine wesentlich kompliziertere Ausgestaltung der einschlägigen Vorschrift des Art. 300 (ex-Art. 228) EGV, die zahlreiche Ansatzpunkte für einen Einsatz der Idee des Interorganrespekts eröffnet.

(1) Vorbemerkung zur Kompetenzabgrenzung zwischen Gemeinschaft und Mitgliedstaaten

Darüber hinaus ergibt sich hinsichtlich der Außenbeziehungen der EG das besondere Problem einer Abgrenzung von gemeinschaftlichen und mitgliedstaatlichen Kompetenzen. In der auf der europäischen Ebene vorliegenden Form stellt sich dieses Problem weder in Deutschland noch in den USA: in Deutschland wegen Art. 32 I GG, der die Pflege der Beziehungen zu auswärtigen Staaten ausdrücklich als „Sache des Bundes" definiert, in den USA aufgrund der Rechtsprechung des Supreme Court, der einen von einzelnen Regelungen der Verfassung unabhängigen direkten Übergang der außenpolitischen Souveränität von Großbritannien auf die neugegründeten Vereinigten Staaten annimmt und konsequenterweise zu einer der Verfassung impliziten exklusiven und umfassenden Bundesgewalt für die Außenpolitik kommt[57]. Schwierigkeiten können sowohl im deutschen als auch im amerikanischen Verfassungssystem an diesem Punkt nur dann entstehen, wenn die jeweiligen Gliedstaaten auf Gebieten ihrer Gesetzgebungskompetenz mit einem Vertrag nicht einverstanden sind, dem ihr primäres Vertretungsorgan auf Bundesebene – Senat bzw. Bundesrat – seinen Segen gegeben hat. Zur Vermeidung derartiger Konfliktlagen ist in der deutschen Staatspraxis das „Lindauer Abkommen" entwickelt worden, das eine vorherige Abstimmung zwischen Bund und Ländern über die entsprechenden Verträge vorsieht und insofern selbst wieder als Ausdruck der Bundestreue gelesen werden kann[58], während der Supreme Court die hier auftretenden Probleme sehr einfach durch eine Anpassung der innerstaatlichen Kompetenzverteilung ent-

[56] Zu den daraus folgenden Kompetenzen des Bundesrates i. einz. *Fastenrath* (Fn. 39), 248 f. m.w.N.

[57] *U.S. v. Curtiss-Wright Corp.*, 299 U.S. 304 (1936), 317: „Sovereignty is never held in suspense. When, therefore, the external sovereignty of Great Britain in respect of the colonies ceased, it *immediately* passed to the Union" (Hervorhebung vom Verf.). Vgl. a. *Zschernig v. Miller*, 389 U.S. 429 (1968).

[58] Der Text des „Lindauer Abkommens" findet sich z.B. bei *Fastenrath* (Fn. 39), 277 f., vgl. dort auch die ausführliche Kritik 119 f., 136 ff.; u. etwa *Ipsen* (Fn. 2), 288 f. (Rn. 950 ff.); *Peter Badura*, Staatsrecht, 2. Aufl. 1996, 299 (Rn. D 81), 340 (Rn. D 136); zu einem besonderen Aspekt auch *Hartmut Bauer*, Die Bundestreue, 1992, 358 f.

schärft, indem er den amerikanischen Bundesstaat im Rahmen der auswärtigen Gewalt auch Regelungen treffen läßt, die nach der innerstaatlichen Kompetenzaufteilung eigentlich den Einzelstaaten zufielen, und die dadurch eintretende Kompetenzverschiebung zugunsten der Bundesgewalt in Kauf nimmt[59].

Im Gegensatz hierzu gilt für die Europäische Gemeinschaft auch im auswärtigen Bereich das Prinzip der „begrenzten Einzelermächtigung", nach dem die Gemeinschaft Kompetenzen nur besitzt, soweit sie ihr im Vertrag speziell zugewiesen sind[60]. Ausdrückliche Zuweisungen von Außenkompetenzen finden sich im EG-Vertrag jedoch lediglich punktuell, namentlich für den Abschluß von Handelsabkommen (Art. 133 (ex-Art. 113) EGV) und Assoziationsverträgen (Art. 310 (ex-Art. 238) EGV) sowie für währungspolitische Vereinbarungen (Art. 111 (ex-Art. 109) EGV)[61]. Der Europäische Gerichtshof hat daher schon relativ frühzeitig eine Theorie der Parallelität zwischen Innen- und Außenkompetenzen entwickelt, die die Verbandskompetenz der EG zum Abschluß völkerrechtlicher Verträge erheblich erweiterte und nach dem den Beginn dieser Rechtsprechung markierenden Urteil auch „AETR-Doktrin" genannt wird: Nach dieser Theorie verfügt die Gemeinschaft überall dort über eine (implizite) Zuständigkeit zum Tätigwerden nach außen, wo ihr der EG-Vertrag entsprechende Regelungskompetenzen nach innen zuweist und ein Vertragsabschluß mit Drittstaaten zur Erreichung eines Gemeinschaftszieles erforderlich ist[62]. Dennoch sind den Mitgliedstaaten selbst auf einem scheinbar umfassend in die Verantwortung der Gemeinschaft überführten Gebiet wie der von Art. 133 (ex-Art. 113) EGV erfaßten Handelspolitik noch eigenständige Rollen und Handlungsspielräume verblieben[63]. Das hat zur Entwicklung der so-

---

[59] *Missouri v. Holland*, 252 U.S. 416 (1920), 432 ff.

[60] Vgl. hierzu nochmals stv. *Hans-Peter Kraußer*, Das Prinzip begrenzter Ermächtigung im Gemeinschaftsrecht als Strukturprinzip des EWG-Vertrages, 1991, 20 ff. Der Gerichtshof hat diesen Grundsatz zuletzt vor allem in seinem Gutachten zur Zulässigkeit eines Beitritts der EG zur EMRK wieder betont und festgestellt, daß der EG-Vertrag auf dem Gebiet der Menschenrechte keine Kompetenzen auf die Gemeinschaft überträgt, so daß ein solcher Beitritt zunächst eine entsprechende Vertragsänderung voraussetzen würde. Vgl. EuGH Slg. 1996, I-1759 – Gutachten 2/94 –, I-1787 ff.; u. dazu *Christoph Vedder*, Die „verfassungsrechtliche Dimension" – die bisher unbekannte Grenze für Gemeinschaftshandeln?, in: EuR 1996, 309–319, 311 ff.; *Noreen Burrows*, Question of Community Accession to the European Convention Determined, in: ELR 22 (1997), 58–63, 60 ff.; *Patrick Wachsmann*, L'avis 2/94 de la Cour de justice relatif à l'adhésion de la Communauté européenne à la Convention de sauvegarde des droits de l'homme et des libertés fondamentales, in: Revue trimestrielle de droit européen 1996, 467–491, 473 ff.

[61] Eine komplette Auflistung findet sich bei *Peter Gilsdorf*, Die Außenkompetenzen der EG im Wandel, in: EuR 1996, 145–166, 147.

[62] EuGH Slg. 1971, 263 – Rs. 22/70; Slg. 1976, 1279 – verb. Rs. 3, 4 u. 6/76; vgl. a. das manchmal als Quelle einer eigenständigen Doktrin betrachtete Gutachten 1/76 des Gerichtshofs, EuGH Slg. 1977, 741; u. zu dieser Rspr. *Oliver Dörr*, Die Entwicklung der ungeschriebenen Außenkompetenzen der EG, in: EuZW 1996, 39–43, 41 f.; sowie speziell zum Konzept der „implied powers" *Alan Dashwood*, The Limits of European Community Powers, in: ELR 21 (1996), 113–129, 124 ff.

[63] Vgl. *Ralph Alexander Lorz*, Die Integration des nationalen Wirtschaftsrechts in die internationale Wirtschaftsordnung, in: Thomas König/Elmar Rieger/Hermann Schmitt (Hg.), Das europäische Mehrebenensystem, 1996, 180–199, 183; u. näher *Eberhard Grabitz/Armin v. Bogdandy/Martin Nettesheim*, Europäisches Außenwirtschaftsrecht, 1994, 22 ff. m.w.N.

genannten „gemischten Abkommen" geführt, bei denen unter der Voraussetzung, daß Kompetenzen der Gemeinschaft und zugleich verbleibende Befugnisse der Mitgliedstaaten betroffen sind, sowohl die Gemeinschaft als auch die Mitgliedstaaten als Vertragspartner auftreten; gerade die wichtigsten Handelsverträge der letzten Jahre über die Errichtung des Europäischen Wirtschaftsraumes und der Welthandelsorganisation sind in dieser Form zustandegekommen[64]. Insgesamt läßt sich damit konstatieren, daß die Machtbalance im auswärtigen Bereich auf europäischer Ebene im Vergleich zu den Bundesstaaten Deutschlands und Amerikas von vornherein zugunsten der Einzelstaaten gekippt ist. Mit dieser Feststellung soll es in dieser Hinsicht allerdings sein Bewenden haben, da im Rahmen der vorliegenden Untersuchung der Blick nur den Kompetenzabgrenzungen zwischen den eizelnen Bundes- bzw. Gemeinschaftsorganen und den daraus resultierenden Anforderungen des Interorganrespekts gilt.

Gerade die Bedeutung der „gemischten Abkommen" erscheint jedoch selbst unter diesem Aspekt noch in zweifacher Weise bemerkenswert: Zum einen demonstriert sie, wie sehr das europäische Vertragssystem dem Gedanken der Parallelität von Abschluß- und Umsetzungsbefugnissen in bezug auf völkerrechtliche Verträge jedenfalls dann verpflichtet ist, wenn es um die Wahrung der mitgliedstaatlichen Zuständigkeiten geht: Wo diese von der Umsetzung eines Vertrages betroffen werden, werden die Mitgliedstaaten auch direkt – und nicht etwa nur über den Ministerrat – an seinem Abschluß beteiligt. Zum zweiten illustriert speziell die jüngste Entwicklung auf diesem Feld die Notwendigkeit des vertikalen Pendants zum Interorganrespekt, der Gemeinschaftstreue[65], in besonderem Maße. Denn die neuere Rechtsprechung des Gerichtshofs signalisiert eine gewisse Trendwende in Richtung einer restriktiveren Interpretation der aus der „AETR-Doktrin" folgenden ungeschriebenen Außenkompetenzen der Gemeinschaft: Schien es lange Zeit so, als könne jede Innenkompetenz im Rahmen des Erforderlichen eine ausschließliche Zuständigkeit der Gemeinschaft zur Vertretung des betreffenden Regelungsgebiets nach außen begründen, so hat der Gerichtshof diese Wirkung jetzt in seinem Gutachten zum WTO-Abkommen strikt auf die Reichweite der bisherigen Ausübung der Innenkompetenzen beschränkt und fordert darüber hinaus eine untrennbare Verbindung zwischen der praktischen Wirksamkeit von Innenkompetenzen und der zu ihrer Sicherung in Anspruch genommenen Außenkompetenzen[66]. Diese Modi-

---

[64] Allg. hierzu *Thomas Oppermann*, Europarecht, 2. Aufl. 1999, 737 (Rn. 1711); *Michael Schweitzer/Waldemar Hummer*, Europarecht, 5. Aufl. 1996, 203 f. (Rn. 670 ff.); *Christian Tomuschat*, in: Hans v. d. Groeben/Jochen Thiesing/Claus-Dieter Ehlermann (Hg.), Kommentar zum EU-/EG-Vertrag, 5. Aufl. 1997, Bd. 5, Art. 228 EGV Rn. 9 f., 24 f., 40, 47, 67; zuletzt *Astrid Epiney*, Zur Stellung des Völkerrechts in der EU, in: EuZW 1999, 5–11, 7; u. zur älteren Praxis *Klaus D. Stein*, Der gemischte Vertrag im Recht der Außenbeziehungen der Europäischen Wirtschaftsgemeinschaft, 1986, 24 ff., 220 ff.

[65] Allg. dazu schon oben 2. Kap. IV. 1. (72 ff.).

[66] EuGH Slg. 1994, I-5267 – Gutachten 1/94 –, I-5409 ff.; vgl. a. schon EuGH Slg. 1993, I-1061 – Gutachten 2/91 –, I-1076 f.; Slg. 1995, I-521 – Gutachten 2/92 –, I-559 f.; u. dazu *Rudolf Geiger*, Vertragsschlußkompetenzen der Europäischen Gemeinschaft und auswärtige Gewalt der Mitglied-

fikationen werden tendenziell zu einer Ausweitung der mitgliedstaatlichen Residualbefugnisse und damit zu einer weiteren Zunahme der „gemischten Abkommen" führen – eine Entwicklung, die die Kommission angesichts der potentiellen Nachteile für die Handlungsfähigkeit und das einheitliche Auftreten der Gemeinschaft nach außen schon im Zuge der Regierungskonferenz wortreich beklagt hat[67]. Der Vertrag von Amsterdam bringt in diesem Punkt jedoch keine entscheidende Änderung[68], so daß die Gemeinschaft für den Erhalt ihrer Aktionsfähigkeit in der Tat darauf angewiesen bleibt, daß ihre Organe und ihre Mitgliedstaaten in allen Bereichen geteilter Zuständigkeit entsprechend dem in Art. 10 (ex-Art. 5) EGV teilkodifizierten Grundsatz der Gemeinschaftstreue loyal zusammenarbeiten. Die Entscheidung des Gerichtshofs zur Ausübung der Stimmrechte in der Welternährungsorganisation unterstreicht exemplarisch, daß es sich dabei nicht nur um ein Gebot politischer Klugheit, sondern tatsächlich um eine Rechtspflicht handelt[69].

(2) Abschluß- und Außenvertretungsbefugnisse innerhalb der EG

Von der bislang behandelten Frage der Verbandskompetenz der Gemeinschaft zum Abschluß völkerrechtlicher Verträge, die sich in dieser Form in den nationalstaatlichen Verfassungssystemen Deutschlands und Amerikas nicht stellt, ist die Frage der Organkompetenz zu unterscheiden, bei der sich auf europäischer Ebene eine

---

staaten, in: JZ 1995, 973–982, 979 f., der allerdings (978 f.) auch eine neue „überschießende Außenkompetenz" der Gemeinschaft erkennt; *Gilsdorf* (Fn. 61), 154 ff.; *Dörr* (Fn. 62), 42 f.; *Meinhard Hilf*, EG-Außenkompetenzen in Grenzen, in: EuZW 1995, 7 f.; *Jochim Sedemund/Frank Montag*, Die Entwicklung des Europäischen Gemeinschaftsrechts, in: NJW 1995, 1126–1133, 1127; *Carsten Thomas Ebenroth*, Visionen für das internationale Wirtschaftsrecht, in: RIW 1995, 1–11, 6; u. zuletzt *Horst Günter Krenzler/Hermann da Fonseca-Wollheim*, Die Reichweite der gemeinsamen Handelspolitik nach dem Vertrag von Amsterdam – eine Debatte ohne Ende?, in: EuR 1998, 223–241, 227 ff.

[67] Bericht der Kommission an die Reflexionsgruppe zur Regierungskonferenz 1996, 60 f.; auf der gleichen Linie argumentieren *Geiger* (Fn. 66), 981 f.; u. *Gilsdorf* (Fn. 61), 157 ff.; während *Dörr* (Fn. 62), 43, die neue Rspr. des Gerichtshofs unter dem Aspekt des Subsidiaritätsprinzips begrüßt.

[68] Art. 2 Nr. 20 des Amsterdamer Vertrages hat immerhin durch Einfügung eines neuen Art. 113 V EGV die Möglichkeit geschaffen, Dienstleistungen und Rechte des geistigen Eigentums in die Gemeinsame Handelspolitik einzubeziehen. Allerdings steht diese Einbeziehung unter dem Vorbehalt einer einstimmigen Beschlußfassung im Rat, der auch in Nizza nur eine leichte Modifizierung erfahren hat; krit. daher *Krenzler/da Fonseca-Wollheim* (Fn. 66), 223 f., 234 ff.

[69] EuGH Slg. 1996, I-1469 – Rs. C-25/94 –, I-1510: „In diesem Zusammenhang ist daran zu erinnern, daß, wenn sich herausstellt, daß der Gegenstand eines Abkommens oder eines Übereinkommens teils in die Zuständigkeit der Gemeinschaft und teils in die der Mitgliedstaaten fällt, eine enge Zusammenarbeit zwischen den Mitgliedstaaten und den Gemeinschaftsorganen sowohl bei der Aushandlung und beim Abschluß wie bei der Erfüllung der übernommenen Verpflichtungen sicherzustellen ist. *Diese Pflicht zur Zusammenarbeit ergibt sich aus der Notwendigkeit einer einheitlichen völkerrechtlichen Vertretung der Gemeinschaft*" (m.w.N. zur früheren Rspr.; Hervorhebung vom Verf.). Vgl. dazu auch *Noreen Burrows*, COREPER, Competence and Conservation, in: ELR 22 (1997), 64–67; u. zu der teilweise parallelen Situation im deutschen Verfassungssystem *Walter Frenz*, Die Verdrängung des Lindauer Abkommens durch Art. 23 GG, in: DVBl. 1999, 945–953; skeptisch zu der möglichen Bedeutung von Art. 10 (ex-Art. 5) EGV *Geiger* (Fn. 66), 981; u. *Gilsdorf* (Fn. 61), 158 f.

ähnliche Konstellation wie in den bundesstaatlichen Modellen ergibt. Auch insoweit achtet der EG-Vertrag auf eine Parallelität von Abschluß- und Umsetzungskompetenzen, setzt allerdings im Vergleich zum Grundgesetz andere Akzente, indem er den Rat in die zentrale Position rückt. Das zeigt sich schon im Verhältnis von Rat und Kommission: Zwar wird die Kommission in Art. 300 I (ex-Art. 228 I) EGV ausdrücklich mit der Führung der erforderlichen Verhandlungen betraut, was für US-Präsident und Bundesregierung als selbstverständlich vorausgesetzt wird; sie bedarf für solche Verhandlungen jedoch zunächst einer Ermächtigung des Rates, muß sich sodann an seine Richtlinien halten und schließlich noch mit den „zu ihrer Unterstützung vom Rat bestellten besonderen Ausschüssen" ins Benehmen setzen[70]. Ihre eigenen Zuständigkeiten, insbesondere zum Abschluß internationaler Verwaltungsabkommen, sind wesentlich enger begrenzt als in den nationalstaatlichen Systemen, wie sich zuletzt an ihrem fehlgeschlagenen Versuch erwiesen hat, mit den USA eine Vereinbarung über die Zusammenarbeit der jeweiligen Wettbewerbsbehörden zu treffen[71]. Darüber hinaus behielt Art. 228 II EGV bis Amsterdam dem Rat sogar den formellen Akt des Vertragsschlusses vor[72]; erst durch Art. 2 Nr. 56 b) des Amsterdamer Vertrages wird die Rolle des Rates in diesem Punkt entsprechend den Kompetenzen nationalstaatlicher Legislativorgane auf die Beschlußfassung über Unterzeichnung und Abschluß reduziert[73] (Art. 300 II EGV (neu)).

Am augenfälligsten tritt die vom EG-Vertrag im auswärtigen Bereich der Gemeinschaft vorgenommene Kompetenzverschiebung zugunsten des Rates jedoch in seinem Verhältnis zum Parlament zutage. Zwar besteht gem. Art. 300 III UAbs. 2 (ex-Art. 228 III UAbs. 2) EGV beim Abschluß von Assoziierungsverträgen und sonstigen Abkommen, die einen besonderen institutionellen Rahmen künftiger Zusammenarbeit schaffen oder erhebliche finanzielle Folgen für die Gemeinschaft nach sich ziehen, ebenso ein Zustimmungserfordernis des Parlaments wie im Falle von Abkommen, die die Änderung eines im Mitentscheidungsverfahren zustandegekommenen Rechtsakts bedingen. Dabei handelt es sich allerdings tatsächlich um ein reines Zustimmungserfordernis, d.h. für das Europäische Parlament besteht im

---

[70] Diese Regelung verweist zurück auf die bereits in anderem Zusammenhang behandelte Problematik der „Komitologie"-Verfahren. Vgl. oben 6. Kap. I. 3. c) (234 ff.). Im Bereich der Gemeinsamen Handelspolitik wird die Kommission nach Nizza sogar auf eine regelmäßige Berichterstattung gegenüber dem entsprechenden Ausschuß verpflichtet sein.

[71] EuGH Slg. 1994, I-3641 – Rs. C-327/91; vgl. zu dem Abkommen auch *Peter Mozet*, Das Abkommen zwischen der EG und den USA über die Zusammenarbeit der Kartellbehörden, in: EuZW 1992, 201–203; u. allg. zu den eigenen Zuständigkeiten der Kommission *Waldemar Hummer*, Enge und Weite der „treaty making power" der Kommission der EG nach dem EWG-Vertrag, in: GS Eberhard Grabitz, 1995, 195–226, bes. 210 f., 213 ff.

[72] Man sprach daher auch von einem „zweiphasigen" Vertragsschließungsverfahren, vgl. *Schweitzer/Hummer* (Fn. 64), 201 (Rn. 664); u. am konkreten Beispiel *Siegfried Breier*, Die geschlossene völkerrechtliche Vertretung der Gemeinschaft am Beispiel der 3. Vertragsstaatenkonferenz der Klimarahmenkonvention in Kyoto, in: EuZW 1999, 11–15, 13 f.

[73] Allg. zu den Änderungen, die der Vertrag von Amsterdam an Art. 300 (ex-Art. 228) EGV vorgenommen hat, *Alan Dashwood*, External Relations Provisions of the Amsterdam Treaty, in: CMLR 35 (1998), 1019–1045, 1023 ff.

Gegensatz etwa zum Bundestag unmittelbar von Vertrags wegen keine Möglichkeit, Änderungsanträge zu den betreffenden Abkommen einzubringen[74]. Vor allem aber bleiben sämtliche nicht in diese Kategorie fallenden Abkommen zustimmungsfrei, und zwar selbst solche, für deren Regelungen im Binnenbereich das Kooperations- oder das Mitentscheidungsverfahren mit ihren maßgeblichen Mitspracherechten für das Parlament einschlägig wären, wie Art. 300 III UAbs. 1 (ex-Art. 228 III UAbs. 1) EGV ausdrücklich statuiert. Da die auf diese Weise entstehenden Abkommen zugleich gem. Art. 300 VII (ex-Art. 228 VII) EGV „für die Organe der Gemeinschaft und für die Mitgliedstaaten verbindlich" werden, bedeutet dies, daß dem Rat in der Umsetzung völkerrechtlicher Verträge Befugnisse zuwachsen, für deren Ausübung er ohne den jeweiligen Vertrag auf die Mitwirkung des Parlaments angewiesen wäre[75]. Der EG-Vertrag führt also die bereits erwähnte Parallelität von Abschluß- und Umsetzungskompetenzen herbei, indem er die letzteren kurzerhand unter Durchbrechung der sonstigen Befugnisverteilung dem entscheidenden Abschlußorgan zuordnet.

Vor dem Hintergrund dieser unmittelbar aus dem Vertrag resultierenden Kompetenzverschiebung sind unter dem Aspekt des Interorganrespekts die dem Parlament verbleibenden Rechte von besonderem Interesse. Zu nennen ist hier zunächst das in Art. 300 III UAbs. 1 (ex-Art. 228 III UAbs. 1) EGV gewährleistete umfassende Anhörungsrecht des Europäischen Parlaments, das lediglich bei Handelsabkommen nach Art. 133 III (ex-Art. 113 III) EGV entfällt. Für diese Abkommen existiert jedoch ein besonderes, durch Interorganvereinbarungen geschaffenes Verfahren, das eine Unterrichtung des Parlaments nach Abschluß der Verhandlungen vorsieht[76]. Ein allgemeines Recht des Parlaments auf unverzügliche und umfassende Unterrichtung auch bei nur temporären Veränderungen der völkerrechtlichen Vertragslage der Gemeinschaft ist darüber hinaus in Amsterdam und zuletzt in Nizza festgeschrieben worden (Art. 300 II UAbs. 3 EGV (neu)). Schließlich bleibt dem Parlament die in Kontext des Gesetzgebungsverfahrens bereits herausgestellte Möglichkeit, vor dem Gerichtshof Klage zu erheben, wenn der Rat über die Wahl der Rechtsgrundlage für seine Beschlüsse die Beteiligungsrechte des Parlaments oder durch die Einrichtung von Sonderetats seine Rechte im Haushaltsverfahren zu umgehen versucht[77].

---

[74] Zu diesem entscheidenden Unterschied zwischen Zustimmungs- und Mitentscheidungsverfahren vgl. schon oben 5. Kap. II. 1. b) bb) (3) (154 f.).

[75] Näher hierzu bspw. *Rudolf Streinz*, Europarecht, 4. Aufl. 1999, 219 ff. (Rn. 602 ff.); u. *Christian Tomuschat*, in: v. d. Groeben/Thiesing/Ehlermann (Fn. 64), Art. 228 EGV Rn. 27 et seq.

[76] Hierbei handelt es sich um das sog. „Luns-Westerterp-Verfahren", vgl. statt vieler: *Streinz* (Fn. 75), 237 (Rn. 650).

[77] Vgl. speziell zum Problem der Wahl der Rechtsgrundlage schon oben 5. Kap. II. 4. a) cc) (177 ff.); u. etwa EuGH Slg. 1996, I-1195 – Rs. C-360/93; zuletzt EuGH, Urt. v. 08.07.1999 – Rs. C-189/97 –, abgedr. in: EuR 2000, 236 ff.; sowie zur (in diesem Falle zulässigen) Einrichtung von Fonds außerhalb des Gemeinschaftshaushalts EuGH Slg. 1994, I-625 – Rs. C-316/91.

c) Bewertung

Die zur Strukturierung dieses Abschnitts verwendete Typisierung der verschiedenen Kompetenzzuordnungen im Bereich von Vertragsschluß und Vertragsumsetzung eignet sich zugleich als Ausgangspunkt für eine Evaluation der hier betrachteten Modelle aus der Perspektive des Interorganrespekts. Als grundlegende Gemeinsamkeit der deutschen Verfassungs- und der europäischen Vertragsordnung, die es rechtfertigt, diese beiden Systeme zu einem Modelltyp zusammenzufassen, ist zunächst zu vermerken, daß sie beide großen Wert auf eine hinsichtlich des Abschlusses und der innerverbandlichen Umsetzung völkerrechtlicher Verträge gleichgerichtete Machtverteilung zwischen den Organen legen, also Sonderbefugnisse im Bereich von Vertragsabschlüssen, wie sie dem amerikanischen System eigen sind, grundsätzlich nicht zulassen wollen. In der zur Erreichung dieser gleichgerichteten Machtverteilung angewandten Strategie unterscheiden sich das deutsche Verfassungssystem und die Gemeinschaftsrechtsordnung jedoch grundlegend und bilden insofern jeweils eine Unterkategorie: In Deutschland folgt die Verteilung der Organkompetenzen beim Abschluß völkerrechtlicher Verträge dem innerstaatlichen Rechtsetzungsverfahren, d.h. die völkerrechtliche Kompetenz kann nur geltend machen, wer auch die innerstaatliche besitzt; in Europa ist es dagegen genau umgekehrt, indem die innergemeinschaftliche Umsetzungskompetenz der schwerpunktmäßigen Zuordnung der Vertragsabschlußbefugnis zum Ministerrat angepaßt wird.

Diese Grundentscheidung des jeweiligen Verfassungssystems beeinflußt die Ausprägung des Interorganrespekts in maßgeblicher Weise. Wenn nämlich wie in Deutschland die Kompetenzzuweisungen im Binnenbereich zum Maßstab der Verteilung der Außenvertretungsbefugnisse gemacht werden, bedarf es in bezug auf die letzteren keiner besonderen Ausgestaltung des Interorganrespekts mehr, da die im innerstaatlichen Rechtsetzungsverfahren zu seiner Sicherstellung wirksamen Mechanismen, von denen an anderer Stelle bereits die Rede war[78], automatisch auf die Ebene der vertragsrechtlichen Außenvertretung übertragen werden und dort in vergleichbarer Weise greifen. Der Verzicht des Grundgesetzes auf eine nähere Regelung im Bereich des Art. 59 GG erscheint unter diesen Umständen nur folgerichtig. Ganz anders sieht es auf der europäischen Ebene aus: Die dort zugunsten des Rates stattfindende Durchbrechung der im Binnenbereich geltenden Kompetenzverteilung beim Abschluß völkerrechtlicher Verträge zwingt unter dem Gesichtspunkt des Interorganrespekts zu einer kompensatorischen Einräumung sonstiger Beteiligungsrechte an das Parlament. Die in Art. 300 II, III (ex-Art. 228 III) EGV und in der Interorganvereinbarung zu Art. 133 III (ex-Art. 113 III) EGV festgeschriebenen umfassenden Anhörungs- und Unterrichtungsrechte des Parlaments[79] erweisen sich damit als eine konkretisierende Kodifikation von Verhaltenspflichten, die für den Rat ebenso unmittelbar aus dem Grundsatz des Interorganrespekts abgeleitet werden könnten. Das Prinzip des Interorganrespekts vermag aber nicht

[78] Vgl. oben 5. Kap., insbes. II. 1. (148 ff.) und II. 4. (171 ff.).
[79] Näher hierzu oben b) bb) (2) (308).

nur diese Konkretisierungen zu erklären, sondern zeigt zugleich auch ihre Unzulänglichkeit in kompensatorischer Hinsicht auf: Selbst eine umfassende Anhörung und Unterrichtung des Parlaments kann den Rat letztlich nicht wirksam daran hindern, sich auf dem Umweg über die völkerrechtliche Sphäre innergemeinschaftliche Kompetenzen zu sichern, die er ansonsten mit dem Parlament zu teilen hätte. Eine derartige Usurpation von Zuständigkeiten läuft jedoch dem Gedanken der wechselseitigen Rücksichtnahme der Organe auf ihre jeweiligen Kompetenzbereiche, der den Kern der Idee vom Interorganrespekt bildet, nachhaltig zuwider.

Wie sehr eine Verfassungsordnung, die auf den Gleichklang von Abschluß- und Umsetzungskompetenzen hinsichtlich völkerrechtlicher Verträge verzichtet und damit potentielle Kompetenzkonflikte zwischen Außenvertretungs- und Binnenbereich heraufbeschwört, zum Ausgleich dieser Konflikte auf den Grundsatz des Interorganrespekts angewiesen ist, offenbart sich exemplarisch am amerikanischen Verfassungssystem. Zwar könnte man beim ersten Blick auf das amerikanische Modell versucht sein, von einer relativ großen Machtfülle des Präsidenten auszugehen: Immerhin kann dieser sehr freizügig „executive agreements" abschließen und verfügt darüber hinaus gleich über mehrere Verfahrensmöglichkeiten mit unterschiedlichen Anforderungen bezüglich der parlamentarischen Zustimmung, um einem völkerrechtlichen Abkommen zur Verbindlichkeit zu verhelfen[80]. Dieser Schein trügt jedoch, da der Präsident sich jedenfalls bei solchen Verträgen, die zu ihrer Implementation innerstaatlicher Gesetzgebungsmaßnahmen bedürfen, davor hüten muß, auf völkerrechtliche Bindungen einzugehen, ohne sich der Zustimmung des Kongresses sicher zu sein. Speziell für „treaties" dieser Kategorie liegen die Hürden sogar noch höher als für normale Gesetze, da zusätzlich zu den sonstigen Beschlußerfordernissen[81] im Senat eine Zwei-Drittel-Mehrheit zustandekommen muß. Dieser Zwiespalt zwischen der weitgehenden Vertragsschlußfreiheit des Präsidenten und den in der Hand des Kongresses verbleibenden Umsetzungskompetenzen kann, wie die amerikanische Praxis zeigt, nur auf der Basis gegenseitiger Rücksichtnahme und loyaler Kooperation, d.h. mit Hilfe des Interorganrespekts, gelöst werden: Der Präsident schuldet dem Kongreß dahingehend Respekt, daß er ihn jedenfalls vor der völkerrechtlichen Vereinbarung solcher Regelungen, die innerstaatlich nur auf der Basis eines formellen Gesetzes ergehen dürften, umfassend unterrichten und eventuell direkt in die Verhandlungen einbeziehen muß[82]. Das gilt unabhängig davon, ob er den Abschluß eines Staatsvertrages oder lediglich eines „executive agreement" beabsichtigt. Umgekehrt ist allerdings auch der Kongreß gehalten, dem Präsidenten bei Vertragsverhandlungen einen relativ weiten Spielraum zu lassen, da letztlich nur die Exekutive von ihrer Struktur her dazu in der Lage ist, in diesem Bereich funktions- und organadäquat zu handeln[83]. Der „Kon-

---

[80] Vgl. oben a) cc) (294 ff.).

[81] Zu diesen i. einz. oben 5. Kap. II. 1. a) (149) und 2. a) (160 ff.).

[82] Das geschieht auch, wie oben unter a) aa) (292) und bb) (293 f.) bereits ausgeführt wurde.

[83] Zu dem hier ins Spiel kommenden Gesichtspunkt der Organadäquanz allg. oben 2. Kap. II. 2. c) (42 ff.); vgl. ferner stv. *Hesse* (Fn. 3), 211 f. (Rn. 488 f.); *Gerhard Zimmer*, Funktion - Kompetenz

trollzügel", an dem die Legislative die Exekutive während der Verhandlungen zu halten versucht, darf also nicht zu kurz geraten. Unter diesem Aspekt wirkt beispielsweise die in Art. 300 I (ex-Art. 228 I) EGV vorgesehene detaillierte Rückbindung der Kommission an die Verhandlungsvorgaben des Rates, insbesondere die permanente Begleitung ihrer Tätigkeit durch besondere Ausschüsse desselben[84], potentiell bedenklich.

Das „fast track"-Verfahren[85] versinnbildlicht in fast schon idealtypischer Weise, wie die Ausführung dieses aus dem Interorganrespekt fließenden Grundgedankens im einzelnen erfolgen kann: Der Kongreß gesteht dem Präsidenten den Primat hinsichtlich der Aushandlung eines komplexen Abkommens zu und verspricht, ihn nicht im nachhinein dadurch zu desavouieren, daß er ihn mit einem Katalog von Änderungswünschen an den Verhandlungstisch zurückschickt, sondern ein klares Votum abzugeben[86]. Im Gegenzug gewährleistet der Präsident dem Kongreß umfassende Konsultationen während der Vertragsverhandlungen. Da eine der „fast track"-Prozedur vergleichbare Verfahrensweise des Parlaments in den Verfassungsordnungen Deutschlands und der Europäischen Gemeinschaft als generelle Regelung verankert ist – für Deutschland in der Geschäftsordnung des Bundestages, für die Gemeinschaft sogar unmittelbar auf primärrechtlicher Ebene, soweit die Zustimmung des Parlaments überhaupt erfordert wird –, müßte aus dem Prinzip des Interorganrespekts somit ebenso ein umfassender Konsultationsanspruch des Bundestages bzw. des Europäischen Parlaments folgen; und in der Tat lassen sich, wie zuvor im einzelnen dargelegt wurde[87], entsprechende Rechte des Parlaments, soweit sie sich nicht wie im Falle Europas bereits aufgrund ausdrücklicher Vorschriften ergeben, zumindest anhand der jeweiligen Verfassungspraxis bestätigen.

Zu guter Letzt vermag der Gedanke des Interorganrespekts auch hinsichtlich der in Deutschland wie in den USA umstrittenen Frage der Vertragskündigung[88] eine Entscheidungshilfe zu bieten: Geht man analog zum Verfahren bei Vertragsschluß davon aus, daß die Exekutive aufgrund ihrer adäquateren funktionellen Struktur in besonderer Weise dafür prädestiniert ist, die Wirkungen einer außenpolitischen Verpflichtung auf das betroffene Gemeinwesen zu beurteilen, so darf die Entschei-

– Legitimation, 1979, 55 f.; *Eberhard Schmidt-Aßmann*, Der Rechtsstaat, in: Josef Isensee/Paul Kirchhof (Hg.), Handbuch des Staatsrechts der Bundesrepublik Deutschland, Bd. I, 1987, 987–1043 (§ 24), 1012 ff. (Rn. 50 ff.); sowie speziell zur Verhandlungskompetenz der Exekutive *Ehrenzeller* (Fn. 44), 198 f.

[84] Vgl. oben b) bb) (2) (307).

[85] Oben a) cc) (296 f.).

[86] Nur am Rande sei außerdem bemerkt, daß es natürlich auch zu den Respektsverpflichtungen der Legislative gehört, ein einmal von ihr genehmigtes Abkommen in ihrer späteren Gesetzgebung nicht zu konterkarieren. Die andernfalls eintretende Verletzung des Interorganrespekts durch Desavouierung der in erster Linie für die Außenvertretung verantwortlichen Exekutive mag zwar im Verhältnis zu dem begangenen Völkerrechtsbruch geringfügig erscheinen, ist aber nichtsdestotrotz gegeben. Das gilt bspw. für die durch nichts zu rechtfertigende Weigerung des Kongresses, die rückständigen Beiträge der Vereinigten Staaten an die Vereinten Nationen zu bezahlen.

[87] Oben b) aa) (1) (301) und bb) (2) (308).

[88] Vgl. oben a) dd) (297 f.) und b) aa) (1) (301 f.).

dung über Begründung und Fortdauer einer solchen Verpflichtung jedenfalls nicht an ihr vorbei getroffen werden. Eine Kündigung völkerrechtlicher Verträge unmittelbar durch das Parlament würde damit eine Verletzung des der Exekutive geschuldeten Interorganrespekts bedeuten. Umgekehrt gebietet der in diesem Prinzip enthaltene Grundsatz loyaler Zusammenarbeit aber auch der Regierung, das Parlament über die Fortdauer der von ihm begründeten Verpflichtungen nicht im unklaren zu lassen. Soweit daher die Mitwirkung des Parlaments beim Abschluß eines völkerrechtlichen Vertrages vonnöten war, muß die Regierung das Parlament über eine geplante Kündigung dieses Vertrages zumindest so rechtzeitig in Kenntnis setzen, daß dem Parlament noch die Möglichkeit zu einer gesetzgeberischen Gegenmaßnahme bleibt. Trifft das Parlament innerhalb einer angemessenen Frist keine solche Maßnahme, so ist die Regierung zur Kündigung frei. Diese aus der Idee des Interorganrespekts entwickelte Lösung würde einen den Interessen beider Gewalten gerecht werdenden Mittelweg zwischen den denkbaren Extremen einer Kündigung allein durch die Regierung und einer Kündigung nur mit Zustimmung des Parlaments eröffnen.

2. Verfassungsgerichtliche Kontrolle

Im Zusammenhang mit völkerrechtlichen Verträgen war bislang immer nur vom Interorganrespekt zwischen Exekutive und Legislative die Rede. Auch die rechtsprechende Gewalt spielt jedoch in allen hier betrachteten Systemen beim Abschluß völkerrechtlicher Verträge eine wesentliche Rolle, die unter dem Aspekt des Interorganrespekts Erwähnung verdient.

a) Die umfassende Prüfungsbefugnis des Bundesverfassungsgerichts

Für die Schlichtung von Interorgankonflikten der im vorigen beschriebenen Art ist im deutschen Verfassungssystem eigentlich das Verfahren des Organstreits vor dem Bundesverfassungsgericht vorgesehen. Nach Art. 93 I Nr. 1 GG, § 64 I BVerfGG soll dieses Verfahren jedoch nicht die generelle Vereinbarkeit eines völkerrechtlichen Vertrages mit dem Grundgesetz klären, sondern zielt ausschließlich auf die Frage, ob das Verhalten eines Verfassungsorgans die verfassungsmäßigen Rechte eines anderen Verfassungsorgans in unzulässiger Weise beeinträchtigt[89]. Der eigentümlichen politischen Frontstellung des parlamentarischen Regierungssystems entsprechend kommt es dabei in der Regel nicht zum Streit zwischen dem Parlament insgesamt bzw. seiner Mehrheit auf der einen Seite und der Regierung auf der anderen Seite, sondern zu einer Auseinandersetzung der Regierung mit der parlamentarischen Minderheit, die insoweit unter bestimmten Voraussetzungen – wozu vor allem die Unmöglichkeit rechtzeitiger Abhilfe im parlamentarischen Prozeß gehört[90] – für

---

[89] Statt vieler: *Klaus Schlaich*, Das Bundesverfassungsgericht, 4. Aufl. 1997, 54 f. (Rn. 74), 66 f. (Rn. 86); *Christian Pestalozza*, Verfassungsprozeßrecht, 3. Aufl. 1991, 99 f., 112 ff.

[90] BVerfGE 68, 1, 77 f.

das gesamte Parlament tätig werden kann[91]. Eine im Prinzip begrenzte Zielsetzung ist auch dem Verfahren der Verfassungsbeschwerde eigen, die deshalb gegenüber völkerrechtlichen Verträgen nur zum Einsatz kommen kann, wenn der Vertrag unmittelbare Verhaltenspflichten Einzelner begründet oder in anderer Weise Grundrechtspositionen direkt tangiert[92]. Organstreitverfahren und Verfassungsbeschwerden können daher zwar im Einzelfall sehr wohl zu einer verfassungsgerichtlichen Überprüfung völkerrechtlicher Verträge führen, wie die zentralen Entscheidungen zu den Auslandseinsätzen der Bundeswehr und zum Vertrag von Maastricht demonstriert haben[93]; die weitreichendsten Kontrollmöglichkeiten eröffnet in dieser Hinsicht jedoch das abstrakte Normenkontrollverfahren, dem aus diesem Grund für die hier interessierende Frage eines möglichen Interorganrespekts zwischen dem Verfassungsgericht und den anderen Verfassungsorganen die hauptsächliche Aufmerksamkeit gebührt.

Völkerrechtliche Verträge im Sinne von Art. 59 II 1 GG, auf die sich die Betrachtung dementsprechend hier beschränkt, bedürfen eines Zustimmungsgesetzes nicht nur, um die Legislativorgane in den Entscheidungsprozeß einzubinden, sondern vor allem deswegen, um dadurch in nationales Recht transformiert bzw. innerstaatlich in Vollzug gesetzt zu werden[94]. Das Vertragsgesetz stellt folglich normales Bundesrecht dar und kann gem. Art. 93 I Nr. 2 GG auf Antrag der Bundesregierung – was praktisch nie relevant wird –, einer Landesregierung oder eines Drittels der Mitglieder des Bundestages – was auch den Oppositionsparteien regelmäßig den Zugang eröffnet – ohne weitere Voraussetzungen einer umfassenden Überprüfung durch das Bundesverfassungsgericht zugeführt werden[95]. Der Vertrag selbst gehört als solcher nicht zum Bundesrecht, wird aber über das Zustimmungsgesetz inzident in vollem Umfang mitgeprüft[96]. Damit ergibt sich das Problem, daß eine völkerrecht-

---

[91] Vgl. BVerfGE 1, 351, 359; 2, 347, 365 f.; u. allg. *Dieter Lorenz*, Der Organstreit vor dem Bundesverfassungsgericht, in: Fg. BVerfG I, 1976, 225–259, 252 ff.; sowie – mit anderer normativer Einordnung – *Ernst Benda/Eckart Klein*, Lehrbuch des Verfassungsprozeßrechts, 1991, 396 ff. (Rn. 946 ff.). Das Organstreitverfahren wird damit, wie *Klaus Stern*, in: Bonner Kommentar zum Grundgesetz (Loseblatt), Art. 93 Rn. 76, formuliert, zu einem „ausgesprochen oppositionellen Instrument".

[92] BVerfGE 40, 141, 177.

[93] Vgl. die Überblicke bei *Schwarz* (Fn. 22), 163 ff., 184 ff., 198 ff., jew. m.w.N.; u. schon *Rudolf Bernhardt*, Bundesverfassungsgericht und völkerrechtliche Verträge, in: Fg. BVerfG II, 1976, 154–186, 170 ff. Zu der nach dem „Maastricht"-Urteil diskutierten Frage, ob sich mit einer Verfassungsbeschwerde auch der Eintritt Deutschlands in die Währungsunion noch verhindern ließe, stv. *Gert Meier*, Die Europäische Währungsunion als Stabilitätsgemeinschaft und das Grundgesetz, in: NJW 1996, 1027–1030, 1029 f.; u. dagegen *Thomas Zwissler*, Das BVerfG und die Europäische Währungsunion, in: NJW 1997, 179 f.

[94] Das wurde ganz zu Beginn dieses Kapitels bereits erläutert. Vgl. oben 1. (290).

[95] Das von Art. 93 I Nr. 2 GG noch geforderte „Klarstellungsinteresse" dergestalt, daß „Meinungsverschiedenheiten oder Zweifel" hinsichtlich der Verfassungsmäßigkeit des Vertragsgesetzes bestehen müssen, wirft unter normalen Umständen niemals Probleme auf. Vgl. stv. *Schlaich* (Fn. 89), 91 f. (Rn. 122) m.w.N.

[96] *Klaus Stern*, Außenpolitischer Gestaltungsspielraum und verfassungsgerichtliche Kontrolle, 1994, 17 f.; *Geiger* (Fn. 2), 153 et seq.; *Schlaich* (Fn. 89), 90 (Rn. 119); vgl. a. schon *Folke Schup-*

liche Bindung der Bundesrepublik Deutschland bereits entstanden sein kann, wenn das Bundesverfassungsgericht über die Verfassungsmäßigkeit des entsprechenden Zustimmungsgesetzes und indirekt des fraglichen Vertrages entscheidet, was im Falle einer Feststellung der Verfassungswidrigkeit dazu führt, daß den anderen Verfassungsorganen nur noch die Wahl zwischen einem Verfassungs- und einem Völkerrechtsbruch bleibt[97]. Um diese prekäre Situation zu vermeiden, wendet das Verfassungsgericht zwei besondere Techniken an, die im vorliegenden Zusammenhang als spezifische Ausdrucksformen des Interorganrespekts angesehen werden können.

Die eine besteht darin, Vertragsgesetze im Gegensatz zu rein innerstaatlich wirksamen Gesetzesbeschlüssen bereits nach ihrer Verabschiedung zur Überprüfung anzunehmen, ohne ihr Inkrafttreten abzuwarten[98]. Zusammen mit den Möglichkeiten, die das Verfahren der einstweiligen Anordnung nach § 32 BVerfGG bietet[99], kann dieses Vorgehen verhindern, daß die Bundesrepublik völkerrechtlich an einen Vertrag gebunden wird, den sie innerstaatlich nicht durchführen kann. Das gesamte Arsenal dieser Möglichkeiten kam beispielsweise im Verfahren über den Grundlagenvertrag zur Anwendung: Ein erster Antrag der Bayerischen Staatsregierung auf Erlaß einer einstweiligen Anordnung scheiterte noch an der von allen Richtern verneinten besonderen Dringlichkeit[100]. Der wenige Wochen später angesichts des unmittelbar bevorstehenden Austauschs der Ratifikationsnoten gestellte zweite Antrag wurde ebenfalls abgelehnt, jedoch nur aufgrund des Vortrags der Bundesregierung, nach dem der Notenaustausch aus übergeordneten außenpolitischen Gründen unaufschiebbar sei[101]. In diesem Zusammenhang prägte das Bundesverfassungsgericht die folgenden, das wechselseitige Respektsverhältnis zwischen ihm und der Bundesregierung bis heute bestimmenden Leitsätze:

„Mit der Entscheidung des Grundgesetzes für die Verfassungsgerichtsbarkeit und ihrer Kompetenz zur verfassungsrechtlichen Prüfung auch eines außenpolitischen Vertrags ist grundsätzlich unvereinbar, daß die Exekutive ein beim Bundesverfassungsgericht anhängiges Verfahren überspielt und durch eine Maßnahme endgültig das Urteil dieses Gerichts um einen Teil seiner Wirkung bringt, wie andererseits das Bundesverfassungsgericht in einem solchen Fall eines drohenden Verfassungskonflikts verfassungsrechtlich gehalten ist, sein Verfahren

---

pert, Die verfassungsgerichtliche Kontrolle der Auswärtigen Gewalt, 1973, 95. Wegen dieser Rechtsschutzmöglichkeit besteht in der Regel auch ein ausgeprägtes Interesse der parlamentarischen Minderheit daran, die Zustimmung zu völkerrechtlichen Verträgen in Gesetzesform erfolgen zu lassen.

97 Grundlegend zu dieser Problemstellung *Thomas Giegerich*, Verfassungsgerichtliche Kontrolle der auswärtigen Gewalt im europäisch-atlantischen Verfassungsstaat: Vergleichende Bestandsaufnahme mit Ausblick auf die neuen Demokratien in Mittel- und Osteuropa, in: ZaöRV 57 (1997), 409–564, 529 f., 545 f.

98 Vgl. schon BVerfGE 1, 396, 413; 36, 1, 15; sowie *Fastenrath* (Fn. 39), 251; u. *Giegerich* (Fn. 97), 526.

99 Hierzu etwa *Pestalozza* (Fn. 89), 242 ff.; u. schon *Hans-Uwe Erichsen*, Die einstweilige Anordnung, in: Fg. BVerfG I, 1976, 170–193.

100 BVerfGE 35, 193, 201 f.

101 Es ging nämlich dabei um den mit dem Grundlagenvertrag direkt zusammenhängenden Beitritt von Bundesrepublik und DDR zu den Vereinten Nationen. Vgl. BVerfGE 35, 257, 262 f.

auf jede mögliche Weise zu beschleunigen. ... Beide Verfassungsgrundsätze haben ihre Grenzen. Soweit das Bundesverfassungsgericht auf den Erlaß einer einstweiligen Anordnung verzichtet, liegt es in der Verantwortung der Bundesregierung, diese Grenze zu bestimmen."[102]

Die Sätze vom unzulässigen „Überspielen" des Verfassungsgerichts durch die Exekutive und von ihrer Verantwortung für die Folgen einer vorzeitigen Inkraftsetzung von völkerrechtlichen Verträgen fallen in der späteren Hauptsacheentscheidung zum Grundlagenvertrag erneut[103] und signalisieren das fortdauernde Unbehagen des Gerichts hinsichtlich des überfallartigen Vorgehens der damaligen Bundesregierung[104]. Die Konsequenz, das 1956 abgeschaffte präventive Gutachtenverfahren vor dem Bundesverfassungsgericht zumindest für völkerrechtliche Verträge in veränderter Form wieder einzuführen, wird bislang freilich nur vereinzelt befürwortet[105].

Die zweite Strategie des Bundesverfassungsgerichts ist allgemeinerer Natur. Sie läuft darauf hinaus, Vertragsgesetze, die verfassungsrechtliche Bedenken aufwerfen, nach Möglichkeit nicht für nichtig zu erklären, sondern in einen verfassungskonformen Rahmen zu bringen, indem den deutschen Verfassungsorganen für die Handhabung des abgeschlossenen Vertrages eine bestimmte Interpretation verbindlich vorgegeben wird[106]. Diese für sonstige Gesetze zum Standardrepertoire gehörende Technik der verfassungskonformen Auslegung ist vom Bundesverfassungsgericht im Bereich völkerrechtlicher Verträge vor allem auf den Grundlagenvertrag und im Prinzip auch auf den Vertrag von Maastricht angewandt worden[107]. Beide Entscheidungen haben wegen des damit einhergehenden internationalen Anspruchs der verfassungsgerichtlichen Vorgaben heftiges Feuer der Kritik auf sich gezogen[108], ohne daß allerdings die Alternative einer Nichtigerklärung des Vertrags-

---

102 BVerfGE 35, 257, 261 f.

103 BVerfGE 36, 1, 15.

104 Nur am Rande sei vermerkt, daß bspw. im „Maastricht"-Verfahren der geforderte Interorganrespekt ganz ohne einstweilige Anordnung auf der Basis einer informellen Absprache zwischen Bundesregierung und BVerfG gewährleistet werden konnte: Das BVerfG versprach eine beschleunigte Prüfung des Vertrages, und die Bundesregierung sagte zu, die Ratifikationsurkunde vorerst nicht zu hinterlegen. Vgl. BVerfGE 89, 155, 164 f.

105 So von *Ingo v. Münch*, Autoritätsschwund in Karlsruhe, in: NJW 1993, 2286 f.; u. zuletzt von *Meinhard Hilf*, Gutachten des BVerfG zu völkerrechtlichen Verträgen?, in: ZRP 1997, 270–273; skeptisch hierzu bspw. *Schwarz* (Fn. 22), 170; vgl. a. rechtsvergleichend *Giegerich* (Fn. 97), 523 ff.

106 Vgl. BVerfGE 4, 157, 168.

107 BVerfGE 36, 1, 14, 20; 89, 155, 188 ff. Im Falle des Maastrichter Vertrages verwendete das Gericht freilich nicht den Begriff der verfassungskonformen Auslegung, sondern präsentierte sein Verständnis des Vertrages als objektiv eindeutig.

108 Vgl. zuletzt *Kay Hailbronner*, Kontrolle der auswärtigen Gewalt, in: VVDStRL 56 (1997), 7–37, 26 f.; u. speziell zum Grundlagenvertrags-Urteil *Jost Delbrück*, Quo vadis Bundesverfassungsgericht?, in: FS Eberhard Menzel, 1975, 83–105, 92 ff.; dort auch *Rudolf Bernhardt*, Völkerrechtliche Bemerkungen zum Grundvertrags-Urteil des Bundesverfassungsgerichts, 109–123, 111 f., 114 ff.; *Martin Kriele*, Recht und Politik in der Verfassungsrechtsprechung, in: NJW 1976, 777–783, 779 f.; zur „Maastricht"-Entscheidung bspw. *Christian Tomuschat*, Die Europäische Union unter der Aufsicht des Bundesverfassungsgerichts, in: EuGRZ 1993, 489–496, 492 ff.; *Jo-*

gesetzes und der dadurch entstehenden außenpolitischen Blamage eine ernsthafte Erörterung gefunden hätte. Eine besondere Variante der Begründung von Verfassungskonformität stellt schließlich die sogenannte „Näher beim Grundgesetz"-Theorie dar, die vom Bundesverfassungsgericht in der Entscheidung zum Saarstatut entwickelt und in einem Beschluß zur Stellung der Zivilangestellten bei den in der Bundesrepublik stationierten NATO-Streitkräften erst kürzlich bekräftigt wurde: Danach befinden sich völkerrechtliche Verträge mit dem Grundgesetz bereits dann in Einklang, „wenn der durch sie geschaffene Zustand der Verfassung näher steht als der frühere und wenn ein besseres Verhandlungsergebnis nicht erreicht werden konnte"[109].

b) Rechtsschutz durch den Supreme Court

Ein spezielles Normenkontrollverfahren wie vor dem Bundesverfassungsgericht existiert in den Vereinigten Staaten vor dem Supreme Court nicht. Sofern eine entsprechende Klage eingereicht wird, unterliegt seine Prüfungsbefugnis jedoch auch keinen generellen Einschränkungen. Klagen gegen den Abschluß eines völkerrechtlichen Abkommens durch den Präsidenten könnten beispielsweise von Mitgliedern des Senats eingereicht werden, die das in Art. II Sect. 2 Cl. 2 der Verfassung festgeschriebene Zustimmungserfordernis ihrer Institution für „treaties" und damit ihre eigenen Mitwirkungsrechte verletzt sehen[110]. Der Supreme Court gewährt darüber hinaus einzelnen Bürgern einen prinzipiell uneingeschränkten Rechtsschutz gegenüber den zur Durchsetzung internationaler Verbindlichkeiten der USA innerstaatlich ergriffenen Maßnahmen und nimmt in diesem Zusammenhang das Recht für sich in Anspruch, solche Verbindlichkeiten wegen eines Verstoßes gegen die Verfassung für unwirksam zu erklären. Die dezentralisierte Struktur der amerikanischen Verfassungsrechtsprechung bewirkt, daß dieses Recht damit ebenso den unterinstanzlichen Gerichten zufällt, vor denen eine derartige Auseinandersetzung notwendig ihren Anfang nimmt[111].

---

chen Abr. Frowein, Das Maastricht-Urteil und die Grenzen der Verfassungsgerichtsbarkeit, in: ZaöRV 54 (1994), 1–16, 4 ff.; dort auch *Doris König*, Das Urteil des Bundesverfassungsgerichts zum Vertrag von Maastricht – ein Stolperstein auf dem Weg in die europäische Integration?, 17–51, 32 ff. *Jürgen Schwarze*, Europapolitik unter deutschem Verfassungsrichtervorbehalt, in: NJ 1994, 1–5, 3 f., spricht von einer „introvertierten Verfassungsinterpretation" des Gerichts.

[109] BVerfG NJW 1997, 1359 f., 1359; vgl. a. schon BVerfGE 4, 157, 168 ff.; 15, 337, 348 f.; dazu *Fastenrath* (Fn. 39), 252; *Hailbronner* (Fn. 108), 28 f.; *Giegerich* (Fn. 97), 533 ff.

[110] Diese Konstellation war – nicht für den Abschluß, aber für die Kündigung eines völkerrechtlichen Vertrages – bspw. gegeben in *Goldwater v. Carter*, 444 U.S. 996 (1979), wo 20 Senatoren gegen den Präsidenten geklagt hatten. Kein externer Faktor hätte den Supreme Court daran gehindert, diesen Fall in der Sache zu entscheiden. Vgl. oben 1. a) dd) (297 f.) u. allg. zur „political question doctrine" die Ausführungen im folgenden Kapitel.

[111] Stv. zu dieser eigentümlichen Struktur der amerikanischen Judikative *Konrad Zweigert*, Einige rechtsvergleichende und kritische Bemerkungen zur Verfassungsgerichtsbarkeit, in: Fg. BVerfG I, 1976, 63–75, 66; u. näher *Alexander v. Brünneck*, Verfassungsgerichtsbarkeit in den westlichen Demokratien, 1992, 28 f.

Konkrete Fälle, in denen völkerrechtlichen Vereinbarungen der USA die Wirksamkeit abgesprochen wurde, sind freilich rar und beschränken sich außerdem auf „executive agreements“; ein „treaty“ ist noch niemals als verfassungswidrig angesehen worden. Im einzelnen ereilte dieses Schicksal die folgenden „executive agreements“:

– eine Vereinbarung mit Kanada über die Zulassung von Kartoffelausfuhren in die Vereinigten Staaten; diese Vereinbarung verstieß nicht direkt gegen die Verfassung, war aber unvereinbar mit dem vom Kongreß fünf Jahre zuvor verabschiedeten „Agricultural Adjustment Act“, der ein weitgehendes Importverbot für landwirtschaftliche Produkte verhängt hatte. Der Court of Appeals fand, daß „executive agreements“ nicht zum „supreme Law of the Land“ im Sinne von Art. VI Cl. 2 der Verfassung gehörten und insofern hinter formellen Gesetzen des Kongresses zurückzustehen hätten[112];

– eine Vereinbarung mit Österreich, durch die alle von den amerikanischen Besatzungstruppen in Österreich verursachten Schäden mit der Zahlung einer Pauschalsumme abgegolten werden sollten; der Court of Claims fand, dies könne eine mittlerweile in den USA eingebürgerte Klägerin nicht daran hindern, ihr im 5. Zusatzartikel zur Verfassung gewährleistetes Recht auf individuelle Entschädigung geltend zu machen[113];

– und schließlich eine Vereinbarung mit Großbritannien, durch die die Anwendung des Militärstrafrechts auf die Angehörigen des in Großbritannien stationierten US-Militärpersonals erstreckt werden sollte; der Supreme Court entschied, dieses Abkommen könne wegen eines Verstoßes gegen den 6. Zusatzartikel der Verfassung keine Wirksamkeit entfalten, der jedem Angeklagten das Recht auf ein – vor den Kriegsgerichten nicht vorgesehenes – „trial by jury“ einräumt[114].

c) Die spezielle Gutachtenkompetenz des Europäischen Gerichtshofs

Auch auf europäischer Ebene kann der Abschluß völkerrechtlicher Verträge durch die Gemeinschaft grundsätzlich zum Gegenstand einer gerichtlichen Überprüfung gemacht werden. Zunächst handelt es sich bei diesem Vorgang um eine Handlung der Organe der Gemeinschaft im Sinne von Art. 234 I b (ex-Art. 177 I b) EGV, so daß der Europäische Gerichtshof im Rahmen eines Vorabentscheidungsverfahrens

---

[112] *U.S. v. Guy W. Capps, Inc.*, 204 F. 2d 655 (4th Cir. 1953), 658 ff. – affirmed on other grounds, 348 U.S. 296 (1955); vgl. dazu *Rotunda/Nowak/Young* (Fn. 15), 399 f. (§ 6.8).

[113] *Seery v. U.S.*, 127 F. Supp. 601 (Ct. Cl. 1955), 606: „... we think that there can be no doubt that an executive agreement, not being a transaction which is even mentioned in the Constitution, cannot impair Constitutional rights.“

[114] *Reid v. Covert*, 354 U.S. 1 (1957), 16: „... no agreement with a foreign nation can confer power on the Congress, or on any other branch of Government, which is free from the restraints of the Constitution.“ Nur am Rande sei angemerkt, daß die Garantie des 6. Zusatzartikels für das eigentliche militärische Personal deswegen nicht gilt, weil der Supreme Court insoweit die Ausschlußklausel des 5. Zusatzartikels auch auf den 6. Zusatzartikel erstreckt. Vgl. *Tribe* (Fn. 24), 59 m.w.N. zur Rspr.

Verträge der Gemeinschaft mit verbindlicher Wirkung für ihre Organe und ihre Mitgliedstaaten auslegen kann[115]. Soweit Individuen – wie es in der Regel der Fall sein wird – den zum Vertragsschluß führenden Rats- und möglicherweise Parlamentsbeschluß nicht selbständig angreifen können, bleibt ihr Rechtsschutz gegenüber diesen Akten jedenfalls durch die inzidente Normenkontrolle gem. Art. 241 (ex-Art. 184) EGV gewährleistet[116]. Die Kompetenzen des Europäischen Gerichtshofs entsprechen in dieser Hinsicht weitgehend den gerichtlichen Kontrollmöglichkeiten in den anderen hier betrachteten Systemen. Vor allem aber verfügt der Gerichtshof noch über eine spezielle Prüfungskompetenz für völkerrechtliche Verträge, die weder das Bundesverfassungsgericht noch der Supreme Court für sich in Anspruch nehmen können: Nach Art. 300 VI (ex-Art. 228 VI) EGV ist er auf Antrag des Rates, der Kommission oder eines Mitgliedstaates zur Erstattung eines Gutachtens über die Vereinbarkeit eines geplanten Abkommens mit dem EG-Vertrag berechtigt und verpflichtet, dem für die Beurteilung dieser Frage verbindliche Wirkung zukommt[117]; der Vertrag von Nizza wird dem Parlament die Befugnis zur Einholung eines solchen Gutachtens ebenfalls zugestehen.

Die Aufnahme dieser Verfahrensmöglichkeit schon in den ursprünglichen EWG-Vertrag läßt sich aus einer zweifachen Besorgnis der Mitgliedstaaten heraus erklären: Zum einen wollten sie eine zusätzliche Barriere gegen eventuelle Versuche der Gemeinschaft errichten, mit dem Abschluß völkerrechtlicher Abkommen die interne Kompetenzverteilung zu unterlaufen – was anhand eines vergleichenden Blicks in die Verfassungsordnungen Deutschlands und Amerikas durchaus verständlich erscheint[118] –, zum anderen ging es um die Vermeidung völkerrechtlicher Konflikte mit Drittstaaten im Falle später als gemeinschaftsrechtswidrig erkannter Verträge[119]. Die Nutzung des Gutachtenverfahrens hat gerade in den letzten Jahren verstärkt zugenommen; seit 1992 hat der Gerichtshof bereits mehr Gutachten erstellt als in den 35 Jahren zuvor[120]. Aus der Perspektive des Interorganrespekts ist in diesem Zusammenhang vor allem die Handhabung des Verfahrens durch den Gerichts-

---

[115] So geschah es bspw. zuletzt hinsichtlich der Frage, ob der Rat die im Kooperationsabkommen der EG mit Jugoslawien vereinbarten Handelszugeständnisse wegen der kriegerischen Auseinandersetzungen auf dem Balkan einseitig durch Verordnung aussetzen durfte. Der Gerichtshof stellte hierzu ausdrücklich fest, seine Überprüfung der Gültigkeit von Handlungen der Gemeinschaftsorgane erstrecke sich auch auf mögliche Völkerrechtsverstöße. Vgl. EuGH, Urt. v. 16.06. 1998 – Rs. C-162/96.

[116] Zu dieser Möglichkeit statt vieler: *Christian Koenig/Claude Sander*, Einführung in das EG-Prozeßrecht, 1997, 123 f. (Rn. 244); *Streinz* (Fn. 75), 203 (Rn. 572); *Hans Krück*, in: v. d. Groeben/ Thiesing/Ehlermann (Fn. 64), Bd. 4, Art. 184 EGV Rn. 14.

[117] Vgl. näher *Christine Gray*, Advisory Opinions and the European Court of Justice, in: ELR 8 (1983), 24–39, 31 ff.; *Schweitzer/Hummer* (Fn. 64), 166 f. (Rn. 551); *Christian Tomuschat*, in: v. d. Groeben/Thiesing/Ehlermann (Fn. 64), Art. 228 EGV Rn. 78 ff.

[118] Dazu schon oben 1. b) bb) (1) (303 f.).

[119] Ebenso *Hilf* (Fn. 105), 271.

[120] Besondere Bedeutung erlangten dabei die Gutachten zum EWR-Vertrag und die bereits erwähnten Evaluationen des WTO-Abkommens und eines möglichen Beitritts der Gemeinschaft zur EMRK durch den Gerichtshof. Vgl. dazu die Nachweise oben Fn. 60 und 66.

hof zu vermerken, die stark an die Vorgehensweise des Bundesverfassungsgerichts bei der abstrakten Normenkontrolle der Zustimmungsgesetze zu völkerrechtlichen Verträgen erinnert: Nach der Rechtsprechung des Gerichtshofs beschränkt sich seine Gutachtenkompetenz auf „geplante", d.h. noch nicht geschlossene völkerrechtliche Abkommen. Wird ein Abkommen während des Verfahrens nach Art. 300 VI (ex-Art. 228 VI) EGV zum Abschluß gebracht, so wird der entsprechende Gutachtenantrag gegenstandslos[121]. Um diese Konsequenz zu vermeiden, hält sich einerseits der Gerichtshof offenkundig für verpflichtet, Gutachtenanträge mit der größtmöglichen Schnelligkeit zu behandeln und dabei auf das verabredete Inkrafttreten der entsprechenden Übereinkommen Rücksicht zu nehmen[122]. „Überspielen" ihn die anderen Gemeinschaftsorgane trotzdem und führen durch einen vorzeitigen Vertragsabschluß die Gegenstandslosigkeit eines Gutachtenantrags herbei, so müssen sie die daraus resultierenden Konsequenzen tragen; in diesem Fall können nämlich die Antragsteller des Gutachtenverfahrens mit der Nichtigkeitsklage nach Art. 230 (ex-Art. 173) EGV gegen den Vertragsabschluß vorgehen[123]. Dieses Mittel steht im übrigen auch bei Konflikten über die Organ- und Verbandskompetenz den durch eine eventuelle Kompetenzüberschreitung beeinträchtigten Gemeinschaftsorganen bzw. Mitgliedstaaten zur Verfügung[124].

d) Ergebnis

Obgleich die Ausprägungen im einzelnen unterschiedlich sind, gehen doch alle zum Gegenstand dieser Untersuchung gemachten Systeme eindeutig davon aus, daß es im Zusammenhang mit dem Abschluß völkerrechtlicher Verträge einer besonderen Kontrollmöglichkeit bedarf, um die Vereinbarkeit dieser Verträge mit der Verfassung zu gewährleisten, und daß diese Kontrolle letztlich in den Händen der rechtsprechenden Gewalt liegen muß. Die dieser Einschätzung zugrundeliegende Befürchtung ist darin zu sehen, daß die anderen obersten Verfassungsorgane die völkerrechtliche Ebene dazu benutzen könnten, sich Befugnisse zu verschaffen bzw. Kompetenzen zu usurpieren, die ihnen nach der innerstaatlichen Verfassungs-

---

[121] So geschah es etwa mit dem Antrag Deutschlands auf ein Gutachten 3/94 über die Vereinbarkeit des zwischen der EG und Kolumbien, Costa Rica, Nicaragua und Venezuela ausgehandelten Rahmenabkommens über Bananen mit dem EGV. Vgl. die Entscheidung des EuGH vom 13.12. 1995, abgedr. in: EuGRZ 1996, 152 ff.

[122] So wurde das komplexe Gutachten zum WTO-Abkommen in der Rekordzeit von nicht einmal 6 Wochen erstellt. Für *Hilf* (Fn. 105), 271, ist dies „ein beachtenswerter Fall erfüllter Verfassungsorgantreue".

[123] Davon machte – mit teilweisem Erfolg – bspw. Deutschland in dem oben Fn. 121 zit. Fall des Rahmenabkommens über Bananen Gebrauch. Vgl. EuGH, Urt. v. 10.03.1998 – Rs. C-122/95, abgedr. in: EuZW 1998, 243 ff.; u. allg. dazu *Epiney* (Fn. 64), 9.

[124] Vgl. stv. EuGH Slg. 1996, I-1195 – Rs. C-360/93 (eine Klage des Parlaments gegen den Rat, mit der es eine Verletzung seiner Beteiligungsrechte rügte); u. nochmals das oben Fn. 71 zit. Urteil des Gerichtshofs mit den dortigen Nachweisen; insges. zu dieser Problematik zuletzt *Emmanuelle Leray/Aymeric Potteau*, Réflexions sur la cohérence du système de contrôle de la légalité des accords internationaux conclus par la Communauté européenne, in: Revue trimestrielle de droit européen 1998, 535–571, 543 ff.

ordnung eigentlich nicht zustehen sollten. Das gilt zum einen für die Reichweite ihrer Eingriffsbefugnisse gegenüber den Bürgern, deren verfassungsmäßige Rechte vor Maßnahmen zur Erfüllung völkerrechtlicher Verbindlichkeiten genauso Bestand haben müssen wie vor rein innerverbandlich begründeten Hoheitsakten. Zum anderen dient die Einschaltung der Judikative aber auch der Auflösung möglicher Interorgankonflikte, indem sie sicherstellt, daß die primär mit der Außenvertretung betrauten Organe der Exekutive, zu denen in der Europäischen Gemeinschaft der Ministerrat tritt, die in der jeweiligen Verfassung festgeschriebenen parlamentarischen Mitwirkungsrechte achten[125] und den parlamentarischen Institutionen insoweit den geforderten Respekt entgegenbringen. Die allen drei Systemen gemeinsame umfassende Verbindlichkeit der hierzu ergehenden gerichtlichen Entscheidungen markiert zugleich die erste an dieser Stelle relevante Einsatzform des Interorganrespekts: Sowohl Exekutive als auch Legislative sind gehalten, in dieser Hinsicht die Letztentscheidungskompetenz der „dritten Gewalt" zu respektieren.

Während sich diese Form des Interorganrespekts unmittelbar aus den jeweiligen verfassungsrechtlichen Vorschriften ergibt, sind die in umgekehrter Richtung aus diesem Prinzip abzuleitenden Verpflichtungen der Gerichte gegenüber Exekutive und Legislative ungeschriebener Natur. Die Notwendigkeit ihrer Existenz folgt aus einem spezifischen Charakteristikum der auswärtigen Gewalt: Die meisten Aktionen auf dem Gebiet der Außenbeziehungen – völkerrechtliche Verträge eingeschlossen – bewegen sich in einer diplomatisch-politischen Grauzone. Die ihnen zugrundeliegenden Einschätzungen und die mit ihnen auf längere Sicht verfolgten Ziele sind daher richterlicher Bewertung nur begrenzt zugänglich. Unter diesen Umständen manifestiert sich der Grundsatz des Interorganrespekts in einem an die Rechtsprechung gerichteten Rücksichtnahmegebot, das von den Gerichten fordert, bei der Ausübung ihrer durch formelle Vorschriften nicht weiter begrenzten Kontrollmacht stets den Vorrang der politischen Entscheidungsträger zu achten und ihre Verhandlungsspielräume zu wahren.

Die Verfassungspraxis zeigt, daß sich die obersten Rechtsprechungsorgane in den hier analysierten Verfassungsordnungen dieser Verpflichtung insgesamt sehr wohl bewußt sind; inwieweit dieses Bewußtsein über den bislang betrachteten Bereich der völkerrechtlichen Verträge hinausreicht und als Basis einer allgemeinen Doktrin fungieren kann, soll Gegenstand des nachfolgenden Kapitels sein. Für die Vereinigten Staaten und die Europäische Gemeinschaft liefert nicht zuletzt die geringe Zahl der in der Vergangenheit tatsächlich für unwirksam erklärten Abkommen[126] einen wesentlichen Anhaltspunkt für die von Supreme Court und Europäischem Gerichtshof geübte richterliche Zurückhaltung. Das Bundesverfassungsge-

---

[125] Zu dem diesbezüglichen Zusammenspiel der verschiedenen Kompetenzen vgl. nochmals oben 1. a) aa) (291 f.) und cc) (294 ff.) sowie b) aa) (1) (299 ff.) und bb) (2) (306 ff.).

[126] Für die USA vgl. die oben b) (317) gegebene Aufstellung. Eine Statistik der vom EuGH bislang für gemeinschaftsrechtswidrig gehaltenen völkerrechtlichen Übereinkünfte der EG existiert, soweit ersichtlich, nicht; die oben c) (318 f.) erwähnten Streitfälle stellen jedoch ebenfalls Ausnahmeerscheinungen dar und fanden gerade deswegen besondere Erwähnung.

richt setzt mit der verfassungskonformen Auslegung völkerrechtlicher Verträge und der „Näher beim Grundgesetz"-Theorie zu diesem Zweck sogar besondere Techniken ein[127]. Die damit einhergehende Internationalisierung des vom nationalen Verfassungsrecht erhobenen Regelungsanspruchs, an der sich die Kritik der entsprechenden Entscheidungen aus Karlsruhe vor allem entzündet, ist im Grundsatz nicht zu vermeiden, wenn man aus den zuvor dargelegten Gründen die Letztentscheidung über die Wirksamkeit völkerrechtlicher Verträge in die Hände der Gerichtsbarkeit legen will. Damit ist nichts darüber ausgesagt, ob das Verfassungsgericht in den streitigen Fällen gute Gründe für seine verfassungsrechtlichen Beanstandungen hatte. Auf der Basis dieser Beanstandungen hätte es den Abschluß der fraglichen Verträge jedoch auch einfach für verfassungswidrig erklären können, was auf der internationalen Ebene erheblich schärfere Wirkungen nach sich gezogen hätte. Der Einsatz der verfassungskonformen Auslegung und die „Näher beim Grundgesetz"-Theorie stellen im Vergleich hierzu eine deutlich schonendere Vorgehensweise dar und demonstrieren damit die prinzipielle Bereitschaft des Verfassungsgerichts zur Beachtung des aus dem Interorganrespekt fließenden Rücksichtnahmegebots.

Schließlich ist an diesem Punkt noch einmal auf die Besonderheiten in der Ausgestaltung der gerichtlichen Prüfungsverfahren für völkerrechtliche Verträge hinzuweisen, die den zweiten wesentlichen Bedeutungsgehalt der Idee des Interorganrespekts, das wechselseitige Gebot zur loyalen Zusammenarbeit aller involvierten Verfassungsorgane, widerspiegeln. Für die rechtsprechende Gewalt äußert sich dieses Gebot zum einen in der Verpflichtung, völkerrechtliche Verträge noch vor ihrem Abschluß zur Überprüfung anzunehmen, um das Eintreten verfassungswidriger völkerrechtlicher Bindungen für das ihr mit anvertraute Gemeinwesen zu verhindern, und zum anderen in der Forderung nach einer möglichst raschen Durchführung des Verfahrens, um die außenpolitische Handlungsfähigkeit dieses Gemeinwesens nicht mehr als unbedingt nötig zu beeinträchtigen. Aus der Sicht der zum Vertragsabschluß berufenen Organe besteht die vom Interorganrespekt verlangte Kooperation mit der Gerichtsbarkeit darin, ihr die notwendige Zeit zur Überprüfung des vereinbarten Vertragswerks einzuräumen und bis zum Abschluß des Verfahrens keine Schritte zu unternehmen, die präjudizierend im Sinne einer vorzeitigen Bindung wirken könnten[128]. Dazu gehört notfalls auch das Werben um Verständnis für die innerverbandlichen Verzögerungen gegenüber den auswärtigen Vertragspartnern; das auf rein informeller Basis beruhende Verhalten der Bundesregierung während des verfassungsgerichtlichen Verfahrens zum Maastrichter Ver-

---

[127] Vgl. oben a) (315 f.).

[128] Auch zu möglichen Durchbrechungen dieser Regel hat das BVerfG bereits eindeutig Stellung bezogen, vgl. BVerfGE 36, 1, 15: „Ergibt sich ausnahmsweise einmal … eine Lage, in der das Inkrafttreten eines Vertrags vor Abschluß des verfassungsgerichtlichen Verfahrens nach Auffassung der Exekutive unabweisbar geboten erscheint, so haben die dafür verantwortlichen Verfassungsorgane für die sich daraus möglicherweise ergebenden Folgen einzustehen." Hauptsächliche Folge könnte dabei die nachträgliche Nichtigerklärung des Vertragsschlusses sein; das gilt auch auf europäischer Ebene, vgl. oben c) (319) u. bes. Fn. 123.

trag bietet hierfür eine schöne Illustration. Alle diese prozeduralen Verhaltenspflichten, die sich aus dem Gedanken des Interorganrespekts ergeben, sind für Deutschland vom Bundesverfassungsgericht in den Verfahren zum Grundlagenvertrag mit aller Deutlichkeit als verfassungsrechtliche Gebote statuiert worden[129]. Auf der europäischen Ebene ermöglicht Art. 300 VI (ex-Art. 228 VI) EGV die präventive Überprüfung geplanter Übereinkommen am Maßstab des Gemeinschaftsrechts direkt von Vertrags wegen; die weiteren hier aufgestellten Anforderungen hat der Gerichtshof zwar nicht explizit bestätigt, legt sie seiner Verfahrenspraxis aber offensichtlich zugrunde[130]. Nur aus dem amerikanischen System sind keine derart eindeutigen Beispiele bekannt, doch wird man auch hier erwarten dürfen, daß der Supreme Court einer Klage gegen einen unmittelbar bevorstehenden Vertragsschluß eine bevorzugte Behandlung angedeihen lassen und der Präsident in einer solchen Situation versuchen würde, den Abschluß des Vertrages bis zu einer Entscheidung des Obersten Gerichtshofs auszusetzen.

II. Allgemeine Außenpolitik

Abschluß und Umsetzung völkerrechtlicher Verträge bilden nur einen – allerdings besonders wichtigen – Ausschnitt der Außenbeziehungen eines staatlichen bzw. staatsähnlichen Herrschaftsverbandes. Für die Machtverteilung und damit auch für die Ausgestaltung des Interorganrespekts in diesem Bereich gelten die im vorigen erörterten Sonderregeln. Im folgenden soll es nun darum gehen, einen Blick in das potentiell unbegrenzte Gebiet der sonstigen außenpolitischen Aktivitäten zu werfen und zu versuchen, einen allgemeinen Grundsatz zu den dort feststellbaren Ausprägungen des Interorganrespekts zwischen Exekutive und Legislative aufzufinden. Eine Kategorisierung nach Modelltypen ergibt sich dabei zwanglos aus der Tatsache, daß die EG insgesamt über keine außenpolitischen Befugnisse im engeren Sinne verfügt und die Gemeinsame Außen- und Sicherheitspolitik der in Maastricht geschaffenen Europäischen Union sich, wie zu zeigen sein wird, bislang im wesentlichen auf zwischenstaatliche Entscheidungsstrukturen beschränkt.

1. *Modelltyp I:* Zentrale auswärtige Gewalt

Als erstes soll jedoch der klassisch-bundesstaatliche Typus untersucht werden, wie ihn das deutsche und das amerikanische Modell verkörpern. Dieser Modelltyp wird, wie bei der Frage der Verbandskompetenz für den Abschluß völkerrechtlicher Verträge bereits deutlich wurde[131], durch eine weitgehende Zentralisierung der auswärtigen Gewalt gekennzeichnet. In Deutschland erfolgt diese Zentralisierung un-

---

[129] Oben a) (314 f.), vgl. insbes. die Nachweise Fn. 98, 102 und 103.
[130] Oben c) (318 f.), vgl. insbes. Fn. 122 und 123.
[131] Oben I. 1. b) bb) (1) (303 f.).

mittelbar von Verfassungs wegen durch Art. 32 I GG; in den USA hat der Supreme Court spätestens 1936 klargestellt, daß er aus dem Übergang der britischen Souveränität über die damaligen Kolonien auf den neugegründeten amerikanischen Bundesstaat eine umfassende und exklusive Kompetenz der Bundesgewalt für die Außenpolitik folgert[132].

a) Die Rollen von Präsident und Kongreß in den USA

Im Gegensatz zur Verbandskompetenz ist die hier allein interessierende Verteilung der Organkompetenzen auf dem Feld der Außenpolitik weniger klar geregelt. Hieraus resultiert speziell im präsidentiellen Regierungssystem der Vereinigten Staaten mit seinem durch die voneinander unabhängige demokratische Legitimation von Exekutiv- und Legislativorganen bedingten Antagonismus zwischen Präsident und Kongreß eine ständige Abfolge von Kompetenzkonflikten, die im Kontext unseres Themas von großer illustrativer Wirkung sind.

aa) Unmittelbare verfassungsrechtliche Kompetenzzuweisungen

Die amerikanische Verfassung enthält, wenn man von den bereits besprochenen Regeln über Staatsverträge und den in einem gesonderten Abschnitt zu behandelnden Vorschriften zur Kontrolle der militärischen Macht absieht, so gut wie keine ausdrücklichen außenpolitischen Kompetenzzuweisungen. Die wahrscheinlich wichtigste, von der in anderem Zusammenhang schon die Rede war[133], ergibt sich selbst nur indirekt aus der Ermächtigung des Präsidenten zur Ernennung und Akkreditierung von Botschaftern, in die allgemein eine Befugnis zur Anerkennung bzw. Nichtanerkennung fremder Staaten und Regierungen hineingelesen wird. Mit dieser Befugnis haben Präsidenten in der Vergangenheit mehrfach entscheidende politische Weichen gestellt, so z.B. Theodore *Roosevelt* mit der Anerkennung der panamaischen Rebellenregierung, die den USA den Bau des Panamakanals erlaubte, sein Namensvetter mit der Anerkennung der Sowjetunion, *Truman* mit der Anerkennung des neuen israelischen Staates und schließlich *Carter* mit der Aufnahme diplomatischer Beziehungen zur Volksrepublik China[134]. Dem Kongreß ist demgegenüber durch Art. I Sect. 8 Cl. 3 der Verfassung exklusiv die Regulierung der auswärtigen Handelsbeziehungen zugewiesen. Abgesehen von diesen Sonderbestimmungen bleibt die Abgrenzung der außenpolitischen Kompetenzen von Präsident und Kongreß jedoch auf die allgemeinen Befugnisnormen der Verfassung angewiesen, wonach die generelle Legislativgewalt und insbesondere die Steuer- und Ausgabenkompetenz („power of the purse“) beim Kongreß liegen, während dem Präsidenten die generelle Exekutivgewalt zukommt[135]. Dabei lassen die (spärlichen)

---

[132] *U.S. v. Curtiss-Wright Corp.*, 299 U.S. 304 (1936), 316 f. (vgl. das Zitat oben Fn. 57).

[133] Oben I. 1. a) cc) (294), vgl. insbes. Fn. 21.

[134] Überblick bei *Pfiffner* (Fn. 6), 187. Vgl. zur Sowjetunion auch schon oben I. 1. a) cc) (294) und zu China dd) (297 f.).

[135] Das zumindest ist eindeutig geregelt. Art. I Sect. 1: „All legislative Powers herein granted

Äußerungen der „Founding Fathers" im Zuge der amerikanischen Verfassunggebung immerhin erkennen, daß man zur damaligen Zeit von einer quasi natürlichen Vorhand der exekutiven Gewalt hinsichtlich der Führung der außenpolitischen Geschäfte des jungen Staates ausging[136].

bb) Die Rechtsprechung des Supreme Court

Unter diesen Umständen konnte eine rechtliche Konkretisierung des Zusammenspiels von Präsident und Kongreß im außenpolitischen Bereich nur durch die Rechtsprechung des Supreme Court erfolgen. Der Gerichtshof tat sich jedoch ebenfalls sehr schwer mit der Aufgabe, in dieser Hinsicht eine trennscharfe Abgrenzung der Organkompetenzen vorzunehmen. Seinen 1936 unternommenen Versuch hierzu mußte er schon 1952 wieder revidieren. Die entsprechenden Entscheidungen bilden ungeachtet ihrer konträren Grundpositionen bis heute die wesentlichen Marksteine der amerikanischen Verfassungsrechtsprechung zu den Organzuständigkeiten auf dem Feld der Außenpolitik.

In der ersten ging es um eine Embargoerklärung von Präsident Franklin D. *Roosevelt*, mit der dieser 1934 alle Waffenverkäufe in die an einem bestimmten Konflikt in Südamerika beteiligten Staaten verboten hatte. Da er dies auf der Basis einer ausdrücklichen Ermächtigung des Kongresses getan hatte, lag eigentlich gar kein Konflikt zwischen den Organen vor; und in der Tat bezog sich die zentrale Frage dieses Rechtsstreits darauf, ob die ermächtigende „joint resolution" des Kongresses eine verfassungswidrige Delegation gesetzgeberischer Befugnisse darstelle[137]. Der für die Mehrheit des Gerichts schreibende Richter *Sutherland* nutzte die Gelegenheit jedoch zu einer allgemeinen Erörterung der außenpolitischen Befugnisse des Präsidenten, die seither immer wieder schlagwortartig in der Rechtsprechung auftaucht[138]:

„In this vast external realm, with its important, complicated, delicate and manifold problems, the President alone has the power to speak or listen as a representative of the nation. ... It is

---

shall be vested in a Congress of the United States,..."; Art. II Sect. 1: „The executive Power shall be vested in a President of the United States of America." Vgl. ansonsten den Überblick bei *Roger H. Davidson/Walter J. Oleszek*, Congress and Its Members, 4th ed. 1994, 414 f.; auch *Pfiffner* (Fn. 6), 188; u. *Winfried Brugger*, Einführung in das öffentliche Recht der USA, 1993, 75 f.; sowie *Dittgen* (Fn. 29), 53 ff.

[136] Vgl. stv. *Hamilton/Madison/Jay* (Fn. 13), No. 64 (Jay), 392 f.: „... perfect *secrecy* and immediate *dispatch* are sometimes requisite. ... the Constitution would have been inexcusably defective if no attention had been paid to those objects. ... For these the President will find no difficulty to provide; and should any circumstance occur which requires the advice and consent of the Senate, he may at any time convene them."

[137] Es ging also um die Reichweite der „nondelegation doctrine" im Bereich der auswärtigen Beziehungen. Vgl. allg. zu dieser Doktrin oben 6. Kap. I. 1. b) bb) (218 ff.), 2. b) (225 ff.).

[138] *U.S. v. Belmont*, 301 U.S. 324 (1937), 330; *U.S. v. Pink*, 315 U.S. 203 (1942), 229; dazu *Kühner* (Fn. 20), 369 f.; u. *Henkin* (Fn. 8), 16 ff.; weitere Nachweise bei *Fisher* (Fn. 6), 96, 109. Vor allem die Präsidenten nutzen Justice Sutherlands Äußerungen permanent zur Unterstützung ihrer außenpolitischen Kompetenzansprüche und finden damit bei den unterinstanzlichen Gerichten durchaus Gehör, vgl. zuletzt *Ange v. Bush*, 752 F. Supp. 509 (D.D.C. 1990), 516.

important to bear in mind that we are here dealing not alone with an authority vested in the President by an exertion of legislative power, but with such an authority plus the very delicate, plenary and exclusive powers of *the President as the sole organ of the federal government in the field of international relations – a power which does not require as a basis for its exercise an act of Congress,…*"[139]

Diese weitreichende These hat in der Literatur überwiegend scharfe Kritik erfahren, zum Teil wegen ihrer Unnötigkeit bezüglich des konkret zu entscheidenden Falles, zum Teil wegen ihrer extrakonstitutionellen Begründung, vor allem aber wegen ihrer zu einseitigen Betonung der funktionellen Überlegenheit der Exekutive im Bereich der internationalen Beziehungen, die in der Tat kaum noch Raum für eine sinnvolle Anwendung von Interorganrespekt ließe[140]. Auch der Supreme Court hat die in *Sutherlands* Votum anklingende Theorie vom außenpolitischen Monopol des Präsidenten nicht ernsthaft weiterverfolgt, wie sich spätestens an der zweiten hier zu besprechenden Leitentscheidung erwies. In diesem Fall hatte Präsident *Truman* während des Koreakrieges angesichts eines unmittelbar bevorstehenden Streiks in der verteidigungstechnisch unverzichtbaren Stahlindustrie die Beschlagnahme der Mehrzahl der Stahlunternehmen und ihre Weiterarbeit unter staatlicher Aufsicht angeordnet. Er verfügte dazu nicht nur über keine Ermächtigung des Kongresses; der Kongreß hatte im Gegenteil sogar deutlich zu erkennen gegeben, daß er diese Lösung nicht billigte. Da die Mehrheit des Supreme Court das Vorliegen einer direkten verfassungsrechtlichen Ermächtigung des Präsidenten, namentlich aufgrund seiner in Art. II Sect. 2 Cl. 1 der Verfassung normierten „Commander in Chief"-Gewalt, ebenfalls verneinte[141], wurde die Beschlagnahmeanordnung aufgehoben. Zur Leitentscheidung für die außenpolitische Kompetenzverteilung ist dieser Fall jedoch erst durch das zustimmende Sondervotum des Richters *Jackson* geworden, das als „Jackson Test" in die amerikanische Verfassungsdogmatik eingegangen ist und dort inzwischen weitgehende Akzeptanz gefunden hat[142]. Der

---

139 *U.S. v. Curtiss-Wright Corp.*, 299 U.S. 304 (1936), 319 f. (Hervorhebung vom Verf.).

140 Vgl. schon *David M. Levitan*, The Foreign Relations Power: An Analysis of Mr. Justice Sutherland's Theory, in: Yale Law Journal 55 (1946), 467–497, 478 ff.; weiter *Raoul Berger*, The Presidential Monopoly of Foreign Relations, in: Michigan Law Review 71 (1972), 1–58, 26 ff.; *Charles A. Lofgren*, United States v. Curtiss-Wright Export Corporation: An Historical Reassessment, in: Yale Law Journal 83 (1973), 1–32, 28 ff.; *Kühner* (Fn. 20), 370; *Brugger* (Fn. 135), 75 f.; zuletzt *Schwarz* (Fn. 22), 133 ff.; *Henkin* (Fn. 8), 19 ff., 25 ff.; u. *Giegerich* (Fn. 97), 512 ff. *Eugene V. Rostow*, President, Prime Minister or Constitutional Monarch, in: AJIL 83 (1989), 740–749, 743 ff., sieht das Pendel allerdings mittlerweile schon zu stark in die Gegenrichtung ausschlagen.

141 *Youngstown Sheet & Tube Co. v. Sawyer*, 343 U.S. 579 (1952), 587.

142 Insbes. benutzt der Supreme Court diesen Test inzwischen in st. Rspr. ausdrücklich als hilfsweisen Bestandteil der „Opinion of the Court". Vgl. stv. *Dames & Moore v. Regan*, 453 U.S. 654 (1981), 668 f.; u. aus der untergerichtlichen Praxis *Dellums v. Bush*, 752 F. Supp. 1141 (D.D.C. 1990), 1150 f. Der Gedanke, daß die gerichtliche Beurteilung präsidentiellen Handelns im auswärtigen Bereich maßgeblich von der Haltung des Kongresses hierzu abhängen sollte, hat z.B. auch in der oben I. 1. a) dd) (297 f.) bereits behandelten Streitfrage der Vertragskündigung höchstrichterliche Berücksichtigung erfahren. Vgl. *Goldwater v. Carter*, 617 F. 2d 697 (D.C. Cir. 1979), 714, wo der Court of Appeals zur Begründung seiner für den Präsidenten positiven Entscheidung ausdrück-

„Jackson Test" beruht auf dem Gedanken einer dynamischen Kompetenzverteilung zwischen Exekutive und Legislative, deren genaue Ausprägung in jedem Einzelfall durch eine flexible Ausbalancierung der jeweiligen Befugnisse ermittelt werden muß, wobei sich die gerichtliche Prüfungsdichte nach der konkreten Form des Zusammenspiels zwischen Präsident und Kongreß richtet. Im einzelnen:

– „When the President acts pursuant to an express or implied authorization of Congress, his authority is at its maximum, for it includes all that he possesses in his own right plus all that Congress can delegate …"; in diesem Falle beschränkt sich die gerichtliche Prüfung darauf, ob die gegen die bundesstaatliche Gewalt insgesamt errichteten verfassungsmäßigen Garantien, namentlich die Grundrechte, beachtet worden sind, hinterfragt aber die Verteilung der Organkompetenzen nicht weiter.

– „When the President takes measures incompatible with the express or implied will of Congress, his power is at its lowest ebb, for then he can rely only upon his own constitutional powers minus any constitutional powers of Congress over the matter …"; in diesem Fall besteht eine starke Vermutung gegen die Verfassungsmäßigkeit der präsidentiellen Handlungen und eine Pflicht der Gerichte, die Reichweite der vom Präsidenten in Anspruch genommenen exklusiven Kompetenzen genau zu durchleuchten.

– „When the President acts in absence of either a congressional grant or denial of authority, he can only rely upon his own independent powers, but there is a *zone of twilight* in which he and Congress may have concurrent authority, or in which its distribution is uncertain …"; dies ist der aus der Sicht des Interorganrespekts interessanteste, weil für seine Anwendbarkeit prädestinierte Fall einer kompetentiellen „Grauzone", in der viel vom faktischen Verhalten der einzelnen Staatsorgane abhängt und die Gerichte einen flexiblen Beurteilungsmaßstab zugrundelegen müssen[143].

cc) Verfassungspraxis

Die amerikanische Verfassungspraxis liefert mannigfache Beispiele für alle drei Kategorien des Zusammenwirkens zwischen Präsident und Kongreß, von denen hier nur einige wenige aus den letzten Jahren stellvertretend angesprochen werden sollen. Auf der einen Seite respektiert der Kongreß bestimmte unstreitige Handlungsbefugnisse der Exekutivspitze auch dort, wo er aus politischen Gründen lieber ein anderes Verhalten des Präsidenten sehen würde. Illustrieren läßt sich dies bei-

lich hervorhob: „Congress as a body has chosen not to confront the President directly on the treaty termination"; ähnlich *Goldwater v. Carter,* 444 U.S. 996 (1979), 997 f. (Powell, J., concurring); u. dazu *Henkin* (Fn. 8), 94 ff.; krit. gegenüber diesem Ausgangspunkt *Erwin Chemerinsky*, Controlling Inherent Presidential Power: Providing a Framework for Judicial Review, in: Southern California Law Review 56 (1983), 863–911, 869 ff.; u. *Harold Hongju Koh*, The National Security Constitution, 1990, 134 ff.; i. wes. zustimmend dagegen *Schwarz* (Fn. 22), 135 ff. m.w.N.

[143] Die zitierten Passagen stammen alle aus *Youngstown Sheet & Tube Co. v. Sawyer*, 343 U.S. 579 (1952), 634 ff., 635–637 (Jackson, J., concurring; Hervorhebung vom Verf.).

spielsweise an der Resolution, mit der Präsident *Clinton* im Frühsommer 1998 aufgefordert wurde, bei seinem bevorstehenden Besuch in Peking den Tiananmen-Platz als Ort des Massakers von 1989 zu meiden; der Präsident ignorierte die Resolution, und niemand im Kongreß bestritt ihm das Recht, die Gestaltung seiner Staatsbesuche im Ausland frei zu bestimmen. Auf der anderen Seite steht die Notwendigkeit einer Rücksichtnahme des Präsidenten auf die exklusiven Kompetenzen des Kongresses, namentlich die „power of the purse", ebensowenig in Zweifel; so konnte Präsident *Clinton* im Sommer 1998 die von ihm angesichts der asiatischen und russischen Finanzkrisen für dringend nötig gehaltene Quotenerhöhung des Internationalen Währungsfonds ohne eine entsprechende Bewilligung des Kongresses nicht zusagen. Selbst in diesen scheinbar eindeutigen Konstellationen kann der Gedanke des Interorganrespekts jedoch noch punktuell seine wechselseitige Wirkung entfalten: So müßte beispielsweise eine Weigerung des Kongresses, bestimmte Botschaften im Ausland zu finanzieren, ungeachtet seines umfassenden Budgetbewilligungsrechts als eine Respektsverletzung gegenüber der exklusiven Befugnis des Präsidenten zur diplomatischen Anerkennung fremder Staaten gewertet werden[144]. Auch eine willkürliche Verweigerung von Geldern, die der Präsident zur Erfüllung von *mit Zustimmung des Kongresses* eingegangenen internationalen Verpflichtungen benötigt, stellt unter diesem Aspekt jenseits ihrer völkerrechtlichen Relevanz einen Verstoß gegen die Idee des Interorganrespekts dar, weil der Exekutive damit die Möglichkeit zu einer konsistenten Außenvertretung genommen wird, die ihr nach der Struktur der Verfassung obliegt[145].

Die weitreichendsten Anwendungsformen des Interorganrespekts haben sich freilich in jener „zone of twilight" Richter *Jacksons* entwickelt, in der die Zuständigkeiten zwischen Präsident und Kongreß von vornherein nicht klar verteilt sind[146]. Ein illustratives Beispiel hierfür stellt die amerikanische Gesetzgebung zur Verhängung einseitiger Wirtschaftssanktionen dar, aus der vor allem zwei Gesetze in neuerer Zeit erhebliche internationale Auseinandersetzungen ausgelöst haben: zum einen der nach seinen Initiatoren so genannte „Helms-Burton Act"[147], der die Möglichkeit schafft, fremde Staatsangehörige, die mit ehemals vom kubanischen *Castro*-Regime enteigneten Besitztümern Handel treiben – wobei die Definition dieses „Handeltreibens" extrem weit gefaßt ist –, vor amerikanischen Gerichten zu verklagen und ihnen die Einreise in die Vereinigten Staaten zu verweigern; zum an-

---

[144] So *Henkin* (Fn. 10), 31 f.

[145] Vgl. schon oben I. 1. c) (310 f.), insbes. Fn. 86. Leider muß man in diesem Punkt eine zunehmende Mißachtung sowohl des Völkerrechts als auch des Interorganrespekts in der amerikanischen Verfassungspraxis feststellen. Beispiele hierfür aus jüngster Zeit sind etwa die Verweigerung der zweiten Refinanzierung des Globalen Umweltfonds (Global Environmental Facility – GEF) und natürlich das bereits angesprochene Dauerthema der rückständigen Beiträge der USA zu den Vereinten Nationen, deren Zahlung das Repräsentantenhaus zuletzt von der Politik der Weltorganisation in der Abtreibungsfrage abhängig machen wollte.

[146] Für einen konzisen historischen Überblick hierzu vgl. *Henkin* (Fn. 10), 17 ff.

[147] Offiziell: „Cuban Liberty and Democratic Solidarity (Libertad) Act", Public Law 104–114 vom 12.03.1996, 22 U.S.C. 6021 et seq., abgedr. in: ILM 35 (1996), 357 ff.

deren der ebenfalls nach seinem Verfasser benannte „D'Amato Act"[148], der Sanktionen gegen jede Person vorsieht, die jenseits einer bestimmten Höhe in die iranische oder libysche Öl- und Gasindustrie investiert oder bestimmte kritische Güter nach Libyen verkauft. Die Völkerrechtswidrigkeit des extraterritorialen Anspruchs dieser Gesetzgebung steht zumindest außerhalb der USA nicht in Frage[149]; für uns ist jedoch in erster Linie die in diesen Gesetzen vorgenommene Verteilung der Organkompetenzen von Interesse, aus der eine grundsätzliche Anerkennung des Prinzips vom Interorganrespekt spricht: Auf der einen Seite definiert der Kongreß genau die Voraussetzungen, unter denen Wirtschaftssanktionen verhängt werden sollen, und legt per Gesetz detailliert die in Frage kommenden Maßnahmen fest. Der Präsident wird dadurch verpflichtet, bei seinen außenpolitischen Aktivitäten auf die Intentionen des Kongresses dergestalt Rücksicht zu nehmen, daß er seine auswärtigen Gesprächspartner auf möglicherweise drohende Sanktionen hinweisen und ihre Inkraftsetzung für den Fall des Eintretens der gesetzlich definierten Voraussetzungen vorbereiten muß. Auf der anderen Seite übt der Kongreß ebenfalls Respekt gegenüber dem in der Außenpolitik erforderlichen eigenständigen Handlungsspielraum des Präsidenten, indem er ihm weitgehend die Letztentscheidung über die tatsächliche Verhängung von Sanktionen überläßt: Der „Helms-Burton Act" gibt ihm die Möglichkeit, fällige Sanktionen wiederholt für jeweils sechs Monate auszusetzen, wovon Präsident *Clinton* seither ständig Gebrauch gemacht hat[150]. Der „D'Amato Act" sieht im Falle Irans einen möglichen Verzicht auf Sanktionen vor, wenn der Präsident dem Kongreß bestätigt, daß der Heimatstaat der betroffenen Person mit den USA in befriedigender Weise zusammenarbeitet, um einen iranischen Erwerb von Massenvernichtungswaffen und die Unterstützung des internationalen Terrorismus durch Teheran zu unterbinden[151]; diese Technik präsidentieller Bestätigungen, deren Wirkung der Kongreß nur mit vetoüberwindender Mehrheit aufheben kann, wird beispielsweise auch bei der jährlichen Verlängerung der Meistbegünstigung für China – dafür muß der Präsident Fortschritte in der dortigen Menschenrechtssituation bescheinigen – und gegenüber potentiellen Lieferländern

---

148 Offiziell: „Iran and Libya Sanctions Act", Public Law 104–172 vom 05.08.1996, 50 U.S.C. 1701 et seq., abgedr. in: ILM 35 (1996), 1273 ff.

149 Vgl. etwa *Harck-Oluf Nissen*, Der Helms-Burton Act vor der WTO, in: RIW 1999, 350–356; *Stefaan Smis/Kim van der Borght*, The Cuban Liberty and Democratic Solidarity (Libertad) Act of 1996, in: Revue belge de droit international XXXI (1998), 217–258; *Claus Kress/Jochen Herbst*, Der Helms-Burton-Act aus völkerrechtlicher Sicht, in: RIW 1997, 630–641; *August Reinisch*, Widening the US Embargo Against Cuba Extraterritorially: A Few Public International Law Comments on the „Cuban Liberty and Democratic Solidarity (LIBERTAD) Act of 1996", in: EJIL 7 (1996), 545–562, 549 ff.; *Lothar Griessbach*, Der „Cuban Liberty and Democratic Solidarity (LIBERTAD) Act" von 1996, in: RIW 1997, 275–280, 278 f.; differenzierend *Werner Meng*, Extraterritoriale Jurisdiktion in der US-amerikanischen Sanktionsgesetzgebung, in: EuZW 1997, 423–428, 426 ff.

150 Sect. 306 (c) (1) (B) des Gesetzes; vgl. dazu *Brigitte Stern*, Einseitige Wirtschaftssanktionen, in: Internationale Politik 4/1997, 7–12, 10.

151 Sect. 4 (c) des Gesetzes; vgl. a. *Vaughan Lowe*, US Extraterritorial Jurisdiction: The Helms-Burton and D'Amato Acts, in: ICLQ 46 (1997), 378–390, 382.

für Rauschgift angewandt, die dann von Sanktionen verschont bleiben, wenn der Präsident ihren Behörden eine gute Zusammenarbeit bei der Drogenbekämpfung attestiert. Und selbst wo das fragliche Gesetz dem Präsidenten kaum eine Möglichkeit zur vollständigen Vermeidung von Sanktionen eröffnet – wie beispielsweise im Falle Libyens der „D'Amato Act" oder der 1994 verabschiedete „Nuclear Proliferation Prevention Act" angesichts der Atomversuche Indiens und Pakistans –, läßt es dem Präsidenten in der Regel noch immer die Auswahl aus einem Katalog möglicher Strafmaßnahmen[152].

b) Die Rollen von Präsident, Regierung und Parlament in Deutschland

Das deutsche Modell teilt mit dem amerikanischen die eindeutige Zuordnung der außenpolitischen Verbandskompetenz zur Bundesgewalt. Seine Rollenverteilung zwischen den einzelnen Staatsorganen unterscheidet sich allerdings in manchen Punkten wesentlich von derjenigen in den Vereinigten Staaten. Auch enthält der Verfassungstext des Grundgesetzes in dieser Hinsicht einige zusätzliche Anhaltspunkte.

aa) Die Stellung des Bundespräsidenten

Nach Art. 59 I 1 GG obliegt die völkerrechtliche Vertretung Deutschlands zunächst dem Bundespräsidenten. Art. 59 I 2, 3 GG ergänzen diese allgemeine Kompetenzzuweisung um die konkreten Anwendungsfälle der Vertragsschlüsse mit auswärtigen Staaten sowie der Beglaubigung und des Empfangs der Gesandten. Die im Schrifttum herrschende Meinung sieht darin jedoch lediglich eine beispielhafte Nennung, die den grundsätzlich umfassenden Charakter der Vertretungsmacht des Bundespräsidenten nicht beeinträchtigen sollte, und spricht dem Bundespräsidenten folgerichtig das Recht zur Vornahme sämtlicher völkerrechtlicher Rechtsgeschäfte, d.h. zur Abgabe und Entgegennahme aller rechtserheblichen Handlungen des internationalen Verkehrs, zu[153]. Daraus ergibt sich das Problem einer Diskrepanz zwischen dieser scheinbar unbegrenzten Außenvertre-

---

[152] So listet Sect. 6 des „D'Amato Act" – in dem die für Iran eröffnete Möglichkeit eines „waiver" fehlt, vgl. Sect. 5 (a), (b) (2) des Gesetzes – sechs mögliche Sanktionsmaßnahmen auf, aus denen der Präsident zwei auswählen muß. Allerdings bleibt dem Präsidenten selbst hier noch immer die Möglichkeit, Ausnahmen vom Sanktionsregime durch übergeordnete Gründe des „nationalen Interesses" zu rechtfertigen. Vgl. Sect. 9 (c) des Gesetzes; u. dazu nochmals *Lowe* (Fn. 151), 382 f.; sowie *Stern* (Fn. 150), 8 ff. Der „Nuclear Proliferation Prevention Act" (Public Law 103–236, 108 Stat. 382 (1994), Title VIII) eröffnet dem Präsidenten in Sect. 826 zwar keine Auswahlmöglichkeit im eigentlichen Sinne, benennt dafür aber eine Menge möglicher Gründe für die Nichtanwendung bestimmter in dem Sanktionskatalog vorgesehener Maßnahmen.

[153] Vgl. etwa *Bleckmann* (Fn. 52), 211; *Geiger* (Fn. 2), 128 f.; *Klaus Stern*, Das Staatsrecht der Bundesrepublik Deutschland, Bd. II, 1980, 221 f.; *Ondolf Rojahn*, in: v. Münch/Kunig (Fn. 41), Art. 59 Rn. 6; *Klaus Schlaich*, Die Funktionen des Bundespräsidenten im Verfassungsgefüge, in: Josef Isensee/Paul Kirchhof, Handbuch des Staatsrechts der Bundesrepublik Deutschland, Bd. II, 1987, 541–584 (§ 49), 560 (Rn. 43); *a.A. Gerhard Hans Reichel*, Die auswärtige Gewalt nach dem Grundgesetz für die Bundesrepublik Deutschland vom 23. Mai 1949, 1967, 60.

tungsbefugnis des Bundespräsidenten und seiner im staatsrechtlichen Innenverhältnis weitgehend auf protokollarisch-repräsentative Handlungen beschränkten Kompetenzsphäre. Versinnbildlicht wird diese Diskrepanz traditionell durch die auf *Leibholz* zurückgehende Unterscheidung zwischen formeller und materieller Staatsrepräsentation, wobei die formelle Wahrnehmung der auswärtigen Gewalt die Ermächtigung zur Abgabe von Erklärungen nach außen bezeichnet, während die materielle die Befugnis beinhaltet, innerstaatlich über Form, Zeitpunkt und Inhalt dieser Erklärungen zu entscheiden[154].

Wie bereits bei der ähnlich gelagerten Problematik einer unterschiedlichen Zuweisung von Abschluß- und Umsetzungskompetenzen im Bereich völkerrechtlicher Verträge deutlich wurde[155], schafft diese Konstellation auseinanderfallender Befugnisse im Binnen- und Außenbereich ein breites Anwendungsspektrum für das Prinzip des Interorganrespekts. Aus der Sicht der Bundesregierung und eventuell des Bundestages geht es in diesem Zusammenhang darum, die richtige Vermittlung der von ihnen bestimmten Leitlinien der deutschen Außenpolitik durch den Bundespräsidenten nach außen sicherzustellen. In *negativer* Hinsicht, d.h. was die Unterbindung von Alleingängen des Bundespräsidenten anbetrifft, gibt ihnen die Gegenzeichnungspflicht des Art. 58 S. 1 GG hierfür weitreichende Möglichkeiten an die Hand, wenngleich sich schon diese Vorschrift, wie an anderer Stelle bereits herausgearbeitet wurde[156], in bezug auf Amtshandlungen des Bundespräsidenten ohne Rechtsaktscharakter nur mit Hilfe des Gedankens vom Interorganrespekt sinnvoll auslegen läßt. Fraglich ist jedoch vor allem die Begründbarkeit einer *positiven* Verpflichtung des Bundespräsidenten zum Abschluß der von den parlamentarischen Körperschaften abgesegneten Verträge oder zur Abgabe von der Bundesregierung gewollter völkerrechtlicher Erklärungen. Eine direkte Bindung des Bundespräsidenten an die beispielsweise vom Bundeskanzler im Rahmen seiner Richtlinienkompetenz gemachten Vorgaben würde nicht nur die Vorschrift des Art. 65 S. 1 GG in ihrem Anwendungsbereich unzulässig überdehnen[157], sondern auch der prinzipi-

---

[154] *Gerhard Leibholz*, Das Wesen der Repräsentation (1928) und der Gestaltwandel der Demokratie im 20. Jahrhundert (1955), 3. Aufl. 1966, 63, 197 f.; ihm sogar im Aufbau folgend *Seidel* (Fn. 42), 43 ff., 81 ff.; ferner *Stern* (Fn. 153), 222; *Fastenrath* (Fn. 39), 199; u. zuletzt *Stephan Hobe*, Die Auswärtige Gewalt – Tendenzen zur Föderalisierung und Parlamentarisierung, in: JA 1996, 818–823, 820.

[155] Oben I. 1. a) (290 ff.) und c) (309 ff.).

[156] Oben 2. Kap. III. 2. b) (58 f.) (noch unter der klassischen Bezeichnung der Verfassungsorgantreue).

[157] Ausführlich dazu *Norbert Magis*, Die Mitwirkungsrechte des Bundespräsidenten im Bereich der Auswärtigen Gewalt, 1978, 101 ff., vgl. dort auch 212 ff. zum historischen Hintergrund; ablehnend außerdem *Wolf-Rüdiger Schenke*, Die Verfassungsorgantreue, 1977, 56 f.; u. *Fastenrath* (Fn. 39), 200 f.; *a.A. Mosler* (Fn. 2), 284 f., der aber trotz Bejahung einer Bindung des Bundespräsidenten an die Richtlinien des Bundeskanzlers keine Verpflichtung des Bundespräsidenten zur Ratifikation völkerrechtlicher Verträge annehmen will und das GG insoweit „nicht gerade als konsequent" ansieht; *Bleckmann* (Fn. 52), 214; u. *Geiger* (Fn. 2), 130, die aus Art. 65 S. 1 GG tendenziell ein Verbot für den Bundespräsidenten herauslesen, die Außenpolitik der Bundesregierung zu behindern.

ellen Gleichrangigkeit der obersten Verfassungsorgane und insbesondere der integrativen Rolle des Bundespräsidenten als Staatsoberhaupt zuwiderlaufen. Auf der anderen Seite würde eine Befugnis des Bundespräsidenten, die Vornahme eines von den politischen Entscheidungsträgern gewünschten völkerrechtlichen Vertretungsakts aus eigenen politischen Motiven zu verweigern, faktisch zur Notwendigkeit einer einvernehmlichen Gestaltung der Außenpolitik durch Präsident und Regierung führen und dem Bundespräsidenten damit auf diesem Feld eine Machtfülle einräumen, die er nach der Struktur der innerstaatlichen Entscheidungsprozesse gerade nicht besitzen sollte[158]. Eine sinnvolle Lösung läßt sich hier nur in einer Parallelität zu eben diesen Entscheidungsprozessen finden, indem dem Bundespräsidenten auf dem außenpolitischen Sektor die gleichen Kontrollrechte zugestanden werden, wie er sie beispielsweise im innerstaatlichen Gesetzgebungsverfahren besitzt: Auf der Basis des Prinzips vom Interorganrespekt bedeutet das, daß er die Ratifikation vom Parlament beschlossener Verträge und die gegengezeichneten Vorlagen der Bundesregierung grundsätzlich vollziehen muß, es sei denn, er wäre vom Vorliegen eines Verfassungsverstoßes überzeugt[159].

Wie stets entfaltet der Gedanke des Interorganrespekts jedoch auch Wirkungen in umgekehrter Richtung, d.h. zugunsten des Bundespräsidenten. Besonderes Interesse weckt in diesem Zusammenhang die Beobachtung, daß in der Verfassungspraxis der weitaus überwiegende Teil der völkerrechtlichen Vertretung Deutschlands ohne Einschaltung des Bundespräsidenten durch die Bundesregierung vorgenommen wird. Das Tätigwerden des Bundespräsidenten im völkerrechtlichen Verkehr beschränkt sich faktisch weitgehend auf die in Art. 59 I 2, 3 GG explizit genannten Fälle. Wie läßt sich dies mit dem theoretisch umfassenden Charakter der völkerrechtlichen Vertretungsmacht des Bundespräsidenten vereinbaren? Zahlreiche Autoren nehmen eine gewohnheitsrechtliche oder stillschweigende Delegation bzw. Ermächtigung durch den Bundespräsidenten an[160]; eine Einzelmeinung bestreitet

---

[158] Genau davon geht allerdings z.B. *Baade* (Fn. 44), 90, aus.

[159] Zur näheren Begründung dieser Lösung anhand des Interorganrespekts vgl. oben 5. Kap. III. 2. a) (199 f.) und 4. b) (209 f.). Zu einem vergleichbaren Ergebnis kommen auf der Basis der Verfassungsorgantreue *Schenke* (Fn. 157), 57 f.; u. aufgrund der allg. Stellung und Funktionen des Bundespräsidenten – was im Vergleich zum Interorganrespekt einen wesentlich ungenaueren Maßstab verkörpert – *Reichel* (Fn. 153), 62; *Weiß* (Fn. 45), 90; *Seidel* (Fn. 42), 158 ff., 166 ff., 195 ff.; *Reiner Ponschab*, Die völkerrechtliche Vertretung durch zentrale und dezentrale Bundesorgane nach dem Verfassungsrecht der Bundesrepublik Deutschland, 1976, 97, 100 f.; *Gisela Tuschhoff*, Die Ratifikation völkerrechtlicher Verträge durch den Bundespräsidenten unter Berücksichtigung der Bedeutung des Vertragsgesetzes, 1976, 57 ff.; *Stern* (Fn. 153), 241; *Fastenrath* (Fn. 39), 201; *Hesse* (Fn. 3), 277 f. (Rn. 667 f.); u. in leicht widersprüchlicher Form auch *Manfred Zuleeg*, in: AK-GG, 2. Aufl. 1989, Art. 59 Rn. 10 ff.

[160] *Bleckmann* (Fn. 52), 212; *Geiger* (Fn. 2), 129; *Magis* (Fn. 157), 299 ff.; *Ingolf Pernice*, in: Dreier (Fn. 42), Art. 59 Rn. 21; *Schmidt-Bleibtreu/Klein* (Fn. 55), Art. 59 Rn. 6; *Seidel* (Fn. 42), 66 ff.; *Weiß* (Fn. 45), 87 f.; *Manfred Zuleeg*, in: AK-GG (Fn. 159), Art. 59 Rn. 14; *Stern* (Fn. 153), 225 f.; wohl auch BVerfGE 68, 1, 82 f.; krit. *Ponschab* (Fn. 159), 143 ff., der stattdessen eine teleologische Reduktion von Art. 59 I GG befürwortet; u. *Ondolf Rojahn*, in: v. Münch/Kunig (Fn. 41), Art. 59 Rn. 7.

sogar generell den übergreifenden Vertretungsanspruch des Bundespräsidenten und betrachtet Art. 59 I 2, 3 GG als Ausnahmevorschriften zu einer ansonsten bestehenden Kompetenzvermutung zugunsten der Bundesregierung[161]. Beide Ansätze stoßen allerdings auf das Problem, daß jeweils ein Teil des Art. 59 I GG nach ihnen überflüssig erscheint. Vor diesem Hintergrund verdient der Lösungsvorschlag *Fastenraths* besondere Beachtung, der eine sachlich am Grundsatz des Interorganrespekts orientierte Differenzierung befürwortet: Da der Bundespräsident kraft seiner integrativen Funktion den Staat als einzige Institution in seiner Gesamtheit repräsentiert[162], während etwa die Regierung nur die staatliche Teilgewalt der Exekutive verkörpern kann, soll der Bundespräsident immer dann in Erscheinung treten müssen, wenn ein vorzunehmender völkerrechtlicher Akt mehrere Teilgewalten betrifft oder aufgrund seiner politischen Auswirkungen den Staat insgesamt berührt, während beispielsweise auf den Teilbereich der Exekutive beschränkte Vereinbarungen von der Regierung allein verantwortet werden können[163]. Diese Differenzierung atmet den Geist des im Interorganrespekt enthaltenen Prinzips der Organadäquanz und zieht darüber hinaus konkrete Verpflichtungen im Sinne einer loyalen Zusammenarbeit der Regierung mit dem Präsidenten nach sich: So verlangt sie, daß der Bundespräsident an Abschluß und Kündigung aller politischen und Gesetzgebungsverträge sowie aller Abkommen beteiligt werden muß, die die Staatsvölker insgesamt betreffen; ebenso obliegen ihm die Anerkennung fremder Staaten und die grundlegenden Akte des diplomatischen Verkehrs, da sich auch dort die Staaten als Einheit gegenübertreten[164]. Schließlich erfordert der Gedanke des Interorganrespekts zu einer sinnvollen Wahrnehmung der in Art. 59 I GG verankerten Befugnisse durch den Bundespräsidenten auch eine generelle Kooperationsbereitschaft der Bundesregierung dergestalt, daß sie den Bundespräsidenten über von ihrer Seite geplante völkerrechtliche Akte rechtzeitig unterrichten und eventuelle Stellungnahmen des Präsidenten hierzu in ihre eigene Entscheidungsfindung einfließen lassen muß[165].

bb) Die Vertretungsbefugnis der Bundesregierung

Es entspricht sowohl der faktischen Situation als auch dem allgemeinen rechtlichen Konsens, das Schwergewicht der auswärtigen Gewalt bei der Bundesregierung zu verorten, die dementsprechend als der „eigentliche außenpolitische Akteur" unter den deutschen Verfassungsorganen bezeichnet wird[166]. Auf den ersten Blick wirkt

---

161 *Reichel* (Fn. 153), 58 ff.

162 Vgl. etwa *Otto Kimminich*, Das Staatsoberhaupt in der parlamentarischen Demokratie, in: VVDStRL 25 (1967), 2–94, 50 ff., beachte aber auch 62 ff.; u. dazu den Zweitbericht von *Peter Pernthaler*, 95–208, 168 ff.; außerdem schon *Leibholz* (Fn. 154), 196 ff.

163 *Fastenrath* (Fn. 39), 210 f.

164 *Fastenrath* (Fn. 39), 211; vgl. a. die Andeutungen in BVerfGE 4, 157, 163 f.

165 Für eine solche Beratungsfunktion und die zu ihrer Wahrnehmung nötige Garantie eines außenpolitischen Informationsanspruchs des Bundespräsidenten argumentiert auf der Basis der Verfassungsorgantreue auch *Schenke* (Fn. 157), 59 ff.

166 So zuletzt *Hailbronner* (Fn. 108), 10; unter Verweis auf *Mosler* (Fn. 2), 284 f.

diese Beobachtung deswegen erstaunlich, weil das Grundgesetz selbst keinerlei ausdrückliche Kompetenzzuweisungen an die Bundesregierung hinsichtlich der Gestaltung der auswärtigen Beziehungen enthält. Zwar kann nach der hier vertretenen Auffassung aus dem Prinzip des Interorganrespekts eine Teilkompetenz der Regierung insoweit abgeleitet werden, als sie auf ihren Gewaltenbereich beschränkte Abreden in alleiniger Verantwortung treffen kann; die im Schrifttum überwiegende Meinung hält jedoch, wie dargelegt[167], selbst hierfür noch eine Delegation seitens des Bundespräsidenten für erforderlich. Auch die scheinbar selbstverständliche Herrschaft der Bundesregierung über Aushandlung und Erarbeitung völkerrechtlicher Verträge, von der oben bereits die Rede war[168], findet im Verfassungstext keine explizite Stütze. Lediglich die Befugnisverteilung innerhalb der Bundesregierung ist durch die allgemeinen Vorgaben des Art. 65 GG klar geregelt[169]: So bestimmt der Bundeskanzler wie in allen Politikbereichen die Richtlinien der Regierungstätigkeit, was in der Außenpolitik beispielsweise dazu führt, daß Auslandsreisen der Minister nach der Vorschrift des § 13 I 2 GOBReg nur im Einvernehmen mit ihm erfolgen dürfen; innerhalb dieser Richtlinien verantwortet in erster Linie der Außenminister das Tagesgeschäft der Außenpolitik, weswegen § 11 GOBReg eine umfassende Einbindung des Auswärtigen Amtes in alle von anderen Regierungsmitgliedern unterhaltenen Auslandskontakte vorschreibt; und schließlich sind nach § 15 I GOBReg alle Angelegenheiten von allgemeiner außenpolitischer Bedeutung der Bundesregierung insgesamt zur Beschlußfassung zu unterbreiten. Die grundsätzliche Zuständigkeit der Regierung für die Führung der deutschen Außenpolitik kann aber letztlich nur aus der Natur der Sache sinnvoll begründet werden[170]. Inwieweit die Regierung in diesem Zusammenhang exklusive Kompetenzen gegenüber dem Bundestag geltend machen kann bzw. welche Ausgestaltung der Interorganrespekt zwischen diesen beiden Organen im außenpolitischen Bereich annimmt, bleibt die zu klärende Frage.

cc) Parlamentarisches Zugriffsrecht contra Regierungsvorbehalt

Darüber, daß die Regierung auf dem außenpolitischen Sektor nicht in gleicher Weise wie auf den Feldern der Innenpolitik an das Vorliegen einer gesetzlichen Ermächtigung als Voraussetzung ihres Tätigwerdens gebunden sein kann, besteht weitestgehend Einigkeit. Der Grund hierfür liegt in der „Eigengesetzlichkeit der auswärtigen Politik und ihren praktischen Anforderungen", zu denen die beson-

[167] Oben aa) (331 f.), vgl. insbes. die Nachweise Fn. 160 und 163.

[168] Vgl. oben I. 1. b) aa) (1) (359 f.), insbes. Fn. 48.

[169] Zur Rolle des Interorganrespekts in diesem Zusammenhang vgl. schon oben 6. Kap. II. 1. b) (281 ff.).

[170] Ebenso *Fastenrath* (Fn. 39), 215 f., der für außerrechtliche Aktionen in der Außenpolitik darüber hinaus eine „politische Annexkompetenz" der Bundesregierung begründen will, was aber im Kern ebenfalls die Berufung auf eine ungeschriebene Handlungszuständigkeit verlangt. Ihm folgt in dieser Hinsicht *Hansjörg Götz*, Der Vorbehaltsbereich der Bundesregierung, 1993, 156; vgl. a. *Hartmut Maurer*, Diskussionsbeitrag, in: VVDStRL 56 (1997), 149 f.

deren Gepflogenheiten des internationalen Verkehrs, die Notwendigkeit einer einheitlichen Außenvertretung des Staatswesens, der natürliche Informationsvorsprung der Regierung und die spezifischen Erfordernisse der Außenpolitik in bezug auf Flexibilität, Koordination und rasche Entschlußfassung gehören[171]. Der Streit geht daher im wesentlichen darum, ob aus dieser Eigengesetzlichkeit der auswärtigen Angelegenheiten ein besonderer Regierungsvorbehalt abzuleiten ist, der die Außenpolitik dem – in anderem Zusammenhang bereits angesprochenen[172] – „Kernbereich der Exekutive" zuordnet und das Parlament von ihrer Mitgestaltung großenteils ausschließt. Das Bundesverfassungsgericht hat hierzu anfänglich die Auffassung vertreten, der in Art. 59 II 1 GG enthaltene Zustimmungsvorbehalt zugunsten des Parlaments stelle eine Durchbrechung des Gewaltenteilungssystems dar und bilde daher eine Ausnahmebefugnis der Legislative im Bereich der Exekutive[173]. In der neueren „Nachrüstungs"-Entscheidung taucht zwar der Begriff der Ausnahme nicht mehr auf, doch spricht das Gericht auch dort noch davon, die Entscheidungsbefugnisse auf dem Gebiet der auswärtigen Gewalt seien wesensmäßig exekutivischer Natur und daher insoweit der Regierung vorbehalten, als das Grundgesetz nicht ausdrücklich eine Mitwirkungsbefugnis des Parlaments begründet[174]. Die Lehre hat sich dem zum überwiegenden Teil angeschlossen und behält damit den Großteil der außenpolitischen Entscheidungen exklusiv der Bundesregierung vor[175].

Gewisse Tendenzen in Richtung einer allmählichen Erodierung dieser Position sind allerdings nicht zu übersehen. Zurückverfolgen lassen sie sich bis zu der schon in den fünfziger Jahren getroffenen Feststellung, die auswärtige Gewalt sei insofern kombinierter Natur, als sie von Regierung und Parlament gemeinsam ausgeübt werde; sie sei Teil der Staatsleitung, die diesen beiden Teilgewalten in gesamthänderischer Verantwortung obliege[176]. Im Sinne dieser Formel wird beispielsweise nicht

---

[171] Vgl. die Auflistungen bei *Hans D. Treviranus*, Außenpolitik im demokratischen Rechtsstaat, 1966, 88 ff.; *Schuppert* (Fn. 96), 63 f.; *Mößle* (Fn. 49), 164; u. *Götz* (Fn. 170), 163 f.; jew. m.w.N.; aus amerikanischer Perspektive bspw. *Trimble* (Fn. 7), 752 ff.; u. am konkreten Beispiel krit. *Harold Hongju Koh*, Why the President (Almost) Always Wins in Foreign Affairs: Lessons of the Iran-Contra Affair, in: Yale Law Journal 97 (1988), 1255–1342, 1291 ff.

[172] Oben 6. Kap. IV. 2. (283 ff.).

[173] BVerfGE 1, 351, 369 f.; vgl. a. BVerfGE 1, 372, 394; 2, 347, 379; u. noch BVerfGE 90, 286, 358: „Akte der auswärtigen Gewalt, die vom Tatbestand des Art. 59 Abs. 2 Satz 1 GG nicht erfaßt werden, sind grundsätzlich dem Kompetenzbereich der Regierung zugeordnet." Das Wörtchen „grundsätzlich" verrät allerdings schon an dieser Stelle, daß es hiervon weitere, im Verfassungstext nicht ausdrücklich geregelte Ausnahmen geben muß, denen unter dem Aspekt des Interorganrespekts besonderes Interesse entgegengebracht werden sollte.

[174] BVerfGE 68, 1, 86 ff.; vgl. dazu auch *Giegerich* (Fn. 97), 502 ff.

[175] Vgl. etwa *Mosler* (Fn. 2), 269, 292 ff.; *Reichel* (Fn. 153), 69 ff.; *Reinhard Mußgnug*, Der Haushaltsplan als Gesetz, 1976, 279; *Zimmer* (Fn. 83), 230; *Albert Bleckmann*, Gesetzesvorbehalt für Nachrüstung?, in: DVBl. 1984, 6–14, 10; *Grewe* (Fn. 1), 925 ff. (Rn. 10 ff.), 937 ff. (Rn. 41 ff.); *Götz* (Fn. 170), 172 f.; *Thomas Kuhl*, Der Kernbereich der Exekutive, 1993, 24 f.; *Geiger* (Fn. 2), 130; *Schmidt-Bleibtreu/Klein* (Fn. 55), Art. 59 Rn. 1.

[176] So *Eberhard Menzel*, Die auswärtige Gewalt der Bundesrepublik, in: VVDStRL 12 (1954), 179–220, 194 ff., der von „kombinierter Gewalt" spricht; vgl. weiter *Friesenhahn* (Fn. 53), 37 f.

bestritten, daß das Parlament auch hinsichtlich der Außenpolitik von seinen im vorigen Kapitel bereits erörterten allgemeinen Kontrollbefugnissen wie dem Untersuchungsrecht, dem Zitier- und Interpellationsrecht sowie dem Budgetbewilligungsrecht einschließlich der Anbringung qualifizierter Sperrvermerke Gebrauch machen kann[177]. Während es einige Autoren jedoch dabei bewenden lassen wollen und keinen Widerspruch darin erblicken, die allgemeine Teilhabe des Parlaments an der Staatsleitung außenpolitisch auf seine im Grundgesetz explizit normierten Einwirkungsmöglichkeiten zu begrenzen[178], gehen andere gerade in jüngerer Zeit einen Schritt weiter. Besonders deutlich wird dies bei der Einstufung von Parlamentsbeschlüssen zu speziellen außenpolitischen Themen, wie sie etwa zu den Ostverträgen oder im November 1995 zur Ausladung des iranischen Außenministers *Welajati* von einer in Deutschland stattfindenden Konferenz ergangen sind[179]: Zwar hat die extreme Ansicht, solchen Beschlüssen eine rechtliche Bindungswirkung für die Regierung zuzusprechen[180], keine weitere Verbreitung gefunden, doch gilt dies ebenso für die auf der Basis der traditionellen Anschauung denkbare Gegenansicht, sie als unzulässige Übergriffe in den „Kernbereich der Exekutive" anzusehen. Stattdessen werden derartige Parlamentsbeschlüsse überwiegend als punktuelle Ausübungen eines generellen politischen Mitgestaltungsrechts des Bundestages qualifiziert[181]. *Puhl* vertritt darüber hinaus die Auffassung, das Parlament sei im Wege des Gesetzes – was Einzelfallgesetze einschließt – auch zur verbindlichen Anordnung außenpolitischer Maßnahmen befugt, besitze also ein umfassendes Zugriffsrecht[182].

Die neuere Rechtsprechung des Bundesverfassungsgerichts läßt ebenfalls eine Tendenz zur Parlamentarisierung der auswärtigen Gewalt erkennen. Wenn man von

(„Staatsleitung ... zur gesamten Hand"); u. *Baade* (Fn. 44), 118 ff.; ähnlich *Klaus Stern*, Das Staatsrecht der Bundesrepublik Deutschland, Bd. I, 2. Aufl. 1984, 499, 1004; *Martin Oldiges*, Die Bundesregierung als Kollegium, 1983, 315; *Weiß* (Fn. 45), 67 f.; *Bernhardt* (Fn. 93), 179; *Schuppert* (Fn. 96), 51; *Siegfried Magiera*, Parlament und Staatsleitung in der Verfassungsordnung des Grundgesetzes, 1979, 248 ff.; u. zuletzt *Wolfrum* (Fn. 5), 40; zustimmend *Jochen Abr. Frowein*, Diskussionsbeitrag, in: VVDStRL 56 (1997), 107–109, 107; u. an gleicher Stelle *Hans Meyer*, Diskussionsbeitrag, 109 f., 110; mit Einschränkungen *Tomuschat* (Fn. 8), 26 et seq.

177 Stv. hierfür *Fastenrath* (Fn. 39), 243 f.; vgl. a. allg. zu diesen Befugnissen oben 6. Kap. III. 1. (264 ff.).

178 Vgl. beispielhaft *Ondolf Rojahn*, in: v. Münch/Kunig (Fn. 41), Art. 59 Rn. 21.

179 Zu den Ostverträgen vgl. schon oben I. 1. b) aa) (1) (300 f.), insbes. Fn. 47; die Welajati-Entschließung vom 10.11.1995 – BT-Drs. 13/2983 – benutzt auch *Wolfrum* (Fn. 5), 39, als einleitendes Beispiel.

180 *Menzel* (Fn. 176), 196; *Klaus-Albrecht Sellmann*, Der schlichte Parlamentsbeschluß, 1966, 74 ff.; *Cornelius Grupp*, Die parlamentarische Kontrolle der auswärtigen Gewalt in Form von Entschließungen, 1975, 141 ff.

181 Vgl. etwa *Tomuschat* (Fn. 49), 34 f.; *Fastenrath* (Fn. 39), 244 f.; *Hermann Butzer*, Der Bereich des schlichten Parlamentsbeschlusses, in: AöR 119 (1994), 61–106, 72 ff.; u. zuletzt *Wolfrum* (Fn. 5), 63; sowie *Ingolf Pernice*, in: Dreier (Fn. 42), Art. 59 Rn. 17.

182 *Puhl* (Fn. 53), 146, 152 f.; vgl. a. schon *Joachim Linck*, Zum Vorrang des Parlaments gegenüber den anderen Gewalten, in: DÖV 1979, 165–167, 166; u. tendenziell *Ruth Lang*, Die Mitwirkungsrechte des Bundesrates und des Bundestages in Angelegenheiten der Europäischen Union gemäß Artikel 23 Abs. 2 bis 7 GG, 1997, 313.

den im spezifisch verteidigungspolitischen Bereich ergangenen und daher gesondert zu analysierenden Entscheidungen zu Auslandseinsätzen der Bundeswehr absieht[183], enthalten insoweit vor allem die aus der Fortentwicklung vertraglich vereinbarter Integrationsprogramme entstandenen Streitfälle maßgebliche Implikationen. Noch im sogenannten „Eurocontrol"-Beschluß hatte das Gericht statuiert, ein auf die Errichtung einer zwischenstaatlichen Einrichtung zielender völkerrechtlicher Vertrag setze typischerweise einen Integrationsprozeß in Gang, in dessen Verlauf zahlreiche einzelne Vollzugsakte erforderlich würden, für die man eine jeweils erneute Einzelzustimmung des Gesetzgebers weder verlangen könne noch müsse. Es genüge, wenn der künftige Vollzugsverlauf hinreichend bestimmbar normiert sei; nur „wesentliche Änderungen" des so skizzierten Integrationsprogramms bedürften dann noch der erneuten Billigung durch die Legislative – eine Rechtsprechung, aus der sich der Gedanke der „antizipierten" parlamentarischen Zustimmung entwickelt und die das Gericht in seiner „Nachrüstungs"-Entscheidung ausdrücklich bestätigt hat[184]. Im „Maastricht"-Urteil rückt das Gericht von dieser Rechtsprechung zwar nicht prinzipiell ab, zeigt aber doch zum ersten Mal deutlich die Grenzen der Reichweite einer solchen parlamentarischen Vorabzustimmung auf: So wird festgehalten, daß der deutsche Gesetzgeber die Kontrolle über den weiteren Verlauf der europäischen Integration nicht gänzlich aus der Hand geben dürfe, weshalb Kompetenzerweiterungen der nicht mit „Kompetenzkompetenz" ausgestatteten Europäischen Union seiner Zustimmung bedürften oder andernfalls als wesentliche Abweichungen vom Integrationsprogramm für die deutschen Staatsgewalten unverbindlich wären[185]. Speziell zu der in Maastricht vereinbarten Wirtschafts- und Währungsunion postuliert das Gericht:

„Die Bundesrepublik Deutschland unterwirft sich mit der Ratifikation des Unions-Vertrags nicht einem unüberschaubaren, in seinem Selbstverlauf nicht mehr steuerbaren „Automatismus" zu einer Währungsunion; der Vertrag eröffnet den Weg zu einer stufenweisen weiteren Integration der europäischen Rechtsgemeinschaft, der in jedem weiteren Schritt *entweder* von *gegenwärtig für das Parlament voraussehbaren* Voraussetzungen *oder* aber von einer weiteren, *parlamentarisch zu beeinflussenden* Zustimmung der Bundesregierung abhängt."[186]

Ob aus den sibyllinischen Worten von der „parlamentarisch zu beeinflussenden Zustimmung" der Regierung ein Parlamentsvorbehalt im eigentlichen Sinne folgt, ist umstritten[187]; definitiv geklärt ist durch die „Maastricht"-Entscheidung allerdings,

---

[183] Diese sind allerdings z.B. für *Hobe* (Fn. 154), 821 f., der entscheidende Hinweis auf die fortschreitende Parlamentarisierung.

[184] BVerfGE 58, 1, 36 f.; 68, 1, 98 f.; vgl. dazu auch *Schwarz* (Fn. 22), 235 ff.; *Fastenrath* (Fn. 39), 240 f.; *Götz* (Fn. 170), 160; *Ondolf Rojahn*, in: v. Münch/Kunig (Fn. 41), Art. 24 Rn. 31; zum Sonderfall der vorweggenommenen Ermächtigung *Geiger* (Fn. 2), 133 f.; *Christian Tomuschat*, in: Bonner Kommentar (Fn. 91), Art. 24 Rn. 32; u. speziell zur antizipierten parlamentarischen Zustimmung *Wolfrum* (Fn. 5), 54 f.; zuletzt *Jan Hecker*, Die europäische Integration vor dem Bundesverfassungsgericht und dem Conseil Constitutionnel, in: AöR 123 (1998), 577–605, 595 f.

[185] BVerfGE 89, 155, 194 ff.; vgl. dazu *Giegerich* (Fn. 97), 509 ff.

[186] BVerfGE 89, 155, 157 (Leitsatz 9. c)), vgl. a. 203 f. (Hervorhebungen vom Verf.).

[187] Vgl. stv. *Sven Hölscheidt/Thomas Schotten*, Zur Rolle des Deutschen Bundestags beim Ein-

daß Regierung und Parlament in ihren diesbezüglichen Entscheidungsprozessen an das Prinzip des Interorganrespekts – vom Gericht noch unter dem klassischen Begriff der Organtreue angesprochen – gebunden sind[188]. Dementsprechend hatte beispielsweise der Bundesfinanzminister der Vorsitzenden des parlamentarischen Europa-Ausschusses zugesichert, die Bundesregierung werde sich vor einem Eintritt in die dritte Stufe der Währungsunion der „Rückendeckung der gesetzgebenden Gremien versichern", und die Bundesregierung hatte ihren europäischen Partnern erklärt, sie werde die von Bundestag und Bundesrat hierzu abgegebenen Voten beachten[189].

Auch jenseits der durch die Währungsunion aufgeworfenen Fragen liefert die Zusammenarbeit von Bundesregierung und Bundestag in Angelegenheiten der Europäischen Union seit Maastricht das wichtigste Anschauungsmaterial für die zunehmende Verwirklichung des Interorganrespekts im Verhältnis dieser beiden Institutionen auf außen- bzw. europapolitischem Gebiet. Ihren normativen Ausdruck hat diese Verwirklichung vor allem in Art. 23 II, III GG sowie in dem aufgrund von Art. 23 III 3 GG erlassenen besonderen Gesetz[190] gefunden. Art. 23 II 1 GG, § 1 EuZBBG stellen zunächst klar, daß der Bundestag in Angelegenheiten der Europäischen Union an der Willensbildung des Bundes mitwirkt. Art. 23 II 2 GG, §§ 3, 4 EuZBBG gewährleisten eine umfassende Unterrichtung des Bundestages zum frühestmöglichen Zeitpunkt über alle die Bundesrepublik möglicherweise tangierenden integrationspolitischen Vorhaben[191]. Art. 23 III 1 GG, § 5 S. 1 EuZBBG verlangen von der Bundesregierung darüber hinaus, dem Bundestag Gelegenheit zur Stellungnahme zu geben, wobei § 5 S. 2 EuZBBG ausdrücklich klarstellt, daß dem Parlament hierfür eine ausreichende Frist zu geben sei[192]. Schließlich hat die Bundesregierung die Stellungnahme des Bundestages gem. § 5 S. 3 EuZBBG als Basis ihrer eigenen Willensbildung zugrundezulegen und nach Art. 23 III 2 GG bei allen Verhandlungen zu berücksichtigen[193]. Alle diese Vorschriften normieren wechselseitige Verpflichtungen, die nach der bisherigen Analyse zum Kernbestand

---

tritt in die dritte Stufe der Währungsunion, in: ZRP 1997, 479–484; u. dagegen *Adelheid Puttler*, Das BVerfG und die Rechte des Deutschen Bundestages bei der Einführung des Euro, in: ZRP 1998, 168–173.

188 BVerfGE 89, 155, 203.

189 Vgl. die Zitate bei *Puttler* (Fn. 187), 169; u. *Hölscheidt/Schotten* (Fn. 187), 482.

190 Gesetz über die Zusammenarbeit von Bundesregierung und Deutschem Bundestag in Angelegenheiten der Europäischen Union vom 12.03.1993, BGBl. I, 311 f. (EuZBBG).

191 Vgl. etwa *Felix Hauck*, Mitwirkungsrechte des Bundestages in Angelegenheiten der Europäischen Union, 1999, 44 ff.; *Franz Möller/Martin Limpert*, Informations- und Mitwirkungsrechte des Bundestages in Angelegenheiten der Europäischen Union, in: ZParl 24 (1993), 21–32, 25 f.; u. *Juliane Kokott*, Kontrolle der auswärtigen Gewalt, in: DVBl. 1996, 937–950, 942.

192 Umfassend hierzu *Lang* (Fn. 182), 291 ff. m.w.N.; vgl. a. *Wolfrum* (Fn. 5), 55 f.; u. zur geschäftsordnungstechnischen Implementation dieser Regelungen *Rudolf Kabel*, Die Mitwirkung des Deutschen Bundestages in Angelegenheiten der Europäischen Union, in: GS Eberhard Grabitz, 1995, 241–270, 255 ff.

193 Zum Verhältnis zwischen „Zugrundelegen" und „Berücksichtigen" vgl. *Hauck* (Fn. 191), 116 ff.; *Dominic Kohnen*, Die Zukunft des Gesetzesvorbehalts in der Europäischen Union, 1998, 116 f.; sowie *Möller/Limpert* (Fn. 191), 27 f.; jew. m.w.N.

des Interorganrespekts gehören: Das Letztentscheidungsrecht der Bundesregierung hinsichtlich der Festlegung der deutschen Position im europäischen Ministerrat bleibt grundsätzlich unangetastet und ist in dieser Form auch vom Bundestag zu respektieren. Zum Ausgleich dafür besteht eine umfassende Informations- und Konsultationspflicht der Bundesregierung gegenüber dem Bundestag, durch den dieser zu jeder Zeit in den Entscheidungsprozeß eingebunden bleibt. Darüber hinaus stellt die Zugrundelegungs- und Berücksichtigungspflicht der Bundesregierung im Sinne einer loyalen Kooperation zwischen den Verfassungsorganen sicher, daß die Stellungnahmen des Bundestages nicht ungehört verhallen, indem sie es der Regierung jedenfalls verwehrt, über die Äußerungen des Parlaments einfach hinwegzugehen, sondern ihr im Falle der Nichtbeachtung einer solchen Stellungnahme mindestens eine Begründungspflicht für ihr Abweichen gegenüber dem Bundestag auferlegt[194].

Läßt man alle diese Entwicklungen Revue passieren, so erkennt man in der verfassungsrechtlichen Praxis der letzten Jahre einen deutlichen Trend zur Parlamentarisierung der auswärtigen Gewalt[195]. Damit geht zugleich eine stärkere Ausdifferenzierung parlamentarischer Handlungsformen einher: neben die klassische Vertragsgesetzgebung nach Art. 59 II 1 GG ist das Konzept der antizipierten parlamentarischen Zustimmung getreten, neben den schlichten Parlamentsbeschluß die verfassungsrechtlich aufgewertete Stellungnahme in europapolitischen Angelegenheiten[196]. Einige Stimmen leiten daraus schon heute als allgemeinen Grundsatz ab, daß die eigentlichen staatsleitenden Entscheidungen der Außenpolitik vom Bundestag in Form eines Beschlusses oder Gesetzes mitgestaltet werden müssen[197]. Die Tendenz geht nach alledem eindeutig in die Richtung eines „kooperativen Parlamentarismus“ im Bereich der auswärtigen Beziehungen[198] und läßt einen entspre-

---

[194] *Lang* (Fn. 182), 315 f., sieht hierin den großen Schritt „von einer Gefälligkeit zu einer verfassungsrechtlich verankerten Pflicht der Bundesregierung“; so tendenziell auch *Möller/Limpert* (Fn. 191), 28. Demgegenüber existieren nach der hier vertretenen und im folgenden noch näher ausgeführten Ansicht die entsprechenden Befassungs-, Begründungs- und Sorgfaltspflichten schon auf ungeschriebener Basis als Ausflüsse des Interorganrespekts und sind durch Art. 23 II, III GG und das EuZBBG lediglich für den speziellen Bereich der Angelegenheiten der Europäischen Union kodifiziert worden. Zu dem hier nicht weiter behandelten Sonderproblem der parlamentarischen Kontrolle des Verhaltens der Bundesregierung im Rahmen der beiden nichtwirtschaftlichen Säulen des Maastrichter Vertrages – GASP und ZBJI/PJZS – vgl. *Kokott* (Fn. 191), 943 ff.; u. *Wolfrum* (Fn. 5), 57 f.

[195] *Tribe* (Fn. 24), 219 et seq., spricht in diesem Zusammenhang für die USA von einer zunehmenden „domestication“ der Außenpolitik.

[196] *Wolfrum* (Fn. 5), 63, 66 (Leitsätze 22 u. 23).

[197] Vgl. schon *Baade* (Fn. 44), 118 ff., 174 ff.; u. weiter *Ehrenzeller* (Fn. 44), 187; sowie *Wolfrum* (Fn. 5), 44; tendenziell auch *Rudolf Streinz*, in: Sachs (Fn. 38), Art. 59 Rn. 27 f., 41 ff.; u. andeutungsweise *Meinhard Schröder*, Aufgaben der Bundesregierung, in: Josef Isensee/Paul Kirchhof (Hg.), Handbuch des Staatsrechts der Bundesrepublik Deutschland, Bd. II, 1987, 585–601 (§ 50), 591 (Rn. 12).

[198] So formuliert – kritisch – *Peter Badura*, Diskussionsbeitrag, in: VVDStRL 56 (1997), 103–105, 103; vgl. dort auch stv. die zustimmenden Diskussionsbeiträge von *Ingolf Pernice*, 117–119; u. *Hans Heinrich Rupp*, 136 f.; sowie die ablehnenden von *Klaus Stern*, 97–100; *Gerd Roellecke*, 102 f.; u. *Karl Doehring*, 135 f.

chenden Bedeutungszuwachs des Prinzips vom Interorganrespekt auf diesem Feld erwarten. Wie aber kann dieser Bedeutungszuwachs im einzelnen aussehen?

c) Folgerungen

Für die Ausbalancierung der einzelnen Staatsgewalten und ihrer Befugnisse stellt der Sektor der auswärtigen Gewalt in jedem Verfassungssystem eine spezifische Herausforderung dar. Auf der einen Seite steht die Notwendigkeit einer wirksamen Kontrolle der Exekutive auch in diesem Bereich, die nach dem weitgehenden Ende der klassischen Kabinetts- und Geheimdiplomatie eine Demokratisierung der äußeren Staatsleitung bis zu einem gewissen Grade unverzichtbar erscheinen läßt und jedenfalls eine alleinige Verantwortung dieser Aufgabe durch die Regierung ausschließt[199]. Auf der anderen Seite zwingen die Eigentümlichkeiten der auswärtigen Politik jeden Staatsverband dazu, möglichst als Einheit nach außen aufzutreten; diese Besonderheit gegenüber allen Auseinandersetzungen auf innenpolitischem Gebiet macht zusammen mit den Erfordernissen schneller, flexibler und auf Erfahrung und diplomatischer Expertise – über die in dieser Form nur die Exekutive verfügen kann[200] – beruhender Aktionen eine Außenpolitik durch das Parlament unmöglich. Die Regierung bedarf daher in der Außenpolitik eines eigenständigen Handlungsspielraums, der in jedem Fall größer sein muß als der ihr in der innenpolitischen Arena normalerweise zugestandene.

Der permanente Balanceakt zwischen exekutiver und legislativer Gewalt, der sich aus dieser Konstellation zwangsläufig ergibt, verlangt selbst dann, wenn man sich konsequent für den Vorrang einer dieser beiden Teilgewalten entscheidet, eine Ergänzung dieser dogmatischen Grundposition durch den Gedanken des Interorganrespekts. Wer einer umfassenden Parlamentarisierung der auswärtigen Gewalt das Wort redet, dem Parlament also ein weitgehend unbeschränktes Zugriffsrecht an die Hand geben und das eigenständige Handeln der Exekutive in großem Umfang an den Vorbehalt parlamentarischer Zustimmung binden will, der bedarf des Interorganrespekts, um die Legislative zur Wahrung des notwendigen Handlungsspielraums der Regierung anzuhalten. Der Interorganrespekt manifestiert sich in diesem Fall in einem Rücksichtnahmegebot an das Parlament[201], auf die Erteilung von bis ins letzte gehenden Einzelweisungen an die Exekutive zu verzichten und die Position der Regierung in diplomatischen Verhandlungen und bei der Bewältigung unübersichtlicher internationaler Situationen, in denen zahlreiche alternative Auswege denkbar erscheinen, nicht durch disparate öffentliche Auftritte zu schwächen. Befürwortet man allerdings umgekehrt einen weitgehenden Regierungsvor-

---

[199] Hierin besteht letzten Endes der Kerngehalt der Aussage vom „kombinierten" bzw. „gemischten" Charakter der auswärtigen Gewalt. Vgl. oben b) cc) (334 f.), insbes. die Nachweise Fn. 176.

[200] Dies sind die Hauptargumente aller Befürworter eines Regierungsvorbehalts, vgl. vor allem die Nachweise oben Fn. 171.

[201] Im Grundsatz ähnlich *Eibe Riedel*, Diskussionsbeitrag, in: VVDStRL 56 (1997), 146 f., 147.

behalt im Bereich der Außenpolitik, so muß sich die Stoßrichtung des Interorganrespekts logischerweise umdrehen: dann ist die Exekutive gefordert, mit dem Parlament dergestalt loyal zusammenzuarbeiten, daß sie es über ihr Vorgehen bei der Gestaltung der auswärtigen Beziehungen auf dem laufenden hält und eventuelle Meinungsäußerungen des Parlaments hierzu in ihre internen Entscheidungsprozesse einfließen läßt. Die Beachtung dieser Respektsverpflichtungen durch die Exekutive kann das Parlament bis zu einem gewissen Grade indirekt über seine allgemeinen Kontrollbefugnisse sicherstellen, unter denen insbesondere die Möglichkeit des Regierungssturzes im parlamentarischen Regierungssystem, das Budgetbewilligungsrecht einschließlich der Möglichkeit, mit qualifizierten Sperrvermerken zu arbeiten[202], und schließlich der Vorbehalt des Gesetzes bei der innerstaatlichen Umsetzung zahlreicher außenpolitischer Verpflichtungen hervorzuheben sind. Auf die Existenz dieser Kontrollbefugnisse, die selbst einen umfassenden Vorbehalt zugunsten der Regierung in seiner faktischen Wirkung erheblich einschränken würden, wird demzufolge auch von zahlreichen Protagonisten eines solchen Vorbehalts ausdrücklich hingewiesen[203].

Eine Grundentscheidung zugunsten des Vorrangs entweder der exekutiven oder der legislativen Gewalt auf außenpolitischem Gebiet ist anhand des Verfassungstextes allerdings nur schwer zu begründen. Für die USA ist das angesichts der spärlichen Aussagen ihrer Verfassung hierzu relativ offenkundig[204]; für Deutschland wird immerhin aus der Existenz von Art. 59 II 1 GG teilweise im Umkehrschluß gefolgert, daß das Parlament an allen anderen als den dort erwähnten völkerrechtlichen Akten nicht beteiligt sei, was bedeuten würde, daß der Bundestag im außenpolitischen Bereich Kompetenzen lediglich dort geltend machen kann, wo das Grundgesetz sie ihm ausdrücklich zuspricht[205]. Eine ausdrückliche verfassungsrechtliche Kompetenzzuweisung liegt für die Bundesregierung jedoch ebensowenig vor. Die Vertreter dieser Auffassung müssen daher eine „natürliche", „wesensmäßige" Zugehörigkeit der auswärtigen Gewalt zur Exekutive annehmen, um einen umfassenden Regierungsvorbehalt begründen zu können[206]. Hinter den entsprechenden Begründungen verbirgt sich aber letztlich nur eine andere zentrale Komponente des Interorganrespekts: nämlich das Prinzip der Organadäquanz, das in diesem Fall einseitig dahingehend ausgelegt wird, daß eine funktionsgerechte Wahrnehmung der bei der Pflege der auswärtigen Beziehungen anfallenden Aufgaben ausschließlich durch die Regierung möglich sei. Unter diesen Umständen muß die Frage erlaubt sein, ob sich im Sinne der ansonsten durchweg feststellbaren Wechselseitigkeit der aus dem Interorganrespekt fließenden Verpflichtungen nicht

---

[202] Oben 6. Kap. III. 1. (264 ff.), bes. c) aa) (269 ff.).

[203] Z.B. von *Reichel* (Fn. 153), 71; *Bleckmann* (Fn. 175), 14; *Zimmer* (Fn. 83), 230; u. *Mußgnug* (Fn. 175), 280.

[204] Vgl. oben a) aa) (323 f.).

[205] So noch BVerfGE 68, 1, 84 ff.; in diese Richtung tendieren ferner *Mußgnug* (Fn. 175), 279; *Zimmer* (Fn. 83), 229; *Roellecke* (Fn. 198), 102; *Badura* (Fn. 198), 103 f.; *Doehring* (Fn. 198), 136.

[206] Oben b) bb) (333), vgl. insbes. die Nachweise Fn. 170.

auch eine adäquate Erfüllung bestimmter außenpolitischer Funktionen durch das Parlament denken läßt; und in der Tat berufen sich die Befürworter weitergehender parlamentarischer Mitwirkungsrechte zu ihrer Rechtfertigung ebenfalls auf die Gesichtspunkte Organadäquanz und Funktionsgerechtigkeit[207]. Das Problem spitzt sich in Abwesenheit expliziter grundgesetzlicher Regelungen also in jedem Fall auf die Ermittlung der den Besonderheiten der auswärtigen Gewalt angemessensten Form des Interorganrespekts zu.

In dieser Lage kann aus deutscher Perspektive ein Blick nach Amerika durchaus hilfreich sein. Denn in den USA stellt sich das fragliche Problem in noch wesentlich drängenderer Form, da dem Kongreß dort – von dem eher theoretischen Weg der Präsidentenanklage abgesehen – keine Möglichkeit zum Sturz der Regierung zur Verfügung steht und damit die potentiell wirksamste Kontrollbefugnis gegenüber der Exekutive entfällt. Aus dieser Konfliktlage erwachsen in der politischen Praxis zahlreiche Erpressungsmanöver, mit denen der Kongreß die fehlende Abhängigkeit der Exekutivspitze von seinem Mehrheitswillen zu kompensieren versucht, wenn er einen außenpolitischen Kurswechsel des Präsidenten herbeiführen möchte. Neben den durch seine gesetzgeberischen Zuständigkeiten und sein Budgetbewilligungsrecht gegebenen Ansatzpunkten hat er beispielsweise in den letzten Jahren außerdem die Verweigerung von Botschafterernennungen und sogar von Vertragsratifikationen – so im Falle der UN-Chemiewaffenkonvention – als Druckmittel zu diesem Zweck eingesetzt. An dieser Stelle kommt deshalb auch rasch die Gerichtsbarkeit als „dritte Gewalt" ins Spiel, die im Ernstfall über die Abgrenzung der Befugnisse von Kongreß und Präsident entscheiden müßte.

Hier gewinnt nun jenes Gedankengut einer dynamischen Kompetenzverteilung Bedeutung, das in der amerikanischen Verfassungsrechtsprechung mit dem „Jackson Test" seinen sichtbarsten Ausdruck gefunden hat[208]. Richter *Jacksons* Regeln suchen die Balance zwischen den Gewalten in bemerkenswert flexibler Weise zu wahren, indem sie mit *Vermutungen* arbeiten, die sich nach der *Intensität* der jeweils bestehenden Konfliktlage richten und letztlich darauf hinauslaufen, im Einzelfall *einer* bestimmten Gewalt die *hauptsächliche* Verpflichtung zum Interorganrespekt aufzuerlegen: Besteht zwischen Exekutive und Legislative kein Konflikt, so spricht eine grundsätzliche Vermutung für die Rechtmäßigkeit ihres Handelns, was zur Folge hat, daß der Supreme Court seine eigene Prüfungsdichte im Wege des Interorganrespekts zurücknimmt. Sind Kongreß und Präsident explizit unterschiedlicher Auffassung, so wirkt die Vermutung zugunsten der Legislative und löst eine scharfe Kontrolle und Beschränkung der präsidentiellen Aktionen auf die Reichweite seiner wenigen von der Verfassung exklusiv garantierten Befugnisse aus, d.h. in erster Linie wird die Exekutive zum Interorganrespekt verpflichtet. Äußert sich der Kongreß hingegen nicht weiter zum Vorgehen des Präsidenten, so wird diese Vermutung umgedreht und begründet damit eine Verpflichtung der Legislati-

[207] So zuletzt *Wolfrum* (Fn. 5), 44.
[208] Oben a) bb) (325 f.), vgl. bes. Fn. 143.

ve zum Interorganrespekt gegenüber der Exekutivspitze und ihrer Administration. Diese Verpflichtung trifft naturgemäß vor allem diejenigen Mitglieder des Kongresses, die bei dem Versuch einer parlamentarischen Willensbildung gegen den Präsidenten erfolglos geblieben sind[209].

Eine Übertragung dieses Gedankenguts auf die in Deutschland bestehende Situation würde zu folgender Ausgestaltung des Interorganrespekts zwischen Bundesregierung, Bundestag und Bundesverfassungsgericht führen: Soweit Bundesregierung und Bundestag hinsichtlich der auswärtigen Angelegenheiten der Bundesrepublik *übereinstimmen* – was im parlamentarischen Regierungssystem anders als in den USA den Regelfall darstellt –, trifft die Respektsverpflichtung primär das *Verfassungsgericht*, das auf die gemeinsame Einschätzung von Legislative und Exekutive bis zur Grenze eines evidenten Verfassungsverstoßes Rücksicht zu nehmen hat; wie dies im einzelnen aussehen kann und sollte, wird noch Gegenstand des nächsten Kapitels sein. Wenn (und solange) der Bundestag nicht die Initiative ergreift und damit eine „zone of twilight" der *Unklarheit* schafft, begründet er für sich selbst als *Parlament* eine Respektsverpflichtung, indem er die von der Regierung in dieser Grauzone eigenständig entfalteten außenpolitischen Aktivitäten hinnehmen und daraus resultierende politische Bindungen honorieren muß. Entscheidet sich der Bundestag jedoch dafür, der Außenpolitik der auf sein Vertrauen gestützten Regierung in einem konkreten Punkt zu widersprechen, führt also eine ausdrückliche *Divergenz* herbei, so zeigt er damit zugleich, daß er der fraglichen Angelegenheit eine politische Wichtigkeit beimißt, die den Schwerpunkt der Respektsverpflichtung auf die *Regierung* verlagern muß. Das bedeutet nicht zwingend, daß die Regierung den Vorstellungen des Parlaments in jeder Hinsicht zu entsprechen hat; sie muß ihnen aber zumindest bei ihrer weiteren Entscheidungsfindung Rechnung tragen und eventuelle Abweichungen gegenüber dem Parlament besonders rechtfertigen.

Die hier angestellten Überlegungen zum Interorganrespekt im Bereich der auswärtigen Gewalt laufen im Ergebnis auf ein ähnliches Regel-Ausnahme-Schema hinaus, wie es am Ende des vorangegangenen Kapitels zum innenpolitischen „Kernbereich" der Exekutive entwickelt wurde[210]. Sie lassen keinen Zweifel an der *primären* Verantwortlichkeit der Exekutive für die Pflege der auswärtigen Beziehungen aufkommen, gestehen ihr jedoch keine *ausschließliche* Zuständigkeit dahingehend zu, daß sie das Parlament von ihrer Gestaltung unterhalb der staatsvertraglichen Ebene ausschließen könnte[211]. Vielmehr räumen sie dem Parlament ein punktuelles Zugriffsrecht ein, das seinerseits im Prinzip des Interorganrespekts dort seine Grenze findet, wo die Verantwortungsbereiche von Parlament und Regierung fundamental verschoben würden und der Exekutive kein eigener Handlungsspiel-

---

[209] Das Paradebeispiel hierfür ist noch immer *Goldwater v. Carter*, vgl. oben Fn. 142.

[210] Oben 6. Kap. IV. 2. (283 ff.).

[211] Ähnlich (primäre Verantwortlichkeit der Regierung, aber im „Zusammenwirken mit dem Parlament") formuliert z.B. *Maurer* (Fn. 170), 150.

raum mehr verbliebe[212]. Die Legislative darf folglich Entscheidungen auf dem Gebiet der Außenpolitik, die ihr nicht schon durch Art. 59 II 1 GG exklusiv zugewiesen sind, nur ausnahmsweise und mit guten Gründen an sich ziehen, in erster Linie dann, wenn sie in ihnen aufgrund spezifischer Umstände besonders weitreichende politische Implikationen erkennt. Ist dies jedoch in nachvollziehbarer Weise der Fall, so verpflichtet der Grundsatz des Interorganrespekts die Regierung darauf, die entsprechenden Stellungnahmen des Parlaments maßgeblich zu berücksichtigen und im Rahmen des Möglichen nach außen zu vertreten. Darüber hinaus fordert dieser Grundsatz von der Regierung eine Informationspolitik im Sinne loyaler Zusammenarbeit, die das Parlament auf dem laufenden hält und ihm die Gelegenheit gibt, seine Vorstellungen fundiert zu entwickeln und so rechtzeitig zu artikulieren, daß sie sinnvoll in das internationale System eingebracht werden können[213]. Insofern stellen die neuen Vorschriften des Art. 23 II, III GG zur Beteiligung des Bundestages in Angelegenheiten der Europäischen Union, von denen oben bereits die Rede war, in der Tat nur eine – allerdings sehr hilfreiche – spezialgesetzliche Konkretisierung der ansonsten aus dem Prinzip des Interorganrespekts abzuleitenden allgemeinen Kooperationsverpflichtungen der Bundesregierung dar[214].

2. *Modelltyp II:* Intergouvernementale auswärtige Gewalt

Dem von den beiden bislang betrachteten Modellen verkörperten bundesstaatlichen Typus steht im außenpolitischen Bereich auf europäischer Ebene ein Typus ganz eigener Art gegenüber. Mit der Gründung der Europäischen Union ist zum ersten Mal der Versuch unternommen worden, im Rahmen eines supranationalen Verbandes eine institutionalisierte Form gemeinsamer Außenpolitik zu entwickeln, die über die bloße diplomatische Koordinierung von Stellungnahmen und Aktionen einzelner Staaten hinausgeht. Man kann insoweit, obwohl es in gewisser Weise immer noch ein Widerspruch in sich ist, von einer intergouvernementalen Ausübung auswärtiger Gewalt sprechen. Dabei ist allerdings darauf hinzuweisen, daß diejenigen Felder der auswärtigen Beziehungen, die in die Zuständigkeit der Europäischen Gemeinschaft fallen, einen entsprechend höheren supranationalen Verdichtungsgrad aufweisen. In besonderem Maße gilt dies für die in Art. 133 (ex-Art. 113) EGV postulierte gemeinsame Handelspolitik[215]. Da dieser Politikbereich weitgehend auf

---

[212] Diese Grenze betont insbes. *Riedel* (Fn. 201), 147. Verantwortungsklarheit und funktionelle Richtigkeit der Zuständigkeitsverteilung, wie sie in dem hier angesprochenen Gedanken der Organadäquanz angelegt sind, sollen bspw. auch nach Ansicht von *Chemerinsky* (Fn. 142), 906 ff., der eigentlich zu den Kritikern des „Jackson Test" gehört, für die letztliche Kompetenzzuordnung im Verhältnis von Kongreß und Präsident bei den auswärtigen Angelegenheiten den Ausschlag geben.

[213] So auch – ohne Bezugnahme auf den Interorganrespekt – *Christian Tomuschat*, Diskussionsbeitrag, in: VVDStRL 56 (1997), 114–116, 115.

[214] Vgl. schon oben b) cc) (337 f.), bes. Fn. 194.

[215] Hierzu statt vieler: *Streinz* (Fn. 75), 225 ff. (Rn. 618 ff.); *Grabitz/v. Bogdandy/Nettesheim* (Fn. 63), 17 f.; *Christoph Vedder*, in: Eberhard Grabitz/Meinhard Hilf (Hg.), Kommentar zur Europäischen Union (Loseblatt), Art. 113 EGV Rn. 3 f.; *Krenzler/da Fonseca-Wollheim* (Fn. 66), 224 ff.;

vertraglichem Wege geregelt wird, wurde er oben bereits angesprochen[216] und soll hier nicht weiter behandelt werden; er schließt jedoch auch nichtvertragliche Handlungsformen wie beispielsweise die Vornahme von Handelsschutzmaßnahmen ein[217].

a) Die Entwicklung von der EPZ zur GASP

Innerhalb der Europäischen Union bildet die Außenpolitik die „zweite Säule“, die in Titel V des EU-Vertrages geregelt und als Gemeinsame Außen- und Sicherheitspolitik (GASP) bezeichnet wird. Die GASP stellt eine der wesentlichen mit dem Vertrag von Maastricht eingeführten Neuerungen dar, ohne freilich die erste vertraglich kodifizierte Form außenpolitischer Zusammenarbeit zwischen den Mitgliedstaaten zu bilden. Ihren Vorläufer fand sie in der Europäischen Politischen Zusammenarbeit (EPZ), die schon 1970 von den damaligen Mitgliedstaaten der EWG als rein informeller Koordinationsmechanismus ins Leben gerufen wurde[218]. 1986 erhielt die EPZ in Art. 30 der Einheitlichen Europäischen Akte dann auch eine institutionalisierte, völkerrechtlich verbindliche Grundlage, zu der die Errichtung eines ständigen Sekretariats und die offizielle Etablierung eines Politischen Komitees gehörten, die der Vorbereitung und ständigen Begleitung regelmäßig stattfindender Außenministertreffen dienen sollten. Die Mitgliedstaaten verpflichteten sich im wesentlichen zu gegenseitiger Unterrichtung und Konsultation sowie dazu, sich um die Erarbeitung gemeinsamer Standpunkte und um ein einheitliches Auftreten nach außen zu bemühen[219]. An dem rein zwischenstaatlichen Charakter dieser Zusammenarbeit ließ die EEA jedoch ebensowenig Zweifel wie an der rechtlichen Unverbindlichkeit der im Rahmen der EPZ gefaßten Beschlüsse.

b) Die Ausgestaltung der GASP nach den Verträgen von Maastricht und Amsterdam

Die GASP unterscheidet sich von der alten EPZ zunächst dadurch, daß für sie in Art. 11 I (ex-Art. J.1) EUV verbindliche Ziele definiert sind, unter denen die Wahrung der gemeinsamen Werte und der grundlegenden Interessen der Union an erster

---

vgl. a. EuGH Slg. 1976, 1921 – Rs. 41/76 –, 1937; u. Slg. 1990, I-1527 – Rs. C-62/88 –, I-1549 f.; zuletzt allerdings die in Fn. 66 zit. Gutachten.

[216] Oben I. 1. b) bb) (303 ff.).

[217] Vgl. *Lorz* (Fn. 63), 183; u. *Thilo Marauhn*, Strategische Ausfuhrbeschränkungen gegenüber Drittstaaten im Lichte des Gemeinschaftsrechts, in: ZaöRV 54 (1994), 779–813, 783 m.w.N.

[218] Zur historischen Entwicklung vgl. etwa *Günter Burghardt/Gerd Tebbe*, Die Gemeinsame Außen- und Sicherheitspolitik der Europäischen Union – Rechtliche Struktur und politischer Prozeß, in: EuR 1995, 1–20, 3 f.; u. ausführlichst *Thomas Jürgens*, Die Gemeinsame Europäische Außen- und Sicherheitspolitik, 1994, 41 ff.

[219] Ein guter Überblick zur EPZ findet sich bspw. bei *Matthias Pechstein/Christian Koenig*, Die Europäische Union, 2. Aufl. 1998, 142 ff. (Rn. 262 ff.); vgl. a. *Helmut Lecheler*, Die Pflege der auswärtigen Beziehungen in der Europäischen Union, in: ArchVR 32 (1994), 1-23, 15 f.; u. ausführlich wiederum *Jürgens* (Fn. 218), 206 ff.

Stelle stehen. In Art. 11 II (ex-Art. J.1) EUV findet sich eine Verpflichtung der Mitgliedstaaten, die Außen- und Sicherheitspolitik der Union „aktiv und vorbehaltlos im Geiste der Loyalität und der gegenseitigen Solidarität" zu unterstützen. Ansonsten bleibt es allerdings im wesentlichen bei dem Instrumentarium der EPZ, nämlich bei der Erarbeitung gemeinsamer Standpunkte einerseits und der Durchführung gemeinsamer Aktionen andererseits, die der Amsterdamer Vertrag in seinem Art. 1 Nr. 10 lediglich noch um die Handlungsform der „Beschlüsse über gemeinsame Strategien" ergänzt (Art. 13 II EUV (neu)). Die Entscheidungsverfahren hinsichtlich des Einsatzes dieser Instrumente sind in Maastricht leicht verändert und in Amsterdam weiter modifiziert worden, haben ihren intergouvernementalen Charakter jedoch noch längst nicht eingebüßt[220]. Eine allgemeine Verbandskompetenz der Union für die auswärtigen Beziehungen existiert ebensowenig wie eine substantielle Möglichkeit, Mitgliedstaaten auch gegen ihren Willen auf eine bestimmte Außenpolitik festzulegen. Die Ausgestaltung der GASP im einzelnen läßt sich zusammenfassend wie folgt umschreiben.

aa) Die Stellung des Europäischen Rates

An der Spitze der GASP-Hierarchie steht der Europäische Rat, der von Art. 4 II (ex-Art. D II) EUV als die von den Außenministern und einem Mitglied der Kommission unterstützte Versammlung der Staats- und Regierungschefs der Mitgliedstaaten einschließlich des Kommissionspräsidenten definiert wird. Dieses Organ wird in Art. 4 I (ex-Art. D I) EUV zunächst mit der allgemeinen Aufgabe betraut, der Union „die für ihre Entwicklung erforderlichen Impulse" zu geben und entsprechende politische Zielvorstellungen zu entwickeln[221]. Art. 13 I (ex-Art. J.8 I) EUV legt darüber hinaus fest, daß der Europäische Rat die Grundsätze und allgemeinen Leitlinien der GASP bestimmen soll, und macht ihn damit formell zur obersten Lei-

---

[220] So z.B. *Jochen Abr. Frowein*, Die Verfassung der Europäischen Union aus der Sicht der Mitgliedstaaten, in: EuR 1995, 315–333, 330 f.; auf den zunehmenden Einbau nicht-intergouvernementaler Elemente machen allerdings *Dietrich Murswiek*, Maastricht und der pouvoir constituant, in: Der Staat 32 (1993), 161–190, 179 f.; *Oliver Dörr*, Zur Rechtsnatur der Europäischen Union, in: EuR 1995, 334–348, 336; u. *Thomas C. W. Beyer*, Die Ermächtigung der Europäischen Union und ihrer Gemeinschaften, in: Der Staat 35 (1996), 189–220, 204 f., aufmerksam. Die bedeutsamste Neuerung von Maastricht dürfte in der Fusion der früheren Außenministertreffen mit dem Rat bestehen, die wegen der Personengleichheit zumindest für eine weitgehende faktische Kohärenz von EG und GASP gesorgt hat. Vgl. *Hans-Joachim Glaesner*, Der Europäische Rat, in: EuR 1994, 22–34, 32; ihm folgend *Torsten Stein*, Das Zusammenspiel von Mitgliedstaaten, Rat und Kommission bei der Gemeinsamen Außen- und Sicherheitspolitik der Europäischen Union, in: Georg Ress/Jürgen Schwarze/ders. (Hg.), Die Organe der Europäischen Union im Spannungsfeld zwischen Gemeinschaft und Zusammenarbeit, EuR Beiheft 2/1995, 69–81, 70. *Lecheler* (Fn. 219), 20, sieht damit sogar die Selbständigkeit der GASP als zweiter Säule der Union durchbrochen; *a.A.* allerdings *Pechstein/Koenig* (Fn. 219), 99 ff. (Rn. 182 ff.), die deshalb auch nur von einer „angeblichen Einheitlichkeit des institutionellen Rahmens" sprechen (103 (Rn. 188)).

[221] Allg. zu Funktion und Aufgaben des Europäischen Rates z.B. *Jean-Paul Jacqué*, in: v. d. Groeben/Thiesing/Ehlermann (Fn. 64), Bd. 1, Art. D EUV Rn. 17 ff.; *Glaesner* (Fn. 220), 31 ff.

tungsinstanz der Union in außenpolitischen Fragen[222]. Der Rat ist zugleich an diese Leitlinien gebunden und für ihre Implementation im einzelnen verantwortlich, woraus sich ein interessantes Zusammenspiel zwischen Rat und Europäischem Rat ergibt: Auf der einen Seite entfalten die in den Leitlinien formulierten außenpolitischen Zielvorgaben des Europäischen Rates verbindliche Wirkung, auf der anderen Seite muß dem Rat jedoch hinsichtlich der Auswahl geeigneter Umsetzungsmaßnahmen ein substantieller Konkretisierungsspielraum verbleiben. Die Leitlinien präsentieren sich damit in der relativ seltenen Gestaltungsform rechtsverbindlicher Initiativakte[223]. Ähnliches gilt für die mit Art. 1 Nr. 10 des Amsterdamer Vertrages neu eingeführten „gemeinsamen Strategien", die der Europäische Rat in Bereichen wichtiger gemeinsamer Interessen der Mitgliedstaaten beschließen soll, wenngleich diese Strategien insofern etwas detailliertere Festlegungen enthalten werden, als in ihnen zusätzlich zur Zielsetzung Dauer und bereitzustellende Mittel anzugeben sind (Art. 13 II EUV (neu)). Inwieweit diese Strategien aufgrund ihres sogleich näher zu behandelnden Einflusses auf die Abstimmungsverfahren darüber hinaus die Konkretisierungsaufgabe des Rates erleichtern werden, wird die Zukunft zeigen müssen[224].

bb) Akte des Unionsrates

Unterhalb der Ebene von Strategien und Leitlinien stellt der Ministerrat das zentrale Entscheidungsorgan der GASP dar. Seine Handlungsformen bestehen im wesentlichen in der Annahme gemeinsamer Standpunkte und Aktionen. Für die in diesem Zusammenhang zu fassenden Beschlüsse gilt allerdings ein einheitliches Entscheidungsverfahren.

(1) Verfahrensregeln und Mehrheitserfordernisse

Nach Art. J.8 II des ursprünglichen Maastrichter Vertrages war dieses Verfahren relativ einfach strukturiert: Außer in Verfahrensfragen mußte der Rat stets einstimmig beschließen. Ohne das Einverständnis aller Mitgliedstaaten konnten also weder ein gemeinsamer Standpunkt festgelegt noch eine gemeinsame Aktion durchgeführt werden. Die einzige, in Art. J.3 Nr. 2 geregelte Ausnahme betraf die Einzelheiten der Durchführung einer auf diese Weise beschlossenen gemeinsamen Aktion, die

---

[222] *Knut Werner Lange*, Die Gemeinsame Außen- und Sicherheitspolitik der Europäischen Union, in: JZ 1996, 442–449, 443, nennt ihn daher auch „das wichtigste Organ innerhalb der GASP".

[223] *Pechstein/Koenig* (Fn. 219), 120 f. (Rn. 222); zur Bindungswirkung der Festlegungen des Europäischen Rates gegenüber dem Ministerrat vgl. a. *Jürgens* (Fn. 218), 352; u. *Glaesner* (Fn. 220), 31 f.

[224] Von einer „Unwägbarkeit" sprechen insoweit bspw. auch *Wilhelm Schönfelder/Reinhard Silberberg*, Auf dem Weg zum Ziel, in: Internationale Politik 11/1997, 18–24, 20, die sich ansonsten vom Amsterdamer Vertrag einen deutlichen Zuwachs an außenpolitischer Handlungsfähigkeit der Union versprechen.

einer Bestimmung mit qualifizierter Mehrheit zugänglich sein sollten[225]. An dieser starken Betonung des Konsensprinzips zeigte sich der intergouvernementale Charakter der zweiten Unionssäule traditionell in seiner deutlichsten Ausprägung.

Der Vertrag von Amsterdam bringt hierzu einige bemerkenswerte Modifikationen. Neben der durch seinen Art. 1 Nr. 12 (Art. 43 ff. EUV (neu)) neu geschaffenen Möglichkeit einer verstärkten Zusammenarbeit einzelner Mitgliedstaaten, die sich auch auf den außenpolitischen Bereich erstreckt und in Nizza weiter ausgefächert worden ist[226], sind an dieser Stelle vor allem die in Art. 1 Nr. 10 (Art. 23 EUV (neu)) festgelegten neuen Abstimmungsregeln zu nennen. Zwar wird am Prinzip der Einstimmigkeit grundsätzlich festgehalten, doch soll nunmehr die Gelegenheit zu einer „konstruktiven Enthaltung" bestehen, d.h. Beschlüsse können trotz der Stimmenthaltung einzelner Mitgliedstaaten zustandekommen, solange die Enthaltungen nicht ein Drittel der nach Art. 205 II (ex-Art. 148 II) EGV gewogenen Stimmen ausmachen. Zu beachten sind die Konsequenzen einer derartigen Stimmenthaltung, wenn sie mit einer entsprechenden förmlichen Erklärung gekoppelt wird: Der fragliche Mitgliedstaat wird an den betreffenden Beschluß nicht gebunden, und sein Standpunkt ist von den anderen zu respektieren; gleichzeitig akzeptiert er jedoch, daß der Beschluß für die Union bindende Wirkung entfaltet, und unterläßt daher „im Geiste gegenseitiger Solidarität" alles, was dem daraus folgenden Vorgehen der Union zuwiderlaufen könnte[227]. Darüber hinaus werden neben den Beschlüssen über bloße Durchführungsmaßnahmen auch alle „auf der Grundlage einer gemeinsamen Strategie" zu treffenden Entscheidungen der Beschlußfassung mit (doppelt[228]) qualifizierter Mehrheit unterworfen. Allerdings handelt es sich dabei nur um eine scheinbar zwingende Einführung des Mehrheitsprinzips: Denn zum einen bleibt für die Verabschiedung einer gemeinsamen Strategie ebenso wie für die mit entsprechenden Durchführungsmaßnahmen zu implementierenden Grundsatzbeschlüsse die Einstimmigkeitsregel erhalten; zum anderen kann sich selbst im eigentlichen Anwendungsbereich der Mehrheitsregel jeder Mitgliedstaat auf – spezifisch zu nennende – „wichtige Gründe der nationalen Politik" berufen, was einen automatischen Verzicht der anderen Mitgliedstaaten auf die Abstimmung oder al-

---

225 Zweifel an der tatsächlichen Wirksamkeit dieser Regelung äußerten schon bei ihrer Einführung – mit Recht – *Otto Schmuck*, Der Maastrichter Vertrag zur Europäischen Union, in: EA 1992, 97–106, 104; u. *Franz Ludwig Graf Stauffenberg/Christine Langenfeld*, Maastricht – ein Fortschritt für Europa?, in: ZRP 1992, 252–259, 254.

226 Vgl. zur Notwendigkeit dieser Flexibilitätsklausel unter außenpolitischen Aspekten schon *Lothar Rilinger*, Partielles engeres Zusammenwirken einzelner Mitgliedstaaten, in: ZRP 1997, 400–403, 401 ff.; u. zu ihrer Einführung *Schönfelder/Silberberg* (Fn. 224), 22; *Eberhard Rhein*, Die Europäische Union à 25, in: Internationale Politik 11/1997, 25–30, 28 f.; *Helmut Kortenberg*, Closer Cooperation in the Treaty of Amsterdam, in: CMLR 35 (1998), 833–854, 844 ff.; dort auch *Giorgio Gaja*, How flexible is flexibility under the Amsterdam Treaty?, 855–870, 862 ff.

227 Näher hierzu etwa *Sally Langrish*, The Treaty of Amsterdam: Selected Highlights, in: ELR 23 (1998), 3–19, 13; u. *Dieter Kugelmann*, Die Gemeinsame Außen- und Sicherheitspolitik, in: EuR Beiheft 2/1998, 99–123, 107 f.

228 Zu den unterschiedlichen Mehrheitserfordernissen im Ministerrat vgl. schon oben 5. Kap. II. 3. a) (165 ff.).

lenfalls die Verweisung der Angelegenheit an den – wiederum dem Einstimmigkeitsprinzip unterworfenen – Europäischen Rat zur Folge hat. Hier feiert der alte „Luxemburger Kompromiß" in vertragsrechtlich abgesicherter Form fröhliche Urständ[229].

(2) Gemeinsame Standpunkte

Zur Vorbereitung möglicher Entscheidungen des Rates in dem soeben beschriebenen Verfahren werden die Mitgliedstaaten durch Art. 16 (ex-Art. J.2 I) EUV zunächst in umfassender Weise auf eine gegenseitige Unterrichtung und Abstimmung verpflichtet[230]. Daran kann sich im Rat die Annahme eines gemeinsamen Standpunktes anschließen. Kommt es zu einer entsprechenden Festlegung, so folgt daraus eine Verpflichtung der Mitgliedstaaten – die dafür freilich bei der Beschlußfassung auf die Ausübung ihrer zuvor dargelegten Vetobefugnis verzichtet haben müssen –, ihre einzelstaatliche Politik mit dem gemeinsamen Standpunkt in Einklang zu bringen (Art. 15 (ex-Art. J.2 II) EUV)[231]. Art. 19 (ex-Art. J.2 III, J.5 IV) EUV präzisiert diese Verpflichtungen noch einmal für das Handeln in internationalen Organisationen und auf internationalen Konferenzen: Er statuiert eine generelle Pflicht der Mitgliedstaaten zur Koordination, legt für den Fall, daß nicht alle Mitgliedstaaten in einer bestimmten Organisation oder auf einer bestimmten Konferenz vertreten sind, eine Pflicht zur Unterrichtung der nicht vertretenen durch die beteiligten Mitgliedstaaten fest – was für den speziellen Fall der Repräsentanz im UN-Sicherheitsrat zusätzlich gesondert normiert wird – und schreibt schließlich vor, daß sich die jeweils präsenten Mitgliedstaaten auf allen Konferenzen und in allen Organisationen für die gemeinsamen Standpunkte der Union einzusetzen haben[232]. Der Vertrag von Amsterdam hat eine gewisse Umstellung und Neustrukturierung dieser Vorschriften bewirkt, ihre Inhalte jedoch nicht verändert.

---

[229] Hierzu nochmals oben 5. Kap. II. 3. a) (166 f.); diese Parallele ziehen auch *Dashwood* (Fn. 73), 1035; *Meinhard Hilf/Eckhard Pache*, Der Vertrag von Amsterdam, in: NJW 1998, 705–713, 709; u. *Rudolf Streinz*, Der Vertrag von Amsterdam, in: EuZW 1998, 137–147, 141; tendenziell krit. *Rhein* (Fn. 226), 27.

[230] Inwieweit das dort auftauchende Tatbestandsmerkmal „zu jeder außen- und sicherheitspolitischen Frage *von allgemeiner Bedeutung*" rechtlich bewirkt, daß die GASP nicht alle Aspekte der Außen- und Sicherheitspolitik der Unionsstaaten erfaßt, ist str. Vgl. dafür *Pechstein/Koenig* (Fn. 219), 146 f. (Rn. 272); u. dagegen *Florika Fink-Hooijer*, The Common Foreign and Security Policy of the European Union, in: EJIL 5 (1994), 173–198, 176 f. In der Praxis entbrennen über solche Fragen jedoch keine Streitigkeiten.

[231] Auch hier wird darüber gestritten, ob diese Vorschrift eine unmittelbare rechtliche Verbindlichkeit der gemeinsamen Standpunkte für die Mitgliedstaaten begründet oder lediglich eine politische Bindung derselben konstituiert. Für einen entsprechenden Rechtsbindungswillen der Mitgliedstaaten spricht die seit dem Übergang zur GASP gebräuchliche Veröffentlichung der gemeinsamen Standpunkte im EG-Amtsblatt L, während Beschlüsse im Rahmen der früheren EPZ grundsätzlich nur im Amtsblatt C bekanntgegeben wurden. *A.A.* aber noch *Peter-Christian Müller-Graff*, The legal bases of the third pillar and its position in the framework of the Union Treaty, in: CMLR 31 (1994), 493–510, 509.

[232] Allg. zur Bindungswirkung gemeinsamer Standpunkte *Jürgens* (Fn. 218), 341 ff.; *Lange*

(3) Gemeinsame Aktionen

Die wesentliche außenpolitische Neuerung des Maastrichter Vertrages gegenüber der alten EPZ bestand in der Einführung der von Art. 14 (ex-Art. J.3) EUV geregelten Handlungsform der „gemeinsamen Aktion". Während die nach Art. 30 EEA vereinbarten „konzertierten Aktionen" letztlich nur auf eine Koordinierung der einzelstaatlichen Vorgehensweisen hinauslaufen konnten, ist die strategische Verantwortung für die Durchführung gemeinsamer Aktionen im Rahmen der GASP nunmehr eindeutig dem Ministerrat zugewiesen[233]. Die von ihm beschlossenen Aktionen sind für die Mitgliedstaaten „bei ihren Stellungnahmen und ihrem Vorgehen bindend", wobei freilich erneut zu beachten ist, daß jeder Mitgliedstaat das Eintreten dieser Bindungswirkung notfalls durch sein Veto gegen eine entsprechende Beschlußfassung verhindern kann[234]. Diverse Konsultations- und Abstimmungsverpflichtungen flankieren schließlich die Durchführung von einmal in Gang gesetzten gemeinsamen Aktionen und sollen ein kohärentes Vorgehen von Union und Mitgliedstaaten sicherstellen: So müssen die Mitgliedstaaten jede im Rahmen einer gemeinsamen Aktion geplante Maßnahme, die nicht lediglich eine praktische Umsetzung bereits getroffener Entscheidungen des Rates darstellt, dem Rat so rechtzeitig mitteilen, daß dort erforderlichenfalls noch eine vorherige Abstimmung stattfinden kann. Über aufgrund „zwingender Notwendigkeit" ergriffene Sofortmaßnahmen eine Mitgliedstaates ist der Rat ebenfalls unverzüglich zu unterrichten. Für den Fall, daß sich ein Unionsstaat bei der Durchführung einer gemeinsamen Aktion mit größeren Schwierigkeiten konfrontiert sieht, statuiert der Vertrag eine besondere Kooperationspflicht dergestalt, daß der betroffene Staat den Rat mit dieser Frage zu befassen und der Rat sodann nach „angemessenen Lösungen" zu suchen hat[235]. Die in Amsterdam vorgenommenen Modifikationen beschränken sich in diesem Bereich auf eine Vereinfachung des ursprünglich mehrstufigen Entscheidungsverfahrens, die durch die oben dargestellte stärkere Ausfächerung der allgemeinen Abstimmungsregeln im Ministerrat ermöglicht wurde, sowie auf eine ausdrückliche Ermächtigung des Rates, die Kommission um geeignete Vorschläge zur Gewährleistung der Durchführung einer gemeinsamen Aktion zu ersuchen.

(Fn. 222), 444; *Stein* (Fn. 220), 73 ff.; *Burghardt/Tebbe* (Fn. 218), 12 f.; u. *Horst G. Krenzler/Henning C. Schneider*, Die Gemeinsame Außen- und Sicherheitspolitik der Europäischen Union, in: EuR 1994, 144–161, 151.

233 In diesem Sinne z.B. auch *Fink-Hooijer* (Fn. 230), 182.

234 Dazu kommt mit Amsterdam die Möglichkeit eines punktuellen Ausschlusses der Bindungswirkung durch eine „konstruktive Enthaltung" mit entsprechender Erklärung, vgl. oben (1) (347).

235 Allg. zur Ausgestaltung gemeinsamer Aktionen *Lars Münch*, Die gemeinsame Aktion im Rahmen der GASP: Inhalt, Rechtsnatur und Reformbedürftigkeit, in: EuR 1996, 415–433, bes. 418 ff., vgl. dort 427 ff. auch die Übersicht der bis 1996 ergriffenen Maßnahmen im Rahmen der GASP; u. zu den hier aufgelisteten Konsultations-, Abstimmungs- und Kooperationspflichten insbes. *Pechstein/Koenig* (Fn. 219), 149 ff. (Rn. 277 ff.); *Burghardt/Tebbe* (Fn. 218), 14; *Krenzler/Schneider* (Fn. 232), 151 ff.

cc) Vertretung der Union nach außen

Die herausgehobene Stellung des Rates als Zentrum der außenpolitischen Kooperation auf europäischer Ebene wird auch durch die in Maastricht neu eingeführten Regelungen zur Außenvertretung der Union im Rahmen der GASP unterstrichen. Art. 18 I (ex-Art. J.5) EUV ermächtigt den Vorsitz – der nach Art. 28 I (ex-Art. J.11 I) EUV, 203 II (ex-Art. 146 II) EGV dem Vorsitz im EG-Ministerrat entspricht – ausdrücklich zur Vertretung der Union als Ganzes in Angelegenheiten der GASP, wozu nach Art. 18 II (ex-Art. J.5 II) EUV insbesondere die Verantwortlichkeit für die Durchführung der gemeinsamen Aktionen und die Darlegung des Standpunktes der Union in internationalen Organisationen und auf internationalen Konferenzen gehören. Unterstützt wird der den Vorsitz führende Mitgliedstaat dabei gem. Art. 18 IV (ex-Art. J.5 III) EUV von seinem Nachfolger sowie von der „in vollem Umfang" zu beteiligenden Kommission; die ursprünglich noch vorgesehene zusätzliche Unterstützung durch den Vorgängerstaat im Vorsitz ist mit dem Inkrafttreten des Amsterdamer Vertrages entfallen. Daraus ergibt sich ein interessantes Zusammenspiel zwischen Rat und Kommission hinsichtlich der Sicherstellung der außenpolitischen Kohärenz innerhalb der Europäischen Union: Während die Sorge für ein „einheitliches, kohärentes und wirksames Vorgehen" der Union im Verhältnis zu ihren Mitgliedstaaten, die unter der Einheitlichen Europäischen Akte in erster Linie der Präsidentschaft der EPZ oblag[236], nunmehr durch Art. 13 III (ex-Art. J.8 II) EUV dem Rat in seiner Gesamtheit übertragen ist, sollen zur Gewährleistung der Kohärenz zwischen den Politiken der Union und der Gemeinschaft Rat und Kommission gem. Art. 3 II (ex-Art. C II) EUV in geteilter Verantwortung zusammenarbeiten[237]. Nach außen bleibt der durch seinen Vorsitzenden vertretene Rat allerdings das eindeutige Entscheidungsorgan im Rahmen der GASP, wie sich zuletzt an der von Art. 1 Nr. 10 des Amsterdamer Vertrages vorgenommenen Aufwertung seines Generalsekretärs erweist: Dieser soll nunmehr als „Hoher Vertreter" für die GASP Rat und Vorsitz zusätzlich bei der Erfüllung ihrer Aufgaben unterstützen[238] (Art. 18 III, 26 EUV (neu)).

---

[236] Vgl. Art. 30 Ziff. 5 EEA, der allerdings auch schon die Kommission mit einbezog; u. dazu etwa *Horst G. Krenzler*, Die Einheitliche Europäische Akte als Schritt auf dem Wege zu einer gemeinsamen europäischen Außenpolitik, in: EuR 1986, 384–391, 389; sowie *Jürgens* (Fn. 218), 94 ff., 354.

[237] Die aus der gemeinsamen Verantwortung folgende Pflicht zur Zusammenarbeit ist in Amsterdam noch einmal ausdrücklich hervorgehoben worden. Zu dieser unterschiedlichen Gewichtung der Adressaten des Kohärenzgebots vgl. *Krenzler/Schneider* (Fn. 232), 147 f.; u. insges. *Kugelmann* (Fn. 227), 100 ff.

[238] Dazu näher *Hilf/Pache* (Fn. 229), 709; *Rudolf Streinz*, Der Vertrag von Amsterdam, in: Jura 1998, 57–65, 63; *Langrish* (Fn. 227), 12 f.; *Pechstein/Koenig* (Fn. 219), 171 ff. (Rn. 324 ff.); u. zuletzt *Dashwood* (Fn. 73), 1036 ff.; speziell zur Rolle des Vorsitzenden auch *Waldemar Hummer/Walter Obwexer*, Die „EU-Präsidentschaft", in: EuR 1999, 409–451.

dd) Die Beteiligung von Kommission, Parlament und Gerichtshof

Vielleicht das auffälligste und unter dem Aspekt des Interorganrespekts interessanteste Element dieser Verfahrensgestaltung, das den intergouvernementalen Charakter der europäischen auswärtigen Gewalt – soweit man von einer solchen reden kann – besonders unterstreicht, besteht in der weitgehenden Ausklammerung derjenigen Organe aus den Entscheidungsprozeduren, in denen sich ansonsten der supranationale Charakter der Europäischen Gemeinschaft am deutlichsten manifestiert: Der Gerichtshof wird durch Art. 46 (ex-Art. L) EUV vollständig aus der GASP herausgehalten[239]. Kommission und Parlament besitzen in diesem Bereich ebenfalls keine Entscheidungsgewalt; die oben erwähnte, in Art. 3 II (ex-Art. C II) EUV begründete Verantwortlichkeit der Kommission für die Kohärenz der Politiken von Union und Gemeinschaft bringt ihr keine zusätzlichen Kompetenzen, sondern gegenüber der alten EPZ lediglich eine Statusverbesserung[240]. Dafür treffen den Rat im Verhältnis zu diesen beiden Organen jedoch Pflichten, wie sie typischerweise aus dem Prinzip des Interorganrespekts entspringen: Die Kommission ist gem. Art. 27 (ex-Art. J.9) EUV an der GASP „in vollem Umfang“ zu beteiligen; zwar präzisiert der Vertrag diese Vorgabe nicht näher, doch ist damit zumindest klargestellt, daß die Kommission über alle außenpolitischen Entwicklungen unterrichtet werden muß[241]. Soweit sie von ihrem Recht nach Art. 22 I (ex-Art. J.8 III) EUV Gebrauch macht, den Rat mit einer Frage der GASP zu befassen und ihm Vorschläge zu unterbreiten, ist darüber hinaus unstrittig, daß den Rat eine Befassungspflicht dergestalt trifft, daß er sich ernsthaft mit diesem Vorbringen der Kommission auseinandersetzen muß[242]. Die Rechte des Parlaments werden in Art. 21 (ex-Art. J.7) EUV noch genauer definiert: Nach dieser Vorschrift ist es regelmäßig zu unterrichten, kann Anfragen oder Empfehlungen an den Rat richten und ist vom Vorsitz „zu den wichtigsten Aspekten und den grundlegenden Weichenstellungen“ der GASP anzuhören, wobei seine Stellungnahmen vom Rat „gebührend berücksichtigt“ werden müssen. Schließlich darf nicht vergessen werden, daß die im Rahmen der Europäischen Gemeinschaft bestehenden Befugnisse von Kommission und Parlament indirekt auf die GASP ausstrahlen und den Rat zu einer verstärkten Rücksichtnahme zwingen können: So wird die Kommission zwingend gebraucht, wenn etwa die Umsetzung eines gemeinsamen Standpunktes durch einen Rechtsakt

---

239 Vgl. zur Reichweite dieser Vorschrift *David A. O. Edward*, Is Art. L of the Maastricht Treaty workable?, in: Georg Ress/Jürgen Schwarze/Torsten Stein (Hg.), Die Organe der Europäischen Union im Spannungsfeld zwischen Gemeinschaft und Zusammenarbeit, EuR Beiheft 2/1995, 23–25; u. *Kugelmann* (Fn. 227), 117 f.

240 *Stein* (Fn. 220), 78.

241 Das folgt indirekt auch aus Art. 21 I (ex-Art. J.7 I 2) EUV, der eine regelmäßige Unterrichtung des Parlaments *durch die Kommission* über die Entwicklung der GASP vorschreibt. Denn die Kommission kann das Parlament nur unterrichten, soweit sie zuvor selbst informiert worden ist.

242 In diesem Sinne etwa *Lange* (Fn. 222), 443; u. *Stein* (Fn. 220), 78; zurückhaltend *Pechstein/Koenig* (Fn. 219), 157 (Rn. 292), die betonen, daß der Rat die Anregungen der Kommission in der Sache nicht aufgreifen muß.

der Gemeinschaft erfolgen muß[243], und das Parlament kommt jedenfalls dann ins Spiel, wenn der Rat von der ihm in Art. 28 III (ex-Art. J.11 II) EUV eingeräumten Befugnis Gebrauch macht, Ausgaben der GASP über den EG-Haushalt zu finanzieren, da unter diesen Umständen das im EG-Vertrag vorgesehene Haushaltsverfahren Anwendung findet[244] (Art. 28 IV EUV (neu)).

c) Bewertung und Zukunftsperspektiven aus der Sicht des Interorganrespekts

Aus dieser Übersicht wird klar, daß trotz aller durch die Verträge von Maastricht und Amsterdam bewirkten Fortschritte, trotz zahlreicher wohlklingender Absichtserklärungen und trotz der völkerrechtlichen Verbindlichkeit der im Rahmen der GASP gefaßten Beschlüsse die Außen- und Sicherheitspolitik auf europäischer Ebene nach wie vor unter der Kontrolle der einzelnen Mitgliedstaaten steht. Allerdings lassen die politischen Zwänge auf diesem Feld nationale Alleingänge allenfalls noch in Ausnahmefällen opportun erscheinen[245]. Die für die Machtbehauptung der Mitgliedstaaten ausschlaggebende Rolle spielt daher die Konzentration der Entscheidungsgewalt auf Unionsebene in der Hand des aus Vertretern der nationalen Regierungen zusammengesetzten Ministerrats bei gleichzeitiger weitgehender Wahrung der Einstimmigkeitsregel[246]. Von einer europäischen Gewaltenbalance bzw. von einer gegenseitigen Kontrolle der Unionsorgane kann vor diesem Hintergrund nur sehr begrenzt die Rede sein. Wo aber bleibt unter diesen Umständen der Funktionsbereich des Interorganrespekts?

Er findet sich primär in der vertikalen Ausrichtung dieses Prinzips wieder, nämlich im Verhältnis zwischen dem Rat als Unionsorgan und den Regierungen der einzelnen Mitgliedstaaten. Diese Ausrichtung gehört ansonsten nicht zum Untersuchungsgegenstand der vorliegenden Arbeit, da die zugrundeliegende Ordnungsidee in ihrer vertikalen Gestalt nach der klassischen Terminologie als Bundes- bzw. Gemeinschaftstreue behandelt wird[247] und der hier analysierte Interorganrespekt im engeren Sinne die horizontalen Beziehungen der obersten Verfassungsorgane untereinander betrifft, die traditionell unter dem Begriff der Organtreue thematisiert werden[248]. Soweit es um die GASP der Europäischen Union geht, muß diese paral-

---

[243] Vgl. zum diesbezüglichen Initiativmonopol der Kommission schon oben 5. Kap. I. 1. b) (140 f.); u. näher wiederum *Stein* (Fn. 220), 78 f. et seq.; sowie *Lange* (Fn. 222), 443 f. Art. 301 (ex-Art. 228 a) EGV belegt dies für Wirtschaftssanktionen noch einmal ausdrücklich.

[244] Hierzu schon oben 5. Kap. II. 1. b) bb) (4) (156 f.); näher *Krenzler/Schneider* (Fn. 232), 153 f. Der Amsterdamer Vertrag verstärkt diese Form der parlamentarischen Beteiligung tendenziell noch, da er im Gegensatz zur ursprünglichen Formulierung von Maastricht die Finanzierung der GASP aus dem EG-Haushalt zum Regelfall erklärt. Vgl. dazu *Meinhard Hilf/Frank Schorkopf*, Das Europäische Parlament in den Außenbeziehungen der Europäischen Union, in: EuR 1999, 185–202, 195 ff.

[245] Vgl. dazu exemplarisch am Beispiel der Rüstungsexportkontrolle *Ulrich Karpenstein*, Europäisches Exportkontrollrecht für Dual-use-Güter, 1998, 271 ff.

[246] Oben b) bb), insbes. (1) (346 ff.).

[247] Oben 2. Kap. I. (12 ff.) und IV. 1. (72 ff.).

[248] Zur Begriffswahl vgl. schon oben 3. Kap. II. (89 ff.).

lele Dimension des Respektsgedankens, die wesentlich zu seinem übergreifenden Charakter beiträgt, jedoch angesprochen werden; denn sie markiert den entscheidenden Unterschied zwischen den beiden in diesem Abschnitt herausgearbeiteten Modelltypen zur Organisation der auswärtigen Gewalt: Der Interorganrespekt im engeren Sinne, also in seiner horizontalen Ausprägung, stellt demnach das adäquate Funktionsprinzip einer zentralisierten auswärtigen Gewalt dar, während eine intergouvernementale Verfassung der Befugnisse zur Gestaltung der auswärtigen Beziehungen, wie sie im Falle der GASP vorliegt, nach einer Anwendung dieses Grundsatzes in seiner vertikalen Erscheinungsform verlangt.

Konkret manifestiert sich diese Anwendung zunächst in der vertragsrechtlichen Festschreibung einer allgemeinen Verpflichtung der Mitgliedstaaten zu Loyalität und gegenseitiger Solidarität, wie sie Art. 11 II (ex-Art. J.1) EUV vornimmt. Dazu kommen die im Interesse einer wirksamen Vertretung der von der Union entwickelten gemeinsamen Standpunkte festgelegten Koordinations- und wechselseitigen Unterrichtungsverpflichtungen der Mitgliedstaaten[249] sowie die zur kohärenten Durchführung gemeinsamer Aktionen unverzichtbaren Konsultations- und Abstimmungspflichten zwischen den Regierungen der Mitgliedstaaten und dem Ministerrat[250]. Ihren deutlichsten Ausdruck findet die vertikale Spielart des Interorganrespekts jedoch in den mit dem Amsterdamer Vertrag neu eingeführten Abstimmungsregeln, da die dort vorgesehene Lockerung des Einstimmigkeitsprinzips die Akzeptanz der Mitgliedstaaten nur unter der Voraussetzung finden konnte, daß den Mitgliedern für die Einschränkung ihrer Vetorechte eine Kompensation in Gestalt einer vertragsrechtlichen Verstärkung des Respektsgebots offeriert wurde. So schafft das neue Institut der „konstruktiven Enthaltung" die Möglichkeit zur vermehrten Durchführung von Mehrheitsabstimmungen nur unter der ausdrücklichen Bedingung wechselseitigen Respekts: Die in der Mehrheitsgruppe befindlichen Mitgliedstaaten verpflichten sich zur Respektierung der abweichenden Standpunkte der sich enthaltenden Mitglieder, und diese akzeptieren im Gegenzug den bindenden Charakter des gefaßten Beschlusses für die Union mit der Verpflichtung, seine Verwirklichung durch die Union nicht zu behindern. In ähnlicher Weise werden Mehrheitsentscheidungen auf der Grundlage einer gemeinsamen Strategie dem Erfordernis gegenseitiger Rücksichtnahme unterliegen: Der Vertrag fordert einen Verzicht auf Mehrheitsabstimmungen, soweit dem zu fassenden Beschluß „wichtige Gründe der nationalen Politik" eines Mitgliedstaates entgegenstehen, mahnt insoweit also eine Rücksichtnahme der Mehrheit auf einzelne, besonders betroffene Mitglieder an. Dem korrespondiert allerdings eine Verpflichtung der fraglichen Mitglieder, ihre wichtigen Gründe vor dem Rat offen darzulegen und damit der Überprüfung durch die anderen Mitgliedstaaten auszusetzen[251]. Hieraus läßt sich indirekt ein an die einzelnen Mitgliedstaaten gerichtetes Gebot erkennen, umge-

249 Oben b) bb) (2) (348).

250 Oben b) bb) (3) (349).

251 Vgl. zu alledem oben b) bb) (1) (347 f.) und Art. 1 Nr. 10 des Amsterdamer Vertrages (Art. 23 II UAbs. 2 EUV (neu)).

kehrt auf die Interessen der Mehrheit dergestalt Rücksicht zu nehmen, daß ein Verzicht auf Mehrheitsentscheidungen nur aus wirklich wichtigen Gründen und damit nur ausnahmsweise eingefordert werden darf.

Schließlich darf, auch wenn aufgrund der intergouvernementalen Struktur der GASP diese vertikalen Ausprägungen des Respektsgedankens im Mittelpunkt stehen, darüber nicht vergessen werden, daß im Verhältnis der einzelnen Unionsorgane untereinander ebenso das Prinzip des Interorganrespekts im engeren Sinne greift. Eine erste Konkretisierung dieses Grundsatzes findet sich bereits zwischen Europäischem Rat und Ministerrat: Auf der einen Seite ist der Ministerrat verpflichtet, die Funktion des Europäischen Rates als oberstes Leitungsorgan der GASP insofern zu respektieren, als er sich bei der Beschlußfassung über gemeinsame Standpunkte und Aktionen in dem durch die allgemeinen Leitlinien und Strategien des Europäischen Rates abgesteckten Terrain bewegen muß. Auf der anderen Seite darf aber auch der Europäische Rat nicht versuchen, die Funktion des Ministerrates als Zentralorgan der außenpolitischen Feinsteuerung zu usurpieren, und muß ihm daher einen substantiellen Handlungsspielraum hinsichtlich der konkreten Umsetzung von Leitlinien und Strategien belassen[252]. Im Verhältnis des Ministerrates zu Kommission und Parlament spielt das Prinzip des Interorganrespekts dagegen gerade deswegen eine besondere Rolle, weil es diesen beiden Organen an eigenen außenpolitischen Entscheidungsbefugnissen fehlt und sie daher verstärkt auf die Bereitschaft des Rates zu loyaler Zusammenarbeit angewiesen sind. Der Vertrag trägt dem in erster Linie durch die in Art. 21 und 27 (ex-Art. J.7, J.9) EUV erfolgte Normierung umfassender Unterrichtungs-, Anhörungs- und Beteiligungsrechte Rechnung und statuiert darüber hinaus eine Pflicht des Rates zur Befassung mit Initiativen und zur Berücksichtigung von Stellungnahmen der beiden Organe[253]. Speziell für die Kommission bestätigt Art. 3 II (ex-Art. C II) EUV darüber hinaus ausdrücklich die allgemeine Verpflichtung zur Kooperation, die zwischen ihr und dem Rat im Interesse eines kohärenten Vorgehens von Union und Gemeinschaft besteht[254].

Die Feststellung, daß sich die schwerpunktmäßige Ausrichtung des Interorganrespekts je nach der Organisationsform der auswärtigen Gewalt unterscheidet, erlaubt zu guter Letzt noch einen konditionierten Blick in die Zukunft der gemeinsamen europäischen Außenpolitik. Dabei muß die Frage, ob sich tatsächlich einmal eine zentralisierte auswärtige Gewalt auf europäischer Ebene einstellen wird, was eine generelle Zuweisung der außenpolitischen Verbandskompetenz an die EU voraussetzen würde, an dieser Stelle offenbleiben. Sollte es jedoch zu einer solchen Zentralisierung kommen, die Europäische Union also ihren Charakter als eigenständiger Modelltypus verlieren und in die Kategorie des Modelltyps I überwech-

---

[252] Oben b) aa) (345 f.).

[253] Oben b) dd) (351 f.).

[254] Amsterdam hat insoweit lediglich eine zusätzliche Klarstellung gebracht, ohne den Bestand dieser unmittelbar aus dem Interorganrespekt folgenden Pflicht inhaltlich zu verändern. Vgl. oben b) cc) (350), insbes. den Hinweis Fn. 237.

seln, so gibt die Idee des Interorganrespekts die Entwicklungsrichtung der daran zu knüpfenden institutionellen Konsequenzen vor: Dann müßte nämlich auch im Unionsrahmen die horizontale Ausprägung des Interorganrespekts gegenüber seiner vertikalen Erscheinungsform in den Vordergrund rücken, was eine gesonderte Wahrnehmung der typischerweise der Exekutive überantworteten Funktion, die Handlungsfähigkeit des Gesamtverbandes nach außen sicherzustellen, und der primär der Legislative zukommenden Aufgabe, die unmittelbare Rückbindung dieses Auftretens an den demokratischen Willensbildungsprozeß zu gewährleisten, verlangt. Das Prinzip der Verantwortungsklarheit legt in diesem Zusammenhang nahe, die Erfüllung der verschiedenen Funktionen gesonderten Organen zu übertragen, was eine gleichberechtigte Einbeziehung von Kommission und Parlament in den außenpolitischen Entscheidungsprozeß bedeuten würde. Soweit sich dieses Ziel als nicht erreichbar erweist, müßte dem zugrundeliegenden Anliegen zumindest durch eine entsprechende interne Organisation der Entscheidungsfindung im Ministerrat und seiner Außenvertretung Rechnung getragen werden[255].

III. Einsätze bewaffneter Macht

Einen Spezialfall außenpolitischer Aktivitäten stellt der Umgang mit ihrer militärischen Komponente dar. Wegen der damit potentiell verbundenen gravierenden Auswirkungen gelten in bezug auf Führung und Kontrolle der bewaffneten Macht besondere Regeln, deren Zusammenhänge mit dem Prinzip des Interorganrespekts im folgenden analysiert werden sollen.

1. Probleme des Interorganrespekts im geschlossenen Nationalstaat

Wie der weiter unten vorzunehmende Blick auf die Europäische Union zeigen wird, liegt die Verteidigungspolitik überall noch mehr oder weniger in der Hand der einzelnen Nationalstaaten. Aus diesem Grund tritt die aus der Perspektive des Interorganrespekts zentrale Problemstellung im Rahmen der vorliegenden Untersuchung eigentlich nur in den Verfassungsordnungen Deutschlands und Amerikas auf.

a) Führung der Streitkräfte durch die Exekutive

Beim operativen Einsatz staatlicher Streitkräfte kommt den typischerweise von der Exekutive wahrzunehmenden Funktionen im Vergleich mit der allgemeinen Außenpolitik eine besonders wichtige Rolle zu. Handlungsfähigkeit, Reaktionsschnel-

---

[255] Hierbei wäre etwa an die Ersetzung der derzeitigen Abstimmungsregeln durch das Prinzip der „doppelten Mehrheit" zu denken, vgl. dazu schon oben 5. Kap. II. 4. d) bb) (194), insbes. die Nachweise Fn. 184; bzw. hinsichtlich der (exekutivischen) Vertretungsfunktion an eine Stärkung der Rolle des Vorsitzes, vgl. z.B. *Justus Lipsius*, The 1996 Intergovernmental Conference, in: ELR 20 (1995), 235–267, 247 f.

ligkeit, Flexibilität und eine einheitliche Kommandostruktur sind nirgendwo von so ausschlaggebender Bedeutung wie auf militärischem Gebiet. Daher soll zunächst die Führung der Streitkräfte durch die Exekutive im Mittelpunkt der Betrachtung stehen.

aa) Die „Commander in Chief Power" des amerikanischen Präsidenten

Art. II Sect. 2 Cl. 1 der amerikanischen Verfassung spricht dem Präsidenten den Oberbefehl über alle Streitkräfte der Vereinigten Staaten zu. In Abgrenzung zu der in Art. I Sect. 8 Cl. 11 der Verfassung enthaltenen exklusiven Befugnis des Kongresses „To declare War" kann daher dogmatisch unterschieden werden zwischen der Kompetenz zur Kriegs*erklärung*, die bei der Legislative liegt, und derjenigen zur aktuellen Krieg*führung* („to make war"), die beim Präsidenten angesiedelt ist[256]. In der Theorie scheint damit alles klar zu sein: der Kongreß entscheidet über das „Ob" eines militärischen Einsatzes, während die nähere Ausführung desselben im Sinne größtmöglicher Effektivität dem Oberbefehlshaber anheimgegeben ist[257]. Der genaue Umfang der präsidentiellen Befehlsgewalt ist jedoch alles andere als eindeutig[258]; und während der Kongreß noch niemals einen Krieg erklärt hat, den der Präsident nicht führen wollte[259], haben umgekehrt jede Menge militärischer Einsätze auf Befehl des Präsidenten stattgefunden, ohne daß ihnen eine Kriegserklärung zugrundegelegen hätte[260]. Die Kriegserklärung an Japan vom Dezember 1941 war die letzte ihrer Art[261].

Die meisten der vom Präsidenten ohne parlamentarische Ermächtigung angeordneten Einsätze der US-Streitkräfte betreffen freilich nur kleinere, beschränkte Konflikte; im Falle größerer militärischer Auseinandersetzungen haben sich die Präsi-

---

256 *Fisher* (Fn. 6), 256 et seq.

257 Vgl. schon *Karl Loewenstein*, Verfassungsrecht und Verfassungspraxis der Vereinigten Staaten, 1959, 227 ff., 314 ff.; u. aktuell *Henkin* (Fn. 10), 32 ff.; aus deutscher Sicht *Jochen Trebesch*, Stellung und Funktion des Kongresses der Vereinigten Staaten von Amerika im Bereich der auswärtigen Angelegenheiten, in: Der Staat 12 (1973), 23–44, 29 ff.; sowie aus der Rspr. *Ex parte Milligan*, 71 U.S. 2 (1866), 139 (The Chief Justice and Wayne, Swayne, and Miller, JJ., concurring); u. schon *Hamilton/Madison/Jay* (Fn. 13), No. 69 (Hamilton), wonach das Präsidentenamt „would amount to nothing more than the supreme command and direction of the military and naval forces, as first general and admiral of the Confederacy;…" (418).

258 Vgl. den Stoßseufzer von Justice Jackson in *Youngstown Sheet & Tube Co. v. Sawyer*, 343 U.S. 579 (1952), 641: „(The Commander in Chief Clause implies) something more than an empty title. But just what authority goes with the name has plagued presidential advisers who would not waive or narrow it by nonassertion yet cannot say where it begins or ends" (Klammerzusatz vom Verf.).

259 1897 soll es im Konflikt zwischen den USA und Spanien um Kuba fast dazu gekommen sein. Auch in diesem Fall steckte der Kongreß jedoch letztlich zurück. Vgl. *Henkin* (Fn. 8), 97 Fn. 28; u. *Schwarz* (Fn. 22), 111.

260 Der Supreme Court sprach in diesem Zusammenhang schon sehr frühzeitig von „imperfect war": *Bas v. Tingy*, 4 U.S. (4 Dall.) 37 (1800), 40 (Opinion of Washington, J.). Vgl. a. *Talbot v. Seeman*, 5 U.S. (1 Cr.) 1 (1801).

261 Eine Übersicht der bisherigen Kriegserklärungen der USA (insges. nur 5 in ihrer mehr als 200jährigen Geschichte) findet sich bei *Pfiffner* (Fn. 6), 176.

denten zumindest um eine nachträgliche Zustimmung des Kongresses bemüht, die für sie ab einem bestimmten Punkt allein schon zur Finanzierung des Truppeneinsatzes unverzichtbar wurde[262]. Eine unzweifelhafte und von präsidentieller Seite häufig ins Feld geführte Rechtsgrundlage für die selbständige Anordnung solcher Einsätze bildet die der Exekutive allgemein zugebilligte Notstandskompetenz[263], nach der der Präsident in der Lage sein muß, auf eine direkte Bedrohung der Vereinigten Staaten ebenso unmittelbar mit allen verfügbaren Mitteln zu reagieren. Paradebeispiel hierfür ist die von Präsident *Lincoln* zu Beginn des amerikanischen Bürgerkrieges befohlene Blockade der Südstaatenhäfen; Präsident *Roosevelt* berief sich darauf jedoch auch zur Rechtfertigung der von ihm angeordneten und vom Kongreß nachträglich sanktionierten Internierung japanischstämmiger Amerikaner im Zweiten Weltkrieg und Präsident *Truman* – erfolglos – zur Begründung einer Beschlagnahme der amerikanischen Stahlindustrie im Koreakrieg[264]. Noch wesentlich umstrittener präsentieren sich die zum Schutz von Leben und Eigentum amerikanischer Bürger unternommenen Militäraktionen einzelner Präsidenten; die Linie reicht insoweit von den Interventionen in Kuba, Panama und Santo Domingo um die Jahrhundertwende über die militärischen Besetzungen Grenadas und Panamas in den achtziger Jahren bis zu den von Präsident *Clinton* befohlenen Luftschlägen gegen afghanische Terroristenstützpunkte 1998[265]. Die Stationierung amerikanischer Streitkräfte in vielen Ländern der Welt und die zahlreichen Attacken auf amerikanische Staatsbürger im Ausland haben das insoweit bestehende Potential für militärische Auseinandersetzungen unterhalb der klassischen Kriegführungsschwelle beträchtlich erhöht. Damit geht der Aufbau eines erheblichen Konfliktpotentials zwischen Präsident und Kongreß einher, für dessen Entschärfung es wiederum des Gedankens des Interorganrespekts bedarf und das daher sogleich noch näher analysiert werden soll.

bb) Verteilung von Befehls- und Kommandogewalt nach dem Grundgesetz

Das Grundgesetz unterscheidet noch wesentlich klarer als die amerikanische Verfassung zwischen dem normalen Friedenszustand und dem Kriegs- bzw. Verteidigungsfall. Solange letzterer nicht gem. Art. 115 a GG festgestellt und verkündet

---

262 Näheres bei *Ehrenzeller* (Fn. 44), 221 f.

263 Vgl. schon *John Locke*, The Second Treatise of Civil Government (1690), ed. by J. W. Gough, 1948, 80 (§ 159): „For the legislators not being able to foresee and provide by laws for all that may be useful to the community, the executor of the laws, having the power in his hands, has by the common law of nature a right to make use of it for the good of the society, in many cases, where the municipal law has given no direction, till the legislative can conveniently be assembled to provide for it"; u. allg. *Glennon* (Fn. 10), 72 ff., bes. 84.

264 *The Prize Cases*, 67 U.S. (2 Black) 635 (1863), 670; vgl. dazu *Corwin* (Fn. 7), 229 ff.; *Hirabayashi v. U.S.*, 320 U.S. 81 (1943), 92 f.; *Korematsu v. U.S.*, 323 U.S. 214 (1944), 218 f.; *Youngstown Sheet & Tube Co. v. Sawyer*, 343 U.S. 579 (1952), 587.

265 Vgl. die Übersichten bei *Fisher* (Fn. 6), 266 ff.; *Schwarz* (Fn. 22), 116; u. allg. *Rotunda/Nowak/Young* (Fn. 15), 405 (§ 6.10); *Tribe* (Fn. 24), 232; *Note*, Congress, the President, and the Power to Commit Forces to Combat, in: Harvard Law Review 81 (1968), 1771–1805, 1787 ff.

worden ist, liegt die Befehls- und Kommandogewalt über die Streitkräfte nach Art. 65 a GG beim Bundesminister für Verteidigung. Inwieweit Befehls- und Kommandogewalt unterschiedliche Befugnisse bezeichnen oder lediglich unterschiedliche Begriffe für dieselbe Befugnis darstellen, ist umstritten[266]; für die Zwecke unserer Untersuchung genügt in diesem Zusammenhang jedoch die Feststellung, daß zum einen das überkommene Rechtsinstitut des Oberbefehls, das auch legislative Kompetenzen wie das selbständige Militärverordnungsrecht und judikative Befugnisse, die heute von den Truppendienstgerichten wahrgenommen werden, umfaßte, keinen Eingang in die grundgesetzliche Wehrverfassung gefunden hat[267] und zum anderen die höchste exekutive Leitungsgewalt über die Streitkräfte in der Hand eines vom Grundgesetz ausdrücklich hervorgehobenen und damit institutionell garantierten Mitglieds der Bundesregierung konzentriert wird[268].

Mit der Verkündung des Verteidigungsfalls geht die Befehls- und Kommandogewalt nach Art. 115 b GG in toto auf den Bundeskanzler über. Damit werden nach Art des amerikanischen Modells höchste zivile und oberste militärische Exekutivgewalt in einer Hand vereinigt[269]. Doch sollte man die tatsächlichen Auswirkungen dieser Kompetenzverschiebung nicht überbewerten: Denn zum einen ist der Verteidigungsminister auch als alleiniger Inhaber der Befehls- und Kommandogewalt nach Art. 65 a GG nicht von der Beachtung der Richtlinien des Bundeskanzlers freigestellt, und zum anderen bleibt bei Meinungsverschiedenheiten der Ressortminister untereinander die Entscheidungskompetenz des Kabinetts gem. Art. 65 S. 3 GG für ihn ebenfalls verbindlich[270]. Als wichtigstes Charakteristikum der grundgesetzlichen Kompetenzverteilung verdient daher festgehalten zu werden, daß die höchste militärische Gewalt in jedem Fall einem parlamentarisch verantwortlichen Re-

---

266 *Manfred Erhardt*, Die Befehls- und Kommandogewalt, 1969, 85 ff., differenziert insoweit zwischen der Befehlsgewalt als der Formalbefugnis des obersten militärischen Vorgesetzten und der Kommandogewalt als der materiellen Kompetenz zur Truppenführung und -ausbildung. Die h.M. macht hier jedoch keinen Unterschied, vgl. statt vieler: *Günter Dürig*, in: Theodor Maunz/ders. u.a., Grundgesetz-Kommentar (Loseblatt), Art. 65 a Rn. 20; *Werner Heun*, in: Dreier (Fn. 42), Art. 65 a Rn. 9, 11; jew. m.w.N.; u. zur bes. Problematik in den neuen multinationalen Verbänden *Joachim Wieland*, Die Beteiligung der Bundeswehr an gemischtnationalen Einheiten, in: FS Ernst-Wolfgang Böckenförde, 1995, 219–236, 230 ff.

267 Zur Abgrenzung dieser Rechtsinstitute vgl. *Georg-Christoph v. Unruh*, Führung und Organisation der Streitkräfte im demokratisch-parlamentarischen Staat, in: VVDStRL 26 (1968), 157–206, 183.

268 Hierüber besteht i. Erg. Einigkeit, vgl. *Günter Dürig*, in: Maunz-Dürig (Fn. 266), Art. 65 a Rn. 22 ff.; *Karl-Andreas Hernekamp*, in: v. Münch/Kunig (Fn. 41), Art. 65 a Rn. 6 f.; *Ferdinand Kirchhof*, Bundeswehr, in: Josef Isensee/Paul Kirchhof (Hg.), Handbuch des Staatsrechts der Bundesrepublik Deutschland, Bd. III, 1988, 977–1006 (§ 78), 984 (Rn. 12).

269 Dazu etwa *Karl-Andreas Hernekamp*, in: v. Münch/Kunig (Fn. 41), Bd. 3, 3. Aufl. 1996, Art. 115 b Rn. 8, 15; *Wolfgang Graf Vitzthum*, Der Spannungs- und der Verteidigungsfall, in: Josef Isensee/Paul Kirchhof (Hg.), Handbuch des Staatsrechts der Bundesrepublik Deutschland, Bd. VII, 1992, 415–454 (§ 170), 441 (Rn. 33); u. schon *Ernst-Wolfgang Böckenförde*, Die Organisationsgewalt im Bereich der Regierung, 1964, 163 ff.; krit. *Knut Ipsen*, in: Bonner Kommentar (Fn. 91), Art. 115 b Rn. 71 ff.

270 Vgl. schon oben 6. Kap. II. 1. b) (245 ff.); u. zus.fass. *Stern* (Fn. 153), 874 f.

gierungsmitglied zugewiesen ist und der Bundespräsident entgegen der bisherigen Tradition als grundsätzlich nicht die Politik gestaltendes Staatsoberhaupt auch im militärischen Bereich auf einen weitgehend repräsentativen Status beschränkt wird[271]. Wie weit die damit verbundenen Entscheidungsbefugnisse der jeweils verantwortlichen Regierungsmitglieder allerdings in concreto reichen, insbesondere bei Einsätzen unterhalb der Schwelle des Verteidigungsfalls im Verhältnis zum Parlament, und in welcher Form das Prinzip des Interorganrespekts an dieser Stelle zur Geltung kommen kann, bleibt genau wie in den USA die entscheidende Frage.

b) Legislative Zustimmungserfordernisse

Aus der Perspektive des Parlaments kann diese Frage dahingehend formuliert werden, inwieweit die Regierung für bestimmte militärische Anordnungen bzw. Aktionen der vorherigen Zustimmung oder zumindest der nachträglichen Genehmigung durch das Parlament bedarf.

aa) Unstreitige Aspekte

Für bestimmte grundlegende Dinge ist die Existenz eines legislativen Zustimmungserfordernisses weder in Deutschland noch in den USA umstritten. So liegen, wie bereits angesprochen, die Entscheidung über Krieg und Frieden gem. Art. I Sect. 8 Cl. 11 der amerikanischen Verfassung bzw. die Feststellung des Verteidigungsfalls nach Art. 115 a GG ausschließlich in den Händen das Parlaments, das insoweit eine politische Entscheidung eigener Art fällt[272]. Darüber hinaus trifft das Parlament in beiden Verfassungssystemen die Grundentscheidungen über Aufstellung und Organisation der Streitkräfte, wozu beispielsweise die Einführung bzw. Abschaffung der Wehrpflicht gehört. Für Deutschland ergibt sich dies neben der speziellen Bestimmung des Art. 12 a I GG aus Art. 87 a I 2 GG, der die Grundlinien der Verteidigungspolitik sichtbar und der parlamentarischen Mitwirkung zugänglich macht[273], für die USA neben der Generalklausel des Art. I Sect. 8 Cl. 1 der Verfassung („To … provide for the common Defence … of the United States") aus den speziellen Ermächtigungen des Kongresses „To raise and support Armies" (Art. I

---

[271] Im parlamentarischen Regierungssystem schafft dies zugleich die dem Prinzip der Organadäquanz am besten gerecht werdende Konstellation. Vgl. dazu schon *v. Unruh* (Fn. 267), 166 f.; u. an gleicher Stelle *Helmut Quaritsch*, Führung und Organisation der Streitkräfte im demokratisch-parlamentarischen Staat, 207–259, 232; zuletzt *Christian Raap*, Die Kontrolle der Streitkräfte durch das Parlament, in: JuS 1996, 980–983, 980 f. m.w.N.

[272] Die Kriegserklärung bzw. Feststellung des Verteidigungsfalls erfolgt nämlich in beiden Verfassungsordnungen nicht auf dem normalen Gesetzgebungsweg, was angesichts des in solchen Situationen bestehenden extremen Zeitdrucks natürlich erscheint. *Stern* (Fn. 153), 1402 f., klassifiziert den Feststellungsakt nach Art. 115 a GG formal als „qualifizierten Parlamentsakt" und materiell sogar als einen dem Parlament direkt von Verfassungs wegen aufgegebenen Regierungsakt; letzteres unterstützt auch *Roman Herzog*, in: Maunz-Dürig (Fn. 266), Art. 115 a Rn. 38 m.w.N.

[273] Vgl. stv. *Böckenförde* (Fn. 269), 323 f.; *Hesse* (Fn. 3), 233 (Rn. 545); *Juliane Kokott*, in: Sachs (Fn. 38), Art. 87 a Rn. 5.

Sect. 8 Cl. 12), „To provide and maintain a Navy" (Art. I Sect. 8 Cl. 13), „To make Rules for the Government and Regulation of the land and naval Forces" (Art. I Sect. 8 Cl. 14) und zuletzt „To provide for calling forth ..." sowie „... for organizing, arming and disciplining, the Militia" (Art. I Sect. 8 Cl. 15, 16)[274]. Die genannten Vorschriften stellen außerdem klar, daß die Finanzierung der Streitkräfte in vollem Umfang dem allgemeinen Budgetbewilligungsrecht des Parlaments unterliegt, und geben diesem damit ein weiteres zentrales Kontroll- und Einflußmittel an die Hand[275]. Schließlich greifen gegenüber der Führung der Streitkräfte durch die Exekutive ebenfalls die allgemeinen, im vorigen Kapitel bereits behandelten Kontrollbefugnisse der Legislative, die das Grundgesetz noch um die institutionellen Garantien für den Verteidigungsausschuß in Art. 45 a GG und den Wehrbeauftragten in Art. 45 b GG ergänzt[276]. Ohne das Parlament kann die Exekutive also eine Armee weder aufstellen noch unterhalten und auch keine größere militärische Auseinandersetzung bestreiten. Als unter dem Aspekt der Gewaltenbalance problematisch und damit aus der Perspektive des Interorganrespekts besonders interessant erweisen sich jedoch die „kleinen" Einsätze begrenzter militärischer Mittel außerhalb der eigentlichen Landesverteidigung.

bb) Kongreß vs. Präsident – die „War Powers Resolution"

In den Vereinigten Staaten, deren Streitkräfte derartige Einsätze ausgesprochen häufig durchführen, konzentriert sich die entsprechende rechtliche Auseinandersetzung inzwischen auf ein vom Kongreß in den siebziger Jahren geschaffenes Instrument: die sogenannte „War Powers Resolution".

(1) Vorgeschichte

Das Zeitalter der hier streitigen Einsätze begann für die USA mehr oder weniger unmittelbar nach dem Zweiten Weltkrieg. Verfassungsrechtlich läßt sich der Beginn der diesbezüglichen Gewaltenkonflikte an den weitreichenden Notstandsvollmachten festmachen, die Präsident *Roosevelt* zur Überwindung der Großen

---

[274] Übersicht bei *Brugger* (Fn. 135), 54 f.; vgl. a. speziell zur Wehrpflicht die *Selective Draft Law Cases*, 245 U.S. 366 (1918).

[275] Vgl. allg. oben 6. Kap. III. 1. c) (268 ff.); u. etwa für Deutschland BVerwGE 15, 63, 65; sowie *Günter Dürig*, in: Maunz-Dürig (Fn. 266), Art. 87 a Rn. 11; u. nochmals *Juliane Kokott*, in: Sachs (Fn. 38), Art. 87 a Rn. 5; jew. m.w.N.; für die USA beachte die Vorschläge zur Operationalisierung dieses Kontrollinstruments von *Thomas M. Franck*, Rethinking War Powers: By Law or by „Thaumaturgic Invocation"?, in: AJIL 83 (1989), 766–777, 775 f.; u. *Joseph R. Biden, Jr./John B. Ritch III*, The War Power at a Constitutional Impasse: A „Joint Decision" Solution, in: Georgetown Law Journal 77 (1988), 367–412, 404. Art. I Sect. 8 Cl. 12 der US-Verfassung verhindert darüber hinaus eine Selbstentmachtung des Kongresses durch Vorabbewilligungen, indem er eine maximale Bindungsdauer des Armeehaushalts von 2 Jahren festlegt. Eine ähnliche Funktion erfüllt in Verbindung mit Art. 87 a I 2 GG das in Art. 110 II 1 GG festgeschriebene haushaltsrechtliche Jährlichkeitsprinzip.

[276] Vgl. nochmals allg. oben 6. Kap. III. 1. (264 ff.); u. den Überblick bei *Raap* (Fn. 271), 981 f.; sowie zus.fass. *Hesse* (Fn. 3), 233 (Rn. 545).

Depression vom Kongreß gefordert und erhalten, anschließend jedoch auch zur Vorbereitung des zu diesem Zeitpunkt noch gar nicht absehbaren Kriegseintritts der USA genutzt hatte[277]. Präsident *Truman* schickte 1950 im Koreakrieg dann zum ersten Mal ohne Kriegserklärung oder sonstige gesetzgeberische Ermächtigung amerikanische Soldaten in einen umfassenden Kampfeinsatz; er konnte sich jedenfalls zu Beginn des Krieges der politischen Unterstützung der Kongreßmehrheit gewiß sein, wollte aber eine kontroverse Debatte nach Möglichkeit vermeiden[278]. Unter Präsident *Eisenhower* kehrte für einige Jahre wieder der Geist der Kooperation in die Beziehungen zwischen Kongreß und Präsident ein[279]; schon Präsident *Kennedy* machte jedoch während der Kubakrise erneut seine Kompetenz als „Commander in Chief" geltend, um seine Blockadeanordnung rechtlich zu begründen, wenngleich er sich immerhin noch – erfolgreich – um eine allgemeine, rechtsverbindliche Unterstützungsresolution des Kongresses bemüht hatte[280]. Eine solche Resolution, die als „Tonkin Gulf Resolution" Gesetzeskraft erlangte[281], diente schließlich Präsident *Johnson* zur Rechtfertigung des militärischen Engagements der USA in Südostasien. Dabei wurde allerdings der Angriff auf ein amerikanisches Schiff in internationalen Gewässern zum Ausgangspunkt für einen der größten und verlustreichsten Kriege der amerikanischen Geschichte[282]. Die in Vietnam gemachte Erfahrung eines sukzessiven Hineingleitens in eine vom Kongreß so niemals befürwortete große militärische Auseinandersetzung mündete deshalb auf seiten der Legislative in die Erkenntnis, daß eine Klärung der Verfassungslage vonnöten sei.

Vereinzelte Versuche hierzu waren schon früher unternommen worden. So hatte der Senat etwa 1951 in einer nichtbindenden Resolution die Entsendung zusätzlicher Truppen durch Präsident *Truman* nach Europa zwar gutgeheißen, zugleich jedoch die Einholung einer formellen Zustimmung des Kongresses vor der Abkommandierung weiterer Streitkräfte angemahnt[283]. 1969 setzte dann ein mehrjähriges Ringen zwischen Senat und Repräsentantenhaus um die endgültige Fassung eines verbindlichen legislativen Aktes ein, der den Spielraum des Präsidenten bei der Anordnung militärischer Aktionen erheblich begrenzen sollte[284]. Aber erst nachdem Präsident *Nixon* mit dem Watergate-Skandal seine persönliche Integrität verloren

---

[277] Näher hierzu *Fisher* (Fn. 6), 275.

[278] *Pfiffner* (Fn. 6), 177 f.

[279] *Davidson/Oleszek* (Fn. 135), 431, sprechen insoweit von einer „period of *acquiescence*". Im Kontrast hierzu kennzeichnen sie die Zeit des Koreakrieges als „characterized by *antagonism*" und die nachfolgende des Vietnamkrieges als „period of *ambiguity*" (bis 1970) und schließlich „*acrimony*".

[280] Hierbei handelte es sich um die sog. „Cuba Resolution", Public Law 87–733, 76 Stat. 697 (1962). Vgl. dazu auch *Destler* (Fn. 32), 370.

[281] Public Law 88–408, 78 Stat. 384 (1964). Zu Hintergrund und Analyse dieser Resolution vgl. *Arthur M. Schlesinger, Jr.*, The Imperial Presidency, 1974, 179 ff.

[282] I. einz. nachgezeichnet wird diese Entwicklung bspw. von *Susan R. Burgess*, Contest for Constitutional Authority: The Abortion & War Powers Debates, 1992, 70 ff.

[283] Nachweise bei *Fisher* (Fn. 6), 277.

[284] Vgl. *Biden/Ritch* (Fn. 275), 385; *Fisher* (Fn. 6), 278 f.; *Ehrenzeller* (Fn. 44), 223; jew. m.w.N.

hatte, konnte der Kongreß in beiden Häusern die zu Überstimmung seines Vetos nötige Zwei-Drittel-Mehrheit aufbringen und die „War Powers Resolution“ als Gesetz verabschieden[285].

(2) Inhalt und Analyse

Die ursprüngliche Absicht der die „War Powers Resolution“ initiierenden Senatoren hatte darin bestanden, substantiell genau zu spezifizieren, welche Situationen einen Einsatz amerikanischer Streitkräfte durch den Präsidenten ohne eine vorherige Ermächtigung des Kongresses rechtfertigen sollten[286]. Das Scheitern dieses Vorhabens kann als exemplarische Illustration des Prinzips der Organadäquanz gewertet werden: Für die Legislative erwies es sich als unmöglich, im vorhinein durch abstrakt-generelle Regeln allgemeingültige Rahmenbedingungen für alle zukünftigen Aktionsformen der bewaffneten Macht Amerikas festzulegen. Angesichts ständig wechselnder außenpolitischer Konstellationen lassen sich die wenigsten militärischen Herausforderungen im einzelnen vorhersehen; auf neu entstehende und kurzfristig zu lösende Probleme kann aber nur die Exekutive angemessen reagieren, die dafür eines entsprechend flexiblen Handlungsspielraums bedarf. Der Kongreß hat daraus die logische Konsequenz gezogen, anstelle von materiellen Standards Verfahrensregeln zu normieren, die nach der Zweckbestimmung der (im folgenden als „WPR“ zitierten) „War Powers Resolution“ sicherstellen sollten

„that the *collective judgment* of both the Congress and the President will apply to the introduction of United States Armed Forces into hostilities, or into situations where imminent involvement in hostilities is clearly indicated by the circumstances, and to the continued use of such forces in hostilities or in such situations.“[287]

In der Terminologie unserer Untersuchung ausgedrückt, geht es dem Kongreß also darum, den Präsidenten im Sinne des Interorganrespekts zu einer loyalen Zusammenarbeit anzuhalten. Dieses Ziel verfolgt die WPR im einzelnen mit der Kodifizierung von Verhaltenspflichten, die typischerweise im Arsenal konkreter Ableitungen des Interorganrespekts enthalten sind und daher nähere Erwähnung verdienen.

Die durch die WPR eingeführten Verfahren lassen sich in vier Kategorien unterteilen:

– Zum ersten fordert der Kongreß generell Konsultationen mit dem Präsidenten, nach Möglichkeit schon vor einem eventuellen Einsatz amerikanischer Streitkräfte, in jedem Fall aber auf regulärer Basis während eines solchen Einsatzes[288].

– Zum zweiten statuiert er eine fristgebundene Berichtspflicht des Präsidenten: danach soll der Präsident binnen 48 Stunden nach der Entsendung amerikanischer Truppen zu einem Kampfeinsatz oder in eine Situation, die in einen solchen Einsatz münden könnte, dem Kongreß über diese Entscheidung und ihre potentiellen Kon-

---

[285] Public Law 93–148, 87 Stat. 555 (1973).

[286] Vgl. *Destler* (Fn. 32), 374.

[287] Sect. 2 (a) WPR (Hervorhebung vom Verf.).

[288] Sect. 3 WPR.

sequenzen Bericht erstatten; in länger andauernden Konfliktsituationen ist eine periodische Berichterstattung verlangt[289].

– Zum dritten wird die aus dem Gedanken der Organadäquanz folgende funktionelle Kompetenz des Präsidenten zur Anordnung militärischer Reaktionen auf neue Herausforderungen zeitlich beschränkt: Nach 60, maximal 90 Tagen (vom Zeitpunkt der Notwendigkeit einer ersten Berichtsvorlage an gerechnet) muß jeder fragliche Einsatz von US-Streitkräften beendet sein, sofern der Kongreß nicht in der Zwischenzeit seiner Verlängerung zugestimmt hat[290].

– Schließlich fordert der Kongreß vom Präsidenten, jeden ohne seine Zustimmung begonnenen Kampfeinsatz aufgrund einer „concurrent resolution" der Mehrheit in beiden Häusern des Kongresses sofort zu beenden[291].

Keines dieser Verfahren ist rechtlich unumstritten geblieben, wobei im Falle der ersten drei nur die Auslegung der entsprechenden Bestimmungen, für das zuletzt genannte jedoch sogar seine verfassungsrechtliche Zulässigkeit in Frage steht. Hinsichtlich der generellen Konsultationsverpflichtung des Präsidenten sind insbesondere die Modalitäten ihrer Erfüllung ungeklärt: wen genau muß der Präsident konsultieren, da man von ihm kaum eine Kontaktaufnahme mit allen 535 Kongreßmitgliedern verlangen kann[292]? Soweit es um die offizielle Berichterstattung an den Kongreß geht, haben die Präsidenten traditionell versucht, mit Hilfe einer negativen Beurteilung der Wahrscheinlichkeit von Kampfhandlungen die Vorlage des geforderten Berichts zu vermeiden oder jedenfalls zu verzögern[293]. Damit wird zugleich der Beginn der nach dem dritten Verfahren zwingend vorgeschriebenen Rückzugsfrist in Zweifel gezogen, auch wenn der Kongreß die dafür erforderliche Feststellung notfalls in eigener Regie treffen kann[294]. Über dieses Problem des Auslösungsmechanismus für die gesetzliche Automatik hinaus bestreiten seit *Nixon* alle Präsidenten die Verfassungsmäßigkeit der vom Kongreß beanspruchten Befugnis, durch „concurrent resolution" einen sofortigen Rückruf amerikanischer Truppen aus einem Kampfeinsatz zu erzwingen. Eine rechtsverbindliche Wirkung dieser Art könne nur aus einer – mit Zustimmung des Präsidenten oder über sein Veto hinweg verabschiedeten – „joint resolution" resultieren; das vierte nach der WPR vorgesehene Verfahren komme dagegen einem – vom Supreme Court mehrfach für verfassungswidrig erklärten – „legislativen Veto" gleich[295]. Die Beurtei-

---

[289] Sect. 4, 5 (a) WPR.

[290] Sect. 5 (b), 6 WPR.

[291] Sect. 5 (c), 7 WPR.

[292] Vgl. hierzu *Fisher* (Fn. 6), 282; sowie *John Hart Ely*, Suppose Congress Wanted a War Powers Act that Worked, in: Columbia Law Review 88 (1988), 1379–1431, 1383, 1400 f. und zu weiteren Defiziten in der Definition der Voraussetzungen für das Eingreifen der WPR 1385 ff.

[293] *Fisher* (Fn. 6), 282 f. Die Verfassungsmäßigkeit des Verfahrens als solche steht allerdings nicht in Zweifel, vgl. *Tribe* (Fn. 24), 217.

[294] Vgl. *Schwarz* (Fn. 22), 147 f.; u. näher *Ely* (Fn. 292), 1404 ff. Fraglich ist darüber hinaus, ob entgegen dem Wortlaut von Sect. 5 (b) WPR ein aktives Handeln des Kongresses gefordert werden sollte, d.h. ob im Falle seines Schweigens der Präsident als zur Fortführung des Einsatzes ermächtigt gelten soll. Näher zu dieser Problematik *Ehrenzeller* (Fn. 44), 264 ff. m.w.N.

[295] *INS v. Chadha*, 462 U.S. 919 (1983), vgl. dazu schon oben 6. Kap. I. 3. a) (229 f.). Eine Ver-

lung all dieser Streitfragen anhand der Idee des Interorganrespekts verspricht deshalb ein lohnendes Unterfangen zu werden.

(3) Praxis

Die Verfassungspraxis der Vereinigten Staaten unter der WPR läßt für diese Beurteilung zusätzliche Aufschlüsse erhoffen. Generell wird die WPR in der Öffentlichkeit nicht besonders positiv beurteilt[296]; mißt man sie an dem Anspruch, mit dem ihre Initiatoren angetreten waren, so kann dies auch nicht verwundern. Alle auf die Beseitigung ihrer oben aufgelisteten Schwachstellen gerichteten Revisionsvorschläge[297] sind freilich ebenso gescheitert wie der zuletzt 1995 unternommene Versuch ihrer Abschaffung. Ihre indirekte politische Wirkung sollte dennoch nicht unterschätzt werden, wie sich allein schon an der Tatsache zeigt, daß sich seit Vietnam sowohl die verschiedenen Präsidenten als auch der Kongreß stets darum bemüht haben, einen entsprechenden Verfassungskonflikt zu vermeiden. Sogar die Gerichte haben ihre Rechtsprechung weitgehend darauf abgestellt und bislang allen Versuchen, sie zur Durchsetzung der WPR in Anspruch zu nehmen und auf diese Weise den tatsächlichen Handlungsspielraum des Präsidenten zu beschneiden, eine Absage erteilt – oftmals unter Berufung auf die im nächsten Kapitel noch näher zu behandelnde „political question doctrine" und unter Hinweis darauf, daß der Kongreß selbst nichts unternommen habe, um dem Präsidenten aktiv entgegenzutreten[298]. In der Tat fehlt es vollkommen an Beispielen für derartige Akte des Gesetzgebers. Umgekehrt haben die seither amtierenden Präsidenten die WPR zwar niemals als rechtlich bindende Beschränkung ihrer „Commander in Chief"-Kompetenz anerkannt, faktisch jedoch oft genug beachtet; die juristische Formel, mit der dieser feine Unterschied üblicherweise zum Ausdruck gebracht wird, besteht darin, beispielsweise einen von Sect. 4 WPR geforderten Bericht nicht „pursuant to the WPR", sondern lediglich „consistent with the WPR" abzugeben[299].

---

fassungswidrigkeit der WPR in diesem Punkt bejahen etwa *Michael J. Glennon*, The War Powers Resolution Ten Years Later: More Politics than Law, in: AJIL 78 (1984), 571–581, 577; u. tendenziell *Schwarz* (Fn. 22), 149 ff.; sowie *Ehrenzeller* (Fn. 44), 261 ff.; ersichtlich ungern auch *Tribe* (Fn. 24), 236 Fn. 31; *a.A. Henkin* (Fn. 8), 107 f.; u. deutlich *Fisher* (Fn. 6), 270 ff.

[296] Vgl. statt vieler: *Glennon* (Fn. 295), 581; *Biden/Ritch* (Fn. 275), 369 et seq.; *Pfiffner* (Fn. 6), 180; *Franck* (Fn. 275), 768 ff.

[297] Stv. hierfür nochmals *Biden/Ritch* (Fn. 275), 396 ff.; u. *Ely* (Fn. 292), 1400 ff.; sowie *Glennon* (Fn. 10), 113 ff.; Überblick u. weitere Nachweise bei *Ehrenzeller* (Fn. 44), 231 f.

[298] Vgl. *Crockett v. Reagan*, 558 F. Supp. 893 (D.D.C. 1982), 897 f.; *Lowry v. Reagan*, 676 F. Supp. 333 (D.D.C. 1987), 337 ff.; unter ausdrücklicher Bezugnahme auf das Sondervotum von Justice Powell in *Goldwater v. Carter*, 444 U.S. 996 (1979), 1000 f., vgl. dazu auch oben I. 1. a) dd) (298), insbes. Fn. 36; ferner aus der Vietnam-Ära *Velvel v. Johnson*, 287 F. Supp. 846 (D.KS 1968); *Berk v. Laird*, 317 F. Supp. 715 (D.E.NY 1970); *Orlando v. Laird*, 443 F. 2d 1039 (2nd Cir. 1971); u. schließlich *Holtzman v. Schlesinger*, 484 F. 2d 1307 (2nd Cir. 1973), cert. denied, 416 U.S. 936 (1974); sowie *Dellums v. Bush*, 752 F. Supp. 1141 (D.D.C. 1990); zuletzt *Campbell v. Clinton*, 203 F. 3d 19 (D.C. Cir. 2000); vgl. a. insges. *Giegerich* (Fn. 97), 517 f.

[299] *Schwarz* (Fn. 22), 146; eine statistische Auswertung hierzu liefern bspw. *Ehrenzeller* (Fn. 44), 228 et seq.; u. *Dittgen* (Fn. 29), 126 f.

Eine Kategorisierung der praktischen Anwendungsfälle der WPR fällt unter diesen Umständen schwer. Immerhin läßt sich eine an Dauer und Intensität der betreffenden Militäraktionen festmachende Beobachtung verallgemeinern: Bei solchen Aktionen, die ihrem Wesen nach geheimgehalten werden müssen, bei Notfallreaktionen und bei Kurzeinsätzen auf einer relativ niedrigen Eingriffsschwelle kommt es häufiger zu einer Nichtbeachtung der WPR, die allerdings teilweise durch eine nachträgliche Information des Kongresses und Einholung seiner Billigung ausgeglichen wird. Ein typisches Beispiel hierfür stellen Geiselbefreiungsaktionen dar, wie sie etwa von Präsident *Ford* in Indochina und von Präsident *Carter* – erfolglos – in Iran durchgeführt wurden; die in diesen Fällen unterbliebene Konsultation mit dem Kongreß wurde von den Präsidenten später mit der Unerreichbarkeit der Kongreßführung bzw. mit Geheimschutzgründen gerechtfertigt. Aber auch über die militärischen Interventionen in Grenada 1983 und Panama 1989 sowie über die als Vergeltungsschläge für terroristische Attacken befohlenen Bombardements von Libyen 1986 und Afghanistan 1998 wurde der Kongreß jeweils erst unmittelbar vor dem Angriff informiert; zu einer weitergehenden Anwendung der WPR konnte es in diesen Fällen schon deshalb nicht kommen, weil alle diese Aktionen lange vor Ablauf der in Sect. 5 (b) WPR aufgestellten 60–Tage-Frist ihr Ende fanden[300]. Im Gegensatz hierzu legen die Präsidenten vor militärischen Großaktionen sehr wohl auf das ausdrückliche Einverständnis des Kongresses Wert. Selbst Präsident *Reagan* fügte sich 1983 einer ausdrücklich auf die WPR Bezug nehmenden Resolution des Kongresses, die die Erlaubnis zum Einsatz von US-Truppen im Libanon auf 18 Monate befristete, und machte sie mit seiner Unterschrift zum Gesetz[301]. Präsident *Bush* im Falle des Golfkrieges und Präsident *Clinton* beim Bosnien-Einsatz machten ihr Vorgehen sogar von vornherein politisch von einer Zustimmung des Kongresses abhängig; allerdings haben alle Präsidenten zu allen Zeiten zugleich auf ihrem Rechtsstandpunkt beharrt, als „Commander in Chief" auch ohne eine solche Zustimmung von Verfassungs wegen handeln zu dürfen[302].

Auf das Thema unserer Untersuchung bezogen, läßt sich der Gesamteindruck von der Wirkungsweise der WPR daher wie folgt zusammenfassen: Die WPR strebt, wie im vorigen Abschnitt bereits dargelegt wurde, die Sicherstellung einer loyalen Zusammenarbeit von Präsident und Kongreß in allen Fragen des Einsatzes amerikanischer Streitkräfte an. Für zeitlich und materiell begrenzte Aktionen mit kurzer Vorlaufzeit ist dieses Ziel nur sehr eingeschränkt erreicht worden; einer der wesentlichen Kritikpunkte an der WPR lautet in der Tat, sie gebe dem Präsidenten hinsichtlich kurzfristiger Einsätze faktisch freie Hand[303]. Die Entfaltung größerer

---

300 Vgl. die Übersichten – mit weiteren Beispielen – zu den unter der Geltung der WPR unternommenen Militäraktionen der verschiedenen Präsidenten und zu ihrem jeweiligen Verhalten gegenüber dem Kongreß bei *Burgess* (Fn. 282), 69 f.; u. *Davidson/Oleszek* (Fn. 135), 427.

301 „Multinational Force in Lebanon Resolution", Public Law 98–119, 97 Stat. 805 (1983).

302 Speziell zum Golfkrieg ausführlich *Pfiffner* (Fn. 6), 181 ff.; vgl. a. *Fisher* (Fn. 6), 290 f. m.w.N. zur Rspr.

303 Vgl. etwa *Thomas M. Franck*, After the Fall: The New Procedural Framework for Congressional Control over the War Power, in: AJIL 71 (1977), 605–641, 626 f. Das hier aufscheinende Pro-

militärischer Aktivitäten erscheint dagegen ungeachtet der unterschiedlichen Rechtspositionen der involvierten Verfassungsorgane nur noch auf der Basis einer echten Kooperation zwischen Präsident und Kongreß denkbar; die Vorstellung, ein Präsident könne amerikanische Truppen gegen den ausdrücklichen Willen der Kongreßmehrheit in einen schweren Kampfeinsatz schicken, war in dieser Form nie zutreffend und darf heute als praktisch ausgeschlossen gelten[304].

cc) Bundestag vs. Bundesregierung – Die Entscheidung des BVerfG zu Auslandseinsätzen der Bundeswehr

Extensive praktische Erfahrungen mit militärischen Aktionen der aus der amerikanischen Verfassungspraxis bekannten Art hat die Bundesrepublik Deutschland im Gegensatz zu den USA nach 1945 zunächst nicht sammeln können und müssen. Seit 1990 sieht sich das wiedervereinte Deutschland jedoch zunehmend mit der gleichen Problematik konfrontiert, zum einen durch neue Anforderungen im Rahmen von UN-Missionen, zum anderen durch Geschehnisse wie im ehemaligen Jugoslawien oder in Albanien. Anders als in den USA, wo die Situation in gewisser Weise in der Schwebe hängt, ist in Deutschland allerdings eine weitgehende Klärung der verfassungsrechtlichen Lage durch das Bundesverfassungsgericht erfolgt.

(1) Streitgegenstand und Entscheidungslinien des Urteils vom 12.07.1994

Den Gegenstand des vom 12.07.1994[305] datierenden einschlägigen verfassungsgerichtlichen Urteils bildeten insgesamt drei von der Bundesregierung 1992 und 1993 angeordnete Einsätze deutscher Streitkräfte im Ausland: zum einen die Entsendung eines Schiffes und einiger Flugzeuge zur Teilnahme an der Überwachung des von den Vereinten Nationen gegen Serbien und Montenegro verhängten Embargos durch NATO und WEU in der Adria; zum zweiten die Beteiligung deutscher Soldaten an den AWACS-Einsätzen, mit denen die NATO an der Durchsetzung des in gleicher Weise verhängten Flugverbots über Bosnien mitwirkte; und schließlich die Entsendung eines Bundeswehrkontingents zur Teilnahme an der

blem ist freilich z.T. schon in der Natur der Sache bzw. in der grundsätzlichen Verfassungsstruktur der Vereinigten Staaten angelegt, wie *W. Michael Reisman*, War Powers: The Operational Code of Competence, in: AJIL 83 (1989), 777–785, 778 ff., herausarbeitet.

[304] So auch *Henkin* (Fn. 8), 100. *Fisher* (Fn. 6), 292 ff., spricht in diesem Zusammenhang terminologisch bezeichnend von „politics of comity", was dem hier verwendeten Begriff des Interorganrespekts schon sehr nahe kommt. *Ehrenzeller* (Fn. 44), 229 Fn. 41, zitiert ausdrücklich das Statement von Präsident Reagan im Libanon-Konflikt, mit dem er die nach seiner Interpretation der Verfassung freiwillige Abgabe des von Sect. 4 WPR geforderten Berichts an den Kongreß begründete: „I am nonetheless providing this report *in a spirit of mutual cooperation* toward a common goal" (Hervorhebung vom Verf.). Auch für die im Kosovo ausgeführten Luftschläge der NATO hatte sich Präsident Clinton rechtzeitig der politischen Rückendeckung des Kongresses versichert, was freilich einzelne Abgeordnete nicht daran hinderte, sie mit der Begründung einer Verletzung der WPR juristisch – erfolglos (vgl. den letzten Urteilsnachweis oben Fn. 298) – anzugreifen.

[305] BVerfGE 90, 286 = NJW 1994, 2207 ff. = DVBl. 1994, 999 ff.

UN-Mission in Somalia[306]. Obwohl das Gericht also strenggenommen nur mit Einsätzen konfrontiert war, die unter dem Dach der Vereinten Nationen stattgefunden hatten, nutzte es diese Gelegenheit zu einer grundsätzlichen verfassungsrechtlichen Stellungnahme hinsichtlich zukünftiger „out of area"-Engagements der Bundeswehr. Die wesentlichen Entscheidungslinien seines Urteils hierzu lassen sich wie folgt zusammenfassen.

Das Gericht verortet die zentrale Verfassungsfrage zunächst im Bereich des Art. 24 GG. Art. 24 I GG, der die „Übertragung" von Hoheitsrechten auf zwischenstaatliche Einrichtungen an ein vom Parlament zu beschließendes Gesetz bindet, wird in diesem Zusammenhang für nicht relevant erklärt,

> „da die Teilnahme deutscher Streitkräfte an friedenssichernden Operationen von Systemen gegenseitiger kollektiver Sicherheit deren Einordnung in ein solches Organisationssystem zur Folge hat, nicht aber dem System die Kompetenz zuweist, Hoheitsbefugnisse mit unmittelbarer Wirkung im innerstaatlichen Bereich auszuüben."[307]

Militärische Aktionen im Rahmen gegenseitiger kollektiver Sicherheitssysteme unterfallen damit der Vorschrift des Art. 24 II GG, der die ausdrückliche Ermächtigung zu entsprechenden „Beschränkungen" der deutschen Hoheitsrechte enthält:

> „Hat der Gesetzgeber der Einordnung in ein System gegenseitiger kollektiver Sicherheit zugestimmt, so ergreift diese Zustimmung auch die Eingliederung von Streitkräften in integrierte Verbände des Systems oder eine Beteiligung von Soldaten an militärischen Aktionen des Systems unter dessen militärischem Kommando, soweit Eingliederung oder Beteiligung in Gründungsvertrag oder Satzung … bereits angelegt sind."[308]

Die Vereinten Nationen stellen unzweifelhaft ein solches kollektives Sicherheitssystem dar[309]. Das Gericht geht jedoch darüber hinaus und erklärt Verteidigungsbündnisse wie NATO und WEU ebenfalls zu kollektiven Sicherheitssystemen im Sinne von Art. 24 II GG[310]. Damit wurden für die Zukunft auch solche Bündnisaktionen verfassungsrechtlich denkbar, die – wie der Kosovo-Einsatz 1999 – nicht unter der Ägide der Vereinten Nationen stehen[311]. Die lange Zeit gegen diese

---

[306] Zum Hintergrund dieser Einsätze vgl. etwa die Schilderungen bei *Torsten Stein/Holger Kröninger*, Bundeswehreinsatz im Rahmen von NATO-, WEU- bzw. VN-Militäraktionen, in: Jura 1995, 254–262, 254 f.; *Werner Schroeder*, Verfassungs- und völkerrechtliche Aspekte friedenssichernder Bundeswehreinsätze, in: JuS 1995, 398–405, 398 f.; u. umfassend *Alexander Siedschlag*, Die aktive Beteiligung Deutschlands an militärischen Aktionen zur Verwirklichung Kollektiver Sicherheit, 1995, 44 ff.

[307] BVerfGE 90, 286, 346 f.; vgl. dazu *Georg Nolte*, Bundeswehreinsätze in kollektiven Sicherheitssystemen, in: ZaöRV 54 (1994), 652–685, 662 f.

[308] BVerfGE 90, 286, 351.

[309] BVerfGE 90, 286, 349.

[310] BVerfGE 90, 286, 350 f.; vgl. dazu auch *Georg Nolte*, Die „neuen Aufgaben" von NATO und WEU: Völker- und verfassungsrechtliche Fragen, in: ZaöRV 54 (1994), 95–123, 121; u. *Giegerich* (Fn. 97), 505.

[311] *Michael Wild*, Verfassungsrechtliche Möglichkeiten und Grenzen für Auslandseinsätze der Bundeswehr nach dem Kosovo-Krieg, in: DÖV 2000, 622–631, 627 f.; *Nolte* (Fn. 307), 660 et seq.; *a.A. Claus Arndt*, Verfassungsrechtliche Anforderungen an internationale Bundeswehreinsätze, in: NJW 1994, 2197–2199, 2199; näher zum Für und Wider in diesem Punkt *Norbert K. Riedel*, Die

Schlußfolgerungen ins Feld geführte Bestimmung des Art. 87 a II GG wird vom Gericht auf der Basis einer einschränkenden systematisch-historischen Auslegung insoweit für nicht einschlägig gehalten[312].

Gespalten war der erkennende Senat in der Frage, ob der im Gange befindliche Wandlungsprozeß von NATO und WEU, der sich in verschiedenen Erklärungen der Ministerräte beider Organisationen widerspiegelt und ihre Transformation von reinen Verteidigungsbündnissen in umfassende Sicherheitssysteme und „Vollstrecker" von UN-Beschlüssen markiert, von der Bundesregierung nur mit Zustimmung des Bundestages hätte eingeleitet bzw. unterstützt werden dürfen. Das die Entscheidung tragende Votum wertete die fraglichen Erklärungen lediglich als Bekundungen politischer Handlungsabsichten ohne verbindliche völkerrechtliche Konsequenzen und verneinte daher die Frage[313]. Das dissentierende Votum sieht in ihnen dagegen eine über die bloße Konkretisierung der in den Gründungsverträgen enthaltenen Aufgabenzuweisungen hinausgehende „dynamische(n) ... Erweiterung des ursprünglichen Konzepts des NATO- und Brüsseler Vertrages (WEU)", die zwar rechtlich nicht eindeutig als (zustimmungspflichtiger) Vertrag zu qualifizieren sei, die für solche Verträge vorgesehenen Mitwirkungsrechte des Bundestages aber indirekt zu unterlaufen drohe und daher gem. Art. 59 II 1 GG eine vorherige Einbindung des Gesetzgebers erfordert hätte[314].

Über die Frage, welche dieser beiden Wertungen eher zutrifft, ist in der Literatur heftig gestritten worden[315]. Für das Anliegen unserer Untersuchung ist jedoch nur der dahinterstehende Grundsatz von Bedeutung, den das Gericht einmütig so formuliert:

„Das Mitwirkungsrecht des Gesetzgebers kann ... dann verletzt sein, wenn die Exekutive in Wahrnehmung ihrer grundsätzlichen Kompetenz zur Pflege auswärtiger Beziehungen durch

---

Entscheidung des Bundesverfassungsgerichts zum Bundeswehreinsatz im Rahmen von NATO-, WEU- bzw. UN-Militäraktionen, in: DÖV 1995, 135–141, 137 f.; vgl. a. *Schroeder* (Fn. 306), 402, 404 f.

[312] BVerfGE 90, 286, 355 ff.; zum früheren Meinungsstand in der Lit. vgl. *Jochen Abr. Frowein*, Der völkerrechtliche Status von VN-Friedenstruppen und seine Bedeutung für das deutsche Recht, in: ders./Torsten Stein (Hg.), Rechtliche Aspekte einer Beteiligung der Bundesrepublik Deutschland an Friedenstruppen der Vereinten Nationen, 1990, 1–15, 12 f.; dort auch *Torsten Stein*, Die verfassungsrechtliche Zulässigkeit einer Beteiligung der Bundesrepublik Deutschland an Friedenstruppen der Vereinten Nationen, 17–30, 18 ff.; zuletzt *ders./Kröninger* (Fn. 306), 255 ff.; u. noch in Unkenntnis der verfassungsgerichtlichen Entscheidung *Biner Kurt Wenkholm Bähr*, Verfassungsmäßigkeit des Einsatzes der Bundeswehr im Rahmen der Vereinten Nationen, 1994, 177 ff. Zur heutigen Sicht des Verhältnisses von Art. 24 II und 87 a II GG vgl. *Karsten Fehn/Bernd Josef Fehn*, Die verfassungsrechtliche Zulässigkeit von Blauhelmeinsätzen der Bundeswehr, in: Jura 1997, 621–624, 621 ff.; u. insbes. *Otto Depenheuer*, Der verfassungsrechtliche Verteidigungsauftrag der Bundeswehr, in: DVBl. 1997, 685–688, der daraus folgert, das mögliche Einsatzspektrum der Bundeswehr im Rahmen kollektiver Sicherheitssysteme reiche weiter als ihr verfassungsrechtlicher Verteidigungsauftrag.

[313] BVerfGE 90, 286, 365 ff.

[314] BVerfGE 90, 286, 372 ff. (Zitat 372).

[315] Vgl. *Riedel* (Fn. 311), 138 f.; *Stein/Kröninger* (Fn. 306), 261; *Schroeder* (Fn. 306), 403 f.; *Wild* (Fn. 311), 629; u. ausführlich *Nolte* (Fn. 307), 666 ff.; sowie *Schwarz* (Fn. 22), 345 ff.

Vertrag neue oder erweiterte rechtliche Bindungen entstehen läßt, die die Voraussetzungen des Art. 59 Abs. 2 Satz 1 GG erfüllen, es aber versäumt, hierfür die Zustimmung des Gesetzgebers einzuholen."[316]

Mit diesem Satz schreibt das Gericht die Linie seiner Rechtsprechung zur Weiterentwicklung vertraglicher vereinbarter Integrationsprogramme, die bis zum „Maastricht"-Urteil bereits in anderem Zusammenhang nachgezeichnet wurde[317], logisch fort und bestätigt damit die generelle Bindung der Verfassungsorgane an die Prinzipien der Organtreue bzw. des Interorganrespekts im Zuge solcher Weiterentwicklungen: Zwar besteht für den Gesetzgeber insofern ein Rücksichtnahmegebot gegenüber der Exekutive, als er ihre „grundsätzliche Kompetenz zur Pflege auswärtiger Beziehungen" respektieren und ihr einen eigenen Handlungsspielraum zur situationsgerechten *politischen* Ausfüllung der vertraglichen Vorgaben zubilligen muß. Umgekehrt ist allerdings auch die Exekutive dem Gesetzgeber gegenüber dahingehend zu loyaler Kooperation verpflichtet, daß sie ihn rechtzeitig vor der möglichen Entstehung neuer oder erweiterter *rechtlicher* Bindungen in den Entwicklungsprozeß einzubinden und zuletzt seine Zustimmung einzuholen hat.

(2) Die Kreation eines umfassenden „Parlamentsvorbehalts"

Bis hierhin bietet die Entscheidung vom 12.07.1994 unter dem Gesichtspunkt des Interorganrespekts nichts wirklich Neues. Ihr im Kontext unseres Themas wichtigstes Kernstück besteht jedoch in dem Postulat eines umfassenden „Parlamentsvorbehalts", wonach „der Einsatz bewaffneter Streitkräfte grundsätzlich der vorherigen konstitutiven Zustimmung des Bundestages" bedarf[318]. Begründet wird dieses Postulat vom Bundesverfassungsgericht in Ermangelung ausdrücklicher verfassungsrechtlicher Festlegungen mit der deutschen Verfassungstradition einerseits und einer „Zusammenschau" der ansonsten im Grundgesetz enthaltenen wehrrechtlichen Vorschriften andererseits. Nach Ansicht des Gerichts sind „die auf die Streitkräfte bezogenen Regelungen des Grundgesetzes", zu denen namentlich die Art. 45 a, 45 b, 80 a III, 87 a I 2, IV 2, 115 a und 115 b GG rechnen,

„stets darauf angelegt, die Bundeswehr nicht als Machtpotential allein der Exekutive zu überlassen, sondern als 'Parlamentsheer' in die demokratisch-rechtsstaatliche Verfassungsordnung einzufügen, d.h. dem Parlament einen rechtserheblichen Einfluß auf Aufbau und Verwendung der Streitkräfte zu sichern."[319]

Aus dogmatischer Perspektive erscheint diese Begründung relativ gewagt; und dennoch sind diejenigen Stimmen in der Literatur, die sie im Grundsatz für unrichtig und den daraus abgeleiteten Parlamentsvorbehalt für eine eigentlich unzulässige verfassungsändernde „Rechtserfindung" des Gerichts halten, in der Minderheit ge-

---

[316] BVerfGE 90, 286, 358 f.
[317] Oben II. 1. b) cc) (336 ff.).
[318] BVerfGE 90, 286, 381.
[319] BVerfGE 90, 286, 381 f., et seq. zu den Einzelheiten dieser Argumentation.

blieben[320]. Der überwiegende Teil der an der Entscheidung geäußerten Kritik ist eher punktueller Natur: So wird etwa bemängelt, daß das Erfordernis einer vorherigen parlamentarischen Zustimmung für Überwachungsaktionen von der Art der Adria- und AWACS-Einsätze ein zu großer Hammer für eine kleine Nuß sei, da es bei solchen Aktionen nicht um die Grundentscheidung über Krieg und Frieden gehe, und daß eine zwingende Einschaltung der nationalen Parlamente vor jedem konkreten Einsatz, wie sie das Verfassungsgericht für Deutschland postuliert, die kollektiven Sicherheitssysteme ihrer Handlungsfähigkeit berauben könnte[321]. Nicht abschließend geklärt hat das Gericht auch die Frage des notwendigen parlamentarischen Verfahrens: zwar scheint es im Regelfall, „so es die Lage irgend erlaubt", einen Plenarbeschluß des Bundestages zu verlangen, betont jedoch zugleich, daß es Sache des Gesetzgebers sei, „die Form und das Ausmaß der parlamentarischen Mitwirkung näher auszugestalten"[322]. Zur Frage einer „Rückholbefugnis" des Bundestages enthält das Urteil ebenfalls keine eindeutigen Aussagen, wenngleich vieles dafür spricht, insoweit eine Parallele zum Zustimmungserfordernis zu ziehen[323], und dieses Problem außerdem im parlamentarischen Regierungssystem mit seiner effektiven Abhängigkeit der Regierung von der Parlamentsmehrheit niemals eine vergleichbare Brisanz entfalten kann wie im amerikanischen Präsidialsystem. In seiner generellen Stoßrichtung zugunsten einer stärkeren Parlamentarisierung der Kontrolle über die bewaffnete Macht hat das Urteil jedoch überwiegend Zustimmung geerntet[324].

Diese Beobachtung verdient im Zuge unserer Analyse vor allem deswegen hervorgehoben zu werden, weil sie auf eine allgemeine Anerkennung der vom Verfassungsgericht in seiner Entscheidung verfolgten Strategie schließen läßt, die Befugnis zum Einsatz militärischer Gewalt zwischen den obersten Verfassungsorganen aufzuteilen und diese sodann zu loyaler Kooperation im Sinne des Interorganrespekts anzuhalten. So dient die gesamte Konstruktion eines Parlamentsvorbehalts in erster Linie dazu, der vom Gericht „in den Vorschriften des Grundgesetzes auf

---

320 Vgl. stv. *Gerd Roellecke*, Bewaffnete Auslandseinsätze – Krieg, Außenpolitik oder Innenpolitik?, in: Der Staat 34 (1995), 415–428, 423 ff.

321 In diese Richtung argumentieren etwa *Nolte* (Fn. 307), 675 ff.; *Riedel* (Fn. 311), 140; *Stein/Kröninger* (Fn. 306), 261 f.; krit. a. *Siedschlag* (Fn. 306), 128 f., der einen einzelfallbezogenen Parlamentsvorbehalt in einem (richtig verstandenen) kollektiven Sicherheitssystem für „logisch unmöglich" hält.

322 BVerfGE 90, 286, 388 f.; zur derzeitigen Praxis *Raap* (Fn. 271), 983.

323 *Wild* (Fn. 311), 629 f.; *Nolte* (Fn. 307), 680 ff.

324 *Riedel* (Fn. 311), 139 ff. m.w.N. zur früheren Lit.; *Giegerich* (Fn. 97), 506 f.; *Stein/Kröninger* (Fn. 306), 262; *Schroeder* (Fn. 306), 404; zur Frage des dahinterstehenden Verfassungsverständnisses außerdem *Ingo J. Hueck*, Iconicity and the Legal Interpretation of the Constitution in Germany, in: Interdisciplinary Journal for Germanic Linguistics and Semiotic Analysis 1, 2 (Fall 1996), 219–227, 222 ff. Amüsant erscheint heute die Lektüre der unmittelbar vor der Entscheidung des Verfassungsgerichts unternommenen, teilweise völlig konträren Untersuchungen. Vgl. stv. *Bähr* (Fn. 312), 118 f., der aus rechtshistorischer und rechtsvergleichender Sicht für einen „qualifizierten Parlamentsbeschluß" plädierte; u. dagegen – mit allerdings schwacher Begründung – *Angela Hörchens*, Der Einsatz der Bundeswehr im Rahmen der Vereinten Nationen, 1994, 21 ff., 109 f., zus.fass. 129 ff.; jew. m.w.N.

dem Hintergrund der deutschen Verfassungstradition" erkannten „Entscheidung für eine umfassende parlamentarische Kontrolle der Streitkräfte"[325] zur Durchsetzung zu verhelfen und die Bundesregierung, bei der das Grundgesetz die Befehls- und Kommandogewalt über die Streitkräfte verortet[326], insoweit zur Rücksichtnahme auf die Kontrollkompetenz des Bundestages zu veranlassen. Umgekehrt fordert das Gericht allerdings ebenso vom Bundestag eine Respektierung des Eigenbereichs exekutiver Handlungsbefugnis und Verantwortlichkeit ein: So verweigert es dem Bundestag eine Initiativbefugnis auf militärischem Gebiet, was zur Folge hat, daß die Regierung zum Einsatz der Streitkräfte nicht verpflichtet werden kann und damit immer die letzte Entscheidung über die Durchführung von Militäraktionen behält, und erkennt der Exekutive außerdem ausdrücklich eine Notfallkompetenz zu, indem ihr bei Gefahr im Verzug eine vorläufige Berechtigung zum Einsatz der bewaffneten Macht eingeräumt und das Parlament unter diesen Umständen auf eine nachträgliche Befassung verwiesen wird[327]. Schließlich nimmt sich das Gericht selbst im Wege des Interorganrespekts zurück, wenn es die Einzelheiten der parlamentarischen Mitwirkung der Regelung durch den Gesetzgeber überläßt, so daß die hiergegen vorgebrachte Kritik, von der oben die Rede war, im Ergebnis unberechtigt erscheint. Freilich bleibt der Gesetzgeber dann auch zu einer solchen Regelung aufgerufen[328]; während nämlich beispielsweise die Beteiligung der Bundeswehr an der internationalen Friedenstruppe für Bosnien vorher noch ausgiebig im Parlament debattiert und zuletzt vom Plenum abgesegnet werden konnte, zeigte die am 14.03.1997 angeordnete und am selben Tag in der albanischen Hauptstadt Tirana durchgeführte militärische Rettungsaktion die nach dem Urteil des Verfassungsgerichts verbliebenen Regelungslücken auf: Zwar berief sich die Bundesregierung in zutreffender Weise auf „Gefahr im Verzug" und holte nachträglich die Billigung des Bundestages für ihr Vorgehen ein, doch fand die fragliche Aktion anders als die vom Verfassungsgericht beurteilten nicht im Rahmen eines gegenseitigen kollektiven Sicherheitssystems und damit letztlich ohne jede gesetzliche Grundlage statt[329]. Die Schaffung einer solchen muß daher zumindest aus der Sicht eines Befürworters parlamentarischer Beteiligungsrechte als wünschenswert betrachtet werden.

---

[325] BVerfGE 90, 286, 387.
[326] Oben a) bb) (357 ff.).
[327] BVerfGE 90, 286, 388 f.
[328] Ebenso *Schwarz* (Fn. 22), 340, 342 ff.; krit. hingegen *Wild* (Fn. 311), 630 f.
[329] Vgl. den vom Bundestag am 20.03.1997 beschlossenen Antrag der Bundesregierung, BT-Drs. 13/7233; u. dazu *Ulrich Fastenrath*, Neues Kapitel der Bundeswehrgeschichte ohne rechtliche Grundlage?, in: FAZ vom 19.03.1997, 8; keine Bedenken hat insoweit *Claus Kreß*, Die Rettungsoperation der Bundeswehr in Albanien am 14. März 1997 aus völker- und verfassungsrechtlicher Sicht, in: ZaöRV 57 (1997), 329–362, 356 ff.; vgl. a. *Depenheuer* (Fn. 312), 688, der die „Personalverteidigung" deutscher Staatsbürger als „unmittelbar aus Art. 87 a II GG gerechtfertigt" ansieht; *a.A.* freilich *Manfred Baldus*, Extraterritoriale Interventionen der Bundeswehr zur Rettung von fremden und deutschen Staatsangehörigen, in: Ingo Erberich u.a. (Hg.), Frieden und Recht, 1998, 259–295, 280 ff.

Immerhin waren die Vorsitzenden aller Bundestagsfraktionen nach Zeitungsberichten noch am Vorabend der Aktion von diesem Vorhaben unterrichtet worden und hatten zugestimmt. In Zusammenhang mit dem Einsatz von NATO-Luftstreitkräften im Kosovo hatte die Bundesregierung außerdem die Vorsitzenden und Obleute des Auswärtigen und des Verteidigungsausschusses schon lange vor dem offiziellen Bundestagsbeschluß über die Vorbereitungen eines solchen Einsatzes unterrichtet. Damit zeichnet sich auf der Basis des vom Bundesverfassungsgericht postulierten „Parlamentsvorbehalts" für bewaffnete Einsätze eine ähnliche Informationspolitik der Regierung gegenüber dem Parlament ab, wie sie im Hinblick auf Vertragsverhandlungen für vom Bundestag später zu billigende völkerrechtliche Abkommen bereits existiert und dort als typischer Ausdruck des Interorganrespekts gewertet wurde[330].

c) Gesamtbeurteilung

Inwieweit die „War Powers Resolution" des amerikanischen Kongresses und das Urteil des Bundesverfassungsgerichts vom 12.07.1994 in ihren einzelnen Regelungen vom Gedanken des Interorganrespekts geprägt sind, ist im vorigen bereits Gegenstand der Analyse dieser beiden Instrumente gewesen. Zu klären bleibt die Frage, welche allgemeinen Folgerungen sich aus ihrem Vergleich im ganzen ziehen lassen.

aa) Das grundlegende Paradoxon

Wie schon bei der allgemeinen Außenpolitik geht es auch bei ihrem speziellen sicherheits- und verteidigungspolitischen Unterfall unter dem Gesichtspunkt der innerstaatlichen Machtverteilung im wesentlichen um die Ausgestaltung der Gewaltenbalance zwischen Exekutive und Legislative. In funktioneller Hinsicht muß sich der entsprechende Balanceakt zwischen der Notwendigkeit eines einheitlichen, schnellen und flexiblen Handelns einerseits und dem Erfordernis einer wirksamen demokratischen Legitimation und Kontrolle dieses Handelns andererseits vollziehen. Ersteres kann nur über die Exekutive gewährleistet werden; für die letztgenannte Anforderung bedarf es hingegen einer maßgeblichen Rückbindung der von der Exekutive zu treffenden Entscheidungen an den legislativ-parlamentarischen Willensbildungsprozeß. Die Problematik dieses Balanceaktes kommt auf dem militärischen Sektor der Außenpolitik lediglich in besonders extremer Form zum Ausdruck. Die grundsätzliche Herausforderung an das Prinzip des Interorganrespekts, dem der Balancegedanke als treibende Kraft zugrundeliegt, ist daher wie in der sonstigen Außenpolitik zweifacher Natur: Zum einen muß die Legislative im Interesse

[330] Vgl. oben I. 1. b) aa) (1) (301) und c) (311), insbes. die Nachweise Fn. 49. In diesen Kontext gehört bspw. auch die an den Kosovo-Beteiligungsbeschluß vom 25.02.1999 angehängte Protokollnotiz, in der der Bundestag ungeachtet seiner grundsätzlichen Zustimmung zu einem Einsatz im Kosovo vor der tatsächlichen Entsendung von Truppen noch eine weitere Befassung mit der Angelegenheit auf der Basis der dann gegebenen konkreten Umstände verlangte.

der *Effektivität* staatlichen Handelns eigenständige Handlungsspielräume der Exekutive dort respektieren, wo andernfalls eine schwerwiegende Einbuße an staatlicher Handlungsfähigkeit drohen würde; zum anderen ist aber auch die Exekutive aus Gründen der *Legitimität* dazu verpflichtet, zumindest in grundlegenden Fragen auf die Intentionen der Legislative Rücksicht zu nehmen. Diese generelle Zuordnung folgt ihrerseits schon insofern aus dem Gedanken des Interorganrespekts, als sie dem darin enthaltenen Grundsatz der Organadäquanz entspricht.

Betrachtet man auf dieser Basis die einzelnen Ausformungen des Interorganrespekts im deutschen und amerikanischen Modell, so ergibt sich auf den ersten Blick eine scheinbar paradoxe Situation: Aufgrund der systembedingten Spezifika beider Verfassungsordnungen[331] besteht in Deutschland ursprünglich eine erheblich stärkere Kontrollmacht des Parlaments, da der Bundestag die Bundesregierung, wie es für ein parlamentarisches Regierungssystem typisch ist, notfalls jederzeit durch ein – allerdings konstruktives – Mißtrauensvotum stürzen kann, während der Kongreß in den USA den Präsidenten lediglich im Falle einer gravierenden Verletzung seiner Amtspflichten bzw. der allgemeinen Gesetze unter Anklage stellen und seines Amtes entheben kann. Nach den in den bisherigen Kapiteln entwickelten generellen Regeln zum Interorganrespekt[332] müßte man somit in den USA eine stärkere Ausprägung der legislativen Kontrollbefugnisse hinsichtlich einzelner Truppeneinsätze erwarten können: Denn je geringer die Abhängigkeit der Exekutivspitze von der Legislative ausfällt, desto größer wird unter dem Aspekt des Interorganrespekts das Bedürfnis der Legislative nach Mitspracherechten in den funktionsgerecht der Exekutive zugeordneten Bereichen. Umgekehrt bedarf die Exekutive dort, wo sie ohnedies schon von der Legislative abhängig ist, in besonderer Weise des parlamentarischen Respekts gegenüber ihrem Verantwortungsbereich.

Tatsächlich scheint es aber beim Umgang mit der bewaffneten Macht genau andersherum zu sein: Der vom Bundesverfassungsgericht für Deutschland postulierte umfassende Parlamentsvorbehalt reicht theoretisch sehr viel weiter als selbst der mit der „War Powers Resolution" erhobene – und von präsidentieller Seite stets bestrittene – Kontroll*anspruch* des Kongresses[333]. Die politische Praxis kennt ebenfalls wesentlich mehr Fälle einseitiger militärischer Anordnungen des amerikanischen Präsidenten als der deutschen Bundesregierung. Zieht diese Feststellung die Allgemeingültigkeit der bislang herausgearbeiteten Regeln zum Interorganrespekt in Zweifel?

---

[331] Allg. zu diesen schon oben 4. Kap. I. (102 ff.).

[332] Vgl. stv. die Ausführungen zur möglichen Begründung ministerialfreier Räume oben 6. Kap. II. 2. d) (262 f.).

[333] Vgl. oben b) bb) (2) (362 ff.) und cc) (2) (369 ff.); zum gleichen Ergebnis kommt *Nolte* (Fn. 307), 678.

bb) Relativierende Erwägungen

Eine solche Schlußfolgerung mag sich zwar spontan anbieten, würde aber insgesamt deutlich zu kurz greifen. Schon ein etwas genauerer Blick auf die Praxis entkleidet sie weitgehend ihres Bedeutungsgehalts: Spätestens seit dem Vietnamkrieg hat sich als offensichtlich herausgestellt, daß auch der amerikanische Präsident jedenfalls eine längere militärische Aktion nicht ohne entsprechende Rückendeckung im Kongreß und damit in der Bevölkerung riskieren kann. Dieser Satz gilt nicht nur für den Beginn, sondern ebenso für die gesamte Dauer derartiger Aktionen: Denn selbst wenn der Kongreß einen Truppeneinsatz grundsätzlich autorisiert, was rechtlich zur Folge hat, daß er dem Präsidenten das Mandat – sofern nicht von vornherein zeitlich begrenzt – gegen dessen Willen nur mit einer Zwei-Drittel-Mehrheit in beiden Häusern wieder entziehen kann, erscheint es kaum vorstellbar, daß ein Präsident die Durchführung einer solchen Aktion mit lediglich einem Drittel der Abgeordneten bzw. Senatoren im Rücken, d.h. gegen den erklärten Willen einer Mehrheit in Kongreß und Bevölkerung, politisch überleben könnte. So begründet sich zum einen die Tatsache, daß die „War Powers Resolution" von den Präsidenten zwar rechtlich nicht anerkannt, faktisch aber weitgehend beachtet wird, und zum anderen die Beobachtung, daß die Präsidenten um so eher die Abstimmung mit dem Kongreß und seine ausdrückliche Billigung für ihr Vorgehen suchen, je schwerwiegender sich die potentiellen Konsequenzen eines Einsatzes der bewaffneten Macht darstellen[334]. Die insoweit bestehende Vergleichbarkeit der praktischen Ergebnisse im deutschen und im amerikanischen Modell läßt sich exemplarisch mit der Feststellung illustrieren, daß Präsident *Clinton* für den Friedenseinsatz in Bosnien tatsächlich ebenso die vorherige Zustimmung des Kongresses einholte, wie es die deutsche Bundesregierung im Verhältnis zum Bundestag nach der Rechtsprechung des Bundesverfassungsgerichts tun mußte.

Auf der anderen Seite zeigt sich gerade an der Entwicklung des Bosnien-Einsatzes der Bundeswehr, wie sehr selbst der Bundestag ungeachtet des vom Verfassungsgericht zu seinen Gunsten postulierten umfassenden Zustimmungsvorbehalts dazu gezwungen ist, der Bundesregierung hinsichtlich der organisatorischen Einzelheiten eines Truppeneinsatzes freie Hand zu lassen. Die operative Führung der Streitkräfte kann weder in Deutschland noch in Amerika funktionsadäquat durch das Parlament vorgenommen werden, so daß der Bundestag ebenso wie der Kongreß nur über das „Ob" eines militärischen Einsatzes entscheiden und das „Wie" allenfalls als kritischer Beobachter begleiten kann. Selbst die im amerikanischen Verfassungssystem feststellbare Abstufung der Beteiligungsintensität des Kongresses nach Umfang und Dauer der jeweiligen Militäraktion findet sich indirekt in den für Bundeswehreinsätze aufgestellten Regeln wieder, indem bei kurzfristigen und inhaltlich begrenzten Eingriffen, die aus einer unmittelbaren Gefahrensituation resultieren und etwa im Falle von Geiselbefreiungsaktionen oder Rettungsaktionen nach

---

[334] Näheres hierzu oben b) bb) (3) (364 ff.), vgl. a. nochmals bes. die Nachweise in Fn. 304.

albanischem Muster[335] nur bei entsprechender Geheimhaltung erfolgreich sein können, der Bundesregierung ähnlich wie dem amerikanischen Präsidenten ein eigenständiges Handlungsrecht zugebilligt wird.

cc) Fazit

Nach alledem bewegt sich die Verfassungsdiskussion über den Umgang mit der bewaffneten Macht in Deutschland und den USA nicht nur zwischen den gleichen Spannungspolen einer umfassenden Exekutivbefugnis einerseits und eines Vorrangs der parlamentarischen Entscheidung andererseits, sondern kommt sogar trotz der fundamentalen Verschiedenheit der Regierungssysteme in beiden Modellen zu einem ähnlichen Ergebnis: Die Verfügungsbefugnis über die militärische Gewalt kann nicht exklusiv einer bestimmten Staatsgewalt zugeordnet werden, sondern ist nach den Kriterien von Funktionsgerechtigkeit und Organadäquanz so zwischen Exekutive und Legislative aufzuteilen, daß eine effiziente Entscheidungsfindung ebenso gewährleistet wird wie ein möglichst breiter politischer Konsens[336]. Die für die nähere Ausformung des Interorganrespekts maßgebliche Grundkonstellation präsentiert sich somit im Falle des Einsatzes militärischer Macht in gleicher Gestalt wie schon zuvor im Rahmen der allgemeinen Außenpolitik und führt daher auch zu vergleichbar strukturierten Schlußfolgerungen[337].

Die erste dieser Schlußfolgerungen besteht darin, die Kompetenzverteilung für die im Rahmen militärischer Aktionen anfallenden Entscheidungen nicht statisch auszurichten, sondern vielmehr dynamisch zu verstehen. Als formalisierter Ausdruck eines solchen Verständnisses kann wiederum der „Jackson Test" fungieren, der den Schwerpunkt des jeweils zu erbringenden Interorganrespekts nach dem Grad der Übereinstimmung der politischen Entscheidungsträger in Exekutive und Legislative bestimmt[338]. Decken sich deren Lagebeurteilungen, so folgt daraus eine grundsätzliche Verpflichtung der rechtsprechenden Gewalt, diese Beurteilungen und die sich daraus für den Truppeneinsatz ergebenden Konsequenzen zu respektieren[339]. Unter diesem Aspekt ist beispielsweise die Entscheidung des Bundesverfassungsgerichts, zumindest für Bundeswehreinsätze im Kontext gegenseitiger kollektiver Sicherheitssysteme keine inhaltlichen Grenzen, sondern lediglich prozedurale Anforderungen aufzustellen[340], im Sinne des Interorganrespekts als fol-

---

[335] Vgl. oben b) cc) (2) (371 f.), insbes. die Nachweise in Fn. 329.

[336] Zum gleichen Ergebnis kommt bspw. *Schwarz* (Fn. 22), 341 f. *A.A. Roellecke* (Fn. 320), 425 ff., der gerade aus der Organadäquanz in Verbindung mit diplomatischen Erwägungen eine Alleinzuständigkeit der Exekutive ableiten will.

[337] Die nachfolgenden Ausführungen repräsentieren deshalb gewissermaßen eine Essenz der oben II. 1. c) (339 ff.) unternommenen ausführlichen Darlegungen.

[338] Zur näheren Erläuterung dieses Tests vgl. oben II. 1. a) bb) (325 f.).

[339] Das gilt natürlich nicht im Falle evidenter Verfassungsverstöße, z.B. wenn Bundestag und Bundesregierung sich unter Verstoß gegen Art. 26 I GG übereinstimmend zur Führung eines Angriffskrieges entschließen sollten. Dieser Fall wird hier jedoch aufgrund seiner eher theoretischen Natur nicht weiter in Betracht gezogen.

[340] Vgl. insbes. oben b) cc) (1) (366 ff.).

gerichtig zu bewerten. Ein schweigendes Parlament verpflichtet sich selbst zum Interorganrespekt gegenüber der Exekutive, ein widersprechendes hingegen kann seinerseits Interorganrespekt von der Exekutive einfordern. Ganz in diesem Sinne machen etwa in der amerikanischen Diskussion um die „War Powers Resolution“ verschiedene Autoren darauf aufmerksam, daß die von den Präsidenten als Oberbefehlshaber in Anspruch genommenen eigenständigen Handlungsbefugnisse immer nur durchgreifen können, soweit der Kongreß wenigstens stillhält; über eine ausdrückliche Verweigerung des Kongresses hinweg können größere militärische Einsätze dagegen allein schon wegen seiner Budgetgewalt, der „power of the purse“, nicht durchgeführt werden[341]. Im Ergebnis kommt es so erneut zu einem Regel-Ausnahme-Schema, das zwar die primäre, nicht jedoch die ausschließliche Verantwortlichkeit für die Durchführung militärischer Aktionen der Exekutive zuweist.

In einer Hinsicht erfährt dieses Regel-Ausnahme-Schema allerdings eine Modifikation gegenüber dem aus der allgemeinen Außenpolitik bereits bekannten: Das dort aufgrund des Interorganrespekts statuierte punktuelle Zugriffs*recht* des Parlaments verdichtet sich insofern zu einer Zugriffs*pflicht*, als die Grundentscheidung über einen Streitkräfteeinsatz, der nicht in unmittelbarer Reaktion auf eine Gefahrenlage erfolgt – so das Bundesverfassungsgericht – bzw. über einen bestimmten zeitlichen Rahmen hinausgeht – so die „War Powers Resolution“ –, nicht nur vom Parlament an sich gezogen werden *kann*, sondern in der Tat von ihm getroffen werden *muß*[342]. Diese Absenkung der parlamentarischen Zugriffsschwelle erklärt sich jedoch zwanglos aus der besonderen Brisanz militärischer Aktivitäten, die den über das Prinzip des Interorganrespekts zu bewältigenden Herausforderungen an die Kompetenzverteilung in diesem Bereich eine spezifische Schärfe verleiht. Mit dieser Erklärung relativieren sich zugleich die in der vom Bundesverfassungsgericht gegebenen Begründung des Parlamentsvorbehalts für Bundeswehreinsätze feststellbaren dogmatischen Lücken; denn auch wenn das Grundgesetz einen solchen Vorbehalt nicht ausdrücklich statuiert, läßt er sich doch direkt aus der Idee des Interorganrespekts ableiten. Freilich hebt dies den notwendigerweise punktuellen Charakter des legislativen Zugriffs nicht auf: Zwar muß die Legislative die grundsätzliche Entscheidung über Truppeneinsätze treffen und kann außerdem mit guten Gründen einzelne Vorgaben für ihre Durchführung aufstellen, denen die Exekutive Respekt zollen muß, soweit sie sich überhaupt zur Durchführung entschließt; die tatsächliche Anordnung einer Militäraktion und die Details ihrer operativen Steuerung müssen jedoch aus Gründen der Organadäquanz in den Händen der Exekutive bleiben, da nur sie zu einer effektiven Führung der Streitkräfte in der Lage ist, was umgekehrt das Parlament zu respektieren hat. Der Ausnahmecharakter der vom Bundesverfassungsgericht generell auf Zustimmungserfordernis und Rückholbe-

---

[341] *Henkin* (Fn. 10), 31: „... history gives no support for any presidential authority to flout congressional legislation in the matters we are addressing.“ Vgl. a. *ders.* (Fn. 8), 108 ff.; weitere Nachweise bei *Ehrenzeller* (Fn. 44), 260 f.

[342] Hierzu i. einz. nochmals oben b) bb) (2) (362 ff.) und cc) (2) (369 ff.).

fugnis beschränkten Beteiligung des Bundestages und die in der „War Powers Resolution" vorgenommenen Grenzziehungen spiegeln diesen unmittelbar aus dem Grundsatz des Interorganrespekts fließenden Balanceakt in exemplarischer Weise wider.

2. Gemeinsame Verteidigungspolitik in der Europäischen Union

Mit den im vorigen analysierten nationalstaatlichen Organisationsformen des Umgangs mit der bewaffneten Macht läßt sich die im Rahmen der Europäischen Union betriebene gemeinsame Verteidigungspolitik eigentlich gar nicht vergleichen. Der Vollständigkeit halber bedarf sie jedoch zum Abschluß dieses Kapitels zumindest einer kurzen Erwähnung.

a) Die Vertragslage nach Maastricht und Amsterdam

Der Gedanke einer gemeinsamen Verteidigungspolitik im Kontext der Europäischen Union konnte überhaupt erst mit der Schaffung dieser Union durch den Vertrag von Maastricht Gestalt annehmen. Art. J.4 EUV blieb allerdings noch stärker als alle anderen Vorschriften des GASP-Titels im Unbestimmten verhaftet. Er sprach in seinem Abs. 1 nur von der „auf längere Sicht" angestrebten „Festlegung einer gemeinsamen Verteidigungspolitik ..., die zu gegebener Zeit zu einer gemeinsamen Verteidigung führen könnte". Gemeinsame Aktionen schloß er jedoch in Abs. 3 für den verteidigungspolitischen Bereich ausdrücklich aus. Stattdessen wurde die Westeuropäische Union (WEU), die ursprünglich völlig getrennt von der Europäischen Union existiert, in Abs. 2 als „integraler Bestandteil der Entwicklung der Europäischen Union" bezeichnet und um Ausarbeitung und Durchführung der Entscheidungen und Aktionen der EU mit verteidigungspolitischen Bezügen „ersucht". Festgeschrieben wurde außerdem in Abs. 4 und 5, daß die entsprechende Politik der EU sonstigen Verpflichtungen der Mitgliedstaaten, insbesondere den aus dem NATO-Vertrag oder aus Neutralitätserklärungen resultierenden, nicht entgegenstehen sollte[343].

Wie sich alle diese Versatzstücke einmal zu einem harmonischen Ganzen fügen sollten, blieb unklar. Immerhin hat die WEU ihrer Einbeziehung als „integraler Bestandteil" in die Entwicklung der EU prinzipiell zugestimmt und auf dieser Basis bereits erste Vereinbarungen mit der EU getroffen, die eine Grundlage für konkrete Einsätze der WEU im Rahmen der EU bieten, wobei das mögliche Einsatzspektrum von der Entsendung militärischer Beobachter über die Überwachung von Waffenstillständen und Sanktionsmaßnahmen bis hin zur bewaffneten Friedenswahrung

[343] Zur Vertragslage nach Maastricht vgl. allg. *Jürgens* (Fn. 218), 361 ff.; *Pechstein/Koenig* (Fn. 219), 152 ff. (Rn. 284 ff.); *Lange* (Fn. 222), 446 f.; *Burghardt/Tebbe* (Fn. 218), 16 ff.; *Josef Janning*, Außen- und Sicherheitspolitik nach Maastricht, in: Werner Weidenfeld (Hg.), Maastricht in der Analyse, 2. Aufl. 1995, 55–69, 64 ff.

und -durchsetzung reicht[344]. Der Einsatz der WEU in Mostar, der allerdings primär polizeilichen Charakter trug, darf als erstes konkretes Beispiel für diese Kooperation gelten. Darüber hinaus bekräftigt der Ministerrat der WEU in schöner Regelmäßigkeit sein Ziel, „die WEU stufenweise zur Verteidigungskomponente der Europäischen Union auszubauen“, und unterstützt zu diesem Zweck eine Intensivierung der Zusammenarbeit zwischen WEU- und EU-Organen[345]. Die Parlamentarische Versammlung der WEU hat freilich verschiedentlich deutlich gemacht, daß sie einer Unterstellung der WEU unter die EU skeptisch gegenübersteht, solange WEU und EU auf verschiedenen Verträgen beruhen und nicht dieselben Mitgliedstaaten haben[346].

Der Vertrag von Amsterdam bringt in dieser Hinsicht zwar genauere Zielvorgaben und punktuelle Verbesserungen, kann die grundsätzliche Diskrepanz aber nicht aufheben. Sein Art. 1 Nr. 10 ersetzt die im ursprünglichen Art. J.4 EUV anvisierte „längere Sicht“ durch das Ziel der „schrittweisen Festlegung“ einer gemeinsamen europäischen Verteidigungspolitik, die durch eine rüstungspolitische Zusammenarbeit zwischen den Mitgliedstaaten unterstützt werden soll. Er verlangt ferner, „engere institutionelle Beziehungen“ der EU zur WEU „im Hinblick auf die Möglichkeit einer Integration der WEU in die Union“ zu fördern, macht diese Integration jedoch ebenso wie die tatsächliche Festlegung einer gemeinsamen Verteidigung von einem von den Mitgliedstaaten zu ratifizierenden Beschluß des Europäischen Rates abhängig (Art. 17 I EUV (neu)). Das in Maastricht vereinbarte „Ersuchen“ an die WEU zur Ausarbeitung und Durchführung verteidigungspolitischer Entscheidungen und Aktionen der EU wird durch die stärkere Formulierung „in Anspruch nehmen“ ersetzt (Art. 17 III EUV (neu)). Die unmittelbar wirksamen rechtlichen Veränderungen beschränken sich allerdings im wesentlichen auf die Bindung der derart in Anspruch genommenen WEU an die vom Europäischen Rat vorgegebenen Leitlinien – was freilich bei fortdauernder Trennung der beiden Organisationen das Einverständnis der WEU voraussetzt – und auf die Einführung der „konstruktiven Enthaltung“ auch im verteidigungspolitischen Bereich[347] (Art. 17 III, 23 I EUV (neu)); die auf der Grundlage gemeinsamer Strategien und zur Durchführung gemeinsamer Aktionen oder Standpunkte im Rahmen der GASP zukünftig möglichen Mehrheitsbeschlüsse bleiben hingegen auf diesem Sektor ausgeschlossen (Art. 23 II EUV (neu)).

---

[344] Näheres hierzu bei *Jochen Abr. Frowein*, Die Europäische Union mit WEU als Sicherheitssystem, in: FS Ulrich Everling, 1995, 315–326, 322 ff.

[345] Vgl. etwa Rz. 5 der Erklärung von Ostende, BullBReg. Nr. 104 vom 17.12.1996, 1121 ff., 1121; Rz. 6 der Erklärung von Paris, BullBReg. Nr. 50 vom 16.06.1997, 581 ff., 582; Rz. 7 der Erklärung von Erfurt, BullBReg. Nr. 96 vom 03.12.1997, 1229 ff., 1230; Rz. 4 der Erklärung von Rhodos, BullBReg. Nr. 40 vom 09.06.1998, 530 ff., 530.

[346] Vgl. stv. die Berichte über die Tagung der Versammlung vom 22./23.02.1996 in London, in: wib 8/1996, 46; über die Tagung vom 03.-06.06.1996 in Paris, in: wib 14/1996, 88; u. über die Tagung vom 02.-05.06.1997 in Paris, in: wib 10/1997, 57.

[347] Zu diesen Veränderungen vgl. i. einz. schon die Ausführungen zur GASP oben II. 2. b) aa) (345 f.) und bb) (1) (347).

b) Bewertung

Unter diesen Umständen muß man die Existenz einer gemeinsamen Verteidigungspolitik auf europäischer Ebene gegenwärtig nach wie vor verneinen. Von der Einheitlichen Europäischen Akte angefangen, deren Art. 30 VI lit. a allgemein eine „engere Zusammenarbeit" der Signatarstaaten in Fragen der europäischen Sicherheit verlangte[348], über den Vertrag von Maastricht bis hin zu seiner Revision in Amsterdam ist zwar eine kontinuierliche Verdichtung der Bereitschaft der Mitgliedstaaten festzustellen, sich auf das Endziel einer gemeinsamen europäischen Verteidigungspolitik festzulegen; die konkret daraus gezogenen Folgerungen lassen eine solche aber allenfalls in Umrissen erahnen[349]. Angesichts der Sensitivität dieses Themas, das am unmittelbarsten an den Kern der einzelstaatlichen Souveränität rührt, kann dies auch nicht verwundern und läßt eine echte Übernahme der Verteidigungspolitik in die Zuständigkeit der Union auf absehbare Zeit nicht erwarten[350]. Die verbindliche Inanspruchnahme nationaler Truppenverbände auf der Basis einer Mehrheitsentscheidung des Ministerrats erscheint beispielsweise bis auf weiteres unvorstellbar. Zielkonflikte zwischen EU und NATO sowie – für die derzeit noch nicht genau bestimmbare Dauer ihrer rechtlichen Selbständigkeit – zwischen WEU und EU sind allein schon wegen ihrer unterschiedlichen Mitgliederkreise vorprogrammiert, ohne daß hierfür Lösungen in Sicht wären; die in Nizza gefaßten Beschlüsse laufen dementsprechend auch darauf hinaus, die erst in Amsterdam eingeführten Bezugnahmen auf die WEU wieder aus dem EU-Vertrag zu eliminieren und stattdessen „auf der Grundlage der geltenden Bestimmungen" – unabhängig von der Ratifizierung des Vertrags von Nizza – durch praktische Maßnahmen die Einsatzfähigkeit einer europäischen Streitmacht zur Krisenbewältigung herzustellen. Solange sich jedoch die Staaten der Union nicht auf konkrete Maßnahmen einer gemeinsamen Verteidigungspolitik verständigen können, sondern im Prinzip an ihren nationalen verteidigungspolitischen Strategien und Doktrinen festhalten und die Unionsorgane lediglich als Kommunikations- und Koordinationsforen benutzen, macht die Frage nach dem Interorganrespekt keinen Sinn. Denn dieses Prinzip kann seinem Wesen nach nur dort zum Einsatz kommen, wo mehrere grundsätzlich gleichberechtigte Organe mit jeweils eigenen Handlungsspielräumen und Entscheidungsbefugnissen nebeneinander agieren. Da es im verteidigungspolitischen Bereich auf europäischer Ebene schon an solchen Entscheidungsbefugnissen der Unionsorgane weitgehend fehlt, bleibt für den Interorganrespekt dort bis auf weiteres kein Anwendungsbereich.

---

[348] Näher hierzu bspw. *Jürgens* (Fn. 218), 219 ff.

[349] Diese Diagnose teilen z.B. auch *Pechstein/Koenig* (Fn. 219), 152 (Rn. 284), 174 f. (Rn. 331); u. tendenziell *Dashwood* (Fn. 73), 1041 f.; weniger skeptisch *Kugelmann* (Fn. 227), 110 f.; *Schönfelder/Silberberg* (Fn. 224), 20 f.; u. *Streinz* (Fn. 229), 141; sogar als „richtungsweisend" betrachten *Hilf/Pache* (Fn. 229), 709, die Aussagen des Amsterdamer Vertrages.

[350] Ebenso schon *Cesare Merlini*, Europäische Außenpolitik und nationale Souveränität, in: Internationale Politik 1/1997, 63–68, 64 f.

Achtes Kapitel

Interorganrespekt und Verfassungsrechtsprechung

„The constitution is what the judges say it is."
Charles Evans Hughes

Nach den in den vorherigen Kapiteln vorgenommenen Anwendungsanalysen zum Interorganrespekt im Bereich der legislativen, exekutiven und – als Spezialfall – der auswärtigen Gewalt müßte man an dieser Stelle zum Abschluß ein Kapitel über Interorganrespekt im Bereich der judikativen Gewalt erwarten. Eine derart weitgefaßte Fragestellung verspräche jedoch insofern nur wenig Ertrag, als die „dritte Gewalt" von den beiden anderen im Verhältnis am stärksten geschieden ist und im „Tagesgeschäft" der Rechtsprechung Kompetenzüberlagerungen und -konflikte mit den anderen Zweigen der öffentlichen Gewalt deshalb seltener auftreten[1]. Dazu kommt die selbstgewählte Begrenzung der vorliegenden Arbeit auf das Verhältnis der jeweils obersten Verfassungsorgane zueinander. Zum Brennpunkt unserer Untersuchung wird damit jener Ort, wo die rechtsprechende Gewalt notgedrungen in die politische Sphäre hinübergreift, die nach dem klassischen Konzept der Gewaltentrennung den beiden anderen Gewalten vorbehalten sein sollte, und die Konzentration politischer Macht in Richterhänden folglich ihr Maximum erreicht: die Verfassungsrechtsprechung der jeweils höchsten Gerichte in den hier betrachteten Systemen.

I. Vorbemerkung: Der Zugang zum obersten Gericht

Nur am Rande sei bemerkt, daß sich die in diesem Zusammenhang bestehenden Einflußmöglichkeiten nicht auf die potentielle Ausübung politischer Entscheidungsmacht durch die Spitzenorgane der Judikative beschränken. Vielmehr können auch umgekehrt die Organe der anderen Gewalten Einfluß auf das oberste Gericht ausüben, nämlich bei seiner Besetzung: In allen zum Gegenstand dieser Untersu-

---

[1] Immerhin wurde oben 6. Kap. III. 2. (277 ff.) die Frage der gerichtlichen Kontrolldichte gegenüber der Verwaltung bereits angesprochen. Im Verhältnis von Judikative und Legislative entspricht dieser Frage die Problemstellung, inwieweit die Gerichte bei der Auslegung von Gesetzen an die Intentionen des Gesetzgebers gebunden sind bzw. bis zu welchem Grade ihnen eigenständige Interpretationsspielräume zugestanden werden müssen. Im Kern handelt es sich dabei jedoch um die gleichen Fallkonstellationen, die im folgenden exemplarisch anhand der Verfassungsrechtsprechung erörtert werden sollen.

chung gemachten Verfassungsordnungen werden die höchsten Richter politisch bestimmt; in Deutschland von Bundestag und Bundesrat (Art. 94 I 2 GG)[2], in den USA vom Präsidenten mit Zustimmung des Senats (Art. II Sect. 2 Cl. 2 der US-Verfassung)[3] und in der EG von den Regierungen der Mitgliedstaaten „im gegenseitigen Einvernehmen" (Art. 223 I (ex-Art. 167 I) EGV)[4]. Dies kann von erheblicher faktischer Bedeutung für die vom obersten Gericht in seiner Verfassungsrechtsprechung verfolgte Linie sein[5]; rechtlich erschöpft sich die Einflußnahme legislativer und exekutiver Institutionen auf das Spitzenorgan der „dritten Gewalt" allerdings in diesem Punkt. Eine auf der Analyse ihrer Kompetenzen fußende Erörterung der Verfassungsrechtsprechung muß sich daher primär auf ihre rechtliche Entscheidungsmacht und deren Ausübung durch das oberste Gericht konzentrieren.

Dazu bedarf es zunächst einer kurzen Betrachtung der verschiedenen Zugangswege, auf denen eine verfassungsrechtliche Streitigkeit das oberste Gericht erreichen kann. Denn das vielleicht wesentlichste Charakteristikum der rechtsprechenden Gewalt im Unterschied zu Legislative und Exekutive besteht darin, daß sie nur über das entscheiden kann, was in Form eines Falles vor sie gebracht wird. Eine Vergleichbarkeit der Entscheidungsmacht der höchsten Rechtsprechungsorgane in den hier ausgewählten Verfassungssystemen setzt also voraus, daß sich die jeweiligen Zugangsmöglichkeiten in ihrer tatsächlichen Reichweite ungefähr entsprechen.

---

[2] Diese Entscheidung hat der Bundestag allerdings mit § 6 BVerfGG in die Hand eines speziellen Wahlausschusses gelegt, wobei bis heute darüber gestritten wird, ob diese Delegation verfassungsrechtlich zulässig ist. Vgl. dazu *Sybille Koch*, Die Wahl der Richter des BVerfG, in: ZRP 1996, 41–44; u. allg. *Josef Isensee*, Bundesverfassungsgericht – quo vadis?, in: JZ 1996, 1085–1093, 1092 f.; *Thomas Trautwein*, Bestellung und Ablehnung von Bundesverfassungsrichtern, 1994, 18 ff.; *Alexander v. Brünneck*, Verfassungsgerichtsbarkeit in den westlichen Demokratien, 1992, 30 ff.

[3] Zu den mit diesem Verfahren einhergehenden Problemen, die 1987 in dem fehlgeschlagenen Versuch von Präsident Reagan kulminierten, den politisch exponierten Robert Bork zum Richter am Supreme Court zu ernennen, vgl. stv. *Stephen L. Carter*, The Confirmation Mess, 1994, 54 ff.; u. etwa *Winfried Brugger*, Verfassungsinterpretation in den Vereinigten Staaten von Amerika, in: JöR N.F. 42 (1994), 571–593, 572.

[4] Krit. hierzu *Derk Siebert*, Die Auswahl der Richter am Gerichtshof der Europäischen Gemeinschaften, 1997, 87 ff., beachte auch seine Bewertung der existierenden Reformvorschläge 207 ff.; vgl. weiter den Bericht des Gerichtshofes über bestimmte Aspekte der Anwendung des Vertrages über die Europäische Union an die Reflexionsgruppe, in: Tätigkeiten des Gerichtshofes und des Gerichts erster Instanz der Europäischen Gemeinschaften Nr. 15/95 (Woche vom 22.-26.05.1995), 3–13, 11 f. (Rz. 16 f.); sowie *Otmar Philipp*, Regierungskonferenz 1996 und europäische Gerichtsbarkeit, in: EuZW 1996, 624–627, 624 f.; *Ulrich Everling*, Die Zukunft der europäischen Gerichtsbarkeit in einer erweiterten Europäischen Union, in: EuR 1997, 398–418, 407 f.; *Walter van Gerven*, The Role and Structure of the European Judiciary now and in the future, in: ELR 21 (1996), 211–223, 221.

[5] Vgl. stv. zu den USA die umfassende Untersuchung von *Laurence H. Tribe*, God save this Honorable Court, 1986, bes. 36 ff., 89 ff., 104 ff.; u. allg. *Roland Vaubel*, Constitutional Safeguards Against Centralization in Federal States: An International Cross-Section Analysis, in: Constitutional Political Economy 7 (1996), 79–102, 90 ff.

1. *Modelltyp I:* Enumerative Aufzählung spezieller verfassungsrechtlicher Streitigkeiten

Sowohl das deutsche als auch das europäische Modell haben sich für die Einrichtung eines obersten Gerichts entschieden, das sich exklusiv und spezifisch mit verfassungs- bzw. primärrechtlichen Streitfragen befassen soll. Seine Zuständigkeiten werden daher in beiden Systemen enumerativ in der Verfassung bzw. im Gründungsvertrag aufgezählt.

a) Überblick der verschiedenen Zuständigkeiten und Verfahrensarten

Über diese Zuständigkeiten und die dazugehörigen Verfahrensarten soll im folgenden ein höchst kursorischer Überblick gegeben werden, der ausschließlich dazu dient, die spätere Zuordnung der einzelnen Vergleichspaare zu erleichtern, und daher auch auf die erst nachträglich geschaffene und zuletzt in Nizza erweiterte Option eines ersten Rechtszugs auf europäischer Ebene nicht weiter eingeht.

aa) Verfahren vor dem Bundesverfassungsgericht

Die Zuständigkeiten des Bundesverfassungsgerichts finden sich hauptsächlich in Art. 93 I GG, aber auch an anderen Stellen im Grundgesetz. Den kompletten Katalog enthält § 13 BVerfGG. Vereinfacht lassen sie sich wie folgt kategorisieren[6]:

– Als „Urgestein" der Verfassungsgerichtsbarkeit, jedenfalls für die deutsche Rechtsentwicklung, kann man die föderativen Streitigkeiten ansehen[7]. Im einzelnen unterscheiden Art. 93 I Nr. 3, 4 GG, § 13 Nr. 7, 8 BVerfGG dabei zwischen „Meinungsverschiedenheiten über Rechte und Pflichten des Bundes und der Länder", die grundsätzlich nur vom Bundesverfassungsgericht zu entscheiden sind, und „anderen öffentlich-rechtlichen Streitigkeiten", die entweder zwischen Bund und Ländern oder auch allein unter den Ländern auftreten können und mit denen das Bundesverfassungsgericht lediglich beschäftigt werden kann, „soweit nicht ein anderer Rechtsweg gegeben ist"[8].

– „Streitigkeiten über den Umfang der Rechte und Pflichten eines obersten Bundesorgans" oder anderer mit ähnlichen Rechten ausgestatteter Beteiligter werden nach Art. 93 I Nr. 1 GG, § 13 Nr. 5 BVerfGG ebenfalls vom Bundesverfassungsgericht entschieden[9], womit dafür gesorgt ist, daß Auseinandersetzungen über den Inhalt des von den einzelnen Verfassungsorganen einander geschuldeten Inter-

---

[6] Statt vieler: *Klaus Stern*, Das Staatsrecht der Bundesrepublik Deutschland, Bd. II, 1980, 978 et seq.

[7] *Herbert Bethge*, in: Theodor Maunz/Bruno Schmidt-Bleibtreu/Franz Klein/Gerhard Ulsamer, Bundesverfassungsgerichtsgesetz (Loseblatt), § 13 Rn. 69.

[8] I. einz. dazu bspw. *Ernst Benda/Eckart Klein*, Lehrbuch des Verfassungsprozeßrechts, 1991, 409 ff. (Rn. 978 ff.), 431 ff. (Rn. 1025 ff.); *Klaus Schlaich*, Das Bundesverfassungsgericht, 4. Aufl. 1997, 70 ff. (Rn. 90 ff.), 73 ff. (Rn. 97 ff.).

[9] Vgl. näher *Thomas Clemens*, in: Dieter C. Umbach/ders. (Hg.), Bundesverfassungsgerichtsgesetz, 1992, §§ 63, 64 Rn. 24 ff., 132 ff.; *Schlaich* (Fn. 8), 54 ff. (Rn. 74 ff.).

organrespekts letztlich einer gerichtlichen Klärung zugeführt werden können. Dieses Organstreitverfahren ist im weiteren Sinne der Binnenkontrolle der Staatsgewalt zuzurechnen[10].

– Zum Bereich der Binnenkontrolle zählt weiterhin das Verfahren der abstrakten Normenkontrolle gem. Art. 93 I Nr. 2 GG, § 13 Nr. 6 BVerfGG, das zwar der Herbeiführung einer allgemeinverbindlichen Entscheidung über die Gültigkeit einer Rechtsnorm dient, mit seiner strikten Begrenzung des Kreises der möglichen Antragsteller auf die Bundesregierung, die Landesregierungen und ein Drittel der Mitglieder des Bundestages aber primär eine Befriedungsfunktion zur Schlichtung verfassungsrechtlicher Dissense auf oberster staatsorganschaftlicher Ebene erfüllt[11]. Ob das mit Art. 93 I Nr. 2 a GG neu eingeführte Verfahren zur spezifischen Überprüfung der Einhaltung von Art. 72 II GG eine Modifikation dieser abstrakten Normenkontrolle darstellt oder eher in die Kategorie der föderativen Streitigkeiten gehört, ist dogmatisch nicht abschließend geklärt[12].

– Im Gegensatz dazu handelt es sich bei der zweiten Gattung von Normenkontrollverfahren, den Richtervorlagen nach Art. 100 I GG, § 13 Nr. 11 BVerfGG, um ein Instrument der Außenkontrolle, was auch für die Unterarten der Normverifikations- und -qualifikationsverfahren sowie der Divergenzvorlagen gem. Art. 100 II, III GG, § 13 Nr. 12, 13 BVerfGG gilt. In seiner Grundform dient das konkrete Normenkontrollverfahren vor allem dem Schutz des parlamentarischen Gesetzgebers vor einer Mißachtung seiner Normen durch jeden beliebigen Richter[13] und verkörpert damit selbst bereits einen idealtypischen Ausdruck des Gedankens vom Interorganrespekt, indem es eine weitgehende Rücksichtnahme der Fachgerichte auf die politische Gestaltungsbefugnis der Legislative bzw. auf das diesbezügliche „Verwerfungsmonopol"[14] des Bundesverfassungsgerichts erzwingt. Allerdings stellt das Verfassungsgericht zugleich nicht unerhebliche Ansprüche an die Begründung von Richtervorlagen hinsichtlich ihrer Entscheidungserheblichkeit und der Überzeugung des vorlegenden Gerichts von der Verfassungswidrigkeit der fraglichen Norm und hat schon zahlreiche Vorlagen deswegen für unzulässig erklärt, weil das

---

[10] Zu den Organstreitverfahren gehört im übrigen auch der sog. „Binnenländerstreit" nach der 3. Alternative des Art. 93 I Nr. 4 GG, der allerdings praktisch ohne Bedeutung ist.

[11] Vgl. zu dieser Funktion schon BVerfGE 1, 396, 413; u. daran anschließend *Hartmut Söhn*, Die abstrakte Normenkontrolle, in: Fg. BVerfG I, 1976, 292–322, 294; insges. zur abstrakten Normenkontrolle bspw. *Christian Pestalozza*, Verfassungsprozeßrecht, 3. Aufl. 1991, 120 ff.

[12] Nachweise zum Meinungsstand u. eine Darstellung desselben finden sich bei *Josef Aulehner*, Art. 93 I Nr. 2 a GG – abstrakte Normenkontrolle oder föderative Streitigkeit?, in: DVBl. 1997, 982–988, der am Ende für die Qualifikation dieses Verfahrens als „eigenständige Verfahrensart" plädiert. Zu den am 16.07.1998 verabschiedeten Ausführungsvorschriften hierzu *Christian Pestalozza*, Das Bundesverfassungsgericht: Bonner Reform-Allerlei '98, in: JZ 1998, 1039–1046, 1044 ff., vgl. dort auch 1042 ff. zur Modifikation des die „herkömmliche" abstrakte Normenkontrolle regelnden § 76 I BVerfGG.

[13] Vgl. *Karl August Bettermann*, Die konkrete Normenkontrolle und sonstige Gerichtsvorlagen, in: Fg. BVerfG I, 1976, 323–373, 328; *Stern* (Fn. 6), 988; weitere Nachweise und Ausführungen bei *Werner Heun*, Richtervorlagen in der Rechtsprechung des Bundesverfassungsgerichts, in: AöR 122 (1997), 610–628, 612.

[14] BVerfGE 22, 373, 378.

vorlegende Gericht sich nicht hinreichend mit den zugrundeliegenden Rechtsfragen auseinandergesetzt habe[15].

– Eine Außenkontrolle des staatlichen Handelns erfolgt weiterhin durch das in der verfassungsgerichtlichen Praxis mit weitem Abstand am häufigsten vorkommende Verfahren: die Verfassungsbeschwerde gem. Art. 93 I Nr. 4 a GG, § 13 Nr. 8 a BVerfGG, mit der jeder, der sich durch die deutsche öffentliche Gewalt in einem seiner individuellen Grundrechte verletzt fühlt, das Verfassungsgericht anrufen kann. Zwar beansprucht das Bundesverfassungsgericht insoweit keine exklusive Zuständigkeit, wie sich neben dem allgemein in § 90 II BVerfGG normierten Subsidiaritätsgrundsatz auch daran zeigt, daß unter bestimmten Umständen die Landesverfassungsgerichte nach § 90 III BVerfGG parallel für den Grundrechtsschutz eingespannt werden können[16] und im Falle kommunaler Verfassungsbeschwerden gem. Art. 93 I Nr. 4 b GG, § 13 Nr. 8 a BVerfGG teilweise sogar primär angerufen werden müssen. Als möglicher „Endpunkt" in allen Grundrechtsstreitigkeiten wird es dennoch von so vielen Verfahren dieser Art erreicht, daß inzwischen ein Vorprüfungsverfahren geschaffen worden ist, in dem die meisten Verfassungsbeschwerden schon vorab aussortiert werden. Dieses Verfahren sieht nach § 93 a BVerfGG vor, daß jede Verfassungsbeschwerde der Annahme zur Entscheidung bedarf, wobei die Annahme erfolgen muß, wenn der Beschwerde „grundsätzliche verfassungsrechtliche Bedeutung zukommt" oder es zur Durchsetzung der betroffenen Grundrechte „angezeigt" ist[17]; die Annahmeentscheidung selbst wird normalerweise von einer Kammer des Gerichts ohne mündliche Verhandlung getroffen und be-

---

[15] So zuletzt BVerfG EuGRZ 1996, 407 ff.; NJW 1996, 2497 ff.; NJW 1997, 573 f.; NJW 1997, 791 f., 792 f.; NJW 1997, 2230 f.; vgl. i. einz. *Heun* (Fn. 13), 618 ff. m.w.N.; u. am konkreten Beispiel krit. *Willi Geiger*, Das Verhältnis von Bundesverfassungsgericht und vorlegendem Gericht im Falle der konkreten Normenkontrolle, in: EuGRZ 1984, 409–420.

[16] Hierzu vor allem BVerfG NJW 1998, 1296 ff.; u. auf der Basis dieser Entscheidung *Klaus Lange*, Kontrolle bundesrechtlich geregelter Verfahren durch Landesverfassungsgerichte?, in: NJW 1998, 1278–1282; vgl. a. schon vorher *Hans-Peter Schneider*, Verfassungsgerichte der Länder – „Filter" für Karlsruhe?, in: NJW 1996, 1517 f.; u. anhand des berüchtigten „Honecker-Beschlusses" des Berliner Verfassungsgerichtshofs, mit dem das bundesrechtliche Strafverfahrensrecht anhand eines in die Berliner Landesverfassung ungeschrieben inkorporierten, mit Art. 1 I GG deckungsgleichen Menschenwürdegebots ergänzt wurde, ablehnend *Bernt Lemhöfer*, Landesverfassungsgerichte als kleine Bundesverfassungsgerichte?, in: NJW 1996, 1714–1723, 1719 ff.; eher positiv *Martin Schulte*, Zur Lage und Entwicklung der Verfassungsgerichtsbarkeit, in: DVBl. 1996, 1009–1020, 1017 f.; u. *Kai Danter*, Entlastung des Bundesverfassungsgerichts durch Regionalisierung von Kompetenzen zu den Landesverfassungsgerichten, in: DÖV 1998, 239–243, 241 et seq. Der Beschluß des BVerfG vom 16.07.1998 – 2 BvR 1953/95 – tendiert ebenfalls in diese Richtung. Vgl. a. die Gesamtdarstellung der neueren Rspr. bei *Christian Tietje*, Die Stärkung der Verfassungsgerichtsbarkeit im föderalen System Deutschlands in der jüngeren Rechtsprechung des BVerfG, in: AöR 124 (1999), 282–305.

[17] Allg. zu diesen Voraussetzungen *Wolfgang Roth*, Die Überprüfung fachgerichtlicher Urteile durch das Bundesverfassungsgericht und die Entscheidung über die Annahme einer Verfassungsbeschwerde, in: AöR 121 (1996), 544–577, 553 ff.; u. *Marion Albers*, Freieres Annahmeverfahren für das BVerfG?, in: ZRP 1997, 198–203, 198 f.; vgl. a. *Peter Häberle*, Die Verfassungsbeschwerde im System der bundesdeutschen Verfassungsgerichtsbarkeit, in: JöR N.F. 45 (1997), 89–135, 121.

darf im Falle der Ablehnung gem. § 93 d I 2 BVerfGG keiner Begründung[18]. Entscheidet der Senat über die Annahme, weil in der Kammer keine Einstimmigkeit zu erzielen war, so genügen die Stimmen von drei Richtern für die Annahme (§ 93 d III BVerfGG).

– Die verbleibenden, selten bis nie relevant werdenden Zuständigkeiten des Bundesverfassungsgerichts umfassen neben Wahl- und Mandatsprüfungsverfahren vor allem die sogenannten „besonderen Verfassungsschutzverfahren", zu denen die Amtsenthebungsverfahren gegen Richter und den Bundespräsidenten (Art. 61, 98 II, V GG, § 13 Nr. 4, 9 BVerfGG), das Verfahren zur Aberkennung von Grundrechten (Art. 18 GG, § 13 Nr. 1 BVerfGG) und das Parteiverbotsverfahren (Art. 21 II GG, § 13 Nr. 2 BVerfGG) gehören[19].

bb) Verfahren vor dem Europäischen Gerichtshof

Die Zuständigkeiten des Europäischen Gerichtshofs lassen sich demgegenüber nach folgenden Kategorien unterteilen:

– Zunächst ist der Europäische Gerichtshof zuständig für alle Streitigkeiten zwischen Mitgliedstaaten, zwischen Gemeinschaftsorganen sowie zwischen Mitgliedstaaten und Gemeinschaftsorganen über die Auslegung von Gemeinschaftsrecht. Im einzelnen sind hier zum einen die Vertragsverletzungsverfahren zu nennen, die die Kommission nach Art. 226 (ex-Art. 169) und andere Mitgliedstaaten nach Art. 227 (ex-Art. 170) EGV gegen einen Mitgliedstaat anstrengen können[20]. In umgekehrter Richtung können die Mitgliedstaaten sich mit der Nichtigkeitsklage gem. Art. 230 I, II (ex-Art. 173 I, II) EGV bzw. der Untätigkeitsklage gem. Art. 232 I, II (ex-Art. 175 I, II) EGV gegen Vertragsverstöße seitens der Gemeinschaftsorgane wenden[21]. Die gleichen Mittel stehen den Organen der Gemeinschaft auch untereinander zur Verfügung, wenngleich Parlament, Rechnungshof und Zentralbank zur Erhebung von Nichtigkeitsklagen nach Art. 230 III (ex-Art. 173 III) EGV nur befugt sind, soweit diese „auf die Wahrung ihrer Rechte abzielen"[22]. Zusammenfassend werden alle diese Verfahren als „verfassungsrechtliche" bezeichnet.

– „Verwaltungsrechtlichen" Charakter nehmen Nichtigkeits- und Untätigkeitsklage hingegen dann an, wenn sie aufgrund von Art. 230 IV (ex-Art. 173 IV) und 232 III (ex-Art. 175 III) EGV von natürlichen oder juristischen Personen erhoben

---

[18] Äußerst krit. hierzu *Rüdiger Zuck*, Vom Winde verweht: § 93 d BVerfGG und menschliche Schicksale, in: NJW 1997, 29 f.; vgl. a. *Paul Kirchhof*, Recht sprechen, nicht Recht verschweigen, in: FAZ vom 18.09.1997, 11; *a.A. Ernst Benda*, Gegenwind und Kreuzseen, in: NJW 1997, 560–562, 561.

[19] Terminologie nach *Stern* (Fn. 6), 1004 ff.

[20] Zu den besonderen Funktionen der Aufsichtsklage der Kommission vgl. schon oben 5. Kap. III. 3. (204 f.).

[21] Vgl. etwa *Peter M. Huber*, Recht der Europäischen Integration, 1996, 272 ff., 278 ff.; u. *Rudolf Streinz*, Europarecht, 4. Aufl. 1999, 191 f. (Rn. 512 ff.), 196 (Rn. 539 ff.).

[22] Für das insoweit hauptsächlich betroffene Parlament vgl. stv. oben 5. Kap. II. 4. a) cc) (178 f.) mit den dortigen Nachweisen. Nach dem Inkrafttreten des Vertrags von Nizza wird das Parlament insoweit allerdings Rat und Kommission gleichgestellt sein.

werden[23]. Abgesehen von Streitigkeiten im öffentlichen Dienst der EG, für die mit Art. 236 (ex-Art. 179) EGV ein eigenes Verfahren vorgesehen ist, geben diese Vorschriften zusammen mit Art. 229 (ex-Art. 172) EGV Individuen die grundsätzliche Möglichkeit, gegen alle Rechtsakte und Zwangsmaßnahmen der Gemeinschaft zu klagen bzw. die Vornahme solcher Rechtsakte zu erzwingen, die sie unmittelbar und individuell betreffen. Das werden in der Regel Einzelfallentscheidungen, können aber ausnahmsweise auch Verordnungen sein[24].

– Als eigenständige Kategorie können die in Art. 234 (ex-Art. 177) EGV normierten Vorabentscheidungsverfahren betrachtet werden, mit denen nationale Gerichte, die sich einem Problem bei der Auslegung des Gemeinschaftsrechts gegenübersehen, die entsprechende Streitfrage dem Gerichtshof isoliert zur Beantwortung vorlegen können bzw. im Falle mangelnder Verfügbarkeit weiterer Rechtsmittel sogar vorlegen müssen. Diese Verfahren erfüllen eine zentrale Funktion hinsichtlich der Sicherstellung des Auslegungsmonopols, das der Europäische Gerichtshof mit Bezug auf das Gemeinschaftsrecht nach Art. 220 (ex-Art. 164) EGV für sich beansprucht[25].

– Für individuelle Kläger spielt darüber hinaus die ihnen durch Art. 241 (ex-Art. 184) EGV eingeräumte Möglichkeit eine wichtige Rolle, die Rechtswidrigkeit von Verordnungen im Falle ihrer Entscheidungserheblichkeit für ein anderes Verfahren auch nach Ablauf der in Art. 230 V (ex-Art. 173 V) EGV für Nichtigkeitsklagen festgesetzten Frist noch geltend machen zu können. Die hierfür gebräuchliche Bezeichnung „inzidente Normenkontrolle“ führt allerdings gleich zweifach in die Irre, da es sich dabei zum einen um kein eigenständiges Verfahren handelt und zum anderen eine unter diesen Umständen für rechtswidrig befundene Verordnung lediglich im konkreten Fall unanwendbar wird, ohne ihre Gültigkeit allgemein zu verlieren[26].

– Von den sonstigen Zuständigkeiten des Europäischen Gerichtshofs, die hier nicht weiter erörtert werden sollen, sind neben dem in anderem Zusammenhang be-

---

[23] Zur Unterscheidung *Michael Schweitzer/Waldemar Hummer*, Europarecht, 5. Aufl. 1996, 138 f. (Rn. 460 f.).

[24] I. einz. hierzu *Christian Koenig/Claude Sander*, Einführung in das EG-Prozeßrecht, 1997, 130 ff. (Rn. 258 ff.); vgl. a. *Ulrich Gesser*, Die Nichtigkeitsklage nach Artikel 173 EGV, 1995, 229 ff.; *Christoph Gröpl*, Individualrechtsschutz gegen EG-Verordnungen, in: EuGRZ 1995, 583–589, 586 ff.; u. mit krit. Anmerkungen *Ludwig Allkemper*, Der Rechtsschutz des einzelnen nach dem EG-Vertrag, 1995, 23 f. et seq.

[25] Vgl. etwa *Peter Fischer/Heribert Franz Köck*, Europarecht, 3. Aufl. 1997, 433; u. *Hans Krück*, in: Hans v. d. Groeben/Jochen Thiesing/Claus-Dieter Ehlermann (Hg.), Kommentar zum EU-/EG-Vertrag, 5. Aufl. 1997, Bd. 4, Art. 177 EGV Rn. 10 ff., bes. 13; sowie zu den diesbezüglichen Reformvorschlägen *Anthony Arnull*, Judicial architecture or judicial folly? The challenge facing the European Union, in: ELR 24 (1999), 516–524, 519 ff. Insbesondere wird hier selbst von seiten des EuGH über eine teilweise Verlagerung der Rechtsprechungszuständigkeit auf die Gerichte der Mitgliedstaaten nachgedacht, so von *Günter Hirsch*, Dezentralisierung des Gerichtssystems der Europäischen Union?, in: ZRP 2000, 57–60.

[26] Vgl. *Koenig/Sander* (Fn. 24), 123 f. (Rn. 244); u. ausführlich *Hans-Wolfram Daig*, Nichtigkeits- und Untätigkeitsklagen im Recht der Europäischen Gemeinschaften, 1985, 178 ff. (Rn. 234 ff.).

reits angesprochenen Gutachtenverfahren über die Vereinbarkeit geplanter völkerrechtlicher Abkommen mit dem Gemeinschaftsrecht (Art. 300 VI (ex-Art. 228 VI) EGV) vor allem das Amtshaftungsverfahren (Art. 235, 288 II (ex-Art. 178, 215 II) EGV) und das - bisher noch nicht gebrauchte - Verfahren zur Amtsenthebung von Kommissionsmitgliedern (Art. 216 (ex-Art. 160) EGV) zu nennen[27].

b) Analyse

Die zu Beginn der Vorbemerkung aufgeworfene Frage nach einer grundsätzlichen Vergleichbarkeit der Zugangsmöglichkeiten zu den hier behandelten obersten Gerichten müßte sich nunmehr für das Bundesverfassungsgericht und den Europäischen Gerichtshof anhand einer Gegenüberstellung der im vorigen gebildeten Zuständigkeitskategorien beantworten lassen.

aa) Vergleichende Zuordnung

Bestimmte Gemeinsamkeiten fallen bei einer solchen Gegenüberstellung unmittelbar ins Auge:

– Die sogenannten „verfassungsrechtlichen Verfahren" des EGV stellen nach der Terminologie des deutschen Verfassungsprozeßrechts im Prinzip nichts anderes dar als föderative Streitigkeiten, soweit die Mitgliedstaaten involviert sind, und Organstreitverfahren, sofern sich die Auseinandersetzung ausschließlich auf der Gemeinschaftsebene zwischen den dortigen Institutionen bewegt.

– Eine abstrakte Normenkontrolle gibt es zwar beim Europäischen Gerichtshof so nicht; die Nichtigkeitsklagen der Mitgliedstaaten bzw. der EG-Organe gegeneinander nach Art. 230 I, II (ex-Art. 173 I, II) EGV erfüllen aber essentiell dieselbe Funktion. Denn im Falle ihrer Begründetheit erklärt der Gerichtshof die angefochtene Rechtshandlung gem. Art. 231 I (ex-Art. 174 I) EGV für nichtig und hebt sie ex tunc mit allgemeiner Wirkung auf[28].

– Das Vorabentscheidungsverfahren nach Art. 234 (ex-Art. 177) EGV weist eine der in Art. 100 I GG geregelten konkreten Normenkontrolle sehr ähnliche Struktur auf. Zwar zielt es im Ergebnis nicht auf eine Verwerfung von Normen, sondern „nur" auf eine Auslegung des Gemeinschaftsrechts[29]. Die Auswirkungen der Entscheidungen in beiden Verfahren sind aber nichtsdestotrotz gut vergleichbar: Stellt der Gerichtshof nämlich die Ungültigkeit einer Organhandlung fest, so entfaltet sein Vorabentscheidungsurteil auch außerhalb des mitgliedstaatlichen Ausgangsverfahrens eine Bindungswirkung erga omnes[30]. Die sogenannte „inzidente Normenkontrolle" nach Art. 241 (ex-Art. 184) EGV kann eine solche Bindungswir-

---

[27] Eine Gesamtübersicht findet sich bei *Schweitzer/Hummer* (Fn. 23), 139 f. (Rn. 461).

[28] *Koenig/Sander* (Fn. 24), 166 (Rn. 327), die an anderer Stelle auch ausdrücklich die Parallele zur abstrakten Normenkontrolle ziehen (115 (Rn. 226)).

[29] Näher hierzu bspw. *David Edward*, How the Court of Justice Works, in: ELR 20 (1995), 539–558, 544 f.

[30] *André U. Pietrek*, Verbindlichkeit von Vorabentscheidungen nach Art. 177 EWGV, 1989,

kung zwar nur inter partes begründen und führt daher rechtlich auch nicht zur Ungültigkeit, sondern nur zur Unanwendbarkeit einer Verordnung[31]; faktisch wird eine in einem solchen Verfahren für rechtswidrig erkannte Norm des europäischen Sekundärrechts jedoch generell kaum noch Anwendung finden. Ansonsten verpflichtet eine Vorabentscheidung des Europäischen Gerichtshofs die mitgliedstaatlichen Gerichte immerhin auf eine bestimmte Rechtsauslegung und damit unter Umständen darauf, eine dem europäischen Recht in dieser Auslegung widersprechende Norm des nationalen Rechts in eigener Regie für unwirksam zu erklären.

– Die Funktion der Verfassungsbeschwerde wird auf europäischer Ebene schließlich sehr gut von den sogenannten „verwaltungsrechtlichen Verfahren" erfüllt, die zwar keinen spezifisch grund-, wohl aber einen umfassenden individualrechtlichen Schutz gewährleisten. Das Fehlen eines Vorprüfungsverfahrens im europäischen Rechtsschutzsystem ließ sich ursprünglich damit erklären, daß die verwaltungsrechtlichen Klagen die einzige Möglichkeit des einzelnen Gemeinschaftsbürgers darstellten, Verletzungen des primären Gemeinschaftsrechts durch Rechtsakte der Gemeinschaftsorgane unmittelbar vor dem Europäischen Gerichtshof zu rügen. Inzwischen werden solche Klagen allerdings – auch wenn diese Einrichtung, wie schon bemerkt, im Kontext des hier beabsichtigten Vergleichs keine eigenständige Relevanz besitzt – aufgrund des nach Art. 225 II (ex-Art. 168 a II) EGV ergangenen Ratsbeschlusses zunächst vor dem Europäischen Gericht erster Instanz verhandelt[32], gegen dessen Entscheidungen beim Gerichtshof gem. Art. 225 I (ex-Art. 168 a I) EGV nurmehr „ein auf Rechtsfragen beschränktes Rechtsmittel" eingelegt werden kann. Auch die Verfassungsbeschwerde beschränkt sich freilich gezielt auf (Grund-)Rechtsfragen.

– Die Besonderheiten der jeweiligen Rechtsordnungen schlagen daher letztlich nur im Bereich der sonstigen Verfahren durch, deren praktische Relevanz sich, wie bereits vermerkt, in Grenzen hält. Immerhin läßt sich insoweit noch eine gleichgerichtete Struktur der verschiedenen Amtsenthebungsverfahren feststellen. Die besondere Zuweisung von Amtshaftungsverfahren an den Europäischen Gerichtshof ergab sich aus dem Fehlen einer eigenständigen europäischen Untergerichtsbarkeit und ist mittlerweile folgerichtig durch eine Einschaltung des Europäischen Gerichts erster Instanz relativiert worden[33]. Die Notwendigkeit einer Gutachtenkompetenz des Europäischen Gerichtshofs für geplante völkerrechtliche Verträge wird wesent-

---

233 f.; *Hans-Werner Rengeling/Andreas Middeke/Martin Gellermann*, Rechtsschutz in der Europäischen Union, 1994, 216 (Rn. 402).

[31] Vgl. dazu schon oben die Nachweise Fn. 26.

[32] Umfassend dazu *Heinrich Kirschner*, Das Gericht erster Instanz der Europäischen Gemeinschaften, 1995, 35 f. (Rn. 39); vgl. a. *Streinz* (Fn. 21), 112 (Rn. 333).

[33] Hierzu nochmals *Kirschner* (Fn. 32), 63 ff. (Rn. 63 ff.); vgl. a. *Koenig/Sander* (Fn. 24), 201 (Rn. 398). *Thomas Oppermann*, Die Dritte Gewalt in der Europäischen Union, in: DVBl. 1994, 901–908, 903, charakterisiert die Tätigkeit des EuGH in diesem „verwaltungsrechtlichen" Bereich folgerichtig als eine Mischung aus Verfassungsrechtsprechung und individuellem Rechtsschutz. Zum vermuteten Fortgang dieser Entwicklung, der langfristig zu einer noch stärkeren Konzentration des Gerichtshofs auf spezifisch verfassungsgerichtliche Funktionen führen könnte, vgl. etwa *Everling* (Fn. 4), 412 ff.; skeptisch *David W. J. Scorey*, A new model for the Communities judicial

lich durch die in Deutschland wegen Art. 32 I GG so nicht anfallenden „gemischten Abkommen“ bedingt[34]. Umgekehrt ergeben sich die besonderen Zuständigkeiten des Bundesverfassungsgerichts für Parteiverbote, Grundrechtsaberkennungen, Wahl- und Mandatsprüfungen aus spezifischen Anforderungen der deutschen Rechtslage, die auf europäischer Ebene in dieser Form (noch) nicht existieren.

bb) Defizite der europäischen Rechtsprechungsgewalt

Insgesamt entsprechen sich die Zugangsmöglichkeiten zu Bundesverfassungsgericht und Europäischem Gerichtshof in ihrer Reichweite daher recht gut[35]. Damit wird eine Vergleichbarkeit ihrer Entscheidungsmacht innerhalb der deutschen Verfassungs- und der europäischen Vertragsordnung jedenfalls nicht von vornherein dadurch ausgeschlossen, daß die Voraussetzungen für eine tatsächliche Ausübung der jeweiligen Entscheidungsbefugnisse zu unterschiedlich wären. Insbesondere fällt das Fehlen eines echten Normenkontrollverfahrens vor dem Europäischen Gerichtshof nach den im vorigen getroffenen Feststellungen nicht entscheidend ins Gewicht. Dennoch weist die europäische Rechtsprechungsgewalt im Vergleich zur deutschen gewisse Defizite auf, von denen die wichtigsten nachfolgend kurz benannt werden sollen:

– Der Europäische Gerichtshof besitzt nach Art. 46 (ex-Art. L) EUV praktisch keine Rechtsprechungsgewalt über die beiden „nichtwirtschaftlichen“ Säulen der Union, d.h. über GASP und ZBJI/PJZS. Von einer europäischen Gerichtsbarkeit kann man deshalb eigentlich nur im Sinne einer „Gemeinschaftsgerichtsbarkeit“ sprechen. Für die Etablierung einer echten „Unionsgerichtsbarkeit“ besteht bis auf weiteres auch nach Amsterdam und Nizza keine Hoffnung[36].

– Der Europäische Gerichtshof besitzt nach Art. 230 I (ex-Art. 173 I) EGV keine Rechtsprechungsgewalt gegenüber Handlungen des Europäischen Rates. Diese

architecture in the new Union, in: ELR 21 (1996), 224–231, bes. 229 ff.; u. *Volker Lipp*, Entwicklung und Zukunft der europäischen Gerichtsbarkeit, in: JZ 1997, 326–333, 329 ff.

[34] Zu diesen schon oben 7. Kap. I. 1. b) bb) (1) (305 f.) mit den dortigen Nachweisen.

[35] Ebenso i. Erg. *Gröpl* (Fn. 24), 589, wenngleich er bspw. darauf hinweist, daß der EuGH an Individualklagen gegen Verordnungen höhere Ansprüche hinsichtlich der individuellen Betroffenheit des Klägers stellt als das Bundesverfassungsgericht bei unmittelbar gegen Gesetze gerichteten Verfassungsbeschwerden. So wichtig derartige Unterschiede aber für ein konkretes Verfahren sein mögen, die grundsätzliche Vergleichbarkeit der Entscheidungsmacht der beiden Gerichte wird dadurch nicht beeinträchtigt.

[36] Diese Diskrepanz hat schon der Gerichtshof selbst in seinem oben Fn. 4 zitierten Bericht an die Reflexionsgruppe als potentielle Quelle rechtlicher Kohärenzprobleme kritisiert (5 (Rz. 4)). Vgl. weiter *Ingolf Pernice*, Der Europäische Verfassungsverbund auf dem Wege der Konsolidierung, in: JöR N.F. 48 (2000), 205–232, 228; *Matthias Pechstein*, Die Justitiabilität des Unionsrechts, in: EuR 1999, 1–26; *Anthony Arnull*, The Community Judicature and the 1996 IGC, in: ELR 20 (1995), 599–611, 600, 611; *van Gerven* (Fn. 4), 213 f.; *Philipp* (Fn. 4), 627; *Oppermann* (Fn. 33), 901; auch *Guido Odendahl*, Das Rechtsschutzsystem der Europäischen Union, in: JA 1996, 134–136, 136; u. zu den immerhin partiellen Erweiterungen der Jurisdiktion des EuGH in Amsterdam – unter Hinweis auf die verbleibenden Defizite – *Albertina Albors-Llorens*, Changes in the Jurisdiction of the European Court of Justice under the Treaty of Amsterdam, in: CMLR 35 (1998), 1273–1294, zus.fass. 1291 ff.

Tatsache hängt mit seinem fehlenden Charakter als Unionsgericht logisch zusammen, da der Europäische Rat gem. Art. 4 (ex-Art. D) EUV in erster Linie auf der Ebene der Union tätig wird[37]. Zwar kann man sich darüber streiten, inwieweit den von ihm festgelegten „allgemeinen politischen Zielvorstellungen" unmittelbare rechtliche Wirkung innerhalb der Union bzw. der Gemeinschaft zukommt[38]; angesichts der tatsächlichen politischen Macht des Europäischen Rates ist diese Streitfrage allerdings eher akademischer Natur. Zusammenfassend ist daher zu konstatieren, daß die obersten Entscheider im Rahmen der Europäischen Union der gerichtlichen Kontrolle bewußt entzogen werden. Darüber hinaus bleibt den Mitgliedstaaten allgemein die Möglichkeit, durch die Einrichtung besonderer zwischenstaatlicher Institutionen außerhalb der Gemeinschaft – soweit dies nicht im Widerspruch zu den Bestimmungen des EG-Vertrages steht – die ansonsten zwischen den Gemeinschaftsorganen geltenden Regeln auszuschließen[39].

– Das Europäische Parlament kann – ebenso wie Rechnungshof und Zentralbank, die aber im Kontext unserer Untersuchung nicht weiter betrachtet werden sollen – nach Art. 230 III (ex-Art. 173 III) EGV im Gegensatz zu den anderen in Art. 7 I (ex-Art. 4 I) EGV aufgezählten obersten Gemeinschaftsorganen die Rechtswidrigkeit von Gemeinschaftsrechtsakten nicht generell rügen, sondern lediglich die Verletzung seiner eigenen Kompetenzen. Hierin liegt eine gewisse Ungleichbehandlung des Parlaments gegenüber Rat und Kommission im Rahmen der „verfassungsrechtlichen" Organstreitverfahren, die zum Gegenstand ständiger Kritik nicht nur aus den Reihen des Parlaments geworden ist[40]. Zum einen wird sich dies jedoch mit der Ratifikation des Vertrags von Nizza ändern, und zum anderen sind derartige Differenzierungen zwischen den obersten Verfassungsorganen auch dem deutschen

---

[37] Vgl. schon oben 5. Kap. II. 1. b) bb) (6) (159 f.). Der Gerichtshof hat sich dementsprechend bspw. für unzuständig erklärt, Art. 2 (ex-Art. B) EUV auszulegen (EuGH Slg. 1995, I-1023 – Rs. C-167/94) oder überhaupt die Rechtmäßigkeit des Unionsvertrages zu überprüfen. Entsprechende Klagen, die die Nichtigerklärung der Erklärung des Europäischen Rates zum Inkrafttreten des EUV zum Gegenstand hatten, wurden als unzulässig abgewiesen (EuG Slg. 1994, II-585 – Rs. T-584/93; das hiergegen eingelegte Rechtsmittel wurde als offensichtlich unbegründet zurückgewiesen (EuGH Slg. 1995, I-7 – Rs. C-253/94 P); ferner EuGH Slg. 1995, I-15 – Rs. C-264/94 P, abgedr. in: EuZW 1995, 253 ff. m. Anm. *Friedrich v. Burchard*).

[38] Näher hierzu *Matthias Pechstein/Christian Koenig*, Die Europäische Union, 2. Aufl. 1998, 93 ff. (Rn. 170 ff.).

[39] So geschah es z.B. ursprünglich mit dem „Schengen-Regime" oder auch mit der Einrichtung eines Europäischen Entwicklungsfonds im Rahmen des Vierten Lomé-Abkommens, vgl. dazu EuGH Slg. 1994, I-625 – Rs. C-316/91; u. die Anmerkung von *Thomas Henze*, Aufgaben- und Ausgabenkompetenz der Europäischen Gemeinschaft und ihrer Mitgliedstaaten im Bereich der Entwicklungspolitik, in: EuR 1995, 76–86.

[40] Dabei ist selbst diese eingeschränkte Klagebefugnis des Parlaments noch nicht allzu lange anerkannt, vgl. oben 5. Kap. II. 4. a) cc) (178 f.), insbes. die Nachweise Fn. 135. Der Gerichtshof steht der mit einer Einbeziehung des Parlaments in den Kreis der unbeschränkt privilegierten Nichtigkeitskläger einhergehenden Verlagerung von Streitigkeiten, „die mit Hilfe der hierfür vorgesehenen Mechanismen ebensogut politisch gelöst werden könnten", auf die gerichtliche Ebene allerdings skeptisch gegenüber, wie sein oben Fn. 4 zitierter Bericht an die Reflexionsgruppe zeigt (10 (Rz. 14)). Zu der diesbezüglichen Kontroverse zwischen Parlament und Gerichtshof allg. *Arnull* (Fn. 36), 605 m.w.N.

Verfassungsprozeßrecht nicht fremd: So sind dort beispielsweise weder Bundesrat noch Bundespräsident zur Einleitung eines abstrakten Normenkontrollverfahrens nach Art. 93 I Nr. 2 GG befugt[41].

cc) Ergebnis

Das Bundesverfassungsgericht kann nach alledem sicherlich die umfassenderen Zugriffsmöglichkeiten und folglich die potentiell größere Kontrollmacht gegenüber den anderen Zweigen der Staatsgewalt sein eigen nennen. Die Machtstellung des Europäischen Gerichtshofs erscheint aber, was seine Befassungsmöglichkeiten anbetrifft, zumindest im Bereich der Wirtschafts- und Währungsunion und somit hinsichtlich der Durchsetzung des Gemeinschaftsrechts annähernd vergleichbar. Den auf diesem Feld noch feststellbaren Defiziten der europäischen Rechtsprechungsgewalt gegenüber derjenigen des deutschen Verfassungsgerichts kommt keine entscheidende Bedeutung zu. Damit stimmen die grundsätzlichen Parameter für eine Anwendung des Prinzips vom Interorganrespekt auf die „dritte Gewalt“ in beiden Verfassungsordnungen weitgehend überein.

2. *Modelltyp II:* Allgemeine Gewährleistung der Einheit der Rechtsordnung

Zu untersuchen bleibt, ob diese Diagnose ebenso auf die amerikanische Verfassungsordnung zutrifft. Hier ergibt sich auf den ersten Blick ein Problem daraus, daß der Supreme Court im Gegensatz zum Bundesverfassungsgericht und – mit Einschränkungen – zum Europäischen Gerichtshof kein Verfassungsgericht im eigentlichen Sinne darstellt, sondern vielmehr als oberste Instanz für alle Arten von Streitigkeiten im Rahmen der amerikanischen Rechtsordnung fungiert, von denen die spezifisch verfassungsrechtlichen Dispute lediglich einen kleinen Ausschnitt bilden[42]. Seine Aufgabe besteht daher nur zum Teil in der Sicherung des Vorrangs des Verfassungs- bzw. Primärrechts, wie sie für die beiden anderen zum Gegenstand dieses Kapitels gemachten Gerichte charakteristisch ist. In erster Linie soll der Supreme Court die Einheitlichkeit der Rechtsprechung in den USA und damit die Einheit der amerikanischen Rechtsordnung insgesamt gewährleisten.

---

41 Aus der Perspektive des Interorganrespekts erscheint dies allerdings zumindest hinsichtlich des Bundespräsidenten ebenfalls als Defizit. Vgl. schon oben 5. Kap. III. 4. b) (210).

42 Das gilt allerdings nur in bezug auf all jene Verfahren, die zulässigerweise vor den Supreme Court gebracht werden *können*. Betrachtet man dagegen alle von ihm *tatsächlich* angenommenen und entschiedenen Verfahren als Grundgesamtheit, so machen die Entscheidungen mit verfassungsrechtlichem Schwerpunkt etwa die Hälfte aus. Das zeigt, daß sich der Supreme Court doch in nicht unbeträchtlichem Umfang als Verfassungsgericht versteht. Vgl. *Joachim Wieland*, Der Zugang des Bürgers zum Bundesverfassungsgericht und zum U.S. Supreme Court, in: Der Staat 29 (1990), 333–353, 343; u. zuletzt *Ernst-Wolfgang Böckenförde*, Verfassungsgerichtsbarkeit: Strukturfragen, Organisation, Legitimation, in: NJW 1999, 9–17, 13 f.; sowie *Heinrich Wilms*, Die Vorbildfunktion des United States Supreme Court für das Bundesverfassungsgericht, in: NJW 1999, 1527–1529.

a) Allgemeine Voraussetzungen des Zugangs zum Supreme Court

Die grundlegendste Voraussetzung für die Befassung des Supreme Court mit einer Rechtssache enthält Art. III Sect. 2 Cl. 1 der US-Verfassung: Danach kann der Gerichtshof nur „cases" und „controversies" entscheiden. Die beiden Ausdrücke werden zum größten Teil als austauschbar angesehen und bezeichnen solche Angelegenheiten, bei denen es sich um eine aktuelle Kontroverse zwischen realen Parteien mit gegensätzlichen Interessen über konkrete rechtliche Probleme handelt[43]. Daraus folgt, daß Verfahren zur Einholung von Gutachten vor dem Supreme Court ebensowenig eingeleitet werden können wie beispielsweise abstrakte Normenkontrollverfahren, wenngleich Feststellungsurteile prinzipiell möglich bleiben, sofern ihnen ein aktueller Rechtsstreit zugrundeliegt[44]. Weiterhin muß ein solcher Streit zur Entscheidung reif sein (Kriterium der „ripeness"), d.h. er darf nicht nur auf einem hypothetischen Kausalverlauf basieren und muß die rechtlich geschützten Interessen der Kläger konkret bedrohen[45], und er darf sich nicht vor der gerichtlichen Entscheidung erledigt haben (Kriterium der „mootness"), obwohl der Gerichtshof in diesen Fällen gewisse Ausnahmen von der Rechtsfolge der Unzulässigkeit macht[46]. Ein einverständliches Zusammenwirken der beteiligten Parteien hinsichtlich der Klageerhebung („collusion") versperrt ihnen den Rechtsweg ebenfalls; es sei denn, das Zusammenwirken beschränkt sich bei ansonsten gegensätzlichen Parteiinteressen auf den Willen zur Herbeiführung einer gerichtlichen Klärung[47]. Schließlich muß der Kläger noch klagebefugt sein, d.h. das erforderliche „standing" besitzen, das der Gerichtshof allerdings in der Regel großzügig bejaht, soweit der Kläger in eigenen Interessen potentiell negativ betroffen wird[48].

---

[43] *Aetna Life Insurance Co. v. Haworth*, 300 U.S. 227 (1937), 240 f.: „The controversy must be definite and concrete, touching the legal relations of parties having adverse legal interests. ... It must be a real and substantial controversy admitting of specific relief through a decree of a conclusive character,...". Vgl. a. allg. zu den hierbei verwendeten Kriterien *Lea Brilmayer*, The Jurisprudence of Article III: Perspectives on the „Case or Controversy" Requirement, in: Harvard Law Review 93 (1979), 297–321, 315 ff.

[44] Näher hierzu bspw. *Ronald D. Rotunda/John E. Nowak/J. Nelson Young*, Treatise on Constitutional Law, Vol. 1, 1986, 97 ff. (§ 2.13) m.w.N.

[45] Vgl. etwa *United Public Workers v. Mitchell*, 330 U.S. 75 (1947), 90, wo der Supreme Court nur die Klage des unmittelbar von einer Disziplinarmaßnahme bedrohten Klägers zuließ und die Klagen seiner ähnliche Maßnahmen in der Zukunft fürchtenden Kollegen mit den klaren Worten zurückwies: „A hypothetical threat is not enough"; ferner *Rescue Army v. Municipal Court*, 331 U.S. 549 (1947), 572 ff.

[46] Das gilt vor allem dann, wenn eine Fortsetzungs- bzw. Wiederholungsgefahr vorliegt. Vgl. näher *Winfried Brugger*, Grundrechte und Verfassungsgerichtsbarkeit in den Vereinigten Staaten von Amerika, 1987, 14, mit den dortigen Nachweisen.

[47] Die Leitentscheidung hierfür ist *U.S. v. Johnson*, 319 U.S. 302 (1943). Vgl. a. *U.S. v. I.C.C.*, 337 U.S. 426 (1949), 430, wo der Gerichtshof zur Unterbindung von „Strohmannklagen" ausdrücklich feststellte: „... courts must look behind names that symbolize the parties to determine whether a justiciable case or controversy is presented."

[48] Vgl. dazu statt vieler die Zusammenfassung bei *Laurence H. Tribe*, American Constitutional Law, 2nd ed. 1988, 107 ff., mit den dortigen Nachweisen.

b) Erstinstanzliche Zuständigkeiten des Supreme Court

Unter diesen allgemeinen Voraussetzungen ist der Supreme Court für einige wenige Kategorien von Streitigkeiten originär, d.h. in erster Instanz, zuständig. Art. III Sect. 2 Cl. 2 der Verfassung listet diese Streitigkeiten auf; ihre nähere Ausführung ist einfachgesetzlich durch § 1251 des 28. Titels des „United States Code" geregelt. Der Gerichtshof hat jedoch immer größten Wert darauf gelegt, daß es sich dabei tatsächlich um bloße Ausführungsvorschriften handele und daß der Kongreß nicht berechtigt sei, die dem Gerichtshof unmittelbar von Verfassungs wegen überantworteten Zuständigkeiten zu beschränken oder zu erweitern[49]. In der Sache geht es zum einen um Streitigkeiten, an denen Repräsentanten fremder Staaten beteiligt sind; vor allem aber weist die Verfassung alle Auseinandersetzungen zwischen einzelnen Gliedstaaten bzw. zwischen solchen und dem Bundesstaat dem Supreme Court zur Entscheidung zu[50], was das einfache Gesetzesrecht dahingehend ausdifferenziert, daß Bund-Länder-Streitigkeiten in erster Instanz auch vor den unteren Bundesgerichten ausgetragen werden können, während für einen Rechtsstreit zwischen Einzelstaaten der Supreme Court die ausschließliche Zuständigkeit besitzt, womit eine Verpflichtung zur Annahme der entsprechenden Verfahren einhergeht[51]. In der Schlichtung derartiger „föderativer Streitigkeiten" liegt also in den USA ebenso wie in Deutschland und auf europäischer Ebene die Keimzelle der obersten Bundes- bzw. Verfassungsgerichtsbarkeit.

c) Das certiorari-Verfahren

In allen anderen Verfahren fungiert der Supreme Court nach Art. III Sect. 2 Cl. 2 der amerikanischen Verfassung lediglich als Appellationsinstanz „both as to Law and Fact, with such Exceptions, and under such Regulations as the Congress shall make". Dabei gibt es nach dem vom Kongreß geschaffenen Gesetzesrecht nur sehr wenige Konstellationen für eine echten „appeal", über den zu entscheiden der Gerichtshof im Prinzip verpflichtet ist. Selbst in diesen Fällen kann er das eingelegte Rechtsmittel jedoch noch ohne nähere Begründung verwerfen, wenn es sich bei summarischer Prüfung als nicht stichhaltig genug erweist[52]. Über die Annahme des großen Restes der verbleibenden Verfahren kann er ohnedies frei entscheiden, was

---

[49] So schon *Marbury v. Madison*, 5 U.S. (1 Cr.) 137 (1803), 174 f. et seq.; weiter *California v. Arizona*, 440 U.S. 59 (1979), 65: „The original jurisdiction of the Supreme Court is conferred not by Congress but by the Constitution itself. This jurisdiction is self-executing, and needs no legislative implementation."

[50] Diese Auseinandersetzungen machen auch zahlenmäßig den Löwenanteil der insgesamt sehr seltenen erstinstanzlich vor dem Supreme Court ausgetragenen Verfahren aus. Vgl. schon *Wieland* (Fn. 42), 343; u. stv. die letzte Statistik über den Geschäftsanfall beim Supreme Court in: Harvard Law Review 111 (1997), 431–439, 437 ff.

[51] I. einz. hierzu *Brugger* (Fn. 46), 11.

[52] Vgl. i. einz. *Wieland* (Fn. 42), 344 f. m.w.N. insbes. zu der 1988 erfolgten Gesetzesänderung, mit der die Zahl der „appeals" noch einmal deutlich reduziert wurde (Supreme Court Case Selections Act, Public Law 100–352, 102 Stat. 662 (1988)).

durch den Erlaß bzw. die Verweigerung eines sogenannten „writ of certiorari" geschieht. Solche Verfahren können entweder durch die Vorlage eines Berufungsgerichts, das im Interesse der Wahrung der Einheitlichkeit der Rechtsprechung um „Instruktionen" ersucht - was allerdings sehr selten vorkommt[53] -, oder (im Regelfall) durch eine in der Berufungsinstanz unterlegene Partei vor den Supreme Court gebracht werden. Auch Urteile der höchsten einzelstaatlichen Gerichte sind auf diese Weise angreifbar, sofern die Auslegung und Anwendung von Bundesrecht in Frage steht, wenn also z.B. die Verletzung der Bundesverfassung durch ein einzelstaatliches Gesetz geltend gemacht wird[54]. Für die Entscheidung über die Annahme einer „petition for certiorari" hat sich innerhalb des Gerichtshofs die sogenannte „Rule of Four" herausgebildet, wonach der Supreme Court das Verfahren übernimmt, wenn vier der neun Richter das befürworten[55]. Zu den Gesichtspunkten, die eine Annahme begründen können, hat der Gerichtshof ebenfalls in eigener Regie bestimmte Regeln entwickelt. Zwei Aspekte sind danach von ausschlaggebender Bedeutung: zum einen eine mögliche oder bereits eingetretene Divergenz von Entscheidungen der unteren Gerichte, die die Einheitlichkeit der Rechtsanwendung zu gefährden droht, zum anderen die Relevanz und Klärungsbedürftigkeit einer in den Augen des Gerichtshofs wesentlichen Frage des Bundesrechts[56].

3. Bewertung

Vor diesem Hintergrund wirken Supreme Court und Bundesverfassungsgericht bzw. Europäischer Gerichtshof auf den ersten Blick kaum vergleichbar. Lediglich soweit es um föderative Streitigkeiten geht, also um das „Urbild" der im Bundesstaat auftretenden verfassungsrechtlichen Konflikte[57], läßt sich problemlos eine korrespondierende Situation konstatieren. Ansonsten erscheinen jedoch sowohl die Zielvorgaben für das oberste Gericht als auch die entsprechenden Zuständigkeitsverteilungen in den USA gegenüber dem deutschen und europäischen Modell sehr unterschiedlich. Ins Auge fällt vor allem das Fehlen jeglicher speziell auf verfassungsrechtliche Problemstellungen zugeschnittener Verfahren: es gibt keine Gutachten und kein Normenkontrollverfahren, d.h. auch keine Möglichkeit, den Supreme Court um ein allgemeinverbindliches Urteil hinsichtlich der Gültigkeit einer unterverfassungsrechtlichen Norm zu ersuchen, keine Parteiverbote und keine

---

[53] Zu diesem als „certification" bezeichneten Verfahren bspw. *Joseph F. Menez*, Decision Making in the Supreme Court of the United States, 1984, 2.

[54] Alles 28 U.S.C. §§ 1254, 1257, abgedr. z.B. bei *Winfried Brugger*, Einführung in das öffentliche Recht der USA, 1993, 15 f.

[55] Einzelheiten zur Anwendung dieser innergerichtlichen Regel berichtet *Menez* (Fn. 53), 21 ff. m.w.N.

[56] Vgl. Supreme Court Rule 10.1, abgedr. z.B. in: *John E. Nowak/Ronald D. Rotunda*, Constitutional Law, 5th ed. 1995, 28 Fn. 2 (§ 2.5); u. allg. zu den Voraussetzungen für einen „writ of certiorari" schon *Rotunda/Nowak/Young* (Fn. 44), 50 ff. (§§ 2.4, 2.5); zus.fass. etwa *Peter Filzmaier/Fritz Plasser*, Die amerikanische Demokratie, 1997, 153 ff.

[57] Vgl. schon oben 1. a) aa) (382), insbes. den Nachweis Fn. 7; sowie *Stern* (Fn. 6), 995.

Grundrechtsaberkennungen; selbst die in Art. I Sect. 2 Cl. 4, Sect. 3 Cl. 6 und Art. II Sect. 4 der Verfassung vorgesehenen Amtsenthebungsverfahren werden – sieht man von der besonderen Regelung des Vorsitzes in einem gegen den Präsidenten gerichteten Verfahren ab – von den beiden Häusern des Kongresses ohne Einschaltung der „dritten Gewalt“ abgewickelt.

Ob sich all diese Unterschiede wesentlich auf die für die Ausgestaltung des Interorganrespekts maßgebliche tatsächliche Entscheidungsmacht der hier betrachteten Gerichtshöfe auswirken, ist dennoch fraglich. Das zeigt sich schon daran, daß der Supreme Court im Vergleich mit Bundesverfassungsgericht und Europäischem Gerichtshof gemeinhin als gleichermaßen machtvoll bewertet wird. Die prozeduralen Wege, auf denen seine Rechtsprechungsgewalt in verfassungsrechtlichen Fragen zum Tragen kommt, mögen eine andersartige Struktur aufweisen; seine funktionelle Position als Verfassungsgericht gegenüber den anderen Zweigen der öffentlichen Gewalt, an der der Gedanke des Interorganrespekts festzumachen ist, wird dadurch jedoch im Ergebnis nicht beeinträchtigt, wie ein vergleichender Überblick anhand der für das Bundesverfassungsgericht und den Europäischen Gerichtshof spezifisch normierten Verfahrensarten belegt:

– Verfassungsrechtliche Organstreitigkeiten werden vor dem Supreme Court zwar nicht wie vor diesen beiden Gerichten erstinstanzlich ausgetragen. Sie können ihn aber jederzeit auf dem Appellationswege erreichen[58].

– Normenkontrollverfahren bzw. Nichtigkeitsklagen, für deren Einführung man sich in den USA von der klassischen Vorstellung einer nur zur Entscheidung von Einzelfällen berufenen Gerichtsbarkeit lösen müßte, würden zwar die formellen Kontrollbefugnisse des Gerichtshofs wesentlich verstärken. In der Praxis werden vom Supreme Court als verfassungswidrig erkannte Gesetze aber ungeachtet der bloßen inter partes-Wirkung seiner Entscheidungen allgemein nicht mehr angewendet, d.h. sie verlieren zwar nicht ihre formelle Gültigkeit, wohl aber ihre praktische Anwendbarkeit[59].

---

[58] Als Beispiel sei etwa der schon oben 7. Kap. I. 1. a) dd) (297 f.) behandelte Fall *Goldwater v. Carter* genannt, in dem einige Senatoren stellvertretend für den gesamten Senat eine Verletzung der parlamentarischen Rechte durch die einseitige Kündigung des Taiwan-Vertrages seitens des Präsidenten gerügt hatten: Der Fall wurde zunächst vor den unteren Bundesgerichten verhandelt und von diesen entschieden, erreichte den Supreme Court dann aber über das certiorari-Verfahren. Vgl. im 7. Kap. die Nachweise Fn. 35–37. Daß die einzelnen Organe in solchen Streitfällen nicht direkt gegeneinander klagen können, sondern immer nur die Mitglieder derselben, hindert die gerichtliche Austragung der entsprechenden Streitigkeiten in der Praxis nicht.

[59] Zwei Beispiele hierfür, die im Rahmen der nachfolgenden Fallstudienanalysen noch näher erläutert werden sollen, sind die Entscheidung *Furman v. Georgia*, 408 U.S. 238 (1972), mit der die einzelstaatlichen Gesetze über die Todesstrafe hinfällig wurden, und das Urteil in *Roe v. Wade*, 410 U.S. 113 (1973), mit dem die Abtreibungsgesetze der meisten US-Bundesstaaten das gleiche Schicksal ereilte. Vgl. a. *Bodo Pieroth*, Amerikanischer Verfassungsexport nach Deutschland, in: NJW 1989, 1333–1337, 1337, der „in der Existenz des richterlichen Prüfungsrechts und den durch die Kompetenz zur Normenkontrolle bestehenden beträchtlichen Einwirkungen auf den politischen Prozeß“ die „wichtigste Gemeinsamkeit“ zwischen Supreme Court und Bundesverfassungsgericht erblickt.

– In bezug auf Richtervorlagen besitzt der Supreme Court zwar kein formelles Auslegungs- bzw. Verwerfungsmonopol für Gesetzesakte der Legislative. Soweit ihn die unteren Gerichte aber nicht ohnedies um „Instruktionen" zu den entsprechenden Rechtsfragen ersuchen, kann er zumindest jedes bundesrechtliche Problem, das in einem Rechtsstreit entscheidungserheblich geworden ist, auf Antrag im certiorari-Verfahren an sich ziehen.

– Schließlich kennt die amerikanische Rechtsordnung zwar kein der deutschen Verfassungsbeschwerde vergleichbares Instrument, was angesichts des Fehlens einer spezifischen Verfassungsgerichtsbarkeit auch nur logisch erscheint. Ähnlich wie in der allgemeinen deutschen Gerichtsbarkeit und im europäischen System kann aber jede Partei, die sich in ihren verfassungsmäßigen Rechten verletzt fühlt, den Rechtsweg beschreiten und im Falle ihres Unterliegens in der Berufungsinstanz über das certiorari-Verfahren eine Entscheidung des Supreme Court herbeiführen, wenn sie ihn von der Berechtigung und Wichtigkeit ihres verfassungsrechtlichen Anliegens überzeugt.

Nimmt man alle diese Feststellungen zusammen, so ergibt sich als fundamentale Gemeinsamkeit aller zum Gegenstand dieser Untersuchung gemachten Verfassungssysteme, daß prinzipiell jede verfassungsrechtliche Frage dem obersten Gericht zur Entscheidung zugeleitet werden kann. Den amerikanischen Supreme Court, der insoweit auf den ersten Blick über die schwächste verfahrensrechtliche Ausstattung zu verfügen scheint, kann man dabei im Ergebnis sogar als den machtvollsten der drei betrachteten Gerichtshöfe ansehen. Nur er ist nämlich in seinen Entscheidungen darüber, mit welchen Verfahren er sich inhaltlich beschäftigen will, fast völlig frei, während für das Bundesverfassungsgericht und den Europäischen Gerichtshof der Grundsatz gilt, daß sie jeden Fall, der zulässigerweise vor sie gebracht wird, auch in der Sache entscheiden müssen. Allerdings ebnet sich dieser Unterschied zunehmend ein, wie ein Blick auf die Entwicklung der Verfassungsbeschwerde exemplarisch belegt: Die mit § 93 d I 2 BVerfGG geschaffene Möglichkeit zur begründungslosen Ablehnung von Verfassungsbeschwerden hat den faktischen Entscheidungsspielraum des Bundesverfassungsgerichts dem freien Annahmeermessen des Supreme Court bereits erheblich angenähert[60]. In seinen Urteilen zur Asylrechtsreform von 1993 hat das Verfassungsgericht die Effektivitätsanforderungen an den mit der Verfassungsbeschwerde gewährten Rechtsschutz in eigener Regie zurückgenommen, indem es die Garantie einer Möglichkeit für den Beschwerdeführer, noch vor dem Vollzug des angegriffenen Hoheitsaktes eine Entscheidung aus Karlsruhe zu erhalten, für nicht „unter allen Umständen" notwendig erklärte, und zwar selbst dann, wenn der Vollzug „schwerwiegende Auswirkungen haben" oder „nicht mehr rückgängig gemacht werden kann"[61]. Auf einer ähnlichen

---

[60] Vgl. schon oben 1. a) aa) (384 f.), insbes. die Nachweise Fn. 18. Der EuGH möchte Ähnliches erreichen, wie *Hannes Rösler*, Zur Zukunft des Gerichtssystems der EU, in: ZRP 2000, 52–57, i. einz. belegt.

[61] BVerfG NVwZ 1996, 678 ff. (Zitate 684–686); vgl. dazu *Kay Hailbronner*, Das Asylrecht nach den Entscheidungen des Bundesverfassungsgerichts, in: NVwZ 1996, 625–631, 630; *Jochen*

Linie liegt die in jüngerer Zeit immer stärker hervortretende Neigung des Gerichts, zunächst das „besondere Gewicht" der geltend gemachten Grundrechtsverletzung bzw. die „existentielle Betroffenheit" des Beschwerdeführers durch sie zu überprüfen und sich allenfalls noch sekundär über die Wahrscheinlichkeit ihres Vorliegens, d.h. die Erfolgsaussichten der Verfassungsbeschwerde, Gedanken zu machen[62]. Umgekehrt hat sich das Gericht in dem Verfahren zur Rechtschreibreform durch die Rücknahme der Verfassungsbeschwerde seitens der Beschwerdeführer nicht davon abhalten lassen, in der Sache zu entscheiden[63]. In diesen Vorkommnissen zeigt sich eine deutliche Tendenz des Gerichts zu einer immer ausgeprägteren Beanspruchung freier Verfügungsgewalt über die bei ihm eingereichten Verfassungsbeschwerden[64], die nach einer inzwischen von zahlreichen Autoren erhobenen Forderung in der Einführung eines freien Annahmeverfahrens nach amerikanischem Muster gipfeln und damit ihre offizielle rechtliche Sanktionierung finden könnte[65].

Abr. Frowein/Andreas Zimmermann, Die Asylrechtsreform des Jahres 1993 und das Bundesverfassungsgericht, in: JZ 1996, 753–764, 763 f.; *Gertrude Lübbe-Wolff*, Das Asylgrundrecht nach den Entscheidungen des Bundesverfassungsgerichts vom 14. Mai 1996, in: DVBl. 1996, 825–841, 840 f.; *Christian Tomuschat*, Asylrecht in der Schieflage, in: EuGRZ 1996, 381–386, 384 f.; *Heinrich A. Wolff*, Die Asylrechtsänderung in der verfassungsgerichtlichen Prüfung, in: DÖV 1996, 819–826, 824 f.; *Michael Wollenschläger/Gregor Herler*, Das Asylrecht auf dem Prüfstand des Bundesverfassungsgerichts, in: JA 1997, 591–599, 595 f.; *Alexander Böhmer*, Die Entscheidungen des BVerfG zum geltenden Asylrecht, in: JuS 1997, 23–29, 28 f.; *Christian Biermann*, Der „Asylkompromiß" und das Bundesverfassungsgericht, in: Jura 1997, 522–530, 529 f.; zuletzt *Jochen Rozek*, Abschied von der Verfassungsbeschwerde auf Raten?, in: DVBl. 1997, 517–527, 522 ff.; u. *Bertold Huber*, Auswirkungen der Urteile des BVerfG vom 14.5.1996 auf die Rechtsweggarantie des Art. 19 IV GG, in: NVwZ 1997, 1080–1084, 1083 f.

[62] Vgl. die allgemeine Erörterung der Annahmevoraussetzungen nach § 93 a II BVerfGG in: BVerfGE 90, 22, 25 ff.; u. im ausdrücklichen Anschluß daran die seitens des anderen Senats getroffene Entscheidung BVerfGE 96, 245, 250; noch krasser BVerfG NJW 1999, 3480; für verfassungswidrig hält dies *Roth* (Fn. 17), 554 ff., 559 f.

[63] BVerfG NJW 1998, 2515 ff., 2518; vgl. dazu *Heinrich Lang*, Wo kein Kläger, da acht Richter, in: DÖV 1999, 624–634; *Volkmar Wagner*, Einzelfallentscheidung oder Paradigmenwechsel?, in: NJW 1998, 2638–2640; u. *Matthias Cornils*, Zur Rücknahme der Verfassungsbeschwerde, in: NJW 1998, 3624–3626; jew. m.w.N. zu der dahinterstehenden Kontroverse. *Ulrich M. Gassner*, Kreation und Repräsentation, in: Der Staat 34 (1995), 429–453, bes. 443 ff., sieht darüber hinaus auch in der Annahme der Verfassungsbeschwerde gegen den Maastrichter Vertrag schon eine Grenzüberschreitung seitens des Verfassungsgerichts, das Art. 38 I 1 GG zu Unrecht in ein „Grundrecht auf substantielle Demokratie" (447) umgedeutet habe. Vgl. a. *Eckart Klein*, Grundrechtsdogmatische und verfassungsprozessuale Überlegungen zur Maastricht-Entscheidung des Bundesverfassungsgerichts, in: GS Eberhard Grabitz, 1995, 271–286, 272 ff.

[64] Diese Tendenz läßt sich in anderer Form auch bei weiteren Verfahrensarten erkennen. Vgl. dazu *Wolfgang Knies*, Auf dem Weg in den „verfassungsgerichtlichen Jurisdiktionsstaat"?, in: FS Klaus Stern, 1997, 1155–1182, 1163 ff.

[65] Vgl. etwa *Wieland* (Fn. 42), 350 ff.; *Rainer Wahl/ders.*, Verfassungsrechtsprechung als knappes Gut, in: JZ 1996, 1137–1145, 1140 ff.; *Ernst-Wolfgang Böckenförde*, Die Überlastung des Bundesverfassungsgerichts, in: ZRP 1996, 281–284, 283 f.; *Marcel Kau*, Zur grundgesetzlichen Zulässigkeit einer Annahme nach Ermessen bei der Verfassungsbeschwerde, in: ZRP 1999, 319–322; mit modifizierenden Vorschlägen *Rüdiger Zuck*, Die Entlastung des Bundesverfassungsgerichts, in: ZRP 1997, 95–99, 98; u. *Alfred Söllner*, Zur Entlastung des Bundesverfassungsgerichts durch eine „Verfassungsanwaltschaft", in: ZRP 1997, 273–276, 275 f.; dagegen z.B. *Hans-Peter Schneider*,

Nach alledem nehmen sich die unterschiedlichen Voraussetzungen, die die drei hier ausgewählten Verfassungssysteme für den Zugang zu ihren obersten Gerichten aufstellen, in ihren Auswirkungen auf die tatsächliche Entscheidungsmacht dieser Gerichte nicht viel. Für die Anwendung des Prinzips vom Interorganrespekt auf das Feld der Verfassungsrechtsprechung ergibt sich daraus eine in allen drei Verfassungsordnungen annähernd gleiche Ausgangslage.

In gewisser Weise kann man darüber hinaus schon die Handhabung der Zulässigkeitsvoraussetzungen für die verschiedenen Verfahren durch das jeweilige Gericht als Ausdruck des Interorganrespekts lesen, soweit nämlich das Gericht sich weigert, überhaupt in eine materielle Überprüfung bestimmter Akte der anderen Zweige der öffentlichen Gewalt einzutreten[66]. Eindeutige Ergebnisse können auf diesem Sektor jedoch nur begrenzt ermittelt werden, da die Begrenzung des Zugangs zum Gericht, die nach den bisherigen Ausführungen wesentlich in den Händen des Gerichts selbst liegt, nicht nur dem Respekt vor den anderen Verfassungsorganen, sondern mindestens in gleichem Maße dem Bemühen des Gerichts um eine Begrenzung seiner eigenen Belastung entspringt. Die auf der materiellen Ebene entwickelten, selbstgesetzten Grenzen der von den obersten Gerichten ausgeübten Entscheidungsmacht, auf die sich die Erörterung im folgenden konzentrieren soll, versprechen daher für unser Thema erheblich mehr Aufschluß.

II. Interorganrespekt zwischen Verfassungsgericht und Legislative

Da die obersten Gerichte in den vorliegend analysierten Modellen jeweils die Funktion der letzten Autorität in Verfassungsfragen erfüllen und in diesem Sinne einhellig als Verfassungsgerichte bezeichnet werden können, läßt sich die Frage nach dem Interorganrespekt hinsichtlich ihrer Verfassungsrechtsprechung auf dieser Ebene dahingehend formulieren, inwieweit sie bei der Ausübung der ihnen verliehenen Autorität zur Rücksichtnahme auf die anderen Zweige der öffentlichen Gewalt und deren Kompetenzbereiche verpflichtet sind. Von besonderem Interesse ist dabei ihr Verhältnis zur jeweiligen Legislative, da die Bindungswirkung höchstrichterlicher Entscheidungen für die Exekutive und die untergeordneten Gerichte kein grundsätzliches Problem darstellt, während Kollisionen solcher Entscheidungen mit dem

---

SOS aus Karlsruhe – das Bundesverfassungsgericht vor dem Untergang?, in: NJW 1996, 2630–2632, 2631; *Winfried Bausback*, „Auslagerung" des Grundrechtsschutzes auf die internationale Ebene?, in: ZRP 1999, 6–9, 8 f.; *Albers* (Fn. 17), 200 f.; u. tendenziell auch *Roth* (Fn. 17), 559 f.; sowie *Zeno Anzenberger*, Das Bundesverfassungsgericht auf dem Weg zu einem freieren Annahmeverfahren nach dem Vorbild des U.S. Supreme Court, 1998, 135 ff.

[66] Vgl. dazu anhand des amerikanischen und deutschen Beispiels die Untersuchung von *Christian Rau*, Selbst entwickelte Grenzen in der Rechtsprechung des United States Supreme Court und des Bundesverfassungsgerichts, 1996, 54 ff., 162 ff.; für das europäische Modell stv. *Wilfried Bernhardt*, Verfassungsprinzipien – Verfassungsgerichtsfunktionen – Verfassungsprozeßrecht im EWG-Vertrag, 1987, 30 f.; u. zuletzt *Gerald G. Sander*, Der Europäische Gerichtshof als Förderer und Hüter der Integration, 1998, 53.

Mehrheitswillen der unmittelbar zur Vertretung des Volkes berufenen Legislativorgane unvermeidlich die Legitimationsfrage heraufbeschwören.

1. Kassationskompetenzen

Kollisionen der genannten Art können zunächst in negativer Form auftreten, soweit das jeweilige Verfassungsgericht die Macht zur Aufhebung von ihm als verfassungswidrig erkannter Rechtsnormen besitzt. Als erstes ist daher die Bindungswirkung verfassungsgerichtlicher Entscheidungen in den hier betrachteten Systemen auf ihr kassatorisches Potential gegenüber Gesetzesakten der Legislative hin zu untersuchen.

a) Die Vorschrift des § 31 BVerfGG

Über die *Rechtskraft* von Entscheidungen des Bundesverfassungsgerichts sagt das BVerfGG nichts aus. Das Gericht selbst hat jedoch nie einen Zweifel daran gelassen, daß es von einer formellen wie materiellen Rechtskraftwirkung seiner Entscheidungen ausgeht, die ihnen „gleich denen anderer Gerichte" zukommen soll[67]. Das rechtswissenschaftliche Schrifttum stimmt hiermit zum überwiegenden Teil überein und weist insbesondere auf die objektiven, subjektiven und zeitlichen Grenzen der Rechtskraft hin, die die Befürchtung einer durch die Rechtskraftwirkung eintretenden Zementierung bestimmter Verfassungsinterpretationen weitgehend entkräfteten[68]. Immerhin aber hat die Rechtskraft zur Folge, daß der Bundesgesetzgeber, soweit er an dem vom Verfassungsgericht entschiedenen Verfahren beteiligt war, an den Ausspruch des Gerichts über den konkreten Verfahrensgegenstand gebunden ist[69]. § 67 S. 3 BVerfGG eröffnet dem Verfassungsgericht darüber hinaus im Rahmen von Organstreitigkeiten die spezielle Möglichkeit, entscheidungserhebliche Rechtsfragen der Verfassungsauslegung ausdrücklich mit in die Entscheidungsformel und deren Rechtskraftwirkung einzubeziehen.

Über die Rechtskraftwirkung hinaus statuiert § 31 I BVerfGG eine allgemeine *Bindungswirkung* der verfassungsgerichtlichen Entscheidungen für „die Verfassungsorgane des Bundes und der Länder sowie alle Gerichte und Behörden". Ob

---

[67] St. Rspr. seit BVerfGE 4, 31, 38; vgl. weiter BVerfGE 20, 56, 86; 33, 199, 203; 69, 92, 103; 70, 242, 249; 77, 84, 103 f.; 78, 320, 328.

[68] Statt vieler: *Klaus Vogel*, Rechtskraft und Gesetzeskraft der Entscheidungen des Bundesverfassungsgerichts, in: Fg. BVerfG I, 1976, 568–627, 575 ff., 584 et seq.; *Michael Sachs*, Die Bindung des Bundesverfassungsgerichts an seine Entscheidungen, 1977, 15 ff.; *Norbert Wischermann*, Rechtskraft und Bindungswirkung verfassungsgerichtlicher Entscheidungen, 1979, 30 ff.; *Pestalozza* (Fn. 11), 304 ff.; *Schlaich* (Fn. 8), 320 ff. (Rn. 440 ff.); speziell zu den Grenzen der Rechtskraft *Brun-Otto Bryde*, Verfassungsentwicklung, 1982, 404 f.; u. allg. *Benda/Klein* (Fn. 8), 504 f. (Rn. 1213 ff.).

[69] Dabei ist allerdings fraglich, ob diese Bindung über die Legislaturperiode des konkret betroffenen Bundestages hinausreicht oder entsprechend dem Grundsatz der Diskontinuität mit ihr erlischt, vgl. *Sachs* (Fn. 68), 201 Fn. 57; u. näher *Pestalozza* (Fn. 11), 306 Fn. 161.

diese Bindungswirkung sich in subjektiver Hinsicht auch auf den formellen Gesetzgeber als Adressaten und in objektiver Hinsicht auf die tragenden Gründe der jeweiligen Entscheidung erstreckt, ist umstritten und wurde im Zusammenhang mit der Frage des „Normwiederholungsverbots" als ausgewählter Illustration des potentiellen Anwendungsspektrums für das Prinzip des Interorganrespekts bereits im Grundlagenteil erörtert[70]. An dieser Stelle bleibt daher nur noch einmal festzuhalten, daß das Verfassungsgericht im Einklang mit der Mehrheit der Literatur eine derart weitreichende Erstreckung der Bindungswirkung seiner Entscheidungen bejaht.

Schließlich spricht § 31 II BVerfGG den Entscheidungen des Bundesverfassungsgerichts in bestimmten Fällen noch *Gesetzeskraft* zu. Im einzelnen gilt dies vor allem für die verschiedenen Normenkontrollverfahren einschließlich der Verfahren zur Normverifikation und Normqualifikation sowie für Verfassungsbeschwerden, „wenn das Bundesverfassungsgericht ein Gesetz als mit dem Grundgesetz vereinbar oder unvereinbar oder für nichtig erklärt". Dem Bundesverfassungsgericht kommt damit ein „negatives Kassationsmonopol" zu: es verkörpert die einzige Instanz, die selbst parlamentarische Mehrheitsentscheidungen wegen eines Verstoßes gegen das Grundgesetz mit erga omnes-Wirkung wieder aufheben kann[71]. Wie oben schon festgestellt wurde, behält der Gesetzgeber dabei zwar in den vom Interorganrespekt gezogenen Grenzen das Recht auf einen „zweiten Anlauf"[72]; in der Praxis bleibt ihm allerdings in der Regel nur die Möglichkeit, im Zuge einer Neuregelung der betroffenen Materie die Spielräume auszuschöpfen, die die Rechtsprechung des Verfassungsgerichts ihm offengelassen hat. Die negative Kontrollmacht des Verfassungsgerichts gegenüber der Legislative, die sich in den kassatorischen Kompetenzen des Verfassungsgerichts äußert, ist im deutschen Modell damit von sehr umfassender Natur[73]. Formell überwinden könnte der Gesetzgeber diese Kontrollmacht außer durch einen Eingriff in § 31 BVerfGG – der freilich selbst nur im Rahmen der von der Verfassung vorgegebenen Parameter möglich wäre – lediglich in Gestalt einer Verfassungsänderung; eine solche Änderung zum Zwecke der Revision einer verfassungsgerichtlichen Entscheidung bildet jedoch ein riskantes politisches Unterfangen und ist beispielsweise erst kürzlich im Zusammenhang mit der Neuregelung der Abgeordnetendiäten wieder verworfen worden[74].

---

[70] Oben 2. Kap. III. 4. b) aa) und bb) (66 ff.), vgl. insbes. die Nachweise Fn. 264, 265, 268, 270, 273.

[71] Vgl. stv. *Benda/Klein* (Fn. 8), 509 ff. (Rn. 1227 ff.); *Stern* (Fn. 6), 1039 ff.; u. in rechtsvergleichender Perspektive zus.fass. *v. Brünneck* (Fn. 2), 157 ff.

[72] Oben 2. Kap. III. 4. c) (71).

[73] *Hans-Jochen Vogel*, Gewaltenvermischung statt Gewaltenteilung?, in: NJW 1996, 1505–1511, 1509, spricht insoweit sogar von der „Kernkompetenz" des BVerfG im Hinblick auf den Bundestag. Vgl. a. *Kostas Chryssogonos*, Verfassungsgerichtsbarkeit und Gesetzgebung, 1987, 49.

[74] Näher zu diesem Beispiel *Walter Schmitt Glaeser*, Das Bundesverfassungsgericht als „Gegengewalt" zum verfassungsändernden Gesetzgeber?, in: FS Klaus Stern, 1997, 1183–1199. Die Sonderfrage, inwieweit das BVerfG auch gegenüber Verfassungsänderungen wegen eines Verstoßes

b) Die Befugnis des Europäischen Gerichtshofs zu Nichtigkeitsentscheidungen

Eine dem § 31 BVerfGG vergleichbare Vorschrift kennt der EGV nicht. Die Urteile des Europäischen Gerichtshofs wirken daher grundsätzlich nur inter partes für den konkret entschiedenen Rechtsfall, wobei die Vergleichbarkeit ihrer in Art. 65 der Verfahrensordnung des Gerichtshofs statuierten Bindungswirkung bzw. Unabänderlichkeit mit der formellen und insbesondere materiellen Rechtskraft von Gerichtsentscheidungen nach deutscher Definition nicht abschließend geklärt ist[75]. Für das im vorliegenden Zusammenhang allein interessierende rechtsetzende Handeln der Gemeinschaftsorgane machen die Art. 230 I, 231 I (ex-Art. 173 I, 174 I) EGV allerdings eine entscheidende Ausnahme von diesem Grundsatz: Die Nichtigkeitsklage gem. Art. 230 I (ex-Art. 173 I) EGV zielt in gleicher Weise wie die verfassungsgerichtliche Normenkontrolle in Deutschland[76] auf eine Annullierung von Rechtsakten der Gemeinschaftsorgane (und der Europäischen Zentralbank). Sie stellt damit eine Gestaltungsklage dar, die im Erfolgsfalle zur Aufhebung des rechtswidrigen Gemeinschaftsrechtsaktes führt[77]. Das aufhebende Urteil – die Nichtigerklärung gem. Art. 231 I (ex-Art. 174 I) EGV – beseitigt den Rechtsakt mit erga omnes-Wirkung ex tunc und bindet insoweit alle anderen Gemeinschaftsgerichte und -organe[78]. Da nur dem Europäischen Gerichtshof diese Befugnis zukommt, sekundäres Gemeinschaftsrecht wegen eines Verstoßes gegen Bestimmungen der Gründungsverträge abschließend und allgemeinverbindlich wieder aus der Welt zu schaffen, besitzt er folglich ebenso wie das Bundesverfassungsgericht ein Verwerfungsmonopol in bezug auf die von den Gemeinschaftsorganen erlassenen Rechtsakte. In Fällen extremer Fehlerhaftigkeit nimmt der Gerichtshof sogar die Kompetenz für sich in Anspruch, den fraglichen Gemeinschaftsakt für rechtlich inexistent zu erklären[79].

Auch soweit die Urteile des Europäischen Gerichtshofs keine unmittelbar rechtsgestaltende Kraft entfalten, ist für ihre Bindungswirkung gesorgt. So haben

---

gegen die „Ewigkeitsklausel“ des Art. 79 III GG seine Kassationskompetenz ausüben könnte, soll hier in Ermangelung entsprechender Parallelen in der amerikanischen und europäischen Verfassungsordnung unerörtert bleiben.

[75] Vgl. dazu schon *Martin Gutsche*, Die Bindungswirkung der Urteile des Europäischen Gerichtshofes, 1967, 6 ff., 29 ff.; u. näher *Schweitzer/Hummer* (Fn. 23), 174 (Rn. 581); noch weitergehend *Albert Bleckmann*, Europarecht, 6. Aufl. 1997, 342 ff. (Rn. 992 ff.).

[76] Zu dieser Vergleichbarkeit schon oben I. 1. b) aa) (387).

[77] Näher hierzu bspw. *Oliver Dörr*, in: Helge Sodan/Jan Ziekow (Hg.), Nomos-Kommentar zur Verwaltungsgerichtsordnung (Loseblatt), Bd. I, Europäischer Verwaltungsrechtsschutz (EVR) Rn. 79 ff.; u. *Koenig/Sander* (Fn. 24), 166 f. (Rn. 327 f.).

[78] Nochmals *Oliver Dörr*, in: Sodan/Ziekow (Fn. 77), EVR Rn. 165 f.; vgl. a. *Kirschner* (Fn. 32), 131 f. (Rn. 134); u. *Huber* (Fn. 21), 275.

[79] EuGH Slg. 1987, 1005 – Rs. 15/85 –, 1036: „Die Qualifizierung eines Verwaltungsakts als inexistent erlaubt ... die Feststellung, daß dieser Akt keine Rechtswirkung entfaltet hat. Aus offenkundigen Gründen der Rechtssicherheit muß diese Qualifikation daher ... Akten vorbehalten bleiben, die mit *besonders schweren und offensichtlichen* Fehlern behaftet sind“ (Hervorhebung vom Verf.). I. einz. hierzu *Claudia Annacker*, Die Inexistenz als Angriffs- und Verteidigungsmittel vor dem EuGH und dem EuG, in: EuZW 1995, 755–761, 756 ff. m.w.N. auch zur sonstigen Rspr.

die lediglich auf den Erlaß von Feststellungsurteilen gerichteten Untätigkeitsklagen nach Art. 232 (ex-Art. 175) EGV gem. Art. 233 (ex-Art. 176) EGV eine Verpflichtung des vertragswidrig agierenden Organs zur Folge, „die sich aus dem Urteil des Gerichtshofes ergebenden Maßnahmen zu ergreifen“; die gleiche Verpflichtung besteht, wenn sich die Konsequenzen einer erfolgreichen Nichtigkeitsklage nicht in der Nichtigerklärung erschöpfen[80]. Schließlich entwickeln auch Vorabentscheidungsurteile nach Art. 234 (ex-Art. 177) EGV eine Bindungswirkung erga omnes, sofern in ihnen die Ungültigkeit einer Handlung von Organen der Gemeinschaft aufgrund primärrechtlicher Vorschriften festgestellt wird[81]. Insgesamt bleiben die kassatorischen Kompetenzen des Europäischen Gerichtshofs gegenüber dem legislatorischen Handeln der Gemeinschaftsorgane daher nicht nennenswert hinter denjenigen des Bundesverfassungsgerichts zurück.

c) Die Rolle der „doctrine of precedence“ für die Rechtsanwendung in den USA

Während deutsche Normenkontrolle und europäische Nichtigkeitsklage hinsichtlich ihrer potentiellen kassatorischen Wirkungen sehr ähnlich gestrickt sind, ist der Vergleich dieser Verfahren mit der korrespondierenden Verfassungsrechtsprechung des Supreme Court schwieriger zu ziehen. Zwar erhebt der Oberste Gerichtshof der USA den zweifellos ältesten Anspruch aller Gerichte darauf, das Handeln aller anderen Staatsorgane umfassend und verbindlich am Maßstab der Verfassung zu überprüfen; schon in einer seiner ersten Entscheidungen zu Beginn des 19. Jahrhunderts postulierte er den Grundsatz des „judicial review“, wonach die Verfassung als „fundamental and paramount law of the nation“ über den Akten des einfachen Gesetzgebers steht und die Gerichtsbarkeit im Konfliktfall dazu aufgerufen ist, diese Hierarchie mit ihren Urteilssprüchen zu verteidigen: „It is emphatically the province and duty of the judicial department to say what the law is“[82]. Über die Frage, ob die entsprechenden Entscheidungen nur zwischen den Parteien oder aber allgemeinverbindlich gelten sollen, enthält dieses Urteil jedoch keine eindeutige Aussa-

---

[80] Zus.fass. *Ingolf Pernice*, in: Eberhard Grabitz/Meinhard Hilf (Hg.), Kommentar zur Europäischen Union (Loseblatt), Art. 164 EGV Rn. 6; vgl. a. *Koenig/Sander* (Fn. 24), 189 f. (Rn. 379). Im Falle der hier nicht weiter interessierenden Vertragsverletzungsverfahren nach Art. 226, 227 (ex-Art. 169, 170) EGV besteht für die vertragswidrig handelnden Mitgliedstaaten gem. Art. 228 (ex-Art. 171) EGV eine ebensolche Pflicht.

[81] Hierauf wurde oben I. 1. b) aa) (387) schon hingewiesen, vgl. insbes. die Nachweise in Fn. 30. Dieser in Art. 234 I b (ex-Art. 177 I b) EGV geregelte Fall ist von der unter Art. 234 I a (ex-Art. 177 I a) EGV möglichen Konstellation zu unterscheiden, in der der Gerichtshof lediglich *sekundäres* Gemeinschaftsrecht verbindlich auslegt und den Gemeinschaftsorganen damit die Möglichkeit zu einer „legislativen Korrektur“ im Wege neuer Sekundärrechtsetzung verbleibt. Zu der gesamten Problematik vgl. *Waldemar Hummer/Walter Obwexer*, Vom „Gesetzesstaat zum Richterstaat“ und wieder retour?, in: EuZW 1997, 295–305, 303 ff.

[82] *Marbury v. Madison*, 5 U.S. (1 Cr.) 137 (1803), 177; vgl. a. zu dem politisch sehr spannenden Hintergrund dieses Falles und zu den Einzelheiten der Entscheidung *Brugger* (Fn. 46), 5 ff.; *ders.* (Fn. 54), 8 f.; *Rotunda/Nowak/Young* (Fn. 44), 2 ff. (§§ 1.2–1.4); *Filzmaier/Plasser* (Fn. 56), 143 f.; *Klaus Stern*, Grundideen europäisch-amerikanischer Verfassungsstaatlichkeit, 1984, 23 ff., bes. 31 ff.

ge: auf der einen Seite ist in ihm von der Nichtigkeit verfassungswidriger Gesetzesakte die Rede, an anderer Stelle wird die Verbindlichkeit dieses Ausspruchs hingegen auf den konkret zur Entscheidung stehenden Fall beschränkt[83]. Da der Gedanke einer allgemeinen gerichtlichen Kassationskompetenz für Rechtsnormen dem anglo-amerikanischen Rechtsdenken freilich fremd ist, hat sich im Laufe der Zeit eine vermittelnde Ansicht durchgesetzt, nach der eine von der Justiz für verfassungswidrig befundene Norm unmittelbar lediglich zwischen den am Rechtsstreit beteiligten Parteien unanwendbar wird und insgesamt allenfalls vom Normgeber selbst wieder aus der Welt geschafft werden kann, die gesetzes*anwendenden* Institutionen allerdings verpflichtet sind, der einschlägigen Rechtsprechung ab einem bestimmten Punkt dadurch Rechnung zu tragen, daß sie von sich aus und ohne weitere Klagen abzuwarten auf die Anwendung eines als verfassungswidrig erkannten Gesetzes verzichten[84].

Speziell für die nachgeordnete Gerichtsbarkeit wird diese Position durch die den common law-Systemen eigentümliche „doctrine of precedence" verstärkt. Sogar der Supreme Court selbst, der an seine eigenen Präjudizien nicht formell gebunden ist, hält sich insofern an diese auch unter dem Begriff „stare decisis" bekannte Doktrin, als er ein „Overruling" seiner früheren verfassungsinterpretierenden Entscheidungen nur unter speziellen Rechtfertigungsgründen vorzunehmen bereit ist[85]; ohne einen solchen Grundsatz in vergleichbarer Weise formalisiert zu haben, verfolgen Bundesverfassungsgericht und Europäischer Gerichtshof in diesem Punkt übrigens eine ähnliche Linie[86]. Für die unteren Gerichte bedeutet die „doctrine of

---

[83] Vgl. hierzu schon *Alexander Hamilton/James Madison/John Jay*, The Federalist Papers (1787/88), ed. by Clinton Rossiter, 1961, No. 78 (Hamilton), 467: „No legislative act, therefore, contrary to the Constitution, can be valid"; u. nochmals *Marbury v. Madison*, 5 U.S. (1 Cr.) 137 (1803), 177: „... an act of legislature, repugnant to the constitution, *is void*", gegen 178: „... the court must determine which of these conflicting rules *governs the case*" (Hervorhebungen vom Verf.).Eine ausführliche Analyse des philosophischen Hintergrundes dieser Überlegungen findet sich bspw. bei *Sotirios A. Barber*, The Constitution of Judicial Power, 1993, 26 ff.

[84] So schon *Herbert Wechsler*, The Courts and the Constitution, in: Columbia Law Review 65 (1965), 1001–1014, 1008; ihm folgend *Tribe* (Fn. 48), 28 f.; vgl. a. *Paul G. Kauper*, Judicial Review of Constitutional Issues in the United States, in: Hermann Mosler (Hg.), Verfassungsgerichtsbarkeit in der Gegenwart, 1962, 568–642, 610 ff., 617 f.

[85] Vgl. dazu bspw. das Sondervotum von Justice Stevens in *Florida Department of Health v. Florida Nursing Home Association*, 450 U.S. 147 (1981), 151 ff.; *Welch v. Texas Highways & Public Transportation Department*, 483 U.S. 468 (1987), 476 ff.; zur prinzipiellen Zulässigkeit des „overruling" eigener Entscheidungen *Thurston Motor Lines, Inc. v. Jordan K. Rand, Ltd.*, 460 U.S. 533 (1983), 535; u. schon Justice Frankfurter in *Graves v. New York ex rel. O'Keefe*, 306 U.S. 466 (1939), 491 f.: „... the ultimate touchstone of constitutionality is the Constitution itself and not what we have said about it"; insges. ferner *Georg Seyfarth*, Die Änderung der Rechtsprechung durch das Bundesverfassungsgericht, 1998, 27 ff.; *Ellen Schlüchter*, Mittlerfunktion der Präjudizien, 1986, 81 f.; u. *Karin L. Pilny*, Präjudizienrecht im anglo-amerikanischen und im deutschen Recht, 1993, 113 ff. m.w.N.

[86] Vgl. etwa *Pilny* (Fn. 85), 184 ff.; *Michael Reinhardt*, Konsistente Jurisdiktion, 1997, 425 ff.; zustimmend *Seyfarth* (Fn. 85), 270 ff.; zuletzt *Thomas Lundmark*, *Stare Decisis* vor dem Bundesverfassungsgericht, in: Rechtstheorie 28 (1997), 315–345, zus.fass. 340 ff.; u. zur europäischen Situation *Hummer/Obwexer* (Fn. 81), 297.

precedence", daß ein vom übergeordneten Gericht geschaffener Präzedenzfall die Entscheidung aller zeitlich späteren, tatsächlich und rechtlich ähnlich gelagerten Fälle verbindlich vorgibt[87]. Hieraus folgt konkret, daß Urteile des Supreme Court, in deren „holding" oder „ratio decidendi" – wobei es sich nach deutscher Terminologie um die Entscheidungsformel und die tragenden Entscheidungsgründe handelt[88] – eine bestimmte Rechtsnorm für verfassungswidrig erklärt wurde, für die übrigen Gerichte der Vereinigten Staaten dahingehend verbindliche Wirkung entfalten, daß diese Gerichte in allen zukünftigen Rechtsstreitigkeiten, für deren Ausgang es auf die fragliche Norm ankommt, von ihrer Ungültigkeit auszugehen haben. Da das amerikanische Recht die Konstruktion eines förmlichen Kassationsmonopols für Gesetze in der Hand des obersten Gerichts ebenfalls nicht kennt, sind die unteren Gerichte auch nicht daran gehindert, eine derartige Norm in eigener Regie nicht weiter anzuwenden[89]. Im Ergebnis kommt die faktische Verwerfungsmacht des Supreme Court gegenüber Akten der Legislative daher trotz des Fehlens einer formellen Kassationskompetenz den entsprechenden Befugnissen von Bundesverfassungsgericht und Europäischem Gerichtshof gleich. Diese Feststellung wird durch die Beobachtung erhärtet, daß trotz der außergewöhnlich hohen Hürden, die die amerikanische Verfassung für ihre eigene Änderung aufstellt, bereits verschiedentlich zu diesem Mittel gegriffen worden ist, um Entscheidungen des Gerichtshofs über die Verfassungswidrigkeit einer einfachgesetzlichen Norm gegenstandslos zu machen[90].

---

[87] Vgl. die Definition von „precedent" bei *Henry Campbell Black et al.*, Black's Law Dictionary, 6th ed. 1990, 1176: „An adjudged case or decision of a court, considered as furnishing an example or authority for an identical or similar case afterwards arising or a similar question of law"; stv. a. *Wolfgang Fikentscher*, Methoden des Rechts in vergleichender Darstellung, Bd. II: Angloamerikanischer Rechtskreis, 1975, 81 ff.; u. *Dieter Blumenwitz*, Einführung in das anglo-amerikanische Recht, 6. Aufl. 1998, 25 f. m.w.N.

[88] Näher hierzu *Pilny* (Fn. 85), 35 ff.

[89] Selbst in Abwesenheit eines höchstgerichtlichen Urteils können – und müssen – die unteren Gerichte bereits über die Verfassungsmäßigkeit von Gesetzen entscheiden. Vgl. beispielhaft den oben 5. Kap. III. 1. (198 f.) erörterten Rechtsstreit um das „line-item veto" und die dazu in Fn. 202 zitierte Entscheidung des U.S. District Court für Washington, D.C.

[90] So können die Zusatzartikel 13 und 15 zur amerikanischen Verfassung als Reaktion auf *Dred Scott v. Sandford*, 60 U.S. 393 (1857), verstanden werden. Der 16. Zusatzartikel wurde nötig, um *Pollock v. Farmers' Loan and Trust Co.*, 158 U.S. 601 (1895), zu überwinden; ebenso der 26. wegen *Oregon v. Mitchell*, 400 U.S. 112 (1970). Vgl. näher - mit weiteren Beispielen - *Thomas Giegerich*, Privatwirkung der Grundrechte in den USA, 1992, 176 f. Der jüngste Versuch, als Reaktion auf *Texas v. Johnson*, 491 U.S. 397 (1989) – in dem es zwar nicht um einen „Act of Congress", sondern um ein einzelstaatliches Gesetz ging, was aber an der prinzipiellen Problematik nichts ändert –, eine Verfassungsänderung zum Schutz der amerikanischen Flagge durchzusetzen, ist dagegen schon im Vorfeld gescheitert.

d) Ergebnis

Die Bindungswirkung höchstrichterlicher Entscheidungen über die Verfassungsmäßigkeit von Gesetzesakten der Legislative ist in den drei hier zur Erörterung stehenden Verfassungssystemen jeweils unterschiedlich ausgestaltet. Auf dem Papier besitzt das Bundesverfassungsgericht insoweit die stärkste, der Supreme Court die schwächste Machtposition. Die Befugnis des Europäischen Gerichtshofs zu Nichtigkeitsentscheidungen und die „doctrine of precedence" der amerikanischen Rechtsordnung stellen jedoch im Ergebnis eine weitgehende Gleichgewichtigkeit der Kassationskompetenzen aller drei Gerichtshöfe her, die sich darin äußert, daß sie durchweg entweder ausdrücklich-normativ oder jedenfalls faktisch die Möglichkeit besitzen, Gesetzesentscheidungen der Legislative im Falle eines von ihnen zu beurteilenden Verstoßes gegen die Verfassungsordnung des jeweiligen Systems außer Kraft zu setzen.

Unter dem Aspekt des Interorganrespekts ergibt sich daraus unmittelbar nur eine sehr weitreichende Verpflichtung der Legislative gegenüber der „dritten Gewalt": Die gesetzgebenden Organe müssen die von den drei zum Gegenstand dieser Untersuchung gemachten Verfassungsordnungen übereinstimmend getroffene Entscheidung, dem obersten Gericht eine derartige Kassationskompetenz zuzuweisen, dahingehend respektieren, daß sie das oberste Gericht als letzte Autorität in Verfassungsfragen anerkennen und seinen diesbezüglichen Urteilssprüchen Folge leisten. Die aus dem Prinzip des Interorganrespekts fließende Verpflichtung zur Rücksichtnahme auf die entsprechenden Kompetenzzuweisungen und ihre Ausübung bestimmt darüber hinaus die näheren Umstände dieser von den Legislativorganen erwarteten Folgeleistung auch dort, wo sie nicht ausdrücklich in der Verfassung normiert sind. So läßt sich beispielsweise die Frage der Zulässigkeit von „Normwiederholungen", die sich nirgendwo explizit geregelt findet, auf der Basis dieses Grundsatzes am besten beantworten und wurde daher schon zu Beginn unserer Analyse als Illustration verwendet[91]. Ein weiteres Beispiel stellt die Überwindung der parlamentarischen Diskontinuität durch den Interorganrespekt dar: Obgleich sich die Rechtskraft verfassungsgerichtlicher Urteile nur auf das jeweils amtierende Parlament erstreckt, bleiben die später gewählten Parlamente doch gehalten, diese Urteile als gültige Akte weiterhin zu respektieren und ihrer gesetzgeberischen Arbeit zugrundezulegen[92]. Soweit nicht besondere Vorschriften von der Art des § 31 II BVerfGG eingreifen, kann man aus dem Gedanken des Interorganrespekts weiterhin eine Verpflichtung der Legislative ableiten, vom obersten Gericht für verfassungswidrig befundene Rechtsakte mit einem normativen Gegenakt auch for-

---

[91] Oben 2. Kap. III. 4. c) (70 ff.).

[92] Zu dieser Problematik für Deutschland nochmals *Pestalozza* (Fn. 11), 306 Fn. 161; u. *Sachs* (Fn. 68), 201 Fn. 57. § 31 I BVerfGG löst diese Frage auf einfachgesetzlicher Ebene, vgl. dazu BVerfGE 77, 84, 103 f.; der Rückbezug auf das Prinzip des Interorganrespekts stellt jedoch sicher, daß eine entsprechende Bindungswirkung unabhängig von derartigen einfachgesetzlichen Normierungen direkt von Verfassungs wegen existiert.

mell wieder aus der Welt zu schaffen und damit zugleich für Rechtssicherheit zu sorgen. In Abwesenheit eines derartigen Gegenakts müssen die anderen Organe der öffentlichen Gewalt auf entsprechende Entscheidungen des obersten Gerichts zumindest dahingehend Rücksicht nehmen, daß sie von sich aus auf jede weitere Anwendung des inkriminierten Gesetzes verzichten; der Interorganrespekt liefert insoweit die normative Basis für den zuvor anhand des amerikanischen Beispiels festgestellten allfälligen Konsens in dieser Frage[93]. Aus alledem wird ein weiteres Mal die lückenausfüllende Funktion dieses Prinzips deutlich, das über die punktuell bestehenden verfassungsrechtlichen und einfachgesetzlichen Regeln hinaus als ungeschriebene Quelle rechtlicher Verhaltens- und Unterlassungspflichten benötigt wird und dienen kann. Hinzu kommt seine Wirkung als Auslegungsmaßstab, soweit die betreffenden Pflichten nur in Form einer Generalklausel nach Art des Art. 233 (ex-Art. 176) EGV normiert sind[94].

Was im vorigen allerdings noch nicht behandelt wurde, ist die diesem Grundsatz eigentümliche Wechselseitigkeit der aus ihm fließenden Verpflichtungen. Als einziges Indiz für eine von der „dritten Gewalt“ geübte Rücksichtnahme auf die Kompetenzausübungen der anderen Zweige der öffentlichen Gewalt konnte bislang eine eingeschränkte Selbstbindung der obersten Gerichte an ihre eigenen Entscheidungen verzeichnet werden[95], die dazu führt, den gesetzgebenden Organen eine verläßlichere verfassungsrechtliche Handlungsbasis zu verschaffen. Gerade wenn die aus den Kassationskompetenzen der Verfassungsrechtsprechung entstehenden Respektsverpflichtungen der Legislative jedoch ein so weitreichendes Ausmaß wie in den hier untersuchten Verfassungsordnungen annehmen, bedarf es auf der Gegenseite eines ebenso ausgeprägten Interorganrespekts von seiten der Judikative.

2. Gestaltungsbefugnisse

Erste Anhaltspunkte für einen solchen Interorganrespekt vermögen diejenigen Fallkonstellationen zu liefern, in denen die Verfassungsgerichte anstatt oder zusätzlich zu einer Kassation positive Handlungsanweisungen an den Gesetzgeber aussprechen. Freilich bergen diese Fallkonstellationen zugleich ein nicht zu unterschätzendes Gefahrenpotential für die ursprüngliche verfassungsrechtliche Kompetenzverteilung: Denn während die Gerichte mit ihren Kassationskompetenzen nur über negative Verhinderungsmöglichkeiten verfügen, können sie auf dem Weg über konkrete Handlungsvorgaben positive Befugnisse zur Rechtsgestaltung für sich reklamieren. Im folgenden soll daher zunächst die Inanspruchnahme derartiger Gestaltungsbefugnisse durch die hier betrachteten obersten Gerichte aus der Perspektive des Interorganrespekts analysiert werden.

---

[93] Vgl. insbes. die Nachweise oben Fn. 84.

[94] S. hierzu nochmals die Nachweise oben Fn. 80.

[95] Vgl. vor allem die Nachweise oben Fn. 85 und 86.

a) Das Bundesverfassungsgericht als Akteur auf der gesetzgeberischen Bühne

Speziell das Bundesverfassungsgericht greift in seiner Rechtsprechung verhältnismäßig häufig zu rechtsgestaltenden Mitteln. Seine verschiedenen dabei verwendeten Techniken lassen sich in zwei grundsätzliche Kategorien unterteilen.

aa) Schaffung von Übergangsrecht

Zum einen wird das Gericht oft im Anschluß an die Verwerfung einer Norm als verfassungswidrig tätig, um bis zu einer neuen Entscheidung des Gesetzgebers in der Sache kein rechtliches Vakuum entstehen zu lassen bzw. eine grundgesetznähere Alternative an die Stelle einer weiteren Anwendung der verfassungswidrigen Norm zu setzen. Die freie Konkretisierung der verfassungsrechtlichen Vorgaben bildet in diesem Zusammenhang eher die Ausnahme, kommt allerdings durchaus vor: So hat das Gericht in seiner Entscheidung zum Ehenamensrecht eine vollkommen eigenständige Übergangsregelung mit der Begründung erlassen, die im Falle einer fortgesetzten Anwendung der alten, als verfassungswidrig erkannten Vorschrift eintretenden Verfassungsverstöße könnten ansonsten nur unter Inkaufnahme erneuter Grundrechtsverletzungen rückgängig gemacht werden[96]. Häufiger beruft es sich freilich bei der Schaffung von Übergangsrecht auf die ihm in § 35 BVerfGG übertragene Kompetenz, „im Einzelfall die Art und Weise der Vollstreckung (zu) regeln". Traditionell wurde diese Kompetenz vor allem dazu genutzt, die Fortgeltung alten Rechts bis zu einer Neuregelung anzuordnen[97] oder die Gültigkeit von in der Vergangenheit auf der Basis einer verfassungswidrigen Norm geschaffenen Tatbeständen außer Streit zu stellen[98]. In neuerer Zeit nehmen die unter § 35 BVerfGG getroffenen Anordnungen des Gerichts allerdings einen immer detaillierteren und endgültigeren Charakter an: Vor der ersten gesamtdeutschen Bundestagswahl 1990 hatten die Verfassungsrichter dem Gesetzgeber zunächst noch ein „äußerst kurzfristiges Handeln" ans Herz gelegt, um „neue wahlrechtliche Regelungen zu treffen"[99], wenig später jedoch in einer einstweiligen Anordnung die rechtliche Grundlage für die Durchführung der Wahlen selbst bereitgestellt[100]. Im zweiten Abtreibungs-Urteil von 1993 traf das Verfassungsgericht dann derart genaue Vorkeh-

---

[96] BVerfGE 84, 9, 22.

[97] So z.B. in der ersten Abtreibungs-Entscheidung, wo das BVerfG die Weitergeltung des alten Rechts auch für Abtreibungen in den ersten 12 Wochen verfügt, zugleich allerdings in Fällen einer schwerwiegenden Notlage das Absehen von Strafe ermöglicht hatte. Vgl. BVerfGE 39, 1, 2 f., 68.

[98] So geschah es etwa im Urteil zur Kriegsdienstverweigerung, wo das BVerfG pauschal die Gültigkeit der in der Vergangenheit bis zu einem bestimmten Stichtag ergangenen Anerkennungsbescheide feststellte: BVerfGE 48, 127, 130 f., 184 f. Zum Einsatz dieses wie auch des in der vorigen Fn. belegten Instruments in dem hierfür besonders prädestinierten Bereich öffentlicher Abgaben vgl. krit. *Roman Seer*, Die Unvereinbarkeitserklärung des BVerfG am Beispiel seiner Rechtsprechung zum Abgabenrecht, in: NJW 1996, 285–291, 287 ff.

[99] BVerfGE 82, 322, 352; zu Vorgeschichte und Inhalt dieser Entscheidung vgl. *Michael Brenner*, Die Entwicklung des Wahlrechts und der Grundsatz der Wahlrechtsgleichheit im wiedervereinigten Deutschland, in: AöR 116 (1991), 537–587, bes. 562 ff.

[100] BVerfGE 82, 353, 369 f.

rungen für den aufgrund seines Verfassungswidrigkeitsverdikts eintretenden Rechtszustand, daß der Gesetzgeber diese Übergangsregelung zugleich als Richtlinie einer künftigen verfassungskonformen Neuordnung des Abtreibungsrechts verstehen mußte und seinen nachfolgenden Gesetzesbeschluß folgerichtig daran orientierte[101].

Speziell die extensive Auslegung von § 35 BVerfGG ist längst zum Gegenstand heftiger Kontroversen geworden. Während ein Teil der Literatur in dieser Vorschrift eine Generalermächtigung erblickt, die das Verfassungsgericht „recht eigentlich zum Herrn der Vollstreckung" mache[102], wehren sich andere Autoren zum Teil vehement dagegen, das Gericht auf diese Weise faktisch zu einem Träger rechtsgestaltender Notstandskompetenzen avancieren zu lassen[103]. Für die Auflösung dieses Dilemmas kann der Gedanke des Interorganrespekts in zweifacher Hinsicht fruchtbar gemacht werden: zum einen in der Gestalt eines an das Gericht adressierten Postulates richterlicher Selbstbeschränkung dergestalt, von der Ermächtigung des § 35 BVerfGG „nur einen vorsichtigen Gebrauch zu machen und nur Vollstreckungsmaßnahmen anzuordnen, die sich mit der verfassungsrechtlichen Zuständigkeitsregelung" in dem nach Lage der Sache weitestmöglichen Umfang „vereinbaren lassen"[104]; zum anderen in Form seiner Unterprinzipien Funktionsgerechtigkeit bzw. Organadäquanz, wonach die Tätigkeit des Verfassungsgerichts als faktischer (Ersatz-)Gesetzgeber wegen der damit einhergehenden Zuständigkeitsverschiebung auf die Remedur irreparabler und besonders schwerwiegender Verfassungsverstöße begrenzt bleiben muß[105]. Denn auch wenn dem Gesetzgeber gegenüber einer vom Bundesverfassungsgericht geschaffenen Über-

[101] Dabei ging es vor allem um die zukünftige Ausgestaltung der sog. „Pflichtberatung", vgl. BVerfGE 88, 203, 209 ff., 336 f.

[102] So das Gericht selbst in BVerfGE 6, 300, 304; vgl. weiter *Hans Hugo Klein*, Bundesverfassungsgericht und Staatsraison, 1968, 34 ff.; *Benda/Klein* (Fn. 8), 525 (Rn. 1270); u. *Gerd Roellecke*, in: Umbach/Clemens (Fn. 9), § 35 Rn. 16.

[103] In diesem Sinne schon *Roman Herzog*, Die Vollstreckung von Entscheidungen des Bundesverfassungsgerichts, in: Der Staat 4 (1965), 37–49, 45 ff.; vgl. weiter *Jörn Ipsen*, Rechtsfolgen der Verfassungswidrigkeit von Norm und Einzelakt, 1980, 233 ff.; *Schlaich* (Fn. 8), 318 (Rn. 438); *Hans-Peter Schneider*, Die Vollstreckungskompetenz nach § 35 BVerfGG – ein Notverordnungsrecht des Bundesverfassungsgerichts?, in: NJW 1994, 2590–2594, 2592 ff.; umfassend zu der gesamten Kontroverse zuletzt *Simone Laumen*, Die Vollstreckungskompetenz nach § 35 BVerfGG, 1997, 100 ff.; u. *Wolfgang Roth*, Grundlage und Grenzen von Übergangsanordnungen des Bundesverfassungsgerichts zur Bewältigung möglicher Folgeprobleme seiner Entscheidungen, in: AöR 124 (1999), 470–502, 476 ff.; jew. m.w.N.

[104] *Gerhard Ulsamer*, in: Maunz/Schmidt-Bleibtreu/Klein/ders. (Fn. 7), § 35 Rn. 2; zu dem im nächsten Abschnitt noch näher zu behandelnden Postulat der richterlichen Selbstbeschränkung vgl. stv. schon *Hans-Peter Schneider*, Verfassungsgerichtsbarkeit und Gewaltenteilung, in: NJW 1980, 2103–2111, 2109 f.; u. *Konrad Hesse*, Funktionelle Grenzen der Verfassungsgerichtsbarkeit, in: FS Hans Huber, 1981, 261–272, 269.

[105] *Walter Frenz*, Eine begrenzte Gesetzgebungskompetenz des Bundesverfassungsgerichts im Gefüge der Gewaltenteilung, in: ZG 8 (1993), 248–264, 255 ff., 261 f.; vgl. a. *Roth* (Fn. 103), 490 ff.; *Schneider* (Fn. 103), 2593, der ebenfalls mit funktionellen Argumenten die Schranken des § 32 BVerfGG als ungeschriebene Begrenzungen auf § 35 BVerfGG analog anwenden will.

gangsregelung grundsätzlich die rechtspolitische Initiative zu einer Neugestaltung bzw. Änderung dieser Regelung bleibt, so kann das Gericht mit seinen übergangsweise getroffenen Anordnungen doch in einer Art und Weise verfassungsrechtliche Pflöcke einschlagen, die der Legislative nur noch geringe verfassungspolitische Spielräume übrigläßt.

bb) Appellentscheidungen

Das an dieser Stelle aufscheinende Problem eines Übergriffs des Bundesverfassungsgerichts in den ureigensten Zuständigkeitsbereich der Legislative, durch das die für einen potentiellen Einsatz des Interorganrespekts typische Konstellation miteinander rivalisierender oberster Verfassungsorgane entsteht, stellt sich bei den sogenannten „Appellentscheidungen" des Gerichts in noch schärferer und zugleich ambivalenter Form. Als „Appellentscheidungen" im weiteren Sinne kann man grundsätzlich alle Aufforderungen zum Tätigwerden ansehen, die das Verfassungsgericht an den Gesetzgeber richtet. Im einzelnen fallen darunter vor allem zwei Kategorien: Die erste umfaßt diejenigen Fälle, in denen das Gericht die „Unvereinbarkeit" einer Norm mit dem Grundgesetz feststellt, aus übergeordneten Gründen aber gleichwohl auf eine Nichtigerklärung verzichtet und damit dem Gesetzgeber eine – zum Teil in der Entscheidung selbst bestimmte[106] – „Gnadenfrist" zur Korrektur des verfassungswidrigen Zustandes nach seinen eigenen Vorstellungen einräumt[107]. Zu diesem Mittel greifen die Verfassungsrichter insbesondere dann, wenn sie einen Verstoß gegen Art. 3 I GG erkennen und die verfassungsmäßig gebotene Gleichheit auf verschiedenen Wegen hergestellt werden kann[108]. Die zweite Kategorie, in der sich die „eigentlichen" Appellentscheidungen im engeren Sinne finden, beinhaltet hingegen solche Fälle, in denen das Gericht einen bestimmten Rechtszustand für „noch verfassungsmäßig" hält, den Gesetzgeber aber zugleich – mit oder ohne Fristsetzung – vor einer absehbaren Verfassungswidrigkeit warnt und auf diese

---

[106] Vgl. die Nachweise bei *Benda/Klein* (Fn. 8), 494 f. (Rn. 1190). *Peter E. Hein*, Die Unvereinbarerklärung verfassungswidriger Gesetze durch das Bundesverfassungsgericht, 1988, 172 f., hält dies für unzulässig bzw. „bestenfalls überflüssig", da der Gesetzgeber ohnedies „zur unverzüglichen Neuregelung verpflichtet" sei (173). Diese Argumentation atmet bereits den Geist einer vom Verfassungsgericht verlangten Rücksichtnahme auf den Gesetzgeber.

[107] *Hein* (Fn. 106), 116 f., macht insoweit mit Recht darauf aufmerksam, daß die Freiheit des Gesetzgebers zur Neugestaltung auch im Falle der Nichtigerklärung unbeschränkt bliebe und die Unvereinbarkeitserklärung daher weniger der Gewährleistung dieser Freiheit als vielmehr der Herstellung von Rechtssicherheit für die Vergangenheit dient. Vgl. a. allg. zuletzt *Axel Burghart*, Das verfassungswidrige aber nicht nichtige Gesetz – ungültig aber wirksam?, in: NVwZ 1998, 1262–1265, 1263 f.

[108] Vgl. die Nachweise bei *Hein* (Fn. 106), 39 ff., 57 ff., 97 ff.; u. zuletzt die Entscheidungen zum DDR-Rentenrecht vom 28.04.1999 – 1 BvL 32/95 u.a.; aber auch gerade aus jüngerer Zeit bei Verstößen gegen andere Grundrechte BVerfGE 57, 361, 388 f. (Art. 2 I GG); 58, 137, 152 (Art. 14 I 1 GG); 62, 374, 391 (Art. 33 V GG); 81, 242, 263 (Art. 12 I GG); sowie den Beschluß vom 10.11.1998 – 2 BvR 1057/91 u.a. – zu Art. 6 I GG; speziell zum Abgabenrecht auch *Seer* (Fn. 98), 285 f. Wie *Schlaich* (Fn. 8), 275 (Rn. 369), unter diesen Umständen eine Aufgabe dieser Rechtsprechung konstatieren kann, bleibt sein Geheimnis.

Weise an ihn appelliert, dem drohenden Eintritt dieser Situation durch eine Korrektur des inkriminierten Gesetzes zuvorzukommen. Innerhalb dieser Kategorie lassen sich einzelne Fallgruppen identifizieren, unter denen die durch einen Wandel der Realität oder der Verfassungsinterpretation induzierte Appellentscheidung quantitativ besonders herausragt[109]. Ob hierzu auch diejenigen Entscheidungen zählen, in denen eine Nachbesserungspflicht des Gesetzgebers statuiert wird, ist streitig[110]; die weiteren Fallgruppen – Appellentscheidungen aus Anlaß unerfüllter Gesetzgebungsaufträge und fehlender Evidenz des Verfassungsverstoßes[111] – kommen jedenfalls seltener vor.

Über die rechtliche Zulässigkeit derartiger Entscheidungsaussprüche des Bundesverfassungsgerichts ist im Schrifttum teilweise heftig gestritten worden. Zwar sieht § 31 II 2 BVerfGG seit 1970 die Möglichkeit der bloßen Unvereinbarerklärung eines Gesetzes anstelle der Nichtigerklärung ausdrücklich vor. Für die sogenannte „ipso iure-Theorie", die im Gegensatz zur „Vernichtbarkeitslehre" von der automatischen Nichtigkeit eines gegen die höherrangige Verfassung verstoßenden Gesetzes ausgeht, stellt diese Möglichkeit jedoch eigentlich ein Ding der Unmöglichkeit dar[112]. Hinsichtlich der verfassungsgerichtlichen Appellentscheidungen im engeren Sinne fehlt es sogar von vornherein an einer eindeutigen Rechtsgrundlage[113]. Angesichts der kontinuierlichen Nutzung dieses Instruments durch das Ver-

---

[109] Vgl. beispielhaft BVerfGE 16, 130, 141 f.; 33, 1, 12 f.; 39, 169, 193 f.; 53, 257, 300 ff., 306 ff.; 78, 249, 286 ff.; u. zur Kategorisierung insges. *Christian Pestalozza*, „Noch verfassungsmäßige" und „bloß verfassungswidrige" Rechtslagen, in: Fg. BVerfG I, 1976, 519–567, 540 ff.; *Ipsen* (Fn. 103), 133 ff.; *Christoph Gusy*, Parlamentarischer Gesetzgeber und Bundesverfassungsgericht, 1985, 205 ff.; *Martin Schulte*, Appellentscheidungen des Bundesverfassungsgerichts, in: DVBl. 1988, 1200–1206, 1201 f. Das wohl schönste Beispiel aus der jüngsten Rspr. bildet BVerfG DÖV 2000, 113 ff., zum Länderfinanzausgleich; i. einz. dazu *Hans Peter Bull/Veith Mehde*, Der rationale Finanzausgleich – ein Gesetzgebungsauftrag ohnegleichen, in: DÖV 2000, 305–314; u. krit. insbes. *Joachim Linck*, Das „Maßstäbegesetz" zur Finanzverfassung – ein dogmatischer und politischer Irrweg, in: DÖV 2000, 325–329.

[110] Vgl. etwa BVerfGE 56, 54, 78 ff.; u. näher *Gusy* (Fn. 109), 207 f.; dagegen aber *Rudolf Steinberg*, Verfassungsgerichtliche Kontrolle der „Nachbesserungspflicht" des Gesetzgebers, in: Der Staat 26 (1987), 161–186, 183 ff.; insges. *Rupert Stettner*, Die Verpflichtung des Gesetzgebers zu erneutem Tätigwerden bei fehlerhafter Prognose, in: DVBl. 1982, 1123–1128, 1127 f.; sowie *Peter Badura*, Die verfassungsrechtliche Pflicht des gesetzgebenden Parlaments zur „Nachbesserung" von Gesetzen, in: FS Kurt Eichenberger, 1982, 481–492, 484 ff., bes. 487. Eine Unterscheidung trifft ausdrücklich auch *Christian Mayer*, Die Nachbesserungspflicht des Gesetzgebers, 1996, 73 f. et seq.

[111] Stv. hierfür BVerfGE 21, 12, 37 ff.; 25, 167, 173 ff.; u. näher dazu – mit wiederum leicht anderer Einteilung – *Christoph Moench*, Verfassungswidriges Gesetz und Normenkontrolle, 1977, 84 ff., 89 ff.

[112] In diesem Sinne *Michael Sachs*, Bloße Unvereinbarerklärung bei Gleichheitsverstößen?, in: NVwZ 1982, 657–662, 660 f.; vgl. a. *Ipsen* (Fn. 103), 165 ff.; dagegen z.B. *Norbert Achterberg*, Bundesverfassungsgericht und Zurückhaltungsgebote, in: DÖV 1977, 649–659, 653; u. *Moench* (Fn. 111), 37 ff., 172 ff.; insges. zu dieser Problematik *Mathias Kleuker*, Gesetzgebungsaufträge des Bundesverfassungsgerichts, 1993, 32 ff.; sowie *Dirk Heckmann*, Geltungskraft und Geltungsverlust von Rechtsnormen, 1997, 403 ff.

[113] Das kritisieren etwa *Klaus Stern*, Das Staatsrecht der Bundesrepublik Deutschland, Bd. III/1, 1988, 1314; u. *Schulte* (Fn. 109), 1204. *Schlaich* (Fn. 8), 291 (Rn. 396), versucht die Situation

fassungsgericht ist für uns allerdings weniger diese grundsätzliche Frage als vielmehr die Bewertung der einschlägigen Verfassungspraxis unter dem Aspekt des Interorganrespekts von Interesse. Aus dieser Perspektive ergibt sich ein bemerkenswert zwiespältiges Bild.

Auf der einen Seite kann man die Appellentscheidungen selbst bereits als Erscheinungsformen des Interorganrespekts ansehen. Denn das Bundesverfassungsgericht nimmt sich hier im Wege eines besonderen Entscheidungsausspruchs zurück: es verzichtet auf das schärfere Mittel der Verfassungswidrigkeits- bzw. der Nichtigkeitserklärung, gibt dem Gesetzgeber aber zu erkennen, daß er die Situation im Auge behalten muß; es setzt ihn mit dem ansonsten drohenden Verdikt der Verfassungswidrigkeit unter Handlungsdruck, überläßt ihm jedoch weitgehend die Bestimmung des Handlungsinhalts und oft sogar des Handlungszeitpunkts. All dies wird vom Gericht ausdrücklich als Anerkennung des gesetzgeberischen Gestaltungsspielraums verstanden und darf insoweit als Respektsbezeugung gegenüber der Legislative gelten[114].

Auf der anderen Seite ist nicht zu verkennen, daß das Bundesverfassungsgericht über Appellentscheidungen die positive Ausgestaltung von Gesetzen in einer Art und Weise beeinflussen kann, die sich mit einer bloßen Nichtigerklärung niemals erreichen ließe. Das gilt insbesondere dann, wenn die Appellentscheidung sich nicht darauf beschränkt, auf eine drohende Verfassungswidrigkeit aufmerksam zu machen, sondern selbst bereits detaillierte Vorgaben für eine künftige Neuregelung enthält. Zwar kann man diesen Vorgaben eine unmittelbare rechtliche Verbindlichkeit absprechen und die Bindungswirkung der entsprechenden Entscheidungen prozeßrechtlich auf die - möglicherweise fristgebundene - Feststellung einer Gesetzgebungspflicht der Legislativorgane zu beschränken suchen[115]. Es wäre jedoch blauäugig, zu glauben, daß bei dieser Gelegenheit vom Verfassungsgericht aufgestellte inhaltliche Leitlinien seitens des Gesetzgebers einfach mißachtet werden könnten; schlägt das Gericht in einer Appellentscheidung eine oder mehrere gesetzgeberische Handlungsalternativen vor, so wird der Gesetzgeber in der gesicherten Hoffnung, bei einer erneuten Normenkontrolle bestehen zu können, einem dieser Vorschläge folgen, ohne über weitere Alternativen auch nur nachzudenken[116]. Damit wächst das Gericht potentiell in eine Rolle als „Ersatzgesetzgeber" hinein, was auf Dauer zu einer bedenklichen Kompensation parlamentarischer Entscheidungsdefizite durch die Verfassungsrechtsprechung führt[117]. Hier wird das Prinzip des

---

dadurch zu entschärfen, daß er die Appellentscheidungen als Sonderfall der Vereinbarkeitserklärung begreift, was allerdings stark aus der Not geboren anmutet.

[114] Vgl. zuletzt bspw. BVerfGE 87, 348, 356; diese Sicht betont auch *Rau* (Fn. 66), 216 ff.

[115] So insbes. der Vorschlag von *Kleuker* (Fn. 112), 87 ff. (zus.fass. 107).

[116] *Schulte* (Fn. 109), 1204; vgl. a. schon die empirischen Beispiele hierzu bei *Bryde* (Fn. 68), 398.

[117] In diese Richtung geht etwa die Kritik von *Klaus Schlaich*, Die Verfassungsgerichtsbarkeit im Gefüge der Staatsfunktionen, in: VVDStRL 39 (1981), 99–146, 115 ff., bes. 117 f. Fn. 61; u. *Vogel* (Fn. 73), 1508 f.; vgl. a. grundlegend *Wolfgang Hoffmann-Riem*, Beharrung oder Innovation – Zur Bindungswirkung verfassungsgerichtlicher Entscheidungen, in: Der Staat 13 (1974), 335–364,

Interorganrespekts zum Ausgleich benötigt, um mit seinem Gebot einer organadäquaten Funktionenzuordnung der Expansion verfassungsgerichtlicher Gestaltungsbefugnisse einen funktionellrechtlichen Riegel vorzuschieben[118]. Auf diese Weise ergibt sich das scheinbare Paradoxon, daß bestimmte Ausdrucksformen des Interorganrespekts ihrerseits wieder durch eben diesen Grundsatz begrenzt und an Übertreibungen gehindert werden müssen.

cc) Fallbeispiel: Die Einheitswert-Beschlüsse

Eine exemplarische Veranschaulichung der mit Appellentscheidungen des Bundesverfassungsgerichts einhergehenden Probleme bieten die am 22.06.1995 ergangenen sogenannten „Einheitswert-Beschlüsse" des Gerichts zur verfassungsmäßigen Ausgestaltung der Vermögen- und Erbschaftsteuer[119]. Der Vermögensteuer-Beschluß ging auf eine Vorlage des rheinland-pfälzischen Finanzgerichts zurück, dem Beschluß zur Erbschaftsteuer lag hingegen eine Verfassungsbeschwerde zugrunde. Beide Verfahren betrafen jedoch im Grundsatz die gleiche Fragestellung, nämlich die ungleiche Besteuerung von Grundeigentum, das bis dahin zu extrem niedrigen „Einheitswerten" angesetzt wurde, und sonstigem Vermögen, für dessen Besteuerung der Gegenwartswert maßgeblich war.

Die Ungleichbehandlung der verschiedenen Vermögensformen hatte so krasse Ausmaße angenommen, daß ihre Verfassungswidrigkeitserklärung allgemein erwartet worden war. Das Bundesverfassungsgericht blieb dabei allerdings nicht stehen, sondern nutzte die Gelegenheit dazu, dem Gesetzgeber zugleich umfassende Hinweise für eine Neuregelung der beiden Steuerarten zu geben. Neben relativ detaillierten Vorgaben für die Reichweite des künftigen erbschaftsteuerlichen Zugriffs[120] stellte es insbesondere im Zusammenhang mit der Vermögensteuer zwei allgemeine Grundsätze auf, die in der Folgezeit in den Mittelpunkt der wissenschaftlichen und politischen Auseinandersetzung gerückt sind und daher auch den Schwerpunkt der exemplarischen Darlegungen an dieser Stelle bilden sollen: Es verlangte eine Ausgestaltung der Vermögensteuer als „Sollertragsteuer" und etablierte darüber hinaus ein Gebot an den Steuergesetzgeber,

> „die steuerliche Gesamtbelastung des Sollertrages bei typisierender Betrachtung von Einnahmen, abziehbaren Aufwendungen und sonstigen Entlastungen *in der Nähe einer hälftigen Teilung* zwischen privater und öffentlicher Hand"

zu belassen (sog. Halbteilungsgrundsatz)[121].

---

359 ff.; sowie auf empirischer Basis *Klaus v. Beyme*, Der Gesetzgeber, 1997, 305 ff. *A.A.* aber *v. Brünneck* (Fn. 2), bes. 139 ff., 172 ff.; sowie *Michael Bertrams*, Verfassungsgerichtliche Grenzüberschreitungen, in: FS Klaus Stern, 1997, 1027–1039, 1037.

[118] Vgl. schon *Wolf-Rüdiger Schenke*, Die Verfassungsorgantreue, 1977, 122 ff., zur allg. Problematik der verfassungsgerichtlichen obiter dicta, deren Reichweite er den Grundsatz der Verfassungsorgantreue als Grenze entgegensetzen will; u. zuletzt etwa *Isensee* (Fn. 2), 1091.

[119] BVerfGE 93, 121 ff. u. 165 ff. = JZ 1996, 31 ff. = NJW 1995, 2615 ff. = EuGRZ 1995, 370 ff.

[120] BVerfGE 93, 165, 174 ff.

[121] BVerfGE 93, 121, 137 f. (Zitat 138; Hervorhebung vom Verf.).

Speziell die Reichweite dieses in seinen Konsequenzen nur begrenzt ausgeführten Halbteilungsgrundsatzes und die konkret daraus zu ziehenden Folgerungen bilden seither einen zentralen Gegenstand der steuerrechtlichen und -politischen Debatte[122]. Der Bundesfinanzhof hat in einer kürzlich ergangenen Entscheidung sogar die Frage aufgeworfen, „ob ... die Ausführungen des Bundesverfassungsgerichts, bezogen auf die Ertragsteuern, lediglich eine unverbindliche Meinungsäußerung bedeuten ..., *oder ob es sich dabei um eine Appellentscheidung handelt,* die den Gesetzgeber bei zukünftigen gesetzlichen Maßnahmen zu entsprechendem Handeln bewegen möchte"[123]. Letztlich erscheint diese Frage jedoch müßig, da der Gesetzgeber sich ungeachtet der formellen Qualifikation der entsprechenden gerichtlichen Darlegungen kaum in Widerspruch zu ihnen setzen kann, ohne eine postwendende Aufhebung seiner diesbezüglichen Beschlüsse gewärtigen zu müssen. Die zahlreichen das Urteil im Ergebnis begrüßenden Stimmen in der Literatur zögern deshalb auch nicht, es als einen der wichtigsten Meilensteine der Verfassungsrechtsprechung zu apostrophieren[124].

Als Steuerzahler ist man geneigt, dem ohne Einschränkungen zuzustimmen. Doch sollte dies nicht den Blick darauf verstellen, daß das Bundesverfassungsgericht hier in seinem Appell an den Gesetzgeber sehr weit gegangen ist. Denn seine Ausführungen zur zulässigen Belastung des Vermögensertrags waren im Kontext des anhängigen Normenkontrollverfahrens schlicht überflüssig[125]. Wenn das Gericht dem Gesetzgeber dennoch derart detaillierte Vorgaben hinsichtlich einer möglichen steuerlichen Neugestaltung macht, so wird der Gedanke des Interorganrespekts, nach dem der Gesetzgeber primär für die entsprechenden Initiativen zuständig ist und der Rechtsprechung hauptsächlich die nachfolgende Kontrolle bleibt,

---

[122] Statt vieler: *Hans-Wolfgang Arndt*, Konsequenzen für den Gesetzgeber aus den Beschlüssen des Bundesverfassungsgerichts vom 22.6.1995 zur Vermögen- und Erbschaftsteuer, in: BB 1996, Beilage 7 vom 04.04.1996, 3 ff.; *Günther Felix*, Zur Diskussion um die steuerlich gemäßigte Belastungsobergrenze, in: NJW 1997, 304 f.; *Walter Frenz*, Unternehmensteuerkonzeptionen im Lichte des Eigentumsgrundrechts und des Leistungsfähigkeitsprinzips, in: StuW 1997, 116–130, 120 ff.; jew. m.w.N.

[123] BFH NJW 1998, 3223 f. (Hervorhebung vom Verf.). Der BFH mußte diese Frage allerdings in diesem Fall deswegen nicht entscheiden, weil es konkret um das Steuerjahr 1993 ging und Appellentscheidungen des BVerfG, wie oben ausgeführt, ihrem Wesen nach nur für die Zukunft Wirkung entfalten sollen. Ausdrücklich verneint hat er die Bindungswirkung dann aber in seinem Urteil vom 11.08.1999, abgedr. in: NJW 1999, 3798 f.; krit. dazu *Joachim Lang*, Wider Halbteilungsgrundsatz und BVerfG, in: NJW 2000, 457–460.

[124] Vgl. etwa *Walter Leisner*, Steuer- und Eigentumswende – die Einheitswert-Beschlüsse des Bundesverfassungsgerichts, in: NJW 1995, 2591–2596, 2596: „Wirtschaftspolitisch ... wichtigstes Judikat seit dem Apothekenurteil"; *ders.*, Verfassungsschranken der Unternehmensbelastungen, in: NJW 1996, 1511–1517, 1516, deutet es darüber hinaus allgemein als Aufbruch zu einem „Verfassungsrecht der dynamischen Belastungsgrenzen". Zustimmend auch die Entscheidungsanmerkung von *Klaus Vogel*, in: JZ 1996, 43–45, 44: „Ausgangspunkt für eine Rekonstruktion des deutschen Steuerrechts ..., die es gestatten würde, es ernsthaft wieder als 'Recht' zu bezeichnen"; u. schließlich *Hans-Wolfgang Arndt/Andreas Schumacher*, Die verfassungsrechtlich zulässige Höhe der Steuerlast – Fingerzeig des BVerfG an den Gesetzgeber?, in: NJW 1995, 2603–2605, 2604: „entscheidender zweiter Schritt zur Effektivierung der Freiheitsrechte im Steuerrecht".

[125] Das konzedieren z.B. auch ausdrücklich *Arndt/Schumacher* (Fn. 124), 2603 f.

zumindest erheblich strapaziert. Die speziell an der Entscheidung zur Vermögensteuer geäußerte Kritik setzt daher auch gerade an diesem Punkt an und wertet den Beschluß des Verfassungsgerichts als einen unzulässigen Übergriff in den Kompetenzbereich der Legislative. *Böckenförde* formuliert in seinem Sondervotum:

„Die Bewältigung anstehender Gesetzesvorhaben, einschließlich der Beurteilung und Lösung dabei auftretender Rechtsprobleme, ist auch dann, wenn diese Verfahren als Folge einer verfassungsgerichtlichen Entscheidung hervorgerufen werden, allein Sache des Gesetzgebers."[126]

Freilich darf umgekehrt die den Appellentscheidungen eigentümliche und in dem Beschluß zur Vermögensteuer gleichfalls enthaltene tatsächliche Ausübung von Interorganrespekt durch das Verfassungsgericht ebensowenig übersehen werden. Das Gericht verzichtete auf eine Nichtigerklärung des Vermögensteuergesetzes, beschränkte sich darauf, seine Unvereinbarkeit mit dem Grundgesetz festzustellen, und gewährte dem Gesetzgeber eine großzügig bemessene Frist, bis zu deren Ablauf die Vermögensteuer in ihrer alten Form weiter rechtsgültig erhoben werden durfte[127]. Daß die zur Beschreibung dieser Rechtsfolgen verwendete Formel von der Unanwendbarkeit des Vermögensteuergesetzes nach dem 31.12.1996 zu zahlreichen Auseinandersetzungen darüber führte, inwieweit vor diesem Zeitpunkt liegende Vorgänge nach dem 01.01.1997 noch zum Gegenstand der Steuererhebung gemacht werden dürften, was das Bundesverfassungsgericht zuletzt zu einer Klarstellung seiner eigenen Entscheidung zwang[128], beleuchtet die potentiellen Schwierigkeiten, die mit dieser Form der Rücksichtnahme im Gegensatz zur „rücksichtslosen" Nichtigerklärung verbunden sind. Dem Verfassungsgericht kann dies jedoch nicht angelastet werden: Vielmehr handelt es sich dabei um einen Verstoß des Gesetzgebers gegen den ihm obliegenden Interorganrespekt, nämlich gegen seine Pflicht zur Loyalität gegenüber der Rechtsprechung des Verfassungsgerichts, da er aus dem Beschluß keinerlei Konsequenzen zog, um die gesetzliche Situation durch Aufhebung oder Modifikation des Vermögensteuergesetzes wieder mit der Verfassung in Einklang zu bringen, und stattdessen die Exekutive auf die Durchführung eines formell fortbestehenden Gesetzes verzichten ließ[129]. Die Einheitswert-Beschlüsse des Bundesverfassungsgerichts dokumentieren damit nicht nur alle im Zu-

---

[126] BVerfGE 93, 121, 149 ff., 151; vgl. a. *Hans Peter Bull*, Vom Eigentums- zum Vermögensschutz – ein Irrweg, in: NJW 1996, 281–284, 282.

[127] BVerfGE 93, 121, 148 f.

[128] Ausgelöst wurde die entsprechende Diskussion durch *Matthias Schüppen*, Die Nichtanwendbarkeit des Vermögensteuergesetzes ab 1.1.1997: offene Fragen und ein zusätzliches „Steuergeschenk", in: DStR 1997, 225–228, der die Auffassung vertrat, nach dem 01.01.1997 dürften auch für die Zeit vor dem 31.12.1996 keine Vermögensteuerbescheide mehr erlassen werden. Vgl. dagegen *Hans-Wolfgang Arndt/Holger Jenzen*, Zur Anwendbarkeit des Vermögensteuergesetzes nach dem 1.1.1997, in: NJW 1997, 1678–1683, denen das BVerfG schließlich mit Beschluß vom 30.03.1998 recht gab, abgedr. in: NJW 1998, 1854. Mit diesem Beschluß wurde zugleich die Entscheidung BFH NJW 1997, 2007 f., als verfassungsgemäß bestätigt.

[129] Näher zu diesem Vorgang *Arndt/Jenzen* (Fn. 128), 1678, 1679 Fn. 14; vgl. a. schon die – vom Gesetzgeber leider nicht beachtete – Mahnung zur Verfassungstreue von *Hans-Wolfgang Arndt/Andreas Schumacher*, Das vorläufige und das endgültige Nichts, in: DStR 1995, 1813–1816,

sammenhang mit Appellentscheidungen denkbaren Erscheinungsformen und Gefährdungen des Interorganrespekts, sondern zugleich auch den fortschreitenden Verfall speziell der deutschen Steuergesetzgebung.

b) Inhaltliche Vorgaben des Supreme Court für die Gesetzgebung in den USA

Appellentscheidungen im eigentlichen Sinne kann der amerikanische Supreme Court im Gegensatz zum Bundesverfassungsgericht schon deshalb nicht fällen, weil ihm, wie oben dargelegt[130], die Kompetenz zur formellen Nichtigerklärung von Gesetzen nicht zukommt. Inhaltliche Vorgaben für neu zu erlassende gesetzliche Regelungen, die die Legislative an die Stelle existierender verfassungswidriger Gesetze setzen könnte, sind ihm aber keineswegs fremd. Die damit einhergehende Inanspruchnahme positiver Gestaltungsbefugnisse durch den Gerichtshof, die der aus dem deutschen Modell bereits bekannten durchaus nahekommt, soll anhand der nachfolgenden Anwendungsbeispiele verdeutlicht werden. Dabei bringt es die Struktur der amerikanischen Rechtsordnung mit sich, daß diese Beispiele weitgehend einzelstaatliches Recht betreffen. Für die hier zu erörternde prinzipielle Frage des Interorganrespekts im Verhältnis zwischen Verfassungsgericht und Legislative spielt dies jedoch keine entscheidende Rolle.

aa) Fallbeispiel: Die Rechtsprechung zur Todesstrafe

Der die Notwendigkeit einer Anwendung des Interorganrespekts an dieser Stelle begründende Konflikt spielt sich im wesentlichen zwischen der unmittelbaren demokratischen Legitimation des zur Gestaltung der Rechtsordnung aufgerufenen Gesetzgebers und der den Gerichten zugewiesenen Aufgabe der rechtsstaatlichen Letztkontrolle ab[131]. Seine schärfsten Formen nimmt dieser Konflikt naturgemäß dort an, wo es um die Gewährleistung elementarer Grundrechte im Grenzbereich zwischen Leben und Tod geht. Das Verhalten des Supreme Court gegenüber der Verhängung der Todesstrafe, der in den USA nach wie vor erhebliche Bedeutung zugemessen wird, bringt die mit der Inanspruchnahme richterlicher Gestaltungsbefugnisse verbundene Problematik des Interorganrespekts daher in besonderer Weise zum Ausdruck.

Daran, daß die amerikanischen Verfassungsväter die zur Zeit der Verfassungsschöpfung selbstverständlich praktizierte Todesstrafe als solche nicht in Frage stellen wollten, kann angesichts des eindeutigen, 1868 im 14. Zusatzartikel ausdrücklich repetierten Wortlauts des 5. Zusatzartikels, wonach niemand seines Lebens

---

1816; u. allg. zu der aus Unvereinbarkeitserklärungen folgenden Reformpflicht des Steuergesetzgebers *Wilfried Herter*, Die Unvereinbarkeitserklärung verfassungswidriger Steuergesetze, 1995, 50 ff.

[130] Oben 1. c) (402 ff.).

[131] Im amerikanischen Schrifttum wird dieser Konflikt, auf den in der Schlußbetrachtung noch grundsätzlich eingegangen werden soll, meistens mit dem Begriff „counter-majoritarian difficulty" umschrieben. Vgl. stv. *Alexander M. Bickel*, The Least Dangerous Branch, 2nd ed. 1986, 16 ff.

„without due process of law" beraubt werden soll, kein Zweifel bestehen. Auch der 8. Zusatzartikel, der „cruel and unusual punishments" verbietet, läßt sich demzufolge nicht als von vornherein gegen die Todesstrafe gerichtet interpretieren[132]. Dennoch hat es in der langen Verfassungsrechtsprechung zur Todesstrafe immer wieder Versuche gegeben, unter Berufung auf diesen Artikel eine völlige Abschaffung der Todesstrafe zu erreichen[133]. Stützen lassen sich diese Versuche nur auf ein dynamisch-evolutives Verständnis der Verfassung, das der Gerichtsbarkeit die Möglichkeit eröffnet, die Interpretation der vom Verfassunggeber aufgestellten generellen Rechtssätze entsprechend der gesellschaftlichen Entwicklung fortzubilden. Dieses Verständnis liegt der Verfassungsrechtsprechung des Supreme Court allerdings schon seit jeher zugrunde[134].

Dennoch hat der Gerichtshof immer davor zurückgescheut, die Todesstrafe insgesamt für verfassungswidrig zu erklären. Er forderte vielmehr objektive Belege für einen Verfassungswandel dahingehend, daß die Gesellschaft die Todesstrafe allgemein nicht mehr akzeptiere, und konnte in dieser Hinsicht bislang nicht überzeugt werden. Die Tatsache, daß er solche Belege vor allem in der Gesetzgebungspraxis der Einzelstaaten sucht, unterstreicht dabei, daß er insoweit den – nach der bundesstaatlichen Ordnung der USA zuständigen – einzelstaatlichen Gesetzgebern eine Einschätzungsprärogative zugesteht, die er nur in extremen Fällen willkürlicher oder unverhältnismäßiger Strafandrohung mit seiner Letztkontrollbefugnis zu überwinden bereit ist[135]. In diesem Zugeständnis und dem daraus folgenden Verzicht auf ein umfassendes Verfassungswidrigkeitsverdikt liegt ähnlich wie in den Fällen, in denen das Bundesverfassungsgericht die Nichtigerklärung von Gesetzen zu vermeiden trachtet, eine wesentliche Äußerungsform des Interorganrespekts.

Genau wie in der Konstellation der bundesverfassungsgerichtlichen Appellentscheidungen führt dieses Verhalten jedoch umgekehrt auch zu einer positiven Einflußnahme des Supreme Court auf die Neugestaltung der einschlägigen Gesetze und damit zu einer tendenziellen Verschiebung der verfassungsrechtlichen Funktionenzuordnung, die ihrerseits der Korrektur durch das Prinzip des Interorganre-

---

[132] Näher hierzu *Thomas Giegerich*, Richtermacht und Todesstrafe in den USA, in: EuGRZ 1995, 1–16, 3 f. m.w.N.

[133] Stv. hierfür stehen vor allem die Sondervoten von Justice Brennan und Justice Marshall in *Furman v. Georgia*, 408 U.S. 238 (1972), 257 ff., 314 ff.; vgl. zuletzt auch das Sondervotum von Justice Blackmun in *Callins v. Collins*, 114 S.Ct. 1127 (1994), Übers. abgedr. in: EuGRZ 1995, 27 ff.

[134] Speziell zum 8. Zusatzartikel schon *Weems v. U.S.*, 217 U.S. 349 (1910), 373: „... constitutions ... are not ephemeral enactments, designed to meet passing occasions. They are ... designed to approach immortality as nearly as human institutions can approach it. ... In the application of a constitution, therefore, our contemplation cannot be only of what has been but of what may be"; weiter *Trop v. Dulles*, 356 U.S. 86 (1958), 100 f.: „... the words of the Amendment are not precise, and ... their scope is not static. The Amendment must draw its meaning from the evolving standards of decency that mark the progress of a maturing society"; vgl. a. beispielhaft die spätere Berufung hierauf in *Ford v. Wainwright*, 477 U.S. 399 (1986), 406.

[135] Zu alledem in erster Linie *Gregg v. Georgia*, 428 U.S. 153 (1976), 173 ff., 182 ff.; vgl. a. später *Enmund v. Florida*, 458 U.S. 782 (1982), 797.

spekts bedarf. So konnte der Oberste Gerichtshof in unserem Fallbeispiel das den Geschworenen von den meisten Einzelstaaten eingeräumte freie Ermessen hinsichtlich der Verhängung der Todesstrafe angesichts der damit einhergehenden willkürlichen Ergebnisse 1972 nicht länger als verfassungsmäßig akzeptieren[136]. Das legislative Gegenmodell, das für bestimmte Tatbestände die Todesstrafe als zwingende Rechtsfolge vorschrieb, fand wegen der dadurch bedingten Unmöglichkeit, besondere Umstände des Einzelfalls gebührend zu berücksichtigen, vor seinen Augen ebensowenig Gnade[137]. Damit legten die Richter die einzelstaatlichen Gesetzgeber auf ein Modell des „gebundenen Ermessens" fest und gaben bei dieser Gelegenheit die bindenden Kriterien, an denen der Entscheidungsspielraum der Geschworenen in zukünftigen Gesetzen ausgerichtet werden sollte, bereits zum großen Teil vor[138]. Da keines der zu diesem Zeitpunkt existierenden Todesstrafengesetze die entsprechenden Voraussetzungen erfüllte und folglich alle als verfassungswidrig angesehen werden mußten, wurde die große Mehrheit der amerikanischen Bundesstaaten, die die Todesstrafe beibehalten wollte, auf diese Weise gezwungen, ihre Gesetze den inhaltlichen Vorgaben des Obersten Gerichtshofs anzupassen[139]. Der daraus resultierende Eingriff des Gerichtshofs in den Kompetenzbereich der Legislative hat eine Minderheit der Richter inzwischen dazu veranlaßt, in diesem Punkt für einen weitgehenden Verzicht auf eine richterliche Letztkontrolle zu plädieren und stattdessen eine noch engere Anlehnung an die in der einzelstaatlichen Gesetzgebung manifestierten ethischen Maßstäbe der Bevölkerungsmehrheit zu befürworten[140]. Ein derart umfassendes Verständnis des Gedankens vom Interorganrespekt drohte allerdings die nach der Verfassungsordnung vorgesehene und zu ihrem Erhalt unerläßliche Eigenverantwortung der „dritten Gewalt" für die Verfassungskonformität des legislativen Handelns grundsätzlich in Frage zu stellen[141].

---

[136] *Furman v. Georgia*, 408 U.S. 238 (1972); anders noch *McGautha v. California*, 402 U.S. 183 (1971).

[137] *Woodson v. North Carolina*, 428 U.S. 280 (1976); *Roberts v. Louisiana*, 428 U.S. 325 (1976); *Green et al. v. Oklahoma*, 428 U.S. 907 (1976).

[138] Überblick bei *Tribe* (Fn. 48), 1685 f.; u. *Brugger* (Fn. 46), 307 f.; jew. m.w.N. auch zur späteren Rspr.

[139] Vgl. *Giegerich* (Fn. 132), 8; u. die dementsprechend für verfassungsmäßig erklärten einzelstaatlichen Gesetze in *Gregg v. Georgia*, 428 U.S. 153 (1976); *Proffitt v. Florida*, 428 U.S. 242 (1976); u. *Jurek v. Texas*, 428 U.S. 262 (1976).

[140] So das Votum von Justice Scalia, dem sich drei weitere Richter anschlossen, in *Stanford v. Kentucky*, 492 U.S. 361 (1989).

[141] Vgl. *Erwin Chemerinsky*, The Vanishing Constitution, in: Harvard Law Review 103 (1989), 43–104, 74 ff.; u. allg. zur Notwendigkeit richterlicher Rechtsfortbildung gerade im amerikanischen Verfassungssystem schon *Walter Haller*, Supreme Court und Politik in den USA, 1972, 12 ff. Allerdings kann ein zu hoher Kontrollanspruch der Judikative ebenso kontraproduktiv wirken. So beklagt bspw. *Carol Steiker*, Capital Sentencing, in: Harvard Law Bulletin (Summer 1998), 21–23, 23, die detaillierten Vorgaben des Supreme Court hätten in Wirklichkeit wenig zur Reduzierung des willkürlichen Charakters der Todesstrafe beigetragen, in der Bevölkerung aber den unzutreffenden Eindruck erweckt, als würden die Gerichte die Verhängung dieser Strafe nunmehr intensiv nach berechenbaren Kriterien kontrollieren.

bb) Weitere Anwendungsfälle

In dieser Befürchtung ist wohl auch der Grund dafür zu sehen, daß die Mehrheit des Gerichtshofs eher das umgekehrte Risiko in Kauf zu nehmen scheint, bei der Inanspruchnahme rechtsgestaltender Befugnisse gegenüber dem Gesetzgeber über das Ziel hinauszuschießen und damit einen Verstoß gegen das Prinzip des Interorganrespekts zu begehen. Eine umfassende Analyse der vom Supreme Court in seiner bisherigen Verfassungsrechtsprechung faktisch reklamierten Gestaltungsrechte würde den Rahmen der vorliegenden Untersuchung bei weitem sprengen; zur Veranschaulichung der potentiellen Reichweite dieses Anspruchs seien jedoch beispielhaft noch die folgenden Anwendungsfälle erwähnt:

– 1965 etablierte der Gerichtshof im Rahmen der Freiheitsgarantien des 14. Zusatzartikels unter Berufung auf zahlreiche frühere Präzedenzfälle und die allgemeinen Traditionen des amerikanischen Gemeinwesens, zum Teil auch durch eine „Zusammenschau" der verschiedenen Grundrechtsgewährleistungen, ein umfassendes Recht auf Achtung und Schutz der Privatsphäre[142]. Während dieses „right to privacy" jedoch im Ausgangsfall nur negativ eingesetzt wurde, um ein Gesetz des Staates Connecticut unwirksam zu machen, das den Gebrauch von Verhütungsmitteln verbot, benutzte es die Mehrheit des Supreme Court in der berühmt gewordenen Abtreibungsentscheidung von 1973, um daraus konkrete Vorgaben für die zukünftige Gesetzgebung abzuleiten. Aus der Einbeziehung der Entscheidung der Frau über einen Schwangerschaftsabbruch in den Schutzbereich des Privatsphärenrechts und der gleichzeitigen Verneinung eines verfassungskräftigen Lebensrechts des noch nicht lebensfähigen Fötus folgerte der Gerichtshof ein detailliertes Trimester-Modell, wonach der Staat im ersten Drittel einer Schwangerschaft gar nicht und im zweiten nur zum Zweck des Gesundheitsschutzes der Schwangeren regulierend eingreifen durfte; erst im letzten Trimester sollte er zusätzlich zum Schutz des ungeborenen Lebens tätig werden dürfen[143]. Den einzelstaatlichen Legislativen, von denen keine bis dahin auch nur annähernd auf die Idee einer solchen Aufteilung gekommen war, blieb damit kaum noch Spielraum für die Modifikation ihrer praktisch durchweg verfassungswidrigen Abtreibungsgesetze. Allerdings hat der Supreme Court diesen starren Trimester-Rahmen vor wenigen Jahren zugunsten eines flexibleren Standards wieder aufgegeben[144].

---

[142] *Griswold v. Connecticut*, 381 U.S. 479 (1965). Zu den einzelnen heute aus diesem Recht abgeleiteten Folgerungen vgl. *Winfried Brugger*, Der grundrechtliche Schutz der Privatsphäre in den Vereinigten Staaten von Amerika, in: AöR 108 (1983), 25–67, 38 ff.; u. *Nowak/Rotunda* (Fn. 56), 798 ff. (§ 14.27).

[143] *Roe v. Wade*, 410 U.S. 113 (1973), 163 ff. Zur Analyse vgl. etwa *Brugger* (Fn. 46), 112 ff.; *Tribe* (Fn. 48), 1341 ff.; auch *Giegerich* (Fn. 132), 3; u. zu einem Parallelfall der damaligen Zeit *Ulrich Beyerlin*, Schwangerschaftsrecht in der neueren Rechtsprechung des U.S. Supreme Court, in: EuGRZ 1977, 396–398.

[144] *Planned Parenthood of Southeastern Pennsylvania v. Casey*, 505 U.S. 833 (1992): Danach soll es für die Verfassungsmäßigkeit staatlicher Abtreibungsregelungen nunmehr darauf ankommen, ob sie der Frau eine „undue burden" auferlegen. Hierin zeichnet sich ebenso wie bei der To-

– Die im 1. Zusatzartikel zur amerikanischen Verfassung enthaltene Garantie der Meinungsfreiheit erstreckt sich ebenso wie in Deutschland grundsätzlich nicht auf unwahre, ehrverletzende Äußerungen[145]. Problematisch wird diese Regel jedoch dann, wenn eine potentiell ehrverletzende Äußerung in gutem Glauben an ihre Wahrheit erfolgt. Nach dem hergebrachten „common law" trägt in diesem Fall der Äußernde das Risiko, daß sich seine Behauptungen im nachhinein als unwahr herausstellen[146], und muß für die dadurch bewirkte Ehrverletzung Schadensersatz leisten. Der Supreme Court wurde mit diesem Rechtszustand 1964 auf der Basis eines Gesetzes des Staates Alabama konfrontiert, nachdem der Polizeipräsident der Stadt Montgomery eine Verleumdungsklage gegen die „New York Times" wegen unwahrer Behauptungen über das Verhalten seiner Polizeikräfte erhoben hatte, und stellte ihn für Personen des öffentlichen Lebens kurzerhand auf den Kopf: Da der 1. Zusatzartikel eine möglichst offene Debatte über die öffentlichen Angelegenheiten gewährleisten solle, dürften in dieser Debatte gefallene Äußerungen nur insoweit rechtlich geahndet werden, als ihnen eine böse Absicht („actual malice") zugrundeliege[147]. Wieder blieb den einzelstaatlichen Gesetzgebern nichts anderes übrig, als ihr „tort law", soweit es auf geschriebenen Gesetzen beruhte, inhaltlich entsprechend anzupassen.

– Schließlich findet sich eine wesentliche Funktion der bundesverfassungsgerichtlichen Appellentscheidungen in der dem anglo-amerikanischen Rechtsdenken generell vertrauten Methode des „prospective overruling" wieder. Bei dieser Methode wird eine von dem jeweiligen Gericht beabsichtigte Änderung seiner Rechtsprechung durch ein „obiter dictum" im voraus angekündigt, ohne sie bereits auf den konkret zur Entscheidung stehenden Fall anzuwenden[148]. Ähnlich wie bei den nach der deutschen Verfassungsrechtsprechung „noch verfassungsmäßigen" Gesetzen erhält der Gesetzgeber so Gelegenheit, der angekündigten Rechtsprechungsänderung mit eigenen Maßnahmen zuvorzukommen. Inwieweit diese Methode zur gestaltenden Einflußnahme auf die entsprechenden gesetzgeberischen Maßnahmen genutzt wird, hängt von der Genauigkeit der in dem jeweiligen „obiter dictum" enthaltenen Vorgaben ab. Die Problematik des Interorganrespekts stellt sich dabei jedenfalls in vergleichbarer Weise wie bei den im vorigen behandelten Appellentscheidungen[149].

---

desstrafenrechtsprechung eine in den letzten Jahren stärker gewordene Tendenz zu größerer Zurückhaltung des Supreme Court ab.

145 Dazu schon *Chaplinsky v. New Hampshire*, 315 U.S. 568 (1942), 571 f.; sowie *Beauharnais v. Illinois*, 343 U.S. 250 (1952), 255 ff.

146 Vgl. statt vieler aus dem englischen Rechtskreis: *R. F. V. Heuston/R. A. Buckley*, The Law of Torts, 20th ed. 1992, 162.

147 *New York Times Co. v. Sullivan*, 376 U.S. 254 (1964), 283 et seq.

148 Vgl. *Linkletter v. Walker*, 381 U.S. 618 (1965), 621 f.; u. dazu *Schlüchter* (Fn. 85), 82 f. Zum englischen Rechtskreis und zu möglichen Anwendungen dieser Doktrin im deutschen Recht s. beispielhaft die Ausführungen und Nachweise bei *Ulrich G. H. Brauer*, Der Einfluß von Voreintragungen auf die Schutzfähigkeit von erneut angemeldeten identischen Marken für Produkte anderer Warenklassen, 1995, 106 f.

149 Dazu oben a) bb) (409 ff.).

c) Rechtsschöpfung und Rechtsfortbildung durch den Europäischen Gerichtshof

Auf der europäischen Ebene kommt es ebenfalls in beträchtlichem Ausmaß zur Inanspruchnahme rechtsgestaltender Befugnisse durch den Europäischen Gerichtshof. Von Umfang und Bedeutung her dürfte diese Inanspruchnahme die vom Bundesverfassungsgericht bzw. vom Supreme Court praktizierte sogar noch übertreffen. Allerdings geschieht sie in der Regel auf andere Weise: nicht indem der Gerichtshof den rechtsetzenden Organen der Gemeinschaft beispielsweise im Rahmen von Nichtigkeitsklagen detaillierte Vorgaben macht, sondern indem er selbst rechtsschöpfend bzw. rechtsfortbildend tätig wird, wenn es darum geht, den Aufbau der Gemeinschaftsrechtsordnung voranzutreiben[150]. Seine weitreichende Legitimation für diese Tätigkeit ergibt sich daraus, daß das Gemeinschaftsrecht im Gegensatz zu den nationalen Rechtsordnungen an zahlreichen Stellen nur rudimentär ausgefächert und die Setzung von Richterrecht daher zur Gewährleistung seiner Funktionsfähigkeit unabdingbar ist[151]. Der Gerichtshof muß die im geschriebenen Recht der Gemeinschaft klaffenden Lücken allein schon deshalb in eigener Verantwortung schließen, um sich nicht dem Vorwurf der Rechtsverweigerung auszusetzen[152]; er sichert damit aber zugleich die Einheit der gemeinsamen Rechtsordnung und die praktische Wirksamkeit der in ihr geltenden Regeln[153]. Der letztgenannte Gesichtspunkt findet unter der Bezeichnung „effet utile" als erweitert verstandene Variante der teleologischen Auslegung auch in der Methodik des Europäischen Gerichtshofs zentrale Verwendung[154]. Von den zahlreichen Grundsätzen, die auf diese

---

[150] Zur Unterscheidung von Rechtsschöpfung und Rechtsfortbildung stv. *Klaus-Dieter Borchardt*, Richterrecht durch den Gerichtshof der Europäischen Gemeinschaften, in: GS Eberhard Grabitz, 1995, 29–43, 31 ff., 37 ff.; speziell zum Begriff der Rechtsfortbildung auch *Andrea Ott*, Die anerkannte Rechtsfortbildung des EuGH als Teil des gemeinschaftlichen Besitzstandes (acquis communautaire), in: EuZW 2000, 293–298, 294 f.

[151] Vgl. etwa *Wolfgang Dänzer-Vanotti*, Der Europäische Gerichtshof zwischen Rechtsprechung und Rechtsetzung, in: FS Ulrich Everling, 1995, 205–221, 205; unter Verweis auf *Ulrich Everling*, Justiz im Europa von morgen, in: DRiZ 1993, 5–15, 6 m.w.N.; auch *Fernand Schockweiler*, Die richterliche Kontrollfunktion: Umfang und Grenzen in Bezug auf den Europäischen Gerichtshof, in: EuR 1995, 191–201, 191 ff.; *Hummer/Obwexer* (Fn. 81), 296 f.; u. *Eleonora Kohler-Gehrig*, Europarecht und nationales Recht – Auslegung und Rechtsfortbildung, in: JA 1998, 807–812, 811; zuletzt *Ulrich Everling*, Richterliche Rechtsfortbildung in der Europäischen Gemeinschaft, in: JZ 2000, 217–227, bes. 220 ff.

[152] Näher hierzu *Michael Friedrich Commichau*, Nationales Verfassungsrecht und europäische Gemeinschaftsverfassung, 1995, 27; *Sander* (Fn. 66), 47 ff.; *Ulrich Everling*, Zur Funktion des Gerichtshofs der Europäischen Gemeinschaften als Verwaltungsgericht, in: FS Konrad Redeker, 1993, 293–311, 301; *Jürgen Schwarze*, Entwicklungsstufen des Europäischen Gemeinschaftsrechts, in: FS Karl Carstens, 1984, Bd. 1, 259–272, 260 ff.; *Torsten Stein*, Richterrecht wie anderswo auch?, in: FS Universität Heidelberg, 1986, 619–641, bes. 626, 633 ff.; *Jochen Anweiler*, Die Auslegungsmethoden des Gerichtshofs der Europäischen Gemeinschaften, 1997, 53 ff.

[153] *Ingolf Pernice*, Die Dritte Gewalt im europäischen Verfassungsverbund, in: EuR 1996, 27–43, 28 f.; vgl. a. *Benedikt Wechsler*, Der Europäische Gerichtshof in der EG-Verfassungswerdung, 1995, 144 ff.

[154] I. einz. hierzu bspw. *Rudolf Streinz*, Der „effet utile" in der Rechtsprechung des Gerichtshofes der Europäischen Gemeinschaften, in: FS Ulrich Everling, 1995, 1491–1510, bes. 1492 f., 1506 ff.; *Martin Nettesheim*, Der Grundsatz der einheitlichen Wirksamkeit des Gemeinschafts-

Weise entstanden sind und die mittlerweile zum gesicherten Bestand der Gemeinschaftsrechtsordnung gehören, seien nur die folgenden beispielhaft genannt:

– die Doktrin der unmittelbaren Anwendbarkeit bestimmter Normen des primären Gemeinschaftsrechts, durch die der individuelle Rechtsschutz innerhalb der Gemeinschaft eine erhebliche Verstärkung erfuhr[155];

– die Eigenständigkeit der Gemeinschaftsrechtsordnung, aus der der Gerichtshof den für ihre Funktionstüchtigkeit unverzichtbaren durchgängigen Anwendungsvorrang des Gemeinschaftsrechts vor dem mitgliedstaatlichen Recht ableitete[156];

– die Anerkennung von ungeschriebenen Gemeinschaftsgrundrechten als allgemeinen Rechtsgrundsätzen der gemeineuropäischen Rechtsordnung, lange bevor Art. 6 II (ex-Art. F II) EUV in Maastricht als kodifikatorische Grundlage dieser Anerkennung geschaffen wurde[157];

– die im vorigen Kapitel bereits behandelte Etablierung einer umfassenden Vertragsschließungskompetenz der Gemeinschaft in ihren Außenbeziehungen[158];

– und schließlich der Ausbau der gemeinschaftsrechtlichen Staatshaftung, zuletzt etwa die Zuerkennung eines Schadensersatzanspruchs gegenüber Mitgliedstaaten, die bei der Umsetzung von EG-Richtlinien säumig geblieben sind[159].

Mit alledem hat sich der Gerichtshof in der Vergangenheit vielfach als „Motor“[160] der europäischen Integration erwiesen. Das dahinterstehende dynamisch-evolutive Verständnis der europäischen Vertragsordnung insgesamt und nicht zuletzt der in Art. 220 (ex-Art. 164) EGV niedergelegten Umschreibung der Kernaufgabe des Gerichtshofs dahingehend, die „Wahrung des Rechts“ zu sichern, ist auch im Grundsatz niemals auf Kritik getroffen[161]. Allerdings häufen sich gerade in neuerer Zeit die Stimmen, die den Gerichtshof vor einem überzogenen Verständnis

rechts, in: GS Eberhard Grabitz, 1995, 447–468; *Carsten Buck*, Über die Auslegungsmethoden des Gerichtshofs der Europäischen Gemeinschaft, 1998, 202 ff., 208 ff.; *Ingolf Pernice*, in: Grabitz/Hilf (Fn. 80), Art. 164 EGV Rn. 27; *Sander* (Fn. 66), 41 f.; jew. m.w.N.

155 EuGH Slg. 1963, 1 – Rs. 26/62.

156 EuGH Slg. 1964, 1251 – Rs. 6/64.

157 EuGH Slg. 1969, 419 – Rs. 29/69; vgl. dazu etwa *Markus Heintzen*, Gemeineuropäisches Verfassungsrecht in der Europäischen Union, in: EuR 1997, 1–16, 8 ff.; *Dieter Kugelmann*, Grundrechte in Europa, 1997, 22 ff. m.w.N.; u. *Gil Carlos Rodriguez Iglesias*, Gedanken zum Entstehen einer europäischen Rechtsordnung, in: NJW 1999, 1–9, 5 f.

158 EuGH Slg. 1971, 263 – Rs. 22/70; vgl. a. schon oben 7. Kap. I. 1. b) bb) (1) (303 ff.); u. stv. *Rudolf Geiger*, Vertragsschlußkompetenzen der Europäischen Gemeinschaft und auswärtige Gewalt der Mitgliedstaaten, in: JZ 1995, 973–982, 974 f. et seq.

159 EuGH Slg. 1991, I-5357 – verb. Rs. C-6 u. 9/90.

160 So formuliert bspw. zuletzt *Fritz Rittner*, Wieviel Europa braucht Europa?, in: EuR 1998, 3–19, 13.

161 Selbst das BVerfG bestätigt, „daß die Mitgliedstaaten die Gemeinschaft mit einem Gericht ausstatten wollten, dem Rechtsfindungswege offenstehen sollten, wie sie in jahrhundertelanger gemeineuropäischer Rechtsüberlieferung und Rechtskultur ausgeformt worden sind. ... Zu meinen, dem Gerichtshof der Gemeinschaften wäre die Methode der Rechtsfortbildung verwehrt, ist angesichts dessen verfehlt“ (BVerfGE 75, 223, 243 f.). *A.A.* allerdings *Christian Hillgruber*, Grenzen der Rechtsfortbildung durch den EuGH – Hat Europarecht Methode?, in: Thomas v. Danwitz u.a. (Hg.), Auf dem Wege zu einer Europäischen Staatlichkeit, 1993, 31–46, 39 ff.

seiner rechtsfortbildenden Befugnisse warnen und seine Rolle als Vorkämpfer der Integration angesichts der ständig zunehmenden Verdichtung der Gemeinschaftsrechtsordnung inzwischen für weitgehend erfüllt halten[162]. So wird den Luxemburger Richtern teilweise empfohlen, in die neue Position eines „ehrlichen Maklers" zwischen Gemeinschaft und Mitgliedstaaten zu schlüpfen[163]. Das Grundproblem bleibt jedoch die Grenzziehung zwischen zulässiger, das existierende Recht lediglich ergänzender und konkretisierender Rechtsfortbildung und unzulässiger, weil vom bestehenden Recht nicht mehr gedeckter Rechtserzeugung in jedem Einzelfall. Da objektive Maßstäbe hierfür kaum aufzufinden sind, muß diese Grenzziehung letztlich wiederum in die Hände des Gerichtshofs gelegt werden[164]. Das damit verbundene Vertrauen erfordert auf seiten des Gerichtshofs eine besonders ausgeprägte Beachtung des Grundsatzes vom Interorganrespekt, der sich in diesem Fall in der Erscheinungsform des sogleich näher zur erörternden Gebots richterlicher Zurückhaltung präsentiert und darauf abzielt, die „dritte Gewalt" nicht die Rolle des Gesetzgebers usurpieren zu lassen[165].

d) Bilanz

Welche Bedeutung diesem Anliegen im Verhältnis von Verfassungsgericht und Legislative allgemein zugemessen werden muß, zeigt ein abschließender Überblick über die von der Verfassungsrechtsprechung in allen hier betrachteten Verfassungsordnungen potentiell und tatsächlich beanspruchten rechtsgestaltenden Befugnisse. Zwar geschieht die Inanspruchnahme solcher Befugnisse – der Stellung des jeweiligen Verfassungsgerichts in seinem Verfassungssystem entsprechend – auf verschiedene Art und Weise: Das Bundesverfassungsgericht, selbst Verfassungsorgan und mit einer Vielzahl konkreter Kompetenzzuweisungen zur Kontrolle der Legislative ausgestattet, hat auch in gestalterischer Hinsicht eine ausgefeilte Systematik von Möglichkeiten entwickelt, dem Gesetzgeber inhaltliche Vorgaben zu machen. Der Supreme Court, der als Kontrollorgan der Legislative nur inzident ins Spiel

---

[162] Vgl. etwa die Hinweise bei *Jürgen Schwarze*, Grundzüge und neuere Entwicklung des Rechtsschutzes im Recht der Europäischen Gemeinschaft, in: NJW 1992, 1065–1072, 1071 f.; sowie die „Gelbe Karte" in BVerfGE 89, 155, 210; ferner die Kritik von *Thomas v. Danwitz*, Verwaltungsrechtliches System und Europäische Integration, 1996, 427 ff.; *a.A.* allerdings *Wernhard Möschel*, Wird die effet utile-Rechtsprechung des EuGH inutile?, in: NJW 1994, 1709 f.

[163] *Oppermann* (Fn. 33), 905; unter Verweis auf *Ulrich Everling*, Zur föderalen Struktur der Europäischen Gemeinschaft, in: FS Karl Doehring, 1989, 179–198, 196 f.

[164] *Manfred Zuleeg*, Die Rolle der rechtsprechenden Gewalt in der europäischen Integration, in: JZ 1994, 1–8, 6, beantwortet dementsprechend unter Verweis auf einen britischen *Editorial Comment*, in: CMLR 30 (1993), 899–903, die Frage „Quis custodiet the European Court of Justice?" einfach mit „Custodies ipsos". Zu den Schwierigkeiten der Grenzziehung vgl. ferner *Oliver Dörr*, in: Sodan/Ziekow (Fn. 77), EVR Rn. 26; u. *Koenig/Sander* (Fn. 24), 8 (Rn. 12).

[165] Vgl. schon *Stein* (Fn. 152), 640 f.; u. zuletzt *Thomas Oppermann*, Europarecht, 2. Aufl. 1999, 153 (Rn. 388), der sein eigenes Wort vom „ehrlichen Makler" (oben Fn. 163), wieder aufgreift; zu den funktionellrechtlichen Grenzen der Rechtsprechungstätigkeit des Gerichtshofs ferner *Ingolf Pernice*, in: Grabitz/Hilf (Fn. 80), Art. 164 EGV Rn. 34 ff.; *Dänzer-Vanotti* (Fn. 151), 207 ff.; u. *Commichau* (Fn. 152), 28 f.

kommt, wenn sich die Verfassungsmäßigkeit eines Gesetzes als zentrale Streitfrage in einem ihm unterbreiteten Fall entpuppt, kann hingegen lediglich im Zuge derartiger Inzidentkontrollen entsprechende Vorgaben entwickeln. Der Europäische Gerichtshof wiederum macht sich die besondere Offenheit der Gemeinschaftsrechtsordnung zunutze, indem er sie mit allgemeinen Grundsätzen unterfüttert und damit zugleich sein aufgrund des Vertragstextes eher begrenztes Spektrum von Ansatzpunkten für eine materielle Einflußnahme auf das rechtsetzende Handeln der Gemeinschaftsorgane wesentlich erweitert. Alle diese Unterschiede sind jedoch in erster Linie prozessualer oder methodischer Natur und ändern nichts an dem im Ergebnis feststellbaren Grundzusammenhang zwischen den zuvor behandelten negativen Kassationskompetenzen der obersten Gerichte und der Inanspruchnahme positiver Gestaltungsbefugnisse durch sie: Mit der immanenten Drohung, eine unter Nichtbeachtung ihrer Vorgaben zustandegekommene Norm im Falle ihrer Anrufung jederzeit wieder aufheben zu können, die der Verfassungsrechtsprechung in allen vorliegend untersuchten Systemen eigen ist[166], verfügen die obersten Richter über ein hinreichendes Druckmittel, um auf das Handeln der Legislative auch inhaltlich erheblichen Einfluß ausüben zu können.

Der Grundsatz des Interorganrespekts wird unter diesen Umständen dazu benötigt, der Verfassungsrechtsprechung funktionellrechtliche Grenzen zu ziehen und ihr die Gratwanderung zwischen zulässiger Aufgabenerfüllung und unzulässiger Kompetenzüberschreitung zu erleichtern[167]. Wie schwierig diese Gratwanderung tatsächlich ist, erweist sich an der Ambivalenz, mit der sowohl die Appellentscheidungen des Bundesverfassungsgerichts als auch ihre amerikanischen Pendants aus dem Blickwinkel des Interorganrespekts betrachtet werden müssen[168]: Gerade die mit diesen Entscheidungen beabsichtigte Schonung des Gesetzgebers, indem auf eine einfache Kassation der streitigen Norm verzichtet wird, führt andererseits zu einer bedenklichen Verschiebung der verfassungsrechtlichen Funktionenzuordnung, sobald die bei dieser Gelegenheit ausgesprochenen inhaltlichen Leitlinien des Verfassungsgerichts einen die Legislative zu stark steuernden Charakter annehmen. Ähnliches gilt für den vom Europäischen Gerichtshof permanent geforderten Balanceakt zwischen notwendiger Rechtsfortbildung und kompetenzwidriger Rechtserzeugung[169]. Hinzu kommt die in allen hier analysierten Verfassungsordnungen unvermeidliche Überantwortung der diesbezüglichen Entscheidungsgewalt an die obersten Gerichte selbst, die ihrerseits von keiner anderen Institution mehr kontrolliert werden können. Das Prinzip des Interorganrespekts muß in dieser Situation zwei Funktionen erfüllen: Zum einen dient es – in der Erscheinungsform seines Unterprinzips Organadäquanz – als inhaltlicher Maßstab dem Erhalt einer funktionsgerechten Kompetenzverteilung zwischen den Verfassungsorganen. Zum anderen richtet es sich in der Gestalt des Rücksichtnahmegebots unmittelbar an die

[166] Zus.fass. oben 1. d) (405 f.).

[167] So formuliert *Schulte* (Fn. 109), 1205.

[168] Oben a) bb) (409 ff.) und b) (415 ff.).

[169] Davon war oben c) (422) ebenfalls bereits die Rede.

Verfassungsrechtsprechung selbst und fordert von ihr eine Selbstbeschränkung dergestalt, daß sie usurpierende Übergriffe in den Funktionsbereich der Legislative in eigener Verantwortung vermeiden soll.

3. „Judicial Self-Restraint“

Die zuletzt genannte Forderung nach richterlicher Selbstbeschränkung wird längst auch in der deutschen und europäischen Verfassungsdiskussion mit dem der amerikanischen Debatte entlehnten Begriff „judicial self-restraint“ belegt. Die möglichen Konzepte, die sich hinter diesem Begriff verbergen, sind allerdings durchaus unterschiedlicher Natur.

a) Grundgedanke

Soweit man es zurückverfolgen kann, taucht der Begriff des „self-restraint“ zum ersten Mal in der Ära des „New Deal“ auf, kurz bevor der Supreme Court eine spektakuläre Kehrtwendung seiner Rechtsprechung vollführte und seine bis dahin praktizierte judizielle Blockade von Präsident *Roosevelts* neuer Wirtschaftspolitik zugunsten eines engeren Verständnisses seiner verfassungsrechtlichen Letztkontrollbefugnis aufgab[170]. Der damals noch zur Minderheit gehörende Richter *Stone* formulierte 1936 in einem Sondervotum: „... the only check upon our own exercise of power is our own sense of self-restraint“[171]. Seither wird „judicial self-restraint“ zum einen als eine allgemeine Rechtsfigur verstanden, die als Oberbegriff für die verschiedenen Begrenzungen der Justitiabilität in der amerikanischen Rechtsordnung fungiert, zum anderen aber auch als direktes Postulat dafür interpretiert, daß sich die Richter auf die Anwendung der Verfassung beschränken und sie nicht mit ihren eigenen Vorstellungen aufladen sollen[172]. Dahinter läßt sich unschwer der älteste und fundamentalste Streit in der amerikanischen Verfassungsinterpretation erkennen, der sich zwischen „interpretivists“ und „non-interpretivists“ abspielt: Während die letzteren die Auffassung vertreten, der Verfassungsrechtsprechung komme eine Funktion zur Durchsetzung der Prinzipien von Freiheit und Gerechtigkeit zu, die über die bloße Interpretation des gegebenen Verfassungstextes hinausreiche[173], wollen die Vertreter des „interpretivism“ die Verfassungsrichter darauf beschränken „to enforcing norms that are stated or clearly implicit in the written

---

[170] Zum historischen Hintergrund vgl. näher *Chryssogonos* (Fn. 73), 170 f.; *Rau* (Fn. 66), 128 f.; u. *Cornelius Simons*, Grundrechte und Gestaltungsspielraum, 1999, 56 ff.

[171] *U.S. v. Butler*, 297 U.S. 1 (1936), 79 (Stone, J., dissenting); vgl. a. die von Justice Brandeis nur wenig später aufgestellten Regeln zur Bestimmung der angemessenen Rolle des Supreme Court bei der Lösung verfassungsrechtlicher Fragen in *Ashwander v. Tennessee Valley Authority*, 297 U.S. 288 (1936), 346 ff. (Brandeis, J., concurring).

[172] Vgl. stv. die Definition von *Stanley C. Brubaker*, in: Kermit L. Hall (ed.), The Oxford Companion to the Supreme Court of the United States, 1992, 470–472.

[173] Stv. hierfür *Thomas C. Grey*, Do We Have an Unwritten Constitution?, in: Stanford Law Review 27 (1975), 703–718, 706 ff.

Constitution"[174]. In Verbindung mit der Denkschule des „originalism", die eine primäre Ausrichtung der Verfassungsauslegung am Willen des historischen Verfassunggebers verlangt[175], entsteht so ein scheinbar klares Plädoyer für „judicial selfrestraint"[176].

Aus der deutschen Verfassungsdiskussion ist der Begriff inzwischen ebenfalls kaum noch wegzudenken. In der Gestalt seiner deutschen Übersetzung als Pflicht zur Selbstbeschränkung taucht er bereits im Statusbericht von *Leibholz* auf[177]. Formelle Erwähnung durch die Mehrheit des Bundesverfassungsgerichts fand er sodann in der Entscheidung zum Grundlagenvertrag[178]. Seither gehört er in erster Linie zum Standardinstrumentarium von an Karlsruhe gerichteten Appellen, sich in der für ein Verfassungsgericht unausweichlichen Gemengelage von Recht und Politik nicht zu sehr auf die politische Seite ziehen zu lassen[179]. Allerdings geht es dabei auf den ersten Blick weniger um einen Grundsatzstreit über die richtige Verfassungsinterpretation als vielmehr um die Wahrung der verfassungsrechtlichen Funktionenzuordnung, womit wir uns wieder einem Kernbereich der Idee vom Interorganrespekt nähern: Gefordert wird ein Verzicht der Verfassungsrichter auf die volle Ausnutzung ihrer formellen Entscheidungsbefugnisse dort, wo eine solche Ausnutzung bedeuten würde, sich in einer Art und Weise an die Stelle des Gesetzgebers zu setzen, die die vorgegebene Funktionenverteilung zwischen Gesetzgebung und Rechtsprechung grundsätzlich in Frage stellen könnte[180]. In ähnlicher Weise entpuppt sich das Verlangen nach „judicial self-restraint" auf europäischer Ebene im wesentlichen als eine Forderung an den Europäischen Gerichtshof, das von ihm selbst postulierte „institutionelle Gleichgewicht" zwischen den Organen zu erhalten[181]. Schließlich erweist sich die Unterscheidung gegenüber der amerika-

---

[174] So beschreibt *John Hart Ely*, Democracy and Distrust, 1980, 1, die Position der „interpretivists".

[175] Wiederum stv. *Antonin Scalia*, Originalism: The Lesser Evil, in: University of Cincinnati Law Review 57 (1989), 849–865, 851 ff.; vgl. a. allg. *Jack N. Rakove*, Original Meanings, 1996, 3 ff., 339 ff.

[176] Allg. zu dieser Auseinandersetzung *Brugger* (Fn. 46), 345 ff.; ders. (Fn. 3), 583 ff.; vgl. a. *Hartwin Bungert*, Zeitgenössische Strömungen in der amerikanischen Verfassungsinterpretation, in: AöR 117 (1992), 71–99, 74 ff.; u. zus.fass. *Giegerich* (Fn. 132), 5.

[177] Bericht des Berichterstatters an das Plenum des Bundesverfassungsgerichts zur „Status"-Frage, in: JöR N.F. 6 (1957), 120–137, 126, wo auch das Sondervotum von Justice Stone (oben Fn. 171) noch einmal zitiert wird.

[178] BVerfGE 36, 1, 14.

[179] Vgl. statt vieler die Nachweise bei *Schenke* (Fn. 118), 120 f.; *Chryssogonos* (Fn. 73), 171 ff.; *Eibe Riedel*, Abschied vom Verfassungskonsens?, in: Johannes Gutenberg-Universität Mainz (Hg.), Reihe Antrittsvorlesungen, Bd. I, 1986, 155–206, 177; *Kurt Vogel*, Das Bundesverfassungsgericht und die übrigen Verfassungsorgane, 1988, 4 Fn. 1; *Rudolf Dolzer*, Verfassungskonkretisierung durch das Bundesverfassungsgericht und durch politische Verfassungsorgane, 1982, 20 ff.; *Schlaich* (Fn. 8), 341 (Rn. 469) Fn. 11; zuletzt auch etwa *Bernhard Großfeld*, Götterdämmerung?, in: NJW 1995, 1719–1723; u. allg. zu diesen Appellen *Jutta Limbach*, Das Bundesverfassungsgericht als politischer Machtfaktor, 1995, 20 et seq.

[180] Wie hier – sogar unter ausdrücklicher Verwendung des Respektsbegriffs – *Jost Delbrück*, Quo vadis Bundesverfassungsgericht?, in: FS Eberhard Menzel, 1975, 83–105, 87 f.

[181] Dazu schon oben 4. Kap. I. 5. a) (124 ff.); u. konkret *Hummer/Obwexer* (Fn. 81), 299.

nischen Verfassungsdiskussion gleichfalls als ein lediglich scheinbarer Gegensatz: Denn soweit dem Gerichtshof im Sinne der „interpretivists“ nur eine begrenzte Befugnis zur Anpassung der verfassungsrechtlichen Gebote an den gesellschaftlichen Wandel zugestanden wird, ist dies schlicht gleichbedeutend mit der Zuweisung der Funktion einer entsprechenden Verfassungskonkretisierung an den Gesetzgeber, während die „non-interpretivists“ insoweit eine stärkere Teilhabe der Judikative an der Erfüllung dieser Funktion verlangen.

Zu guter Letzt bleibt zu beachten, daß jedenfalls nach deutscher und europäischer Verfassungstradition dem Richter die Möglichkeit der Nichtentscheidung und der damit verbundenen Rechtsverweigerung verwehrt ist, d.h. ein zulässigerweise vor Gericht gebrachter Fall muß von diesem Gericht auch in der Sache entschieden werden[182]. Aus alledem ergibt sich eine erste klare Konturierung des Gedankens vom „judicial self-restraint“: Es kann für das Verfassungsgericht von vornherein nicht etwa um eine Nichtausübung der ihm von der Verfassung zugewiesenen Entscheidungskompetenzen gehen, sondern lediglich darum, im Zuge der Ausübung dieser Kompetenzen gewisse funktionellrechtliche Grenzen der Verfassungsrechtsprechung zu beachten, in denen sich hinsichtlich ihres Verhältnisses zur Legislative der Grundsatz des Interorganrespekts niederschlägt. Die in dieser Hinsicht bestehende Mißverständlichkeit und generelle Unbestimmtheit des Begriffs „judicial self-restraint“ hat speziell in Deutschland mittlerweile zahlreiche Autoren dazu veranlaßt, auf seine Verabschiedung zu dringen[183]. Man kann ihn jedoch genausogut als Sammelbegriff für die mit der verfassungsrechtlichen Funktionenzuordnung an Verfassungsrechtsprechung und Legislative verbundenen Probleme verwenden, verknüpft mit dem an die Verfassungsrichter adressierten Postulat, sich die daraus resultierenden Grenzen ihrer Tätigkeit stets vor Augen zu halten[184]. In diesem Sinne soll er auch im folgenden verstanden werden.

b) Formale Erzwingungsmechanismen

Bevor es allerdings um die nähere Bestimmung der angesprochenen Grenzen gehen kann, soll noch ein kurzer Seitenblick auf die Möglichkeit geworfen werden, „judicial self-restraint“ und damit Interorganrespekt durch formale Mechanismen zu erzwingen. Hintergrund dieser Überlegung ist die in Deutschland zur Sicherung der

---

[182] In der amerikanischen Rechtsordnung gilt dieses Prinzip ebenfalls, allerdings nicht mit dem gleichen Absolutheitsanspruch, wie die sogleich näher zu erörternde „political question“-Doktrin des Supreme Court zeigt.

[183] Vgl. *Werner Heun*, Funktionell-rechtliche Schranken der Verfassungsgerichtsbarkeit, 1992, 11 f.; *Chryssogonos* (Fn. 73), 174 f.; *Schulte* (Fn. 109), 1205; *Rau* (Fn. 66), 132 f., 227 f.; u. für die europäische Ebene *Dänzer-Vanotti* (Fn. 151), 209; tendenziell auch *Takis Tridimas*, The Court of Justice and Judicial Activism, in: ELR 21 (1996), 199–210, 201.

[184] So insbes. *Wolf-Rüdiger Schenke*, Der Umfang der bundesverfassungsgerichtlichen Überprüfung, in: NJW 1979, 1321–1329, 1324 f.; vgl. a. *Folke Schuppert*, Die verfassungsgerichtliche Kontrolle der Auswärtigen Gewalt, 1973, 159 ff.; u. *ders.*, Self-restraints der Rechtsprechung, in: DVBl. 1988, 1191–1200, 1191.

Gestaltungsfreiheit des Gesetzgebers schon in den siebziger Jahren erhobene Forderung, die Kassationskompetenz des Bundesverfassungsgerichts von einer Zwei-Drittel-Mehrheit im Gericht bzw. im erkennenden Senat abhängig zu machen, von der sich ihre Befürworter teilweise eine stärkere Schonung des Gesetzgebers und ansonsten eine verbesserte Autorität der normverwerfenden Entscheidungen des Verfassungsgerichts erhoffen[185]. Dabei scheint es sich allerdings um eine spezifisch deutsche Idee zu handeln: Weder in den USA noch in der EG wird eine vergleichbare Debatte geführt, und ein Blick über die europäischen Grenzen zeigt, daß in den anderen Staaten Westeuropas, die nahezu durchweg über eine Verfassungsgerichtsbarkeit verfügen, besondere Abstimmungsmehrheiten ebenfalls so gut wie gar nicht verlangt werden[186]. Das Bundesverfassungsgerichtsgesetz selbst sieht Zwei-Drittel-Mehrheiten bislang nur für die Sachentscheidung in einigen besonderen „Verfassungsschutzverfahren" sowie für verfahrensleitende Beschlüsse von besonderer Bedeutung vor[187].

Zweifellos würde die Einführung eines besonderen Mehrheitserfordernisses für normverwerfende Entscheidungen rein quantitativ die Zahl der erfolgreichen Normverwerfungen reduzieren und damit von vornherein weniger potentielle Verstöße gegen das Prinzip des Interorganrespekts durch das Verfassungsgericht zulassen. Jedoch handelte es sich dabei um ein äußerst starres, geradezu grobschlächtiges Instrument, das zudem keinerlei qualitative Steuerungsfunktion besäße: Eine einstimmige Entscheidung des Verfassungsgerichts kann gerade aufgrund ihrer Einmütigkeit in der Sache eine erheblich größere Bedrohung des Interorganrespekts darstellen als eine mit fünf zu drei Stimmen ergangene. Rechtfertigen ließe sich der Einsatz eines derartigen formalen Mechanismus daher nur als zusätzliche Barriere gegen die Beeinflussung der verfassungsgerichtlichen Entscheidungen durch die subjektiven politischen Ansichten einzelner Verfassungsrichter[188] – ein Argument, das seine wesentliche Kraft aus der in der Verfassungspraxis entwickelten politischen Quotierung der Verfassungsrichterstellen bezieht[189], indem es sicherzustellen verspricht, daß Mehrheitsentscheidungen des parlamentarischen Ge-

---

185 In diesem Sinne schon *Hans Dichgans*, Vom Grundgesetz zur Verfassung, 1970, 189 ff.; u. zu den diesbezüglichen Beratungen im Rechtsausschuß des Bundestages *Richard Häußler*, Der Konflikt zwischen Bundesverfassungsgericht und politischer Führung, 1994, 209 ff. m.w.N. Zuletzt hat insbes. der rechtspolitische Sprecher der CDU/CSU-Bundestagsfraktion Rupert Scholz diese Auffassung vertreten, vgl. etwa die Notiz „Scholz präzisiert Waigels Vorschlag" über den rechtspolitischen Kongreß der CDU in Karlsruhe, in: FAZ vom 18.03.1996, 1.

186 Vgl. die Übersicht bei *Albrecht Weber*, Generalbericht, in: Christian Starck/ders. (Hg.), Verfassungsgerichtsbarkeit in Westeuropa, Teilband 1, 1986, 41–120, 105 f.

187 Vgl. § 15 III 1 in Verbindung mit § 13 Nr. 1, 2, 4, 9 BVerfGG (Zwei-Drittel-Mehrheit gefordert für Entscheidungen über Grundrechtsverwirkungen, Parteiverbote, Präsidenten- und Richteranklagen) sowie §§ 26 II, 28 II, 32 VI 2 BVerfGG.

188 Zu dieser Beeinflussung schon *Willi Geiger*, Recht und Politik im Verständnis des Bundesverfassungsgerichts, 1980, 19 f.; vgl. a. – losgelöst von der spezifischen Situation am BVerfG – die ironischen Anmerkungen von *Horst Sendler*, Der Maria-Theresien-Taler (MTT) als Hilfe zur Rechtsfindung, in: DÖV 1991, 521–530, 525 ff.

189 Näher hierzu *Wilhelm Karl Geck*, Wahl und Status der Bundesverfassungsrichter, in: Josef

setzgebers nicht einfach durch andersfarbige politische Mehrheiten im Bundesverfassungsgericht „gekippt" werden können, sondern nur auf der Basis eines parteiübergreifenden Konsenses im erkennenden Senat. Glücklicherweise entspricht das tatsächliche Entscheidungsverhalten der Verfassungsrichter gerade in den an dieser Stelle relevanten Fällen der Verwerfung politisch kontroverser Gesetze aber keineswegs ihrer parteipolitischen Grundorientierung, wie *v. Danwitz* erst kürzlich empirisch nachgewiesen hat[190]. Hinzu kommen Bedenken gegen eine weitere Politisierung der Justiz, indem das Augenmerk der Öffentlichkeit wesentlich stärker auf die senatsinternen Abstimmungsergebnisse gelenkt würde, gegen ein faktisches Übergewicht von Minderheitspositionen innerhalb des Verfassungsgerichts und gegen eine möglicherweise extensive Handhabung des gleich noch zu besprechenden Instituts der „verfassungskonformen Auslegung" durch die Senatsmehrheit, um die Konsequenz der Normverwerfung zu umgehen[191]. All dies läßt es geraten erscheinen, auf den Versuch einer Erzwingung von Interorganrespekt durch formale Mechanismen zu verzichten.

c) Verfassungskonforme Auslegung

Sind starre Maßstäbe somit zur Gewährleistung von „judicial self-restraint" nicht tauglich, so muß auf flexiblere Instrumente zurückgegriffen werden, die freilich von Natur aus mehr der Kontrolle durch das Gericht selbst unterliegen und damit seine Eigenverantwortung hinsichtlich der von ihm geforderten Respektsverpflichtungen stärker betonen. Ein besonderes Instrument dieser Art stellt die „verfassungskonforme Auslegung" dar, nach der die denkbaren Wertentscheidungen des Gesetzgebers an den Prinzipien und Wertentscheidungen der Verfassung zu messen und diejenigen Auslegungsmöglichkeiten auszuscheiden sind, die ein verfassungswidriges Ergebnis produzieren würden[192]. Das Bundesverfassungsgericht bringt sie immer dann zur Anwendung, wenn der Wortlaut einer gesetzlichen Bestimmung

---

Isensee/Paul Kirchhof (Hg.), Handbuch des Staatsrechts der Bundesrepublik Deutschland, Bd. II, 1987, 697–735 (§ 55), 705 ff. (Rn. 13 ff.).

[190] *Thomas v. Danwitz*, Qualifizierte Mehrheiten für normverwerfende Entscheidungen des BVerfG?, in: JZ 1996, 481–489, 486 f. mit den dortigen Nachweisen zur Rspr. Allerdings muß er diesen Befund für die jüngere Praxis des Ersten Senats mit gewissen Einschränkungen versehen, wie die mit 5:3 Stimmen ergangene Entscheidung zum bayerischen Abtreibungsrecht erst kürzlich wieder belegt hat.

[191] Eine Zusammenstellung dieser Bedenken findet sich ebenfalls bei *v. Danwitz* (Fn. 190), 487 m.w.N.

[192] *Dirk Looschelders/Wolfgang Roth*, Juristische Methodik im Prozeß der Rechtsanwendung, 1996, 177; aus der umfangreichen Lit. vgl. etwa *Reinhold Zippelius*, Verfassungskonforme Auslegung von Gesetzen, in: Fg. BVerfG II, 1976, 108–124; *Wolfgang Löwer*, Zuständigkeiten und Verfahren des Bundesverfassungsgerichts, in: Josef Isensee/Paul Kirchhof (Hg.), Handbuch des Staatsrechts der Bundesrepublik Deutschland, Bd. II, 1987, 737–848 (§ 56), 808 ff. (Rn. 111 f.); *Konrad Hesse*, Grundzüge des Verfassungsrechts der Bundesrepublik Deutschland, 20. Aufl. 1995, 30 ff. (Rn. 79 ff.); *Hans-Martin Pawlowski*, Methodenlehre für Juristen, 2. Aufl. 1991, 198 ff. (Rn. 432 ff.); *Wolf-Rüdiger Schenke*, Verfassungsgerichtsbarkeit und Fachgerichtsbarkeit, 1987, 40 ff.; *Christian Starck*, Die Verfassungsauslegung, in: Josef Isensee/Paul Kirchhof (Hg.), Hand-

unterschiedliche Auslegungen ermöglicht, die nicht alle mit dem Grundgesetz vereinbar sind. In einem solchen Fall kommt eine Nichtigkeitserklärung nicht mehr in Betracht; vielmehr besteht ein verfassungsrechtliches Gebot,

> „von mehreren möglichen Normdeutungen, die teils zu einem verfassungswidrigen, teils zu einem verfassungsmäßigen Ergebnis führen, diejenige vorzuziehen, die mit dem Grundgesetz in Einklang steht."[193]

Das Bundesverfassungsgericht interpretiert dieses Gebot selbst als Ausdruck des Respekts vor der gesetzgebenden Gewalt und ihren Funktionen, indem der demokratisch legitimierte Gesetzgeber von unnötigen Korrekturen aus Karlsruhe verschont bleiben soll[194]. In der amerikanischen Verfassungsordnung findet sich die Rechtsfigur der verfassungskonformen Auslegung ebenfalls, wenngleich nur punktuell und ohne eine vergleichbare dogmatische Ausfächerung[195]; auf der europäischen Ebene tritt sie darüber hinaus[196] speziell in Gestalt der „gemeinschaftsrechtskonformen Auslegung" auf, die ihre Wirkung nicht im Verhältnis der Gemeinschaftsorgane untereinander, sondern in den Beziehungen zwischen Gemeinschaft und Mitgliedstaaten entfaltet, ansonsten aber in gleicher Weise konstruiert und damit als Respektsbezeugung gegenüber dem nationalen Gesetzgeber zu verstehen ist: Soweit eine nationale Norm danach auslegungsfähig ist, muß sie in der Praxis diejenige Auslegung erhalten, die einen Widerspruch zu gemeinschaftsrechtlichen Vorschriften am ehesten vermeidet[197].

---

buch des Staatsrechts der Bundesrepublik Deutschland, Bd. VII, 1992, 189–229 (§ 164), 209 ff. (Rn. 31 f.); *Benda/Klein* (Fn. 8), 498 ff. (Rn. 1198 ff.).

[193] BVerfGE 32, 373, 383 f.; st. Rspr. seit BVerfGE 2, 266, 282; vgl. weiter BVerfGE 19, 1, 5; 40, 88, 94; 48, 40, 45; 88, 145, 166.

[194] So ausdrücklich BVerfGE 86, 288, 320.

[195] *Rescue Army v. Municipal Court*, 331 U.S. 549 (1947), 569: „... constitutional issues affecting legislation will not be determined ... if a construction of the statute is fairly possible by which the question may be avoided." Vgl. a. schon das Sondervotum von Justice Brandeis in *Ashwander v. Tennessee Valley Authority*, 297 U.S. 288 (1936), 341 ff., 348 m.w.N. zur früheren Rspr.; u. insges. dazu *Brugger* (Fn. 46), 16 f., 20 f.

[196] Die in diesem Zusammenhang eigentlich zu ziehende Parallele einer „vertragskonformen Auslegung" sekundären Gemeinschaftsrechts wird vom EuGH zwar ebenfalls praktiziert, doch gibt es dafür ähnlich wie in den USA erst wenige Anwendungsbeispiele. Vgl. aber EuGH Slg. 1982, 1409 – Rs. 15/81 –, 1434; u. dazu *Albert Bleckmann*, Zu den Auslegungsmethoden des Europäischen Gerichtshofs, in: NJW 1982, 1177–1182, 1179 m.w.N.; sowie zuletzt etwa EuGH Slg. 1994, I-4471 – Rs. C-7/93 –, 4523. Zu der wesentlich häufiger vorkommenden Konstellation einer „grundrechtskonformen Auslegung" des Gemeinschaftsrechts, die hier wegen ihrer spezifisch EG-rechtlichen Besonderheiten nicht weiter vertieft werden soll, finden sich zahlreiche Nachweise bei *Ingolf Pernice*, in: Grabitz/Hilf (Fn. 80), Art. 164 EGV Rn. 30.

[197] Vgl. speziell zur richtlinienkonformen Auslegung, die zusätzlich darauf abzielt, die Ziele einer einschlägigen Richtlinie möglichst effektiv zu verwirklichen, EuGH Slg. 1984, 1891 – Rs. 14/83 –, 1909; Slg. 1990, I-4135 – Rs. C-106/89 –, I-4159; Slg. 1994, I-3325 – Rs. C-91/92 –, I-3357 m.w.N.; aus der Lit. z.B. *Udo Di Fabio*, Richtlinienkonformität als ranghöchstes Normauslegungsprinzip?, in: NJW 1990, 947–954; *Hans D. Jarass*, Richtlinienkonforme bzw. EG-rechtskonforme Auslegung nationalen Rechts, in: EuR 1991, 211–223; *Volkmar Götz*, Europäische Gesetzgebung durch Richtlinien – Zusammenwirken von Gemeinschaft und Staat, in: NJW 1992, 1849–1856, 1853 f.; *Manfred Zuleeg*, Deutsches und europäisches Verwaltungsrecht – Wechselseitige Einwir-

Wenn man davon ausgehen könnte, daß die verfassungskonforme Auslegung von den Verfassungsgerichten stets in einer Art und Weise gehandhabt würde, die der verfassungsrechtlichen Funktionenzuordnung Rechnung trägt, so könnte diese Argumentationsfigur ohne weiteres als eine wirksame Selbstkontrolle der Verfassungsgerichtsbarkeit hinsichtlich der Einhaltung ihrer funktionellrechtlichen Grenzen und damit als wesentliche Erscheinungsform des Interorganrespekts bewertet werden. Sie besitzt jedoch wiederum eine Kehrseite, die leicht in eine Verschiebung der ursprünglichen funktionellen Kompetenzzuweisungen und damit in eine Bedrohung des Interorganrespekts umschlagen kann: Indem das Verfassungsgericht über die verfassungskonforme Auslegung auf den Bedeutungsgehalt des einfachen Gesetzesrechts Zugriff erhält, wächst ihm über seine negativen Kassationskompetenzen hinaus eine positive Gestaltungsbefugnis zu, die seinem abschließenden Konkretisierungsmonopol im Verfassungsbereich entspringt. Wenn das Gericht demnach im Wege der Verfassungsinterpretation autoritativ den normativen Gehalt einfacher Gesetze festlegen kann, so vermag das Institut der verfassungskonformen Auslegung ebensogut als Mittel richterlicher Selbstbeschränkung wie als Instrument richterlicher Machtusurpation gegenüber dem Gesetzgeber zu wirken[198]. Zwar bekennt sich gerade das Bundesverfassungsgericht in ständiger Rechtsprechung dazu, bei der Auslegung von Gesetzen den Gesetzeszweck nicht außer acht lassen, den Sinn des Gesetzes nicht verfälschen und nicht mit dem klar erkennbaren Willen des Gesetzgebers in Widerspruch treten zu wollen[199]. Die Praxis seiner Verfassungsrechtsprechung zeigt jedoch, daß es sich dabei im Ernstfall oft nur um Lippenbekenntnisse handelt[200]. Insgesamt ähnelt die Situation im Falle der verfassungskonformen Auslegung damit sehr der durch die oben diskutierten Appellentscheidungen entstehenden Konstellation[201]: Beide Entscheidungsformen können gleichermaßen für die Ausübung von „judicial self-restraint" wie für einen Übergriff in den Funktionsbereich der Legislative stehen. Sie gewährleisten folglich nicht per se den Erhalt der verfassungsrechtlichen Funktionenzuordnung, sondern müssen in ihrer Anwendung selbst wieder durch den Gedanken des Interorganrespekts die notwendige Beschränkung erfahren.

---

kungen, in: VVDStRL 53 (1994), 154–201, 165 ff.; *Martin Nettesheim*, Auslegung und Fortbildung nationalen Rechts im Lichte des Gemeinschaftsrechts, in: AöR 119 (1994), 261–293, 267 ff.; *Georg Ress*, Die richtlinienkonforme „Interpretation" innerstaatlichen Rechts, in: DÖV 1994, 489–496; *Pernice* (Fn. 153), 28; *Looschelders/Roth* (Fn. 192), 178 f.; *Rodriguez Iglesias* (Fn. 157), 4.

198 In diesem Sinne bspw. schon *Schenke* (Fn. 184), 1325; ferner *Gunnar Folke Schuppert*, Funktionell-rechtliche Grenzen der Verfassungsinterpretation, 1980, 6 f.; *Chryssogonos* (Fn. 73), 163; *Rau* (Fn. 66), 221 ff.; *Vogel* (Fn. 73), 1509. Noch brisanter wird dieses Problem im Falle der verfassungskonformen Auslegung von Gesetzen durch Fachgerichte. Vgl. hierzu u. zu einem möglichen Lösungsvorschlag *Wolfgang Roth*, Die verfassungsgerichtliche Überprüfung verfassungskonformer Auslegung im Wege abstrakter Normenkontrolle, in: NVwZ 1998, 563–567.

199 BVerfGE 2, 266, 282; 8, 28, 34; 18, 97, 111.

200 Vgl. die Beispiele bei *Schlaich* (Fn. 8), 301 ff. (Rn. 415): BVerfGE 19, 342, 352; 85, 69, 74 ff.; 86, 288, 315 ff. *Chryssogonos* (Fn. 73), 164 ff., hält insoweit das Grundlagenvertragsurteil für das wichtigste Beispiel (BVerfGE 36, 1, 14 f., 20 ff.).

201 Oben 2. a) bb) (411 f.).

d) Konkretisierungsprimat und Regelungsermessen des Gesetzgebers

Diese Beschränkung kann letztlich nur in einer Form sinnvoll geleistet werden: indem das Verfassungsgericht in gewissen Grenzen einen „Konkretisierungsprimat" des Gesetzgebers anerkennt, d.h. ihm die Vorhand hinsichtlich der der Normsetzung voraus- und zugrundeliegenden rechtspolitischen Orientierungsprozesse zugesteht und erst dann eingreift, wenn er die von der Verfassung aufgerichteten äußeren Schranken seines daraus resultierenden Regelungsermessens übersteigt[202]. Da die Bestimmung dieser Schranken und der genauen Reichweite von legislativem Konkretisierungsprimat und Regelungsermessen aber ihrerseits durch das Verfassungsgericht erfolgen muß und eindeutige objektive Maßstäbe hierfür kaum aufgestellt werden können, läuft diese Forderung im Ergebnis auf eine flexible Gestaltung und teilweise Zurücknahme der (verfassungs)gerichtlichen Kontrolldichte hinaus, wie sie in anderem Zusammenhang schon für das allgemeine Verhältnis zwischen Judikative und Exekutive als Ausdruck des Interorganrespekts angesprochen wurde[203]. In dieser Form wird sie von den obersten Gerichten der hier behandelten Verfassungssysteme auch tatsächlich praktiziert, wenngleich sich etwa das Bundesverfassungsgericht gegen die abstrakte Anerkennung eines gesetzgeberischen Konkretisierungsprimats aus prinzipiellen Erwägungen stets zu verwahren pflegt[204].

Die deutsche Verfassungsrechtsprechung hat sich im Laufe der Zeit dahin entwickelt, dem Gesetzgeber in zahlreichen Bereichen Diagnose-, Einschätzungs- und Prognosespielräume zuzubilligen, die das Verfassungsgericht nur noch auf ihre Grenzen hin zu überprüfen beansprucht. Frühe Beispiele dieser Entwicklung bilden etwa die Erftverband-Entscheidung, in der das Gericht „die Art und Weise der organisatorischen Bewältigung öffentlicher Aufgaben" zur „Sache des gesetzgeberischen Ermessens" erklärte[205], die Entscheidung zum Mühlengesetz, in der es feststellte, eine aufgrund nachträglich widerlegter gesetzgeberischer Prognosen ergriffene Legislativmaßnahme könne „nicht schon deshalb als verfassungswidrig angesehen werden"[206], und der sogenannte „Erdölbevorratungsbeschluß", mit dem es dem Gesetzgeber „bei der Prognose und Einschätzung gewisser der Allgemeinheit drohenden Gefahren" von Verfassungs wegen einen Beurteilungsspielraum zuspricht, „den er nur dann überschreitet, wenn seine Erwägungen so offensichtlich

---

[202] Vgl. hierzu etwa *Delbrück* (Fn. 180), 91 f.; *Jörn Ipsen*, Richterrecht und Verfassung, 1975, 158 ff.; *Zippelius* (Fn. 192), 112 ff.; *Dolzer* (Fn. 179), 33 ff.; *Knies* (Fn. 64), 1178; u. aus schweizerischer Sicht *Edouard Campiche*, Die verfassungskonforme Auslegung, 1978, 98 f.; grundlegend auch *Friedrich Müller*, Juristische Methodik, 7. Aufl. 1997, 103 (Rn. 120 f.). *v. Danwitz* (Fn. 190), 489, spricht von einer „originären Erstinterpretationskompetenz" des Gesetzgebers; ebenso bemerkenswerterweise *Paul Kirchhof*, Die Aufgaben des Bundesverfassungsgerichts in Zeiten des Umbruchs, in: NJW 1996, 1497–1505, 1504; vgl. a. *Isensee* (Fn. 2), 1091; u. zuletzt *Arno Scherzberg*, Wertkonflikte vor dem Bundesverfassungsgericht, in: DVBl. 1999, 356–366, 365 f.

[203] Oben 6. Kap. III. 2. (277 ff.).

[204] Z.B. BVerfGE 12, 45, 53; 28, 243, 260 f.; 36, 1, 13 f.

[205] BVerfGE 10, 89, 104.

[206] BVerfGE 25, 1, 13.

fehlsam sind, daß sie vernünftigerweise keine Grundlage für gesetzgeberische Maßnahmen abgeben können"[207]. Die Entscheidung zum Güterkraftverkehrsgesetz atmet den gleichen Geist, nachdem das Verfassungsgericht im Apothekenurteil noch eine intensive eigene Nachprüfung der dem berufsbeschränkenden Gesetz zugrundeliegenden Prognosen vorgenommen hatte[208]. Im „Kalkar-Beschluß" nahm sich das Gericht hinsichtlich der Risikobewertung der neuartigen Brutreaktortechnologie mit den Worten zurück, es sei nicht seine Aufgabe, mit seiner Einschätzung „an die Stelle der dazu berufenen politischen Organe zu treten"[209], und erkannte damit in Ermangelung präziser rechtlicher Maßstäbe einen Vorrang der politischen Verantwortung der Legislative an. Eine zusammenfassende Übersicht seiner in diesem Kontext verwendeten Kriterien und Maßstäbe präsentierte das Verfassungsgericht dann im Mitbestimmungsurteil, das zum Teil als „Höhepunkt der Prognoserechtsprechung" bezeichnet wird[210]:

> „Das Bundesverfassungsgericht könnte von einer anderen Einschätzung nur dann ausgehen, wenn der Gesetzgeber den von Verfassungs wegen an seine Prognose zu stellenden Anforderungen nicht gerecht geworden wäre. ... Im einzelnen hängt die Einschätzungsprärogative des Gesetzgebers von Faktoren verschiedener Art ab, im besonderen von der Eigenart des in Rede stehenden Sachbereichs, den Möglichkeiten, sich ein hinreichend sicheres Urteil zu bilden, und der Bedeutung der auf dem Spiele stehenden Rechtsgüter. Demgemäß hat die Rechtsprechung des Bundesverfassungsgerichts ... bei der Beurteilung von Prognosen des Gesetzgebers differenzierte Maßstäbe zugrunde gelegt, die von einer Evidenzkontrolle ... über eine Vertretbarkeitskontrolle ... bis hin zu einer intensivierten inhaltlichen Kontrolle reichen."[211]

Die hier statuierte, scheinbar strikte Stufenfolge von Kontrollmaßstäben läßt sich in der nachfolgenden Rechtsprechung des Bundesverfassungsgerichts nicht durchgängig wiederfinden. Im Gegensatz dazu bilden die an dieser Stelle entwickelten Kriterien bis heute die Richtschnur der Bestimmung gesetzgeberischer Einschätzungsprärogativen durch die Verfassungsrechtsprechung. Dabei geht es zum einen darum, eine dem jeweiligen Sachgebiet adäquate, bereichsspezifische Abstufung der Kontrolldichte vorzunehmen: Speziell in der Prognostizierung wirtschaftlicher und technologischer Entwicklungen und in der Beurteilung der entsprechenden Konsequenzen eines Gesetzes kann der Gesetzgeber nur einer sehr zurückhaltenden verfassungsgerichtlichen Kontrolle unterliegen. Dahinter steht der aus der

---

[207] BVerfGE 30, 292, 317.

[208] Vgl. BVerfGE 40, 196, 222 ff., 227 ff.; gegen BVerfGE 7, 377, 413 ff.

[209] BVerfGE 49, 89, 131. Vgl. zum Verhältnis von (Verfassungs-)Rechtsprechung und Politik auch explizit *Gerd Roellecke*, Kann Rechtsprechung Politik ersetzen?, in: DRiZ 1996, 174–179, bes. 177 f.

[210] *Thomas Bach*, Der Einfluß von Prognosen auf die Rechtsprechung des Bundesverfassungsgerichts, 1983, 60.

[211] BVerfGE 50, 290, 332 f.; vgl. weiter BVerfGE 76, 1, 51 f.; 77, 170, 214 f.; 88, 87, 97; 88, 203, 262 f.; umfassend *Simons* (Fn. 170), 218 ff.; *Chryssogonos* (Fn. 73), 180 ff.; u. schon *Fritz Ossenbühl*, Die Kontrolle von Tatsachenfeststellungen und Prognoseentscheidungen durch das Bundesverfassungsgericht, in: Fg. BVerfG I, 1976, 458–518, 501 ff.; ferner *Schneider* (Fn. 104), 2105 ff.; u. krit. *Peter Badura*, Richterliches Prüfungsrecht und Wirtschaftspolitik, in: FS Ludwig Fröhler, 1980, 321–347, 343 ff.

Sicht des Interorganrespekts maßgebliche Gedanke einer organadäquaten Funktionenzuordnung, der sich in diesem Falle in einem Verlangen nach Achtung der rechtspolitischen Gestaltungsfreiheit der Legislative manifestiert[212]. Auf der anderen Seite gehört es jedoch nach dem Verständnis des Grundgesetzes zum Funktionsbereich der Verfassungsrechtsprechung, die Grundrechte der Bürger auch gegenüber dem Gesetzgeber zu verteidigen: Daher muß die verfassungsgerichtliche Kontrolldichte proportional zur Intensität des gesetzgeberischen Eingriffs und zur Fundamentalität der davon betroffenen Rechtsgüter zunehmen[213]. Der notwendige Ausgleich zwischen diesen beiden Orientierungspunkten der Funktionenzuordnung – dem Primat des Gesetzgebers für die politische Gestaltung einer potentiellen Gesetzgebungssituation und dem abschließenden Schutz der individuellen Grundrechtssphären durch die Verfassungsgerichtsbarkeit – und ihre Abstimmung aufeinander können nur auf der Basis gegenseitiger Rücksichtnahme der involvierten Verfassungsorgane geleistet werden und bilden damit das entscheidende Anwendungsfeld für den Grundsatz des Interorganrespekts. Das Bundesverfassungsgericht versucht dem durch eine flexible Handhabung seiner Prüfungsmaßstäbe Rechnung zu tragen, indem es beispielsweise die für und gegen eine Herabsetzung seiner Kontrolldichte sprechenden funktionellrechtlichen Argumente im konkreten Fall gegeneinander abwägt[214], nach der Funktionsart des geltend gemachten Grundrechts differenziert[215], bei Art. 2 I GG die in der Elfes-Entscheidung festgelegte umfassende Interpretation des grundrechtlichen Schutzbereichs durch eine Einschränkung seiner Prüfungsreichweite auf Verletzungen „spezifischen Verfassungsrechts" relativiert[216] und sich bei Art. 3 I GG traditionell mit einer bloßen

---

[212] Ebenso – freilich ohne Bezug auf den Begriff des Interorganrespekts – *Schuppert*, Self-restraints (Fn. 184), 1193; vgl. a. *Schulte* (Fn. 16), 1012 f.

[213] Die Argumentation an dieser Stelle weist eine deutliche Verwandtschaft mit der Begründung der Wesentlichkeitstheorie durch das BVerfG auf. Vgl. oben 6. Kap. I. 2. a) (222 ff.); u. stv. nochmals BVerfGE 7, 377, 404 ff.; 50, 290, 332 f.; ferner *Schuppert* (Fn. 198), 56 f.; *Hesse* (Fn. 104), 266; u. *Heun* (Fn. 183), 37.

[214] Vgl. stv. das von *Schuppert*, Self-restraints (Fn. 184), 1194, erörterte Beispiel BVerfG NJW 1988, 626 ff., 629 = BVerfGE 76, 1, 51 f. Dabei ist die Funktionenzuordnung ihrerseits teilweise von der materiellrechtlichen Situation – etwa, wie oben erläutert, von der Bedeutung der tangierten Rechtsgüter – abhängig, so daß zwischen funktionellrechtlicher und materiellrechtlicher Bestimmung der Kontrolldichte kein prinzipieller Gegensatz besteht, wie im Fazit dieses Abschnitts noch näher ausgeführt werden soll. Die primär funktionellrechtliche Perspektive des Interorganrespekts reicht jedoch über die vornehmlich grundrechtszentrierte materiellrechtliche Sicht hinaus. Zu letzterer vgl. etwa *Gusy* (Fn. 109), 176; u. *Schlaich* (Fn. 8), 360 f. (Rn. 501 f.).

[215] So z.B. danach, ob das Grundrecht in seiner klassischen Funktion als Abwehrrecht oder zur Begründung einer staatlichen Schutzpflicht eingesetzt wird, vgl. etwa BVerfGE 77, 170, 214 f.; 79, 174, 201 f.; u. allg. *Ralph Alexander Lorz*, Modernes Grund- und Menschenrechtsverständnis und die Philosophie der Freiheit Kants, 1993, 234 ff. m.w.N. Zuletzt verweigerte das BVerfG bspw. einem durch Luftverschmutzung geschädigten Waldeigentümer eine Entschädigung unmittelbar aufgrund von Art. 14 I 1 GG mit der Begründung, eine Schutzpflichtverletzung sei nicht „evident" und die Gestaltungsfreiheit des Gesetzgebers daher nicht entsprechend verengt: BVerfG NJW 1998, 3264 ff.; u. dazu *Eike v. Hippel*, Keine Entschädigung für Waldsterben?, in: NJW 1998, 3254 f.

[216] BVerfGE 6, 32, 43; vgl. dazu *Schenke* (Fn. 192), 27 ff.; *Roman Herzog*, Das Bundesverfassungsgericht und die Anwendung einfachen Gesetzesrechts, in: FS Günter Dürig, 1990, 431–445;

Willkürkontrolle begnügt, wenngleich hier in jüngerer Zeit eine tendenzielle Verdichtung der verfassungsgerichtlichen Kontrolle zu beobachten ist[217]. Seine Rechtsprechung zeigt insoweit jedoch nicht immer eine klare Linie und bedarf daher ihrerseits der ständigen Rückbesinnung auf den Bedeutungsgehalt des Interorganrespekts, wie die nachfolgend erörterten Fallbeispiele zum Teil noch belegen werden[218].

Für die amerikanische Verfassungsrechtsprechung lassen sich die korrespondierenden Linien noch wesentlich weiter in die Vergangenheit zurückverfolgen, wo wir schließlich gerade im Bereich der Wirtschafts- und Sozialgesetzgebung auf eine vollständige Kehrtwendung des Supreme Court stoßen, die dieser in den dreißiger Jahren vollführt hat. Den Ausgangspunkt der entsprechenden Entwicklung markiert ein Fall aus dem Jahr 1905, in dem der Gerichtshof eine Arbeitszeitgesetzgebung des Staates New York, die für Bäckereien den 10-Stunden-Tag und die 60-Stunden-Woche eingeführt hatte, für verfassungswidrig erklärte. Die verfassungsrechtliche Grundlage hierfür fand er in der Due Process Clause des 14. Zusatzartikels, indem er die privatrechtliche Vertragsfreiheit in den Schutzbereich der dort normierten Eigentumsgarantie einbezog und für jede Einschränkung dieser Freiheit eine Rechtfertigung durch wesentliche Interessen des Gemeinwohls verlangte[219]. In der Folgezeit fiel diesem strikten Kontrollmaßstab eine dreistellige Zahl ver-

---

Schlaich (Fn. 8), 187 ff. (Rn. 271 ff.); krit. aber *Ulrich Steinwedel*, „Spezifisches Verfassungsrecht" und „einfaches Recht", 1976, 33 f.; *Knies* (Fn. 64), 1172 ff.; u. über Art. 2 I GG hinausgreifend zur sog. „Wertordnungs"-Rspr. des BVerfG *Schulte* (Fn. 16), 1014.

[217] Zum funktionellrechtlichen Hintergrund der Willkürkontrolle vgl. stv. *Hesse* (Fn. 104), 269; u. zu den insbes. in der Steuergesetzgebung zunehmend auftretenden Abweichungen hiervon *Schuppert*, Self-restraints (Fn. 184), 1193; sowie beispielhaft BVerfGE 82, 60, 86 ff.; 82, 198, 206; 84, 239, 268 ff.; u. die oben 2. a) cc) (412 ff.) besprochenen Einheitswert-Beschlüsse; zuletzt auch BVerfG NJW 1999, 557 ff., zur notwendigen Steuerentlastung für Familien und Gleichbehandlung von verheirateten Eltern; speziell zur Auftragswirkung dieses Beschlusses auch *Hans-Wolfgang Arndt/Andreas Schumacher*, Kinder, Kinder … oder: Die unterschiedliche Leistungsfähigkeit der Senate des Bundesverfassungsgerichts, in: NJW 1999, 745–750, 750.

[218] *Rau* (Fn. 66), 199 ff., stellt als Beispiele hierfür die Entscheidung zur lebenslangen Freiheitsstrafe – BVerfGE 45, 187 – dem nur zwei Jahre früher gefällten Fristenlösungsurteil - BVerfGE 39, 1 - gegenüber, das im Rahmen der nachfolgenden praktischen Illustrationen noch zum Gegenstand näherer Betrachtung gemacht werden soll. An mehr oder weniger zufällig ausgewählten Entscheidungen aus den letzten Jahren vgl. exemplarisch weiterhin: zum Beleg der Ausübung von Interorganrespekt BVerfG NJW 1997, 2101 f. (Aufhebung des Arbeitnehmer- und Weihnachtsfreibetrages); BVerfG EuGRZ 1996, 119 ff. (Festsetzung von Geschwindigkeitsbegrenzungen und Ozon-Grenzwerten); BVerfG NJW 1996, 185 ff. (Verfassungsmäßigkeit des § 116 III AFG); BVerfGE 96, 330, 339 ff. (BAföG-Leistungen als Volldarlehen); u. dagegen BVerfG NJW 1998, 3337 ff. (Entlohnung Strafgefangener); zu einem anderen Komplex auch *Axel Kunze*, Das amtsgerichtliche Bagatellverfahren gemäß § 495 a ZPO und die Subsidiarität des BVerfG, in: NJW 1997, 2154 f.

[219] *Lochner v. New York*, 198 U.S. 45 (1905), 57, wo die Mehrheit des Gerichtshofs klarstellt, daß allenfalls der Gesundheitsschutz, nicht jedoch irgendeine soziale Motivation ein solches Gesetz zu rechtfertigen vermöge (und dieses Argument schließlich auch nicht akzeptiert). Die zugrundeliegende Interpretation der Due Process Clause wird auch als „substantive due process"-Doktrin bezeichnet.

gleichbarer Gesetze zum Opfer[220], bevor der Supreme Court nach heftigen Auseinandersetzungen seine Linie änderte und auf eine weitestgehende Akzeptanz der „New Deal"-Gesetzgebung umschaltete. Bereits die erste diese Akzeptanz zum Ausdruck bringende Entscheidung von 1934 zeigt dabei deutlich die vom Gerichtshof vollzogene Zurücknahme seiner Kontrolldichte:

„So far as the requirement of due process is concerned, and in the absence of other constitutional restriction, a state is free to adopt whatever economic policy may reasonably be deemed to promote public welfare, and to enforce that policy by legislation adapted to its purpose. The courts are without authority either to declare such policy, or, when it is declared by the legislature, to override it. If the laws passed are seen to have *a reasonable relation to a proper legislative purpose*, and are *neither arbitrary nor discriminatory*, the requirements of due process are satisfied. … With the wisdom of the policy adopted, with the adequacy or practicability of the law enacted to forward it, the courts are both incompetent and unauthorized to deal."[221]

Solche und ähnliche Wendungen tauchen seither in der gesamten Rechtsprechung des Supreme Court zu wirtschaftsgesetzgeberischen Maßnahmen auf, wobei der Gerichtshof schon 1938 sogar eine Vermutung zugunsten der Verfassungsmäßigkeit solcher Maßnahmen statuierte und damit einen Konkretisierungsprimat des Gesetzgebers in diesem Bereich ausdrücklich anerkannte[222].

In der grundsätzlichen Bereitschaft zum Respekt vor den Beurteilungsspielräumen des Gesetzgebers und seiner eng damit zusammenhängenden Gestaltungsfreiheit unterscheiden sich Bundesverfassungsgericht und Supreme Court damit nicht entscheidend voneinander. Der wesentliche Unterschied besteht in der Flexibilität der verwendeten Kontrollmaßstäbe: Während das deutsche Verfassungsgericht hier ungeachtet der im Mitbestimmungsurteil ausgesprochenen Stufenfolge faktisch einen gleitenden Maßstab zugrundelegt, dessen genaue Ausprägung sich nach der jeweils konkret vorliegenden Fallkonstellation richtet, geht der Supreme Court in der Tat von einer fest vorgegebenen Abstufung aus[223]. Im einzelnen unterscheidet er vor allem zwischen einem „rational basis"-Standard, bei dem ein *vernünftiger* Bezug zu einem *legitimen* Gemeinwohlinteresse zur Rechtfertigung gesetzgeberischer Maßnahmen genügt, und einem „strict scrutiny"-Test, der einen *notwendigen* Bezug zu einem *zwingenden* öffentlichen Interesse verlangt; dazwischen scheint sich außerdem ein „mid-level review" zu etablieren, der nach einem *substantiellen* Be-

---

220 Übersicht bei *Benjamin F. Wright*, The Growth of American Constitutional Law, 1942/46, 154.

221 *Nebbia v. New York*, 291 U.S. 502 (1934), 537 (Hervorhebungen vom Verf.).

222 *U.S. v. Carolene Products Co.*, 304 U.S. 144 (1938), 152; vgl. a. dazwischen *West Coast Hotel Co. v. Parrish*, 300 U.S. 379 (1937), 391; u. weiter – mit zahlreichen Nachweisen zur früheren Rspr. – *Williamson v. Lee Optical of Oklahoma, Inc.*, 348 U.S. 483 (1955), 487 f.: „… it is for the legislature, not the courts, to balance the advantages and disadvantages … For protection against abuses by legislatures the people must resort to the polls, not to the courts"; sowie *Ferguson v. Skrupa*, 372 U.S. 726 (1963), 729: „Under the system of government created by our Constitution, it is up to legislatures, not courts, to decide on the wisdom and utility of legislation."

223 Versuche, einen „sliding scale approach" auch innerhalb des Supreme Court zu etablieren, haben sich bislang nicht durchsetzen können. Vgl. stv. – ohne Benutzung dieses Begriffs – das Sondervotum von Justice Marshall in *Dandridge v. Williams*, 397 U.S. 471 (1970), 508 ff.

zug zu einem *wichtigen* Allgemeininteresse fragt[224]. Die Wahl des Kontrollmaßstabs bestimmt in der Regel zugleich den Ausgang des Falles und unterstreicht damit die zentrale Bedeutung der verfassungsgerichtlichen Kontrolldichte für die Achtung der gesetzgeberischen Gestaltungsfreiheit: Einem „rational basis"-Test halten Gesetze in den meisten Fällen stand, während sie eine „strict scrutiny"-Untersuchung üblicherweise nicht überleben[225]. Respekt gegenüber dem Gesetzgeber bringt der Supreme Court deshalb in erster Linie mit der Wahl des „rational basis"-Maßstabs zum Ausdruck, wie es im Bereich der Wirtschafts- und Sozialgesetzgebung mittlerweile zur Regel geworden ist. Unter diesen Umständen verdienen allerdings die Ausnahmen von dieser Regel besondere Aufmerksamkeit: Der Supreme Court schaltet grundsätzlich dann auf „strict scrutiny" – mit allen daraus resultierenden Einschränkungen für den Gesetzgeber – um, wenn entweder ein „fundamentales Recht" der Bürger tangiert oder eine Ungleichbehandlung aufgrund „suspekter Kriterien" vorgenommen wird[226]; dazu kommt als amerikanische Spezialität die Verteidigung der Interessen der Einzelstaaten gegenüber einem umfassenden Gesetzgebungsanspruch des Kongresses[227]. Nach alledem vollzieht sich nicht nur die Gratwanderung der amerikanischen Verfassungsrechtsprechung zwischen denselben potentiell konfligierenden Orientierungspunkten der Funktionenzuordnung – Gestaltungsfreiheit des Gesetzgebers und individueller Grundrechtsschutz durch die Gerichtsbarkeit – wie diejenige der deutschen, sondern auch die Reaktionen beider Verfassungsgerichte sind dahingehend identisch, daß sie den erforderlichen Ausgleich über eine Anpassung ihrer Kontrollmaßstäbe herzustellen versuchen, wobei sie sich lediglich in der Art und Weise dieser Anpassung unterscheiden. Der hierin zum Ausdruck kommende Versuch einer Rücksichtnahme auf den politischen Handlungsvorrang des Gesetzgebers und sein daraus folgendes Regulierungsermessen belegen die grundsätzliche Relevanz des Interorganrespekts in diesem Zusammenhang ebenso wie die hinsichtlich der Ausübung dieser Rücksichtnahme auftretenden Streitfälle die Notwendigkeit seiner ständigen Beachtung.

Eine vergleichbar ausgefächerte Dogmatik hinsichtlich der verfassungsgerichtlichen Kontrollintensität gegenüber Legislativakten hat die europäische Rechtsordnung bislang nicht zu bieten. Immerhin macht schon der Wortlaut von Art. 220 (ex-Art. 164) EGV klar, daß der Gerichtshof kein umfassendes Auslegungsmonopol in bezug auf den EG-Vertrag besitzt, sondern nur zur „Wahrung des Rechts bei der Auslegung" – die auch durch die anderen Gemeinschaftsorgane und sogar durch

---

[224] Zus.fass. bspw. *Brugger* (Fn. 46), 38 ff., bes. 42 f.; *Simons* (Fn. 170), 86 ff.; *Rau* (Fn. 66), 95; u. *Nowak/Rotunda* (Fn. 56), 601 ff. (§ 14.3), mit spezifischem Bezug auf die Equal Protection Clause.

[225] Zu der zentralen Bedeutung des Kontrollmaßstabs für das Ergebnis vgl. *Simons* (Fn. 170), 196 ff.; u. zu Ausnahmen von dieser im allgemeinen sehr zuverlässigen Regel *Rau* (Fn. 66), 96 f.

[226] Hierzu statt vieler: *Tribe* (Fn. 48), 1451 ff.; *Nowak/Rotunda* (Fn. 56), 602 (§ 14.3); *Brugger* (Fn. 46), 75 ff., 162 ff.; jew. mit zahlreichen Nachweisen zur Rspr. In der Verteidigung „fundamentaler Rechte" besteht heute der wesentliche verbliebene Sinn der alten „substantive due process"-Doktrin, von der oben Fn. 219 die Rede war.

[227] Ein Beispielsfall hierfür aus neuerer Zeit ist *U.S. v. Lopez*, 514 U.S. 549 (1995).

die Mitgliedstaaten, also durch alle Akteure der europäischen Vertragspraxis erfolgen kann – berufen sein soll. Diese Formulierung impliziert, daß der Gerichtshof bei seiner richterlichen Tätigkeit gegenüber den anderen Organen, denen die politische Gestaltung der Verwirklichung der Vertragsziele obliegt, Zurückhaltung üben soll[228]. Gerade im Bereich der unterschiedlichen EG-Politiken muß den politischen Organen wegen der Komplexität der wirtschaftlichen Vorgänge in der Gemeinschaft ein großer Einschätzungsspielraum bleiben[229]. In Erfüllung dieses Gebots nimmt der Gerichtshof beispielsweise Rücksicht auf die sekundärrechtliche Ausgestaltung der Vertragsnormen durch die rechtsetzenden Organe der Gemeinschaft, indem er sie bei der Interpretation der zugrundeliegenden Vertragsbestimmungen als Auslegungsgesichtspunkt heranzieht[230], und erkennt so ebenfalls in gewissen Grenzen einen Konkretisierungsprimat des Gemeinschaftsgesetzgebers an. Daß speziell dieser Gedanke der „gesetzeskonformen Verfassungsauslegung"[231] in der europäischen Verfassungsrechtsprechung eine größere Rolle spielt als in der Rechtsprechungstätigkeit von Bundesverfassungsgericht und Supreme Court, erklärt sich aus der besonderen Offenheit der europäischen Vertragsordnung und ihrem Charakter als „Planverfassung"[232]. Umgekehrt erübrigt sich damit in weiten Teilen die Einforderung eines spezifischen Respekts gegenüber der Gestaltungsfreiheit des Gemeinschaftsgesetzgebers, wenngleich sich auch solche Bezugnahmen vereinzelt in den Urteilen des Europäischen Gerichtshofs finden[233]. Im Kern geht es jedoch für diesen Gerichtshof ebenso wie für die obersten Gerichte Deutschlands und Amerikas darum, die politische Gestaltung der Rechtsordnung innerhalb des primär- bzw. verfassungsrechtlich gezogenen Rahmens den Organen der Legislative zu überlassen und insofern die funktionellrechtlichen Grenzen der Verfassungsgerichtsbarkeit durch eine Zurücknahme des eigenen Kontrollanspruchs zu wahren.

e) Praktische Illustrationen

Wie die im vorigen hierfür aufgestellten Parameter in der Praxis der verschiedenen Verfassungsrechtsprechungen in Aktion treten, soll im folgenden anhand einiger ausgewählter Fallbeispiele exemplarisch demonstriert werden. Dabei werden solche Beispiele, in denen die Verringerung der verfassungsgerichtlichen Kontrollintensität klar zu erkennen ist, anderen gegenübergestellt, in denen eine Reduzierung der Kontrolldichte offenkundig nicht stattgefunden hat.

---

[228] *Ingolf Pernice*, in: Grabitz/Hilf (Fn. 80), Art. 164 EGV Rn. 21 f.

[229] In diesem Sinne schon EuGH Slg. 1973, 125 – Rs. 40/72 –, 142; seither st. Rspr., vgl. *Sander* (Fn. 66), 63.

[230] Vgl. stv. EuGH Slg. 1976, 497 – Rs. 48/75 –, 511 f.; Slg. 1978, 1935 – Rs. 13/78 –, 1953; Slg. 1978, 1971 – Rs. 15/78 –, 1979 f.; weitere Nachweise bei *Bleckmann* (Fn. 196), 1179.

[231] *Hesse* (Fn. 192), 33 (Rn. 85).

[232] Diesen Begriff hat Walter Hallstein geprägt, vgl. *Ingolf Pernice*, in: Grabitz/Hilf (Fn. 80), Art. 164 EGV Rn. 34.

[233] Vgl. z.B. EuGH Slg. 1978, 1365 – Rs. 149/77 –, 1378.

aa) Fallbeispiel: Die Asylrechtsreform

Eine der bedeutendsten Illustrationen der ersten Fallgruppe aus den letzten Jahren stellen die Entscheidungen des Bundesverfassungsgerichts zur Asylrechtsreform dar. Mit dieser Reform war im Jahr 1993 der neue, hochkomplizierte Art. 16 a in das Grundgesetz eingefügt worden, der unter anderem das Konzept der sicheren Herkunfts- und Drittstaaten enthält[234]: Nach Art. 16 a III GG können Staaten, „bei denen auf Grund der Rechtslage, der Rechtsanwendung und der allgemeinen politischen Verhältnisse gewährleistet erscheint, daß dort weder politische Verfolgung noch unmenschliche oder erniedrigende Bestrafung oder Behandlung stattfindet", durch Gesetz zu sicheren Herkunftsstaaten bestimmt werden – mit der Rechtsfolge einer widerleglichen Vermutung, daß aus solchen Staaten stammende Ausländer nicht in asylrechtlich relevanter Weise verfolgt werden. Die in Art. 16 a II GG niedergelegten Bestimmungen über sichere Drittstaaten gehen darüber noch hinaus: Wer aus einem solchen Staat einreist, kann sich von vornherein nicht auf das Asylrecht berufen und unabhängig von einem eingelegten Rechtsbehelf aufenthaltsbeendenden Maßnahmen unterzogen werden. Dabei gelten die Mitgliedstaaten der EG unmittelbar von Verfassungs wegen als sichere Drittstaaten; andere Staaten können wiederum durch Gesetz zu solchen bestimmt werden, wenn in ihnen die Anwendung des Genfer Flüchtlingsabkommens und der Europäischen Menschenrechtskonvention sichergestellt ist.

Mit Urteilen vom 14.05.1996, die auf Verfassungsbeschwerden ghanaischer, irakischer und iranischer Asylbewerber hin ergingen, erklärte das Bundesverfassungsgericht beide Konzeptionen für verfassungsmäßig[235]. Zu den sicheren Herkunftsstaaten stellte es anhand des Verfassungstextes eine Reihe von Prüfkriterien auf, anhand derer sich der Gesetzgeber „ein Gesamturteil über die für politische Verfolgung bedeutsamen Verhältnisse in dem jeweiligen Staat" zu bilden hätte[236]. Die Überprüfung der gesetzlichen Konkretisierung am Maßstab dieser Kriterien wurde vom Verfassungsgericht dann allerdings mit folgenden Worten auf eine bloße Vertretbarkeitskontrolle beschränkt:

> „Bei der Erhebung und Aufbereitung der zugrunde zu legenden Tatsachen kommt dem Gesetzgeber, insbesondere hinsichtlich der dafür zu beschreitenden Wege, ein Entscheidungsspielraum zu. ... Beurteilt der Gesetzgeber, ob nach den ermittelten tatsächlichen Verhältnissen in einem Staat gewährleistet erscheint, daß dort weder politische Verfolgung noch unmenschliche oder erniedrigende Bestrafung oder Behandlung stattfindet, und trifft er eine Prognose über die weitere Entwicklung in dem Staat innerhalb eines überschaubaren Zeitraums, so hat er einen Einschätzungs- und Wertungsspielraum."[237]

---

[234] Allg. zu den entsprechenden Verfassungsregelungen und ihrem Hintergrund statt vieler: *Biermann* (Fn. 61), 522 ff.

[235] BVerfG NVwZ 1996, 691 ff., 700 ff.

[236] BVerfG NVwZ 1996, 691 ff., 694.

[237] BVerfG NVwZ 1996, 691 ff., 691 f. (Leitsätze 4. b), c)), 695; vgl. dazu auch *Böhmer* (Fn. 61), 26 f.; *Hailbronner* (Fn. 61), 629; *Frowein/Zimmermann* (Fn. 61), 761; u. *Lübbe-Wolff* (Fn. 61), 835.

Das Urteil zur Drittstaatenregelung verfährt in ähnlicher Weise, wenn es dem Gesetzgeber bei der Bestimmung sicherer Drittstaaten hinsichtlich der effektiven Anwendung von Flüchtlingsabkommen und EMRK einen Einschätzungs- und Entscheidungsspielraum insbesondere auch für die Auswahl seiner Erkenntnismittel zuspricht und lediglich fordert, daß sich seine Entscheidung „als vertretbar erweisen“ muß[238]. Darüber hinaus führt das Verfassungsgericht zur Stützung der speziellen Ausschlußklauseln des Art. 16 a II GG das Konzept der „normativen Vergewisserung“ ein: Danach kann der Gesetzgeber eine *generelle* Vorabfeststellung über die Sicherheit von Flüchtlingen in einem anderen Staat treffen und damit den Weg zu einer *konkreten* Nachprüfung der Schutzbedürftigkeit von aus einem solchen Staat einreisenden Ausländern, die eine Angelegenheit von Verwaltung und Rechtsprechung wäre, von vornherein versperren[239]. Lediglich für einzelne Umstände, „die ihrer Eigenart nach nicht vorweg im Rahmen des Konzepts normativer Vergewisserung von Verfassung oder Gesetz berücksichtigt werden können und damit … außerhalb der Grenzen liegen, die der Durchführung eines solchen Konzepts aus sich selbst heraus gesetzt sind“[240], verlangt das Verfassungsgericht insoweit Ausnahmeregelungen.

Einen vergleichbaren Respekt gegenüber dem Beurteilungsvorrang der Legislative und ihrer daraus folgenden Gestaltungsfreiheit bringen nur wenige Entscheidungen des Bundesverfassungsgerichts zum Ausdruck. Mit der weitgehenden Anerkennung einer gesetzgeberischen Einschätzungsprärogative führen die Urteile zur Asylrechtsreform die zuvor dargestellte Prognoserechtsprechung des Verfassungsgerichts logisch fort. Die mit der Beschränkung auf eine bloße Vertretbarkeitskontrolle verbundene Rücknahme der verfassungsgerichtlichen Kontrolldichte setzt die vom Interorganrespekt geforderte Zurückhaltung der Verfassungsrichter praktisch um. Wer dadurch freilich den individuellen Gewährleistungsinhalt des Asylgrundrechts, dessen Wahrung funktionell der Rechtsprechung aufgegeben ist, im Kern bedroht sieht, kann sich an dieser Stelle mit richterlicher Zurückhaltung nicht einverstanden erklären. Demzufolge fordert beispielsweise das Sondervotum der Richterin *Limbach* zum Herkunftsstaaten-Urteil eine weitergehende Inhaltskontrolle der gesetzgeberischen Feststellungen durch das Verfassungsgericht ein[241].

---

[238] BVerfG NVwZ 1996, 700 ff., 704.

[239] BVerfG NVwZ 1996, 700 ff., 704 f.; näher dazu bspw. *Tomuschat* (Fn. 61), 381 f.; *Wollenschläger/Herler* (Fn. 61), 592 f.; u. umfassend *Frowein/Zimmermann* (Fn. 61), 755 ff.

[240] Die Aufzählung dieser Sonderfälle findet sich in BVerfG NVwZ 1996, 700 ff., 705.

[241] BVerfG NVwZ 1996, 691 ff., 698 f.; krit. auch *Tomuschat* (Fn. 61), 385 f.; *Biermann* (Fn. 61), 528 f.; u. besonders *Lübbe-Wolff* (Fn. 61), 830 f., 835; *a.A. Eibe Riedel*, Access to Justice as a Fundamental Right in the German Legal Order, in: ders. (ed.), German Reports on Public Law, 1998, 77–102, 88, 91 ff.; *Hailbronner* (Fn. 61), 625 f.; *Böhmer* (Fn. 61), 27 f.

bb) Fallbeispiel: Die Euro-Einführung

Im Gegensatz zu diesen beiden Urteilen führte das zweite vorliegend ausgewählte Fallbeispiel zu keinem Dissens innerhalb des Verfassungsgerichts. Betroffen war in diesem Fall kein formelles Gesetz, sondern die zum damaligen Zeitpunkt kurz bevorstehende Zustimmung von Bundestag und Bundesrat zur Teilnahme Deutschlands an der Europäischen Währungsunion. Die Notwendigkeit einer derartigen Zustimmung hatte sich aus dem Urteil zum Vertrag von Maastricht ergeben, in dem das Bundesverfassungsgericht festgestellt hatte, das demokratische Prinzip verbiete in Verbindung mit Art. 38 GG eine Entleerung der deutschen Staatsgewalt durch eine zu weitgehende Verlagerung von Aufgaben und Befugnissen des Bundestages und verlange entgegen der im Maastrichter Vertrag eigentlich vorgesehenen Automatik eine abschließende Befassung des Bundestages vor der endgültigen Entscheidung über den Start der Währungsunion[242]. Hierauf und auf Art. 14 I GG stützten sich eine Reihe von Verfassungsbeschwerden, die die Einführung des Euro in letzter Minute noch verhindern wollten, da die Voraussetzungen für den Erhalt der Geldwertstabilität in einer Europäischen Währungsunion noch nicht gegeben seien.

Das Bundesverfassungsgericht machte mit diesen Anträgen nach § 24 BVerfGG kurzen Prozeß: Der Vertrag von Maastricht eröffne hinsichtlich der Begründung der Währungsunion „wirtschaftliche und politische Einschätzungs- und Prognoseräume". Damit würden „die Bundesregierung und das Parlament für die Sicherung des Geldeigentums in Verantwortung" genommen. Wie sie dieser Verantwortung im einzelnen nachkämen, könne aber „nicht nach dem individualisierenden Maßstab eines Grundrechts beurteilt werden". Daraus ergibt sich für das Verfassungsgericht:

> „Führt in Anwendung des Maastricht-Vertrages die Einschätzung und Prognose der zuständigen Staatsorgane zu dem Ergebnis, daß die vorgesehene Währungsunion eine Stabilitätsgemeinschaft sein wird, so ist ein Geldeigentümer nicht befugt, im Wege der Verfassungsbeschwerde diese Einschätzungen und Bewertungen durch das Bundesverfassungsgericht überprüfen zu lassen."[243]

Deutlicher kann man als Verfassungsgericht den Respekt vor der Gestaltungsverantwortung der politischen Entscheidungsorgane und die daraus folgende Zurücknahme des eigenen Kontrollanspruchs nicht postulieren.

---

[242] BVerfGE 89, 155, 171 f., 203 f.; vgl. a. BVerfGE 92, 203, 230 f.

[243] Alle Zitate aus BVerfG NJW 1998, 1934 ff. Vgl. a. die Bestätigung dieser Entscheidung durch BVerfG NJW 1998, 3187 f. Zu beachten ist dabei, daß die fraglichen Entscheidungen gleichzeitig eine weitere Fortentwicklung des Eigentumsbegriffs aus Art. 14 I 1 GG dergestalt enthalten, daß zu diesem nunmehr auch ein „Einlösungsvertrauen" der Geldeigentümer gerechnet wird. Unter diesen Umständen bildet die Anerkennung der gesetzgeberischen „Einschätzungs- und Prognoseräume" in der Tat den tragenden Pfeiler der verfassungsgerichtlichen Argumentation. Vgl. a. *Marc-Oliver Pahl*, Der Euro vor dem Bundesverfassungsgericht, in: NJW 1998, 3180 f.

cc) Fallbeispiel: „Windfall benefits"

Ähnlich schöne Beispiele liefert die amerikanische Verfassungsrechtsprechung nach der weitgehenden Aufgabe der oben geschilderten „substantive due process"-Doktrin[244] vor allem noch im Anwendungsbereich der Equal Protection Clause des 14. Zusatzartikels, die für die Bundesgewalt in den 5. Zusatzartikel mit hineingelesen wird[245]. Die hier gewählte Illustration stammt aus dem Sozialbereich: Eine besondere Altersversorgung für Bahnbedienstete ermöglichte ursprünglich solchen Personen, die sowohl für eine Bahngesellschaft als auch für andere Arbeitgeber gearbeitet hatten, die Versorgungsansprüche aus der normalen Sozialversicherung und aus dem besonderen Versorgungswerk für Bahnarbeiter in einer Art und Weise zu kumulieren, die ihnen „windfall benefits" einbrachte. Mit dem Railroad Retirement Act von 1974 wollte der Kongreß diese Praxis beenden und zugleich bereits erworbenes Vertrauen schützen. Daher erließ er Übergangsvorschriften, in denen 1974 zum Stichjahr erklärt wurde: Wer vor diesem Jahr endgültig aus dem Eisenbahndienst ausgeschieden war, wurde von der zusätzlichen Pensionsberechtigung ausgeschlossen, sofern er bis dahin nicht bereits 25 Jahre bei der Bahn gearbeitet hatte.

Diese Differenzierung bestand für den zuständigen District Court nicht einmal den „rational basis"-Test. Der Supreme Court dehnte jedoch den diesbezüglichen Gestaltungsspielraum des Gesetzgebers erheblich aus und erstreckte ihn explizit sogar auf „rough accommodations – illogical, it may be, and unscientific"[246]. Der inzwischen zum Chief Justice avancierte Richter *Rehnquist* stellte in seinem Mehrheitsvotum fest:

> „... the Court in cases involving social and economic benefits has consistently refused to invalidate ... legislation which it simply deemed unwise or unartfully drawn ... . The only ... question is whether Congress achieved its purpose in a patently arbitrary or irrational way. ... Where, as here, there are plausible reasons for Congress' action, our inquiry is at an end. ... This is particularly true where the legislature must necessarily engage in a process of line drawing. ... the fact the line might have been drawn differently at some points is a matter for legislative, rather than judicial consideration."[247]

Dem ist nichts hinzuzufügen.

---

[244] Oben d) (434 ff.), vgl. insbes. die Nachweise Fn. 219–222 zur Rechtsprechungsentwicklung, allerdings auch Fn. 226 zur modernen Deutung.

[245] Vgl. z.B. *Bolling v. Sharpe*, 347 U.S. 497 (1954), 498 f.; *Vance v. Bradley*, 440 U.S. 93 (1979), 94 f., bes. Fn. 1.

[246] Der Gerichtshof bezieht diese Formulierung aus der älteren Entscheidung *Dandridge v. Williams*, 397 U.S. 471 (1970), 485, die er in der vorliegend besprochenen, in der folgenden Fn. nachgewiesenen Entscheidung ausdrücklich zitiert. Vgl. a. schon *New Orleans v. Dukes*, 427 U.S. 297 (1976); u. statt vieler nochmals *Vance v. Bradley*, 440 U.S. 93 (1979).

[247] Alles *U.S. Railroad Retirement Board v. Fritz*, 449 U.S. 166 (1980), 175 ff.

dd) Fallbeispiel: Die Bananenmarktordnung

Auf der europäischen Ebene bietet die Gemeinsame Agrarpolitik das beste Anschauungsmaterial für eine Anerkennung weitreichender Entscheidungsspielräume der gemeinschaftlichen Rechtsetzungsorgane durch den Europäischen Gerichtshof. Ein besonders prägnantes Beispiel aus neuerer Zeit bildet dabei die Behandlung der 1993 verabschiedeten Bananenmarktordnung[248]: Mit dieser Europäischen Marktordnung versuchte die Mehrheit der Mitgliedstaaten im Agrarministerrat die Gemeinschaftserzeugung von Bananen zu gewährleisten und das Einkommen der Gemeinschaftserzeuger aufrechtzuerhalten. Zu diesem Zweck wurde, während Bananen aus den vom Lomé-Abkommen erfaßten „AKP-Staaten" Afrikas, der Karibik und des Pazifiks von Zöllen befreit blieben, für Bananen aus anderen Ländern ein festes Zollkontingent eingeführt, bei dessen Überschreitung Schutzzölle in prohibitiver Höhe fällig wurden; mit dieser Maßnahme sollten insbesondere die billigeren „Dollar-Bananen" aus Lateinamerika als Konkurrenten ausgeschaltet werden[249]. Die Bundesrepublik Deutschland, die innerhalb der Gemeinschaft zum Hauptabnehmer dieser Bananen geworden war, befürchtete davon – mit Recht, wie die ersten Auswirkungen der Bananenmarktordnung zeigten – eine Schädigung des deutschen Handels und eine wesentliche Erhöhung der deutschen Bananenpreise und klagte deshalb, nachdem sie im Rat überstimmt worden war, gegen die neue Marktordnung unter anderem mit dem Argument, die vom Rat verfolgten Ziele hätten, soweit sie überhaupt von Art. 39 EWGV gedeckt seien, auch durch Maßnahmen erreicht werden können, die den Wettbewerb und die Interessen der Händler und Verbraucher weniger beeinträchtigt hätten.

Der Gerichtshof fertigte dieses Vorbringen in der für ihn typischen Kürze mit folgenden Feststellungen ab:

„Insoweit ist daran zu erinnern, daß der Gemeinschaftsgesetzgeber auf dem Gebiet der gemeinsamen Agrarpolitik über ein weites Ermessen verfügt, das der politischen Verantwortung entspricht, die ihm die Art. 40 und 43 EWGV übertragen. ... Ist der Gemeinschaftsgesetzgeber insbesondere für den Erlaß einer Regelung genötigt, die künftigen Auswirkungen dieser Regelung zu beurteilen, und lassen sich diese Auswirkungen nicht genau vorhersehen, so kann seine Beurteilung nur dann beanstandet werden, wenn sie im Hinblick auf die Erkenntnisse, über die er im Zeitpunkt des Erlasses der Regelung verfügte, offensichtlich irrig erscheint .... Diese Einschränkung der Kontrolle des Gerichtshofes ist insbesondere dann geboten, wenn sich der Rat veranlaßt sieht, bei der Verwirklichung einer gemeinsamen Marktorganisation einen Ausgleich zwischen divergierenden Interessen herbeizuführen und auf diese Weise im Rahmen der in seine eigene Verantwortung fallenden politischen Entscheidungen eine Auswahl zu treffen. ... Der Gerichtshof kann ... nicht die Beurteilung des Rates ... durch seine eigene Beurteilung ersetzen, wenn der Beweis nicht erbracht ist, daß diese Maßnahmen zur Verwirklichung des verfolgten Zieles offensichtlich ungeeignet waren."[250]

---

[248] VO (EWG) Nr. 404/93, ABl. L 47/1993, 1 ff.

[249] Zu Hintergrund und Zustandekommen der Bananenmarktordnung vgl. die zusammenfassende Darstellung von *Hans-Dieter Kuschel*, Die Bananenmarktordnung der Europäischen Union, in: RIW 1995, 218–222; zu ihrem materiellen Regelungsgehalt i. einz. *Ingo Weustenfeld*, Die Bananenmarktordnung der EG und der Handel mit Drittstaaten, 1997, 22 ff.

[250] Alles EuGH Slg. 1994, I-4973 – Rs. C-280/93 –, I-5068 f.; vgl. a. schon in ähnlichem Sinne

Der Gerichtshof billigt dem Rat damit praktisch die alleinige Kompetenz zu, die agrarpolitischen Ziele näher festzulegen und über die zu ihrer Erreichung geeigneten Maßnahmen zu entscheiden, worin seine Zurückhaltung vor ausgesprochen politischen Entscheidungen und sein Respekt vor der Gestaltungsverantwortung des Rates vor allem dann, wenn es um eine komplexe Interessenabwägung zwischen gegensätzlichen Belangen von Mitgliedstaaten geht, deutlich zum Ausdruck kommen[251].

ee) Fallbeispiel: Kruzifix und Zehn Gebote

Nachdem alle bisherigen Illustrationen als Beispiele für eine Zurücknahme des verfassungsgerichtlichen Kontrollanspruchs und eine entsprechende richterliche Zurückhaltung gegenüber dem Gesetzgeber im Sinne des Interorganrespekts fungiert haben, sollen zum Abschluß dieses Abschnitts nunmehr zwei Gegenbeispiele in das Zentrum der Betrachtung rücken. Hierfür wurden gezielt Problemkomplexe ausgewählt, die in beinahe identischer Form sowohl das Bundesverfassungsgericht als auch den Supreme Court beschäftigt haben und aus diesem Grund unter rechtsvergleichenden Gesichtspunkten spezifisch geeignet erscheinen. Der erste dieser Problemkomplexe betrifft das Anbringen religiöser Symbole in staatlichen Schulen und hat in Deutschland durch den in anderem Zusammenhang bereits zur Illustration verwendeten „Kruzifix"-Beschluß des Bundesverfassungsgerichts[252] besondere Aufmerksamkeit gefunden. Von den zahlreichen Streitfragen, die dieser Beschluß aufgeworfen hat, ist speziell eine für unser Anliegen von Interesse: nämlich die, welches Organ primär dazu berufen sein soll, den Bedeutungsgehalt eines per Gesetz aufgerichteten Symbols im einzelnen zu bestimmen. Inwieweit trifft das Verfassungsgericht hier eine Verpflichtung zum Respekt gegenüber den vom Gesetzgeber selbst statuierten Intentionen bzw. unter welchen Umständen darf es sich über die gesetzgeberischen Vorgaben zum Bedeutungsgehalt hinwegsetzen?

Die Bayerische Staatsregierung hatte für den im „Kruzifix"-Verfahren angegriffenen § 13 I 3 der Bayerischen Volksschulordnung argumentiert, die dort vorgeschriebene Anbringung von Schulkreuzen verweise zwar auf die Grundsätze der christlichen Bekenntnisse als dem in Art. 135 S. 2 der Bayerischen Verfassung normierten Erziehungsmaßstab, jedoch nur in dem Sinne, daß es sich dabei um jene vom Christentum maßgeblich geprägten Werte und Normen handele, die „auch weitgehend zum Gemeingut des abendländischen Kulturkreises geworden seien".

EuGH Slg. 1989, 2237 – Rs. 265/87 –, 2270; Slg. 1990, I-435 – verb. Rs. C-267 bis 285/88 –, I-481; Slg. 1990, I-4023 – Rs. C-331/88 –, I-4063; Slg. 1992, I-2061 – Rs. C-311/90 –, I-2081.

[251] Näher hierzu *Ralph Alexander Lorz*, Die Integration des nationalen Wirtschaftsrechts in die internationale Wirtschaftsordnung, in: Thomas König/Elmar Rieger/Hermann Schmitt (Hg.), Das europäische Mehrebenensystem, 1996, 180–199, 189 f.; u. *Schockweiler* (Fn. 151), 196 f.; ambivalent *Tridimas* (Fn. 183), 200; ablehnend z.B. *Ernst-Ulrich Petersmann*, How Can the European Union Be Constitutionalized?, in: Außenwirtschaft 50 (1995), 171–220, 199 f.

[252] Vgl. schon oben 2. Kap. III. 4. (65 ff.), insbes. den Nachweis der Entscheidung in Fn. 258; dort ging es um die Frage eines aus dieser Entscheidung folgenden „Normwiederholungsverbots".

Das Kreuz habe daher im allgemeinen Unterricht keine missionierende Wirkung; lediglich im strikt freiwilligen Rahmen des Religionsunterrichts oder des Schulgebets lege es seinen allgemeinen Symbolcharakter ab und wandle sich in ein spezifisches Glaubenssymbol[253]. Das Bundesverfassungsgericht stellte dem jedoch seine eigene Interpretation des Kreuzes entgegen:

„Das Kreuz ist Symbol einer bestimmten religiösen Überzeugung und nicht etwa nur Ausdruck der vom Christentum mitgeprägten abendländischen Kultur. ... Das Kreuz gehört nach wie vor zu den spezifischen Glaubenssymbolen des Christentums. Es ist geradezu sein Glaubenssymbol schlechthin. ... Es wäre eine dem Selbstverständnis des Christentums und der christlichen Kirchen zuwiderlaufende Profanisierung des Kreuzes, wenn man es ... als bloßen Ausdruck abendländischer Tradition ... ansehen wollte.“[254]

Auf der Basis dieser Interpretation ergab sich klar, daß aus der Sicht eines Nichtchristen oder Atheisten dem Kreuz eine missionarische Wirkung zuzusprechen war, die seine verpflichtende Anbringung in staatlichen Schulräumen als Verletzung der Religionsfreiheit erscheinen ließ. Der vom Supreme Court entschiedene Parallelfall hierzu betraf ein Gesetz des Staates Kentucky, nach dem in jedem Klassenzimmer der staatlichen Schulen ein Text der Zehn Gebote anzubringen war. Dort hatte der Gesetzgeber sogar versucht, das Verdikt der Verfassungswidrigkeit dadurch zu vermeiden, daß er die Installation einer den säkularen Bedeutungsgehalt der Zehn Gebote erläuternden Zusatztafel am unteren Rand jedes nach dieser Vorschrift eingerichteten Gebotstextes angeordnet hatte[255]. Es nützte ihm jedoch nichts: der Supreme Court bezeichnete den primären Zweck des Gesetzes als „plainly religious in nature“ und erkannte dementsprechend auf eine Verletzung der „Establishment Clause“ des 1. Zusatzartikels[256]. Das Bundesverfassungsgericht scheint sich folglich mit seinem „Kruzifix“-Beschluß in guter Gesellschaft zu befinden[257].

Andere Gerichtsentscheidungen belegen freilich, daß man mit den gesetzgeberischen Intentionen in solchen Situationen auch schonender umgehen kann. So hat der Supreme Court selbst in seiner Rechtsprechung verschiedentlich signalisiert, daß er religiöse Bezugnahmen in staatlichen Zeremonien für mit der Verfassung vereinbar hält, sofern sie als bloße „reference to our religious heritage“ anzusehen seien[258]. Für das im Gegensatz zu den Vereinigten Staaten nicht auf eine strikte

---

253 BVerfGE 93, 1, 8 f.

254 BVerfGE 93, 1, 19 f.

255 Ky. Rev. Stat. § 158.178 (1980) gab hierfür als Text ausdrücklich vor: „The secular application of the Ten Commandments is clearly seen in its adoption as the fundamental legal code of Western Civilization and the Common Law of the United States.“

256 *Stone v. Graham*, 449 U.S. 39 (1980) (Zitat 41).

257 Zur Gegenüberstellung der beiden Entscheidungen vgl. *Ralph Alexander Lorz*, Staat, Kirchen und öffentliches Schulwesen in den USA, in: Eibe Riedel (Hg.), Öffentliches Schulwesen im Spannungsfeld von Staat und Kirche, 1998, 155–175, 169 f.; sowie die krit. Anmerkungen von *John E. Coons*, Of Crucifixes and Community, in: FS Klaus Stern, 1997, 927–937.

258 Vgl. etwa *Lynch v. Donnelly*, 465 U.S. 668 (1984), 676, zum Gebrauch des „Pledge of Allegiance“ in den staatlichen Schulen („I pledge allegiance to the flag of the United States and to the republic for which it stands, one Nation, *under God*, indivisible, with liberty and justice for all“); u. schon *Marsh v. Chambers*, 463 U.S. 783 (1983), zur religiösen Eröffnung legislativer Sitzungspe-

Trennung, sondern allgemein auf eine Kooperation von Staat und Kirche ausgelegte staatskirchenrechtliche System Deutschlands muß diese Interpretationsdevise eher noch stärkere Geltungskraft beanspruchen können[259]. In diesem Sinne stellen zahlreiche der „Kruzifix"-Entscheidung kritisch gegenüberstehende Literaturstimmen darauf ab, das Kreuz im Schulzimmer sei letztlich als ein säkulares Symbol aufzufassen, nämlich als überkonfessioneller Ausdruck der vom Christentum maßgeblich geprägten Werte und Normen der abendländischen Kultur und Tradition[260]. Der bayerische Landesgesetzgeber hat dieser Auseinandersetzung mit seinem als Reaktion auf den „Kruzifix"-Beschluß erlassenen Gesetz neue Nahrung gegeben, indem er als Zweck der weiterhin normierten und nur um eine Konfliktregelung ergänzten Kreuzpflicht ausdrücklich im Gesetz selbst angibt, damit komme der Wille zum Ausdruck, „die obersten Bildungsziele der Verfassung auf der Grundlage christlicher und abendländischer Werte unter Wahrung der Glaubensfreiheit zu verwirklichen"[261]. Schließlich hat der Bayerische Verfassungsgerichtshof in seiner Entscheidung zu diesem Gesetz zwar keinen offenen Widerspruch zur Position des Bundesverfassungsgerichts aufkommen lassen, sondern allein wegen der neu eingeführten Konfliktregelung auf die Vereinbarkeit des Gesetzes mit der Glaubensfreiheit und dem Prinzip der weltanschaulichen Neutralität des Staates erkannt, je-

---

rioden; sowie *Archibald Cox*, The Court and the Constitution, 1987, 199, zum üblichen Einzug der obersten Richter selbst zu der Ansage: „God save the United States and this honorable Court"; weitere Beispiele bei *Louis Fisher*, American Constitutional Law, 2nd ed. 1995, 729. Zum Schulgebet und zur Parallelkonstellation der sog. „Krippenfälle" vgl. zus.fass. *Holger Fleischer*, Von Krippen, Kreuzen und Schulgebeten: Negative Religionsfreiheit und staatliche Neutralität im Spiegel der amerikanischen Rechtsprechung, in: JZ 1995, 1001–1005, 1003 f. m.w.N.

[259] Zu den insoweit bestehenden Unterschieden im System vgl. stv. *Rüdiger Wolfrum*, Generalbericht und Länderbericht Deutschland, in: Eibe Riedel (Hg.), Öffentliches Schulwesen im Spannungsfeld von Staat und Kirche, 1998, 17–51, 18 ff.; *Donald P. Kommers*, Kann das deutsche Verfassungsrechtsdenken Vorbild für die Vereinigten Staaten sein?, in: Der Staat 37 (1998), 335–347, 340 ff.; u. nochmals *Lorz* (Fn. 257), 155 ff. Zu einer ähnlichen Folgerung aus diesen Unterschieden gelangt für den vorliegenden Fall *Hans Reis*, Rechts- oder Glaubensstaat?, in: ZRP 1996, 56–60, 59 f.

[260] So bspw. *Jörg Müller-Volbehr*, Positive und negative Religionsfreiheit, in: JZ 1995, 996–1000, 997; *Christoph Link*, Stat Crux?, in: NJW 1995, 3353–3357, 3355 f.; *Martin Heckel*, Das Kreuz im öffentlichen Raum, in: DVBl. 1996, 453–482, 465 ff.; *Peter Badura*, Das Kreuz im Schulzimmer, in: BayVBl. 1996, 33–40, 71–77, 75; *Axel Frhr. v. Campenhausen*, Zur Kruzifix-Entscheidung des Bundesverfassungsgerichts, in: AöR 121 (1996), 448–464, 460 ff.; *Detlef Merten*, Der „Kruzifix-Beschluß" des Bundesverfassungsgerichts aus grundrechtsdogmatischer Sicht, in: FS Klaus Stern, 1997, 987–1009, 1008; *Matthias Jestaedt*, Karlsruhe im Kreuz-Feuer, in: Die Neue Ordnung 51 (1997), 26–39, 32 ff.; tendenziell auch *Konrad Redeker*, „Der moderne Fluch der Versuchung zur Totalität", in: NJW 1995, 3369 f., 3370; *a.A.* z.B. *Gerhard Czermak*, Der Kruzifix-Beschluß des Bundesverfassungsgerichts, seine Ursachen und seine Bedeutung, in: NJW 1995, 3348–3353, 3350; *Ludwig Renck*, Zum rechtlichen Gehalt der Kruzifix-Debatte, in: ZRP 1996, 16–20, 19; *Johannes Rux*, Positive und negative Bekenntnisfreiheit in der Schule, in: Der Staat 35 (1996), 523–550, 537 ff. Vgl. a. *Dirk Heckmann*, Eingriff durch Symbole?, in: JZ 1996, 880–889, 881 ff., zu dem hier nicht weiter thematisierten Problem der allgemeinen Wirkung von Symbolen.

[261] Art. 7 III 2 des Bayerischen Gesetzes über das Erziehungs- und Unterrichtswesen nach der Änderung durch Gesetz vom 23.12.1995 (BayGVBl. 1995, 850). Zu den gesetzgeberischen Motiven vgl. die Entwurfsbegründung vom 24.10.1995, LT-Drs. 13/2947.

doch zugleich seine Bereitschaft signalisiert, die gesetzgeberischen Motive und insbesondere das Anliegen der Legislative, „die religiöse Lebensform und Tradition des Volkes in die Schulerziehung einzubringen", als sachlich gerechtfertigt zu akzeptieren. Zum Bedeutungsgehalt des Kreuzes bemerken die Richter:

> „Kreuze in Klassenräumen sind – abgesehen vom Religionsunterricht – weder Inhalt des Unterrichts und der Erziehung noch bedeuten sie eine Bekenntnisübung. Sie stellen kein staatliches Bekenntnis zu den durch das Symbol des Kreuzes augedrückten Glaubensinhalten oder Bekenntnishandlungen im Sinn einer staatskirchlichen Identifikation dar."[262]

All dies zeigt, daß es sehr wohl möglich ist und von vornherein gewesen wäre, die der entsprechenden Gesetzgebung zugrundeliegende Sicht des Kreuzsymbols nachzuvollziehen. Die mangelnde Rücksichtnahme des Bundesverfassungsgerichts auf die damit von der Legislative verfolgten Intentionen und die vorschnelle Ersetzung der für den Erlaß des Gesetzes maßgeblichen gesetzgeberischen Perspektive durch die eigene Deutung des Verfassungsgerichts stellen unter diesen Umständen einen Verstoß gegen das Prinzip des Interorganrespekts dar. Das Verfassungsgericht dürfte nur dann seine eigene Einschätzung der fraglichen Symbolik an die Stelle der Vorgaben des Gesetzgebers setzen, wenn diese im Ergebnis nicht plausibel erschienen[263].

ff) Fallbeispiel: Abtreibung

Ein ähnlicher Konflikt ergab sich sowohl für das Bundesverfassungsgericht als auch für den Supreme Court in noch erheblich krasserer Form bei der Behandlung des von den jeweiligen Legislativen erlassenen Abtreibungsrechts. Bezeichnend für die essentiellen Schwierigkeiten dieses Problemkomplexes ist allein schon die Tatsache, daß die von beiden Gerichten Mitte der siebziger Jahre gefällten Entscheidungen hierzu keinen Rechtsfrieden schaffen, sondern nur die Gesetzgebungsdiskussion in andere Bahnen lenken konnten. Im Zusammenhang unseres Themas verdient darüber hinaus die weitere Entwicklung der einschlägigen Verfassungsrechtsprechung deswegen Aufmerksamkeit, weil sich beide Gerichte Anfang der neunziger Jahre zu einer Revision ihrer ursprünglich vertretenen Positionen genötigt sahen.

---

[262] BayVerfGH NJW 1997, 3157 ff. (Zitate 3158 f.). Vgl. a. das auf gleicher Linie liegende Urteil BayVGH BayVBl. 1998, 305 ff.; u. dazu die Besprechung von *Ulf Häußler*, in: JA 1998, 751–754, 752 f.; krit. zur Entscheidung des BayVerfGH *Gerhard Czermak*, Das bayerische Kruzifix-Gesetz und die Entscheidung des BayVerfGH vom 1.8.1997, in: DÖV 1998, 107–114, 110. Das BVerfG hat allerdings die gegen das Urteil des BayVerfGH gerichteten Verfassungsbeschwerden – wenngleich hauptsächlich aus formellen Erwägungen heraus – durch Kammerbeschluß vom 27.10.1997 abgewiesen (BVerfG BayVBl. 1998, 79 f.). Vgl. zuletzt auch die Entscheidung des BVerwG vom 21.04.1999, abgedr. in: NJW 1999, 3063 ff.; u. dazu *Achim Nolte*, Das Kreuz mit dem Kreuz, in: JöR N.F. 48 (2000), 87–116.

[263] Zu einem ähnlichen Ergebnis kommt hier *Otfried Höffe*, Das Grundgesetz nur auslegen – Wieviel Politik ist dem Verfassungsgericht erlaubt?, in: JZ 1996, 83–85, 84 f.

In beiden Fällen mußte der Supreme Court zeitlich früher Position beziehen. Seine berühmte erste Abtreibungsentscheidung von 1973, von der wegen ihres ausgeprägten rechtsgestaltenden Gehalts bereits die Rede war[264], wandte sich gegen das in Texas geltende Recht, wonach eine Abtreibung nur bei Gefahr für das Leben der Mutter gerechtfertigt und ansonsten strafbar sein sollte, und hob damit zugleich den Geltungsanspruch der in der Mehrzahl der anderen Bundesstaaten geltenden, ähnlich formulierten Abtreibungsgesetze auf. Das von ihm bei dieser Gelegenheit installierte Trimester-Modell räumte dem Selbstbestimmungsrecht der Frau in Gestalt des als fundamental betrachteten „right to privacy" den Vorrang ein und gab dem Staat erst ab dem Stadium der Lebensfähigkeit des Fötus die Möglichkeit, dieses Recht hinter den Schutz des ungeborenen Lebens zurücktreten zu lassen[265]. Zur Frage des menschlichen Lebensbeginns nahm der Gerichtshof in diesem Zusammenhang bewußt keine Stellung, ließ jedoch erkennen, daß er einen Fötus jedenfalls nicht als „Person" im Sinne der den Lebensschutz garantierenden Due Process Clause ansah[266]. Mit diesem Ergebnis konnten sich die zahlreichen Abtreibungsgegner in den Vereinigten Staaten nicht abfinden und erzielten 1992 zumindest einen Teilerfolg: zwar bekannte sich der Supreme Court ausdrücklich zu dem in der Vorentscheidung statuierten grundsätzlichen Recht der Frau, einen noch nicht lebensfähigen Fötus abzutreiben, gestand jedoch gleichzeitig zu „that the state has legitimate interests from the outset of the pregnancy in protecting ... the life of the fetus that may become a child". Hieraus folgerte er, daß der Staat die Vornahme einer Abtreibung schon vor Eintritt der Lebensfähigkeit bestimmten Einschränkungen unterwerfen dürfe, insbesondere dem Erfordernis einer vorherigen Beratung, solange damit nicht eine „undue burden" für die Frau verbunden sei[267].

In Deutschland gingen sowohl Gesetzgeber als auch Verfassungsgericht jeweils den umgekehrten Weg. Die nach der deutschen Kompetenzordnung (Art. 74 I Nr. 1 GG) für das Strafrecht zuständige Legislative des Bundes hatte sich 1974 für eine dem Trimester-Modell des Supreme Court relativ ähnliche „Fristenlösung" entschieden, nach der eine Abtreibung innerhalb des ersten Drittels der Schwangerschaft grundsätzlich straffrei bleiben sollte. Ohne sich explizit zu einer Grundrechtsträgerschaft des „nasciturus" zu bekennen, unterstellte das Bundesverfassungsgericht jedoch das ungeborene Leben von Anfang an dem Schutz des Art. 2 II 1 GG und verpflichtete den Staat aus dieser Vorschrift in Verbindung mit Art. 1 I 2 GG dazu, sich auch mit den Mitteln des Strafrechts „schützend und fördernd" vor dieses Leben zu stellen[268]. Lediglich beim Vorliegen bestimmter, konkret nachzuweisender „Indikationen" dürfe der strafrechtliche Schutz zurückgenommen wer-

---

264 Oben 2. b) bb) (418).

265 Vgl. dazu i. einz. schon die Nachweise oben Fn. 143.

266 *Roe v. Wade*, 410 U.S. 113 (1973), 157 ff.

267 *Planned Parenthood of Southeastern Pennsylvania v. Casey*, 505 U.S. 833 (1992) (Zitate 846, 874).

268 BVerfGE 39, 1, 41 f., 46 f.

den[269]. Dieses Urteil ließ wiederum die Abtreibungsbefürworter in Deutschland nicht ruhen, die nach der Wiedervereinigung angesichts der in der alten DDR-Rechtsordnung geltenden „Fristenlösung“ ihrerseits einen Teilerfolg für sich verbuchen konnten: In seiner Entscheidung von 1993 zu der durch die deutsche Einigung notwendig gewordenen Neuregelung des Abtreibungsrechts behielt das Bundesverfassungsgericht zwar seine Ausgangsthese von der prinzipiellen Gleichwertigkeit des Fötus mit dem geborenen Menschen vom Beginn der Schwangerschaft an bei[270], verzichtete aber darauf, den Staat weiterhin zwingend auf den Erlaß entsprechender Strafrechtsnormen festzulegen. Vielmehr erkannte es die vom Gesetzgeber bevorzugte „Beratungslösung“ im Grundsatz an, wenngleich es ihn auf eine „zielorientierte“ Ausgestaltung dieser Beratung zugunsten des ungeborenen Lebens verpflichtete[271].

Was läßt sich aus einer Gegenüberstellung dieser beiden Rechtsprechungsverläufe, ohne auf die zahlreichen Einzelprobleme der verschiedenen Entscheidungen einzugehen[272], für unser Thema als Erkenntnis gewinnen? Ganz offensichtlich treffen im Bereich des Abtreibungsrechts diametral entgegengesetzte ethische Grundhaltungen mit seltener Wucht und Eindeutigkeit aufeinander und erzwingen letztlich eine fundamentale Wertentscheidung[273]. Beide Gerichte haben versucht, diese Wertentscheidung anstelle des Gesetzgebers zu treffen: Zwar vermieden sie es übereinstimmend, autoritativ Beginn und Qualität des menschlichen Lebens festlegen zu wollen; allein die Verneinung der verfassungsrechtlichen Personqualität für das ungeborene Leben in der ersten Entscheidung des Supreme Court bzw. die Begründung einer umfassenden staatlichen Schutzpflicht für eben dieses Leben in der Ausgangsentscheidung des Bundesverfassungsgerichts stellten jedoch bereits die Weichen für eine weitgehende Freigabe von Abtreibungen in den USA und umgekehrt für eine deutliche Beschränkung des Schwangerschaftsabbruchs in Deutschland. Wenn aber die verfassungsrechtlichen Maßstäbe für die an dieser Stelle unvermeidliche Wertentscheidung so wenig Verläßlichkeit bieten, daß die obersten

---

[269] BVerfGE 39, 1, 49 f.

[270] BVerfGE 88, 203, 251 f.; vgl. dazu bspw. *Jens-Michael Priester*, Rechtsfreier Raum und strafloser Schwangerschaftsabbruch, in: FS Arthur Kaufmann, 1993, 499–518, 506 ff.; *Eric Hilgendorf*, Scheinargumente in der Abtreibungsdiskussion, in: NJW 1996, 758–762, 759 f.; *Paul Heuermann*, Argumentationsschwierigkeiten mit der Menschenwürdegarantie, in: NJW 1996, 3063 f.

[271] BVerfGE 88, 203, 282; krit. zu den Möglichkeiten entsprechender normativer Vorgaben z.B. *Erhard Kausch*, Legalität und Moralität im jüngsten Abtreibungsurteil des Bundesverfassungsgerichts, in: ARSP 1995, 496–516, bes. 501 ff.; vgl. zuletzt auch *Scherzberg* (Fn. 202), 359 f., 366.

[272] Dazu etwa *Kommers* (Fn. 259), 344 f.; *Jörg Laber*, Der Schutz des Lebens im Strafrecht, 1997, 85 ff.; *Winfried Brugger*, Persönlichkeitsentfaltung als Grundwert der amerikanischen Verfassung, 1994, 11 ff., 31 ff.; u. schon *ders.*, Abtreibung – ein Grundrecht oder ein Verbrechen?, in: NJW 1986, 896–901; *Susan R. Burgess*, Contest for Constitutional Authority: The Abortion & War Powers Debates, 1992, 28 ff.; *Heike Kaup*, Der Schwangerschaftsabbruch aus verfassungsrechtlicher Sicht, 1991, 10 ff.; *Laurence H. Tribe*, Abortion: The Clash of Absolutes, 1990, 11 ff., 135 ff.

[273] Vgl. beispielhaft *Tribe* (Fn. 272), der dies schon im Titel seines Buches treffend zum Ausdruck bringt, allerdings zugleich (229 ff.) auf zusätzliche Aspekte aufmerksam macht, die in der öffentlichen Diskussion oftmals die Oberhand gewinnen.

Gerichte zweier im Prinzip auf derselben Wertgrundlage fußender Verfassungsordnungen, die beide ein individuelles Recht auf Privatheit und Selbstbestimmung ebenso kennen wie eine Verpflichtung des Staates zum Schutz des Lebens seiner Bürger, zur gleichen Zeit in derselben Frage zu grundverschiedenen Ergebnissen kommen, so ergibt sich allein daraus schon ein starkes Argument dafür, die fragliche Wertentscheidung dem Gesetzgeber zu überlassen[274]. Die Abtreibungsentscheidungen von Bundesverfassungsgericht und Supreme Court aus den siebziger Jahren erscheinen damit ungeachtet ihrer inhaltlichen Gegensätzlichkeit gleichermaßen als Verstoß gegen den Grundsatz des Interorganrespekts und die aus ihm fließende Pflicht zu richterlicher Zurückhaltung gegenüber der Legislative. Die Tatsache, daß beide Gerichte in den neunziger Jahren von ihren entgegengesetzten Ausgangspositionen her auf die mittlere Linie eingeschwenkt sind, gesetzgeberische „Beratungslösungen" zu akzeptieren, zeigt, daß sich dieses Bewußtsein inzwischen auch auf den jeweiligen Richterbänken durchgesetzt zu haben scheint, wenngleich der Gedanke des „stare decisis"[275] eine völlige Abkehr von der ursprünglichen Rechtsprechung in beiden Systemen verhindert hat.

f) Fazit

Um eine übermäßige Verschiebung der Gewaltenbalance zu verhindern, bedarf es in einem Verfassungssystem, das wie die drei hier betrachteten der Verfassungsrechtsprechung weitreichende Letztentscheidungskompetenzen einräumt, eines Gegengewichts zu den umfassenden Kontrollermächtigungen des Verfassungsgerichts gegenüber der Legislative und den in Analogie dazu von ihm beanspruchten positiven Gestaltungsbefugnissen. Da eine institutionalisierte weitere Kontrolle der vom Verfassungsgericht getroffenen Entscheidungen nicht mehr möglich ist, ohne über das Perpetuum mobile der Frage „Quis custodiat custodes?" einen unendlichen Regreß heraufzubeschwören, kann dieses Gegengewicht nur im Interorganrespekt bestehen, indem dem Verfassungsgericht eine Pflicht zur Zurückhaltung gegenüber dem Gesetzgeber auferlegt wird. Diese Zurückhaltungspflicht darf sich jedoch nicht lediglich in einem unbestimmten Appell an den „judicial self-restraint" manifestieren[276], sondern muß anhand rechtlich faßbarer Maßstäbe konkretisiert werden. Das Prinzip des Interorganrespekts stellt diese Maßstäbe im Grundsatz bereit, nämlich in der Gestalt des in ihm enthaltenen Unterprinzips der Organadäquanz, aus dem die Forderung nach einer auf die jeweilige Organstruktur abgestimmten Funktionenzuordnung folgt: Danach sind den unterschiedlich strukturierten Verfassungsorganen jeweils die öffentlichen Aufgaben zuzuordnen, die ihrer

---

[274] I. Erg. ähnlich *Delbrück* (Fn. 180), 99 ff.; vgl. a. *Kaup* (Fn. 272), 219 ff., die allerdings nur für die USA zu diesem Ergebnis kommt (226), für Deutschland hingegen wegen der angeblich „weiterreichenden Kompetenz des BVerfG von keiner Kompetenzüberschreitung des Verfassungsgerichts" reden will (232), was dem Verf. zugegebenermaßen nicht einleuchtet.

[275] Dazu oben 1. c) (403 f.).

[276] Vgl. dazu schon oben a) (424 ff.), insbes. die Nachweise Fn. 183.

Struktur adäquat sind, wobei sich auch das Verfassungsgericht im Rahmen der ihm von der Verfassung aufgetragenen Funktion halten muß[277]. Die Orientierungspunkte der Funktionenzuordnung, die sich im Verhältnis von Verfassungsgericht und Legislative gegenüberstehen, werden dabei einerseits von der Überantwortung der politischen Gestaltungsaufgaben an den Gesetzgeber und andererseits von der Verteidigung individueller Rechte durch die Rechtsprechung verkörpert.

Für die Herbeiführung eines Ausgleichs zwischen diesen beiden Orientierungspunkten kommt grundsätzlich eine Vielzahl von Instrumenten in Betracht. Hinsichtlich der Rechtsfolgen verfassungsgerichtlicher Normenkontrollentscheidungen im deutschen Modell ist beispielsweise auf die differenzierte Behandlung der Problematik des „Normwiederholungsverbots" hinzuweisen, die schon zu Beginn dieser Untersuchung als möglicher Anwendungsfall des Interorganrespekts porträtiert wurde[278]. Die verschiedenen Formen verfassungsgerichtlicher Entscheidungsaussprüche können, wie am Beispiel der Appellentscheidungen des Bundesverfassungsgerichts und ihrer Pendants in der amerikanischen und europäischen Verfassungsordnung deutlich wurde[279], ebenfalls in den Dienst des Interorganrespekts gestellt werden. Ähnlich wie bei der verfassungskonformen Auslegung handelt es sich bei diesen Instrumenten jedoch um zweischneidige Schwerter, die genausogut für eine zusätzliche Expansion der verfassungsgerichtlichen Entscheidungsmacht eingesetzt werden können[280]. Daher bleibt als wichtigstes Medium zur Austarierung der funktionalen Zuordnung von Verfassungsgerichtsbarkeit und Gesetzgebung nur die Entwicklung abgestufter Kontrollmaßstäbe, um eine unterschiedliche Kontrolldichte zu ermöglichen[281]. Die Tatsache, daß diese Entwicklung dem *Ziel* einer organadäquaten Funktionenzuordnung dient und sich daher auch an der Idee der Organadäquanz als *Maßstab* orientieren muß[282], rechtfertigt die weithin gebräuchliche Bezeichnung dieser Vorgehensweise als „funktionellrechtlich"; damit wird jedoch kein Gegensatz zu „materiellrechtlichen" Ansätzen der Verfassungsinterpretation begründet, sondern vielmehr eine enge Verzahnung, da unterschiedliche Kontrollmaßstäbe nur unter Rückgriff auf den materiellen Bedeutungsgehalt der relevanten Verfassungsvorschriften sinnvoll eingesetzt werden können, wie sich beispielsweise an der Ausrichtung der Kontrolldichte an den Merkmalen der

---

[277] Dazu schon oben 2. Kap. II. 2. c) (42 ff.); vgl. insbes. die Definition BVerfGE 68, 1, 86; u. weiter etwa *Hesse* (Fn. 104), 262, 265 ff.; *Werner Heun*, Staatshaushalt und Staatsleitung, 1989, 100; *Alfred Rinken*, in: AK-GG, 2. Aufl. 1989, Rn. 99 vor Art. 93.

[278] Oben 2. Kap. III. 4. c) (70 ff.); vgl. a. auf allgemeinerer Basis *Heun* (Fn. 183), 79 ff.; *Limbach* (Fn. 179), 22 f.; *Bryde* (Fn. 68), 337 ff.

[279] Oben 2. a) bb) (409 ff.), b) (415 ff.) und c) (420 ff.).

[280] Hierzu zus.fass. oben 2. d) (423) u. speziell zur verfassungskonformen Auslegung oben c) (429 f.).

[281] Oben d) (431 ff.); vgl. a. speziell den Vorschlag von *v. Brünneck* (Fn. 2), 164 f. *Scherzberg* (Fn. 202), 363 ff., will sogar ein „System bereichsspezifischer Konkretisierungsverbote" (366) für das Verfassungsgericht entwickeln.

[282] Zu der hier nicht weiter thematisierten Anwendung dieses Prinzips als Kontrollmaßstab gegenüber einfachgesetzlich geschaffenen Entscheidungsstrukturen vgl. *Thomas v. Danwitz*, Der Grundsatz funktionsgerechter Organstruktur, in: Der Staat 35 (1996), 329–350, 346 f.

Eingriffsintensität und der Fundamentalität der betroffenen Rechtsgüter zeigt[283]. Im Kern geht es jedenfalls um die Einräumung von Einschätzungsprärogativen und Gestaltungsspielräumen an den Gesetzgeber, dem auf diese Weise in Fragen der Verfassungskonkretisierung die „Vorhand" in Gestalt einer Erstinterpretationskompetenz zugestanden wird[284]. Der Gedanke der Organadäquanz fungiert sodann – unter Berücksichtigung der geschilderten Verzahnung mit den inhaltlichen Aussagen der Verfassung selbst – als wesentlicher Argumentationstopos bei der Bestimmung der Grenzen dieses gesetzgeberischen Konkretisierungsprimats durch das Verfassungsgericht.

Allerdings ist zuzugeben, daß sich die Reichweite der funktionellrechtlichen Argumentationsfiguren im konkreten Fall kaum eindeutig bestimmen läßt, wenngleich die oben ausgewählten Fallbeispiele ihr beträchtliches Potential zur Einflußnahme auf die Entscheidungsfindung demonstriert haben[285]. Unter diesen Umständen bleibt die nähere Festlegung dessen, was unter einer organadäquaten Funktionenzuordnung zu verstehen ist, im Ergebnis wiederum in den Händen des entscheidenden Verfassungsgerichts. Das Prinzip der Organadäquanz bedarf deshalb der Ergänzung durch ein weiteres Element, das ebenfalls im Grundsatz des Interorganrespekts enthalten ist, der damit an dieser Stelle in zweifacher Hinsicht zum Einsatz kommt und seine Rolle als übergreifende Ordnungsidee ein weiteres Mal unter Beweis stellt: nämlich durch das an das Verfassungsgericht adressierte ausdrückliche Gebot zur Rücksichtnahme auf die Kompetenzsphäre der Legislative und den von ihr zur Ausfüllung dieser Sphäre benötigten Gestaltungsspielraum.

---

[283] Nochmals oben d) (433 ff.), insbes. die Nachweise Fn. 213. Diese Verzahnung ist bspw. für *Schuppert*, Self-restraints (Fn. 184), 1197, als einen der hauptsächlichsten Befürworter des funktionellrechtlichen Ansatzes selbstverständlich. Vgl. a. schon *ders.* (Fn. 198), 8 ff., wo er die Wechselbezüglichkeit von funktionell- und materiellrechtlicher Dimension ausdrücklich hervorhebt (9): „Worauf es … gerade ankommt, ist, die *funktionell-rechtliche* Dimension jedes *materiellen* Interpretationsprinzips als dessen *integralen Bestandteil* zu verstehen,…" (Hervorhebungen vom Verf.). Die teilweise gegen den funktionellrechtlichen Ansatz gerichtete Kritik, Instrumente wie etwa die Abstufung der Kontrolldichte beruhten in Wahrheit auf materiellrechtlichen Kriterien, geht insoweit ins Leere. Im Gegenteil müssen sich die vorgeblichen Gegner dieses Ansatzes selbst dabei ertappen lassen, aus ihrer jeweiligen Sicht des materiellen Verfassungsrechts funktionellrechtliche Folgerungen für die Positionierung des Verfassungsgerichts gegenüber dem Gesetzgeber abzuleiten. Stv. hierfür sei auf *Ernst-Wolfgang Böckenförde*, Grundrechte als Grundsatznormen, in: Der Staat 29 (1990), 1–31, 26 ff., verwiesen. Auch der Versuch von *Heun* (Fn. 183), 37 ff., 44 ff., die Kontrolldichte primär nach materiellrechtlichen Kriterien und den Kontrollmaßstab zumindest teilweise unter funktionellrechtlichen Gesichtspunkten zu bestimmen, wird der Verzahnung beider Aspekte letztlich nicht gerecht. *Marius Raabe*, Grundrechtsschutz und gesetzgeberischer Einschätzungsspielraum: Ein Konstruktionsvorschlag, in: Christoph Grabenwarter u.a. (Hg.), Allgemeinheit der Grundrechte und Vielfalt der Gesellschaft, 1994, 83–100, 94 ff., unterbreitet für diese Verzahnung ein Modell, das dem im Auswertungsteil noch zu entwickelnden Charakter des Interorganrespekts als Rechtsprinzip durchaus nahekommt.

[284] Vgl. hierzu erneut die Nachweise oben Fn. 202.

[285] Zur Kritik der Unbestimmtheit funktionellrechtlicher Entscheidungsparameter statt vieler nochmals *Heun* (Fn. 183), 13 f. et seq.; zu den Fallbeispielen vgl. oben e) (437 ff.), insbes. die unter ee) und ff) (443 ff.) behandelten Gegenüberstellungen deutscher und amerikanischer Verfassungsrechtsprechung.

III. Interorganrespekt zwischen Verfassungsgericht und Exekutive

Im Verhältnis des Verfassungsgerichts zur Exekutivgewalt stellen sich die bislang behandelten Probleme im Prinzip in gleicher Form, jedoch mit abgeschwächter Intensität: Während die gerichtliche Korrektur parlamentarischer Mehrheitsentscheidungen unter dem Aspekt des Interorganrespekts stets problematisch erscheint, zählt die Kontrolle exekutiver Akte von vornherein zum zentralen Aufgabenfeld der rechtsprechenden Gewalt. Probleme entstehen hier also vornehmlich im Grenzbereich dessen, was nach der traditionellen Begrifflichkeit als „Kernbereich der Exekutive" bezeichnet wird[286]. Aus der Sicht der Verfassungsrechtsprechung geht es dabei weniger um den Verwaltungsbereich, der weitgehend durch einfaches Gesetzesrecht gesteuert und von den Fachgerichten überwacht wird[287], als vielmehr um den engeren Regierungsbereich und innerhalb dessen vor allem um den zuvor schon teilweise behandelten Komplex der auswärtigen Gewalt[288].

1. Die „political question"-Doktrin des Supreme Court

Zum Umgang mit den in diesem Zusammenhang auftauchenden Fragen hat der Supreme Court eine eigene Doktrin entwickelt, für die in den anderen zum Gegenstand dieser Untersuchung gemachten Verfassungsordnungen kein formelles Pendant existiert und die unter dem Namen „political question doctrine" bekannt geworden ist. Ihr Anwendungsbereich ist nicht prinzipiell auf Akte der Exekutive beschränkt; faktisch spielt sie jedoch in erster Linie bei außen- und sicherheitspolitischen Problemstellungen eine Rolle[289] und soll daher an dieser Stelle behandelt werden.

a) Theorie

Unter „political questions" versteht man solche Kontroversen, die von den Gerichten selbst als ungeeignet für eine richterliche Entscheidung und damit als nicht justitiabel bewertet werden[290]. Im Gegensatz zu den am Beginn dieses Kapitels erläuterten allgemeinen Zulässigkeitsvoraussetzungen[291] handelt es sich bei dieser Be-

---

[286] Dazu schon oben 6. Kap. IV. 2. (283 ff.).

[287] In diesem Bereich stellt sich daher im wesentlichen nur das verwandte Problem der *fach*gerichtlichen Kontrolldichte gegenüber Bewertungs- und Entscheidungsspielräumen der Exekutive, das oben 6. Kap. III. 2. (277 ff.) exkursweise erörtert wurde. Zu der hier zugrundegelegten Abgrenzung vgl. a. *Heun* (Fn. 183), 40 ff.

[288] Vgl. oben 7. Kap. I. 2. (312 ff.) zu dem speziellen Problem der verfassungsgerichtlichen Kontrolle völkerrechtlicher Verträge, das hier demzufolge nicht weiter behandelt wird.

[289] Vgl. stv. die zusammenfassenden Wertungen von *Fritz Wilhelm Scharpf*, Grenzen der richterlichen Verantwortung, 1965, 416 f.; u. *Brugger* (Fn. 46), 19.

[290] Statt vieler: *Haller* (Fn. 141), 180 ff., 353 ff.; *Franz Christoph Zeitler*, Judicial Review und Judicial Restraint gegenüber der auswärtigen Gewalt, in: JöR N.F. 25 (1976), 621–647, 626 ff.; *Dolzer* (Fn. 179), 27 ff.; *Tribe* (Fn. 48), 96 ff.; *Joel B. Grossman*, in: Hall (Fn. 172), 651–653.

[291] Oben I. 2. a) (392).

wertung um eine absolute Zulässigkeitsschranke, d.h. die Feststellung des Vorliegens einer „political question“ beendet den Rechtsstreit endgültig durch Nichtentscheidung des angerufenen Gerichts. Erste Hinweise auf Existenz und Gehalt der zugrundeliegenden Doktrin finden sich bereits frühzeitig in der Rechtsprechung des Supreme Court[292], doch erst 1849 führte die ausdrückliche Berufung auf sie tatsächlich zur Verweigerung einer Sachentscheidung durch den Obersten Gerichtshof[293]. In der ersten Hälfte des 20. Jahrhunderts kam es häufiger zu solchen Nichtentscheidungen[294], bis der Supreme Court schließlich 1962 in einem die Wahlkreiseinteilung des Staates Tennessee betreffenden Fall die bis heute gültigen theoretischen Kriterien für die Anwendung der „political question doctrine“ wie folgt zusammenfaßte:

„Prominent on the surface of any case held to involve a political question is found (1) a textually demonstrable constitutional commitment of the issue to a coordinate political department; or (2) a lack of judicially discoverable and manageable standards for resolving it; or (3) the impossibility of deciding without an initial policy determination of a kind clearly for nonjudicial discretion; or (4) the impossibility of a court's undertaking independent resolution without expressing lack of the respect due coordinate branches of government; or (5) an unusual need for unquestioning adherence to a political decision already made; or (6) the potentiality of embarrassment from multifarious pronouncements by various departments on one question.“[295]

Versucht man diese Kriterien einzelnen übergreifenden Argumentationssträngen zuzuordnen, so lassen sich mit *Tribe* im wesentlichen drei Kategorien bilden[296]:

– Das erste Kriterium korrespondiert einer als „klassisch“ bezeichneten Sichtweise und spricht im Prinzip eine bare Selbstverständlichkeit aus: Wo immer eine ausdrückliche verfassungsrechtliche Kompetenzzuweisung existiert, ist sie zu beachten. Wenn daher eine bestimmte Streitfrage von der Verfassung selbst einem der „politischen“ Verfassungsorgane zugewiesen ist, ist sie nicht zur gerichtlichen Entscheidung bestimmt[297]. Was aber theoretisch so einleuchtend klingt, birgt in der Praxis ein beträchtliches Konfliktpotential: Denn in aller Regel erreicht eine solche Streitfrage die Gerichte überhaupt nur, wenn sich die „politischen“ Verfassungsorgane nicht darüber einigen können, wem von ihnen die fragliche Kompetenz zusteht. Verweigert das Gericht unter diesen Umständen eine Entscheidung und gibt den politischen Organen Steine statt Brot, so verzichtet es auf seine ureigenste Aufgabe, die Einhaltung der verfassungsrechtlichen Kompetenzordnung zu überwa-

---

292 *Marbury v. Madison*, 5 U.S. (1 Cr.) 137 (1803), 165 f.; *Cohens v. Virginia*, 19 U.S. (6 Wheat.) 264 (1821), 404 f.; *Cherokee Nation v. Georgia*, 30 U.S. (5 Pet.) 1 (1831), 20.

293 *Luther v. Borden*, 48 U.S. (7 How.) 1 (1849), 47.

294 Vgl. die ausführliche Rechtsprechungsübersicht bei *Rau* (Fn. 66), 68 ff., mit den dortigen Nachweisen.

295 *Baker v. Carr*, 369 U.S. 186 (1962), 217 (Numerierung vom Verf.); direkt dazu bspw. *Michael Piazolo*, Verfassungsgerichtsbarkeit und politische Fragen, 1994, 29 ff.

296 *Tribe* (Fn. 48), 96 et seq.; vgl. a. *Brugger* (Fn. 46), 17 ff.; *ders.* (Fn. 54), 20 f.

297 Stv. für diese Ansicht *Herbert Wechsler*, Toward Neutral Principles of Constitutional Law, in: Harvard Law Review 73 (1959), 1–35, 7 f.

chen, und gibt damit die konkrete Kompetenzabgrenzung dem politischen Machtkampf anheim, was potentiell zu unkontrollierten Verschiebungen in der verfassungsmäßigen Funktionenzuordnung führen kann[298].

– Die drei letztgenannten Kriterien, unter denen die ausdrückliche Erwähnung eines „Mangels an Respekt" im Zusammenhang unseres Themas besonders hervorsticht, können zusammenfassend als „Klugheitserwägungen" charakterisiert werden und stellen sich insofern als Ausdruck einer pragmatischen Sichtweise dar, die am deutlichsten von *Bickel* vertreten wird. Danach sollen die Gerichte solche Entscheidungen vermeiden, die eine Beeinträchtigung ihres Ansehens oder ihrer Autorität bzw. einen allgemeinen Verlust an Vertrauen in die Rechtsordnung und ihre Durchsetzung zur Folge haben könnten[299]. Die Kritik an diesem Ansatz konzentriert sich in erster Linie darauf, wie er berechenbare Leitlinien für die richterliche Entscheidungsfindung liefern soll[300]. Möglich erscheint dies nur, wenn man „Respekt" im Sinne der hier vertretenen Theorie als Rücksichtnahme auf eine organadäquate Funktionenzuordnung im Rahmen des jeweils maßgeblichen Verfassungssystems definiert. Damit erreichen wir jedoch bereits die dritte und letzte Kategorie der „political questions"-Erwägungen.

– Diese Kategorie, der sich unmittelbar die in der maßgeblichen Entscheidung an zweiter und dritter Stelle genannten Kriterien zuordnen lassen, ist uns aus dem vorigen Abschnitt bereits als „funktionellrechtlich" bekannt und für die Analyse der „political question"-Doktrin vor allem von *Scharpf* eingesetzt worden. „Political questions" stellen nach dieser Analyse im Kern durchaus Rechtsfragen dar, allerdings solche, für deren Entscheidung die Gerichte ausnahmsweise nicht die Verantwortung übernehmen könnten. Als Gründe hierfür kommen neben der Notwendigkeit einheitlicher Entscheidungen, die, die dargelegt, auch als Klugheitserwägung Berechtigung beanspruchen kann, insbesondere nicht behebbare Informationsdefizite der Gerichte in Betracht, wie sie das zweite Kriterium anspricht; beide Gesichtspunkte spielen naturgemäß im außen- und sicherheitspolitischen Bereich die wichtigste Rolle. Als entscheidender Gedanke fungiert jedoch die „Respektierung spezifischer Verantwortungsbereiche der politischen Organe", wie sie im dritten und – wenn man eine entsprechende Bedeutung des Begriffs „Respekt" zugrunde-

---

298 Vgl. in diesem Sinne schon die Kritik in Justice Brennans Sondervotum zu *Goldwater v. Carter*, 444 U.S. 996 (1979), 1006 f., wo sich genau diese Gefahr zu materialisieren drohte. Brennans Kritik erscheint nicht zuletzt deswegen besonders bemerkenswert, weil er zugleich der Autor des Mehrheitsvotums in *Baker v. Carr* war, wo das fragliche Kriterium aufgestellt wurde. Krit. a. etwa *Erwin Chemerinsky*, Controlling Inherent Presidential Power: Providing a Framework for Judicial Review, in: Southern California Law Review 56 (1983), 863–911, 896 ff.; u. *Henning Schwarz*, Die verfassungsgerichtliche Kontrolle der Außen- und Sicherheitspolitik, 1995, 80 ff. m.w.N.; *a.A.* aber *Jesse H. Choper*, Judicial Review and the National Political Process, 1980, 263, 305 ff.

299 Ausführlich hierzu *Bickel* (Fn. 131), 184 ff.

300 Vgl. vor allem *Martin H. Redish*, Judicial Review and the „Political Question", in: Northwestern University Law Review 79 (1985), 1031–1061, 1043 ff.; etwas weniger krit. *Thomas M. Franck*, Political Questions/Judicial Answers, 1992, 45 ff.

legt – im vierten Kriterium zum Ausdruck kommt[301]. Damit entpuppt sich die Wahrung einer organadäquaten Funktionsverteilung im Ergebnis als die auch hinter der „political question"-Doktrin stehende ausschlaggebende Überlegung.

b) Praxis

Die praktischen Anwendungsfälle der „political question"-Doktrin konzentrieren sich auf wenige Fallgruppen. Die anfänglich hierzu gehörenden, verhältnismäßig zahlreichen Streitigkeiten um die korrekte Einteilung von Wahlkreisen werden vom Supreme Court seit seiner Leitentscheidung von 1962 nicht mehr als „political questions" angesehen[302]. Als grundsätzlich nichtjustitiabel betrachtet der Supreme Court weiterhin die „guarantee clause" in Art. IV Sect. 4 der Verfassung, wonach jedem Einzelstaat das Recht auf eine republikanische Regierungsform zusteht[303]. Ob Gleiches für das in Art. V normierte Verfahren zur Verfassungsänderung gilt, erscheint zweifelhaft; immerhin qualifizierte der Gerichtshof in einem 1939 entschiedenen Einzelfall sowohl die Frage, ob ein Bundesstaat seine ursprüngliche Ablehnung einer Verfassungsänderung revidieren könne, als auch die Frage, ob die Ratifikation eines Verfassungszusatzes innerhalb eines bestimmten Zeitraums nach seiner Verabschiedung durch den Kongreß erfolgen müsse, als „political questions"[304]. Für das „Impeachment"-Verfahren zur Amtsenthebung insbesondere des Präsidenten wird die Anwendung der „political question"-Doktrin bislang in Ermangelung eines realen Falles nur akademisch diskutiert[305].

Als zentraler Anwendungsbereich dieser Doktrin verbleibt damit die Außen- und Sicherheitspolitik[306]. Hier hatte der Supreme Court schon relativ frühzeitig Entscheidungen des Präsidenten wie etwa die Anerkennung fremder Regierungen als ihrem Wesen nach politisch und daher von der Verfassung ausschließlich den politischen Gewalten des Staates zugewiesen charakterisiert[307]. Das Ausweichen des

---

[301] Umfassend hierzu *Scharpf* (Fn. 289), 404 ff.; vgl. a. *ders.*, Judicial Review and the Political Question: A Functional Analysis, in: Yale Law Journal 75 (1966), 517–597, 566 ff.

[302] Die entsprechende Entscheidungskette reicht von *Colegrove v. Green*, 328 U.S. 549 (1946), 556; über *Baker v. Carr* (oben Fn. 295); zu *Reynolds v. Sims*, 377 U.S. 533 (1964), 556 f.; *Davis v. Bandemer*, 478 U.S. 109 (1986), 118 ff., 143; u. *U.S. Department of Commerce v. Montana*, 503 U.S. 442 (1992), 458 f.

[303] Vgl. *Luther v. Borden*, 48 U.S. (7 How.) 1 (1849), 47; *Pacific States Telephone & Telegraph Co. v. Oregon*, 223 U.S. 118 (1912), 149 f.; u. ebenfalls *Colegrove v. Green*, 328 U.S. 549 (1946), 556.

[304] *Coleman v. Miller*, 307 U.S. 433 (1939), 450.

[305] *Rau* (Fn. 66), 82 m.w.N. Zur Klarstellung sei angesichts des gerade erst durchgeführten Verfahrens gegen Präsident Clinton angemerkt, daß die „political question"-Doktrin sich an dieser Stelle nicht auf das Verfahren selbst beziehen kann, das gem. Art. I Sect. 6 der Verfassung ohnedies vor dem Senat stattfindet, sondern nur auf eine mögliche gerichtliche Kontrolle dieses Verfahrens.

[306] Allg. dazu *Michael J. Glennon*, Foreign Affairs and the Political Question Doctrine, in: AJIL 83 (1989), 814–821; u. *Anne-Marie Slaughter-Burley*, Are Foreign Affairs Different?, in: Harvard Law Review 106 (1993), 1980–2008, 1991 ff.

[307] *Oetjen v. Central Leather Co.*, 246 U.S. 297 (1918), 302: „The conduct of the foreign relations of our Government is committed by the Constitution to the Executive and the Legislative –

Gerichtshofs in die Nichtentscheidung überrascht an dieser Stelle, da nichts dagegen gesprochen hätte, die Kompetenzen der „politischen" Verfassungsorgane in den fraglichen Fällen einfach durch eine Bestätigung der Rechtmäßigkeit ihrer Ausübung in der Sache anzuerkennen. Verständlicher wirken die durch die „political question"-Doktrin ermöglichten Entscheidungsvermeidungen hingegen dort, wo es um den Einsatz der Streitkräfte geht. So haben sich sowohl im Vietnam- als auch im Golfkrieg und nicht zuletzt angesichts der vielfältigen militärischen Engagements der USA in Lateinamerika zahlreiche deswegen angerufene Gerichte der Vereinigten Staaten auf diese Doktrin zurückgezogen[308].

Allerdings hat sich der Supreme Court aus dieser Debatte weitestgehend herausgehalten und keinen einzigen dieser Fälle, in denen sich ein Untergericht auf die „political question"-Doktrin berufen hatte, seinerseits zur Entscheidung angenommen[309]. Seit der Leitentscheidung von 1962 hat es überhaupt nur noch zwei Fälle gegeben, in denen die Doktrin vom Obersten Gerichtshof angewandt wurde: 1973 fand sich eine knappe Mehrheit von fünf Richtern dafür, Training, Bewaffnung und Befehlskette der Ohio National Guard unter Verweis auf Art. I Sect. 8 Cl. 16 der Verfassung zur nichtjustitiablen Aufgabe des Kongresses zu erklären[310], und 1979 befand eine relative Mehrheit von nur noch vier Richtern, der ein fünfter im Ergebnis, aber nicht in der Begründung beitrat, die im vorigen Kapitel schon behandelte Kündigung des Verteidigungsvertrages mit Taiwan durch Präsident *Carter* sei als „political question" zu werten,

> „because it involves the authority of the President in the conduct of our country's foreign relations and the extent to which the Senate or the Congress is authorized to negate the action of the President ... a dispute between coequal branches of our Government each of which has resources available to protect and assert its interests, resources not available to private litigants outside the judicial forum."[311]

'the political'-Departments of the Government, and the propriety of what may be done in the exercise of this political power is not subject to judicial inquiry or decision"; vgl. aber auch *Chicago & Southern Air Lines, Inc. v. Waterman Steamship Corp.*, 333 U.S. 103 (1948), 111, zur Festlegung ausländischer Flugrouten durch den Präsidenten; u. als Pendant bspw. *Commercial Trust Co. v. Miller*, 262 U.S. 51 (1923), 57, zur Feststellung der Beendigung des Ersten Weltkrieges durch den Kongreß und zu ihren Rechtswirkungen.

[308] Vgl. stv. zum Vietnamkrieg *Holtzman v. Schlesinger*, 484 F. 2d 1307 (2nd Cir. 1973); u. *Orlando v. Laird*, 443 F. 2d 1039 (2nd Cir. 1971); zu Lateinamerika *Crockett v. Reagan*, 558 F. Supp. 893 (D.D.C. 1982), affirmed 720 F. 2d 1355 (D.C. Cir. 1983); u. *Sanchez-Espinoza v. Reagan*, 770 F. 2d 202 (D.C. Cir. 1985); zum Golfkrieg *Ange v. Bush*, 752 F. Supp. 509 (D.D.C. 1990); beachte aber auch die das Vorliegen einer „political question" verneinende Entscheidung eines anderen Richters desselben Gerichts in *Dellums v. Bush*, 752 F. Supp. 1141 (D.D.C. 1990). Weitere Nachweise zur Rspr., auch zur Stationierung von Atomwaffen in Europa, finden sich bei *Schwarz* (Fn. 298), 72 ff.

[309] Vgl. i. einz. die Nachweise bei *Louis Henkin*, Is There a „Political Question" Doctrine?, in: Yale Law Journal 85 (1976), 597–625, 623 f. Fn. 74; u. nochmals *Schwarz* (Fn. 298), 72 Fn. 26, 29.

[310] *Gilligan v. Morgan*, 413 U.S. 1 (1973), 10.

[311] *Goldwater v. Carter*, 444 U.S. 996 (1979), 1002 ff. (Rehnquist, J., concurring) (Zitate 1002, 1004); näher dazu schon oben 7. Kap. I. 1. a) dd) (297 f.).

Freilich wirft gerade diese Begründung erneut die im vorigen zum ersten Kriterium der Doktrin gestellte Frage auf: Ist es nicht gerade die Aufgabe der Gerichtsbarkeit, in einem solchen Disput zwischen den anderen Zweigen der Staatsgewalt die Entscheidung über die strittige Kompetenzabgrenzung zu treffen? Indem diese Entscheidung einer politischen Auseinandersetzung der anderen Verfassungsorgane überantwortet wird, hängt ihr Ausgang letztlich von der konkreten politischen Machtverteilung ab, die nur selten dem theoretischen Idealbild der „coequal branches of our Government" entsprechen dürfte.

Zusammenfassend zeigt die spärliche Rechtsprechungspraxis des Supreme Court aus neuerer Zeit, daß auch der Gerichtshof selbst ein zunehmendes Unbehagen hinsichtlich des Einsatzes der „political question"-Doktrin zu verspüren scheint. Insbesondere *Henkin* bestreitet schon seit längerem die Existenz oder zumindest die Berechtigung dieser Doktrin, die nach seiner Ansicht nur dazu dient, andere Überlegungen des Gerichts, nicht zuletzt solche zum Inhalt der jeweiligen Streitfrage, hinter dem Schleier der mangelnden Justitiabilität zu verbergen[312]. Da es jedoch als unwahrscheinlich zu gelten hat, daß die amerikanischen Gerichte dieses in Einzelfällen willkommene Instrument zur flexiblen Gestaltung ihrer eigenen Rolle in hochpolitischen Streitfällen formell aus der Hand geben werden, ist nach seinem primären Zweck zu fragen: Dieser besteht offenkundig darin, daß die Gerichtsbarkeit unter der Führung des Supreme Court den Anschein vermeiden möchte, in den essentiellen Funktionsbereich der im engeren Sinne „politischen" Gewalten in einer Art und Weise überzugreifen, der ihr als Usurpation ausgelegt werden und damit ihre Autorität langfristig untergraben könnte. Dabei gewährleistet ihr der Rückzug auf die mangelnde Justitiabilität, die den Kern der „political question"-Doktrin ausmacht, insofern größtmögliche Flexibilität, als er die Etablierung eines wie auch immer gearteten „precedent" zur Sache vermeidet und der Rechtsprechung damit für die Zukunft relativ freie Hand läßt[313]. Dieses Streben nach Flexibilität hinsichtlich der künftigen Bestimmung der Funktionenzuordnung vermag auch zu erklären, daß die Gerichte die Funktionsbereiche von Exekutive und Legislative in „political question"-Fällen als Einheit behandeln und sich selbst der Aufgabe einer konkreten Verteilung der „politischen" Funktionen zwischen Präsident und Kongreß verweigern. Schließlich ist die in der letzten, oben zitierten „political question"-Entscheidung des Supreme Court angedeutete Ausnahme bezeichnend für das Rollenverständnis des Gerichtshofs: Wo nämlich „private litigants" betroffen sind, die im Gegensatz zu den anderen Verfassungsorganen „outside the judicial

---

[312] *Henkin* (Fn. 309), 617 ff.; vgl. a. *ders.*, Lexical Priority or „Political Question": A Response, in: Harvard Law Review 101 (1987), 524–533, 529 f.; u. zuletzt *ders.*, Constitutionalism, Democracy, and Foreign Affairs, 1990, 81 ff., wo er die Doktrin nach wie vor heftig kritisiert, ohne allerdings weiter ihre Nichtexistenz zu postulieren; für eine Verabschiedung der Doktrin auch *Redish* (Fn. 300), 1059 f.; *Glennon* (Fn. 306), 819 ff.; u. tendenziell *Jonathan I. Charney*, Judicial Deference in Foreign Relations, in: AJIL 83 (1989), 805–813, 808 ff.

[313] Zur besonderen Bedeutung von „precedents" im anglo-amerikanischen Rechtsraum vgl. schon oben II. 1. c) (402 ff.); wie hier *Rau* (Fn. 66), 90.

forum" über keine Möglichkeiten zur Durchsetzung ihrer rechtlich geschützten Interessen verfügen, kommt mit dem individuellen Rechtsschutz der ureigenste Funktionsbereich der Rechtsprechung wieder ins Spiel, was beispielsweise in den Fällen zur Wahlkreiseinteilung seit 1962 die Annahme einer „political question" nicht mehr zuläßt[314]. Schwerpunktmäßig zugunsten der Exekutive im Bereich der auswärtigen Gewalt angewandt, stellt die „political question"-Doktrin damit nur eine weitere Reaktion der amerikanischen Verfassungsrechtsprechung auf die gleiche Gratwanderung zwischen den potentiell konfligierenden Eckpunkten der Funktionenzuordnung „Gestaltungsfreiheit der politischen Organe" und „Grundrechtsschutz durch die Gerichtsbarkeit" dar, die zuvor bereits im Verhältnis zur Legislative als Ausgangsbasis des Bedürfnisses nach Interorganrespekt charakterisiert wurde[315]. Allerdings verkörpert der aus dieser Doktrin folgende ausdrückliche Entscheidungsverzicht der Verfassungsgerichtsbarkeit zweifellos die in diesem Zusammenhang extremste Möglichkeit, Interorganrespekt zum Ausdruck zu bringen.

2. Parallelitäten auf deutscher und europäischer Ebene

Eine vergleichbare Möglichkeit besitzen Bundesverfassungsgericht und Europäischer Gerichtshof nicht. Denn nach kontinentaleuropäischem Rechtsverständnis ist es undenkbar, daß ein Gericht die Entscheidung über eine ansonsten zulässige Klage aus Gründen „politischer" Rücksichtnahme verweigert[316]. Ähnlich wie gegenüber der Legislative lassen sich jedoch auch im Verhältnis des deutschen und europäischen Verfassungsgerichts zur Exekutive Tendenzen dahingehend erkennen, ihr namentlich auf außen- und sicherheitspolitischem Gebiet einen gewissen Entscheidungsvorrang einzuräumen. Parallelen zur Rechtsprechung des Supreme Court werden dabei vor allem anhand jener Fälle deutlich, in denen die „political question"-Doktrin nicht zum Einsatz gekommen ist.

a) Die grundsätzliche Anerkennung exekutivischer Entscheidungsverantwortung

Das zentrale Mittel der Verfassungsgerichte in allen hier betrachteten Systemen, den Sachentscheidungen der Exekutive in ihrem primären Funktionsbereich den geforderten Respekt entgegenzubringen, unterscheidet sich im Prinzip nicht von dem gegenüber der Legislative angewandten und kann daher an dieser Stelle kürzer abgehandelt werden: Es besteht in einer teilweisen Zurücknahme der verfassungsgerichtlichen Kontrollintensität und der damit verbundenen Anerkennung eigener

---

[314] Wie hier z.B. auch *Piazolo* (Fn. 295), 39 ff.

[315] Oben II. 3. d) (433).

[316] Dazu schon oben II. 3. a) (426); u. etwa auch *Limbach* (Fn. 179), 20. Die zugrundeliegenden Sachzwänge sind jedoch in allen Rechtsordnungen die gleichen, wie bspw. *Thomas Giegerich*, Verfassungsgerichtliche Kontrolle der auswärtigen Gewalt im europäisch-atlantischen Verfassungsstaat: Vergleichende Bestandsaufnahme mit Ausblick auf die neuen Demokratien in Mittel- und Osteuropa, in: ZaöRV 57 (1997), 409–564, 429 f., in ebenfalls rechtsvergleichender Perspektive betont.

Einschätzungs- und Handlungsspielräume für die vollziehende Gewalt[317]. Hieraus ergibt sich eine Aufteilung der Entscheidungsverantwortung dergestalt, daß die Verfassungsrechtsprechung zwar das letzte Wort hinsichtlich der Vereinbarkeit aller Maßnahmen und Unterlassungen mit der Verfassung behält, ihrerseits aber verpflichtet ist, der Exekutive ebenso wie dem Gesetzgeber im Rahmen der jeweiligen verfassungsrechtlichen Funktionenzuordnung eine primäre Befugnis zur Verfassungskonkretisierung zuzugestehen. Dieses Modell einer geteilten Verantwortlichkeit beschreibt *Mulhern* – noch im Kontext der Diskussion um die „political question"-Doktrin – für das amerikanische Verfassungssystem in einer neueren Veröffentlichung wie folgt:

„In our system of government, the three branches of the federal government share responsibility for interpreting the Constitution. In general, the courts' role is to protect the oppressed from abuses of government power. They refrain from exercising review in cases far removed from that paradigm. We should understand the political question doctrine as a device for projecting this shared responsibility scheme into areas where no substantive doctrine puts it into effect."[318]

Unterhalb der von dieser Doktrin markierten Schwelle greift der Supreme Court in Anerkennung der entsprechenden exekutivischen Eigenverantwortung zu dem uns aus seinem Verhältnis zur Legislative bereits bekannten Instrument einer Reduzierung seines Kontrollmaßstabs auf einen „rational basis"-Test[319], dem allerdings bei außenpolitischen Fragestellungen jeder Biß zu fehlen scheint: Das zentrale Beispiel hierfür bildet seine Entscheidung zu dem von Präsident *Roosevelt* 1934 verhängten Waffenembargo, in der Richter *Sutherland* die schon im vorigen Kapitel erörterte Theorie von der Rolle des Präsidenten „as the sole organ of the federal government in the field of international relations" entwickelte und – ausdrücklich zwar nur mit Bezug auf den Gesetzgeber, aber durchaus im Sinne einer allgemeinen Kontrollregel – erklärte:

„It is quite apparent that if, in the maintenance of our international relations, embarrassment ... is to be avoided and success for our aims achieved, congressional legislation which is to be made effective through negotiation and inquiry within the international field must *often accord to the President a degree of discretion and freedom from statutory restriction which would not be admissible were domestic affairs alone involved.*"[320]

---

[317] Vgl. allg. zum Verhältnis von Rechtsprechung und Verwaltung schon den Exkurs oben 6. Kap. III. 2. (277 ff.) und zum Verhältnis von Verfassungsgericht und Legislative nochmals oben II. 3. d) (431 ff.). *Dolzer* (Fn. 179), 45 f., sieht darin eine Art systemgerechter Übertragung der „political question"-Doktrin auf deutsche Verhältnisse; *Franck* (Fn. 300), 124 f. et seq., urteilt aus der umgekehrten Perspektive, diese Vorgehensweise sei eine begrüßenswerte Möglichkeit, faktisch eine vergleichbare Schonung der politischen Verfassungsorgane zu erreichen, ohne die der „political question"-Doktrin innewohnende Aufgabe des gerichtlichen Letztentscheidungsanspruchs zu vollziehen.

[318] *J. Peter Mulhern*, In Defense of the Political Question Doctrine, in: University of Pennsylvania Law Review 137 (1988), 97–176, 175; vgl. a. *Schwarz* (Fn. 298), 100.

[319] Wiederum oben II. 3. d) (435 f.), vgl. insbes. die Nachweise Fn. 224.

[320] *U.S. v. Curtiss-Wright Corp.*, 299 U.S. 304 (1936), 320 (Hervorhebung vom Verf.); vgl. schon oben 7. Kap. II. 1. a) bb) (324 f.).

Auf der gleichen Linie liegt die Anerkennung einer Zuständigkeit des Präsidenten, im Zuge der Anerkennung fremder Staaten Ansprüche amerikanischer Bürger gegen die Regierungen dieser Staaten durch Regierungsabkommen nach weitgehend freiem Ermessen zu regeln[321]. Im militärischen Bereich ist der Supreme Court ohnedies am ehesten geneigt, dem Präsidenten aus verfassungsrechtlicher Sicht freie Hand zu lassen[322]. Den wenigen Fällen, in denen eine Berufung der Exekutive auf außen- und sicherheitspolitische Erfordernisse vom Gerichtshof nicht akzeptiert wurde, lag jeweils ein Interorgankonflikt des Präsidenten mit dem Kongreß oder der Judikative allgemein zugrunde, in dem der Supreme Court einen Übergriff des Präsidenten in den Funktionsbereich eines der anderen Zweige der Staatsgewalt erkannte[323]. Hieran zeigt sich erneut, daß der Gesichtspunkt der „richtigen", d.h. organadäquaten Funktionenzuordnung auch im amerikanischen Verfassungssystem die entscheidende Steuerungsrolle hinsichtlich der Kontrollintensität der Verfassungsrechtsprechung spielt.

Für das Bundesverfassungsgericht gilt dies im Prinzip gleichermaßen, wenngleich seine Zurückhaltung insgesamt deutlich weniger ausgeprägt erscheint. Abstrakt wird seine Kontrolldichte gegenüber Entscheidungen der Regierung zunächst in gleicher Weise wie gegenüber der Gesetzgebung abgestuft[324]. Auf der Basis dieser Parallelität kann das Verfassungsgericht bei solchen Entscheidungen, an denen sowohl die Exekutive als auch die Legislative beteiligt sind, einen generellen

---

[321] Dies wurde vor allem hinsichtlich des sog. „Litvinov Agreement" relevant, mit dem die Ansprüche von US-Bürgern gegen die neue sowjetische Regierung in Zusammenhang mit der Anerkennung der UdSSR bereinigt wurden; der Supreme Court akzeptierte die diesbezüglichen Entscheidungen des Präsidenten in *U.S. v. Belmont*, 301 U.S. 324 (1937); u. *U.S. v. Pink*, 315 U.S. 203 (1942). Vgl. a. die implizite Bestätigung dieser Entscheidungen in *Dames & Moore v. Regan*, 453 U.S. 654 (1981), wo es um ein ähnliches Abkommen zur Freilassung der amerikanischen Geiseln in Teheran ging; u. zur Verwandtschaft dieser Überlegungen und der „political question"-Doktrin insgesamt mit der „Act of State"-Doktrin, die die Maßnahmen ausländischer Regierungen vor der Kontrolle durch amerikanische Gerichte schützt, *Ernst Petersmann*, Act of State Doctrine, Political Question Doctrine und gerichtliche Kontrolle der auswärtigen Gewalt, in: JöR N.F. 25 (1976), 587–620, 592 ff. Freilich wird diese Doktrin inzwischen ebenfalls zunehmend durchlöchert und von neueren Entwicklungen in Frage gestellt, vgl. dazu *Gregory H. Fox*, Reexamining the Act of State Doctrine: An Integrated Conflicts Analysis, in: Harvard International Law Journal 33 (1992), 521–569, 530 ff., 539 ff.

[322] Vgl. schon oben 7. Kap. III. 1. b) bb) (3) (364), insbes. die Nachweise Fn. 298 zum Umgang der US-Gerichte mit der „War Powers Resolution"; ferner stv. – wenngleich in diesem Fall auf den Kongreß bezogen – *Rostker v. Goldberg*, 453 U.S. 57 (1981), 64 ff., 71 (unter Verweis auf eine frühere Entscheidung): „... judges are not given the task of running the Army ..."; u. zus.fass. *Rau* (Fn. 66), 119 m.w.N.

[323] So etwa in *Youngstown Sheet & Tube Co. v. Sawyer*, 343 U.S. 579 (1952) (Übergriff des Präsidenten in den Bereich der Legislative durch Erlaß einer Beschlagnahmeanordnung ohne gesetzliche Ermächtigung – vgl. dazu schon oben 7. Kap. II. 1. a) bb) (325)); u. *U.S. v. Nixon*, 418 U.S. 683 (1974) (Behinderung der Funktion der Rechtsprechung durch ungerechtfertigte Inanspruchnahme des „executive privilege"). Selbst diese Fälle bleiben jedoch notgedrungen die Ausnahme, wie *Harold Hongju Koh*, The National Security Constitution, 1990, 134 ff., anschaulich belegt.

[324] BVerfGE 62, 1, 50; vgl. dazu *Heun* (Fn. 183), 40; auch *Schwarz* (Fn. 298), 204 f.; u. zur Kontrolle der Gesetzgebung ausführlich oben II. 3. d) (431 ff.).

Ermessensspielraum festlegen, der den „politischen“ Verfassungsorganen gemeinsam zukommt, ohne noch zwischen den einzelnen Organen unterscheiden zu müssen. Im außen- und sicherheitspolitischen Bereich gilt dies vor allem für Abschluß und Implementation völkerrechtlicher Verträge[325]. So hat das Gericht bereits sehr frühzeitig in der Entscheidung zum Saarstatut zweierlei festgestellt: zum einen, daß davon auszugehen sei,

> „daß die politischen Organe der Bundesrepublik Deutschland, die am Zustandekommen eines völkerrechtlichen Vertrages beteiligt waren, nicht grundgesetzwidrige Bindungen haben eingehen wollen, daß sie vielmehr die Vereinbarkeit mit dem Grundgesetz geprüft haben und auch weiter auf eine grundgesetzmäßige Auslegung und Anwendung des Vertrages achten werden“[326],

woraus ein Gültigkeitsbonus („favor conventionis“) zugunsten völkerrechtlicher Verträge bzw. ein Gebot zu ihrer verfassungskonformen Auslegung resultiert; zum anderen,

> „daß … hinsichtlich der Auswahl der im einzelnen im Vertrage vorzusehenden Maßnahmen für die vertragschließenden Organe der Bundesrepublik Deutschland ein breiter Bereich politischen Ermessens bestehen muß“[327],

der bis zu jener Schwelle reichen kann, an der die unverzichtbaren Grundprinzipien des Grundgesetzes tangiert werden. Zusammengenommen spiegeln diese Feststellungen eine eindeutige Bereitschaft des Verfassungsgerichts wider, den im engeren Sinne politisch tätigen Verfassungsorganen speziell im Bereich der auswärtigen Gewalt die primäre Konkretisierung der Verfassungsbestimmungen zu überlassen und nur insoweit kontrollierend einzugreifen, als es um die Einhaltung der äußeren Grenzen dieses Konkretisierungsspielraums geht. Selbst in der bereits in anderem Zusammenhang erörterten Entscheidung zum Grundlagenvertrag, die gemeinhin nicht als Musterbeispiel für verfassungsgerichtliche Zurückhaltung gilt, betont das Gericht zumindest abstrakt den „breiten Raum politischen Ermessens“ und die Notwendigkeit, „den von der Verfassung für die anderen Verfassungsorgane garantierten Raum freier politischer Gestaltung offenzuhalten“[328]. In der nur wenig später ergangenen Entscheidung zu den Ostverträgen ziehen die Verfassungsrichter dar-

---

325 Vgl. dazu schon oben 7. Kap. I. 2. a) (312 ff.).

326 BVerfGE 4, 157, 168.

327 BVerfGE 4, 157, 169. *Stephan Hobe*, Die Auswärtige Gewalt – Tendenzen zur Föderalisierung und Parlamentarisierung, in: JA 1996, 818–823, 823, spricht in diesem Zusammenhang davon, es werde „kein verfassungsrigoroser Maßstab angelegt, sondern … jeweils nach einer noch mit der Verfassung vereinbaren Lesart unter Beachtung der von der Regierung getroffenen politischen Wertungen gesucht“.

328 BVerfGE 36, 1, 14 f., 17; vgl. a. schon oben 7. Kap. I. 2. a) (314 f.) mit den dortigen Nachweisen; u. krit. zur tatsächlichen Einhaltung dieses Grundsatzes im konkreten Fall vor allem *Delbrück* (Fn. 180), 92 ff.; *Schenke* (Fn. 184), 1329; *Martin Kriele*, Recht und Politik in der Verfassungsrechtsprechung, in: NJW 1976, 777–783, 779 f.; u. *Dieter Wilke/Gerd H. Koch*, Außenpolitik nach Anweisung des Bundesverfassungsgerichts?, in: JZ 1975, 233–240; tendenziell *a.A.* in allgemeinerer Perspektive *Dieter Blumenwitz*, Judicial self-restraint und die verfassungsgerichtliche Überprüfung von Akten der Auswärtigen Gewalt, in: DVBl. 1976, 464–469, 467 ff.

aus auch wieder konkret die Folgerung einer Zurücknahme ihres Kontrollanspruchs und sprechen darüber hinaus speziell die hier interessierende Rolle der Exekutive mit den Worten an,

> „daß im außenpolitischen Bereich der Bundesregierung wie allen anderen zu politischem Handeln berufenen Stellen allgemein ein breiter Raum politischen Ermessens zusteht und daß namentlich bei internationalen Vertragsverhandlungen der Kreis der möglichen Verhandlungsergebnisse sich auf das dem Verhandlungspartner gegenüber politisch Erreichbare verengt."[329]

Diese Betrachtung führte beispielsweise vor kurzem noch dazu, daß eine gleichheitswidrige Benachteiligung der Zivilangestellten bei den ausländischen Stationierungsstreitkräften vom Verfassungsgericht „im Hinblick auf Einschränkungen der außenpolitischen Gestaltungsmöglichkeiten der Bundesrepublik" hingenommen wurde[330]. Weitere an anderer Stelle bereits näher erläuterte Beispiele für eine Verringerung der verfassungsgerichtlichen Kontrollintensität gegenüber derartigen gemeinsamen Entscheidungen von Bundesregierung und Legislative finden sich etwa in dem Beschluß zur Euro-Einführung[331] und auf innenpolitischem Gebiet in dem Urteil zur Bundestagsauflösung von 1983[332].

Aber auch in denjenigen Bereichen, in denen die Bundesregierung allein Einschätzungen vornehmen und Maßnahmen ergreifen muß, wo also definitiv kein gesetzgeberisches Korrektiv existiert, erkennt das Bundesverfassungsgericht einen originären Spielraum exekutivischer Eigenverantwortung an. Das wurde insbesondere im sogenannten „Heß-Beschluß" von 1980 deutlich: Der offiziell einstmals zweite Mann des NS-Regimes, in Nürnberg zu lebenslanger Haft verurteilt, hatte mit einer Verfassungsbeschwerde die Bundesregierung dazu verpflichten wollen, aktivere diplomatische Anstrengungen zugunsten seiner Freilassung zu unternehmen. Sein Begehren wurde mit einer Begründung abgewiesen, die der Regierung Handlungsfreiheit bis zur Grenze der Willkür zugestand: Das Grundgesetz gewähre

> „den Organen der auswärtigen Gewalt einen sehr weiten Spielraum in der Einschätzung außenpolitisch erheblicher Sachverhalte wie der Zweckmäßigkeit möglichen Verhaltens. ... Im Hinblick darauf obliegt den Gerichten größte Zurückhaltung, etwaige völkerrechtlich fehlerhafte Rechtsauffassungen dieser Organe als Ermessensfehler zu bewerten."[333]

Interessanterweise hatte das Gericht in seiner drei Jahre zuvor ergangenen Entscheidung zum Fall *Schleyer* der Regierung bereits einen ähnlichen Handlungsspielraum für den Umgang mit Terroristen und den Schutz des Lebens ihrer Geiseln eingeräumt[334], woran sich zeigt, daß diese Erwägungen keineswegs auf den außen-

---

[329] BVerfGE 40, 141, 178.

[330] BVerfG NJW 1997, 1359 f.

[331] BVerfG NJW 1998, 1934 ff.; vgl. schon oben II. 3. e) bb) (440) m.w.N.

[332] BVerfGE 62, 1, 50 f., 62 f.; dazu ausführlich oben 2. Kap. III. 3. b) (60 ff.); u. speziell unter dem hier interessierenden Aspekt *Piazolo* (Fn. 295), 61.

[333] BVerfGE 55, 349, 365, 368; vgl. zur Bewertung dieser Entscheidung exemplarisch *Kay Hailbronner*, Kontrolle der auswärtigen Gewalt, in: VVDStRL 56 (1997), 7–37, 21 f.

[334] BVerfGE 46, 160, 164 f.; dazu bspw. *Rau* (Fn. 66), 186 f.

und sicherheitspolitischen Bereich beschränkt bleiben. Allerdings gewinnen sie dort aufgrund des natürlichen Informationsvorsprungs der Regierung besondere Bedeutung: So akzeptierte das Verfassungsgericht 1995 die Zurückschiebung einer Gruppe sudanesischer Asylbewerber aufgrund schriftlicher Zusagen des sudanesischen Außenministeriums, nachdem das Auswärtige Amt seiner Einschätzung Ausdruck verliehen hatte, daß man sich auf diese Zusagen verlassen könne, mit den Worten:

„Das Bundesverfassungsgericht kann dieser Einschätzung und Beurteilung nur entgegentreten, wenn greifbare Anhaltspunkte dies rechtfertigen.“[335]

Die Krönung dieser Rechtsprechung in dem zweifellos sensitivsten aller Bereiche stellt die Nachrüstungsentscheidung von 1983 dar, in der das Verfassungsgericht die allein von der Bundesregierung verantwortete Entscheidung zur Stationierung amerikanischer Mittelstreckenraketen auf dem Territorium der Bundesrepublik damit rechtfertigte, es obliege „ihrer pflichtgemäßen politischen Entscheidung und Verantwortung“, die für die Verteidigung des Landes erfolgversprechendsten Maßnahmen auszuwählen. Auch der Fortgang dieser Begründung lohnt ein wörtliches Zitat:

„Sofern dabei, wie es nicht selten der Fall sein wird, nicht mehr abschätzbare Risikobereiche verbleiben, ist dies von den verfassungsrechtlich zuständigen politischen Entscheidungsorganen des Bundes in ihre Erwägungen einzubeziehen und politisch zu verantworten; es ist nicht Aufgabe des Bundesverfassungsgerichts, jenseits rechtlich normierter Vorgaben in diesem Bereich seine Einschätzungen an die Stelle der Einschätzungen und Erwägungen der zuständigen politischen Organe des Bundes zu setzen.“[336]

Das schon im vorigen Kapitel besprochene Urteil zu Auslandseinsätzen der Bundeswehr bringt in diesem Punkt letztlich keine Änderung, sondern verlangt in den von ihm erfaßten Fällen lediglich die parlamentarische Bestätigung der entsprechenden Einschätzungen der Bundesregierung[337].

Insgesamt belegt diese Beispielskette aus der deutschen Verfassungsrechtsprechung, daß das Bundesverfassungsgericht der Exekutive ebenso wie dem Gesetzgeber Einschätzungsprärogativen und eigene Handlungsspielräume zuerkennt, deren Ausfüllung es nur noch insoweit kontrolliert, als sie rational nachvollziehbar sein

---

[335] BVerfG EuGRZ 1995, 645 ff. (Zitat 647). Vgl. dazu auch *Juliane Kokott*, Kontrolle der auswärtigen Gewalt, in: DVBl. 1996, 937–950, 947 f.; u. die Entscheidung des BGH im Fall Tabatabai, wo die vom iranischen Außenministerium und vom Auswärtigen Amt erst nachträglich abgegebene Erklärung, der des Rauschgiftbesitzes überführte Delinquent habe sich auf einer Sondermission befunden, als Grundlage der Gewährung diplomatischer Immunität akzeptiert wurde: BGHSt. 32, 275, 288 f.; näher hierzu *Klaus Bockslaff/Michael Koch*, The Tabatabai Case: The Immunity of Special Envoys and the Limits of Judicial Review, in: GYIL 25 (1982), 539–584, 559 ff.

[336] BVerfGE 66, 39, 61; vgl. a. BVerfGE 68, 1, 97.

[337] Vgl. oben 7. Kap. III. 1. b) cc) (366 ff.) mit den dortigen Nachweisen. Eine etwas andere Wertung nimmt in dieser Hinsicht *Michael Bothe*, Bundesverfassungsgericht und Außenpolitik, in: FS Rudolf Bernhardt, 1995, 755–776, 763 ff., vor, der in diesem Urteil auch eine teilweise Abkehr von der bis dahin praktizierten Zurückhaltung des Verfassungsgerichts in außenpolitischen Fragen erkennt.

muß. Ansonsten wacht das Gericht in erster Linie über die Einhaltung der äußeren Schranken dieser Handlungsspielräume, insbesondere, wie das zuletzt genannte Urteil zeigt, über ihre wechselseitige Abgrenzung im Verhältnis der politischen Verfassungsorgane zueinander. Relevant wird diese Form verfassungsgerichtlicher Zurückhaltung für die Regierung vor allem im Bereich der auswärtigen Gewalt; die Gründe hierfür liegen in der Unvorhersehbarkeit außenpolitischer Entwicklungen, der Komplexität der internationalen Beziehungen, der überlegenen Informationsbasis der Regierung und den aus der engen Verknüpfung mit fremder Herrschaftsgewalt resultierenden Zwängen zur Eingehung politischer Kompromisse[338]. Indem das Verfassungsgericht diese Gründe achtet und zu Maßstäben seiner eigenen Kontrollintensität erhebt, trägt es erneut dem Gedanken einer organadäquaten Funktionenzuordnung Rechnung, der sich bereits in seinem Verhältnis zur Legislative als ausschlaggebend herausgestellt hat.

Für den Europäischen Gerichtshof gilt im Prinzip nichts anderes, wenngleich der Befund für ihn in Ermangelung einer umfassenden politischen Verbandskompetenz der Gemeinschaft und angesichts der teilweisen Wahrnehmung exekutivischer Entscheidungsbefugnisse durch den zuvor schon in seiner rechtsetzenden Rolle behandelten Rat einer vergleichbaren Eindeutigkeit entbehrt. Unstreitig ist jedoch, daß das Gemeinschaftsrecht auch hinsichtlich seiner eigenen Implementation an zahlreichen Stellen Beurteilungs- und Entscheidungsspielräume für Kommission und Rat begründet, die nach französischer Rechtstradition einheitlich als „Ermessen“ bezeichnet werden und deren Ausfüllung vom Gerichtshof lediglich auf Mißbrauch und offensichtliche Irrtümer hin kontrolliert wird[339]. Schon die Einleitung eines Vertragsverletzungsverfahrens selbst steht nach Art. 226 (ex-Art. 169) EGV im Ermessen der Kommission, was die Möglichkeit der gerichtlichen Erzwingung eines solchen Verfahrens durch die unmittelbar von einer potentiellen Vertragsverletzung Betroffenen ausschließt[340]. Als Beispiele für die Anerkennung exekutivischer Ermessensspielräume im materiellen Gemeinschaftsrecht seien aus der neueren Rechtsprechung des Gerichtshofs ferner das Urteil zur Verhängung eines Exportverbots für britisches Rindfleisch wegen der BSE-Krise durch die Kommission[341] sowie die Entscheidung über die Gewährung staatlicher Beihilfen zur Weindestillation in Italien und Frankreich durch den Rat genannt[342]. Interessanter als einzelne Beispiele sind für unsere Zwecke jedoch die für die Herleitung solcher Ermessens-

[338] Die meisten dieser Gründe nennt schon *Hailbronner* (Fn. 333), 14; vgl. ferner *Schwarz* (Fn. 298), 207; ähnlich *Klaus Stern*, Außenpolitischer Gestaltungsspielraum und verfassungsgerichtliche Kontrolle, 1994, 26 ff.

[339] I. einz. hierzu *Rolf Rausch*, Die Kontrolle von Tatsachenfeststellungen und -würdigungen durch den Gerichtshof der Europäischen Gemeinschaften, 1994, 202 f., 238 ff.; *Bleckmann* (Fn. 75), 304 ff. (Rn. 861 ff.); *Rengeling/Middeke/Gellermann* (Fn. 30), 101 f. (Rn. 191 ff.); *Sander* (Fn. 66), 63; *Ingolf Pernice*, in: Grabitz/Hilf (Fn. 80), Art. 164 EGV Rn. 37.

[340] Vgl. oben 5. Kap. III. 3. (204) u. dort die Nachweise in Fn. 224.

[341] EuGH Slg. 1998, I-2265 – Rs. C-180/96.

[342] EuGH Slg. 1996, I-881 – Rs. C-122/94; vgl. dazu auch die Anmerkung von *Malcolm Ross*, in: CMLR 34 (1997), 135–144.

spielräume allgemein entwickelten Kriterien des Gerichtshofs: Danach werden Ermessensspielräume insbesondere für höchstpersönliche wertende Entscheidungen, für Entscheidungen in Rechtsgebieten mit geringer Regelungsdichte sowie für Entscheidungen auf der Basis eindeutiger Kompetenzzuweisungen angenommen[343]. Im einzelnen geht der Gerichtshof in ständiger Rechtsprechung von der Notwendigkeit eines weiten Ermessensspielraums aus, wenn die Gemeinschaftsorgane komplexe wirtschaftliche Sachverhalte zu überprüfen haben, und nimmt in ähnlicher Weise eine Zuweisung der Entscheidungsverantwortung an die Organe der Gemeinschaftsexekutive an, wenn der Vollzug des Gemeinschaftsrechts eine komplexe Interessenabwägung zwischen gegensätzlichen Belangen betroffener Mitgliedstaaten erfordert, in deren Rahmen Aspekte der politischen Akzeptanz und Opportunität zu berücksichtigen sind[344]. Als weitere Gesichtspunkte fungieren der prognostische Charakter und die wissenschaftlich-technische Komplexität einer Entscheidung, die Erforderlichkeit einer Prioritätensetzung bei einander widerstreitenden Zielvorgaben und das Vorliegen besonderen Sachverstands oder spezifischer Sachkunde auf seiten der handelnden Behörde[345]. Die Zusammenschau all dieser Aspekte belegt, daß für den Europäischen Gerichtshof der Gedanke einer auf die jeweilige Organstruktur abgestimmten Funktionenverteilung bei der Begründung exekutivischer Einschätzungs- und Handlungsspielräume und der daraus folgenden Reduzierung der gerichtlichen Kontrolldichte ebenfalls die zentrale Rolle spielt. Darüber hinaus weist seine Rechtsprechung, soweit sie sich überhaupt auf internationale Außenwirkungen des Gemeinschaftshandelns erstrecken kann, auch insoweit deutliche Gemeinsamkeiten mit dem Vorgehen von Bundesverfassungsgericht und Supreme Court auf, als sie in diesem Bereich eine besondere Bereitschaft an den Tag legt, Beurteilung und Gestaltung der Völkerrechtsordnung den politischen Außenvertretungsorganen der Gemeinschaft zu überlassen[346].

b) Fallbeispiel: Die Bodenreform

Zum Abschluß dieses Abschnitts seien zusätzlich zu den bereits genannten Rechtsprechungsbeispielen zwei Fallkomplexe herausgegriffen, in denen die Zurücknahme der verfassungsgerichtlichen Kontrollintensität gegenüber dem spezifischen

---

[343] Näher hierzu *Winfried Anselm Adam*, Die Kontrolldichte-Konzeption des EuGH und deutscher Gerichte, 1993, 237 ff.

[344] Hauptanwendungsfelder hierfür sind das Wettbewerbs-, Subventions- Antidumping- und Agrarrecht. Vgl. die Zusammenfassung und die Nachweise zur Rspr. bei *Eckhard Pache*, Die Kontrolldichte in der Rechtsprechung des Gerichtshofes der Europäischen Gemeinschaften, in: DVBl. 1998, 380–387, 385; u. i. einz. *Rausch* (Fn. 339), 235 ff.; *Bleckmann* (Fn. 75), 304 f. (Rn. 863), 307 (Rn. 868); u. *Schockweiler* (Fn. 151), 195 ff.; jew. m.w.N.

[345] Vgl. zus.fass. mit weiteren Nachweisen *v. Danwitz* (Fn. 162), 184 ff.; u. *Claus Dieter Classen*, Die Europäisierung der Verwaltungsgerichtsbarkeit, 1996, 167 ff.

[346] Am Beispiel der Jugoslawien-Sanktionen demonstriert dies etwa *Iris Canor*, „Can two walk together, except they be agreed?“, in: CMLR 35 (1998), 137–187, 156 ff.; krit. am Beispiel der Bananenmarktordnung ferner *Ernst-Ulrich Petersmann*, Darf die EG das Völkerrecht ignorieren?, in: EuZW 1997, 325–331, 327.

Verantwortungsbereich der Exekutive für das Bundesverfassungsgericht und den Europäischen Gerichtshof jeweils idealtypisch zum Ausdruck und dem Verhalten des amerikanischen Supreme Court in „political question"-Fällen relativ nahe kommt. Der aus der deutschen Verfassungsrechtsprechung stammende Komplex betrifft die sogenannte „Bodenreform": Nach dem Zusammenbruch Deutschlands im Zweiten Weltkrieg hatte die Sowjetunion in ihrer Besatzungszone eine Konfiskation aller größeren und zahlreicher kleinerer Betriebe der Land-und Forstwirtschaft initiiert, um das von ihr verfolgte Ziel einer Kollektivierung dieses Wirtschaftszweiges ins Werk zu setzen; auf dem industriellen Sektor wurde eine ähnliche Aktion durchgeführt. Im Zuge der Verhandlungen über die deutsche Wiedervereinigung bestand die sowjetische Regierung darauf, die Rechtmäßigkeit ihrer damaligen Beschlüsse dürfe nicht in Frage gestellt werden; von seiten der DDR-Regierung wurde darüber hinaus ein ausdrücklicher Restitutionsausschluß gefordert, der schließlich Eingang in den Einigungsvertrag fand und in Art. 143 III GG festgeschrieben wurde[347]. Die betroffenen Alteigentümer griffen diese Regelung mit Verfassungsbeschwerden an, die das Bundesverfassungsgericht mit Urteil vom 23.04.1991 zurückwies. Ein wesentlicher Aspekt seiner Begründung bestand dabei darin, die Verhandlungsführung der Bundesregierung sei durch Art. 23 S. 2 GG in Verbindung mit dem Wiedervereinigungsgebot der Präambel gerechtfertigt gewesen; die Bundesregierung habe „nach ihrer pflichtgemäßen Einschätzung" auf die Bedingung des Restitutionsausschlusses eingehen müssen, um die Wiederherstellung der staatlichen Einheit Deutschlands zu erreichen[348].

Bis hierhin unterscheidet sich der Fall unter dem für uns interessanten Aspekt der verfassungsgerichtlichen Kontrollmaßstäbe nicht von den im vorigen diskutierten Beispielen für eine Anerkennung exekutivischer Eigenverantwortung, wenngleich schon dieses erste Urteil des Verfassungsgerichts wegen der eminenten Bedeutung der damit beantworteten Frage ein stark geteiltes Echo im Schrifttum hervorgerufen hat[349]. Eine besondere Brisanz gewann er jedoch durch später auftauchende Informationen über den zur Wiedervereinigung führenden Verhandlungsprozeß, vor allem durch Äußerungen des damaligen sowjetischen Präsidenten *Gorbatschow*, wonach ein Restitutionsausschluß niemals Bedingung der Sowjetunion gewesen sei[350]. Da angesichts der schwachen Verhandlungsposition der

---

[347] Eine ausführliche Darstellung dieses Hergangs findet sich – mit diversen Nachweisen – bei *Rüdiger Meixner*, Roma locuta, causa finita: Der „Bodenreform"-II-Beschluß, in: DÖV 1997, 184–192, 185.

[348] BVerfGE 84, 90, 127 f.; vgl. speziell zu dieser Argumentationslinie statt vieler: krit. *Hartmut Maurer*, Die Eigentumsregelung im Einigungsvertrag, in: JZ 1992, 183–191, 186 f.; u. dagegen *Hans-Jürgen Papier*, Eigentumsrechtliche Probleme in den neuen Bundesländern, in: Jörn Ipsen/Hans-Werner Rengeling/Jörg Manfred Mössner/Albrecht Weber (Hg.), Verfassungsrecht im Wandel, 1995, 147–166, 160 ff.

[349] Vgl. i. einz. die Nachweise bei *Meixner* (Fn. 347), 186; sowie *Michael Uechtritz*, Bodenreform II – Ende der Diskussion?, in: DVBl. 1996, 1218–1223, 1218 Fn. 3.

[350] Stv. zum Beleg: *Michail Gorbatschow*, Die Einheit war eine Sache der Deutschen, in: FAZ vom 17.03.1998, 9 f., 10; vgl. a. schon die Recherchen von *Johannes Wasmuth*, Zur Verfassungs-

DDR-Regierung im Jahr 1990 die Haltung der Sowjetunion für das Zustandekommen der Wiedervereinigung maßgeblich war, weckten diese Nachrichten erhebliche Zweifel daran, ob die Bundesregierung wirklich den Restitutionsausschluß als Bedingung dieses Zustandekommens hatte akzeptieren müssen, und stellten damit die Grundlage des Urteils von 1991 zumindest partiell in Frage. Das Bundesverfassungsgericht hätte aufgrund weiterer noch anhängiger Verfassungsbeschwerden Gelegenheit gehabt, dem im einzelnen nachzugehen[351]. Tatsächlich finden sich auch in der diese Beschwerden zurückweisenden zweiten Entscheidung zur Bodenreform vom 18.04.1996 verschiedene Erwägungen zur Stichhaltigkeit der von den Beschwerdeführern hierzu vorgetragenen Argumente. Im Kern hat das Bundesverfassungsgericht jedoch abgelehnt, zu prüfen, ob das Verhalten der Bundesregierung der Verhandlungssituation angemessen war[352], und stattdessen die Formel von der „pflichtgemäßen Einschätzung" in einer Weise konkretisiert, die einem weitgehenden Kontrollverzicht gegenüber der Exekutive gleichkommt:

> „Die Einschätzung, ob die Wiedervereinigung in der Tat von der Zustimmung zum Restitutionsausschluß abhing, war Sache der Bundesregierung. Dieser steht im Bereich der Außenpolitik ... ein breiter Raum politischen Ermessens zu. ... Die Ausübung des Ermessens bei der Einschätzung der Verhandlungssituation ist zwar nicht völlig unbegrenzt. Die Grenzen verlaufen aber erst dort, wo die Einschätzung der Bundesregierung nicht mehr als pflichtgemäß anzusehen ist .... Davon kann indes nur dann die Rede sein, wenn sich der Bundesregierung bei den Verhandlungen aufdrängen muß, daß sie von falschen Voraussetzungen ausgeht. ... Dagegen ist das Bundesverfassungsgericht weder in der Lage noch befugt zu untersuchen, ob die Bundesregierung den objektiv zur Verfügung stehenden Verhandlungsrahmen richtig erkannt und das in jeder Hinsicht bestmögliche Verhandlungsergebnis erreicht hat. Noch weniger darf es seine eigene Lagebeurteilung an die Stelle derjenigen der Bundesregierung setzen ... ."[353]

Diese Position bestimmt seither auch die weitere Rechtsprechung des Bundesverfassungsgerichts zur Regelung offener Vermögensfragen unter dem Einigungsvertrag[354]. Ihre exemplarische Bedeutung besteht darin, daß sie demonstriert, wie ein

---

widrigkeit des Restitutionsausschlusses für Enteignungen auf besatzungsrechtlicher oder besatzungshoheitlicher Grundlage, in: NJW 1993, 2476–2484, 2478 ff.; zweifelnd allerdings *Horst Sendler*, Gorbatschow und die lautere Wahrheit – Neue Erkenntnisse zum Restitutionsausschluß und zu einer verdeckten Junkerabgabe?, in: NJW 1995, 3235.

[351] Das meint z.B. auch *Kokott* (Fn. 335), 947; vgl. ferner aus anderer Perspektive u. noch ohne Kenntnis der näheren Umstände *Gernot Biehler*, Die Bodenkonfiskationen in der Sowjetischen Besatzungszone Deutschlands 1945 nach Wiederherstellung der gesamtdeutschen Rechtsordnung 1990, 1994, 107 ff.

[352] Eine Prüfung der gesamten Sachlage vollständig abgelehnt hat übrigens – schon auf der Grundlage des „Bodenreform I"-Urteils – die Europäische Kommission für Menschenrechte, die eine Reihe von gegen den Restitutionsausschluß gerichteten Beschwerden mit Beschluß vom 04.03.1996, abgedr. in: EuGRZ 1996, 386 ff., als unzulässig einstufte. Vgl. a. insges. *Giegerich* (Fn. 316), 435 ff.

[353] BVerfG NJW 1996, 1666 ff., 1668; näher hierzu *Meixner* (Fn. 347), 186 ff.; u. *Hailbronner* (Fn. 333), 22 f.; explizit zustimmend *Uechtritz* (Fn. 349), 1219 ff., 1223; dagegen *Ernst Wolf*, Keine Verfassungswidrigkeit des Restitutionsausschlusses, in: NJW 1996, 2013–2015.

[354] Vgl. BVerfG DtZ 1996, 271 f. (Verpachtung ehemals „volkseigener" landwirtschaftlicher Flächen); BVerfG NJW 1996, 2722 f. (Rückübertragung von Vermögenswerten der I.G. Farben);

Verfassungsgericht in Ermangelung eines der „political question"-Doktrin vergleichbaren Instruments dennoch faktisch auf die inhaltliche Überprüfung von Entscheidungen der Exekutive in dem ihrer Eigenverantwortung zuzuordnenden Funktionsbereich verzichten kann.

c) Fallbeispiel: Das Mazedonien-Embargo

Ein vergleichbares Fallbeispiel aus der Rechtsprechung des Europäischen Gerichtshofs ist schwieriger zu finden, was vor allem daran liegt, daß der Gerichtshof nach Art. 46 (ex-Art. L) EUV auf dem hier besonders relevanten Feld der Außen- und Sicherheitspolitik ohnedies keine Rechtsprechungskompetenzen besitzt. Seine Bereitschaft zur weitgehenden Respektierung von Ermessensspielräumen der Exekutive in ihrem spezifischen Verantwortungsbereich zeigt sich aber auch in seiner Behandlung entsprechender Entscheidungen der mitgliedstaatlichen Regierungen in vom Gemeinschaftsrecht erfaßten Bereichen. Ein schönes Beispiel hierfür bildet das Mazedonien-Embargo[355]: Die frühere jugoslawische Republik Mazedonien hatte sich im Zuge des jugoslawischen Zerfallsprozesses 1991 für unabhängig erklärt und als eigener Staat konstituiert. Die von der EG eingesetzte Schiedskommission („Badinter-Kommission") hatte ihr im Januar 1992 bescheinigt, alle Voraussetzungen für eine Anerkennung zu erfüllen. Die griechische Regierung nahm jedoch am Namen des neuen Staates Anstoß, da sie in ihm ungeachtet des in seiner Verfassung festgeschriebenen Verzichts auf alle territorialen Ambitionen einen konkludenten Anspruch auf die griechische Provinz Mazedonien erblickte, und blockierte daher für längere Zeit die Aufnahme Mazedoniens in die internationale Staatengemeinschaft. Als Mazedonien schließlich doch unter der Bezeichnung „Frühere Jugoslawische Republik Mazedonien" von den UN, den USA und Teilen der EG anerkannt wurde, ohne den Streit mit Griechenland beigelegt zu haben, verhängte die griechische Regierung mit Beschluß vom 16.02.1994 ein Handelsembargo gegen den neuen Staat und berief sich zur Rechtfertigung der damit verbundenen Verstöße gegen das Gemeinschaftsrecht auf Art. 297 (ex-Art. 224) EGV und die darin enthaltene Ermächtigung, „bei einer schwerwiegenden innerstaatlichen Störung der öffentlichen Ordnung" und „bei

---

BVerfG NJW 1997, 450 f. (Enteignungen nach der Berliner „Liste 3"); krit. dazu mit den gleichen Argumenten wie zum „Bodenreform II"-Beschluß *Rudolf Wassermann*, Wie lange noch Sonderrecht für die in der SBZ Enteigneten?, in: NJW 1997, 438 f. Das BVerwG ignorierte zuletzt sogar eine eidesstattliche Versicherung des damaligen DDR-Verhandlungsführers, vgl. BVerwG NJW 1999, 3356 f.

[355] Der im folgenden beschriebene Ablauf der Ereignisse wird i. einz. in Rz. 2 ff. des am 06.04.1995 vorgestellten Schlußantrags von Generalanwalt Jacobs zur Rs. C-120/94 ausgeführt, der im folgenden nach den jeweiligen Randziffern zitiert wird. Ein vollständiger Abdruck dieses Schlußantrags findet sich in: HRLJ 17 (1996), 443 ff. Vgl. a. die Darstellungen von *Waldemar Hummer*, Das griechische Embargo, in: FS Ulrich Everling, 1995, 511–540, 511 ff.; u. *Constantin Stefanou/Helen Xanthaki*, A Legal and Political Interpretation of Articles 224 and 225 of the Treaty of Rome, 1997, 32 ff.

einer ernsten, eine Kriegsgefahr darstellenden internationalen Spannung" Maßnahmen zum eigenen Schutz ergreifen zu dürfen. Die Kommission wertete dieses Vorgehen jedoch als Mißbrauch der Schutzklausel, da angesichts der höchst ungleichen Machtverhältnisse zwischen Griechenland und Mazedonien keine ernsthafte Bedrohung für Griechenland anzunehmen sei und die griechische Regierung etwaige Störungen der öffentlichen Ordnung in Griechenland und internationale Spannungen allenfalls selbst heraufbeschwöre[356], und rief daher gem. Art. 298 II (ex-Art. 225 II) EGV den Gerichtshof an.

Zu einer Entscheidung des Gerichtshofs in der Sache kam es nicht mehr, da Griechenland das Embargo nach einer vorläufigen Einigung mit der mazedonischen Regierung wieder aufgehoben und die Kommission daraufhin ihren Antrag zurückgezogen hatte[357]. In Abwesenheit einer endgültigen Sachentscheidung vermag allerdings der Schlußantrag des zuständigen Generalanwalts *Jacobs* wertvolle Anhaltspunkte für die wahrscheinliche Beurteilung der zentralen Streitfrage durch die Luxemburger Richter zu liefern: Der Generalanwalt stellt zunächst klar, daß schon die ausdrückliche Normierung der Möglichkeit zur Anrufung des Gerichtshofs in Art. 298 II (ex-Art. 225 II) EGV den Ausweg einer Nichtentscheidung nach Art der „political question"-Doktrin versperrt[358]. Er akzeptiert darüber hinaus angesichts des in diesem Punkt völlig unsubstantiierten Vortrags der griechischen Regierung das Argument nicht, das Handelsembargo sei zur Abwehr innerstaatlicher Störungen der öffentlichen Ordnung notwendig gewesen[359]. Was jedoch die Berufung Griechenlands auf eine potentielle Kriegsgefahr betrifft, muß er das weitgehende Fehlen eines sinnvollen Kontrollmaßstabs zugestehen und bemüht hierfür als Kronzeugen interessanterweise neben einem englischen Lordrichter das Bundesverfassungsgericht mit seiner im vorigen behandelten Rechtsprechungspraxis[360]. Insbesondere seien Bedrohungen der nationalen Sicherheit in erster Linie aus der

---

[356] Schlußantrag des Generalanwalts (Fn. 355), Rz. 26 ff.; der Kommission ausdrücklich zustimmend *Hummer* (Fn. 355), 539 f., der die Bewertung der Anrufung des Art. 297 (ex-Art. 224) EGV als mißbräuchlich damit begründete, die Einschätzung der Gefahrenlage durch Griechenland sei „evident unrichtig" gewesen, und daher trotz der am 29.06.1994 vom EuGH ausgesprochenen Zurückweisung des Antrags der Kommission auf eine einstweilige Anordnung (EuGH Slg. 1994, I-3037 – Rs. C-120/94 R) letztlich eine Verurteilung Griechenlands durch den EuGH erwartete.

[357] Mit Anordnung vom 19.03.1996, abgedr. in: HRLJ 17 (1996), 451 f., entschied der Präsident des Gerichtshofs deshalb, die Rs. C-120/94 wieder aus dem Register des Gerichtshofs zu streichen, obwohl Griechenland ausdrücklich eine Entscheidung in der Sache verlangt hatte.

[358] Schlußantrag des Generalanwalts (Fn. 355), Rz. 50.

[359] Schlußantrag des Generalanwalts (Fn. 355), Rz. 48 f.

[360] Schlußantrag des Generalanwalts (Fn. 355), Rz. 50 f., unter Wiedergabe der Äußerung von Lord Wilberforce in *Buttes Gas and Oil Co. v. Hammer*, AC 888 (1982), 938: „there are ... no judicial or manageable standards by which to judge these issues, or to adopt another phrase ... the court would be in a judicial no-man's land." Ferner beruft er sich auf *Franck* (Fn. 300), 107 ff., um festzustellen „that the courts in the Federal Republic of Germany, *which are exceptionally reluctant to admit that any action taken by the executive branch of government should be immune to judicial review*, recognize that in the field of foreign and security policy *the intensity of the review may be severely curtailed by the absence of any appropriate legal criteria* capable of judicial application" (Hervorhebungen vom Verf.).

Perspektive des betroffenen Staates zu bewerten und unterlägen der Einschätzung durch seine politischen Organe[361]. Eine gerichtliche Korrektur dieser subjektiven Einschätzungen anhand objektiver Kriterien sei praktisch kaum denkbar, denn:

„... that is very much a political assessment of an eminently political question. There are simply no juridical tools of analysis for approaching such problems."[362]

Hier kommt es zur Wiedergeburt der „political question"-Doktrin in der Gestalt einer weitgehend auf Null reduzierten gerichtlichen Kontrolldichte.

3. Ergebnis

Die Frage der Balance zwischen der Notwendigkeit einer umfassenden gerichtlichen Kontrolle der Exekutive und der Wahrung des von ihr speziell im außen- und sicherheitspolitischen Bereich benötigten Handlungsspielraums wird in allen zum Gegenstand dieser Untersuchung gemachten Verfassungsordnungen über den Gedanken des Interorganrespekts gelöst, indem die Verfassungsgerichte sich bei der Ausübung der ihnen zustehenden Kontrollbefugnisse gegenüber der Exekutive selbst zurücknehmen. Eine entsprechende Zurückhaltungspflicht wird von den obersten Gerichten in den drei hier betrachteten Modellen sowohl abstrakt anerkannt als auch konkret praktiziert, wie die verschiedenen zum Beleg angeführten Beispiele aus der Verfassungsrechtsprechung gezeigt haben. An dieser Beobachtung erweist sich, daß eine ausgeprägte Machtstellung der Verfassungsgerichtsbarkeit, für die sich die vorliegend analysierten Systeme übereinstimmend entschieden haben, im Verhältnis zur Exekutive ebenso wie in dem schon behandelten Verhältnis zur Legislative der Idee des Interorganrespekts als Gegengewicht bedarf. Das amerikanische System ragt dabei insofern heraus, als es das einzige darstellt, in dem diese Idee den Ausdruck einer formalisierten Doktrin der Nichtentscheidung angenommen hat. Ansonsten stimmen die drei Systeme auch dahingehend überein, daß sie die Austarierung von verfassungsgerichtlicher Letztentscheidungsbefugnis und exekutivischer Eigenverantwortung über eine Abstufung und teilweise Reduzierung der richterlichen Kontrollintensität vornehmen.

Damit bewegt sich die Ausgestaltung des Interorganrespekts im Verhältnis zwischen Verfassungsgericht und Exekutive ebenso wie die Begründung seiner Notwendigkeit entlang den oben bereits für die Interaktion von Verfassungsgericht und Gesetzgeber vorgezeichneten Linien[363]. Vor diesem Hintergrund ergibt sich erneut

---

[361] Schlußantrag des Generalanwalts (Fn. 355), Rz. 54 f. et seq.: „Each Member State is better placed than the Community institutions or the other Member States when it is a question of weighing up the dangers posed for it by the conduct of a third State ... issues of national security are primarily a matter for the appraisal of the authorities of the State concerned ...". Vgl. a. die Evaluation dieser Argumentation bei *Stefanou/Xanthaki* (Fn. 355), 44 ff., 113 ff.

[362] Schlußantrag des Generalanwalts (Fn. 355), Rz. 59. *Stefanou/Xanthaki* (Fn. 355), 116, hätten daher auch im Falle einer abschließenden Beurteilung des Falles durch den EuGH eine Entscheidung zugunsten Griechenlands erwartet.

[363] Vgl. oben II. 3. f) (449 ff.).

eine zweifache Funktion dieses Prinzips: Zum einen liefert es die *Grundlage* der erwähnten Zurückhaltungspflicht, indem es das Verfassungsgericht als Inhaber der Letztentscheidungsgewalt zur Rücksichtnahme auf den spezifischen Verantwortungsbereich der Exekutive und die zu seiner Ausfüllung nötigen Beurteilungs- und Handlungsspielräume anhält. Zum anderen stellt es aber auch in seiner Ausformung der Organadäquanz den zur Konkretisierung dieser Pflicht erforderlichen *Maßstab* bereit, an dem sich die als Instrument zur Umsetzung des Respektsgebots fungierende Abstufung der verfassungsgerichtlichen Kontrolldichte orientiert. Es geht dabei wiederum um die der jeweiligen Organstruktur adäquate Zuordnung der staatlichen Aufgaben und Funktionen und um die aus dieser Zuordnung resultierenden und deswegen als „funktionellrechtlich" bezeichneten Beschränkungen der Verfassungsgerichtsbarkeit. An dieser Stelle können wir nunmehr auf unsere in anderem Zusammenhang getroffenen Feststellungen zurückgreifen: Danach existiert zunächst ein innerstaatlicher „Kernbereich" der Exekutive mit der Folge, daß die dort versammelten Funktionen ihrer primären Zuständigkeit unterliegen[364]. Darüber hinaus begründen die besonderen Anforderungen und Gesetzmäßigkeiten der auswärtigen Politik speziell auf diesem Gebiet einen generellen Verantwortungsprimat der Regierung[365]. Was aber in den beiden vorangegangenen Kapiteln hauptsächlich auf das Verhältnis zwischen Exekutive und Legislative bezogen war, kann jetzt gleichermaßen für die Beziehungen von Exekutive und Verfassungsgericht fruchtbar gemacht werden: Demzufolge ist das Verfassungsgericht überall dort zu einer Zurücknahme seines Kontrollanspruchs verpflichtet, wo eine primäre Verantwortlichkeit der Exekutive besteht. Betroffen sind davon in erster Linie hochpolitische Wertungs- und Abwägungsvorgänge, deren eventuelle Mängel sich der judikativen Überprüfung weitgehend entziehen[366].

Allerdings ist dieses Kriterium des Politischen nicht dazu geeignet, das Regierungshandeln beispielsweise im außenpolitischen Bereich von jeglicher rechtlicher Bindung abzulösen und von gerichtlicher Kontrolle gänzlich freizustellen[367]. Hier kommt erneut der wechselseitige Charakter des Prinzips vom Interorganrespekt ins Spiel, der schon im Kontext des Verhältnisses von Exekutive und Legislative dazu führte, die primären Verantwortlichkeiten der Exekutive nicht zu ausschließlichen werden zu lassen[368]: Wie der Legislative in diesem Zusammenhang ein punktuelles Zugriffsrecht zugesprochen wurde, so muß auch für das Verfassungsgericht gelten, daß es dort, wo sein spezifischer Funktionsbereich betroffen wird, zu einer weitreichenden Kontrolle der Exekutive selbst auf den ihrer primären Verantwortung zu-

---

364 Oben 6. Kap. IV. 2. (287 f.).

365 Oben 7. Kap. II. 1. b) cc) (333 f.) und c) (339 ff.), vgl. dort insbes. die Nachweise Fn. 171 u. 211; ferner *Hailbronner* (Fn. 333), 19 ff.

366 Vgl. stv. nochmals *Meixner* (Fn. 347), 188.

367 Ebenso *Josef Isensee*, Verfassungsrecht als „politisches Recht", in: ders./Paul Kirchhof (Hg.), Handbuch des Staatsrechts der Bundesrepublik Deutschland, Bd. VII, 1992, 103–163 (§ 162), 151 (Rn. 86); vgl. dort in Bd. III (1988) auch schon die Nachweise bei *Wilhelm G. Grewe*, Auswärtige Gewalt, 921–975 (§ 77), 965 (Rn. 92); u. etwa *Schwarz* (Fn. 298), 46 ff.

368 Hierzu ebenfalls oben 6. Kap. IV. 2. (287 f.) und 7. Kap. II. 1. c) (342 f.).

geordneten Politikfeldern berechtigt bleibt. Relevant wird dieser Grundsatz vor allem in zweierlei Hinsicht: zum einen, wenn es um die Beachtung der Kompetenzordnung im Zusammenwirken der Bundesorgane bzw. von Bundesgewalt und Einzelstaaten geht[369]; zum anderen, wenn der Kern des dem Verfassungsgericht überantworteten individuellen Grundrechtsschutzes in Frage steht[370]. Der notwendige Ausgleich zwischen den an dieser Stelle konfligierenden Eckpunkten der Funktionenzuordnung kann nicht auf der Basis einer formalisierten Grenzziehung geleistet werden, wie die Schwierigkeiten der amerikanischen Verfassungsrechtsprechung mit der Handhabung der „political question"-Doktrin anschaulich belegen[371]. Er bedarf vielmehr eines gleitenden Maßstabs, wie ihn die Idee des Interorganrespekts prinzipiell bereitstellt und wie er sich in erster Linie in einer flexiblen Ausgestaltung der verfassungsgerichtlichen Kontrollintensität niederschlägt.

IV. Exkurs: Interorganrespekt im Verhältnis von Verfassungsgericht und Fachgerichten

Nach den bisherigen Erörterungen zu den Respektsverpflichtungen der Verfassungsgerichtsbarkeit als der Inhaberin der verfassungsrechtlichen Letztentscheidungsbefugnis gegenüber gesetzgebender und vollziehender Gewalt müßte man nunmehr eigentlich einen Abschnitt über ihr Verhältnis zum Rest der rechtsprechenden Gewalt erwarten dürfen. Hierfür kommt jedoch aus zwei Gründen nur ein kurzer Exkurs in Frage: Zum einen konzentriert sich die vorliegende Untersuchung auf die Beziehungen der Verfassungsorgane untereinander, zu denen die Unter- bzw. Fachgerichte nicht gehören[372]. Zum anderen handelt es sich dabei um ein spezifisch deutsches Problem: Denn in den Vereinigten Staaten fungiert der Supreme Court zugleich als Verfassungs- wie als oberstes Fachgericht[373], und auf europäischer Ebene führt kein der Verfassungsbeschwerde vergleichbarer Weg von den

---

[369] Das betont für Deutschland bspw. auch *Kokott* (Fn. 335), 948; unter Berufung auf *Helmut Steinberger*, Auswärtige Gewalt unter dem Grundgesetz, in: Reinhard Mußgnug (Hg.), Rechtsentwicklung unter dem Bonner Grundgesetz, 1990, 101–124, 121.

[370] Für eine differenzierte Ausgleichslösung der hier vertretenen Art plädieren speziell mit Bezug auf die Wirkkraft der Grundrechte in den auswärtigen Beziehungen auch *Hailbronner* (Fn. 333), 15 f.; *Christian Tomuschat*, Die staatsrechtliche Entscheidung für die internationale Offenheit, in: Josef Isensee/Paul Kirchhof (Hg.), Handbuch des Staatsrechts der Bundesrepublik Deutschland, Bd. VII, 1992, 483–524 (§ 172), 518 ff. (Rn. 63 ff.); *Rainer Hofmann*, Grundrechte und grenzüberschreitende Sachverhalte, 1994, zus.fass. 345 f.; u. *Hans-Joachim Cremer*, Der Schutz vor den Auslandsfolgen aufenthaltsbeendender Maßnahmen, 1994, 325 ff.

[371] Hierzu schon oben 1. b) (455 ff.); aus deutscher Perspektive ausdrücklich zustimmend *Gerd Sturm*, in: Michael Sachs (Hg.), Grundgesetz-Kommentar, 2. Aufl. 1999, Art. 93 Rn. 11; sowie *Ernst Benda*, Wirklich Götterdämmerung in Karlsruhe?, in: NJW 1995, 2470 f., 2470; aus amerikanischer Sicht ähnlich *Franck* (Fn. 300), 126 ff.

[372] Vgl. zur Begrenzung der Themenstellung schon oben 4. Kap. II. 1. (132 ff.).

[373] Oben I. 2. (391 et seq.).

mitgliedstaatlichen Gerichten zur europäischen Gerichtsbarkeit[374]. Die Konstellation, daß ein abschließendes fachgerichtliches Urteil von der unterlegenen Partei noch dem Verfassungsgericht vorgelegt werden kann, aus der sich eine potentielle Respektsverpflichtung des Verfassungsgerichts gegenüber den spezifischen Funktionsbereichen der Fachgerichtsbarkeit ergibt, existiert daher in dieser Form nur im deutschen Verfassungssystem.

Dafür handelt es sich in diesem System anerkanntermaßen um ein größeres Problem[375], wie eine ungezielte Auswahl prominenter Streitfälle aus den letzten Jahren verdeutlicht: Am bekanntesten dürfte wohl die „Soldaten sind Mörder"-Entscheidung geworden sein, mit der das Bundesverfassungsgericht den von den Fachgerichten bis dahin gewährleisteten Ehrenschutz einschränkte, indem es ihnen genaue Vorgaben für die Auslegung von Meinungsäußerungen machte, die für ihre mögliche Einstufung als Schmähkritik maßgeblich sein sollten[376]. Aus dem Bereich der Kommunikationsfreiheiten im weiteren Sinne stammt auch jenes Beispiel, in dem das polizeiliche Verlangen nach Angabe der Personalien von jemandem, der innerhalb einer angemeldeten Demonstration eine unangemeldete Gegenkundgebung inszeniert hatte, von den Karlsruher Richtern nachträglich als verfassungswidrig eingestuft wurde[377]. Im „Sitzblockaden"-Beschluß hob das Bundesverfassungsgericht neben einer jahrzehntelangen gefestigten Rechtsprechung der Fachgerichte zum Gewaltbegriff sogar ein eigenes, noch keine zehn Jahre altes Urteil zu dieser Frage wieder auf, nachdem sich die Mehrheit im zuständigen Senat um eine Richterstimme verschoben hatte[378]. Ähnliches geschah in jenem Beschluß, mit dem die Werbung für eine Gewerkschaft während der Arbeitszeit dem Schutz des Art. 9 III GG

---

[374] Denn entweder geht es um Akte der Gemeinschaftsorgane, die direkt vor den europäischen Gerichten verhandelt werden, oder um Maßnahmen mitgliedstaatlicher Behörden, für die die jeweiligen nationalen Gerichtsbarkeiten zuständig sind. Als Bindeglied zwischen beiden fungiert nur das in Art. 234 (ex-Art. 177) EGV vorgesehene Vorabentscheidungsverfahren, dessen Einleitung und nähere Ausgestaltung aber von vornherein den einzelstaatlichen Gerichten überlassen bleibt. Vgl. schon oben I. 1. a) bb) (386) und b) aa) (387).

[375] Vgl. statt vieler die zahlreichen Nachweise bei *Heun* (Fn. 183), 31 Fn. 89.

[376] BVerfG NJW 1994, 2943 f.; NJW 1995, 3303 ff.; krit. mit Bezug auf eine „Überdehnung verfassungsgerichtlicher Prüfungskompetenz" *Walter Schmitt Glaeser*, Meinungsfreiheit, Ehrenschutz und Toleranzgebot, in: NJW 1996, 873–879, 874; ähnlich *Christian Starck*, Verfassungsgerichtsbarkeit und Fachgerichte, in: JZ 1996, 1033–1042, 1036 f.; *a.A.* – naturgemäß – *Dieter Grimm*, Die Meinungsfreiheit in der Rechtsprechung des Bundesverfassungsgerichts, in: NJW 1995, 1697–1705, 1700 f.; ambivalent *Georgios Gounalakis*, „Soldaten sind Mörder", in: NJW 1996, 481–487, 482 ff.; u. *Ute Mager*, Meinungsfreiheit und Ehrenschutz von Soldaten, in: Jura 1996, 405–409, 408 f.; vgl. a. das „Gegenbeispiel" BVerfG NJW 1996, 1529 f.; u. dazu *Walter Seitz*, Die DGHS-Entscheidung des BVerfG – ein Lichtblick?, in: NJW 1996, 1518–1520; sowie *Schulte* (Fn. 16), 1016.

[377] BVerfG NJW 1995, 3110 ff.; vgl. dazu *Gerd Roellecke*, Der kommunikative Gegendemonstrant, in: NJW 1995, 3101.

[378] BVerfGE 92, 1, 14 ff.; gegen BVerfGE 73, 206, 242 ff.; zu den Folgen stv. *Friedrich-Christian Schroeder*, Die Grundstruktur der Nötigung und die Möglichkeiten zur Beseitigung ihrer durch das BVerfG geschaffenen Lücken, in: NJW 1996, 2627–2629.

unterstellt wurde[379]. Im Bereich des Asylrechts nimmt das Gericht seit jeher für sich in Anspruch, die tatsächlichen und rechtlichen Wertungen der Verwaltungsgerichte im einzelnen zu überprüfen, und will ihnen allenfalls einen „gewissen Wertungsrahmen" zugestehen[380]. Einzelfallrechtsprechung hat es darüber hinaus beispielsweise in seinen verschiedenen Entscheidungen zur Entlassung früherer SED-Funktionäre und Stasi-Mitarbeiter betrieben[381].

Bei alledem hat es nicht an Versuchen gefehlt, allgemeine Formeln für die Abgrenzung von Verfassungsrechtsprechung und Fachgerichtsbarkeit zu entwickeln. Große Beliebtheit hat etwa die Wendung erlangt, das Verfassungsgericht dürfe nicht als „Superrevisionsinstanz" fungieren[382]. Bis heute kehren außerdem die Heck'sche Formel – wonach das Verfassungsgericht nur bei Verletzungen „spezifischen" Verfassungsrechts durch die Gerichte einschreiten soll[383] – und die sogenannte „Schumann-Formel" – nach der eine richterliche Rechtsauffassung verfassungsrechtlich zu akzeptieren ist, wenn der Gesetzgeber ein Gesetz gleichen Inhalts hätte erlassen können[384] – regelmäßig in der Rechtsprechung wieder. Eine sichere Zuordnung der zu bewältigenden Rechtsfindungsaufgaben zu den jeweils involvierten Gerichtsbarkeiten konnten diese Formeln jedoch, wie allein schon die genannten Beispiele gezeigt haben, im Ergebnis nicht gewährleisten[385]. Allgemeine Appelle an die verfassungsgerichtliche Zurückhaltung stoßen auf die gleichen Bedenken wie schon in dem oben thematisierten Verhältnis zum Gesetzgeber die generelle Forderung nach „judicial self-restraint"[386]. Daher bleibt auch im Verhältnis von Bundesverfassungsgericht und Fachgerichten nur der Rückzug auf eine „funktionellrechtliche" Abgrenzung übrig, wie sie sich aus dem Grundsatz der organadäquaten Funktionenzuordnung und damit letztlich aus dem Prinzip des Interorganrespekts ergibt: Das Verfassungsgericht darf nicht diejenigen Funk-

---

[379] BVerfG NJW 1996, 1201 f.; vgl. stv. die Kritik von *Bernd Rüthers*, In der Arbeitszeit auf Kollegenfang, in: FAZ vom 21.08.1996, 14.

[380] *Starck* (Fn. 376), 1037 f. An Entscheidungen vgl. etwa die Kammerbeschlüsse BVerfG DVBl. 1996, 1190 f. (mit Anmerkung von *Helmut Schnellenbach*); NVwZ-Beilage 2/1997, 11 ff.; NVwZ-Beilage 9/1997, 65 f.; DVBl. 1998, 1178 ff.; u. allg. *Norbert Niehues*, Die Bindungswirkung und Umsetzung verfassungsgerichtlicher Entscheidungen, in: NJW 1997, 557–560.

[381] BVerfGE 92, 140, 153 ff.; BVerfG NJW 1997, 2305 ff.; vgl. a. zum Widerruf der Zulassungen entsprechend belasteter Rechtsanwälte BVerfG NJW 1996, 709 ff.; u. krit. dazu unter funktionellrechtlichen Aspekten *Michael Kleine-Cosack*, Anwaltsüberprüfung auf Rechtsstaatskosten, in: DtZ 1996, 98–102, 101 f.

[382] BVerfGE 7, 198, 207; ähnlich BVerfGE 18, 85, 92; 75, 302, 313; vgl. etwa auch *Hans-Jürgen Papier*, „Spezifisches Verfassungsrecht" und „einfaches Recht" als Argumentationsformel des Bundesverfassungsgerichts, in: Fg. BVerfG I, 1976, 432–457, 432 f.; u. *Schlaich* (Fn. 8), 188 ff. (Rn. 274 ff.).

[383] BVerfGE 1, 418, 420; 18, 85, 92; vgl. ferner schon oben die Nachweise Fn. 216.

[384] Sinngemäß – mit Modifikationen – BVerfGE 79, 283, 290; 81, 29, 31 f.; 82, 6, 15 f.; zurückgehend auf *Ekkehard Schumann*, Verfassungs- und Menschenrechtsbeschwerde gegen richterliche Entscheidungen, 1963, 206 ff., 334.

[385] Vgl. statt vieler die ausführliche Analyse von *Jörg Berkemann*, Das Bundesverfassungsgericht und „seine" Fachgerichtsbarkeiten, in: DVBl. 1996, 1028–1040, 1030 ff.

[386] Oben II. 3. a) (424 ff.).

tionen wahrnehmen, für deren Erfüllung die Fachgerichte als sachnähere Institution bereitstehen; es muß eine Aufgabenteilung zwischen beiden Gerichtsbarkeiten erfolgen, die der begrenzten Kognitionskompetenz des Verfassungsgerichts hinsichtlich der Auslegung des einfachen Rechts Rechnung trägt[387]. Als Instrument dieser Aufteilung bietet sich wie schon im Verhältnis zwischen Verfassungsgericht und Legislative bzw. Exekutive in erster Linie eine Zurücknahme der verfassungsgerichtlichen Kontrollintensität in diesem Punkt auf eine Evidenz- bzw. Vertretbarkeitskontrolle an[388].

Allerdings stößt die nähere Bestimmung des Einsatzspektrums dieser reduzierten Kontrolldichte anhand von Orientierungspunkten der Funktionenzuordnung in diesem Fall auf eine zusätzliche Schwierigkeit, die darin begründet liegt, daß es bislang immer um die Zuordnung von Funktionen zu *verschiedenen* Zweigen der Staatsgewalt ging, während nunmehr eine funktionale Abgrenzung *innerhalb* der rechtsprechenden Gewalt in Frage steht. Da die Verfassung längst die gesamte Rechtsordnung durchdringt, kann zwischen einfachem Recht, dessen Auslegung den Fachgerichten zu überlassen ist, und Verfassungsrecht aber kaum noch eine klare Grenzlinie gezogen werden[389]. Die notwendige Abstufung der verfassungsgerichtlichen Prüfungsdichte muß unter diesen Umständen auf der Basis einer Rückbesinnung auf den Rahmencharakter der Verfassung erfolgen, die ihrem Wesen nach nur bestimmte Grenzen und Mindeststandards vorgeben, nicht jedoch die Einzelheiten der gesellschaftlichen und politischen Ordnung bestimmen kann[390]. Das Verfassungsgericht selbst trägt dem insofern Rechnung, als es seine Prüfungsdichte schon heute zum Teil an der Intensität des zu prüfenden Grundrechtseingriffs und der Schutzbedürftigkeit der betroffenen Grundrechtsträger ausrichtet[391], wenngleich sich so das in diesem Bereich unvermeidliche Paradoxon ergibt, daß eine

---

[387] In diesem Sinne etwa *Bryde* (Fn. 68), 315 f.; *Heun* (Fn. 183), 33; *Gerhard Robbers*, Für ein neues Verhältnis zwischen Bundesverfassungsgericht und Fachgerichtsbarkeit, in: NJW 1998, 935–941, 937; u. mit spezifisch kompetentiellem Bezug *Schenke* (Fn. 192), 30 f., 35 f.; sowie *Roth* (Fn. 17), 563 ff. Vgl. ergänzend die schön geschriebene Polemik von *Karl August Bettermann*, Die Aufgabe: Fachgericht für Verfassungsrecht, in: FAZ vom 20.12.1996, 13.

[388] Vgl. etwa *Jürgen Gündisch*, Die Verfassungsbeschwerde gegen gerichtliche Entscheidungen, in: NJW 1981, 1813–1820, 1819 f.; u. zuletzt BVerfGE 82, 6, 13; 87, 273, 279; noch weitergehend *Hans Hugo Klein*, Gedanken zur Verfassungsgerichtsbarkeit, in: FS Klaus Stern, 1997, 1135–1153, 1140 f.

[389] Stv. hierfür *Robbers* (Fn. 387), 937 f.

[390] In diesem Sinne *Ernst-Wolfgang Böckenförde*, Die Methoden der Verfassungsinterpretation – Bestandsaufnahme und Kritik, in: NJW 1976, 2089–2099, 2092 ff., 2099; *Schenke* (Fn. 192), 36; *Isensee* (Fn. 367), 128 f. (Rn. 43 f.); *Starck* (Fn. 376), 1038 f.; *Roth* (Fn. 17), 570 f.; u. *Arno Scherzberg*, Grundrechtsschutz und „Eingriffsintensität", 1989, 235, 260.

[391] So z.B. BVerfGE 42, 143, 148 f.; 54, 208, 215 f.; 61, 1, 6; 66, 116, 132; 75, 369, 376; 82, 236, 259; vgl. weiter *Schenke* (Fn. 192), 53; u. *Berkemann* (Fn. 385), 1034 et seq.; krit. allerdings *Felix Weyreuther*, Bundesverfassungsgericht und Verfassungsbeschwerde: Kompetenz und Kompetenzüberschreitung, in: DVBl. 1997, 925–931, 926 f. *Isensee* (Fn. 2), 1089 ff., macht zu Recht darauf aufmerksam, daß die Gefahr dieser Ausrichtung darin besteht, in eine vom Verfassungsgericht nicht zu leistende Suche nach Einzelfallgerechtigkeit umzuschlagen: „Das *BVerfG* will als Atlas die ganze Rechtswelt auf seinen Schultern tragen und überhebt sich" (1091).

funktionelle Abgrenzung zwischen Verfassungs- und Fachgerichtsbarkeit hauptsächlich mit materiellrechtlichen Argumenten vorgenommen werden muß[392]. *Robbers* geht noch einen Schritt weiter und fordert die Etablierung eines Kooperationsverhältnisses zwischen Bundesverfassungsgericht und Fachgerichten, in dessen Kontext das Verfassungsgericht ungeachtet seiner Letztentscheidungskompetenz auf die Rechtsauffassungen der Fachgerichte auch hinsichtlich verfassungsrechtlicher Fragen Rücksicht nehmen und die Fachgerichtsbarkeiten beispielsweise über verstärkte Anhörungen in seinen eigenen Entscheidungsprozeß einbeziehen soll[393]. Derartige Überlegungen demonstrieren exemplarisch, daß das Prinzip des Interorganrespekts, aus dem neben dem Grundsatz der Organadäquanz typischerweise solche Konsultations- und Berücksichtigungspflichten entspringen, auch für das Verhältnis zwischen Verfassungsgericht und Fachgerichten wegweisende Wirkungen entfalten kann. Auf eine Vertiefung dieses Ansatzes muß im Rahmen dieses Exkurses allerdings verzichtet werden.

V. Ansprüche des Verfassungsgerichts auf Interorganrespekt

In den bisherigen Ausführungen war praktisch nur von Respektsverpflichtungen des Verfassungsgerichts gegenüber den anderen Verfassungsorganen (bzw. Gerichten) die Rede, kaum jedoch von den gleichgelagerten Verpflichtungen dieser Organe im Verhältnis zum Verfassungsgericht, wie sie sich aus dem wechselseitigen Charakter des Interorganrespekts notwendig ergeben müssen. Diese scheinbare Einseitigkeit beruht darauf, daß dem Verfassungsgericht in allen hier betrachteten Systemen gegenüber allen anderen Verfassungsorganen die Letztentscheidungsbefugnis zusteht, so daß sich seine Respektsansprüche im wesentlichen auf die Selbstverständlichkeit beschränken können, von den jeweils betroffenen Organen die Befolgung seiner Entscheidungen einzufordern. Das Prinzip des Interorganrespekts gewinnt daher lediglich dort, wo sich dieser Anspruch allein als unzureichend erweist, eine zusätzliche eigenständige Bedeutung. Der folgende Überblick weist abschließend auf einige hierfür in Frage kommende Punkte hin.

1. Urteilskritik in angemessener Form

Der erste betrifft die Art und Weise, in der sich Repräsentanten anderer Verfassungsorgane und staatliche Amtsträger allgemein zu Entscheidungen des Verfassungsgericht äußern können bzw. sollten. Speziell in bezug auf das Bundesverfas-

---

[392] *Heun* (Fn. 183), 33. Dieses Problem ist uns allerdings im Grundsatz schon aus dem Verhältnis von Verfassungsgericht und Gesetzgeber vertraut. Vgl. oben II. 3. d) (433), insbes. die Nachweise in Fn. 214, und f) (450 f.), insbes. Fn. 283.

[393] *Robbers* (Fn. 387), 938 f., der das BVerfG daher auch in Zukunft eher in der Rolle des „Verfassungsmoderators“ sehen will.

sungsgericht hat auf diesem Gebiet in den letzten Jahren eine bedenkliche Verwilderung der Sitten um sich gegriffen, die inzwischen bereits ein größeres Echo in der Literatur gefunden hat[394]. Allerdings hat das Verfassungsgericht am Beginn seiner Existenz, als seine Autorität in Ermangelung einer entsprechenden Tradition noch nicht gefestigt war, sogar erheblich gravierendere Angriffe ertragen müssen und überlebt[395]. Seine Status-Denkschrift von 1957 verlangt daher mit gutem Grund,

> „daß die Verfassungsorgane bei Ausübung ihrer verfassungsmäßigen Tätigkeit harmonisch zusammenwirken und alles unterlassen, was das *Ansehen* der anderen Verfassungsorgane schädigt und damit die Verfassung selbst gefährden könnte. Daher handelt ein Verfassungsorgan seinen verfassungs*rechtlichen* Verpflichtungen *zuwider*, wenn es, gestützt auf seine eigene auctoritas, in der Öffentlichkeit durch Wort und Tat ein anderes Verfassungsorgan *herabsetzt* und ihm nicht den selbstverständlichen *Respekt* entgegenbringt, auf den jedes Verfassungsorgan einen *Rechtsanspruch* besitzt."[396]

Ohne jeden Zweifel muß es auch Amtsträgern erlaubt sein, zu Entscheidungen des Verfassungsgerichts kritisch Stellung zu nehmen; das Gericht selbst ist sich ebenfalls bewußt, daß es angesichts seiner herausragenden Stellung der öffentlichen Auseinandersetzung nicht entgehen kann und für die fortdauernde Akzeptanz seiner Entscheidungen zum Teil sogar auf sie angewiesen ist[397]. „Offizielle" Kritik von seiten anderer Verfassungsorgane muß jedoch dort ihre Grenze finden, wo sie in eine gegenseitige Demontage ausartet und damit die Einheit der öffentlichen Gewalt in Frage stellt; diese Grenze markiert das Prinzip des Interorganrespekts. Den anderen Verfassungsorganen ist es demnach untersagt, die Zuständigkeit der Verfassungsrechtsprechung in ihrem innersten Funktionsbereich – der letztverbindlichen Entscheidung zulässiger Verfassungsstreitigkeiten – in Frage zu stellen und beispielsweise den Eindruck zu erwecken, sie besäßen eine höhere Kompetenz zur Streitentscheidung als die Richter. Dieser Fall tritt insbesondere ein, wenn Legislative und Exekutive formelle Beschlüsse fassen, in denen sie ein Verfassungsge-

---

[394] Vgl. vor allem – über die spezifisch verfassungsgerichtliche Sphäre hinausgreifend – *Robin Mishra*, Zulässigkeit und Grenzen der Urteilsschelte, 1997, 204 ff. u. exemplarisch 83 ff. zum „Kruzifix"-Beschluß; ferner speziell zum BVerfG *Isensee* (Fn. 2), 1087; *Andreas Voßkuhle*, Der Grundsatz der Verfassungsorgantreue und die Kritik am Bundesverfassungsgericht, in: NJW 1997, 2216–2219; *Helmuth Schulze-Fielitz*, Das Bundesverfassungsgericht in der Krise des Zeitgeists, in: AöR 122 (1997), 1–31, 25 ff.; u. anhand eines konkreten Falls *Horst Sendler*, Blüten richterlicher Unabhängigkeit und Verfassungsgerichtsschelte, in: NJW 1996, 825–827.

[395] So z.B. die Bezeichnung einer seiner Entscheidungen als „nullum" durch den Bundesjustizminister 1952 und den offiziellen Beschluß des Bundeskabinetts über die „Unrichtigkeit" seines Urteils im „Fernseh-Streit" 1961. Vgl. die ausführlichen Nachweise zu einzelnen Streitfällen bei *Häußler* (Fn. 185), 22 ff. u. bes. 226 f.

[396] Bemerkungen des Bundesverfassungsgerichts zu dem Rechtsgutachten von Professor Richard Thoma, in: JöR N.F. 6 (1957), 194–207, 206 f. (Hervorhebungen vom Verf.); hierauf bezieht sich ausdrücklich *Limbach* (Fn. 179), 13 f.

[397] Vgl. stv. die Interview-Antworten von *Jutta Limbach*, in: ZRP 1996, 414–416; ferner *Voßkuhle* (Fn. 394), 2216; auch *Josef Isensee*, Die Verfassungsgerichtsbarkeit zwischen Recht und Politik, in: Michael Piazolo (Hg.), Das Bundesverfassungsgericht, 1995, 49–59, 53; krit. dort allerdings *Gerd Roellecke*, Das Ansehen des Bundesverfassungsgerichts und die Verfassung, 33–48, 48.

richtsurteil für falsch erklären, zu seiner Nichtbeachtung aufrufen oder seine Konsequenzen in der Verfassungspraxis umgehen[398].

2. Keine Schaffung vollendeter Tatsachen

Der zweite Ansatzpunkt für Respektsverpflichtungen gegenüber dem Verfassungsgericht liegt im Vorfeld seiner Entscheidungen: Die ihm übertragene Letztentscheidungsbefugnis würde ausgehöhlt, wenn sich eine andere staatliche Institution durch Schaffung vollendeter Tatsachen letztlich an die Stelle des Gerichts setzen könnte. Deshalb dürfen die anderen Verfassungsorgane das Ergebnis eines vor dem Verfassungsgericht anhängigen Verfahrens nicht durch eigene Handlungen faktisch vorwegnehmen. Zum ersten Mal virulent wurde dieses Problem bereits in der Weimarer Republik anläßlich eines Streits um die Besetzung des Verwaltungsrats der deutschen Reichsbahngesellschaft und inspirierte *Schüle* zu dem Postulat einer generellen Friedenspflicht der Verfassungsorgane in bezug auf laufende verfassungsgerichtliche Verfahren[399]. Unter der Geltung des Grundgesetzes konnte das Bundesverfassungsgericht dann im sogenannten „Fernseh-Streit" nur durch eine einstweilige Anordnung die Schaffung eines „fait accompli" verhindern[400]. Im Streit um den Grundlagenvertrag hätte aber selbst dieses Instrument kaum noch geholfen, da der Vertragsprozeß schon zu weit fortgeschritten war[401]. Daher nahm das Verfassungsgericht diesen Fall zum Anlaß, um als allgemeine Regel zu statuieren:

> „Mit der Entscheidung des Grundgesetzes für die Verfassungsgerichtsbarkeit und ihrer Kompetenz zur verfassungsrechtlichen Prüfung ... ist grundsätzlich unvereinbar, daß die Exekutive ein beim Bundesverfassungsgericht anhängiges Verfahren überspielt und durch eine Maßnahme endgültig das Urteil dieses Gerichts um einen Teil seiner Wirkung bringt,... ."[402]

Diese Regel taucht seither in der deutschen Verfassungsrechtsprechung immer wieder auf, wenn das Gericht einen Anlaß für ihre Wiederholung und Bestätigung er-

---

398 I. einz. hierzu *Robin Mishra*, Zulässigkeit und Grenzen amtlicher Urteilsschelte, in: ZRP 1998, 402–409, 405 f.; u. noch ausführlicher *ders.* (Fn. 394), 234 ff., bes. 237 ff.; ähnlich *Häußler* (Fn. 185), 225 ff. Vgl. a. *Carsten Fricke*, Zur Kritik an der Staats- und Verfassungsgerichtsbarkeit im verfassungsstaatlichen Deutschland, 1995, 188; u. zuletzt *Jochen Abr. Frowein*, Kritische Bemerkungen zur Lage des deutschen Staatsrechts aus rechtsvergleichender Sicht, in: DÖV 1998, 806–811, 807 f. Dem diesbezüglichen Anspruch des Verfassungsgerichts entspricht freilich umgekehrt eine Verpflichtung seiner Mitglieder, sich ihrerseits mit verfassungspolitischen Äußerungen zurückzuhalten. Vgl. etwa *Höffe* (Fn. 263), 84.

399 *Adolf Schüle*, Das Problem der einstweiligen Verfügung in der deutschen Reichsstaatsgerichtsbarkeit, 1932, 47 ff., bes. 52 ff. Eine detaillierte Darstellung des zugrundeliegenden Konflikts findet sich bei *Ernst Rudolf Huber*, Deutsche Verfassungsgeschichte seit 1789, Bd. VII, 1984, 649 ff.

400 Vgl. die ausführliche Darstellung bei *Häußler* (Fn. 185), 47 ff.

401 Hierzu schon oben 7. Kap. I. 2. a) (314 f.). Noch krasser präsentierte sich die Situation im Streit um den EVG-Vertrag, dessen Ratifikation durch den Bundespräsidenten bereits erfolgt war und der nur in der französischen Nationalversammlung scheiterte.

402 BVerfGE 35, 257, 261 f.; ebenso BVerfGE 36, 1, 15.

kennt[403], und ist in der Literatur weitgehend kommentarlos anerkannt worden[404]. Als Ausfluß des allgemeinen Prinzips vom Interorganrespekt gilt sie nicht nur für die in den fraglichen Entscheidungen explizit genannte Exekutive, sondern ebenso für die gesetzgebenden Verfassungsorgane[405].

3. Achtung der gerichtlichen Verfassungsauslegung

Speziell auf den Gesetzgeber findet darüber hinaus eine dritte Ausprägung des dem Verfassungsgericht geschuldeten Respekts Anwendung: nämlich die grundsätzliche Unzulässigkeit von Versuchen, eine Interpretation von Verfassungsartikeln durch das Verfassungsgericht auf gesetzlichem Wege zu revidieren bzw. zu umgehen. Gerade wenn man dem Gesetzgeber mit der hier vertretenen Ansicht aus Gründen des Interorganrespekts eine Erstinterpretationskompetenz zugesteht[406], darf er sich umgekehrt aus den gleichen Gründen nicht über die „Letztinterpretationskompetenz" des Verfassungsgerichts hinwegsetzen. Das illustrativste Beispiel hierfür stammt aus der jüngsten Rechtsprechung des amerikanischen Supreme Court zur Religionsfreiheit: Seit den sechziger Jahren hatte der Gerichtshof kontinuierlich einen strengen Maßstab an staatliche Einschränkungen dieser Freiheit angelegt und hohe Anforderungen an alle vom Staat geltend gemachten Gemeinwohlinteressen gestellt, zu deren Gunsten eine durch individuelle Glaubensüberzeugungen bedingte Lebensführung restringiert werden sollte[407]. Im Jahr 1990 änderte er plötzlich seine Linie und entschied, daß jedenfalls die allgemeinen Strafgesetze – soweit sie sich nicht gezielt gegen eine bestimmte Religionsausübung richteten – von allen Bürgern gleichermaßen zu beachten seien, ohne daß es noch auf eine Abwägung der religiösen Bedürfnisse des jeweiligen Individuums gegen die relevanten Gemeinwohlinteressen ankomme[408]. Damit war der Kongreß nicht einverstanden und versuchte, durch gesetzgeberische Maßnahmen eine Rückkehr zu dem früheren

---

403 So zuletzt bspw. in der abweichenden Meinung der Richter Limbach und Sommer zum Flughafenverfahrens-Urteil bei der Behandlung der Asylrechtsreform: NVwZ 1996, 687 ff., 690. Das Verfahren zur Rechtschreibreform hätte ebenfalls reichlich Anlaß dafür geboten, die Schaffung vollendeter Tatsachen durch die Kultusminister vor Abschluß der gerichtlichen Verfahren zu kritisieren, doch wollte das Verfassungsgericht in diesem Fall ersichtlich nicht tiefer einsteigen.

404 Vgl. *Blumenwitz* (Fn. 328), 467; *Hans-Uwe Erichsen*, Die einstweilige Anordnung, in: Fg. BVerfG I, 1976, 170–193, 171 f.; *Hans G. Rupp*, Vom Umgang mit Verfassungsgerichten, in: FS Hans Kutscher, 1981, 371–384, 378; *Eckart Klein*, Verfassungsprozeßrecht, 2. Teil, in: AöR 108 (1983), 561–624, 616 f.; *Benda/Klein* (Fn. 8), 30 (Rn. 67).

405 Ebenso auf der Basis der Verfassungsorgantreue *Schenke* (Fn. 118), 130 ff.

406 Oben II. 3. d) (431 ff.) und f) (449 ff.), vgl. insbes. die Nachweise Fn. 202.

407 Marksteine dieser Rechtsprechung bilden vor allem die Fälle *Sherbert v. Verner*, 374 U.S. 398 (1963); u. *Wisconsin v. Yoder*, 406 U.S. 205 (1972). Zu weiteren Beispielen vgl. *Lorz* (Fn. 257), 172 Fn. 63.

408 *Employment Division v. Smith*, 494 U.S. 872 (1990), 885 ff. Der Fall betraf die Verweigerung staatlicher Arbeitslosenunterstützung für zwei Arbeitnehmer, die ihre Arbeitsstelle deswegen verloren hatten, weil sie bei einer kultischen Handlung der „Native American Church", der sie beide angehörten, die im Rahmen dieser Handlung vorgeschriebene Einnahme einer nach den Strafgesetzen ihres Heimatstaates Oregon verbotenen Droge („Peyote") vollzogen hatten.

Rechtszustand zu erreichen. In dem 1993 verabschiedeten „Religious Freedom Restoration Act“, dessen unverhohlener Zweck in einem korrigierenden Eingriff in die Rechtsprechung des Supreme Court bestand, legte er die weitere Anwendung des vom Supreme Court bis 1990 verwendeten Prüfungsmaßstabs auf einfachgesetzlicher Grundlage fest und bestimmte, daß auch allgemein anwendbare Gesetze hinter der freien Religionsausübung zurückzustehen hätten, sofern nicht ein *zwingendes* Gemeinwohlinteresse die Einschränkung der individuellen Religionsfreiheit *unbedingt* erforderlich mache[409].

Die Stunde der Wahrheit kam, als eine katholische Kirchengemeinde in Boerne, Texas, unter Berufung auf das neue Gesetz eine Erweiterung ihrer Kirche im Widerspruch zu der bestehenden Denkmalschutzsatzung der Stadt durchzusetzen versuchte. Der Supreme Court verwarf das Gesetz als verfassungswidrig und stellte ausdrücklich fest, der Kongreß sei, indem er die Aufgabe der Verfassungsauslegung an sich gezogen habe, in den von der Verfassung gewährleisteten Zuständigkeitsbereich des Gerichtshofs eingedrungen[410]. Dies allein hätte zwar noch nicht das Verdikt der Verfassungswidrigkeit begründet, da es der Legislative grundsätzlich unbenommen bleibt, über den von der Verfassung gezogenen Rahmen hinaus den Bürgern zusätzliche Rechte zuzugestehen[411]. Im vorliegenden Fall bedurfte der Kongreß jedoch eines Kompetenztitels, um seine Gesetzgebungsbefugnis gegenüber den Einzelstaaten zu begründen, und hätte diesen nur in Sect. 5 des 14. Zusatzartikels finden können, der ihm unter anderem die Zuständigkeit verleiht, auf legislativem Wege für die Durchsetzung der in diesem Zusatzartikel allgemein garantierten Freiheitsrechte in den Einzelstaaten zu sorgen. Insofern wurde dem „Religious Freedom Restoration Act“ letztlich doch sein Widerspruch zur Interpretation der Religionsfreiheit durch den Supreme Court zum Verhängnis: Gerade wegen dieses Widerspruchs konnte er *nicht* mehr als bloßes Instrument zur Implementation eines in der Verfassung *bereits enthaltenen* Rechts angesehen werden, sondern war als ein Versuch zur Begründung *neuer* Rechte zu werten, für den dem Kongreß die notwendige Kompetenz fehlte[412].

Die dargestellte Entscheidung versinnbildlicht damit das generelle Bemühen der Verfassungsgerichte, die Verfassungsinterpretation als ihren ureigensten Funktionsbereich gegen jeden Zugriff des Gesetzgebers zu verteidigen, was sich in der

---

409 Public Law 103–141, 107 Stat. 1488 (1993). Zu den Hintergründen dieses Gesetzes ausführlicher *Lorz* (Fn. 257), 173; *Fisher* (Fn. 258), 769 ff.; u. vor allem *Günter Krings*, Supreme Court gegen Kongreß – Der Streit um den Inhalt der Religionsfreiheit in den USA, in: ZaöRV 58 (1998), 147–179, 156 ff.

410 *City of Boerne v. Flores*, 117 S.Ct. 2157 (1997), 2171 f.

411 Auch die Religionsfreiheit ist ursprünglich einmal so entstanden. Vgl. *Michael W. McConnell*, The Origins and Historical Understanding of Free Exercise of Religion, in: Harvard Law Review 103 (1990), 1409–1517, 1425.

412 Eine ausführliche Analyse der hier nur in ihren Grundzügen vorgestellten Argumentation des Supreme Court in *City of Boerne v. Flores*, 117 S.Ct. 2157 (1997), liefert *Krings* (Fn. 409), 158 ff.

Rechtsprechung des Bundesverfassungsgerichts beispielsweise in dem Hinweis manifestiert, dem Gesetzgeber sei die Möglichkeit einer „authentischen" Verfassungsauslegung grundsätzlich verwehrt[413]. Das Prinzip des Interorganrespekts steht den Gerichten dabei insofern zur Seite, als es dem Gesetzgeber legislative Korrekturen ihrer Rechtsprechung lediglich unter besonderen Umständen gestattet bzw. erhöhte Anforderungen an ihre Rechtfertigung stellt[414]. Nur am Rande sei außerdem angemerkt, daß im Sinne der Wechselseitigkeit des Interorganrespekts die hier vertretene Einräumung einer „Erstinterpretationskompetenz" an die Legislative von dieser umgekehrt verlangt, ihren Gesetzgebungsaufgaben auch tatsächlich nachzukommen und in diesem Zusammenhang die Verfassungsmäßigkeit ihres Handelns jeweils sorgfältig zu überprüfen[415].

4. Eine Randbemerkung zum Intraorganrespekt

Ebenfalls nur am Rande – da nicht direkt das Verhältnis *zwischen* den Verfassungsorganen betreffend und darüber hinaus ohne Pendant in den Verfassungsordnungen Amerikas und Europas – kann ein anderes Problem angesprochen werden, das allerdings erst vor kurzem Furore gemacht hat und allein deswegen schon Erwähnung verdient: die Frage des gegenseitigen Respekts zwischen gleichberechtigten Spruchkörpern innerhalb des Verfassungsgerichts, konkret zwischen den beiden Senaten des Bundesverfassungsgerichts. Nach §§ 2 I, 14 BVerfGG sind die Zuständigkeiten des Bundesverfassungsgerichts auf seine beiden Senate aufgeteilt, wobei jeder Senat für die ihm zugewiesenen Verfahren die volle Gerichtsfunktion übernimmt und sie eigenständig abschließend entscheidet; zu Entscheidungen des Gerichtsplenums kommt es nur unter besonderen Bedingungen, zu denen § 16 BVerfGG eine Divergenz der Rechtsauffassungen beider Senate zählt. Hieraus folgt, daß jeder Senat am allgemeinen Anspruch des Verfassungsgerichts auf Interorganrespekt in vollem Umfang teilhaben muß; soweit sich sein Respektsanspruch gegen den anderen Senat richtet, empfiehlt es sich freilich, in Anlehnung an die zur inne-

---

413 BVerfGE 12, 45, 53; vgl. a. BVerfGE 28, 243, 260 f.; 36, 1, 13 f.; u. zu dem besonderen Problem ausdrücklicher „Vereinbarkeitserklärungen" durch den verfassungsändernden Gesetzgeber *Häußler* (Fn. 185), 129 ff.

414 Diese Linie entspricht der auf der Basis des Interorganrespekts bereits oben 2. Kap. III. 4. c) (70 ff.) zum „Normwiederholungsverbot" vertretenen; vgl. a. nochmals *Hans Hugo Klein*, Verfassungsgerichtsbarkeit und Verfassungsstruktur, in: FS Franz Klein, 1994, 511–526, 518 f. So mußte bspw. der Versuch, den oben Fn. 376 zitierten „Soldaten sind Mörder"-Beschluß durch die gezielte Schaffung eines neuen § 109 b StGB um seine Wirkung zu bringen (vgl. den Gesetzentwurf in: BT-Drs. 13/3971), aus der Perspektive des Interorganrespekts mit äußerster Skepsis betrachtet werden. Gleiches gilt für die in dem britischen Memorandum vom 23.07.1996 gemachten Vorschläge zu einer vereinfachten „legislativen Korrektur" von Urteilen des EuGH, mit denen Sekundärrecht entgegen der Politik des Rates bzw. Primärrecht entgegen den Intentionen der Mitgliedstaaten ausgelegt wird. Vgl. dazu *Hummer/Obwexer* (Fn. 81), 303 ff.

415 Ähnliche Forderungen erheben z.B. *Schlaich* (Fn. 8), 362 ff. (Rn. 503 ff.); *v. Danwitz* (Fn. 190), 489; u. *Knies* (Fn. 64), 1179; jew. m.w.N.

ren Struktur der Regierung bereits gemachten Ausführungen[416] von „Intraorganrespekt" zu sprechen.

Die im Nachgang zur zweiten Abtreibungs-Entscheidung des Gerichts[417] zu beobachtenden Entwicklungen scheinen diesen bislang als selbstverständlich vorausgesetzten Respekt in Frage zu stellen. Der Zweite Senat hatte 1993 im Zuge der ausführlichen Begründung seiner Entscheidung unter anderem vermerkt, eine rechtliche Qualifikation des Daseins eines Kindes als Schadensquelle komme von Verfassungs wegen nicht in Betracht, weshalb die Unterhaltspflicht für ein Kind ebenfalls nicht als Schaden begriffen werden könne[418]. Als daher der Erste Senat 1997 über die Arzthaftung bei fehlgeschlagener Sterilisation und fehlerhafter genetischer Beratung zu entscheiden hatte, die nach der ständigen Rechtsprechung der Zivilgerichte die Unterhaltspflicht für das ungewollte Kind grundsätzlich einschließt, und erkennen ließ, daß er diese Rechtsprechung nicht als Verletzung der Menschenwürde zu werten gedachte, schien eine der seltenen Plenarentscheidungen nach § 16 BVerfGG unmittelbar bevorzustehen. Der Zweite Senat wählte sogar den ungewöhnlichen Weg eines förmlichen Beschlusses, um den in diesem Fall allein zur Anrufung des Plenums berechtigten Ersten Senat zur Herbeiführung einer solchen Entscheidung zu veranlassen, und betonte in diesem Zusammenhang, er betrachte die fraglichen Sätze aus seiner eigenen Entscheidung als „tragende Rechtsansicht"[419]. Der Erste Senat erklärte diese Ansicht jedoch kurzerhand in eigener Machtvollkommenheit für nicht tragend, verweigerte mit dieser Begründung die Anrufung des Plenums und bestätigte die hergebrachte Rechtsprechung der Zivilgerichte[420]. Auch sein jüngstes Urteil zu den nach 1993 in Bayern neu eingeführten Abtreibungsregeln, für deren Beurteilung er wegen einer möglichen Verletzung des Grundrechts der Berufsfreiheit zuständig war, weckt gewisse Zweifel an seiner angemessenen Beachtung der Vorgaben des Zweiten Senats zum Schutz des ungeborenen Lebens[421].

Zweifellos kann man sich darüber streiten, ob die ohne ausführliche Auseinandersetzung mit der Rechtsprechung des Bundesgerichtshofs in einem lapidaren Satz getroffene Feststellung des Zweiten Senats zum fehlenden Schadenscharakter der Unterhaltspflicht für ein Kind unbedingt nötig oder glücklich gewählt war[422]. Nachdem der Senat sie jedoch selbst für tragend erklärt hatte, hätte es der Gedanke des Intraorganrespekts geboten, diese Frage einer abschließenden Klärung durch das Plenum zuzuführen. Die Anmaßung, mit der der Erste Senat den Zweiten dar-

---

[416] Oben 6. Kap. II. 1. (244 ff.).

[417] Hierzu schon oben II. 3. e) ff) (448).

[418] BVerfGE 88, 203, 296.

[419] BVerfGE 96, 409, 413.

[420] BVerfGE 96, 375, 403 ff.

[421] BVerfG EuGRZ 1998, 545 ff. Diesen Punkt kritisiert ausdrücklich auch das Sondervotum der drei überstimmten Richter Papier, Graßhof und Haas (EuGRZ 1998, 564 ff., 566).

[422] In diesem Sinne z.B. *Rolf Lamprecht*, Obiter dictum – Arabeske oder Ballast?, in: NJW 1998, 1039–1041, 1040.

über belehrt, wie dessen eigene Entscheidungsbegründung zu verstehen sei, stellt dagegen ungeachtet ihrer verfassungsgesetzlichen Zulässigkeit nicht nur eine flagrante Mißachtung dieses Respektsgebots dar, sondern zeitigt darüber hinaus höchst bedenkliche Konsequenzen für die Rechtssicherheit und den auf diese Sicherheit angewiesenen Rechtsfrieden[423]. Sie macht die Sachentscheidung in einer durchaus nicht marginalen Frage von der Zufälligkeit der Verfahrenswahl und der internen verfassungsgerichtlichen Zuständigkeitsverteilung abhängig. An diesem Beispiel erkennt man daher auch, daß das Prinzip des Inter- bzw. Intraorganrespekts nicht als Selbstzweck fungiert, sondern im Falle seiner Beachtung tatsächlich desintegrative Entwicklungen im Staatswesen verhindern kann, deren Wirkungen ansonsten weit über das Verhältnis der einzelnen Verfassungsorgane zueinander hinausreichen.

VI. Schlußbetrachtung

Zum Abschluß dieses Kapitels sollen die im einzelnen gewonnenen Erkenntnisse noch einmal schlaglichtartig zusammengefaßt und im Gesamtzusammenhang betrachtet werden.

1. Die Notwendigkeit umfassender gerichtlicher Kontrolle

Als erste Gemeinsamkeit aller hier analysierten Verfassungssysteme fällt auf, daß sie der rechtsprechenden Gewalt, konkret der Verfassungsgerichtsbarkeit, eine ausgesprochen weitreichende Befugnis zur Kontrolle der anderen Zweige der öffentlichen Gewalt einräumen. Die dieser Übereinstimmung zugrundeliegenden Erwägungen sind unterschiedlicher Natur und lassen sich vor allem nach zwei Kategorien unterteilen.

a) Rechtsstaatlichkeitsaspekte

Die erste Kategorie ergibt sich daraus, daß alle drei Systeme die Rechtsstaatlichkeit bzw. die „rule of law" zu einem ihrer fundamentalen Prinzipien erheben und damit die Forderung nach einer umfassenden gerichtlichen Kontrolle aller anderen Erscheinungsformen der öffentlichen Gewalt nahelegen. Hinsichtlich der Exekutive wird diese Kontrollaufgabe der Gerichtsbarkeit im Grundsatz nicht weiter bestritten[424]. Ein spezifisches Charakteristikum der vorliegend untersuchten Verfassungs-

---

[423] So etwa auch *Adolf Laufs*, Schädliche Geburten – und kein Ende, in: NJW 1998, 796–798, 796 f.; u. *Eduard Picker*, Vom Segen zum Schaden, in: FAZ vom 07.01.1998, 12; tendenziell *a.A.* (der Zweite Senat habe den Kompetenzkonflikt mit dem Ersten gesucht) *Helmuth Schulze-Fielitz*, Grundsatzkontroversen in der deutschen Staatsrechtslehre nach 50 Jahren Grundgesetz, in: Die Verwaltung 32 (1999), 241–282, 268 f. m.w.N.

[424] Vgl. dazu und zu den Einschränkungen im Detail schon oben 6. Kap. III. 2. (277 ff.).

ordnungen besteht jedoch außerdem darin, daß sie der Verfassungsrechtsprechung eine derartige Kontrollgewalt auch gegenüber der Legislative zugestehen. Durch diese Gewalt, mit der die Wahrung der obersten Rechtsnormen einer von politischen Mehrheiten prinzipiell unabhängigen Institution übertragen wird, gewinnen Text und Bedeutung der Verfassung eine nachhaltige Aktualisierung in Staat und Gesellschaft. Die mit dieser Entwicklung einhergehende Betonung der Funktion der Verfassung als rechtliche Grundordnung des Gemeinwesens vollendet die Idee der Verfassungsstaatlichkeit[425].

Für die Wahrnehmung der entsprechenden Aufgaben durch eine machtvolle, unabhängige Verfassungsgerichtsbarkeit lassen sich über diese generelle Idee hinaus im einzelnen noch zahlreiche Gründe finden. Ihre Berechtigung und Tragweite können an dieser Stelle nicht weiter ausgelotet werden; in Anlehnung an die in der amerikanischen Verfassungslehre erarbeiteten Modelle kann man sie jedoch verallgemeinernd wie folgt systematisieren[426]: Der erste Argumentationsstrang weist der Verfassungsrechtsprechung als Letztwert das Ziel eines fairen politischen Prozesses zu, in dem alle Gruppen, gerade auch die Minderheiten, eine reale Chance erhalten sollen, ihre Meinungen und Interessen repräsentiert zu sehen. Die Verfassungsgerichte haben demnach in erster Linie sicherzustellen, daß niemand von der demokratischen Entscheidungsfindung ausgeschlossen wird, was die demokratischen Entscheidungsmechanismen selbst ohne ihre Hilfe nur begrenzt gewährleisten können[427]. Für die Vertreter einer zweiten, „substantiellen" Argumentationslinie ist dies zuwenig: nach ihrer Auffassung muß die Verfassung ebenso inhaltliche Gerechtigkeit verbürgen und zu diesem Zweck auf einer letztlich moralischen Grundlage Rechte garantieren, die der Einzelne dem Staat und der Mehrheit entge-

---

[425] Statt vieler: *Stern* (Fn. 6), 943 f., 954 f. m.w.N.; vgl. a. *Böckenförde* (Fn. 42), 10 f.; u. speziell zu den diesbezüglichen Unterschieden zwischen deutscher und französischer Sicht *Jan Hecker*, Die europäische Integration vor dem Bundesverfassungsgericht und dem Conseil Constitutionnel, in: AöR 123 (1998), 577–605, 579 f.

[426] Die Darstellung folgt hier im wesentlichen der von *Ulrich R. Haltern*, Demokratische Verantwortlichkeit und Verfassungsgerichtsbarkeit, in: Der Staat 35 (1996), 551–580, 557 ff., vorgeschlagenen Systematisierung. Vertiefte Erläuterungen zu den einzelnen Modellen finden sich im deutschen Schrifttum außerdem vor allem bei *Brugger* (Fn. 46), 363 ff.; vgl. a. *ders.*, Verfassungsstabilität durch Verfassungsgerichtsbarkeit?, in: Staatswissenschaften und Staatspraxis 4 (1993), 319–347, 327 ff.; u. *Schwarz* (Fn. 298), 295 ff. m.w.N.

[427] Zurückgeführt wird dieser Ansatz in den USA auf die wohl berühmteste Fußnote der amerikanischen Verfassungsgeschichte in *U.S. v. Carolene Products Co.*, 304 U.S. 144 (1938), 152 f. Fn. 4. Als Hauptvertreter vgl. *Ely* (Fn. 174), 73 ff.; u. im Anschluß *Michael J. Perry*, The Constitution in the Courts, 1994, 193 ff.; sowie dazu stv. *Stephen M. Griffin*, American Constitutionalism, 1996, 105; *Mark Tushnet*, Darkness on the Edge of Town: The Contributions of John Hart Ely to Constitutional Theory, in: Yale Law Journal 89 (1980), 1037–1062, 1057 ff.; u. an gleicher Stelle krit. *Laurence H. Tribe*, The Puzzling Persistence of Process-Based Constitutional Theories, 1063–1080; zus.fass. auch *Brugger* (Fn. 46), 367 ff.; u. *ders.* (Fn. 3), 589; ähnlich aus deutscher Sicht *Limbach* (Fn. 179), 25; u. *Chryssogonos* (Fn. 73), 74 m.w.N. Einen Hinweis auf die insbes. von der neueren „public choice"-Theorie herausgearbeiteten immanenten Defizite des demokratischen Entscheidungsprozesses, auf die sogleich noch näher eingegangen werden soll, geben bspw. *Daniel A. Farber/Philip P. Frickey*, Law and Public Choice, 1991, 12 ff.

genhalten kann. Die zentrale Aufgabe der Verfassungsgerichtsbarkeit bestimmt sich auf der Basis dieser Ansicht dahingehend, daß sie für die Durchsetzung dieser Rechte notfalls auch gegenüber der Mehrheit sorgen muß, was die Mehrheit naturgemäß im Einzelfall nicht leisten kann[428]. Immerhin aber hat eben diese Mehrheit die Einschränkung ihrer politischen Gestaltungsmöglichkeiten durch Richterspruch im Zuge der Verfassunggebung ursprünglich akzeptiert, und hier setzt ein dritter Begründungsstrang an: Ihm zufolge fungieren die Verfassungsgerichte primär als Vermittler zwischen den kurzfristigen Präferenzen der Mehrheit, die sich als faktischer Konsens in den zu ihrer Bestimmung berufenen Organen von Legislative und Exekutive herausbilden, und denjenigen Prinzipien, deren Geltung die Mehrheit auf einer höheren, „geläuterten" Konsensebene bejaht und die von den Gerichten deswegen am besten gehütet werden können, weil sie die von kurzfristigen Präferenzbildungen am weitesten entfernte Institution des Gemeinwesens verkörpern[429].

Unabhängig davon, welches Gewicht man den jeweiligen Begründungsansätzen beimißt, besteht in den von uns analysierten Verfassungssystemen hinsichtlich der zusammenfassenden Folgerung jedenfalls dergestalt Einigkeit, daß die Verfassungsrechtsprechung zur Kontrolle der Verfassungsmäßigkeit auch des legislativen Handelns berufen sein muß. Ihre diesbezügliche Aufgabe wird allerdings grundsätzlich negativ verstanden: Sie soll die Verfassung als beharrendes Element der Rechtsordnung verteidigen und insbesondere die Freiheit der Bürger gegen überschießende Eingriffe der anderen Gewalten schützen. Ermöglicht wird ihr dies zum einen durch weitgespannte Zugangsregelungen, die dafür sorgen, daß prinzipiell alle Streitigkeiten verfassungsrechtlichen Charakters einer gerichtlichen Entscheidung zugeführt werden können[430], und zum anderen durch die ausdrückliche Einräumung oder jedenfalls faktische Gewährung von Kassationskompetenzen, die sich gleichermaßen auf Akte der Exekutive, Urteile anderer Gerichte und Mehrheitsentscheidungen der Legislative erstrecken[431]. Darüber hinaus nehmen die Ver-

---

[428] Als zentraler Repräsentant dieser Auffassung wird in der Regel *Ronald Dworkin*, Taking Rights Seriously, 1978, bes. 184 ff., zitiert. Vgl. weiter *ders.*, Law's Empire, 1986, bes. 373 ff.; u. zuletzt *ders.*, Freedom's Law, 1996, 7 ff.; sowie *Choper* (Fn. 298), 64 f. et seq.; zur Analyse wiederum *Brugger* (Fn. 46), 391 ff.; *ders.*, Das Reich der Rechtszwecke, in: Fg. für Johannes Schwartländer, 1988, 109–120, 110 ff.; jew. m.w.N.; ferner *Barber* (Fn. 83), 181 ff.; u. zur philosophischen Grundlegung *John Rawls*, A Theory of Justice, 1971, bes. 446 ff.; aus deutscher Sicht z.B. *Kirchhof* (Fn. 202), 1497 f.

[429] Hierfür steht vor allem *Bickel* (Fn. 131), 24 ff.; vgl. a. *Michael J. Perry*, The Constitution, the Courts, and Human Rights, 1982, 91 ff.; zuletzt *ders.* (Fn. 427), 202 ff.; u. die ähnliche Unterscheidung von „normal politics" und „higher lawmaking" bei *Bruce Ackerman*, We the People 1: Foundations, 1991, 230 ff., 266 ff.; auch schon *ders.*, Constitutional Politics/Constitutional Law, in: Yale Law Journal 99 (1989), 453–547, 521 ff., mit seinem Vorschlag einer „synthetischen" Verfassungsinterpretation. Krit. hierzu insbes. *Laurence H. Tribe*, Taking Text and Structure Seriously: Reflections on Free-Form Method in Constitutional Interpretation, in: Harvard Law Review 108 (1995), 1221–1303, bes. 1286 ff.; vgl. a. zus.fass. *Barber* (Fn. 83), 148 ff.; u. *Haltern* (Fn. 426), 558 f., der diesen Ansatz als „Modell der aufgeklärten Präferenzen" bezeichnet.

[430] Zus.fass. oben I. 3. (394 ff.).

[431] Vgl. speziell für die Legislative oben II. 1. (399 ff.), zus.fass. d) (405 f.).

fassungsgerichte in allen hier untersuchten Modellen positive Gestaltungsbefugnisse für sich in Anspruch, die unmittelbar in der Verfassung so nicht vorgesehen sind und daher eine kompetentielle Grauzone bilden[432]. Für die unter Rechtsstaatlichkeitsaspekten bedeutsame Sicherstellung der Verfassungsmäßigkeit allen hoheitlichen Handelns stellt dies zum Teil den ökonomischeren Weg dar, indem dem Gesetzgeber die Suche nach verfassungsrechtlich nicht zweifelhaften Alternativen erleichtert wird. Zugleich wird damit jedoch die Gefahr unzulässiger Übergriffe der Verfassungsrechtsprechung in die legislative Sphäre erhöht, auf die als Problem sogleich noch näher einzugehen ist.

b) Föderalistische Gesichtspunkte

Als zweite Kategorie der diese umfassende Machtstellung der Verfassungsgerichtsbarkeit begründenden Erwägungen sind jene Gesichtspunkte zu nennen, die sich untechnisch unter dem Begriff des Föderalismus zusammenfassen lassen: Alle hier betrachteten obersten Gerichte üben ihre rechtsprechende Gewalt im Rahmen bundesstaatlicher bzw. staatengemeinschaftlicher Systeme aus und müssen sich daher in besonderer Weise der Schlichtung von Streitigkeiten zwischen der Bundes- bzw. Gemeinschaftsebene einerseits und den Einzelstaaten andererseits annehmen. Für das Bundesverfassungsgericht stellt diese Aufgabe nicht nur, wie bereits erwähnt, das Urbild der Verfassungsstreitigkeiten dar; sie spiegelt sich auch bis heute in verschiedenen ausdrücklichen Verfahrenszuweisungen wider, zu denen vor allem die föderativen Streitigkeiten nach Art. 93 I Nr. 3, 4 GG, die abstrakte Normenkontrolle von Landesrecht nach Art. 93 I Nr. 2 GG und seit neuestem Art. 93 I Nr. 2 a GG gehören[433]. Für den Supreme Court bildet sie ebenfalls die Keimzelle seiner originären Zuständigkeiten und gewinnt darüber hinaus im certiorari-Verfahren insofern Bedeutung, als der Gerichtshof nach seinen eigenen Regeln speziell solche Verfahren annimmt, die eine wesentliche Frage des Bundesrechts betreffen, und damit zum Ausdruck bringt, daß er eine seiner zentralen Herausforderungen darin erblickt, den Vorrang des Bundesrechts im amerikanischen Bundesstaat zu sichern[434].

Am deutlichsten tritt diese integrierende Rolle der Verfassungsgerichtsbarkeit allerdings auf der europäischen Ebene zutage, wo die Übertragung rechtsprechender Gewalt von den Mitgliedstaaten auf die Gemeinschaft als essentieller Teil des supranationalen Charakters der EG fungiert. Für den Erhalt des europäischen Staatenverbundes als einer Rechtsgemeinschaft, die ihre Ziele mit den Mitteln des Rechts verfolgt, ist es in Abwesenheit einer echten Zwangsgewalt im klassisch-nationalstaatlichen Sinne von entscheidender Relevanz, daß ihre internen Streitigkeiten nicht mehr politisch ausgetragen, sondern nach rechtlichen Maßstäben ent-

---

[432] Oben II. 2. (406 ff.), vgl. zus.fass. d) (422 ff.).

[433] Vgl. a. näher schon oben I. 1. a) aa) (382 f.) mit den dortigen Nachweisen. Die Notwendigkeit einer gerichtlichen Entscheidung dieser Verfahren unterstreicht *Gerd Roellecke*, Überlastung einer Spitze in der Demokratie, in: NJW 1998, 1462 f., 1462.

[434] Hierzu ebenfalls schon oben I. 2. b) und c) (393 f.) mit den dortigen Nachweisen.

schieden werden. Hierfür bedarf es einer verbindlich entscheidenden und damit in der Tat rechtlich verbindenden Instanz auf Gemeinschaftsseite, die nach Lage der Dinge allein der Gerichtshof verkörpern kann[435]. An dieser Funktion der europäischen Gerichtsbarkeit zeigt sich exemplarisch, was in Deutschland und Amerika längst zum Allgemeingut geworden ist: daß nämlich Bundesstaaten und vergleichbar organisierte Rechtsgemeinschaften eine verfassungsgerichtliche Institution mit weitreichenden Entscheidungsbefugnissen als einigendes Band benötigen, um die entsprechende Gemeinschaft zusammenzuhalten und ihre politische Fragmentierung zu verhindern. Kein politisches Organ kann dies leisten, da es hierfür als Voraussetzung jener Unparteilichkeit bedarf, die nur von einem Gericht erwartet werden kann.

2. Probleme einer umfassenden gerichtlichen Kontrolle

Die aus all diesen Überlegungen abgeleitete weitgehende Einräumung von Letztentscheidungsgewalt an eine gerichtliche Instanz bringt freilich zugleich spezifische Probleme mit sich, die für die Idee des Interorganrespekts den Hintergrund ihrer potentiellen Anwendungen auf die Verfassungsrechtsprechung abgeben. Die zum Gegenstand unserer Untersuchung gemachten Verfassungssysteme teilen diese Probleme ebenso wie die im vorigen erörterte Notwendigkeit einer umfassenden gerichtlichen Kontrolle.

a) „Countermajoritarian difficulty" und „Kernbereich der Exekutive"

Aus dem Aufeinandertreffen von rechtsprechender Gewalt und Legislative und der Kassationskompetenz der ersteren gegenüber der letzteren resultiert eine besondere Konfliktlage, die in der amerikanischen Tradition unter dem Begriff der „counter-" bzw. „antimajoritarian difficulty" behandelt wird[436]: Das politische Gemeinwesen ruht nach dieser Sicht der Verfassung vor allem auf dem Prinzip der Demokratie, die ihrerseits in erster Linie auf dem Mehrheitsprinzip sowie der Möglichkeit zur Wahl und Abwahl der staatlichen Amts- und Entscheidungsträger basiert. Diese Prinzipien werden durch die Zuweisung einer umfassenden Kontrollfunktion an die

---

[435] Vgl. stv. *Commichau* (Fn. 152), 18 f.; *Ingolf Pernice*, in: Grabitz/Hilf (Fn. 80), Art. 164 EGV Rn. 7 ff.; *ders.* (Fn. 153), 36 ff.; *Oliver Dörr*, in: Sodan/Ziekow (Fn. 77), EVR Rn. 7 et seq.; *J. A. Usher*, Variable Geometry or Concentric Circles: Patterns for the European Union, in: ICLQ 46 (1997), 243–273, 244 f.; sowie oben 4. Kap. I. 5. a) (124 ff.), insbes. die Nachweise Fn. 103. *Vaubel* (Fn. 5), 92, macht allerdings zu Recht darauf aufmerksam, daß mit der – unvermeidlichen – Überantwortung dieser Entscheidungsbefugnis an einen Gerichtshof auf Bundes- bzw. Gemeinschaftsebene ein allgemein empirisch belegbarer Hang dieses Gerichtshofs zur judiziellen Abstützung zentralistischer Tendenzen einhergeht.

[436] Vgl. statt vieler den Überblick bei *Tribe* (Fn. 48), 10 ff., 61 ff. Krit. gegenüber der „Obsession" der US-Verfassungslehre hinsichtlich dieses Begriffs und der Erörterung der damit beschriebenen Problematik z.B. *Barry Friedman*, Dialogue and Judicial Review, in: Michigan Law Review 91 (1993), 577–682, bes. 578 ff., 616 ff.; beachte auch die Kritik von *Griffin* (Fn. 427), 107 ff.

Rechtsprechung zumindest teilweise durchbrochen und außer Kraft gesetzt. Mögliche Übergriffe der Judikative in die Sphäre des unmittelbar demokratisch legitimierten Gesetzgebers, wie sie insbesondere im Bereich der von der Verfassungsrechtsprechung reklamierten Gestaltungsbefugnisse vorkommen können[437], stellen daher das „goldene Kalb der demokratischen Verantwortlichkeit" in Frage[438]. In ähnlicher Weise können zu weitgehende Steuerungseingriffe der Gerichte in den Feldern, die nach der hergebrachten Terminologie zum „Kernbereich der Exekutive" gezählt werden[439], insgesamt zur Bedrohung für die Gewaltenbalance avancieren.

Aus diesen Feststellungen wird speziell für das Verhältnis von Verfassungsgerichtsbarkeit und Gesetzgeber oftmals die Folgerung abgeleitet, daß es einer „Einhegung" der rechtsprechenden Gewalt bedürfe, um sie daran zu hindern, zum Agenten einer „Minderheitentyrannei" zu werden, die die demokratisch legitime Herrschaftsausübung der Mehrheit unangemessen blockiert[440]. Auch diese Debatte läßt sich anhand der in der amerikanischen Verfassungslehre entwickelten Modelle am besten zuspitzen: Die Vertreter des sogenannten „originalism", die die größtmögliche Kontrolle aller Staatsorgane durch das Volk als den fundamentalen Verfassungswert schlechthin ansehen, wollen die Rolle der Verfassungsrechtsprechung strikt auf die Anwendung des „originalen", geschriebenen Verfassungstextes und der von den Verfassungsvätern mit diesem Text verfolgten Intentionen begrenzen. Vereinfacht ausgedrückt sollen die Gerichte also dem Willen der Legislative grundsätzlich den Vorrang einräumen, sofern der Verfassungstext ihm nicht eindeutig entgegensteht[441]. Auf der anderen Seite des politischen Spektrums gehen die Anhänger der sogenannten „Critical Legal Studies" davon aus, daß die Rechtsordnung und die zu ihrer Durchsetzung berufene Justiz ohnedies unvermeidbar politisiert seien („law is politics"), so daß allen richterlichen Entscheidungen notwendiger-

---

437 Vgl. schon den Verweis oben Fn. 432.

438 Der Ausdruck stammt von *Haltern* (Fn. 426), 557. Vgl. dort auch näher 561 f.; u. weniger krit. *Chryssogonos* (Fn. 73), 56 ff. m.w.N.; differenzierend *Böckenförde* (Fn. 42), 15 ff. Ein etwas anderer Ansatz, der aber in die gleiche Richtung tendiert, findet sich bei *Marcel Kaufmann*, Politische Gestaltungsfreiheit als Rechtsprinzip, in: Staatswissenschaften und Staatspraxis 8 (1997), 161–186.

439 Zu diesem bereits oben 6. Kap. IV. 2. (283 ff.); vgl. dort auch III. 2. (277 ff.) hinsichtlich der generellen Zurücknahme gerichtlicher Kontrollintensität gegenüber der Exekutive in bestimmten Bereichen.

440 Den Begriff der „Minderheitentyrannei" verwendet in diesem Zusammenhang ausdrücklich *Robert H. Bork*, Neutral Principles and Some First Amendment Problems, in: Indiana Law Journal 47 (1971), 1–35, 3.

441 Die Tiefe des „originalistischen" Ansatzes kann an dieser Stelle natürlich nicht weiter ausgelotet werden. Als seine Hauptvertreter gelten *Bork* (Fn. 440), 7 ff.; vgl. a. zuletzt *ders.*, The Tempting of America, 1990, 143 ff.; weiter *Raoul Berger*, Government by Judiciary, 2nd ed. 1997, 369 ff.; sowie die obersten Richter *Scalia* (Fn. 175), 854 ff.; u. *William H. Rehnquist*, The Notion of a Living Constitution, in: Texas Law Review 54 (1976), 693–706, 699 ff. Vgl. a. schon das Sondervotum von Justice Black in *Adamson v. California*, 332 U.S. 46 (1947), 68 ff.; krit. *Barber* (Fn. 83), 2 ff., 121 ff.; u. aus dem umfangreichen deutschen Schrifttum *Brugger* (Fn. 46), 347 ff.; *ders.* (Fn. 3), 583 ff.; *Schuppert*, Self-restraints (Fn. 184), 1196; *Giegerich* (Fn. 132), 5; *Krings* (Fn. 409), 162 f. et seq.; sowie aus rein deutscher Perspektive stv. *Looschelders/Roth* (Fn. 192), 28 ff. m.w.N.

weise eine primär politische Natur zukomme. Die Problematik des Verhältnisses von Verfassungsgericht und Gesetzgeber reduziere sich deshalb darauf, ob man lieber den Richtern oder doch eher der parlamentarischen Mehrheit freie Hand lassen wolle[442].

Während der zuletzt genannten Denkschule ein gewisser Fatalismus eigen ist, bleibt im Falle des Originalismus die Frage offen, wer anders als die zuständigen Richter letztlich über die „Eindeutigkeit" von Widersprüchen zwischen gesetzgeberischem Willen und Verfassungstext bzw. -intention entscheiden soll, womit sich die Katze gewissermaßen in den Schwanz beißt. Darüber hinaus wird das mit dem Prinzip umfassender gerichtlicher Kontrolle potentiell konfligierende Prinzip umfassender demokratischer Verantwortlichkeit inzwischen auch von anderer Seite in Zweifel gezogen. Speziell die neueren Analysen der Institutionenökonomik und der als „public choice"-Theorie bekanntgewordenen Studienrichtung belegen nämlich, daß diesem Konzept verschiedene immanente Schwächen innewohnen[443]: Vor allem fördert es Bedächtigkeit und Vorsicht der verantwortlichen Entscheidungsträger; es reduziert ihre Risikobereitschaft, verhindert ihre Orientierung an einer langfristigen Perspektive und zementiert so den Status quo bzw. führt zu nur kurzfristig wirksamen und auf Dauer möglicherweise sogar kontraproduktiven Aktionsprogrammen. Nachdenklichkeit und Risikoscheu, gepaart mit einem ausgeprägten Diskursbedürfnis, stellen nun zwar keinesfalls per se negative Eigenschaften dar; wo allerdings schnelles und effektives Handeln im Sinne verbindlicher Entscheidungen gefordert ist, können sie sich im Übermaß als hinderlich erweisen. Hinzu kommt, daß die zentrale demokratische Entscheidungsregel, nach der der Wille der Mehrheit den Ausschlag geben soll, in komplexeren Entscheidungssituationen unter bestimmten Bedingungen versagt – eine Erkenntnis, die nach ihrem Urheber oft als „*Arrow*'s Theorem" bezeichnet wird[444]. Von daher erscheint es in vielerlei Situationen ratsam, sich unter Verzicht auf eine unmittelbare demokratische Rückbindung jeder einzelnen Maßnahme des Sachverstandes unabhängiger Experten zu bedienen und ihnen eine begrenzte, aber eigenständige Entscheidungsverantwortung zu übertragen. Das Verfassungsgericht leistet in dieser Perspektive einen wesentlichen Beitrag dazu, vernünftige politische Entscheidungen zu fällen[445].

---

[442] Stv. hierfür *Erwin Chemerinsky*, Interpreting the Constitution, 1987, 11 f. et seq., zus.fass. 129 ff.; u. insges. erneut *Brugger* (Fn. 3), 581 ff.

[443] Für eine umfassende Analyse, die hier nicht annähernd geleistet werden kann, vgl. statt vieler: *James G. March/Johan P. Olsen*, Democratic Governance, 1995, bes. 143 ff.; u. die Zusammenfassung ihrer Ergebnisse bei *Haltern* (Fn. 426), 562 ff.

[444] I. einz. hierzu *Farber/Frickey* (Fn. 427), 38 ff.; vgl. a. *Siegfried F. Franke*, (Ir)rationale Politik?, 1996, 65 ff.; u. auf spieltheoretischer Grundlage *Douglas G. Baird/Robert H. Gertner/Randal C. Picker*, Game Theory and the Law, 1994, bes. 188 ff.; sowie aus spezifisch juristischer Sicht *Tribe* (Fn. 48), 12 Fn. 6; u. ausführlich *Richard H. Pildes/Elizabeth S. Anderson*, Slinging Arrows at Democracy: Social Choice Theory, Value Pluralism, and Democratic Politics, in: Columbia Law Review 90 (1990), 2121–2214, 2131 ff.

[445] Andere „ministerialfreie" Expertengremien dieser Art, unter denen vor allem die unabhängi-

Den zahlreichen Differenzierungen dieser hier nur grob skizzierten Analysen kann an dieser Stelle nicht weiter nachgegangen werden. Im Kontext unserer Untersuchung begründen sie jedoch in Verbindung mit den zu Beginn der Schlußbetrachtung unter Rechtsstaatlichkeitsaspekten angestellten Erwägungen eine wesentliche allgemeine Feststellung: Für die weitgehende Einräumung einer Letztentscheidungsbefugnis an die Verfassungsgerichtsbarkeit gibt es trotz der damit einhergehenden teilweisen Durchbrechung der direkten demokratischen Verantwortlichkeit und der mit dem „Kernbereich der Exekutive" assoziierten Probleme der Gewaltenbalance gute Gründe. Die angemessene Antwort auf die „countermajoritarian difficulty" und die generelle Frage nach dem Gleichgewicht der Verfassungsorgane kann daher nicht in der Herbeiführung einer Machtverschiebung durch die formelle Beschneidung verfassungsgerichtlicher Kompetenzen bestehen. Vielmehr bedarf es eines Mechanismus, der die Usurpation der Funktionsbereiche von Legislative und Exekutive durch die Verfassungsgerichtsbarkeit verhindert, ohne ihre Letztentscheidungsbefugnis anzutasten.

b) Vertikale Konkurrenzen innerhalb der Judikative

Ein solcher Mechanismus wird außerdem zur Harmonisierung der verschiedenen Rechtsprechungsfunktionen innerhalb der den Gerichten zugewiesenen Sphäre benötigt, um die gerade in föderalistisch ausgerichteten Verfassungssystemen unvermeidlichen Konkurrenzen der unterschiedlichen Gerichtsbarkeiten zu entschärfen. Der einheitliche Gerichtsaufbau der Bundesrepublik Deutschland, in dem ein durchgehender Instanzenzug von der Landes- zur Bundesgerichtsbarkeit führt, wirft in diesem Zusammenhang die geringsten Schwierigkeiten auf: dort ergeben sich die Probleme in erster Linie, wie dargelegt, im Verhältnis zwischen Verfassungs- und Fachgerichtsbarkeit[446]. Schon in den Vereinigten Staaten mit ihren voneinander unabhängigen vollständigen Gerichtssystemen auf einzel- und bundesstaatlicher Ebene bedarf es jedoch erheblicher dogmatischer Anstrengungen, um den zentralen Funktionsbereich der einzelstaatlichen Gerichtsbarkeiten gegenüber Zugriffen der Bundesgerichtsbarkeit zu wahren: Neben dem 11. Zusatzartikel der Verfassung, der bestimmte Klagen gegen die Einzelstaaten von vornherein der Bundesgerichtsbarkeit entzieht[447], und der allgemeinen Regel, daß die Bundesge-

gen Notenbanken mit ihrer eigenständigen Verantwortung für die Geldpolitik hervorzuheben sind, haben wir bereits oben 6. Kap. II. 2. (251 ff.) kennengelernt. In Amerika wird die zugrundeliegende Denkrichtung, die auf eine partielle Durchbrechung unmittelbarer demokratischer Verantwortlichkeit zugunsten von Expertenwissen setzt, im Gegensatz zum sog. „populism" als „progressivism" bezeichnet. Vgl. stv. u. durchaus krit. gegenüber beiden Ansätzen *Jack M. Balkin*, Populism and Progressivism as Constitutional Categories, in: Yale Law Journal 104 (1995), 1935–1990, 1947 f. et seq.; speziell mit Bezug auf die Rolle der Verfassungsgerichtsbarkeit *Ulrich R. Haltern*, Integration als Mythos, in: JöR N.F. 45 (1997), 31–88, 73 ff.; u. schon *Helmut Steinberger*, Konzeption und Grenzen freiheitlicher Demokratie, 1974, 126 ff.

[446] Oben IV. (472 ff.).

[447] Statt vieler: *Rotunda/Nowak/Young* (Fn. 44), 81 ff. (§ 2.12) m.w.N.

richte lediglich über Fragen des Bundesrechts urteilen sollen[448], ist hier vor allem die sogenannte „abstention doctrine" zu erwähnen, nach der sich ein Bundesgericht unter bestimmten Umständen für unzuständig erklären kann, wenn zur Entscheidung eines ihm ansonsten zulässigerweise unterbreiteten Rechtsstreits zunächst die Beantwortung einer bis dahin ungeklärten Frage des einzelstaatlichen Rechts erforderlich wäre[449]. „Abstention" stellt in diesem Fall eine besondere Form der Rücksichtnahme von seiten der Bundesgerichte auf die primäre Zuständigkeit der einzelstaatlichen Gerichte hinsichtlich der Auslegung ihres jeweiligen Landesrechts dar.

Am deutlichsten tritt diese Abgrenzungsproblematik allerdings auf der europäischen Ebene im Verhältnis zwischen dem Europäischen Gerichtshof und den diversen mitgliedstaatlichen Gerichtsbarkeiten, namentlich dem Bundesverfassungsgericht, zutage. In diesem Zusammenhang ist zunächst daran zu erinnern, daß das Bundesverfassungsgericht in seinem gerade deswegen heftig kritisierten „Maastricht"-Urteil entschieden hat, eine Handhabung oder Fortbildung des EG-Vertrages durch die europäischen Organe, die von dem entsprechenden deutschen Zustimmungsgesetz nicht mehr gedeckt sei, könne keine Gültigkeit entfalten, so daß die daraus fließenden Rechtsakte von den deutschen Staatsorganen in Deutschland nicht angewendet werden dürften. Es behält sich damit die Befugnis vor, in letzter Instanz über die Reichweite des nationalen deutschen Rechtsanwendungsbefehls für das EG-Recht zu entscheiden[450]. Besondere Relevanz gewinnt dieser Anspruch im Bereich des Grundrechtsschutzes: Zwar hat das Verfassungsgericht in seiner berühmten „Solange II"-Entscheidung dem Europäischen Gerichtshof nach langem Ringen einen grundsätzlichen Vorrang hinsichtlich des Grundrechtsschutzes auf Gemeinschaftsebene zugestanden[451], bekräftigt jedoch im „Maastricht"-Urteil:

> „Das Bundesverfassungsgericht gewährleistet duch seine Zuständigkeit ..., daß ein wirksamer Schutz der Grundrechte für die Einwohner Deutschlands auch gegenüber der Hoheitsgewalt der Gemeinschaften generell sichergestellt und dieser dem vom Grundgesetz als unabdingbar gebotenen Grundrechtsschutz im wesentlichen gleich zu achten ist,... ."[452]

---

[448] Vgl. schon *Murdock v. City of Memphis*, 87 U.S. (20 Wall.) 590 (1874), 626; ferner stv. *Herb v. Pitcairn*, 324 U.S. 117 (1945), 125 f.; u. dazu nochmals *Rotunda/Nowak/Young* (Fn. 44), 153 ff. (§ 2.14) m.w.N.

[449] Die Leitentscheidung zu dieser Doktrin ist *Railroad Commission v. Pullman Co.*, 312 U.S. 496 (1941). Vgl. dazu stv. *Martin H. Redish*, Abstention, Separation of Powers, and the Limits of the Judicial Function, in: Yale Law Journal 94 (1984), 71–115; weitere Nachweise bei *Rotunda/Nowak/Young* (Fn. 44), 162 Fn. 5 (§ 2.15); u. *Franz C. Mayer*, Kompetenzüberschreitung und Letztentscheidung, 2000, 310 ff.

[450] BVerfGE 89, 155, 194 f. et seq.

[451] BVerfGE 73, 339, 378 ff.; vgl. dazu etwa *Rengeling/Middeke/Gellermann* (Fn. 30), 505 ff. (Rn. 998 ff.) m.w.N.

[452] BVerfGE 89, 155, 174 f.; dies begrüßt bspw. *Gert Meier*, Nationale Rechtskontrolle der Unionskompetenzen – gemeinschaftskonforme vertikale Gewaltenkontrolle?, in: EuZW 1998, 193; ähnlich *Elvira Pfrang*, Das Verhältnis zwischen Europäischem Gemeinschaftsrecht und deutschem Recht nach der Maastricht-Entscheidung des Bundesverfassungsgerichts, 1997, 242 ff.

Auf dieser Basis erscheinen Konflikte zwischen den Verfassungsgerichten Deutschlands und Europas vorprogrammiert[453], zumal gerade im deutschen Schrifttum die Zweifel an einer adäquaten Grundrechtsgewährleistung durch den Europäischen Gerichtshof nicht verstummen wollen[454].

Das illustrativste Beispiel hierfür liefert die oben in anderem Zusammenhang thematisierte Bananenmarktordnung[455]. Die Argumentation, diese Ordnung verletze Eigentumsrechte der betroffenen Importeure, war bereits im Ausgangsverfahren vor dem Europäischen Gerichtshof vorgetragen worden, hatte dort jedoch nur wenig Gehör gefunden[456]. Das daraufhin mit einer Verfassungsbeschwerde angerufene Bundesverfassungsgericht sah zwar – unter Verweis auf die Offenheit der Bananenmarktordnung für Härtefälle – von einem direkten Angriff auf die Gültigkeit der neuen Marktorganisation ab, bestätigte aber seinen prinzipiellen Überprüfungsanspruch in grundrechtlicher Hinsicht und eröffnete den deutschen Gerichten außerdem die Möglichkeit, klagenden Obstimporteuren vorläufigen Rechtsschutz zu gewähren und ihnen auf diesem Wege beispielsweise zusätzliche Einfuhrlizenzen zu verschaffen[457]. Daraus resultierten zunächst weitere Entwicklungen gegenläufiger Natur in der deutschen und europäischen Verfassungsrechtsprechung: Auf der einen Seite konfrontierte das Verwaltungsgericht in Frankfurt am Main das Bundesverfassungsgericht im Wege eines Vorlagebeschlusses erneut mit der Frage der Gültigkeit der EG-Bananenmarktordnung[458]; auf der anderen Seite erklärte der Eu-

---

[453] Zu diesem Ergebnis kommt etwa auch *Hans-Peter Folz*, Demokratie und Integration, 1999, 275 f., nachdem er festgestellt hat, daß die Positionen beider Gerichte in bezug auf ihr jeweiliges System schlüssig sind. Das gilt aber nicht nur für Deutschland, wie der rechtsvergleichende Überblick bei *Mayer* (Fn. 449), 260 ff., anschaulich belegt.

[454] Das BVerfG hat auch tatsächlich bereits deutsche Umsetzungsakte von EG-Richtlinien auf ihre Grundrechtsverträglichkeit überprüft, wenngleich i. Erg. bisher nicht derart beanstandet, daß es zu einem offenen Konflikt mit den europarechtlichen Vorgaben gekommen wäre. Vgl. etwa BVerfG EuZW 1997, 734 f.; u. dazu *Manfred A. Dauses*, Eine Lanze für „Solange III", in: EuZW 1997, 705; sowie allg. *Peter M. Huber*, Das Kooperationsverhältnis zwischen BVerfG und EuGH in Grundrechtsfragen, in: EuZW 1997, 517–521, 520 f.; u. *Hans Heinrich Rupp*, Ausschaltung des Bundesverfassungsgerichts durch den Amsterdamer Vertrag?, in: JZ 1998, 213–217, 215; *a.A. Günter Hirsch*, Europäischer Gerichtshof und Bundesverfassungsgericht – Kooperation oder Konfrontation?, in: NJW 1996, 2457–2466, 2464; u. *Manfred Zuleeg*, The European Constitution under Constitutional Constraints: The German Scenario, in: ELR 22 (1997), 19–34, 26 ff., bes. 32.

[455] Vgl. oben II. 3. e) dd) (442 f.).

[456] EuGH Slg. 1994, I-4973 – Rs. C-280/93 –, I-5065; vgl. dazu die Kritik von *Martin Nettesheim*, Grundrechtliche Prüfdichte durch den EuGH, in: EuZW 1995, 106–108, 106 f.; u. *Ulrich Everling*, Will Europe Slip on Bananas?, in: CMLR 33 (1996), 401–437, 413 ff. *Weustenfeld* (Fn. 249), 44 ff., 111 ff., sieht zwar i. Erg. keine Eigentumsverletzung, wohl aber partiell eine (unverhältnismäßige) Einschränkung der Berufsfreiheit durch die Bananenmarktordnung.

[457] BVerfG JZ 1995, 352 f.; vgl. a. die unmittelbare Reaktion darauf in HessVGH EuZW 1995, 222 ff.; u. dazu *Lorz* (Fn. 251), 192 f.; ähnlich BFH EuZW 1996, 126 ff.; vgl. dazu *Petersmann* (Fn. 346), 327 f.

[458] VG Frankfurt/Main EuZW 1997, 182 ff.; dazu *Albrecht Weber*, Die Bananenmarktordnung unter Aufsicht des BVerfG?, in: EuZW 1997, 165–169, bes. 166 f.; *Manfred Zuleeg*, Bananen und Grundrechte – Anlaß zum Konflikt zwischen europäischer und deutscher Gerichtsbarkeit, in: NJW 1997, 1201–1207, 1201 ff.; *Claus Dieter Classen*, Die Bananenmarktordnung der EG – ein Fall für das Bundesverfassungsgericht?, in: JZ 1997, 454–456; u. zu weiteren, hier nicht näher

ropäische Gerichtshof den vom Bundesverfassungsgericht ursprünglich gewählten Ausweg eines einstweiligen Rechtsschutzes durch nationale Gerichte für unzulässig und blockierte ihn damit für die Zukunft[459]. Das Bundesverfassungsgericht wich schließlich aus, indem es den konkreten Normenkontrollantrag des Frankfurter Verwaltungsgerichts deswegen für unzulässig erklärte, weil er nicht im einzelnen dargelegt habe, wieso der vom Grundgesetz unabdingbar gebotene Grundrechtsschutz durch die Rechtsprechung des Europäischen Gerichtshofs nicht mehr hinreichend gewährleistet sei[460].

Ein solches Ausweichen im Einzelfall kann jedoch die generelle Gefahr nicht ausschließen, die sich aus den unterschiedlichen Rechtsprechungslinien der beiden Gerichte ergibt und die darin besteht, daß es zu einer echten Kollision ihrer Rechtsprechungstätigkeiten mit unabsehbaren Folgen für den Zusammenhalt der EG als Rechtsgemeinschaft kommen könnte. Es scheint daher an der Zeit, sich auf einen anderen Satz aus dem „Maastricht"-Urteil zurückzubesinnen und ihn mit Leben zu erfüllen:

„Allerdings übt das Bundesverfassungsgericht seine Gerichtsbarkeit über die Anwendbarkeit von abgeleitetem Gemeinschaftsrecht in Deutschland in einem „Kooperationsverhältnis" zum Europäischen Gerichtshof aus, in dem der Europäische Gerichtshof den Grundrechtsschutz in jedem Einzelfall für das Gesamtgebiet der Europäischen Gemeinschaften garantiert, das Bundesverfassungsgericht sich deshalb auf eine generelle Gewährleistung der unabdingbaren Grundrechtsstandards ... beschränken kann."[461]

---

erörterten Ausprägungen der mittlerweile höchst umfangreichen „Bananen"-Rspr. *Huber* (Fn. 454), 517 et seq.

459 Vgl. schon EuGH Slg. 1995, I-3761 – Rs. C-465/93; u. insbes. Slg. 1996, I-6065 – Rs. C-68/95; sowie dazu i. einz. die Anmerkung von *Albertina Albors-Llorens*, in: CMLR 35 (1998), 227–245, 242 ff.; *Steve Peers*, Taking Supremacy Seriously, in: ELR 23 (1998), 146–156, 150 ff., 153 ff.; *Christian Rohde*, Vorläufiger Rechtsschutz unter dem Einfluß des Gemeinschaftsrechts, 1998, 210 ff.; *Claus Weber*, Das Verhältnis der Kompetenzen von europäischen und nationalen Gerichten, in: DÖV 1997, 624–629, 628; *Wolfram Sandner*, Probleme des vorläufigen Rechtsschutzes gegen Gemeinschaftsrecht vor nationalen Gerichten, in: DVBl. 1998, 262–267, 265 ff.; *Christian Koenig*, Gemeinschaftsrechtliche Unzulässigkeit einstweiliger Regelungsanordnungen gem. § 123 I VwGO im mitgliedstaatlichen Vollzug einer Gemeinsamen Marktorganisation?, in: EuZW 1997, 206–208; *Günter Hirsch*, Kompetenzverteilung zwischen EuGH und nationaler Gerichtsbarkeit, in: NVwZ 1998, 907–910, 910; *Christoph Ohler/Wolfgang Weiß*, Einstweiliger Rechtsschutz vor nationalen Gerichten und Gemeinschaftsrecht, in: NJW 1997, 2221 f.; jew. m.w.N. Allerdings gilt diese Untersagung einstweiligen Rechtsschutzes nicht generell, sondern nur für solche Verfahren, in denen wie im Bananen-Fall ein eigener Rechtsakt erstrebt wird, der in die Zuständigkeit der Gemeinschaftsorgane fällt (hier die Zuteilung zusätzlicher Importlizenzen). Den innerstaatlichen Vollzug eines als rechtswidrig angefochtenen Gemeinschaftsrechtsaktes können nationale Gerichte hingegen – unter strengen Voraussetzungen – in eigener Verantwortung stoppen, vgl. EuGH Slg. 1991, I-415 – verb. Rs. C-143/88 u. C-92/89; nochmals Slg. 1995, I-3761 – Rs. C-465/93; u. zuletzt Slg. 1997, I-4517 – Rs. C-334/95.

460 BVerfG EuGRZ 2000, 328 ff.

461 BVerfGE 89, 155, 175; vgl. zu diesem Kooperationsverhältnis auch allg. aus der Sicht des EuGH *Gil Carlos Rodríguez Iglesias*, Der EuGH und die Gerichte der Mitgliedstaaten – Komponenten der richterlichen Gewalt in der Europäischen Union, in: NJW 2000, 1889–1896, 1890 ff.

Im Sinne der tatsächlichen Etablierung einer solchen Kooperation zwischen Luxemburg und Karlsruhe, die für das Verhältnis der Gerichtsbarkeiten der Gemeinschaft und ihrer Mitgliedstaaten zueinander ein verallgemeinerungsfähiges Vorbild abgeben könnte, haben im Zuge des Bananenstreits verschiedene Autoren das Bundesverfassungsgericht dazu aufgefordert, sich im Wege eines Vorabentscheidungsersuchens direkt mit dem Europäischen Gerichtshof in Verbindung zu setzen[462]. Auf diese Weise hätte zugleich klargestellt werden können, daß der Vorrang des Gemeinschaftsrechts, auf dessen unbedingte Anerkennung die Gemeinschaft angewiesen bleibt, von Deutschland aus nicht weiter in Frage gestellt wird[463]. Ein solches Vorgehen in zukünftigen Fällen würde freilich auch eine entsprechende „Gegenleistung" des Europäischen Gerichtshofs verlangen, die darin bestehen müßte, den vom Bundesverfassungsgericht vorgebrachten grundrechtlichen Bedenken stärker Rechnung zu tragen und sie dem Oberziel der europäischen Integration weniger bereitwillig unterzuordnen[464].

---

[462] So etwa *Everling* (Fn. 456), 434 f.; *Torsten Stein*, „Bananen-Split"?, in: EuZW 1998, 261–264, 262; tendenziell auch *Hirsch* (Fn. 459), 910; weiter *Oppermann* (Fn. 33), 906 f.; *Christian Tietje*, Europäischer Grundrechtsschutz nach dem Maastricht-Urteil, „Solange III"?, in: JuS 1994, 197–202, 201; *Thomas Trautwein*, Zur Rechtsprechungskompetenz des BVerfG auf dem Gebiet des Europäischen Gemeinschaftsrechts, in: JuS 1997, 893–897, 896; *Rüdiger Zuck/Christofer Lenz*, Verfassungsrechtlicher Rechtsschutz gegen Europa, in: NJW 1997, 1193–1200, 1199 f.; *a.A. Commichau* (Fn. 152), 100 f. Den kooperativen Charakter des Vorabentscheidungsverfahrens betonen darüber hinaus allg. *P. J. G. Kapteyn/P. VerLoren van Themaat*, Introduction to the Law of the European Communities, 3rd ed. 1998, 503 f.; u. *Bengt Beutler/Roland Bieber/Jörn Pipkorn/Jochen Streil*, Die Europäische Union, 4. Aufl. 1993, 251 ff. Einen besonderen Vorschlag zur Institutionalisierung der Kooperation zwischen nationaler und gemeinschaftlicher Judikative unterbreitet *Joseph H. H. Weiler*, The European Union Belongs to its Citizens: Three Immodest Proposals, in: ELR 22 (1997), 150–156, 155 f.: er plädiert für die Einrichtung eines europäischen Verfassungsrates nach französischem Vorbild, der ex ante die Einhaltung der Kompetenzabgrenzung zwischen Gemeinschaft und Mitgliedstaaten überwachen und unter der Präsidentschaft des EuGH-Präsidenten aus Mitgliedern der nationalen Verfassungsgerichte zusammengesetzt sein soll; ähnlich *Petersmann* (Fn. 251), 202.

[463] Ausdrücklich in diesem Sinne bspw. *Hirsch* (Fn. 454), 2463; u. bereits mit Zuversicht hinsichtlich der gegenwärtigen Situation *ders.*, Der EuGH im Spannungsverhältnis zwischen Gemeinschaftsrecht und nationalem Recht, in: NJW 2000, 1817–1822, 1818 ff.; mit spezifischem Bezug auf die parallele Problemsituation in Frankreich *Wolfgang Graf Vitzthum*, Gemeinschaftsgericht und Verfassungsgericht – rechtsvergleichende Aspekte, in: JZ 1998, 161–167, 162 f. et seq.; ferner *Ulrich Everling*, Bundesverfassungsgericht und Gerichtshof der Europäischen Gemeinschaften nach dem Maastricht-Urteil, in: GS Eberhard Grabitz, 1995, 57–75, 69 ff.; vgl. a. *Walter Frenz*, Grundgesetzliche Rechtsschutzgarantie gegen europäische Rechtsakte?, in: Der Staat 34 (1995), 586–605, 602 f., der Verfassungsbeschwerden wegen Grundrechtsverletzungen nur gegen das die Übertragung von Hoheitsrechten begründende deutsche Zustimmungsgesetz und gegen das Abstimmungsverhalten der deutschen Vertreter in den europäischen Organen zulassen will und ansonsten dem EuGH ein Entscheidungsmonopol zuspricht.Als einen Versuch der Bekräftigung dieses Vorrangs wird man wohl auch Nr. 2 des Amsterdamer Protokolls über die Anwendung der Grundsätze der Subsidiarität und der Verhältnismäßigkeit werten dürfen, der ausdrücklich die Sicht des EuGH zur Grundlage für das Verhältnis zwischen einzelstaatlichem Recht und Gemeinschaftsrecht erklärt. Zu dieser Sicht vgl. stv. den oben Fn. 4 zitierten Bericht des Gerichtshofes, 3 f.; u. insges. krit. *Rupp* (Fn. 454), 216 f.

[464] In ähnlicher Weise argumentieren *Stein* (Fn. 462), 261 f.; *Huber* (Fn. 454), 521; *Everling*

3. Interorganrespekt als vermittelnde Lösung

Im Kontext unserer Untersuchung tragen derartige Vorschläge und Forderungen einen im positiven Sinne verräterischen Charakter: Sie weisen darauf hin, daß die Auflösung der zugrundeliegenden Konfliktlagen und Konkurrenzverhältnisse nur auf der Basis einer loyalen Zusammenarbeit zwischen den beteiligten Institutionen, hier also den unterschiedlichen Gerichtsbarkeiten, möglich ist. Die hier eingeforderte Kooperation setzt aber ihrerseits eine gegenseitige Rücksichtnahme der Gerichte auf ihre jeweiligen originären Zuständigkeitsbereiche voraus, wie sie etwa in den USA zwischen Bundes- und Landesgerichtsbarkeit praktiziert und im Grundsatz ebenso vom Europäischen Gerichtshof und von den übrigen Gerichten der Mitgliedstaaten einschließlich des Bundesverfassungsgerichts anerkannt wird. Anders ausgedrückt bedarf es des Prinzips vom Interorganrespekt, um die Rechtsprechungskonkurrenzen, die zwischen verschiedenen einander funktionell überlappenden Gerichtsbarkeiten unvermeidlich auftreten, nicht in eine offene Konfrontation und gegenseitige Blockade ausarten zu lassen[465].

In dem uns vorrangig interessierenden Verhältnis der Verfassungsgerichtsbarkeit zu Legislative und Exekutive gilt dies in noch weit höherem Maße. Gerade wenn man aus den im vorigen dargelegten Gründen eine weitgehende Letztentscheidungsgewalt der Verfassungsgerichte bejaht, muß man die Forderung nach Beachtung des Interorganrespekts mit besonderem Nachdruck an sie richten dürfen. Denn die Kehrseite einer solchen Entscheidungsfreiheit besteht in einer erhöhten Entscheidungsverantwortung: Wer die letzte Kontrollinstanz verkörpert, muß bei der Ausübung seiner Kontrollbefugnisse zugleich am meisten Rücksicht auf die essentiellen Verantwortungsbereiche der anderen Organe nehmen. Die Verfassungsgerichtsbarkeit trifft damit in den drei zum Gegenstand dieser Untersuchung gemachten Verfassungsmodellen die hauptsächliche Verpflichtung zur Wahrung der jeweiligen Kompetenzsphären in den Beziehungen zwischen den einzelnen Zweigen der öffentlichen Gewalt. Nachdem die Erörterungen formalisierter Mechanismen wie

---

(Fn. 456), 435 f.; u. *Weustenfeld* (Fn. 249), 234 ff. *Matthias Pechstein/Johannes Cirkel*, EuGH-Zuständigkeit für deutsches Verfassungsrecht?, in: DÖV 1997, 365–371, 369, schlagen sogar in allerdings gänzlich anderem Zusammenhang eine auf wechselseitige Rücksichtnahme und damit auf das Prinzip des Interorganrespekts gestützte Vorlagepflicht des EuGH an das BVerfG vor.

[465] Eine „loyale Zusammenarbeit" von EuGH und nationalen Gerichten im Sinne der hier vertretenen Konzeption des Interorganrespekts mahnt generell bspw. *Ingolf Pernice*, Einheit und Kooperation: Das Gemeinschaftsrecht im Lichte der Rechtsprechung von EuGH und nationalen Gerichten, in: GS Eberhard Grabitz, 1995, 523–550, 527 ff., ausdrücklich an. In ähnlicher Weise statuiert *John Temple Lang*, The Duties of National Courts under Community Constitutional Law, in: ELR 22 (1997), 3–18, 12, eine Verpflichtung der nationalen Gerichte, Konflikte mit der Gemeinschaftsgerichtsbarkeit nach Möglichkeit zu vermeiden, und im Gegenzug eine Verpflichtung der Gemeinschaftsinstitutionen zur Zusammenarbeit mit den nationalen Gerichten. Vgl. a. den konzeptionellen Überblick von *Mattias Kumm*, Who is the final arbiter of constitutionality in Europe?, in: CMLR 36 (1999), 351–386; u. den Kommentar dazu von *Christoph U. Schmid*, The neglected conciliation approach to the „Final Arbiter" conflict, in: CMLR 36 (1999), 509–514; sowie die umfassende Darstellung der verschiedenen in dieser Hinsicht denkbaren Lösungswege bei *Mayer* (Fn. 449), 326 ff.

der innergerichtlichen Abstimmungsmehrheiten, der verfassungskonformen Auslegung und der amerikanischen „political question doctrine“ gezeigt haben, daß derartige Mechanismen zur Abgrenzung des spezifisch verfassungsgerichtlichen Funktionsbereichs von den primären Zuständigkeiten der übrigen Verfassungsorgane allenfalls sehr begrenzt taugen[466], muß dem Verfassungsgericht darüber hinaus ein ausgeprägtes Vertrauen hinsichtlich der Erfüllung dieser Verpflichtung entgegengebracht werden. Die Rechtfertigung dieses Vertrauens ergibt sich zum einen daraus, daß die rechtsprechende Gewalt allein schon wegen ihrer fehlenden eigenen Initiativbefugnisse tatsächlich die „least dangerous branch“ der öffentlichen Gewalt darstellt, zum anderen aber auch speziell aus der doppelten Wirkungsweise des Gedankens vom Interorganrespekt: Er enthält eben nicht nur ein allgemeines Rücksichtnahmegebot, sondern stellt darüber hinaus mit dem Prinzip der Organadäquanz und einer daran orientierten Funktionenzuordnung den zentralen Maßstab für die nähere Bestimmung der aus diesem Gebot fließenden Pflichten bereit. Mit diesen Ableitungen bildet der Grundsatz des Interorganrespekts das zur Kompensation der verfassungsgerichtlichen Letztentscheidungsgewalt notwendige Korrektiv. Er bewirkt eine partielle Verschiebung des Brennpunktes der verfassungsgerichtlichen Überprüfung von der inhaltlichen zur funktionellen und prozeduralen Richtigkeit der getroffenen Entscheidungen, eröffnet dem Gesetzgeber auf diese Weise Gestaltungsfreiheit sowie der Exekutive eigene Beurteilungs- und Handlungsspielräume und verpflichtet im Gegenzug die anderen Verfassungsorgane auf ein loyales Verhalten gegenüber dem Verfassungsgericht[467]. Aus alledem resultiert ein Lösungsweg, der jedenfalls in abstrakt-genereller Hinsicht jene Vermittlung ermöglicht, die zur Überwindung der „countermajoritarian difficulty“ und zur Sicherung exekutivischer Eigenverantwortung bei gleichzeitiger Aufrechterhaltung einer umfassenden gerichtlichen Kontrolle erfordert wird.

---

[466] Oben II. 3. b) (426 ff.) und c) (428 ff.) sowie III. 1. (452 ff.).

[467] Vgl. oben II. 3. d) (431 ff.) und zus.fass. f) (449 ff.), weiter III. 2. a) (458 ff.) und zus.fass. 3. (470 ff.) sowie V. (476 ff.).

Dritter Teil

Auswertung

Neuntes Kapitel

Die einzelnen Verfassungsorgane im Geflecht des Interorganrespekts

„... the preservation of liberty requires that the three great departments of power should be separate and distinct. ... Unless these departments be so far connected and blended as to give to each a constitutional control over the others, the degree of separation which the maxim requires ... can never in practice duly be maintained."

James Madison

Nachdem im vorangegangenen Teil der Arbeit die Analyse der verschiedenen Anwendungsformen des Interorganrespekts nach den einzelnen Funktionsbereichen der betrachteten Gemeinwesen vorgenommen wurde, soll zum Beginn ihrer zusammenfassenden Auswertung nunmehr zunächst ein nach den jeweiligen Verfassungsorganen gegliederter Überblick gegeben werden[1]. Diesem Kapitel ist damit im wesentlichen die Funktion einer Zusammenstellung der im vorigen entwickelten Ergebnisse zugedacht, die dem im klassischen Staatsorganisationsrecht eher üblichen Aufbau nachgebildet werden soll. Die daraus für die verfassungsrechtliche Rolle des Interorganrespekts zu ziehenden Folgerungen bleiben den letzten beiden Kapiteln vorbehalten.

I. Das zentrale Repräsentativorgan: Bundestag, Repräsentantenhaus, Europäisches Parlament

Da in jeder demokratischen Verfassungsordnung das Organ für die gesamtstaatliche bzw. gesamtverbandliche Repräsentation der Bürger als zentrale Institution angesehen wird, soll mit seiner Stellung im Geflecht des Interorganrespekts begonnen werden.

---

[1] Die Gliederung orientiert sich dabei an den grundsätzlichen funktionellen Entsprechungen der betreffenden Organe, wie sie oben 4. Kap. II. 1. (133 f.) bereits festgehalten wurden.

1. Rechtsetzung als Hauptfunktion

Die hauptsächliche Funktion des allgemeinen Repräsentativorgans besteht anerkanntermaßen in der Aufstellung der grundlegenden allgemeinverbindlichen Normen. Zu diesem Zweck bildet es in der Regel die unverzichtbare „erste Kammer" der Legislativgewalt. Im deutschen und amerikanischen Modell bringt seine Rechtsetzungsfunktion zugleich ein umfassendes Recht zur Gesetzesinitiative mit sich, das es allerdings mit der „zweiten Kammer" und zumindest faktisch auch mit der Exekutivspitze teilen muß. In dieser Teilung der Initiativrechte und ihrer daraus folgenden wechselseitigen Anerkennung spiegelt sich eine erste Erscheinungsform des Interorganrespekts wider, der sich darüber hinaus in dieser Phase des Gesetzgebungsverfahrens vor allem in der Existenz weitreichender gegenseitiger Unterrichtungspflichten bemerkbar macht[2]. Die darauf folgende Phase der Beschlußfassung über die eingebrachten Normierungsvorschläge ist unter dem Aspekt des Interorganrespekts gegenüber dem zentralen Repräsentativorgan vor allem durch seine uneingeschränkte Macht zur Verhinderung von Gesetzen gekennzeichnet: Indem gegen den Willen von Bundestag bzw. Repräsentantenhaus kein Gesetz in Kraft treten kann, wird von Verfassungs wegen darauf Rücksicht genommen, daß die Schaffung von Gesetzen in besonderem Maße der unmittelbaren demokratischen Rückbindung an den Willen der Bevölkerungsmehrheit bedarf und daher als zentraler Funktionsbereich des gesamtstaatlichen Vertretungsorgans angesehen werden muß[3].

Für Normsetzungen außerhalb des eigentlichen Gesetzgebungsverfahrens und damit unterhalb der formellen Gesetzesschwelle folgt daraus, daß sie sich ihrerseits in jedem Fall auf eine Willensäußerung dieses Organs zurückführen lassen müssen. Dieses Ziel wird zum einen durch das Verlangen nach einer genau bestimmten Ermächtigung des parlamentarischen Gesetzgebers und zum anderen durch die Etablierung eines delegationsfesten Parlamentsrefugiums erreicht, mit dem sichergestellt wird, daß sich die Exekutive im Wege der administrativen Rechtsetzung nicht der Kernelemente der legislativen Tätigkeit bemächtigen kann und insofern die primäre Zuordnung der Normierungsfunktion zum allgemeinen Repräsentativorgan erhalten bleibt[4]. Der Gedanke des Interorganrespekts fordert außerdem, daß die Exekutive bei der Ausfüllung ihrer Normierungsermächtigungen den zugrundeliegenden Intentionen der Legislative Rechnung zu tragen und so auf den Gestaltungswillen des parlamentarischen Gesetzgebers Rücksicht zu nehmen hat, und rechtfertigt damit zugleich all jene Mechanismen, die wie beispielsweise Zustimmungs- und Änderungsvorbehalte eine auf die Einhaltung dieser Verpflichtung gerichtete Kooperationsnotwendigkeit der beteiligten Organe begründen. Umgekehrt verpflichtet er freilich auch das Parlament darauf, die Regelung untergeordneter Einzelfragen und insbesondere die Entscheidung von Einzelfällen tatsächlich der Exe-

[2] I. einz. dazu oben 5. Kap. I. 3. (143 ff.).

[3] Oben 5. Kap. II. 4. d) aa) (193).

[4] Oben 6. Kap. I. 1. und 2. (212 ff.), zus.fass. 4. a) (237 ff.).

kutive zu überlassen und im übrigen seine mit einer Delegation von Rechtsetzungsbefugnissen verbundenen Intentionen klar zum Ausdruck zu bringen[5].

Während für Bundestag und Repräsentantenhaus alle diese Punkte im Kern kaum umstritten sind, nähert sich das Europäische Parlament einer vergleichbaren Stellung erst langsam an. Noch immer besitzt es kein eigenes Initiativrecht und bleibt selbst nach dem Inkrafttreten des Amsterdamer Vertrages hinsichtlich eines Viertels der gemeinschaftlichen Rechtsetzung weiterhin ohne durchgreifende Verhinderungsmacht[6]. Seine Beteiligung an der administrativen Rechtsetzung auf europäischer Ebene wird dementsprechend ebenfalls nur partiell gewährleistet[7]. Das Prinzip des Interorganrespekts, das seinem Wesen nach keine Pflichten contra constitutionem begründen kann, sondern lediglich im Rahmen der geschriebenen Verfassungsordnung zu wirken und diese zu ergänzen vermag, fungiert daher in seinem Falle weniger als Anspruchsgrundlage, sondern vielmehr als Analysemaßstab: Es zeigt die Defizite auf, die es speziell in der europäischen Verfassungsordnung noch zu beheben gilt, um eine tatsächliche Machtbalance und ein darauf aufbauendes gleichgewichtiges Respektsverhältnis zwischen den Organen herzustellen.

2. Kontrollfunktionen gegenüber der Exekutive

Neben der Durchführung bzw. Überwachung der Normsetzung spielt der Grundsatz des Interorganrespekts für das gesamtverbandliche Repräsentativorgan vor allem hinsichtlich jener Kontrollfunktionen eine Rolle, die es typischerweise gegenüber der Exekutive wahrzunehmen hat.

a) Grundsätzliche Ausgestaltung

Als Grundregel geht jedes der hier betrachteten Verfassungssysteme von der Notwendigkeit einer umfassenden Exekutivkontrolle aus, um so die individuelle Freiheitssphäre der Bürger gegen die potentiell gefährlichste, weil unmittelbarste Zugriffsform der öffentlichen Gewalt zu schützen. In gewissen primären Zuständigkeitsbereichen der Exekutive, die klassischerweise als ihr „Kernbereich" bezeichnet werden und auf die im Rahmen der Erörterung des zentralen Exekutivorgans noch näher eingegangen werden soll, zwingt das Prinzip des Interorganrespekts allerdings zu einer Verringerung der parlamentarischen Kontrollintensität[8]. An Kontrollinstrumenten steht dem zentralen Repräsentativorgan eine Vielfalt von Möglichkeiten zur Verfügung, unter denen das Zitier- und Fragerecht sowie das Recht zur Einsetzung von Untersuchungsausschüssen systemübergreifende Bedeutung besitzen. Der Gebrauch dieser Instrumente unterliegt in zweifacher Hinsicht der Steuerung durch den Interorganrespekt: Auf der einen Seite unterliegt das Parlament einem

[5] Zu alledem abschließend oben 6. Kap. I. 4. a) (237 ff.) und b) (240 ff.).
[6] Oben 5. Kap. I. 3. (143 ff.) und II. 1. b) bb) (3) (154 f.) sowie 4. d) bb) (193 ff.).
[7] Vgl. oben 6. Kap. I. 1. c) bb) (221 f.) und 3. c) (234 ff.).
[8] Vgl. als Grundlage der noch folgenden Ausführungen oben 6. Kap. IV. 2. (283 ff.).

Gebot zur Rücksichtnahme auf die berechtigten Interessen der Exekutive beispielsweise hinsichtlich der Geheimhaltung bestimmter Informationen; vor allem aber verpflichtet der Interorganrespekt die Exekutive zu einer loyalen Kooperation mit dem zentralen Repräsentativorgan dahingehend, daß diesem die Ausübung seiner Kontrollfunktion nach Möglichkeit zu erleichtern ist[9].

Einen ähnlichen Interessenausgleich zwischen Exekutive und allgemeinem parlamentarischem Repräsentativorgan bewirkt der Gedanke des Interorganrespekts in denjenigen Verwaltungsbereichen, die nach deutscher Terminologie als „ministerialfreie Räume" bezeichnet werden. Von der Exekutive verlangt er die grundsätzliche Anerkennung der politischen Neutralisierung bestimmter Entscheidungen, die mit der Einrichtung solcher Räume durch das Parlament vorgenommen wird; das Legislativorgan verpflichtet er jedoch umgekehrt darauf, sich mit einem derartigen Vorgehen zurückzuhalten und es nur ausnahmsweise beim Vorliegen guter Gründe, für die das Parlament die Beweis- bzw. Darlegungslast trägt, zu praktizieren[10]. Ähnliches gilt im Haushaltsrecht für den Einsatz qualifizierter Sperrvermerke[11]. Ansonsten findet sich in diesem Bereich eher ein entgegengesetztes Regel-Ausnahme-Schema, das aber gleichermaßen in der Idee des Interorganrespekts wurzelt: Demnach muß das Parlament den Haushaltsvollzug grundsätzlich in der eigenständigen Entscheidungsverantwortung der Exekutive belassen; diesem Gebot korrespondiert allerdings eine Verpflichtung der Exekutive, den Intentionen des Haushaltsgesetzgebers soweit wie möglich Rechnung zu tragen und für ausnahmsweise Abweichungen hiervon eine besondere Rechtfertigung vorzuweisen[12]. Über diese Festlegungen hinaus lassen sich aus dem Prinzip des Interorganrespekts ergänzende Verhaltenspflichten im Sinne einer loyalen Kooperation von Exekutive und parlamentarischem Repräsentativorgan ableiten, die zu einer weiteren Entschärfung der potentiellen Interessenkonflikte zwischen diesen Organen beitragen können. Im Kern handelt es sich dabei vor allem um Informations-, Berichts- und Begründungspflichten, deren Erfüllung dem Parlament einen Überblick über die praktische Umsetzung seiner gesetzlichen Vorgaben verschafft und die sich im Einzelfall sogar zu einer spezifischen Autorisierungspflicht verdichten können, soweit es um die grundlegenden budgetären Weichenstellungen geht[13]. Die finale Absicherung des Interorganrespekts in diesem Zusammenhang besteht in der – teilweise eingeschränkten – Möglichkeit des Parlaments, die Exekutivspitze persönlich zur Verantwortung ziehen und notfalls abberufen zu können[14].

---

[9] I. einz. oben 6. Kap. III. 1. a) und b) (264 ff.).

[10] Zus.fass. oben 6. Kap. II. 2. d) (259 ff.).

[11] Oben 6. Kap. III. 1. c) aa) (269 ff.).

[12] Vgl. ebd. und außerdem bb) (271 ff.).

[13] Vgl. ebd. und außerdem cc) (274 ff.), wo etwa die Einrichtung von Nebenhaushalten sowie die Grundentscheidungen über Budgetierungen und Privatisierungen zu diesen grundlegenden Weichenstellungen gezählt wurden.

[14] Im deutschen und europäischen Verfassungssystem gibt es hierfür die Möglichkeit des Mißtrauensvotums gem. Art. 67 GG bzw. Art. 201 (ex-Art. 144) EGV. Im amerikanischen Modell läßt Art. II Sect. 4 der Verfassung hingegen nur die Amtsenthebung des Präsidenten wegen „Treason,

b) Besonderheiten im Bereich der auswärtigen Gewalt

Die dargestellten Grundregeln gelten im Prinzip auch für die Gestaltung der Außenpolitik. Allerdings erfordern die Besonderheiten dieses Politikfeldes in spezifischer Weise die Achtung einer exekutivischen Eigenverantwortung, da sie in erhöhtem Maße zu schnellem und flexiblem Handeln zwingen und nicht immer eine öffentliche Debatte aller Einzelheiten zulassen, wie sie für die parlamentarische Beratung typisch ist. Zwar trifft dies nicht auf den Abschluß völkerrechtlicher Verträge zu, weshalb in diesem Bereich für Abweichungen von der innenpolitischen Ausgestaltung des Interorganrespekts von vornherein kein Anlaß besteht[15], wohl aber auf die Führung der allgemeinen Außenpolitik. Dennoch vermag der Grundsatz des Interorganrespekts hier ebenfalls mit der Etablierung eines Regel-Ausnahme-Schemas eine Brücke zwischen der unter Demokratieaspekten bedenklichen völligen Ausschaltung des parlamentarischen Repräsentativorgans und der im Falle seiner umfassenden Beteiligung drohenden außenpolitischen Lähmung zu schlagen: Er begründet mit der generellen Einräumung eines parlamentarischen Zugriffsrechts eine residuale Kontrollfunktion dieses Organs, verpflichtet es jedoch zugleich dazu, dieses Recht nur punktuell und ausnahmsweise auszuüben, und erhält so die primäre Verantwortlichkeit der Exekutive für die Gestaltung der Außenpolitik[16]. In verteidigungspolitischer Hinsicht ermöglicht er im Prinzip ein ähnliches Verfahren, wenngleich insoweit die näheren Abläufe stärker durch spezifische Charakteristika der einzelnen Verfassungssysteme geprägt werden[17]. Die grundsätzliche persönliche Verantwortlichkeit der Exekutivspitze gegenüber dem Parlament bildet jedenfalls auch im Funktionsbereich der auswärtigen Gewalt die finale Absicherung des Interorganrespekts; dazu kommen die Einflußmöglichkeiten, die dem parlamentarischen Gesetzgeber innenpolitisch zur Verfügung stehen und unter denen das Budgetbewilligungsrecht besonders hervorragt.

Am Beispiel der Außenpolitik läßt sich ferner sehr gut studieren, welche Rolle das gesamtverbandliche Repräsentativorgan für Integration und Zusammenhalt eines Gemeinwesens insgesamt spielt. Gerade weil es für sich in Anspruch nehmen kann, die Gesamtheit der in dem jeweiligen Verband organisierten Bürger zu repräsentieren, sind Beschneidungen seiner Macht relativ sichere Indizien für integrative Defizite, in einem föderalistischen System insbesondere dafür, wo die einzelnen Glieder des Gemeinwesens ihre Macht nicht zugunsten einer stärkeren Integration

---

Bribery, or other high Crimes and Misdemeanors" zu und bindet diese außerdem in Art. I Sect. 3 Cl. 6 an eine Zwei-Drittel-Mehrheit im Senat. Dieser Unterschied ist in der Tat systemspezifisch: wo wie im Präsidialsystem eine volksgewählte Exekutivspitze existiert, kann ihre Ablösung nicht im politischen Belieben des parlamentarischen Repräsentativorgans stehen. Immerhin aber kann selbst dort das Repräsentativorgan ein Absetzungsverfahren in die Wege leiten.

[15] Zus.fass. anhand des deutschen Beispiels oben 7. Kap. I. 1. c) (309 ff.). Die in den USA festgestellten und oben 7. Kap. I. 1. a) (290 ff.) näher dargelegten Abweichungen müssen als historisch bedingte Anomalie gewertet werden. Zum europäischen System vgl. die folgenden Ausführungen.

[16] Zus.fass. oben 7. Kap. II. 1. c) (352 ff.).

[17] Vgl. oben 7. Kap. III. 1. (355 ff.).

aus der Hand geben wollen. Die Stellung des Europäischen Parlaments liefert hierfür das illustrativste Beispiel, sowohl im Hinblick auf seine reduzierten Kompetenzen beim Abschluß völkerrechtlicher Verträge als auch in Ansehung seiner marginalen Rolle in der Gemeinsamen Außen- und Sicherheitspolitik[18]. An diesem Befund vermögen selbst die oben als „finale Absicherung" bezeichneten Mechanismen des Mißtrauensvotums und der Haushaltskontrolle nichts zu ändern, da der Rat im europäischen Vertragssystem eine gemeinsame Außenpolitik notfalls an der Kommission und am Haushalt der Europäischen Gemeinschaft vorbei betreiben kann[19]. Der Interorganrespekt fungiert unter diesen Umständen in erster Linie als Beurteilungsmaßstab, indem er die Erkenntnis der in diesem Bereich bestehenden Ungleichgewichte und der daraus folgenden Integrationsdefizite erleichtert. Er begründet darüber hinaus jedoch zugleich die Forderung nach einer umfassenden Einbeziehung des parlamentarischen Repräsentativorgans im Wege von Unterrichtungspflichten, Anhörungsrechten und Berücksichtigungsgeboten, die zumindest eine partielle Kompensation seiner mangelnden Entscheidungsbeteiligung bieten und zum Teil bereits in Art. 300 (ex-Art. 228) EGV bzw. Art. 21 (ex-Art. J.7) EUV kodifiziert sind[20].

II. Die Vertretung der Einzelstaaten: Bundesrat, Senat, Ministerrat

Ein gemeinsames Kennzeichen der drei zum Gegenstand dieser Untersuchung gemachten Verfassungssysteme, das sich beinahe zwangsläufig aus ihrem föderalistischen Charakter ergibt, stellt die Existenz einer Vertretung der einzelnen Gliedstaaten des jeweiligen Gemeinwesens dar, deren hauptsächliche Funktion in einer Mitwirkung an der Gesetzgebung als „zweite Kammer" der Legislativgewalt besteht. Daher soll mit einem Überblick über ihre Stellung aus der Perspektive des Interorganrespekts fortgefahren werden, bevor die Exekutivorgane in das Zentrum der Betrachtung rücken.

1. Zusammensetzung

Im Gegensatz zum gesamtverbandlichen Repräsentativorgan, dessen Mitglieder sich im Prinzip überall aus allgemeinen Wahlen der jeweiligen Gesamtbevölkerung rekrutieren, kann die Gliedstaatenvertretung auf verschiedene Art und Weise zusammengesetzt werden. Mit der Entscheidung zugunsten eines bestimmten Kom-

---

[18] Hierzu i. einz. oben 7. Kap. I. 1. b) bb) (2) (306 ff.) und II. 2. b) dd) (351 f.).

[19] Vgl. näher oben 7. Kap. II. 2. b) (344 ff.), zus.fass. c) (352 ff.). Allerdings ist der dort bereits in Fn. 244 gegebene Hinweis zu beachten, wonach das haushaltsrechtliche „Ausweichen" des Rates durch den Amsterdamer Vertrag in Zukunft schwieriger wird.

[20] Zus.fass. oben 7. Kap. I. 1. c) (309 ff.) und II. 2. c) (352 ff.).

positionsmodells sind dabei jeweils spezifische Konsequenzen für das einzelstaatliche Vertretungsorgan verbunden.

a) Alternativen

Zu unterscheiden sind zunächst die Frage nach der *Verteilung* der Zahl der Organmitglieder auf die Einzelstaaten und die Frage nach der *Bestimmung* der individuellen Gliedstaatenrepräsentanten. In letzterer Hinsicht stehen sich im Rahmen der hier untersuchten Verfassungssysteme vor allem das Bundesrats- und das Senatsmodell gegenüber: Beim Bundesratsmodell, wie es in Deutschland und im Prinzip auch auf der europäischen Ebene existiert, wird das einzelstaatliche Vertretungsorgan aus weisungsgebundenen Vertretern der einzelstaatlichen Regierungen gebildet. In einem Senatsmodell nach amerikanischem Muster werden die Mitglieder dieses Organs dagegen ebenso wie diejenigen der gesamtverbandlichen Repräsentativkörperschaft direkt vom Volk gewählt und üben ihre Mandate frei von externen Weisungen aus. Dazwischen bewegt sich die in den USA bis 1913 gebräuchliche Alternative, die Gliedstaatenvertretung als Versammlung von Repräsentanten der einzelstaatlichen Parlamente zu konzipieren, die in den Europäischen Gemeinschaften bis 1979 auf das gesamtverbandliche Vertretungsorgan Anwendung fand[21]. Die Stimmenverteilung innerhalb der die Gliedstaaten repräsentierenden Institution kann zum einen auf der Basis dieser strikten Gleichheit erfolgen, wie es in den USA und theoretisch in der Europäischen Gemeinschaft der Fall ist; sie kann aber auch entsprechend einer ungefähren Ausrichtung an den Bevölkerungszahlen der einzelnen Gliedstaaten changieren, was die Stimmengewichtungen im deutschen Bundesrat und bei qualifizierten Mehrheitsabstimmungen im europäischen Ministerrat demonstrieren[22]. Eine strikt proportionale Repräsentanz der Stimmbürger findet in diesem Organ allerdings im Gegensatz zum gesamtverbandlichen Repräsentativorgan nicht statt.

An dieser Beobachtung zeigt sich exemplarisch jene Verknüpfung von demokratischem und föderalem Prinzip, die für alle demokratisch verfaßten Bundesstaaten und bundesstaatsähnlichen Gebilde typisch ist und deren Funktionsfähigkeit in besonderer Weise die Anwendung des Prinzips vom Interorganrespekt erfordert. Denn in institutioneller Hinsicht führt diese Verknüpfung zu einer Doppelrepräsentation[23]: Jeder Bürger wird zweifach vertreten; zum einen als Mitglied des Gesamtverbandes, zum anderen als Angehöriger seines jeweiligen Gliedstaates. Das für die erste Vertretungsform ausschlaggebende demokratische Prinzip wird freilich im Falle der zweiten vom föderalen Prinzip überlagert und teilweise außer Kraft gesetzt. Die Stärke dieser Überlagerung variiert: Im Bundesratsmodell mit seiner direkten Rückbindung der Gliedstaatenvertreter an den Willen ihrer Heimatregierungen erscheint sie naturgemäß deutlicher ausgeprägt als im Senatsmodell. Für die

[21] Vgl. zus.fass. oben 5. Kap. II. 4. b) bb) (181 ff.).

[22] Oben 5. Kap. II. 3. a) (165 ff.) und 4. d) aa) (193).

[23] Vgl. *Peter Graf Kielmansegg*, Integration und Demokratie, in: Markus Jachtenfuchs/Beate Kohler-Koch (Hg.), Europäische Integration, 1996, 47–71, 62 ff.

Stimmenverteilung innerhalb des einzelstaatlichen Vertretungsorgans gilt, daß das föderale Prinzip um so größere Kraft entfaltet, je mehr sich die Verteilung am Grundsatz der Gleichheit aller Einzelstaaten orientiert. In jedem Fall verlangt die Doppelrepräsentation jedoch nach der Koexistenz zweier im Prinzip gleichberechtigter Vertretungsorgane, von denen jedem eine andere Repräsentationsaufgabe zukommt, im Interesse des Ganzen aber ungeachtet dessen ein loyales Zusammenwirken erwartet wird, wie es die Idee des Interorganrespekts gebietet.

b) Konsequenzen

Die Wahl zwischen den im vorigen erläuterten Alternativen beeinflußt die Ausübung der dem jeweiligen einzelstaatlichen Vertretungsorgan zustehenden Befugnisse in erheblicher Weise. Je stärker das föderale Element betont wird, desto eher kommt es zwischen Gliedstaatenvertretung und gesamtverbandlichem Repräsentativorgan zu Konflikten, die von den Partikularinteressen der Einzelstaaten bestimmt werden. So liegt auf der Hand, daß bei einer Zusammensetzung der Ländervertretung aus weisungsgebundenen „Gesandten" der einzelstaatlichen Regierungen eine unabhängige Willensbildung innerhalb dieses Organs auf Bundes- bzw. Gemeinschaftsebene kaum möglich ist; eine eigenständige Entscheidungsverantwortung der Mitglieder der Gliedstaatenvertretung setzt Weisungsfreiheit und als ihre Grundlage eine eigenständige Wahl voraus. Der Grundsatz des Interorganrespekts kommt in diesem Zusammenhang vor allem in Gestalt der Organadäquanz ins Spiel: Er richtet zunächst die Frage an das zugrundeliegende Verfassungssystem, ob das einzelstaatliche Vertretungsorgan in erster Linie die föderale Funktion einer Vertretung der einzelstaatlichen Interessen oder die demokratische Funktion einer zusätzlichen, anders legitimierten und orientierten, aber dennoch primär gesamtverbandlichen Repräsentation der Bürger erfüllen soll. Je nach der Antwort auf diese Frage läßt sich mit ihm sodann in der Wahl zwischen Bundesrats- und Senatsmodell die funktionsgerechte Organstruktur bestimmen[24]. Darüber hinaus ermöglicht er eine organadäquate Entscheidung über die Befugnisverteilung zwischen allgemeinem und gliedstaatlichem Repräsentativorgan: Je mehr Gewicht nämlich in der Zusammensetzung des letzteren dem föderalen Prinzip zugewiesen wird, desto höher wird das generelle Blockadepotential; um dieses zu entschärfen, müssen die potentiellen Reibungspunkte dann durch eine weitgehende Trennung der Verantwortungsbereiche von Zentralgewalt und Einzelstaaten minimiert werden[25].

Die Unterschiedlichkeit der der Ausgestaltung der einzelstaatlichen Vertretung zugrundeliegenden Konzeptionen entfaltet weiterhin unmittelbaren Einfluß auf die Frage der gleichen oder bevölkerungsproportionalen Repräsentanz. Wie ein vergleichender Blick in den US-Senat einerseits und den Bundesrat oder gar den europäischen Ministerrat andererseits bestätigt[26], darf von weisungsfreien und speziell von

---

[24] Hierzu i. einz. schon oben 5. Kap. II. 4. b) bb) (181 ff.).
[25] Ebd.; beachte insbes. die Nachweise in Fn. 151.
[26] Nochmals ebd.; vgl. stv. die Nachweise in Fn. 149.

unmittelbar volksgewählten Mitgliedern auch im gliedstaatlichen Vertretungsorgan ein stärkeres Bewußtsein für die von ihnen getragene gesamtverbandliche Verantwortung erwartet werden als von weisungsgebundenen Beauftragten der einzelstaatlichen Regierungen. Da für die letzteren die Interessen ihres „Entsendestaates" im Zweifel vor den Interessen des Gesamtverbandes rangieren, erscheint eine fehlende Anpassung der einzelstaatlichen Repräsentanz an die Bevölkerungsverteilung bei der Wahl dieses Modells erheblich bedenklicher als im Falle einer Besetzung der Gliedstaatenvertretung mit unabhängigen Repräsentanten. Sobald man daher die völkerrechtliche Ebene verläßt, auf der sich die Staaten prinzipiell nur im Gewande souveräner Gleichheit gegenübertreten, und damit beginnt, föderative Strukturen zu entwickeln, muß auch im Rahmen der einzelstaatlichen Repräsentation die Ungleichheit der beteiligten Glieder zumindest im Grundsatz Berücksichtigung erfahren. Erst wenn die territoriale und politische Integration in einem Bundesstaat so weit fortgeschritten ist, daß die Verpflichtungskraft allgemeinverbindlicher Entscheidungen für das Ganze primär vom demokratischen Mehrheitsprinzip hergeleitet werden kann, und zugleich der Raum möglicher Interessenkonflikte zwischen den Gliedstaaten durch die bundesstaatliche Kompetenzverteilung relativ eng eingegrenzt ist, wird eine gleiche Repräsentanz der Einzelstaaten wieder sinnvoll möglich[27]. Solange dieses Stadium hingegen nicht erreicht ist, verlangt eine im Sinne des Interorganrespekts funktionsgerechte Organstruktur der einzelstaatlichen Vertretung nach einer jedenfalls ungefähren Rücksichtnahme auf das unterschiedliche Bevölkerungsgewicht ihrer Glieder.

Die allgemein daraus zu ziehende Folgerung lautet, daß dem Prinzip des Interorganrespekts in der Zusammensetzung des einzelstaatlichen Repräsentativorgans am besten durch eine Ausbalancierung von demokratischem und föderalem Prinzip Rechnung getragen werden kann. In den USA geschieht dies dadurch, daß die gleiche Repräsentanz aller Staaten im Senat und dessen hundertprozentige Teilhabe an der Bundesgesetzgebung durch die direkte Volkswahl der Senatoren und eine weitgehende Trennung von bundes- und einzelstaatlichen Kompetenzen ausgeglichen werden. In Deutschland wird die Weisungsabhängigkeit der Bundesratsmitglieder von den Landesregierungen im Prinzip durch eine bevölkerungsproportionale Verteilung der Bundesratsstimmen und durch die nur teilweise Mitwirkung des Bundesrates an der Bundesgesetzgebung kompensiert; der letztgenannte Aspekt wird allerdings mittlerweile durch die erhebliche Zunahme der Kompetenzverschränkungen zwischen Bundes- und Länderebene zu einem großen Teil neutralisiert[28], was im deutschen Verfassungssystem, wie zuletzt im Kontext zahlreicher steuerlicher Reformvorhaben zu besichtigen war, prompt zu Problemen führt und damit die Richtigkeit unserer Ausgangsthese von der notwendigen Ausbalancierung des demokratischen und föderalen Prinzips untermauert. Auf der europäischen Ebene schließlich steckt diese Ausbalancierung noch immer in den – erst langsam größer

[27] *Graf Kielmansegg* (Fn. 23), 68.
[28] Vgl. schon oben Fn. 25.

werdenden – Kinderschuhen: die Kombination aus der Weisungsabhängigkeit der Ratsmitglieder, der bestimmenden Rolle des Rates im europäischen Rechtsetzungsprozeß und dem inzwischen freilich vielfach durchbrochenen Grundsatz der gleichen Repräsentanz aller Mitgliedstaaten im Ministerrat belegt insoweit die nach wie vor bestehende Dominanz des föderalen Elements. Der Grundsatz des Interorganrespekts stützt deshalb auch die zum Ausgleich dieser Dominanz erhobenen Forderungen wie etwa die nach einer vollständig gleichberechtigten Partizipation des Parlaments an der europäischen Gesetzgebung oder die nach der Einführung „doppelter Mehrheiten" im Ministerrat[29].

2. Kompetenzen

Aus den bisherigen Ausführungen wurde bereits deutlich, daß die Frage nach der Zusammensetzung des gliedstaatlichen Vertretungsorgans eng mit der Reichweite der ihm zugewiesenen Kompetenzen verknüpft ist. Die Wirkungen des Interorganrespekts hinsichtlich der Ausübung dieser Kompetenzen reichen jedoch über diese Verknüpfung hinaus und sollen daher im folgenden noch einmal gesondert thematisiert werden.

a) Beteiligung an der Gesetzgebung

Die zentrale Befugnis der Gliedstaatenvertretung besteht in ihrer Mitwirkung an der gesamtverbandlichen Normsetzung als „zweite Kammer" der Legislativgewalt. Nur über diese Mitwirkung läßt sich letzten Endes eine effektive Wahrung der einzelstaatlichen Interessen gewährleisten. Wo diese Interessen unmittelbar tangiert sind, muß das einzelstaatliche Vertretungsorgan daher in jedem Falle, unabhängig von seiner Zusammensetzung, ein Mitspracherecht besitzen. Je weiter allerdings diese Mitspracherechte bzw. (Mit-)Entscheidungskompetenzen reichen, desto größere Ausmaße nimmt der potentielle Verlust an Effizienz im Gesetzgebungsverfahren an, da die Möglichkeiten einer primär parteipolitisch motivierten gegenseitigen Blockade der beiden Legislativkammern zunehmen. Der Grundsatz des Interorganrespekts wird hier in erster Linie als Quelle von Verhaltenspflichten benötigt, die diesen Effizienzverlust prozedural soweit wie möglich minimieren sollen. Im einzelnen folgen aus ihm – unabhängig von einer eventuellen ausdrücklichen Kodifizierung – vor allem umfassende Konsultationspflichten bzw. Anhörungsrechte sowie die Vorgabe, daß die am Rechtsetzungsprozeß beteiligten Organe nicht „überspielt" werden dürfen, sondern die für eine sorgfältige Entscheidungsfindung benötigte Zeit erhalten müssen, andererseits aber auch gehalten sind, ihre Entscheidungsverfahren jeweils zügig durchzuführen und nicht ohne sachlichen Grund zu verzögern[30]. Speziell im unechten Zwei-Kammer-System verbietet er darüber hin-

---

[29] Hierzu näher oben 5. Kap. II. 4. b) cc) (186 ff.) und d) bb) (193 ff.).

[30] Oben 5. Kap. II. 4. a) aa) (171 ff.).

aus den beiden Legislativorganen die mißbräuchliche Ausnutzung ihrer ungleichen Befugnisse: Weder darf das nicht zur Mitentscheidung über alle Normierungsakte berufene Organ Gesetzesvorhaben, über die es keine Entscheidungsgewalt besitzt, zur Steigerung seiner politischen Macht mit solchen koppeln, deren Schicksal in seinen Händen liegt, noch darf umgekehrt das zentrale Gesetzgebungsorgan Gesetzesprojekte mit dem Ziel manipulieren, die Mitentscheidungsrechte seines „Partnerorgans" zu reduzieren[31]. Allgemein begründet das Prinzip des Interorganrespekts die Notwendigkeit formeller Vermittlungs- und informeller Unterrichtungsverfahren zwischen den beiden Legislativkammern[32]; dafür muß allerdings bis zu einem gewisse Grade ein Verlust an Transparenz des Gesetzgebungsprozesses in Kauf genommen werden[33].

Die Mitwirkung des einzelstaatlichen Vertretungsorgans an der Gesetzgebung erstreckt sich normalerweise auch auf die Initiierung konkreter Gesetzgebungsverfahren. Der Grundsatz des Interorganrespekts spricht in diesem Punkt für eine gleichgewichtige Einräumung des entsprechenden Rechts an alle in den gesetzgeberischen Entscheidungsprozeß involvierten Organe[34]. Hinsichtlich des Verhältnisses der eigentlichen Legislativorgane zueinander stellen die zum Gegenstand dieser Untersuchung gemachten Verfassungssysteme ein solches Gleichgewicht tatsächlich her. Auf der europäischen Ebene zeigt sich jedoch in der Gestalt des bei der Kommission verankerten Initiativmonopols eine Anomalie, die darauf zurückzuführen ist, daß man auf die Kommission als Kontrollinstanz zur Beachtung der gesamtgemeinschaftlichen Interessen nicht verzichten zu können glaubt. Mit der Verweigerung eines eigenständigen Initiativrechts für den Ministerrat will man den dort vertretenen mitgliedstaatlichen Regierungen die Möglichkeit verwehren, sich in quasi intergouvernementaler Weise selbst auf die Normierungsvorschläge zu einigen, die sie anschließend verabschieden. Solange dem Rat in der Tat die positive Macht verbleibt, europäisches Recht jedenfalls in Teilbereichen gegen den Willen aller anderen europäischen Institutionen setzen zu können, mag diese Sorge gerechtfertigt erscheinen. Das Prinzip des Interorganrespekts läßt aber immerhin deutlich werden, daß es sich dabei um eine Anomalie handelt, die zusammen mit der ihr zugrundeliegenden Befürchtung im Fortgang des europäischen Integrationsprozesses aufgehoben werden sollte[35].

---

[31] I. einz. oben 5. Kap. II. 4. a) cc) (175 ff.).

[32] Zus.fass. oben 5. Kap. II. 4. a) bb) (173 ff.) und speziell zu den Interorganvereinbarungen auf europäischer Ebene 1. b) bb) (5) (158 f.).

[33] Oben 5. Kap. II. 4. c) bb) (190 ff.).

[34] Oben 5. Kap. I. 3. (143 ff.).

[35] Näher hierzu ebd. (147 f.).

b) Außenpolitische Mitwirkungsbefugnisse

Eine auf die gleichen Wurzeln zurückzuführende, in ihren Auswirkungen allerdings umgekehrte Anomalie zeigt sich in der Frage der außenpolitischen Kontrollbefugnisse des einzelstaatlichen Vertretungsorgans. Von Interesse ist hier vor allem das Verhältnis dieses Organs zu dem in spezifischer Weise für die Integration des jeweiligen Gemeinwesens verantwortlichen gesamtverbandlichen Repräsentativorgan, d.h. die innerhalb der gesetzgebenden Gewalt stattfindende Interorganbeziehung[36]. In den nationalstaatlichen Verfassungssystemen Deutschlands und Amerikas weist der außenpolitische Bereich insoweit nur wenige Besonderheiten auf: Nach dem Grundgesetz wird der Bundesrat beim Abschluß völkerrechtlicher Verträge in genauer Entsprechung zu seinen innerstaatlichen Gesetzgebungskompetenzen eingebunden (Art. 59 II 1 GG)[37]. Die amerikanische Verfassung gewährt dem Senat hinsichtlich der Genehmigung solcher Verträge sogar ein – lediglich historisch erklärbares – Sonderrecht, verfolgt aber im übrigen denselben Weg einer Parallelität innen- und außenpolitischer Kompetenzverteilung innerhalb der Legislative, indem sie Senat und Repräsentantenhaus für beide Politikfelder die gleiche Rechtsstellung zugesteht, wie es für ein echtes Zwei-Kammer-System typisch ist[38]. Unter dem Aspekt des Interorganrespekts ergeben sich folglich zwischen den beiden gesetzgebenden Vertretungsorganen in der Außenpolitik gegenüber ihrer innerstaatlichen Gesetzgebungstätigkeit keine nennenswerten Unterschiede.

Ganz anders sieht es auf der europäischen Ebene aus, wo Art. 300 III UAbs. 1 (ex-Art. 228 III UAbs. 1) EGV die ansonsten für die innergemeinschaftliche Rechtsetzung geltende Kompetenzverteilung zwischen Rat und Parlament im Falle des Abschlusses völkerrechtlicher Verträge der Gemeinschaft aufhebt und stattdessen ein weitgehendes Abschluß- und Umsetzungsmonopol des Rates statuiert[39]. Noch klarer tritt die beherrschende Rolle des einzelstaatlichen Repräsentativorgans und damit der die Herrschaft über dieses Organ ausübenden Mitgliedstaaten im Rahmen der GASP hervor, wo das vom Europäischen Gerichtshof für die Gemeinschaft beschworene „institutionelle Gleichgewicht" zwischen den Organen bislang nicht existiert, vielmehr die Gewaltenbalance eindeutig zugunsten einer intergouvernementalen Lösung gekippt ist. Das Prinzip des Interorganrespekts erfüllt unter diesen Umständen eine zweifache, aus der Sicht des gesamtverbandlichen Repräsentativorgans bereits geschilderte Funktion[40]: Zum einen weist es als Analysemaßstab auf dieses Ungleichgewicht hin, das sich insbesondere in einer veränderten Stoßrichtung der existierenden Respektsverpflichtungen manifestiert, indem Rücksichtnahme und loyale Zusammenarbeit weniger zwischen den einzelnen Unionsorganen

---

[36] Vgl. – aus der Sicht des gesamtverbandlichen Repräsentativorgans – schon oben I. 2. b) (502 f.).

[37] Oben 7. Kap. I. 1. b) aa) (1) (299 ff.).

[38] Vgl. oben 5. Kap. II. 1. a) (149) und 7. Kap. I. 1. a) aa) (291 f.) bzw. bb) (292 ff.) sowie II. 1. a) (323 ff.).

[39] Oben 7. Kap. I. 1. b) bb) (2) (306 ff.).

[40] Hierzu nochmals oben I. 2. b) (502 f.).

und stattdessen verstärkt im Verhältnis der einzelnen Mitgliedstaaten untereinander und zur Union eingefordert werden. Zum anderen bewirkt es eine zumindest teilweise Kompensation der den anderen Organen gegenüber dem Rat fehlenden Entscheidungsbefugnisse, indem es eine Verpflichtung des Rates zur Befassung mit ihren Initiativen und zur Berücksichtigung ihrer Stellungnahmen sowie allgemein Unterrichtungs-, Anhörungs- und Beteiligungsrechte begründet, die sich für die Interorganbeziehung zwischen Rat und Parlament in Art. 21 (ex-Art. J.7) EUV zum großen Teil schon kodifikatorisch niedergeschlagen haben[41].

3. Gesamtergebnis

Gesetzgebung und Außenpolitik stellen diejenigen Bereiche dar, in denen sich die „föderalistische Intensität" eines bundesstaatlichen oder jedenfalls an bundesstaatlichen Vorbildern orientierten Verfassungssystems am deutlichsten offenbart. Darüber hinaus ist die maßgebliche Einbeziehung der einzelstaatlichen Glieder eines solchen Systems in das Verfassungsänderungsverfahren von entscheidender Bedeutung für die Gewährleistung ihrer Rechte im Kontext potentieller Umstrukturierungen des Systems. Diesem Faktor tragen alle drei zum Gegenstand dieser Untersuchung gemachten Verfassungsordnungen Rechnung, allerdings ebenfalls in unterschiedlicher Intensität: In Deutschland genügt nach Art. 79 II GG die Zustimmung einer Zwei-Drittel-Mehrheit des Bundesrates; in den USA verlangt Art. V der Verfassung die Ratifikation von drei Vierteln der einzelstaatlichen Parlamente; und für die Europäische Union schließlich hält Art. 48 III (ex-Art. N) EUV an dem Erfordernis der Ratifikation durch alle Mitgliedstaaten fest. Betrachtet man diese Abstufungen „föderalistischer Intensität" im Gesamtzusammenhang, so läßt sich am Einfluß der gliedstaatlichen Vertretungsorgane auf Rechtsetzung und Außenvertretung des Gesamtverbandes sowie an der Unmittelbarkeit der einzelstaatlichen Einbindung in das Verfassungsänderungsverfahren erkennen, inwieweit die zugrundeliegende Verfassungsordnung den Interessen des Gesamtverbandes den Vorrang vor den Interessen der Einzelstaaten einräumt. Nach diesen Maßstäben scheint das deutsche Modell, das jeweils nur eine selektive Mitwirkung der Ländervertretung an Gesetzgebung und Außenpolitik vorsieht und die relativ geringsten Anforderungen an eine Änderung des Grundgesetzes stellt, das im Verhältnis zentralistischste der hier analysierten Verfassungssysteme zu verkörpern, während die Europäische Union, in deren Organstruktur der Ministerrat die zentrale Rolle spielt und deren Vertragsordnung nur im Einvernehmen aller Beteiligten geändert werden kann, der Eigenständigkeit ihrer Mitgliedstaaten zweifellos die meiste Rechnung trägt.

Das Prinzip des Interorganrespekts hilft an dieser Stelle zunächst dabei, dieses Bild zu verifizieren bzw. zu relativieren. In der Gestalt des Grundsatzes der Organadäquanz macht es klar, daß in Deutschland die selektive Beschränkung der

---

[41] Vgl. zus.fass. oben 7. Kap. II. 2. c) (352 ff.).

Partizipationsbefugnisse der Ländervertretung ebenso mit der Entscheidung für das Bundesratsmodell hinsichtlich der Zusammensetzung der Länderkammer zusammenhängt, wie umgekehrt in den USA die volle Mitwirkung des einzelstaatlichen Vertretungsorgans durch die Auswahl des Senatsmodells für seine Zusammensetzung relativiert wird. Während somit für die beiden nationalstaatlichen Verfassungsmodelle im Grundsatz eine dem Gedanken des Interorganrespekts gemäße Balance von demokratischem und föderalem Prinzip festgestellt werden kann, bestätigt auch eine Betrachtung aus dieser Perspektive das durch die Dominanz des föderalen Prinzips bedingte Fehlen einer entsprechenden Balance auf europäischer Ebene[42]. Die Unterschiedlichkeit dieser Ausgangslagen prägt weiterhin die zweite in diesem Zusammenhang relevante Funktion des Interorganrespekts als Quelle konkreter Verhaltenspflichten: Wo nämlich eine funktionsgerechte Organbalance bereits existiert, stehen solche Kooperationspflichten im Vordergrund, die einen effizienten Ablauf der Entscheidungsverfahren gewährleisten und das in jeder Machtbalance notwendig enthaltene Blockadepotential unter prozeduralen Aspekten minimieren sollen. Andernfalls geht es in erster Linie um eine partielle Kompensation der fehlenden Balance, namentlich durch Informations-, Konsultations- und Berücksichtigungspflichten[43].

III. Das zentrale Exekutivorgan: Bundesregierung, US-Administration, Europäische Kommission

Den beiden primär mit gesetzgeberischen Funktionen betrauten Repräsentativorganen steht vom Grundsatz her in jedem gewaltenteilig organisierten System die Exekutive gegenüber, deren zentrales Organ im Staatsverband die Regierung darstellt. Dabei ist freilich zu beachten, daß die Regierung als solche nur im deutschen Modell – das dem hier gewählten Aufbau zugrundeliegt – unmittelbaren Verfassungsrang besitzt, während die amerikanische Verfassung die gesamte vollziehende Gewalt in den Händen des Präsidenten konzentriert sehen will[44]. Auf der europäischen Ebene schließlich kann die Kommission nur bedingt als „Regierung" der Gemeinschaft bezeichnet werden. Wegen der weitgehenden Gleichartigkeit der für diese Organe entstehenden Problemlagen lassen sie sich jedoch unter dem Gesichtspunkt des Interorganrespekts durchaus miteinander in Beziehung setzen.

---

[42] Näher oben 1. (503 ff.), insbes. b) (505 ff.).
[43] Hierzu i. einz. oben 2. (507 ff.).
[44] Vgl. oben 6. Kap. II. 1. a) und b) (244 ff.).

1. Respektsverpflichtungen innerhalb der Exekutive

Bereits innerhalb des der Exekutive zugewiesenen Verantwortungsbereichs sind verschiedene Ausprägungen des Respektsgedankens feststellbar, die zum Teil unmittelbar mit den zwischen Exekutive und Legislative auftretenden Erscheinungsformen des Interorganrespekts zusammenhängen.

a) Regierungsbereich

Das gilt allerdings nicht für das Verhältnis der unmittelbaren Mitglieder des zentralen Exekutivorgans zueinander, weshalb auf dieser Ebene auch nur vom „Intraorganrespekt“ die Rede sein kann. Immerhin kommen dort im Prinzip dieselben Überlegungen zur Anwendung, die ansonsten unter dem Begriff des Interorganrespekts das Zusammenwirken der verschiedenen Verfassungsorgane bestimmen. Die Respektsidee entfaltet demnach ihre Wirkung vor allem im Anwendungsbereich des Kollegialprinzips, wo also die Mitglieder des exekutiven Spitzenorgans einander gleichgestellt sind und die Führungsperson dieses Organs lediglich als „primus inter pares“ fungiert. Hier begründet sie beispielsweise umfassende Konsultations- und Unterrichtungspflichten im Vorfeld der gemeinsamen Entscheidungsfindung, wie sie insbesondere für die Europäische Kommission typisch ist[45]. Die Geltung des Kollegialprinzips und damit die Anwendbarkeit des Intraorganrespekts hängen ihrerseits von der Legitimation des Regierungschefs ab: je mehr sich diese von der Legitimation der übrigen Regierungsmitglieder unterscheidet und je direkter sie sich auf das Volk als Souverän zurückbeziehen läßt, desto geringer wird die Bedeutung des Kollegialprinzips und desto stärker reduziert sich das allgemeine Respektsgebot auf eine bloße „Gehorsamsverpflichtung“ der übrigen Mitglieder des zentralen Exekutivorgans gegenüber seinem Leiter, wie in erster Linie das amerikanische Beispiel belegt[46]. Das deutsche Modell bewegt sich zwischen diesen beiden Extremen: Soweit das Grundgesetz nicht ohnedies ein kollegiales Verfahren nach dem Kabinettsprinzip vorschreibt, stehen sich dort Ressortprinzip und Richtlinienkompetenz des Kanzlers gegenüber. Dieser Gegenüberstellung entspricht aus der Perspektive des Intraorganrespekts ein Zusammenspiel von Rücksichtnahmegeboten einerseits und Loyalitätsverpflichtungen andererseits: Das Rücksichtnahmegebot richtet sich dabei an den Kanzler, der seinen Ministern die eigenverantwortliche Leitung ihrer Geschäftsbereiche ermöglichen muß, während die Verpflichtung zur Loyalität umgekehrt diese Eigenverantwortung der Minister in bezug auf die vom Kanzler vorgegebenen politischen Leitlinien beschränkt[47]. An diesen Abstufungen lassen sich zugleich exemplarisch die unterschiedlichen Wirkungsweisen des Respektsgedankens demonstrieren: Seine volle wechselseitige Ausprägung kann er nur dort finden, wo sich die jeweiligen Respektssubjekte prinzipiell gleichberech-

---

[45] Oben 6. Kap. II. 1. c) (247 f.).

[46] Vgl. oben 6. Kap. II. 1. a) (244 f.) und zus.fass. d) (248 ff.).

[47] Oben 6. Kap. II. 1. b) (245 ff.) und zus.fass. wiederum d) (249 f.).

tigt gegenübertreten. Die Kombination aus Rücksichtnahmegebot und Loyalitätsverpflichtung ist hingegen typisch für eine unterhalb der Schwelle einer strikten Hierarchie angesiedelte asymmetrische Rechtsstellung der involvierten Organe; wo nämlich eine solche strikte Hierarchie besteht, bleibt für gesonderte Respektsverpflichtungen von vornherein kein Raum mehr[48].

b) Verwaltungsbereich

In dem der Exekutivspitze nachgeordneten Verwaltungsbereich hat das Prinzip des Interorganrespekts aus diesem Grunde überhaupt nur Platz, soweit seine Anwendung sich mittelbar aus einer der *Legislative* geschuldeten Respektspflicht des zentralen Exekutivorgans ergibt. Die nähere Ausgestaltung dieser Respektspflicht und des ihr korrespondierenden Respektsanspruchs der Exekutive folgt wiederum dem Vorbild einer Kombination aus Rücksichtnahmegebot und Loyalitätsverpflichtung. Das vermag im ersten Moment zu überraschen, da das Verhältnis der obersten Verfassungsorgane von Exekutive und Legislative eigentlich den Prototyp einer Interorganbeziehung unter gleichrangigen Institutionen verkörpert. Die Auflösung dieses scheinbaren Paradoxons ist jedoch darin zu suchen, daß zwischen der *generellen* Gleichrangigkeit der Verfassungsorgane und ihrer primären Verantwortlichkeit für spezifische Funktionsbereiche, aus deren Zuordnung sich eine jeweils *punktuelle* Asymmetrie ihrer Rechtsstellungen herleitet, unterschieden werden muß. Für den Verwaltungsbereich bedeutet dies konkret, daß die Zuständigkeit für seine organisatorische Ausgestaltung wegen seiner primären Zugehörigkeit zum Funktionsbereich der vollziehenden Gewalt nach dem Prinzip der Organadäquanz in erster Linie bei der Exekutivspitze verbleiben muß. Wenn daher die Legislativorgane diesen Grundsatz auf gesetzlichem Wege durchbrechen, so schuldet ihnen zwar das zentrale Exekutivorgan dahingehend Loyalität, daß es den ministerialfreien Charakter der mit derartigen Gesetzen geschaffenen Verantwortungsräume zu achten hat. Der von dem Gedanken organadäquater Funktionenzuordnung gebotene grundsätzliche Vorrang seiner Verantwortlichkeit für die Verwaltung insgesamt begründet jedoch umgekehrt eine Rücksichtnahmeverpflichtung der Legislativorgane im Zuge solcher Eingriffe, die sich vor allem darin manifestiert, daß sie nur ausnahmsweise und nur auf der Basis besonderer sachlicher Gründe, die von den gesetzgebenden Organen im einzelnen darzulegen sind, für zulässig erachtet werden können. Die Intensität dieser Respektspflicht wird um so größer, je abhängiger das zentrale Exekutivorgan in seiner politischen Existenz von den legislativen Repräsentativorganen ohnehin schon ist[49].

Mit dieser Kombination aus Rücksichtnahme- und Loyalitätsgeboten sichert das Prinzip des Interorganrespekts zunächst den Erhalt einer funktionsgerechten Organbalance im Verwaltungsbereich. Darüber hinaus spielt aber auch an dieser Stelle sei-

---

48 Oben 6. Kap. II. 2. a) (251 f.).
49 Vgl. i. einz. oben 6. Kap. II. 2. d) (259 ff.).

ne Wirkungsweise als Quelle konkreter Verhaltenspflichten eine Rolle: Indem es für die ausnahmsweise geschaffenen unabhängigen Verwaltungsinstitutionen jedenfalls Verpflichtungen zur Information und Unterrichtung der Verfassungsorgane begründet, schafft es ein notwendiges Gegengewicht zu ihrem ebenfalls auf die Idee des Interorganrespekts zurückzuführenden Anspruch auf Achtung ihrer Unabhängigkeit und Weisungsfreiheit[50]. Denn dieser Anspruch existiert nicht nur auf der jeweiligen gesetzlichen Grundlage gegenüber der Exekutivspitze, sondern auf der Basis des Interorganrespekts ebenso gegenüber der Legislative selbst: Zwar könnten die Legislativorgane durch Aufhebung des entsprechenden Gesetzes die Unabhängigkeit jeder derartigen Verwaltungsinstitution wieder beseitigen, soweit diese nicht unmittelbar von der Verfassung selbst garantiert wird. Solange dies nicht geschieht, wirkt der aus der gesetzlichen Garantie fließende Respektsanspruch jedoch gegenüber allen anderen Organen des jeweiligen Gemeinwesens. Zudem besteht die einzige Alternative zur Unabhängigkeit solcher Institutionen in ihrer (Rück-)Eingliederung in die normale Weisungshierarchie der Exekutive. In keinem Fall kann die Legislative eine direkte Kontrolle über einzelne Verwaltungsentscheidungen ausüben, da dies eine unzulässige grundsätzliche Verschiebung der Verantwortungsbereiche von Exekutive und Legislative zur Folge hätte.

2. Ansprüche der Exekutive auf eigene Entscheidungsspielräume

Auch in denjenigen Funktionsbereichen, in denen Legislative und zentrales Exekutivorgan direkt um die Zuständigkeit für bestimmte Entscheidungen konkurrieren, geht es aus der Perspektive des Interorganrespekts zunächst um die Gewährleistung einer funktionsgerechten Organbalance, die in einem weiteren Schritt durch konkrete Kooperationspflichten ergänzt und verstärkt wird. Da alle im Rahmen der vorliegenden Untersuchung analysierten Verfassungssysteme gleichermaßen von der prinzipiellen Notwendigkeit einer umfassenden Exekutivkontrolle ausgehen[51] und die Legislative jedenfalls in allen Fragen, die einer gesetzlichen Regelung zugänglich sind, über ein entsprechendes Einflußpotential verfügt, spitzt sich diese Problematik im wesentlichen auf die der Exekutive zu garantierenden eigenen Entscheidungsspielräume zu. Es kommt damit in erster Linie darauf an, in welchen Punkten und bis zu welchem Grade das zentrale Exekutivorgan eigene Verantwortungsbereiche gegenüber den Legislativorganen beanspruchen kann, in denen die legislative Kontrolle mindestens eine Reduzierung ihrer Intensität erfährt.

---

[50] Ebd. (262 f.).
[51] Zus.fass. oben 6. Kap. IV. 1. (281 ff.).

a) Normsetzung

Als erster Funktionsbereich dieser Art kommt die eigenständige Rechtsetzung durch die Exekutive in Betracht. Dabei besteht das besondere Charakteristikum dieses Funktionsbereichs darin, daß er nach der klassischen Konzeption der Gewaltenteilung gar nicht existieren dürfte. In der komplexen Welt der Moderne ist eine maßgebliche Beteiligung des zentralen Exekutivorgans an der Normsetzung jedoch nicht mehr zu umgehen. Das zeigt sich bereits daran, daß das Initiativrecht zur Unterbreitung von Gesetzgebungsvorschlägen in den parlamentarischen Körperschaften inzwischen zum Kernbestand der für eine sinnvolle Arbeit dieses Organs nötigen Befugnisse gezählt und seine formelle Abwesenheit in der amerikanischen Verfassungsordnung seit langem durch informelle politische Mechanismen ausgeglichen wird[52]. Aber auch jenseits der inhaltlichen Vorbereitung von Normierungsvorhaben sind die Legislativorgane nur noch zur Bewältigung eines Bruchteils der in der heutigen Welt erforderlichen Regelungen in der Lage. Dennoch muß ihnen die Funktion der Rechtsetzung nach dem Prinzip der Organadäquanz schwerpunktmäßig zugeordnet bleiben. Denn andernfalls könnte das zentrale Exekutivorgan über die Inanspruchnahme einer eigenen Rechtsetzungsgewalt faktisch zuerst die Regeln erlassen, für deren Vollziehung es anschließend zu sorgen hätte, was tendenziell zu einer der Organbalance widersprechenden Machtkonzentration in seiner Hand führen würde.

Nach dem Prinzip des Interorganrespekts ist dieser Zwiespalt wiederum durch eine Kombination von Rücksichtnahmegeboten und Loyalitätsverpflichtungen zu bewältigen. Das zentrale Exekutivorgan wird dabei insofern zur Loyalität verpflichtet, als es den Willen des parlamentarischen Gesetzgebers zu achten und seinen Intentionen soweit wie möglich zur Durchsetzung zu verhelfen hat. Die vorliegend untersuchten Verfassungsordnungen bedienen sich vorrangig zweier formeller Mittel zur Sicherstellung dieser Loyalität: der Bindung jeglicher exekutiver Normierungsgewalt an eine hinreichend bestimmte parlamentarische Ermächtigung einerseits und der Etablierung eines delegationsfesten Parlamentsrefugiums andererseits[53]. Darüber hinaus muß den Legislativorganen jedoch auch die Möglichkeit zugestanden werden, ihre Rechtsetzungsvorgaben im Einzelfall inhaltlich zu verdeutlichen und hierfür den Respekt des zentralen Exekutivorgans einzufordern; diesem Zweck dienen beispielsweise die deutschen Rechtsinstitute der Zustimmungs- und Änderungsvorbehaltsverordnungen sowie die europäische „Komitologie“[54]. Auf der Gegenseite findet sich neben dem im vorigen schon angesprochenen, an die Legislative gerichteten Verbot der Usurpation von Einzelfallentscheidungen vor allem eine dem Gedanken der Organadäquanz entspringende Rücksichtnahmeverpflichtung dergestalt, daß die Legislativorgane den Erlaß solcher Rechtssätze, die sich auf der administrativen Ebene besser entwickeln lassen und insbesondere mit

---

[52] I. einz. hierzu 5. Kap. I. 1. a) (140) und zus.fass. 3. (143 ff.).

[53] Zus.fass. oben 6. Kap. I. 4. a) (237 ff.).

[54] Vgl. oben 6. Kap. I. 3. b) und c) (231 ff.).

flexiblen Anpassungen auf einen ständigen gesellschaftlichen Wandel reagieren müssen, tatsächlich delegieren und die sachnähere Beurteilung der jeweiligen Regelungserfordernisse durch das zentrale Exekutivorgan innerhalb einer gewissen Bandbreite akzeptieren sollen[55]. Allgemeine Kooperationspflichten ergänzen dieses Zusammenspiel der verschiedenen Elemente des Interorganrespekts beispielsweise dahingehend, daß die Legislativorgane dem zentralen Exekutivorgan ihre mit der Delegation von Rechtsetzungsgewalt verbundenen Vorstellungen in nachvollziehbarer Weise vermitteln müssen und umgekehrt die Exekutive gehalten ist, sich im Falle der Nichtrealisierbarkeit dieser Vorstellungen mit den gesetzgebenden Organen ins Benehmen zu setzen, bevor sie die bestehende formell-gesetzliche Ermächtigung zugunsten anderer Zielsetzungen ausnutzt.

b) „Kernbereich"

Während die Asymmetrie der Rechtspositionen von Legislativorganen und zentralem Exekutivorgan im Bereich der Normsetzung auf die primäre Verortung dieser Funktion bei den gesetzgebenden Körperschaften zurückzuführen ist, sind andere Felder der öffentlichen Tätigkeit schwerpunktmäßig dem Verwaltungs- bzw. Regierungshandeln und damit funktionell der vollziehenden Gewalt zuzuordnen. In diesem Fall besteht die entsprechende Asymmetrie in umgekehrter Form; das gilt insbesondere für jene Aufgaben, deren Bewältigung ein großes Maß an Flexibilität, Sachkunde und Sachnähe sowie persönliche Präsenz und Vertraulichkeit erfordert und die daher wie etwa Organisationsgewalt und Planungshoheit traditionell zum „Kernbereich" der Exekutive gerechnet werden[56]. Die umgekehrte Ausrichtung dieser zwischen den einzelnen Zweigen der öffentlichen Gewalt und den sie repräsentierenden Organen feststellbaren Asymmetrie bedeutet unter dem Aspekt des Interorganrespekts im wesentlichen eine Zielverschiebung: Auf dem Gebiet der Rechtsetzung dient der Gedanke des Interorganrespekts in erster Linie dazu, dem Normierungswillen der Legislativorgane zur Durchsetzung zu verhelfen, während er im „Kernbereich" der Exekutive vorrangig deren Eigenverantwortung gegenüber ungerechtfertigten legislatorischen Intrusionen sichern soll. Das von ihm bereitgestellte Instrumentarium bleibt zwar in beiden Fällen gleich und beinhaltet damit neben allgemeinen Kooperationspflichten im Dienste einer konsensualen Konfliktlösung vor allem die bereits mehrfach angeklungene Kombination von Rücksichtnahmeverpflichtungen auf seiten der Legislativorgane und an das zentrale Exekutivorgan adressierten Loyalitätsgeboten. Was sich jedoch ändert, ist die Rollenverteilung innerhalb des daraus folgenden Regel-Ausnahme-Schemas: Im Bereich der Normsetzung stellt die Verpflichtung der Exekutive zur loyalen Befolgung der von den Legislativorganen aufgestellten Normierungsvorgaben den Regelfall dar und

---

[55] Oben 6. Kap. I. 4. b) (240 ff.), vgl. dort insbes. Fn. 141.

[56] Vgl. i. einz. 6. Kap. IV. 2. (283 ff.); u. stv. nochmals *Thomas Kuhl*, Der Kernbereich der Exekutive, 1993, 149.

wird durch das an die Legislative gerichtete Rücksichtnahmegebot lediglich ergänzt[57]. Auf denjenigen Aufgabenfeldern, die zum „Kernbereich" der Exekutive zählen, steht hingegen die Rücksichtnahmeverpflichtung der Legislativorgane gegenüber der primären Verantwortlichkeit der Exekutive für diesen Bereich im Vordergrund[58]. Einen Anspruch auf Loyalität des zentralen Exekutivorgans gegenüber Vorgaben, die diese Verantwortlichkeit tangieren und ihre Verlagerung auf die gesetzgebenden Körperschaften bewirken sollen, können diese Körperschaften nur ausnahmsweise erheben, wenn hierfür, wie es das Bundesverfassungsgericht formuliert hat, „im Einzelfall gute Gründe bestehen" und diese von den Gesetzgebungsorganen hinreichend dargelegt werden[59].

c) Auswärtige Gewalt

Der Funktionsbereich der auswärtigen Gewalt kann nicht in gleicher Weise wie die Normsetzung oder der „Kernbereich" der Exekutive schwerpunktmäßig einem bestimmten Zweig oder Organ der öffentlichen Gewalt zugeordnet werden, was beispielsweise im deutschen Schrifttum regelmäßig in der Formulierung zum Ausdruck kommt, die auswärtige Gewalt sei Teil der Staatsleitung, die Exekutive und Legislative in gesamthänderischer Verantwortung obliege[60]. Unter dem Gesichtspunkt der Organadäquanz ergibt sich trotzdem auch dort eine gewisse Asymmetrie: Denn die notwendige diplomatische und im Verteidigungsbereich zugleich militärische Flexibilität des staatlichen bzw. gemeinschaftlichen Handelns nach außen kann in dieser Form nur von dem zentralen Exekutivorgan gewährleistet werden, das hierfür eigenständiger Handlungs- und Entscheidungsspielräume bedarf[61]. Weder die Aushandlung völkerrechtlicher Abkommen noch das Tagesgeschäft der allgemeinen Außenpolitik oder gar die operative Führung militärischer Einheiten können im Detail von den Legislativorganen wahrgenommen werden. Zwar ist auf europäischer Ebene die allgemeine Außenpolitik bislang weitgehend dem Ministerrat statt der Kommission überantwortet; diese Konstruktion beruht jedoch im wesentlichen darauf, daß im Gegensatz zu den nationalstaatlichen Modellen die meisten außen- und speziell sicherheitspolitischen Einzelheiten in Europa nach wie vor von den Mitgliedstaaten in eigener Verantwortung geregelt werden und die Gemeinsame Außen- und Sicherheitspolitik sich demgegenüber auf die Erarbeitung weniger gemeinsamer Standpunkte und Aktionen – in Zukunft auch Strategien – beschränkt[62]. Mit der langsam zunehmenden Bedeutung dieser Politik gewinnt daher gleichermaßen der Gedanke einer einheitlichen Außenvertretung der Europäischen Union, die sich nur durch ein zentrales Vollzugsorgan sicherstellen läßt, an Wichtigkeit. In-

---

57 Dazu soeben unter a) (515 f.).

58 Oben 6. Kap. IV. 2. (287 f.).

59 Ebd.; vgl. insbes. BVerfG NJW 1997, 383 f.; sowie die weiteren Nachweise in Fn. 315.

60 Oben 7. Kap. II. 1. b) cc) (333 ff.), beachte vor allem die Nachweise in Fn. 176.

61 Oben 7. Kap. II. 1. c) (339 ff.).

62 Näher hierzu 7. Kap. II. 2. b) bb) (346 ff.).

stitutionell schlägt sich dies bereits in der wachsenden Einbindung der Kommission und in der mit dem Amsterdamer Vertrag erfolgten Aufwertung des Generalsekretärs des Rates zum „Hohen Vertreter" für die Gemeinsame Außen- und Sicherheitspolitik nieder[63].

Wie schon in den zuvor behandelten Funktionsbereichen wird aus der Perspektive des Interorganrespekts auf außenpolitischem Gebiet ebenfalls die funktionelle Asymmetrie der beteiligten Organe durch eine Verknüpfung legislativer Rücksichtnahmepflichten und für das zentrale Exekutivorgan aufgestellter Loyalitätsgebote ausgeglichen. Der Grundsatz der Organadäquanz fordert dabei allerdings im Sinne des oben angesprochenen „gesamthänderischen" Charakters der Verantwortlichkeit für die auswärtige Gewalt eine gegenüber dem „Kernbereich" der Exekutive verstärkte Berücksichtigung der Vorstellungen der Legislativorgane dergestalt, daß ihnen zumindest ein maßgeblicher Einfluß auf die außenpolitischen Grundentscheidungen zugestanden werden muß. Dies geschieht in allen zum Gegenstand dieser Untersuchung gemachten Verfassungssystemen zunächst durch eine Formalisierung gewisser legislativer Mitwirkungsrechte, insbesondere durch die Erforderlichkeit legislativer Zustimmung zu und Umsetzung von völkerrechtlichen Verträgen[64]. Für militärische Aktionen hat das Bundesverfassungsgericht in Deutschland mittlerweile ein vergleichbares Erfordernis aufgestellt, das der amerikanische Kongreß mit der „War Powers Resolution" in ähnlicher Weise für sich reklamiert[65]. Darüber hinaus begründet das Prinzip des Interorganrespekts auch außerhalb der in der jeweiligen Verfassungsordnung ausdrücklich kodifizierten Befugnisse ein punktuelles Zugriffsrecht der parlamentarischen Repräsentativorgane im Bereich der auswärtigen Gewalt[66].

Das gesamthänderische Wesen dieses Funktionsbereichs drückt sich schließlich noch in der besonderen Betonung der allgemein aus dem Grundsatz des Interorganrespekts fließenden Verhaltenspflichten zur gegenseitigen Unterrichtung und Abstimmung der involvierten Verfassungsorgane aus. Da das zentrale Exekutivorgan hier einen natürlichen Informations- und Handlungsvorsprung besitzt, stellt es insoweit den hauptsächlichen Adressaten des Respektsgebots dar. Seine wesentliche Äußerungsform besteht etwa beim Abschluß völkerrechtlicher Verträge darin, daß die die Verhandlungen führende Exekutivspitze Vertreter der Legislativorgane schon im Entwurfsstadium hinzuzieht[67]. Aus dem Bereich der allgemeinen Außenpolitik lassen sich als formalisierte Beispiele die in der amerikanischen Sanktionsgesetzgebung vielfach geforderten präsidentiellen „Bestätigungen", die für die Zusammenarbeit von Bundesregierung und Bundestag in Angelegenheiten der Eu-

---

[63] Oben 7. Kap. II. 2. b) cc) und dd) (350 ff.) mit den dortigen Nachweisen.

[64] Zus.fass. 7. Kap. I. 1. c) (309 ff.).

[65] Oben 7. Kap. III. 1. b) (359 ff.).

[66] Zus.fass. oben 7. Kap. II. 1. c) (339 ff.).

[67] Vgl. 7. Kap. I. 1. a) aa) und bb) (291 ff.) für die USA, b) aa) (1) (299 ff.) für Deutschland und b) bb) (2) (306 ff.) für die EG, wo diese Einbeziehung z.T. in Art. 300 I (ex-Art. 228 I) EGV ausdrücklich festgelegt ist.

ropäischen Union aufgrund von Art. 23 II, III GG aufgestellten Regeln sowie – mit der Einschränkung, daß es dabei vor allem um die Zusammenarbeit zwischen Rat und Parlament geht – die Vorschrift des Art. 21 (ex-Art. J.7) EUV anführen[68]. In militärischer Hinsicht bestätigt die in den USA unter der „War Powers Resolution" entwickelte politische Praxis, deren Pendant sich in Deutschland gerade herauszubilden beginnt, gleichfalls die allgemeine, zum Teil stillschweigende Anerkennung der entsprechenden Respektsverpflichtungen[69].

IV. Das Oberhaupt des Gemeinwesens: Bundespräsident, US-Präsident, Kommissionspräsident

Auf dem Feld der Exekutive wird die Vergleichbarkeit der Verfassungsorgane in den drei vorliegend analysierten Systemen dadurch eingeschränkt, daß im amerikanischen wie im europäischen System jeweils nur *ein* Organ als Vergleichsobjekt in Frage kommt: in den USA der Präsident als einsame Exekutivspitze und auf europäischer Ebene die Kommission als Kollegialorgan. Demgegenüber kennt das deutsche Modell als einziges im exekutiven Bereich *zwei* oberste Verfassungsorgane: neben der Bundesregierung auch den Bundespräsidenten als Staatsoberhaupt. Diese Tatsache begründet im Rahmen unserer Untersuchung eine Exklusivität der deutschen Verfassungslage dahingehend, daß sich ausschließlich unter ihren Bedingungen ein zusätzliches Anwendungsfeld für das Prinzip des Interorganrespekts innerhalb der Exekutive eröffnet, nämlich im Verhältnis zwischen Regierung und Staatsoberhaupt. Von Bedeutung ist dieses Anwendungsfeld vor allem für die Vertretung der Bundesrepublik Deutschland nach außen, wo sich eine positive Verpflichtung des Bundespräsidenten zur Vornahme von der Bundesregierung gewollter völkerrechtlicher Akte letztlich nur über den Interorganrespekt begründen läßt, der umgekehrt von der Bundesregierung eine Rücksichtnahme auf eventuelle verfassungsrechtliche Bedenken des Bundespräsidenten verlangt. Darüber hinaus hilft der Grundsatz des Interorganrespekts dabei, die Fälle einer notwendigen Vertretung Deutschlands durch den Bundespräsidenten gegenüber denjenigen einer erlaubten Vertretung durch die Bundesregierung abzugrenzen, und statuiert in diesem Zusammenhang besondere Unterrichtungs- und Berücksichtigungspflichten der Regierung gegenüber dem Staatsoberhaupt[70].

Soweit es um die Beziehungen zwischen Exekutiv- und Legislativorganen geht, müßte man dem Bundespräsidenten den amerikanischen Präsidenten in seiner spezifischen Funktion als Staatsoberhaupt sowie den Präsidenten der Europäischen

68 I. einz. hierzu oben 7. Kap. II. 1. a) cc) (328 f.), b) cc) (337 f.) und 2. b) dd) (351 f.).

69 Vgl. oben 7. Kap. III. 1. b) bb) (3) (364 ff.) zu den USA. In Deutschland hat das BVerfG dem Gesetzgeber ausdrücklich die Befugnis zugesprochen, die Form und das Ausmaß seiner Mitwirkung bei Einsätzen der Bundeswehr näher auszugestalten, vgl. dazu BVerfGE 90, 286, 389; u. oben 7. Kap. III. 1. b) cc) (2) (369 ff.) m.w.N.

70 Zu alledem oben 7. Kap. II. 1. b) aa) (329 ff.).

Kommission gegenüberstellen. Zumindest letzteres scheitert jedoch daran, daß dem Kommissionspräsidenten nach der derzeitigen Vertragslage praktisch keine eigenständigen Befugnisse zur Verfügung stehen; inwieweit die in Amsterdam neu eingeführte Rechtsfigur der „politischen Führung" der Kommission durch ihren Präsidenten hier relevante Änderungen bewirken wird, ist derzeit noch nicht abzusehen[71]. An alledem zeigt sich, daß hinsichtlich der Position des Verbandsoberhauptes die systemspezifischen Differenzen der hier betrachteten Verfassungsmodelle am größten und Parallelen daher kaum zu ziehen sind. Immerhin lassen sich bestimmte Unterschiede in der Ausgestaltung des Interorganrespekts an diesen Differenzen logisch festmachen; das betrifft namentlich die abschließende Kontrolle von Gesetzen vor ihrem Inkrafttreten. In einem Präsidialsystem nach amerikanischem Muster, wo der Präsident angesichts seiner eigenständigen demokratischen Legitimation einen entsprechenden politischen Gestaltungsspielraum für sich reklamieren können muß, bedarf er unter dem Aspekt des Interorganrespekts eines umfassenden Rechts zur Beanstandung von Gesetzen, um sich diesen Gestaltungsspielraum zu sichern. Das hierbei entstehende Blockadepotential kann seinerseits nur mit Hilfe des Interorganrespekts neutralisiert werden, indem dieser sowohl die Koppelung von Gesetzesvorhaben durch den parlamentarischen Gesetzgeber als auch ihre spätere Aufspaltung zu Beanstandungszwecken durch den Präsidenten untersagt, sofern ein derartiges Vorgehen allein auf taktischen Motiven beruht und keine sachlichen Gründe dafür erkennbar sind[72]. Umgekehrt spricht das Prinzip des Interorganrespekts dafür, Verbandsoberhäuptern ohne eigenständige demokratische Legitimation die Möglichkeit zur Zweckmäßigkeitskontrolle von Gesetzen zu versagen, um so die politische Gestaltungsfreiheit der unmittelbar legitimierten Legislativorgane zu erhalten. Da diese Freiheit allerdings in jedem Fall an den Bestimmungen der Verfassungsordnung ihre Grenze findet, zu deren Verteidigung alle Verfassungsorgane gleichermaßen berufen sind, gebietet der Respekt gegenüber der Erfüllung dieser Aufgabe durch das Oberhaupt des jeweiligen Gemeinwesens zugleich, seinen verfassungsrechtlichen Bedenken Rechnung zu tragen und Meinungsverschiedenheiten hierüber notfalls im Wege eines geordneten Verfahrens vor einer neutralen Institution auszutragen[73].

V. Das oberste Rechtsprechungsorgan: Bundesverfassungsgericht, Supreme Court, Europäischer Gerichtshof

Für die letztgenannte Rolle kommt nach Lage der Dinge nur das Spitzenorgan der „dritten Gewalt" in seiner Funktion als (oberste) Instanz der Verfassungsrechtsprechung in Betracht. In diesem Punkt fällt eine Gegenüberstellung der Vergleichsob-

---

[71] Ebenso schon oben 6. Kap. II. 1. c) (247 f.).
[72] I. einz. hierzu 5. Kap. III. 4. a) (205 ff.).
[73] Vgl. oben 5. Kap. III. 4. b) (208 ff.).

jekte aus den im Rahmen dieser Arbeit erörterten Verfassungssystemen leicht: Alle drei Systeme verfügen über ein solches oberstes Rechtsprechungsorgan, das entweder ausdrücklich – wie im deutschen und europäischen Modell – oder implizit – wie der Supreme Court – mit der Aufgabe betraut ist, die Integrität der Verfassungs- bzw. Vertragsordnung zu wahren.

1. Grundsätzliche Positionierung

Hinsichtlich der Positionierung dieser Institution im Geflecht der Interorganbeziehungen gehen die drei hier analysierten Verfassungsordnungen ebenfalls übereinstimmend von dem Grundprinzip aus, daß unter rechtsstaatlichen Gesichtspunkten eine möglichst umfassende gerichtliche Kontrolle der Einhaltung der Verfassung gewährleistet sein muß, um ihre Funktion und Beständigkeit als rechtliche Grundordnung des Gemeinwesens auf Dauer sicherzustellen[74]. Darüber hinaus betrachten sie eine derartige Kontrollmacht des obersten Rechtsprechungsorgans als unverzichtbaren Beitrag zur Wahrung der Rechtsgemeinschaft im Bundesstaat wie im supranationalen europäischen Staatenverbund, indem Konflikte zwischen der Bundesebene und den Einzelstaaten bzw. Auseinandersetzungen zwischen den einzelnen Gliedstaaten einer friedlichen, allseitig akzeptierten Lösung zugeführt werden können und so eine Desintegration der föderalistisch verfaßten Gesamtheit verhindert wird[75]. Bei alledem legen die zum Gegenstand dieser Untersuchung gemachten Modelle einhellig die Annahme zugrunde, daß nicht nur die Exekutive, sondern auch die unmittelbar demokratisch legitimierten Repräsentativorgane der Legislative Verfassungsverstöße begehen können und daß der Verfassungsrechtsprechung die Autorität zukommen muß, solche Verletzungen gleichfalls zu korrigieren[76]. Selbst der anerkannt sensitive Bereich der Außen- und Sicherheitspolitik wird hiervon nicht prinzipiell ausgenommen, wie die Überprüfbarkeit völkerrechtlicher Verträge exemplarisch zeigt[77]. Die Kontrollbefugnisse der Verfassungsrechtsprechung erstecken sich damit auf alle Verantwortungsbereiche der öffentlichen Gewalt, was den Verfassungsgerichten in den vorliegend betrachteten Systemen eine beeindrukkende Machtstellung verleiht.

Die Existenz einer solchen Kontrollmacht in den Händen eines unabhängigen Spruchkörpers, der seinerseits gerade keiner Gegenkontrolle mehr unterliegen kann, stellt eine besondere Herausforderung für das Geflecht der verfassungsrechtlichen Machtverteilung dar und legt den Einsatz des Gedankens vom Interorganre-

---

[74] Zus.fass. hierzu 8. Kap. VI. 1. a) (483 ff.).

[75] Vgl. ebenfalls zus.fass. 8. Kap. VI. 1. b) (486 f.).

[76] Nochmals oben 8. Kap. VI. 1. a) (483 ff.).

[77] Oben 7. Kap. I. 2. (312 ff.), zus.fass. d) (319 ff.); vgl. a. die weiteren Nachweise zur deutschen und amerikanischen Verfassungsrechtsprechung im außenpolitischen Bereich oben 7. Kap. II. 1. a) bb) (324 ff.) und b) cc) (333 ff.) sowie III. 1. b) bb) (3) (364 ff.) und cc) (366 ff.). Für den EuGH muß man diesen Befund freilich wegen Art. 46 (ex-Art. L) EUV derzeit noch mit Einschränkungen versehen, vgl. dazu 7. Kap. II. 2. b) dd) (351).

spekt daher in spezifischer Weise nahe. Auf der Ebene der Besetzung dieses Spruchkörpers findet eine erste Ausbalancierung seiner Machtkonzentration gegenüber Exekutiv- und Legislativorganen dadurch statt, daß diese Organe darüber bestimmen dürfen, in wessen Hände die entsprechende Kontrollmacht konkret gelegt werden soll. Dabei tritt der oben schon festgestellte Unterschied in der „föderalistischen Intensität" der hier behandelten Verfassungsordnungen[78] erneut zutage: Während sich im deutschen Modell gesamtstaatliches Repräsentativorgan und Ländervertretung unter – theoretischem – Ausschluß der Exekutive diese Entscheidungsbefugnis teilen, schaltet das amerikanische System das gesamtstaatliche Vertretungsorgan bereits aus und läßt lediglich das zentrale Exekutivorgan – das allein schon aufgrund seiner systemspezifischen, von der Legislative unabhängigen Legitimation in diesem Verfahren beteiligt werden muß – mit der Vertretung der Einzelstaaten zusammenwirken. Auf der europäischen Ebene schließlich bleiben die anderen Gemeinschaftsorgane sogar komplett ausgeschlossen, da die Auswahl der Richter am Europäischen Gerichtshof allein in den Händen der mitgliedstaatlichen Regierungen liegt, die diese Macht nicht einmal der aus ihren weisungsgebundenen Angehörigen bestehenden Gliedstaatenvertretung übertragen wollen[79]. Alle diese Versuche, zu den umfassenden Kontrollbefugnissen der jeweiligen Verfassungsgerichte Gegengewichte aufzubauen, vermögen jedoch im Ergebnis den potentiellen Anwendungsbereich und die Notwendigkeit des Interorganrespekts auf dem Gebiet der Verfassungsrechtsprechung nicht einzuschränken. Denn nach der Ernennung der Richter kann ihre Ausübung der fraglichen Kontrollbefugnisse im Einzelfall nur noch über dieses Prinzip sinnvoll gesteuert und begrenzt werden.

2. Einzelne Erscheinungsformen des Interorganrespekts

Verschiedene Ausdrucksformen des Prinzips vom Interorganrespekt haben im Laufe der Verfassungsentwicklung auf diesem Feld bereits einen mehr oder weniger formalisierten Charakter angenommen. Das beginnt bei der zum Teil recht restriktiven Handhabung der Zulässigkeitsvoraussetzungen für die einzelnen Verfahren zur Überprüfung von Akten der anderen Verfassungsorgane durch die jeweiligen Gerichte, die insofern vom Grundsatz des Interorganrespekts gesteuert erscheint, als es eigentlich in keinem der hier betrachteten Systeme eine echte Rechtsschutzlücke dergestalt gibt, daß das oberste Rechtsprechungsorgan mit einem möglichen Verfassungsverstoß nicht befaßt werden könnte[80]. Eine eingeschränkte Selbstbindung der obersten Gerichte an ihre eigene Rechtsprechung[81] begrenzt ihr zukünftiges Potential zur Beschränkung der Gestaltungsspielräume, die die anderen Verfassungsorgane für sich in Anspruch nehmen können. Speziell gegenüber der Legislative bezeu-

---

[78] Oben II. 3. (510 f.).

[79] Vgl. a. schon oben 8. Kap. I. (380 f.) mit den dortigen Nachweisen.

[80] Zus.fass. hierzu 8. Kap. I. 3. (394 ff.).

[81] Vgl. oben 8. Kap. II. 1. c) (402 ff.), insbes. die Nachweise Fn. 85 ff.

gen die Verfassungsgerichte in den vorliegend untersuchten Verfassungsordnungen außerdem dadurch Respekt, daß sie in bestimmten Fällen auf die Verfassungswidrigkeits- bzw. Nichtigkeitserklärung von Normen verzichten und dem Gesetzgeber stattdessen einen schonenderen Weg zur Wiederherstellung bzw. Erhaltung eines verfassungsmäßigen Zustandes weisen; das Bundesverfassungsgericht hat hierfür mit den „Appellentscheidungen" sogar eine eigene Technik entwickelt[82]. In dieselbe Richtung zielt die von den Gerichten einmütig anerkannte Selbstverpflichtung zur verfassungs- bzw. vertragskonformen Auslegung unterverfassungsrechtlicher Normen, mit der klargestellt wird, daß die Kassation solcher Rechtssätze nur als „ultima ratio" in Betracht kommt und ansonsten von der Vermutung einer vom Gesetzgeber beabsichtigten Konkordanz zwischen Verfassungs- und einfacher Rechtsordnung auszugehen ist[83]. Schließlich ist an dieser Stelle noch der speziell in Deutschland diskutierte Versuch zu nennen, durch die Einführung eines besonderen Mehrheitserfordernisses für normverwerfende Entscheidungen des Verfassungsgerichts eine verstärkte Ausübung von Interorganrespekt auf prozeduralem Wege zu bewirken[84].

Alle diese Erscheinungsformen des Prinzips vom Interorganrespekt haben jedoch ihre Tücken. Zum Teil lassen sie sich nicht als spezifische Konsequenzen dieses Prinzips identifizieren, da sie sich ebenso aus anderen Wurzeln speisen und mit diesen erklärt werden können: So dient die restriktive Handhabung von Zulässigkeitsvoraussetzungen neben der Sicherung des Interorganrespekts vor allem auch der Selbstentlastung des jeweiligen Verfassungsgerichts[85], und die Selbstbindung der Gerichte an ihre eigenen Entscheidungen entspringt nicht zuletzt dem Gedanken der Rechtssicherheit[86]. Zum Teil erscheint ihre Wirksamkeit fraglich: das gilt namentlich für starre prozedurale Mechanismen von der Art der in Deutschland erhobenen Forderung nach besonderen Mehrheitserfordernissen[87]. Darüber hinaus tragen Techniken wie die Appellentscheidung und die verfassungskonforme Auslegung unter dem Aspekt des Interorganrespekts eine kontraproduktive Kehrseite in sich: Indem das Verfassungsgericht auf diese Weise letztverbindlich die Auslegung von Gesetzen bestimmen und dem Gesetzgeber Anleitungen für die Änderung bzw. den Neuerlaß von Gesetzen geben kann, gewinnt es eine erhebliche rechtsgestaltende Macht im Sinne einer positiven Einflußnahme auf gesetzliche Norminhalte. Die daraus folgende Gefahr besteht darin, daß das Verfassungsgericht die Grenzen seiner Positionierung als oberstes verfassungsrechtliches Kontrollorgan überschreiten und sich zum Ersatz- bzw. „Obergesetzgeber" aufschwingen könnte[88].

---

[82] Oben 8. Kap. II. 2. a) bb) (409 ff.), vgl. aber auch b) (415 ff.) zur Rechtsprechung des Supreme Court.
[83] Oben 8. Kap. II. 3. c) (428 ff.).
[84] Vgl. näher 8. Kap. II. 3. b) (426 ff.).
[85] Nochmals oben 8. Kap. I. 3. (394 ff.).
[86] Vgl. a. zus.fass. 8. Kap. II. 1. d) (405 f.).
[87] Dazu wiederum 8. Kap. II. 3. b) (426 ff.).
[88] Zus.fass. hierzu 8. Kap. II. 2. d) (422 ff.) und 3. c) (428 ff.).

3. Die Notwendigkeit eines Rückgriffs auf das allgemeine Prinzip

Ein zusammenfassender Blick auf die zu diesen Punkten angestellten Erwägungen zeigt, daß es mit einer Beschränkung auf einzelne, mehr oder weniger formalisierte Anwendungen des Interorganrespekts nicht getan ist. Die aufgrund der umfassenden Kontrollbefugnisse der Verfassungsrechtsprechung gegenüber den anderen Zweigen der öffentlichen Gewalt entstehenden Herausforderungen an das integrative Zusammenwirken der Verfassungsorgane sind vielmehr von so vielschichtiger Natur, daß sie im konkreten Fall eine regelmäßige Rückbesinnung auf das dahinterstehende allgemeine Prinzip verlangen. Der Grund für diese besondere Betonung des Interorganrespekts im Kontext der Verfassungsrechtsprechung ist darin zu sehen, daß das Verfassungsgericht die einzige Institution darstellt, die im Dienste der generellen Organ- bzw. Gewaltenbalance innerhalb des jeweiligen Verfassungssystems ihre Macht in eigener Verantwortung begrenzen muß. Umgehen läßt sich dieses Problem deshalb nicht, weil am Ende jedes Entscheidungsprozesses einer Institution die Letztentscheidungsbefugnis zugestanden werden muß und das oberste Rechtsprechungsorgan in dieser Hinsicht mit der „dritten Gewalt" die „least dangerous branch" repräsentiert, der eine solche Befugnis anvertraut werden kann. Zwar unterliegt auch dieses Organ insofern einer gewissen Außenkontrolle, als es nicht auf eigene Initiative tätig werden kann, seine Entscheidungen im Lichte der Öffentlichkeit zu fällen und zu begründen hat und diese Begründung außerdem verfassungsrechtlichen Charakter aufweisen muß und nicht offenkundig politischer Natur sein darf. Die Maßstäbe für die Ausübung der verfassungsgerichtlichen Kontrollbefugnisse können aber im Ergebnis trotzdem nur die Richter selbst setzen.

Das Prinzip des Interorganrespekts erfüllt in diesem Zusammenhang sowohl als Grundlage der Forderung nach solchen Maßstäben wie auch als Leitgedanke ihrer konkreten Determinierung eine wichtige Funktion. In der erstgenannten Rolle begründet es eine allgemeine, mit den fraglichen Maßstäben auszufüllende Zurückhaltungspflicht für das Verfassungsgericht im Dienste der Wahrung der gesetzgeberischen Gestaltungsfreiheit sowie der notwendigen exekutivischen Beurteilungs- und Handlungsspielräume. Mit dem Grundsatz der Organadäquanz liefert es darüber hinaus die Basis für die Bestimmung dieser Maßstäbe: Es verlangt eine der jeweiligen Organstruktur adäquate Funktionenzuordnung und beschränkt dementsprechend den Kontrollanspruch der Verfassungsgerichtsbarkeit gegenüber Exekutive und Legislative mit Hilfe funktionellrechtlicher Argumente[89]. Als Instrument zur Umsetzung dieser Beschränkung fungiert zunächst abstrakt die Anerkennung eines gesetzgeberischen Konkretisierungsprimats dahingehend, daß dem Gesetzgeber eine Erstinterpretationskompetenz hinsichtlich der Ausfüllung der Verfassungsbestimmungen zugebilligt wird, und eines exekutivischen Verantwortungsprimats dergestalt, daß in den primären Zuständigkeitsbereichen der Exekutive eine Einschät-

---

[89] Zus.fass. oben 8. Kap. II. 3. f) (449 ff.) und III. 3. (470 ff.).

zungsprärogative zu ihren Gunsten anzunehmen ist[90]. Konkret schlägt sich diese Anerkennung in beiden Fällen in einer abgestuften Zurücknahme der verfassungsgerichtlichen Kontrolldichte nieder, die freilich dort ihre Grenze findet und in ein umgekehrt an die anderen Verfassungsorgane gerichtetes Postulat loyalen Verhaltens gegenüber dem Verfassungsgericht umschlägt, wo dessen spezifische Funktionsbereiche, namentlich der individuelle Rechtsschutz und die Wahrung der föderalen Kompetenzordnung, betroffen werden[91]. Da sich die insoweit erforderliche Abgrenzung kaum durchgängig fixieren läßt, kann sie nur auf der Grundlage eines allgemeinen Prinzips von der Art des Interorganrespekts erfolgen, das zwar einen festen argumentativen Rahmen setzt, in seiner Anwendung jedoch zugleich ein flexibles Eingehen auf die jeweiligen Umstände des Einzelfalls erlaubt.

---

[90] Vgl. i. einz. vor allem 8. Kap. II. 3. d) (431 ff.) und zus.fass. f) (449 ff.) sowie III. 2. a) (458 ff.) und zus.fass. 3. (470 ff.).

[91] Ebd. und abschließend 8. Kap. VI. 3. (495 f.).

Zehntes Kapitel

Interorganrespekt als Verfassungsstrukturprinzip

> *„Die drei Gewalten im Staate sind also erstlich einander beigeordnet, d.i. die eine ist das Ergänzungsstück der anderen zur Vollständigkeit der Staatsverfassung; aber, zweitens, auch einander untergeordnet, so, daß eine nicht zugleich die Funktion der anderen, der sie zur Hand geht, usurpieren kann, sondern ihr eigenes Prinzip hat."*
>
> *Immanuel Kant*

Vor dem Hintergrund der Ergebnisse, die in den vorigen Kapiteln zur Rolle des Interorganrespekts in den einzelnen Funktionsbereichen eines gewaltenteilig organisierten Gemeinwesens und zur Stellung der einzelnen Organe eines solchen Gemeinwesens im Gefüge dieses Prinzips entwickelt wurden, geht es nunmehr darum, Bilanz und Folgerungen für den Interorganrespekt insgesamt und seine Position im Geflecht der Verfassungsstrukturprinzipien zu ziehen.

I. Allgemeine Parameter

Das dieser Einordnung zugrundezulegende Gesamtbild, dessen Elemente sich aus einer Zusammenschau der drei zum Gegenstand dieser Untersuchung gemachten Verfassungsordnungen ergeben, läßt sich mit zugegebenermaßen groben Strichen wie folgt skizzieren.

1. Ausgangspunkte: Fundamentale Prinzipien

Zunächst kann die Idee des Interorganrespekts nur im Spannungsfeld jener Prinzipien verstanden und erklärt werden, die als „Eckpfeiler" der jeweiligen Ordnungsverständnisse allen hier bearbeiteten Verfassungssystemen gemeinsam sind. Dabei handelt es sich vor allem um die folgenden wesentlichen Merkmale, deren Verhältnis zum Interorganrespekt im einzelnen noch gegen Ende dieses Kapitels thematisiert werden soll[1]:

– Das Prinzip der *Demokratie* in der Form, daß alle zu den einzelnen Organen des Gemeinwesens hinführenden Legitimationsstränge ihren Ausgangspunkt letztlich in einem unmittelbaren Entscheidungsakt des verfaßten Volkes finden müssen,

---

[1] Vgl. aber auch schon oben 1. Kap. (6), insbes. Fn. 12.

Pestert, DVBl 02, 1145 (115 J r Organtreue)

verlangt die Rückbindung aller politischen Entscheidungsprozesse, die sich zwischen den Organen vollziehen und damit potentielle Anwendungsbereiche für den Interorganrespekt begründen, an einen demokratischen Willensbildungsprozeß der Bürger. Dieser Willensbildungsprozeß muß selbst nicht unbedingt in einer unmittelbaren Mitwirkung des Volkes bestehen; zu ihm gehört aber jedenfalls die Vermittlung des Willens der Bürger durch eine Versammlung freier, von ihnen gewählter Abgeordneter, die für sie eine Repräsentationsfunktion wahrnehmen und in dieser Funktion als Parlament an der politischen Leitung des Gemeinwesens Anteil haben[2].

– Der Grundsatz der *Rechtsstaatlichkeit* bindet zum einen die gesamte öffentliche Gewalt des Gemeinwesens an die Gesetze und insbesondere an die Verfassungsordnung mit den dort statuierten individuellen Grundrechten und garantiert zum anderen im formellen Sinne einen wirksamen verfahrensrechtlichen Schutz dieser Rechte der Bürger. Institutionell folgt daraus die Notwendigkeit einer mit weitreichender Entscheidungsgewalt ausgestatteten unabhängigen Gerichtsbarkeit, die die Kompetenz zur Verfassungsrechtsprechung einschließt[3].

– Der Gedanke der *Gewaltenteilung* kann seinerseits als Ausdruck der Rechtsstaatlichkeit angesehen werden. Allerdings geht es ihm weniger um eine Trennung als vielmehr um eine gegenseitige Ausbalancierung und Kontrolle der verschiedenen Zweige öffentlicher Gewalt, indem deren Ausübung funktional auf verschiedene Organe aufgeteilt wird[4]. Der Interorganrespekt knüpft an diese Aufteilung insofern an, als er die Existenz separater Verfassungsorgane und ihre prinzipielle Gleichrangigkeit logisch voraussetzt. Die grundsätzliche Anerkennung des Gewaltenteilungsgedankens darf daher als unverzichtbare Grundlage der Anwendbarkeit des Interorganrespekts gelten.

– Die Idee des *Föderalismus* schließlich läßt sich zwar theoretisch von den übrigen Ausgangspunkten trennen; im Rahmen der vorliegend betrachteten Verfassungssysteme fungiert sie jedoch als notwendiger Ausdruck der in allen drei Systemen historisch gewachsenen bzw. vorgegebenen Unterteilung des Gesamtverbandes in eigenständige Einzelstaaten. Hieraus resultiert zum einen eine starke eigene Rechtsstellung dieser Einzelstaaten, die sich beispielsweise in der verfassungsmäßigen Gewährleistung bestimmter originärer Zuständigkeiten manifestiert, und zum anderen eine besondere institutionelle Ausgestaltung der gesamtverbandlichen Organstruktur dahingehend, daß die gesetzgebende Gewalt ihrerseits auf zwei verschiedene Vertretungsorgane aufgeteilt wird, von denen eines explizit den Einzelstaaten zugeordnet ist[5].

---

[2] S. hierzu schon die Erläuterungen oben 4. Kap. I. 1. b) (104 f.) und 3. (108 ff.).

[3] Nochmals oben 4. Kap. I. 1. b) (104 f.) und 2. b) (107 f.), vgl. dort insbes. die Nachweise Fn. 11 und 27 zu Deutschland und den USA; zus.fass. 8. Kap. VI. 1. a) (483 ff.).

[4] Oben 1. Kap. (3 f.), vgl. insbes. die Nachweise Fn. 5 und 6.

[5] Vgl. wiederum oben 4. Kap. I. 1. b) (104 f.), 2. b) (107 f.) und 5. a) (121 ff.); zum theoretischen Hintergrund der Föderalismusdiskussion ferner *Stefan Oeter*, Erprobung der konstitutionellen poli-

Über alledem darf nicht vergessen werden, daß diese Prinzipien keine isoliert für sich stehenden Zwecksetzungen darstellen, sondern vielmehr selbst nur Ausdrucksformen und Konsequenzen eines noch tiefer liegenden Fundaments sind: der Grundaufgabe jedes Gemeinwesens nämlich, die Grund- und Menschenrechte, die staatsbürgerlichen Freiheiten und die Autonomie des Individuums zu schützen[6]. Die dem demokratischen Gedanken innewohnende Idee der Volkssouveränität ergibt sich dabei als notwendige Folge aus der moralischen Persönlichkeit des Einzelnen, während die Forderung nach Rechtsstaatlichkeit in all ihren Facetten aus der Hervorhebung der individuellen Freiheitssicherung als der zentralen Zweckbestimmung des Gemeinwesens entspringt[7]. Auch der föderalistische Gedanke findet seinen Platz in diesem Kräftefeld: Zum einen geht die Untergliederung der hier erörterten Verfassungssysteme in Einzelstaaten auf autonome Willensäußerungen der jeweiligen Bürger zurück, da in allen drei Fällen die Einzelstaaten als erste existierten und die übergeordnete bundesstaatliche bzw. gemeinschaftliche Ebene erst durch ihren freiwilligen Zusammenschluß geschaffen wurde. Zum anderen sorgen die institutionellen Ausprägungen der föderalistischen Struktur für eine Dezentralisation der politischen Macht innerhalb des so verfaßten Gemeinwesens, die als wesentliches Element der in einer freiheitlichen Gesellschaft erforderlichen Machtkontrolle anzusehen ist, und damit für eine Verringerung des Bedrohungspotentials der öffentlichen Gewalt gegenüber der Freiheit des Individuums[8]. Ohne diesen Rückbezug auf die Grund- und Menschenrechte würden alle Verfassungsmodelle, die wie die vorliegend untersuchten auf der Idee eines ursprünglichen Vertrages zwischen Staat und Bürger beruhen[9], ihre Legitimität verlieren. In ähnlicher Weise bezeichnet etwa *Rawls* die Anerkennung eines gleichen Rechts aller Bürger auf einen größtmöglichen Freiheitsspielraum als erstes grundlegendes Organisationsprinzip einer gerechten Gesellschaft. Seine endgültige, auf die Ausgestaltung und Bewertung institutioneller Strukturen zugeschnittene Formulierung dieses „first principle of justice" lautet:

---

tischen Ökonomie an Einzelfragen – Föderalismus, in: Christoph Engel/Martin Morlok (Hg.), Öffentliches Recht als ein Gegenstand ökonomischer Forschung, 1998, 119–155, 123 ff.

[6] Darauf wurde oben 1. Kap. (2 f.) exemplarisch auf der Grundlage von Kants und Hegels Philosophien bereits hingewiesen.

[7] Stv. hierzu – auf Kantischer Begründungsbasis – *Ralph Alexander Lorz*, Modernes Grund- und Menschenrechtsverständnis und die Philosophie der Freiheit Kants, 1993, 155 ff., 165 f., 168 f. mit den dortigen Nachweisen.

[8] Vgl. statt vieler: *Reinhold Zippelius*, Die Modernität des Föderalismus (1988), in: ders., Recht und Gerechtigkeit in der offenen Gesellschaft, 1994, 202–211, 207; *ders.*, Problemfelder der Machtkontrolle, in: Detlef Merten (Hg.), Gewaltentrennung im Rechtsstaat, 2. Aufl. 1997, 27–35, 30 f.; außerdem *Oeter* (Fn. 5), 120 ff.; beachte aber dort auch *Reiner Eichenberger*, Der Zentralisierung Zähmung, 157–171, 159 ff., zu den latenten Zentralisierungstendenzen innerhalb jedes föderalen Systems.

[9] Nochmals *Lorz* (Fn. 7), 150 ff., zu der entsprechenden Kantischen Denkfigur; vgl. a. dazu und zu den modernen Sichtweisen der zugrundeliegenden Vertragstheorie *Hasso Hofmann*, Die klassische Lehre vom Herrschaftsvertrag und der „Neo-Kontraktualismus", in: Christoph Engel/Martin Morlok (Hg.), Öffentliches Recht als ein Gegenstand ökonomischer Forschung, 1998, 257–277, 263 ff.

„Each person is to have an equal right to the most extensive total system of equal basic liberties compatible with a similar system of liberty for all.“[10]

2. Pole eines Spannungsfeldes: Effizienz und Kontrolle

In Abgrenzung zum Utilitarismus stellt *Rawls* an gleicher Stelle klar, daß dieses Prinzip gegenüber allen auf Effizienz und Nutzenmaximierung gerichteten Überlegungen Vorrang beanspruchen muß und Effizienzüberlegungen daher niemals als Rechtfertigung für Freiheitsbeschränkungen akzeptiert werden können: „liberty can be restricted only for the sake of liberty“[11]. In vergleichbarer Eindeutigkeit formuliert beispielsweise *Leisner*: „Einen Effizienzstaat gibt es nicht, solange Rechtsstaatlichkeit herrscht“[12]. Konkret auf die hier zu erörternden institutionellen Fragestellungen bezieht sich aus amerikanischer Perspektive ferner das zeitlos verallgemeinerungsfähige Statement des Supreme Court-Vorsitzenden *Burger*:

„The choices we discern as having been made in the Constitutional Convention impose burdens on governmental processes that often seem clumsy, inefficient, even unworkable, but those hard choices were consciously made by men who had lived under a form of government that permitted arbitrary governmental acts to go unchecked. ... it is crystal clear from the records of the Convention, contemporaneous writings and debates, that the Framers ranked other values higher than efficiency.“[13]

Alle diese Hinweise lassen es geraten erscheinen, den Gedanken der Effizienz oder auch der Kompetenzeffektivität im Gegensatz zu den zuvor als „Ausgangspunkten“ bezeichneten Prinzipien nicht als eigenständigen Teil der Grundlegung freiheitlich und demokratisch verfaßter Gemeinwesen zu bewerten[14]. Dennoch kommen gerade freiheitliche Verfassungsordnungen nicht ohne Bezugnahme auf diesen Gesichtspunkt aus: Denn die Gewährleistung individueller Grundrechte und rechtsstaatlicher Verfahren, die selbst gegenüber einem potentiellen Mehrheitswillen Bestand haben sollen, setzt die Fähigkeit des betreffenden Gemeinwesens zu ihrer effektiven Durchsetzung bzw. Durchführung voraus. In der Terminologie der ökonomischen Rechtsanalyse geht es dabei um eine Beschränkung der individuellen Präferenzautonomie dergestalt, daß die öffentliche Gewalt einen institutionellen Schutzschild gegen den freiheitsbedrohenden Einfluß bestimmter externer Präferenzen der Bürger aufrichten soll[15]. Hieraus resultiert ein die institutionelle Umsetzung der im vo-

---

[10] *John Rawls*, A Theory of Justice, 1971, 302, vgl. a. schon 60 et seq.

[11] Vgl. nochmals *Rawls* (Fn. 10), 302 et seq.

[12] *Walter Leisner*, Effizienz als Rechtsprinzip, 1971, 58.

[13] *INS v. Chadha*, 462 U.S. 919 (1983), 958 f. (Reihenfolge der Statements vom Verf. geändert).

[14] Zu der diesbezüglich geltend zu machenden Skepsis vgl. schon oben 2. Kap. II. 2. a) (40), insbes. Fn. 159; ferner *Christian Kirchner*, Regulierung durch öffentliches Recht und/oder Privatrecht aus der Sicht der ökonomischen Theorie des Rechts, in: Wolfgang Hoffmann-Riem/Eberhard Schmidt-Aßmann (Hg.), Öffentliches Recht und Privatrecht als wechselseitige Auffangordnungen, 1996, 63–84, 72 f.; u. zuletzt *Hans-Peter Schwintowski*, Ökonomische Theorie des Rechts, in: JZ 1998, 581–588, 582 f.; jew. m.w.N.

[15] Nähere Erläuterungen hierzu bei *Horst Eidenmüller*, Effizienz als Rechtsprinzip, 1995, 355 ff.

rigen benannten Ausgangspunkte maßgeblich bestimmendes Dilemma zwischen *Effizienz* und *Kontrolle* der (supra-)staatlichen Macht. Beides wird zur Erfüllung derselben Grundaufgabe dringend benötigt: Auf der einen Seite muß öffentliche Gewalt effektiv ausgeübt werden können, um überhaupt ihrer primären Zweckbestimmung gerecht zu werden, die in der Sicherung gleicher Freiheit für alle Mitglieder des zugrundeliegenden Gemeinwesens besteht. Sind die Organe eines Gemeinwesens zur effektiven Ausübung der entsprechenden Macht nicht mehr in der Lage, so droht ein Rückfall der Gesellschaft in den anarchischen Urzustand, wo jeder eine potentielle Bedrohung der Freiheit des anderen darstellt und letztlich das Recht des Stärkeren regiert[16]. Auf der anderen Seite muß speziell diese Ausübung von Macht ihrerseits einer effektiven Kontrolle unterworfen werden, um zu verhindern, daß die öffentliche Gewalt selbst zur größten Freiheitsbedrohung avanciert.

Das auf dieser Grundlage entstehende Dilemma ist darin zu sehen, daß ein die Kontrolle der öffentlichen Gewalt in den Vordergrund rückendes institutionelles Arrangement in der Regel auf Kosten ihrer Effizienz geht und umgekehrt. Denn je höher die Konzentration von Macht in den Händen einer einzelnen Person bzw. Institution ausfällt, desto effizienter kann sie tendenziell ausgeübt werden. Gerade solche Machtkonzentrationen gilt es jedoch unter dem Aspekt einer wirksamen Machtkontrolle unbedingt zu vermeiden. Damit bedarf es zwischen den beiden Polen Effizienz und Kontrolle eines permanenten Balanceakts[17]: es gilt eine institutionelle Lösung zu finden, die die Freiheit der Bürger gegenüber Bedrohungen durch die öffentliche Gewalt weitgehend bewahrt und den Organen des Gemeinwesens dennoch nicht die Fähigkeit nimmt, ihrerseits effektiv die Sicherung dieser Freiheit zu betreiben. Aus der Sicht der „public choice"-Theorie läßt sich die Suche nach einer derartigen Lösung und den ihr entsprechenden Entscheidungsregeln auch als Bestreben zur Minimierung der „sozialen Interdependenzkosten" interpretieren: Diese Kosten, die keineswegs nur im Sinne pekuniärer Belastungen verstanden werden dürfen, setzen sich zum einen aus den im Vorfeld einer kollektiven Handlung anfallenden „Entscheidungskosten", also dem zur Entscheidungsfindung erforderlichen Aufwand, und zum anderen aus den durch das kollektive Handeln selbst verursachten „externen Kosten" zusammen, die den an der Entscheidungsfindung nicht beteiligten Personen bzw. Gruppen entstehen. Es dürfte unmittelbar einleuchten, daß nur ein angemessener Ausgleich zwischen beiden „Kostenarten" zur Minimierung des Gesamtaufwandes führen kann, während Extremvorschläge uns diesem Ziel nicht näher bringen: Wird eine Entscheidung von der Zustimmung aller davon Betroffenen abhängig gemacht, so fallen zwar die externen Kosten weg, doch steigen dafür die Entscheidungskosten ins Unermeßliche. Umgekehrt minimiert die

[16] Dieser Ur- bzw. Naturzustand ist schon von vielen Philosophen in den unterschiedlichsten Nuancierungen beschrieben worden. Vgl. daher statt vieler nur *Immanuel Kant*, Zum ewigen Frieden, in: ders., Werke, hg. von Wilhelm Weischedel, 1983, Bd. 9, 195–251, 203, 223; u. dort in Bd. 7 *ders.*, Die Metaphysik der Sitten, 309–634, 366 f., 375, 430 f.

[17] *Leisner* (Fn. 12), 25, zieht angesichts dieser entgegengesetzten Zielsetzungen für das GG die Schlußfolgerung, es sei „im ganzen effizienzneutral".

Konzentration der gesamten Entscheidungsgewalt bei einer Stelle bzw. Person zwar den Aufwand der Entscheidungsfindung, erzeugt aber extrem hohe externe Kosten. Optimale Lösungen lassen sich daher nur auf einem mittleren Weg erreichen, indem die Entscheidungsmacht über den Einsatz der öffentlichen Gewalt begrenzt diversifiziert und die in diese Diversifikation involvierten Organe zum Zusammenwirken angehalten werden[18].

Die im Hauptteil der vorliegenden Arbeit unternommene Anwendungsanalyse hat das Dilemma des Konflikts zwischen der Notwendigkeit effizienter Entscheidungsprozesse einerseits und dem Verlangen nach einer wirksamen gegenseitigen Kontrolle der Verfassungsorgane andererseits bereits an zahlreichen Stellen deutlich werden lassen. Aus jedem der betrachteten Verfassungssysteme sei deshalb lediglich noch ein Beispiel herausgegriffen: Im amerikanischen Modell findet auf dem Feld der Gesetzgebung die verhältnismäßig stärkste Diversifikation von Entscheidungsbefugnissen statt, indem die beiden Häuser des Kongresses jeweils in vollem Umfang an der Ausübung der gesetzgeberischen Gewalt beteiligt werden und dem Präsidenten als dem zentralen Exekutivorgan darüber hinaus eine abschließende Kontrollzuständigkeit eingeräumt wird[19]. Die damit einhergehende Austarierung der legislativen Macht bezahlt das amerikanische System jedoch mit einem extrem hohen Blockadepotential, wie die ständigen Budgetquerelen der letzten Jahre exemplarisch belegen[20]. Die Gemeinsame Außen- und Sicherheitspolitik der Europäischen Union bildet den krassesten im Rahmen dieser Untersuchung behandelten Fall einer wechselseitigen Kontrolle der Beteiligten auf Kosten der Effizienz des gemeinschaftlichen Handelns; das weitgehende Festhalten an der Einstimmigkeitsregel im Rat und der Ausschluß der übrigen zentralen Institutionen der Union von der Teilhabe an der außenpolitischen Entscheidungsgewalt sichern zwar die Achtung der mitgliedstaatlichen Souveränitäten, doch fällt dafür die Bilanz der gemeinsamen außenpolitischen Anstrengungen auf europäischer Ebene entsprechend mager aus[21]. Das deutsche Modell schließlich betont den Gedanken einer Kontrolle aller anderen Zweige der Staatsgewalt durch die Verfassungsrechtsprechung in besonderer Weise und beschwört damit die Gefahr einer partiellen Lähmung des ge-

---

[18] Die grundlegende Darstellung der hier nur grob umrissenen Theorie von den „sozialen Interdependenzkosten" stammt von *James M. Buchanan/Gordon Tullock*, The Calculus of Consent, 1962 (repr. 1971), 63 ff. Vgl. dazu auch die Retrospektive von *James M. Buchanan*, The Economics and the Ethics of Constitutional Order, 1991, 43 ff.; u. ausführlich *Thomas Petersen*, Individuelle Freiheit und allgemeiner Wille, 1996, 85 ff. sowie 113 ff. zur weiteren Entwicklung dieser Theorie; zuletzt *ders.*, Prinzipien und Grenzen der ökonomischen Theorie der Verfassung, in: Der Staat 35 (1996), 411–427, 417 ff.; u. allg. *Richard A. Posner*, Economic Analysis of Law, 4th ed. 1992, 542 ff., 615 ff.; speziell zu Entscheidungskosten als Teil der generellen Transaktionskosten auch *Peter Behrens*, Die ökonomischen Grundlagen des Rechts, 1986, 106 ff., 108 f.; u. *Rudolf Richter/Eirik G. Furubotn*, Neue Institutionenökonomik, 2. Aufl. 1999, 52.

[19] Oben 5. Kap. II. 1. a) (149) und III. 1. (197 ff.).

[20] Vgl. näher oben 5. Kap. III. 1. (198 f.) und 4. a) bb) (206 ff.) sowie 7. Kap. I. 1. a) aa) (291 f.) zu der auf einer anderen Entscheidungsregel beruhenden, aber ähnlich gelagerten Problematik des Abschlusses völkerrechtlicher Verträge durch die Vereinigten Staaten.

[21] I. einz. hierzu oben 7. Kap. II. 2. b) (344 ff.).

setzgeberischen und exekutiven Handelns durch das Bundesverfassungsgericht herauf, von den Effizienzverlusten, die in der allgemeinen Verwaltungsarbeit durch die umfassende gerichtliche Kontrolle und die speziell in Deutschland sehr langen Rechtswege entstehen, ganz zu schweigen[22].

Alle diese Beispiele zeigen, daß der Balanceakt zwischen wirksamer Kontrolle und effektiver Handlungsfähigkeit der öffentlichen Gewalt und ihrer Organe keinem System in keinem Funktionsbereich erspart bleibt. Teilweise kommt es sogar innerhalb der einzelnen Pole zu Widersprüchlichkeiten: So wird beispielsweise in Deutschland von manchen Autoren unter Berufung auf das Bundesverfassungsgericht ein Verfassungsprinzip der Publizität staatlichen Handelns und Entscheidens postuliert, das die entsprechenden Willensbildungsprozesse transparent machen und damit ihre Kontrolle ermöglichen soll[23]. Gleichzeitig bewirkt aber die ebenfalls zu Kontrollzwecken vorgenommene Aufteilung von Entscheidungsgewalt auf verschiedene Organe notwendig eine Verringerung der Transparenz der Entscheidungsverfahren[24]. Vor diesem Hintergrund ergibt sich die grundsätzliche Aufgabenbestimmung des Interorganrespekts im Rahmen des skizzierten Spannungsfeldes: Er soll den Konflikt zwischen den beiden Polen Effizienz und Kontrolle auflösen oder jedenfalls abmildern und die sozialen Interdependenzkosten minimieren helfen, indem er die Verfassungsorgane, auf die eine bestimmte Entscheidungsbefugnis im Interesse ihrer wechselseitigen Kontrolle aufgeteilt worden ist, zu Rücksichtnahme und loyaler Kooperation verpflichtet und auf diese Weise die notwendig eintretenden Reibungsverluste auf ihr unvermeidliches Maß reduziert.

3. Systembedingtheiten

Die Wege, auf denen dies geschieht bzw. versucht wird, sind unterschiedlicher Natur. Dabei konnte im Verlauf der Untersuchung an einigen Stellen konstatiert werden, daß die Entscheidung für eine bestimmte Ausgestaltung des Interorganrespekts bereits in der Wahl des zugrundeliegenden Verfassungs- und Regierungssystems selbst angelegt ist. So zeitigt beispielsweise die auf der europäischen Ebene bis heute gültige Grundentscheidung, ungeachtet aller inzwischen eingeführten bundesstaatlichen Elemente den Schritt von der supranationalen Gemeinschaft zum echten Staatsverband eben doch nicht vollziehen zu wollen, erhebliche Folgen für die Interorganbeziehungen innerhalb der Europäischen Union. Das läßt sich in erster Li-

---

[22] Vgl. zu letzterem oben 6. Kap. III. 2. (278) und allg. 8. Kap. VI. 1. a) (483 ff.).

[23] BVerfGE 40, 296, 327 zur Begründung der Forderung nach einer jeweils konkreten, öffentlichen Festsetzung der Abgeordnetendiäten durch das Parlament auf gesetzlichem Wege: „Denn dies ist die einzige wirksame Kontrolle. Die parlamentarische Demokratie basiert auf dem Vertrauen des Volkes; Vertrauen ohne Transparenz, die erlaubt zu verfolgen, was politisch geschieht, ist nicht möglich." Vgl. a. *Peter Häberle*, Freiheit, Gleichheit und Öffentlichkeit des Abgeordnetenstatus, in: NJW 1976, 537–542, 539 ff.; *Konrad Hesse*, Grundzüge des Verfassungsrechts der Bundesrepublik Deutschland, 20. Aufl. 1995, 62 f. (Rn. 138); u. zuletzt *Gregor Stricker*, Der Beirat – ein Rat contra legem?, in: ZRP 1996, 184–187, 186 f.

[24] Dazu schon oben 5. Kap. II. 4. c) bb) (190 ff.).

nie an der dominierenden Stellung des Ministerrates ablesen, wenngleich der schrittweise Abbau dieser Dominanz gerader in jüngerer Zeit nicht verkannt werden darf: In für die nationalstaatlichen Systeme ungewöhnlicher und aus der Perspektive des Interorganrespekts eigentlich nicht empfehlenswerter Weise wird dort das Gesandtenprinzip des „Bundesratsmodells" mit einer vollen Teilhabe des Rates an der gesetzgeberischen Entscheidungsgewalt kombiniert[25]. Darüber hinaus ist auch nach Amsterdam ein substantieller Teil der legislativen Gewalt exklusiv in den Händen des Rates verblieben, was eine entsprechend reduzierte Rolle des Europäischen Parlaments und damit des gesamtverbandlichen Repräsentativorgans bedingt[26]. Die bei den meisten Abstimmungen im Ministerrat geltenden besonderen Mehrheitserfordernisse erhöhen das strukturelle Blockadepotential weiter und lassen sich nur mit der notwendigen Rücksichtnahme auf mitgliedstaatliche Interessen erklären[27]. Das gilt in noch höherem Maße für die Gemeinsame Außen- und Sicherheitspolitik mit ihrer weitgehenden Beibehaltung der Einstimmigkeitsregel[28]. Alle diese institutionellen Ausgestaltungen sind für nationalstaatliche Systeme untypisch und ergeben sich daher überwiegend aus der systematischen Konzeption, die dem europäischen „Staatenverbund" zugrundeliegt.

Aber auch auf nationalstaatlicher Ebene bringt die Wahl zwischen parlamentarischem Regierungssystem und Präsidialdemokratie eine Reihe von Implikationen mit sich, die eine beliebige Übertragung der für das eine Modell gültigen Erkenntnisse zum Interorganrespekt auf ein nach dem anderen Modell organisiertes System ausschließen. So folgt z.B. aus der systemspezifischen Direktwahl des Regierungschefs durch das Volk in der präsidentiellen Demokratie eine weitgehende Irrelevanz des Gedankens vom Intraorganrespekt im Regierungsbereich, der eine üblicherweise bedeutendere Rolle dieses Prinzips im parlamentarischen Regierungssystem gegenübersteht[29]. In ähnlicher Weise kann die umfassende Kontrollbefugnis des amerikanischen Präsidenten gegenüber vom Kongreß beschlossenen Gesetzen, die ihm die Ausübung seines Vetorechts auch aus rein politischen Zweckmäßigkeitserwägungen heraus erlaubt, als fast schon zwingende Konsequenz aus seiner eigenständigen demokratischen Legitimation betrachtet werden und stellt damit ebenfalls ein systemspezifisches Charakteristikum der Präsidialdemokratie dar, das im parlamentarischen Regierungssystem als absoluter Fremdkörper wirken würde[30]. Weitere Besonderheiten in der Ausprägung des Interorganrespekts ergeben sich zumindest tendenziell aus der ursprünglichen Systemwahl. Als Beispiel hierfür sei etwa die Schaffung unabhängiger, den Weisungen der Exekutivspitze nicht unterworfener Verwaltungsträger durch die Legislative genannt: Zwar gilt in diesem Punkt für alle Systeme gleichermaßen ein Regel-Ausnahme-Schema, das die Einrichtung solcher

---

[25] Vgl. oben 5. Kap. II. 4. b) cc) (186 ff.).
[26] Zus.fass. oben 5. Kap. II. 4. d) bb) (193 ff.).
[27] I. einz. hierzu oben 5. Kap. II. 3. a) (165 ff.).
[28] Oben 7. Kap. II. 2. b) bb) (1) (346 ff.).
[29] Vgl. zus.fass. 6. Kap. II. 1. d) (248 ff.).
[30] So schon oben 5. Kap. III. 4. a) aa) (205 f.).

Verwaltungsträger und der damit einhergehenden „ministerialfreien Räume" an besondere sachliche Gründe bindet. Die an diese Gründe zu stellenden Anforderungen lassen sich jedoch unter dem Aspekt des Interorganrespekts systemspezifisch differenzieren, indem sie gegenüber einem ohnedies von der Legislative abhängigen zentralen Exekutivorgan höher liegen müssen als im Falle einer Unabhängigkeit dieses Organs von den gesetzgebenden Körperschaften[31].

4. Universelle Anwendbarkeit des Interorganrespekts und Existenz eines Lösungspluralismus

Einzelne Ausformungen des vom Prinzip des Interorganrespekts geleiteten Balanceakts zwischen Effizienz und Kontrolle in den unterschiedlichen Verfassungsordnungen müssen demzufolge als systembedingte Erscheinungen gewertet werden, die sich nicht ohne weiteres auf andere Organisationsmodelle übertragen lassen. Der weitaus größere Teil der in der vorliegenden Arbeit behandelten Ausgestaltungen dieses Prinzips darf allerdings als unabhängig von der zugrundeliegenden Systemwahl gelten. Ein kurzer Streifzug durch die Anwendungsanalyse der Untersuchung soll diese These illustrieren: Im Bereich der Gesetzgebung werden weder die Verteilung der Initiativrechte noch die Einzelheiten des letztlich entscheidenden Verhältnisses zwischen den beiden Legislativorganen von der Systementscheidung zugunsten eines präsidentiellen oder eines parlamentarischen Regierungssystems präjudiziert[32]. Die Entwicklung der Europäischen Gemeinschaften und schließlich der Union zeigt darüber hinaus, daß die auf diesen Feldern feststellbaren Unterschiede zwischen bundesstaatlicher und supranationaler Organisationsform systematisch eingeebnet werden und somit offenbar nicht zwingender Natur sind[33]. Was die Exekutivkontrolle angeht, so haben sich in bezug auf die administrative Rechtsetzung sowohl die Gemeinsamkeit einer beschränkten Delegation als auch die Streitfrage der legislativen Vorbehalte als systemübergreifend erwiesen[34]; ähnlich vergleichbar erscheint die grundsätzliche Problematik der Interorganbeziehungen und -konflikte hinsichtlich der Schaffung weisungsfreier Verwaltungsinstitutionen[35], der umfassenden Überwachung des exekutiven Handelns durch Legislative und Judikative[36] und sogar in den Grundzügen der Haushaltswirtschaft[37]. Die Differenzen der hier erörterten Verfassungsmodelle betreffen insoweit nie den systemspezifischen Kern des institutionellen Zusammenspiels, sondern immer nur seine konkreten, von den Wesensmerkmalen des zugrundeliegenden Systems nicht notwendig determinierten Ausprägungen. Auf den besonders sensitiven Gebiet der

---

[31] Zus.fass. oben 6. Kap. II. 2. d) (259 ff.).
[32] Vgl. i. einz. oben 5. Kap. I. 3. (143 ff.) und II. 4. (171 ff.).
[33] Zu dieser Entwicklung insbes. 5. Kap. II. 4. a) cc) (175 ff.), b) cc) (186 ff.), d) bb) (193 ff.).
[34] Oben 6. Kap. I. 4. (237 ff.).
[35] Vgl. zus.fass. 6. Kap. II. 2. d) (259 ff.).
[36] I. einz. hierzu 6. Kap. III. (263 ff.).
[37] Oben 6. Kap. III. 1. c) (268 ff.).

Außen- und Sicherheitspolitik, auf dem das europäische Modell in der Tat wegen des nach wie vor intergouvernementalen Charakters der GASP als Vergleichsmaßstab lediglich begrenzte Tauglichkeit besitzt, wirken die Kompetenzzuweisungen an Exekutiv- und Legislativorgane in den Verfassungssystemen Deutschlands und Amerikas zwar im ersten Moment sehr verschieden; ihre praktischen Konsequenzen für das Zusammenwirken dieser Organe weisen jedoch eine geradezu verblüffende Verwandtschaft auf[38]. Soweit schließlich die Rolle der Verfassungsrechtsprechung gegenüber den anderen Zweigen der öffentlichen Gewalt in Frage steht, kommt den systembedingten Unterschieden zwischen den vorliegend analysierten Verfassungsordnungen allenfalls noch marginale Bedeutung zu[39].

Vor diesem Hintergrund läßt sich als Zwischenergebnis festhalten: Die oben als „Ausgangspunkte" bezeichneten Prinzipien, die all diesen Ordnungen gemeinsam sind, bilden unter institutionellen Aspekten nur einen sehr weit zu ziehenden Rahmen. Innerhalb dieses Rahmens findet ein permanenter Balanceakt zwischen den Polen einer effizienten Ausübung der öffentlichen Gewalt einerseits und ihrer wirksamen Kontrolle andererseits statt. Die Ausgestaltungen dieses Balanceakts im einzelnen werden zwar in einem gewissen Ausmaß von der Wahl des zugrundeliegenden Verfassungs- bzw. Regierungssystems bestimmt. Zum überwiegenden Teil sind die in dieser Hinsicht feststellbaren unterschiedlichen Lösungsmöglichkeiten jedoch systemunabhängiger Natur. Für das Prinzip des Interorganrespekts ergibt sich daraus zweierlei: Zum einen belegt die Ähnlichkeit der systemübergreifend zwischen den jeweiligen Verfassungsorganen auftretenden Konfliktlagen, daß sich seine Anwendbarkeit nicht auf ein spezielles Verfassungs- oder Regierungssystem beschränkt, sondern zumindest im Rahmen all jener Systeme, die die oberste Gewalt auf verschiedene Organe aufteilen, universelle Anerkennung beanspruchen darf. Zum anderen erweist sich an der systemübergreifenden Vielfalt seiner faktischen und potentiellen Anwendungen die Existenz eines Lösungspluralismus: Nur in seltenen Fällen gibt der Gedanke des Interorganrespekts eine bestimmte Lösung eindeutig vor; in der Regel kann man ihm auf mehreren Wegen gerecht werden. Allerdings zwingt er dazu, wenigstens einen dieser Wege zu beschreiten, untersagt also negativ solche Verhaltensweisen, die sich mit den Grundsätzen einer organadäquaten Funktionenzuordnung und eines loyalen Zusammenwirkens der Verfassungsorgane nicht vertragen, und hilft außerdem dabei, die Vor- und Nachteile der verschiedenen zulässig bleibenden Wege gegeneinander abzuwägen.

---

[38] Hierzu i. einz. oben 7. Kap. I. 1. c) (309 ff.), 2. d) (319 ff.), II. 1. c) (339 ff.) und III. 1. c) (372 ff.).

[39] Zus.fass. hierzu 8. Kap. VI. (483 ff.).

5. Die Notwendigkeit pragmatischen Vorgehens

Die Flexibilität, die der Idee des Interorganrespekts eigen ist, schlägt sich somit auch darin nieder, daß ihre möglichen Ableitungen nicht das lineare Bild einer fortlaufenden Kausalkette, sondern vielmehr ein ganzes Spektrum von Variationen zeigen. Der Vorwurf mangelnder Bestimmtheit liegt unter diesen Umständen auf der Hand. Die Ausgestaltung der verfassungsrechtlichen Interorganbeziehungen läßt sich aber nicht für alle Zeiten quasi mathematisch festlegen, sondern erfordert in bester kritisch-rationalistischer Tradition ein „piecemeal social engineering"[40], gerade wenn es um die Austarierung von Entscheidungsmacht zwischen den einander gleichgestellten Organen eines gewaltenteilig organisierten Verfassungssystems geht. Die von solchen Systemen typischerweise angestrebte Machtbalance kann nicht an einem bestimmten Punkt mit einem spezifischen Set von Kontrollmechanismen für alle Zukunft in der für die Gesellschaft günstigsten Variante festgezurrt werden, sondern es wird immer wieder Fälle geben, in denen nur Flexibilität im Einzelfall die Funktionstüchtigkeit der Verfassungsordnung angesichts neuer Herausforderungen in institutioneller Hinsicht sichern kann. Der Einsatz des Grundsatzes vom Interorganrespekt ermöglicht an dieser Stelle in besonderer Weise das Eingehen auf derartige Herausforderungen, gerade weil er bis zu einem gewissen Grade auch eine experimentelle Vorgehensweise nach dem Prinzip von „trial and error" erlaubt und punktuelle Korrekturen der Machtbalance zwischen den Organen ermöglicht; er erleichtert damit im Kontext aktueller Interorgankonflikte das Auffinden konkreter Problemlösungen, in dem nach *Popper* letztlich das gesamte Dasein besteht[41].

Neben dem Kritischen Rationalismus unterstützt vor allem eine weitere, schwerpunktmäßig ebenfalls im anglo-amerikanischen Raum beheimatete Denkrichtung diese Vorgehensweise: der Pragmatismus. Die Ehrlichkeit gebietet es zu sagen, daß die hinter diesen Begriffen verborgenen philosophischen Tiefen im Rahmen der vorliegenden Arbeit natürlich nicht einmal annähernd ausgelotet werden können. Einige Schlagworte daraus mögen dem hier verfolgten Vorhaben einer abschließenden Einordnung des Interorganrespekts jedoch durchaus dienlich sein: Die Wurzel des in erster Linie von *Peirce* begründeten und von *James* teilweise in anderer Richtung fortgeführten philosophischen Pragmatismus ist zunächst erkenntnistheoretischer Natur. Ihre wesentlichen Kennzeichen bestehen zum einen in einer dezidierten Folgenorientierung und zum anderen in einer Bewertung dieser Folgen und damit zugleich der zugrundeliegenden Annahmen danach, ob sie sich in der Praxis bewähren. Überzeugung und Handlung gelten als untrennbar miteinander verbunden; Überzeugungen sind Handlungsregeln, und „wahr" ist, was sich anhand seiner

---

[40] *Karl R. Popper*, The Poverty of Historicism, 2nd ed. 1960 (repr. 1969), 64 ff.

[41] So jedenfalls der Titel seines letzten Buches; zum „trial and error"-Prinzip und seinen Implikationen vgl. i. einz. schon *Karl R. Popper*, Conjectures and Refutations, 3rd ed. 1969, 33 ff., 215 ff., zus.fass. 247 f.; u. später *ders.*, Objektive Erkenntnis, 4. Aufl. 1984, bes. 9 ff.

praktischen Konsequenzen bewährt[42]. In juristischer Hinsicht hat der Pragmatismus zunächst das Rechtsverständnis der berühmten Richter *Holmes* und *Cardozo* und später mit dem „legal realism" eine ganze Denkschule entscheidend beeinflußt. Rechtsregeln sind danach instrumentell zu verstehen und von ihren Folgen her zu bestimmen: „Not the origin, but the goal, is the main thing"[43]. Als sein derzeitiger Hauptvertreter im rechtswissenschaftlichen Bereich darf *Posner* gelten, der für pragmatische Problemlösungen auf der Basis empirischer Bewertungen eintritt und diese folgenorientierten Bewertungen hauptsächlich mit Hilfe der ökonomischen Rechtsanalyse vornehmen will. Vereinfacht ausgedrückt geht es ihm mit diesem Vorgehen darum, die für Fallentscheidungen primär maßgeblichen Regeln nach ihrer Nützlichkeit für die Zukunft und weniger nach ihrer Herkunft oder ursprünglichen Intention zu beurteilen[44].

In Deutschland ist dieses Gedankengut bislang nur sehr begrenzt gut aufgenommen worden. Man sieht in ihm den typischen Ausdruck des amerikanischen Nützlichkeitsdenkens und einer relativ prinzipienlosen Beliebigkeit, wobei angemerkt werden muß, daß diese Kritik von manchen amerikanischen Rechtsphilosophen nicht minder scharf geäußert wird[45]. Eine echte Unterwerfung des Rechts unter das

---

[42] Vgl. statt vieler: *Charles Sanders Peirce*, How to Make Our Ideas Clear (1878), in: Christian J. W. Kloesel et al. (ed.), Writings of Charles Sanders Peirce, Vol. 3, 1986, 257–276, 266; *William James*, Pragmatism, 1907, 200 ff.; dazu *Norbert Reich*, Sociological Jurisprudence und Legal Realism im Rechtsdenken Amerikas, 1967, 40 ff.; u. ausführlich *Gerhard Casper*, Juristischer Realismus und politische Theorie im amerikanischen Rechtsdenken, 1967, 47 ff.; ferner *Friedrich Kuhn*, Ein anderes Bild des Pragmatismus, 1996, 276 ff.; *Klaus Oehler*, Die Grundlegung des Pragmatismus durch Peirce (1985), in: ders., Sachen und Zeichen, 1995, 14–33, bes. 18 f., 30 ff.; *ders.*, Charles Sanders Peirce, 1993, 82 f. et seq.; zuletzt *Joachim Lege*, Pragmatismus und Jurisprudenz, 1999, 156 ff.

[43] *Benjamin N. Cardozo*, The Nature of the Judicial Process, 1921 (repr. 1948), 102 et seq.; vgl. a. schon *Oliver Wendell Holmes*, The Path of the Law, in: Harvard Law Review 10 (1897), 457–478, 467 ff.; u. in klaren Worten *Karl N. Llewellyn*, Some Realism about Realism, in: Harvard Law Review 44 (1931), 1222–1264, 1223; dazu ferner *Casper* (Fn. 42), 55 ff.; *Reich* (Fn. 42), 44 ff.; *Wolfgang Fikentscher*, Methoden des Rechts in vergleichender Darstellung, Bd. II: Anglo-amerikanischer Rechtskreis, 1975, 273 ff.; u. *Helmut Steinberger*, Konzeption und Grenzen freiheitlicher Demokratie, 1974, 150 ff.

[44] Vgl. etwa *Richard A. Posner*, Overcoming Law, 1995, 4 ff., 387 ff.; *ders.*, The Problems of Jurisprudence (1990), 1993, 454 ff.; u. dazu bspw. *Stanley Fish*, Almost Pragmatism: Richard Posner's Jurisprudence, in: Chicago Law Review 57 (1990), 1447–1475; u. *Steven D. Smith*, The Pursuit of Pragmatism, in: Yale Law Journal 100 (1990), 409–449, 412 ff., 430 ff.

[45] Stv. hierfür *Ronald Dworkin*, Law's Empire, 1986, 151 ff., der den Pragmatismus an anderer Stelle als „philosophically a dog's dinner" bezeichnet; von *Smith* (Fn. 44), 414 ff., aber selbst eines „versteckten" Pragmatismus bezichtigt wird. Vgl. a. *Martin Hensche*, Probleme einer folgenorientierten Rechtsanwendung, in: Rechtstheorie 29 (1998), 103–120, 105 ff.; u. mit anderer Akzentsetzung *Steinberger* (Fn. 43), 161 ff.; dagegen z.B. *Klaus Oehler*, Der Pragmatismus als Philosophie der Zukunft (1992), in: ders., Sachen und Zeichen, 1995, 247–254, 251 ff.; sowie umfassend *Martina Renate Deckert*, Folgenorientierung in der Rechtsanwendung, 1995, zus.fass. 217 ff.; jew. m.w.N. Man beachte aber, daß selbst der auf apriorischen Sätzen aufbauenden Philosophie Kants eine folgenorientierte Betrachtung im ethischen und rechtlichen Bereich keineswegs fremd ist; so zielt der praktische Vernunftgebrauch bei ihm ebenfalls allein auf die Bestimmung des menschlichen Handelns, und auch der kategorische Imperativ kommt ungeachtet seines apriorischen Ursprungs in der Anwendung nicht ohne eine Folgenberücksichtigung aus. Vgl. etwa *Immanuel Kant*,

Nützlichkeitskriterium würde in der Tat jede darüber hinausgehende Diskussion über fundamentale Rechtsprinzipien gegenstandslos machen und könnte am Ende selbst unsere zu Beginn dieses Kapitels als unverrückbar statuierten Ausgangspunkte in Frage stellen[46]. Die Ablehnung dieser Konsequenz bedeutet jedoch nicht, daß sich nicht einzelne sinnvolle Anleihen in der Ideenwelt des Pragmatismus machen ließen. Hierzu zählt beispielsweise das dem Kritischen Rationalismus entlehnte Bekenntnis zu einer versuchsweisen Entwicklung von Problemantworten, die sich sodann einer Evaluation ihrer praktischen Folgen stellen müssen, wozu Proben ihrer Wirksamkeit, ihrer Gerechtigkeit und ihrer Systemverträglichkeit gehören können[47]. Unterhalb der Schwelle jener Ausgangsprinzipien, die im vorigen als „Eckpfeiler" der Ordnungsverständnisse aller in dieser Untersuchung analysierten Verfassungssysteme gekennzeichnet wurden, verlangt eine solche experimentelle Vorgehensweise allerdings nach Grundsätzen, die es erlauben, den in den Selbstorganisationsprozessen einer Gesellschaft zum Ausdruck kommenden Präferenzänderungen Rechnung zu tragen. Dies schließt eine zu weitgehende materiell-inhaltliche Fixierung von Regeln aus und betont stattdessen prozedurale und methodische Aspekte. Zu den letzteren rechnet im Kanon der in Deutschland gängigen Interpretationsmethoden vor allem die teleologische Interpretation, die mit ihrem expliziten Abstellen auf das Ziel einer gesetzlichen bzw. verfassungsrechtlichen Vorschrift das oben zitierte Postulat *Cardozos* zumindest teilweise zur Wirkung bringt und insofern ein gewisses Äquivalent zur Dominanz der „policy considerations" im amerikanischen Rechtsfindungsprozeß bietet[48]. In der Europäischen Union vollzieht sich darüber hinaus ihr gesamter Entwicklungsprozeß nach einer Methode „pragmatisch-funktioneller Integration"[49].

Für das Prinzip des Interorganrespekts sind diese Feststellungen deshalb von Bedeutung, weil sie auch für die institutionelle Ausgestaltung eines Verfassungssystems und ihre Auswirkungen gelten. Zwar sind die einzelnen Institutionen und damit die grundlegenden Elemente dieser Ausgestaltung jedenfalls auf der Ebene der obersten Verfassungsorgane vom Verfassungstext zwingend vorgegeben. Für ihr von der Verfassung gebotenes Zusammenwirken trifft dies aber nur noch zum Teil zu, wie aus der den Hauptteil dieser Untersuchung bildenden Anwendungsanalyse

---

Kritik der reinen Vernunft, in: ders., Werke (Fn. 16), Bde. 3/4, 11–712, 21; u. dazu *Lorz* (Fn. 7), 74 f., 102.

[46] Vgl. die exemplarische Kritik an Posners Argumentation bei *Eidenmüller* (Fn. 15), 267 ff.; *ders.*, Rechtswissenschaft als Realwissenschaft, in: JZ 1999, 53–61, bes. 55 ff., arbeitet allerdings umgekehrt die Nützlichkeit des Nützlichkeitskriteriums für die rechtswissenschaftliche Erkenntnis heraus, auf die auch die vorliegende Untersuchung Wert legt.

[47] So z.B. *Reinhold Zippelius*, Die experimentierende Methode im Recht (1991), in: ders., Recht und Gerechtigkeit in der offenen Gesellschaft, 1994, 21–38, bes. 27 ff. Vgl. a. die von *Lege* (Fn. 42), 582 ff., entwickelten Kriterien für die „juristische Gelungenheit" von Entscheidungen.

[48] Vgl. z.B. *Hans-Martin Pawlowski*, Methodenlehre für Juristen, 2. Aufl. 1991, 218 ff. (Rn. 493 ff.); *Dirk Looschelders/Wolfgang Roth*, Juristische Methodik im Prozeß der Rechtsanwendung, 1996, 160 ff.; u. zu den „policy considerations" stv. *Eidenmüller* (Fn. 15), 266.

[49] So formuliert *Jürgen Schwarze*, Das schwierige Geschäft mit Europa und seinem Recht, in: JZ 1998, 1077–1088, 1084.

an zahlreichen Stellen hervorgegangen ist. In vielerlei Hinsicht fügen sie sich lediglich in veränderlicher Weise zu einem System des institutionellen Designs der jeweiligen Verfassungsordnung. So mag der Anspruch auf eine „richtige" Lösung der zwischen ihnen entstehenden Konflikte für den jeweils aktuell zur Entscheidung stehenden Streitfall Sinn ergeben; in Ermangelung objektiver Letztkriterien kann jedoch keine dieser Lösungen absolute und zeitlose Gültigkeit beanspruchen[50]. Der Grundsatz des Interorganrespekts paßt sich dieser Situation nahezu perfekt an: Soweit er sich nicht ohnedies auf eine prozedurale Wirkung beschränkt, indem er etwa Unterrichtungs- und Konsultationspflichten statuiert oder die mißbräuchliche Ausnutzung bestimmter Verfahrensmöglichkeiten untersagt, sondern beispielsweise als Grundlage für die organadäquate Zuordnung von Funktionen und Kompetenzen fungiert, schließt er, wie im vorigen Abschnitt bereits festgehalten wurde, zunächst einen Teil der potentiellen Lösungsalternativen aus und ermöglicht außerdem im Wege der Abwägung die Bildung von Präferenzen zwischen den verbleibenden Alternativen. Damit schafft er die Voraussetzungen für eine in der konkreten Fallkonstellation „richtige", d.h. am ehesten angemessene Streitentscheidung, läßt aber zugleich Spielraum für eine unter anderen Umständen denkbare veränderte Präferenzbildung. Hierauf wird unter dem Stichwort der Gewaltenteilung in Kürze weiter einzugehen sein.

Bei alledem soll noch ein letztes Mal betont werden, daß die hier herausgestrichene Flexibilität des Interorganrespekts und die pragmatische Vielfalt seiner Anwendungsformen nicht mit Beliebigkeit gleichzusetzen sind, sondern nur in dem von der Verfassungsordnung gesetzten Rahmen ihre Entfaltung finden können. Unübersteigbare Begrenzungen markieren insoweit vor allem jene Prinzipien, die die Grundwerte der jeweiligen Verfassungsordnung verkörpern. Für die vorliegend betrachteten Verfassungsordnungen sind dies die zu Beginn dieses Kapitels formulierten Ausgangspunkte, namentlich die Sicherung von Freiheit und Autonomie der Angehörigen des verfaßten Gemeinwesens als ihre gemeinsame Grundlage. Die Rechtspositionen der einzelnen Verfassungsorgane, die die Verfassung in ihrer Konkretisierung dieser Ausgangspunkte explizit statuiert, geben daher in jedem Fall feste Bezugspunkte für alle an der Idee des Interorganrespekts orientierten Überlegungen vor[51].

---

[50] Zu dieser Ausgangslage und dazu, warum es trotzdem sinnvoll ist, von juristischer Erkenntnis und „richtigen" Lösungen konkreter Fälle zu reden, ausführlich *Lege* (Fn. 42), 404 ff. u. bes. 562 ff.; speziell zur Sinnhaftigkeit eines „pragmatischen Formalismus" in Zusammenhang mit dem Gewaltenteilungsprinzip und den daran festmachenden institutionellen Ausgestaltungsmöglichkeiten *Martin H. Redish*, The Constitution as Political Structure, 1995, 99 ff.

[51] Mit dieser unverzichtbaren Einschränkung, die im institutionellen wie im individuellen Bereich gleichermaßen Gültigkeit beanspruchen kann, entgeht das vorliegende Plädoyer dem gegen den rechtsphilosophischen Pragmatismus gerichteten Hauptvorwurf, er wolle ein „Recht ohne Rechte" („law without rights") schaffen, d.h. das Recht auf eine reine Kosten-Nutzen-Analyse reduzieren. Zur Notwendigkeit bestimmter Rechte als Angelpunkte jeder solchen Analyse vgl. stv. *Dworkin* (Fn. 45), 160 ff. Nichts spricht jedoch dagegen, ein – weites – Korsett fester Grundsätze mit pragmatischem Vorgehen unterhalb dieser Schwelle zu kombinieren. Vgl. etwa *Charles W. An-*

II. Begründungsfragen

Auf der Basis dieser allgemeinen Parameter ist nunmehr die Frage nach der genauen Verortung des Interorganrespekts innerhalb des beschriebenen Spannungsfeldes zwischen seiner pragmatisch-flexiblen Anwendung einerseits und den diese Anwendung steuernden und begrenzenden verfassungsrechtlichen Vorgaben andererseits zu stellen. Dabei geht es in erster Linie um seine normative Positionierung im Verfassungssystem und in diesem Zusammenhang um seine mögliche Qualifizierung als Verfassungsstrukturprinzip. Hierzu müssen zunächst die im Grundlagenteil der Arbeit aufgeworfenen Fragen nach seinen konzeptionellen Grundlinien[52] beantwortet werden. Die erste und grundlegendste dieser Fragen betrifft seine normative Fundierung.

1. Das Bedürfnis nach einer verfassungsrechtlichen Anerkennung des Interorganrespekts

Der Begriff des Interorganrespekts taucht als solcher in keinem Verfassungs- oder Vertragstext auf. Aus diesem Grund muß, bevor auf die Einzelheiten seiner normativen Begründung überhaupt eingegangen werden kann, als erstes die *Notwendigkeit* einer (verfassungs-)rechtlichen Anerkennung dieses Prinzips festgestellt werden.

a) Einwände gegen die Anerkennung des Interorganrespekts als Rechtsprinzip

Grundsätzliche Bedenken gegen eine solche Anerkennung könnten sich auf traditioneller Basis aus der das öffentliche Recht lange beherrschenden gesetzespositivistischen Doktrin ergeben, nach der nur kodifizierte Prinzipien einer juristischen Betrachtung zugänglich sind und darüber hinausgehende Überlegungen und Grundsätze lediglich in der Sphäre des Politischen ihren Platz finden. Dieses Rechtsverständnis darf inzwischen jedoch als überholt gelten, und auch die Unhaltbarkeit einer Verbannung des Politischen aus der verfassungsrechtlichen Erörterung gehört

---

derson, Pragmatic Liberalism, the Rule of Law, and the Pluralist Regime, in: Stephen L. Elkin/Karol Edward Soltan (ed.), A New Constitutionalism, 1993, 96–116, dessen „pragmatischer Liberalismus" ein Beispiel für diese Kombinationsmöglichkeit verkörpert. Die generelle Notwendigkeit eines wertgebundenen Pluralismus und damit einer durch bestimmte grundlegende Prinzipien begrenzten Flexibilität in der „offenen Gesellschaft" begründet *Karl R. Popper*, The Open Society and Its Enemies, 5th ed. 1966 (repr. 1969), Vol. I, 169 ff., u. Vol. II, bes. 160 ff., 232 ff.; vgl. a. *ders.*, Woran glaubt der Westen? (1958), in: ders., Auf der Suche nach einer besseren Welt, 1984, 231–253, 240 f. et seq.; *Herbert Stachowiak*, Normenwandel und Normenvalidierung, in: ders. (Hg.), Pragmatik, Bd. III, 1989, 109–143, 118 ff.; u. zus.fass. *Eibe Riedel*, Abschied vom Verfassungskonsens?, in: Johannes Gutenberg-Universität Mainz (Hg.), Reihe Antrittsvorlesungen, Bd. I, 1986, 155–206, 183 ff.; zur Unmöglichkeit einer unendlichen kritischen Dekonstruktion im praktischen Umgang mit Recht auch *Marc Habel*, Postmoderne Ansätze der Rechtserkenntnis, in: ARSP 1997, 217–241, 234 ff.

[52] Vgl. oben 3. Kap. III. (92 ff.).

mittlerweile zum Allgemeingut juristischer Verfassungsverständnisse[53]. Selbst ein prinzipieller Gegner allgemeiner Rechtsgrundsätze von der Art der Verfassungsorgantreue wie *Pestalozza* gesteht die Existenz einer Pflicht der Staatsorgane zu loyalem Verhalten als „unbestrittener und in seiner Allgemeinheit wohl auch unbestreitbarer Grundsatz" zu[54]. Die Selbstverständlichkeit, mit der das Bundesverfassungsgericht sowohl den Grundsatz funktionsgerechter Organstruktur bzw. organgerechter Funktionenzuordnung als auch den hergebrachten Gedanken der Organtreue in seiner Rechtsprechung postuliert, ohne einer Abstützung dieser wesentlichen Bausteine des Interorganrespekts im geschriebenen Text der Verfassung sonderliche Bedeutung beizumessen[55], demonstriert beispielhaft, daß die Anerkennung ungeschriebener Verfassungsprinzipien heute nicht mehr als grundsätzliches Problem begriffen wird. Diese Beobachtung wird nicht zuletzt dadurch belegt, daß Diskussionen über solche Prinzipien gleichermaßen in ganz anderen Zusammenhängen geführt werden[56]. Schließlich steht die für die Anwendbarkeit des Interorganrespekts als Rechtsprinzip notwendige Fähigkeit der Verfassungsorgane, Zuordnungssubjekte von Rechten wie von Pflichten zu sein, im Gegensatz zu der von der alten „Impermeabilitätstheorie" repräsentierten Position inzwischen ebenfalls seit langem außer Frage[57].

Vor diesem Hintergrund bleiben nach derzeitigem Stand nur zwei zentrale Bedenken gegen eine normative Anerkennung des Interorganrespekts übrig: zum einen der Einwand gegen die Berechenbarkeit und Verläßlichkeit der von diesem Prinzip gelieferten Maßstäbe, auf den bei der Behandlung der Ausgestaltungsprobleme des Interorganrespekts noch eingegangen werden soll; zum zweiten der Zweifel daran, ob es eines solchen Prinzips zur Unterfütterung und Ergänzung der in der Verfassung enthaltenen Spezialregelungen, insbesondere der Kompetenzzuweisungen, überhaupt bedarf[58]. Zu diesem Einwand soll im folgenden direkt Stellung genommen werden.

---

[53] Wie hier *Wolf-Rüdiger Schenke*, Die Verfassungsorgantreue, 1977, 23 f. m.w.N.

[54] *Christian Pestalozza*, Formenmißbrauch des Staates, 1973, 99.

[55] Vgl. BVerfGE 35, 193, 199; 36, 1, 14 f.; 45, 1, 39; 68, 1 86; 89, 155, 191; 90, 286, 337 f.; u. dazu schon oben 2. Kap. II. 2. b) (41 f.).

[56] So z.B. über ein Verfassungsprinzip der „Solidarität", vgl. *Uwe Volkmann*, Solidarität – Programm und Prinzip der Verfassung, 1998, zus.fass. 382 ff., das im übrigen durchaus eng mit dem hier behandelten Interorganrespekt zusammenhängt, wie die dortigen Ausführungen zur kooperativen Rechtserzeugung (311 ff.) beispielhaft belegen; u. das schon in den siebziger Jahren auf die institutionellen Beziehungen innerhalb des Organs Bundesregierung angewandt wurde, vgl. *Klaus Kröger*, Die Ministerverantwortlichkeit in der Verfassungsordnung der Bundesrepublik Deutschland, 1972, 7 f., 55; sowie *Edzard Schmidt-Jortzig*, Die Pflicht zur Geschlossenheit der kollegialen Regierung (Regierungszwang), 1973, 10 ff.

[57] Hierzu schon oben 2. Kap. II. 1. c) (37 f.); u. stv. nochmals *Dieter Lorenz*, Der Organstreit vor dem Bundesverfassungsgericht, in: Fg. BVerfG I, 1976, 225–259, 236 ff.

[58] Denn das bestreitet bspw. *Pestalozza* (Fn. 54), 99 ff.

b) Die Unzulänglichkeit gesellschaftlicher Integrationstechniken

Eine Anerkennung des Interorganrespekts als Rechtsprinzip erschiene zunächst dann unnötig, wenn die von diesem Prinzip wahrzunehmenden Aufgaben, insbesondere die Sicherstellung von Koordination und Kooperation zwischen den Verfassungsorganen, ungeachtet ihrer ausdrücklichen verfassungsgesetzlichen Statuierung schon durch außerrechtliche, aus dem gesellschaftlichen Raum in die normative Sphäre hinüberwirkende Integrationsmechanismen hinreichend erfüllt würden. Solche Integrationsabläufe gibt es in der Tat; vor allem die mehr oder weniger informellen Abstimmungsmechanismen zwischen den und innerhalb der politischen Parteien sind hier zu nennen. So sind beispielsweise im parlamentarischen Regierungssystem Regierung und Parlament über die die Regierung tragende parlamentarische Mehrheitspartei in einer Art und Weise miteinander verklammert[59], die nahezu zwangsläufig zur Kooperation zwischen diesen beiden Verfassungsorganen führt. Die engen Verbindungen zwischen dem Präsidenten der USA und den Parteiführern seiner politischen Couleur im Kongreß zeigen darüber hinaus, daß die Wirksamkeit dieser Mechanismen auch dort beträchtlich ist, wo beide Seiten sich nicht unmittelbar gegenseitig tragen[60]. Wo zusätzliche Zustimmungserfordernisse in Gestalt besonderer Mehrheiten oder der Einbeziehung eines weiteren Verfassungsorgans existieren, kommt außerdem schnell die Opposition ins Spiel: Im amerikanischen Verfassungssystem ist das etwa dann der Fall, wenn eines der beiden Häuser des Kongresses in seiner Mehrheit nicht die politische Farbe des Präsidenten aufweist; im deutschen tritt diese Konstellation vor allem dann auf, wenn ein Gesetz der Zustimmung des Bundesrates bedarf und dessen Mehrheit politisch anders ausgerichtet ist als die des Bundestages[61]. Allerdings können parteitaktische Kalkulationen in diesen Fällen schnell zur Wirkungslosigkeit der informellen Koordinations- und Kooperationsmechanismen führen.

Insgesamt läßt sich die vermittelnde Doppelrolle der Parteien so umschreiben: Sie nehmen zum einen ganz im Sinn des Art. 21 I 1 GG an der „politischen Willensbildung des Volkes" teil, indem sie „verwandte Meinungen und Interessen zusammenfassen, in sich ausgleichen und zu politischen Programmen verdichten" und auf diese Weise „die gesellschaftliche Vielfalt in einem Prozeß fortschreitender Selektion auf wenige entscheidungsfähige Alternativen" reduzieren[62]; zum anderen avancieren sie aber auch zu wichtigen Faktoren bei der Ausübung der öffentlichen Ge-

---

[59] Hierzu schon oben 4. Kap. I. 1. a) (102 ff.); vgl. a. stv. *Manfred G. Schmidt*, Demokratietheorien, 2. Aufl. 1997, 219 f.

[60] Vgl. exemplarisch 5. Kap. I. 3. (143 f.) zur Möglichkeit des Präsidenten, seine Gesetzentwürfe auch in Ermangelung eines eigenen formellen Initiativrechts im Kongreß einzubringen.

[61] Zu diesem Problem näher oben 5. Kap. II. 4. b) bb) (181 ff.); u. zu der sonstigen Einbeziehung der Opposition in die Entscheidungsprozesse des deutschen Verfassungssystems stv. *Stephan Haberland*, Die verfassungsrechtliche Bedeutung der Opposition nach dem Grundgesetz, 1995, 69 ff., 78 ff.

[62] *Dieter Grimm*, Die politischen Parteien (1983), in: ders., Die Zukunft der Verfassung, 2. Aufl. 1994, 265–299, 266.

walt, indem sie durch die über sie gewählten Repräsentanten in den Organen des Gemeinwesens präsent bleiben. *Grimm* faßt dies dahingehend zusammen: „Von Herkunft zweifellos gesellschaftlich, ist ihr Ziel doch der Staat“[63]. Diese Mittlerrolle der Parteien stößt jedoch zugleich an immanente und zunehmend deutlicher werdende Grenzen. Neben der bereits angesprochenen Problematik parteitaktischen Verhaltens liegen diese Grenzen vor allem in der wachsenden Pluralisierung der Gesellschaft selbst begründet, die die institutionelle Bündelung von Meinungen und Interessen immer weniger erlaubt und die Parteien für die Wahrnehmung dieser Aufgabe daher immer inadäquater erscheinen läßt, was sicherlich zu einem gewissen Teil die vielzitierte „Parteiverdrossenheit“ erklärt[64]. Darüber hinaus ist zu bedenken, daß es auch nicht unmittelbar parteigeprägte und -gesteuerte Verfassungsorgane gibt, unter denen die obersten Rechtsprechungsorgane in den vorliegend betrachteten Verfassungssystemen besonders hervorragen, die aber, wie die Analyse zur Verfassungsrechtsprechung beispielhaft ergeben hat, trotzdem in eine organübergreifende Zusammenarbeit und ein Geflecht wechselseitiger Rücksichtnahmepflichten eingebunden werden müssen. Für andere gesellschaftliche Kräfte gilt Ähnliches wie für die Parteien, sobald sie sich mit ihren Aktivitäten der politisch-öffentlichen Sphäre nähern. So kann beispielsweise die grenzüberschreitende Tätigkeit privater Institutionen äußerst hilfreiche Beiträge zur Gestaltung der Außenbeziehungen eines Gemeinwesens leisten; wo jedoch viele derartige Institutionen mit einander überlappenden oder gar entgegengesetzten Zielsetzungen nebeneinander agieren, kann diese Vielfalt im Ergebnis zu einer inkonsistenten, disparaten und dementsprechend schädlichen Außenvertretung führen. Aus diesem Grund muß ihr dort eine Grenze gezogen werden, wo die Fähigkeit des betreffenden Gemeinwesens, sich als politische Einheit nach außen darzustellen, Schaden nimmt[65]; diese Grenzziehung kann aber nur eine in ihren verschiedenen Ausprägungen selbst als Einheit auftretende öffentliche Gewalt leisten.

Alle diese Überlegungen sprechen dafür, daß gesellschaftlich-informelle Integrationstechniken den Interorganrespekt als Rechtsprinzip hinsichtlich seiner verbindenden Kraft nicht voll ersetzen können. Gleiches gilt für den denkbaren Verweis auf politische Stilgebote[66]. Der sogleich noch näher zu erörternde Zweifel daran, ob angesichts der bereits angesprochenen zunehmenden Pluralisierung der Gesellschaft die „Vertextung des Staates“ nicht überhaupt „ihr Ende erreicht“ hat[67], steht dem nicht entgegen. Denn in jedem Fall kann die Aufgabe der Integra-

---

63 *Grimm* (Fn. 62), 271.

64 Vgl. etwa *Niklas Luhmann*, Die Unbeliebtheit der politischen Parteien, in: Siegfried Unseld (Hg.), Politik ohne Projekt?, 1993, 43–53, 51 f.; *Kurt Sontheimer*, Grundzüge des politischen Systems der neuen Bundesrepublik Deutschland, Neuausg. 1993, 207; u. zuletzt bspw. *Ulrich R. Haltern*, Integration als Mythos, in: JöR N.F. 45 (1997), 31–88, 62 ff. m.w.N.

65 I. einz. hierzu *Markus Heintzen*, Private Außenpolitik, 1989, 23 ff., vgl. a. die Zusammenfassung 82 ff.

66 Wie hier für die Verfassungsorgantreue schon *Schenke* (Fn. 53), 33 ff.

67 So formuliert *Niklas Luhmann*, Metamorphosen des Staates, in: ders., Gesellschaftsstruktur und Semantik, Bd. 4, 1995, 101–137, 114.

tion nicht ausschließlich den in der Gesellschaft wirkenden Kräften aufgebürdet werden[68]. Gerade wenn der übergreifende Konsens bröckelt, kann auch der innergesellschaftliche Diskurs das notwendige Maß an Integration allein nicht generieren[69]. Die Beobachtung des gesellschaftlichen Konsensverlustes mag deshalb zu einer Relativierung des an die staatlichen Institutionen gerichteten Integrationsanspruchs führen und die Forderung nach einer verstärkten Einbeziehung der pluralisierten Gesellschaft selbst in den politischen Prozeß begründen[70]. Sie entbindet die Organe der öffentlichen Gewalt jedoch nicht von der Leistung desjenigen Integrationsbeitrages, der ihnen möglich bleibt und zu dessen Erreichung sie im Sinne des Interorganrespekts loyal zusammenwirken müssen. Vielleicht am deutlichsten tritt dieses Erfordernis auf der europäischen Ebene zutage, wo ein die mitgliedstaatlichen Grenzen überschreitender gesellschaftlicher Diskurs schon durch die Sprachenvielfalt erheblich behindert wird und die durch die Verträge geschaffene und von den Organen verkörperte Rechtsgemeinschaft daher einen besonders zentralen Integrationsfaktor darstellt.

c) Die Lückenhaftigkeit der Verfassungstexte

Die Verfassungen aller Staaten – das darf über die hier untersuchten Beispiele Deutschlands und Amerikas hinaus verallgemeinert werden – statuieren ebenso wie die Gründungsverträge der Europäischen Gemeinschaften und der Union in einer Vielzahl von Normen Regelungen, die dem Zweck eines Zusammenwirkens der Verfassungsorgane mit dem Ziel der Integrationsgewinnung dienen. Beispiele hierfür finden sich, wie im Laufe dieser Analyse dargelegt wurde, grundsätzlich in allen Funktionsbereichen des jeweiligen Gemeinwesens; exemplarisch genannt seien an dieser Stelle nur die hochgradig differenzierten Regelungskomplexe, die das Zusammenwirken der verschiedenen Legislativorgane untereinander und mit dem zentralen Exekutivorgan im Gesetzgebungsverfahren steuern[71]. Wenngleich aber diese Vorschriften jeweils wichtige Fragen im Verhältnis der dort angesprochenen Verbandsorgane entscheiden, können sie doch im Ergebnis keine abschließende Regulierung aller zwischen diesen Organen bestehenden und erforderlichen Loyalitäts- und Kooperationspflichten bieten[72]. Das zeigen ebenfalls im Bereich der Gesetzgebung die zahlreichen prozeduralen Einzelfragen, für die sich in den einschlägigen Verfassungstexten keine klare Antwort findet und die daher über den Gedanken des

---

[68] *Helmut Willke*, Ironie des Staates, 1992, 359, spricht daher z.B. auch mit Bezug auf die einzelnen differenzierten Funktionssysteme der Gesellschaft ausdrücklich von *Vor*leistungen, die diese für die Integration des Gesellschaftssystems insgesamt erbringen müßten.

[69] Vgl. a. *Bernard Willms*, Postmoderne und Politik, in: Der Staat 28 (1989), 321–352, 351, der die Lage allerdings mit seiner Befürchtung einer Wiederkehr des Hobbes'schen Naturzustandes wohl etwas zu drastisch beschreibt.

[70] Explizit in diesem Sinne *Haltern* (Fn. 64), 86 f. m.w.N.

[71] Oben 5. Kap. II. 1. u. 2. (148 ff.) sowie III. 1. u. 2. (197 ff.).

[72] So wiederum schon *Schenke* (Fn. 53), 36 ff., für die Verfassungsorgantreue.

Interorganrespekts aufgelöst werden müssen[73]. Deutlich wird die Unmöglichkeit einer umfassenden Kodifizierung der wechselseitigen Pflichten der Verfassungsorgane außerdem vor allem im Bereich der auswärtigen Gewalt, wo fundamentale von der Verfassungsordnung nicht antizipierte und vielleicht auch nicht antizipierbare Veränderungen im Umfeld des jeweiligen Gemeinwesens durchaus vorkommen können und im Falle ihres Eintretens eine rasche und flexible Antwort der Verbandsorgane im Rahmen des existierenden Verfassungssystems verlangen; die nach dem Ende des Kalten Krieges aufgetretenen neuen Herausforderungen an die Bundesrepublik Deutschland speziell auf militärischem Gebiet, für deren institutionelle Bewältigung schließlich das Bundesverfassungsgericht einen „modus vivendi" finden mußte, liefern hierfür das beste Anschauungsbeispiel[74]. Nichts anderes gilt für die dem Zusammenspiel der Verfassungsorgane zugrundeliegende ursprüngliche Zuordnung einzelner Funktionen an sie, die ebenfalls nicht für alle denkbaren Fälle im voraus ausdrücklich festgelegt werden kann und daher, wie sich in erster Linie an der Problematik der von der Verfassungsrechtsprechung geforderten Selbstbegrenzung erwiesen hat[75], des Interorganrespekts in Gestalt des Prinzips der Organadäquanz ergänzend bedarf.

Nach alledem ist ein grundsätzlicher normativer Bedarf nach der Anerkennung des Interorganrespekts als Rechtsprinzip nicht von der Hand zu weisen, womit der erste zu Beginn dieses Abschnitts angesprochene Einwand gegen dieses Prinzip widerlegt wäre. Zwar erscheint es theoretisch denkbar, die hier unter der Bezeichnung des Interorganrespekts geltend gemachten Erwägungen in die verfassungs- bzw. vertragsrechtlich kodifizierten Prinzipien der Demokratie, der Rechtsbindung, der Gewaltenteilung oder der Gemeinschaftstreue hineinzulesen; zum Teil ließen sie sich auch als Ableitungen aus den Grundsätzen des Rechts- und Formenmißbrauchs verstehen[76]. Eine solche Vorgehensweise würde jedoch die bislang relativ klar gezogenen Konturen dieser Prinzipien verwischen und das eigentliche Anliegen, dem die Rechtsfigur des Interorganrespekts gerecht werden soll, verdunkeln. Um den Grundansatz dieses Rechtsgedankens deutlich zu machen, der, wie aufgezeigt, in praktisch allen Funktionsbereichen eines Gemeinwesens zur Geltung kommt, seinen Gehalt und seine Grenzen aufzuzeigen und damit zugleich eine größere Transparenz herzustellen, kann daher auf seine Anerkennung als eigenständiges Rechtsprinzip nicht verzichtet werden. Die Lücke, die durch eine Negation dieses Prinzips gerissen würde, müßte sonst mit einer Vielzahl von Ersatzgrundsätzen und -überlegungen gefüllt werden, die selbst zum überwiegenden Teil ungeschriebener Natur wären und deshalb ähnlichen Bedenken wie der Interorganrespekt selbst begegnen

---

73 I. einz. hierzu bspw. 5. Kap. II. 4. a) (171 ff.).

74 Oben 7. Kap. III. 1. b) cc) (366 ff.), vgl. dort auch schon allg. II. 1. b) cc) (333 ff.).

75 Vgl. zus.fass. 8. Kap. II. 3. f) (449 ff.) und III. 3. (470 ff.).

76 Stv. für die letztere Sicht nochmals *Pestalozza* (Fn. 54), 99 ff.

müßten, ganz zu schweigen davon, daß ein übergreifender Zusammenhang zwischen ihnen nur schwerlich hergestellt werden könnte[77].

2. Normative Wurzeln des Interorganrespekts

Ist somit die Frage nach der grundsätzlichen Notwendigkeit einer normativen Anerkennung des Interorganrespekts im positiven Sinne beantwortet, so stellt sich als nächstes das Problem der rechtlichen *Wurzeln,* aus denen sich diese Anerkennung im einzelnen speisen kann. Läßt man dabei jene potentiellen Versuche außer acht, ein solches Prinzip abstrakt aus der Natur der Sache oder dem „Wesen" gewaltenteilig verfaßter institutioneller Ordnungen herzuleiten, so bieten sich vor allem drei Anknüpfungspunkte für die normative Begründung des Interorganrespekts an, die im Grundlagenteil bereits Erwähnung gefunden haben.

a) Der Grundsatz von Treu und Glauben

Als erster dieser Anknüpfungspunkte kommt der Grundsatz von Treu und Glauben in Betracht, der über seine Kodifizierung im Zivilrecht hinaus als ungeschriebener allgemeiner Rechtsgrundsatz angesehen wird und als solcher die gesamte Rechtsordnung nicht nur in Deutschland beherrscht[78]. Die enge Verbindung dieses Rechtsgedankens zu den Grundsätzen der Bundes- und der Verfassungsorgantreue wurde zu Beginn der Untersuchung bereits herausgearbeitet[79]. Daß es unter diesen Umständen naheliegt, ihn auch für die Begründung des Interorganrespekts fruchtbar zu machen, wurde ebenfalls schon im Rahmen der Festlegung der Grundlinien dieses Prinzips konstatiert[80]. Daher ist an dieser Stelle lediglich noch auf die Eigenarten dieses Begründungsstranges einzugehen: Der Grundsatz von Treu und Glauben ist typischerweise auf die widerstreitenden Interessen von miteinander in rechtsgeschäftlichen Kontakt tretenden Personen bezogen und insoweit um eine Ausbalancierung der beiderseitigen Interessen bemüht[81]. Er kann damit in besonderer Weise bei der Verwirklichung der *Machtbalance* helfen, die bei der Erörterung der Grundzüge des Interorganrespekts als eines seiner beiden Oberziele herausgestellt wurde, und eignet sich deshalb vor allem zur normativen Fundierung des *Rücksichtnahmegebots* als einer der übergeordneten Ausprägungen dieses Prinzips[82].

Beispiele zur Illustration dieser Ausprägung finden sich in allen Funktionsbereichen. Aus dem Bereich der Gesetzgebung läßt sich etwa auf das Problem der

---

[77] Ähnlich argumentiert zugunsten der Bundestreue *Hartmut Bauer*, Die Bundestreue, 1992, 163 ff. m.w.N.

[78] Stv. hierfür BVerfGE 59, 128, 167; u. zu den entsprechenden Ansätzen im Europa- und Völkerrecht oben 2. Kap. IV. 1. und 2. (72 ff.).

[79] Oben 2. Kap. I. 2. b) bb) (24 ff.) und II. 2. a) (38 ff.).

[80] Oben 3. Kap. III. 1. (93 f.).

[81] Vgl. schon *Adolf Schüle*, Treu und Glauben im deutschen Verwaltungsrecht, in: VerwArch. 38 (1933), 399–436, 420 f.; u. die Bezugnahme darauf bei *Schenke* (Fn. 53), 49.

[82] Vgl. oben 3. Kap. I. 1. b) (82 f.) und 2. a) (84 f.).

Aufspaltung zustimmungspflichtiger Gesetze verweisen, das sich nur auf der Basis einer wechselseitigen Rücksichtnahme von Bundestag und Bundesrat bewältigen läßt und dem auf europäischer Ebene das Problem der Wahl der richtigen Ermächtigungsgrundlage für den Erlaß einer Norm entspricht[83]. Auf dem Feld der Exekutivkontrolle wurde beispielsweise eine Rücksichtnahme der mit der administrativen Schaffung von Normen betrauten Institutionen der vollziehenden Gewalt auf die der entsprechenden Delegation zugrundeliegenden Intentionen der Legislativorgane angemahnt[84]. Die Eigenheiten der auswärtigen Gewalt, deren Ausübung sich zu großen Teilen in einer diplomatisch-politischen Grauzone bewegt, verlangen eine spezifische Rücksichtnahme der Rechtsprechung auf den Vorrang der politischen Entscheidungsträger und ihre Verhandlungsspielräume[85]. Rücksichtnahme kann schließlich auch das Verfassungsgericht selbst beanspruchen, und zwar sowohl als Institution in der öffentlichen Auseinandersetzung wie auch gegenüber den Ergebnissen der ihm aufgetragenen Tätigkeit, die Verfassung mit letzter Autorität auszulegen[86].

Alle diese Rücksichtnahmepflichten lassen sich – ebenso wie die zahlreichen hier nicht weiter aufgeführten – zugleich als Ausdruck einer allgemeinen Verpflichtung der Verfassungsorgane lesen, von ihren Zuständigkeiten dort, wo sie auf die Kompetenzsphären anderer Verfassungsorgane treffen, lediglich mit der nach Treu und Glauben gebotenen Zurückhaltung Gebrauch zu machen. Dieser enge Zusammenhang belegt die Tauglichkeit des Grundsatzes von Treu und Glauben als normative Wurzel des im Prinzip des Interorganrespekts enthaltenen Rücksichtnahmegebots. Zur Begründung positiver Kooperationspflichten, die sozusagen die andere Seite der Medaille des Interorganrespekts verkörpern, eignet sich dieser Grundsatz allerdings nur bedingt. Gleiches gilt für die Herleitung des Gedankens der Organadäquanz. Daher ist für diese Anliegen nach zusätzlichen Anknüpfungspunkten zu suchen.

b) Der Integrationsgedanke

In Ermangelung konkreter verfassungsgesetzlicher Normierungen bedarf es insoweit eines Rückgriffs auf die grundsätzlichen Funktionen der Verfassungsordnung, die sich nicht unbedingt in ihren ausdrücklichen Kodifizierungen erschöpfen: Eine Verfassung dient danach zuallererst der Stiftung einer „Rechtsgemeinschaft“[87]. In diesem Begriff liegt der Entwurf der staatlichen wie der supranationalen Form als solcher begründet, deren hervorstechendstes Merkmal die Schaffung eines einheit-

---

[83] Oben 5. Kap. II. 4. a) cc) (175 ff.).

[84] Oben 6. Kap. I. 4. a) (237 ff.).

[85] Vgl. z.B. 7. Kap. I. 2. d) (319 ff.).

[86] Näher hierzu oben 8. Kap. V. 1. (476 ff.) und 3. (479 ff.).

[87] Während dies für die nationalstaatlichen Systeme bereits eine unausgesprochene Selbstverständlichkeit darstellt, wird es für die europäische Vertragsordnung noch explizit betont. Vgl. dazu oben 4. Kap. I. 5. a) (121 ff.), insbes. die Nachweise in Fn. 103.

lichen Gemeinwesens darstellt. Für die Gewinnung der entsprechenden Einheit ist ein positives Zusammenwirken der das Gemeinwesen steuernden Organe jedoch unerläßlich. Damit kommt es freilich zu einem gewissen Zirkelschluß, da sich hinter dieser Formulierung letztlich nichts anderes als die Idee der (staatlichen) *Integration* verbirgt, die in der zu Beginn dieser Arbeit gegebenen Zielbeschreibung schon als eines der beiden Oberziele des Interorganrespekts formuliert wurde[88]. Wir kommen daher zu dem Ergebnis, daß staatliche bzw. supranationale Integration nicht nur als Leitidee, sonder auch als Gebot und unmittelbare Verpflichtung verstanden werden muß und insofern zugleich als Oberziel und normative Fundierung des Interorganrespekts fungiert, soweit es um die Begründung *positiver Kooperationspflichten* aus diesem Prinzip geht.

Verpflichtungen dieser Art konnten im Laufe der vorliegenden Untersuchung ebenfalls in allen Funktionsbereichen festgestellt werden. Der verhältnismäßig größte Teil davon findet sich auf dem Gebiet der auswärtigen Gewalt, was den engen Zusammenhang dieser Pflichten mit der Integrationsidee als ihrer hauptsächlichen normativen Wurzel auf Anhieb bestätigt: Denn für die Außenvertretung eines Gemeinwesens erscheint ein gewisses Maß an Einheitlichkeit, wie es diese Pflichten typischerweise sichern sollen, in besonderer Weise unerläßlich. Als alle hier analysierten Systeme übergreifendes Beispiel sei etwa die frühzeitige Einbeziehung der Legislativorgane in die von der Exekutivspitze geführten Verhandlungen über völkerrechtliche Verträge angeführt[89]. Aus den nationalstaatlichen Systemen Deutschlands und Amerikas darf ebenfalls die zunehmende Beteiligung der Parlamente an der allgemeinen Außenpolitik, die im Hauptteil als „Parlamentarisierung der auswärtigen Gewalt" gekennzeichnet wurde[90] und hinsichtlich der auf dem militärischen Sektor zu treffenden Grundentscheidungen inzwischen teilweise kodifizierte Formen angenommen hat, als Beispiel gelten[91]. Die spezifische Ausgestaltung des deutschen Modells mit seiner institutionellen Trennung von Staatsoberhaupt und zentralem Exekutivorgan löst darüber hinaus im Interesse der einheitlichen Außenvertretung Deutschlands zusätzliche Kooperationserfordernisse zwischen Bundesregierung und Bundespräsident aus[92]. Im Bereich der Gesetzgebung, deren Bedeutung für die Stiftung der als Grundlage jeder Integration fungierenden Rechtsgemeinschaft keiner näheren Erläuterung bedarf, spiegeln sich entsprechende Erfordernisse vor allem in den diversen Konsultations- und Unterstützungspflichten der am Gesetzgebungsverfahren beteiligten Organe untereinander sowie in den teilweise in der Verfassung selbst festgeschriebenen Fristvorgaben für

---

[88] Oben 3. Kap. I. 1. a) (80 ff.), vgl. a. schon 2. Kap. II. 2. a) (38 ff.) mit den dortigen Nachweisen.

[89] Oben 7. Kap. I. 1. a) aa) und bb) (291 ff.), b) aa) (1) (299 ff.) und bb) (2) (306 ff.).

[90] Oben 7. Kap. II. 1. b) cc) (333 ff.), vgl. dort auch a) bb) und cc) (324 ff.) zur Entwicklung der amerikanischen Verfassungsrechtsprechung und -praxis.

[91] Vgl. oben 7. Kap. III. 1. b) bb) (360 ff.) zur „War Powers Resolution" und cc) (366 ff.) zur Rspr. des BVerfG.

[92] Oben 7. Kap. II. 1. b) aa) (329 ff.).

ihr Tätigwerden wider[93]; vergleichbare Pflichten finden sich im Kontext der parlamentarischen Exekutivkontrolle und namentlich des Haushaltsvollzuges[94]. Was schließlich die Verfassungsrechtsprechung anbetrifft, so zeigt sich die Verpflichtung zur wechselseitigen Kooperation vor allem darin, daß die Verfassungsgerichte solchen Streitverfahren, die sich im Vorfeld politischer Grundsatzentscheidungen ergeben, von sich aus eine gewisse Priorität einräumen, während umgekehrt die politischen Organe auf ein „Überspielen" der gerichtlichen Entscheidungsprozeduren verzichten müssen[95]. Alle diese vom Prinzip des Interorganrespekts gebotenen Mechanismen dienen letztlich der Verhinderung von Widersprüchen zwischen den obersten Verfassungsorganen bei der nach außen wirksamen Wahrnehmung ihrer Steuerungsfunktionen für das Gemeinwesen und lassen sich damit gedanklich auf die Integrationsidee zurückführen. Dabei ist interessanterweise festzuhalten, daß die Notwendigkeit eines Rückgriffs auf die allgemeinen Funktionen der Verfassung so nur in den nationalstaatlichen Verfassungssystemen existiert, in denen die Bereitstellung eines politischen Integrationsschemas als selbstverständliche Aufgabe der Verfassungsordnung vorausgesetzt wird. Auf der europäischen Ebene hingegen besteht sogar eine positive vertragsgesetzliche Normierung des Integrationsziels in Art. 1 (ex-Art. A) EUV[96].

Die bereits in anderem Zusammenhang besprochene zunehmende Pluralisierung der Gesellschaft[97] gibt an dieser Stelle freilich Anlaß, vor einer Übersteigerung des an die öffentliche Gewalt gerichteten Integrationsanspruchs zu warnen. *Luhmanns* schon oben zitiertes Wort, wonach die „Vertextung des Staates ihr Ende erreicht" hat[98], steht insoweit symptomatisch für die nachlassende Bindungskraft der aufgrund dieser Vertextung entstandenen Institutionen auf staatlicher wie auf suprastaatlicher Ebene. Die besonders in Deutschland traditionell stark hervorgehobene Rolle der öffentlichen Gewalt, für eine „Waffengleichheit" der verschiedenen gesellschaftlichen Kräfte und eine Ausbalancierung der von ihnen verkörperten Interessen Sorge zu tragen[99], gerät damit ebenfalls ins Zwielicht. Die Idee eines mehr oder weniger einheitlichen Grundkonsenses, auf dessen Basis sich der Pluralismus

---

[93] Oben 5. Kap. I. 3. (143 ff.) und II. 4. a) aa) (171 ff.).

[94] Oben 6. Kap. III. 1. (264 ff.), bes. c) (268 ff.).

[95] Vgl. schon oben 7. Kap. I. 2. d) (319 ff.) zu Streitigkeiten über geplante völkerrechtliche Verträge sowie allg. zuletzt 8. Kap. V. 2. (478 f.).

[96] Dort ist zwar nicht ausdrücklich von „Integration" die Rede; die „Verwirklichung einer immer engeren Union der Völker Europas" meint jedoch in der Sache das Gleiche. Vgl. etwa *Jean-Paul Jacqué*, in: Hans v. d. Groeben/Jochen Thiesing/Claus-Dieter Ehlermann (Hg.), Kommentar zum EU-/EG-Vertrag, 5. Aufl. 1997, Bd. 1, Art. A EUV Rn. 9 f.; u. schon oben Fn. 87.

[97] Oben 1. b) (543 f.).

[98] Vgl. schon oben Fn. 67.

[99] Stv. hierfür *Franz Neumann*, Montesquieu (1957), in: ders., Demokratischer und autoritärer Staat, 1967, 142–194, 181; u. *Ernst Fraenkel*, Strukturanalyse der modernen Demokratie (1970), in: ders., Deutschland und die westlichen Demokratien, 1991, 326–359, 356 ff.; vgl. a. *Franz Lehner*, Ideologie und Wirklichkeit, in: Der Staat 24 (1985), 91–100, 98 f.; *Sontheimer* (Fn. 64), 160 f.; u. *Gunnar Folke Schuppert*, Rigidität und Flexibilität von Verfassungsrecht, in: AöR 120 (1995), 32–99, 63 ff.

der gesellschaftlichen Kräfte erst entfalten kann und der deshalb auch den gesellschaftlichen wie politischen Entscheidungsprozessen zugrundeliegen muß[100], erscheint in wachsendem Maße brüchig; *Isensee* konstatiert dementsprechend, die (staatliche) Einheit gründe sich „nicht auf politischem, sozialem, ökonomischem, kulturellem Konsens"[101]. Aus alledem ließe sich der Schluß ziehen, daß die öffentliche Gewalt jedenfalls nicht mehr als zentrale Integrationsinstanz für die plurale Gesellschaft fungieren, sondern allenfalls noch, wie es oben bereits angeklungen ist, gemeinsam mit dieser integrative Wirkung entfalten kann[102].

Das wesentlich bescheidenere Anliegen unserer Arbeit wird von diesen Zweifeln jedoch nicht entscheidend tangiert. Denn allein auf die Selbstorganisation der zahlreichen in einer pluralistischen Gesellschaft nebeneinander existierenden Machtzentren kann man, wie schon dargelegt, ebensowenig setzen[103]. Solange man aber die grundsätzliche Notwendigkeit eines den gesellschaftlichen Kräften übergeordneten, mit öffentlicher Gewalt ausgestatteten und daher auf verfassungsrechtliche Regelungen ihrer Ausübung angewiesenen Gemeinwesens nicht als solche in Frage stellt, bedarf es zumindest einer Vergemeinschaftung und Institutionalisierung der im engeren Sinne politischen Entscheidungsfindungsprozesse[104]. Nur in diesem Sinne muß ein institutioneller Verfassungskonsens zwingend hergestellt werden, und auf die Sicherstellung dieses Verfassungskonsenses in all seiner Flexibilität und Wandlungsfähigkeit beschränkt sich auch das Prinzip des Interorganrespekts in seiner Ausprägung als Quelle positiver Kooperationspflichten[105]. Der Integrationsgedanke kann dieses Prinzip als normative Wurzel daher jedenfalls insoweit tragen, als es derartiger Kooperationspflichten zwischen den Verfassungsorganen bedarf, um die öffentliche Gewalt überhaupt zu einem einheitlichen Auftreten nach außen und damit zur Leistung des ihr möglich bleibenden allgemeinen Integrationsbeitrages zu befähigen.

---

[100] Vgl. hierzu *Riedel* (Fn. 51), 169 ff.; *Klaus v. Beyme*, Theorie der Politik im 20. Jahrhundert, 1991, 355 ff.; tendenziell auch *Martin Kriele*, Einführung in die Staatslehre, 5. Aufl. 1994, 257 ff.; zus.fass. *Schmidt* (Fn. 59), 157 f.; u. aus primär philosophischer Sicht *Winfried Brugger*, Radikaler und geläuterter Pluralismus, in: Der Staat 29 (1990), 497–520, 516 ff.

[101] *Josef Isensee*, Staat und Verfassung, in: ders./Paul Kirchhof (Hg.), Handbuch des Staatsrechts der Bundesrepublik Deutschland, Bd. I, 1987, 591–661 (§ 13), 614 (Rn. 55).

[102] So *Haltern* (Fn. 64), 84, der zuvor (42 ff.) i. einz. die Unzulänglichkeit der traditionellen Integrationskonzeptionen darlegt.

[103] Wie hier bereits *Schenke* (Fn. 53), 145 f.

[104] Vgl. schon *Daniel Frei*, Integrationsprozesse, in: Werner Weidenfeld (Hg.), Die Identität Europas, 1985, 113–131, 114 et seq.; u. ihm folgend *Gerald G. Sander*, Der Europäische Gerichtshof als Förderer und Hüter der Integration, 1998, 31.

[105] *Riedel* (Fn. 51), 177, erstreckt diese Funktion des Interorganrespekts auch auf seine Erscheinungsform als Rücksichtnahmegebot.

c) Die Gewaltenteilungslehre

Aufgrund der engen Verbindung zwischen Interorganrespekt und Kompetenzproblematik, die gleichfalls schon im Grundlinienkapitel angesprochen wurde[106], bietet sich schließlich als dritter Anknüpfungspunkt für eine normative Fundierung des Interorganrespekts die unmittelbare Anbindung an die Doktrin der *Gewaltenteilung* an. Das gilt wenigstens für die hier untersuchten nationalstaatlichen Verfassungssysteme, während auf der europäischen Ebene diese Anknüpfung nur in den Grenzen Gültigkeit beanspruchen kann, die dem Gewaltenteilungsgrundsatz im Vertragssystem der Union gezogen sind; so wurde zu Beginn unserer Anwendungsanalyse bereits darauf hingewiesen, daß die Machtverteilung zwischen den Organen der Europäischen Gemeinschaft nicht direkt dem Prinzip der Gewaltenteilung folgt, sondern vielmehr einer inhaltlich allerdings vergleichbaren Idee, die vom Europäischen Gerichtshof mit dem Begriff des „institutionellen Gleichgewichts" belegt wird[107], und in der Union, etwa im Bereich der Gemeinsamen Außen- und Sicherheitspolitik, kann nicht einmal von einem solchen Gleichgewicht gesprochen werden[108]. In jedem Fall kann die Gewaltenteilungslehre aufgrund ihrer ursprünglichen Stoßrichtung scheinbar nur zur Begründung derjenigen Elemente des Interorganrespekts herangezogen werden, die primär dem Oberziel der Machtbalance entspringen[109], was die im vorigen Abschnitt beschriebene Notwendigkeit eines Rückgriffs auf die Integrationsidee zur Herleitung positiver Kooperationspflichten ein weiteres Mal unterstreicht. Gewaltenteilung und Interorganrespekt sind jedoch siamesische Zwillinge: Die Frage nach dem Interorganrespekt kann von vornherein lediglich im Rahmen einer gewaltenteilig verfaßten Ordnung sinnvoll gestellt werden, in der auf der obersten institutionellen Ebene mehrere Organe gleichberechtigt nebeneinanderstehen. Auf der anderen Seite bedarf es in einer solchen Ordnung stets des Interorganrespekts, um die durch die gleichberechtigte Teilhabe dieser Organe an den verfassungsrechtlichen Entscheidungsprozessen entstehenden Blockadepotentiale zu entschärfen. Der Gewaltenteilungsgedanke fungiert daher in doppelter Weise als normative Wurzel des Interorganrespekts: Zum einen schafft er in abstrakter Form überhaupt erst die Voraussetzungen für seinen Einsatz. Zum anderen eignet er sich unmittelbar zur Begründung der dritten, in unserer Zusammenstellung bislang noch fehlenden Unterkategorie dieses Prinzips: des Grundsatzes der *Organadäquanz*, der sich seinerseits in dem Verlangen nach einer funktionsgerechten Organstruktur einerseits bzw. einer organadäquaten Funktionenzuordnung andererseits manifestiert und insofern der Weiterentwicklung der Gewaltenteilungslehre entspricht, als der

---

106 Oben 3. Kap. I. 3. (86 ff.).

107 Oben 4. Kap. I. 5. a) (121 ff.).

108 Hierzu zus.fass. 7. Kap. II. 2. c) (352 ff.).

109 Vgl. schon oben 3. Kap. I. 1. b) (82 f.); u. darüber hinaus zu Machtteilung und Kontrolle als Grundanliegen des Gewaltenteilungsprinzips statt vieler: *Helmuth Schulze-Fielitz*, in: Horst Dreier (Hg.), Grundgesetz-Kommentar, Bd. II, 1998, Art. 20 (Rechtsstaat) Rn. 63; *Karl-Ulrich Meyn*, Kontrolle als Verfassungsprinzip, 1982, 144 ff. u. bes. 207 ff.; sowie aus der Perspektive der Institutionenökonomie *Richter/Furubotn* (Fn. 18), 301 f., 457 ff.

wesentliche Gehalt dieser Doktrin heute nicht mehr in dem Versuch einer echten Gewaltentrennung, sondern vielmehr in einer funktionalen Aufteilung der öffentlichen Gewalt auf verschiedene Organe und Institutionen gesehen wird[110].

Überlegungen zur Organadäquanz haben im Laufe der vorliegenden Untersuchung durchweg eine erhebliche Rolle gespielt. Zu nennen sind hier beispielsweise die im Bereich der Gesetzgebung festgestellten Zusammenhänge zwischen Zusammensetzung und Entscheidungsbefugnissen des die Einzelstaaten repräsentierenden Legislativorgans[111]. Die Regel-Ausnahme-Schemata für die Allokation von Zuständigkeiten zwischen Legislative und Exekutive, die sich etwa hinsichtlich der Schaffung ministerialfreier Räume und der Gestaltung der allgemeinen Außenpolitik ergaben[112], gehen in ihrem Kern ebenfalls auf den Gedanken der Organadäquanz zurück. Seine größte Bedeutung entfaltet dieser Gedanke jedoch auf dem Feld der Verfassungsrechtsprechung, wo er die entscheidende Konkretisierungsleitlinie für das an die Verfassungsgerichte adressierte Gebot zur richterlichen Zurückhaltung und Beachtung der funktionellrechtlichen Grenzen ihrer Tätigkeit verkörpert[113].

Alle diesbezüglichen Konflikte sind traditionell unter direkter Berufung auf das Gewaltenteilungsprinzip bzw. den Grundsatz des „institutionellen Gleichgewichts" aufgelöst worden, was die kausale Verknüpfung dieser Prinzipien mit der Idee der Organadäquanz anschaulich belegt. In der Tat kann man sogar versuchen, die Inhalte dieser Idee über das weithin als immanenter Bestandteil der Gewaltenteilungslehre betrachtete Effektivitätsgebot[114] in den Gewaltenteilungsgedanken zu integrieren: Zur Gewaltenteilung würde dann alles gehören, was die Zuordnung der Funktionen der öffentlichen Gewalt und der zu ihrer Wahrnehmung erforderlichen Kompetenzen an die einzelnen Organe betrifft und ihr Sinn verleiht[115]. Selbst das oben als Ausfluß des Prinzips von Treu und Glauben thematisierte Rücksichtnahmegebot könnte auf diese Weise noch Eingang in die Gewaltenteilungslehre finden, wenn die Verpflichtung zur Rücksichtnahme auf die Erfordernisse einer sinnvollen, d.h. organadäquaten Kompetenzzuordnung als weiterer Bestandteil eben dieser Zuordnung angesehen würde, was dem Interorganrespekt nur noch die zuvor erläuterten positiven Kooperationspflichten als Anwendungsbereich ließe. Eine derartige Ausdehnung des Gewaltenteilungsprinzips würde seine Konturen jedoch bis zur Unkenntlichkeit verschwimmen lassen: Seinem ursprünglichen Anliegen von Machtbalance und Machtkontrolle würde der zu Beginn dieses Kapitels als Gegenpol herausgearbeitete Effizienzgedanke[116] quasi zur Seite gestellt, was den zwi-

---

[110] Zur letztgenannten Funktion der Gewaltenteilungslehre vgl. schon oben 1. Kap. (3) und zur Organadäquanz 2. Kap. II. 2. c) (42 ff.); jew. m.w.N.

[111] Oben 5. Kap. II. 4. b) bb) (181 ff.).

[112] Vgl. oben 6. Kap. II. 2. d) (259 ff.) und 7. Kap. II. 1. c) (339 ff.).

[113] Zus.fass. hierzu oben 8. Kap. II. 3. f) (449 ff.) und III. 3. (470 ff.).

[114] Vgl. stv. *Schenke* (Fn. 53), 116; u. speziell für die Exekutive *Philip Kunig*, Das Rechtsstaatsprinzip, 1986, 438 f. m.w.N.

[115] In diesem Sinne ist z.B. wohl *Hesse* (Fn. 23), 207 ff. (Rn. 475 ff.), zu verstehen, der den Gewaltenteilungsgrundsatz zum tragenden Organisationsprinzip der gesamten Verfassung erhebt.

[116] Vgl. oben I. 2. (529 ff.).

schen diesen beiden Polen nötigen Ausgleich in die Interpretation der Gewaltenteilung selbst hineinverlagern würde. Aus dem Gewaltenteilungsgrundsatz würde unter diesen Umständen ein großes schwarzes Loch, aus dem sich nach Belieben beinahe jede Kompetenzzuordnung hervorzaubern ließe. Die Einführung des Gedankens vom Interorganrespekt schafft hier insofern dogmatische Klarheit, als sie aus Gründen der Organadäquanz vorgenommene Durchbrechungen des klassischen Gewaltenteilungsschemas ebenso getrennt von der eigentlichen Gewaltenteilungslehre zu analysieren erlaubt wie die grundsätzliche Bewältigung der aus der Machtverteilung auf verschiedene gleichberechtigte Verfassungsorgane resultierenden Probleme[117]. Gleichzeitig kann der Interorganrespekt niemals in gleicher Weise wie der Gewaltenteilungsgedanke zu einem unbestimmten „catch all"-Prinzip avancieren, da das Gewaltenteilungsprinzip ihm als seine normative Grundlage immer logisch vorgelagert bleibt und alle am Interorganrespekt orientierten Überlegungen nur auf der Basis der in der jeweiligen Verfassungsordnung festgeschriebenen Ausformungen der Gewaltenteilung stattfinden können. Das genaue Verhältnis dieser Prinzipien zueinander soll weiter unten noch näher erörtert werden.

d) Zusätzliche Gesichtspunkte

Neben den drei bisher genannten hauptsächlichen Anknüpfungspunkten kommen weitere Gesichtspunkte als ergänzende Begründungserwägungen zur rechtlichen Fundierung des Interorganrespekts in Betracht. So könnte man zum Beispiel daran denken, seine Konzeption aus einer *Zusammenschau* der verschiedenen Verfassungsvorschriften abzuleiten, in denen sich Teilelemente dieses Prinzips wiederfinden. Solche Vorschriften konnten zwar im Rahmen der Anwendungsanalyse an zahlreichen Stellen aller dort untersuchten Verfassungsordnungen nachgewiesen werden; für eine normativ arbeitende Rechtswissenschaft kann jedoch auch eine Vielzahl von Einzelhinweisen nicht mehr als eine Indizwirkung bezüglich eines dahinterstehenden allgemeinen Prinzips entfalten[118]. Für die Möglichkeit einer Begründung des Interorganrespekts aus *Gewohnheitsrecht* gilt Ähnliches: Zwar liefern seine vielfältigen im Laufe unserer Untersuchung herausgearbeiteten Anwendungsbeispiele hinreichend Anhaltspunkte für eine entsprechende Verfassungspraxis, doch bleibt das Verfassungsgewohnheitsrecht generell eine höchst problematische Rechtsquelle[119], da sich die für seinen Nachweis erforderliche Rechtsüberzeugung kaum verläßlich dartun läßt, solange man sie nicht auf Ableitungen aus allgemein anerkannten Rechtsprinzipien zurückführen kann, wie sie die bislang diskutierten Begründungsansätze darstellen.

---

[117] Dies bestätigt und erweitert die oben 3. Kap. I. 3. b) (88 f.) bereits angerissenen Erwägungen.

[118] Ebenso für die Bundestreue schon *Bauer* (Fn. 77), 236.

[119] Stv. hierfür nochmals *Christian Tomuschat*, Verfassungsgewohnheitsrecht?, 1972, 145 ff.; vgl. aber auch zuletzt *Heinrich Amadeus Wolff*, Ungeschriebenes Verfassungsrecht unter dem Grundgesetz, 2000, 427 ff.

Die sonstigen denkbaren Anknüpfungen für ein Prinzip des Interorganrespekts begegnen vor allem dem Bedenken, daß die hierfür in Frage kommenden Grundsätze entweder extensiv ausgelegt oder aber in einer ganz bestimmten Weise verengt werden müßten. So verfolgt der Interorganrespekt zweifellos auch ein rechtsstaatliches Anliegen, wenn er im Wege einer organadäquaten Funktionenzuordnung Verantwortungsklarheit herzustellen versucht[120] und darüber hinaus verfahrensrechtlich auf eine Steigerung der potentiellen „Richtigkeit" von Entscheidungen durch die kooperative Einbindung aller betroffenen Organe in die zugrundeliegenden Entscheidungsprozesse abzielt. Ihn deswegen insgesamt auf das *Rechtsstaatsprinzip* als normative Grundlage abstützen zu wollen würde jedoch die Grenzen dieses Prinzips in bedenklicher Weise expandieren lassen[121]. Umgekehrt verhält es sich mit dem *Effizienz-* bzw. *Effektivitätsgedanken*: Zwar bildet dieser eine gute Basis für das Argument, die Funktionsfähigkeit kompetenzbegründender Normen verlange nach einer faktischen Entscheidungsfähigkeit der mit den jeweiligen Kompetenzen ausgestatteten Organe[122] und damit im Verhältnis der Verfassungsorgane zueinander nach einem Verhalten, das diese Entscheidungsfähigkeit zumindest nicht in Frage stellt. Konkrete Handlungsanweisungen lassen sich daraus aber nur gewinnen, wenn man diese Überlegung mit weiteren Parametern anreichert und damit zugleich auf bestimmte Zielsetzungen verengt. So wurde oben schon darauf hingewiesen, daß Effizienz und Kontrolle zwei Pole eines Spannungsfeldes verkörpern, in dem sich das Prinzip des Interorganrespekts bewegt[123], woraus folgt, daß Effizienz allein nicht der zentrale Maßstab seiner Ausübung sein kann. Auch im Verhältnis zu den anderen bislang als Anknüpfungspunkten für den Interorganrespekt diskutierten Rechtsfiguren zeigt sich die begrenzte Aussagekraft des Effizienzgedankens: Unter Gewaltenteilungsaspekten muß sich seine Ausfüllung wenigstens durch das bereits genannte, diesem Prinzip zugrundeliegende Kontrollanliegen maßgeblich bestimmen lassen, und für Integration wie für Treu und Glauben gilt, daß es zur Wahrung dieser Grundsätze manchmal sogar der Inkaufnahme einer gewissen Ineffizienz bedarf[124]. Effizienz kann daher nur als zusätzliche Überlegung, nicht aber als normative Wurzel im engeren Sinne Eingang in eine Theorie des Interorganrespekts finden. Ähnliches läßt sich für den Gesichtspunkt der *Toleranz* sagen, von dem *Winkler* meint, das Verfassungsleben richte sich „überall da nach einem nicht immer erkannten, aber befolgten Toleranzgebot, wo formalisierte Konfliktlösungsverfahren aus-

---

[120] Das betont insbes. *Thomas v. Danwitz*, Der Grundsatz funktionsgerechter Organstruktur, in: Der Staat 35 (1996), 329–350, 335 f.

[121] Allg. zur gebotenen Zurückhaltung gegenüber einem derart expansiven Einsatz des Rechtsstaatsprinzips *Kunig* (Fn. 114), bes. 333 ff., 457 ff.; bestätigend *Bauer* (Fn. 77), 241 f.

[122] Zu diesem Argument vgl. *Rupert Stettner*, Grundfragen einer Kompetenzlehre, 1983, 76 f.; ihm folgend *v. Danwitz* (Fn. 120), 335; u. zur Verwandtschaft dieser Überlegung mit der Smend'schen Integrationslehre bspw. *Kostas Chryssogonos*, Verfassungsgerichtsbarkeit und Gesetzgebung, 1987, 93.

[123] Oben I. 2. (529 ff.).

[124] Vgl. etwa zur Gewaltenteilung nochmals *Schenke* (Fn. 53), 52; sowie speziell zum Verhältnis von Effizienz und Integration *Leisner* (Fn. 12), 19.

gereizt sind, ohne daß alle Gegensätze ausgeräumt werden könnten"[125]. Wenig später bezeichnet er Toleranz jedoch selbst nur als einen „Grundsatz politischer und bürgerlich-ethischer Klugheit"[126] und gesteht damit implizit zu, daß es sich dabei nicht um ein grundlegendes Rechtsprinzip, sondern allenfalls um einen anderen Namen für einen partiell seinerseits vom Interorganrespekt umfaßten Randbereich verfassungsrechtlicher Konfliktlösung handeln kann.

e) Ergebnis

Im Ergebnis schält sich so heraus, daß es keine einzelne, den gesamten Anwendungsbereich des Interorganrespekts umgreifende normative Wurzel dieses Prinzips gibt. Vielmehr speist sich der Gedanke des Interorganrespekts in seinen verschiedenen Facetten rechtlich vor allem aus drei Quellen. Der Gewaltenteilungsgedanke ist dabei wegen seiner logischen Vorrangigkeit an erster Stelle zu nennen: Seine Anerkennung und Durchführung in einer bestimmten Verfassungsordnung schafft in dieser Ordnung zunächst die unverzichtbare Voraussetzung für eine Anwendbarkeit des Interorganrespekts, die in der Existenz mehrerer gleichberechtigt nebeneinander rangierender oberster Verfassungsorgane besteht. Weiterhin begründet er mit den aus ihm fließenden Erfordernissen funktionsgerechter Organstrukturen und einer organadäquaten Funktionenzuordnung den Grundsatz der Organadäquanz als ersten zentralen Leitgedanken des Prinzips vom Interorganrespekt. Auf diesen Zuordnungen und der mit ihnen verfolgten Machtbalance baut sodann der Grundsatz von Treu und Glauben auf, der eine diese Parameter achtende wechselseitige Rücksichtnahmeverpflichtung der Verfassungsorgane untereinander postuliert und damit die Grundlage für die zweite hauptsächliche Erscheinungsform des Interorganrespekts abgibt. Die Krone des auf diese Weise errichteten normativen Gebäudes bildet schließlich die Integrationslehre, die an jenen Stellen, an denen es mit Rücksichtnahme allein nicht mehr getan ist, zusätzlich ein Gebot des loyalen Zusammenwirkens der Verfassungsorgane statuiert und damit das Einsatzfeld des Interorganrespekts um die Möglichkeit positiver Kooperationspflichten als drittes wesentliches Element erweitert.

III. Konzeptionslinien

Neben der im vorigen erörterten Begründungsebene stellt die praktische Umsetzung des Interorganrespekts die zweite grundlegende Problematik bei der rechtlichen Etablierung dieses Prinzips dar. Bevor es jedoch um die Einzelheiten seiner Ausgestaltung gehen kann, sollen in Anlehnung an die im Zuge seiner Begründung bereits

---

[125] *Markus Winkler*, Toleranz als Verfassungsprinzip?, in: Ingo Erberich u.a. (Hg.), Frieden und Recht, 1998, 53–83, 77.

[126] *Winkler* (Fn. 125), 82.

entwickelten Kategorien seine dogmatischen Unterteilungen noch einmal klärend zusammengefaßt werden. Die in diesem Zusammenhang einzuschlagenden konzeptionellen Pflöcke können im Anschluß zugleich als Leitlinien seiner Ausfächerung im einzelnen Verwendung finden.

1. Der umfassende Charakter des Interorganrespekts

Grundlage aller weiteren Kategorisierungen ist die Frage, ob es sich beim Interorganrespekt tatsächlich um ein Verfassungsstrukturprinzip handelt, wie es die Überschrift dieses Kapitels suggeriert, oder ob er als bloßer Reserve-Rechtssatz anzusehen ist. Diese Frage soll daher als erstes zum Gegenstand unserer Betrachtung gemacht werden.

a) Notwendigkeit und Reichweite einer Anknüpfung an konkrete Verfassungsnormen

Der Gedanke des Interorganrespekts trägt, wie die in dieser Untersuchung angestellten Vergleiche zwischen den verschiedenen Verfassungssystemen gezeigt haben, allgemeinen Charakter und kann grundsätzlich für jeden Staat oder staatsähnlich organisierten Herrschaftsverband mit einer Mehrzahl prinzipiell gleichberechtigter Spitzenorgane fruchtbar gemacht werden. Die nötigen inhaltlichen Konturen vermag er jedoch, wie sich aus der Anwendungsanalyse gleichfalls ergeben hat, immer nur im Rahmen eines konkreten Verfassungssystems zu gewinnen; je nachdem, in welcher Verfassungsordnung dieses Prinzip seine funktionelle Bedeutung entfaltet, führt es zu unterschiedlichen rechtlichen Konsequenzen. Es beschreibt also jeweils die Rahmenbedingungen des zwischen den Oberzielen Integration und Machtbalance bzw. den Polen Effizienz und Kontrolle herzustellenden Ausgleichs und bedarf ansonsten der verfassungsgesetzlichen Ausfüllung, sozusagen der „Speisung" durch konkrete Verfassungsnormen, aus denen sich die Rollen der verschiedenen Verbandsorgane im einzelnen ergeben[127]. Am deutlichsten wird dieser Zusammenhang auf dem Gebiet der Gesetzgebung, wo die zum Erlaß eines Gesetzes führenden Verfahren in einer Art und Weise durchnormiert sind, daß sich ein Großteil der für den Interorganrespekt typischen Elemente wie beispielsweise Konsultationspflichten und Fristvorgaben für die Befassung der einzelnen Organe unmittelbar in den Verfassungstexten selbst kodifiziert findet[128]; wegen ihrer engen Anlehnung an das jeweilige Gesetzgebungsverfahren kann dies mit Einschränkungen auch noch für die auf den Abschluß völkerrechtlicher Verträge gerichteten Mecha-

---

[127] Zu den Oberzielen nochmals 3. Kap. I. 1. (80 ff.), zu den Polen oben I. 2. (529 ff.). Den Begriff der „Speisung" verwendet *Schenke* (Fn. 53), 37 et seq., bereits für die Verfassungsorgantreue. *Wolff* (Fn. 119), 404 ff., spricht für ungeschriebene Prinzipien dieser Art von „mitgesetztem" bzw. „selbstverständlichem" Recht.

[128] Vgl. zus.fass. oben 5. Kap. II. 4. a) aa) (171 ff.).

nismen gesagt werden[129]. Im Bereich der Exekutivkontrolle finden sich zumindest zahlreiche einfachgesetzliche Fixierungen der Idee vom Interorganrespekt, namentlich in haushaltstechnischer Hinsicht[130], und für die Verfassungsrechtsprechung bilden jedenfalls die im Verfassungs- und einfachen Recht enthaltenen Normierungen ihrer Entscheidungsmacht und der zu ihr führenden Zugangswege unverrückbare Ausgangspunkte aller am Gedanken des Interorganrespekts ausgerichteten Überlegungen[131]. Versucht man daher, den Interorganrespekt im Rahmen des europäischen Vertragssystems bzw. der amerikanischen und deutschen Verfassungssysteme zu konkretisieren, so ist jeweils von der durch die europäischen Verträge, die amerikanische Verfassung bzw. das Grundgesetz konstituierten Verfassungsordnung auszugehen, wobei denjenigen Vorschriften, die die Zuständigkeiten der einzelnen Verbandsorgane und ihr Verhältnis zueinander regeln, das besondere Augenmerk gebührt. Denn der Grundsatz des Interorganrespekts vermag zwar viele dieser Vorschriften zu erklären und darüber hinaus generell als Maßstab ihrer Beurteilung zu fungieren; als ungeschriebene Rechtsfigur muß er den expliziten Vorgaben des jeweiligen Verfassungstextes jedoch auch dort Raum geben, wo sie seinem Anliegen zuwiderlaufen, und kann insoweit allenfalls die Anmeldung verfassungspolitischer Bedenken rechtfertigen[132]. Erst in der Zusammenschau der entsprechenden Vorschriften mit der Idee des Interorganrespekts läßt sich der volle Gehalt sowohl der Vorschriften als auch dieser Idee erschließen.

Auch wenn aber die ausdrücklichen Festlegungen der jeweiligen Verfassungsordnung die Ausfüllung des Interorganrespekts von vornherein in einer bestimmten Weise steuern, bleibt innerhalb des von ihnen abgesteckten Rahmens doch ein beträchtliches Einsatzfeld für autonom aus diesem Prinzip zu entwickelnde Verpflichtungen übrig. So kann beispielsweise ein Problem wie das der Aufspaltung zustimmungspflichtiger Gesetze nur auftreten, soweit die zugrundeliegende Verfassungsordnung ein unechtes Zwei-Kammer-System für die Gesetzgebung installiert; zu seiner Auflösung bedarf es dann allerdings des aus dem Interorganrespekt selbst abzuleitenden Rücksichtnahmegebots[133]. Die generellen Voraussetzungen für eine Delegation von Rechtsetzungsmacht an die Exekutive sind verfassungsrechtlich ebenso unmittelbar normiert wie die Möglichkeit zur Einsetzung parlamentarischer Untersuchungsausschüsse; diese Normierungen allein geben jedoch keine abschließende Auskunft zu den daraus folgenden Fragenkomplexen wie etwa der Zulässigkeit von Änderungsvorbehaltsverordnungen oder der Offenbarung von Amtsgeheimnissen[134]. Die Kompetenzen zum Abschluß völkerrechtlicher Verträge mögen

---

[129] Vgl. die oben 7. Kap. I. 1. a) aa) (291 f.), b) aa) (1) (299 ff.) und bb) (2) (306 ff.) gegebene Beschreibung der einzelnen Vorgaben.

[130] Oben 6. Kap. III. 1. c) (268 ff.).

[131] Dazu i. einz. 8. Kap. I. (380 ff.) und II. 1. (399 ff.).

[132] So z.B. hinsichtlich der ungleichgewichtigen Beteiligung von Ministerrat und Parlament am europäischen Rechtsetzungsverfahren, vgl. oben 5. Kap. II. 4. b) cc) (186 ff.) und d) bb) (193 ff.).

[133] Vgl. oben 5. Kap. II. 4. a) cc) (175 ff.).

[134] Näher hierzu und zur Beantwortung dieser Fragen aus dem Interorganrespekt heraus oben 6. Kap. I. 3. b) (231 ff.) und 4. b) (240 ff.) sowie III. 1. a) (264 ff.).

in der Verfassung klar verteilt sein; die Beteiligung der Legislativorgane im Vorfeld des Vertragsabschlusses kann sich hingegen im Detail nur aus der ergänzenden Heranziehung des Interorganrespekts ergeben[135]. Zur Kreation eines „Parlamentsvorbehalts" für militärische Einsätze mußte sogar das Bundesverfassungsgericht ausdrücklich auf allgemeine Gedanken im Hintergrund der einzelnen wehrrechtlichen Vorschriften zurückgreifen[136], und die von der Verfassungsrechtsprechung in Anspruch genommenen Gestaltungsbefugnisse sind als solche nirgendwo festgeschrieben und erfahren daher auch keine ausdrückliche Begrenzung im Verfassungstext, sondern müssen in ihrer Ausübung ebenfalls durch ein „überwölbendes" Prinzip von der Art des Interorganrespekts gesteuert werden[137].

In bestimmten Bereichen fehlen spezifische verfassungsgesetzliche Normierungen außerdem so weitgehend, daß der Interorganrespekt sich von vornherein nicht mehr auf eine ergänzende Funktion beschränken kann, sondern bereits auf die ursprüngliche Zuständigkeitsverteilung Einfluß nehmen muß. Das gilt vor allem dort, wo er in der Gestalt des Grundsatzes der Organadäquanz die Zuweisung von Zuständigkeiten an verschiedene Verfassungsorgane nach dem Regel-Ausnahme-Prinzip begründet. Die Konstruktion eines grundsätzlichen, durch die Rücksichtnahme auf den originären Funktionsbereich der Exekutive aber dennoch auf besondere Fallkonstellationen eingeschränkten legislativen Zugriffsrechts, die sich sowohl im Kontext der Schaffung ministerialfreier Räume als auch auf dem Gebiet der allgemeinen Außenpolitik als maßgeblich herausgestellt hat[138], erscheint nur auf der Basis dieses Grundsatzes darstellbar; der Verfassungstext allein gibt hierfür ebensowenig her wie für alle anderen an dieser Stelle denkbaren Lösungen. Auf den Versuch, der Verfassungsgerichtsbarkeit in ihrem Verhältnis zu Legislative und Exekutive funktionellrechtliche Grenzen zu ziehen und sie zu einer entsprechenden Zurücknahme ihrer Kontrolldichte anzuhalten[139], trifft dies im Ergebnis ebenfalls zu.

b) Interorganrespekt als übergreifendes Strukturprinzip

Schon diese potentielle Spannweite des Interorganrespekts spricht für seinen umfassenden Charakter als Verfassungsstrukturprinzip. Seine Qualifizierung als ein solches wird auch nicht dadurch ausgeschlossen, daß sich sein konkreter Inhalt in weiten Teilen nur vor dem Hintergrund der jeweils kodifizierten Verfassungsnormen ermitteln läßt. Denn mit den anderen Verfassungsstrukturprinzipien verhält es sich genauso: Jedes Prinzip dieser Art ist, wie bereits der Begriff vermittelt, in eine konkrete Verfassungsstruktur eingebunden und kann nur aus dieser heraus verstanden werden. So gilt etwa für die anerkannten, in Art. 20 GG niedergelegten Staats-

---

[135] Oben 7. Kap. I. 1. a) aa) und bb) (291 ff.), b) aa) (1) (299 ff.) und bb) (2) (306 ff.).

[136] Oben 7. Kap. III. 1. b) cc) (2) (369 ff.) mit den dortigen Nachweisen.

[137] Vgl. i. einz. 8. Kap. II. 2. (406 ff.).

[138] Oben 6. Kap. II. 2. d) (259 ff.) und 7. Kap. II. 1. c) (339 ff.), vgl. a. allg. 6. Kap. IV. 2. (283 ff.) zu dem gesamten Bereich der Exekutivkontrolle.

[139] Vgl. zus.fass. 8. Kap. II. 3. f) (449 ff.) und III. 3. (470 ff.).

strukturprinzipien des Grundgesetzes, daß sie im Zusammenhang der deutschen Verfassungsordnung eine spezifische Bedeutung entfalten, die ihnen in anderen Verfassungsordnungen selbst dann nicht zukommt, wenn sie dort gleichermaßen als Strukturprinzipien fungieren. Daß es sich beim Interorganrespekt ebenfalls um ein derartiges Strukturprinzip handelt, zeigt zunächst die im Rahmen dieser Untersuchung angestellte Anwendungsanalyse, nach der sich die Notwendigkeit zum Einsatz der hinter diesem Prinzip stehenden Idee in unterschiedlicher Intensität in allen Funktionsbereichen eines Gemeinwesens manifestiert, soweit es über eine Mehrzahl gleichrangiger politischer Führungsorgane verfügt. Der Interorganrespekt qualifiziert sich damit in *Kägis* Worten potentiell als umfassende Ordnungsidee zur optimalen Aktualisierung der Verantwortung für die rechte Verwaltung der politischen Macht[140]. Dabei stellt er sogar im engeren Sinne des Wortes ein grundlegendes „Strukturprinzip“ dar: Denn im Gegensatz etwa zu den in Art. 20 GG normierten Eckpfeilern des grundgesetzlichen Staatsverständnisses, die zumindest teilweise zugleich als Staatszielbestimmungen anzusehen sind und insofern über die organisatorische und institutionelle Dimension hinausweisen[141], besitzt der Interorganrespekt nicht direkt Ziel- oder Programmcharakter; er verkörpert vielmehr eine strukturelle Notwendigkeit, an der im Interesse der optimalen Realisierung dieser Staatsziele deswegen kein Weg vorbeiführt, weil diese Realisierung nur von einem loyalen Zusammenwirken der Verfassungsorgane erwartet werden kann, in dessen Herbeiführung das Grundanliegen des Interorganrespekts besteht.

Die Anwendungsanalyse hat weiterhin die Tauglichkeit der ihr zugrundegelegten Prämisse[142] bestätigt, wonach die in den betrachteten Verfassungsordnungen explizit getroffenen Normierungen zum Zusammenwirken und zur gegenseitigen Kontrolle der einzelnen Verfassungsorgane bzw. zur Ausbalancierung ihrer Machtpositionen problemlos als Teilpositivierungen des Interorganrespekts begriffen werden können. Mit der Bündelung dieser Normierungen und ihrer Zusammenführung mit den zahlreichen nichtkodifizierten Anwendungsformen dieses Grundsatzes unter dem Dach eines einheitlichen Grundgedankens vermag ein Verständnis des Interorganrespekts als „Ordnungsidee“ im oben erläuterten Sinn daher auch einen Beitrag zur Transparenz des Staatsorganisationsrechts zu leisten, indem es die Zersplitte-

---

140 Hierzu schon oben 1. Kap. (4 f.), beachte dort insbes. die Nachweise Fn. 8.

141 Vgl. *Horst Dreier*, in: ders. (Fn. 109), Art. 20 (Einführung) Rn. 5 ff., bes. Rn. 8; u. *Klaus Stern*, Das Staatsrecht der Bundesrepublik Deutschland, Bd. I, 2. Aufl. 1984, 551 et seq.; zu Charakter und Bedeutung von Staatszielbestimmungen ferner allg. *Ulrich Scheuner*, Staatszielbestimmungen, in: FS Ernst Forsthoff, 1972, 325–346, 335 ff.; *Hans Peter Bull*, Staatszwecke im Verfassungsstaat, in: NVwZ 1989, 801–806, 802; u. zu den noch weiter ausgreifenden Funktionen der klassischen Strukturprinzipien *Kurt Eichenberger*, Vom Umgang mit Strukturprinzipien des Verfassungsstaates, in: FS Klaus Stern, 1997, 457–473, 465 ff.; sowie zuletzt die umfassende Abhandlung von *Karl-Peter Sommermann*, Staatsziele und Staatszielbestimmungen, 1997, 210 ff. zu den Staatszielen und 355 ff. zu ihrer normativen Positionierung, bes. 210 f. und 372 f. zu ihrer Abgrenzung von den „eigentlichen“ Strukturprinzipien; beispielhaft für die generelle Möglichkeit „neuer“ Staatsstrukturprinzipien schließlich *Marcel Kaufmann*, Integrierte Staatlichkeit als Staatsstrukturprinzip, in: JZ 1999, 814–822.

142 Oben 3. Kap. IV. (97 ff.).

rung der entsprechenden Verpflichtungen in scheinbar zusammenhanglose Einzelaspekte überwindet[143] und ihnen einen übergreifenden Sinn verleiht. Auf einer höheren Ebene trifft dies ebenso für die Zusammenfassung der drei hauptsächlichen Unterkategorien des Interorganrespekts zu: Organadäquanz, Rücksichtnahmegebot und allgemeine Loyalitätsverpflichtung ließen sich zwar jeweils separat begründen und zum Einsatz bringen; die Möglichkeit, sie unter dem Oberbegriff des Interorganrespekts zusammenzufügen, macht jedoch ihre innere Verwandtschaft deutlich und fördert damit die dogmatische Klarheit. Zugleich belegt ein Blick auf die im vorigen Abschnitt bereits behandelte normative Herkunft dieser Kategorien, daß es sich bei dem hier vertretenen umfassenden Verständnis des Interorganrespekts nicht um eine willkürlich gewählte Grundannahme handelt: Zwar ist eine Heranziehung des Interorganrespekts nicht erforderlich, soweit die einschlägigen Rechtsfragen durch im Verfassungssystem ausdrücklich kodifizierte Grundsätze schon eine anderweitige Regelung erfahren haben. Das gilt aber typischerweise auch für die hauptsächlichen normativen Wurzeln des Interorganrespekts: den Grundsatz von Treu und Glauben, die Integrationslehre und den Gewaltenteilungsgedanken selbst[144]. Diese Rechtsfiguren greifen in der Praxis ebenfalls nur dort unmittelbar ein, wo es an konkreten Regelungen fehlt, was ihren Charakter als die gesamte Verfassungsordnung „überwölbende" Prinzipien jedoch keineswegs in Frage stellt. Der Grundsatz des Interorganrespekts kann daher in ähnlicher Weise als übergreifendes Strukturprinzip angesehen werden.

Ein Brückenschlag zwischen dieser Charakterisierung des Interorganrespekts und seiner zumindest großenteils erforderlichen Rückbindung an konkrete verfassungsrechtliche Positivierungen läßt sich außerdem durch eine Anleihe bei der Rechtsverhältnislehre eröffnen, und zwar unabhängig davon, ob man diese Lehre insgesamt rezipiert: Zu unterscheiden wäre demnach zwischen einem staatsorganisationsrechtlichen Grundverhältnis der Verfassungsorgane untereinander, das von der funktionalen Aufteilung der öffentlichen Gewalt auf sie geprägt und vom Gedanken des Interorganrespekts beherrscht wird, und den besonderen Rechtsverhältnissen, die jeweils Teilbereiche bzw. konkrete Ausschnitte dieses Grundverhältnisses zum Gegenstand haben und primär von den verfassungsrechtlichen und einfachgesetzlichen Konkretisierungen des Interorganrespekts bestimmt werden, für die er als allgemeine Ordnungsidee den Hintergrund abgibt, unmittelbar jedoch nur zur Anwendung kommt, soweit diese Konkretisierungen nicht tragen[145]. Eine noch bessere Erläuterung ermöglicht die in erster Linie von *Alexy* entwickelte Unterscheidung von Regeln und Prinzipien: Regeln sind Normen eines relativen geringen Abstraktionsgrades, die eine bestimmte Rechtsfolge gebieten und „stets nur entweder erfüllt oder nicht erfüllt werden können". Bei Prinzipien handelt es sich demge-

---

143 Ähnlich argumentiert auch *Bauer* (Fn. 77), 258, für die Bundestreue.

144 Vgl. oben II. 2. a) – c) (546 ff.).

145 Dazu schon oben 2. Kap. I. 3. b) (28 ff.) und 3. Kap. III. 3. a) (95 f.); vgl. a. stv. nochmals *Bauer* (Fn. 77), 304 ff., für die Bundestreue; jew. m.w.N.

genüber um abstraktere Normen, „die gebieten, daß etwas in einem relativ auf die rechtlichen und tatsächlichen Möglichkeiten möglichst hohen Maße realisiert wird"; sie stellen folglich Optimierungsgebote dar, die dadurch gekennzeichnet sind, „daß sie in unterschiedlichen Graden erfüllt werden können und daß das gebotene Maß ihrer Erfüllung nicht nur von den tatsächlichen, sondern auch von den rechtlichen Möglichkeiten abhängt"[146]. Ihre hauptsächliche Bedeutung entfaltet diese Unterscheidung in Kollisionsfällen: Während bei Konflikten zwischen Regeln eine der beiden konfligierenden Normen durchbrochen oder für ungültig erklärt werden muß, behalten bei Prinzipienkollisionen beide Normen ihre Gültigkeit; erforderlich wird in diesen Fällen eine konkrete Gewichtung der von den einzelnen Prinzipien repräsentierten Belange und eine Abwägung zwischen ihnen, aus der schließlich ein Anwendungsvorrang für eines der kollidierenden Prinzipien resultiert, der sich allerdings immer nur auf den konkreten Fall beziehen kann und den abstrakten Rang und Gültigkeitsanspruch der involvierten Normen nicht antastet[147].

Nach all diesen Kriterien handelt es sich beim Interorganrespekt eindeutig um ein Rechts*prinzip*. Seine damit einhergehende Charakterisierung als Optimierungsgebot trifft den Kern seines Anliegens: Es geht darum, die Zielvorstellungen einer möglichst organadäquaten Funktionenzuordnung, einer wechselseitigen Rücksichtnahme der Verfassungsorgane auf ihre jeweiligen primären Funktionsbereiche und eines integrativen Zusammenwirkens zwischen ihnen, die sich in Ableitung aus seinen verschiedenen normativen Wurzeln[148] im Begriff des Interorganrespekts bündeln, in möglichst hohem Maße zu verwirklichen. Ein absoluter Durchsetzungsanspruch ist mit dieser Vorgabe jedoch nicht verbunden. Denn der Interorganrespekt steht zugleich in ständiger Konkurrenz mit den anderen grundlegenden Prinzipien der jeweiligen Verfassungsordnung, mit deren Ausprägungen er, wie unsere Anwendungsanalyse gezeigt hat, zwar oft, aber nicht unbedingt immer konform geht. Wo diese Ausprägungen in der Verfassung selbst eine Kodifizierung erfahren und damit Regelcharakter angenommen haben, können sie im Kollisionsfall freilich Vorrang beanspruchen; ansonsten aber bedarf es einer Gewichtung und Abwägung der jeweiligen Belange unter den Umständen des konkreten Falles, wie sie nach *Alexy* für eine Prinzipienkollision typisch ist. Der Interorganrespekt mag dabei im Einzelfall zurücktreten müssen; das stellt jedoch seine Qualifikation als übergreifendes Struk-

---

[146] *Robert Alexy*, Theorie der Grundrechte, 2. Aufl. 1994, 75 f.; vgl. a. schon *ders.*, Zum Begriff des Rechtsprinzips, in: Werner Krawietz/Kazimierz Opalek/Aleksander Peczenik/Alfred Schramm (Hg.), Argumentation und Hermeneutik in der Jurisprudenz, Rechtstheorie Beiheft 1, 1979, 59–87, 79 f. et seq.; *Michaela Peters*, Grundrechte als Regeln und als Prinzipien, in: ÖZöR 51 (1996), 159–182, 160 ff.; u. zuletzt *Eibe Riedel*, Rechtliche Optimierungsgebote oder Rahmensetzungen für das Verwaltungshandeln?, in: VVDStRL 58 (1999), 177–217, 180. Skeptisch gegenüber einer zu pauschalen Deutung der Verfassungsprinzipien in diesem Sinne äußert sich *Peter Lerche*, Die Verfassung als Quelle von Optimierungsgeboten?, in: FS Klaus Stern, 1997, 197–209, 204 ff.

[147] I. einz. hierzu *Alexy*, Theorie der Grundrechte (Fn. 146), 77 ff.; vgl. a. nochmals *Riedel* (Fn. 146), 180 f.; u. zu dem daraus resultierenden „Richtigkeitsbegriff" für normative Urteile *Jan-R. Sieckmann*, Richtigkeit und Objektivität im Prinzipienmodell, in: ARSP 1997, 14–36, 17 ff. m.w.N.

[148] Vgl. zus.fass. oben II. 2. e) (555).

turprinzip und mögliche Quelle von Rechtsregeln nach dieser Konzeption nicht in Frage. Vielmehr nähert er sich damit lediglich einer anderen Rechtsfigur an: der eines Rechts*standards*, der potentiell für eine Anwendung auf alle zwischen den Verfassungsorganen auftretenden Konfliktlagen in Betracht kommt, auch wenn er nicht in jeder solchen Lage tatsächlich angewendet werden muß[149].

2. Funktionsweisen des Interorganrespekts

Der im vorigen begründete umfassende Charakter des Interorganrespekts als Verfassungsstrukturprinzip bringt es mit sich, daß er, wie im Laufe der Anwendungsanalyse bereits deutlich geworden ist, in verschiedenen Funktionsweisen in Erscheinung treten kann. Diese Funktionsweisen hängen zum überwiegenden Teil eng mit den normativen Wurzeln und den daraus abgeleiteten Unterkategorien des Interorganrespekts zusammen und sollen daher im folgenden nur noch einmal überblicksartig vorgestellt werden.

a) Interorganrespekt als Funktionsordnungsprinzip

Die erste Wirkungsmodalität des Interorganrespekts ergibt sich aus seiner Erscheinungsform als Leitgedanke der vom Gewaltenteilungsprinzip intendierten funktionalen Aufteilung der öffentlichen Gewalt auf die verschiedenen Verfassungsorgane, die im Kontext dieser Arbeit mit dem Begriff der Organadäquanz gekennzeichnet wurde[150]. Im einzelnen verlangt dieser Grundsatz vor allem nach einer Zuordnung der unterschiedlichen Funktionsbereiche eines Gemeinwesens an diese Organe, die ihrer jeweiligen Struktur und Positionierung entspricht[151], und rechtfertigt es damit, den Interorganrespekt in dieser Hinsicht als „Funktionsordnungsprinzip" zu charakterisieren. Der hauptsächliche Anwendungsfall für diese Funktionsweise des Interorganrespekts ist im Verhältnis der Verfassungsrechtsprechung zu Exekutive und Legislative zu suchen, wo es um eine Zurücknahme der verfassungsgerichtlichen Kontrolldichte in den spezifischen Funktionsbereichen der anderen Verfassungsorgane geht[152]. Aber auch in den Beziehungen zwischen der Exekutivspitze und den Legislativorganen kommt diese Wirkungsform des Interorgan-

---

[149] Zu dieser Rechtsfigur des „Standards" vgl. schon *Marcel O. Stati*, Le Standard Juridique, 1927, bes. 34 ff., 52 ff., 55 ff.; u. umfassend zuletzt *Eibe Riedel*, Theorie der Menschenrechtsstandards, 1986, bes. 261 ff., 307 ff.

[150] Vgl. zuletzt oben II. 2. c) (551 ff.).

[151] *v. Danwitz* (Fn. 120), 330, 334 f. et seq., verwendet für dieses Anliegen ebenfalls den Begriff der „funktionsgerechten Organstruktur". Nach der hier vertretenen Terminologie stellen „funktionsgerechte Organstruktur" und „organadäquate Funktionenzuordnung" dagegen zwei Unterkategorien des Oberbegriffs „Organadäquanz" dar, die sich speziell in ihrer Wirkungsweise unterscheiden und daher spätestens an dieser Stelle getrennt behandelt werden müssen: Im einen Fall wird die Organstruktur nämlich als veränderliche Variable angesehen, die der jeweils zu erfüllenden Funktion angepaßt werden kann und muß; im anderen, hier erörterten Fall liegt die Organstruktur fest und bildet damit eine selbst unveränderliche Determinante der Funktionenzuordnung.

[152] Zus.fass. hierzu oben 8. Kap. II. 3. f) (449 ff.) und III. 3. (470 ff.).

respekts zum Einsatz, in erster Linie zur Begründung von Regel-Ausnahme-Schemata, in deren Rahmen der Exekutive eine bestimmte Funktion primär zugeordnet wird, die Legislative jedoch zugleich ein Zugriffsrecht erhält, das diese primäre Zuordnung ausnahmsweise durchbrechen kann. Solche Schemata wurden im Laufe der Anwendungsanalyse beispielsweise für die Schaffung ministerialfreier Räume, die sonstigen im „Kernbereich" der Exekutive angesiedelten Funktionen wie Planungshoheit und Organisationsgewalt sowie für die Gestaltung der allgemeinen Außenpolitik ermittelt[153].

Ein Blick auf diese Schemata ermöglicht ferner eine weitere Untergliederung der entsprechenden Funktionsweise des Interorganrespekts und damit eine Offenlegung der einzelnen Elemente, die sich in seiner übergeordneten Charakterisierung als Funktionsordnungsprinzip verbergen. Zunächst wirkt der Interorganrespekt ganz einfach als *Argumentationstopos* bei der Beantwortung der Frage, welchem Verfassungsorgan eine bestimmte Funktion konkret zugeordnet werden soll. Soweit sich eine derartige Zuordnung nicht in ausschließlicher Form vornehmen läßt, sondern vielmehr die Bildung einer bedingten Vorrangrelation dahingehend erfordert, daß die fragliche Funktion einem Organ zwar prima facie zugeordnet wird, ein anderes aber weiterhin an ihr teilhat und sie unter bestimmten Bedingungen sogar an sich ziehen kann[154], fungiert er darüber hinaus als *Abwägungsmaßstab*. Ist die funktionelle Zuordnung erfolgt, vermag er außerdem als *Kompetenzzuweisungsgrundlage* zu dienen, da sich die Verteilung von Entscheidungszuständigkeiten idealiter nach der organadäquaten Zuordnung der mit diesen Entscheidungen auszufüllenden Funktionen richten sollte. Schließlich gewinnt der Interorganrespekt speziell im Falle einer Funktionenzuordnung nach dem Regel-Ausnahme-Prinzip noch eine Bedeutung als *Beweislastregel*, indem nämlich dasjenige Organ, das zu seinen Gunsten eine ausnahmsweise Durchbrechung der Regelzuordnung vornehmen möchte, vor der Öffentlichkeit und in einem eventuellen verfassungsgerichtlichen Streitverfahren die Begründungsverpflichtung hinsichtlich des Vorliegens der dafür bestehenden Bedingungen trägt und erfüllen muß.

b) Interorganrespekt als Kompetenzausübungsschranke

Eine weitere Funktionsweise des Interorganrespekts, die aufgrund ihrer engen Verbindung zur Problematik der Kompetenzverteilung besonders hervorsticht und daher auch eine separate Erwähnung verdient, besteht darin, als Schranke bei der Ausübung eigentlich vorhandener Kompetenzen durch ein Verfassungsorgan zu wirken.

---

[153] Vgl. i. einz. 6. Kap. II. 2. d) (259 ff.) und IV. 2. (283 ff.) sowie 7. Kap. II. 1. c) (339 ff.).

[154] Die Konstruktion der „bedingten Vorrangrelation", bei der ein Vorrang nur grundsätzlich festgestellt wird und unter bestimmten Bedingungen eine Umkehrung erfahren kann, hat wiederum *Alexy*, Theorie der Grundrechte (Fn. 146), 81 ff., für Prinzipienkollisionen insbesondere im grundrechtlichen Bereich entwickelt. Wie man sieht, läßt sich der dahinterstehende theoretische Grundgedanke aber auch in organisationsrechtlicher Hinsicht fruchtbar machen. Zur Entwicklung von Präferenzregeln aus dem Interorganrespekt soll im Zuge der abschließenden Erörterung seines Verhältnisses zum Gewaltenteilungsprinzip sogleich noch näher Stellung genommen werden.

Im Extremfall kann dies dazu führen, daß der Gebrauch einer Kompetenz bereits per se als illoyal gegenüber den anderen davon betroffenen Verfassungsorganen gewertet werden muß und damit dem allgemeinen Verbot des Rechtsmißbrauchs unterfällt[155]. Als Beispiel hierfür sei aus dem deutschen Rechtsraum erneut die willkürliche Aufspaltung zustimmungspflichtiger Gesetze mit dem alleinigen Ziel einer Marginalisierung des Bundesrates erwähnt, die als Mißbrauch der gesetzgeberischen Gestaltungsfreiheit des Bundestages angesehen werden müßte[156]; ein anderes, systemübergreifendes Beispiel wäre die bewußte Ausnutzung von Zweideutigkeiten in einer zur administrativen Rechtsetzung ermächtigenden Delegationsnorm durch die Exekutive, um die mit der Delegation verfolgten Intentionen der Legislative zu konterkarieren[157]. Normalerweise wird der Grundsatz des Interorganrespekts jedoch im Rahmen der Beurteilung einer bestimmten Kompetenzausübung am Maßstab anderer Kompetenzbestimmungen herangezogen werden. In dieser Konstellation obliegt ihm die Wahrnehmung der Aufgabe, vor dem Hintergrund der allgemeinen Zuständigkeitsverteilung zwischen den Verfassungsorganen die Qualifizierung der fraglichen Kompetenzausübung als funktionsgerecht oder funktionswidrig zu ermöglichen bzw. zu erleichtern. Besteht man darauf, den Interorganrespekt in dieser Wirkungsmodalität mit dem Verbot des Rechtsmißbrauchs in Beziehung zu setzen, so könnte man allenfalls davon sprechen, daß er im Sinne einer „Herabsetzung der Mißbrauchsschwelle" wirkt[158].

Im einzelnen läßt sich die hier behandelte Funktionsweise des Interorganrespekts noch zweifach untergliedern. Die erste danach zu bildende Unterkategorie entspringt unmittelbar aus der im vorigen erörterten Anwendungsform des Interorganrespekts als Funktionsordnungsprinzip und hängt untrennbar mit ihr zusammen: Soweit nämlich der Interorganrespekt als Grundlage von Kompetenzzuweisungen dient, ergibt sich seine Wirkung als Kompetenzausübungsschranke zunächst als Kehrseite der entsprechenden Zuweisungen. Die darüber hinausreichende Besonderheit dieser Wirkungsmodalität besteht jedoch darin, daß sie die Ausübung von Kompetenzen auch dort beschränken kann, wo keine ausdrückliche Zuweisung einer entgegengesetzten Kompetenz an ein anderes Verfassungsorgan vorliegt. Ein Blick auf die zuletzt betrachteten Anwendungsbeispiele des Interorganrespekts als Funktionsordnungsprinzip mag dies illustrieren: Eine explizite Beschränkung der verfassungsgerichtlichen Entscheidungsbefugnisse zur Aufhebung legislativer wie exekutiver Akte ist nirgendwo normiert; dennoch hat unsere Anwendungsanalyse ergeben, daß solche Begrenzungen aufgrund des Interorganrespekts existieren und vom Verfassungsgericht bei der Ausübung seiner eigentlich unbeschränkten Kassationskompetenzen im Prinzip anerkannt werden[159]. In ähnlicher Weise unterliegt

---

[155] Hierauf möchte etwa *Pestalozza* (Fn. 54), 99 f., den Anwendungsbereich der Verfassungsorgantreue beschränken und ihr damit jede Bedeutung als eigenständige Rechtsfigur absprechen.

[156] Oben 5. Kap. II. 4. a) cc) (175 ff.).

[157] Vgl. dazu 6. Kap. I. 4. a) und b) (237 ff.).

[158] So formuliert schon *Schenke* (Fn. 53), 44, für die Verfassungsorgantreue.

[159] I. einz. hierzu 8. Kap. II. 3. d) (431 ff.) und III. 2. a) (458 ff.).

das Zugriffsrecht der Legislative auf die Organisation von Regierung und Verwaltung, die Planung von Großvorhaben oder die allgemeine Außenpolitik keiner ausdrücklichen Beschränkung, wird aber in seiner Ausübung durch den Interorganrespekt auf Ausnahmefälle begrenzt[160]. Die zweite Unterkategorie, in der sich die Funktionsweise des Interorganrespekts als Kompetenzausübungsschranke äußert, deckt sich im wesentlichen mit dem Anwendungsbereich der aus diesem Prinzip abzuleitenden Rücksichtnahmegebote[161].

c) Interorganrespekt als Quelle konkreter Rechte und Pflichten

Jenseits seiner Funktion als Kompetenzausübungsschranke kommt weiterhin eine Wirkung des Interorganrespekts als Quelle positiver Pflichten und diesen korrespondierender Rechte in Betracht, soweit die Abstimmung und Zusammenarbeit der Verfassungsorgane miteinander in Frage stehen. Bei dieser Wirkung handelt es sich potentiell um die weitreichendste Konsequenz aus dem Strukturprinzip des Interorganrespekts. Hierzu muß zunächst festgehalten werden, daß auch das Verhältnis zwischen den obersten Organen eines Gemeinwesens einer Betrachtung aus der Perspektive wechselseitiger Verpflichtungen und Berechtigungen grundsätzlich zugänglich ist, wie allein schon die Möglichkeit (verfassungs-)gerichtlicher Streitverfahren über ihre jeweilige Existenz in allen zum Gegenstand dieser Untersuchung gemachten Verfassungssystemen belegt[162]. Die obersten Verfassungsorgane verfügen in jedem dieser Systeme über bestimmte eigene Rechte bzw. Ansprüche auf Information, Konsultation und Kooperation, zu deren Achtung bzw. Erfüllung die jeweils anderen verpflichtet sind, die sie also nicht ignorieren, beeinträchtigen oder verletzen dürfen[163]. Der Grundsatz des Interorganrespekts vermag demnach in seiner dritten hier vorgestellten Funktionsmodalität zum einen die Kodifikation solcher Rechte und Pflichten normativ zu untermauern und ermöglicht zum anderen

---

[160] Vgl. nochmals die Verweise oben Fn. 153.

[161] Zu dieser Anwendungsform des Interorganrespekts vgl. zuletzt die Zusammenstellung oben II. 2. a) (546 f.).

[162] Vgl. näher oben 8. Kap. I. 1. a) aa) (382 f.) und bb) (385) sowie 3. (394 ff.).

[163] Insofern kann man auch von subjektiven öffentlichen Rechten der einzelnen Verfassungsorgane gegeneinander sprechen. Zur grundsätzlichen Möglichkeit einer derartigen Annahme vgl. schon *Wolf-Rüdiger Schenke*, Vollstreckungsrechtsschutz gegen Verwaltungsakte bei nach Bestandskraft entstandenen Einwendungen gegen den zu vollstreckenden Anspruch, in: VerwArch. 61 (1970), 342–374, 352 f. Fn. 84 a; ferner *Hartmut Bauer*, Geschichtliche Grundlagen der Lehre vom subjektiven öffentlichen Recht, 1986, 166, 173 f.; *ders.*, Subjektive öffentliche Rechte des Staates, in: DVBl. 1986, 208–219, 214 f.; *Arno Scherzberg*, Grundlagen und Typologie des subjektiv-öffentlichen Rechts, in: DVBl. 1988, 129–134, 131 f.; *Hans-Uwe Erichsen*, Das Verwaltungshandeln, in: ders. (Hg.), Allgemeines Verwaltungsrecht, 11. Aufl. 1998, 223–462, 243 ff., bes. 256 f.; *Hartmut Maurer*, Allgemeines Verwaltungsrecht, 12. Aufl. 1999, 152; krit. gegenüber dieser Erstreckung des Begriffs vom subjektiven öffentlichen Recht auf innerstaatliche Interorganverhältnisse *Herbert Krüger*, Allgemeine Staatslehre, 2. Aufl. 1966, 110 f.; *Dirk Ehlers*, Rechtsverhältnisse in der Leistungsverwaltung, in: DVBl. 1986, 912–922, 915; *Eberhard Schmidt-Aßmann*, Die Lehre von den Rechtsformen des Verwaltungshandelns, in: DVBl. 1989, 533–541, 539.

ihre begrenzte Anerkennung über den Reigen ihrer ausdrücklich kodifizierten Ausprägungen hinaus.

Am deutlichsten tritt diese Wirkungsweise im Bereich der auswärtigen Gewalt zutage, wo sich die von der Exekutive zu gewährleistende Handlungsfähigkeit des Gemeinwesens insgesamt mit der gebotenen Rückbindung an den unmittelbar demokratisch legitimierten Willensbildungsprozeß im Parlament nur über die Annahme einer übergreifenden Pflicht zur Zusammenarbeit sinnvoll vereinbaren läßt. Die Rechtsfigur des Interorganrespekts kann beispielsweise Ableitungen aus einer systematischen Gesamtschau von Verfassungsvorschriften, wie sie das Bundesverfassungsgericht zur Begründung des von ihm für militärische Einsätze postulierten Parlamentsvorbehalts eingesetzt hat[164], eine zusätzliche allgemeine Rechtfertigung verleihen oder ein tatsächliches kooperatives Verhalten der Verfassungsorgane untereinander rechtlich geboten erscheinen lassen; zur Illustration der letztgenannten Anwendungsform sei exemplarisch auf den in der europäischen Vertragsordnung vielfach praktizierten Abschluß entsprechender Interorganvereinbarungen sowie auf die systemübergreifende Einbeziehung der Legislativorgane in von der Exekutive geführte völkerrechtliche Vertragsverhandlungen hingewiesen[165]. Beispiele für die Nützlichkeit der zusätzlichen bzw. die Notwendigkeit der ausschließlichen Herleitung derartiger Pflichten aus dem Interorganrespekt finden sich allerdings ebenso in allen anderen Funktionsbereichen der öffentlichen Gewalt, wie die im Rahmen der Begründung des Interorganrespekts aus dem Integrationsgedanken gegebene Übersicht bereits gezeigt hat[166].

d) Interorganrespekt als Auslegungsmaßstab und Beurteilungskriterium

Bedeutung kann der Interorganrespekt ferner als Interpretationsmaxime erlangen. Diese Wirkungsmodalität ist freilich im Gegensatz zu den bislang erörterten nicht in spezifischer Weise mit einer seiner normativen Wurzeln und der daraus abgeleiteten Unterkategorien verbunden und daher eher als generelle Hintergrundfunktion einzustufen. Insbesondere stellt der Interorganrespekt in dieser Funktionsweise kein für sich stehendes, sozusagen „freischwebendes" Prinzip dar, sondern hat vielmehr die Aufgabe, im Rahmen der systematischen und teleologischen Auslegung von Verfassungsrechtssätzen, die als Ausdrucksformen bzw. kodifizierte Konkretisierungen eines rücksichtsvollen und kooperativen Umgangs der Verfassungsorgane miteinander gelesen werden können, Zusammenhänge aufzuzeigen, die Zwecke der jeweiligen Einzelnormen zu verdeutlichen und so den Prozeß der Rechtsfindung im

---

[164] Hierzu i. einz. oben 7. Kap. III. 1. b) cc) (2) (369 ff.). Zur generellen Verknüpfung des Interorganrespekts in der klassischen Gestalt der Verfassungsorgantreue mit der Konstruktion einer Gesamtschau des jeweils relevanten verfassungsrechtlichen Kompetenzgeflechts vgl. schon *Klaus Stern/Herbert Bethge*, Öffentlich-rechtlicher und privatrechtlicher Rundfunk, 1971, 33 ff.; *Michael Nierhaus*, Entscheidung, Präsidialakt und Gegenzeichnung, 1973, 213 ff.; u. *Michael Kloepfer*, Verfassung und Zeit, in: Der Staat 13 (1974), 457–470, 468 et seq.

[165] Vgl. 5. Kap. II. 1. b) bb) (5) (158 f.) und die Verweise oben Fn. 89.

[166] Oben II. 2. b) (547 ff.) mit den dortigen Nachweisen.

konkreten Fall zu beeinflussen[167]. Als Beispiel hierfür kann etwa der Komplex der Delegation von Rechtsetzungsgewalt durch die Legislative an die Exekutive angeführt werden: Hier gebietet der Grundsatz des Interorganrespekts der Exekutive, die an sie delegierten Befugnisse und damit die die Delegation vornehmende Norm so auszulegen, wie es dem der Delegation zugrundeliegenden Willen der Legislative entspricht, soweit dieser erkennbar geworden ist[168]. Ähnliches gilt im Bereich der Haushaltswirtschaft für die Auslegung der von der Legislative erteilten Ausgabe- und Kreditermächtigungen und die darauf fußende Ausführung der Haushaltsgesetze durch die Exekutive[169].

Zu guter Letzt bleibt eine primär verfassungspolitische Funktionsweise des Interorganrespekts zu erwähnen: Als Beurteilungskriterium kann er bei der Evaluierung einer bestehenden Verfassungslage von Nutzen sein, indem er Defizite der durch die Verfassungsnormen vorgegebenen rechtlichen Situation markiert und dort Reformbedarf aufzeigt, wo die Vorschriften der jeweiligen Verfassung einer optimalen Verwirklichung der von ihm verfolgten Anliegen im Wege stehen. Relevanz entfaltet diese Wirkung des Interorganrespekts vor allem dort, wo er in seiner Erscheinungsform als Grundsatz der Organadäquanz nach einer funktionsgerechten Organstruktur verlangt[170]. Denn die Strukturen der einzelnen Verfassungsorgane sind im Gegensatz zur funktionalen Bestimmung ihrer Kompetenzen in aller Regel abschließend in der Verfassung selbst normiert. Während eine organadäquate Funktionenzuordnung daher im Einzelfall unmittelbar aus dem Grundsatz des Interorganrespekts – in seiner Wirkungsweise als Funktionsordnungsprinzip[171] – abgeleitet werden kann, soweit dem nicht ausdrückliche Festlegungen der jeweiligen Verfassung entgegenstehen, bedarf es für eine Anpassung der Organstrukturen, soweit sie dem Maßstab der Funktionsgerechtigkeit nicht entsprechen, normalerweise einer Verfassungsänderung. Da der Interorganrespekt als übergreifendes Strukturprinzip niemals eine Derogation explizit statuierter Verfassungsregeln begründen kann[172], kann er in diesen Fällen folglich nur die de constitutione ferenda einzuschlagende Richtung angeben. Diskutiert wurde dies im Rahmen der vorliegenden Untersuchung vor allem hinsichtlich der Struktur des einzelstaatlichen Vertretungs-

---

[167] Vgl. schon *Rudolf Smend*, Ungeschriebenes Verfassungsrecht im monarchischen Bundesstaat, in: Fg. für Otto Mayer, 1916, 245–270, 260 f., 265 f.; u. m.w.N. *Bauer* (Fn. 77), 260, für die Bundestreue; ferner *Schenke* (Fn. 53), 41 ff.; u. *Stefan Korioth*, Die Bindungswirkung normverwerfender Entscheidungen des Bundesverfassungsgerichts für den Gesetzgeber, in: Der Staat 30 (1991), 549–571, 567 f., für die Verfassungsorgantreue. Der von *Hesse* (Fn. 23), 29 (Rn. 74), als Interpretationstopos genannte „Maßstab integrierender Wirkung“ weist, wie Schenke mit Recht hervorhebt, aufgrund der teilweisen Verwurzelung des Interorganrespekts im Integrationsgedanken eine enge Verwandtschaft mit dieser seiner Funktionsmodalität auf.

[168] Oben 6. Kap. I. 4. a) (237 ff.).

[169] Hierzu i. einz. 6. Kap. III. 1. c) bb) (271 ff.).

[170] Zu der Notwendigkeit, an dieser Stelle organadäquate Funktionenzuordnung und funktionsgerechte Organstruktur als Unterkategorien der Organadäquanz voneinander getrennt zu halten, vgl. schon oben Fn. 151.

[171] Oben a) (562 f.).

[172] Vgl. schon oben 1. b) (558 ff.).

organs und seiner Befugnisse sowie der Beteiligung des Europäischen Parlaments im Gesetzgebungsverfahren[173].

e) Abschließende Bemerkung

Eine letzte Einschränkung bleibt in diesem Zusammenhang anzubringen: Die Herausarbeitung unterschiedlicher Funktionsweisen des Interorganrespekts dient in erster Linie der Gewinnung größerer Klarheit über die Anwendungsmöglichkeiten dieses Prinzips und seine daraus folgende Bedeutung. Sie darf nicht im Sinne einer scharfen kategorialen Trennung mißverstanden werden, wie sie in dem hier maßgeblichen Bereich der Verfassungsstrukturprinzipien, wo Ausformulierung und Spezifikation notgedrungen hinter den für das einfache Gesetzesrecht geltenden Maßstäben zurückbleiben müssen, ohnedies nur eingeschränkt zu leisten wäre[174]. Eine solche dogmatische Abgrenzung erscheint im Falle des Interorganrespekts insbesondere deswegen unmöglich, weil nahezu jede praktische Anwendung dieses Grundsatzes Elemente mehrerer der aufgelisteten Wirkungsmodalitäten in sich birgt: So kann eine aus ihm abgeleitete Kompetenzausübungsschranke grundsätzlich immer zugleich als restriktive Auslegung einer Kompetenzbestimmung begriffen werden. Auch die Begründung positiver Koordinations- und Kooperationspflichten aus diesem Prinzip findet, wie die Anwendungsanalyse ergeben hat, in aller Regel dort ihren Platz, wo „Grauzonen" zwischen den einzelnen Kompetenzzuweisungen bestehen, und könnte insofern gleichermaßen in einer wechselseitigen Schranken- bzw. Schranken-Schranken-Analyse der entsprechenden Bestimmungen ihren Ausdruck finden. In der Unterkategorie der Organadäquanz fließen schließlich mit dem als Funktionsordnungsprinzip wirksamen Grundsatz einer organadäquaten Aufgaben- und Befugniszuweisung einerseits und dem primär als verfassungspolitisches Bewertungskriterium relevanten Gedanken der funktionsgerechten Organstruktur andererseits zwei sehr unterschiedliche Anwendungsformen des Interorganrespekts zusammen. Dennoch macht eine Abschichtung dieses Prinzips nach seinen verschiedenen Funktionsmodalitäten deswegen Sinn, weil jede dieser Modalitäten einen bestimmten Ausschnitt bzw. Blickwinkel verkörpert, auf dem bei seiner Anwendung jeweils der Schwerpunkt ruht. Sie leistet damit einen wesentlichen Beitrag zur Ausfächerung seines potentiellen Einsatzspektrums.

---

[173] Näher hierzu 5. Kap. I. 3. (143 ff.) sowie II. 4. b) cc) (186 ff.) und d) bb) (193 ff.).

[174] Zu den diesbezüglich bestehenden zwangsläufigen Unterschieden in der Interpretation von Verfassungs- und einfachem Gesetzesrecht vgl. schon *Ernst-Wolfgang Böckenförde*, Die Methoden der Verfassungsinterpretation – Bestandsaufnahme und Kritik, in: NJW 1976, 2089–2099, 2090 f., 2097 f.; ihm folgend *Schenke* (Fn. 53), 47.

3. Versuch einer definitorischen Zusammenfassung

Nachdem nunmehr sowohl die normative Fundierung als auch die konzeptionellen Grundlinien des Interorganrespekts herausgearbeitet worden sind, erscheint es an der Zeit, auf der Basis der zu diesen beiden Dimensionen gefundenen Ergebnisse einen zusammenfassenden Definitionsversuch dieses Prinzips zu wagen: Der Interorganrespekt stellt demnach eine bereichsspezifische Konkretisierung des allgemeinen Rechtsgrundsatzes von Treu und Glauben für den Umgang der obersten Verfassungsorgane eines Gemeinwesens miteinander dar, die in enger Verbindung mit der Gewaltenteilungslehre an der Austarierung der verfassungsrechtlichen Machtpositionen dieser Organe orientiert ist und letztlich auf die Integration des gesamten betroffenen Gemeinwesens abzielt. Sein materieller Gehalt manifestiert sich hauptsächlich in drei Komponenten: zum ersten in dem Postulat einer organadäquaten Funktionenzuordnung, das die klassische Gewaltenteilungskonzeption im Sinne einer funktionalen Aufteilung der öffentlichen Gewalt modifiziert, die sich an den von der jeweiligen Verfassungsordnung vorgegebenen institutionellen Strukturen ausrichtet; zum zweiten in einem an die obersten Verfassungsorgane adressierten Gebot zur Rücksichtnahme auf ihre verschiedenen Funktionsbereiche, das sich in der Regel in einer Kompetenzausübungsschranke bzw. in einer Verpflichtung zur Selbstbeschränkung niederschlägt; und zum dritten in einer Verpflichtung aller dieser Organe zu konstruktivem Zusammenwirken, die sich in einzelne Koordinations- und Kooperationspflichten ausdifferenzieren läßt. Alle drei Komponenten können darüber hinaus in der Gestalt von Interpretationsmaximen bei der Auslegung ausdrücklich kodifizierter Verfassungsrechtssätze Bedeutung erlangen, soweit es sich dabei um konkrete Teilpositivierungen des übergreifenden Strukturprinzips handelt, und schließlich als Leitlinien für mögliche Änderungen des organisationsrechtlichen Teils einer bestimmten Verfassungsordnung fungieren.

Besonders hervorzuheben ist an dieser Stelle noch einmal der wechselseitige Charakter all dieser Verpflichtungen, von denen in einem Verfassungssystem, das mehrere gleichberechtigte Organe an seiner Spitze kennt, kein Organ ausgeschlossen bleibt. In Anlehnung an einen von *Haverkate* kürzlich entwickelten Ansatz zum Verfassungsverständnis läßt sich hier eine interessante Parallele ziehen: Nach seiner Konzeption wird der demokratische Verfassungsstaat generell von dem zentralen Paradigma der Gegenseitigkeit geleitet und beherrscht. Diese Gegenseitigkeit nimmt ihren Ausgang von der Einigung der Bürger; sie mißt rechtliche Verpflichtungen daran, ob sie „jeder einzelne vernünftigerweise als Selbstverpflichtung im Gegenseitigkeitsverhältnis auf sich nehmen würde"; und sie begründet einen materiellen Begriff der Verfassung „als das gegenseitige Versprechen der Bürger, sich als Rechtssubjekte zu achten und sich gegenseitig Raum zu geben für die gleiche Entfaltung eines jeden"[175]. All dies ist selbstverständlich auf das Verhältnis der Bürger

---

[175] *Görg Haverkate*, Verfassungslehre, 1992, bes. 38 f., 113 ff., 148 ff. (Zitate 115, 153); vgl. dazu – teilweise durchaus krit. – *Walter Pauly*, Verfassung als Synallagma, in: Der Staat 33 (1994), 277–285.

untereinander und zu ihrem jeweiligen verfaßten Gemeinwesen bezogen, wirkt sich jedoch notwendig auf die Ausgestaltung der institutionellen Strukturen einer nach diesen Vorgaben konzipierten Verfassungsordnung aus: so „kommt es zur gewaltenteilenden Verfassung, die eine rechtlich vermittelte Gegenseitigkeitsordnung enthält“[176]. Vor diesem Hintergrund kann es nicht verwundern, daß sich die Interorganverhältnisse an der Spitze einer solchen Verfassungsordnung als das institutionelle Spiegelbild des der gesamten Ordnung zugrundeliegenden Verständnisses von den Beziehungen zwischen den Bürgern erweisen, indem das diese Verhältnisse überwölbende Prinzip des Interorganrespekts eine Verpflichtung der obersten Verfassungsorgane begründet, ihre nach dem Grundsatz der Organadäquanz bestimmten Funktionsbereiche gegenseitig zu achten und einander die eigenverantwortliche Ausfüllung derselben zu ermöglichen. Dies entspricht der zuletzt von *Riedel* gegebenen Definition des Interorganrespekts:

> „where each of the three state powers is entitled to some core area of autonomous self-responsibility, not subject to interference by the other powers, and the controlling functions are reserved to the penumbral shade areas of power convergence, to be settled by constitutional law modalities of dispute resolution.“[177]

Die hier vorgelegte Definition des Interorganrespekts geht über diese Aspekte allerdings noch hinaus. Sie beschränkt sich nicht lediglich darauf, die aus den rechtshemmenden bzw. rechtshindernden Ausprägungen der Gegenseitigkeit resultierenden Blockadegefahren zu entschärfen oder wenigstens zu reduzieren, sondern zielt außerdem auf die Etablierung einer „produktiven“ Gegenseitigkeit ab[178], indem sie die obersten Verfassungsorgane über die Einbeziehung des Integrationsgedankens allgemein auf den Gedanken eines positiven Zusammenwirkens verpflichtet. Ihr Endziel läßt sich dahingehend umschreiben, daß es die Kohärenz der organisationsrechtlichen Normen einer gewaltenteilenden Verfassung sicherzustellen gilt[179]: Die gegenseitige Hemmung und Kontrolle, die der funktionalen Aufteilung der öffentlichen Gewalt auf verschiedene einander gleichgestellte Organe als Idee zugrundeliegt, soll letztlich in eine fruchtbare Zusammenarbeit dieser Organe zum Wohle des gesamten Gemeinwesens einmünden.

---

[176] *Haverkate* (Fn. 175), 146.

[177] *Eibe Riedel*, Access to Justice as a Fundamental Right in the German Legal Order, in: ders. (ed.), German Reports on Public Law, 1998, 77–102, 88.

[178] Die Unterscheidung dieser beiden Gegenseitigkeitsbegriffe trifft wiederum *Haverkate* (Fn. 175), 150.

[179] Zur allg. Bedeutung des Kohärenzgedankens für die Rechtsordnung vgl. etwa *Klaus Günther*, Ein normativer Begriff der Kohärenz für eine Theorie der juristischen Argumentation, in: Rechtstheorie 20 (1989), 163–190, bes. 175 ff. m.w.N.; sowie *Zippelius* (Fn. 47), 35. Das BVerfG hat diesem Gedanken erst kürzlich (BVerfGE 98, 83, 97; 98, 106, 118) in Gestalt des Postulats einer widerspruchsfreien Rechtsordnung eine höchst entscheidungsrelevante Ausprägung verliehen.

IV. Ausgestaltungsprobleme

Zu untersuchen bleibt die Frage, wie die im vorigen erläuterten Zielvorstellungen und konzeptionellen Komponenten des Interorganrespekts jenseits seiner im Rahmen der Anwendungsanalyse ermittelten Ausdrucksformen auf die Ebene konkreter Handlungs- und Entscheidungsregeln transformiert und in solche Regeln umgesetzt werden können. In diesem Punkt zeigt schon der Umfang der zuletzt gegebenen definitorischen Zusammenfassung, daß der Interorganrespekt auch insofern ein typisches Verfassungsstrukturprinzip darstellt, als sein Regelungsgehalt sich nicht auf einzelne Elemente eines Verfassungssystems beschränken läßt, sondern potentiell den gesamten Bereich des Organisationsrechts überspannt. Damit ergibt sich für seine Konkretisierung gleichermaßen die für Verfassungsstrukturprinzipien typische Problematik einer relativen inhaltlichen Unbestimmtheit und Konturenunschärfe, die im Falle des Interorganrespekts durch seine mangelnde Kodifizierung sogar verstärkt wird. Aus diesem Grund ist die Ausgestaltung des Interorganrespekts an dieser Stelle noch einmal gesondert zu thematisieren.

1. Entwicklungsoffenheit und Elastizität des Interorganrespekts

Die entsprechende Problemlage kann man, wie im Grundlagenteil bereits angesprochen wurde[180], am besten mit der hinsichtlich der Bundestreue bestehenden vergleichen. Denn bei dieser handelt es sich ebenfalls um ein übergreifendes Strukturprinzip, dessen Existenz praktisch von niemandem mehr bestritten wird, über dessen konkrete Reichweite und Ausgestaltung die Meinungen jedoch auseinandergehen. Dieser Situation entsprach die zu Beginn der Arbeit dargelegte Kennzeichnung der Bundestreue als elastischer allgemeiner Grundsatz, die auf die Verfassungsorgantreue im Kern ebenso angewandt werden konnte[181]. In ähnlicher Weise muß auch das über den ursprünglichen Gehalt der Organtreue hinausreichende Prinzip des Interorganrespekts als entwicklungsoffen betrachtet werden. Seine Entwicklungsoffenheit manifestiert sich in zweifacher Hinsicht: Zum einen sind die zu einem bestimmten Zeitpunkt erarbeiteten Konkretisierungen des Interorganrespekts nicht als abschließend anzusehen; im Laufe der Zeit können sich vielmehr neue Konkretisierungen herausbilden und umgekehrt bislang anerkannte Konkretisierungen in ihrer praktischen Bedeutung zurücktreten, so daß die spezifischen Folgerungen, die aus dem Gedanken des Interorganrespekts resultieren, letztlich nur anhand der Umstände des jeweiligen Einzelfalls gezogen werden können[182]. Zum anderen lassen sich die aus dem Interorganrespekt fließenden Konsequenzen nicht im voraus erschöpfend für alle denkbaren Einzelfälle bestimmen; der Interorganrespekt verkörpert in-

[180] Oben 3. Kap. III. 3. b) (96 f.).

[181] Oben 2. Kap. I. 3. a) (27 f.) und II. 3. a) (44 ff.); jew. mit den dortigen Nachweisen, insbes. Fn. 97 und 179.

[182] Vgl. für die Bundestreue zuletzt etwa BVerfGE 81, 310, 337.

sofern gewissermaßen den Modelltypus einer situationsoffenen und in diesem Sinne elastischen Handlungsdirektive[183]. Die dadurch bedingte Flexibilität dieses Grundsatzes bildet allerdings gerade einen notwendigen Bestandteil seiner Legitimation, da er eben auch in solchen Konstellationen noch brauchbare Ergebnisse liefern soll, in denen konkreter formulierte Verfassungsrechtssätze wie beispielsweise explizite Kompetenzzuweisungen an die Grenzen ihrer Regelungskraft stoßen. Ähnlich wie bei der Bundestreue oder bei dem zumindest teilweise hinter beiden Prinzipien stehenden allgemeinen Rechtsgrundsatz von Treu und Glauben würde daher ein Versuch, aus dem Interorganrespekt allein einen detaillierten und umfassenden Verhaltenskodex zu deduzieren, seiner zentralen Natur als übergreifendes Strukturprinzip der Verfassungsordnung zuwiderlaufen[184]. Der Interorganrespekt kann vielmehr lediglich Ausgangspunkt und Leitbild eines ständigen Diskurses zwischen den Verfassungsakteuren markieren, in dessen Fortgang sich jeweils neu zu begründende Handlungsregeln für das Zusammenwirken der obersten Verfassungsorgane als plausibel und damit konsensfähig für die Ausfüllung eines konkreten Funktionsbereichs herausschälen müssen[185].

2. Allgemeines zur Konkretisierung des Interorganrespekts

Entwicklungsoffenheit und Elastizität des Interorganrespekts schließen jedoch nur die Ableitung eines abschließenden Kataloges von Konkretisierungen aus. Sie entbinden nicht von der Herausarbeitung solcher Konkretisierungen dort, wo sie in einer bestimmten Rechtsanwendungssituation erforderlich sind; denn wenn der Interorganrespekt solche Situationen in concreto keiner Auflösung zuführen könnte, wäre er auch als Verfassungsstrukturprinzip für untauglich zu befinden. Wie eine solche Herausarbeitung stattfinden kann bzw. wie einzelne Ausprägungen des Interorganrespekts identifiziert werden können, hat die den Hauptteil dieser Untersuchung ausmachende Anwendungsanalyse freilich an zahlreichen Stellen belegt. Daher soll die entsprechende Vorgehensweise hier nur noch einmal kurz zusammengefaßt werden.

a) Die Verfassungspraxis als Anknüpfungspunkt

Da es sich beim Interorganrespekt nicht um einen auf einen bewußten Kodifikationsakt zurückgehenden und damit näher fixierten Rechtsbegriff, sondern, wie dargelegt, um ein Strukturprinzip von übergreifendem Charakter handelt, stößt der Ver-

---

[183] So auch – wiederum für die Bundestreue – ausdrücklich *Josef Isensee*, Idee und Gestalt des Föderalismus im Grundgesetz, in: ders./Paul Kirchhof (Hg.), Handbuch des Staatsrechts der Bundesrepublik Deutschland, Bd. IV, 1990, 517–691 (§ 98), 596 f. (Rn. 147); vgl. weiter *Erhard Denninger*, Verfassungsrechtliche Schlüsselbegriffe, in: FS Rudolf Wassermann, 1985, 279–298, 289.

[184] Zum Parallelfall der Bundestreue diesbezüglich näher *Bauer* (Fn. 77), 313 ff. m.w.N.

[185] Allg. zu Bedeutung und Ablauf solcher Diskurse statt vieler: *Riedel* (Fn. 51), 181 ff., bes. 183 f. m.w.N.

such, rein aus dem Begriff des Interorganrespekts Konkretisierungen ableiten zu wollen, rasch an Grenzen. Ein Rückgriff auf die in anderen Rechtsgebieten erkennbaren Ausprägungen seiner hauptsächlichen normativen Wurzeln führt in dieser Hinsicht gleichfalls nicht sonderlich weit; das gilt für den schon länger etablierten Rechtsgrundsatz von Treu und Glauben ebenso wie für den Integrationsgedanken, und aus dem abstrakten Inhalt der Gewaltenteilungslehre ließen sich entsprechende Resultate, wie oben bereits erläutert wurde[186], nur um den Preis einer derartigen interpretatorischen Ausdehnung dieses Grundsatzes gewinnen, daß die hier problematisierte Konturenunschärfe in der Ausgestaltung des Interorganrespekts allenfalls verlagert würde. Die besondere Entwicklungsoffenheit des Interorganrespekts, von der im vorigen die Rede war, gebietet darüber hinaus Behutsamkeit bei der Anknüpfung der Konkretisierungsarbeit an historische Materialien, wenngleich in der Vergangenheit feststellbare Ausprägungen dieses Prinzips, wie die Anwendungsanalyse gezeigt hat, für den Nachweis seiner Existenz durchaus von Bedeutung sind.

Nach alledem bleibt als maßgeblicher Ansatzpunkt für die Konkretisierung des Interorganrespekts in erster Linie die aktuelle bzw. bis heute fortwirkende Verfassungspraxis übrig, soweit sich in ihr Formen eines auf Verständigung und Kompromiß beruhenden Zusammenwirkens zwischen den obersten Verfassungsorganen manifestieren. Die zur Anwendbarkeit des Interorganrespekts erforderliche Herausarbeitung seiner Einzelbedeutungen bedarf damit im Sinne *Poppers* „gewisser Grundsätze aus der täglichen Praxis, die nur eine lebende Tradition entwickeln kann“[187]. Eine besondere Rolle spielen dabei natürlich – wie bei der Konkretisierung anderer fundamentaler Verfassungsprinzipien – die Entscheidungen der zur letztverbindlichen Auslegung der jeweiligen Verfassungsordnung berufenen Rechtsprechungsorgane; da solche jedoch auf dem Anwendungsgebiet des Interorganrespekts lediglich punktuell vorhanden sind, bleibt man für viele wertvolle Hinweise zur Konturierung dieses Prinzips auf die allgemeine politische Praxis angewiesen[188]. Aus diesem Grund finden sich auch in der im Rahmen dieser Untersuchung vorgenommenen Anwendungsanalyse neben einer Evaluierung der einschlägigen Verfassungsrechtsprechung in den analysierten Systemen zahlreiche Bezugnahmen auf Formen der faktischen Kooperation, die die obersten Verfassungsorgane untereinander entwickelt haben und zu denen wechselseitige Unterrichtungen und Abstimmungen, besondere Interorganvereinbarungen und die gemeinschaftliche Erledigung von Aufgaben gehören.

---

186 Oben II. 2. c) (551 ff.).

187 *Karl R. Popper*, Die öffentliche Meinung im Lichte der Grundsätze des Liberalismus (1954), in: ders., Auf der Suche nach einer besseren Welt, 1984, 165–177, 171.

188 Auch insoweit läßt sich die Situation im Falle des Interorganrespekts mit der bezüglich der Bundestreue bestehenden Lage vergleichen. Stv. hierzu erneut *Bauer* (Fn. 77), 317 ff. Das bedeutet allerdings nicht, daß die verfassungskonkretisierende Praxis damit den Rang einer eigenständigen Rechtsquelle erhielte. Vgl. dazu *Wolff* (Fn. 119), 400 ff.

b) Konkretisierungsakteure

Aus der geschilderten Anknüpfung an die Verfassungspraxis im weitesten Sinne ergibt sich zugleich, welche Institutionen als maßgebliche Akteure hauptsächlich zur Konkretisierung des Interorganrespekts beitragen[189]. Der Rechtsprechung und in erster Linie den obersten Gerichten der hier betrachteten Verfassungssysteme kommt dabei, wie soeben schon angesprochen wurde, aufgrund ihrer umfassenden letztverbindlichen Entscheidungskompetenzen[190] eine herausgehobene Stellung zu. Als Beleg hierfür sei beispielhaft die Entscheidung des Bundesverfassungsgerichts zu Bundeswehreinsätzen im Ausland angeführt, in der das Gericht mit seiner Begründung eines umfassenden Parlamentsvorbehalts dem Interorganrespekt einen bleibenden Ausdruck verlieh[191]. Daß darüber hinaus auch die Rechtswissenschaft als Profession an der Konkretisierungsarbeit beteiligt ist, bedarf an sich keiner weiteren Erläuterung. Soweit einzelne Verfassungsrechtssätze auf das Strukturprinzip des Interorganrespekts zurückgeführt und als teilweise Positivierungen desselben angesehen werden können, rücken außerdem der Verfassunggeber bzw. der verfassungsändernde Gesetzgeber als Konkretisierungsakteure in den Blick. Regelungen wie Art. 80 I 2 GG oder die detaillierten Befassungs- und Fristvorgaben, die die Vorschriften aller vorliegend untersuchten Verfassungsordnungen hinsichtlich der Beteiligung der verschiedenen Organe am Gesetzgebungsverfahren enthalten[192], legen hiervon exemplarisch Zeugnis ab.

Vor allem sind es jedoch die obersten Verfassungsorgane selbst, die durch ihr wechselseitiges Verhalten in der politischen Praxis dem Grundsatz des Interorganrespekts Gestalt verleihen und in immer neuer Weise zu seiner Aktualisierung und Präzisierung beitragen. Die meisten Beispiele hierfür finden sich, wie bereits mehrfach angeklungen[193], auf dem Gebiet der auswärtigen Gewalt, da dort die in der Verfassung selbst kodifizierten Vorschriften naturgemäß die geringste Regelungsdichte aufweisen. Aber auch die Tatsache, daß die Verfassungsrechtsprechung durch eine Zurücknahme ihrer eigenen Kontrolldichte den Gesetzgebungsorganen in bestimmten Bereichen einen faktischen Konkretisierungsprimat und der Exekutive in vergleichbarer Weise einen teilweisen Verantwortungsvorrang zugesteht[194], belegt die

---

[189] Vgl. nochmals *Bauer* (Fn. 77), 320 ff., zur Bundestreue. Auf einen bedeutsamen Unterschied zwischen Interorganrespekt und Bundestreue ist an dieser Stelle allerdings hinzuweisen: Bei der Konkretisierung der Bundestreue fällt der Rechtsprechung und vor allem der Verfassungsgerichtsbarkeit eine tragendere Rolle zu, weil sie trotz ihrer eigenen Zuordnung zur Bundes- bzw. Landesebene weitgehend als neutraler Schiedsrichter zwischen Bund und Ländern agieren kann. Im Fall des Interorganrespekts bildet die „dritte Gewalt" dagegen selbst einen wesentlichen Mitspieler mit durchaus eigenen Interessen hinsichtlich der Anwendung dieses Prinzips und kann daher nicht in gleichem Maße als neutrale Instanz angesehen werden.

[190] Zus.fass. etwa oben 8. Kap. I. 3. (394 ff.) und II. 1. d) (405 f.).

[191] Näher oben 7. Kap. III. 1. b) cc) (366 ff.).

[192] Vgl. oben 6. Kap. I. 1. a) bb) (214 f.) und zum Gesetzgebungsverfahren zus.fass. 5. Kap. I. 3. (143 ff.) und II. 4. a) aa) (171 ff.).

[193] Vgl. oben II. 2. b) (547 ff.) und III. 2. c) (565 f.) mit den dortigen Nachweisen.

[194] Vgl. nochmals zus.fass. 8. Kap. II. 3. d) (431 ff.) und III. 2. a) (458 ff.).

allgemeine Anerkennung dieser Verfassungsorgane als Mitwirkende im Konkretisierungsprozeß des Interorganrespekts. Ihr Beitrag zu dieser Konkretisierung kann allerdings ebenso in negativer Form erfolgen, wenn nämlich ein besonderes Verhalten aus der politischen Praxis die Notwendigkeit einer stärkeren Berücksichtigung des Interorganrespekts nahelegt. Zu denken ist hier beispielsweise an die Ausnutzung der im Gesetzgebungsverfahren bestehenden Gestaltungsmöglichkeiten durch eines der beteiligten Organe zum Zwecke der Minimierung der Einflußmöglichkeiten eines anderen Organs oder an rein parteipolitisch motivierte Blockademaßnahmen[195]; auch die unnötige Präjudizierung von Ausgaben durch die Exekutive bzw. der sachfremde Einsatz des Budgetbewilligungsrechts durch die Legislative liefern insoweit ausreichend Stoff für Illustrationen[196].

3. Die Justitiabilität des Interorganrespekts

Den Grundsatz des Interorganrespekts anhand der dargestellten Leitlinien zu konkretisieren und die auf diese Weise gefundenen Ableitungen in einer Arbeit der vorliegenden Art zusammenzustellen, ist eine Sache. Inwieweit sich ein solches Strukturprinzip im Konfliktfalle praktisch durchsetzen läßt, bildet demgegenüber eine ganz andere Frage, die aus juristischer Sicht dahingehend zu formulieren ist, ob ein Maßstab für die Anwendung dieses Prinzips ermittelt werden kann, der sich als verläßlich genug erweist, um eine gerichtliche Entscheidung eventueller Streitfälle zu ermöglichen. Zum Abschluß unserer allgemeinen Überlegungen zur Ausgestaltung des Interorganrespekts gilt ein besonderes Augenmerk daher dem Problem seiner Justitiabilität.

a) Interorganrespekt als Handlungs- und als Konfliktentscheidungsnorm

Von grundsätzlicher Bedeutung ist hierbei zunächst die Frage, ob die rechtlichen Bindungen, die das Prinzip des Interorganrespekts den obersten Organen eines gewaltenteilig verfaßten Gemeinwesens auferlegt, über die von den Gerichten zu kontrollierende Sphäre hinausreichen können oder ob sie von vornherein nur in dem Umfang existieren, der einer gerichtlichen Überprüfung zugänglich gemacht werden kann. Die mit dieser Frage angesprochene Problematik ist aus dem Kontext anderer Verfassungsstrukturprinzipien durchaus bekannt, gewinnt jedoch im Falle des Interorganrespekts dadurch eine spezifische Brisanz, daß das zu überprüfende Prinzip, wie anhand der Verfassungsrechtsprechung dargelegt wurde[197], selbst gerade eine Zurückhaltung der Gerichtsbarkeit gegenüber den zu den anderen Zweigen der öffentlichen Gewalt gehörenden Organen fordert. In gewisser Weise beißt sich damit die Katze in den Schwanz: Der durch den Grundsatz des Interorganrespekts ge-

---

[195] Hierzu z.B. 5. Kap. I. 3. (145 f.) und II. 4. a) cc) (175 ff.) sowie III. 4. a) bb) (206 ff.).
[196] Vgl. näher 6. Kap. III. 1. c) aa) und bb) (269 ff.).
[197] Zus.fass. 8. Kap. VI. 3. (495 f.), vgl. a. die Verweise oben Fn. 194.

botenen teilweisen Zurücknahme der richterlichen Kontrolldichte kommt speziell bei der Ausformung eines entwicklungsoffenen, elastischen und noch dazu ungeschriebenen Verfassungsstrukturprinzips, wie es der Interorganrespekt darstellt, eine herausgehobene Bedeutung zu. Daher kann die Rechtsprechung sinnvollerweise erst dann eingreifen, wenn die von diesem Strukturprinzip gezogenen Grenzen eindeutig überschritten werden, was die gerichtliche Nachprüfbarkeit seiner Einhaltung nicht unerheblich limitiert.

Die unterhalb dieser Eingriffsschwelle liegenden Wirkungen des Interorganrespekts einer außerrechtlichen, rein politischen Sphäre zuzusprechen, würde jedoch einer zu stark gerichtszentrierten Perspektive entspringen, die rechtliche Bindungen jenseits gerichtlicher Überprüfungsmöglichkeiten nicht mehr zu begreifen vermöchte. Die Frage der Justitiabilität darf gerade im Bereich der Verfassungsstrukturprinzipien nicht mit der Frage der Rechtsqualität gleichgesetzt werden. In diesem Punkt stimmen nahezu alle Befürworter von mit dem Interorganrespekt konzeptionell vergleichbaren Verfassungsgrundsätzen überein. Schon *Smend*, der das Prinzip der Bundestreue maßgeblich mitbegründet hat[198], hielt unter der Geltung der Weimarer Reichsverfassung für das Verhältnis der obersten Reichsorgane zueinander fest, das Fehlen eines gerichtlichen Organstreitverfahrens auf Reichsebene schließe die Anwendung des Grundsatzes der Verfassungsorgantreue nicht nur nicht aus, sondern fordere sie sogar verstärkt[199]. Hierauf aufbauend macht *Schenke* eine ursprünglich von *Forsthoff* in anderem Zusammenhang entwickelte Differenzierung für die Verfassungsorgantreue fruchtbar, indem er zwischen ihrer Rolle als „Funktionsnorm", in der sie das Verhältnis zwischen den Verfassungsorganen potentiell umfassend reguliert, und ihren Einsatzmöglichkeiten als „Kontrollnorm" zur Abstützung verfassungsgerichtlicher Entscheidungen, die allein schon wegen der von ihr selbst gebotenen Zurückhaltung des Bundesverfassungsgerichts von begrenzterer Natur sein müssen, unterscheidet[200]. *Bauer* überträgt diese Differenzierung auf die Bundestreue, wobei er lediglich den Begriff der „Kontrollnorm" durch die Bezeichnung als „Konfliktentscheidungsnorm" ersetzen möchte, um so die immanenten Begrenzungen des Bundestreuegrundsatzes terminologisch deutlicher auf seine Einsetzbarkeit im Rahmen gerichtlicher Streitentscheidungen zu beschränken und demgegenüber seine beherrschende Stellung als Funktionsnorm zur Regulierung der Verhältnisse zwischen Bund und Ländern besser herausarbeiten zu können[201]. Er kann sich dafür sogar auf ein höchstrichterliches Zeugnis stützen, nämlich auf eine der ersten Entscheidungen des Bundesverfassungsgerichts zur Bundestreue, in der es heißt:

---

[198] Dazu schon oben 2. Kap. I. 1. a) (13 f.).

[199] *Rudolf Smend*, Verfassung und Verfassungsrecht, 1928, 143.

[200] *Schenke* (Fn. 53), 140 ff.; vgl. a. schon *Ernst Forsthoff*, Über Maßnahme-Gesetze, in: GS Walter Jellinek, 1955, 221–236, 232 f.; u. oben 2. Kap. II. 3. a) (46 f.).

[201] *Bauer* (Fn. 77), 369 ff.; vgl. dazu ebenfalls schon oben 2. Kap. I. 3. b) (28 ff.).

„Der Umstand, daß das Gericht insofern nur die Einhaltung äußerster Grenzen nachprüfen kann, darf ... nicht dazu führen, daß die Länder diese Pflichten weniger ernst nehmen als diejenigen, die sich aus positiven Rechtsvorschriften ergeben und einer strengeren verfassungsgerichtlichen Kontrolle unterliegen."[202]

Die Unterscheidung zwischen den Funktionen einer Norm als Handlungs- und Kontrollmaßstab ist in der Folgezeit auch auf andere Bereiche übertragen worden, wobei die terminologischen Gegensatzpaare variieren[203]. Dabei geht es insbesondere um die Frage, ob es rechtliche Verpflichtungen der Verwaltung gibt, die einer gerichtlichen Überprüfung nicht zugänglich sind, und um welche es sich dabei handeln könnte; *Krebs* differenziert in diesem Zusammenhang zwischen staatlicher Rechtsbindung und gerichtlicher Kontrollkompetenz[204]. Verfassungsrechtliche Brisanz entfaltet diese Frage vor allem dann, wenn die Grundrechtsbindung der öffentlichen Gewalt und statt einer Überprüfung der Verwaltung die (verfassungs-)gerichtliche Kontrolle des Gesetzgebers zur Debatte stehen; *Bryde* formuliert hierzu:

„Will man an der umfassenden Bindung aller staatlichen Gewalt an eine Verfassung mit universalem normativem Anspruch festhalten und trotzdem eine justizstaatliche Verdrängung der demokratischen und gewaltenteilenden Funktionenordnung vermeiden, muß man die Bedeutung der Verfassung als Handlungsmaßstab für die Staatsorgane und als Kontrollmaßstab für das BVerfG unterscheiden."[205]

Selbst manche Grundrechte sollen demnach als gerichtliche Kontrollmaßstäbe enger zu verstehen sein bzw. als Handlungsanweisungen an die politischen Verfassungsorgane eine umfassendere Bedeutung beanspruchen können; als Paradebeispiel für diese Differenzierung gilt üblicherweise Art. 3 I GG, der als Kontrollnorm weitgehend auf ein Willkürverbot eingeschränkt ist, als Handlungsnorm dagegen von manchen im Sinne einer generellen Aufforderung an den Gesetzgeber zur Herstellung materieller Gerechtigkeit gedeutet wird[206]. Gerade an dieser Stelle setzen

---

[202] BVerfGE 4, 115, 141.

[203] Vgl. etwa die unterschiedlichen Bezeichnungen bei *Helmuth Schulze-Fielitz*, Neue Kriterien für die verwaltungsgerichtliche Kontrolldichte bei der Anwendung unbestimmter Rechtsbegriffe, in: JZ 1993, 772–781, 779.

[204] *Walter Krebs*, Kontrolle in staatlichen Entscheidungsprozessen, 1984, 81 et seq.; vgl. a. *Martin Beckmann*, Verwaltungsgerichtlicher Rechtsschutz im raumbedeutsamen Umweltrecht, 1987, 99 ff.; u. zuletzt *Jan-R. Sieckmann*, Beurteilungsspielräume und richterliche Kontrollkompetenzen, in: DVBl. 1997, 101–107, 104 et seq. m.w.N.; explizit dagegen bspw. *Hans-Jürgen Papier*, Zur verwaltungsgerichtlichen Kontrolldichte, in: DÖV 1986, 621–628, 625.

[205] *Brun-Otto Bryde*, Verfassungsentwicklung, 1982, 306 f.

[206] Vgl. *Klaus Schlaich*, Das Bundesverfassungsgericht, 4. Aufl. 1997, 348 f. (Rn. 481); u. schon *Günter Dürig*, in: Theodor Maunz/ders. u.a., Grundgesetz-Kommentar (Loseblatt), Art. 3 Abs. I Rn. 293 f., 297 f., 331 ff.; dagegen *Hans Peter Ipsen*, Gleichheit, in: Franz L. Neumann/Hans Carl Nipperdey/Ulrich Scheuner (Hg.), Die Grundrechte, Bd. II, 2. Aufl. 1968, 111–198, 150 ff.; zum allg. Hintergrund der hier vertretenen Betrachtungsweise *Arno Scherzberg*, Grundrechtsschutz und „Eingriffsintensität", 1989, 115 ff.; *Hans Heinrich Rupp*, Vom Wandel der Grundrechte, in: AöR 101 (1976), 161–201, 175; *Dietrich Murswiek*, Der Umfang der verfassungsgerichtlichen Kontrolle staatlicher Öffentlichkeitsarbeit, in: DÖV 1982, 529–541, 533 ff. Im Gleichheitsbereich bewegte sich auch der für die Anwendung dieser Differenzierung ursprünglich gemachte Vorschlag von *Forsthoff* (Fn. 200), 232 f.

freilich auch die schärfsten Kritiken dieser Unterscheidung an, die entweder eine inhaltliche Entleerung der betreffenden Grundrechte oder aber ihre teilweise Umwandlung in bloß utopische Zielvorstellungen ohne normative Kraft befürchten und daher im Interesse eines wirksamen Grundrechtsschutzes die Erhaltung der Einheit von Handlungs- und Kontrollmaßstab postulieren, wonach die Verfassung prinzipiell nur den vom Verfassungsgericht kontrollierbaren Inhalt haben kann[207].

Diese Argumentation mag auf dem Gebiet der Grundrechte deswegen berechtigt sein, weil es dort um das Verhältnis zwischen den Bürgern und ihrem jeweiligen Herrschaftsverband geht, in dem die Bürger grundsätzlich der öffentlichen Gewalt unterworfen sind und der Grundrechte dringend zur Verteidigung ihrer individuellen Freiheitssphären gegen ungerechtfertigte oder willkürliche Beeinträchtigungen durch diese Gewalt bedürfen. Die Unterscheidung zwischen Handlungs- und Kontrollnorm hat hier in der Tat zur Folge, daß die einzelnen Bürger außerhalb des gerichtlichen Kontrollbereichs kaum über Möglichkeiten verfügen, die Konkretisierung der in dem jeweiligen Grundrecht enthaltenen Handlungsanweisungen durch Gesetzgeber und Exekutive zu beeinflussen. In dem hier interessierenden Verhältnis der Verfassungsorgane untereinander nimmt sich die Situation jedoch – ebenso wie im Verhältnis zwischen Bundes- bzw. Gemeinschaftsebene und Einzelstaaten – sehr verschieden aus: Dort stehen sich prinzipiell gleichberechtigte Institutionen gegenüber, die ihre wechselseitigen Beziehungen, wie die im Rahmen dieser Untersuchung vorgenommene Anwendungsanalyse an zahlreichen Stellen deutlich gemacht hat, sehr wohl auch ohne Richterspruch zu gestalten wissen. Dennoch sollte diese Gestaltung nicht ihrem freien Belieben überlassen werden; vielmehr bedarf es hierfür eines Maßstabs, anhand dessen nicht zuletzt die politische und juristische Öffentlichkeit ihr Verhalten beurteilen kann. Das Prinzip des Interorganrespekts kann diesen Maßstab unabhängig von seiner gerichtlichen Durchsetzung bereitstellen; insofern ergibt die Unterscheidung zwischen den Anforderungen, die es als Handlungsanweisung an die obersten Verfassungsorgane stellt, und den Möglichkeiten, die es für die gerichtliche Entscheidung von Konflikten zwischen ihnen eröffnet, für seinen Anwendungsbereich durchaus Sinn.

Die hier vertretene unterschiedliche Perspektive hinsichtlich der Differenzierung zwischen Bindungswirkung und gerichtlicher Kontrollierbarkeit bei Grundrechtsnormen einerseits und Verfassungsstrukturprinzipien von der Art des Interorganrespekts andererseits findet sich keineswegs nur im deutschen Rechtsraum. Stellvertretend für die amerikanische Verfassungslehre sei an diesem Punkt noch einmal *Mulhern* zitiert, der im Schutz der einzelnen Bürger gegen Grundrechtseingriffe durch den Staat die Kernaufgabe der gerichtlichen Kontrollkompetenz erkennt, ansonsten jedoch von dem Modell einer zwischen allen Zweigen der Staatsgewalt und

---

207 So zuletzt *Werner Heun*, Funktionell-rechtliche Schranken der Verfassungsgerichtsbarkeit, 1992, 49 ff.; vgl. a. schon *Rainer Wahl*, Der Vorrang der Verfassung, in: Der Staat 20 (1981), 485–516, 499 ff.; u. *Ernst-Wolfgang Böckenförde*, Grundrechte als Grundsatznormen, in: Der Staat 29 (1990), 1–31, 27; skeptisch auch *Lerche* (Fn. 146), 200 f.

den sie repräsentierenden Organen „geteilten Verantwortlichkeit“ für die Konkretisierung der Verfassungsbindungen ausgeht:

„In our system of government, the three branches of the federal government share responsibility for interpreting the Constitution. In general, the courts' role is to protect the oppressed from abuses of government power. They refrain from exercising review *in cases far removed from that paradigm. ...* Judicial abstinence, in this sense, is not a threat to the rule of law; *constitutional norms can be meaningful even without judicial enforcement.*“[208]

Auch dem Völkerrechtler ist eine rechtliche Verpflichtungswirkung ohne Aussicht auf gerichtliche Durchsetzbarkeit alles andere als fremd: die meisten Völkerrechtsnormen sind durch Interaktionen souveräner Staaten entstanden und begründen eine Bindung dieser Völkerrechtssubjekte jenseits aller – auf der internationalen Ebene in der Regel erheblich reduzierten – richterlichen Überprüfungsmöglichkeiten[209]. Diese Parallelitäten belegen, daß jedenfalls überall dort, wo sich Handlungseinheiten auf der Basis prinzipieller Gleichberechtigung gegenübertreten, ihre wechselseitige Verpflichtung durch Handlungsnormen grundsätzlich weiter reichen kann als die Überwachung der konkreten Einhaltung dieser Verpflichtungen durch gerichtsförmige Instanzen. Da das Prinzip des Interorganrespekts aber von vornherein nur unter dieser Voraussetzung zur Anwendung kommen kann, sollte in seinem Fall gleichermaßen zwischen seiner Rolle als *Funktionsnorm* zur Begründung rechtlicher Verbindlichkeit und seiner Stellung als *Kontrollnorm* zur gerichtlichen Entscheidung von Konflikten unterschieden werden.

b) Die Rolle des Interorganrespekts bei der richterlichen Streitentscheidung

Als Funktionsnorm stand der Interorganrespekt bereits im Mittelpunkt der vorangegangenen Anwendungsanalyse, die sich auf die Herausarbeitung der durch dieses Prinzip begründeten rechtlichen Bindungen konzentrierte. Die in dieser Eigenschaft als Funktionsnorm sozusagen als Teilmenge enthaltene Eigenschaft des Interorganrespekts als Kontroll- bzw. Konfliktentscheidungsnorm bedarf dagegen noch einer abschließenden Erläuterung: Wie im vorigen Abschnitt schon angesprochen wurde, verlangt der Interorganrespekt von den obersten Rechtsprechungsorganen selbst eine Zurückhaltung bei der Präzisierung und konkreten Überprüfung der aus ihm folgenden rechtlichen Bindungen, da ihm andernfalls die Entwicklungsoffenheit und Elastizität verlorenzugehen drohten, die nach den zuvor getroffenen Feststel-

---

[208] *J. Peter Mulhern*, In Defense of the Political Question Doctrine, in: University of Pennsylvania Law Review 137 (1988), 97–176, 175 f. (Hervorhebungen vom Verf.).

[209] Allg. zu dieser Natur des Völkerrechts *Georg Dahm/Jost Delbrück/Rüdiger Wolfrum*, Völkerrecht, Bd. I/1, 2. Aufl. 1989, 34 ff.; u. *Wolfgang Graf Vitzthum*, Begriff, Geschichte und Quellen des Völkerrechts, in: ders. (Hg.), Völkerrecht, 1997, 1–100, 41 ff.; jew. m.w.N.; vgl. a. *Michael Walzer*, On Toleration, 1997, 19 ff., der die internationale Gemeinschaft deshalb als ein besonderes Regime der wechselseitigen Toleranz bezeichnet; u. beispielhaft die Ausführungen zu kooperativen Formen der Implementierung völkerrechtlicher Abkommen bei *Andreas Torka*, Nichtnavigatorische Wassernutzungen, 1999, 61 ff.

lungen zu seinen wesentlichen Charakteristika gehören[210]. Diese Zurückhaltung kann zum einen dadurch gefördert werden, daß man dem Interorganrespekt in seiner Eigenschaft als Konfliktentscheidungsnorm lediglich eine *subsidiäre* Anwendbarkeit zuspricht[211]. Denn wo ein Konflikt bereits anhand der Normen des geschriebenen Rechts gelöst werden kann, erweist sich ein unmittelbarer Durchgriff auf das ungeschriebene Strukturprinzip regelmäßig als entbehrlich. Allerdings bleibt auch in diesen Fällen ein Einsatz des Interorganrespekts in seiner Funktion als Interpretationsmaxime bei der Auslegung des geschriebenen Rechts vorstellbar, insbesondere wenn es sich bei den fraglichen Normen um positivierte Teilkonkretisierungen seines generellen Inhalts handelt[212]; seine Heranziehung kommt außerdem zur Lükkenfüllung und Ergänzung des kodifizierten Rechts in Betracht. Die zweite Form, in der sich die gebotene richterliche Zurückhaltung bei seiner Konkretisierung manifestieren kann und sollte, besteht in der Anwendung der aus dem Interorganrespekt allgemein für die Verfassungsrechtsprechung gezogenen Folgerungen auf dieses Prinzip selbst: Die Maßstabsfunktion des Interorganrespekts muß sich im Kontext richterlicher Streitentscheidungen auf eine *Evidenzkontrolle* reduzieren, d.h. die Verfassungsgerichtsbarkeit muß sich auf die Feststellung schwerer und offensichtlicher Verstöße gegen diesen Grundsatz beschränken[213].

Je nach der Art der Fragestellung kann dem Interorganrespekt also entweder ein übergreifender oder aber ein bloß subsidiärer Charakter zukommen. Seine dadurch entstehende Variabilität belegt zugleich ein weiteres Mal, wie sinnvoll die hier vorgeschlagene Unterscheidung zwischen rechtlicher Verbindlichkeit und gerichtlicher Überprüfbarkeit solcher Prinzipien ist: Als Funktions- bzw. Handlungsnorm stellt der Interorganrespekt sehr wohl, wie schon an anderer Stelle dargelegt wurde[214], ein umfassendes Verfassungsstrukturprinzip dar, was jedoch nicht daran hindert, ihm in seiner Eigenschaft als Kontroll- bzw. Konfliktentscheidungsnorm lediglich die Qualität eines „Reserve-Rechtssatzes“ zuzusprechen.

V. Das Verhältnis des Interorganrespekts zu anderen Verfassungsstrukturprinzipien

Nachdem der Interorganrespekt in seiner Rolle als Verfassungsstrukturprinzip bisher im wesentlichen isoliert betrachtet wurde, erscheint es nun an der Zeit, seine Position innerhalb des gesamten Organisationsrechts einer von ihm überspannten Verfassungsordnung im Verhältnis zu den dieses Recht ansonsten überwölbenden

---

[210] Vgl. oben 1. (571 f.) u. allg. nochmals die Verweise in Fn. 197.

[211] Eine parallele Forderung erhebt für die Bundestreue *Bauer* (Fn. 77), 371 ff. m.w.N.

[212] Oben III. 2. d) (566 ff.).

[213] Zu den unterschiedlichen von den Verfassungsgerichten der verschiedenen Systeme benutzten Kontrollmaßstäben vgl. allg. 8. Kap. II. 3. d) (431 ff.); wie hier für die Verfassungsorgantreue *Schenke* (Fn. 53), 142.

[214] Oben III. 1. b) (558 ff.).

Verfassungsprinzipien näher zu bestimmen. Dazu soll im folgenden sein Verhältnis zu den vier hauptsächlich betroffenen Verfassungsstrukturprinzipien untersucht werden, wobei die deutsche Terminologie und Einteilung zugrundegelegt wird.

1. Gewaltenteilung

Als erstes dieser Prinzipien rückt der Gewaltenteilungsgrundsatz in den Blick, da er die engste Verbindung zu der Idee des Interorganrespekts aufweist und aus diesem Grund vorhin bereits als „siamesischer Zwilling" dieser Idee apostrophiert wurde[215]. Diese enge Beziehung rechtfertigt außerdem die Hervorhebung des Gewaltenteilungsprinzips in einem eigenständigen Abschnitt, obwohl es nach der deutschen Verfassungsdogmatik eigentlich nur als Teil der formellen Variante des Rechtsstaatsprinzips begriffen wird[216].

a) Grundgedanke

Der Ausdruck „Gewaltenteilung" bezeichnet zunächst das Prinzip einer Teilung der staatlichen Funktionen und ihrer Zuweisung an verschiedene Organe. Er steht darüber hinaus für den Grundgedanken einer gegenseitigen Hemmung und Kontrolle der unterschiedlichen Gewalten bzw. der sie repräsentierenden Organe, der nach amerikanischer und mittlerweile auch im deutschen Sprachraum verbreiteter Terminologie in den „checks and balances" der Verfassung seinen Niederschlag findet[217] und im Ergebnis auf eine institutionelle Ausbalancierung der einzelnen Zweige der Staatsgewalt hinausläuft. Dieser Gedanke findet sich, wie an anderer Stelle schon angemerkt wurde[218], auf der europäischen Ebene mit Einschränkungen in der Rechtsfigur des „institutionellen Gleichgewichts" wieder und kann daher ungeachtet der formellen Unanwendbarkeit des Gewaltenteilungsgrundsatzes auf die Gemeinschaftsorgane als gemeinsame Vergleichsbasis aller hier erörterten Verfassungsordnungen betrachtet werden. Im Kern geht es dabei um eine Bändigung der hoheitlichen Macht und um die Errichtung von Vorkehrungen gegen Machtmißbrauch; es soll der Eigengesetzlichkeit der Machtausdehnung entgegengewirkt werden, die jeder mit Machtbefugnissen ausgestatteten Institution eigen ist, indem ein Abbau „überschießender" Macht durch die gegenseitige Reibung grundsätzlich

---

[215] Oben II. 2. c) (551).

[216] Vgl. etwa BVerfGE 68, 1, 87; *Stern* (Fn. 141), 772, 784, 792 ff.; *Roman Herzog*, in: Maunz-Dürig (Fn. 206), Art. 20 V. Abschn. Rn. 2, 124; *Kunig* (Fn. 114), 75 f. m.w.N.

[217] Zur Rolle dieses Grundgedankens in der amerikanischen Verfassung vgl. etwa *Winfried Brugger*, Einführung in das öffentliche Recht der USA, 1993, 173 f.; u. *Peter E. Quint*, Amerikanisches Verfassungsrecht – ein aktueller Überblick, in: JZ 1986, 619–626, 621 ff.; speziell zur Beeinflussung der deutschen Verfassungsentwicklung hierdurch außerdem *Georg-Christoph v. Unruh*, Nordamerikanische Einflüsse auf die deutsche Verfassungsentwicklung, in: DVBl. 1976, 455–464, 458 ff.

[218] Oben 4. Kap. I. 5. a) (124 ff.) mit den dortigen Nachweisen.

gleichwertiger Organe erfolgt, der letztlich auf die Sicherung der individuellen Freiheit hin ausgerichtet ist[219].

Als Ahnherr der Gewaltenteilungsidee wird gemeinhin *Montesquieu* angesehen, auf den auch die klassische Dreiteilung der Staatsgewalt in Legislative, Exekutive und Judikative zurückgeht, die bis heute das theoretische Grundmuster der unter der Geltung dieses Grundsatzes erfolgenden Kompetenzzuweisungen an voneinander getrennte und einander prinzipiell gleichgestellte Organe verkörpert[220]. Das gilt trotz der inzwischen entwickelten unzähligen Gewaltendurchbrechungen und -verschränkungen, auf die sogleich noch näher einzugehen ist: Die amerikanische Verfassung statuiert die entsprechende Doktrin einer „separation of powers" zwar nicht ausdrücklich, doch ergibt sich allein schon aus ihrem Aufbau eindeutig, daß ihrer organisatorischen Konzeption die angesprochene Dreiteilung zugrundeliegt[221]. Für Deutschland ist gleichermaßen unbestritten, daß Art. 20 II 2 GG unmittelbar der von *Montesquieu* begründeten Tradition entspringt[222]; ganz in diesem Sinne formulierte bereits der Verfassungskonvent von Herrenchiemsee:

> „Die Freiheit der Personen ist nur in einem Staate voll und dauerhaft gewährleistet, der auf dem Prinzip der Teilung und des Gleichgewichts der Gewalten aufgebaut ist. Darum müssen ... Gesetzgebung, ausführende Gewalt und Rechtsprechung von Organen ausgeübt werden, die einander gleichgeordnet sind und sich so die Waage halten können."[223]

Zwar wird diese von den Schöpfern des Grundgesetzes intendierte positive Verankerung des klassischen Gewaltenteilungsdogmas in Art. 20 II 2 GG mittlerweile zum Teil in Zweifel gezogen[224]; die weitaus überwiegende Meinung im Schrifttum hält jedoch angesichts der Klarheit der entsprechenden Verfassungsentscheidung an ihr zumindest als Anknüpfungspunkt fest[225].

---

219 An allgemeinen Beschreibungen dieser Grundidee vgl. statt vieler: *Ernst Benda*, Der soziale Rechtsstaat, in: ders./Werner Maihofer/Hans-Jochen Vogel (Hg.), Handbuch des Verfassungsrechts der Bundesrepublik Deutschland, 2. Aufl. 1994, 719–797 (§ 17), 737 f. (Rn. 38 ff.); *Eberhard Schmidt-Aßmann*, Der Rechtsstaat, in: Josef Isensee/Paul Kirchhof (Hg.), Handbuch des Staatsrechts der Bundesrepublik Deutschland, Bd. I, 1987, 987–1043 (§ 24), 1009 ff. (Rn. 46 ff.); *Jörg Paul Müller*, Demokratische Gerechtigkeit, 1993, 167 f.; *Hans-Jochen Vogel*, Gewaltenvermischung statt Gewaltenteilung?, in: NJW 1996, 1505–1511, 1505.

220 Vgl. schon oben 1. Kap. (3) mit den dortigen Nachweisen; umfassend zu den Ursprüngen der Gewaltenteilungslehre neuerdings *Michael Reinhardt*, Konsistente Jurisdiktion, 1997, 22 ff. m.w.N.

221 Hierzu statt vieler: *Laurence H. Tribe*, American Constitutional Law, 2nd ed. 1988, 18 ff.; vgl. a. *Andreas Auer*, The supreme law of the land, 1990, 55 ff.; u. schon die Nachweise oben Fn. 217.

222 Vgl. insbes. *Edgar Mass*, Montesquieu und die Entstehung des Grundgesetzes, in: Detlef Merten (Hg.), Gewaltentrennung im Rechtsstaat, 2. Aufl. 1997, 47–53; u. weiter *Volker Otto*, Das Staatsverständnis des Parlamentarischen Rates, 1971, 92 ff.; zuletzt etwa *Wolf Reinhard Wrege*, Das System der Gewaltenteilung im Grundgesetz, in: Jura 1996, 436–440, 436 m.w.N.

223 Zit. nach *Otto* (Fn. 222), 92.

224 Z.B. von *Richard Bäumlin/Helmut Ridder*, in: AK-GG, 2. Aufl. 1989, Art. 20 Abs. 1–3 III Rn. 57.

225 Vgl. etwa *Hans D. Jarass/Bodo Pieroth*, Grundgesetz für die Bundesrepublik Deutschland, 4. Aufl. 1997, Art. 20 Rn. 15; *Roman Herzog*, in: Maunz-Dürig (Fn. 206), Art. 20 V. Abschn. Rn. 1, 37 ff.; *Friedrich E. Schnapp*, in: Ingo v. Münch/Philip Kunig (Hg.), Grundgesetz-Kommentar,

Damit ist immerhin der Ausgangspunkt unserer Analyse des Verhältnisses zwischen Interorganrespekt und Gewaltenteilung fixiert: Art. 20 II 2 GG trifft für die deutsche Verfassungsordnung die gleiche verbindliche Festlegung des Teilungsprinzips an sich und seiner grundsätzlichen funktionellen Ausfächerung[226], die wir strukturell auch im amerikanischen Verfassungssystem finden. Diese Festlegung steckt den Rahmen ab, innerhalb dessen sich der Interorganrespekt nur entfalten kann. Andererseits erweist sich der Gewaltenteilungsgrundsatz als in höchstem Maße ausfüllungs- und konkretisierungsbedürftig und eröffnet dem Prinzip des Interorganrespekts so außerordentlich weitreichende Einwirkungsmöglichkeiten.

b) Gewaltenverschränkungen und Interorganrespekt

Die Ausfüllungsbedürftigkeit des Gewaltenteilungsgedankens beruht in erster Linie darauf, daß sich sein Idealbild einer strikten funktionellen und organisatorischen Trennung der Staatsgewalt nach Legislative, Exekutive und Judikative im Detail nicht verwirklichen läßt – in der modernen Welt mit ihren neuartigen komplexen Herausforderungen an die öffentliche Gewalt weniger denn je, wie die im Rahmen der Anwendungsanalyse dargelegte Entwicklung der amerikanischen Verfassungsordnung, die wahrscheinlich mehr als alle anderen auf der klassischen Idee der Gewaltenteilung fußt, an zahlreichen Stellen deutlich gemacht hat. Vielmehr wimmelt es in jeder Verfassungsordnung von gegenseitigen Durchdringungen, Verschränkungen und Vermischungen der einzelnen Zweige der öffentlichen Gewalt[227]. Die allen in dieser Untersuchung analysierten Systemen gemeinsame Herauslösung der zur Finanzkontrolle berufenen Institutionen aus der ursprünglichen Dreiteilung bildet ein besonderes Beispiel für die von der jeweiligen Verfassung selbst sanktionierten Abweichungen vom herkömmlichen Gewaltenteilungsdogma[228]. Erhebliche Verschiebungen in der innerverbandlichen Machtverteilung entstehen gegenüber dieser Doktrin weiterhin durch die politischen Parteien, deren Einfluß sich gleichermaßen auf alle öffentlichen Institutionen und Organe erstreckt und damit faktisch andere Frontstellungen erzeugt als die vom Gewaltenteilungsgrundsatz intendierten[229]. Schließlich finden die zahllosen spezifischen Interessengruppen, deren Einwirkungen auf die Entscheidungsfindung in der modernen pluralistischen

---

Bd. 1, 4. Aufl. 1992, Art. 20 Rn. 34; *Helmuth Schulze-Fielitz*, in: Dreier (Fn. 109), Art. 20 (Rechtsstaat) Rn. 64.

[226] Wie hier sieht bspw. auch *Reinhardt* (Fn. 220), 12, die Bedeutung des Art. 20 II 2 GG.

[227] Dies ist allg. Konsens, vgl. etwa stv. für Deutschland *Zippelius*, Problemfelder der Machtkontrolle (Fn. 8), 29 ff.; *Klaus Stern*, Das Staatsrecht der Bundesrepublik Deutschland, Bd. II, 1980, 535 ff.; *Jutta Limbach*, Das Bundesverfassungsgericht als politischer Machtfaktor, 1995, 21; oder *Vogel* (Fn. 219), 1506.

[228] Vgl. schon oben 6. Kap. II. 2. b) (252 ff.).

[229] Stv. hierfür *Ekkehart Stein*, Staatsrecht, 16. Aufl. 1998, 108 f.: „Daher ist die Behauptung nicht haltbar, das Grundgesetz verwirkliche das Prinzip der Gewaltenteilung *im Sinne Montesquieus*“ (109).

Demokratie nicht hoch genug eingeschätzt werden können[230], im klassischen Gewaltenteilungsmodell keinerlei Berücksichtigung.

Aus alledem haben verschiedene Autoren die Schlußfolgerung gezogen, es sei an der Zeit, sich von den überkommenen normativen Vorgaben zur Gewaltenteilung zu lösen und alternative Wege einer Zuordnung der öffentlichen Funktionen und Gewalten zu den einzelnen Verfassungsorganen zu beschreiten[231]. Die Verfassungsgerichte und mit ihnen der größere Teil der Literatur halten demgegenüber grundsätzlich an dem den entsprechenden Verfassungsbestimmungen zugrundeliegenden Schema fest und nehmen lediglich im Einzelfall Modifikationen vor, die allerdings im Laufe der Zeit immer zahlreicher und damit unübersichtlicher geworden sind[232]. In diesem Zusammenhang ist vor allem zu beachten, daß die angeführten „Durchbrechungen" der traditionellen Gewaltenteilung in einem beachtlichen Ausmaß als gewollt und sogar als notwendig erscheinen, um die erwünschte Machtbalance zwischen den obersten Verfassungsorganen herzustellen und ihren Erhalt zu gewährleisten. Vor diesem Hintergrund stellt sich die Frage nach den Funktionen des Interorganrespekts als Komplementärprinzip der Gewaltenteilung: Inwieweit kann er den Umgang mit diesen Durchbrechungen und den daraus resultierenden Gewaltenverschränkungen erleichtern, ihre Entstehung erklären und ihre Handhabung steuern, ohne daß hierfür die Gewaltenteilungslehre in einer Art und Weise ausgeweitet werden müßte, die ihre Konturen bis zur Unkenntlichkeit verschwimmen ließe[233]?

aa) Allgemeines

Der Interorganrespekt kommt an dieser Stelle zunächst in seiner Erscheinungsform als Grundsatz der Organadäquanz ins Spiel. Das kann schon deshalb nicht verwundern, weil die normative Verwurzelung dieses Grundsatzes ihrerseits in der Gewaltenteilungslehre begründet liegt; die Erfordernisse einer organadäquaten Funktionenzuordnung und funktionsgerechter Organstrukturen fließen, wie oben bereits dargelegt wurde[234], unmittelbar aus der Notwendigkeit, die klassische Gewaltenteilungsdoktrin in Richtung einer funktionalen Aufteilung der öffentlichen Gewalt auf verschiedene Organe und Institutionen fortzuentwickeln. Dementsprechend hatte das Bundesverfassungsgericht auch keine Schwierigkeiten damit, die Forderung nach Organadäquanz im Nachrüstungsurteil auf den Gewaltenteilungsgrundsatz zu stützen[235]. Die Unterscheidung zwischen dieser *Herleitung* der Organadäquanz und der alternativ zur Debatte stehenden *Integration* ihrer Inhalte in das Gewaltentei-

---

[230] Hierzu bspw. *Jürgen Becker*, Gewaltenteilung im Gruppenstaat, 1986, 207 ff.; u. aus amerikanischer Perspektive *Daniel A. Farber/Philip P. Frickey*, Law and Public Choice, 1991, 12 ff.

[231] Vgl. – wiederum nur stv. – *Karl Loewenstein*, Verfassungslehre (Political Power and the Governmental Process, 1957), 2. Aufl. 1969, 39 ff.

[232] I. einz. hierzu am Beispiel der Rspr. des BVerfG und der ihm folgenden Lit. *Reinhardt* (Fn. 220), 44 ff., 50 ff.; jew. m.w.N.

[233] Zu dieser Befürchtung schon oben II. 2. c) (551 ff.).

[234] Ebd. u. zus.fass. e) (555).

[235] BVerfGE 68, 1, 86.

lungsprinzip bleibt jedoch sinnvoll und wesentlich: Denn die Gewaltenteilung ist, wie die vorangehenden Ausführungen ergeben haben, aufgrund ihrer historischen und philosophischen Herkunft von vornherein mit bestimmten Inhalten und Zielvorstellungen befrachtet, die mit denen der Organadäquanz nicht notwendig konform gehen. Die Einführung der im Grundsatz der Organadäquanz gebündelten Gesichtspunkte erweist sich vielmehr als notwendig, „um die normative Maßstabsarmut des Gewaltenteilungsprinzips zu überwinden und es auch für den staatsrechtlichen Konfliktfall konkreter Kompetenzzuordnungen anwendbar zu machen“[236]. Im Interesse dogmatischer Klarheit erscheint es deshalb vorzugswürdig, den Gedanken der Organadäquanz als eigenständiges Prinzip bzw. in der hier vertretenen Form als Unterkategorie des Interorganrespekts zu etablieren, statt den Gewaltenteilungsgrundsatz im Kern umzuformen und dabei seine historisch gewachsenen Konturen aufzulösen. Das Zusammenspiel von Gewaltenteilung und Organadäquanz ergibt sich unter dieser Voraussetzung wie folgt: Der Gewaltenteilungsgrundsatz liefert Grundidee und -schema und legt die organisatorischen Rahmenbedingungen fest. Das Prinzip der Organadäquanz modifiziert ihn sodann überall dort, wo sich die Gewaltenteilung im eigentlichen Sinne als nicht funktionsgerecht erweist. Die Organadäquanz vermag damit zahlreiche Durchbrechungen des Gewaltenteilungsgrundsatzes zu erklären und beispielsweise auch für die Gestaltung des mit ihm inhaltlich nur eng verwandten „institutionellen Gleichgewichts“ auf europäischer Ebene wesentliche Orientierungspunkte zu bieten.

Die aufgrund der Modifikationen des ursprünglichen Gewaltenteilungsgedankens durch den Grundsatz der Organadäquanz und den übergeordneten Gesichtspunkt der Machtbalance entstehenden Gewaltendurchbrechungen und -verschränkungen machen weiterhin den Einsatz von Rücksichtnahmegeboten erforderlich und begründen so die Notwendigkeit der zweiten hauptsächlichen Erscheinungsform des Interorganrespekts. Denn je mehr wechselseitige Verflechtungen und Durchdringungen der einzelnen Zweige der öffentlichen Gewalt eine Verfassungsordnung aufweist, desto mehr gegenseitige Rücksichtnahme müssen die darin involvierten Verfassungsorgane üben, um den Verfassungskonsens und damit die Funktionstüchtigkeit der Verfassungsordnung insgesamt zu erhalten[237]. Diese Form des Respekts wird insbesondere dann relevant, wenn ein Organ, das selbst als Verkörperung einer bestimmten Gewalt fungiert, zu Balancierungszwecken Kontrollbefugnisse in einem Feld erhält, das als Funktionsbereich eigentlich in die Sphäre einer anderen Gewalt gehört. Am intensivsten zeigt sich dies im Verhältnis der „dritten Gewalt“ zu Exekutive und Legislative: Gerade wenn den Gerichten im Interesse einer wirksamen Machtbalance so umfassende Kontrollzuständigkeiten zugewiesen sind, wie sie in den hier analysierten Systemen festgestellt wurden, fordert die damit einhergehende Verantwortung der Rechtsprechung ein besonderes Maß an Rück-

---

[236] *v. Danwitz* (Fn. 120), 330.
[237] So schon *Riedel* (Fn. 51), 177.

sichtnahme auf die von ihr zu kontrollierenden Kompetenzsphären der anderen Gewalten und der sie repräsentierenden Organe[238].

Komplettiert wird dieses Zusammenspiel von Gewaltenteilung und Interorganrespekt durch die dritte zentrale Ausdrucksform des letztgenannten Prinzips, nämlich die allgemeine Verpflichtung zur Kooperation, die gewissermaßen das Pendant zur konstitutiven Wirkungsweise der Gewaltenteilung verkörpert. Gewaltenteilung bildet im demokratischen Gemeinwesen nicht nur ein reaktives Prinzip gegen übermäßige Machtkonzentration, sondern zielt auch auf eine Organisation der Organe und Zuständigkeiten dergestalt, daß eine diskursive Auseinandersetzung und Verständigung ermöglicht und teilweise sogar erzwungen wird; so stellt das Zusammenwirken mehrerer oberster Verfassungsorgane in den Grundfragen des von ihnen geleiteten Gemeinwesens ein Stück jener diskursiven Rationalität sicher, die als ein Merkmal gerechter politischer Ordnung betrachtet werden kann[239]. Indem der Interorganrespekt ein solches diskursives Zusammenwirken der Verfassungsorgane im Geiste integrativer Loyalität gegenüber dem gesamten Gemeinwesen gebietet, verhilft er somit einem weiteren maßgeblichen Leitgedanken des Gewaltenteilungsprinzips zum Durchbruch.

bb) Normsetzung

Beispiele für diese dreifache Komplementärfunktion des Interorganrespekts in seinem Verhältnis zur Gewaltenteilung finden sich in allen zum Gegenstand der Anwendungsanalyse dieser Untersuchung gemachten Bereichen. Schon auf dem Gebiet der Normsetzung, die nach dem klassischen Gewaltenteilungskonzept eigentlich die alleinige Domäne der Legislativorgane darstellen sollte, sind Elemente der Machtbalance in der Gestalt bewußt eingebauter Kontrollbefugnisse der anderen Gewalten, die nach den vorstehenden Ausführungen zwangsläufig das Bedürfnis nach einem Einsatz des Interorganrespekts auslösen, nicht zu verkennen. Das beginnt mit dem Initiativrecht der Exekutive für Normsetzungsvorhaben, das lediglich im amerikanischen Modell aus historischen Gründen fehlt, was aber, wie dargelegt, durch ungeschriebene Koordinationsmechanismen kompensiert wird[240], die sich ihrerseits als Ausdruck einer Modifikation der ursprünglich strikten Gewaltentrennung durch Überlegungen der Organadäquanz und damit des Interorganrespekts ergeben. Gegenüber einer erfolgten Normsetzung durch die Legislative besitzt die Exekutive dann sogar eine echte Kontrollmacht, wenngleich sich diese nur unter der Voraussetzung einer unmittelbaren demokratischen Legitimation der Exekutivspitze als umfassende Befugnis zur Recht- und Zweckmäßigkeitskontrolle äußert und ansonsten darauf beschränkt, im Falle einer vermuteten Verfassungswidrigkeit der Normsetzung das oberste Gericht einschalten zu können. Hier fordert der Gedanke

---

[238] Vgl. oben 6. Kap. III. 2. (277 ff.) und speziell zur Verfassungsrechtsprechung zus.fass. 8. Kap. VI. 3. (495 f.).

[239] *Müller* (Fn. 219), 168 f.

[240] Oben 5. Kap. I. 3. (143 f.).

des Interorganrespekts beispielsweise eine „rücksichtsvolle“ Ausübung dieser Kontrollmacht dahingehend, daß sie nur bei verhältnismäßig gravierenden Bedenken zur Blockade des betreffenden Gesetzes eingesetzt werden sollte[241]. Die Möglichkeit zur Normsetzung durch die Exekutive selbst erweist sich im Gegensatz hierzu weniger als ein bewußt installiertes Kontrollelement, sondern eher als eine aus der Not geborene Gewaltenverschränkung. Daher läuft die Stoßrichtung des Interorganrespekts in diesem Bereich relativ einseitig darauf hinaus, die Exekutive zur Beachtung des erklärten gesetzgeberischen Gestaltungswillens und zu einer entsprechenden Kooperation mit der Legislative anzuhalten[242].

Bei weitem übertroffen wird die Kontrollmacht der Exekutive gegenüber der Legislative auf dem ureigensten Feld der letztgenannten Gewalt von den korrespondierenden Befugnissen der Verfassungsrechtsprechung. Das äußert sich vor allem in der - entweder unmittelbar in der Verfassung normierten oder jedenfalls tatsächlich bestehenden - Kassationskompetenz des jeweils höchsten Gerichts gegenüber parlamentarischen Gesetzen[243]. Noch deutlicher wird die an dieser Stelle vorliegende Gewaltenverschränkung, wenn es um quasi-gesetzgeberische Gestaltungsbefugnisse der Verfassungsrechtsprechung geht, von denen die obersten Gerichte in allen hier betrachteten Systemen reichlich Gebrauch machen[244]. Erwägungen der Organadäquanz und daraus abgeleitete Rücksichtnahmeverpflichtungen, wie sie das Prinzip des Interorganrespekts begründet, werden unter diesen Umständen primär dazu benötigt, die Folgen der aufgrund einer bewußten Kontrollentscheidung der Verfassung entstandenen Gewaltendurchbrechung abzufedern, indem sie auf die Gewährleistung einer gesetzgeberischen Einschätzungsprärogative und den Erhalt eines eigenständigen Gestaltungsspielraums der Legislative hinwirken[245].

cc) Normvollzug

Auf dem eigentlichen Feld exekutivischer Tätigkeit, dem Gebiet des Normvollzuges durch den der Regierung unterstehenden Verwaltungsapparat, sind die kontrollierenden Eingriffsbefugnisse der anderen beiden Gewalten noch erheblich dichter gesät. Hierin kommt das allen westlichen Verfassungen gemeinsame tiefe Mißtrauen zum Ausdruck, das diesem Zweig der öffentlichen Gewalt wegen seines immanenten Bedrohungspotentials für die individuelle Freiheit der Bürger entgegengebracht wird. So gehen die zum Gegenstand der vorliegenden Untersuchung gemachten Verfassungssysteme übereinstimmend von der Notwendigkeit einer umfassenden gerichtlichen Überprüfbarkeit des gesamten exekutivischen Handelns aus[246]. Auch die Legislativorgane verfügen über eine ganze Reihe von Möglichkei-

---

[241] Vgl. i. einz. oben 5. Kap. III. 4. b) (208 ff.).
[242] Zus.fass. oben 6. Kap. I. 4. (237 ff.).
[243] Oben 8. Kap. II. 1. (399 ff.).
[244] Vgl. 8. Kap. II. 2. (406 ff.).
[245] Näher hierzu 8. Kap. II. 3. d) (431 ff.) und f) (449 ff.).
[246] Vgl. oben 6. Kap. III. 2. (277 ff.).

ten, um den Vollzug der von ihnen erlassenen bzw. autorisierten Vorschriften durch die Exekutive im Einzelfall zu überwachen und gegebenenfalls zu korrigieren, wenn sie hierfür ein konkretes Bedürfnis erkennen[247]. Darüber hinaus greift bereits im Vorfeld der Behördenorganisation ein indirekter Kontrollmechanismus ein, indem die Legislative Teile der Verwaltung so organisieren kann, daß sie der direkten Steuerung durch die Exekutivspitze entzogen werden[248]. Schließlich steht hinter alledem die finale Drohung der Legislative, die Exekutivspitze notfalls stürzen zu können, wenngleich diese Drohung systembedingt von unterschiedlicher Wirksamkeit ist und durch bloße Meinungsverschiedenheiten über einzelne Maßnahmen der vollziehenden Gewalt normalerweise nicht ausgelöst wird.

Die mit der Einräumung all dieser Kontrollbefugnisse einhergehenden Durchbrechungen des ursprünglichen Gewaltenteilungskonzepts sind zum überwiegenden Teil von der jeweiligen Verfassung ausdrücklich vorgegeben und damit zugleich der Ausgestaltung des Interorganrespekts als feststehende Determinanten zugrundezulegen. Vor diesem Hintergrund muß die Rolle des Interorganrespekts auf dem Feld des Normvollzuges in erster Linie darin bestehen, eine Usurpation dieses primären Funktionsbereichs der Exekutive durch gesetzgebende und rechtsprechende Gewalt zu verhindern und den Exekutivorganen ihre eigenständigen Handlungsspielräume zu erhalten. Da es sich als unmöglich erwiesen hat, einen unantastbaren „Kernbereich" der Exekutive, der absoluten Schutz gegenüber potentiellen Eingriffen der anderen beiden Gewalten genießen würde, in befriedigender Weise abzugrenzen[249], kommt hierfür nur die Etablierung eines gleitenden Maßstabs in Betracht. Im Verhältnis zwischen Exekutive und Judikative konkretisiert sich dieser Maßstab in einer Zurücknahme der gerichtlichen Kontrolldichte[250]; zwischen Exekutive und Legislative schlägt er sich dagegen vor allem in Regel-Ausnahme-Verhältnissen nieder, die der Legislative ihre von der Verfassung gewollten Kontrollbefugnisse in der Gestalt von allgemeinen „Zugriffsrechten" erhalten, die Inanspruchnahme dieser Rechte aber einer umfassenden Rücksichtnahmeverpflichtung unterwerfen und ihren Einsatz damit punktuell auf besonders zu rechtfertigende Ausnahmefälle begrenzen[251].

dd) Außenpolitik

Die wahrscheinlich deutlichste Verschränkung der Gewalten liegt auf dem Gebiet der Außen- und Sicherheitspolitik vor. Zwar gilt dieses Politikfeld traditionell als Domäne der Exekutive, doch handelt es sich dabei nicht um einen zwangsläufigen Bestandteil des klassischen Gewaltenteilungsmodells, sondern eher um eine Konse-

---

[247] Hierzu oben 6. Kap. III. 1. (264 ff.), beachte bspw. c) aa) (270 f.) zum Einsatz „qualifizierter Sperrvermerke" im Haushaltsrecht.

[248] Dies ist die Problematik der „ministerialfreien Räume", vgl. 6. Kap. II. 2. c) (255 ff.).

[249] Oben 6. Kap. IV. 2. (283 ff.).

[250] Vgl. 6. Kap. III. 2. (278 ff.).

[251] Zu den „ministerialfreien Räumen" vgl. zus.fass. 6. Kap. II. 2. d) (259 ff.) und allg. IV. 2. (283 ff.).

quenz der Tatsache, daß Außenpolitik durch die Legislativorgane in der Regel nicht sinnvoll betrieben werden kann. Abweichungen von der generellen Zuordnung der außenpolitischen Zuständigkeiten zur Exekutive begründen daher nicht notwendig Durchbrechungen der Gewaltenteilung[252], müssen allerdings die Probe am Maßstab der Organadäquanz bestehen: Danach stellen die Aushandlung völkerrechtlicher Verträge ebenso wie allgemeine außenpolitische Initiativen im Kern diplomatische Geschäfte dar, die sich nicht für eine Abwicklung durch die Parlamente eignen. Auf die Durchführung militärischer Operationen trifft dies in noch höherem Maße zu. Gleichzeitig bilden die hier schlummernden Befugnisse die potentiell bedeutendste Machtkonzentration unter allen Funktionsbereichen der öffentlichen Gewalt; an der Außen- und Sicherheitspolitik kann sich das Schicksal des gesamten Gemeinwesens entscheiden. Daher fordert der dem Gewaltenteilungsgedanken zugrundeliegende Gesichtspunkt der Machtbalance in diesem Bereich eine Ausgestaltung der Beziehungen zwischen den Gewalten, die das latente Übergewicht der Exekutive kompensiert und eine hinreichende Abstimmung ihres Handelns mit den gesetzgeberischen Entscheidungsprozessen sicherstellt.

Im Falle völkerrechtlicher Verträge gewährleisten drei verfassungsrechtliche Mechanismen die effektive Kontrolle der Exekutive: das unmittelbare Erfordernis legislativer Zustimmung, die in der Regel gegebene Notwendigkeit innerstaatlicher Umsetzung durch den Gesetzgeber sowie die (verfassungs-)gerichtliche Überprüfbarkeit der Vertragsinhalte[253]. Im Prinzip lassen sich diese drei Möglichkeiten auch in bezug auf sonstige außenpolitische Maßnahmen nutzen. Faktisch kann die Kontrollmacht der „dritten Gewalt" gegenüber solchen Maßnahmen oder gar militärischen Aktionen aber nicht die gleiche Wirksamkeit entfalten. Daher bedarf es für diese Fälle einer besonderen Verzahnung der beiden übrigen Gewalten, die durch das dem parlamentarischen Budgetbewilligungsrecht innewohnende Steuerungs- und Blockadepotential allenfalls indirekt hergestellt werden kann. Führt man jedoch spezifische legislative Zustimmungserfordernisse ein, wie sie das Bundesverfassungsgericht etwa für Auslandseinsätze der Bundeswehr postuliert hat[254], oder statuiert sogar ein allgemeines Zugriffsrecht des Gesetzgebers, so ergibt sich das im Bereich des Normvollzuges bereits behandelte Problem, daß die Legislative bei der Inanspruchnahme solcher Zugriffsrechte eine ausgeprägte Rücksichtnahme wahren muß, da der Exekutivspitze sonst jede Möglichkeit genommen würde, das betreffende Gemeinwesen mit der gebotenen Einheitlichkeit und Flexibilität nach außen zu vertreten. Am Anwendungsfall der Außen- und Sicherheitspolitik zeigt sich folglich exemplarisch zweierlei: zum einen, daß Gewaltenverschränkungen und die damit einhergehenden Abweichungen vom hergebrachten Konzept der Gewaltenteilung an vielen Stellen erforderlich sind, um eine adäquate Erfüllung der in einem Gemeinwesen anfallenden Aufgaben und zugleich eine wirksame Kontrolle dieser

---

252 Vgl. a. oben 7. Kap. II. 1. c) (339 ff.).

253 I. einz. hierzu 7. Kap. I. 1. a) aa) und bb) (291 ff.), b) aa) (1) (299 ff.) und bb) (2) (306 ff.) sowie 2. (312 ff.).

254 Oben 7. Kap. III. 1. b) cc) (2) (369 ff.).

Erfüllung durch Ausbalancierung der entsprechenden Befugnisse sicherzustellen; und zum anderen, daß sich die aus solchen Gewaltenverschränkungen resultierenden verfassungspraktischen Probleme nur bewältigen lassen, wenn die die einzelnen Gewalten repräsentierenden und durch ihre Verschränkung miteinander verflochtenen Organe auf ihre jeweiligen originären Funktionssphären Rücksicht nehmen und im Sinne der Integration des Gemeinwesens insgesamt loyal zusammenarbeiten, d.h. Interorganrespekt üben.

c) Interorganrespekt als Quelle von Präferenzregeln

Zu klären bleibt, ob sich aus dem Prinzip des Interorganrespekts über diese allgemeinen Gebote hinaus noch konkretere Ableitungen in seinem Verhältnis zur Gewaltenteilung gewinnen lassen. Ausgehend von der soeben getroffenen Feststellung, daß die gegenseitigen Verschränkungen und Durchdringungen der einzelnen Gewalten die Ausübung von Interorganrespekt insbesondere dort notwendig machen, wo die Organe einer Gewalt zu Balancezwecken Kontrollbefugnisse in einem Bereich erhalten, der funktionell eigentlich in die Sphäre einer anderen Gewalt gehört – vor allem, wenn dabei der „Kernbereich" dieser Sphäre, also eine primäre Zuständigkeit der dort verantwortlichen Organe, betroffen wird –, ist hier vor allem an die Entwicklung von Abwägungsregeln hinsichtlich der Zuordnung von Kompetenzen zu denken, deren Verteilung sich nicht ohne weiteres aus dem Verfassungstext ergibt. Der hinter dieser Überlegung stehende Gedanke läßt sich im Sinne des mit dem Interorganrespekt verfolgten Oberziels der Integration dahingehend formulieren, daß es um die Erarbeitung einer allgemeinen integrativen Theorie für das Zusammenspiel des Interorganrespekts mit dem Gewaltenteilungsgrundsatz im engeren Sinne geht.

An dieser Stelle kann auf die schon oben erläuterte Charakterisierung des Interorganrespekts als Rechtsprinzip und die von *Alexy* vertretene „relationale" Sichtweise von Prinzipienkollisionen zurückgegriffen werden[255]: Prinzipien stellen demnach Optimierungsgebote dar, die im Rahmen der existierenden rechtlichen und tatsächlichen Möglichkeiten in möglichst hohem Maße realisiert werden sollen; wo sie miteinander in Konkurrenz treten, bedarf es einer Gewichtung und Abwägung der von ihnen repräsentierten Belange, die für den jeweils konkreten Anwendungsfall zu einer Vorrangregel zugunsten eines der beteiligten Prinzipien führt, ohne aber die jenseits dieses Anwendungsfalles bestehende abstrakte Gleichrangigkeit der Prinzipien in Frage zu stellen. *Alexy* entwickelt daraus für den Bereich der Grundrechte das Konzept einer „integrativen" Theorie zur Strukturierung dieser Abwägungsprozesse und der aus ihnen folgenden Aufstellung von Präferenzregeln[256]. Fraglich ist, ob sich dieses Konzept sinngemäß auf die organisationsrechtlichen Kompetenzzuordnungen innerhalb einer Verfassungsordnung übertragen läßt. Dafür spricht je-

---

[255] Vgl. schon oben III. 1. b) (558 ff.) mit den dortigen Nachweisen.
[256] *Alexy*, Theorie der Grundrechte (Fn. 146), 28 ff.

doch, daß sich das rechtstheoretische Regel/Prinzipien-Modell keineswegs spezifisch auf Grundrechte beschränkt und daß es sich sowohl bei der Gewaltenteilung als auch beim Interorganrespekt einschließlich seiner Unterkategorien Organadäquanz, Rücksichtnahme und positive Kooperation gleichfalls um Prinzipien und damit um Optimierungsgebote handelt, die in unterschiedlichen Graden erfüllt werden können und deren Erfüllung im Einzelfall von den tatsächlichen und rechtlichen Rahmenbedingungen abhängt.

Allein die zahlreichen im vorigen umrissenen Gewaltendurchbrechungen und -verschränkungen sowie die Tatsache, daß eine Anwendung des Interorganrespekts insoweit stets den ausdrücklich kodifizierten Vorgaben der jeweiligen Verfassung Rechnung zu tragen hat, zeigen bereits, daß auf dem hier erörterten normativen Feld ebenso wie bei den Grundrechten „eine Ordnung der Werte oder Prinzipien, die das … Entscheiden *in allen Fällen* intersubjektiv zwingend festlegt, nicht möglich ist“[257]. Möglich erscheint demgegenüber die Etablierung einer „weichen“ Rangordnung, die sich neben konkreten Präferenzentscheidungen, wie sie in organisationsrechtlicher Hinsicht beispielsweise die Verfassungsrechtsprechung für das Verhältnis zwischen Exekutive und Legislative zu liefern vermag, vor allem auf „prima facie-Präferenzen zugunsten bestimmter Werte oder Prinzipien“ stützen kann[258]. Hierzu bedarf es der Aufstellung von prima facie-Vorrangrelationen zwischen den involvierten Prinzipien, die jeweils eine grundsätzliche Priorität zugunsten des einen oder anderen signalisieren, in der konkreten Anwendung jedoch auch durchbrochen werden können, sofern besondere Umstände, die allerdings im Einzelfall begründet werden müssen, dies nahelegen; so bleibt die notwendige Flexibilität erhalten, ohne daß man deswegen der Beliebigkeit anheimfallen müßte[259].

Kritiker dieser ursprünglich, wie dargelegt, für Grundrechtsentscheidungen entwickelten Vorgehensweise befürchten von der umfassenden Zurückführung dieser Entscheidungen auf Abwägungsprozesse einen Verlust an Klarheit und Bindungskraft der Grundrechte, der durch die Schaffung von Systemen aus Vorrangbedingungen, Abwägungsstrukturen und prima facie-Präferenzen nicht ausgeglichen werden könne[260]. Die hier vorgeschlagene Übertragung dieses Modells auf Kompetenzzuordnungen im Verhältnis der Verfassungsorgane untereinander wird von diesen Bedenken jedoch nicht getroffen: Denn zum einen geht es dabei von vornherein nur um die Auflösung von Kompetenzkonflikten in solchen Fällen, in denen eine eindeutige Zuordnung aufgrund des Verfassungstextes nicht möglich ist, also eine verfassungsrechtliche „Grauzone“ vorliegt. Zum anderen stehen sich dort, wie an anderer Stelle bereits ausgeführt wurde[261], prinzipiell gleichberechtigte Institutionen gegenüber, denen die nähere Ausgestaltung ihrer wechselseitigen Beziehun-

---

[257] *Alexy*, Theorie der Grundrechte (Fn. 146), 142 (Hervorhebung vom Verf.).

[258] Ebd. et seq.; vgl. zuletzt auch *Riedel* (Fn. 146), 180 f.

[259] Vgl. i. einz. *Alexy*, Theorie der Grundrechte (Fn. 146), 516 ff.; wie hier schon *Lorz* (Fn. 7), 198.

[260] Stv. hierfür *Peters* (Fn. 146), 176 f. m.w.N.

[261] Oben IV. 3. a) (578 f.).

gen zu einem wesentlichen Teil selbst überlassen werden kann und muß, was für das von den Grundrechten geprägte Verhältnis zwischen den Bürgern und der öffentlichen Gewalt nicht zutrifft. Die Aufgabe des Interorganrespekts besteht unter diesen Umständen vor allem darin, Maßstäbe bzw. Leitlinien bereitzustellen, an denen die Verfassungsorgane ihr diesbezügliches Verhalten ausrichten können und anhand derer es beurteilt werden kann. Innerhalb des Anwendungsbereichs der Gewaltenteilung bedeutet dies konkret, daß der Interorganrespekt als Erkenntnisquelle für die Ermittlung von prima facie-Vorrangrelationen zwischen den einzelnen Gewalten bzw. den sie repräsentierenden Organen herangezogen werden kann. Idealiter ergibt sich daraus für jeden Funktionsbereich der öffentlichen Gewalt eine Abfolge von Präferenzen hinsichtlich der Zuständigkeit ihrer Organe und damit eine bereichsspezifische Rangordnung der einzelnen Organe hinsichtlich ihrer Zugriffskompetenzen. Einige Beispiele aus der Anwendungsanalyse sollen dies veranschaulichen:

– Im Bereich der Normsetzung besteht eine Präferenzregel zugunsten der Legislativorgane, die sich beispielsweise in der grundsätzlichen Vermutung der Verfassungsmäßigkeit von Handlungen des Gesetzgebers äußert. Die Argumentationslast für eine Widerlegung dieser Vermutung trifft das jeweils gegen den Gesetzgeber opponierende Organ. Daher darf beispielsweise der Bundespräsident die Ausfertigung von Gesetzen nur verweigern, wenn er von ihrer Verfassungswidrigkeit überzeugt ist[262]. Ebenso ist das Verfassungsgericht durch Grundsätze wie den der „verfassungskonformen Auslegung" zur größtmöglichen Schonung des Gesetzgebers verpflichtet und soll das Verdikt der Verfassungswidrigkeit nur im Falle eindeutiger Überschreitungen der verfassungsrechtlichen Grenzen durch die Legislative fällen[263]. Ein sachlicher prima facie-Vorrang der Legislative existiert auch hinsichtlich der administrativen Normsetzung und verpflichtet die Exekutive darauf, bei der Ausfüllung der ihr erteilten Ermächtigungen dem gesetzgeberischen Willen nach Möglichkeit Geltung zu verschaffen[264].

– Umgekehrt gilt im Bereich des Normvollzuges eine grundsätzliche Präferenz zugunsten des zentralen Exekutivorgans. Insbesondere entpuppt sich die „Kernbereichslehre" im Ergebnis als eine unglückliche Umschreibung für die zentralen Anwendungsfälle dieser Vorrangregel: In den traditionell zum „Kernbereich" der Exekutive gerechneten Tätigkeitsfeldern besteht eben keine ausschließliche, wohl aber eine primäre Zuständigkeit der zur vollziehenden Gewalt gehörenden Institutionen[265]. Der Begriff des „Kernbereichs" bringt damit nichts anderes als eine prima facie-Vorrangrelation zum Ausdruck: Er begründet eine Zuständigkeitsvermutung zugunsten der Exekutive, die nur ausnahmsweise durchbrochen werden darf, auf der Basis besonderer Rechtfertigungsgründe jedoch sehr wohl durchbrochen werden kann.

---

[262] Oben 5. Kap. III. 4. b) (210).

[263] Vgl. speziell zur verfassungskonformen Auslegung oben 8. Kap. II. 3. c) (428 ff.).

[264] Oben 6. Kap. I. 4. a) und b) (237 ff.).

[265] I. einz. hierzu oben 6. Kap. IV. 2. (283 ff.) und speziell zur Problematik der „ministerialfreien Räume" II. 2. d) (259 ff.).

– Ähnlich sieht es auf dem Gebiet der allgemeinen Außenpolitik aus. Auch dort besteht aus Gründen der Organadäquanz ein prima facie-Vorrang zugunsten der Exekutive, der ihr jedenfalls das außenpolitische „Tagesgeschäft" überantwortet. Geht es allerdings um eine außenpolitische Grundsatzentscheidung, so weicht dieser Vorrang einem ausnahmsweisen Zugriffsrecht der Legislative[266]. Gegenüber dem Verfassungsgericht schlägt sich die prima facie-Präferenz der Exekutive in außenpolitischen Angelegenheiten darin nieder, daß ihr ein breiter Raum politischen Ermessens zugestanden wird, innerhalb dessen sie die Verantwortung für die Gestaltung der auswärtigen Beziehungen trägt. Erst bei einer Überschreitung dieser weit gezogenen verfassungsrechtlichen Grenzen entfällt diese Präferenz und gibt einer Eingriffsbefugnis des Verfassungsgerichts Raum[267]. Hinsichtlich militärischer Aktionen stellt sich die Lage allerdings wiederum etwas anders dar: Da es zumindest bei größeren Aktionen dieser Art per se um sicherheitspolitische Grundsatzfragen geht, kann man hier von einem prima facie-Vorrang der Legislative hinsichtlich der Autorisierung solcher Aktionen sprechen, der seinerseits von der Exekutive nur in notstandsähnlichen Fällen durchbrochen werden kann[268].

d) Auswirkungen des Interorganrespekts auf die Entscheidungstransparenz

Die zahlreichen Gewaltendurchbrechungen und -verschränkungen, von denen im vorigen die Rede war, führen zu einem Pluralismus der Gewalten dergestalt, daß an den meisten Entscheidungen in praktisch allen Funktionsbereichen eines gewaltenteilig verfaßten Gemeinwesens mehrere Gewalten bzw. Organe beteiligt sind. Diese Konstellation erscheint im Interesse einer Ausbalancierung der einzelnen Gewalten weitgehend unvermeidlich und begründet zu einem wesentlichen Teil die Notwendigkeit des Interorganrespekts. Die Anwendung dieses Prinzips macht jedoch zugleich die innerhalb des Gemeinwesens ablaufenden Entscheidungsprozesse unübersichtlicher und beeinträchtigt damit die Transparenz der Entscheidungsfindung, die in einer demokratisch ausgerichteten Verfassungsordnung aufgrund ihrer Legitimationswirkung als eigenständiger Wert betrachtet werden kann[269]. Der Prozeß der Rechtsetzung liefert hierfür das beste und daher im Rahmen des einschlägigen Kapitels bereits angesprochene Beispiel[270]: Die Beteiligung zweier Legislativorgane schafft selbst innerhalb desselben Zweiges der öffentlichen Gewalt die Notwendigkeit zur Einrichtung formeller und informeller Konsultations-, Abstimmungs- und Vermittlungsverfahren, in denen unter Ausschluß der Öffentlichkeit Kompromißmöglichkeiten ausgelotet werden müssen. Je mehr Kontrollbefugnisse

---

[266] Vgl. oben 7. Kap. II. 1. c) (339 ff.).

[267] Näher hierzu oben 8. Kap. III. 2. a) (458 ff.).

[268] Vgl. i. einz. 7. Kap. III. 1. b) (359 ff.) und speziell für Deutschland cc) (2) (369 ff.).

[269] Vgl. statt vieler: *Müller* (Fn. 219), 170; speziell zum Problem der Amtsverschwiegenheit im demokratischen Verfassungsstaat auch *Ulrich Hattstein*, Verwaltungsrechtliche Betreuungspflichten, 1999, 112 ff. m.w.N.

[270] Oben 5. Kap. II. 4. c) (189 ff.).

außerdem der Exekutive zum Abschluß des Gesetzgebungsprozesses zugestanden werden, desto mehr Verhandlungsnotwendigkeiten ergeben sich auch zwischen diesen beiden Gewalten[271]. Das unter dem Gesichtspunkt des Interorganrespekts gebotene Zusammenwirken von Exekutive und Legislative bei der Aushandlung völkerrechtlicher Verträge führt dazu, daß beim Beginn der eigentlichen parlamentarischen Debatte über solche Verträge ihr Inhalt in der Regel schon abschließend determiniert ist[272]. Auf dem Gebiet der administrativen Normsetzung erhöht der Einsatz rechtlicher Instrumente von der Art der Änderungsvorbehaltsverordnungen[273] zwar die Rückbindung des Normierungsprozesses an den Willen des Gesetzgebers, aber nicht die Durchschaubarkeit des Verfahrens für Außenstehende. Die Einbeziehung der „dritten Gewalt" bringt eine weitere Steigerung der Komplexität und damit der Intransparenz der Rechtsordnung: Zwar mangelt es in einer Gerichtsverhandlung nicht an Öffentlichkeit; die Möglichkeit einer Aufhebung von Gesetzen sowie die potentielle Rechtsgestaltung durch das Verfassungsgericht[274] haben jedoch zur Folge, daß selbst nach der Verabschiedung eines Gesetzes durch die Legislative unter Mitwirkung der Exekutive die Rechtslage bis zu einer endgültigen Entscheidung durch die Judikative in der Schwebe bleiben kann.

Während das Prinzip des Interorganrespekts also im Bereich der Rechtsetzung die Transparenz der Entscheidungsverfahren eher herabsetzt, kann es sie in anderen Funktionsbereichen des Gemeinwesens steigern. Das gilt namentlich für das Feld der Exekutivkontrolle: Da die innerhalb der Exekutive stattfindenden Entscheidungsprozesse tendenziell wenig transparent sind, kann die mit der Ausübung von Interorganrespekt verknüpfte Einbeziehung der beiden anderen Gewalten, die ihrem Wesen nach meistens im Lichte der Öffentlichkeit tätig werden, dort die Durchschaubarkeit erhöhen. Diese Entwicklung kann man generell bei der Nachprüfung von Verwaltungshandlungen durch die Rechtsprechung oder im Rahmen des parlamentarischen Untersuchungsrechts beobachten[275]. Auch in der Außenpolitik begründet die zunehmende Parlamentarisierung der auswärtigen Gewalt[276] zugleich eine stärkere Beteiligung der Öffentlichkeit, wenngleich der Transparenz insoweit durch die Besonderheiten des diplomatischen Verkehrs gewisse natürliche Grenzen gesetzt sind.

Nach alledem hängt es von den Eigenheiten des jeweiligen Funktionsbereichs ab, ob die aufgrund der Aufteilung der Entscheidungsbefugnisse auf verschiedene Organe aus dem Prinzip des Interorganrespekts fließenden Mechanismen auf eine Erhöhung der Transparenz oder aber der Unübersichtlichkeit hinauslaufen. Soweit es dabei allerdings zu einer unvermeidlichen Steigerung der Unübersichtlichkeit

---

[271] Vgl. oben 5. Kap. II. 2. (160 ff.).

[272] Näher hierzu 7. Kap. I. 1. a) aa) (291 f.) und cc) (294 ff.) sowie b) aa) (1) (299 ff.) und bb) (2) (306 ff.).

[273] Dazu oben 6. Kap. I. 3. b) (231 ff.) und 4. b) (240 ff.).

[274] Oben 8. Kap. II. 1. und 2. (399 ff.).

[275] Vgl. dazu 6. Kap. III. 1. a) (264 ff.) und 2. (277 ff.).

[276] Speziell für Deutschland hierzu oben 7. Kap. II. 1. b) cc) (333 ff.).

kommt, stellt diese den Preis dar, der für die mit der entsprechenden Gewaltenverschränkung und dem zu ihrer Bewältigung erforderlichen Interorganrespekt bewirkte Machtbalance zu zahlen ist.

2. Föderalismus

Da der Schwerpunkt dieser Untersuchung auf den Beziehungen zwischen den obersten Verfassungsorganen lag, spielte der bundesstaatliche Gedanke naturgemäß nur eine marginale Rolle. Dennoch kann er im Rahmen der abschließenden Auswertung nicht unerwähnt bleiben, da jenseits aller Fragen des Zusammenwirkens von Bundesebene und Einzelstaaten schon die Existenz eines obersten Verfassungsorgans, das explizit zur Vertretung der letzteren bestimmt ist, dem föderalistischen Prinzip einen wesentlichen Ausdruck verleiht.

a) Prinzip

Die herkömmliche Definition des Bundesstaates besagt, er sei eine durch eine eigenständige Verfassung geformte staatsrechtliche Verbindung von Staaten, in der sowohl dem Gesamtstaat als auch den Gliedstaaten Staatsqualität zukommt[277]. Dem Gesamtstaat muß dabei Einfluß auf die Gliedstaaten, den Gliedstaaten Mitwirkung bei der Willensbildung des Gesamtstaates eingeräumt sein. Zwischen den Verfassungsordnungen der einzelnen Staaten ist eine gewisse Homogenität erforderlich. Darüber hinaus muß dem Recht der Bundesebene der Vorrang gegenüber dem Recht der Einzelstaaten gebühren, da andernfalls höchstens ein Staatenbund vorliegen kann.

Eine föderative Ordnung in diesem Sinne bezweckt eine Pluralität der politischen Leitungsgewalt, hinter der vor allem zwei Grundgedanken stehen[278]. Der erste ist eher organisatorischer Natur und erhofft sich von einer Delegation von Entscheidungsverantwortung und einer Autonomisierung von Entscheidungsträgern unterhalb der gesamtstaatlichen Ebene eine bürgernähere Entscheidungsfindung und eine größere Kreativität in der Entwicklung politischer Alternativen, die dann untereinander in einen Wettbewerb um die sachlich beste Lösung treten können. Der andere kommt den mit dem Prinzip des Interorganrespekts verfolgten Anliegen insofern näher, als er dem zu Beginn dieser Arbeit als Oberziel dieses Prinzips defi-

---

[277] Vgl. stv. *Stern* (Fn. 141), 644 f. m.w.N.

[278] Einen guten Überblick über die aus diesen Gedanken fließenden traditionellen Argumente zugunsten einer bundesstaatlichen Ordnung gibt aus amerikanischer Perspektive bspw. *Deborah Jones Merritt*, The Guarantee Clause and State Autonomy: Federalism for a Third Century, in: Columbia Law Review 88 (1988), 1–78, 3 ff.; vgl. a. aus dem Blickwinkel der ökonomischen Rechtsanalyse *Farber/Frickey* (Fn. 230), 75 ff.; ferner *Michael Sachs*, Das parlamentarische Regierungssystem und der Bundesrat, in: VVDStRL 58 (1999), 39–80, 44 ff.; nochmals *Oeter* (Fn. 5), 120 ff.; u. in noch weiter ausgreifender historischer Sicht *Bernd Grzeszick*, Vom Reich zur Bundesstaatsidee, 1996, 21 ff.

nierten Gedanken der Machtbalance[279] Rechnung trägt: Wie schon im Falle der Gewaltenteilung geht es demnach auch beim föderalen Prinzip um eine Dezentralisation der politischen Macht, die letztlich helfen soll, die individuelle Freiheit der einzelnen Mitglieder des Gemeinwesens zu verbürgen.

Sowohl das amerikanische als auch das deutsche Modell können anhand dieser Überlegungen als bundesstaatlich im vollsten Sinn des Wortes bezeichnet werden. Die Europäische Union und die unter ihrem Dach versammelten Gemeinschaften besitzen dagegen nach dem Willen ihrer Mitgliedstaaten keine Staatsqualität[280]. Da aber, wie im Laufe der Anwendungsanalyse deutlich geworden ist, die Struktur ihrer Interorganbeziehungen gleichzeitig erhebliche Ähnlichkeiten mit derjenigen eines typischen bundesstaatlichen Verfassungssystems aufweist und außerdem die Weiterentwicklung der Union in Richtung eines europäischen Bundesstaates zumindest eine ernsthaft zu erwägende Alternative darstellt, erscheint es gerechtfertigt, die drei zum Gegenstand dieser Untersuchung gemachten Verfassungsordnungen aus dem prinzipiellen Blickwinkel des Föderalismusgedankens einer gemeinschaftlichen Betrachtung zu unterziehen. Ein besonderes Augenmerk muß dabei der Frage gelten, wo unter dem Aspekt des Interorganrespekts die hauptsächlichen Defizite der europäischen Vertragsordnung gegenüber einem vollwertigen bundesstaatlichen System zu verorten sind.

b) Die Balancefunktion des Interorganrespekts zwischen föderaler und demokratischer Idee

Dazu soll zunächst erörtert werden, welche besondere Funktion der Interorganrespekt generell in einem solchen System zu erfüllen hat. In diesem Zusammenhang ist als erstes die Feststellung zu treffen, daß er jedenfalls nicht das wesentlichste Merkmal bundesstaatlicher Verfassungsordnungen tangiert, das in der umfassenden Aufteilung der staatlichen Kompetenzen und in ihrer Zuweisung an den Gesamtstaat bzw. an die Gliedstaaten zur Ausfüllung durch die jeweilige Staatsgewalt besteht. Zwar gibt allein schon die verbreitete Bezeichnung dieses Problemkomplexes als „vertikale Gewaltenteilung“[281] einen deutlichen Hinweis auf die enge Verwandtschaft, die sich zwischen ihm und der im vorigen behandelten „eigentlichen“, d.h. horizontalen Gewaltenteilung feststellen läßt und aus der gemeinsamen Orientierung beider am freiheitsschützenden Oberziel der Machtbalance entspringt. Daran schließt sich eine starke Vermutung an, daß die im Prinzip des Interorganrespekts gebündelten Gesichtspunkte aufgrund ihrer oben dargelegten Komplementärfunktion im Verhältnis zur Gewaltenteilung ihrerseits ebenfalls im vertikalen Verhältnis von Bund und Ländern Geltung beanspruchen können und dies in Gestalt der Bundestreue zum großen Teil auch tun[282]. Dies war jedoch nicht Thema der vorliegen-

---

[279] Oben 3. Kap. I. 1. b) (82 f.).

[280] Zur rechtlichen Qualifizierung von EU und EG vgl. schon oben 4. Kap. I. 4. (113 ff.).

[281] Statt vieler: *Wrege* (Fn. 222), 439.

[282] Näher hierzu schon 2. Kap. I. 2. a) (19 ff.) und 3. b) sowie c) (28 ff.).

den Untersuchung, deren Analyse sich daher auf diejenigen Bereiche beschränkt, in denen eine Konkretisierung des Föderalismusgedankens dadurch erfolgt, daß die Einzelstaaten über das zu ihrer Vertretung berufene oberste Verfassungsorgan an der Willensbildung des Gemeinwesens auf Bundesebene mitwirken.

Dieses Verfassungsorgan ist typischerweise im Bereich der Legislative angesiedelt und tritt damit primär in Konkurrenz zu dem zentralen parlamentarischen Repräsentativorgan, dessen Hauptfunktion in der Aufstellung der grundlegenden allgemeinverbindlichen Normen besteht[283]. Das aus der Perspektive des föderalistischen Prinzips maßgebliche Anwendungsfeld des Interorganrespekts im Verhältnis der obersten Verfassungsorgane auf Bundesebene zueinander liegt folglich in der Sicherstellung eines loyalen Zusammenwirkens dieser beiden Organe. Da aber das zentrale Repräsentativorgan mit seiner im wesentlichen bevölkerungsproportionalen Zusammensetzung als gesamtverbandliche Vertretung aller Bürger seinerseits die Aufgabe hat, die unmittelbare demokratische Legitimation der öffentlichen Gewalt zu gewährleisten, symbolisiert es das demokratische Prinzip in ähnlicher Weise wie das einzelstaatliche Vertretungsorgan die föderale Idee. Unter diesen Umständen kann die hier im wesentlichen interessierende Funktion des Interorganrespekts auch so umschrieben werden, daß er zwischen föderalem und demokratischem Prinzip einen Ausgleich herstellen soll.

Anhand der beiden voll ausgebildeten bundesstaatlichen Systeme Deutschlands und Amerikas kann diese Funktion weiter dahingehend typisiert werden, daß ihr als Idealziel die Herstellung einer Balance zwischen diesen beiden Prinzipien aufgegeben ist[284]. Auskunft über die Verwirklichung dieser Balance vermag dabei nur eine Gesamtbetrachtung von Zusammensetzung und Kompetenzen des einzelstaatlichen Vertretungsorgans zu geben. Danach wird die durch die gesonderte Wahl der Senatoren bewirkte und mit der Einführung ihrer direkten Volkswahl 1913 noch verstärkte Schwächung der föderalen Idee in den USA dadurch ausgeglichen, daß der Senat an der gesamten gesetzgeberischen Arbeit als vollwertige „zweite Kammer" teilhat und hinsichtlich der Kontrolle der Außenpolitik des Präsidenten sogar eine gewisse Priorität besitzt. Umgekehrt kompensiert das deutsche Verfassungssystem die mit der Geltung des „Gesandtenprinzips" im Bundesrat einhergehende stärkere Betonung des föderalen Gedankens zumindest in abstrakter Hinsicht dadurch, daß dem Bundesrat nur dann eine entscheidende Rolle bei der gesamtstaatlichen Willensbildung zugemessen wird, wenn spezielle Kompetenzen der Länder betroffen sind. In jedem Fall führt – von der historischen Anomalie der Alleinzuständigkeit

---

[283] Vgl. a. oben 9. Kap. I. 1. (499 f.). Hingewiesen werden muß in diesem Zusammenhang darauf, daß die Mitwirkung der Glieder an der gesamtverbandlichen Willensbildung nicht notwendig über eine „zweite Kammer" erfolgen muß, vgl. *Dominik Hanf*, Bundesstaat ohne Bundesrat?, 1999, 179 ff. Die im Rahmen unserer Untersuchung ausgewählten Verfassungssysteme sind jedoch alle diesen Weg gegangen.

[284] Das wurde schon oben 9. Kap. II. 1. b) (505 ff.) festgestellt. Vgl. a. speziell aus deutscher Sicht hierzu *Rudolf Dolzer*, Das parlamentarische Regierungssystem und der Bundesrat, in: VVDStRL 58 (1999), 7–38, 19 ff.

des amerikanischen Senats für die Genehmigung völkerrechtlicher Verträge abgesehen – kein Weg an dem gesamtstaatlichen Repräsentativorgan und damit an der Berücksichtigung des demokratischen Prinzips vorbei[285]. Das gilt auch für das Verfahren zur Verfassungsänderung, an dem in Deutschland wie in Amerika gesamtstaatliches und einzelstaatliches Vertretungsorgan jeweils gleichberechtigt beteiligt sind und die fehlende Weisungsabhängigkeit der amerikanischen Senatoren von den Organen ihrer Heimatstaaten mit dem Erfordernis einer Ratifikation durch drei Viertel der einzelstaatlichen Legislativen wettgemacht wird. In der Gesamtbilanz kann man daher davon sprechen, daß eine Ausbalancierung von demokratischem und föderalem Prinzip kennzeichnend für eine entwickelte bundesstaatliche Verfassungsordnung ist und zugleich als Zielvorstellung für die Ausgestaltung des Interorganrespekts zwischen dem zentralen Repräsentativorgan und dem Vertretungsorgan der Einzelstaaten fungiert[286].

Gemessen an dieser Vorgabe sind die bundesstaatlichen Defizite des europäischen Vertragssystems einfach auf den Punkt zu bringen: Die Balance zwischen föderaler und demokratischer Idee ist dort noch immer eindeutig zugunsten des föderalen Elements gekippt. Das gilt im Gesetzgebungsverfahren, wo das volle Mitentscheidungsrecht des Parlaments bis auf weiteres nur teilweise verwirklicht bleibt[287], ebenso wie in der Außenpolitik, wo dem Rat beim Abschluß völkerrechtlicher Verträge weitgehend und im Rahmen der GASP sogar allein die beherrschende Rolle zufällt[288], und schließlich im Vertragsänderungsverfahren nach Art. 48 (ex-Art. N) EUV, das nahezu ausschließlich in der Hand der Mitgliedstaaten liegt. Da alle diese Elemente in den europäischen Verträgen ausdrücklich vorgeschrieben und damit jeder Anwendung des Interorganrespekts als feste Orientierungspunkte vorgegeben sind, muß sich die Balancefunktion dieses Prinzips zwischen den Ideen von Föderalismus und Demokratie somit auf eine partielle Kompensation dieser Ungleichgewichte durch die Etablierung besonderer Unterrichtungs-, Konsultations- und Berücksichtigungspflichten gegenüber dem Parlament beschränken und kann ansonsten lediglich als Beurteilungskriterium verfassungspolitischen Änderungsbedarf signalisieren. Die Tatsache, daß derartige Kooperationsverpflichtungen im praktischen Umgang der Gemeinschafts- und Unionsorgane miteinander sukzessive formelle Anerkennung finden – etwa in Form von Interorganvereinbarungen[289] – und die im Laufe der Jahre erfolgten Vertragsänderungen sich ebenfalls durchweg in die Richtung einer stärkeren Einbeziehung des Parlaments bewegen, zeigt jedoch, daß diesen in der allgemeinen Funktion des Interorganrespekts begründeten Anliegen zunehmend Rechnung getragen wird, und bestätigen damit seine Relevanz als Balancierungsinstrument und -maßstab.

---

[285] Zus.fass. hierzu schon oben 9. Kap. I. 1. (499 f.) und 2. b) (502 f.) sowie II. 2. (507 ff.); jew. mit den dortigen Rückverweisen.

[286] Wie hier schon oben 9. Kap. II. 3. (510 f.).

[287] Dazu i. einz. 5. Kap. II. 1. b) bb) (3) (154 f.), 3. b) (168 ff.) und 4. d) bb) (193 ff.).

[288] Vgl. oben 7. Kap. I. 1. b) bb) (2) (306 ff.) und II. 2. b) (344 ff.).

[289] Oben 5. Kap. II. 1. b) bb) (5) (158 f.), vgl. a. 7. Kap. I. 1. b) bb) (2) (308).

c) Die notwendige Integrationsfunktion der Verfassungsrechtsprechung

Die soeben angesprochene Balancefunktion des Interorganrespekts kann ihrem Wesen nach nur in einer am Prinzip des Föderalismus ausgerichteten Verfassungsordnung relevant werden und steht insofern in unmittelbarem Zusammenhang mit diesem Verfassungsstrukturprinzip. Gleichzeitig belegt sie die erhöhte Bedeutung, die dem Interorganrespekt in einem föderalen System gegenüber einer einheitsstaatlichen Organisationsform zukommt. Diese Feststellung kann deshalb nicht überraschen, weil eines der wesentlichsten Probleme föderaler Systeme in dem durch die Vielzahl der staatlichen Akteure gesteigerten Konfliktpotential besteht; in einer einheitsstaatlichen Ordnung reduziert allein schon der Wegfall der einzelstaatlichen Repräsentation auf der Ebene der obersten Verfassungsorgane die möglichen Reibungsflächen zwischen diesen erheblich[290]. Indem der Interorganrespekt auf eine Entschärfung dieses Konfliktpotentials hinwirkt, leistet er deshalb zugleich einen wichtigen Beitrag zur Integration der föderalen Ordnung insgesamt[291].

Die Tatsache, daß alle zum Gegenstand dieser Untersuchung gemachten Verfassungssysteme ihren obersten Gerichten die abschließende Entscheidung über die in diesem Bereich tatsächlich auftretenden Konflikte übertragen, was sowohl für die Schlichtung von Interorganstreitigkeiten zwischen gesamtverbandlichem und einzelstaatlichem Vertretungsorgan als auch für die grundlegenderen Auseinandersetzungen der Einzelstaaten mit der insoweit als Einheit betrachteten Bundes- bzw. Gemeinschaftsebene gilt[292], weist allerdings darauf hin, daß es an dieser Stelle mit bloßen Handlungsanweisungen für den Umgang der die föderale bzw. demokratische Idee repräsentierenden obersten Verfassungsorgane miteinander nicht getan ist. Vielmehr bedarf es einer einigenden Instanz, die die Wahrung der Rechtsgemeinschaft innerhalb des betroffenen Gemeinwesens verbindlich sicherstellt und seine politische Fragmentierung verhindert. Zur Maximierung der Akzeptanz ihrer diesbezüglichen Entscheidungen muß diese Instanz außerdem unparteilich tätig werden, weswegen für diese Rolle in der Tat nur ein Organ der „dritten Gewalt" in Frage kommt[293]. Um seine im vorigen erläuterte Balancefunktion wirksam wahrnehmen und seinen Integrationsbeitrag effektiv leisten zu können, verlangt der In-

---

[290] Eine Zwitterstellung nehmen insoweit solche Systeme ein, die trotz ihrer prinzipiell einheitsstaatlichen Verfassungen ebenfalls mit zwei unterschiedlichen Legislativkammern arbeiten. Die „zweiten Kammern" dieser Systeme können sich allerdings in der Regel von der Kompetenzausstattung her nicht mit den einzelstaatlichen Vertretungsorganen föderalistischer Ordnungen messen und rufen damit auch deutlich weniger Konflikte hervor. Speziell zur britischen und französischen Situation vgl. *Ralph Alexander Lorz*, Der gemeineuropäische Bestand von Verfassungsprinzipien zur Begrenzung der Ausübung von Hoheitsgewalt, in: Peter-Christian Müller-Graff/Eibe Riedel (Hg.), Gemeinsames Verfassungsrecht in der Europäischen Union, 1998, 99–121, 115 Fn. 85 m.w.N.

[291] Zur Bedeutung des Integrationsgedankens speziell in der deutschen Bundesstaatslehre vgl. *Stefan Oeter*, Integration und Subsidiarität im deutschen Bundesstaatsrecht, 1998, bes. 249 ff., 466 ff. u. zus.fass. 565 ff.

[292] Vgl. die zusammenfassenden Übersichten oben 8. Kap. I. 1. a) aa) (382 f.) und bb) (385) sowie 3. (394 ff.).

[293] Wie hier schon oben 8. Kap. VI. 1. b) (486 f.).

terorganrespekt folglich in diesem Bereich ausnahmsweise nach einer gerichtlichen Durchsetzung als Kontroll- bzw. Konfliktentscheidungsnorm[294], die nach Lage der Dinge ausschließlich von der Verfassungsrechtsprechung geleistet werden kann. Unter föderalistischen Aspekten begründet das Prinzip des Interorganrespekts zu Integrationszwecken somit auch die Notwendigkeit einer Anerkennung der entsprechenden verfassungsgerichtlichen Kompetenzen und der aus ihnen fließenden Entscheidungen.

d) Bilanz

Die Organisation einer Verfassungsordnung nach dem Föderalismusgedanken gehört zu den im Rahmen einer Verfassunggebung zu treffenden Grundentscheidungen, die zu Beginn dieses Kapitels als feststehende Ausgangspunkte jedes Verständnisses vom Interorganrespekt gekennzeichnet wurden[295]. Wo der Urheber einer demokratischen und gewaltenteiligen Verfassung allerdings entschieden hat, sich zusätzlich am Prinzip des Föderalismus zu orientieren, gewinnt der Interorganrespekt eine spezifische Bedeutung im Sinne einer institutionellen Ausbalancierung von föderalem und demokratischem Prinzip. Diese Ausbalancierung findet in erster Linie zwischen dem gesamtverbandlichen und dem einzelstaatlichen Repräsentativorgan statt und bezieht sowohl die Zusammensetzung des letzteren als auch seine Einbindung in diejenigen Entscheidungsprozesse des Gesamtverbandes ein, die geeignet sind, rechtliche Bindungen der Einzelstaaten zu begründen; das gilt namentlich für die Bereiche der Gesetzgebung und der auswärtigen Gewalt. Darüber hinaus erfordert diese Bedeutung des Interorganrespekts in besonderer Weise eine Absicherung durch Entscheidungsbefugnisse der rechtsprechenden Gewalt. Dieses Erfordernis hat eine weitere Konsequenz: Um den Interorganrespekt in dieser Hinsicht als Konfliktentscheidungsnorm operabel zu machen, bedarf es einer verhältnismäßig ausgeprägten Kodifizierung seiner Erscheinungsformen im einzelnen. Dies erklärt, warum die Beziehungen zwischen gesamtverbandlichem und einzelstaatlichem Vertretungsorgan, insbesondere ihre wechselseitige Beteiligung im Gesetzgebungsverfahren, in den Verfassungsordnungen aller vorliegend analysierten Systeme vergleichsweise am detailliertesten geregelt sind. Nach den zur Rolle des Interorganrespekts bei der richterlichen Streitentscheidung bereits getroffenen Feststellungen[296] erübrigt sich damit in den meisten in diesem Bereich auftretenden Konflikten ein unmittelbarer Durchgriff auf das ungeschriebene Strukturprinzip. Dennoch erweist es sich in zweifacher Weise als hilfreich, sich des Charakters der entsprechenden Verfassungsnormen als positivierte Teilkonkretisierungen des Interorganrespekts bewußt zu bleiben: Denn zum einen finden sich im geschriebenen Recht immer Lücken, die interpretatorisch unter Rückgriff auf die dahinterstehen-

---

[294] Allg. zu dieser Problematik oben IV. 3. (575 ff.).
[295] Oben I. 1. (526 ff.).
[296] Oben IV. 3. b) (579 f.).

den übergeordneten Grundsätze geschlossen werden müssen[297], und zum anderen kann der Interorganrespekt, wie anhand des europäischen Beispiels erläutert wurde, auch bei der Beurteilung ausdrücklicher Festlegungen der jeweiligen Verfassung noch de constitutione ferenda von Nutzen sein.

3. Demokratie

Eine Analyse der Interorganbeziehungen auf der obersten Organisationsebene eines Staates oder staatsähnlich organisierten Herrschaftsverbandes beschränkt sich in der Regel auf die in der Verfassung ausdrücklich geschaffenen Organe und spart das Volk als Inhaber und Träger der gesamten öffentlichen Gewalt aus; die vorliegende Untersuchung ist nicht anders verfahren. Der Vollständigkeit halber sei jedoch darauf hingewiesen, daß das Volk neben seiner Rolle als höchster verfassunggebender Gewalt („pouvoir constituant") zusätzlich die Stellung eines selbst der Verfassung unterworfenen Leitungsorgans des Gemeinwesens („pouvoir constitué") einnehmen kann, soweit es unmittelbar öffentliche Gewalt ausübt[298]. In seiner letzteren Eigenschaft tritt es auf prinzipiell gleicher Ebene in Konkurrenz zu den anderen obersten Verfassungsorganen jener Ordnung, die es sich gegeben hat, und kann daher auch Subjekt wie Objekt von Ansprüchen aus dem Grundsatz des Interorganrespekts sein. Die nähere Ausfächerung dieser Problematik würde allerdings eine eigenständige Arbeit erfordern; die auf der Basis der in dieser Untersuchung vorgenommenen Anwendungsanalyse zu ziehende Schlußbilanz muß deshalb auf die Frage begrenzt bleiben, inwieweit die demokratische Legitimation der sonstigen Verfassungsorgane in einer auf dem demokratischen Prinzip aufgebauten Verfassungsordnung die Ausgestaltung des Interorganrespekts zwischen ihnen beeinflußt und wie der Gedanke des Interorganrespekts umgekehrt die für eine solche Verfassungsordnung typischen Entscheidungsmechanismen modifiziert.

a) Bezüge der Grundidee zum Interorganrespekt

Das demokratische Prinzip bildet nicht nur für das Grundgesetz ein konstitutives Bestimmungselement des freiheitlichen Staates der Gegenwart. Es stellt vielmehr die Basis dar, auf der alle modernen Verfassungsordnungen westlicher Prägung beruhen. Dabei erteilt es unmittelbar zunächst nur die Antwort auf die Frage nach dem Träger und Ursprung aller öffentlichen Gewalt. Mit der im deutschen Sprachraum

---

297 Vgl. als Beispiel die mögliche Aufspaltung zustimmungspflichtiger Gesetze im deutschen Verfassungssystem, die oben 5. Kap. II. 4. a) cc) (176 f.) schon thematisiert wurde.

298 Vgl. schon *Werner Kägi*, Rechtsstaat und Demokratie (1953), in: Ulrich Matz (Hg.), Grundprobleme der Demokratie, 1973, 107–146, 108 ff.; weitere Nachweise bei *Stern* (Fn. 227), 22 f. Zu der hiermit notwendig zusammenhängenden Frage, inwieweit die unmittelbare Ausübung öffentlicher Gewalt durch das Volk – z.B. durch Volksentscheide – in einem konstituierten Gemeinwesen überhaupt in Betracht kommt, stv. *Ernst-Wolfgang Böckenförde*, Mittelbare/repräsentative Demokratie als eigentliche Form der Demokratie, in: FS Kurt Eichenberger, 1982, 301–328, 306 ff.; sowie *Haverkate* (Fn. 175), 352 ff.

klassisch gewordenen und in Art. 20 II 1 GG kodifizierten Formel „Alle Staatsgewalt geht vom Volke aus", die in anderen Verfassungsordnungen in unterschiedlichen Wendungen wiederkehrt oder schlicht als selbstverständlich vorausgesetzt wird[299], verweist es auf die Idee der Volkssouveränität zurück, nach der die Organisation eines demokratischen Gemeinwesens ihre Legitimationsgrundlage im Volk finden soll, von dem alle „Legitimationsstränge" ihren Ausgang nehmen[300]. Das genaue Nachzeichnen der diversen Legitimationsstränge bereitet allerdings oft Schwierigkeiten. Ein allgemeingültiger Begriff der Demokratie läßt sich schon deswegen kaum finden, weil die Vielfalt der theoretischen Entwürfe und historischen Vorbilder dafür längst zu groß und unüberschaubar geworden ist[301]; in jedem Fall müßte die Diskussion hierüber auf einer extrem hohen Abstraktionsebene geführt werden[302]. Verfassungsrechtlich maßgebliche Deutungen dieses Begriffs kann man daher eigentlich nur anhand seiner in der jeweiligen Verfassungsordnung konkretisierten Ausformungen gewinnen[303]. Das schließt die hier allein interessierenden Bezüge zwischen der demokratischen Idee und dem Prinzip des Interorganrespekts ein.

Eine untrennbare Verbindung dieser beiden Prinzipien wird man vergeblich suchen. Lediglich unter der Voraussetzung einer teilweisen Identifikation des demokratischen Prinzips mit bestimmten Verfassungsorganen lassen sich hier gewisse Bezüge herstellen. Derartige Identifikationsversuche begegnen freilich dem grundsätzlichen Problem, daß in einer demokratischen Verfassungsordnung der beschrie-

---

[299] In der amerikanischen Verfassung signalisiert eigentlich nur der Vorspruch „We the People of the United States ... do ordain and establish this Constitution for the United States of America" den übergreifenden Geltungsanspruch des demokratischen Prinzips. Allerdings statuiert schon die Unabhängigkeitserklärung mit Bezug auf die unveräußerlichen Menschenrechte Leben, Freiheit und Streben nach Glück: „That to secure these Rights, Governments are instituted among Men, deriving their just Powers from the Consent of the Governed,...". Der EU-Vertrag bekennt sich in seiner Präambel sowie in Art. 6 I (ex-Art. F I) einfach pauschal zum Grundsatz der Demokratie.

[300] Zu der Formel und dem ihr unterliegenden Gehalt BVerfGE 1, 14, 41; 20, 56, 98 f.; 44, 125, 140 f.; ferner statt vieler: *Max Imboden*, Die politischen Systeme (1961), in: ders., Politische Systeme – Staatsformen, 1964, 3–130, 16 ff.; *Stern* (Fn. 141), 593 f.; *Böckenförde* (Fn. 298), 314 f.; *Antonio D'Atena*, Das demokratische Prinzip im System der Verfassungsprinzipien, in: JöR N.F. 47 (1999), 1–14, 3 et seq.; *Michael Sachs*, in: ders. (Hg.), Grundgesetz-Kommentar, 2. Aufl. 1999, Art. 20 Rn. 35.

[301] Vgl. nur *Heiner Bielefeldt*, Neuzeitliches Freiheitsrecht und politische Gerechtigkeit, 1990, 163 ff., zu den klassischen Gesellschaftsvertragstheorien; speziell zum Kantischen Entwurf auch *Lorz* (Fn. 7), 150 ff., 155 ff.; zu den modernen Vertragstheoretikern *Hofmann* (Fn. 9), 267 ff.; aus ökonomischer Sicht ferner *Dennis C. Mueller*, Constitutional public choice, in: ders. (ed.), Perspectives on Public Choice, 1997, 124–146, 125 ff.; u. insges. *Giovanni Sartori*, Demokratietheorie (1987), hg. von Rudolf Wildenmann, 1997, 274 ff.; sowie *Schmidt* (Fn. 59), 25 ff., 120 ff.

[302] Allg. zum Begrifflichkeitsproblem *Sartori* (Fn. 301), 15 ff., 253 ff.; vgl. a. zuletzt die Nachweise bei *Werner Thieme*, Demokratie – Ein Staatsziel im Wandel der gelebten Verfassung, in: DÖV 1998, 751–760, 751 Fn. 1.

[303] Wie hier *Hesse* (Fn. 23), 58 f. (Rn. 127 ff.) m.w.N.; *Ernst-Wolfgang Böckenförde*, Demokratie als Verfassungsprinzip, in: Josef Isensee/Paul Kirchhof (Hg.), Handbuch des Staatsrechts der Bundesrepublik Deutschland, Bd. I, 1987, 887–952 (§ 22), 888 ff. (Rn. 1 ff.), bes. 890 (Rn. 4); sowie *Stern* (Fn. 141), 589 f.

benen Art, in der *alle* öffentliche Gewalt vom Volke ausgeht, natürlich auch alle im Rahmen dieser Ordnung konstituierten Verfassungsorgane gleichermaßen über demokratische Legitimation verfügen. Eine Differenzierung läßt sich an dieser Stelle – unter Hinnahme einer erheblichen Vergröberung – allenfalls nach dem Grad der Unmittelbarkeit der demokratischen Legitimation bzw. nach der Länge der geknüpften Legitimationskette vornehmen. Direkt vom Volk gewählte Organe wären demzufolge im Vergleich zu indirekt gebildeten vorrangig mit der demokratischen Idee zu identifizieren[304].

Auf der Basis einer solchen Betrachtungsweise lassen sich allerdings einige interessante Feststellungen treffen. Das wurde bereits im vorigen Abschnitt deutlich, wo die idealtypische Identifikation des gesamtverbandlichen Repräsentativorgans mit dem demokratischen und des einzelstaatlichen Vertretungsorgans mit dem föderalen Prinzip aus der Perspektive des Interorganrespekts die Zielvorstellung einer Balance zwischen diesen beiden Prinzipien und den sie repräsentierenden Organen ergab. Speziell im Bereich der Gesetzgebung ließ sich die Repräsentationsfunktion der parlamentarischen „Bürgerkammer" für das demokratische Prinzip außerdem dahingehend konkretisieren, daß sie zwar in ihrer positiven Macht zur Schaffung von Gesetzen eingeschränkt werden konnte, grundsätzlich aber die negative Macht zur Verhinderung von Gesetzen behalten sollte; hieraus folgte unter dem Aspekt des Interorganrespekts erneut die Erkenntnis eines verfassungspolitischen Defizits auf europäischer Ebene[305]. Auf dem Gebiet der auswärtigen Gewalt kann die in der Anwendungsanalyse konstatierte und aus der Sicht des Interorganrespekts bejahte zunehmende Parlamentarisierung ihrerseits auf den demokratischen Gedanken zurückgeführt werden[306]. In militärischer Hinsicht hat das Bundesverfassungsgericht den von ihm postulierten Parlamentsvorbehalt sogar ausdrücklich auf entsprechende Überlegungen gestützt[307]; die im Verhältnis dazu nachweisbare Ambivalenz der amerikanischen Verfassungsordnung gegenüber der parlamentarischen Kontrolle der Streitkräfte[308] erscheint in diesem Zusammenhang bezeichnend, da der Präsident im Gegensatz zur Bundesregierung eben gleichfalls direkt vom Volk gewählt ist und das demokratische Prinzip folglich für die Ausgestaltung seiner Beziehungen zum Kongreß keine vergleichbare Aussagekraft besitzt. Auch die Korrelation zwischen der Länge der zu dem jeweiligen Regierungschef hinführenden Legitimationskette und dem Umfang seiner Weisungsbefugnisse innerhalb der Regierung er-

---

[304] Ähnlich *Werner Heun*, Staatshaushalt und Staatsleitung, 1989, 101, der ungeachtet der demokratischen Legitimation der (deutschen) Staatsgewalt in ihrer Gesamtheit das *Maß* der demokratischen Legitimation der einzelnen Organe aus dem Blickwinkel der Organadäquanz als „wesentliches Element der Organstruktur" betrachtet.

[305] Oben 5. Kap. II. 4. d) bb) (193 ff.).

[306] Vgl. oben 7. Kap. II. 1. b) cc) (333 ff.) und c) (339 ff.).

[307] Das bringt nicht zuletzt die Bezeichnung der Bundeswehr als „Parlamentsheer" zum Ausdruck, vgl. BVerfGE 90, 286, 382; u. dazu 7. Kap. III. 1. b) cc) (2) (369 ff.).

[308] Vgl. näher 7. Kap. III. 1. a) aa) (356 f.) und die Diskussion über die „War Powers Resolution" b) bb) (360 ff.).

wies sich als unübersehbar[309]. Schließlich muß die das Verhältnis zwischen Verfassungsgericht und Gesetzgeber beherrschende „countermajoritarian difficulty"[310] zusammen mit der Notwendigkeit ihrer Auflösung durch den Grundsatz des Interorganrespekts als unmittelbarer Ausfluß des Demokratieprinzips in seiner Wechselwirkung mit dem sogleich noch zu erörternden Rechtsstaatlichkeitsgedanken gewertet werden.

b) Bemerkungen zur Mehrheitsregel

Demokratie als Volks-Herrschaft, als Selbstregierung des Volkes, verfolgt als Idealbild den Gedanken einer Steuerung des Gemeinwesens durch den Willen aller seiner Mitglieder. Das praktische Problem, dem sich jede demokratische Regierungsform bei der Umsetzung dieses Idealbilds gegenübersieht, besteht in der Tatsache, daß die Vorstellungen dieser Mitglieder erheblich divergieren. Eine Aggregation dieser Vorstellungen zu einem allgemeinen Willen im Sinne der „volonté générale" *Rousseaus*[311] erweist sich in der politischen Praxis als reine Fiktion; das trifft im Ergebnis ebenso auf die Erfolgshoffnung diskursiver Konsensfindungsverfahren unter der Voraussetzung zwangfreier Verständigungsorientierung zu[312]. Zur Überwindung der potentiellen Handlungsunfähigkeit demokratisch verfaßter Gemeinwesen kommt daher nur die Mehrheitsregel als effiziente Methode der Entscheidungsfindung in Betracht[313].

Dennoch dürfen Demokratie und Mehrheitsentscheidung nicht einfach gleichgesetzt werden. Denn zum einen muß zumindest über die prinzipielle Anwendung der Mehrheitsregel Einigkeit bestehen; wo kein inhaltlicher Konsens *durch* Verfahren möglich ist, bedarf es wenigstens eines Konsenses *über* die anzuwendenden Verfahren. Übereinstimmung über eine Unterwerfung unter die Mehrheitsregel setzt jedoch die Erfüllung verschiedener Bedingungen voraus: Zum ersten werden sich die Mitwirkenden nur darauf einlassen, wenn ihnen jeweils die gleiche Chance eingeräumt wird, die Mehrheitsbildung in ihrem Sinne zu beeinflussen, d.h. wenn die politische Gleichheit der Abstimmungsberechtigten bei der Ermittlung der Mehrheit

---

309 Oben 6. Kap. II. 1. d) (248 ff.).

310 Zus.fass. hierzu 8. Kap. VI. 2. a) (487 ff.).

311 *Jean-Jacques Rousseau*, Du Contrat Social (1762), présenté par François Bouchardy, 1946, bes. 56 ff. (Liv. 1, Chap. 6), 171 ff. (Liv. 4, Chap. 1), auch 255 ff. (Éclaircissement 1); vgl. dazu – speziell in Abgrenzung zu den anderen Vertragstheoretikern – *Hans Ryffel*, Rechts- und Staatsphilosophie, 1969, 438 ff.

312 Vgl. z.B. *Jürgen Habermas*, Theorie des kommunikativen Handelns, 1981, Bd. 1, 385 ff., 524 ff., und Bd. 2, 223 ff.; dazu *Buchanan* (Fn. 18), 58 ff.; u. krit. *Riedel* (Fn. 51), 181 ff.; insges. zur Problematik des „allgemeinen" bzw. „verallgemeinerungsfähigen" Interesses *Petersen*, Individuelle Freiheit (Fn. 18), 150 ff., 184 ff.; jew. m.w.N.

313 Stv. hierzu *D'Atena* (Fn. 300), 3; u. unter grundgesetzlichen Aspekten BVerfGE 29, 154, 165; 44, 125, 141 f.; *Werner Heun*, Das Mehrheitsprinzip in der Demokratie, 1983, bes. 79 ff.; *Christoph Gusy*, Das Mehrheitsprinzip im demokratischen Staat, in: AöR 106 (1981), 329–354, bes. 337 ff.; *Ulrich Scheuner*, Der Mehrheitsentscheid im Rahmen der demokratischen Grundordnung, in: FS Werner Kägi, 1979, 301–325, 311 ff.

gewährleistet ist[314]. Darüber hinaus muß sichergestellt sein, daß sie auch im Falle ihres quantitativen Unterliegens nicht völlig schutzlos der Willkür der Mehrheit ausgeliefert werden, sondern stets auf bestimmte Grundgarantien zurückgreifen können, die nicht zur Disposition der Mehrheit stehen[315]. Schließlich bedarf es eines Vertrauens in den streitentscheidenden Spielregelcharakter der Mehrheitsbeschlüsse, das durch eine entsprechende Ausgestaltung der Entscheidungsverfahren erreicht werden muß[316]. Wo diese Voraussetzungen nicht gegeben sind, werden die Mitglieder eines Gemeinwesens ungeachtet der drohenden Entscheidungsblockaden tendenziell lieber am Prinzip der Einstimmigkeit festhalten wollen[317].

Selbst die Erfüllung all dieser Voraussetzungen bewirkt jedoch noch keinen reibungslosen Ablauf der Entscheidungsprozesse. Denn zum einen lehrt die empirische Sozialforschung, daß in einer Entscheidungssituation, die die Aufstellung von Präferenzen verlangt, nicht immer die Zahl der Unterstützer für die Auswahl einer Präferenz maßgeblich ist, sondern oftmals die unterschiedlichen Intensitäten entscheiden, mit denen die Mitglieder des Gemeinwesens ihre jeweiligen Präferenzen vertreten[318]. Zum anderen läßt sich für komplexe multidimensionale Entscheidungsprozesse, wie sie die Politik üblicherweise bestimmen, sogar modellhaft nachweisen, daß die Mehrheitsregel allein keine eindeutige und verläßliche Entscheidungsfindung garantiert[319]. Das Mehrheitskriterium stellt nach alledem kein begriffsnotwendiges Wesensmerkmal, sondern lediglich ein Hilfsmittel des demokratischen Prinzips bei der Bewältigung der Aufgabe dar, Präferenzen durch öffent-

---

314 Vgl. etwa *Douglas W. Rae/Eric Schickler*, Majority rule, in: Dennis C. Mueller (ed.), Perspectives on Public Choice, 1997, 163–180, 166 ff.

315 Dies betrifft vor allem den Minderheitenschutz durch Grundrechte, auf den unter dem Gesichtspunkt der Rechtsstaatlichkeit im nächsten Abschnitt noch eingegangen werden soll. Vgl. a. nochmals *D'Atena* (Fn. 300), 7 ff.

316 *Riedel* (Fn. 51), 180 f.; zum allg. Hintergrund dieses Erfordernisses insbes. *Niklas Luhmann*, Legitimation durch Verfahren, 1969, 38 ff., 141 ff.

317 Grundlegend hierzu bspw. *Mueller* (Fn. 301), 125 ff.; tendenziell ebenso *Schwintowski* (Fn. 14), 584, unter Bezug auf das rationale Kostenkalkül des methodologischen Individualismus. Die besondere Problematik supranationaler Gemeinschaften beim Übergang vom Konsens- zum Mehrheitsprinzip thematisiert etwa *Peter Graf Kielmansegg*, Integration und Demokratie, in: Markus Jachtenfuchs/Beate Kohler-Koch (Hg.), Europäische Integration, 1996, 47–71, 52 f.; vgl. a. *Jean-Claude Piris*, After Maastricht, are the Community Institutions More Efficacious, More Democratic and More Transparent?, in: ELR 19 (1994), 449–487, 462 ff.; *Dieter Grimm*, Braucht Europa eine Verfassung?, in: JZ 1995, 581–591, 587 ff.; *Wolfgang Merkel*, Das Demokratie-Effizienz-Dilemma, in: FAZ vom 24.04.1996, 12; u. allg. *Robert P. Inman/Daniel L. Rubinfeld*, The political economy of federalism, in: Dennis C. Mueller (ed.), Perspectives on Public Choice, 1997, 73–105, 101 ff.

318 Vgl. *Sartori* (Fn. 301), 224 ff. m.w.N.

319 Zurückgeführt – und deshalb auch partiell als „Arrow's Theorem" bezeichnet – wird diese Erkenntnis primär auf *Kenneth J. Arrow*, Social Choice and Individual Values, 2nd ed. 1963, bes. 22 ff., 46 ff.; vgl. weiter *Adalbert Podlech*, Wertentscheidungen und Konsens, in: Günther Jakobs (Hg.), Rechtsgeltung und Konsens, 1976, 9–28, 16 ff.; *Rae/Schickler* (Fn. 314), 170 ff.; *Farber/Frickey* (Fn. 230), 38 ff.; u. speziell zur Entscheidungsfindung innerhalb des amerikanischen Supreme Court *Frank H. Easterbrook*, Ways of Criticizing the Court, in: Harvard Law Review 95 (1982), 802–832, 811 ff.

lichen Diskurs und adäquate institutionelle Mechanismen so zu gestalten, daß sich am Ende eine insgesamt gemeinwohlfördernde Entscheidung ergibt.

An dieser Stelle kommt nunmehr der Interorganrespekt wieder ins Spiel. Denn sowohl bei der Beschlußfassung innerhalb der obersten Verfassungsorgane als auch im Zusammenwirken derselben spielt die Mehrheitsregel ebenfalls eine erhebliche Rolle, und die im Strukturprinzip des Interorganrespekts enthaltenen Optimierungsgebote[320] zielen unter anderem darauf ab, den Einsatz dieser Regel so zu steuern, daß die Herbeiführung der von den Führungsorganen eines demokratischen Gemeinwesens verlangten politischen Präferenzentscheidungen in effizienter Weise erfolgen und zugleich integrierende Wirkung entfalten kann. Bemerkbar macht sich diese Funktion des Interorganrespekts vor allem in zweierlei Hinsicht:

– In bestimmten Bereichen verlangt jede der hier betrachteten Verfassungsordnungen die gleichberechtigte Teilhabe mehrerer oberster Verfassungsorgane am Entscheidungsprozeß, räumt wenigstens zwei Organen also die Möglichkeit ein, sich wechselseitig zu blockieren[321]. Eine solche gleichmäßige Verteilung der Letztentscheidungsmacht gewährleistet die maximale Berücksichtigung der von den beteiligten Organen vertretenen Interessen. Die damit verbundene partielle Außerkraftsetzung der Mehrheitsregel gefährdet jedoch andererseits die erfolgreiche Abwicklung des betreffenden Entscheidungsprozesses insgesamt. Hier erfüllt das Prinzip des Interorganrespekts eine kompensatorische Funktion, indem es mit seiner allgemeinen Verpflichtung der Organe zum loyalen Zusammenwirken und den daraus fließenden begleitenden Kooperationspflichten auf eine gemeinsame Entscheidungsfindung hinwirkt.

– Fast noch häufiger kommt es vor, daß die Verfassungsordnung zwar ein Organ mit der Letztentscheidungsmacht über eine bestimmte Angelegenheit ausstattet, gleichzeitig aber Beteiligungsrechte anderer Organe festlegt, die ihrerseits Rücksichtnahmeverpflichtungen im Sinne des Interorganrespekts begründen. In solchen Situationen kann die Mehrheitsregel in modifizierter Form zur Verstärkung des Interorganrespekts eingesetzt werden: Je weniger das zur Letztentscheidung berufene Organ demnach auf Bedenken der anderen beteiligten Organe Rücksicht nimmt, desto größer werden die Mehrheiten, die es intern zur Durchsetzung seiner Entscheidungsbefugnis mobilisieren muß. Zu dieser Technik spezifischer Mehrheitserfor-

---

320 Oben III. 1. b) (560 ff.).

321 Das Paradebeispiel hierfür bildet das Verhältnis der Legislativorgane zueinander: in den USA generell, in Deutschland bei Zustimmungsgesetzen und in der EG beim Mitentscheidungsverfahren. Vgl. oben 5. Kap. II. 1. a) (149), b) aa) (2) (151) und bb) (3) (154 f.). Noch interessanter erscheinen jedoch die Beispiele aus dem Bereich der auswärtigen Gewalt: So können etwa Legislative und Exekutive den Abschluß völkerrechtlicher Verträge in der Regel nur gemeinsam vornehmen (oben 7. Kap. I. 1. a) aa) (291 f.), b) aa) (1) (299 ff.) und bb) (2) (306 ff.)), und auf militärischem Gebiet stellt der vom BVerfG postulierte Parlamentsvorbehalt (7. Kap. III. 1. b) cc) (2) (369 ff.)) zumindest für Deutschland eine vergleichbare potentielle Blockadesituation her. Darüber hinaus fallen die meisten Formen finanzwirksamer öffentlicher Tätigkeiten in diese Kategorie: ohne die Legislative kann die Exekutive keine Mittel mobilisieren, doch können die Gesetzgebungsorgane das von ihnen bewilligte Geld ebensowenig selbst ausgeben (i. einz. hierzu 6. Kap. III. 1. c) (268 ff.)).

dernisse greifen die in der vorliegenden Untersuchung analysierten Verfassungssysteme in erster Linie im Verhältnis der beiden Legislativorgane zueinander[322]; hierher gehören allerdings ebenso die Behandlung präsidentieller Vetos durch den amerikanischen Kongreß[323], die besonderen Mehrheitsanforderungen im Rahmen der europäischen „Komitologie"[324] und der lediglich aufgrund praktischer Erwägungen beiseite gelegte Vorschlag, für normverwerfende Entscheidungen des Verfassungsgerichts eine qualifizierte Mehrheit der Verfassungsrichter zu fordern[325]. Freilich beschränkt sich die Funktion des Interorganrespekts in diesem Zusammenhang darauf, die entsprechenden Vorschriften als positivierte Teilkonkretisierungen seiner Grundidee zu erläutern und zu begründen; für eine direkte Ableitung derartiger Erfordernisse fehlt es ihm an hinreichend präzisen Maßstäben.

c) Ergebnis

Das demokratische Prinzip wirkt auf die Ausgestaltung des Interorganrespekts nur mittelbar ein, indem es die mit Hilfe dieses Grundsatzes zu ermittelnden prima facie-Vorrangrelationen[326] zwischen den einzelnen Verfassungsorganen beeinflußt. Sein Einfluß schlägt sich in einer gewissen Asymmetrie zugunsten der unmittelbar vom Volk gewählten Verfassungsorgane nieder: Diese Organe können tendenziell mehr Interorganrespekt von seiten der indirekt legitimierten beanspruchen als umgekehrt. Die Grenzen dieses Einflusses sind jedoch eng gezogen und werden insbesondere durch die anderen hier behandelten Verfassungsstrukturprinzipien in ihrem Verhältnis zum Interorganrespekt bestimmt; das gilt für die untrennbar mit dem Gewaltenteilungsgrundsatz verbundene Vorgabe einer organadäquaten Funktionenzuordnung[327] ebenso wie für die aus dem Föderalismusgedanken folgenden notwendigen Mitwirkungsrechte der einzelstaatlichen Vertretungsorgane auf Bundes- bzw. Gemeinschaftsebene[328] und die sogleich noch zu erörternden Konsequenzen des Rechtsstaatsprinzips für die Positionierung der rechtsprechenden Institutionen. Das schon im vorangegangenen Abschnitt ausgeführte Beispiel des föderalen Prinzips zeigt darüber hinaus, daß der Interorganrespekt in diesen Fällen sogar eine Brückenfunktion zwischen der demokratischen Idee und den anderen Verfassungsstrukturprinzipien erfüllen kann, indem er für eine Balance zwischen den Organen sorgt, die diese Prinzipien vorrangig repräsentieren, und sie außerdem darauf verpflichtet, bei der Festlegung von Präferenzen für das gesamte Gemeinwesen loyal zusammenzuwirken; die bereits im Rahmen der Anwendungsanalyse angestellten

[322] Zus.fass. hierzu schon oben 5. Kap. II. 4. a) aa) (171 ff.).
[323] Oben 5. Kap. III. 1. (197 ff.).
[324] Allerdings entspricht die dort bestehende Situation unter anderen Aspekten nicht dem Ideal des Interorganrespekts. Vgl. oben 6. Kap. I. 3. c) (234 ff.) und 4. b) (240 ff.).
[325] Hierzu i. einz. 8. Kap. II. 3. b) (426 ff.).
[326] Vgl. dazu die Erläuterungen oben 1. c) (590 ff.).
[327] Oben 1. b) aa) (584 ff.) und schon II. 2. c) (551 ff.).
[328] Vgl. zus.fass. oben 2. b) (596 ff.).

Überlegungen zur „countermajoritarian difficulty“[329] lassen für den Rechtsstaatlichkeitsgedanken Ähnliches erwarten. Schließlich können sich aus den zur Herstellung der angesprochenen Balance erforderlichen Beteiligungsrechten ihrerseits Rückwirkungen des Interorganrespekts auf die nähere Ausgestaltung der demokratischen Entscheidungsprozesse ergeben, wie die Existenz abgestufter Mehrheitserfordernisse in allen vorliegend analysierten Verfassungssystemen exemplarisch belegt.

4. Rechtsstaatlichkeit

Aufbauend auf dem zum Demokratieprinzip gefundenen Ergebnis bleibt in diesem Zusammenhang als letzter Verfassungsgrundsatz der Rechtsstaatsgedanke zu untersuchen. Dieser wird aus der Perspektive des Interorganrespekts natürlich vor allem insofern relevant, als er eine bestimmte Entscheidungsgewalt der rechtsprechenden Organe gegenüber Exekutive und Gesetzgeber begründet.

a) Grundsatz und Notwendigkeit gerichtlicher Kontrolle

Der Begriff des Rechtsstaats stellt eine spezifisch deutsche Wortschöpfung dar. Sein Grundgedanke ist jedoch allen zum Gegenstand dieser Arbeit gemachten Verfassungsordnungen gemeinsam: nämlich die Idee eines Staates oder staatsähnlichen Herrschaftsverbandes, in dem die Ausübung der öffentlichen Gewalt einer umfassenden Rechtsbindung unterliegt[330]. Dabei werden nach deutscher Terminologie traditionell zwei Ausprägungen der Rechtsstaatlichkeit unterschieden: zum einen die formelle, die exemplarisch im Gewaltenteilungsgrundsatz, in der verfahrensrechtlichen Garantie eines Rechtsschutzes durch unabhängige Gerichte sowie in der Bindung des gesamten staatlichen Handelns an Recht und Gesetz zutage tritt[331]; und zum anderen die materielle, die ihre Ausgestaltung im einzelnen durch die grundlegenden verfassungsrechtlichen Wertentscheidungen erfährt[332] und sich demzufolge vor allem in der Gewährleistung individueller Grundrechte manifestiert, die zugleich den für die Akzeptanz der Mehrheitsregel in einem demokratischen Gemeinwesen essentiellen Minderheitenschutz gewährleisten, von dem im vorigen Ab-

---

[329] Oben 8. Kap. VI. 2. a) (487 ff.).

[330] Dabei handelt es sich allerdings in der Tat um eine spezifische Eigenschaft der drei hier betrachteten Verfassungssysteme. Schon in England oder Frankreich kann dieses Statement trotz „rule of law“ und „primauté de la loi“ nicht mehr in gleichem Maße Geltung beanspruchen. Vgl. näher *Lorz* (Fn. 290), 117 ff. m.w.N.

[331] Vgl. schon *Hans Huber*, Niedergang des Rechts und Krise des Rechtsstaates, in: Fg. für Zaccaria Giacometti, 1953, 59–88, 68 f.

[332] Dazu etwa *Otto Kimminich*, Der freiheitlich-demokratische Rechtsstaat der Bundesrepublik Deutschland, in: Politische Systeme in Deutschland, hg. vom Göttinger Arbeitskreis, 1980, 7–40, 15 ff.; u. allg. statt vieler: *Helmuth Schulze-Fielitz*, in: Dreier (Fn. 109), Art. 20 (Rechtsstaat) Rn. 44 ff., der aber auch ausdrücklich auf die historische Bedingtheit dieser Unterscheidung hinweist.

schnitt bereits die Rede war[333]. Die Rechtsstaatlichkeit insgesamt ist nur in einer Kombination beider Aspekte zu verwirklichen, wie dies aus der Sicht des Grundgesetzes beispielsweise die umfassende Definition von *Stern* zum Ausdruck bringt:

„Rechtsstaatlichkeit bedeutet, daß die Ausübung staatlicher Macht nur auf der Grundlage der Verfassung und von formell und materiell verfassungsmäßig erlassenen Gesetzen mit dem Ziel der Gewährleistung von Menschenwürde, Freiheit, Gerechtigkeit und Rechtssicherheit zulässig ist."[334]

Speziell die Gewährleistung der individuellen Grundrechte, die im Grundgesetz seit jeher und in der US-Verfassung seit der Einführung der auch als „Bill of Rights" bezeichneten ersten zehn Zusatzartikel 1791 festgeschrieben sind, vom Europäischen Gerichtshof als „in den allgemeinen Grundsätzen der Gemeinschaftsrechtsordnung" enthalten betrachtet wurden[335] und seit Maastricht unter Bezugnahme auf die EMRK in Art. 6 II (ex-Art. F II) EUV ausdrückliche Anerkennung gefunden haben, bildet über ihre Bedeutung für die materielle Rechtsstaatlichkeit hinaus eine der wesentlichen Aufgaben und Zielsetzungen jeder westlichen Verfassungsordnung. Unter dem Aspekt des Interorganrespekts muß uns jedoch vor allem die formelle Seite der Rechtsstaatlichkeit interessieren: neben der bereits gesondert erörterten Gewaltenteilung und der Gesetzmäßigkeit aller Handlungen der öffentlichen Gewalt namentlich die Verteidigung dieser Rechte und Prinzipien in der Verfahrenspraxis der rechtsprechenden Organe und damit das Verhältnis dieser Organe zu den anderen.

Für das allgemeine Verhältnis von Rechtsprechung und Exekutive konnte in diesem Zusammenhang ohne weiteres eine Übereinstimmung aller betrachteten Systeme dahingehend festgestellt werden, daß grundsätzlich jede Verwaltungsentscheidung der gerichtlichen Überprüfbarkeit unterliegt[336]. Aus rechtsstaatlicher Sicht leuchtet dieser Grundsatz deswegen unmittelbar ein, weil nur er die Gesetzesbindung des exekutiven Handelns im Einzelfall zu gewährleisten vermag und andernfalls die individuellen Grundrechtsgarantien als materielle Ausformungen der Rechtsstaatlichkeit ins Leere liefen; die eigenen Kontrollmöglichkeiten der Legislative reichen zur umfassenden Überwachung des Normvollzuges nicht aus, so daß nur die Judikative die Einhaltung der Gesetze durch die vollziehende Gewalt durchgängig sichern kann. Der Interorganrespekt bestätigt diesen Grundsatz, zieht ihm aber zugleich Grenzen, indem er die Gerichte dergestalt zur Rücksichtnahme auf den originären Funktionsbereich der Exekutive verpflichtet, daß ihr auf diesem Gebiet eigene Beurteilungs- und Handlungsspielräume verbleiben müssen[337]. Dieser

---

[333] Oben 3. b) (604 f.), vgl. schon Fn. 315; u. näher dazu bspw. *Mueller* (Fn. 301), 132 ff.

[334] *Stern* (Fn. 141), 781; vgl. a. z.B. *Hesse* (Fn. 23), 86 (Rn. 192); u. *Ernst-Wolfgang Böckenförde*, Entstehung und Wandel des Rechtsstaatsbegriffs, in: ders., Staat, Gesellschaft, Freiheit, 1976, 65–92, 69 f., 81 f.; jew. m.w.N.; teilweise krit. *Karl Doehring*, Das Staatsrecht der Bundesrepublik Deutschland, 3. Aufl. 1984, 234 ff.

[335] EuGH Slg. 1969, 419 – Rs. 29/69 –, 425; vgl. dazu auch schon die weiteren Nachweise oben 8. Kap. Fn. 157.

[336] I. einz. oben 6. Kap. III. 2. (277 ff.) mit den dortigen Nachweisen.

[337] Ebd., beachte dort auch schon die Ausführungen III. 1. a) (264 ff.), wonach zumindest im

Effekt liefert einen ersten Anhaltspunkt für die allgemeine Wechselwirkung zwischen Interorganrespekt und Rechtsstaatlichkeit. Für die Legislative stellt sich diese Frage im Verhältnis zur normalen (mitgliedstaatlichen) Gerichtsbarkeit in Deutschland und Europa jedoch nicht, da es den Gerichten dort an einer verbindlichen Überprüfungsbefugnis gegenüber Gesetzesnormen fehlt. Abschließende Auskunft über die Bezüge des Interorganrespekts zum Rechtsstaatsgedanken vermag daher nur eine Betrachtung der mit dieser Befugnis ausgestatteten Verfassungsgerichte zu geben, auf die sich bereits die Anwendungsanalyse der vorliegenden Untersuchung konzentriert hatte.

b) Insbesondere die Verfassungsgerichtsbarkeit

In diesem Zusammenhang bedarf es zunächst noch einmal der Klarstellung, daß Verfassungs*rechtsprechung* und Verfassungs*gerichtsbarkeit* keineswegs deckungsgleiche Funktionsbereiche bezeichnen. Auch die „einfachen" Gerichte üben nämlich Verfassungsrechtsprechung jedenfalls dann, wenn sie bestimmte Maßnahmen der Exekutive direkt an den Grundrechten bzw. am europäischen Primärrecht messen. Im amerikanischen Modell, das keine spezifische Verfassungsgerichtsbarkeit kennt, sind die unteren Gerichte sogar generell zur Entscheidung von Verfassungsfragen berufen, wenn sie in einem zulässigerweise vor sie gebrachten Fall damit konfrontiert werden. Die für die Frage vom Interorganrespekt entscheidende Bedeutung kommt jedoch letztlich dem Verhältnis des obersten Rechtsprechungsorgans, das in den hier behandelten Systemen zugleich als einzige Institution der Judikative den Rang eines Verfassungsorgans bekleidet, zu den anderen obersten Verfassungsorganen zu. Dabei ist es im Ergebnis unerheblich, ob dieses Organ wie das Bundesverfassungsgericht ausschließlich für Verfassungsfragen zuständig ist, wie der Europäische Gerichtshof verfassungsrechtliche Streitigkeiten aufgrund ausdrücklicher Zuweisung entscheidet oder wie der Supreme Court seine Zuständigkeit für Probleme des Verfassungsrechts einfach aus seiner hierarchischen Stellung als Spitzenorgan der rechtsprechenden Gewalt herleitet[338]. Der Schwerpunkt unserer Analyse lag demzufolge auf der Schnittmenge von Verfassungsrechtsprechung und Verfassungsgerichtsbarkeit, d.h. auf der rechtsprechenden Tätigkeit der obersten Gerichte in ihrer Eigenschaft als Verfassungsgerichte.

Betrachtet man die Ursprünge dieser Tätigkeit unter rechtsstaatlichen Gesichtspunkten, so stellt man zunächst fest, daß sie im Kern der allgemeinen Aufgabe der Rechtsprechung in bezug auf unterverfassungsrechtliche Streitigkeiten nachgebildet worden ist[339]: Die Verfassung wird quasi als ein besonderes Gesetz behandelt,

parlamentarischen Regierungssystem die Legislative die Verwaltungstätigkeit der Exekutive im Einzelfall gar nicht permanent kontrollieren dürfte.

[338] Zu den Zuständigkeiten dieser Gerichtshöfe i. einz. oben 8. Kap. I. 1. a) aa) (382 ff.) und bb) (385) sowie 2. (391 ff.).

[339] Zus.fass. hierzu auch oben 8. Kap. VI. 1. a) (483 ff.). Bundespräsident Herzog hat dies in seiner Rede als Honorary Bencher von Gray's Inn am 29.04.1996 in London noch einmal idealtypisch auf den Punkt gebracht, vgl. BullBReg. 36/1996 vom 08.05.1996, 357.

das lediglich in der Normenhierarchie eine Stufe höher steht als das „gewöhnliche", vom Parlament erlassene Gesetz. Um die daraus resultierende Verfassungsbindung aller Zweige der öffentlichen Gewalt in der Verfassungspraxis zu gewährleisten, bedarf es der Überwachung ihrer Beachtung im Einzelfall durch eine mit Kontrollmacht ausgestattete Instanz. Diese Kontrollmacht ist unter Balanceaspekten einem Organ zu überantworten, das ansonsten keine weiteren Befugnisse zur Ausfüllung der Verfassungsordnung besitzt und daher der Versuchung, die Sicherung des Vorrangs der Verfassung und den Erhalt ihres rechtlichen Ordnungsrahmens anderen Interessen unterzuordnen, am ehesten widerstehen kann. Da die „dritte Gewalt" unter diesem Aspekt die „least dangerous branch" darstellt, weist diese Aufgabenbeschreibung tendenziell stark in die Richtung eines unabhängigen gerichtlichen Spruchkörpers mit einer umfassenden Kontrollbefugnis am Maßstab der Verfassung gegenüber allen anderen Zweigen und Organen der öffentlichen Gewalt, wie ihn die obersten Gerichte der hier analysierten Verfassungsordnungen darstellen[340].

Die Existenz eines solchen Spruchkörpers befriedigt somit den grundsätzlichen Anspruch der formellen Rechtsstaatlichkeit, schafft jedoch zugleich potentielle Konfliktlagen mit den anderen Verfassungsstrukturprinzipien, in erster Linie mit dem demokratischen Prinzip und dem Gewaltenteilungsgrundsatz. Denn wenn das höchste Rechtsprechungsorgan die Maßnahmen aller anderen obersten Verfassungsorgane überwachen und gegebenenfalls annullieren und korrigieren kann, erhält es durch diese Befugnis eine weitreichende Letztentscheidungsmacht. Das Fehlen eines Selbstbefassungsrechts für die Gerichtsbarkeit vermag angesichts der zwischenzeitlichen Durchdringung der gesamten rechtlichen und politischen Ordnung durch die Verfassung und der Vielfalt der Zugangswege, auf denen Verfassungsfragen in den vorliegend untersuchten Systemen vor das oberste Gericht getragen werden können[341], diesen Befund nur abzumildern, nicht jedoch aufzuheben. Gleiches gilt für die theoretische Beschränkung des Gerichts auf die verfassungs*rechtliche* Nachprüfung und Kontrolle des Verhaltens der anderen Verfassungsorgane; die im Rahmen dieser Arbeit angestellten Fallstudien hierzu haben deutlich gemacht, daß das Verfassungsgericht seine diesbezüglichen Maßstäbe selbst entwickeln muß und die Bestimmung der Grenzen seiner eigenen Kontrollmacht letztlich in seiner Hand verbleibt[342]. Damit entsteht aus der Perspektive der Gewaltenteilung das Problem, die zentralen Funktionsbereiche der anderen Gewalten und der sie repräsentierenden Organe gegen Usurpationen seitens der Verfassungsrechtsprechung zu schützen.

Die Einbeziehung des demokratischen Prinzips verstärkt im Verhältnis des obersten Gerichts zur Legislative dieses Dilemma noch. Denn nach der Grundidee die-

---

[340] *Haverkate* (Fn. 175), 395 f. et seq., betrachtet das Verfassungsgericht in dieser Funktion als „Schiedsgericht zwischen den Parteien des Gegenseitigkeitsverhältnisses", das für ihn auch im Verhältnis zwischen Bürger und Staat besteht und den Kern der Verfassungsordnung ausmacht.

[341] Vgl. zus.fass. oben 8. Kap. I. 3. (394 ff.).

[342] Stv. hierfür nochmals *Haverkate* (Fn. 175), 393 ff.; u. *Ernst-Wolfgang Böckenförde*, Verfassungsgerichtsbarkeit: Strukturfragen, Organisation, Legitimation, in: NJW 1999, 9–17, 16 f.

ses Prinzips ist es primär die Aufgabe der von den Bürgern gewählten Repräsentanten, die politische Willensbildung innerhalb des jeweiligen Gemeinwesens zu vollziehen. Zwar rangiert dieses Prinzip, wie im vorigen Abschnitt bereits herausgearbeitet wurde, nicht über den anderen Verfassungsstrukturprinzipien, sondern lediglich auf gleicher Ebene mit ihnen; das gilt für den Rechtsstaatsgedanken allerdings in gleichem Maße[343]. Es bedarf folglich eines vermittelnden Prinzips, das zwischen den an dieser Stelle widerstreitenden Ideen in organisationsrechtlicher Hinsicht eine Balance herstellt und konkret die Verfassungsgerichtsbarkeit zu einer schonenden Ausübung ihrer Letztentscheidungsbefugnis anhält. Für diese Rolle kommt nach Lage der Dinge nur der Interorganrespekt in Betracht.

c) Fazit

Für das Verhältnis zwischen Interorganrespekt und Rechtsstaatlichkeit ergibt sich daraus eine ähnliche Situation, wie sie zuvor schon für das demokratische Prinzip konstatiert wurde: Zum einen beeinflußt die Verpflichtung einer Verfassungsordnung auf den Rechtsstaatsgedanken die Ausgestaltung des Interorganrespekts dahingehend, daß sie auf der Ebene der obersten Verfassungsorgane eine herausgehobene Position des die „dritte Gewalt" repräsentierenden Organs und seine Ausstattung mit weitreichenden Entscheidungskompetenzen begründet, deren Ausübung die anderen Organe vor allem insofern zu respektieren haben, als sie den daraus hervorgehenden Entscheidungen Gehorsam im Sinne einer loyalen Befolgung und Umsetzung schulden. Auf der anderen Seite sorgt das Prinzip des Interorganrespekts jedoch ebenso dafür, daß das oberste Rechtsprechungsorgan keine dominierende Stellung gegenüber den anderen Verfassungsorganen gewinnen kann und damit die Balance zwischen der rechtsstaatlichen Idee und den anderen Strukturprinzipien in der Gestalt der sie vorrangig repräsentierenden Organe erhalten bleibt. Das gilt sowohl hinsichtlich des Gewaltenteilungsgrundsatzes, indem der Interorganrespekt die Intensität der verfassungsgerichtlichen Kontrollausübung dem Maßstab der organadäquaten Funktionenzuordnung unterwirft, als auch mit Bezug auf das demokratische Prinzip, zu dessen Gunsten er eine besondere Rücksichtnahme auf den unmittelbar demokratisch legitimierten Gesetzgeber verlangt[344]. Soweit sich diese Rücksichtnahme auf den gesetzgeberischen Funktionsbereich des einzelstaatlichen Vertretungsorgans erstreckt, balanciert der Interorganrespekt außerdem Rechtsstaatlichkeit und föderales Prinzip aus; sinngemäß kann dies auch für das Verhältnis der unterschiedlichen Gerichtsbarkeiten innerhalb eines föderalistischen Systems zueinander gesagt werden, in dem die potentiell auftretenden Rechtsprechungskonkurrenzen nur durch die Etablierung einer wechselseitigen Kooperationsverpflichtung im Sinne dieses Prinzips entschärft werden können[345]. Der Inter-

[343] Allg. zu der hier geschilderten Problematik bereits oben 8. Kap. VI. 2. a) (487 ff.) mit den dortigen Nachweisen.

[344] Vgl. ebd. u. zus.fass. 8. Kap. VI. 3. (495 f.).

[345] Dazu schon oben 8. Kap. VI. 2. b) (490 ff.).

organrespekt erweist sich damit letzten Endes als der Kitt, der die fundamentalen Eckpfeiler aller hier erörterten Verfassungsordnungen, die dort als ausdrücklich statuierte oder stillschweigend implizierte Strukturprinzipien fungieren und ganz zu Beginn dieses Kapitels als „Ausgangspunkte“ unserer Betrachtung gekennzeichnet wurden, organisationsrechtlich zusammenhält.

Elftes Kapitel

Möglichkeiten einer verfassungsrechtlichen Fixierung des Interorganrespekts

„We are dealing with words, and there is nothing more fluid than words."

Learned Hand

Die Anwendungsanalyse hat ergeben, daß alle drei zu ihrem Gegenstand gemachten Verfassungsordnungen ungeachtet der grundlegenden Unterschiedlichkeit ihrer Regierungssysteme in einer Vielzahl von Normen Regelungen statuieren, die als Ausdruck und teilweise Positivierung des Grundsatzes vom Interorganrespekt gelesen werden können. Gleichzeitig wurden an zahlreichen Stellen dieser Verfassungsordnungen Lücken im System der geschriebenen Normen aufgezeigt, die nur durch die Heranziehung des Interorganrespekts in seiner Eigenschaft als ungeschriebenes Verfassungsstrukturprinzip mit übergreifendem Charakter geschlossen werden konnten. Vor diesem Hintergrund erscheint zum Abschluß der vorliegenden Arbeit die Frage interessant, ob und inwieweit es möglich ist, diese Lücken durch Schaffung zusätzlicher geschriebener Rechtssätze zu schließen und das Prinzip des Interorganrespekts auf diese Weise weiter zu positivieren und zu fixieren.

I. Grundsätzliche Erwägungen

Diese Frage ist zunächst in grundsätzlicher Hinsicht zu beantworten.

1. Unmöglichkeit einer abschließenden Kodifikation des Interorganrespekts

Dabei kann man eine mögliche Zielsetzung von vornherein ausschließen: Eine vollständige verfassungs- oder einfachgesetzliche Konkretisierung des Interorganrespekts würde sich nicht nur als nicht realisierbar erweisen, sondern darüber hinaus sogar dem Wesen dieses Prinzips widersprechen. Das Vorhaben, eine abschließende und umfassende Regelung der zwischen den obersten Verfassungsorganen eines gewaltenteilig aufgebauten Gemeinwesens bestehenden Rücksichtnahme- und Kooperationsverpflichtungen vorzunehmen oder die Zuordnung aller denkbaren Funktionen der öffentlichen Gewalt an die einzelnen Organe im Sinne der Organadäquanz vorab verbindlich festzulegen, müßte bereits an der im vorigen Kapitel dargelegten Entwicklungsoffenheit und Elastizität des Interorganrespekts[1] scheitern. Die Vielfalt der potentiellen Anforderungen, die an die Organisation eines Staates oder staatsähnlichen Herrschaftsverbandes gestellt werden können, und die Unüberschaubarkeit der daraus resultierenden Probleme im Umgang der obersten Organe eines solchen Verbandes miteinander lassen den Versuch einer durchgängigen Normierung des Interorganrespekts in all seinen Anwendungsformen aussichtslos erscheinen. Vor allem aber würde eine solche Normierung – soweit sie denn möglich wäre – den Organen in ihrem wechselseitigen Verhältnis jene Flexibilität rauben, die für die Aktionsfähigkeit des modernen Staates ebenso unerläßlich ist wie für die weitere Gestaltung der supranationalen Integration Europas, und stattdessen die „Judizierung des politischen Lebens“[2] auf die Spitze treiben. Aus diesem Grund sind auch alle nachfolgenden Kodifizierungserwägungen lediglich als punktuelle Vorschläge möglicher Teilpositivierungen des Interorganrespekts zu verstehen, die seinen Charakter als übergreifendes Strukturprinzip[3] weder in Frage stellen sollen noch können.

2. Spielräume für punktuelle Kodifizierungsansätze

Zu überlegen bleibt allerdings, ob aus dieser Unmöglichkeit einer abschließenden Kodifikation des Interorganrespekts umgekehrt der Schluß gezogen werden sollte, auf den Versuch einer schriftlichen Fixierung dieses Prinzips ganz zu verzichten. In diesem Sinne hat beispielsweise schon *Smend* für die Bundestreue bemerkt, daß bei einer Positivierung der einzelnen der in ihr begründeten Pflichten und Rechte selbst „die sorgfältigste und bestüberlegte Fassung im Einzelfall mehr schaden als nützen“ würde, während ihre Eigenschaft als elastischer allgemeiner Grundsatz die geeignete Basis biete, „um überall den Geist und die Einzelheiten der Lösung derartiger Fragen richtig zu bestimmen“[4]. *Schenke* hat diesen Gedanken für die Verfassungsorgantreue dahingehend übernommen, daß ein ungeschriebenes Verfassungsprinzip – eine entsprechende Selbstbeschränkung des Verfassungsgerichts vorausgesetzt, womit sich im Falle des Interorganrespekts als Grundlage einer solchen Selbstbeschränkung freilich die Katze in den Schwanz beißt – weniger Gefahren für den politischen Entscheidungsprozeß aufwerfe als die detaillierte positivrechtliche Ausgestaltung eines derartigen Prinzips[5].

Dieses Argument muß sich jedoch nicht notwendig gegen jede Teilpositivierung des Interorganrespekts richten, solange man sich über die immanente Unzulänglichkeit aller diesbezüglichen Kodifizierungsversuche im klaren bleibt. Vielmehr zeigen die im Verlauf der Anwendungsanalyse im einzelnen herausgearbeiteten Ein-

---

[1] Oben 10. Kap. IV. 1. (571 f.).

[2] Die Formulierung stammt von *Wolf-Rüdiger Schenke*, Die Verfassungsorgantreue, 1977, 37.

[3] Dazu nochmals oben 10. Kap. III. 1. (556 ff.).

[4] *Rudolf Smend*, Ungeschriebenes Verfassungsrecht im monarchischen Bundesstaat, in: Fg. für Otto Mayer, 1916, 245–270, 266.

[5] *Schenke* (Fn. 2), 36 f.

bruchstellen für den Gedanken des Interorganrespekts in die geschriebene Verfassungsordnung, daß bestimmte, typischerweise wiederkehrende Konfliktlagen durch den gezielten Einsatz positivierter Verfassungsrechtssätze besser entschärft werden können als durch die dem politischen Meinungskampf wesentlich stärker ausgesetzte Anwendung ungeschriebener Verfassungsstrukturprinzipien. Das vielleicht überzeugendste Beispiel aus jüngerer Zeit hierfür stellt der Streit um die Notwendigkeit einer Zustimmung des Bundestages zu „out of area"-Einsätzen der Bundeswehr dar: Da die Schöpfer des Grundgesetzes ebensowenig wie der verfassungsändernde Gesetzgeber die entsprechende Konstellation vorausgesehen hatten – und wohl auch nicht voraussehen konnten –, gab der Verfassungstext zu diesem Problem keine nähere Auskunft. Die daraus resultierende „Grauzone" der Kompetenzverteilung provozierte prompt eine Auseinandersetzung zwischen Legislative und Exekutive, die am Ende nur durch einen verbindlichen Spruch des Bundesverfassungsgerichts geschlichtet werden konnte. Dabei sah sich das Gericht gezwungen, zur Schaffung klarer Verantwortlichkeiten relativ detaillierte Festlegungen zu treffen und damit den potentiellen Vorwurf einer Überschreitung seiner eigenen Kompetenzen im Sinne eines zu weitgehenden richterlichen Aktivismus auf sich zu ziehen[6]. Zwar hat unsere Analyse ergeben, daß seine Entscheidung im Sinne des Interorganrespekts zutreffend begründet war; aber hätte eine eindeutigere Regelung in der Verfassung den Streit nicht von vornherein vermeiden können? Im übrigen läßt das Urteil vom 12.07.1994 durchaus noch einiges in der Schwebe, wie das Verfassungsgericht selbst zum Ausdruck bringt, wenn es den Gesetzgeber auf die Möglichkeit hinweist, „die Form und das Ausmaß der parlamentarischen Mitwirkung näher auszugestalten"[7]. Vor dem Hintergrund denkbarer weiterer Dispute zwischen Regierung und Parlament über anders gelagerte militärische Herausforderungen – die 1997 in Tirana durchgeführte Rettungsaktion bot dafür bereits das erste Beispiel[8] – sollte dieser Hinweis des Verfassungsgerichts wohl eher als Aufforderung zur Erfüllung einer Aufgabe denn als bloße Beschreibung einer Möglichkeit verstanden werden. Man muß sich nur stets der Tatsache bewußt bleiben, daß derartige Kodifizierungen den Interorganrespekt lediglich punktuell fixieren und das Prinzip als solches in seiner übergreifenden strukturellen Funktion nicht ersetzen können.

II. Einzelne Ansatzpunkte

Vor diesem Hintergrund sollen nunmehr zum Abschluß der Arbeit verschiedene denkbare Ansatzpunkte für eine punktuelle verfassungsrechtliche Positivierung des Interorganrespekts vorgestellt werden. Der oben beschriebenen Natur des Prinzips entsprechend muß sich diese Vorstellung allerdings auf eine exemplarische De-

---

[6] Hierzu i. einz. 7. Kap. III. 1. b) cc) (366 ff.).

[7] BVerfGE 90, 286, 389.

[8] Vgl. dazu ebenfalls oben 7. Kap. III. 1. b) cc) (2) (371 f.).

monstration beschränken. Der Schwerpunkt dieser Demonstration soll in Beachtung des hauptsächlichen Erkenntnisinteresses der Untersuchung auf dem deutschen Verfassungssystem liegen, während das amerikanische an dieser Stelle vollständig außer Betracht bleibt.

1. Eine Generalklausel im Bereich der Staatsstrukturprinzipien

Als erstes stellt sich die Frage nach der Möglichkeit, den Interorganrespekt in allgemeiner Weise dort zum Ausdruck zu bringen, wo er seinem Wesen nach hingehört: im Bereich der sonstigen Verfassungsstrukturprinzipien, d.h. konkret für Deutschland in Art. 20 GG. Zwar scheint auf den ersten Blick schon diese Frage an sich der oben formulierten Vorgabe zu widersprechen, nach der lediglich eine punktuelle Festschreibung des Interorganrespekts in der Verfassung möglich sein soll. Wenn man jedoch berücksichtigt, daß eine entsprechende Generalklausel ihre inhaltliche Substanz nur anhand einer an Einzelfällen erarbeiteten und damit notgedrungen punktuellen Kasuistik entfalten kann[9], verliert dieser Widerspruch zumindest seine ursprüngliche Schärfe. Im übrigen trifft das geschilderte Dilemma auf die anderen beispielsweise in Art. 20 GG kodifizierten Verfassungsstrukturprinzipien in gleicher Weise zu: So wird etwa der in Art. 20 II 2 GG verankerte Gewaltenteilungsgrundsatz, wie sich im Laufe dieser Arbeit an zahlreichen Stellen herausgestellt hat, keineswegs strikt durchgehalten, sondern erst anhand seiner vielfältigen Einzelkonkretisierungen und nicht zuletzt auf der Basis seiner mannigfachen Durchbrechungen verständlich, ohne die der Anwendungsbereich des Interorganrespekts ohnehin von erheblich eingeschränkterer Natur wäre[10]. Von daher sollte der Aufnahme einer Generalklausel zum Interorganrespekt in die Verfassung, die zweckmäßigerweise direkt an die Gewaltenteilungsvorschrift anknüpfen sollte, um auf diese Weise den komplementären Charakter beider Prinzipien hervorzuheben, kein grundsätzlicher Einwand im Wege stehen.

Eine solche Generalklausel müßte die drei hauptsächlichen Elemente des Interorganrespekts fixieren: den Grundsatz der Organadäquanz, das Rücksichtnahmegebot und die allgemeine Verpflichtung der Verfassungsorgane zu loyalem Zusammenwirken. Als Formulierungshilfe steht dabei die Rechtsprechung des Bundesverfassungsgerichts zur Verfügung. Für den Grundsatz der Organadäquanz ist insoweit vor allem die Nachrüstungsentscheidung maßgeblich, in der das Gericht bekanntlich postuliert hat, daß „staatliche Entscheidungen möglichst richtig, d.h. von den Organen getroffen werden, die dafür nach ihrer Organisation, Zusammensetzung, Funktion und Verfahrensweise über die besten Voraussetzungen verfügen“[11]. Das Rücksichtnahmegebot zieht sich in wechselnder Gestalt durch die gesamte Rechtsprechung des Gerichts hindurch[12], und die generelle Kooperationsverpflichtung

---

[9] Hierauf macht für die Verfassungsorgantreue bereits *Schenke* (Fn. 2), 37, aufmerksam.

[10] Vgl. oben 10. Kap. V. 1. b) (583 ff.).

[11] BVerfGE 68, 1, 86.

[12] Vgl. etwa BVerfGE 35, 193, 199; 45, 1, 39; 90, 286, 337.

der Verfassungsorgane taucht bereits in seiner Status-Denkschrift aus den fünfziger Jahren auf, wo von einem Gebot des harmonischen Zusammenwirkens der Organe bei Ausübung ihrer verfassungsmäßigen Tätigkeit die Rede ist[13]. Auf dieser Grundlage könnte eine Neuformulierung des Art. 20 II GG zum Beispiel wie folgt lauten:

> „Alle Staatsgewalt geht vom Volke aus. Sie wird vom Volke in Wahlen und Abstimmungen und durch besondere Organe der Gesetzgebung, der vollziehenden Gewalt und der Rechtsprechung ausgeübt.
>
> Soweit diese Verfassung die Verantwortung für eine bestimmte Entscheidung nicht eindeutig zuweist, ist grundsätzlich dasjenige Organ zur Entscheidung befugt, das dafür nach Organisation, Zusammensetzung, Funktion und Verfahrensweise über die besten Voraussetzungen verfügt.
>
> Die einzelnen Organe haben ihre ausdrücklich oder nach dieser Vorschrift bestimmten Kompetenzsphären wechselseitig zu achten sowie bei der Inanspruchnahme ihrer verfassungsmäßigen Befugnisse auch die Interessen der anderen Verfassungsorgane zu berücksichtigen und die von ihnen wahrgenommenen Funktionen zu respektieren. In der Erfüllung ihrer Aufgaben sollen sie zum Wohle des gesamten Gemeinwesens loyal zusammenarbeiten."

Die europäischen Verträge könnten in weitgehend gleichlautender Form ergänzt werden; die richtigen Orte für eine derartige Ergänzung wären Art. 5 (ex-Art. E) EUV bzw. Art. 7 I (ex-Art. 4 I) EGV.

2. Sonderbestimmungen in einzelnen Funktionsbereichen

Unterhalb der Ebene einer solchen Generalklausel kommen dann in der Tat nur noch punktuelle, auf einzelne Anwendungsfelder oder gar spezifische Probleme zugeschnittene Sonderbestimmungen zur Teilpositivierung des Interorganrespekts in Betracht. Ein letzter Streifzug durch die in den jeweiligen Kapiteln der Anwendungsanalyse behandelten Funktionsbereiche soll dies illustrieren.

a) Gesetzgebung

Im Bereich des Gesetzgebungsverfahrens finden wir zunächst die größte Dichte bereits existierender Teilpositivierungen des Interorganrespekts. Schon für die Initiativphase konnte vor allem in Art. 76 GG eine Reihe wechselseitiger Unterrichtungs- und Befassungspflichten, gekoppelt mit genauen Fristvorgaben, als spezielle Ausdrucksform des Interorganrespekts identifiziert werden[14]. Ähnliche auf eine Kooperation zwischen den beteiligten Organen ausgerichtete Verfahrensregelungen, ergänzt um genau abgestufte Mehrheitserfordernisse[15], fanden sich auch zuhauf für den eigentlichen Verabschiedungsprozeß, wobei in dieser Hinsicht auf der europäischen Ebene teilweise andere Instrumente wie Interorganvereinbarungen an

---

[13] Bemerkungen des Bundesverfassungsgerichts zu dem Rechtsgutachten von Professor Richard Thoma, in: JöR N.F. 6 (1957), 194–207, 206.

[14] Vgl. oben 5. Kap. I. 3. (143 ff.).

[15] Insges. dazu oben 10. Kap. V. 3. b) (604 ff.).

die Stelle primärrechtlicher Vorschriften treten[16]. Schließlich sind die abschließenden Kontrollbefugnisse von Staatsoberhaupt und Exekutive im Gesetzgebungsverfahren naturgemäß relativ präzise in der jeweiligen Verfassung festgelegt[17]. All dies belegt die zentrale Rolle des im Prinzip des Interorganrespekts enthaltenen Gedankenguts, läßt jedoch zugleich den Bedarf an zusätzlichen verfassungsrechtlichen Fixierungen dieser Idee auf legislatorischem Gebiet verhältnismäßig gering erscheinen. Hinzu kommt, daß die über die existierenden Bestimmungen hinausreichende Bedeutung des Interorganrespekts auf diesem Feld wesentlich in der Verhinderung von Mißbräuchen besteht. Hierunter fallen etwa die Umgehung des Bundesrates im „ersten Durchgang" einer Gesetzesvorlage[18], die Aufspaltung zustimmungspflichtiger Gesetze mit dem Ziel einer Aushebelung seiner Mitwirkungsrechte, der auf der europäischen Ebene die Auswahl der Ermächtigungsgrundlage für einen Rechtsakt mit Blick auf die daran geknüpften Beteiligungsrechte des Parlaments entspricht[19], sowie generell die sachfremde Verknüpfung zweier Gesetzesvorhaben, um die in bezug auf das eine gegebenen Gestaltungs- und Blockaderechte zur Durchsetzung eigener Wünsche hinsichtlich des zweiten auszunutzen[20]. Rechtsmißbrauchsverbote kann man aber allgemein nur schwer in die Gestalt konkreter Vorschriften gießen, da das Potential an Mißbrauchs- und Umgehungsmöglichkeiten prinzipiell unbegrenzt erscheint und seine Ausprägungen sich im einzelnen somit kaum vorhersehen lassen. Hier liegt daher ein dauerhaftes Einsatzspektrum des Interorganrespekts in seiner Eigenschaft als ungeschriebener „Reserve-Rechtssatz" zur Konfliktentscheidung vor[21].

Dennoch gibt es selbst im Gesetzgebungsverfahren noch gewisse nichtkodifizierte Ausformungen dieses Prinzips, die einer verfassungsrechtlichen Fixierung fähig und teilweise sogar bedürftig erscheinen. So könnte man beispielsweise daran denken, die Mithilfepflicht der Bundesregierung bei der Erarbeitung von Gesetzentwürfen aus der Mitte des Bundestages[22] ausdrücklich in der Verfassung zu verankern. Ein Standardproblem wie dasjenige der Aufspaltung zustimmungspflichtiger Gesetze oder das europäische Parallelproblem hierzu ließe sich ungeachtet seiner oben vorgenommenen Charakterisierung als Frage des Rechtsmißbrauchs durch eine zusammenfassende Festschreibung der einschlägigen Verfassungsrechtsprechung zumindest in grundsätzlicher Hinsicht bewältigen, etwa durch eine Ergänzung des Art. 77 GG:

„Die Zustimmungspflichtigkeit von Gesetzen bestimmt sich im Zweifel danach, ob ein untrennbarer Sinnzusammenhang zwischen dem fraglichen Gesetz und einem anderen, unzweifelhaft zustimmungspflichtigen Gesetz vorliegt."[23]

---

[16] Vgl. zus.fass. 5. Kap. II. 1. b) bb) (5) (158 f.).
[17] I. einz. hierzu 5. Kap. III. 1.-3. (197 ff.).
[18] Oben 5. Kap. I. 3. (145 f.).
[19] Vgl. näher 5. Kap. II. 4. a) cc) (175 ff.).
[20] Dazu z.B. auch 5. Kap. III. 4. a) bb) (206 ff.).
[21] Zu dieser Eigenschaft oben 10. Kap. IV. 3. b) (579 f.).
[22] Oben 5. Kap. I. 3. (145).
[23] Vgl. BVerfGE 37, 363, 382 f.; u. allg. oben 5. Kap. II. 4. a) cc) (176 f.) m.w.N.

Ähnliches gilt für die inzwischen zur Beschäftigung ganzer Studentengenerationen eingesetzte Frage der Gesetzesausfertigungspflicht des Bundespräsidenten und seines materiellen Prüfungsrechts, die durch die Einfügung eines Satzes hinter Art. 82 I 1 GG theoretisch abschließend geklärt werden könnte:

„Der Bundespräsident darf die Ausfertigung nur verweigern, wenn er nach sorgfältiger Prüfung von der Verfassungswidrigkeit des Gesetzes überzeugt ist."[24]

Zu guter Letzt darf die Funktion des Interorganrespekts als Beurteilungskriterium nicht vergessen werden[25], die sich in einer verfassungsrechtlichen Fixierung dahingehend niederschlagen kann, daß der Interorganrespekt als Leitlinie und Maßstab für Reformen de constitutione ferenda fungiert. Im Rahmen der Anwendungsanalyse diskutierte Beispiele hierfür bilden die Aufhebung des Initiativmonopols der Europäischen Kommission[26], die Etablierung des Mitentscheidungsverfahrens als Regelfall der europäischen Rechtsetzung[27] und die Einräumung einer eigenständigen Befugnis zur Einleitung von Normenkontrollverfahren an den Bundespräsidenten[28]. Die Erarbeitung konkreter Formulierungsvorschläge erübrigt sich insoweit allerdings, solange noch unter verfassungspolitischen Aspekten über die entsprechenden Zielsetzungen gestritten wird.

b) Regierungs- und Verwaltungskontrolle

Eine großenteils vergleichbare Gemengelage aus einerseits schon existierenden und andererseits ergänzend möglichen Teilpositivierungen des Interorganrespekts ist im Bereich der Exekutivkontrolle zu konstatieren, wie sich an dem Komplex der administrativen Rechtsetzung exemplarisch zeigt. Seinen kodifikatorischen Ausdruck hat das Prinzip des Interorganrespekts dort für das deutsche Verfassungssystem in dem dreifachen Delegationsfilter des Art. 80 I 2 GG gefunden, der die Rückbindung der exekutiven Normsetzung an die ursprünglichen Intentionen der Legislative sicherstellen soll[29]. Hinzutreten muß jedoch die Idee eines delegationsfesten Parlamentsrefugiums, die in Deutschland – ebenso wie in den USA die gesamte zugrundeliegende Doktrin – erst von der Verfassungsrechtsprechung im einzelnen entwikkelt worden ist[30]. Auf der europäischen Ebene signalisiert der Gedanke des Interorganrespekts in diesem Punkt einen Reformbedarf, der sich bis in die Details der europäischen „Komitologie" hinein erstreckt[31]. Aber auch für Deutschland be-

---

24 Oben 5. Kap. III. 2. a) (199 ff.) m.w.N., vgl. a. 4. b) (210) zur Rechtfertigung dieser Überlegung aus dem Gedanken des Interorganrespekts.
25 Oben 10. Kap. III. 2. d) (567 f.).
26 Vgl. 5. Kap. I. 3. (146 ff.).
27 Hierzu i. einz. 5. Kap. II. 4. b) cc) (186 ff.) und d) bb) (193 ff.).
28 So zuletzt oben 5. Kap. III. 4. b) (210).
29 Oben 6. Kap. I. 1. a) (212 ff.) und zus.fass. 4. a) (237 f.).
30 Vgl. i. einz. 6. Kap. I. 2. a) und b) (222 ff.) sowie insges. 4. a) (238 f.).
31 Oben 6. Kap. I. 3. c) (234 ff.) und bewertend 4. b) (242).

weist die Diskussion um Zustimmungs- und Änderungsvorbehaltsverordnungen[32], daß die Einsatzmöglichkeiten und -notwendigkeiten des Interorganrespekts durch den Rahmen von Art. 80 I 2 GG allein längst nicht abgedeckt sind. An dieser Stelle wäre somit eine ergänzende verfassungsrechtliche Fixierung des Interorganrespekts denkbar, etwa dergestalt:

„Die grundlegenden Elemente der Regulierung müssen sich aus dem Gesetz selbst ergeben. Das ermächtigte Organ ist verpflichtet, bei der Ausübung seiner Ermächtigung Zielsetzung und Gesamtzusammenhang des Gesetzes soweit wie möglich zu berücksichtigen. Der Bundestag kann im Gesetz die Vorlage der auf seiner Grundlage zu erlassenden Rechtsverordnungen verlangen und ihr Inkrafttreten von seiner Zustimmung abhängig machen."

Ähnliche Ergänzungen bzw. Klarstellungen ließen sich auf dem eigentlichen Feld der Exekutivkontrolle durch die Legislative zum Beispiel hinsichtlich der generellen Kooperationsverpflichtung der Exekutive gegenüber parlamentarischen Untersuchungsausschüssen oder in bezug auf die Pflicht der Regierungsmitglieder, dem Bundestag auf Anforderung Rede und Antwort zu stehen, vornehmen[33]. Im Bereich der Haushaltswirtschaft finden wir dagegen wieder eine hohe Dichte verfassungsrechtlicher und einfachgesetzlicher Teilpositivierungen des Interorganrespekts[34], die die Normierung weiterer konkreter Ausprägungen dieses Prinzips überwiegend unnötig erscheinen läßt. Der Interorganrespekt entfaltet dort seine wesentlichen Wirkungen wiederum besser als hinter den vielfältigen Einzelvorschriften stehender ungeschriebener Rechtssatz. Das gilt sowohl für seine Funktion als Interpretationsmaxime bei der Auslegung der existierenden Vorschriften als auch für seine Anwendung zur Unterbindung von Mißbräuchen der haushaltstechnischen Instrumente, unter denen neben Ausgabenpräjudizierung und Ausgabenverweigerung durch die Exekutive vor allem die mit der Schaffung von Nebenhaushalten, Budgetierungen und Privatisierungen verbundenen Möglichkeiten zur Einschränkung der parlamentarischen Haushaltssteuerung hervorzuheben sind[35].

Weitgehend entgegengesetzt stellt sich die Situation dar, soweit es um den sogenannten „Kernbereich" der Exekutive geht. Hierzu finden sich im Grundgesetz ebensowenig explizite Regelungen wie in den anderen zum Gegenstand dieser Untersuchung gemachten Verfassungsordnungen. Unsere Analyse hat darüber hinaus ergeben, daß sich ein absolut gegen Intrusionen der anderen Gewalten zu schützender „Kernbereich" der Exekutive gar nicht bestimmen läßt, es vielmehr eines gleitenden Maßstabs zur Beurteilung möglicher Gewaltenkonflikte in den in Frage kommenden Funktionsbereichen bedarf, wie ihn das Prinzip des Interorganrespekts idealtypisch verkörpert[36]. Zumindest das aus diesem Grundsatz folgende

---

[32] Vgl. näher 6. Kap. I. 3. b) (231 ff.) und nochmals 4. b) (241 f.).

[33] Oben 6. Kap. III. 1. a) und b) (264 ff.).

[34] Als Beispiel für letztere sei § 22 S. 3 BHO zitiert, der die Anbringung qualifizierter Sperrvermerke regelt. Näher dazu oben 6. Kap. III. 1. c) aa) (270 f.).

[35] Zu all diesen Mißbrauchs- und Umgehungsmöglichkeiten i. einz. 6. Kap. III. 1. c) bb) und cc) (271 ff.).

[36] Zus.fass. oben 6. Kap. IV. 2. (283 ff.).

Regel-Ausnahme-Schema für die Kompetenzabgrenzung zwischen Legislative und Exekutive könnte jedoch eine ausdrückliche Verankerung in der Verfassung finden. Bezogen auf den im Rahmen des Anwendungsteils hauptsächlich behandelten Problemkomplex der Organisations- und Weisungsgewalt, die die Regierung im Bereich der unmittelbaren Staatsverwaltung innehat[37], könnte diese Verankerung im Grundgesetz beispielsweise so aussehen, daß Art. 65 GG entsprechend ergänzt würde:

„Der Bundestag kann einzelne Aufgaben durch Gesetz bestimmten Ministerien zuweisen. Er kann ebenfalls durch Gesetz, soweit dem nicht andere Regelungen dieses Grundgesetzes entgegenstehen, Behörden zur Wahrnehmung besonderer Aufgaben einrichten, die der ministeriellen Leitungsbefugnis ganz oder teilweise entzogen sind. Diese Befugnisse dürfen jedoch nur ausnahmsweise auf der Basis eines wichtigen, im Gesetz darzulegenden Grundes ausgeübt werden.“

Für die grundsätzliche Zuordnung der staatlichen Planungshoheit zur Exekutive und ihre ausnahmsweise unmittelbare Ausübung durch den Gesetzgeber selbst[38] ließe sich eine ähnliche Regelung formulieren.

c) Auswärtige Gewalt

Die Ausgangslage auf dem Gebiet der auswärtigen Gewalt ist wesentlich anderer Natur als in den bisher behandelten Funktionsbereichen. In der Verfassung festgeschriebene Teilpositivierungen des Interorganrespekts finden sich dort nur sehr begrenzt, was es zugleich schwieriger macht, eine mißbräuchliche Nutzung existierender Kompetenzbestimmungen festzustellen. Der Interorganrespekt wirkt daher auf diesem Feld hauptsächlich als Quelle positiver Kooperationspflichten und als Beurteilungskriterium eines potentiellen Reformbedarfs. Letzteres gilt vor allem für die europäische Vertragsordnung: Schon die den Abschluß völkerrechtlicher Verträge durch die Gemeinschaft steuernden Regelungen müssen unter dem Aspekt dieses Prinzips als reformbedürftig bewertet werden, da sie dem Rat gestatten, auf dem Umweg über die völkerrechtliche Sphäre innergemeinschaftlich Kompetenzen des Parlaments zu usurpieren[39]. Die Gemeinsame Außen- und Sicherheitspolitik kann in Ermangelung einer echten außenpolitischen Verbandskompetenz der Union der Idee des Interorganrespekts allenfalls in engen Grenzen gerecht werden, und die europäische Verteidigungspolitik bietet ihr bis auf weiteres überhaupt keinen Anwendungsbereich[40]. Gedanken zu einer konkreten primärrechtlichen Fixierung des Interorganrespekts auf europäischer Ebene werden aus sich aus diesem Grund erst dann sinnvoll entwickeln lassen, wenn über eine intensivere Vergemeinschaftung der auswärtigen Angelegenheiten der Union unter ihren Mitgliedstaaten Einigkeit besteht.

---

[37] Ebd. (285 f.) und speziell zu den „ministerialfreien Räumen“ II. 2. c) bb) und d) (256 ff.).
[38] Vgl. a. hierzu 6. Kap. IV. 2. (286 f.) mit den dortigen Nachweisen.
[39] Näher hierzu oben 7. Kap. I. 1. b) bb) (2) (306 ff.) und bewertend c) (309 ff.).
[40] Oben 7. Kap. II. 2. b) und c) (344 ff.) sowie III. 2. (377 ff.).

Für das deutsche Verfassungssystem kann man hingegen sehr wohl die Frage stellen, inwieweit die aus dem Grundsatz des Interorganrespekts fließenden Kooperationsverpflichtungen zwischen Exekutive und Legislative in außenpolitischer Hinsicht einer verfassungsrechtlichen Fixierung zugänglich sind. Soweit es um Angelegenheiten der Europäischen Union geht, kann Art. 23 II, III GG bereits als eine entsprechende Teilpositivierung angesehen werden[41]. Für den Bereich der völkerrechtlichen Verträge ergab sich aus dem vom Grundgesetz intendierten und durch Art. 59 II GG hergestellten Gleichklang von Binnenkompetenzen und Außenvertretungsbefugnissen die Möglichkeit eines weitgehenden Verzichts auf besondere Regelungen, wenngleich die in der Verfassungspraxis herausgebildeten Mechanismen zur Einbeziehung des Bundestages in die von der Bundesregierung geführten Vertragsverhandlungen durchaus Eingang in den Text der Verfassung finden könnten[42]. Anders sieht es jedoch auf dem Gebiet der allgemeinen Außenpolitik aus: Dort zeigt allein schon die um die Existenz von Regierungsvorbehalten und parlamentarischen Zugriffsrechten geführte heftige Debatte[43], wie hilfreich eine die Beziehungen zwischen Bundestag und Bundesregierung wenigstens im Grundsatz klarstellende Vorschrift im Grundgesetz wäre. Als passender Ort für eine solche Ergänzung kommt eigentlich nur Art. 59 GG in Betracht, obwohl sie ansonsten sicherlich nicht in den Kontext des Abschnitts über den Bundespräsidenten gehört; in Anlehnung an das auf der Basis des Interorganrespekts gefundene Ergebnis[44] könnte sie beispielsweise wie folgt lauten:

„Die Führung der auswärtigen Angelegenheiten ist grundsätzlich Sache der Bundesregierung. Über Entscheidungen von grundsätzlicher politischer Bedeutung kann der Bundestag besondere Beschlüsse fassen. Die Bundesregierung hat den Bundestag über den Fortgang der auswärtigen Angelegenheiten laufend zu unterrichten und seine Stellungnahmen gebührend zu berücksichtigen."

Noch deutlicher als im Bereich der allgemeinen Außenpolitik tritt die Wünschbarkeit einer besonderen Teilpositivierung des Interorganrespekts auf dem militärischen Sektor hervor. Die Existenz einer derartigen Fixierung im Grundgesetz hätte den von 1992 bis zur Entscheidung des Bundesverfassungsgerichts 1994 dauernden Streit um Auslandseinsätze der Bundeswehr vielleicht vermeiden, zumindest aber entschärfen können. Zwar hat das Karlsruher Urteil vom 12.07.1994 die diesbezügliche Sachlage im wesentlichen geklärt, doch würde nichts dagegen sprechen, die verfassungsrechtlichen Kernsätze und weitergehenden Implikationen dieses Urteils[45] auch explizit in der Verfassung zu verankern, wofür sich eine Ergänzung des Art. 87 a GG anböte:

„Der Einsatz der Streitkräfte im Ausland bedarf grundsätzlich der vorherigen konstitutiven Zustimmung des Bundestages. Im Ausland eingesetzte Streitkräfte sind unverzüglich zurück-

---

[41] Vgl. schon 7. Kap. II. 1. b) cc) (337 f.).

[42] Dazu oben 7. Kap. I. 1. b) aa) (1) (301) und zus.fass. c) (311).

[43] Zu dieser i. einz. 7. Kap. II. 1. b) cc) (333 ff.).

[44] Oben 7. Kap. II. 1. c) (339 ff.).

[45] Näher hierzu 7. Kap. III. 1. b) cc) (366 ff.).

zurufen, wenn es der Bundestag mit der Mehrheit seiner Mitglieder verlangt. Bei Gefahr im Verzug ist die Bundesregierung zum vorläufigen Einsatz von Streitkräften berechtigt; der Bundestag ist sobald als möglich davon zu unterrichten und um seine Genehmigung zu ersuchen. Das Nähere regelt ein Bundesgesetz."

d) Verfassungsrechtsprechung

Der letzte im Rahmen unserer Anwendungsanalyse thematisierte Funktionsbereich, die Verfassungsrechtsprechung, konfrontiert uns erneut mit einer speziellen Konstellation, die die Formulierung verfassungsrechtlicher Fixierungen des Interorganrespekts eher erschwert. Denn im Gegensatz zu den im vorigen behandelten Anwendungsgebieten dieses Prinzips, auf denen man sich von seiner kodifikatorischen Konkretisierung zugleich eine Hilfestellung für zukünftige verfassungsgerichtliche Entscheidungen von Interorgankonflikten erhoffen darf, sind die Wirkungsmöglichkeiten einer solchen Konkretisierung in bezug auf die Verfassungsrechtsprechung stark eingeschränkt. Das liegt daran, daß Auslegung und Implementation jeder derartigen Vorschrift durch die Verfassungsrechtsprechung selbst erfolgen müßten, so daß sich letztlich nur der Effekt eines an das jeweilige Gericht adressierten Appells ergäbe, bei der Ausübung seiner Rechtsprechungsbefugnisse eine angemessene Zurückhaltung walten zu lassen. Zwar könnte man diesen Appell seinerseits etwas näher präzisieren und damit den bekannten Bedenken Rechnung tragen, die sich gegen die wohlfeile allgemeine Aufforderung zu „judicial self-restraint" richten[46]. So ließe sich beispielsweise in Anlehnung an das Mitbestimmungsurteil des Bundesverfassungsgerichts[47] eine generelle Regel folgenden Inhalts formulieren:

„Bei der Beurteilung der Verfassungsmäßigkeit von Gesetzen hat das Bundesverfassungsgericht die Einschätzungsprärogative des Gesetzgebers zu respektieren. Es darf seine eigenen Einschätzungen nur dann an die Stelle der von seiten des Gesetzgebers vorgenommenen setzen, wenn sich diese als offenbar unrichtig erweisen. Die Intensität der verfassungsgerichtlichen Kontrolle bestimmt sich im einzelnen nach der Eigenart des in Rede stehenden Sachbereichs, den Möglichkeiten, sich ein hinreichend sicheres Urteil zu bilden, und der Bedeutung der auf dem Spiele stehenden Rechtsgüter."

In der Praxis würde sich die Bedeutung einer solchen Generalklausel allerdings dennoch darauf reduzieren, als reine Ermahnung an das Verfassungsgericht zu fungieren. Dieses Resultat rechtfertigt aber kaum den Aufwand einer ausdrücklichen Verfassungsergänzung, die außerdem falsche Hoffnungen wecken könnte. Da man im Ergebnis ohnedies auf ein ausgeprägtes Vertrauen in die Verfassungsrechtsprechung angewiesen bleibt, kann man es folglich insoweit auch bei dem ungeschriebenen Strukturprinzip des Interorganrespekts mit seinem übergreifenden Charakter belassen. Für den der Exekutive in mancherlei Hinsicht einzuräumenden „breiten Raum politischen Ermessens"[48] gelten sinngemäß die gleichen Überlegungen.

---

[46] Vgl. schon oben 8. Kap. II. 3. a) (424 ff.).
[47] BVerfGE 50, 290, 332 f.; vgl. dazu i. einz. oben 8. Kap. II. 3. d) (432 ff.).
[48] Vgl. etwa BVerfGE 36, 1, 17; 40, 141, 178; u. näher 8. Kap. III. 2. a) (458 ff.) m.w.N.

Im Bereich der Verfassungsrechtsprechung müßten sich Teilpositivierungen des Interorganrespekts daher im Vergleich zu den anderen hier betrachteten Funktionsbereichen noch stärker an punktuellen Zielsetzungen orientieren. Möglich wäre zum Beispiel eine ausdrückliche Verankerung des Grundsatzes der verfassungskonformen Auslegung[49] im Verfassungstext, nachdem die de lege ferenda erwogene Forderung nach formalen Mechanismen zur Erzwingung von Interorganrespekt in der Sache nicht überzeugen konnte[50]. Ebenso könnte die vom Verfassungsgericht seit jeher praktizierte und im Prinzip nicht zu kritisierende Schaffung von Übergangsrecht angesichts der drohenden Überdehnungen des § 35 BVerfGG auf eine präzisere rechtliche Grundlage gestellt werden[51]. Und zu guter Letzt würde sich eine Fixierung der verschiedenen in der Verfassungsrechtsprechung entwickelten Kategorien von Appellentscheidungen, die eine wesentliche Anwendungsform des Interorganrespekts verkörpern, sich zur Zeit jedoch in einem weitgehend ungeklärten Rechtsraum bewegen[52], unzweifelhaft als dogmatisch hilfreich erweisen.

---

49 Dazu oben 8. Kap. II. 3. c) (428 ff.).

50 Oben 8. Kap. II. 3. b) (426 ff.).

51 Vgl. näher 8. Kap. II. 2. a) aa) (407 ff.).

52 I. einz. hierzu 8. Kap. II. 2. a) bb) (409 ff.) mit den dortigen Nachweisen.

Zusammenfassende Thesen

1. Alle modernen Verfassungen, die auf den Ideen der Volkssouveränität und der Rechtsstaatlichkeit basieren, stehen vor dem Problem der richtigen Allokation von Macht innerhalb des von ihnen konstituierten Systems. Dieses Problem wird in bundesstaatlich organisierten Herrschaftsverbänden durch den föderalistischen Aspekt noch verschärft. Aus normativer Sicht geht es dabei vor allem um die funktionale Bestimmung sowie um die wechselseitige Abgrenzung und Respektierung der Befugnisse der einzelnen Gewalten und ihrer Organe. Jedoch können die entsprechenden Vorgaben der Verfassung lediglich einen strukturellen Rahmen abgeben, innerhalb dessen die konkreten Grenzziehungen und Abstimmungsvorgänge veränderlich bleiben. Fraglich ist, ob sich als Grundlage aller dieser Vorgänge eine gemeinsame umfassende Ordnungsidee identifizieren läßt. Hierfür bietet sich der Gedanke des Interorganrespekts an.

2.1. Die hinter diesem Gedanken stehende Grundvorstellung ist der öffentlich-rechtlichen Dogmatik nicht völlig neu. Parallelen lassen sich insoweit vor allem zu dem anerkannten Rechtsinstitut der Bundestreue ziehen. Dabei geht es in den Worten des Bundesverfassungsgerichts um eine aus dem Bundesstaatsprinzip und dem Grundsatz von Treu und Glauben abgeleitete Pflicht des Bundes und der Länder, sich wechselseitig zu verständigen, dem Wesen des bundesstaatlichen Verhältnisses entsprechend zusammenzuwirken und zu seiner Festigung sowie zur Wahrung der wohlverstandenen Belange von Bund und Ländern beizutragen. Ausdifferenziert wird diese Pflicht im einzelnen in Verpflichtungen zur wechselseitigen Information und Konsultation sowie zur Kooperation. Darüber hinaus fungiert die Bundestreue in erster Linie als Rechts- bzw. Kompetenzausübungsschranke. Als Beispiel einer normativen Konkretisierung dieses Prinzips können die in Art. 23 GG statuierten Pflichten zur Beteiligung der Länder in europäischen Angelegenheiten angesehen werden.

2.2. Was die Bundestreue im Verhältnis zwischen Bund und Ländern, ist die sogenannte Verfassungsorgantreue im Verhältnis der Staatsorgane untereinander, womit sie dem Anliegen des Interorganrespekts von allen verfassungsrechtlichen Prinzipien am nächsten kommt. Auch sie bildet einen Sammelbegriff, in dem sich verschiedene Pflichten der Verfassungsorgane zu wechselseitiger Kooperation, Koordination und Rücksichtnahme wiederfinden. Hergeleitet wird sie neben dem Grundsatz von Treu und Glauben in erster Linie aus dem von *Smend* entwickelten Gedanken der staatlichen Integration. Ihre Ergänzung findet sie nach der neueren Rechtsprechung des Bundesverfassungsgerichts in dem Grundsatz der Organadäquanz, wonach staatliche Entscheidungen grundsätzlich von den Organen getroffen werden sollen, die dafür nach ihrer Organisation, Zusammensetzung, Funktion und Verfahrensweise über die besten Voraussetzungen verfügen. Bedeutung erlangen beide Prinzipien zum einen als Auslegungsgesichtspunkte, sodann als Mißbrauchsschranken und schließlich als Quellen ungeschriebener Verhaltenspflichten. Ein Beispiel hierfür stellt der Umgang mit politischen Amtshandlungen des Bundespräsidenten ohne Rechtsaktscharakter nach Art. 58 GG dar; aber auch das Urteil des Bundesverfassungsgerichts zu der vorgezogenen Bundestagswahl von 1983 und seine Rechtsprechung zur Bindungswirkung verfassungsgerichtlicher Entscheidungen für den Gesetzgeber können unter diesem Aspekt gelesen werden.

2.3. Neben Verfassungsorgantreue und Bundestreue existieren beispielsweise auch im Europarecht verschiedene Pflichten zur loyalen Zusammenarbeit, und zwar nach der Rechtsprechung des Europäischen Gerichtshofs sowohl im Verhältnis der Gemeinschaft zu ihren Mitgliedstaaten als auch im Rahmen des Dialogs zwischen den einzelnen Gemeinschaftsorganen. Im Völkerrecht werden aus dem „bona fides"-Grundsatz ebenfalls vermehrt Rücksichtnahme- und Kommunikationspflichten hergeleitet. Schließlich finden sich ungeschriebene Verpflichtungen zu gegenseitiger Rücksichtnahme und zur Wahrung einer funktionsgerechten Organstruktur sogar in dem scheinbar durchnormierten Gebiet des Verwaltungsrechts.

3. Versucht man aus all diesen Erscheinungsformen ein Gesamtbild zu gewinnen, so lassen sich im wesentlichen zwei Ziele identifizieren, die mit dem Gedanken des Interorganrespekts verfolgt werden können, nämlich die (staatliche) Integration einerseits und die Herstellung und Sicherung einer zugleich effektiven und funktionstüchtigen Machtbalance andererseits. Zu diesem Zweck muß der Interorganrespekt zumindest zwei Kernelemente beinhalten: zum einen ein umfassendes Rücksichtnahmegebot und zum anderen eine allgemeine Verpflichtung der Organe zu positivem Zusammenwirken. Durch die Einbeziehung dieser Elemente kann er eine sinnvolle Ergänzung zu dem auf den Aspekt der Machtkontrolle fixierten Prinzip der Gewaltenteilung bilden. Dabei unterscheidet er sich durch seinen potentiell umfassenden Charakter von dem hergebrachten Grundsatz der Verfassungsorgantreue.

4.1. Der übergreifende Geltungsanspruch des Interorganrespekts läßt einen Vergleich verschiedener auf den gleichen prinzipiellen Fundamenten fußender Verfassungsmodelle interessant erscheinen. Dabei schließen divergierende institutionelle Grundkonstruktionen wie im Falle Deutschlands und der USA einen Vergleich der einzelnen Organisationsmechanismen und ihrer unterschiedlichen Lösungswege für ähnliche Problemlagen nicht aus. Ziel ist die Beantwortung der Frage, ob sich jenseits aller Verschiedenheiten in der Ausgestaltung ein gemeinsamer Nenner dieser Verfassungsmodelle in Gestalt des Interorganrespekts herausarbeiten läßt.

4.2. Auch im Vergleich der supranationalen Strukturen der EG mit den einzelstaatlichen Verfassungsordnungen Deutschlands und Amerikas überwiegt die Ähnlichkeit der Problemlagen und der meisten Elemente der institutionellen Grundkonstruktion die Unterschiedlichkeit zwischen der klassischen Staats- und einer Staatengemeinschaftsordnung. Eine komparative Analyse der für ähnliche Herausforderungen entwickelten Lösungsansätze und die Suche nach einem gemeinsamen Nenner sind daher in diesem Verhältnis ebenfalls zulässig.

4.3. Für die Zwecke dieser Untersuchung ist das Verhältnis der höchsten Verfassungsorgane zueinander von herausragender Bedeutung. Aufschluß verspricht insoweit vor allem eine nach staatsverbandlichen Funktionsbereichen gegliederte Analyse. Dabei geht es in erster Linie um folgende Funktionsbereiche: legislative und administrative Normsetzung, Regierung und Verwaltung, auswärtige Beziehungen und militärische Verteidigung sowie Rechtsprechung, vor allem die auf die Verfassung bezogene.

5.1. Monopolistische Systeme für Gesetzesinitiativen spiegeln die politische Wirklichkeit nicht mehr wider, die sich längst auf ein pluralistisches Zusammenwirken aller Organe bei der Einbringung von Gesetzesinitiativen eingestellt hat. Der Gedanke des Interorganrespekts hilft bei der näheren Regulierung dieses Zusammenwirkens und läßt zugleich ein normatives Defizit der monopolistischen Systeme erkennen, das zumindest auf der europäischen Ebene bei nächster Gelegenheit behoben werden sollte.

5.2. In prozeduraler Hinsicht erweist sich der Interorganrespekt im Gesetzgebungsverfahren zunächst als unverzichtbare Voraussetzung zur Konfliktbewältigung im Verhältnis der beteiligten Verfassungsorgane. Er begründet Konsultationspflichten und vermag besondere Fristvorgaben und Mehrheitserfordernisse zu erklären, die die untersuchten Verfassungsordnungen in diesem Zusammenhang aufstellen. Speziell in unechten Zwei-Kammer-Systemen kann er außerdem die Auflösung spezifischer Konfliktlagen bewirken, wie das Problem der Aufspaltung von Gesetzesprojekten in Deutschland und die Schwierigkeiten bei der Wahl der Ermächtigungsgrundlage für bestimmte europäische Rechtsakte illustrieren.

5.3. In institutioneller Hinsicht besteht ein Zusammenhang zwischen der Zusammensetzung der Länderkammer und ihrer Position im Geflecht des verfassungsrechtlichen Interorganrespekts. Ein echtes Zwei-Kammer-System setzt ein freies Mandat der Mitglieder dieser Kammer und vor allem ihre Unabhängigkeit von den einzelstaatlichen Regierungen voraus. Andernfalls droht eine entweder durch Parteipolitik oder durch einzelstaatliche Interessen motivierte Blockade der Gesetzgebungsarbeit auf Bundesebene. Sind die Mitglieder der Länderkammer jedoch weisungsfrei und darüber hinaus mindestens von den Landesparlamenten, noch besser aber unmittelbar vom Volk gewählt, so läßt sich der Interorganrespekt der „Zweiten Kammer" gegenüber dem gesamtverbandlichen Repräsentativorgan eher wahren, was die Machtbalance im Gesetzgebungsverfahren generell verbessert.

Speziell für das deutsche Modell könnte man daher über eine entsprechende Umgestaltung des Bundesrates nachdenken. Auf europäischer Ebene sollte das Mitentscheidungsverfahren im Rahmen der EG zur Regel gemacht und damit dem Parlament eine mit dem Rat gleichberechtigte Machtposition eingeräumt werden. Gleichzeitig sollten die Mehrheitserfordernisse im Rat zurückgenommen werden, was neben eventuellen Vertragsänderungen vor allem auf die Gegenstandslosigkeit der „Luxemburger Vereinbarung" hinausläuft.

5.4. Die Teilung der gesetzgeberischen Letztentscheidungsmacht zwischen den Legislativorganen und das daraus folgende Bedürfnis nach Interorganrespekt bedingen eine gewisse Unübersichtlichkeit des Gesetzgebungsprozesses. Je pluralistischer ein Gesetzgebungsverfahren ausgestaltet ist, desto mehr Interessen kann es potentiell berücksichtigen, desto mehr Transparenz büßt es aber andererseits durch die im Interorganrespekt wurzelnden Entscheidungsmechanismen ein. Hier muß jedes System seine eigene Wahl zwischen Scylla und Charybdis treffen.

5.5. Demokratische Legitimation kann, solange bestimmte Grundvoraussetzungen eingehalten sind, in vielfältiger Weise sichergestellt werden. Daher besteht auch auf der europäischen Ebene kein Demokratiedefizit im eigentlichen Sinn. Insbesondere die negative Macht zur Verhinderung von Gesetzen kann aus Erwägungen des Interorganrespekts heraus auf viele Schultern verteilt sein. Anders sieht es jedoch bei der positiven Macht zur Schaffung von Gesetzen aus. Hier besteht eine Gemeinsamkeit der national-bundesstaatlichen Systeme darin, daß diese immer an den Willen einer parlamentarischen Mehrheit gekoppelt ist, die ihrerseits die Bevölkerungsmehrheit proportional repräsentieren muß. In dieser Beziehung ist das europäische System tatsächlich defizitär und wird dem Gedanken des Interorganrespekts nicht hinreichend gerecht.

Zur Behebung des beschriebenen Defizits gibt es grundsätzlich zwei Möglichkeiten: Die eine besteht darin, im Falle der Schaffung eines echten Zwei-Kammer-Systems für eine annähernd proportionale Repräsentanz der europäischen Völker im Europäischen Parlament zu sorgen. Die andere besteht in der Einführung sogenannter „doppelter Mehrheiten" im Ministerrat, d.h. Rechtsetzungsakte der Gemeinschaft müßten nicht nur von der jeweils erforderlichen Ratsmehrheit getragen werden, sondern diese Ratsmehrheit müßte darüber hinaus auch eine Mehrheit der europäischen Bevölkerung repräsentieren.

5.6. Die Unterscheidung zwischen Zweckmäßigkeits- und Rechtmäßigkeitskontrolle parlamentarischer Gesetze durch die Exekutive ist systembedingt. Nur wo die Exekutive eine eigenständige demokratische Legitimation und die entsprechende Unabhängigkeit gegenüber dem Parlament besitzt, bedarf sie der umfassenden Kontrollvariante, um ihrem politischen Auftrag gerecht werden und die Beachtung des Interorganrespekts durch das Parlament notfalls erzwingen zu können. Wo die parlamentarische Mehrheit dagegen mit der Exekutivspitze zusammenarbeitet, ist das zur Wahrung des Interorganrespekts nicht nötig. Eine Rechtmäßigkeitskontrolle kann der Exekutive bzw. dem Verbandsoberhaupt aber auch in diesem Fall noch zugestanden werden, um den Respekt des Parlaments gegenüber der verfassungsmäßigen Ordnung sicherzustellen. In diesem Zusammenhang erscheint der Vorschlag erwägenswert, dem Bundespräsidenten ein volles materielles Prüfungsrecht sowie die Befugnis zuzugestehen, bei Zweifeln an der Verfassungsmäßigkeit eines vom Bundestag beschlossenen Gesetzes das Bundesverfassungsgericht in eigener Regie anrufen zu dürfen.

6.1. Der Gedanke des Interorganrespekts läßt eine eigenständige Rechtsetzungsgewalt der Exekutive ebensowenig zu wie eine Blankettübertragung dieser Gewalt durch die Legislativorgane. Daher kann eine Normsetzungsmacht der Exekutive immer nur als abgeleitete Macht existieren, und hinsichtlich dieser Ableitung müssen entweder materiellrechtliche oder prozedurale Sicherungen gewährleisten, daß sich die Legislative nicht selbst entmachten kann. In diese Gewährleistung ist auch die „dritte Gewalt" als notwendiger Faktor der Machtbalance einzubeziehen. Ebenso muß es der Legislative gestattet sein, die Ausübung delegierter Normsetzungsmacht durch die Exekutive im Einzelfall kontrollieren und notfalls korrigieren zu können.

6.2. Zwischen dem Wahl- bzw. Bestimmungsmodus für das Amt des Regierungschefs und den verfassungsrechtlichen Befugnissen dieses Amtes besteht eine direkte Korrelation: Je direkter der Einfluß des Volkes auf die Besetzung dieses Amtes ist, desto mehr erwartet es auch von seiner Ausübung, d.h. desto größer müssen die Befugnisse des Amtsinhabers sein. Für den auf Regierungsebene herrschenden Intraorganrespekt folgt daraus, daß er um so ausgeprägter sein muß, je indirekter die Rückbindung des Regierungschefs an eine unmittelbare demokratische Legitimation durch das Volk ausgestaltet ist. Dies ist vor allem für die Reichweite der Weisungsrechte des Regierungschefs gegenüber seinen Ministern von Belang.

6.3. Umgekehrt gilt: Je geringer die Abhängigkeit der Exekutivspitze von der Legislative ausfällt bzw. je geringer die personellen Einflußmöglichkeiten der Legislative in dieser Hinsicht sind, desto größer ist aus Gründen des Interorganrespekts das Bedürfnis der Legislative, Teile der Verwaltung der unmittelbaren Kontrolle durch die Regierung zu entziehen. Daraus resultiert im Ergebnis ein Regel-Ausnahme-Schema: Die Legislative darf unabhängige Verwaltungseinheiten bzw. ministerialfreie Räume nicht nach Belieben schaffen, sondern muß insoweit den Kernbereich der gubernativen Verantwortung respektieren. Soweit sie allerdings mit guten Gründen diese Regel durchbricht, ist umgekehrt die Regierung gehalten, die Weisungsfreiheit der auf diese Weise geschaffenen Verwaltungsinstitutionen ebenfalls zu achten und sie in der Ausübung ihrer Kompetenzen nicht zu behindern.

6.4. Legislative und Judikative müssen eine umfassende Kontrollmacht gegenüber der Exekutive besitzen, weil nur so die drohende Übermacht der öffentlichen Vollzugsgewalt gegenüber dem einzelnen Bürger ausbalanciert werden kann. Der Gedanke des Interorganrespekts verpflichtet die Exekutive insoweit darauf, mit den anderen Zweigen der öffentlichen Gewalt bei der Ausübung ihrer Kontrollbefugnisse loyal zusammenzuarbeiten. Auf der anderen Seite bedarf die Exekutive jedoch im Interesse einer tatsächlichen Gewaltenbalance eines „Kernbereichs", in dem sie vor direkten Eingriffen der anderen Gewalten geschützt ist. Die Grenzen dieses „Kernbereichs" sind allerdings unscharf und können nur näherungsweise bestimmt werden. Dazu kommt das Problem, daß jedenfalls in den nationalstaatlichen Modellen von einer prinzipiellen Allzuständigkeit der Legislative ausgegangen wird, d.h. daß der Gesetzgeber im Rahmen der bundesstaatlichen Kompetenzzuweisungen selbst entscheiden kann, welches Gebiet gerade einer Regulierung bedarf und mit welcher Intensität diese Regulierung erfolgen soll.

Zur effektiven Gewährleistung eines „Kernbereichs“ der Exekutive ist daher ein entsprechender Interorganrespekt seitens der Legislative unabdingbar; für die „dritte Gewalt“ der Rechtsprechung gilt sinngemäß das Gleiche. Der Interorganrespekt begründet an dieser Stelle wiederum ein Regel-Ausnahme-Schema, das dem unvermeidlich gleitenden Übergang zwischen Eigenverantwortung der Exekutive und Zugriffsrecht der Legislative deutlich besser gerecht wird als der Versuch, einen „Kernbereich“ der Exekutive einigermaßen trennscharf abzugrenzen. Die klassischerweise zum exekutiven „Kernbereich“ gezählten Gebiete wie etwa Organisationsgewalt und Planungshoheit fallen demnach zwar in die primäre Zuständigkeit der Exekutive, doch verbleiben dem Gesetzgeber punktuelle Regelungskompetenzen, soweit hierfür im Einzelfall gute Gründe bestehen, die auch vor dem kritischen Auge des Interorganrespekts Bestand haben.

7.1. Abschluß und Umsetzung völkerrechtlicher Verträge sind im Prinzip überall identisch organisiert: Da die Legislative zu schwerfällig und gleichzeitig zu transparent agiert, um einen (staatlichen) Herrschaftsverband sinnvoll nach außen vertreten zu können, obliegt die Führung von Vertragsverhandlungen stets der Exekutive. Unterschiedliche Ausgestaltungen findet man insoweit nur hinsichtlich der Länge des „Kontrollzügels“, an dem die Legislative die Exekutive während dieser Verhandlungen zu halten vermag. Umgekehrt darf sich die Exekutive nicht auf dem Umweg über die völkerrechtliche Ebene innerstaatliche Kompetenzen sichern können, die ihr eigentlich nach der Verfassung nicht zustehen. Daher bleibt die innerverbandliche Umsetzung völkerrechtlicher Verträge grundsätzlich in den Händen der Legislative. Unter diesen Umständen ergibt grundsätzlich nur eine Parallelverleihung von Abschluß- und Umsetzungskompetenzen an die jeweiligen Organe Sinn, die eine einfache Übertragung der im innerverbandlichen Bereich geltenden Regeln des Interorganrespekts auf Abschluß und Umsetzung völkerrechtlicher Verträge erlaubt. Eine Trennung von Kompetenzen an dieser Stelle führt nicht zu einer wünschenswerten Dezentralisation von Macht, sondern zu erheblichen Friktionen, die ihrerseits nur unter Rückgriff auf den Gedanken des Interorganrespekts entschärft werden können.

7.2. Eine umfassende Kontrollmacht der „dritten Gewalt“ auch in bezug auf völkerrechtliche Übereinkünfte ist wesentlich für die Wahrung der Gewaltenbalance. Gleichzeitig ist in diesem Bereich jedoch richterliche Zurückhaltung gegenüber dem Vorrang der politischen Entscheidungsträger und zur Achtung ihrer Verhandlungsspielräume in besonderer Weise gefordert. Damit bildet die verfassungsgerichtliche Kontrolle völkerrechtlicher Abkommen ein exemplarisch wichtiges Feld für die Demonstration der Notwendigkeit von Interorganrespekt.

7.3. Auf dem Gebiet der auswärtigen Gewalt kann es wegen der Erfordernisse einer demokratischen Staatsleitung einerseits, die eine alleinige Ausübung dieser Gewalt durch die Regierung ausschließen, und wegen der Notwendigkeit schneller, flexibler und auf gründlicher Erfahrung beruhender Aktionen andererseits, die eine Außenpolitik durch das Parlament unmöglich macht, keine bis ins Detail reichenden eindeutigen Kompetenzzuweisungen geben. Außenpolitik stellt daher unter dem Gesichtspunkt innerstaatlicher Machtverteilung einen permanenten Balanceakt zwischen exekutiver und legislativer Gewalt dar, der durch die Einbeziehung einer Verfassungsgerichtsbarkeit nach Art der hier betrachteten Modelle weiter kompliziert wird. Die Konstruktion eines „Primats der Exekutive" bei gleichzeitigem parlamentarischem Zugriffsrecht scheint den Notwendigkeiten dieses Balanceakts am ehesten gerecht zu werden. Sein Gelingen hängt jedoch letztlich davon ab, daß die Organe aller Gewalten gegeneinander den erforderlichen Interorganrespekt üben. Im Ergebnis läuft dies auf ein ähnliches Regel-Ausnahme-Schema hinaus, wie es oben (These 6.4.) bereits zum innenpolitischen „Kernbereich" der Exekutive entwickelt wurde.

7.4. Eine rein intergouvernementale Ausgestaltung der außenpolitischen Kompetenzverteilung eines staatlichen oder staatsähnlichen Verbandes, wie sie auf europäischer Ebene derzeit noch gegeben ist, kann eine „auswärtige Gewalt" im eigentlichen Sinne nicht begründen. Die Existenz einer solchen Gewalt setzt vielmehr zunächst die Zuweisung der mit ihr verbundenen Befugnisse an den Gesamtverband voraus. Weiterhin bedarf es unter den gemeinsamen Prämissen der hier betrachteten Systeme einer Gewährleistung der im Rahmen der notwendigen Gewaltenbalance wahrzunehmenden Funktionen auf gesamtverbandlicher Ebene. Dabei handelt es sich zum einen um die typischerweise der Exekutive überantwortete Funktion, die Handlungsfähigkeit des Gesamtverbandes im Sinne eines flexiblen und einheitlichen Auftretens nach außen sicherzustellen, und zum anderen um eine Rückbindung dieses Auftretens an einen relativ unmittelbar demokratisch legitimierten Willensbildungsprozeß, wofür im Regelfall die Legislative zuständig ist. Der Gedanke des Interorganrespekts wirkt daher im Rahmen der Gemeinsamen Außen- und Sicherheitspolitik auf europäischer Ebene anders als in den nationalstaatlichen Systemen: Aktuell kommt er vor allem in vertikaler Ausrichtung zum Tragen, nämlich im Verhältnis zwischen dem Rat als Unionsorgan und den Regierungen der einzelnen Mitgliedstaaten. Darüber hinaus signalisiert er im Verhältnis der Unionsorgane zueinander die Entwicklungsrichtung, in die sich die europäische Verfassungsordnung bewegen muß, wenn sich am Ende tatsächlich eine einheitliche europäische Außenpolitik ergeben soll.

7.5. Der Umgang mit der bewaffneten Macht eines Staates stellt im Kern die gleichen Herausforderungen an die Machtverteilung im Verfassungssystem wie die Gestaltung der Außenpolitik eines Staatsverbandes im allgemeinen. Wegen der besonderen Brisanz militärischer Aktivitäten treten diese Herausforderungen lediglich in besonders scharfer Form auf. Zu ihnen gehört das Problem, daß eine sinnvolle Gewaltenbalance durch die Einrichtung verfassungsrechtlicher Kontrollkompetenzen nur begrenzt zu erreichen ist. Eine sinnvolle Führung der Streitkräfte, wie sie nur die Exekutive leisten kann, bei gleichzeitiger Wahrung der demokratischen Rückkopplung an den legislativen Willensbildungsprozeß erscheint daher nur auf der Basis eines stark ausgeprägten Interorganrespekts möglich. Das belegen sowohl der Umgang des Präsidenten mit der „War Powers Resolution" des Kongresses in den USA als auch die vom Bundesverfassungsgericht in seinem Urteil vom 12.07.1994 aufgestellten Grundsätze zu Auslandseinsätzen der deutschen Bundeswehr.

8.1. Unter dem Aspekt der verfassungsrechtlichen Machtbalance und der dadurch begründeten Ausgangslage für die Anwendung des Prinzips vom Interorganrespekt nehmen sich die Zuständigkeiten von Supreme Court, Bundesverfassungsgericht und Europäischem Gerichtshof trotz ihrer vollkommen unterschiedlichen normativen Ausgestaltungen nicht viel. Hieran zeigt sich die starke Betonung der Rechts- und Rechtswegestaatlichkeit in allen drei Verfassungssystemen. Obwohl speziell der Supreme Court auf den ersten Blick über die schwächere Ausstattung zu verfügen scheint, kann man ihn im Ergebnis in einer Hinsicht sogar als das machtvollste dieser drei Gerichte ansehen: nur er ist nämlich fast völlig frei in seinen Entscheidungen darüber, mit welchen Verfahren er sich beschäftigen will, während für das Bundesverfassungsgericht und den Europäischen Gerichtshof mit leisen Einschränkungen der Grundsatz gilt, daß sie jeden Fall, der zulässigerweise vor sie gebracht wird, auch in der Sache entscheiden müssen.

8.2. Die Normierungen der Bindungswirkung ihrer Entscheidungen sind für die obersten Gerichte in allen drei hier betrachteten Verfassungssystemen unterschiedlich. Auf dem Papier hat das Bundesverfassungsgericht insoweit die stärkste, der Supreme Court die schwächste Machtposition. Die Befugnis des Europäischen Gerichtshofs zu Nichtigkeitsentscheidungen und die „stare decisis"-Doktrin der amerikanischen Rechtsordnung stellen jedoch im Ergebnis eine annähernde Gleichheit der Kontrollbefugnisse aller drei Gerichte her: Allen ist nämlich gemeinsam, daß sie entweder ausdrücklich-normativ oder jedenfalls faktisch die Möglichkeit besitzen, Gesetzesentscheidungen der Legislative im Falle eines Verstoßes gegen die Verfassungsordnung des jeweiligen Systems wieder aus der Welt zu schaffen und von der Legislative einen entsprechenden Interorganrespekt einzufordern.

8.3. Zwischen der Zuweisung negativer Kassationskompetenzen an und der Inanspruchnahme positiver Rechtsetzungsbefugnisse durch die obersten Gerichte besteht ein direkter Zusammenhang. Die Unterschiede zwischen den einzelnen Systemen manifestieren sich insofern schwerpunktmäßig in prozessualer bzw. methodischer Hinsicht. Unter dem Aspekt der Machtverteilung agieren die Gerichte dagegen alle gleich: Sie nutzen die immanente Drohung mit ihren unzweifelhaft bestehenden Kassationskompetenzen aus, um auch positiv auf das Handeln der Legislative Einfluß zu nehmen. Der Grundsatz des Interorganrespekts wird unter diesen Umständen vor allem dazu benötigt, der Verfassungsrechtsprechung funktionell-rechtliche Grenzen zu ziehen und eine funktionsgerechte Kompetenzverteilung zwischen den Verfassungsorganen zu erhalten.

8.4. Darüber hinaus richtet sich der Interorganrespekt in Gestalt des Rücksichtnahmegebots unmittelbar an die obersten Gerichte selbst und fordert von ihnen eine Selbstbeschränkung dergestalt, daß sie usurpierende Übergriffe in den Funktionsbereich der Legislative in eigener Verantwortung vermeiden sollen. Er bildet damit das Gegengewicht zu den umfassenden Kontrollkompetenzen dieser Gerichte gegenüber der Legislative und den in Analogie dazu von ihnen beanspruchten positiven Gestaltungsbefugnissen, das dringend erforderlich ist, um eine übermäßige Verschiebung der Gewaltenbalance zu verhindern. Die Ausübung dieses Respekts läßt sich zwar ihrerseits nur begrenzt kontrollieren, da der Versuch, eine solche Kontrolle rechtlich herbeizuführen, in der Institutionalisierung einer weiteren Kontrollinstanz enden müßte und die Frage „quis custodiat custodes?“ somit in einen unendlichen Regreß führt. Immerhin aber stellt der Interorganrespekt mit dem in ihm enthaltenen Unterprinzip einer organadäquaten Funktionenzuordnung und der Begründung eines umfassenden Rücksichtnahmegebots die Maßstäbe bereit, anhand derer die Verfassungsrechtsprechung beurteilt werden kann. Gerecht werden können die obersten Gerichte diesen Maßstäben nur durch die Einräumung von Einschätzungsprärogativen und Gestaltungsspielräumen an den Gesetzgeber, dem auf diese Weise in Fragen der Verfassungskonkretisierung eine Art Erstinterpretationskompetenz zugestanden wird.

8.5. Die Frage der Balance zwischen der Notwendigkeit einer umfassenden gerichtlichen Kontrolle der Exekutive und der Wahrung des von ihr benötigten Handlungsspielraums speziell auf außenpolitischem Gebiet wird ebenfalls in allen hier betrachteten Systemen über den Gedanken des Interorganrespekts gelöst. Das oberste Gericht ist zumindest in der Theorie überall dazu bereit, der Exekutivspitze und in Europa außerdem den Mitgliedstaaten in diesem Bereich und anderen von vergleichbarer Sensitivität den erforderlichen Respekt entgegenzubringen. Das kann wie im Falle des amerikanischen Systems mittels einer formalisierten Doktrin der Nichtentscheidung geschehen; im Normalfall erfolgt die Austarierung von verfassungsgerichtlicher Letztentscheidungsbefugnis und exekutivischer Eigenverantwortung allerdings über eine Abstufung und teilweise Reduzierung der richterlichen Kontrollintensität.

8.6. Eine umfassende gerichtliche Kontrolle ist zunächst in jedem Verfassungsstaat unter rechtsstaatlichen Gesichtspunkten erforderlich, um den Vorrang der Verfassung und damit die Beständigkeit eines gewissen rechtlichen Rahmens zu gewährleisten. Soweit die damit einhergehende Machtstellung des obersten Gerichts seiner Kontrollfunktion entsprechend auf die negative Möglichkeit zur Aufhebung von Entscheidungen der anderen Gewalten beschränkt bleibt, wird die Gewaltenbalance dadurch nicht gefährdet. Eine solche Gefährdung tritt erst ein, wenn das oberste Gericht – was zum Teil unvermeidbar ist – positive Gestaltungsbefugnisse für sich in Anspruch nimmt. Unabhängig davon bedarf es in Bundesstaaten und bundesstaatsähnlich organisierten Rechtsgemeinschaften einer gerichtlichen Institution mit Letztentscheidungsbefugnis unter anderem Aspekt: als einigendes Band, das die entsprechende Gemeinschaft zusammenhält und ihre politische Fragmentierung verhindert.

8.7. Wenn man aus den zuvor dargelegten Gründen eine umfassende gerichtliche Kontrolle will, muß man letzten Endes ein gewisses Vertrauen in die Gerichtsbarkeit als „least dangerous branch“ investieren. Das bedeutet: Es obliegt primär den obersten Gerichten selbst, mit ihrer Macht verantwortungsvoll umzugehen und Interorganrespekt zu üben, indem legislativen Mehrheitsentscheidungen sowie Entscheidungen der Exekutive im Rahmen ihres Kompetenzbereichs grundsätzlich eine Vermutung der Rechtmäßigkeit zugestanden wird und die Gerichte ihre Aufgabe nicht als inhaltliche Korrektoren der anderen Gewalten verstehen, sondern als echte Kontrolleure, die nicht Fehler, sondern nur wirkliche Rechtsverletzungen beheben sollen. Ein wesentliches Mittel zur besseren Verwirklichung dieser Aufgabe bestünde darin, das Schwergewicht der gerichtlichen Kontrollmacht darauf zu legen, über den korrekten Ablauf des politischen Entscheidungsprozesses zu wachen und insbesondere unerwünschte externe Einflüsse auf diesen Prozeß auszuschalten. Wenn die Gerichte es stattdessen unternehmen, über die inhaltliche Richtigkeit der Ergebnisse dieses Prozesses zu entscheiden, so verschieben sie die Gewaltenbalance einseitig zu ihren Gunsten. Der Gedanke des Interorganrespekts wirkt einer solchen Verschiebung tendenziell entgegen, indem er den Brennpunkt der verfassungsgerichtlichen Überprüfung anhand funktioneller Kriterien zu bestimmen hilft.

9.1. Das zentrale gesamtverbandliche Repräsentativorgan muß in einem demokratisch organisierten Verfassungssystem unmittelbar vom Volk gewählt werden. Seine wichtigste Funktion besteht in der Gesetzgebung, wozu neben dem Initiativrecht für neue Gesetzgebungsvorhaben vor allem die negative Macht zur Verhinderung von Gesetzen gehört. Darüber hinaus ist diesem Organ die Aufgabe einer umfassenden Kontrolle der Exekutivgewalt zugedacht. Abstriche von dieser umfassenden Kontrollmacht sind unter dem Aspekt des Interorganrespekts im sogenannten „Kernbereich“ der Exekutive zu machen, vor allem bei der Gestaltung der Außenpolitik.

9.2. In einem föderalistisch organisierten Verfassungssystem bedarf es weiterhin einer besonderen Vertretung der Einzelstaaten. Die Mitglieder dieser Vertretung können entweder direkt vom Volk oder mittelbar durch die einzelstaatlichen Parlamente gewählt werden, aber auch als weisungsgebundene Regierungsvertreter fungieren. Die Auswahl des Verfahrens für ihre Bestimmung hängt davon ab, ob die Ländervertretung als „echte“ zweite Kammer, d.h. als zusätzliches Repräsentativorgan, gedacht ist oder ob sie den Ausdruck der Willensbildung einer Mehrheit der einzelstaatlichen politischen Führungen darstellen soll.

Die Stärke des föderalistischen Charakters einer Verfassungsordnung läßt sich zum einen am Einfluß der einzelstaatlichen Vertretungen in den Bereichen der Gesetzgebung und der auswärtigen Gewalt und zum anderen an der Unmittelbarkeit der Einbeziehung der Einzelstaaten in das Verfahren zur Verfassungsänderung ablesen. Nach diesen Maßstäben räumt das deutsche System den Interessen des Gesamtverbandes den vergleichsweise größten Vorrang ein, während die Organisation der Europäischen Union den Interessen und der Eigenständigkeit ihrer Mitgliedstaaten die meiste Rechnung trägt. Das Prinzip des Interorganrespekts wirkt hier in erster Linie als Unterstützung einer funktionsgerechten Organbalance, insbesondere durch die Etablierung von Informations-, Konsultations- und Kooperationsverpflichtungen.

9.3. In der Bestellung der obersten Exekutivspitze treten die systembedingten Unterschiede der einzelnen Verfassungsordnungen am deutlichsten zutage. Für die

Bestellung der sonstigen Mitglieder der Regierung bzw. der Amtswalter im Verwaltungsbereich gilt dies jedoch nicht. Hier hängt die Wahl des Verfahrens von der jeweiligen Ausbalancierung des Spannungsfeldes zwischen Regierungsstabilität und Verwaltungskontinuität auf der einen und dem Wunsch nach legislativer Kontrolle auf der anderen Seite ab. Dabei kann als Regel formuliert werden: Je mehr sich die Legitimation des Regierungschefs von der der übrigen Mitglieder seiner Regierung abhebt und derjenigen der Legislativorgane annähert, desto mächtiger ist einerseits seine Stellung, desto größer ist aber auch andererseits das Bedürfnis der Legislative nach einer spezifisch organisatorischen Kontrollmacht im Verwaltungsbereich. Soweit die Exekutivgewalt Normsetzungsmacht ausübt, also in den Kernbereich der Legislative übergreift, verfügt sie ohnedies nur über geborgte Macht und unterliegt daher in besonderer Weise der legislativen Kontrolle. Auf der Gegenseite muß die Exekutive in ihrem Kernbereich ebenfalls vor usurpierenden Übergriffen der Legislative geschützt werden. Auch an dieser Stelle wird der Interorganrespekt vor allem zur Her- und Sicherstellung einer funktionsgerechten Organbalance benötigt.

9.4. Bestimmungsweise und Machtstellung des Verbandsoberhauptes hängen von der Wahl des zugrunde liegenden Verfassungssystems insofern ab, als in einer Präsidialdemokratie das präsidentielle Oberhaupt direkt vom Volk gewählt werden muß und unter dem Gesichtspunkt des Interorganrespekts nur einem solchen unmittelbar legitimierten Oberhaupt die Machtposition zustehen kann, Gesetzesbeschlüsse der Legislative auf ihre Zweckmäßigkeit zu kontrollieren. Der Umkehrschluß ist jedoch nicht zwingend: Auch in einem parlamentarischen Regierungssystem kann das Verbandsoberhaupt direkt vom Volk gewählt werden und trotzdem nur die Macht zur Kontrolle der Rechtmäßigkeit von Gesetzesbeschlüssen besitzen.

9.5. In einem am Gedanken der Rechtsstaatlichkeit ausgerichteten und föderalistisch organisierten Verfassungssystem ist die Einrichtung eines gerichtlichen Spruchkörpers, der die Einhaltung der Verfassung durch die anderen Gewalten kontrolliert und damit die Rechtsgemeinschaft insgesamt sichert, praktisch nicht zu umgehen. Richtet man einen Spruchkörper mit einer derartigen Kontrollmacht ein und entscheidet man sich außerdem dafür, die Macht dieses obersten Rechtsprechungsorgans so auszugestalten, daß es auch Gesetzen der Legislative, die es für verfassungswidrig erachtet, die Wirksamkeit nehmen kann, so muß man freilich letzten Endes darauf vertrauen, daß es sich die notwendigen Grenzen der Ausübung dieser Macht selbst setzt, indem es auf die originären Kompetenzbereiche der anderen Organe und Gewalten Rücksicht nimmt. Das Prinzip des Interorganrespekts liefert insoweit die Maßstäbe für die notwendige Anerkennung eines gesetzgeberischen Konkretisierungs- und eines exekutivischen Verantwortungsprimats durch die Verfassungsrechtsprechung.

10.1. Demokratie, Rechtsstaatlichkeit, Gewaltenteilung und Bundesstaatlichkeit bilden die Ausgangspunkte bzw. die „Eckpfeiler" des allen hier betrachteten Verfassungssystemen gemeinsamen Ordnungsverständnisses. Allerdings formen diese Prinzipien nur einen sehr weit zu ziehenden Rahmen. Innerhalb dieses Rahmens findet ein permanenter Balanceakt zwischen den Polen effizienter staatlicher Machtausübung einerseits und weitgehender Kontrolle dieser Macht andererseits statt. Die Ausgestaltungen dieses Balanceakts im einzelnen und damit die Konkretisierungen des Interorganrespekts werden zwar zu einem gewissen Teil durch die Wahl des zugrunde liegenden Systems bedingt. Zum überwiegenden Teil besteht jedoch eine echte, systemunabhängige Vielfalt von möglichen Problemlösungen, sozusagen ein „Lösungspluralismus“, der es erlaubt, von einer universellen Anwendbarkeit des Interorganrespekts zu sprechen, die sich nicht zuletzt an pragmatischen Überlegungen orientiert.

10.2. Der Verfassungstext allein kann keine abschließende Regulierung aller zwischen den höchsten Verfassungsorganen bestehenden und erforderlichen Kooperations- und Loyalitätspflichten bieten. Die insoweit auftretenden Lücken können auch nicht durch bloße gesellschaftliche Integrationstechniken geschlossen werden. Daher besteht ein normativer Bedarf nach der Anerkennung des Interorganrespekts als Rechtsprinzip. Seine Fundierung findet er vor allem in drei Quellen: dem Gewaltenteilungsprinzip, dem Grundsatz von Treu und Glauben sowie der Integrationslehre.

10.3. Die ausdrücklichen Festlegungen der jeweiligen Verfassungsordnung vermögen die Ausfüllung des Interorganrespekts in einer bestimmten Weise zu steuern. Innerhalb des von ihnen abgesteckten Rahmens bleibt jedoch ein beträchtliches Einsatzfeld für Verpflichtungen übrig, die autonom aus diesem Prinzip entwickelt werden können. Damit qualifiziert sich der Interorganrespekt im Sinne der rechtstheoretischen Unterscheidung von Regeln und Prinzipien als übergreifendes Verfassungsstrukturprinzip. Im einzelnen wirkt er dabei als Funktionsordnungsprinzip, als Kompetenzausübungsschranke, als Quelle konkreter Rechte und Verhaltenspflichten sowie als Auslegungsmaßstab und verfassungspolitisches Beurteilungskriterium, wobei der Gedanke der Gegenseitigkeit im Verhältnis der verschiedenen Verfassungsorgane zueinander eine herausgehobene Rolle spielt.

10.4. Entwicklungsoffenheit und Elastizität, die dem Interorganrespekt als Verfassungsstrukturprinzip eigen sind, erschweren seine Transformation in konkrete Handlungs- und Entscheidungsregeln. Allerdings vermag die bereits existierende Verfassungspraxis insoweit wertvolle Anhaltspunkte zu liefern. Im übrigen muß man zwischen der Rolle des Interorganrespekts als Funktionsnorm zur Begründung rechtlicher Verbindlichkeit und als Kontrollnorm zur gerichtlichen Entscheidung von Konflikten unterscheiden: In der erstgenannten Funktion als Handlungsnorm erhebt er sehr wohl einen umfassenden Geltungsanspruch, was aber nicht daran hindert, ihm in seiner Rolle als Konfliktentscheidungsnorm lediglich die Qualität eines „Reserve-Rechtssatzes“ zur Evidenzkontrolle zuzusprechen.

10.5. Von den sonstigen Verfassungsstrukturprinzipien weist der Gewaltenteilungsgrundsatz die engste Verbindung zu der Idee des Interorganrespekts auf. Dabei läßt sich der in diesem Prinzip festgehaltene Grundgedanke einer Teilung der staatlichen Funktionen und ihrer Zuweisung an verschiedene Organe in der Praxis jeder Verfassungsordnung nur beschränkt durchhalten. Wichtiger als der Versuch einer möglichst strikten Funktionentrennung erscheint daher die richtige Ausbalancierung der einzelnen verfassungsrechtlichen Machtpositionen dergestalt, daß kein Organ und kein Zweig der öffentlichen Gewalt ein entscheidendes Übergewicht über die anderen erlangt. Bis zu einem gewissen Grad läßt sich dieses Ziel durch den Einbau von Kontrollmechanismen und entsprechenden Gewaltenverschränkungen in die Verfassungsstruktur erreichen. Im Ergebnis kann die beabsichtigte Gewaltenbalance jedoch nur funktionieren, wenn diese formalen Mechanismen auf allen Seiten durch den Gedanken des Interorganrespekts ergänzt werden, der in Fragen der Kompetenzzuweisung vor allem als Quelle von Präferenzregeln zur Begründung von prima facie-Vorrangrelationen fungiert. Darüber hinaus muß man sich darüber im klaren sein, daß für die dadurch bewirkte und gesteuerte Dekonzentration von Macht oftmals ein Preis in Form verminderter Transparenz der Entscheidungsprozesse zu zahlen ist.

10.6. Unter föderalistischen Aspekten muß die durch eine Aufteilung der Kompetenzen zwischen Bundes- bzw. Gemeinschaftsebene und Einzelstaaten entstehende Dezentralisation von Macht mit einem gewissen Verlust an Handlungseinheit und -fähigkeit des Gesamtverbandes bezahlt werden. Institutionell schlägt sich dies auf der Ebene der obersten Verfassungsorgane in der Installation eines einzelstaatlichen Repräsentativorgans nieder, das eine eigenständige Position neben und in mancherlei Hinsicht auch in Konkurrenz zu dem gesamtverbandlichen Repräsentativorgan beansprucht. Hier wird der Interorganrespekt primär zur Ausbalancierung der Befugnisse dieser beiden Organe und der von ihnen verkörperten föderalen bzw. demokratischen Idee benötigt.

10.7. In einem auf das demokratische Prinzip gegründeten Verfassungssystem muß eine unmittelbare Mitwirkung des Volkes am Ausgangspunkt aller Legitimationsketten stehen. Abgesehen davon kann demokratische Legitimation jedoch auf vielen, möglicherweise auch verschlungenen Wegen her- und sichergestellt werden. Auch hinsichtlich der Mehrheitsregel kommt es lediglich auf die Wahrung ihrer grundsätzlichen Richtschnurfunktion an. Das demokratische Prinzip wirkt daher auf die Ausgestaltung des Interorganrespekts nur mittelbar ein, indem es die mit seiner Hilfe zu ermittelnden Vorrangrelationen zwischen den einzelnen Verfassungsorganen dahingehend beeinflußt, daß die unmittelbar vom Volk gewählten Organe tendenziell mehr Interorganrespekt von seiten der indirekt legitimierten beanspruchen können als umgekehrt.

10.8. Im Gegensatz zur Offenheit des Demokratieprinzips läßt der Gedanke der Rechtsstaatlichkeit in seiner formellen Ausprägung keine Vielfalt von Ausgestaltungsmöglichkeiten zu. Vielmehr gebietet er nahezu zwingend die Einrichtung eines unabhängigen gerichtlichen Spruchkörpers, dem als letztem „Hüter der Verfassung" eine umfassende Kontrollmacht gegenüber den anderen Organen und Gewalten eingeräumt werden muß. Damit führt er aber zugleich mit unausweichlicher Konsequenz eine Konfliktlage im Verhältnis zu den anderen Verfassungsgrundsätzen der Demokratie und der Gewaltenteilung herbei, die tendenziell eine Bedrohung der Machtbalance zwischen den einzelnen Institutionen des Gesamtverbandes bewirkt. Hier greift der Interorganrespekt ein, indem er die Intensität der verfassungsgerichtlichen Kontrollausübung dem Maßstab der organadäquaten Funktionenzuordnung unterwirft und zugunsten des demokratischen Prinzips eine besondere Rücksichtnahme auf den unmittelbar demokratisch legitimierten Gesetzgeber verlangt. Er erweist sich damit letzten Endes als der Kitt, der die ausdrücklich statuierten oder stillschweigend implizierten fundamentalen Strukturprinzipien aller hier erörterten Verfassungsordnungen organisationsrechtlich zusammenhält.

11. Eine abschließende Kodifikation des Interorganrespekts erscheint unmöglich. Für punktuelle Kodifizierungsansätze bestehen jedoch durchaus Spielräume, wie ein Blick auf die deutsche Verfassungsordnung exemplarisch zeigt: So könnte der Interorganrespekt in Gestalt einer Generalklausel bei den anderen Staatsstrukturprinzipien in Art. 20 GG verankert werden. Darüber hinaus ließen sich aus ihm diverse Sonderbestimmungen in einzelnen Funktionsbereichen ableiten.

'Inter-Organ-Respect' in Constitutional Law

Unwritten Obligations of Mutual Respect and Cooperation
between the Highest Constitutional Organs.
A Comparative Analysis of the Constitutional Systems of Germany,
the European Union and the United States of America

Summary

Part I: Foundations

Chapter 1: Introduction

Thesis 1. All modern constitutions which are based on the idea of popular sovereignty and the rule of law face the problem how to allocate political power within the legal systems they constitute. In federalized entities, this problem is exacerbated by the necessary distribution of competences between the federal and the state level. From a normative viewpoint, it boils down to a functional determination and mutual delimitation of the powers held by the various constitutional organs. The provisions enshrined in the constitution, however, can only provide a structural framework, leaving the details of these processes to constitutional and political practice. The question is whether there exists a common idea at the basis of the corresponding events that can serve as an explanatory foundation. The "Inter-Organ-Respect" (IOR) is here analyzed as a hot potential candidate for this role.

Chapter 2: Starting Points

Thesis 2.1. Federal Comity ("Bundestreue"). The general thought underlying this idea is not anything totally new to constitutional doctrine. Starting with a look at the German system, particular parallels can be drawn to the well-known legal principle of federal comity ("Bundestreue"). According to the German Constitutional Court, this means a mutual obligation of the federal and state governments to keep each other informed, to consult each other and to cooperate in the general interest, stemming from the principles of good faith and of federalism itself. In addition, federal comity can be claimed to limit an excessive use of competences by either the states or the federal government. An example where this principle has materialized in the text of the constitution – namely, Art. 23 of the German Basic Law – is the obligation of the federal government to let the states have a say in matters of the European Union, which directly corresponds to the duty of the states not to thwart the participation of Germany as a whole in the process of European integration.

Thesis 2.2. Inter-Organ-Comity ("Verfassungsorgantreue"). The equivalent of federal comity in the relationships between the various organs of the federal government is normally called "Verfassungsorgantreue" in German constitutional doctrine, which can be translated as "inter-organ-comity" and therefore comes closest to the idea of IOR. "Verfassungsorgantreue" is also a name for a whole bundle of duties, again obliging the constitutional organs to cooperate, to coordinate and to mutually respect each other. Apart from the principle of good faith, it is usually derived from the idea of state integration, as it has been developed by *Rudolf Smend*. The German Constitutional Court has recently supplemented it with a general rule of "organ adequacy", according to which decisions should generally be taken by the organ that is functionally and procedurally best equipped to deal with the matter. Both "inter-organ-comity" and "organ adequacy" can come into play as guidelines for constitutional interpretation, barriers against misuse of powers and finally as sources of unwritten obligations for the constitutional organs to act in a certain way.

Thesis 2.3. European, International and Administrative Law. Obligations to work loyally together can also be found in the law of the European Union, covering the relationships both between the Community and its member states and among the organs of the Community itself. In public international law, the good faith principle serves increasingly as a foundation for duties of the states to communicate with and to respect each other. Finally, unwritten obligations to exercise respect and to preserve a functionally adequate organizational structure can even be detected in the thoroughly regulated realm of administrative law.

Chapter 3: Basic Elements

Thesis 3. Sketching out a first rough picture of a theory of IOR, two main goals of it can be identified: the idea of (state) integration on one hand and an effective and workable balance of power on the other. These two goals require the presence of two core elements: first, a comprehensive obligation of mutual respect, and second, a general duty of the constitutional organs involved to positively cooperate. Containing these two elements, IOR can meaningfully supplement the separation of powers principle by overcoming its fixation on the control of political power. In order to achieve this aim, however, a theory of IOR must reach beyond the traditional notion of "inter-organ-comity", which justifies its development as a new principle of constitutional structure.

Part II: Applications

Chapter 4: Objects of the Analysis

Thesis 4.1. Presidential and Parliamentary Systems. The question whether IOR is a universally applicable idea can best be answered by comparing different constitutional models all following the separation of powers principle. The constitutional systems of Germany and the United States fulfill this requirement while at the same time heavily differing in their institutional settings, with Germany representing the model of parliamentary government and the United States embodying the classical presidential democracy. Thus, a comparison of these systems seems especially suitable for determining whether IOR can really serve as a common denominator.

Thesis 4.2. Supranational Structures. The European Union does not fit in any of these categories. However, because of its supranational construction its institutional setting turns out to be quite similar to those of the classical nation-states, thereby creating similar problems as well. Thus, it may be included in a comparative analysis of the various solution models that have been developed to meet these challenges and in the search for a common denominator.

Thesis 4.3. Organs and Functions. For the purposes of this analysis, the relations between the highest constitutional organs in each of the respective systems appear pre-eminent. As regards the functions performed by these different organs, the analysis focuses on the following areas: legislative and administrative rulemaking, government and administration, external relations and military defense and finally the administration of justice, especially with respect to the constitution.

Chapter 5: IOR in the Legislative Process

Thesis 5.1. Initiatives for Legislation. Systems establishing a monopoly for legislative initiatives do no longer reflect the political reality, which is characterized by a pluralistic interaction of all organs involved in the legislative process. The idea of IOR helps to regulate this interaction and at the same time points to a normative deficit of the monopolistic systems that should be cured at least at the European level.

Thesis 5.2. Procedural Consequences of IOR. Under procedural auspices, IOR first of all proves to be an indispensable prerequisite for successful conflict management in the relations between the constitutional organs involved. It establishes a general obligation of consultation and serves as an explanation for the various time limits and special majority requirements which the different constitutions put up in this context. Especially in federal systems where the second legislative chamber is not exactly on equal footing with the first, it can also defuse the specific conflict situations thereby created. This is illustrated by looking at the possible splitting of legislative proposals in the German system and at the process of choosing the legal entitlement for certain measures undertaken in the European Community.

Thesis 5.3. Institutional Consequences of IOR. With respect to institutions, a connection between the composition of the legislative chamber representing the member states and its powers can be ascertained. A system where it has the same rights as the other chamber designed to represent the people presupposes a free mandate of its members and, in particular, their independence of the state governments. Otherwise, legislative impasses at the federal level become imminent, due to partisan politics or to state interests. But if the members of the respective chamber are free in their decisions and elected either by the state parliaments or directly by the people, the necessary IOR towards the popular representative organ can be better guaranteed, thereby also improving the general balance of power in the legislative process.

This conclusion calls for a reform of the Bundesrat in the German constitutional system and for a universal application of the codecision procedure at the European level, which would equalize the powers of Parliament and Council in the legislative process. Simultaneously, the majority requirements applying within the Council proceedings could be eased and the so-called "Luxemburg Agreement" eventually abolished.

Thesis 5.4. IOR and Transparency. The need for IOR, which stems from the division of the final law-making power among different legislative organs, entails a certain loss of transparency within the legislative process. A pluralistic legislative process can possibly take more interests into account, but at the same time its decision-making mechanisms become more complicated and thereby less transparent. This leads to a choice between Scylla and Charybdis every constitutional system has to make for itself.

Thesis 5.5. IOR and Democratic Legitimation. As long as certain basic requirements are fulfilled, democratic legitimation can be secured in manifold ways. Therefore, even at the European level there is no real "democratic deficit". In particular, the negative power to prevent laws from coming into existence can be given to several organs in order to enforce the exercise of IOR between them. As regards the positive power to make laws, however, the situation is different. Here all the nation-state systems concur in linking this power to a parliamentary majority which is supposed to proportionally represent the majority of the people, whereas the European system does not yet meet this standard and the corresponding requirements of IOR.

Two general possibilities for closing this gap do exist: First, along with the universal application of the codecision procedure, one could see to a really proportional representation of the European peoples in the European Parliament. Second, one could establish a so-called "double majority" requirement in the Council, meaning that a law-making decision of the Council would only be valid if the majority of states having voted for it also contained a majority of the Community population.

Thesis 5.6. Final Control by the Executive. Whether the executive branch of government is entitled to check the constitutionality or even the political wisdom of a legislative decision depends on the system. If the executive possesses a democratic legitimation of its own and the corresponding independence of parliamentary majorities, it needs the power to veto parliamentary decisions in order to live up to its own political tasks and to compel the exercise of IOR by the parliament. If, by contrast, executive and parliamentary majority are by definition aligned, such a power does not make sense. However, even in this case the executive or the head of state may be empowered to control the constitutionality of legislative decisions to ensure that the legislative organs pay sufficient attention to the demands of the constitution. For instance, the German President could be entrusted with the power to call for a decision of the Constitutional Court if he had doubts about the conformity of a law he is supposed to promulgate with the Basic Law.

Chapter 6: IOR in the Control of the Executive

Thesis 6.1. Administrative Rulemaking. The idea of IOR does neither permit an independent law-making power of the executive nor a blank transfer of this power by the legislative organs. Therefore, any law-making power of the executive must be derived from the legislative organs, and material or procedural safeguards have to be established in order to make sure that the legislature cannot deprive itself of this power. Those safeguards usually require an involvement of the courts as well. Finally, the legislature must be empowered to control and to correct the exercise of any rulemaking power through the executive.

Thesis 6.2. Powers of the Head of Government. There exists a direct correlation between the way the head of government is elected and his powers under the constitution: The more the people are involved in the election of that person, the more they expect from him. Thus, a popular election of the head of government calls for broader constitutional powers on his part, especially in his relationship to the ministers or secretaries. This problem can be addressed as one of "intra-organ-respect" within the government itself.

Thesis 6.3. Independent Administrative Agencies. The rule just stated applies conversely in the relationship between executive and legislature: The more independent the executive is of legislative approval, the more urgent the desire of the legislature becomes to take specific parts of the administration out of the hands of the government. This desire is justified by the idea of IOR and results in a scheme of rule and exception: The legislature is not allowed to create independent administrative agencies at will, but has to respect the core area of governmental responsibility. If, however, this rule is exceptionally overcome with good reasons, the government is vice versa obliged to respect the independence of the administrative units at issue and not to impede their exercise of competences.

Thesis 6.4. The "Core Area" of the Executive. The legislature and the courts must be given a comprehensive power of control over the executive in order to balance out its potential superiority over the individual citizens. The idea of IOR obliges the executive in this context to loyally cooperate with the other branches in their exercise of control. On the other hand, a real balance of power also requires a "core area" of the executive where it is protected against unjustified intrusions by the legislative and judicial branches. The problem arising here is twofold: First, a precise delimitation of this "core area" seems impossible; and second, at least in the nation-state systems it is generally up to the legislature to decide when regulation is necessary and which degree of intensity it should take.

For these reasons, which similarly apply to the relationship between the executive and the courts, the exercise of IOR by the legislative and judicial branches is needed to effectively secure the necessary "core area" of the executive. Again, the idea of IOR in this respect leads to a scheme of rule and exception: Competences which generally belong to the realm of the executive may thus be assumed by the legislature only in exceptional cases that call for a specific justification. This "sliding scale" approach seems more suitable for the required balancing of executive responsibility and the legislature's regulatory power than the futile attempt to clearly define the limits of an executive "core area".

Chapter 7: IOR and External Relations

Thesis 7.1. International Treaties between Executive and Legislature. Conclusion and implementation of international treaties follow the same basic rules in every system: Since the proceedings of the legislature are both too cumbersome and too transparent for an effective representation in the field of external relations, treaties are always negotiated by the executive organs. The systems differ only with respect to the intensity of control the legislative organs may exercise within the negotiating process. On the other hand, the executive is not allowed to usurp domestic competences which are not given to it by the constitution under the guise of implementing an international treaty. Thus, the domestic implementation of treaties generally rests with the legislative organs. This situation calls for an adaptation of the constitutional competences to conclude an international treaty to the distribution of competences as it exists for the implementation of such a treaty, since only a parallelism of these competences allows to simply transfer the general domestic rules of IOR to the conclusion and implementation of treaties. Any separation of competences at this point does not lead to a desirable decentralization of power, but to substantial --frictions which themselves can only be defused through a recourse to IOR.

Thesis 7.2. International Treaties before the Courts. A comprehensive controlling power of the courts with respect to international treaties is essential for the balance of power as a whole. At the same time, however, judicial self-restraint regarding the priority of the political decision-makers and their necessary leeway in treaty negotiations seems indispensable. Therefore, the judicial control of international treaties must be specifically subjected to the rules of IOR.

Thesis 7.3. IOR and Foreign Affairs in general. No constitutional system can regulate the distribution of competences in the vast field of foreign affairs in detail. This is due to an intrinsic dilemma: The basic requirements of democratic government do not permit an exclusive power of the executive to conduct foreign relations, while the necessity to act quickly, flexibly and often secretly, which is inherent to the realm of diplomacy, makes it impossible to let the parliaments deal with all problems arising in this context. Thus, there is a specific demand in the area of foreign policy to balance out executive and legislative power, which is further complicated if the courts come into play, as it is the case in Germany and the United States alike. The best alternative for striking this balance seems to consist in the acknowledgment of an "executive primacy", leaving, however, a general possibility for the legislature to intervene. It probably needs no further explanation that such a situation is predestined for the application of IOR. Eventually, this boils down to a scheme of rule and exception that is quite similar to the one developed before with respect to the "core area" of the executive (Thesis *6.4.*).

Thesis 7.4. The Common Foreign and Security Policy of the European Union. A purely intergovernmental coordination of foreign policy, as it still exists at the European level, is not really comparable with the conduct of foreign relations by a classical nation-state. However, the fundamental problems are by and large identical: On the one hand, the entity in question needs to be represented externally in an effective and unified manner, which can usually be handled by the executive only. On the other hand, this representation must be based on a not too distant democratic legitimation provided by a popularly elected legislature. For these reasons, the idea of IOR works differently within the Common Foreign and Security Policy of the European Union than it does within the traditional nation-state systems: Currently, its main applications take place in the vertical relationship between the Council of the Union and the governments of the member states. In addition, though, it signals for the future how the distribution of competences among the organs of the Union is to be designed if eventually a transfer of the general foreign policy power to them will be achieved.

Thesis 7.5. The Case of Military Power. Under the auspices of IOR, the conduct of foreign relations in general and of military actions in particular basically presents the same challenges, although, of course, the very nature of military operations makes the latter especially explosive. Again, the operative control of the armed forces can meaningfully be exercised by the executive only, whereas the fundamental decisions about the deployment of these forces and the purpose of their actions must in a democratic society be left to the legislative organs. And since the constitution cannot foresee the circumstances of future military threats and demands, the balance of power in this respect must largely be based on the idea and rules of IOR. This is exemplified by the "War Powers Resolution" in the United States as well as by the judgment of the German Constitutional Court regarding the "out of area" deployment of the German Bundeswehr.

Chapter 8: IOR and Constitutional Jurisdiction

Thesis 8.1. Admissibility Issues. The range of cases that may be brought before and decided by the Supreme Court, the German Constitutional Court and the European Court of Justice, respectively, shows no crucial differences between the three courts in terms of jurisdiction, regardless of the totally different legal regulations governing admissibility. This demonstrates the pivotal role played by the rule of law in the underlying constitutional systems and in principle provides an identical setting for the application of IOR. In one respect, however, an interesting discrepancy remains: Whereas the Supreme Court is basically free in deciding which cases to accept, the German Constitutional Court and the European Court of Justice are generally obliged to render a material decision in all cases brought before them through an admissible action.

Thesis 8.2. The Power to Overrule Laws. As regards the "negative" power to set aside decisions of the other branches of government, the three constitutional systems analyzed here again contain very different regulations, with the German Constitutional Court being able to claim the formally strongest power and the Supreme Court on paper trailing behind. The doctrine of "stare decisis" in the American common law system and the special power of the European Court of Justice to nullify acts of the other organs of the European Community, however, lead to a very similar outcome in terms of judicial power. In particular, all three courts can in fact overrule even parliamentary laws and correspondingly demand IOR from the legislative organs.

Thesis 8.3. The Power to Influence the Making of Laws. A direct correlation can be ascertained between the assignments of "negative" power to the highest courts and their positive influence on the contents of new laws. Overlooking the procedural and methodical differences between the various constitutional systems, it can be said that all the courts are inclined to wield their power of overruling existing laws in order to participate in the shaping of new ones. The principle of IOR is needed here to delineate the functional limitations of constitutional jurisdiction and to preserve a functionally adequate distribution of competences between the highest constitutional organs.

Thesis 8.4. The Courts and the Legislative: "Judicial Self-Restraint". In addition, IOR addresses the highest courts themselves and holds them responsible for the avoidance of usurping intrusions into the field of the legislature and for the corresponding exercise of self-restraint. It thereby serves to counterbalance the comprehensive power of these courts to set aside laws and to materially influence the law-making process, helping to prevent an excessive shift of power within the constitutional system. To be sure, the exercise of IOR by the courts can itself only be subject to rudimentary control, since the creation of any new controlling institution would lead into an indefinite regress, with no possibility to finally answer the question of who is supposed to supervise the supervisors. But the principle of IOR at least provides the standards by which the administration of justice through the courts may be judged. The courts can display the necessary IOR by granting the legislative organs a considerable leeway in the political assessment of the effects of proposed legislation and the choices deriving therefrom, basically admitting a kind of "first-hand access" of the legislature even to matters of constitutional interpretation.

Thesis 8.5. The Courts and the Executive: "Political Questions". As in the relationship between the courts and the legislature, IOR also facilitates striking the balance between the necessity of a comprehensive judicial control of the executive and the need to grant the executive decision-makers a substantial freedom in choosing political alternatives, particularly in the field of foreign relations. At least in theory, the highest courts are always willing to pay the required respect to the executive – and in the European Union additionally to the member states – when this field or another one of comparable sensitivity is touched. In the American system, there even exists a formal doctrine of not rendering decisions on such "political questions"; under normal circumstances, however, the courts just reduce their intensity of control in areas where they consider the responsibility of the executive prevalent.

Thesis 8.6. The Basic Dilemma of Judicial Control. The rule of law generally calls for a comprehensive judicial control in order to secure the priority of the constitution and the stability of the legal framework of society. As long as the courts restrain themselves to the purely negative possibility to set aside decisions of the other branches of government, the balance of power is not really endangered, albeit gridlock situations may occur. A real shift in the constitutional distribution of power looms, however, if the highest courts claim the positive power to shape new legal rules. Since this is to a certain degree unavoidable, the idea of comprehensive judicial control faces an intrinsic dilemma. Moreover, in federalized entities the courts have to fulfill an additional function, which gives them an even more powerful position: to preserve the coherence of the entity and to prevent its political fragmentation.

Thesis 8.7. IOR as a Possible Solution. If the idea of comprehensive judicial control is in principle accepted, one must eventually invest some confidence in the courts as the "least dangerous branch". This means that it is mainly the responsibility of the courts themselves to exercise the required IOR by granting the other branches of government a general presumption of constitutionality for their actions taken within their constitutional areas of competence. The courts must define their own role so as not to correct sheer mistakes of the other organs, but only to prevent them from overstepping their constitutional boundaries. Thus, they should put emphasis on the procedural supervision of the political decision-making processes in order to exclude undesirable external influences. The more they attempt to control the material correctness of the results of these processes, the greater the danger of an unjustified shift in the constitutional balance of power becomes. The principle of IOR counteracts this danger, though, by providing functional criteria for the determination of the focus of constitutional adjudication.

Part III: Conclusions

Chapter 9: The Effects of IOR on the Various Constitutional Organs

Thesis 9.1. The Central Representative Organ. In a constitutional system based on the democratic principle, the central representative organ must be directly elected by the people. Its pivotal function is to legislate, which at least includes the right to initiate legislation and the negative power to prevent laws from coming into existence. Moreover, this organ has the task to comprehensively control the executive. The idea of IOR, however, demands that the exercise of this controlling power shall respect the "core area" of executive competences, especially in the field of foreign affairs.

Thesis 9.2. The States' Representative Organ in Federal Systems. In a federalized constitutional system, it also takes an organ entrusted with the task of representing the various (member) states. The members of this organ can either be elected by the people as well or by the state parliaments, or they can be appointed by the state governments, as it is the case in Germany. The choice between these alternatives depends on whether the organ is supposed to provide an enhancement of popular representation and to act as a second legislative chamber or whether it shall just represent the majority opinions of the political leaderships in the several states.

The degree of federalization of a constitutional system can best be determined on the basis of the following criteria: to what extent the states and the organs representing them can participate in the federal legislative process, how far they can influence the conduct of foreign affairs and which power they have with regard to constitutional amendments. According to these criteria, the German system gives the strongest priority to the federal level, whereas the European Union still leaves the bulk of these powers with its member states. The principle of IOR here primarily fulfills the task of supporting a functionally adequate balance of power, especially by establishing mutual obligations to inform, to consult and to cooperate.

Thesis 9.3. The Main Executive Organ. The unique characteristics of each constitutional system appear most clearly in the procedure chosen for the election of the head of government. This is not true, however, when it comes to the appointment of ministers or secretaries and administrative officers. The corresponding processes are again shaped by the challenge to strike a balance between the requirements of governmental stability and administrative continuity and the desire to ensure a comprehensive control of the executive by the legislature. As a rule it can be stated: The less the legitimation of the head of government depends on the legislative organs, the more powerful he must be and the more urgent the need becomes to let the legislative organs exercise some control over the administrative organization of the executive. Furthermore, any rulemaking power of the executive must be particularly subject to legislative control, since this kind of power stems from the core area of the legislature and can therefore only be derived from its will. On the other hand, the executive also is to be protected against usurping intrusions of the legislature into its "core area". IOR is again primarily needed here to achieve and to preserve a functionally adequate balance of power.

Thesis 9.4. The Head of the Entity. The fundamental choice between the general model types of constitutional systems predetermines the mode of election and scope of authority of the head of the entity. In a presidential democracy, this head must by definition be directly elected by the people, and the application of IOR shows that only in this case the person in question may be given the power to veto laws enacted by the legislative organs. Conversely, though, even in a parliamentary system the head of the entity can be popularly elected and nevertheless be restrained insofar as he may only check the constitutionality of laws.

Thesis 9.5. The Highest (Constitutional) Court. In a constitutional system based on the rule of law, the preservation of the constitutional order usually requires a court to make sure that the other branches of government abide by the rules of the constitution. Moreover, in a federal system this is particularly true for the relationship between federal and state organs. However, any court entrusted with this kind of power, especially if it includes the power to overrule formally correct laws enacted by the legislature, faces the challenge of restraining itself by respecting the specific realms of legislative and executive competences. The principle of IOR here provides the necessary standards and criteria for the recognition of basic legislative and executive responsibilities through the courts.

Chapter 10: IOR as a Basic Principle of Constitutional Structure

Thesis 10.1. Structural Cornerstones. Democracy, federalism, separation of powers and the rule of law mark the starting-points and pivotal pillars of all the constitutional systems analyzed here. The scope of possible institutional settings delineated by these principles remains very broad, though, leaving ample room for alternatives to balance out the conflicting goals of effectively exercising power and comprehensively controlling it. Only a few choices in this respect are predetermined by the selection of the fundamental institutional model types. The bulk of conceivable solutions, however, does not depend on this primary selection. This permits a universal application of the principle of IOR which may largely be based on pragmatic considerations.

Thesis 10.2. The Sources of IOR. No constitutional text can provide express regulations of all the obligations to loyally cooperate that exist between the highest constitutional organs. The holes inevitably gaping here cannot be closed through purely societal mechanisms either. Thus, there is a normative need to acknowledge IOR as a legal principle. It is mainly founded on three other generally recognized principles: separation of powers, good faith and (state) integration.

Thesis 10.3. The Concept of IOR. As far as the constitution does expressly regulate, the concrete terms of IOR are of course shaped by the corresponding provisions. But most of the obligations here at issue do not have a basis in the constitutional text and must instead be autonomously developed. By providing the normative anchor for these developments, IOR qualifies itself as a basic principle of constitutional structure. In detail, it serves to assign specific functions to the various organs, to prevent the misuse of powers by them, to create positive rights and obligations, to guide constitutional interpretation, to ascertain constitutional deficits and to evaluate proposals for constitutional changes, putting particular emphasis on the mutuality of rights and duties in the relationships between the highest constitutional organs.

Thesis 10.4. The Implementation of IOR. Like every basic structural principle, IOR shows a high degree of openness and flexibility, making its transformation into concrete rules and decisions difficult. Constitutional practice, however, is able to provide at least some hints in this respect. Moreover, there is a difference between the regulating function of IOR to serve as a foundation of legal rights and obligations and its controlling function to determine the decision of a case. The former is of a comprehensive nature, whereas the latter will only be exercised under specific circumstances. But the fact that the courts are by virtue of IOR themselves supposed to refrain from exercising review in cases where the constitutional distribution of powers, rights and duties is not really endangered does not call the role of IOR as a basic constitutional principle into question. Judicial abstinence, as *Mulhern* put it, is not a threat to the rule of law; constitutional norms can be meaningful even without judicial enforcement.

Thesis 10.5. IOR and Separation of Powers. Of all the other principles of constitutional structure, the separation of powers principle is undoubtedly most akin to the idea of IOR. A strict separation of the various state functions and their assignment to different organs, however, has proved impossible in constitutional practice. Separation of powers has therefore soon acquired the additional and even more important meaning of striking a balance between the powers of the several organs and of preventing the predominance of any of them. The means commonly employed to achieve this aim is to include lots of checks in the institutional structure of the constitution. But apart from the fact that this normally entails a loss of transparency in the decision-making processes, the desired balance of powers will only turn out to be workable if these formal mechanisms are supplemented by the idea of IOR. The principle of IOR helps to create rules of preference in all cases where the exact assignment of constitutional competences is in doubt. These rules are not compelling, but their non-observance requires specific justification.

Thesis 10.6. IOR and Federalism. Under the auspices of federalism, the desired decentralization of power through the distribution of competences between federal and state levels brings about a loss of efficiency in securing the unified appearance of the system as a whole. It requires the installation of an additional representative organ at the federal level that is supposed to take care of the states' interests and at least partly competes with the central representative organ directly elected by the citizens. The principle of IOR is here needed to balance out the competences of these two organs and the ideas embodied by them, namely federalism and democracy.

Thesis 10.7. IOR and Democracy. In a constitutional system that is based on the democratic principle, a direct participation of the people is the indispensable starting-point for all chains of legitimation. Apart from that, however, democratic legitimation can be ensured in a variety of ways. Even the majority rule just serves as a guiding principle that is open to modifications. The connection between IOR and democracy is therefore only an indirect one: The rules of preference created through the application of IOR are shaped by the democratic principle insofar as the directly elected and legitimated organs can generally claim more IOR from the others than vice versa.

Thesis 10.8. IOR and the Rule of Law. Contrary to the openness of the democratic principle, the rule of law does not permit a broad variety of implementation mechanisms. It usually calls for a court with a comprehensive controlling power to supervise the constitutionality of all acts committed by the other organs and branches of government. This inevitably poses a threat to the general balance of power and leads to conflicts with the separation of powers principle as well as with the idea of democracy. IOR helps to defuse these conflicts by adjusting the degree of judicial control to the functional standard of "organ adequacy" and by demanding specific respect for the democratically elected legislature. In sum, IOR is the bond that keeps all the basic principles of constitutional structure institutionally together.

Chapter 11: Possibilities of Codifying IOR

Thesis 11. A concluding codification of IOR seems impossible. Selectively, though, such a codification is conceivable, as an analysis of the German constitutional order exemplarily demonstrates. For instance, the principle of IOR could be enshrined in Art. 20 of the German Basic Law together with the other structural principles of the German constitution. Moreover, some of the specific obligations derived from it are already concrete enough to be fixed in written constitutional provisions.

Literatur

Achterberg, Norbert: Bundesverfassungsgericht und Zurückhaltungsgebote – Judicial, political, processual, theoretical self-restraints –, in: Die öffentliche Verwaltung 1977, S. 649–659.

–: Das Parlament im modernen Staat, in: Deutsches Verwaltungsblatt 1974, S. 693–707.

–: Deutschland nach 30 Jahren Grundgesetz, in: Veröffentlichungen der Vereinigung der Deutschen Staatsrechtslehrer 38 (1980), S. 55–111.

–: Die Rechtsordnung als Rechtsverhältnisordnung – Grundlegung der Rechtsverhältnistheorie –, Berlin 1982.

–: Parlamentsrecht, Tübingen 1984.

–: Probleme der Funktionenlehre, München 1970.

–: Vertrauensfrage und Auflösungsanordnung – Kritische Bemerkungen zum „Wahlurteil" des Bundesverfassungsgerichts –, in: Deutsches Verwaltungsblatt 1983, S. 477–486.

Ackerman, Bruce: Constitutional Politics/Constitutional Law, in: Yale Law Journal 99 (1989), S. 453–547.

–: We the People 1: Foundations, Cambridge, MA/London 1991.

Adam, Rudolf G.: Wo ein Wille ist, gibt es viele Wege – Die Diskussion über die künftige Gestalt Europas muß konkreter werden –, in: Frankfurter Allgemeine Zeitung vom 5.12. 1995, S. 16 f.

Adam, Winfried Anselm: Die Kontrolldichte-Konzeption des EuGH und deutscher Gerichte – Eine vergleichende Untersuchung der gerichtlichen Kontrolle im Dienst-, Außen- und Binnenwirtschaftsrecht –, Baden-Baden 1993.

Alber, Siegfried: Die Entwürfe des Europäischen Parlaments für eine europäische Verfassung, Saarbrücken 1994.

Albers, Marion: Freieres Annahmeverfahren für das BVerfG?, in: Zeitschrift für Rechtspolitik 1997, S. 198–203.

Albors-Llorens, Albertina: Changes in the Jurisdiction of the European Court of Justice under the Treaty of Amsterdam, in: Common Market Law Review 35 (1998), S. 1273–1294.

Alen, André/Peeters, Patrick/Pas, Wouter: „Bundestreue" im belgischen Verfassungsrecht – Kongreß „Treu und Glauben", Flämische Juristenvereinigung, Gent, 28. April 1990 –, in: Jahrbuch des öffentlichen Rechts der Gegenwart, Neue Folge, Bd. 42 (1994), S. 439–505.

Alexy, Robert: Theorie der Grundrechte, 2. Aufl., Frankfurt a.M. 1994.

–: Theorie der juristischen Argumentation – Die Theorie des rationalen Diskurses als Theorie der juristischen Begründung –, Frankfurt a.M. 1978.

–: Zum Begriff des Rechtsprinzips, in: Werner Krawietz/Kazimierz Opalek/Aleksander Peczenik/Alfred Schramm (Hg.), Argumentation und Hermeneutik in der Jurisprudenz, Rechtstheorie Beiheft 1, Berlin 1979, S. 59–87.

Allkemper, Ludwig: Der Rechtsschutz des einzelnen nach dem EG-Vertrag – Möglichkeiten seiner Verbesserung –, Baden-Baden 1995.

Allott, Philip: The Crisis of European Constitutionalism: Reflections on the Revolution in Europe, in: Common Market Law Review 34 (1997), S. 439–490.

Alternativkommentar zum Bürgerlichen Gesetzbuch, Bd. 2: Allgemeines Schuldrecht, Neuwied/Darmstadt 1980 (zit.: AK-BGB).

Alternativkommentar zum Grundgesetz für die Bundesrepublik Deutschland, Bd. 1: Art. 1–37; Bd. 2: Art. 38–146, 2. Aufl., Neuwied 1989 (zit.: AK-GG).

Aman, Alfred C. Jr./Mayton, William T.: Administrative Law, St. Paul, MN 1993.

Anderson, Charles W.: Pragmatic Liberalism, the Rule of Law, and the Pluralist Regime, in: Stephen L. Elkin/Karol Edward Soltan (ed.), A New Constitutionalism – Designing Political Institutions for a Good Society –, Chicago/London 1993, S. 96–116.

Annacker, Claudia: Die Inexistenz als Angriffs- und Verteidigungsmittel vor dem EuGH und dem EuG, in: Europäische Zeitschrift für Wirtschaftsrecht 1995, S. 755–761.

Anschütz, Gerhard: Die Verfassung des Deutschen Reichs vom 11. August 1919 – Ein Kommentar für Wissenschaft und Praxis –, 14. Aufl., 1. Teil, Berlin 1932.

Antieau, Chester James: States' Rights under Federal Constitutions, London/Rom/New York 1984.

Anweiler, Jochen: Die Auslegungsmethoden des Gerichtshofs der Europäischen Gemeinschaften, Frankfurt a.M. 1997.

Anzenberger, Zeno: Das Bundesverfassungsgericht auf dem Weg zu einem freieren Annahmeverfahren nach dem Vorbild des U.S. Supreme Court, Diss. Regensburg 1998.

Anzon, Adele: La *Bundestreue* e il sistema federale tedesco: un modello per la riforma del regionalismo in Italia?, Milano 1995.

Apelt, Willibalt: Zum Begriff Föderalismus, in: Um Recht und Gerechtigkeit, Festgabe für Erich Kaufmann zu seinem 70. Geburtstage, Stuttgart/Köln 1950, S. 1–17.

Arndt, Claus: Verfassungsrechtliche Anforderungen an internationale Bundeswehreinsätze, in: Neue Juristische Wochenschrift 1994, S. 2197–2199.

Arndt, Hans-Wolfgang: Europarecht, 3. Aufl., Heidelberg 1998.

–: Konsequenzen für den Gesetzgeber aus den Beschlüssen des Bundesverfassungsgerichts vom 22.6.1995 zur Vermögen- und Erbschaftsteuer, in: Betriebs-Berater 1996, Beilage 7 vom 4.4.1996.

–: */Benda, Ernst/von Dohnanyi, Klaus/Schneider, Hans-Peter/Süssmuth, Rita/Weidenfeld, Werner*: Zehn Vorschläge zur Reform des deutschen Föderalismus, in: Zeitschrift für Rechtspolitik 2000, S. 201–206.

–: */Jenzen, Holger:* Zur Anwendbarkeit des Vermögensteuergesetzes nach dem 1.1.1997, in: Neue Juristische Wochenschrift 1997, S. 1678–1683.

–: */Rudolf, Walter:* Öffentliches Recht – Grundriß für das Studium der Rechts- und Wirtschaftswissenschaft –, 11. Aufl., München 1996.

–: */Schumacher, Andreas:* Das vorläufige und das endgültige Nichts – Wegfall der Rechtsgrundlage für die Erhebung der Erbschaft- und Vermögensteuer bei Untätigkeit des Gesetzgebers –, in: Deutsches Steuerrecht 1995, S. 1813–1816.

–: Die verfassungsrechtlich zulässige Höhe der Steuerlast – Fingerzeig des BVerfG an den Gesetzgeber?, in: Neue Juristische Wochenschrift 1995, S. 2603–2605.

–: Kinder, Kinder ... oder: Die unterschiedliche Leistungsfähigkeit der Senate des Bundesverfassungsgerichts, in: Neue Juristische Wochenschrift 1999, S. 745–750.

von Arnim, Hans Herbert: Deutschland – eine Demokratie der Funktionäre? – Die Verfassung muß Barrieren errichten gegen die Übermacht und die Begehrlichkeiten der politischen Parteien –, in: DIE ZEIT vom 26.6.1992, S. 4.

–: Reformblockade der Politik? – Ist unser Staat noch handlungsfähig? –, in: Zeitschrift für Rechtspolitik 1998, S. 138–147.

–: Zur „Wesentlichkeitstheorie" des Bundesverfassungsgerichts – Einige Anmerkungen zum Parlamentsvorbehalt –, in: Deutsches Verwaltungsblatt 1987, S. 1241–1249.

–: */Weinberg, Dagmar:* Staatsverschuldung in der Bundesrepublik Deutschland, Wiesbaden 1986.

Arnull, Anthony: Judicial architecture or judicial folly? The challenge facing the European Union, in: European Law Review 24 (1999), S. 516–524.

–: The Community Judicature and the 1996 IGC, in: European Law Review 20 (1995), S. 599–611.

Arrow, Kenneth J.: Social Choice and Individual Values, 2nd ed., New York/London/Sydney 1963.

Auer, Andreas: The supreme law of the land – Eléments du droit constitutionnel des Etats-Unis –, Basel/Frankfurt a.M. 1990.

Aulehner, Josef: Art. 93 I Nr. 2 a GG – abstrakte Normenkontrolle oder föderative Streitigkeit?, in: Deutsches Verwaltungsblatt 1997, S. 982–988.

Baade, Hans W.: Das Verhältnis von Parlament und Regierung im Bereich der auswärtigen Gewalt der Bundesrepublik Deutschland – Studien über den Einfluß der auswärtigen Beziehungen auf die innerstaatliche Verfassungsentwicklung –, Hamburg 1962.

Bach, Thomas: Der Einfluß von Prognosen auf die Rechtsprechung des Bundesverfassungsgerichts, Diss. Würzburg 1983.

Badura, Peter: Bewahrung und Veränderung demokratischer und rechtsstaatlicher Verfassungsstruktur in den internationalen Gemeinschaften, in: Veröffentlichungen der Vereinigung der Deutschen Staatsrechtslehrer 23 (1966), S. 34–104.

–: Das Kreuz im Schulzimmer – Inhalt und rechtliche Tragweite des Beschlusses des Bundesverfassungsgerichts vom 16.5.1995 (BayVBl. 1995, 720 ff., 752 ff.) –, in: Bayerische Verwaltungsblätter 1996, S. 33–40, 71–77.

–: Die „Kunst der föderalen Form" – Der Bundesstaat in Europa und die europäische Föderation, in: Wege und Verfahren des Verfassungslebens, Festschrift für Peter Lerche zum 65. Geburtstag, hg. von Peter Badura und Rupert Scholz, München 1993, S. 369–384.

–: Die Methoden der neueren allgemeinen Staatslehre, Erlangen 1959.

–: Die verfassungsrechtliche Pflicht des gesetzgebenden Parlaments zur „Nachbesserung" von Gesetzen, in: Staatsorganisation und Staatsfunktionen im Wandel, Festschrift für Kurt Eichenberger zum 60. Geburtstag, hg. von Georg Müller, René A. Rhinow, Gerhard Schmid, Luzius Wildhaber, Basel/Frankfurt a.M. 1982, S. 481–492.

–: Diskussionsbeitrag, in: Veröffentlichungen der Vereinigung der Deutschen Staatsrechtslehrer 56 (1997), S. 103–105.

–: Parlamentarismus und parteienstaatliche Demokratie, in: Festschrift für Karl Michaelis, hg. von Hans-Martin Pawlowski und Franz Wieacker, Göttingen 1972, S. 9–25.

–: Richterliches Prüfungsrecht und Wirtschaftspolitik, in: Verwaltung im Dienste von Wirtschaft und Gesellschaft, Festschrift für Ludwig Fröhler zum 60. Geburtstag, hg. von Peter Oberndorfer und Herbert Schambeck, Berlin 1980, S. 321–347.

–: Staatsrecht – Systematische Erläuterung des Grundgesetzes für die Bundesrepublik Deutschland –, 2. Aufl., München 1996.

Bähr, Biner Kurt Wenkholm: Verfassungsmäßigkeit des Einsatzes der Bundeswehr im Rahmen der Vereinten Nationen, Frankfurt a.M. 1994.

Bahro, Horst: Zur Verbreitung einer Regierungsform zwischen Parlamentarismus und Präsidentialismus, in: Osteuropa-Recht 43 (1997), S. 2–18.

Baird, Douglas G./Gertner, Robert H./Picker, Randal C.: Game Theory and the Law, Cambridge, MA/London 1994.

Baldus, Manfred: Extraterritoriale Interventionen der Bundeswehr zur Rettung von fremden und deutschen Staatsangehörigen, in: Ingo Erberich u.a. (Hg.), Frieden und Recht – 38. Assistententagung Öffentliches Recht 1998 –, Stuttgart u.a. 1998, S. 259–295.

Balkin, Jack M.: Populism and Progressivism as Constitutional Categories, in: Yale Law Journal 104 (1995), S. 1935–1990.

Bandilla, Rüdiger/Hix, Jan-Peter: Demokratie, Transparenz und Bürgerrechte in der Europäischen Gemeinschaft, in: Neue Juristische Wochenschrift 1997, S. 1217–1219.

Bandorf, Wolf-Rüdiger: Der Bundesrat als Instrument der Parteienpolitik, Diss. Mannheim 1978.

Barber, Sotirios A.: The Constitution of Judicial Power, Baltimore/London 1993.

Bartlsperger, Richard: Die Integrationslehre Rudolf Smends als Grundlegung einer Staats- und Rechtstheorie, Diss. Erlangen 1964.

Battis, Ulrich/Gusy, Christoph: Einführung in das Staatsrecht, 3. Aufl., Heidelberg 1991.

Bauer, Hartmut: Die Bundestreue – Zugleich ein Beitrag zur Dogmatik des Bundesstaatsrechts und zur Rechtsverhältnislehre –, Tübingen 1992.

–: Geschichtliche Grundlagen der Lehre vom subjektiven öffentlichen Recht, Berlin 1986.

–: Subjektive öffentliche Rechte des Staates – Zugleich ein Beitrag zur Lehre vom subjektiven öffentlichen Recht –, in: Deutsches Verwaltungsblatt 1986, S. 208–219.

–: /*Möllers, Christoph:* Die Rechtschreibreform vor dem Bundesverfassungsgericht, in: Juristen-Zeitung 1999, S. 697–702.

Bausback, Winfried: „Auslagerung" des Grundrechtsschutzes auf die internationale Ebene? – Freies Annahmeverfahren für Verfassungsbeschwerden im Lichte der inter- und supranationalen Bindungen der Bundesrepublik Deutschland –, in: Zeitschrift für Rechtspolitik 1999, S. 6–9.

Bauschke, Erhard: Bundesstaatsprinzip und Bundesverfassungsgericht – Eine systematische Darstellung föderalistischer und zentralistischer Tendenzen in der Rechtsprechung des Bundesverfassungsgerichts –, Berlin 1970.

Bayer, Hermann-Wilfried: Die Aufhebung völkerrechtlicher Verträge im deutschen parlamentarischen Regierungssystem – Zugleich ein Beitrag zur Lehre vom Abschluß völkerrechtlicher Verträge nach deutschem Recht –, Köln/Berlin 1969.

–: Die Bundestreue, Tübingen 1961.

Beckedorf, Ingo: Das Untersuchungsrecht des Europäischen Parlaments – Die Entwicklung des parlamentarischen Untersuchungsrechts des Europäischen Parlaments nach den Verträgen über die Europäische Wirtschaftsgemeinschaft und die Europäische Gemeinschaft unter Berücksichtigung der Untersuchungsrechte der mitgliedstaatlichen Parlamente –, Berlin 1995.

–: Das Untersuchungsrecht des Europäischen Parlaments – Eine erste Bestandsaufnahme nach zwei parlamentarischen Untersuchungen –, in: Europarecht 1997, S. 237–260.

Becker, Bernd/Welz, Wolfgang: Verwaltung und Vollzug, in: Wolfgang Jäger/Wolfgang Welz (Hg.), Regierungssystem der USA – Lehr- und Handbuch –, München 1995, S. 231–243 (§ 12).

Becker, Jürgen: Gewaltenteilung im Gruppenstaat – Ein Beitrag zum Verfassungsrecht des Parteien- und Verbändestaates –, Baden-Baden 1986.

Beckmann, Martin: Verwaltungsgerichtlicher Rechtsschutz im raumbedeutsamen Umweltrecht – Eine Untersuchung zum Umfang der richterlichen Kontrolle im Abfall-, Immissionsschutz-, Wasserhaushalts- und Naturschutzrecht –, Münster 1987.

Beer, Samuel H.: To Make A Nation – The Rediscovery of American Federalism –, Cambridge, MA/ London 1993.

Behrens, Peter: Die ökonomischen Grundlagen des Rechts – Politische Ökonomie als rationale Jurisprudenz –, Tübingen 1986.

Benda, Ernst: Das Verhältnis von Parlament und Bundesverfassungsgericht, in: Uwe Thaysen/Roger H. Davidson/Robert G. Livingston (Hg.), US-Kongreß und Deutscher Bundestag – Bestandsaufnahmen im Vergleich –, Opladen 1988, S. 218–232.

–: Der soziale Rechtsstaat, in: ders./Werner Maihofer/Hans-Jochen Vogel (Hg.), Handbuch des Verfassungsrechts der Bundesrepublik Deutschland, 2. Aufl., Berlin/New York 1994, S. 719–797 (§ 17).

–: Föderalismus in der Rechtsprechung des Bundesverfassungsgerichts, in: Probleme des Föderalismus – Deutsch-Jugoslawisches Symposium Belgrad 1984 –, Tübingen 1985, S. 71–83.

–: Gegenwind und Kreuzseen, in: Neue Juristische Wochenschrift 1997, S. 560–562.

–: Gesetze mit Verfallsdatum?, in: Neue Juristische Wochenschrift 1996, S. 2282–2284.

–: Wirklich Götterdämmerung in Karlsruhe?, in: Neue Juristische Wochenschrift 1995, S. 2470 f.

–: /*Klein, Eckart:* Lehrbuch des Verfassungsprozeßrechts, Heidelberg 1991.

Berger, Raoul: Government by Judiciary – The Transformation of the Fourteenth Amendment -, 2nd ed., Indianapolis 1997.

–: The Presidential Monopoly of Foreign Relations, in: Michigan Law Review 71 (1972), S. 1–58.

Berkemann, Jörg: Das Bundesverfassungsgericht und „seine" Fachgerichtsbarkeiten – Auf der Suche nach Funktion und Methodik –, in: Deutsches Verwaltungsblatt 1996, S. 1028–1040.

Bernhardt, Rudolf: Bundesverfassungsgericht und völkerrechtliche Verträge, in: Bundesverfassungsgericht und Grundgesetz, Festgabe aus Anlaß des 25jährigen Bestehens des Bundesverfassungsgerichts, hg. von Christian Starck, Zweiter Band: Verfassungsauslegung, Tübingen 1976, S. 154–186.

–: Das Recht der Europäischen Gemeinschaften zwischen Völkerrecht und staatlichem Recht, in: Festschrift für Rudolf Bindschedler, hg. von Emanuel Diez, Jean Monnier, Jörg P. Müller, Heinrich Reimann, Luzius Wildhaber, Bern 1980, S. 229–239.

–: Der Abschluß völkerrechtlicher Verträge im Bundesstaat – Eine Untersuchung zum deutschen und ausländischen Bundesstaatsrecht –, Köln/Berlin 1957.

–: Verfassungsrecht und völkerrechtliche Verträge, in: Josef Isensee/Paul Kirchhof (Hg.), Handbuch des Staatsrechts der Bundesrepublik Deutschland, Bd. VII: Normativität und Schutz der Verfassung – Internationale Beziehungen, Heidelberg 1992, S. 571–597 (§ 174).

–: Völkerrechtliche Bemerkungen zum Grundvertrags-Urteil des Bundesverfassungsgerichts, in: Recht im Dienst des Friedens, Festschrift für Eberhard Menzel zum 65. Geburtstag, hg. von Jost Delbrück, Knut Ipsen, Dietrich Rauschning, Berlin 1975, S. 109–123.

Bernhardt, Wilfried: Verfassungsprinzipien – Verfassungsgerichtsfunktionen – Verfassungsprozeßrecht im EWG-Vertrag – Zur Auslegung des Gemeinschaftsprozeßrechts, insbesondere der Bestimmungen über Zuständigkeit, Zugang und Entscheidungswirkungen, am Maßstab des Art. 164 EWGV –, Berlin 1987.

Bertrams, Michael: Verfassungsgerichtliche Grenzüberschreitungen, in: Verfassungsstaatlichkeit, Festschrift für Klaus Stern zum 65. Geburtstag, hg. von Joachim Burmeister, München 1997, S. 1027–1039.

Bethge, Herbert: Grundfragen innerorganisationsrechtlichen Rechtsschutzes – Einige Bemerkungen zu aktuellen Kontroversen über den dogmatischen Standort des verwaltungsrechtlichen Organstreits –, in: Deutsches Verwaltungsblatt 1980, S. 309–315.

–: Stichwort „Bundesstaat", in: Görres-Gesellschaft (Hg.), Staatslexikon – Recht, Wirtschaft, Gesellschaft –, 7. Aufl., Freiburg/Basel/Wien 1985, 1. Bd., Sp. 993–999.

Bettermann, Karl August: Die Aufgabe: Fachgericht für Verfassungsrecht – Für einen geheimen Staatsrat in Karlsruhe ist kein Platz –, in: Frankfurter Allgemeine Zeitung vom 20.12.1996, S. 13.

–: Die konkrete Normenkontrolle und sonstige Gerichtsvorlagen, in: Bundesverfassungsgericht und Grundgesetz, Festgabe aus Anlaß des 25jährigen Bestehens des Bundesverfassungsgerichts, hg. von Christian Starck, Erster Band: Verfassungsgerichtsbarkeit, Tübingen 1976, S. 323–373.

Beutler, Bengt/Bieber, Roland/Pipkorn, Jörn/Streil, Jochen: Die Europäische Union – Rechtsordnung und Politik –, 4. Aufl., Baden-Baden 1993.

Beyer, Thomas C. W.: Die Ermächtigung der Europäischen Union und ihrer Gemeinschaften, in: Der Staat 35 (1996), S. 189–220.

Beyerlin, Ulrich: Schwangerschaftsrecht in der neueren Rechtsprechung des U.S. Supreme Court, in: Europäische Grundrechte-Zeitschrift 1977, S. 396–398.

von Beyme, Klaus: Das präsidentielle Regierungssystem der Vereinigten Staaten in der Lehre der Herrschaftsformen, Karlsruhe 1967.

–: Der Gesetzgeber – Der Bundestag als Entscheidungszentrum –, Opladen 1997.

–: Die parlamentarischen Regierungssysteme in Europa, 2. Aufl., München 1973.

–: Theorie der Politik im 20. Jahrhundert – Von der Moderne zur Postmoderne –, Frankfurt a.M. 1991.

Bickel, Alexander M.: The Least Dangerous Branch – The Supreme Court at the Bar of Politics –, 2nd ed., New Haven/London 1986.

Biden, Joseph R. Jr./Ritch, John B. III: The War Power at a Constitutional Impasse: A „Joint Decision" Solution, in: Georgetown Law Journal 77 (1988), S. 367–412.

Bieber, Roland: Das Verfahrensrecht von Verfassungsorganen – Ein Beitrag zur Theorie der inner- und interorganschaftlichen Rechtsetzung in der Europäischen Gemeinschaft, im Staatsrecht und Völkerrecht –, Baden-Baden 1992.

–: Die Vereinfachung der Verträge zur Errichtung der Europäischen Union, in: Deutsches Verwaltungsblatt 1996, S. 1337–1342.

–: Kooperation und Konflikt – Elemente einer Theorie des internen Organisationsrechts der EG, in: Das Europa der zweiten Generation, Gedächtnisschrift für Christoph Sasse, hg. von Roland Bieber u.a., Baden-Baden 1981, Bd. I, S. 327–347.

–: Organe der erweiterten Europäischen Gemeinschaften: Das Parlament, Baden-Baden 1974.

–: The Settlement of Institutional Conflicts on the Basis of Article 4 of the EEC Treaty, in: Common Market Law Review 21 (1984), S. 505–523.

–: Verfassungsentwicklung der Europäischen Union: Autonomie oder Konsequenz staatlicher Verfassungsentwicklung?, in: Peter-Christian Müller-Graff/ Eibe Riedel (Hg.), Gemeinsames Verfassungsrecht in der Europäischen Union, Baden-Baden 1998, S. 209–219.

–: */Salome, Isabelle:* Hierarchy of Norms in European Law, in: Common Market Law Review 33 (1996), S. 907–930.

Biehl, Hansjörg: Die Gegenzeichnung im parlamentarischen Regierungssystem der Bundesrepublik Deutschland, Berlin 1971.

Biehler, Gernot: Die Bodenkonfiskationen in der Sowjetischen Besatzungszone Deutschlands 1945 nach Wiederherstellung der gesamtdeutschen Rechtsordnung 1990, Berlin 1994.

–: Zur Bindungswirkung von Urteilen des Bundesverfassungsgerichts, in: Deutsches Verwaltungsblatt 1991, S. 1237–1239.

Bielefeldt, Heiner: Neuzeitliches Freiheitsrecht und politische Gerechtigkeit – Perspektiven der Gesellschaftsvertragstheorien –, Würzburg 1990.

Biermann, Christian: Der „Asylkompromiß" und das Bundesverfassungsgericht – BVerfG, Urt. v. 14.5.1996 – 2 BvR 1507, 1508, 1516, 1938, 2315/93 –, in: Jura 1997, S. 522–530.

Bignami, Francesca E.: The Democratic Deficit in European Community Rulemaking: A Call for Notice and Comment in Comitology, in: Harvard International Law Journal 40 (1999), S. 451–515.

Biletzki, Gregor C.: Das Kreuz im Klassenzimmer – Zur bundesverfassungsrechtlichen Zulässigkeit des neuen Art. 7 III BayEUG –, in: Neue Juristische Wochenschrift 1996, S. 2633 f.

Bilfinger, Karl: Der Einfluß der Einzelstaaten auf die Bildung des Reichswillens – Eine staatsrechtliche und politische Studie –, Tübingen 1923.

Birkinshaw, Patrick/Ashiagbor, Diamond: National Participation in Community Affairs: Democracy, the UK Parliament and the EU, in: Common Market Law Review 33 (1996), S. 499–529.

Bismark, Hans: Grenzen des Vermittlungsausschusses, in: Die öffentliche Verwaltung 1983, S. 269–279.

Black, Charles L.: Some Thoughts on the Veto, in: Law and Contemporary Problems 40 (1976), S. 87–101.

Black, Henry Campbell et al.: Black's Law Dictionary, 6th ed., St. Paul, MN 1990.

Blanke, Hermann-Josef: Die Bundesländer im Spannungsverhältnis zwischen Eigenstaatlichkeit und Europäischer Integration – Beteiligungsformen bei der Entstehung und Durchführung des Gemeinschaftsrechts –, in: Dirk Heckmann/Klaus Meßerschmidt (Hg.), Gegenwartsfragen des Öffentlichen Rechts – 28. Assistententagung Öffentliches Recht 1988 –, Berlin 1988, S. 53–81.

–: Die kommunale Selbstverwaltung im Zuge fortschreitender Integration – Aspekte nationaler und supranationaler Verfassungsentwicklung –, in: Deutsches Verwaltungsblatt 1993, S. 819–831.

Blankenagel, Alexander: Tradition und Verfassung – Neue Verfassung und alte Geschichte in der Rechtsprechung des Bundesverfassungsgerichts –, Baden-Baden 1987.

Bleckmann, Albert: Allgemeine Staats- und Völkerrechtslehre – Vom Kompetenz- zum Kooperationsvölkerrecht –, Köln u.a. 1995.

–: Art. 5 EWG-Vertrag und die Gemeinschaftstreue – Zugleich ein Beitrag zur Entwicklung des allgemeinen europäischen Verwaltungsrechts –, in: Deutsches Verwaltungsblatt 1976, S. 483–487.

–: Die Bindungswirkung der Praxis der Organe und der Mitgliedstaaten der EG bei der Auslegung und Lückenfüllung des Europäischen Gemeinschaftsrechts – Die Rolle des Art. 5 EWG-Vertrag –, in: Roland Bieber/Georg Ress (Hg.), Die Dynamik des Europäischen Gemeinschaftsrechts/The dynamics of EC-law – Die Auslegung des Europäischen Gemeinschaftsrechts im Lichte nachfolgender Praxis der Mitgliedstaaten und der EG-Organe –, Baden-Baden 1987, S. 161–227.

–: Die Rechtsprechung des Europäischen Gerichtshofes zur Gemeinschaftstreue, in: Recht der Internationalen Wirtschaft 1981, S. 653–655.

–: Die Wahrung der „nationalen Identität" im Unions-Vertrag, in: Juristen-Zeitung 1997, S. 265–269.

–: Die Zulässigkeit des Volksentscheides nach dem Grundgesetz, in: Juristen-Zeitung 1978, S. 217–223.

–: Europarecht – Das Recht der Europäischen Union und der Europäischen Gemeinschaften – , 6. Aufl., Köln u.a. 1997.

–: Gesetzesvorbehalt für Nachrüstung?, in: Deutsches Verwaltungsblatt 1984, S. 6-14.

–: Grundgesetz und Völkerrecht – Ein Studienbuch –, Berlin 1975.

–: Zu den Auslegungsmethoden des Europäischen Gerichtshofs, in: Neue Juristische Wochenschrift 1982, S. 1177–1182.

–: Zum materiellrechtlichen Gehalt der Kompetenzbestimmungen des Grundgesetzes, in: Die öffentliche Verwaltung 1983, S. 129–135.

–: Zum Rechtsinstitut der Bundestreue – Zur Theorie der subjektiven Rechte im Bundesstaat –, in: Juristen-Zeitung 1991, S. 900–907.

Blümel, Willi: Fachplanung durch Bundesgesetz (Legalplanung), in: Deutsches Verwaltungsblatt 1997, S. 205–216.

Blumann, Claude: Le Parlement européen et la comitologie: une complication pour la Conférence intergouvernementale de 1996, in: Revue trimestrielle de droit européen 1996, S. 1–24.

Blumenwitz, Dieter: Einführung in das anglo-amerikanische Recht – Rechtsquellenlehre, Methode der Rechtsfindung, Arbeiten mit praktischen Rechtsfällen –, 6. Aufl., München 1998.

–: Judicial self-restraint und die verfassungsgerichtliche Überprüfung von Akten der Auswärtigen Gewalt – Zur Rezeption eines amerikanischen Rechtsbegriffs durch das Bundesverfassungsgericht –, in: Deutsches Verwaltungsblatt 1976, S. 464–469.

Bockslaff, Klaus/Koch, Michael: The Tabatabai Case: The Immunity of Special Envoys and the Limits of Judicial Review, in: German Yearbook of International Law 25 (1982), S. 539–584.

Böckenförde, Ernst-Wolfgang: Demokratie als Verfassungsprinzip, in: Josef Isensee/Paul Kirchhof (Hg.), Handbuch des Staatsrechts der Bundesrepublik Deutschland, Bd. I: Grundlagen von Staat und Verfassung, Heidelberg 1987, S. 887–952 (§ 22).

–: Die Methoden der Verfassungsinterpretation – Bestandsaufnahme und Kritik, in: Neue Juristische Wochenschrift 1976, S. 2089–2099.

–: Die Organisationsgewalt im Bereich der Regierung – Eine Untersuchung zum Staatsrecht der Bundesrepublik Deutschland –, Berlin 1964.

–: Die Überlastung des Bundesverfassungsgerichts, in: Zeitschrift für Rechtspolitik 1996, S. 281–284.

–: Entstehung und Wandel des Rechtsstaatsbegriffs, in: ders., Staat, Gesellschaft, Freiheit – Studien zur Staatstheorie und zum Verfassungsrecht –, Frankfurt a.M. 1976, S. 65–92.

–: Grundrechte als Grundsatznormen – Zur gegenwärtigen Lage der Grundrechtsdogmatik –, in: Der Staat 29 (1990), S. 1–31.

–: Mittelbare/repräsentative Demokratie als eigentliche Form der Demokratie – Bemerkungen zu Begriff und Verwirklichungsproblemen der Demokratie als Staats- und Regierungsform –, in: Staatsorganisation und Staatsfunktionen im Wandel, Festschrift für Kurt Eichenberger zum 60. Geburtstag, hg. von Georg Müller, René A. Rhinow, Gerhard Schmid, Luzius Wildhaber, Basel/Frankfurt a.M. 1982, S. 301–328.

–: Organisationsgewalt und Gesetzesvorbehalt, in: Neue Juristische Wochenschrift 1999, S. 1235 f.

–: Verfassungsfragen der Richterwahl – Dargestellt anhand der Gesetzentwürfe zur Einführung der Richterwahl in Nordrhein-Westfalen –, Berlin 1974.

–: Verfassungsgerichtsbarkeit: Strukturfragen, Organisation, Legitimation, in: Neue Juristische Wochenschrift 1999, S. 9–17.

Böhm, Monika: Sperrwirkung von Verordnungsermächtigungen, in: Die öffentliche Verwaltung 1998, S. 234–239.

Böhmer, Alexander: Die Entscheidungen des BVerfG zum geltenden Asylrecht – BVerfG, EuGRZ 1996, 237 –, in: Juristische Schulung 1997, S. 23–29.

den Boer, Monica: Justice and Home Affairs Cooperation in the European Union: Current Issues, in: EIPASCOPE 1996, S. 12–16.

–: Step by Step Progress: An Update on the Free Movement of Persons and Internal Security, in: EIPASCOPE 1997, S. 8–11.

von Bogdandy, Armin: Gubernative Rechtsetzung – Eine Neubestimmung der Rechtsetzung und des Regierungssystems unter dem Grundgesetz in der Perspektive gemeineuropäischer Dogmatik –, Tübingen 2000.

–: Rechtsfortbildung mit Artikel 5 EG-Vertrag – Zur Zulässigkeit gemeinschaftsrechtlicher Innovationen nach EG-Vertrag und Grundgesetz –, in: Gedächtnisschrift für Eberhard Grabitz, hg. von Albrecht Randelzhofer, Rupert Scholz, Dieter Wilke, München 1995, S. 17–28.

–: Skizzen einer Theorie der Gemeinschaftsverfassung, in: Thomas v. Danwitz/Markus Heintzen/Matthias Jestaedt/ Stefan Korioth/Michael Reinhardt (Hg.), Auf dem Wege zu einer Europäischen Staatlichkeit – 33. Assistententagung Öffentliches Recht 1993 –, Stuttgart u.a. 1993, S. 9–29.

–: Supranationaler Föderalismus als Wirklichkeit und Idee einer neuen Herrschaftsform – Zur Gestalt der Europäischen Union nach Amsterdam –, Baden-Baden 1999.

–: The legal case for unity: The European Union as a single organization with a single legal system, in: Common Market Law Review 36 (1999), S. 887–910.

–: */Ehlermann, Claus-Dieter:* Consolidation of the European Treaties: feasibility, costs and benefits, in: Common Market Law Review 33 (1996), S. 1107–1116.

–: Zur Konsolidierung der Europäischen Gründungsverträge, in: Europäische Zeitschrift für Wirtschaftsrecht 1996, S. 737.

–: */Nettesheim, Martin:* Die Europäische Union: Ein einheitlicher Verband mit eigener Rechtsordnung, in: Europarecht 1996, S. 3–26.

–: Die Verschmelzung der Europäischen Gemeinschaften in der Europäischen Union, in: Neue Juristische Wochenschrift 1995, S. 2324–2328.

Bohnsack, Klaus: Die Koalitionskrise 1981/82 und der Regierungswechsel 1982, in: Zeitschrift für Parlamentsfragen 14 (1983), S. 5–32.

Bonner Kommentar zum Grundgesetz, hg. von Rudolf Dolzer, Heidelberg (Loseblatt).

Borchardt, Klaus-Dieter: Richterrecht durch den Gerichtshof der Europäischen Gemeinschaften, in: Gedächtnisschrift für Eberhard Grabitz, hg. von Albrecht Randelzhofer, Rupert Scholz, Dieter Wilke, München 1995, S. 29–43.

Borchmann, Michael: Amsterdam – Weder kleine Taten noch „Reförmchen"!, in: Europäische Zeitschrift für Wirtschaftsrecht 1997, S. 513.

–: Bundesstaat und europäische Integration – Die Mitwirkung der Bundesländer an Entscheidungsprozessen der EG –, in: Archiv des öffentlichen Rechts 112 (1987), S. 586–622.

–: Regierungskonferenz 1996 – das Positionspapier der deutschen Länder, in: Europäische Zeitschrift für Wirtschaftsrecht 1995, S. 570–573.

–: */Kaiser, Wilhelm:* Die Mitwirkung der Länder im EG-Ministerrat, in: Franz H. U. Borkenhagen/ Christian Bruns-Klöss/Gerhard Memminger/Otti Stein (Hg.), Die deutschen Länder in Europa – Politische Union und Wirtschafts- und Währungsunion –, Baden-Baden 1992, S. 36–46.

Borgs-Maciejewski, Hermann: Zur parlamentarischen Kontrolle der Nachrichtendienste, in: Zeitschrift für Rechtspolitik 1997, S. 361–364.

Bork, Robert H.: Neutral Principles and Some First Amendment Problems, in: Indiana Law Journal 47 (1971), S. 1–35.

–: The Tempting of America – The Political Seduction of the Law –, New York/London 1990.

von Borries, Reimer: Verwaltungskompetenzen der Europäischen Gemeinschaft, in: Festschrift für Ulrich Everling, hg. von Ole Due, Marcus Lutter, Jürgen Schwarze, Baden-Baden 1995, S. 127–147.

von Bose, Harald: Republik und Mischverfassung – zur Staatsformenlehre der Federalist Papers, Frankfurt a.M. u.a. 1989.

Bothe, Michael: Bundesverfassungsgericht und Außenpolitik – Auch ein Beitrag zur juristischen Zeitgeschichte –, in: Recht zwischen Umbruch und Bewahrung, Festschrift für Rudolf Bernhardt, hg. von Ulrich Beyerlin, Michael Bothe, Rainer Hofmann, Ernst-Ulrich Petersmann, Berlin u.a. 1995, S. 755–776.

–: Völkerrecht und Bundesstaat – Gedanken zu einem juristischen Gegenverkehr –, in: Völkerrecht als Rechtsordnung – Internationale Gerichtsbarkeit – Menschenrechte, Festschrift für Hermann Mosler, hg. von Rudolf Bernhardt, Wilhelm Karl Geck, Günther Jaenicke, Helmut Steinberger, Berlin/Heidelberg/New York 1983, S. 111–143.

Boyron, Sophie: Maastricht and the Codecision Procedure: A Success Story, in: International and Comparative Law Quarterly 45 (1996), S. 293–318.

–: The Consultation Procedure: Has the Court of Justice Turned against the European Parliament?, in: European Law Review 21 (1996), S. 145–150.

Bradbrook, Adrian J.: Energy Use and Atmospheric Protection, in: The Australasian Journal of Natural Resources Law and Policy 3 (1996), S. 25–60.

Bradley, Anthony W.: The Sovereignty of Parliament, in: Jeffrey Jowell/Dawn Oliver (eds.), The Changing Constitution, 2nd ed., Oxford 1989 (repr. 1993), S. 25–52.

Brauer, Ulrich G. H.: Der Einfluß von Voreintragungen auf die Schutzfähigkeit von erneut angemeldeten identischen Marken für Produkte anderer Warenklassen – Eine registerrechtliche Untersuchung vor dem Hintergrund von Markentransfermaßnahmen –, Frankfurt a.M. 1995.

Brauneck, Jens: Die rechtliche Stellung des Bundeskanzleramtes – Rechtliche Grenzen für Organisation, Handeln und Kontrollierbarkeit des Bundeskanzleramtes –, Baden-Baden 1994.

Breier, Siegfried: Die geschlossene völkerrechtliche Vertretung der Gemeinschaft am Beispiel der 3. Vertragsstaatenkonferenz der Klimarahmenkonvention in Kyoto, in: Europäische Zeitschrift für Wirtschaftsrecht 1999, S. 11–15.

Breitenmoser, Stephan: Die Europäische Union zwischen Völkerrecht und Staatsrecht, in: Zeitschrift für ausländisches öffentliches Recht und Völkerrecht 55 (1995), S. 951–992.

Brenner, Michael: Der Gestaltungsauftrag der Verwaltung in der Europäischen Union, Tübingen 1996.

–: Der unitarische Bundesstaat in der Europäischen Union – Zum Ausgleich unitarischer und föderativer Strukturen in der Bundesrepublik Deutschland vor dem Hintergrund eines vereinten Europa –, in: Die öffentliche Verwaltung 1992, S. 903–911.

–: Die Entwicklung des Wahlrechts und der Grundsatz der Wahlrechtsgleichheit im wiedervereinigten Deutschland, in: Archiv des öffentlichen Rechts 116 (1991), S. 537–587.

Brilmayer, Lea: The Jurisprudence of Article III: Perspectives on the „Case or Controversy" Requirement, in: Harvard Law Review 93 (1979), S. 297–321.

Brinktrine, Ralf: Organisationsgewalt der Regierung und der Vorbehalt des Gesetzes – zur Reichweite der „Wesentlichkeitstheorie" am Beispiel der Zusammenlegung von Justiz- und Innenministerium in Nordrhein-Westfalen, in: Jura 2000, S. 123–132.

Brohm, Winfried: Gemeindliche Selbstverwaltung und staatliche Raumplanung, in: Die öffentliche Verwaltung 1989, S. 429–441.

Brosius-Gersdorf, Frauke: Deutsche Bundesbank und Demokratieprinzip – Eine verfassungsrechtliche Studie zur Bundesbankautonomie vor und nach der dritten Stufe der Europäischen Währungsunion –, Berlin 1997.

–: Die doppelte Legitimationsbasis der Europäischen Union – Zu den verfassungsrechtlichen Grundlagen der demokratischen Legitimation der Europäischen Union –, in: Europarecht 1999, S. 133–169.

Brownlie, Ian: Principles of Public International Law, 4th ed., Oxford 1990.

von Brünneck, Alexander: Verfassungsgerichtsbarkeit in den westlichen Demokratien – Ein systematischer Verfassungsvergleich –, Baden-Baden 1992.

Brugger, Winfried: Abtreibung – ein Grundrecht oder ein Verbrechen? – Ein Vergleich der Urteile des United States Supreme Court und des BVerfG –, in: Neue Juristische Wochenschrift 1986, S. 896–901.

–: Das Reich der Rechtszwecke – Zu Ronald Dworkins Rechtsphilosophie –, in: Dimensionen menschlicher Freiheit, Festgabe für Johannes Schwartländer zum 65. Geburtstag, hg. von Heiner Bielefeldt, Winfried Brugger, Klaus Dicke, Tübingen 1988, S. 109–120.

–: Der grundrechtliche Schutz der Privatsphäre in den Vereinigten Staaten von Amerika, in: Archiv des öffentlichen Rechts 108 (1983), S. 25–67.

–: Einführung in das öffentliche Recht der USA, München 1993.

–: Grundrechte und Verfassungsgerichtsbarkeit in den Vereinigten Staaten von Amerika, Tübingen 1987.

–: Persönlichkeitsentfaltung als Grundwert der amerikanischen Verfassung – Dargestellt am Beispiel des Streits um den Schutz von Abtreibung und Homosexualität –, Heidelberg 1994.

–: Radikaler und geläuterter Pluralismus, in: Der Staat 29 (1990), S. 497–520.

–: Verfassungsinterpretation in den Vereinigten Staaten von Amerika, in: Jahrbuch des öffentlichen Rechts, Neue Folge 42 (1994), S. 571–593.

–: Verfassungsstabilität durch Verfassungsgerichtsbarkeit? – Beobachtungen aus deutsch-amerikanischer Sicht –, in: Staatswissenschaften und Staatspraxis 4 (1993), S. 319–347.

Bruha, Thomas/Münch, Wolfgang: Stärkung der Durchführungsbefugnisse der Kommission – Anmerkungen zu Art. 10 der Einheitlichen Europäischen Akte -, in: Neue Juristische Wochenschrift 1987, S. 542–545.

Brunner, Georg: Kontrolle in Deutschland – Eine Untersuchung zur Verfassungsordnung in beiden Teilen Deutschlands –, Köln 1972.

–: Vergleichende Regierungslehre – Ein Studienbuch –, Bd. 1, Paderborn u.a. 1979.

Bryde, Brun-Otto: Die Einheit der Verwaltung als Rechtsproblem, in: Veröffentlichungen der Vereinigung der Deutschen Staatsrechtslehrer 46 (1988), S. 181–216.

–: Verfassungsentwicklung – Stabilität und Dynamik im Verfassungsrecht der Bundesrepublik Deutschland –, Baden-Baden 1982.

Buchanan, James M.: The Economics and the Ethics of Constitutional Order, Ann Arbor, MI 1991.

–: */Tullock, Gordon:* The Calculus of Consent – Logical Foundations of Constitutional Democracy –, Ann Arbor, MI 1962 (repr. 1971).

Buck, Carsten: Über die Auslegungsmethoden des Gerichtshofs der Europäischen Gemeinschaft, Frankfurt a.M. 1998.

Budge, Ian/Keman, Hans: Parties and Democracy – Coalition Formation and Government Functioning in Twenty States –, Oxford u.a. 1990.

Bull, Hans Peter: Allgemeines Verwaltungsrecht – Ein Lehrbuch –, 5. Aufl., Heidelberg 1997.

–: Finanzausgleich im „Wettbewerbsstaat" – Bemerkungen zur neuen Föderalismustheorie und zu ihrer Bedeutung für den Länderfinanzausgleich –, in: Die öffentliche Verwaltung 1999, S. 269–281.

–: Staatszwecke im Verfassungsstaat, in: Neue Zeitschrift für Verwaltungsrecht 1989, S. 801–806.

–: Vom Eigentums- zum Vermögensschutz – ein Irrweg – Zur Bedeutung der Einheitswert-Beschlüsse des Bundesverfassungsgerichts –, in: Neue Juristische Wochenschrift 1996, S. 281–284.

–: */Mehde, Veith:* Der rationale Finanzausgleich – ein Gesetzgebungsauftrag ohnegleichen – Die Aufgabe des Gesetzgebers nach dem Urteil des Bundesverfassungsgerichts –, in: Die öffentliche Verwaltung 2000, S. 305–314.

Bullinger, Martin: Zum Verhältnis von Bundesaufsicht und Bundestreue, in: Archiv des öffentlichen Rechts 87 (1962), S. 488–495.

Bungert, Hartwin: Zeitgenössische Strömungen in der amerikanischen Verfassungsinterpretation, in: Archiv des öffentlichen Rechts 117 (1992), S. 71–99.

Burgess, Susan R.: Contest for Constitutional Authority: The Abortion & War Powers Debates, Lawrence, KS 1992.

Burghardt, Günter/Tebbe, Gerd: Die Gemeinsame Außen- und Sicherheitspolitik der Europäischen Union – Rechtliche Struktur und politischer Prozeß, in: Europarecht 1995, S. 1–20.

Burghart, Axel: Das verfassungswidrige aber nicht nichtige Gesetz – ungültig aber wirksam?, in: Neue Zeitschrift für Verwaltungsrecht 1998, S. 1262–1265.

Burgi, Martin: Funktionale Privatisierung und Verwaltungshilfe – Staatsaufgabendogmatik – Phänomenologie – Verfassungsrecht –, Tübingen 1999.

Burmeister, Kerstin: Außerbudgetäre Aktivitäten des Bundes – Eine Analyse der Nebenhaushalte des Bundes unter besonderer Berücksichtigung der finanzhistorischen Entwicklung -, Frankfurt a.M. 1997.

Burrows, Noreen: COREPER, Competence and Conservation, in: European Law Review 22 (1997), S. 64–67.

–: Question of Community Accession to the European Convention Determined, in: European Law Review 22 (1997), S. 58-63.

Busch, Bernhard: Das Verhältnis des Art. 80 Abs. 1 S. 2 GG zum Gesetzes- und Parlamentsvorbehalt, Berlin 1992.

Busse, Volker: Zur Gesetzgebungsarbeit der Bundesregierung – Politik, Kooperation und Planung heute –, in: Verwaltungsarchiv 87 (1996), S. 445–472.

Buttliger, Marcel: Die Verordnungstätigkeit der Regierung – insbesondere deren Kontrolle durch das Parlament mittels Verordnungsvorbehalt, Bern u.a. 1993.

Butzer, Hermann: Der Bereich des schlichten Parlamentsbeschlusses – Ein Beitrag insbesondere zur Frage der Substitution des förmlichen Gesetzes durch schlichten Parlamentsbeschluß –, in: Archiv des öffentlichen Rechts 119 (1994), S. 61–106.

Calliess, Christian: Die Justiziabilität des Art. 72 Abs. 2 GG vor dem Hintergrund von kooperativem und kompetitivem Föderalismus, in: Josef Aulehner u.a. (Hg.), Föderalismus – Auflösung oder Zukunft der Staatlichkeit? – 37. Assistententagung Öffentliches Recht 1997 –, Stuttgart u.a. 1997, S. 293–313.

–: Die verfassungsrechtliche Zulässigkeit von fachgesetzlichen Rechtsverordnungsermächtigungen zur Umsetzung von Rechtsakten der EG, in: Neue Zeitschrift für Verwaltungsrecht 1998, S. 8–13.

von Campenhausen, Axel Frhr.: Zur Kruzifix-Entscheidung des Bundesverfassungsgerichts, in: Archiv des öffentlichen Rechts 121 (1996), S. 448–464.

Campiche, Edouard: Die verfassungskonforme Auslegung – Stellung in der Auslegungslehre und Abgrenzung zur Normenkontrolle –, Zürich 1978.

Canor, Iris: „Can two walk together, except they be agreed?“ – The relationship between international law and European law: The incorporation of United Nations sanctions against Yugoslavia into European Community law through the perspective of the European Court of Justice –, in: Common Market Law Review 35 (1998), S. 137–187.

Cardozo, Benjamin N.: The Nature of the Judicial Process, New Haven/London/Oxford 1921 (repr. 1948).

Carl, Dieter: Kompetenz und Pflicht des Bundes zur Unterstützung strukturschwacher Regionen – Eine Untersuchung am Beispiel der Stahlregionen –, in: Archiv des öffentlichen Rechts 114 (1989), S. 450–491.

Carstens, Karl: Die Auflösung des Deutschen Bundestages im Januar 1983, in: Festschrift der Rechtswissenschaftlichen Fakultät zur 600–Jahr-Feier der Universität zu Köln, Köln u.a. 1988, S. 661–677.

Carter, Stephen L.: The Confirmation Mess – Cleaning Up the Federal Appointments Process –, New York 1994.

Casper, Gerhard: Juristischer Realismus und politische Theorie im amerikanischen Rechtsdenken, Berlin 1967.

Charney, Jonathan I.: Judicial Deference in Foreign Relations, in: American Journal of International Law 83 (1989), S. 805–813.

Chayes, Abram/Chayes, Antonia Handler: Testing and Development of „Exotic“ Systems under the ABM Treaty: The Great Reinterpretation Caper, in: Harvard Law Review 99 (1986), S. 1956–1971.

Chemerinsky, Erwin: Controlling Inherent Presidential Power: Providing a Framework for Judicial Review, in: Southern California Law Review 56 (1983), S. 863–911.

–: Interpreting the Constitution, New York/Westport, CT/London 1987.

–: The Vanishing Constitution, in: Harvard Law Review 103 (1989), S. 43–104.

Choper, Jesse H.: Judicial Review and the National Political Process – A Functional Reconsideration of the Role of the Supreme Court –, Chicago/London 1980.

Chryssogonos, Kostas: Verfassungsgerichtsbarkeit und Gesetzgebung – Zur Methode der Verfassungsinterpretation bei der Normenkontrolle –, Berlin 1987.

Classen, Claus Dieter: Die Bananenmarktordnung der EG – ein Fall für das Bundesverfassungsgericht?, in: Juristen-Zeitung 1997, S. 454–456.

–: Die Europäisierung der Verwaltungsgerichtsbarkeit – Eine vergleichende Untersuchung zum deutschen, französischen und europäischen Verwaltungsprozeßrecht –, Tübingen 1996.

–: Europäische Integration und demokratische Legitimation, in: Archiv des öffentlichen Rechts 119 (1994), S. 238–260.

Commichau, Michael Friedrich: Nationales Verfassungsrecht und europäische Gemeinschaftsverfassung – Die Entwicklung des europäischen Gemeinschaftsrechts durch die Rechtsprechung des Europäischen Gerichtshofs und das nationale Verfassungsrecht –, Baden-Baden 1995.

Constantinesco, Léontin-Jean: Das Recht der Europäischen Gemeinschaften, Bd. I: Das institutionelle Recht, Baden-Baden 1977.

Constantinesco, Vlad: L'émergence d'un droit constitutionnel européen – Rapport de synthèse –, in: Revue universelle des droits de l'homme 1995, S. 445–450.

Coons, John E.: Of Crucifixes and Community, in: Verfassungsstaatlichkeit, Festschrift für Klaus Stern zum 65. Geburtstag, hg. von Joachim Burmeister, München 1997, S. 927–937.

Cornils, Matthias: Zur Rücknahme der Verfassungsbeschwerde – Verfassungsprozessuale Anmerkungen zum Rechtschreibreform-Urteil –, in: Neue Juristische Wochenschrift 1998, S. 3624–3626.

Corwin, Edward S.: The President – Office and Powers 1787–1957 –, 4th ed., New York 1957.

Cox, Archibald: The Court and the Constitution, Boston 1987.

Cremer, Hans-Joachim: Der Schutz vor den Auslandsfolgen aufenthaltsbeendender Maßnahmen – Zugleich ein Beitrag zur Bestimmung der Reichweite grundrechtlicher Verantwortung für die Folgewirkungen deutscher Hoheitsakte –, Baden-Baden 1994.

Cremer, Wolfram: Art. 80 Abs. 1 S. 2 GG und Parlamentsvorbehalt – Dogmatische Unstimmigkeiten in der Rechtsprechung des Bundesverfassungsgerichts, in: Archiv des öffentlichen Rechts 122 (1997), S. 248–267.

Currie, David P.: The Constitution of the Federal Republic of Germany, Chicago/London 1994.

Curtin, Deirdre M.: Citizens' fundamental right of access to EU information: an evolving digital passepartout?, in: Common Market Law Review 37 (2000), S. 7–41.

Czermak, Gerhard: Das bayerische Kruzifix-Gesetz und die Entscheidung des BayVerfGH vom 1.8.1997 – Religionsverfassungsrecht im Spannungsverhältnis von Bundesrecht, Landesrecht und Verfassungskultur –, in: Die öffentliche Verwaltung 1998, S. 107–114.

–: Der Kruzifix-Beschluß des Bundesverfassungsgerichts, seine Ursachen und seine Bedeutung, in: Neue Juristische Wochenschrift 1995, S. 3348–3353.

Czybulka, Detlef: Die Legitimation der öffentlichen Verwaltung – unter Berücksichtigung ihrer Organisation sowie der Entstehungsgeschichte zum Grundgesetz –, Heidelberg 1989.

Dänzer-Vanotti, Wolfgang: Der Europäische Gerichtshof zwischen Rechtsprechung und Rechtsetzung, in: Festschrift für Ulrich Everling, hg. von Ole Due, Marcus Lutter, Jürgen Schwarze, Baden-Baden 1995, S. 205–221.

Dahm, Georg/Delbrück, Jost/Wolfrum, Rüdiger: Völkerrecht, Bd. I/1: Die Grundlagen. Die Völkerrechtssubjekte, 2. Aufl., Berlin/New York 1989.

Daig, Hans-Wolfram: Nichtigkeits- und Untätigkeitsklagen im Recht der Europäischen Gemeinschaften – unter besonderer Berücksichtigung der Rechtsprechung des Gerichtshofs der Europäischen Gemeinschaften und der Schlußanträge der Generalanwälte –, Baden-Baden 1985.

Danter, Kai: Entlastung des Bundesverfassungsgerichts durch Regionalisierung von Kompetenzen zu den Landesverfassungsgerichten, in: Die öffentliche Verwaltung 1998, S. 239–243.

von Danwitz, Thomas: Der Grundsatz funktionsgerechter Organstruktur – Verfassungsvorgaben für staatliche Entscheidungsstrukturen und ihre gerichtliche Kontrolle –, in: Der Staat 35 (1996), S. 329–350.

–: Die Gestaltungsfreiheit des Verordnungsgebers – Zur Kontrolldichte verordnungsgeberischer Entscheidungen –, Berlin 1989.

–: Qualifizierte Mehrheiten für normverwerfende Entscheidungen des BVerfG? – Thesen zur Gewährleistung des judicial self-restraint –, in: Juristen-Zeitung 1996, S. 481–489.

–: Verwaltungsrechtliches System und Europäische Integration, Tübingen 1996.

–: Zu Funktion und Bedeutung der Rechtsverhältnislehre, in: Die Verwaltung 30 (1997), S. 339–363.

Dashwood, Alan: External Relations Provisions of the Amsterdam Treaty, in: Common Market Law Review 35 (1998), S. 1019–1045.

–: States in the European Union, in: European Law Review 23 (1998), S. 201–216.

–: The Limits of European Community Powers, in: European Law Review 21 (1996), S. 113–129.

–: /*Ward, Angela:* The CELS (Cambridge) E.C. Treaty Project: General Introduction, in: European Law Review 22 (1997), S. 395–398.

D'Atena, Antonio: Das demokratische Prinzip im System der Verfassungsprinzipien, in: Jahrbuch des öffentlichen Rechts, Neue Folge 47 (1999), S. 1–14.

Dauber, Gerlinde: Möglichkeiten und Grenzen kooperativen Verwaltungshandelns, in: Kathrin Becker-Schwarze/Wolfgang Köck/Thomas Kupka/Matthias v. Schwanenflügel (Hg.), Wandel der Handlungsformen im Öffentlichen Recht – 31. Assistententagung Öffentliches Recht 1991 –, Stuttgart u.a. 1991, S. 67–98.

Dauses, Manfred A.: Eine Lanze für „Solange III", in: Europäische Zeitschrift für Wirtschaftsrecht 1997, S. 705.

–: /*Fugmann, Friedrich:* Die politisch-institutionelle Stellung des Europäischen Parlaments nach dem Maastricht-Vertrag, in: Aus Politik und Zeitgeschichte B 3–4/1995, S. 24–32.

Davidson, Roger H./Oleszek, Walter J.: Congress and Its Members, 4th ed., Washington, D.C. 1994.

Davis, Roy W.: The Court of Justice and the right of public access to Community-held documents, in: European Law Review 25 (2000), S. 303–309.

Deckert, Martina Renate: Folgenorientierung in der Rechtsanwendung, München 1995.

Degenhart, Christoph: Der Verwaltungsvorbehalt, in: Neue Juristische Wochenschrift 1984, S. 2184–2190.

–: Staatsrecht I – Staatszielbestimmungen, Staatsorgane, Staatsfunktionen –, 14. Aufl., Heidelberg 1998.

Dehousse, Renaud: European Institutional Architecture after Amsterdam: Parliamentary System or Regulatory Structure?, in: Common Market Law Review 35 (1998), S. 595–627.

Delbrück, Jost: Die Rolle der Verfassungsgerichtsbarkeit in der innenpolitischen Kontroverse um die Außenpolitik, in: Albrecht Randelzhofer/Werner Süß (Hg.), Konsens und Konflikt – 35 Jahre Grundgesetz –, Berlin/New York 1986, S. 54–67.

–: Quo vadis Bundesverfassungsgericht? – Überlegungen zur verfassungsrechtlichen und verfassungsfunktionalen Stellung des Bundesverfassungsgerichts –, in: Recht im Dienst des Friedens, Festschrift für Eberhard Menzel zum 65. Geburtstag, hg. von Jost Delbrück, Knut Ipsen, Dietrich Rauschning, Berlin 1975, S. 83–105.

–: /*Wolfrum, Rüdiger:* Die Auflösung des 9. Deutschen Bundestages vor dem BVerfG – BVerfGE 62, 1 -, in: Juristische Schulung 1983, S. 758–764.

Demmke, Christoph/Haibach, Georg: Die Rolle der Komitologieausschüsse bei der Durchführung des Gemeinschaftsrechts und in der Rechtsprechung des EuGH, in: Die öffentliche Verwaltung 1997, S. 710–718.

Denninger, Erhard: Staatsrecht – Einführung in die Grundprobleme des Verfassungsrechts der Bundesrepublik Deutschland –, Bd. 2: Funktionen und Institutionen, Reinbek 1979.

–: Verfassungsrechtliche Schlüsselbegriffe, in: Festschrift für Rudolf Wassermann zum 70. Geburtstag, hg. von Christian Broda, Erwin Deutsch, Hans-Ludwig Schreiber, Hans-Jochen Vogel, Neuwied/Darmstadt 1985, S. 279–298.

Depenheuer, Otto: Der verfassungsrechtliche Verteidigungsauftrag der Bundeswehr – Grundfragen des Außeneinsatzes deutscher Streitkräfte –, in: Deutsches Verwaltungsblatt 1997, S. 685–688.

Deringer, Arved: Europäisches Parlament und Maastrichturteil des Bundesverfassungsgerichts, in: Festschrift für Ulrich Everling, hg. von Ole Due, Marcus Lutter, Jürgen Schwarze, Baden-Baden 1995, S. 245–262.

Destler, Ian M.: Die Stimme des Kongresses in der Außenpolitik, in: Uwe Thaysen/Roger H. Davidson/Robert G. Livingston (Hg.), US-Kongreß und Deutscher Bundestag – Bestandsaufnahmen im Vergleich –, Opladen 1988, S. 366–382.

Detterbeck, Steffen: Gelten die Entscheidungen des BVerfG auch in Bayern? – Zur prozessualen Bedeutung der Kruzifix-Entscheidung vom 16.5.1995 und zur Deutung von § 31 I BVerfGG –, in: Neue Juristische Wochenschrift 1996, S. 426–432.

–: Normwiederholungsverbote aufgrund normverwerfender Entscheidungen des Bundesverfassungsgerichts?, in: Archiv des öffentlichen Rechts 116 (1991), S. 391–459.

–: Streitgegenstand und Entscheidungswirkungen im Öffentlichen Recht – Grundlagen des Verfahrens vor den allgemeinen Verwaltungsgerichten und vor dem Bundesverfassungsgericht –, Tübingen 1995.

Dicey, Albert V.: Introduction to the Study of the Law of the Constitution, 7th ed., London 1908.

Dichgans, Hans: Vom Grundgesetz zur Verfassung – Überlegungen zu einer Gesamtrevision –, Düsseldorf/Wien 1970.

Dietlein, Max Josef: Der Dispositionsrahmen des Vermittlungsausschusses, in: Neue Juristische Wochenschrift 1983, S. 80–89.

Di Fabio, Udo: Das Kooperationsprinzip – ein allgemeiner Rechtsgrundsatz des Umweltrechts, in: Neue Zeitschrift für Verwaltungsrecht 1999, S. 1153–1158.

–: Der neue Art. 23 des Grundgesetzes – Positivierung vollzogenen Verfassungswandels oder Verfassungsneuschöpfung? -, in: Der Staat 32 (1993), S. 191–217.

–: Die „Dritte Säule" der Union – Rechtsgrundlagen und Perspektiven der europäischen Polizei- und Justizzusammenarbeit –, in: Die öffentliche Verwaltung 1997, S. 89–101.

–: Privatisierung und Staatsvorbehalt – Zum dogmatischen Schlüsselbegriff der öffentlichen Aufgabe –, in: Juristen-Zeitung 1999, S. 585–592.

–: Richtlinienkonformität als ranghöchstes Normauslegungsprinzip? – Überlegungen zum Einfluß des indirekten Gemeinschaftsrechts auf die nationale Rechtsordnung –, in: Neue Juristische Wochenschrift 1990, S. 947–954.

–: Risikoentscheidungen im Rechtsstaat – Zum Wandel der Dogmatik im öffentlichen Recht, insbesondere am Beispiel der Arzneimittelüberwachung –, Tübingen 1994.

–: Was der Staatenverbund leisten kann – Europa ist auf dem Weg in die Mehrebenen-Demokratie –, in: Frankfurter Allgemeine Zeitung vom 6.4.1999, S. 11.

Dittgen, Herbert: Amerikanische Demokratie und Weltpolitik – Außenpolitik in den Vereinigten Staaten –, Paderborn u.a. 1998.

–: Präsident und Kongreß im außenpolitischen Entscheidungsprozeß, in: Wolfgang Jäger/ Wolfgang Welz (Hg.), Regierungssystem der USA – Lehr- und Handbuch –, München/ Wien 1995, S. 420–440 (§ 21).

Doehring, Karl: Das Staatsrecht der Bundesrepublik Deutschland – unter besonderer Berücksichtigung der Rechtsvergleichung und des Völkerrechts –, 3. Aufl., Frankfurt a.M. 1984.

–: Der „pouvoir neutre" und das Grundgesetz, in: Der Staat 3 (1964), S. 201–219.

–: Diskussionsbeitrag, in: Veröffentlichungen der Vereinigung der Deutschen Staatsrechtslehrer 56 (1997), S. 135 f.

Doerfert, Carsten: Bundesstaat und Bundestreue, in: Juristische Schulung 1996, S. L 89–96.

Dörr, Dieter: Die Europäischen Gemeinschaften und die Deutschen Bundesländer, in: Nordrhein-Westfälische Verwaltungsblätter 1988, S. 289–294.

Dörr, Oliver: Die Entwicklung der ungeschriebenen Außenkompetenzen der EG, in: Europäische Zeitschrift für Wirtschaftsrecht 1996, S. 39–43.

–: Noch einmal: Die Europäische Union und die Europäischen Gemeinschaften, in: Neue Juristische Wochenschrift 1995, S. 3162–3165.

–: Zur Rechtsnatur der Europäischen Union, in: Europarecht 1995, S. 334–348.

Dolzer, Rudolf: Das parlamentarische Regierungssystem und der Bundesrat – Entwicklungsstand und Reformbedarf –, in: Veröffentlichungen der Vereinigung der Deutschen Staatsrechtslehrer 58 (1999), S. 7–38.

–: Verfassungskonkretisierung durch das Bundesverfassungsgericht und durch politische

Verfassungsorgane – Die Geeignetheit des Entscheidungsverfahrens als Kriterium verfassungsgerichtlicher Kompetenz –, Heidelberg 1982.

Donoth, Hans-Peter: Die Bundesländer in der Europäischen Union – Die bundesstaatliche Ordnung in der Bundesrepublik Deutschland bei der Verwirklichung der Europäischen Union – eine Analyse unter besonderer Berücksichtigung des neugefaßten Art. 23 GG –, Frankfurt a.M. 1996.

Dregger, Meinulf: Die antizipierte Zustimmung des Parlaments zum Abschluß völkerrechtlicher Verträge, die sich auf Gegenstände der Bundesgesetzgebung beziehen, Berlin 1989.

Dreier, Horst (Hg.): Grundgesetz-Kommentar, Bd. II: Artikel 20–82, Tübingen 1998.

–: Hierarchische Verwaltung im demokratischen Staat – Genese, aktuelle Bedeutung und funktionelle Grenzen eines Bauprinzips der Exekutive –, Tübingen 1991.

Duve, Christian: Mediation als Mittel der Konfliktbewältigung, in: Ingo Erberich u.a. (Hg.), Frieden und Recht – 38. Assistententagung Öffentliches Recht 1998 –, Stuttgart u.a. 1998, S. 135–155.

Duverger, Maurice: Institutions politiques et droit constitutionnel, Tome 1: Les grands systèmes politiques, 15e éd., Paris 1978.

Dworkin, Ronald: Freedom's Law – The Moral Reading of the American Constitution –, Oxford/New York 1996.

–: Law's Empire, Cambridge, MA 1986.

–: Taking Rights Seriously, Cambridge, MA 1978.

Easterbrook, Frank H.: Ways of Criticizing the Court, in: Harvard Law Review 95 (1982), S. 802–832.

Ebenroth, Carsten Thomas: Visionen für das internationale Wirtschaftsrecht, in: Recht der Internationalen Wirtschaft 1995, S. 1–11.

Eckertz, Rainer: Bundesstaat und Demokratie – Ein Problem politischer Einheit –, in: Offene Staatlichkeit, Festschrift für Ernst-Wolfgang Böckenförde zum 65. Geburtstag, hg. von Rolf Grawert, Bernhard Schlink, Rainer Wahl, Joachim Wieland, Berlin 1995, S. 13–28.

Edward, David (A. O.): How the Court of Justice Works, in: European Law Review 20 (1995), S. 539–558.

–: Is Art. L of the Maastricht Treaty workable?, in: Georg Ress/Jürgen Schwarze/Torsten Stein (Hg.), Die Organe der Europäischen Union im Spannungsfeld zwischen Gemeinschaft und Zusammenarbeit, Europarecht Beiheft 2/1995, S. 23–25.

Ehlers, Dirk: Rechtsverhältnisse in der Leistungsverwaltung, in: Deutsches Verwaltungsblatt 1986, S. 912–922.

Ehrenzeller, Bernhard: Legislative Gewalt und Aussenpolitik – Eine rechtsvergleichende Studie zu den parlamentarischen Entscheidungskompetenzen des deutschen Bundestages, des amerikanischen Kongresses und der schweizerischen Bundesversammlung im auswärtigen Bereich –, Basel/Frankfurt a.M. 1993.

Eichenberger, Kurt: Vom Umgang mit Strukturprinzipien des Verfassungsstaates, in: Verfassungsstaatlichkeit, Festschrift für Klaus Stern zum 65. Geburtstag, hg. von Joachim Burmeister, München 1997, S. 457–473.

Eichenberger, Reiner: Der Zentralisierung Zähmung – Die Föderalismusdiskussion aus politisch-ökonomischer Perspektive –, in: Christoph Engel/Martin Morlok (Hg.), Öffentliches Recht als ein Gegenstand ökonomischer Forschung – Die Begegnung der deutschen Staatsrechtslehre mit der Konstitutionellen Politischen Ökonomie –, Tübingen 1998, S. 157–171.

Eidenmüller, Horst: Effizienz als Rechtsprinzip – Möglichkeiten und Grenzen der ökonomischen Analyse des Rechts –, Tübingen 1995.

–: Rechtswissenschaft als Realwissenschaft, in: Juristen-Zeitung 1999, S. 53–61.

Elliott, E. Donald: INS v. Chadha: The Administrative Constitution, the Constitution, and the Legislative Veto, in: Supreme Court Review 1983, S. 125–135.

Ely, John Hart: Democracy and Distrust – A Theory of Judicial Review –, Cambridge, MA/ London 1980.
–: Suppose Congress Wanted a War Powers Act that Worked, in: Columbia Law Review 88 (1988), S. 1379–1431.
Endler, Jan: Europäische Zentralbank und Preisstabilität – Eine juristische und ökonomische Untersuchung der institutionellen Vorkehrungen des Vertrages von Maastricht zur Gewährleistung der Preisstabilität –, Stuttgart u.a. 1998.
Engdahl, David E.: Constitutional Federalism, 2nd ed., St. Paul/MN 1987.
Epiney, Astrid: Der Maastrichter Vertrag auf dem Prüfstand der deutschen Verfassung – Zu dem Urteil des Bundesverfassungsgerichts 2 BvR 2134/92, 2 BvR 2159/92, vom 12. Oktober 1993 –, Cahiers de l'Institut de Hautes Etudes en Administration Publique no. 123, Chavannes-près-Renens 1993.
–: Zur Stellung des Völkerrechts in der EU – Zugleich Besprechung von EuGH, EuZW 1998, 572 – Hermès und EuGH, EuZW 1998, 694 – Racke –, in: Europäische Zeitschrift für Wirtschaftsrecht 1999, S. 5–11.
Epping, Volker: Das Ausfertigungsverweigerungsrecht im Selbstverständnis der Bundespräsidenten – Warum der Bundespräsident das 10. Änderungsgesetz zum LuftVG nicht unterschreiben wollte –, in: Juristen-Zeitung 1991, S. 1102–1110.
–: Die Willensbildung von Kollegialorganen – Am Beispiel der Beschlußfassung der Bundesregierung –, in: Die öffentliche Verwaltung 1995, S. 719–724.
Erhardt, Manfred: Die Befehls- und Kommandogewalt – Begriff, Rechtsnatur und Standort in der Verfassungsordnung der Bundesrepublik Deutschland –, Berlin 1969.
Erichsen, Hans-Uwe: Das Verwaltungshandeln, in: ders. (Hg.), Allgemeines Verwaltungsrecht, 11. Aufl., Berlin/New York 1998, S. 223–462.
–: Die einstweilige Anordnung, in: Bundesverfassungsgericht und Grundgesetz, Festgabe aus Anlaß des 25jährigen Bestehens des Bundesverfassungsgerichts, hg. von Christian Starck, Erster Band: Verfassungsgerichtsbarkeit, Tübingen 1976, S. 170–193.
–: Staatsrecht und Verfassungsgerichtsbarkeit II, 2. Aufl., München 1979.
–: */Knoke, Ulrich:* Organisation bundesunmittelbarer Körperschaften durch die Länder?, in: Die öffentliche Verwaltung 1985, S. 53–60.
–: */Scherzberg, Arno:* Verfassungsrechtliche Determinanten staatlicher Hochschulpolitik, in: Neue Zeitschrift für Verwaltungsrecht 1990, S. 8–17.
Everling, Ulrich: Brauchen wir „Solange III"? – Zu den Forderungen nach Revision der Rechtsprechung des Bundesverfassungsgerichts –, in: Europarecht 1990, S. 195–227.
–: Bundesverfassungsgericht und Gerichtshof der Europäischen Gemeinschaften nach dem Maastricht-Urteil, in: Gedächtnisschrift für Eberhard Grabitz, hg. von Albrecht Randelzhofer, Rupert Scholz, Dieter Wilke, München 1995, S. 57–75.
–: Das Maastricht-Urteil des BVerfG und seine Bedeutung für die Entwicklung der Europäischen Union, in: Integration 1994, S. 165–175.
–: Die Rolle des Europäischen Rates gegenüber den Gemeinschaften, in: Georg Ress/Jürgen Schwarze/Torsten Stein (Hg.), Die Organe der Europäischen Union im Spannungsfeld zwischen Gemeinschaft und Zusammenarbeit, Europarecht Beiheft 2/1995, S. 41–48.
–: Die Zukunft der europäischen Gerichtsbarkeit in einer erweiterten Europäischen Union, in: Europarecht 1997, S. 398–418.
–: Justiz im Europa von morgen, in: Deutsche Richterzeitung 1993, S. 5–15.
–: Richterliche Rechtsfortbildung in der Europäischen Gemeinschaft, in: Juristen-Zeitung 2000, S. 217–227.
–: Sind die Mitgliedstaaten der Europäischen Gemeinschaft noch Herren der Verträge? – Zum Verhältnis von Europäischem Gemeinschaftsrecht und Völkerrecht –, in: Völkerrecht als Rechtsordnung – Internationale Gerichtsbarkeit – Menschenrechte, Festschrift für Hermann Mosler, hg. von Rudolf Bernhardt, Wilhelm Karl Geck, Günther Jaenicke, Helmut Steinberger, Berlin/Heidelberg/New York 1983, S. 173–191.

–: Steht Deutschland noch zur Rechtsgemeinschaft? – Verfassungsrichter und Ministerpräsidenten nähren Zweifel am europäischen Kurs –, in: Frankfurter Allgemeine Zeitung vom 3.9.1996, S. 11.
–: Überlegungen zur Struktur der Europäischen Union und zum neuen Europa-Artikel des Grundgesetzes, in: Deutsches Verwaltungsblatt 1993, S. 936–947.
–: Will Europe Slip on Bananas? – The Bananas Judgment of the Court of Justice and National Courts –, in: Common Market Law Review 33 (1996), S. 401–437.
–: Zur föderalen Struktur der Europäischen Gemeinschaft, in: Staat und Völkerrechtsordnung, Festschrift für Karl Doehring zum 70. Geburtstag, hg. von Kay Hailbronner, Georg Ress, Torsten Stein, Berlin u.a. 1989, S. 179–198.
–: Zur Funktion des Gerichtshofs der Europäischen Gemeinschaften als Verwaltungsgericht, in: Rechtsstaat zwischen Sozialgestaltung und Rechtsschutz, Festschrift für Konrad Redeker zum 70. Geburtstag, hg. von Bernd Bender, Rüdiger Breuer, Fritz Ossenbühl, Horst Sendler, München 1993, S. 293–311.
–: Zur rechtlichen Wirkung von Beschlüssen, Entschließungen, Erklärungen und Vereinbarungen des Rates oder der Mitgliedstaaten der Europäischen Gemeinschaft, in: Rechtsvergleichung, Europarecht und Staatenintegration, Gedächtnisschrift für Léontin-Jean Constantinesco, hg. von Gerhard Lüke, Georg Ress, Michael R. Will, Köln u.a. 1983, S. 133–156.
Faber, Heiko: Verwaltungsrecht, 4. Aufl., Tübingen 1995.
Faller, Hans Joachim: Das Prinzip der Bundestreue in der Rechtsprechung des Bundesverfassungsgerichts, in: Festschrift für Theodor Maunz zum 80. Geburtstag, hg. von Peter Lerche, Hans Zacher, Peter Badura, München 1981, S. 53–69.
Farber, Daniel A./Frickey, Philip P.: Law and Public Choice – A Critical Introduction –, Chicago/London 1991.
Fassbender, Bardo: The United Nations Charter as Constitution of the International Community, in: Columbia Journal of Transnational Law 36 (1998), S. 529–619.
Fastenrath, Ulrich: Kompetenzverteilung im Bereich der auswärtigen Gewalt, München 1986.
–: Neues Kapitel der Bundeswehrgeschichte ohne rechtliche Grundlage? – Die Rettungsaktion in Tirana –, in: Frankfurter Allgemeine Zeitung vom 19.3.1997, S. 8.
–: Nicht Staatenbund, nicht Bundesstaat – Was ist die Europäische Union, und was kann aus ihr werden? –, in: Frankfurter Allgemeine Zeitung vom 16.9.1994, S. 14.
Favoreu, Louis: Quel(s) modèle(s) constitutionnel(s)?, in: Revue universelle des droits de l'homme 1995, S. 357–360.
Fehn, Karsten/Fehn, Bernd Josef: Die verfassungsrechtliche Zulässigkeit von Blauhelmeinsätzen der Bundeswehr, in: Jura 1997, S. 621–624.
Felix, Günther: Zur Diskussion um die steuerlich gemäßigte Belastungsobergrenze, in: Neue Juristische Wochenschrift 1997, S. 304 f.
Feral, Pierre-Alexis: Le principe de subsidiarité à la lumière du traité d'Amsterdam, in: Revue des Affaires Européennes 8 (1998), S. 76–82.
Fichtmüller, Carl Peter: Zulässigkeit ministerialfreien Raums in der Bundesverwaltung, in: Archiv des öffentlichen Rechts 91 (1966), S. 297–355.
Fikentscher, Wolfgang: Methoden des Rechts in vergleichender Darstellung, Bd. II: Angloamerikanischer Rechtskreis, Tübingen 1975.
Filzmaier, Peter/Plasser, Fritz: Die amerikanische Demokratie – Regierungssystem und politischer Wettbewerb in den USA –, Wien 1997.
Fink-Hooijer, Florika: The Common Foreign and Security Policy of the European Union, in: European Journal of International Law 5 (1994), S. 173–198.
Fischer, Peter/Köck, Heribert Franz: Europarecht – einschließlich des Rechtes supranationaler Organisationen –, 3. Aufl., Wien 1997.
Fischer, Wolfgang: Die Europäische Union im Grundgesetz: der neue Artikel 23, in: Zeitschrift für Parlamentsfragen 24 (1993), S. 32–49.

Fish, Stanley: Almost Pragmatism: Richard Posner's Jurisprudence, in: Chicago Law Review 57 (1990), S. 1447–1475.
Fisher, Louis: American Constitutional Law, 2nd ed., New York 1995.
–: Constitutional Conflicts between Congress and the President, 4th ed., Lawrence, KS 1997.
–: Presidential Spending Power, Princeton 1975.
Fisher, Roger/Brown, Scott: Getting Together – Building Relationships As We Negotiate –, New York 1989.
Fisher, Roger/Kopelman, Elizabeth/Kupfer Schneider, Andrea: Beyond Machiavelli – Tools for Coping with Conflict –, Cambridge, MA/London 1994.
Fleischer, Holger: Von Krippen, Kreuzen und Schulgebeten: Negative Religionsfreiheit und staatliche Neutralität im Spiegel der amerikanischen Rechtsprechung, in: Juristen-Zeitung 1995, S. 1001–1005.
Folz, Hans-Peter: Demokratie und Integration – Der Konflikt zwischen Bundesverfassungsgericht und Europäischem Gerichtshof über die Kontrolle der Gemeinschaftskompetenzen –, Berlin u.a. 1999.
Forsthoff, Ernst: Über Maßnahme-Gesetze, in: Forschungen und Berichte aus dem öffentlichen Recht, Gedächtnisschrift für Walter Jellinek, hg. von Otto Bachof, Martin Drath, Otto Gönnenwein, Ernst Walz, München 1955, S. 221–236.
Fox, Gregory H.: Reexamining the Act of State Doctrine: An Integrated Conflicts Analysis, in: Harvard International Law Journal 33 (1992), S. 521–569.
Fraenkel, Ernst: Strukturanalyse der modernen Demokratie (1970), in: ders., Deutschland und die westlichen Demokratien, hg. von Alexander v. Brünneck, Frankfurt a.M. 1991, S. 326–359.
Franck, Thomas M.: After the Fall: The New Procedural Framework for Congressional Control over the War Power, in: American Journal of International Law 71 (1977), S. 605–641.
–: Political Questions/Judicial Answers – Does the Rule of Law Apply to Foreign Affairs? –, Princeton 1992.
–: Rethinking War Powers: By Law or by „Thaumaturgic Invocation"?, in: American Journal of International Law 83 (1989), S. 766–777.
–: */Weisband, Edward:* Foreign Policy by Congress, New York/Oxford 1979.
Franke, Siegfried F.: (Ir)rationale Politik? – Grundzüge und politische Anwendungen der „Ökonomischen Theorie der Politik" –, Marburg 1996.
–: Staatsrecht der Bundesrepublik Deutschland – Grundlagen, Hintergründe und Erläuterungen –, 2. Aufl., Heidelberg 1998.
Frei, Daniel: Integrationsprozesse – Theoretische Erkenntnisse und praktische Folgerungen –, in: Werner Weidenfeld (Hg.), Die Identität Europas, München/Wien 1985, S. 113–131.
Frenz, Walter: Das Prinzip widerspruchsfreier Normgebung und seine Folgen, in: Die öffentliche Verwaltung 1999, S. 41–50.
–: Die Verdrängung des Lindauer Abkommens durch Art. 23 GG – Mitwirkungsrechte der Länder bei gemischten Abkommen, die ausschließliche Länderkompetenzen erfassen –, in: Deutsches Verwaltungsblatt 1999, S. 945–953.
–: Eine begrenzte Gesetzgebungskompetenz des Bundesverfassungsgerichts im Gefüge der Gewaltenteilung, in: Zeitschrift für Gesetzgebung 8 (1993), S. 248–264.
–: Grundgesetzliche Rechtsschutzgarantie gegen europäische Rechtsakte?, in: Der Staat 34 (1995), S. 586–605.
–: Unternehmensteuerkonzeptionen im Lichte des Eigentumsgrundrechts und des Leistungsfähigkeitsprinzips, in: Steuer und Wirtschaft 1997, S. 116–130.
Friauf, Karl Heinrich: Öffentlicher Haushalt und Wirtschaft, in: Veröffentlichungen der Vereinigung der Deutschen Staatsrechtslehrer 27 (1969), S. 1–46.
–: Staatskredit, in: Josef Isensee/Paul Kirchhof, Handbuch des Staatsrechts der Bundesrepublik Deutschland, Bd. IV: Finanzverfassung – Bundesstaatliche Ordnung, Heidelberg 1990, S. 321–355 (§ 91).

–: Zur Prüfungszuständigkeit des Bundespräsidenten bei der Ausfertigung der Bundesgesetze, in: Einigkeit und Recht und Freiheit, Festschrift für Karl Carstens zum 70. Geburtstag, hg. von Bodo Börner, Hermann Jahrreiß, Klaus Stern, Bd. 2: Staatsrecht, Köln u.a. 1984, S. 545–568.

Fricke, Carsten: Zur Kritik an der Staats- und Verfassungsgerichtsbarkeit im verfassungsstaatlichen Deutschland – Geschichte und Gegenwart –, Frankfurt a.M. 1995.

Friedman, Barry: Dialogue and Judicial Review, in: Michigan Law Review 91 (1993), S. 577–682.

Friesenhahn, Ernst: Parlament und Regierung im modernen Staat, in: Veröffentlichungen der Vereinigung der Deutschen Staatsrechtslehrer 16 (1958), S. 9–73.

Fromont, Michel: Frankreich und die Europäische Union, in: Die öffentliche Verwaltung 1995, S. 481–487.

–: Le droit constitutionnel national et l'intégration européenne, in: Revue des Affaires Européennes 1997, S. 191–208.

Frotscher, Werner: Regierung als Rechtsbegriff – Verfassungsrechtliche und staatstheoretische Grundlagen unter Berücksichtigung der englischen und französischen Verfassungsentwicklung –, Berlin 1975.

Frowein, Jochen (Abr.): Bundesrat, Länder und europäische Einigung, in: Bundesrat (Hg.), Vierzig Jahre Bundesrat – Tagungsband zum wissenschaftlichen Symposion in der Evangelischen Akademie Tutzing vom 11. bis 14. April 1989 –, Baden-Baden 1989, S. 285–302.

–: Das Maastricht-Urteil und die Grenzen der Verfassungsgerichtsbarkeit, in: Zeitschrift für ausländisches öffentliches Recht und Völkerrecht 54 (1994), S. 1-16.

–: Der völkerrechtliche Status von VN-Friedenstruppen und seine Bedeutung für das deutsche Recht, in: ders./Torsten Stein (Hg.), Rechtliche Aspekte einer Beteiligung der Bundesrepublik Deutschland an Friedenstruppen der Vereinten Nationen – Materialien des Kolloquiums vom 17./18.8.1989 –, Berlin u.a. 1990, S. 1-15.

–: Die Europäische Union mit WEU als Sicherheitssystem, in: Festschrift für Ulrich Everling, hg. von Ole Due, Marcus Lutter, Jürgen Schwarze, Baden-Baden 1995, S. 315–326.

–: Die Herausbildung europäischer Verfassungsprinzipien, in: Rechtsstaat und Menschenwürde, Festschrift für Werner Maihofer zum 70. Geburtstag, hg. von Arthur Kaufmann, Ernst-Joachim Mestmäcker, Hans F. Zacher, Frankfurt a.M. 1988, S. 149–158.

–: Die selbständige Bundesaufsicht nach dem Grundgesetz, Bonn 1961.

–: Die Verfassung der Europäischen Union aus der Sicht der Mitgliedstaaten, in: Europarecht 1995, S. 315–333.

–: Diskussionsbeitrag, in: Veröffentlichungen der Vereinigung der Deutschen Staatsrechtslehrer 56 (1997), S. 107–109.

–: Gemeinschaftsaufgaben im Bundesstaat, in: Veröffentlichungen der Vereinigung der Deutschen Staatsrechtslehrer 31 (1973), S. 13–50.

–: Kritische Bemerkungen zur Lage des deutschen Staatsrechts aus rechtsvergleichender Sicht, in: Die öffentliche Verwaltung 1998, S. 806–811.

–: */Zimmermann, Andreas:* Die Asylrechtsreform des Jahres 1993 und das Bundesverfassungsgericht, in: Juristen-Zeitung 1996, S. 753–764.

Funke, Hans Friedrich: Bund-Länder-Abstimmung am Beispiel der Raumordnung und Landesplanung, Münster 1987.

Fuß, Ernst-Werner: Die Bundestreue – ein unentbehrlicher Rechtsbegriff? – Gedanken zu der Abhandlung von H.-W. Bayer –, in: Die öffentliche Verwaltung 1964, S. 37–42.

Gaja, Giorgio: How flexible is flexibility under the Amsterdam Treaty?, in: Common Market Law Review 35 (1998), S. 855–870.

Gardner, John S.: Altered States: What America Can Learn from German Federalism, Occasional Paper #8, American Council on Germany, New York 1996.

Gassner, Ulrich M.: Kreation und Repräsentation – Zum demokratischen Gewährleistungsgehalt von Art. 38 Abs. 1 S. 1 GG –, in: Der Staat 34 (1995), S. 429–453.

–: Parlamentsvorbehalt und Bestimmtheitsgrundsatz, in: Die öffentliche Verwaltung 1996, S. 18–25.
Gauweiler, Marijke: Die rechtliche Qualifikation interorganschaftlicher Absprachen im Europarecht, Diss. Mainz 1988.
Geck, Wilhelm Karl: Wahl und Status der Bundesverfassungsrichter, in: Josef Isensee/Paul Kirchhof (Hg.), Handbuch des Staatsrechts der Bundesrepublik Deutschland, Bd. II: Demokratische Willensbildung – Die Staatsorgane des Bundes, Heidelberg 1987, S. 697–735 (§ 55).
Geiger, Rudolf: Die Mitwirkung des deutschen Gesetzgebers an der Entwicklung der Europäischen Union – Zur Auslegung des Art. 23 Abs. 1 Satz 2 und 3 GG –, in: Juristen-Zeitung 1996, S. 1093–1098.
–: EG-Vertrag – Kommentar zu dem Vertrag zur Gründung der Europäischen Gemeinschaft –, 2. Aufl., München 1995.
–: Grundgesetz und Völkerrecht – Die Bezüge des Staatsrechts zum Völkerrecht und Europarecht –, 2. Aufl., München 1994.
–: Vertragsschlußkompetenzen der Europäischen Gemeinschaft und auswärtige Gewalt der Mitgliedstaaten – Zur neueren Rechtsprechung des Europäischen Gerichtshofs –, in: Juristen-Zeitung 1995, S. 973–982.
Geiger, Willi: Das Verhältnis von Bundesverfassungsgericht und vorlegendem Gericht im Falle der konkreten Normenkontrolle – Eine Kritik an der Entscheidung des BVerfG vom 18. April 1984 (1 BvL 43/81) –, in: Europäische Grundrechte-Zeitschrift 1984, S. 409–420.
–: Die Auflösung des Bundestages nach Art. 68 GG – Ein Kommentar zu den Vorgängen, die zu der Neuwahl des Deutschen Bundestags am 6. März 1983 geführt haben –, in: Jahrbuch des öffentlichen Rechts, Neue Folge 33 (1984), S. 41–61.
–: Die wechselseitige Treupflicht von Bund und Ländern, in: Föderalistische Ordnung, Presseveröffentlichungen über den Bundesrat Nr. 126, Bonn 1961, S. 45–67.
–: Recht und Politik im Verständnis des Bundesverfassungsgerichts, Bielefeld 1980.
Gelinsky, Katharina: Geht es nicht ohne Karlsruhe? – Bund und Länder finden vorerst keine Regelung für den Stabilitätspakt –, in: Frankfurter Allgemeine Zeitung vom 12.11.1997, S. 16.
Gellhorn, Ernest/Levin, Ronald M.: Administrative Law and Process, 4th ed., St. Paul, MN 1997.
Gellner, Winand: Die Blockade der politischen Gewalten in den USA, in: Aus Politik und Zeitgeschichte B 8–9/1996, S. 3–10.
Gerber, Philippe: Die Rechtsetzungsdirektiven des Bundesverfassungsgerichts, in: Die öffentliche Verwaltung 1989, S. 698–707.
Gerhardt, Volker: Der Thronverzicht der Philosophie – Über das moderne Verhältnis von Philosophie und Politik bei Kant –, in: Otfried Höffe (Hg.), Immanuel Kant – Zum ewigen Frieden, Berlin 1995, S. 171–193.
Gernhuber, Joachim: § 242 BGB – Funktionen und Tatbestände, in: Juristische Schulung 1983, S. 764–769.
van Gerven, Walter: The Role and Structure of the European Judiciary now and in the future, in: European Law Review 21 (1996), S. 211–223.
Gesser, Ulrich: Die Nichtigkeitsklage nach Artikel 173 EGV – Weiterentwicklung des Klagesystems durch richterliche Rechtsfortbildung –, München 1995.
Giegerich, Thomas: Europarecht und deutsches Recht – Wechselwirkungen in der Fallbearbeitung -, in: Juristische Schulung 1997, S. 39–43.
–: Privatwirkung der Grundrechte in den USA – Die State Action Doctrine des U.S. Supreme Court und die Bürgerrechtsgesetzgebung des Bundes –, Berlin u.a. 1992.
–: Richtermacht und Todesstrafe in den USA – Gewaltenteilung, verfassungsstaatliche und völkerrechtliche Humanitätsstandards in Kollision –, in: Europäische Grundrechte-Zeitschrift 1995, S. 1-16.

–: Verfassungsgerichtliche Kontrolle der auswärtigen Gewalt im europäisch-atlantischen Verfassungsstaat: Vergleichende Bestandsaufnahme mit Ausblick auf die neuen Demokratien in Mittel- und Osteuropa, in: Zeitschrift für ausländisches öffentliches Recht und Völkerrecht 57 (1997), S. 409–564.

Giese, Friedrich: Die Verfassung des Deutschen Reiches - Taschenausgabe für Studium und Praxis -, 8. Aufl., Berlin 1931.

Gilsdorf, Peter: Die Außenkompetenzen der EG im Wandel – Eine kritische Auseinandersetzung mit Praxis und Rechtsprechung –, in: Europarecht 1996, S. 145–166.

Glaesner, Hans-Joachim: Der Europäische Rat, in: Europarecht 1994, S. 22–34.

–: Der Weg nach Maastricht, in: Georg Ress/Jürgen Schwarze/Torsten Stein (Hg.), Die Organe der Europäischen Union im Spannungsfeld zwischen Gemeinschaft und Zusammenarbeit, Europarecht Beiheft 2/1995, S. 15–22.

–: Die Einheitliche Europäische Akte, in: Europarecht 1986, S. 119–152.

Glennon, Michael J.: Constitutional Diplomacy, Princeton 1990.

–: Foreign Affairs and the Political Question Doctrine, in: American Journal of International Law 83 (1989), S. 814–821.

–: The War Powers Resolution Ten Years Later: More Politics than Law, in: American Journal of International Law 78 (1984), S. 571–581.

Goerlich, Helmut: „Formenmißbrauch“ und Kompetenzverständnis – Eine exemplarische Studie zur geschriebenen Verfassung im Bundesstaat –, Tübingen 1987.

–: Zur „strukturellen Gerechtigkeit“ der amerikanischen Verfassung, in: Archiv des öffentlichen Rechts 103 (1978), S. 425–463.

Götz, Hansjörg: Der Vorbehaltsbereich der Bundesregierung, Diss. Tübingen 1993.

Götz, Volkmar: Das Maastricht-Urteil des Bundesverfassungsgerichts, in: Juristen-Zeitung 1993, S. 1081–1086.

–: Europäische Gesetzgebung durch Richtlinien – Zusammenwirken von Gemeinschaft und Staat, in: Neue Juristische Wochenschrift 1992, S. 1849–1856.

–: Mehrheitsbeschlüsse des Rates der Europäischen Union, in: Festschrift für Ulrich Everling, hg. von Ole Due, Marcus Lutter, Jürgen Schwarze, Baden-Baden 1995, S. 339–353.

Götz, Walter: Mitwirkungsrechte des Europäischen Parlaments bei der Rechtssetzung, in: Juristische Arbeitsblätter 1997, S. 990–994.

Gohin, Olivier: Les facteurs communs de l'organisation des pouvoirs publics des Etats membres des Communautés européennes, in: Revue universelle des droits de l'homme 1995, S. 428–433.

Goltz, Horst: Mitwirkung parlamentarischer Ausschüsse beim Haushaltsvollzug, in: Die öffentliche Verwaltung 1965, S. 605–616.

Gorbatschow, Michail: Die Einheit war eine Sache der Deutschen – Moskau und die Ereignisse nach dem November 1989 –, in: Frankfurter Allgemeine Zeitung vom 17.3.1998, S. 9 f.

Gounalakis, Georgios: „Soldaten sind Mörder“, in: Neue Juristische Wochenschrift 1996, S. 481–487.

Grabitz, Eberhard: Die deutschen Länder in der Gemeinschaft – Das Ratifizierungsgesetz zur Einheitlichen Europäischen Akte aus der Sicht des Grundgesetzes –, in: Europarecht 1987, S. 310–321.

–: Stillhalte-Verpflichtungen vor dem Binnenmarkt – Unvereinbarkeit der Erdgassteuer mit Gemeinschaftsrecht –, Kehl a.Rh./Straßburg/Arlington 1988.

–: */von Bogdandy, Armin/Nettesheim, Martin:* Europäisches Außenwirtschaftsrecht, München 1994.

–: */Hilf, Meinhard (Hg.):* Kommentar zur Europäischen Union, München (Loseblatt).

Gray, Christine: Advisory Opinions and the European Court of Justice, in: European Law Review 8 (1983), S. 24–39.

Greulich, Anette: Der Landesminister als Vertreter der Bundesrepublik Deutschland im Rat der Europäischen Union – Eine Untersuchung des Art. 146 EGV im Lichte des Gemeinschaftsrechts und des deutschen Verfassungsrechts –, München 1997.

Grewe, Wilhelm G.: Auswärtige Gewalt, in: Josef Isensee/ Paul Kirchhof (Hg.), Handbuch des Staatsrechts der Bundesrepublik Deutschland, Bd. III: Das Handeln des Staates, Heidelberg 1988, S. 921–975 (§ 77).

–: Zum Verfassungsrecht der auswärtigen Gewalt – Die Kompetenzverteilung zwischen den Bundesorganen –, in: Archiv des öffentlichen Rechts 112 (1987), S. 521–543.

Grey, Thomas C.: Do We Have an Unwritten Constitution?, in: Stanford Law Review 27 (1975), S. 703–718.

Griessbach, Lothar: Der „Cuban Liberty and Democratic Solidarity (LIBERTAD) Act" von 1996, in: Recht der Internationalen Wirtschaft 1997, S. 275–280.

Griffin, Stephen M.: American Constitutionalism – From Theory to Politics –, Princeton 1996.

Grimm, Dieter: Braucht Europa eine Verfassung?, in: Juristen-Zeitung 1995, S. 581–591.

–: Die Meinungsfreiheit in der Rechtsprechung des Bundesverfassungsgerichts, in: Neue Juristische Wochenschrift 1995, S. 1697–1705.

–: Die politischen Parteien (1983), in: ders., Die Zukunft der Verfassung, 2. Aufl., Frankfurt a.M. 1994, S. 265–299.

von der Groeben, Hans/Thiesing, Jochen/Ehlermann, Claus-Dieter (Hg.): Kommentar zum EU-/EG-Vertrag, 5. Aufl., Baden-Baden 1997, – Bd. 1: Art. A-F EUV, Art. 1–84 EGV; – Bd. 4: Art. 137–209 a EGV; – Bd. 5: Art. 210–248 EGV, Art. H-S EUV.

Gröpl, Christoph: Individualrechtsschutz gegen EG-Verordnungen – Rechtsschutzlücken im Konkurrenzverhältnis des Vorabentscheidungsverfahrens (Art. 177 Abs. 1 Buchst. b EGV) gegenüber der Nichtigkeitsklage (Art. 173 EGV) –, in: Europäische Grundrechte-Zeitschrift 1995, S. 583–589.

Gröschner, Rolf: Das Überwachungsrechtsverhältnis – Wirtschaftsüberwachung in gewerbepolizeirechtlicher Tradition und wirtschaftsverwaltungsrechtlichem Wandel –, Tübingen 1992.

–: Vom Nutzen des Verwaltungsrechtsverhältnisses, in: Die Verwaltung 30 (1997), S. 301–338.

–: */Kopke, Wolfgang:* Die „Jenenser Kritik" an der Rechtschreibreform, in: Juristische Schulung 1997, S. 298–303.

Großfeld, Bernhard: Götterdämmerung? – Zur Stellung des Bundesverfassungsgerichts –, in: Neue Juristische Wochenschrift 1995, S. 1719–1723.

–: Zur Stellung des Bundesverfassungsgerichts im Grundgesetz, in: Neue Juristische Wochenschrift 1998, S. 3544–3547.

Grote, Rainer: Das Regierungssystem der V. französischen Republik – Verfassungstheorie und -praxis –, Baden-Baden 1995.

Grund, Henning: „Preußenschlag" und Staatsgerichtshof im Jahre 1932, Baden-Baden 1976.

Grupp, Cornelius: Die parlamentarische Kontrolle der auswärtigen Gewalt in Form von Entschließungen, Diss. Augsburg 1975.

Grupp, Klaus: Rechtsprobleme der Privatfinanzierung von Verkehrsprojekten, in: Deutsches Verwaltungsblatt 1994, S. 140–147.

Grussmann, Wolf-Dietrich: Grundnorm und Supranationalität – Rechtsstrukturelle Sichtweisen der europäischen Integration –, in: Thomas v. Danwitz/Markus Heintzen/Matthias Jestaedt/Stefan Korioth/Michael Reinhardt (Hg.), Auf dem Wege zu einer Europäischen Staatlichkeit – 33. Assistententagung Öffentliches Recht 1993 –, Stuttgart u.a. 1993, S. 47–64.

Grzeszick, Bernd: Vom Reich zur Bundesstaatsidee – Zur Herausbildung der Föderalismusidee als Element des modernen deutschen Staatsrechts –, Berlin 1996.

Gündisch, Jürgen: Die Verfassungsbeschwerde gegen gerichtliche Entscheidungen, in: Neue Juristische Wochenschrift 1981, S. 1813–1820.

Günther, Klaus: Ein normativer Begriff der Kohärenz für eine Theorie der juristischen Argumentation, in: Rechtstheorie 20 (1989), S. 163–190.

Guérassimoff, Carine: La coopération interinstitutionelle dans l'union européenne, in: Revue des Affaires Européennes 1997, S. 472–495.

Gusy, Christoph: Das Mehrheitsprinzip im demokratischen Staat, in: Archiv des öffentlichen Rechts 106 (1981), S. 329–354.

–: Das parlamentarische Regierungssystem und der Bundesrat – Entwicklungsstand und Reformbedarf –, in: Deutsches Verwaltungsblatt 1998, S. 917–928.

–: Die Offenheit des Grundgesetzes, in: Jahrbuch des öffentlichen Rechts, Neue Folge 33 (1984), S. 105–130.

–: Parlamentarischer Gesetzgeber und Bundesverfassungsgericht, Berlin 1985.

–: Privatisierung und parlamentarische Kontrolle, in: Zeitschrift für Rechtspolitik 1998, S. 265–270.

Gutsche, Martin: Die Bindungswirkung der Urteile des Europäischen Gerichtshofes, Göttingen 1967.

Haas, Evelyn: Die Mitwirkung der Länder bei EG-Vorhaben – Neuere Entwicklungen im Gefolge der Luxemburger Akte –, in: Die öffentliche Verwaltung 1988, S. 613–623.

Habel, Marc: Postmoderne Ansätze der Rechtserkenntnis, in: Archiv für Rechts- und Sozialphilosophie 1997, S. 217–241.

Haberland, Stephan: Die verfassungsrechtliche Bedeutung der Opposition nach dem Grundgesetz, Berlin 1995.

Habermas, Jürgen: Remarks on Dieter Grimm's „Does Europe Need a Constitution?", in: European Law Journal 1 (1995), S. 303–307.

–: Theorie des kommunikativen Handelns, Frankfurt a.M. 1981, – Bd. 1: Handlungsrationalität und gesellschaftliche Rationalisierung; – Bd. 2: Zur Kritik der funktionalistischen Vernunft.

Hadenius, Axel: The Duration of Democracy: Institutional vs Socio-economic Factors, in: David Beetham (ed.), Defining and Measuring Democracy, London/Thousand Oaks/New Delhi 1994, S. 63–88.

Häberle, Peter: Aktuelle Probleme des deutschen Föderalismus, in: Die Verwaltung 24 (1991), S. 169–209.

–: Die Verfassungsbeschwerde im System der bundesdeutschen Verfassungsgerichtsbarkeit, in: Jahrbuch des öffentlichen Rechts, Neue Folge 45 (1997), S. 89–135.

–: Diskussionsbeitrag, in: Veröffentlichungen der Vereinigung der Deutschen Staatsrechtslehrer 46 (1988), S. 148–151.

–: Europa als werdende Verfassungsgemeinschaft, in: Deutsches Verwaltungsblatt 2000, S. 840–847.

–: Freiheit, Gleichheit und Öffentlichkeit des Abgeordnetenstatus – Zum Diätenurteil des BVerfG –, in: Neue Juristische Wochenschrift 1976, S. 537–542.

–: Gemeineuropäisches Verfassungsrecht, in: Europäische Grundrechte-Zeitschrift 1991, S. 261–274.

–: Verfassungsinterpretation als öffentlicher Prozeß – ein Pluralismuskonzept (1978), in: ders., Verfassung als öffentlicher Prozeß – Materialien zu einer Verfassungstheorie der offenen Gesellschaft –, 2. Aufl., Berlin 1996, S. 121–152.

Häde, Ulrich: Zur Rechtmäßigkeit der Entscheidungen über die Europäische Wirtschafts- und Währungsunion, in: Juristen-Zeitung 1998, S. 1088–1095.

Hänsch, Klaus: Zwei Konzepte für ein Europa? – Wie Deutschland und Frankreich die Währungsunion und die Erweiterung zum Erfolg führen können –, in: Frankfurter Allgemeine Zeitung vom 24.4.1998, S. 11.

Häußler, Richard: Der Konflikt zwischen Bundesverfassungsgericht und politischer Führung – Ein Beitrag zu Geschichte und Rechtsstellung des Bundesverfassungsgerichts –, Berlin 1994.

Hahn, Hugo J.: Berichtspflichten und Informationsmöglichkeiten der Europäischen Zentralbank, in: Juristen-Zeitung 1999, S. 957–963.

–: Die Deutsche Bundesbank im Verfassungsrecht, in: Bayerische Verwaltungsblätter 1982, S. 33–37 und 70–75.

Haibach, Georg: Komitologie nach Amsterdam – Die Übertragung von Rechtsetzungsbefugnissen im Rechtsvergleich, in: Verwaltungsarchiv 90 (1999), S. 98–111.

Hailbronner, Kay: Das Asylrecht nach den Entscheidungen des Bundesverfassungsgerichts, in: Neue Zeitschrift für Verwaltungsrecht 1996, S. 625–631.

–: Kontrolle der auswärtigen Gewalt, in: Veröffentlichungen der Vereinigung der Deutschen Staatsrechtslehrer 56 (1997), S. 7–37.

Halfmann, Ralf: Entwicklungen des Verwaltungsrechtsschutzes in Deutschland, Frankreich und Europa, in: Verwaltungsarchiv 91 (2000), S. 74–99.

Hall, Kermit L. (ed.): The Oxford Companion to the Supreme Court of the United States, New York/Oxford 1992.

Haller, Walter: Supreme Court und Politik in den USA – Fragen der Justiziabilität in der höchstrichterlichen Rechtsprechung –, Bern 1972.

Haltern, Ulrich R.: Demokratische Verantwortlichkeit und Verfassungsgerichtsbarkeit – Nachbemerkungen zur Diskussion um den Kruzifix-Beschluß –, in: Der Staat 35 (1996), S. 551–580.

–: Integration als Mythos – Zur Überforderung des Bundesverfassungsgerichts –, in: Jahrbuch des öffentlichen Rechts, Neue Folge 45 (1997), S. 31–88.

–: */Mayer, Franz C./Möllers, Christoph R.:* Wesentlichkeitstheorie und Gerichtsbarkeit – Zur institutionellen Kritik des Gesetzesvorbehalts –, in: Die Verwaltung 30 (1997), S. 51–74.

Hamilton, Alexander/Madison, James/Jay, John: The Federalist Papers (1787/88), ed. and with an introduction by Clinton Rossiter, New York 1961.

Hanf, Dominik: Bundesstaat ohne Bundesrat? – Die Mitwirkung der Glieder und die Rolle zweiter Kammern in evolutiven und devolutiven Bundesstaaten –, Baden-Baden 1999.

Hanlon, James: European Community Law, London 1998.

Hartung, Bernhard: Die Praxis des Lindauer Abkommens, Köln u.a. 1984.

Hasselbach, Kai: Der Vorrang des Gemeinschaftsrechts vor dem nationalen Verfassungsrecht nach dem Vertrag von Amsterdam, in: Juristen-Zeitung 1997, S. 942–944.

Hasselsweiler, Ekkehart: Der Vermittlungsausschuß – Verfassungsgrundlagen und Staatspraxis –, Berlin 1981.

Hattstein, Ulrich: Verwaltungsrechtliche Betreuungspflichten, Stuttgart u.a. 1999.

Hauck, Felix: Mitwirkungsrechte des Bundestages in Angelegenheiten der Europäischen Union, Berlin 1999.

Haverkate, Görg: Die Einheit der Verwaltung als Rechtsproblem, in: Veröffentlichungen der Vereinigung der Deutschen Staatsrechtslehrer 46 (1988), S. 217–258.

–: Verfassungslehre – Verfassung als Gegenseitigkeitsordnung –, München 1992.

Hay, Peter/Rotunda, Ronald D.: The United States Federal System – Legal Integration in the American Experience –, Milano u.a. 1982.

Heckel, Johannes: Das Urteil des Staatsgerichtshofs vom 25.10.1932 in dem Verfassungsstreit Reich-Preußen, in: Archiv des öffentlichen Rechts 62 (1933), S. 183–246.

Heckel, Martin: Das Kreuz im öffentlichen Raum – Zum „Kruzifix"-Beschluß des BVerfG –, in: Deutsches Verwaltungsblatt 1996, S. 453–482.

Hecker, Jan: Die europäische Integration vor dem Bundesverfassungsgericht und dem Conseil Constitutionnel, in: Archiv des öffentlichen Rechts 123 (1998), S. 577–605.

Heckmann, Dirk: Eingriff durch Symbole? – Zur Reichweite grundrechtlichen Schutzes vor geistiger Auseinandersetzung –, in: Juristen-Zeitung 1996, S. 880–889.

–: Geltungskraft und Geltungsverlust von Rechtsnormen – Elemente einer Theorie der autoritativen Normgeltungsbeendigung –, Tübingen 1997.

Hegel, Georg Wilhelm Friedrich: Grundlinien der Philosophie des Rechts oder Naturrecht und Staatswissenschaft im Grundrisse, in: ders., Werke (Theorie-Werkausgabe), Frankfurt a.M. 1970, Bd. 7, S. 11–512.

Heideking, Jürgen: Die Verfassung vor dem Richterstuhl – Vorgeschichte und Ratifizierung der amerikanischen Verfassung 1787–1791 –, Berlin/New York 1988.

Heidelmeyer, Wolfgang (Hg.): Die Menschenrechte – Erklärungen, Verfassungsartikel, Internationale Abkommen –, 4. Aufl., Paderborn u.a. 1997.

Hein, Peter E.: Die Unvereinbarerklärung verfassungswidriger Gesetze durch das Bundesverfassungsgericht – Grundlagen, Anwendungsbereich, Rechtsfolgen –, Baden-Baden 1988.

Heinsen, Ernst: Die Zustimmung des Bundesrates zu Bundesgesetzen, in: Recht im Amt 20 (1973), S. 146–148.

Heintzen, Markus: Die Beidseitigkeit der Kompetenzverteilung im Bundesstaat, in: Deutsches Verwaltungsblatt 1997, S. 689–693.

–: Gemeineuropäisches Verfassungsrecht in der Europäischen Union, in: Europarecht 1997, S. 1–16.

–: Private Außenpolitik – Eine Typologie der grenzüberschreitenden Aktivitäten gesellschaftlicher Kräfte und ihres Verhältnisses zur staatlichen Außenpolitik –, Baden-Baden 1989.

Heitmann, Steffen: „Recht muß doch Recht bleiben" – Zur Befristung von Gesetzen, in: Neue Juristische Wochenschrift 1997, S. 1488 f.

Heller, Hermann: Staatslehre, hg. von Gerhart Niemeyer, Leiden 1934.

Helm-Busch, Franziska: Executive Agreements im US-amerikanischen Verfassungsrecht – Weite Präsidialkompetenzen in der auswärtigen Gewalt –, Köln u.a. 1995.

Henke, Wilhelm: Das subjektive Recht im System des öffentlichen Rechts – Ergänzungen und Korrekturen –, in: Die öffentliche Verwaltung 1980, S. 621–633.

Henkin, Louis: Constitutionalism, Democracy, and Foreign Affairs, New York 1990.

–: Foreign Affairs and the United States Constitution, 2nd ed., Oxford 1996.

–: Is There a „Political Question" Doctrine?, in: Yale Law Journal 85 (1976), S. 597–625.

–: Lexical Priority or „Political Question": A Response, in: Harvard Law Review 101 (1987), S. 524–533.

Hensche, Martin: Probleme einer folgenorientierten Rechtsanwendung, in: Rechtstheorie 29 (1998), S. 103–120.

Henze, Thomas: Aufgaben- und Ausgabenkompetenz der Europäischen Gemeinschaft und ihrer Mitgliedstaaten im Bereich der Entwicklungspolitik – Zum EuGH-Urteil vom 2.3.1994, Rs. C-316/91, Parlament/Rat –, in: Europarecht 1995, S. 76–86.

Herdegen, Matthias: Die Belastbarkeit des Verfassungsgefüges auf dem Weg zur Europäischen Union, in: Europäische Grundrechte-Zeitschrift 1992, S. 589–594.

–: Vertragliche Eingriffe in das „Verfassungssystem" der Europäischen Union, in: Festschrift für Ulrich Everling, hg. von Ole Due, Marcus Lutter, Jürgen Schwarze, Baden-Baden 1995, S. 447–461.

Hertel, Wolfram: Die Normativität der Staatsverfassung und einer Europäischen Verfassung – Ein Beitrag zur Entwicklung einer Europäischen Verfassungstheorie –, in: Jahrbuch des öffentlichen Rechts, Neue Folge 48 (2000), S. 233–251.

–: Supranationalität als Verfassungsprinzip – Normativität und Legitimation als Elemente des Europäischen Verfassungsrechts –, Berlin 1999.

Herter, Wilfried: Die Unvereinbarkeitserklärung verfassungswidriger Steuergesetze – Eine Untersuchung zu den verfassungsrechtlichen Grundlagen und den Folgen für das Steuerverfahren –, Frankfurt a.M. 1995.

Herzog, Roman: Allgemeine Staatslehre, Frankfurt a.M. 1971.

–: Das Bundesverfassungsgericht und die Anwendung einfachen Gesetzesrechts, in: Das akzeptierte Grundgesetz, Festschrift für Günter Dürig zum 70. Geburtstag, hg. von Hartmut Maurer, München 1990, S. 431–445.

–: Die Beziehungen des Bundesrates zu Bundestag und Bundesregierung (insbesondere die

Information nach Art. 53 Satz 3 GG), in: Bundesrat (Hg.), Vierzig Jahre Bundesrat – Tagungsband zum wissenschaftlichen Symposion in der Evangelischen Akademie Tutzing vom 11. bis 14. April 1989 –, Baden-Baden 1989, S. 167–178.

–: Die Vollstreckung von Entscheidungen des Bundesverfassungsgerichts, in: Der Staat 4 (1965), S. 37–49.

–: Entscheidung und Gegenzeichnung, in: Festschrift für Gebhard Müller zum 70. Geburtstag, hg. von Theo Ritterspach und Willi Geiger, Tübingen 1970, S. 117–139.

–: Stellung des Bundesrates im demokratischen Bundesstaat, in: Josef Isensee/Paul Kirchhof (Hg.), Handbuch des Staatsrechts der Bundesrepublik Deutschland, Bd. II: Demokratische Willensbildung – Die Staatsorgane des Bundes, Heidelberg 1987, S. 467–488 (§ 44).

–: */Pietzner, Rainer:* Möglichkeiten und Grenzen einer Beteiligung des Parlaments an der Ziel- und Ressourcenplanung der Bundesregierung (Gutachten 1971), Speyer 1979.

Hesse, Joachim Jens/Ellwein, Thomas: Das Regierungssystem der Bundesrepublik Deutschland, Bd. 1: Text, 8. Aufl., Opladen/Wiesbaden 1997.

Hesse, Konrad: Der unitarische Bundesstaat, Karlsruhe 1962.

–: Funktionelle Grenzen der Verfassungsgerichtsbarkeit, in: Recht als Prozeß und Gefüge, Festschrift für Hans Huber zum 80. Geburtstag, Bern 1981, S. 261–272.

–: Grundzüge des Verfassungsrechts der Bundesrepublik Deutschland, 20. Aufl., Heidelberg 1995.

Heuermann, Paul: Argumentationsschwierigkeiten mit der Menschenwürdegarantie, in: Neue Juristische Wochenschrift 1996, S. 3063 f.

Heun, Werner: Das Budgetrecht im Regierungssystem der USA, Baden-Baden 1989.

–: Das Mehrheitsprinzip in der Demokratie – Grundlagen, Struktur, Begrenzungen –, Berlin 1983.

–: Die Europäische Zentralbank in der Europäischen Währungsunion, in: Juristen-Zeitung 1998, S. 866–876.

–: Die Stellung des Bundespräsidenten im Licht der Vorgänge um die Auflösung des Bundestages, in: Archiv des öffentlichen Rechts 109 (1984), S. 13–36.

–: Funktionell-rechtliche Schranken der Verfassungsgerichtsbarkeit – Reichweite und Grenzen einer dogmatischen Argumentationsfigur –, Baden-Baden 1992.

–: Richtervorlagen in der Rechtsprechung des Bundesverfassungsgerichts, in: Archiv des öffentlichen Rechts 122 (1997), S. 610–628.

–: Staatshaushalt und Staatsleitung – Das Haushaltsrecht im parlamentarischen Regierungssystem des Grundgesetzes –, Baden-Baden 1989.

Heußner, Hermann: Vorbehalt des Gesetzes und „Wesentlichkeitstheorie“ – Aus der neueren Rechtsprechung des Bundesverfassungsgerichts zum Schulrecht –, in: Festschrift für Erwin Stein zum 80. Geburtstag, hg. von Hermann Avenarius, Hanns Engelhardt, Hermann Heussner, Friedrich v. Zezschwitz, Bad Homburg v.d.H. 1983, S. 111–126.

Heuston, R. F. V./Buckley, R. A.: The Law of Torts, 20th ed., London 1992.

Heyde, Wolfgang/Wöhrmann, Gotthard (Hg.): Auflösung und Neuwahl des Bundestages 1983 vor dem Bundesverfassungsgericht – Dokumentation des Verfahrens –, Heidelberg 1984.

Hilf, Meinhard: Amsterdam – Ein Vertrag für die Bürger?, in: Europarecht 1997, S. 347–361.

–: Die Europäische Union und die Eigenstaatlichkeit ihrer Mitgliedstaaten, in: Peter Hommelhoff/Paul Kirchhof (Hg.), Der Staatenverbund der Europäischen Union, Heidelberg 1994, S. 75–85.

–: Die Organisationsstruktur der Europäischen Gemeinschaften – Rechtliche Gestaltungsmöglichkeiten und Grenzen –, Berlin/Heidelberg/New York 1982.

–: EG-Außenkompetenzen in Grenzen, in: Europäische Zeitschrift für Wirtschaftsrecht 1995, S. 7 f.

–: Eine Verfassung für die Europäische Union – Zum Entwurf des Institutionellen Ausschusses des Europäischen Parlaments –, in: Integration 1994, S. 68–78.

–: Gutachten des BVerfG zu völkerrechtlichen Verträgen?, in: Zeitschrift für Rechtspolitik 1997, S. 270–273.

–: /*Pache, Eckhard:* Der Vertrag von Amsterdam, in: Neue Juristische Wochenschrift 1998, S. 705–713.

–: /*Schorkopf, Frank:* Das Europäische Parlament in den Außenbeziehungen der Europäischen Union, in: Europarecht 1999, S. 185–202.

Hilgendorf, Eric: Scheinargumente in der Abtreibungsdiskussion – am Beispiel des Erlanger Schwangerschaftsfalls –, in: Neue Juristische Wochenschrift 1996, S. 758–762.

Hill, Hermann: Das fehlerhafte Verfahren und seine Folgen im Verwaltungsrecht, Heidelberg 1986.

Hillgruber, Christian: Das Verhältnis der Europäischen Gemeinschaften und der Europäischen Union zu ihren Mitgliedstaaten – staats- und völkerrechtlich betrachtet –, in: Archiv des Völkerrechts 34 (1996), S. 347–375.

–: Grenzen der Rechtsfortbildung durch den EuGH – Hat Europarecht Methode?, in: Thomas v. Danwitz/Markus Heintzen/ Matthias Jestaedt/ Stefan Korioth/Michael Reinhardt (Hg.), Auf dem Wege zu einer Europäischen Staatlichkeit – 33. Assistententagung Öffentliches Recht 1993 –, Stuttgart u.a. 1993, S. 31–46.

von Hippel, Eike: Keine Entschädigung für Waldsterben?, in: Neue Juristische Wochenschrift 1998, S. 3254 f.

Hirsch, Günter: Der EuGH im Spannungsverhältnis zwischen Gemeinschaftsrecht und nationalem Recht, in: Neue Juristische Wochenschrift 2000, S. 1817–1822.

–: Dezentralisierung des Gerichtssystems der Europäischen Union?, in: Zeitschrift für Rechtspolitik 2000, S. 57–60.

–: EG: Kein Staat, aber eine Verfassung?, in: Neue Juristische Wochenschrift 2000, S. 46 f.

–: Europäischer Gerichtshof und Bundesverfassungsgericht – Kooperation oder Konfrontation?, in: Neue Juristische Wochenschrift 1996, S. 2457–2466.

–: Kompetenzverteilung zwischen EuGH und nationaler Gerichtsbarkeit, in: Neue Zeitschrift für Verwaltungsrecht 1998, S. 907–910.

Hobe, Stephan: Die Auswärtige Gewalt – Tendenzen zur Föderalisierung und Parlamentarisierung, in: Juristische Arbeitsblätter 1996, S. 818–823.

Hochrathner, Uwe J.: Anwendungsbereich und Grenzen des Parlamentsauflösungsrechts nach dem Bonner Grundgesetz, Frankfurt a.M. 1985.

Höffe, Otfried: Das Grundgesetz nur auslegen – Wieviel Politik ist dem Verfassungsgericht erlaubt?, in: Juristen-Zeitung 1996, S. 83-85.

Höfling, Wolfram: Staatsschuldenrecht – Rechtsgrundlagen und Rechtsmaßstäbe für die Staatsschuldenpolitik in der Bundesrepublik Deutschland –, Heidelberg 1993.

Hölscheidt, Sven/Baldus, Christian: EU und EG als terminologisches Problem, in: Deutsches Verwaltungsblatt 1996, S. 1409–1412.

Hölscheidt, Sven/Schotten, Thomas: Zur Rolle des Deutschen Bundestags beim Eintritt in die dritte Stufe der Währungsunion, in: Zeitschrift für Rechtspolitik 1997, S. 479–484.

Hörchens, Angela: Der Einsatz der Bundeswehr im Rahmen der Vereinten Nationen – Eine Untersuchung über die innerstaatliche Zuständigkeit für die Entscheidung des Einsatzes der Bundeswehr im Rahmen militärischer UN-Maßnahmen –, Frankfurt a.M. 1994.

Hoffmann, Gerhard: Das verfassungsrechtliche Gebot der Rationalität im Gesetzgebungsverfahren - Zum „inneren Gesetzgebungsverfahren" im bundesdeutschen Recht –, in: Zeitschrift für Gesetzgebung 5 (1990), S. 97–116.

Hoffmann, Michael: Verfassungsrechtliche Anforderungen an Rechtsverordnungen zur Produktverantwortung nach dem Kreislaufwirtschafts- und Abfallgesetz, in: Deutsches Verwaltungsblatt 1996, S. 347–354.

Hoffmann-Riem, Wolfgang: Beharrung oder Innovation – Zur Bindungswirkung verfassungsgerichtlicher Entscheidungen, in: Der Staat 13 (1974), S. 335–364.

–: Verhandlungslösungen und Mittlereinsatz im Bereich der Verwaltung: Eine vergleichende

Einführung, in: ders./Eberhard Schmidt-Aßmann (Hg.), Konfliktbewältigung durch Verhandlungen, Bd. I: Informelle und mittlerunterstützte Verhandlungen im Verwaltungsverfahren, Baden-Baden 1990, S. 13–41.

Hofmann, Hans: Die Ausgestaltung des Gesetzgebungsverfahrens nach der Reform des Grundgesetzes, in: Neue Zeitschrift für Verwaltungsrecht 1995, S. 134–138.

–: Notwendigkeit und Perspektiven einer Föderalismusreform – Zu einer neuen Balance der Aufgaben-, Einnahmen- und Ausgabenverantwortung zwischen Bund, Ländern und Gemeinden –, in: Zeitschrift für Rechtspolitik 1999, S. 465–471.

Hofmann, Hasso: Die klassische Lehre vom Herrschaftsvertrag und der „Neo-Kontraktualismus", in: Christoph Engel/Martin Morlok (Hg.), Öffentliches Recht als ein Gegenstand ökonomischer Forschung – Die Begegnung der deutschen Staatsrechtslehre mit der Konstitutionellen Politischen Ökonomie –, Tübingen 1998, S. 257–277.

–: Legitimität und Rechtsgeltung – Verfassungstheoretische Bemerkungen zu einem Problem der Staatslehre und der Rechtsphilosophie –, Berlin 1977.

Hofmann, Rainer: Grundrechte und grenzüberschreitende Sachverhalte, Berlin u.a. 1994.

Holmes, Oliver Wendell: The Path of the Law, in: Harvard Law Review 10 (1897), S. 457–478.

Holznagel, Bernd: Mediation im Umwelt- und Planungsrecht, in: Jura 1999, S. 71–76.

Hopfauf, Axel: Zur Entstehung des Artikels 68 GG, in: Archiv des öffentlichen Rechts 108 (1983), S. 391–403.

Hoppe, Werner: Planung, in: Josef Isensee/Paul Kirchhof (Hg.), Handbuch des Staatsrechts der Bundesrepublik Deutschland, Bd. III: Das Handeln des Staates, Heidelberg 1988, S. 653–716 (§ 71).

Hrbek, Rudolf: Der Vertrag von Maastricht und das Demokratie-Defizit der Europäischen Union auf dem Weg zu stärkerer demokratischer Legitimation?, in: Gedächtnisschrift für Eberhard Grabitz, hg. von Albrecht Randelzhofer, Rupert Scholz, Dieter Wilke, München 1995, S. 171–193.

Huber, Bertold: Auswirkungen der Urteile des BVerfG vom 14.5.1996 auf die Rechtsweggarantie des Art. 19 IV GG, in: Neue Zeitschrift für Verwaltungsrecht 1997, S. 1080–1084.

Huber, Ernst Rudolf: Bundesexekution und Bundesintervention – Ein Beitrag zur Frage des Verfassungsschutzes im Deutschen Bund –, in: Archiv des öffentlichen Rechts 79 (1953/54), S. 1–57.

–: Deutsche Verfassungsgeschichte seit 1789, – Bd. I: Reform und Restauration 1789 bis 1830, 2. Aufl., Stuttgart/Berlin/ Köln 1967, Nachdr. 1990; – Bd. III: Bismarck und das Reich, 3. Aufl., Stuttgart u.a. 1988; – Bd. VI: Die Weimarer Reichsverfassung, Stuttgart u.a. 1981; – Bd. VII: Ausbau, Schutz und Untergang der Weimarer Republik, Stuttgart u.a. 1984.

Huber, Hans: Niedergang des Rechts und Krise des Rechtsstaates, in: Demokratie und Rechtsstaat, Festgabe für Zaccaria Giacometti zum 60. Geburtstag, Zürich 1953, S. 59–88.

Huber, John D./Powell, G. Bingham Jr.: Congruence between Citizens and Policymakers in Two Visions of Liberal Democracy, in: World Politics 46 (1993/94), S. 291–326.

Huber, Peter M.: Das Kooperationsverhältnis zwischen BVerfG und EuGH in Grundrechtsfragen – Die Bananenmarktordnung und das Grundgesetz –, in: Europäische Zeitschrift für Wirtschaftsrecht 1997, S. 517–521.

–: Die parlamentarische Demokratie unter den Bedingungen der europäischen Integration, in: ders./Wilhelm Mößle/Martin Stock (Hg.), Zur Lage der parlamentarischen Demokratie – Symposium zum 60. Geburtstag von Peter Badura –, Tübingen 1995, S. 105–133.

–: Recht der Europäischen Integration, München 1996.

Hueck, Ingo J.: Iconicity and the Legal Interpretation of the Constitution in Germany, in: Interdisciplinary Journal for Germanic Linguistics and Semiotic Analysis 1, 2 (Fall 1996), S. 219–227.

Hufeld, Ulrich: Verfassungswidrige Rechtschreibreform? – BVerfG, NJW 1996, 2221 –, in: Juristische Schulung 1996, S. 1072–1076.

Hufen, Friedhelm: Fehler im Verwaltungsverfahren, Baden-Baden, 1. Aufl. 1986, 2. Aufl. 1991.

Hummer, Waldemar: Das griechische Embargo, in: Festschrift für Ulrich Everling, hg. von Ole Due, Marcus Lutter, Jürgen Schwarze, Baden-Baden 1995, S. 511–540.

–: Enge und Weite der „treaty making power" der Kommission der EG nach dem EWG-Vertrag, in: Gedächtnisschrift für Eberhard Grabitz, hg. von Albrecht Randelzhofer, Rupert Scholz, Dieter Wilke, München 1995, S. 195–226.

–: */Obwexer, Walter:* Vom „Gesetzesstaat zum Richterstaat" und wieder retour? – Reflexionen über das britische Memorandum über den EuGH vom 23.7.1996 zur Frage der „korrigierenden Kodifikation" von Richterrecht des EuGH –, in: Europäische Zeitschrift für Wirtschaftsrecht 1997, S. 295–305.

–: Die „EU-Präsidentschaft" – Entwicklung, Rechtsgrundlagen, Funktionen und Aufgaben sowie künftige Ausgestaltung der „Präsidentschaft" des Rates der Europäischen Union –, in: Europarecht 1999, S. 409–451.

Ihnen, Hans-Jürgen: Grundzüge des Europarechts – Eine Einführung –, München 1995.

Imboden, Max: Die politischen Systeme (1961), in: ders., Politische Systeme – Staatsformen, Basel 1964, S. 3–130.

Inman, Robert P./Rubinfeld, Daniel L.: The political economy of federalism, in: Dennis C. Mueller (ed.), Perspectives on Public Choice – A Handbook –, Cambridge/GB 1997, S. 73–105.

Ipsen, Hans Peter: Europäisches Gemeinschaftsrecht, Tübingen 1972.

–: Gleichheit, in: Franz L. Neumann/Hans Carl Nipperdey/Ulrich Scheuner (Hg.), Die Grundrechte – Handbuch der Theorie und Praxis der Grundrechte –, Bd. II, 2. Aufl., Berlin 1968, S. 111–198.

Ipsen, Jörn: Rechtsfolgen der Verfassungswidrigkeit von Norm und Einzelakt, Baden-Baden 1980.

–: Richterrecht und Verfassung, Berlin 1975.

–: Staatsrecht I (Staatsorganisationsrecht), 10. Aufl., Neuwied/Kriftel 1998.

Ipsen, Knut: Völkerrecht – Ein Studienbuch –, 3. Aufl., München 1990.

Isensee, Josef: Bundesverfassungsgericht – quo vadis?, in: Juristen-Zeitung 1996, S. 1085–1093.

–: Der Föderalismus und der Verfassungsstaat der Gegenwart, in: Archiv des öffentlichen Rechts 115 (1990), S. 248–279.

–: Dienst nach Vorschrift als vorschriftswidriger Dienst – Verwaltungsrechtliche Betrachtungen zu einem Streiksurrogat der Beamten –, in: Juristen-Zeitung 1971, S. 73–80.

–: Die Verfassungsgerichtsbarkeit zwischen Recht und Politik, in: Michael Piazolo (Hg.), Das Bundesverfassungsgericht – Ein Gericht im Schnittpunkt von Recht und Politik –, Mainz/München 1995, S. 49–59.

–: Gemeinwohl und Staatsaufgaben im Verfassungsstaat, in: ders./Paul Kirchhof (Hg.), Handbuch des Staatsrechts der Bundesrepublik Deutschland, Bd. III: Das Handeln des Staates, Heidelberg 1988, S. 3–82 (§ 57).

–: Idee und Gestalt des Föderalismus im Grundgesetz, in: ders./Paul Kirchhof (Hg.), Handbuch des Staatsrechts der Bundesrepublik Deutschland, Bd. IV: Finanzverfassung – Bundesstaatliche Ordnung, Heidelberg 1990, S. 517–691 (§ 98).

–: Integrationsziel Europastaat?, in: Festschrift für Ulrich Everling, hg. von Ole Due, Marcus Lutter, Jürgen Schwarze, Baden-Baden 1995, S. 567–592.

–: Staat und Verfassung, in: ders./Paul Kirchhof (Hg.), Handbuch des Staatsrechts der Bundesrepublik Deutschland, Bd. I: Grundlagen von Staat und Verfassung, Heidelberg 1987, S. 591–661 (§ 13).

–: Verfassungsrecht als „politisches Recht", in: ders./Paul Kirchhof (Hg.), Handbuch des Staatsrechts der Bundesrepublik Deutschland, Bd. VII: Normativität und Schutz der Verfassung – Internationale Beziehungen, Heidelberg 1992, S. 103–163 (§ 162).

Jachtenfuchs, Markus/Kohler-Koch, Beate: Regieren im dynamischen Mehrebenensystem, in: dies. (Hg.), Europäische Integration, Opladen 1996, S. 15–44.

Jacqué, Jean-Paul: La Constitution de la Communauté européenne, in: Revue universelle des droits de l'homme 1995, S. 397–423.

Jäger, Wolfgang: Der Präsident, in: ders./Wolfgang Welz (Hg.), Regierungssystem der USA – Lehr- und Handbuch –, München/Wien 1995, S. 136–169 (§ 7).

James, William: Pragmatism – A New Name for some Old Ways of Thinking –, London et al. 1907.

Janning, Josef: Außen- und Sicherheitspolitik nach Maastricht, in: Werner Weidenfeld (Hg.), Maastricht in der Analyse – Strategien und Optionen für Europa –, 2. Aufl., Gütersloh 1995, S. 55–69.

–: Politische und institutionelle Konsequenzen der Erweiterung, in: Werner Weidenfeld (Hg.), Reform der Europäischen Union, Gütersloh 1995, S. 265–281.

Janssen, Albert: Über die Grenzen des legislativen Zugriffsrechts – Untersuchungen zu den demokratischen und grundrechtlichen Schranken der gesetzgeberischen Befugnisse –, Tübingen 1990.

Jarass, Hans D.: Die Erklärung von Vorbehalten zu völkerrechtlichen Verträgen – Zugleich ein Beitrag zu den Kernproblemen des Art. 59 GG –, in: Die öffentliche Verwaltung 1975, S. 117–124.

–: Die Kompetenzverteilung zwischen der Europäischen Gemeinschaft und den Mitgliedstaaten, in: Archiv des öffentlichen Rechts 121 (1996), S. 173–199.

–: Politik und Bürokratie als Elemente der Gewaltenteilung, München 1975.

–: Richtlinienkonforme bzw. EG-rechtskonforme Auslegung nationalen Rechts, in: Europarecht 1991, S. 211–223.

–: */Pieroth, Bodo:* Grundgesetz für die Bundesrepublik Deutschland – Kommentar –, 4. Aufl., München 1997.

Jellinek, Georg: Allgemeine Staatslehre, 3. Aufl. (1913), 6. Neudr., Darmstadt 1959.

–: System der subjektiven öffentlichen Rechte, 2. Aufl., Tübingen 1905.

Jestaedt, Matthias: Karlsruhe im Kreuz-Feuer – Inhalt, Analyse und Kritik des Kruzifix-Beschlusses -, in: Die Neue Ordnung 51 (1997), S. 26–39.

Joerges, Christian: Das Recht im Prozeß der europäischen Integration – Ein Plädoyer für die Beachtung des Rechts durch die Politikwissenschaft und ihre Beteiligung an rechtlichen Diskursen –, in: Markus Jachtenfuchs/ Beate Kohler-Koch (Hg.), Europäische Integration, Opladen 1996, S. 73–108.

Jones, Charles O.: The Separated Presidency – Making It Work in Contemporary Politics –, in: Anthony King (ed.), The New American Political System, 2nd Version, Washington, D.C. 1990, S. 1–28.

Joswig, Ivo: Die implied powers-Lehre im amerikanischen Verfassungsrecht – Eine Analyse anhand der Rechtsprechung des U.S. Supreme Court –, Frankfurt a.M. 1996.

Jürgens, Thomas: Die Gemeinsame Europäische Außen- und Sicherheitspolitik, Köln u.a. 1994.

Kabel, Rudolf: Die Mitwirkung des Deutschen Bundestages in Angelegenheiten der Europäischen Union – Gedanken zur Umsetzung der Art. 23 und 45 GG in die Geschäftsordnung des Deutschen Bundestages –, in: Gedächtnisschrift für Eberhard Grabitz, hg. von Albrecht Randelzhofer, Rupert Scholz, Dieter Wilke, München 1995, S. 241–270.

Kägi, (Oskar) Werner: Rechtsstaat und Demokratie – Antinomie und Synthese – (1953), in: Ulrich Matz (Hg.), Grundprobleme der Demokratie, Darmstadt 1973, S. 107–146.

–: Von der klassischen Dreiteilung zur umfassenden Gewaltenteilung – Erstarrte Formeln – bleibende Idee – neue Formen – (1961), in: Heinz Rausch (Hg.), Zur heutigen Problematik der Gewaltentrennung, Darmstadt 1969, S. 286–312.

–: Zur Entstehung, Wandlung und Problematik des Gewaltenteilungsprinzipes – Ein Beitrag zur Verfassungsgeschichte und Verfassungslehre –, Zürich 1937.

Kahl, Bruno: Europäische Union: Bundesstaat – Staatenbund – Staatenverbund? – Zum Urteil des BVerfG vom 12. Oktober 1993 –, in: Der Staat 33 (1994), S. 241–258.

Kahl, Wolfgang: Das Transparenzdefizit im Rechtsetzungsprozeß der EU – Oder: Die Wiederkehr einer alten Streitfrage unter neuen Vorzeichen –, in: Zeitschrift für Gesetzgebung 11 (1996), S. 224–240.

Kaiser, Gerhard: Zur Ableitung des Verfassungsprinzips des „bundesfreundlichen Verhaltens" aus dem Begriff des Bundesstaates, in: Die öffentliche Verwaltung 1961, S. 653–658.

Kamann, Hans-Georg: Regierungskonferenz 1996/97 – Überlegungen zu einer Reform des Beschlußverfahrens im Rat der Europäischen Union, in: Europarecht 1997, S. 58–73.

Kant, Immanuel: Die Metaphysik der Sitten, in: ders., Werke in 10 Bänden, hg. von Wilhelm Weischedel, Darmstadt 1983, Bd. 7, S. 309–634.

–: Kritik der reinen Vernunft, in: ders., Werke in 10 Bänden, hg. von Wilhelm Weischedel, Darmstadt 1983, Bde. 3/4, S. 11–712.

–: Über den Gemeinspruch: Das mag in der Theorie richtig sein, taugt aber nicht für die Praxis, in: ders., Werke in 10 Bänden, hg. von Wilhelm Weischedel, Darmstadt 1983, Bd. 9, S. 127–172.

- Zum ewigen Frieden. Ein philosophischer Entwurf, in: ders., Werke in 10 Bänden, hg. von Wilhelm Weischedel, Darmstadt 1983, Bd. 9, S. 195–251.

Karehnke, Helmut: Die Einschränkung des parlamentarischen Budgetrechts bei finanzwirksamen Gesetzen durch Artikel 113 des Grundgesetzes, in: Deutsches Verwaltungsblatt 1972, S. 811–817.

Kapteyn, P. J. G./van Themaat, P. VerLoren: Introduction to the Law of the European Communities – From Maastricht to Amsterdam –, 3rd ed., ed. and revised by Laurence W. Gormley, London/The Hague/Boston 1998.

Karpen, Ulrich: Gesetzgebungslehre und Rechtsprechungslehre, in: Werner Hoppe/Werner Krawietz/Martin Schulte (Hg.), Rechtsprechungslehre – Zweites Internationales Symposium Münster 1988 –, Köln u.a. 1992, S. 29–64.

–: Gesetzgebungs-, Verwaltungs- und Rechtsprechungslehre – Beiträge zur Entwicklung einer Regelungstheorie –, Baden-Baden 1989.

–: */von Rönn, Matthias:* Bericht über die Rechtsprechung des Bundesverfassungsgerichtes und der Länderverfassungsgerichte zum Bundesstaatsprinzip (seit 1980), in: Juristen-Zeitung 1990, S. 579–585.

Karpenstein, Ulrich: Der Vertrag von Amsterdam im Lichte der Maastricht-Entscheidung des BVerfG, in: Deutsches Verwaltungsblatt 1998, S. 942–952.

–: Europäisches Exportkontrollrecht für Dual-use-Güter, Stuttgart u.a. 1998.

Katz, Alfred: Staatsrecht – Grundkurs im öffentlichen Recht –, 13. Aufl., Heidelberg 1996.

Kau, Marcel: Zur grundgesetzlichen Zulässigkeit einer Annahme nach Ermessen bei der Verfassungsbeschwerde, in: Zeitschrift für Rechtspolitik 1999, S. 319–322.

Kaufmann, Erich: Die Grenzen der Verfassungsgerichtsbarkeit, in: Veröffentlichungen der Vereinigung der Deutschen Staatsrechtslehrer 9 (1952), S. 1–16.

Kaufmann, Marcel: Europäische Integration und Demokratieprinzip, Baden-Baden 1997.

–: Integrierte Staatlichkeit als Staatsstrukturprinzip, in: Juristen-Zeitung 1999, S. 814–822.

–: Politische Gestaltungsfreiheit als Rechtsprinzip, in: Staatswissenschaften und Staatspraxis 8 (1997), S. 161–186.

Kaup, Heike: Der Schwangerschaftsabbruch aus verfassungsrechtlicher Sicht – Eine rechtsvergleichende Untersuchung anhand des deutschen und des amerikanischen Rechts –, Frankfurt a.M. 1991.

Kauper, Paul G.: Judicial Review of Constitutional Issues in the United States, in: Hermann Mosler (Hg.), Verfassungsgerichtsbarkeit in der Gegenwart – Länderberichte und Rechtsvergleichung –, Köln/Berlin 1962, S. 568–642.

Kausch, Erhard: Legalität und Moralität im jüngsten Abtreibungsurteil des Bundesverfassungsgerichts, in: Archiv für Rechts- und Sozialphilosophie 1995, S. 496–516.

Keller, Robert: Vorvertragliche Schuldverhältnisse im Verwaltungsrecht – Zugleich ein Beitrag zur Rechtsverhältnislehre –, Berlin 1997.

Kelsen, Hans: Hauptprobleme der Staatsrechtslehre, 2. Aufl., Tübingen 1923.

–: Allgemeine Staatslehre, Berlin 1925.

Kempen, Bernhard: Die Europäische Währungsunion und der Streit um die Geltung des Gemeinschaftsrechts, in: Archiv des Völkerrechts 35 (1997), S. 273–294.

von Kempis, Friedrich Karl: Die Treuepflicht zwischen Gemeinden und Staat und der Gemeinden untereinander, Diss. Köln 1970.

Kesper, Irene: Bundesstaatliche Finanzordnung – Grundlagen, Bestand, Reform –, Baden-Baden 1998.

Kewenig, Wilhelm: Demokratie und Staatsverträge: Einige Bemerkungen zur Kündigungsproblematik, in: Recht als Prozeß und Gefüge, Festschrift für Hans Huber zum 80. Geburtstag, Bern 1981, S. 501–511.

–: Staatsrechtliche Probleme parlamentarischer Mitregierung am Beispiel der Arbeit der Bundestagsausschüsse, Bad Homburg v.d.H./Berlin/Zürich 1970.

Kielmansegg, Peter Graf: Integration und Demokratie, in: Markus Jachtenfuchs/Beate Kohler-Koch (Hg.), Europäische Integration, Opladen 1996, S. 47–71.

Kilian, Michael: Nebenhaushalte des Bundes, Berlin 1993.

Kimmel, Adolf: Verfassungsrechtliche Rahmenbedingungen: Grundrechte, Staatszielbestimmungen und Verfassungsstrukturen, in: Oscar W. Gabriel/Frank Brettschneider (Hg.), Die EU-Staaten im Vergleich, 2. Aufl., Opladen 1992, S. 23–51.

Kimminich, Otto: Das Staatsoberhaupt in der parlamentarischen Demokratie, in: Veröffentlichungen der Vereinigung der Deutschen Staatsrechtslehrer 25 (1967), S. 2–94.

–: Der Bundesstaat, in: Josef Isensee/Paul Kirchhof (Hg.), Handbuch des Staatsrechts der Bundesrepublik Deutschland, Bd. I: Grundlagen von Staat und Verfassung, Heidelberg 1987, S. 1113–1150 (§ 26).

–: Der freiheitlich-demokratische Rechtsstaat der Bundesrepublik Deutschland, in: Politische Systeme in Deutschland, hg. vom Göttinger Arbeitskreis, Berlin 1980, S. 7-40.

Kirchgässner, Gebhard: The Institutional Foundations of Democratic Government: A Comparison of Presidential and Parliamentary Systems - Comment -, in: Journal of Institutional and Theoretical Economics 150/1 (1994), S. 196–202.

Kirchhof, Ferdinand: Bundeswehr, in: Josef Isensee/Paul Kirchhof (Hg.), Handbuch des Staatsrechts der Bundesrepublik Deutschland, Bd. III: Das Handeln des Staates, Heidelberg 1988, S. 977–1006 (§ 78).

Kirchhof, Paul: Das Recht Europas und das der Staaten – Eine Normenhierarchie wie im Bundesstaat gibt es nicht –, in: Frankfurter Allgemeine Zeitung vom 4.12.1996, S. 11.

–: Der deutsche Staat im Prozeß der europäischen Integration, in: Josef Isensee/ders. (Hg.), Handbuch des Staatsrechts der Bundesrepublik Deutschland, Bd. VII: Normativität und Schutz der Verfassung – Internationale Beziehungen, Heidelberg 1992, S. 855–887 (§ 183).

–: Die Aufgaben des Bundesverfassungsgerichts in Zeiten des Umbruchs, in: Neue Juristische Wochenschrift 1996, S. 1497–1505.

–: Die kulturellen Voraussetzungen der Freiheit – Verfassungsrechtliche Überlegungen zur Wirtschaftsfreiheit, zur Forschungsfreiheit und zur Willensbildung in einer Demokratie –, Heidelberg 1995.

–: Europäische Einigung und der Verfassungsstaat der Bundesrepublik Deutschland, in: Josef Isensee (Hg.), Europa als politische Idee und als rechtliche Form, Berlin 1993, S. 63–101.

–: Recht sprechen, nicht Recht verschweigen – Öffentliches Abwägen und Begründen müssen im Zentrum der Rechtskultur bleiben –, in: Frankfurter Allgemeine Zeitung vom 18.9.1997, S. 11.

–: Rechtsquellen und Grundgesetz, in: Bundesverfassungsgericht und Grundgesetz, Festgabe aus Anlaß des 25jährigen Bestehens des Bundesverfassungsgerichts, hg. von Christian Starck, Zweiter Band: Verfassungsauslegung, Tübingen 1976, S. 50–107.

Kirchner, Christian: Regulierung durch öffentliches Recht und/oder Privatrecht aus der Sicht der ökonomischen Theorie des Rechts, in: Wolfgang Hoffmann-Riem/Eberhard Schmidt-Aßmann (Hg.), Öffentliches Recht und Privatrecht als wechselseitige Auffangordnungen, Baden-Baden 1996, S. 63–84.

Kirschner, Heinrich: Das Gericht erster Instanz der Europäischen Gemeinschaften – Aufbau, Zuständigkeiten, Verfahren –, Köln u.a. 1995.

Kischel, Uwe: Delegation of Legislative Power to Agencies: A Comparative Analysis of United States and German Law, in: Administrative Law Review 46 (1994), S. 213–256.

Kisker, Gunter: Kooperation im Bundesstaat – Eine Untersuchung zum kooperativen Föderalismus in der Bundesrepublik Deutschland -, Tübingen 1971.

–: Neue Aspekte im Streit um den Vorbehalt des Gesetzes, in: Neue Juristische Wochenschrift 1977, S. 1313–1320.

–: Staatshaushalt, in: Josef Isensee/Paul Kirchhof (Hg.), Handbuch des Staatsrechts der Bundesrepublik Deutschland, Bd. IV: Finanzverfassung – Bundesstaatliche Ordnung, Heidelberg 1990, S. 235–293 (§ 89).

–: Zulässigkeit und Konsequenzen einer Mitwirkung des Parlaments beim Erlaß von Rechtsverordnungen, in: Schule im Rechtsstaat, Bd. II: Gutachten für die Kommission Schulrecht des Deutschen Juristentages, München 1980, S. 9–71.

Klein, Eckart: Der Verfassungsstaat als Glied einer europäischen Gemeinschaft, in: Veröffentlichungen der Vereinigung der Deutschen Staatsrechtslehrer 50 (1991), S. 56–96.

–: Die verfassungsrechtliche Problematik des ministerialfreien Raumes – Ein Beitrag zur Dogmatik der weisungsfreien Verwaltungsstellen –, Berlin 1974.

–: Entwicklungsperspektiven für das Europäische Parlament, in: Europarecht 1987, S. 97–112.

–: Funktionsstörungen in der Staatsorganisation, in: Josef Isensee/Paul Kirchhof (Hg.), Handbuch des Staatsrechts der Bundesrepublik Deutschland, Bd. VII: Normativität und Schutz der Verfassung – Internationale Beziehungen, Heidelberg 1992, S. 361–387 (§ 168).

–: Grundrechtsdogmatische und verfassungsprozessuale Überlegungen zur Maastricht-Entscheidung des Bundesverfassungsgerichts, in: Gedächtnisschrift für Eberhard Grabitz, hg. von Albrecht Randelzhofer, Rupert Scholz, Dieter Wilke, München 1995, S. 271–286.

–: Verfassungsprozeßrecht – Versuch einer Systematik an Hand der Rechtsprechung des Bundesverfassungsgerichts –, 2. Teil, in: Archiv des öffentlichen Rechts 108 (1983), S. 561–624.

Klein, Hans Hugo: Bundesverfassungsgericht und Staatsraison – Übr Grenzen normativer Gebundenheit des Bundesverfassungsgerichtes -, Frankfurt a.M./Berlin 1968.

–: Die Auflösung des Deutschen Bundestages nach Art. 68 GG – Zum Urteil des Bundesverfassungsgerichts vom 16. Februar 1983 (2 BvE 1–4/83) –, in: Zeitschrift für Parlamentsfragen 14 (1983), S. 402–421.

–: Gedanken zur Verfassungsgerichtsbarkeit, in: Verfassungsstaatlichkeit, Festschrift für Klaus Stern zum 65. Geburtstag, hg. von Joachim Burmeister, München 1997, S. 1135–1153.

–: Probleme der Bindung des „einfachen Richters" an Entscheidungen des BVerfG, in: Neue Juristische Wochenschrift 1977, S. 697–700.

–: Verfassungsgerichtsbarkeit und Verfassungsstruktur – Vom Rechtsstaat zum Verfassungsstaat –, in: Steuerrecht, Verfassungsrecht, Finanzpolitik, Festschrift für Franz Klein, hg. von Paul Kirchhof, Klaus Offerhaus, Horst Schöberle, Köln 1994, S. 511–526.

Kleine-Cosack, Michael: Anwaltsüberprüfung auf Rechtsstaatskosten – Verfassungsgerichtsbarkeit auf dem Wege zur letztinstanzlichen Fachgerichtsbarkeit? –, in: Deutsch-Deutsche Rechtszeitschrift 1996, S. 98–102.

Kleuker, Mathias: Gesetzgebungsaufträge des Bundesverfassungsgerichts, Berlin 1993.

Kloepfer, Michael: Abwägungsregeln bei Satzungsgebung und Gesetzgebung – Über Rege-

lungen für den Erlaß von Rechtsnormen –, in: Deutsches Verwaltungsblatt 1995, S. 441–448.
–: Der Vorbehalt des Gesetzes im Wandel, in: Juristen-Zeitung 1984, S. 685–695.
–: Gesetzgebung im Rechtsstaat, in: Veröffentlichungen der Vereinigung der Deutschen Staatsrechtslehrer 40 (1982), S. 63–98.
–: Umweltrecht, 2. Aufl., München 1998.
–: Verfassung und Zeit – Zum überhasteten Gesetzgebungsverfahren –, in: Der Staat 13 (1974), S. 457–470.
–: Vorwirkung von Gesetzen, München 1974.
Kluth, Winfried: Die demokratische Legitimation der Europäischen Union – Eine Analyse der These vom Demokratiedefizit der Europäischen Union aus gemeineuropäischer Verfassungsperspektive –, Berlin 1995.
Knies, Wolfgang: Auf dem Weg in den „verfassungsgerichtlichen Jurisdiktionsstaat“? – Das Bundesverfassungsgericht und die gewaltenteilende Kompetenzordnung des Grundgesetzes –, in: Verfassungsstaatlichkeit, Festschrift für Klaus Stern zum 65. Geburtstag, hg. von Joachim Burmeister, München 1997, S. 1155–1182.
Knöpfle, Franz: Das Amt des Bundespräsidenten in der Bundesrepublik Deutschland, in: Deutsches Verwaltungsblatt 1966, S. 713–722.
–: Die Zulässigkeit einer Öffentlichkeitsarbeit der Rechnungshöfe, in: Verfassungsstaatlichkeit, Festschrift für Klaus Stern zum 65. Geburtstag, hg. von Joachim Burmeister, München 1997, S: 629–648.
Koch, Sybille: Die Wahl der Richter des BVerfG, in: Zeitschrift für Rechtspolitik 1996, S. 41–44.
Kölz, Alfred: Bundestreue als Verfassungsprinzip?, in: Schweizerisches Zentralblatt für Staats- und Gemeindeverwaltung 81 (1980), S. 145–177.
Koenig, Christian: Anmerkungen zur Grundordnung der Europäischen Union und ihrem fehlenden „Verfassungsbedarf“, in: Neue Zeitschrift für Verwaltungsrecht 1996, S. 549–552.
–: Gemeinschaftsrechtliche Unzulässigkeit einstweiliger Regelungsanordnungen gem. § 123 I VwGO im mitgliedstaatlichen Vollzug einer Gemeinsamen Marktorganisation?, in: Europäische Zeitschrift für Wirtschaftsrecht 1997, S. 206–208.
–: Ist die Europäische Union verfassungsfähig?, in: Die öffentliche Verwaltung 1998, S. 268–275.
–: */Haratsch, Andreas:* Europarecht, 2. Aufl., Tübingen 1998.
–: */Pechstein, Matthias:* Der Florentiner Entwurf zur Vereinheitlichung der Europäischen Gründungsverträge, in: Neue Juristische Wochenschrift 1997, S. 996–998.
–: */Sander, Claude:* Einführung in das EG-Prozeßrecht – mit Aufbaumustern und Prüfungsübersichten -, Tübingen 1997.
König, Doris: Das Urteil des Bundesverfassungsgerichts zum Vertrag von Maastricht – ein Stolperstein auf dem Weg in die europäische Integration?, in: Zeitschrift für ausländisches öffentliches Recht und Völkerrecht 54 (1994), S. 17–51.
König, Thomas: Vom Intergouvernementalismus zum Parlamentarismus? – Eine institutionelle Analyse der europäischen Mehrkammer-Gesetzgebung von 1958 bis 1995 –, in: ders./Elmar Rieger/Hermann Schmitt (Hg.), Das europäische Mehrebenensystem, Frankfurt a.M./New York 1996, S. 70–98.
Koh, Harold Hongju: The National Security Constitution – Sharing Power After the Iran-Contra Affair –, New Haven/London 1990.
–: Why the President (Almost) Always Wins in Foreign Affairs: Lessons of the Iran-Contra Affair, in: Yale Law Journal 97 (1988), S. 1255–1342.
Kohler-Gehrig, Eleonora: Europarecht und nationales Recht – Auslegung und Rechtsfortbildung, in: Juristische Arbeitsblätter 1998, S. 807–812.
Kohnen, Dominic: Die Zukunft des Gesetzesvorbehalts in der Europäischen Union – Zur Rolle des Bundestages in den Angelegenheiten der Europäischen Union –, Baden-Baden 1998.

Kokott, Juliane: Art. 59 Abs. 2 GG und einseitige völkerrechtliche Akte, in: Staat und Völkerrechtsordnung, Festschrift für Karl Doehring, hg. von Kay Hailbronner, Georg Ress, Torsten Stein, Berlin u.a. 1989, S. 503–528.

–: German Constitutional Jurisprudence and European Integration: Part I, in: European Public Law 2 (1996), S. 237–269.

–: Kontrolle der auswärtigen Gewalt, in: Deutsches Verwaltungsblatt 1996, S. 937–950.

Kommers, Donald P.: Kann das deutsche Verfassungsrechtsdenken Vorbild für die Vereinigten Staaten sein?, in: Der Staat 37 (1998), S. 335–347.

–: The Constitutional Jurisprudence of the Federal Republic of Germany, 2nd ed., Durham/London 1997.

Konow, Gerhard: Die Beschlußfassung des Rates und die Erweiterung der Europäischen Gemeinschaften, in: Zeitschrift für Rechtspolitik 1997, S. 321–325.

Konzak, Olaf: Die Änderungsvorbehaltsverordnung als neue Mitwirkungsform des Bundestages beim Erlaß von Rechtsverordnungen, in: Deutsches Verwaltungsblatt 1994, S. 1107–1112.

Kopke, Wolfgang: Rechtschreibreform auf dem Erlaßwege?, in: Juristen-Zeitung 1995, S. 874–880.

–: Rechtschreibreform und Verfassungsrecht – Schulrechtliche, persönlichkeitsrechtliche und kulturverfassungsrechtliche Aspekte einer Reform der deutschen Orthographie –, Tübingen 1995.

Korioth, Stefan: Die Bindungswirkung normverwerfender Entscheidungen des Bundesverfassungsgerichts für den Gesetzgeber, in: Der Staat 30 (1991), S. 549–571.

–: Erschütterungen des staatsrechtlichen Positivismus im ausgehenden Kaiserreich – Anmerkungen zu frühen Arbeiten von Carl Schmitt, Rudolf Smend und Erich Kaufmann –, in: Archiv des öffentlichen Rechts 117 (1992), S. 212–238.

–: Integration und Bundesstaat – Ein Beitrag zur Staats- und Verfassungslehre Rudolf Smends –, Berlin 1990.

Kortenberg, Helmut: Closer Cooperation in the Treaty of Amsterdam, in: Common Market Law Review 35 (1998), S. 833–854.

–: Comitologie: le retour, in: Revue trimestrielle de droit européen 1998, S. 317–327.

Kowalsky, Bernd: Die Rechtsgrundlagen der Bundestreue, München 1970.

Krauss, Günther: Die Gewaltengliederung bei Montesquieu, in: Festschrift für Carl Schmitt zum 70. Geburtstag, hg. von Hans Barion, Ernst Forsthoff, Werner Weber (1959), 3. Aufl., Berlin 1994, S. 103–121.

Kraußer, Hans-Peter: Das Prinzip begrenzter Ermächtigung im Gemeinschaftsrecht als Strukturprinzip des EWG-Vertrages, Berlin 1991.

Krebs, Walter: Kontrolle in staatlichen Entscheidungsprozessen – Ein Beitrag zur rechtlichen Analyse von gerichtlichen, parlamentarischen und Rechnungshof-Kontrollen –, Heidelberg 1984.

Krenzler, Horst G(ünter): Die Einheitliche Europäische Akte als Schritt auf dem Wege zu einer gemeinsamen europäischen Außenpolitik, in: Europarecht 1986, S. 384–391.

–: */da Fonseca-Wollheim, Hermann:* Die Reichweite der gemeinsamen Handelspolitik nach dem Vertrag von Amsterdam – eine Debatte ohne Ende?, in: Europarecht 1998, S. 223–241.

–: */Schneider, Henning C.:* Die Gemeinsame Außen- und Sicherheitspolitik der Europäischen Union - Zur Frage der Kohärenz -, in: Europarecht 1994, S. 144–161.

Kreß, Claus: Die Rettungsoperation der Bundeswehr in Albanien am 14. März 1997 aus völker- und verfassungsrechtlicher Sicht, in: Zeitschrift für ausländisches öffentliches Recht und Völkerrecht 57 (1997), S. 329–362.

–: */Herbst, Jochen:* Der Helms-Burton-Act aus völkerrechtlicher Sicht – Zum Gutachten des Inter-Amerikanischen Juristenausschusses vom 23. August 1996 –, in: Recht der Internationalen Wirtschaft 1997, S. 630–641.

Kriele, Martin: Einführung in die Staatslehre – Die geschichtlichen Legitimitätsgrundlagen des demokratischen Verfassungsstaates –, 5. Aufl., Opladen 1994.

–: Recht und Politik in der Verfassungsrechtsprechung – Zum Problem des judicial self-restraint –, in: Neue Juristische Wochenschrift 1976, S. 777–783.

Krings, Günter: Supreme Court gegen Kongreß – Der Streit um den Inhalt der Religionsfreiheit in den USA, in: Zeitschrift für ausländisches öffentliches Recht und Völkerrecht 58 (1998), S. 147–179.

Kröger, Klaus: Die Ministerverantwortlichkeit in der Verfassungsordnung der Bundesrepublik Deutschland, Frankfurt a.M. 1972.

–: Zur Mitwirkung des Bundestages am Haushaltsvollzug, in: Die öffentliche Verwaltung 1973, S. 439–442.

Krüger, Herbert: Allgemeine Staatslehre, 2. Aufl., Stuttgart u.a. 1966.

–: Völkerrecht im Bundesstaat, in: Um Recht und Gerechtigkeit, Festgabe für Erich Kaufmann zu seinem 70. Geburtstage, Stuttgart/Köln 1950, S. 239–248.

Kruis, Konrad: Variationen zum Thema Kompetenzkompensation – Eine verfassungsrechtliche Bewertung der Bundesratsmitsprache nach Art. 2 des Gesetzes zur Einheitlichen Europäischen Akte vom 28. Februar 1986 –, in: Verantwortlichkeit und Freiheit – Die Verfassung als wertbestimmte Ordnung –, Festschrift für Willi Geiger zum 80. Geburtstag, hg. von Hans Joachim Faller, Paul Kirchhof, Ernst Träger, Tübingen 1989, S. 155–178.

Kühling, Jürgen: Staatliche Handlungspflichten zur Sicherung der Grundfreiheiten, in: Neue Juristische Wochenschrift 1999, S. 403 f.

Kühne, Jörg-Detlef: 200 Jahre: Amerikanische Verfassung und deutsche Verfassungsstrukturen, in: Festschrift der Rechtswissenschaftlichen Fakultät zur 600–Jahr-Feier der Universität zu Köln, Köln u.a. 1988, S. 747–769.

Kühner, Rolf: Executive Agreements im Verfassungsrecht der Vereinigten Staaten, in: Jahrbuch des öffentlichen Rechts, Neue Folge 35 (1986), S. 365–397.

Küster, Otto: Das Gewaltenproblem im modernen Staat, in: Archiv des öffentlichen Rechts 75 (1949), S. 397–413.

Kugelmann, Dieter: Die Gemeinsame Außen- und Sicherheitspolitik, in: Europarecht Beiheft 2/1998, S. 99–123.

–: Grundrechte in Europa – Parallele Geltung aufgrund ihrer Rechtsquellen –, Hamburg 1997.

–: Zur Transparenz des Handelns der Europäischen Union – Das Urteil des EuG vom 19.10.1995 in der Rechtssache T-194/94 –, in: Europarecht 1996, S. 207–213.

Kuhl, Thomas: Der Kernbereich der Exekutive, Baden-Baden 1993.

Kuhn, Friedrich: Ein anderes Bild des Pragmatismus – Wahrscheinlichkeitstheorie und Begründung der Induktion als maßgebliche Einflußgrößen in den „Illustrations of the Logic of Science" von Charles Sanders Peirce –, Frankfurt a.M. 1996.

Kumm, Mattias: Who is the final arbiter of constitutionality in Europe? – Three conceptions of the relationship between the German Federal Constitutional Court and the European Court of Justice –, in: Common Market Law Review 36 (1999), S. 351–386.

Kunig, Philip: Das Rechtsstaatsprinzip – Überlegungen zu seiner Bedeutung für das Verfassungsrecht der Bundesrepublik Deutschland –, Tübingen 1986.

Kunze, Axel: Das amtsgerichtliche Bagatellverfahren gemäß § 495 a ZPO und die Subsidiarität des BVerfG, in: Neue Juristische Wochenschrift 1997, S. 2154 f.

Kuschel, Hans-Dieter: Die Bananenmarktordnung der Europäischen Union, in: Recht der Internationalen Wirtschaft 1995, S. 218–222.

Laband, Paul: Das Staatsrecht des Deutschen Reiches in 4 Bänden, 5. Aufl., Tübingen 1911, Neudr. Aalen 1964.

Laber, Jörg: Der Schutz des Lebens im Strafrecht, Frankfurt a.M. 1997.

Läufer, Thomas: Die Organe der EG – Rechtsetzung und Haushaltsverfahren zwischen Kooperation und Konflikt – Ein Beitrag zur institutionellen Praxis der EG –, Bonn 1990.

–: Zum Stand der Verfassungsdiskussion in der Europäischen Union, in: Gedächtnisschrift für Eberhard Grabitz, hg. von Albrecht Randelzhofer, Rupert Scholz, Dieter Wilke, München 1995, S. 355–368.
Lafay, Frédérique: L'accès aux documents du Conseil de l'Union: contribution à une problématique de la transparence en droit communautaire, in: Revue trimestrielle de droit européen 33 (1997), S. 37–68.
Lamprecht, Rolf: Obiter dictum – Arabeske oder Ballast?, in: Neue Juristische Wochenschrift 1998, S. 1039–1041.
–: Untertan in Europa – Über den Mangel an Demokratie und Transparenz, in: Neue Juristische Wochenschrift 1997, S. 505 f.
Landfried, Christine: Bundesverfassungsgericht und Gesetzgeber – Wirkungen der Verfassungsrechtsprechung auf parlamentarische Willensbildung und soziale Realität –, 2. Aufl., Baden-Baden 1996.
Lang, Heinrich: Wo kein Kläger, da acht Richter – Zur Entscheidungsbefugnis des Bundesverfassungsgerichts nach Antragsrücknahme -, in: Die öffentliche Verwaltung 1999, S. 624–634.
Lang, Joachim: Wider Halbteilungsgrundsatz und BVerfG – Der BFH verbleibt an der Grenze konfiskatorischer Besteuerung –, in: Neue Juristische Wochenschrift 2000, S. 457–460.
Lang, John Temple: The Duties of National Authorities Under Community Constitutional Law, in: European Law Review 23 (1998), S. 109–131.
–: The Duties of National Courts under Community Constitutional Law, in: European Law Review 22 (1997), S. 3–18.
Lang, Ruth: Die Mitwirkungsrechte des Bundesrates und des Bundestages in Angelegenheiten der Europäischen Union gemäß Artikel 23 Abs. 2 bis 7 GG, Berlin 1997.
Lange, Klaus: Kontrolle bundesrechtlich geregelter Verfahren durch Landesverfassungsgerichte?, in: Neue Juristische Wochenschrift 1998, S. 1278–1282.
Lange, Knut Werner: Die Gemeinsame Außen- und Sicherheitspolitik der Europäischen Union, in: Juristen-Zeitung 1996, S. 442–449.
Lange, Ulrich: Teilung und Trennung der Gewalten bei Montesquieu, in: Der Staat 19 (1980), S. 213–234.
Langheid, Theo: Souveränität und Verfassungsstaat. „The Sovereignty of Parliament", Diss. Köln 1984.
Langrish, Sally: The Treaty of Amsterdam: Selected Highlights, in: European Law Review 23 (1998), S. 3–19.
Larenz, Karl: Methodenlehre der Rechtswissenschaft, 5. Aufl., Berlin u.a. 1983.
Laufs, Adolf: Schädliche Geburten – und kein Ende, in: Neue Juristische Wochenschrift 1998, S. 796–798.
Laumen, Simone: Die Vollstreckungskompetenz nach § 35 BVerfGG – Eine systematische Darstellung –, Frankfurt a.M. 1997.
Lecheler, Helmut: Braucht die „Europäische Union" eine Verfassung? – Bemerkungen zum Verfassungsentwurf des Europäischen Parlaments vom 9. September 1993 –, in: Gedächtnisschrift für Eberhard Grabitz, hg. von Albrecht Randelzhofer, Rupert Scholz, Dieter Wilke, München 1995, S. 393–407.
–: Der Europäische Gerichtshof und die allgemeinen Rechtsgrundsätze, Berlin 1971.
–: Die Pflege der auswärtigen Beziehungen in der Europäischen Union, in: Archiv des Völkerrechts 32 (1994), S. 1–23.
–: „Funktion" als Rechtsbegriff?, in: Neue Juristische Wochenschrift 1979, S. 2273–2277.
Lege, Joachim: Pragmatismus und Jurisprudenz – Über die Philosophie des Charles Sanders Peirce und über das Verhältnis von Logik, Wertung und Kreativität im Recht –, Tübingen 1999.
Lehmbruch, Gerhard: Konkordanzdemokratie, in: Lexikon der Politik, hg. von Dieter Nohlen, Bd. 3: Die westlichen Länder, hg. von Manfred G. Schmidt, München 1992, S. 206–211.

–: Parteienwettbewerb im Bundesstaat – Regelsysteme und Spannungslagen im Institutionengefüge der Bundesrepublik Deutschland –, 2. Aufl., Opladen/Wiesbaden 1998.

Lehner, Franz: Ideologie und Wirklichkeit – Anmerkungen zur Pluralismusdiskussion in der Bundesrepublik –, in: Der Staat 24 (1985), S. 91–100.

–: */Widmaier, Ulrich:* Vergleichende Regierungslehre, 3. Aufl., Opladen 1995.

Leibholz, Gerhard: Das Wesen der Repräsentation (1928) und der Gestaltwandel der Demokratie im 20. Jahrhundert (1955), 3. Aufl., Berlin 1966.

–: Der Strukturwandel der modernen Demokratie (1952), in: ders., Strukturprobleme der modernen Demokratie, 3. Aufl., Karlsruhe 1967, S. 78–129.

–: Die Gleichheit vor dem Gesetz (1925) - Eine Studie auf rechtsvergleichender und rechtsphilosophischer Grundlage -, 2. Aufl., München/Berlin 1959.

Leisner, Walter: Die quantitative Gewaltenteilung – Für ein neues Verständnis der Trennung der Gewalten –, in: Die öffentliche Verwaltung 1969, S. 405–411.

–: Effizienz als Rechtsprinzip, Tübingen 1971.

–: Gewaltenteilung innerhalb der Gewalten – Ein Beitrag zum Problem der Hierarchie -, in: Festgabe für Theodor Maunz zum 70. Geburtstag, hg. von Hans Spanner, Peter Lerche, Hans Zacher, Peter Badura, Axel Frhr. v. Campenhausen, München 1971, S. 267–283.

–: Steuer- und Eigentumswende – die Einheitswert-Beschlüsse des Bundesverfassungsgerichts, in: Neue Juristische Wochenschrift 1995, S. 2591–2596.

–: Verfassungsschranken der Unternehmensbelastungen – Personalzusatzkosten und „finanzielle Leistungsfähigkeit“ (BVerfG) –, in: Neue Juristische Wochenschrift 1996, S. 1511–1517.

Lejbo, Jurij I.: Semipräsidialrepublik in Rußland: Theorie und Praxis, in: Osteuropa-Recht 43 (1997), S. 33–44.

Lemhöfer, Bernt: Landesverfassungsgerichte als kleine Bundesverfassungsgerichte?, in: Neue Juristische Wochenschrift 1996, S. 1714–1723.

Lenz, Christofer: Das Grundgesetz und die Verteilung der Sitze im Europäischen Parlament, in: Neue Juristische Wochenschrift 1996, S. 1328 f.

Lenzen, Heinz Josef: Der EU-Haushalt: Ein Katalysator für Legislativmaßnahmen? – Zur Auswirkung des Verhältnisses von Haushalts- und Gesetzgebungsverfahren auf Umfang und Intensität der EU-Tätigkeit –, in: Europarecht 1996, S. 214–224.

Lepa, Manfred: Verfassungsrechtliche Probleme der Rechtsetzung durch Rechtsverordnung, in: Archiv des öffentlichen Rechts 105 (1980), S. 337–370.

Lepsius, Oliver: Verwaltungsrecht unter dem Common Law – Amerikanische Entwicklungen bis zum New Deal –, Tübingen 1997.

Leray, Emmanuelle/Potteau, Aymeric: Réflexions sur la cohérence du système de contrôle de la légalité des accords internationaux conclus par la Communauté européenne, in: Revue trimestrielle de droit européen 1998, S. 535–571.

Lerche, Peter: Die Verfassung als Quelle von Optimierungsgeboten?, in: Verfassungsstaatlichkeit, Festschrift für Klaus Stern zum 65. Geburtstag, hg. von Joachim Burmeister, München 1997, S. 197–209.

–: Föderalismus als nationales Ordnungsprinzip, in: Veröffentlichungen der Vereinigung der Deutschen Staatsrechtslehrer 21 (1964), S. 66–104.

–: „Funktionsfähigkeit“ – Richtschnur verfassungsrechtlicher Auslegung, in: Bayerische Verwaltungsblätter 1991, S. 517–522.

–: Übermaß und Verfassungsrecht – Zur Bindung des Gesetzgebers an die Grundsätze der Verhältnismäßigkeit und der Erforderlichkeit –, Köln u.a. 1961.

–: Zustimmungsgesetze, in: Bundesrat (Hg.), Vierzig Jahre Bundesrat – Tagungsband zum wissenschaftlichen Symposion in der Evangelischen Akademie Tutzing vom 11. bis 14. April 1989 –, Baden-Baden 1989, S. 183–198.

Levitan, David M.: The Foreign Relations Power: An Analysis of Mr. Justice Sutherland's Theory, in: Yale Law Journal 55 (1946), S. 467–497.

Liebler, Sylvia: Der Einfluß der Unabhängigkeit von Notenbanken auf die Stabilität des Geldwertes, Frankfurt a.M. 1996.

Liesegang, Helmuth: Zur verfassungsrechtlichen Problematik der Bundestagsauflösung, in: Neue Juristische Wochenschrift 1983, S. 147–150.

Lijphart, Arend: Democracies – Patterns of Majoritarian and Consensus Government in Twenty-One Countries –, New Haven/London 1984.

–: Democratic Political Systems – Types, Cases, Causes, and Consequences –, in: Journal of Theoretical Politics 1 (1989), S. 33–48.

–: Introduction, in: ders. (ed.), Parliamentary versus Presidential Government, Oxford 1992, S. 1–27.

–: Presidentialism and Majoritarian Democracy: Theoretical Observations, in: Juan J. Linz/Arturo Valenzuela (ed.), The Failure of Presidential Democracy, Vol. 1: Comparative Perspectives, Baltimore/London 1994, S. 91–105.

Limbach, Jutta: Das Bundesverfassungsgericht als politischer Machtfaktor, Speyer 1995.

Linck, Joachim: Das „Maßstäbegesetz" zur Finanzverfassung – ein dogmatischer und politischer Irrweg – Anmerkungen zum FAG-Urteil des Bundesverfassungsgerichts –, in: Die öffentliche Verwaltung 2000, S. 325–329.

–: Zum Vorrang des Parlaments gegenüber den anderen Gewalten – Bemerkung zur Kalkar-Entscheidung des BVerfG –, in: Die öffentliche Verwaltung 1979, S. 165–167.

–: Zur Informationspflicht der Regierung gegenüber dem Parlament, in: Die öffentliche Verwaltung 1983, S. 957–964.

Link, Christoph: Stat Crux? – Die „Kruzifix"-Entscheidung des Bundesverfassungsgerichts –, in: Neue Juristische Wochenschrift 1995, S. 3353–3357.

Linneweber, Axel: Einführung in das US-amerikanische Verwaltungsrecht – Kompetenzen, Funktionen und Strukturen der „Agencies" im US-amerikanischen Verwaltungsrecht –, Frankfurt a.M. 1994.

Linz, Juan J.: Presidential or Parliamentary Democracy: Does It Make a Difference?, in: ders./Arturo Valenzuela (ed.), The Failure of Presidential Democracy, Vol. 1: Comparative Perspectives, Baltimore/London 1994, S. 3–87.

Lipp, Volker: Entwicklung und Zukunft der europäischen Gerichtsbarkeit, in: Juristen-Zeitung 1997, S. 326–333.

Lipsius, Justus: The 1996 Intergovernmental Conference, in: European Law Review 20 (1995), S. 235–267.

Llewellyn, Karl N.: Some Realism about Realism – Responding to Dean Pound –, in: Harvard Law Review 44 (1931), S. 1222–1264.

Locke, John: The Second Treatise of Civil Government (1690), ed. with an introduction by J. W. Gough, Oxford 1948.

Loening, Hellmuth: Der ministerialfreie Raum in der Staatsverwaltung, in: Deutsches Verwaltungsblatt 1954, S. 173–180.

Lörler, Sighart: Normenerlaßrecht und Gewaltenteilung – Reflexionen über die brandenburgische Gesetzgebung –, in: Zeitschrift für Rechtspolitik 1996, S. 361–366.

Lösche, Peter: Amerika in Perspektive – Politik und Gesellschaft der Vereinigten Staaten –, Darmstadt 1989.

–: Die politischen Parteien, in: Wolfgang Jäger/Wolfgang Welz (Hg.), Regierungssystem der USA – Lehr- und Handbuch –, München/Wien 1995, S. 268–296 (§ 14).

–: Parteienstaat Bundesrepublik – Koalitionsbildungsstaat USA – Überlegungen zum Vergleich von Regierungssystemen –, in: Zeitschrift für Parlamentsfragen 20 (1989), S. 283–291.

Loewenstein, Karl: Das Gleichgewicht zwischen Legislative und Exekutive: Eine vergleichende verfassungsrechtliche Untersuchung (The Balance between Legislative and Executive Power, 1937), übers. von Franz Becker, in: Heinz Rausch (Hg.), Zur heutigen Problematik der Gewaltentrennung, Darmstadt 1969, S. 210–271.

–: Verfassungslehre (Political Power and the Governmental Process, 1957), übers. von Rüdiger Boerner, 2. Aufl., Tübingen 1969.

–: Verfassungsrecht und Verfassungspraxis der Vereinigten Staaten, Berlin/Göttingen/Heidelberg 1959.

Löwer, Wolfgang: Der Aktenvorlageanspruch des parlamentarischen Untersuchungsausschusses vor dem Bundesverfassungsgericht, in: Jura 1985, S. 358–368.

–: Zuständigkeiten und Verfahren des Bundesverfassungsgerichts, in: Josef Isensee/Paul Kirchhof (Hg.), Handbuch des Staatsrechts der Bundesrepublik Deutschland, Bd. II: Demokratische Willensbildung – Die Staatsorgane des Bundes, Heidelberg 1987, S. 737–848 (§ 56).

Lofgren, Charles A.: United States v. Curtiss-Wright Export Corporation: An Historical Reassessment, in: Yale Law Journal 83 (1973), S. 1–32.

Looschelders, Dirk/Roth, Wolfgang: Juristische Methodik im Prozeß der Rechtsanwendung – Zugleich ein Beitrag zu den verfassungsrechtlichen Grundlagen von Gesetzesauslegung und Rechtsfortbildung –, Berlin 1996.

Lorenz, Dieter: Der Organstreit vor dem Bundesverfassungsgericht, in: Bundesverfassungsgericht und Grundgesetz, Festgabe aus Anlaß des 25jährigen Bestehens des Bundesverfassungsgerichts, hg. von Christian Starck, Erster Band: Verfassungsgerichtsbarkeit, Tübingen 1976, S. 225–259.

–: Der Rechtsschutz des Bürgers und die Rechtsweggarantie, München 1973.

–: Die Bedeutung der Sonderrechte gemäß § 35 StVO in ihrem Verhältnis zum Straßenrecht, in: Die öffentliche Verwaltung 1990, S. 517–521.

–: Die Rechtsstellung der Universität gegenüber staatlicher Bestimmung, in: Wissenschaftsrecht – Wissenschaftsverwaltung – Wissenschaftsförderung 11 (1978), S. 1–23.

Lorz, Ralph Alexander: Der gemeineuropäische Bestand von Verfassungsprinzipien zur Begrenzung der Ausübung von Hoheitsgewalt – Gewaltenteilung, Föderalismus, Rechtsbindung –, in: Peter-Christian Müller-Graff/ Eibe Riedel (Hg.), Gemeinsames Verfassungsrecht in der Europäischen Union, Baden-Baden 1998, S. 99–121.

–: Die Integration des nationalen Wirtschaftsrechts in die internationale Wirtschaftsordnung – Die EG-Bananenmarktordnung als Beispielsfall –, in: Thomas König/Elmar Rieger/Hermann Schmitt (Hg.), Das europäische Mehrebenensystem, Frankfurt a.M./New York 1996, S. 180–199.

–: Modernes Grund- und Menschenrechtsverständnis und die Philosophie der Freiheit Kants – Eine staatstheoretische Untersuchung an Maßstäben des Grundgesetzes für die Bundesrepublik Deutschland –, Stuttgart u.a. 1993.

–: Staat, Kirchen und öffentliches Schulwesen in den USA – Ein Überblick anhand der Rechtsprechung des Supreme Court -, in: Eibe Riedel (Hg.), Öffentliches Schulwesen im Spannungsfeld von Staat und Kirche – Länderberichte und Generalbericht der 26. Tagung für Rechtsvergleichung 1997 –, Baden-Baden 1998, S. 155–175.

Lowe, Vaughan: US Extraterritorial Jurisdiction: The Helms-Burton and D'Amato Acts, in: International and Comparative Law Quarterly 46 (1997), S. 378–390.

Lübbe-Wolff, Gertrude: Das Asylgrundrecht nach den Entscheidungen des Bundesverfassungsgerichts vom 14. Mai 1996, in: Deutsches Verwaltungsblatt 1996, S. 825–841.

Lück, Michael: Die Gemeinschaftstreue als allgemeines Rechtsprinzip im Recht der Europäischen Gemeinschaft – Ein Vergleich zur Bundestreue im Verfassungsrecht der Bundesrepublik Deutschland –, Baden-Baden 1992.

Lücke, Jörg: Das Gebot der Rücksichtnahme in der länderüberschreitenden Raumordnung – Zur Anwendung der Grundsätze des bundes- und des bürgerfreundlichen Verhaltens in der Raumordnung –, in: Verwaltungsarchiv 70 (1979), S. 293–308.

Luhmann, Niklas: Die Unbeliebtheit der politischen Parteien, in: Siegfried Unseld (Hg.), Politik ohne Projekt? – Nachdenken über Deutschland –, Frankfurt a.M. 1993, S. 43–53.

–: Legitimation durch Verfahren, Neuwied/Berlin 1969.

–: Metamorphosen des Staates, in: ders., Gesellschaftsstruktur und Semantik – Studien zur Wissenssoziologie der modernen Gesellschaft –, Bd. 4, Frankfurt a.M. 1995, S. 101–137.

Lundmark, Thomas: Stare Decisis vor dem Bundesverfassungsgericht, in: Rechtstheorie 28 (1997), S. 315–345.

Lupia, Arthur: Bounded Rationality and „The Institutional Foundations of Democratic Government" – Comment –, in: Journal of Institutional and Theoretical Economics 150/1 (1994), S. 203–210.

Luthardt, Wolfgang: Konkurrenz- und Konkordanzdemokratie im Vergleich – Bundesrepublik Deutschland, Österreich, Schweiz –, in: ders./Arno Waschkuhn (Hg.), Politik und Repräsentation – Beiträge zur Theorie und zum Wandel politischer und sozialer Institutionen –, Marburg 1988, S. 225–248.

MacCormick, Neil: The Maastricht-Urteil: Sovereignty Now, in: European Law Journal 1 (1995), S. 259–266.

Mager, Ute: Meinungsfreiheit und Ehrenschutz von Soldaten – BVerfG vom 10. Oktober 1995 – 1 BvR 1476/91 u.a. –, in: Jura 1996, S. 405–409.

Magiera, Siegfried: Das Europäische Parlament als Garant demokratischer Legitimation in der Europäischen Union, in: Festschrift für Ulrich Everling, hg. von Ole Due, Marcus Lutter, Jürgen Schwarze, Baden-Baden 1995, S. 789–801.

–: Die Durchsetzung des Gemeinschaftsrechts im europäischen Integrationsprozeß, in: Die öffentliche Verwaltung 1998, S. 173–183.

–: Die Haushaltsbefugnisse des Europäischen Parlaments – Ansatz zur parlamentarischen Mitregierung auf Gemeinschaftsebene?, in: Staatsrecht – Völkerrecht – Europarecht, Festschrift für Hans-Jürgen Schlochauer zum 75. Geburtstag, hg. von Ingo v. Münch, Berlin/New York 1981, S. 829–853.

–: Parlament und Staatsleitung in der Verfassungsordnung des Grundgesetzes – Eine Untersuchung zu den Grundlagen der Stellung und Aufgaben des Deutschen Bundestages –, Berlin 1979.

–: Zur Finanzverfassung der Europäischen Union, in: Gedächtnisschrift für Eberhard Grabitz, hg. von Albrecht Randelzhofer, Rupert Scholz, Dieter Wilke, München 1995, S. 409–430.

Magis, Norbert: Die Mitwirkungsrechte des Bundespräsidenten im Bereich der Auswärtigen Gewalt – Ein Beitrag zur Stellung des Staatsoberhauptes im parlamentarischen Regierungssystem des Bonner Grundgesetzes –, Diss. Bonn 1978.

Marauhn, Thilo: Strategische Ausfuhrbeschränkungen gegenüber Drittstaaten im Lichte des Gemeinschaftsrechts, in: Zeitschrift für ausländisches öffentliches Recht und Völkerrecht 54 (1994), S. 779–813.

March, James G./Olsen, Johan P.: Democratic Governance, New York et al. 1995.

Martenczuk, Bernd: Der Europäische Rat und die Wirtschafts- und Währungsunion, in: Europarecht 1998, S. 151–177.

Masing, Johannes: Parlamentarische Untersuchungen privater Sachverhalte – Art. 44 GG als staatsgerichtetes Kontrollrecht –, Tübingen 1998.

Mass, Edgar: Montesquieu und die Entstehung des Grundgesetzes, in: Detlef Merten (Hg.), Gewaltentrennung im Rechtsstaat – Zum 300. Geburtstag von Charles de Montesquieu –, 2. Aufl., Berlin 1997, S. 47–53.

Maunz, Theodor/Dürig, Günter u.a.: Grundgesetz-Kommentar, München (Loseblatt).

Maunz, Theodor/Schmidt-Bleibtreu, Bruno/Klein, Franz/Ulsamer, Gerhard: Bundesverfassungsgerichtsgesetz- Kommentar –, München (Loseblatt).

Maunz, Theodor/Zippelius, Reinhold: Deutsches Staatsrecht – Ein Studienbuch –, 30. Aufl., München 1998.

Maurer, Hartmut: Allgemeines Verwaltungsrecht, 12. Aufl., München 1999.

–: Der Verwaltungsvorbehalt, in: Veröffentlichungen der Vereinigung der Deutschen Staatsrechtslehrer 43 (1985), S. 135–171.

–: Die Eigentumsregelung im Einigungsvertrag – Zugleich eine Besprechung von BVerfG, Urteil vom 23.4.1991 – 1 BvR 1170/90 u.a. –, in: Juristen-Zeitung 1992, S. 183–191.

–: Die Gegenzeichnung nach dem Grundgesetz, in: Einigkeit und Recht und Freiheit, Festschrift für Karl Carstens zum 70. Geburtstag, hg. von Bodo Börner, Hermann Jahrreiß, Klaus Stern, Köln u.a. 1984, S. 701–719.

–: Diskussionsbeitrag, in: Veröffentlichungen der Vereinigung der Deutschen Staatsrechtslehrer 56 (1997), S. 149 f.

–: Vorzeitige Auflösung des Bundestages, in: Die öffentliche Verwaltung 1982, S. 1001–1007.

Mayer, Christian: Die Nachbesserungspflicht des Gesetzgebers, Baden-Baden 1996.

Mayer, Franz C.: Kompetenzüberschreitung und Letztentscheidung – Das Maastricht-Urteil des Bundesverfassungsgerichts und die Letztentscheidung über Ultra vires-Akte in Mehrebenensystemen – Eine rechtsvergleichende Betrachtung von Konflikten zwischen Gerichten am Beispiel der EU und der USA –, München 2000.

Mayer, Otto: Republikanischer und monarchischer Bundesstaat, in: Archiv für öffentliches Recht 18 (1903), S. 337–372.

McConnell, Michael W.: The Origins and Historical Understanding of Free Exercise of Religion, in: Harvard Law Review 103 (1990), S. 1409–1517.

McNeil, Mary L. (ed.): Congressional Quarterly's How Congress Works, Washington, D.C. 1983.

Meder, Stephan: Der Streit um die Kodifikation von Recht und Schreibung – Seine Konsequenzen für die geplante Reform der Rechtschreibung –, in: Juristen-Zeitung 1997, S. 190–193.

Meier, Gert: Die Europäische Währungsunion als Stabilitätsgemeinschaft und das Grundgesetz, in: Neue Juristische Wochenschrift 1996, S. 1027–1030.

–: Nationale Rechtskontrolle der Unionskompetenzen – gemeinschaftskonforme vertikale Gewaltenkontrolle?, in: Europäische Zeitschrift für Wirtschaftsrecht 1998, S. 193.

Meier, Heinz-Wilhelm: Zitier- und Zutrittsrecht im parlamentarischen Regierungssystem, Berlin 1982.

Meixner, Rüdiger: Roma locuta, causa finita: Der „Bodenreform"-II-Beschluß – Das BVerfG bekräftigt die Irreversibilität der sowjetzonalen Konfiskationen –, in: Die öffentliche Verwaltung 1997, S. 184–192.

Melchior, Manfred: Verfassungsreform im Regierungsbereich?, in: Klaus Borgmann u.a. (Hg.), Verfassungsreform und Grundgesetz – 32. Assistententagung Öffentliches Recht 1992 –, Stuttgart u.a. 1992, S. 31–50.

Menez, Joseph F.: Decision Making in the Supreme Court of the United States – A Political and Behavioral View –, Lanham, MD/London 1984.

Meng, Werner: Das Recht der Internationalen Organisationen – eine Entwicklungsstufe des Völkerrechts, Baden-Baden 1979.

–: Die Neuregelung der EG-Verwaltungsausschüsse – Streit um die „Comitologie" –, in: Zeitschrift für ausländisches öffentliches Recht und Völkerrecht 48 (1988), S. 208–228.

–: Extraterritoriale Jurisdiktion in der US-amerikanischen Sanktionsgesetzgebung, in: Europäische Zeitschrift für Wirtschaftsrecht 1997, S. 423–428.

Mengel, Hans-Joachim: Hat der Präsident kein Recht auf Privatheit? – Neubestimmung der „Checks and Balances" nötig –, in: Frankfurter Allgemeine Zeitung vom 22.9.1998, S. 6.

Mensching, Christian: Der neue Komitologie-Beschluss des Rates, in: Europäische Zeitschrift für Wirtschaftsrecht 2000, S. 268–271.

Mentler, Michael: Der Ausschuß der Ständigen Vertreter bei den Europäischen Gemeinschaften, Baden-Baden 1996.

Menzel, Eberhard: Die auswärtige Gewalt der Bundesrepublik, in: Veröffentlichungen der Vereinigung der Deutschen Staatsrechtslehrer 12 (1954), S. 179–220.

–: Ermessensfreiheit des Bundespräsidenten bei der Ernennung der Bundesminister?, in: Die öffentliche Verwaltung 1965, S. 581–597.

Menzel, Jörg: Von Richtern und anderen Sprachexperten – Ist die Rechtschreibreform ein Verfassungsproblem? –, in: Neue Juristische Wochenschrift 1998, S. 1177–1184.

Merkel, Wolfgang: Das Demokratie-Effizienz-Dilemma – Die Europäische Union gerät in eine Legitimitätsfalle –, in: Frankfurter Allgemeine Zeitung vom 24.4.1996, S. 12.

–: Gegen alle Theorie – Die erstaunliche Konsolidierung der Demokratie in Ostmitteleuropa –, in: Frankfurter Allgemeine Zeitung vom 19.11.1996, S. 12.

Merlini, Cesare: Europäische Außenpolitik und nationale Souveränität, in: Internationale Politik 1/1997, S. 63–68.

Merritt, Deborah Jones: The Guarantee Clause and State Autonomy: Federalism for a Third Century, in: Columbia Law Review 88 (1988), S. 1–78.

Merten, Detlef: Der „Kruzifix-Beschluß" des Bundesverfassungsgerichts aus grundrechtsdogmatischer Sicht, in: Verfassungsstaatlichkeit, Festschrift für Klaus Stern zum 65. Geburtstag, hg. von Joachim Burmeister, München 1997, S. 987–1009.

Meßerschmidt, Klaus: Der Grundsatz der Bundestreue und die Gemeinden – untersucht am Beispiel der „kommunalen Außenpolitik" –, in: Die Verwaltung 23 (1990), S. 425–458.

Metcalfe, Les: Building Capacities for Integration: The Future Role of the Commission, in: EIPASCOPE 1996, S. 2–8.

Meyer, Hans: Anmerkung zum Urteil des BVerfG vom 16.2.1983 – 2 BvE 1–4/83 –, in: Die öffentliche Verwaltung 1983, S. 243–246.

–: Das parlamentarische Regierungssystem des Grundgesetzes – Anlage – Erfahrungen – Zukunftseignung –, in: Veröffentlichungen der Vereinigung der Deutschen Staatsrechtslehrer 33 (1975), S. 69–119.

–: Diskussionsbeitrag, in: Veröffentlichungen der Vereinigung der Deutschen Staatsrechtslehrer 56 (1997), S. 109 f.

Meyer-Teschendorf, Klaus G.: Die Vorschläge der Gemeinsamen Verfassungskommission zur Reform des Gesetzgebungsverfahrens, in: Die öffentliche Verwaltung 1994, S. 766–777.

Meyn, Karl-Ulrich: Kontrolle als Verfassungsprinzip – Problemstudie zu einer legitimationsorientierten Theorie der politischen Kontrolle in der Verfassungsordnung des Grundgesetzes –, Baden-Baden 1982.

Meyring, Bernd: Die Reform der Bereiche Justiz und Inneres durch den Amsterdamer Vertrag, in: Europarecht 1999, S. 309–324.

–: Intergovernmentalism and Supranationality: Two Stereotypes for a Complex Reality, in: European Law Review 22 (1997), S. 221–247.

Mishra, Robin: Zulässigkeit und Grenzen amtlicher Urteilsschelte, in: Zeitschrift für Rechtspolitik 1998, S. 402–409.

–: Zulässigkeit und Grenzen der Urteilsschelte, Berlin 1997.

Moe, Terry M./Caldwell, Michael: The Institutional Foundations of Democratic Government: A Comparison of Presidential and Parliamentary Systems, in: Journal of Institutional and Theoretical Economics 150/1 (1994), S. 171–195.

Möller, Franz/Limpert, Martin: Informations- und Mitwirkungsrechte des Bundestages in Angelegenheiten der Europäischen Union, in: Zeitschrift für Parlamentsfragen 24 (1993), S. 21–32.

Möllers, Christoph: Der parlamentarische Bundesstaat – Das vergessene Spannungsverhältnis von Parlament, Demokratie und Bundesstaat –, in: Josef Aulehner u.a. (Hg.), Föderalismus – Auflösung oder Zukunft der Staatlichkeit? – 37. Assistententagung Öffentliches Recht München 1997 –, Stuttgart u.a. 1997, S. 81–111.

Moench, Christoph: Verfassungswidriges Gesetz und Normenkontrolle – Die Problematik der verfassungsgerichtlichen Sanktion, dargestellt anhand der Rechtsprechung des Bundesverfassungsgerichtes –, Baden-Baden 1977.

Möschel, Wernhard: Europapolitik zwischen deutscher Romantik und gallischer Klarheit, in: Aus Politik und Zeitgeschichte B 3–4/1995, S. 10–16.

–: Wird die effet utile-Rechtsprechung des EuGH inutile?, in: Neue Juristische Wochenschrift 1994, S. 1709 f.

Moeser, Ekkehard: Die Beteiligung des Bundestages an der staatlichen Haushaltsgewalt – Eine Untersuchung zur rechtlichen und tatsächlichen Stellung des Bundestages in haushaltswirtschaftlichen Entscheidungsprozessen -, Berlin 1978.

Mößle, Wilhelm: Regierungsfunktionen des Parlaments, München 1986.

Baron de la Brède et de Montesquieu, Charles-Louis de Secondat: Vom Geist der Gesetze (De l'Esprit des Lois, 1748), übers. u. hg. von Ernst Forsthoff, 2 Bände, 2. Aufl., Tübingen 1992.

Mosler, Hermann: Die auswärtige Gewalt im Verfassungssystem der Bundesrepublik Deutschland, in: Festgabe für Carl Bilfinger zum 75. Geburtstag, Köln/Berlin 1954, S. 243–299.

Moynihan, Daniel Patrick: On the Law of Nations, Cambridge, MA/London 1990.

Mozet, Peter: Das Abkommen zwischen der EG und den USA über die Zusammenarbeit der Kartellbehörden, in: Europäische Zeitschrift für Wirtschaftsrecht 1992, S. 201-203.

Mueller, Dennis C.: Constitutional public choice, in: ders. (ed.), Perspectives on Public Choice – A Handbook –, Cambridge/GB 1997, S. 124–146.

Müller, Friedrich: Juristische Methodik, 7. Aufl., hg. von Ralph Christensen, Berlin 1997.

Müller, Gebhard: Bundestreue im Bundesstaat, in: Führung und Bildung in der heutigen Welt, Festschrift zum 60. Geburtstag von Kurt Georg Kiesinger, Stuttgart 1964, S. 213–234.

Müller, Jörg Paul: Demokratische Gerechtigkeit – Eine Studie zur Legitimität politischer und rechtlicher Ordnung –, München 1993.

Müller-Graff, Peter-Christian: Die Europäische Zusammenarbeit in den Bereichen Justiz und Inneres (JIZ) – Verbindungen und Spannungen zwischen dem dritten Pfeiler der Europäischen Union und der Europäischen Gemeinschaft –, in: Festschrift für Ulrich Everling, hg. von Ole Due, Marcus Lutter, Jürgen Schwarze, Baden-Baden 1995, S. 925–944.

–: The legal bases of the third pillar and its position in the framework of the Union Treaty, in: Common Market Law Review 31 (1994), S. 493–510.

Müller-Volbehr, Jörg: Positive und negative Religionsfreiheit – Zum Kruzifix-Beschluß des BVerfG –, in: Juristen-Zeitung 1995, S. 996–1000.

von Münch, Ingo: Autoritätsschwund in Karlsruhe, in: Neue Juristische Wochenschrift 1993, S. 2286 f.

–: Justiz – Reparaturbetrieb der Politik?, in: Neue Juristische Wochenschrift 1996, S. 2073–2076.

–: Staatsrecht, Bd. 1, 5. Aufl., Stuttgart/Berlin/Köln 1993.

–: */Kunig, Philip (Hg.):* Grundgesetz-Kommentar, – Bd. 1: Präambel bis Art. 20, 4. Aufl., München 1992; – Bd. 2: Art. 21 bis Art. 69, 3. Aufl., München 1995; – Bd. 3: Art. 70 bis Art. 146, 3. Aufl., München 1996.

Münch, Lars: Die gemeinsame Aktion im Rahmen der GASP: Inhalt, Rechtsnatur und Reformbedürftigkeit, in: Europarecht 1996, S. 415–433.

Münchener Kommentar zum Bürgerlichen Gesetzbuch, Bd. 2:Schuldrecht – Allgemeiner Teil (§§ 241–432), red. von Helmut Heinrichs, 3. Aufl., München 1994 (zit.: MünchKomm-Bearbeiter).

Muhlack, Ulrich: Montesquieu in seiner Zeit, in: Detlef Merten (Hg.), Gewaltentrennung im Rechtsstaat – Zum 300. Geburtstag von Charles de Montesquieu –, 2. Aufl., Berlin 1997, S. 37–45.

Mulhern, J. Peter: In Defense of the Political Question Doctrine, in: University of Pennsylvania Law Review 137 (1988), S. 97–176.

Murswiek, Dietrich: Der Umfang der verfassungsgerichtlichen Kontrolle staatlicher Öffentlichkeitsarbeit – Zum „Grundsatz des judicial self-restraint“ –, in: Die öffentliche Verwaltung 1982, S. 529–541.

–: Maastricht und der pouvoir constituant – Zur Bedeutung der verfassunggebenden Gewalt im Prozeß der europäischen Integration –, in: Der Staat 32 (1993), S. 161–190.

Mußgnug, Reinhard: Der Haushaltsplan als Gesetz, Göttingen 1976.

Muylle, Koen: Angry Farmers and Passive Policemen: Private Conduct and the Free Movement of Goods, in: European Law Review 23 (1998), S. 467–474.

Nass, Klaus Otto: Verpönt und vergöttert – Der Föderalismus wird zu einem Strukturprinzip der Europäischen Union –, in: Frankfurter Allgemeine Zeitung vom 30.12.1997, S. 9.

Nawiasky, Hans: Allgemeine Staatslehre, Dritter Teil: Staatsrechtslehre, Einsiedeln/Zürich/Köln 1956.

–: Die Verpflichtung der Regierung durch Beschlüsse des Landtags nach bayerischem Verfassungsrecht, in: Staat und Bürger, Festschrift für Willibalt Apelt zum 80. Geburtstag, hg. von Theodor Maunz, Hans Nawiasky, Johannes Heckel, München/Berlin 1958, S. 137–148.

–: Zum Leipziger Urteil – Staatsrechtliche und staatspolitische Betrachtungen –, in: Bayerische Verwaltungsblätter 1932, S. 338–345.

Nelson, Michael (ed.): Congressional Quarterly's Guide to the Presidency, Washington, D.C. 1989.

Nemitz, Paul F.: Europäische Kommission: Vom Kollegialprinzip zum Präsidialregime?, in: Europarecht 1999, S. 678–686.

Nentwich, Michael: Institutionelle und verfahrensrechtliche Neuerungen im Vertrag über die Europäische Union, in: Europäische Zeitschrift für Wirtschaftsrecht 1992, S. 235–243.

Neßler, Volker: Der transnationale Verwaltungsakt – Zur Dogmatik eines neuen Rechtsinstituts –, in: Neue Zeitschrift für Verwaltungsrecht 1995, S. 863–866.

Nettesheim, Martin: Auslegung und Fortbildung nationalen Rechts im Lichte des Gemeinschaftsrechts, in: Archiv des öffentlichen Rechts 119 (1994), S. 261–293.

–: Der Grundsatz der einheitlichen Wirksamkeit des Gemeinschaftsrechts, in: Gedächtnisschrift für Eberhard Grabitz, hg. von Albrecht Randelzhofer, Rupert Scholz, Dieter Wilke, München 1995, S. 447–468.

–: Grundrechtliche Prüfdichte durch den EuGH, in: Europäische Zeitschrift für Wirtschaftsrecht 1995, S. 106–108.

Neumann, Franz: Montesquieu (1957), in: ders., Demokratischer und autoritärer Staat – Studien zur politischen Theorie –, hg. von Herbert Marcuse, Frankfurt a.M. 1967, S. 142–194.

Neustadt, Richard E.: Presidential Power and the Modern Presidents – The Politics of Leadership from Roosevelt to Reagan –, New York u.a. 1990.

Niclauß, Karlheinz: Kanzlerdemokratie – Bonner Regierungspraxis von Konrad Adenauer bis Helmut Kohl –, Stuttgart u.a. 1988.

Niehues, Norbert: Die Bindungswirkung und Umsetzung verfassungsgerichtlicher Entscheidungen, in: Neue Juristische Wochenschrift 1997, S. 557–560.

Nierhaus, Michael: Bestimmtheitsgebot und Delegationsverbot des Art. 80 Abs. 1 Satz 2 GG und der Gesetzesvorbehalt der Wesentlichkeitstheorie, in: Verfassungsstaatlichkeit, Festschrift für Klaus Stern zum 65. Geburtstag, hg. von Joachim Burmeister, München 1997, S. 717–732.

–: Entscheidung, Präsidialakt und Gegenzeichnung – Ein Beitrag zur verfassungsrechtlichen Stellung des Bundespräsidenten im System des Grundgesetzes –, München 1973.

Nissen, Harck-Oluf: Der Helms-Burton Act vor der WTO – Zum Stand des europäisch-amerikanischen Handelsstreits und der WTO-Konformität des Gesetzes –, in: Recht der Internationalen Wirtschaft 1999, S. 350–356.

Nolte, Achim: Das Kreuz mit dem Kreuz – Hintergründe und Kritik am Urteil des Bundesverwaltungsgerichts vom 21. April 1999 –, in: Jahrbuch des öffentlichen Rechts, Neue Folge 48 (2000), S. 87–116.

Nolte, Georg: Bundeswehreinsätze in kollektiven Sicherheitssystemen – Zum Urteil des Bundesverfassungsgerichts vom 12. Juli 1994 -, in: Zeitschrift für ausländisches öffentliches Recht und Völkerrecht 54 (1994), S. 652–685.

–: Die „neuen Aufgaben“ von NATO und WEU: Völker- und verfassungsrechtliche Fragen, in: Zeitschrift für ausländisches öffentliches Recht und Völkerrecht 54 (1994), S. 95–123.
–: Ermächtigung der Exekutive zur Rechtsetzung – Lehren aus der deutschen und der amerikanischen Erfahrung –, in: Archiv des öffentlichen Rechts 118 (1993), S. 378–413.
Note: Congress, the President, and the Power to Commit Forces to Combat, in: Harvard Law Review 81 (1968), S. 1771–1805.
Nowak, John E./Rotunda, Ronald D.: Constitutional Law, 5th ed., St. Paul, MN 1995.
Obradovic, Daniela: Repatriation of Powers in the European Community, in: Common Market Law Review 34 (1997), S. 59–88.
Odendahl, Guido: Das Rechtsschutzsystem der Europäischen Union, in: Juristische Arbeitsblätter 1996, S. 134–136.
–: Die Organe der Europäischen Union (I), in: Juristische Arbeitsblätter 1995, S. 121–126.
Oebbecke, Janbernd: Weisungs- und unterrichtungsfreie Räume in der Verwaltung, Köln 1986.
Oehler, Klaus: Charles Sanders Peirce, München 1993.
–: Der Pragmatismus als Philosophie der Zukunft (1992), in: ders., Sachen und Zeichen – Zur Philosophie des Pragmatismus –, Frankfurt a.M. 1995, S. 247–254.
–: Die Grundlegung des Pragmatismus durch Peirce (1985), in: ders., Sachen und Zeichen – Zur Philosophie des Pragmatismus –, Frankfurt a.M. 1995, S. 14-33.
Oeter, Stefan: Erprobung der konstitutionellen politischen Ökonomie an Einzelfragen – Föderalismus, in: Christoph Engel/Martin Morlok (Hg.), Öffentliches Recht als ein Gegenstand ökonomischer Forschung – Die Begegnung der deutschen Staatsrechtslehre mit der Konstitutionellen Politischen Ökonomie –, Tübingen 1998, S. 119–155.
–: Integration und Subsidiarität im deutschen Bundesstaatsrecht – Untersuchungen zur Bundesstaatstheorie unter dem Grundgesetz –, Tübingen 1998.
–: Souveränität und Demokratie als Probleme in der „Verfassungsentwicklung“ der Europäischen Union – Fragen aus Verfassungstheorie und Verfassungsgeschichte an die deutsche Debatte um Souveränität, Demokratie und die Verteilung politischer Verantwortung im geeinten Europa –, in: Zeitschrift für ausländisches öffentliches Recht und Völkerrecht 55 (1995), S. 659–712.
Ohler, Christoph: Perspektiven der Gemeinschaftsrechtsentwicklung nach Maastricht: das Europäische Parlament, in: Zeitschrift für Gesetzgebung 10 (1995), S. 223–239.
–: */Weiß, Wolfgang:* Einstweiliger Rechtsschutz vor nationalen Gerichten und Gemeinschaftsrecht, in: Neue Juristische Wochenschrift 1997, S. 2221 f.
O'Keeffe, David: Recasting the Third Pillar, in: Common Market Law Review 32 (1995), S. 893–920.
Oldiges, Martin: Die Bundesregierung als Kollegium – Eine Studie zur Regierungsorganisation nach dem Grundgesetz –, Hamburg 1983.
–: Verbandskompetenz, in: Die öffentliche Verwaltung 1989, S. 873–884.
Opfermann, Wilhelm: Der europäische Vermittlungsausschuß, in: Offene Staatlichkeit, Festschrift für Ernst-Wolfgang Böckenförde zum 65. Geburtstag, hg. von Rolf Grawert, Bernhard Schlink, Rainer Wahl, Joachim Wieland, Berlin 1995, S. 177–197.
Oppermann, Thomas: Das parlamentarische Regierungssystem des Grundgesetzes, in: Veröffentlichungen der Vereinigung der Deutschen Staatsrechtslehrer 33 (1975), S. 7–68.
–: Der Europäische Traum zur Jahrhundertwende, in: Juristen-Zeitung 1999, S. 317–326.
–: Die Dritte Gewalt in der Europäischen Union, in: Deutsches Verwaltungsblatt 1994, S. 901–908.
–: Diskussionsbeitrag, in: Veröffentlichungen der Vereinigung der Deutschen Staatsrechtslehrer 33 (1975), S. 148–153.
–: Europarecht – Ein Studienbuch –, 2. Aufl., München 1999.
–: */Classen, Claus Dieter:* Die EG vor der Europäischen Union, in: Neue Juristische Wochenschrift 1993, S. 5–12.

Ossenbühl, Fritz: Aktuelle Probleme der Gewaltenteilung, in: Die öffentliche Verwaltung 1980, S. 545–553.

–: Die Kontrolle von Tatsachenfeststellungen und Prognoseentscheidungen durch das Bundesverfassungsgericht, in: Bundesverfassungsgericht und Grundgesetz, Festgabe aus Anlaß des 25jährigen Bestehens des Bundesverfassungsgerichts, hg. von Christian Starck, Erster Band: Verfassungsgerichtsbarkeit, Tübingen 1976, S. 458–518.

–: Die pädagogische Freiheit und die Schulaufsicht, in: Deutsches Verwaltungsblatt 1982, S. 1157–1165.

–: Föderalismus nach 40 Jahren Grundgesetz, in: Deutsches Verwaltungsblatt 1989, S. 1230–1237.

–: Föderalismus und Regionalismus in Europa – Landesbericht Bundesrepublik Deutschland –, in: ders. (Hg.), Föderalismus und Regionalismus in Europa – Verfassungskongreß in Bonn vom 14.-16. September 1989 –, Baden-Baden 1990, S. 117–165.

–: Gesetz und Recht – Die Rechtsquellen im demokratischen Rechtsstaat, in: Josef Isensee/ Paul Kirchhof (Hg.), Handbuch des Staatsrechts der Bundesrepublik Deutschland, Bd. III: Das Handeln des Staates, Heidelberg 1988, S. 281–314 (§ 61).

–: Rechtsverordnungen, in: Josef Isensee/ Paul Kirchhof (Hg.), Handbuch des Staatsrechts der Bundesrepublik Deutschland, Bd. III: Das Handeln des Staates, Heidelberg 1988, S. 387–424 (§ 64).

–: Verwaltungsvorschriften und Grundgesetz, Bad Homburg v.d.H./Berlin/Zürich 1968.

–: Vorrang und Vorbehalt des Gesetzes, in: Josef Isensee/Paul Kirchhof (Hg.), Handbuch des Staatsrechts der Bundesrepublik Deutschland, Bd. III: Das Handeln des Staates, Heidelberg 1988, S. 315–349 (§ 62).

Ott, Andrea: Die anerkannte Rechtsfortbildung des EuGH als Teil des gemeinschaftlichen Besitzstandes (acquis communautaire) – Anmerkung zu den EuGH-Urteilen Andersson und Rechberger vom 15.6.1999 und der EFTA-Rechtssache Sveinbjörnsdóttir vom 10.12.1998 –, in: Europäische Zeitschrift für Wirtschaftsrecht 2000, S. 293–298.

Otto, Volker: Das Staatsverständnis des Parlamentarischen Rates – Ein Beitrag zur Entstehungsgeschichte des Grundgesetzes für die Bundesrepublik Deutschland –, Düsseldorf 1971.

Pache, Eckhard: Die Kontrolldichte in der Rechtsprechung des Gerichtshofes der Europäischen Gemeinschaften, in: Deutsches Verwaltungsblatt 1998, S. 380–387.

Pahl, Marc-Oliver: Der Euro vor dem Bundesverfassungsgericht – Vortrag Paul Kirchhofs an der Berliner Humboldt-Universität –, in: Neue Juristische Wochenschrift 1998, S. 3180 f.

Palandt, Otto (und Bearbeiter): Bürgerliches Gesetzbuch, 56. Aufl., München 1997.

Papier, Hans-Jürgen: Eigentumsrechtliche Probleme in den neuen Bundesländern, in: Jörn Ipsen/ Hans-Werner Rengeling/Jörg Manfred Mössner/Albrecht Weber (Hg.), Verfassungsrecht im Wandel, Köln u.a. 1995, S. 147–166.

–: Gewaltentrennung im Rechtsstaat, in: Detlef Merten (Hg.), Gewaltentrennung im Rechtsstaat – Zum 300. Geburtstag von Charles de Montesquieu –, 2. Aufl., Berlin 1997, S. 95–114.

–: „Spezifisches Verfassungsrecht“ und „einfaches Recht“ als Argumentationsformel des Bundesverfassungsgerichts, in: Bundesverfassungsgericht und Grundgesetz, Festgabe aus Anlaß des 25jährigen Bestehens des Bundesverfassungsgerichts, hg. von Christian Starck, Erster Band: Verfassungsgerichtsbarkeit, Tübingen 1976, S. 432–457.

–: Zur verwaltungsgerichtlichen Kontrolldichte, in: Die öffentliche Verwaltung 1986, S. 621–628.

Partsch, Karl Josef: Parlament und Regierung im modernen Staat, in: Veröffentlichungen der Vereinigung der Deutschen Staatsrechtslehrer 16 (1958), S. 74–112.

Patterson, Samuel C.: Parteien und Ausschüsse im Kongreß, in: Uwe Thaysen/Roger H. Davidson/Robert G. Livingston (Hg.), US-Kongreß und Deutscher Bundestag – Bestandsaufnahmen im Vergleich –, Opladen 1988, S. 236–259.

Patzig, Werner: Haushaltsrecht des Bundes und der Länder – Grundriß –, Bd. I, Baden-Baden 1981.

Paul, Michael: Die Mitwirkung der Bundesländer an der Rechtsetzung der Europäischen Gemeinschaften de lege lata und de lege ferenda, Frankfurt a.M. 1996.

Pauly, Walter: Verfassung als Synallagma, in: Der Staat 33 (1994), S. 277–285.

Pawlowski, Hans-Martin: Methodenlehre für Juristen – Theorie der Norm und des Gesetzes –, 2. Aufl., Heidelberg 1991.

Pechstein, Matthias: Die Justitiabilität des Unionsrechts, in: Europarecht 1999, S. 1–26.

–: Rechtssubjektivität für die Europäische Union?, in: Europarecht 1996, S. 137–144.

–: Rechtspersönlichkeit für die Europäische Union?, in: Europäische Zeitschrift für Wirtschaftsrecht 1997, S. 225.

–: */Cirkel, Johannes:* EuGH-Zuständigkeit für deutsches Verfassungsrecht?, in: Die öffentliche Verwaltung 1997, S. 365–371.

–: */Koenig, Christian:* Die Europäische Union – Die Verträge von Maastricht und Amsterdam –, 2. Aufl., Tübingen 1998.

Peers, Steve: Taking Supremacy Seriously, in: European Law Review 23 (1998), S. 146–156.

Peine, Franz-Joseph: Allgemeines Verwaltungsrecht, 4. Aufl., Heidelberg 1998.

Peirce, Charles Sanders: How to Make Our Ideas Clear (1878), in: Christian J. W. Kloesel et al. (ed.), Writings of Charles Sanders Peirce – A Chronological Edition –, Vol. 3: 1872–1878, Bloomington, IN 1986, S. 257–276.

Pernice, Ingolf: Der Europäische Verfassungsverbund auf dem Wege der Konsolidierung – Verfassungsrechtliche Ausgangslage und Vorschläge für die institutionelle Reform der Europäischen Union vor der Osterweiterung –, in: Jahrbuch des öffentlichen Rechts, Neue Folge 48 (2000), S. 205–232.

–: Deutschland in der Europäischen Union, in: Josef Isensee/Paul Kirchhof (Hg.), Handbuch des Staatsrechts der Bundesrepublik Deutschland, Bd. VIII: Die Einheit Deutschlands – Entwicklung und Grundlagen –, Heidelberg 1995, S. 225–280 (§ 191).

–: Die Dritte Gewalt im europäischen Verfassungsverbund, in: Europarecht 1996, S. 27–43.

–: Diskussionsbeitrag, in: Veröffentlichungen der Vereinigung der Deutschen Staatsrechtslehrer 56 (1997), S. 117–119.

–: Einheit und Kooperation: Das Gemeinschaftsrecht im Lichte der Rechtsprechung von EuGH und nationalen Gerichten – Randbemerkungen zu einem ungeklärten Verhältnis –, in: Gedächtnisschrift für Eberhard Grabitz, hg. von Albrecht Randelzhofer, Rupert Scholz, Dieter Wilke, München 1995, S. 523–550.

–: Multilevel constitutionalism and the Treaty of Amsterdam: European constitution-making revisited, in: Common Market Law Review 36 (1999), S. 703–750.

Pernthaler, Peter: Das Staatsoberhaupt in der parlamentarischen Demokratie, in: Veröffentlichungen der Vereinigung der Deutschen Staatsrechtslehrer 25 (1967), S. 95–208.

Perry, Michael J.: The Constitution in the Courts – Law or Politics? –, New York/Oxford 1994.

–: The Constitution, the Courts, and Human Rights – An Inquiry into the Legitimacy of Constitutional Policymaking by the Judiciary –, New Haven/London 1982.

Pestalozza, Christian: Ausschaltung des Bundesrates durch Einbringung von Gesetzesteilen als Teilgesetze?, in: Zeitschrift für Rechtspolitik 1976, S. 153–157.

–: Das Bundesverfassungsgericht: Bonner Reform-Allerlei '98, in: Juristen-Zeitung 1998, S. 1039–1046.

–: Der Popularvorbehalt – Direkte Demokratie in Deutschland –, Berlin/New York 1981.

–: Formenmißbrauch des Staates – Zu Figur und Folgen des „Rechtsmißbrauchs" und ihrer Anwendung auf staatliches Verhalten –, München 1973.

–: „Noch verfassungsmäßige" und „bloß verfassungswidrige" Rechtslagen – Zur Feststellung und kooperativen Beseitigung verfassungsimperfekter Zustände –, in: Bundesverfassungsgericht und Grundgesetz, Festgabe aus Anlaß des 25jährigen Bestehens des Bundesverfassungsgerichts, hg. von Christian Starck, Erster Band: Verfassungsgerichtsbarkeit, Tübingen 1976, S. 519–567.

–: Verfassungsprozeßrecht – Die Verfassungsgerichtsbarkeit des Bundes und der Länder –, 3. Aufl., München 1991.

–: Volksbefragung – das demokratische Minimum, in: Neue Juristische Wochenschrift 1981, S. 733–735.

Peters, Michaela: Grundrechte als Regeln und als Prinzipien, in: Österreichische Zeitschrift für öffentliches Recht 51 (1996), S. 159–182.

Petersen, Thomas: Individuelle Freiheit und allgemeiner Wille – Buchanans politische Ökonomie und die politische Philosophie –, Tübingen 1996.

–: Prinzipien und Grenzen der ökonomischen Theorie der Verfassung – Die „konstitutionelle Ökonomie" James M. Buchanans –, in: Der Staat 35 (1996), S. 411–427.

Petersmann, Ernst(-Ulrich): Act of State Doctrine, Political Question Doctrine und gerichtliche Kontrolle der auswärtigen Gewalt, in: Jahrbuch des öffentlichen Rechts, Neue Folge 25 (1976), S. 587–620.

–: Darf die EG das Völkerrecht ignorieren?, in: Europäische Zeitschrift für Wirtschaftsrecht 1997, S. 325–331.

–: How Can the European Union Be Constitutionalized? – The European Parliament's 1994 Proposal for a „Constitution for the European Union" –, in: Außenwirtschaft 50 (1995), S. 171–220.

Peterson, Mark A.: Legislating Together – The White House and Capitol Hill from Eisenhower to Reagan –, Cambridge, MA/London 1990.

Pfaff, Richard: Planungsrechtsprechung und ihre Funktionen – Ein Beitrag zur judiziellen Steuerung im pluralistischen Rechtsbildungsprozeß und zur rechtsprechungskonformen Verfassungsinterpretation –, Königstein/Ts. 1980.

Pfiffner, James P.: The Modern Presidency, New York 1994.

Pfrang, Elvira: Das Verhältnis zwischen Europäischem Gemeinschaftsrecht und deutschem Recht nach der Maastricht-Entscheidung des Bundesverfassungsgerichts, Frankfurt a.M. 1997.

Philipp, Otmar: Europäische Union und demokratische Legitimation, in: Europäische Zeitschrift für Wirtschaftsrecht 1997, S. 289.

–: Regierungskonferenz 1996 und europäische Gerichtsbarkeit, in: Europäische Zeitschrift für Wirtschaftsrecht 1996, S. 624–627.

Piazolo, Michael: Verfassungsgerichtsbarkeit und politische Fragen – Die Political Question Doktrin im Verfahren vor dem Bundesverfassungsgericht und dem Supreme Court der USA –, München 1994.

Picker, Eduard: Vom Segen zum Schaden, in: Frankfurter Allgemeine Zeitung vom 7.1.1998, S. 12.

Pieper, Stefan Ulrich: Subsidiarität – Ein Beitrag zur Begrenzung der Gemeinschaftskompetenzen –, Köln u.a. 1994.

Pierce, Richard J./Shapiro, Sidney A./Verkuil, Paul R.: Administrative Law and Process, 2nd ed., Westbury, NY 1992.

Pieroth, Bodo: Amerikanischer Verfassungsexport nach Deutschland, in: Neue Juristische Wochenschrift 1989, S. 1333–1337.

–: Materiale Rechtsfolgen grundgesetzlicher Kompetenz- und Organisationsnormen, in: Archiv des öffentlichen Rechts 114 (1989), S. 422–450.

Pietrek, André U.: Verbindlichkeit von Vorabentscheidungen nach Art. 177 EWGV – Rechtswirkungen im Ausgangsverfahren und als Präjudiz im Lichte von Rechtsvergleichung und Rechtsprechung –, Frankfurt a.M. 1989.

Pietzcker, Jost: Das Verwaltungsrechtsverhältnis – archimedischer Punkt oder Münchhausens Zopf?, in: Die Verwaltung 30 (1997), S. 281–299.

–: Landesbericht Bundesrepublik Deutschland, in: Christian Starck (Hg.), Zusammenarbeit

der Gliedstaaten im Bundesstaat – Landesberichte und Generalbericht der Tagung für Rechtsvergleichung 1987 in Innsbruck –, Baden-Baden 1988, S. 17–76.
–: Vorrang und Vorbehalt des Gesetzes, in: Juristische Schulung 1979, S. 710–715.
Pildes, Richard H./Anderson, Elizabeth S.: Slinging Arrows at Democracy: Social Choice Theory, Value Pluralism, and Democratic Politics, in: Columbia Law Review 90 (1990), S. 2121–2214.
Pilny, Karin L.: Präjudizienrecht im anglo-amerikanischen und im deutschen Recht – Eine rechtsvergleichende und rechtsmethodologische Analyse unter besonderer Berücksichtigung des Verfassungsrechts –, Baden-Baden 1993.
Piris, Jean-Claude: After Maastricht, are the Community Institutions More Efficacious, More Democratic and More Transparent?, in: European Law Review 19 (1994), S. 449–487.
–: L'Union européenne a-t-elle une constitution? Lui en faut-il une?, in: Revue trimestrielle de droit européen 1999, S. 599–635.
Pitschas, Rainer: Verwaltungsverantwortung und Verwaltungsverfahren – Strukturprobleme, Funktionsbedingungen und Entwicklungsperspektiven eines konsensualen Verwaltungsrechts –, München 1990.
Platon: Der Staat (Politeia), übersetzt und erläutert von Otto Apelt, 6. Aufl., Leipzig 1923, Nachdr. 1944.
Podlech, Adalbert: Wertentscheidungen und Konsens, in: Günther Jakobs (Hg.), Rechtsgeltung und Konsens, Berlin 1976, S. 9–28.
Poensgen, Gisbert: Das Paradox von Ioannina: Betrachtungen zu einem Ratsbeschluß, in: Festschrift für Ulrich Everling, hg. von Ole Due, Marcus Lutter, Jürgen Schwarze, Baden-Baden 1995, S. 1133–1140.
Polsby, Nelson W.: Political Change and the Character of the Contemporary Congress, in: Anthony W. King (ed.), The New American Political System, 2nd Version, Washington, D.C. 1990, S. 29–46.
Polybios: Geschichte (Historion), Gesamtausgabe in 2 Bänden, eingeleitet und übertragen von Hans Drexler, Zürich/Stuttgart 1961.
Ponschab, Reiner: Die völkerrechtliche Vertretung durch zentrale und dezentrale Bundesorgane nach dem Verfassungsrecht der Bundesrepublik Deutschland, Diss. Tübingen 1976.
Popitz, Heinrich: Phänomene der Macht, 2. Aufl., Tübingen 1992.
Popper, Karl R.: Conjectures and Refutations – The Growth of Scientific Knowledge –, 3rd ed., London 1969.
–: Die öffentliche Meinung im Lichte der Grundsätze des Liberalismus (1954), in: ders., Auf der Suche nach einer besseren Welt – Vorträge und Aufsätze aus dreißig Jahren –, München/Zürich 1984, S. 165–177.
–: Objektive Erkenntnis – Ein evolutionärer Entwurf –, 4. Aufl., Hamburg 1984.
–: The Open Society and Its Enemies, 5th ed., London 1966 (repr. 1969), – Vol. I: The Spell of Plato; – Vol. II: The High Tide of Prophecy: Hegel, Marx, and the Aftermath.
–: The Poverty of Historicism, 2nd ed., London 1960 (repr. 1969).
–: Woran glaubt der Westen? (1958), in: ders., Auf der Suche nach einer besseren Welt – Vorträge und Aufsätze aus dreißig Jahren –, München/Zürich 1984, S. 231–253.
Poscher, Ralf: Die Opposition als Rechtsbegriff, in: Archiv des öffentlichen Rechts 122 (1997), S. 444–468.
Posner, Richard A.: Economic Analysis of Law, 4th ed., Boston/Toronto/London 1992.
–: Overcoming Law, Cambridge, MA/London 1995.
–: The Problems of Jurisprudence (1990), Cambridge, MA/London 1993.
Posser, Diether: Der Vermittlungsausschuß, in: Bundesrat (Hg.), Vierzig Jahre Bundesrat – Tagungsband zum wissenschaftlichen Symposion in der Evangelischen Akademie Tutzing vom 11. bis 14. April 1989 –, Baden-Baden 1989, S. 203–211.
Priester, Jens-Michael: Rechtsfreier Raum und strafloser Schwangerschaftsabbruch, in:

Strafgerechtigkeit, Festschrift für Arthur Kaufmann zum 70. Geburtstag, hg. von Fritjof Haft, Winfried Hassemer, Ulfrid Neumann, Wolfgang Schild, Ulrich Schroth, Heidelberg 1993, S. 499–518.

Puchta, Dieter: Mehr Autonomie für Länder und Gemeinden – Das Teilen von Steuerhoheit und Entscheidungskompetenz mit dem Bund schadet der föderalen Effizienz – Für eine Vereinfachung der deutschen Finanzverfassung –, in: Frankfurter Allgemeine Zeitung vom 28.6.1997, S. 15.

Pünder, Hermann: Exekutive Normsetzung in den Vereinigten Staaten von Amerika und der Bundesrepublik Deutschland – Eine rechtsvergleichende Untersuchung des amerikanischen rulemaking und des deutschen Verordnungserlasses mit Blick auf die in beiden Ländern bestehende Notwendigkeit, sachgerechte und demokratisch legitimierte Normen in einem kostengünstigen und rechtsstaatlichen Grundsätzen entsprechenden Normsetzungsverfahren zu erlassen –, Berlin 1995.

Püttner, Günter: Allgemeines Verwaltungsrecht – Ein Studienbuch –, 7. Aufl., Düsseldorf 1995.

–: Vorzeitige Neuwahlen – ein ungelöstes Reformproblem, in: Neue Juristische Wochenschrift 1983, S. 15 f.

–: */Kretschmer, Gerald:* Die Staatsorganisation – Lernbuch zum Staatsrecht –, 2. Aufl., München 1993.

Puhl, Thomas: Budgetflucht und Haushaltsverfassung, Tübingen 1996.

–: Die Minderheitsregierung nach dem Grundgesetz, Berlin 1986.

Puttler, Adelheid: Das BVerfG und die Rechte des Deutschen Bundestages bei der Einführung des Euro, in: Zeitschrift für Rechtspolitik 1998, S. 168–173.

Quaritsch, Helmut: Führung und Organisation der Streitkräfte im demokratisch-parlamentarischen Staat, in: Veröffentlichungen der Vereinigung der Deutschen Staatsrechtslehrer 26 (1968), S. 207–259.

Queng, Stefan: Das Zutritts- und Rederecht nach Art. 43 II GG, in: Juristische Schulung 1998, S. 610–614.

Quint, Peter E.: Amerikanisches Verfassungsrecht – ein aktueller Überblick, in: Juristen-Zeitung 1986, S. 619–626.

Raabe, Marius: Grundrechtsschutz und gesetzgeberischer Einschätzungsspielraum: Ein Konstruktionsvorschlag, in: Christoph Grabenwarter/Stefan Hammer/Alexander Pelzl/Eva Schulev-Steindl/Ewald Wiederin (Hg.), Allgemeinheit der Grundrechte und Vielfalt der Gesellschaft – 34. Assistententagung Öffentliches Recht 1994 –, Stuttgart u.a. 1994, S. 83–100.

Raap, Christian: Die Kontrolle der Streitkräfte durch das Parlament, in: Juristische Schulung 1996, S. 980–983.

–: Grundrechtsschutz bei der Information des Parlaments durch die Bundesregierung, in: Neue Juristische Wochenschrift 1997, S. 508 f.

Rack, Reinhard/Gasser, Christoph: Mehr Transparenz und mehr Verantwortlichkeit im Gemeinschaftsrecht – Die beiden BSE-Ausschüsse des Europäischen Parlaments und die Auswirkungen auf das Gemeinschaftsrecht –, in: Europäische Zeitschrift für Wirtschaftsrecht 1998, S. 421–426.

Rae, Douglas W./Schickler, Eric: Majority rule, in: Dennis C. Mueller (ed.), Perspectives on Public Choice – A Handbook –, Cambridge/GB 1997, S. 163–180.

Ragsdale, Lyn: Vital Statistics on the Presidency – Washington to Clinton –, Washington, D.C. 1996.

Raiffa, Howard: The Art and Science of Negotiation – How to resolve conflicts and get the best out of bargaining –, Cambridge, MA/London 1982.

Rakove, Jack N.: Original Meanings – Politics and Ideas in the Making of the Constitution –, New York 1996.

Randelzhofer, Albrecht: Zum behaupteten Demokratiedefizit der Europäischen Gemeinschaft, in: Peter Hommelhoff/Paul Kirchhof (Hg.), Der Staatenverbund der Europäischen Union – Beiträge und Diskussionen des Symposions am 21./22. Januar 1994 in Heidelberg –, Heidelberg 1994, S. 39–55.

Rasch, Ernst: Die staatliche Verwaltungsorganisation – Allgemeines – Rechtliche Grundlagen – Aufbau –, Köln u.a. 1967.

Rau, Christian: Selbst entwickelte Grenzen in der Rechtsprechung des United States Supreme Court und des Bundesverfassungsgerichts, Berlin 1996.

Rausch, Rolf: Die Kontrolle von Tatsachenfeststellungen und -würdigungen durch den Gerichtshof der Europäischen Gemeinschaften – Zur gerichtlichen Nachprüfung von Kommissionsentscheidungen im Vergleich zum deutschen und französischen Recht –, Berlin 1994.

Rauschning, Dietrich: Das parlamentarische Regierungssystem des Grundgesetzes in der Rechtsprechung des Bundesverfassungsgerichts, in: Bundesverfassungsgericht und Grundgesetz, Festgabe aus Anlaß des 25jährigen Bestehens des Bundesverfassungsgerichts, hg. von Christian Starck, Zweiter Band: Verfassungsauslegung, Tübingen 1976, S. 214–232.

–: Die Sicherung der Beachtung von Verfassungsrecht, Bad Homburg v.d.H./Berlin/Zürich 1969.

Rawls, John: A Theory of Justice, Cambridge, MA 1971.

Redeker, Konrad: „Der moderne Fluch der Versuchung zur Totalität", in: Neue Juristische Wochenschrift 1995, S. 3369 f.

Redish, Martin H.: Abstention, Separation of Powers, and the Limits of the Judicial Function, in: Yale Law Journal 94 (1984), S. 71–115.

–: Judicial Review and the „Political Question", in: Northwestern University Law Review 79 (1985), S. 1031–1061.

–: The Constitution as Political Structure, New York/Oxford 1995.

Rehnquist, William H.: The Notion of a Living Constitution, in: Texas Law Review 54 (1976), S. 693–706.

Reich, Norbert: Sociological Jurisprudence und Legal Realism im Rechtsdenken Amerikas, Heidelberg 1967.

Reichel, Gerhard Hans: Die auswärtige Gewalt nach dem Grundgesetz für die Bundesrepublik Deutschland vom 23. Mai 1949, Berlin 1967.

Reinhardt, Michael: Konsistente Jurisdiktion – Grundlegung einer verfassungsrechtlichen Theorie der rechtsgestaltenden Rechtsprechung –, Tübingen 1997.

Reinisch, August: Widening the US Embargo Against Cuba Extraterritorially: A Few Public International Law Comments on the „Cuban Liberty and Democratic Solidarity (LIBERTAD) Act of 1996", in: European Journal of International Law 7 (1996), S. 545–562.

Reis, Hans: Rechts- oder Glaubensstaat? – Eine Erwiderung –, in: Zeitschrift für Rechtspolitik 1996, S. 56–60.

Reisman, W. Michael: War Powers: The Operational Code of Competence, in: American Journal of International Law 83 (1989), S. 777–785.

Renck, Ludwig: Zum rechtlichen Gehalt der Kruzifix-Debatte, in: Zeitschrift für Rechtspolitik 1996, S. 16–20.

Rengeling, Hans-Werner/Middeke, Andreas/Gellermann, Martin: Rechtsschutz in der Europäischen Union – Durchsetzung des Gemeinschaftsrechts vor europäischen und deutschen Gerichten –, München 1994.

Ress, Georg: Die richtlinienkonforme „Interpretation" innerstaatlichen Rechts, in: Die öffentliche Verwaltung 1994, S. 489–496.

–: Ist die Europäische Union eine juristische Person?, in: ders./Jürgen Schwarze/Torsten Stein (Hg.), Die Organe der Europäischen Union im Spannungsfeld zwischen Gemeinschaft und Zusammenarbeit, Europarecht Beiheft 2/1995, S. 27-40.

Ress, Hans-Konrad: Die Beteiligung der deutschen Bundesländer am Rechtssetzungsprozeß der Europäischen Gemeinschaft – BVerfGE 92, 203 –, in: Juristische Schulung 1998, S. 17–24.

Rhein, Eberhard: Die Europäische Union à 25 – Wie regierbar ist sie? –, in: Internationale Politik 11/1997, S. 25–30.

Richter, Rudolf/Furubotn, Eirik G.: Neue Institutionenökonomik – Eine Einführung und kritische Würdigung –, 2. Aufl., Tübingen 1999.

Rideau, Joel: La fonction législative dans les Communautés Européennes, in: Revue des Affaires Européennes 1995, S. 63–82.

Riedel, Eibe: Abschied vom Verfassungskonsens? – Parlamentsauflösung und Mandatsrotation im Blickfeld einer Polysemie –, in: Johannes Gutenberg-Universität Mainz (Hg.), Reihe Antrittsvorlesungen, Bd. I (SS 1984 – SS 1985), Mainz 1986, S. 155–206.

–: Access to Justice as a Fundamental Right in the German Legal Order, in: ders. (ed.), German Reports on Public Law – Presented to the XV. International Congress on Comparative Law, Bristol, 26 July to 1 August 1998 –, Baden-Baden 1998, S. 77–102.

–: Der gemeineuropäische Bestand von Verfassungsprinzipien zur Begründung von Hoheitsgewalt – Legitimation und Souveränität –, in: Peter-Christian Müller-Graff/ders. (Hg.), Gemeinsames Verfassungsrecht in der Europäischen Union, Baden-Baden 1998, S. 77–97.

–: Der Vertrag von Maastricht und das Grundgesetz, in: Hans G. Leser (Hg.), Aktuelle Entwicklungen des Rechts aus deutscher und französischer Sicht – Deutsch-französisches Kolloquium Marburg-Poitiers –, Marburg 1993, S. 81–105.

–: Diskussionsbeitrag, in: Veröffentlichungen der Vereinigung der Deutschen Staatsrechtslehrer 56 (1997), S. 146 f.

–: Europäische Verwaltungsverfahrenssysteme im Vergleich – Sachverhaltsermittlung und Rechte der Betroffenen –, in: Europarecht Beiheft 1/1995, S. 49–73.

–: Rechtliche Optimierungsgebote oder Rahmensetzungen für das Verwaltungshandeln?, in: Veröffentlichungen der Vereinigung der Deutschen Staatsrechtslehrer 58 (1999), S. 177–217.

–: Theorie der Menschenrechtsstandards – Funktion, Wirkungsweise und Begründung wirtschaftlicher und sozialer Menschenrechte mit exemplarischer Darstellung der Rechte auf Eigentum und auf Arbeit in verschiedenen Rechtsordnungen -, Berlin 1986.

Riedel, Norbert K.: Die Entscheidung des Bundesverfassungsgerichts zum Bundeswehreinsatz im Rahmen von NATO-, WEU- bzw. UN-Militäraktionen – Anmerkungen zum Adria-, AWACS- und Somalia-Urteil des Bundesverfassungsgerichts –, in: Die öffentliche Verwaltung 1995, S. 135–141.

–: */Schmidt, Axel:* Die Nichtausfertigung des Gesetzes zur Privatisierung der Flugsicherung durch den Bundespräsidenten, in: Die öffentliche Verwaltung 1991, S. 371–375.

Riklin, Alois: Die Europäische Gemeinschaft im System der Staatenverbindungen, Bern 1972.

Rilinger, Lothar: Partielles engeres Zusammenwirken einzelner Mitgliedstaaten – Gedanken über rechtliche Strukturen einer Gemeinsamen Außen- und Sicherheitspolitik der EU –, in: Zeitschrift für Rechtspolitik 1997, S. 400–403.

Ripley, Randall B.: Kongreß und Einzelstaaten: Zentralisierter Interessenausgleich, in: Uwe Thaysen/Roger H. Davidson/Robert G. Livingston (Hg.), US-Kongreß und Deutscher Bundestag – Bestandsaufnahmen im Vergleich –, Opladen 1988, S. 156–174.

Risken, Arno: Grenzen amtlicher und dienstlicher Weisungen im öffentlichen Dienst, Berlin 1969.

Rittner, Fritz: Wieviel Europa braucht Europa?, in: Europarecht 1998, S. 3–19.

Rivlin, Alice M.: Kongreß und Wirtschaftspolitik: Der Bundeshaushalt, in: Uwe Thaysen/Roger H. Davidson/Robert G. Livingston (Hg.), US-Kongreß und Deutscher Bundestag – Bestandsaufnahmen im Vergleich –, Opladen 1988, S. 329–341.

Robbers, Gerhard: Für ein neues Verhältnis zwischen Bundesverfassungsgericht und Fachgerichtsbarkeit – Möglichkeit und Inhalt von „Formeln" zur Bestimmung von verfassungsgerichtlicher Kompetenzweite –, in: Neue Juristische Wochenschrift 1998, S. 935–941.

Rodríguez Iglesias, Gil Carlos: Der EuGH und die Gerichte der Mitgliedstaaten – Komponenten der richterlichen Gewalt in der Europäischen Union, in: Neue Juristische Wochenschrift 2000, S. 1889–1896.
–: Der Gerichtshof der Europäischen Gemeinschaften als Verfassungsgericht, in: Europarecht 1992, S. 225–245.
–: Gedanken zum Entstehen einer europäischen Rechtsordnung, in: Neue Juristische Wochenschrift 1999, S. 1–9.
–: Zur „Verfassung" der Europäischen Gemeinschaft, in: Europäische Grundrechte-Zeitschrift 1996, S. 125–131.
Roellecke, Gerd: Bewaffnete Auslandseinsätze – Krieg, Außenpolitik oder Innenpolitik? – Ein verfassungsänderndes Urteil des Bundesverfassungsgerichts –, in: Der Staat 34 (1995), S. 415–428.
–: Das Ansehen des Bundesverfassungsgerichts und die Verfassung, in: Michael Piazolo (Hg.), Das Bundesverfassungsgericht – Ein Gericht im Schnittpunkt von Recht und Politik –, Mainz/München 1995, S. 33–48.
–: Der Begriff des positiven Gesetzes und das Grundgesetz, Mainz 1969.
–: Der kommunikative Gegendemonstrant, in: Neue Juristische Wochenschrift 1995, S. 3101.
–: Diskussionsbeitrag, in: Veröffentlichungen der Vereinigung der Deutschen Staatsrechtslehrer 56 (1997), S. 102 f.
–: Grundrecht auf richtiges Deutsch? – Zur Unwesentlichkeit der Rechtschreibung –, in: Neue Juristische Wochenschrift 1997, S. 2500 f.
–: Kann Rechtsprechung Politik ersetzen?, in: Deutsche Richterzeitung 1996, S. 174–179.
–: Rechtsaufsicht und informelle Steuerung am Beispiel der Universitäten, in: Die öffentliche Verwaltung 1985, S. 854–862.
–: Überlastung einer Spitze in der Demokratie – Zum Bericht der Kommission „Entlastung des BVerfG" –, in: Neue Juristische Wochenschrift 1998, S. 1462 f.
Rösch, Ulrich: Geheimhaltung in der rechtsstaatlichen Demokratie – Demokratietheoretische Überlegungen zum Informationsverhältnis zwischen Staat und Bürger sowie zwischen den Staatsgewalten –, Baden-Baden 1999.
Rösler, Hannes: Zur Zukunft des Gerichtssystems der EU – Entwicklungstendenzen des EuGH zum Supreme Court Europas –, in: Zeitschrift für Rechtspolitik 2000, S. 52–57.
von Roetteken, Torsten: Verfassung und Personalvertretungsrecht, in: Neue Zeitschrift für Verwaltungsrecht 1996, S. 552–554.
Rohde, Christian: Vorläufiger Rechtsschutz unter dem Einfluß des Gemeinschaftsrechts – Down by law –, Köln u.a. 1998.
Rohe, Mathias: Notwehr gegen Europa? – Zur Bindungswirkung von Gemeinschaftsrecht –, in: Europäische Zeitschrift für Wirtschaftsrecht 1997, S. 491–498.
Rostow, Eugene V.: President, Prime Minister or Constitutional Monarch, in: American Journal of International Law 83 (1989), S. 740–749.
Roth, Wolfgang: Die Überprüfung fachgerichtlicher Urteile durch das Bundesverfassungsgericht und die Entscheidung über die Annahme einer Verfassungsbeschwerde, in: Archiv des öffentlichen Rechts 121 (1996), S. 544–577.
–: Die verfassungsgerichtliche Überprüfung verfassungskonformer Auslegung im Wege abstrakter Normenkontrolle, in: Neue Zeitschrift für Verwaltungsrecht 1998, S. 563–567.
–: Grundlage und Grenzen von Übergangsanordnungen des Bundesverfassungsgerichts zur Bewältigung möglicher Folgeprobleme seiner Entscheidungen, in: Archiv des öffentlichen Rechts 124 (1999), S. 470–502.
–: Zur Verfassungswidrigkeit der Rechtschreibreform – Zugleich Anmerkung zum Urteil des BVerfG vom 14.7.1998 – 1 BvR 1640/97 –, in: Bayerische Verwaltungsblätter 1999, S. 257–266.
Rotunda, Ronald D./Nowak, John E./Young, J. Nelson: Treatise on Constitutional Law – Substance and Procedure –, Vol. 1, St. Paul, MN 1986.

Rousseau, Jean-Jacques: Du Contrat Social (1762), présenté par François Bouchardy, Paris 1946.

Rozek, Jochen: Abschied von der Verfassungsbeschwerde auf Raten? – Der Zweite Senat des Bundesverfassungsgerichts, die Verfassungsbeschwerde und der individuelle Grundrechtsschutz –, in: Deutsches Verwaltungsblatt 1997, S. 517–527.

–: Das Grundgesetz als Prüfungs- und Entscheidungsmaßstab der Landesverfassungsgerichte – Zugleich ein Beitrag zum Phänomen der in die Landesverfassung hineinwirkenden Bundesverfassung –, Baden-Baden 1993.

Rubel, Rüdiger: Das neue Grundgesetz (Teil 1) – Zum Stand der Reformbemühungen –, in: Juristische Arbeitsblätter 1992, S. 265–271.

Rudolf, Walter: Die Bundesstaatlichkeit in der Rechtsprechung des Bundesverfassungsgerichts, in: Bundesverfassungsgericht und Grundgesetz, Festgabe aus Anlaß des 25jährigen Bestehens des Bundesverfassungsgerichts, hg. von Christian Starck, Zweiter Band: Verfassungsauslegung, Tübingen 1976, S. 233–251.

–: Verwaltungsorganisation, in: Hans-Uwe Erichsen (Hg.), Allgemeines Verwaltungsrecht, 10. Aufl., Berlin/New York 1995, S. 683–737.

–: Völkerrecht und deutsches Recht – Theoretische und dogmatische Untersuchungen über die Anwendung völkerrechtlicher Normen in der Bundesrepublik Deutschland –, Tübingen 1967.

–: /*Jutzi, Siegfried:* Verfassungspflicht zur Harmonisierung der Landesmediengesetze?, in: Zeitschrift für Rechtspolitik 1987, S. 2–4.

Rüthers, Bernd: In der Arbeitszeit auf Kollegenfang – Eine seltsame Entscheidung des Bundesverfassungsgerichts zur Werbung um neue Gewerkschaftsmitglieder –, in: Frankfurter Allgemeine Zeitung vom 21.8.1996, S. 14.

Ruffert, Matthias: Interessenausgleich im Verwaltungsorganisationsrecht, in: Ingo Erberich u.a. (Hg.), Frieden und Recht – 38. Assistententagung Öffentliches Recht 1998 –, Stuttgart u.a. 1998, S. 157–182.

Rupp, Hans G.: Vom Umgang mit Verfassungsgerichten, in: Europäische Gerichtsbarkeit und nationale Verfassungsgerichtsbarkeit, Festschrift für Hans Kutscher zum 70. Geburtstag, hg. von Wilhelm G. Grewe, Hans Rupp, Hans Schneider, Baden-Baden 1981, S. 371–384.

Rupp, Hans Heinrich: Ausschaltung des Bundesverfassungsgerichts durch den Amsterdamer Vertrag?, in: Juristen-Zeitung 1998, S. 213–217.

–: Diskussionsbeitrag, in: Veröffentlichungen der Vereinigung der Deutschen Staatsrechtslehrer 56 (1997), S. 136 f.

–: Europäische „Verfassung" und demokratische Legitimation, in: Archiv des öffentlichen Rechts 120 (1995), S. 269–275.

–: Grundfragen der heutigen Verwaltungsrechtslehre – Verwaltungsnorm und Verwaltungsrechtsverhältnis – (1965), 2. Aufl., Tübingen 1991.

–: Rechtsverordnungsbefugnis des Deutschen Bundestages?, in: Neue Zeitschrift für Verwaltungsrecht 1993, S. 756–759.

–: Vom Wandel der Grundrechte, in: Archiv des öffentlichen Rechts 101 (1976), S. 161–201.

–: Wahlrechtsgleichheit bei der Verteilung der Sitze im Europäischen Parlament auf die Mitgliedstaaten, in: Neue Juristische Wochenschrift 1995, S. 2210 f.

Rux, Johannes: Positive und negative Bekenntnisfreiheit in der Schule, in: Der Staat 35 (1996), S. 523–550.

Ryffel, Hans: Rechts- und Staatsphilosophie – Philosophische Anthropologie des Politischen –, Neuwied/Berlin 1969.

Sachs, Michael: Bloße Unvereinbarerklärung bei Gleichheitsverstößen? – Probleme einer Entscheidungspraxis des BVerfG, dargestellt am Beispiel des Beschlusses zum nordrhein-westfälischen Hausarbeitstagsgesetz –, in: Neue Zeitschrift für Verwaltungsrecht 1982, S. 657–662.

–: Das parlamentarische Regierungssystem und der Bundesrat – Entwicklungsstand und Re-

formbedarf –, in: Veröffentlichungen der Vereinigung der Deutschen Staatsrechtslehrer 58 (1999), S. 39–80.
–: Die Bindung des Bundesverfassungsgerichts an seine Entscheidungen, München 1977.
- *(Hg.):* Grundgesetz-Kommentar, 2. Aufl., München 1999.
Sameli, Katharina: Treu und Glauben im öffentlichen Recht – Einige grundsätzliche Bemerkungen anhand der Rechtsprechung des Schweizerischen Bundesgerichts –, in: Zeitschrift für Schweizerisches Recht N.F. 96 (1977), II. Halbband, S. 287–390.
Sander, Gerald G.: Der Europäische Gerichtshof als Förderer und Hüter der Integration – Eine Darstellung anhand seiner Einwirkungsmöglichkeiten auf die einzelnen Dimensionen des Einigungsprozesses –, Berlin 1998.
Sandner, Wolfram: Probleme des vorläufigen Rechtsschutzes gegen Gemeinschaftsrecht vor nationalen Gerichten, in: Deutsches Verwaltungsblatt 1998, S. 262–267.
Sannwald, Rüdiger: Die Neuordnung der Gesetzgebungskompetenzen und des Gesetzgebungsverfahrens im Bundesstaat – Einführung, Erläuterungen, Materialien –, Köln 1996.
–: Die Reform der Gesetzgebungskompetenzen und des Gesetzgebungsverfahrens nach den Beschlüssen der Gemeinsamen Verfassungskommission von Bundestag und Bundesrat, in: Zeitschrift für Gesetzgebung 9 (1994), S. 134–145.
Sartori, Giovanni: Demokratietheorie (1987), hg. von Rudolf Wildenmann, Darmstadt 1997.
Scalia, Antonin: Originalism: The Lesser Evil, in: University of Cincinnati Law Review 57 (1989), S. 849–865.
Schambeck, Herbert: Der Bundespräsident und das Parlament, in: Einigkeit und Recht und Freiheit, Festschrift für Karl Carstens zum 70. Geburtstag, hg. von Bodo Börner, Hermann Jahrreiß, Klaus Stern, Köln u.a. 1984, S. 789–815.
–: Föderalismus und Gewaltenteilung, in: Menschenwürde und freiheitliche Rechtsordnung, Festschrift für Willi Geiger zum 65. Geburtstag, hg. von Gerhard Leibholz, Hans Joachim Faller, Paul Mikat, Hans Reis, Tübingen 1974, S. 643–676.
Scharpf, Fritz W(ilhelm): Demokratie in der transnationalen Politik, in: Internationale Politik 1996, S. 11–20.
–: Grenzen der richterlichen Verantwortung – Die political-question-Doktrin in der Rechtsprechung des amerikanischen Supreme Court –, Karlsruhe 1965.
–: Judicial Review and the Political Question: A Functional Analysis, in: Yale Law Journal 75 (1966), S. 517–597.
–: Nötig, aber ausgeschlossen – Die Malaise der deutschen Politik –, in: Frankfurter Allgemeine Zeitung vom 5.6.1997, S. 35.
Schede, Christian: Bundesrat und Europäische Union – Die Beteiligung des Bundesrates nach dem neuen Artikel 23 des Grundgesetzes –, Frankfurt a.M. 1994.
Schenke, Wolf-Rüdiger: Der Umfang der bundesverfassungsgerichtlichen Überprüfung, in: Neue Juristische Wochenschrift 1979, S. 1321–1329.
–: Die Aufgabenverteilung innerhalb der Bundesregierung, in: Jura 1982, S. 337–348.
–: Die Verfassungsorgantreue, Berlin 1977.
–: Die verfassungswidrige Bundestagsauflösung, in: Neue Juristische Wochenschrift 1982, S. 2521–2528.
–: Föderalismus als Form der Gewaltenteilung, in: Juristische Schulung 1989, S. 698–703.
–: Verfassungsgerichtsbarkeit und Fachgerichtsbarkeit – Heft 175 der Schriftenreihe der Juristischen Studiengesellschaft Karlsruhe –, Heidelberg 1987.
–: 40 Jahre Grundgesetz, in: Juristen-Zeitung 1989, S. 653–663.
–: Vollstreckungsrechtsschutz gegen Verwaltungsakte bei nach Bestandskraft entstandenen Einwendungen gegen den zu vollstreckenden Anspruch, in: Verwaltungsarchiv 61 (1970), S. 342–374.
–: Zur verfassungsrechtlichen Problematik der Bundestagsauflösung, in: Neue Juristische Wochenschrift 1983, S. 150–153.

Scherzberg, Arno: Grundlagen und Typologie des subjektiv-öffentlichen Rechts, in: Deutsches Verwaltungsblatt 1988, S. 129–134.
–: Grundrechtsschutz und „Eingriffsintensität" – Das Ausmaß individueller Grundrechtsbetroffenheit als materiellrechtliche und kompetenzielle Determinante der verfassungsgerichtlichen Kontrolle der Fachgerichtsbarkeit im Rahmen der Urteilsverfassungsbeschwerde –, Berlin 1989.
–: Wertkonflikte vor dem Bundesverfassungsgericht – Zur Bewältigung politisch-moralischer Streitfragen im Verfassungsprozeß –, in: Deutsches Verwaltungsblatt 1999, S. 356–366.
Scheuch, Erwin K./Scheuch, Ute: Cliquen, Klüngel und Karrieren – Über den Verfall der politischen Parteien –, Reinbek 1992.
Scheuner, Ulrich: Der Mehrheitsentscheid im Rahmen der demokratischen Grundordnung, in: Menschenrechte – Föderalismus – Demokratie, Festschrift für Werner Kägi zum 70. Geburtstag, hg. von Ulrich Häfelin, Walter Haller, Dietrich Schindler, Zürich 1979, S. 301–325.
–: Die Lage des parlamentarischen Regierungssystems in der Bundesrepublik, in: Die öffentliche Verwaltung 1974, S. 433–441.
–: Entwicklungslinien des parlamentarischen Regierungssystems in der Gegenwart, in: Festschrift für Adolf Arndt, hg. von Horst Ehmke, Carlo Schmid, Hans Scharoun, Frankfurt a.M. 1969, S. 385–404.
–: Staatszielbestimmungen, in: Festschrift für Ernst Forsthoff zum 70. Geburtstag, hg. von Roman Schnur, München 1972, S. 325–346.
–: Struktur und Aufgabe des Bundesstaates in der Gegenwart – Zur Lehre vom Bundesstaat –, in: Die öffentliche Verwaltung 1962, S. 641–648.
Schilling, Theodor: The Autonomy of the Community Legal Order: An Analysis of Possible Foundations, in: Harvard International Law Journal 37 (1996), S. 389–409.
–: Zur Verfassungsbindung des deutschen Vertreters bei der Mitwirkung an der Rechtsetzung im Rate der EU – Die Mitwirkung als Gesetzgebung im Sinne des Grundgesetzes –, in: Deutsches Verwaltungsblatt 1997, S. 458–463.
Schima, Bernhard: Das Subsidiaritätsprinzip im Europäischen Gemeinschaftsrecht, Wien 1994.
Schlaich, Klaus: Das Bundesverfassungsgericht – Stellung, Verfahren, Entscheidungen –, 4. Aufl., München 1997.
–: Die Funktion des Bundespräsidenten im Verfassungsgefüge, in: Josef Isensee/Paul Kirchhof (Hg.), Handbuch des Staatsrechts der Bundesrepublik Deutschland, Bd. II: Demokratische Willensbildung – Die Staatsorgane des Bundes, Heidelberg 1987, S. 541–584 (§ 49).
–: Die Verfassungsgerichtsbarkeit im Gefüge der Staatsfunktionen, in: Veröffentlichungen der Vereinigung der Deutschen Staatsrechtslehrer 39 (1981), S. 99–146.
Schlesinger, Arthur M. Jr.: The Imperial Presidency, London 1974.
Schlüchter, Ellen: Mittlerfunktion der Präjudizien – Eine rechtsvergleichende Studie –, Berlin/New York 1986.
Schmahl, Ludwig: Die Rechtsquellen der Europäischen Union und der Bundesrepublik Deutschland, in: Verwaltungs-Rundschau 1995, S. 193–199.
Schmalenbach, Kirsten: Der neue Europaartikel 23 des Grundgesetzes im Lichte der Arbeit der Gemeinsamen Verfassungskommission – Motive einer Verfassungsänderung –, Berlin 1996.
Schmid, Christoph U.: The neglected conciliation approach to the „Final Arbiter" conflict – A critical comment on Kumm, „Who is the Final Arbiter of Constitutionality in Europe?" –, in: Common Market Law Review 36 (1999), S. 509–514.
Schmidhuber, Peter M.: Föderalistische und demokratische Grundlagen des Europäischen Unionsrechts, in: Festschrift für Ulrich Everling, hg. von Ole Due, Marcus Lutter, Jürgen Schwarze, Baden-Baden 1995, S. 1265–1279.

Schmidt, Joachim: Der Bundesstaat und das Verfassungsprinzip der Bundestreue – Ein Beitrag zur Lehre vom Bundesstaat unter besonderer Berücksichtigung des Gedankens der Bundestreue –, Diss. Würzburg 1966.

Schmidt, Manfred G.: Demokratietheorien – Eine Einführung –, 2. Aufl., Opladen 1997.

Schmidt-Aßmann, Eberhard: Der Rechtsstaat, in: Josef Isensee/Paul Kirchhof (Hg.), Handbuch des Staatsrechts der Bundesrepublik Deutschland, Bd. I: Grundlagen von Staat und Verfassung, Heidelberg 1987, S. 987–1043 (§ 24).

–: Die Kontrolldichte der Verwaltungsgerichte: Verfassungsgerichtliche Vorgaben und Perspektiven, in: Deutsches Verwaltungsblatt 1997, S. 281–289.

–: Die Lehre von den Rechtsformen des Verwaltungshandelns – Ihre Bedeutung im System des Verwaltungsrechts und für das verwaltungsrechtliche Denken der Gegenwart –, in: Deutsches Verwaltungsblatt 1989, S. 533–541.

–: Verwaltungsverfahren, in: Josef Isensee/Paul Kirchhof (Hg.), Handbuch des Staatsrechts der Bundesrepublik Deutschland, Bd. III: Das Handeln des Staates, Heidelberg 1988, S. 623–651 (§ 70).

Schmidt-Bleibtreu, Bruno/Klein, Franz: Kommentar zum Grundgesetz, 8. Aufl., Neuwied/Kriftel/Berlin 1995.

Schmidt-Jortzig, Edzard: Die Pflicht zur Geschlossenheit der kollegialen Regierung (Regierungszwang), Stuttgart u.a. 1973.

Schmidt-Meinecke, Stefan: Bundesländer und Europäische Gemeinschaft – Entwicklung und Stand der Länderbeteiligung im Europäischen Einigungsprozeß –, 2. Aufl., Speyer 1988.

Schmitt, Carl: Verfassungslehre (1928), 7. Aufl., Berlin 1989.

Schmitt, Karl: Regionen, Regionalisierung und Föderalismus in Europa, in: Peter M. Huber (Hg.), Das Ziel der europäischen Integration, Berlin 1996, S. 55–79.

Schmitt Glaeser, Walter: Das Bundesverfassungsgericht als „Gegengewalt" zum verfassungsändernden Gesetzgeber? – Lehren aus dem Diäten-Streit 1995 –, in: Verfassungsstaatlichkeit, Festschrift für Klaus Stern zum 65. Geburtstag, hg. von Joachim Burmeister, München 1997, S. 1183–1199.

–: Meinungsfreiheit, Ehrenschutz und Toleranzgebot, in: Neue Juristische Wochenschrift 1996, S. 873–879.

–: */Degenhart, Christoph:* Koordinationspflicht der Länder im Rundfunkwesen – Zur Einspeisung herangeführter privater Programme in Kabelanlagen –, in: Archiv für Presserecht 17 (1986), S. 173–187.

Schmuck, Otto: Der Maastrichter Vertrag zur Europäischen Union – Fortschritt und Ausdifferenzierung der Europäischen Einigung –, in: Europa-Archiv 1992, S. 97–106.

Schnapp, Friedrich E.: Ist der Bundespräsident verpflichtet, verfassungsmäßige Gesetze auszufertigen?, in: Juristische Schulung 1995, S. 286–291.

Schneider, Hans: Der Niedergang des Gesetzgebungsverfahrens, in: Festschrift für Gebhard Müller zum 70. Geburtstag, hg. von Theo Ritterspach und Willi Geiger, Tübingen 1970, S. 421–434.

Schneider, Hans-Peter: Die parlamentarische Opposition im Verfassungsrecht der Bundesrepublik Deutschland, Bd. I: Grundlagen, Frankfurt a.M. 1974.

–: Die Vollstreckungskompetenz nach § 35 BVerfGG – ein Notverordnungsrecht des Bundesverfassungsgerichts?, in: Neue Juristische Wochenschrift 1994, S. 2590–2594.

–: Gewaltenverschränkung zwischen Parlament und Regierung, in: Detlef Merten (Hg.), Gewaltentrennung im Rechtsstaat – Zum 300. Geburtstag von Charles de Montesquieu –, 2. Aufl., Berlin 1997, S. 77–89.

–: Nehmen ist seliger als Geben. Oder: Wieviel „Förderalismus" verträgt der Bundesstaat?, in: Neue Juristische Wochenschrift 1998, S. 3757–3759.

–: SOS aus Karlsruhe – das Bundesverfassungsgericht vor dem Untergang?, in: Neue Juristische Wochenschrift 1996, S. 2630–2632.

–: Verfassungsgerichte der Länder – „Filter" für Karlsruhe?, in: Neue Juristische Wochenschrift 1996, S. 1517 f.
–: Verfassungsgerichtsbarkeit und Gewaltenteilung – Zur Funktionsgerechtigkeit von Kontrollmaßstäben und Kontrolldichte verfassungsgerichtlicher Entscheidung –, in: Neue Juristische Wochenschrift 1980, S. 2103–2111.
–: Vernunft wird Unsinn, Wohltat Plage... - Über Wert und Unwert des Normierungsperfektionismus oder: Wo bleibt die „gesetznehmende" Gewalt? -, in: Neue Juristische Wochenschrift 1998, S. 2505–2507.
Schneider, Heinrich: Leitbilder der Europapolitik – Der Weg zur Integration, Bonn 1977.
Schoch, Friedrich: Privatisierung von Verwaltungsaufgaben, in: Deutsches Verwaltungsblatt 1994, S. 962–977.
–: */Schmidt-Aßmann, Eberhard/Pietzner, Rainer:* VwGO-Kommentar, München (Loseblatt).
Schockweiler, Fernand: Die richterliche Kontrollfunktion: Umfang und Grenzen in Bezug auf den Europäischen Gerichtshof, in: Europarecht 1995, S. 191–201.
Schodder, Thomas F. W.: Föderative Gewaltenteilung in der Bundesrepublik Deutschland – Eine Untersuchung ihrer gegenwärtigen Wirkungen und Probleme –, Frankfurt a.M. u.a. 1989.
Schönfeld, Gert: Das Zitier-, Zutritts- und Rederecht des Artikels 43 Grundgesetz, Diss. Berlin 1973.
Schönfelder, Wilhelm/Silberberg, Reinhard: Auf dem Weg zum Ziel – Die Ergebnisse des Vertrags von Amsterdam –, in: Internationale Politik 11/1997, S. 18–24.
Scholz, Rupert: Europäische Union und deutscher Bundesstaat, in: Neue Zeitschrift für Verwaltungsrecht 1993, S. 817–824.
–: Europäische Union und Verfassungsreform, in: Neue Juristische Wochenschrift 1993, S. 1690–1692.
–: Grundgesetz und europäische Einigung – Zu den reformpolitischen Empfehlungen der Gemeinsamen Verfassungskommission –, in: Neue Juristische Wochenschrift 1992, S. 2593–2601.
Schoo, Johann: Das Europäische Parlament und sein Verfassungsgericht – Von der Vormundschaft zur Volljährigkeit –, in: Europäische Grundrechte-Zeitschrift 1990, S. 525–533.
–: Vom Strahlenschutz zum Pflanzenschutz – Nichtigkeitsklagen des Europäischen Parlaments, in: Europäische Zeitschrift für Wirtschaftsrecht 1996, S. 581–583.
Schreckenberger, Waldemar: Von den Schengener Abkommen zu einer gemeinsamen Innen- und Justizpolitik (Die Dritte Säule), in: Verwaltungsarchiv 88 (1997), S. 389–415.
Schröcker, Sebastian: Ungeschriebenes Verfassungsrecht im Bundesstaat – Zum 100. Gründungsjahr des deutschen Bundesstaats –, in: Der Staat 5 (1966), S. 137–161, 315–340.
Schroeder, Friedrich-Christian: Die Grundstruktur der Nötigung und die Möglichkeiten zur Beseitigung ihrer durch das BVerfG geschaffenen Lücken, in: Neue Juristische Wochenschrift 1996, S. 2627–2629.
Schröder, Meinhard: Aufgaben der Bundesregierung, in: Josef Isensee/Paul Kirchhof (Hg.), Handbuch des Staatsrechts der Bundesrepublik Deutschland, Bd. II: Demokratische Willensbildung – Die Staatsorgane des Bundes, Heidelberg 1987, S. 585–601 (§ 50).
–: Parlamentsauflösung bei gesicherten Mehrheitsverhältnissen? – Bemerkungen zu Art. 68 des Grundgesetzes –, in: Juristen-Zeitung 1982, S. 786–788.
Schroeder, Werner: Verfassungs- und völkerrechtliche Aspekte friedenssichernder Bundeswehreinsätze – BVerfG, NJW 1994, 2207 -, in: Juristische Schulung 1995, S. 398–405.
Schüle, Adolf: Das Problem der einstweiligen Verfügung in der deutschen Reichsstaatsgerichtsbarkeit, Berlin 1932.
–: Die Informationspflicht der Bundesregierung gegenüber dem Bundesrat, in: Völkerrechtliche und staatsrechtliche Abhandlungen, Festgabe für Carl Bilfinger zum 75. Geburtstag, Köln/Berlin 1954, S. 441–471.

–: Treu und Glauben im deutschen Verwaltungsrecht, in: Verwaltungsarchiv 38 (1933), S. 399–436.

Schüppen, Matthias: Die Nichtanwendbarkeit des Vermögensteuergesetzes ab 1.1.1997: offene Fragen und ein zusätzliches „Steuergeschenk", in: Deutsches Steuerrecht 1997, S. 225–228.

Schürmann, Martin: Die Umgehung des Bundesrates im sog. „Ersten Durchgang" einer Gesetzesvorlage, in: Archiv des öffentlichen Rechts 115 (1990), S. 45–63.

–: Grundlagen und Prinzipien des legislatorischen Einleitungsverfahrens nach dem Grundgesetz, Berlin 1987.

Schütz, Hans-Joachim: Bund, Länder und Europäische Gemeinschaften – Kritische Anmerkungen zur Übertragung von Hoheitsrechten der Länder auf zwischenstaatliche Einrichtungen durch den Bund –, in: Der Staat 28 (1989), S. 201–224.

Schütz, Peter: Der neue Art. 80 IV GG – Gesetzgebung an Verordnungs Statt, in: Neue Zeitschrift für Verwaltungsrecht 1996, S. 37–40.

Schütz, Raimund: Europaweite Freizügigkeit ohne demokratische Kontrolle? – Überwachung der Anwendung der Schengen II-Konvention durch die nationalen Parlamente –, in: Archiv des öffentlichen Rechts 120 (1995), S. 509–548.

Schulte, Martin: Appellentscheidungen des Bundesverfassungsgerichts, in: Deutsches Verwaltungsblatt 1988, S. 1200–1206.

–: Schlichtes Verwaltungshandeln – Verfassungs- und verwaltungsrechtsdogmatische Strukturüberlegungen am Beispiel des Umweltrechts –, Tübingen 1995.

–: Zur Lage und Entwicklung der Verfassungsgerichtsbarkeit, in: Deutsches Verwaltungsblatt 1996, S. 1009–1020.

–: Zur Rechtsnatur der Bundesauftragsverwaltung, in: Verwaltungsarchiv 81 (1990), S. 415–435.

Schulz, Axel: Die Gegenzeichnung – Eine verfassungsgeschichtliche Untersuchung –, Berlin 1978.

Schulze-Fielitz, Helmuth: Das Bundesverfassungsgericht in der Krise des Zeitgeists – Zur Metadogmatik der Verfassungsinterpretation –, in: Archiv des öffentlichen Rechts 122 (1997), S. 1–31.

–: Der informale Verfassungsstaat – Aktuelle Beobachtungen der Bundesrepublik Deutschland im Lichte der Verfassungstheorie –, Berlin 1984.

–: Grundsatzkontroversen in der deutschen Staatsrechtslehre nach 50 Jahren Grundgesetz – in der Beleuchtung des Handbuchs des Staatsrechts –, in: Die Verwaltung 32 (1999), S. 241–282.

–: Neue Kriterien für die verwaltungsgerichtliche Kontrolldichte bei der Anwendung unbestimmter Rechtsbegriffe, in: Juristen-Zeitung 1993, S. 772–781.

–: Theorie und Praxis parlamentarischer Gesetzgebung – besonders des 9. Deutschen Bundestages (1980–1983) –, Berlin 1988.

Schumann, Ekkehard: Verfassungs- und Menschenrechtsbeschwerde gegen richterliche Entscheidungen, Berlin 1963.

Schuppert, (Gunnar) Folke: Die Steuerung des Verwaltungshandelns durch Haushaltsrecht und Haushaltskontrolle, in: Veröffentlichungen der Vereinigung der Deutschen Staatsrechtslehrer 42 (1984), S. 216–266.

–: Die verfassungsgerichtliche Kontrolle der Auswärtigen Gewalt, Baden-Baden 1973.

–: Funktionell-rechtliche Grenzen der Verfassungsinterpretation, Königstein/Ts. 1980.

–: Konfliktmittlung bei Verhandlungen und Verwaltungsverfahren, in: Wolfgang Hoffmann-Riem/Eberhard Schmidt-Aßmann (Hg.), Konfliktbewältigung durch Verhandlungen, Bd. II: Konfliktmittlung im Verwaltungsverfahren, Baden-Baden 1990, S. 29–53.

–: Rigidität und Flexibilität von Verfassungsrecht – Überlegungen zur Steuerungsfunktion von Verfassungsrecht in normalen wie in „schwierigen Zeiten" –, in: Archiv des öffentlichen Rechts 120 (1995), S. 32–99.

–: Self-restraints der Rechtsprechung – Überlegungen zur Kontrolldichte in der Verfassungs- und Verwaltungsgerichtsbarkeit –, in: Deutsches Verwaltungsblatt 1988, S. 1191–1200.
Schur, Wolfgang: Anspruch, absolutes Recht und Rechtsverhältnis im öffentlichen Recht entwickelt aus dem Zivilrecht, Berlin 1993.
Schuster, Gunnar: Bundeskompetenz, Kontrolldichte und Grundrechtsschutz bei Ausweisungen – Ein Vergleich des amerikanischen und des deutschen Verfassungsrechts –, in: Jahrbuch des öffentlichen Rechts, Neue Folge 43 (1995), S. 661–707.
Schwarz, Henning: Die verfassungsgerichtliche Kontrolle der Außen- und Sicherheitspolitik – Ein Verfassungsvergleich Deutschland – USA -, Berlin 1995.
Schwarze, Jürgen: Das allgemeine Völkerrecht in den innergemeinschaftlichen Rechtsbeziehungen, in: Europarecht 1983, S. 1–39.
–: Das schwierige Geschäft mit Europa und seinem Recht, in: Juristen-Zeitung 1998, S. 1077–1088.
–: Das Staatsrecht in Europa, in: Juristen-Zeitung 1993, S. 585–594.
–: Die gerichtliche Kontrolle der Verwaltung in England, in: Die öffentliche Verwaltung 1996, S. 771–776.
–: Entwicklungsstufen des Europäischen Gemeinschaftsrechts, in: Einigkeit und Recht und Freiheit, Festschrift für Karl Carstens zum 70. Geburtstag, hg. von Bodo Börner, Hermann Jahrreiß, Klaus Stern, Köln u.a. 1984, Bd. 1: Europarecht. Völkerrecht, S. 259–272.
–: Europapolitik unter deutschem Verfassungsrichtervorbehalt – Anmerkungen zum Maastricht-Urteil des BVerfG vom 12.10.1993 –, in: Neue Justiz 1994, S. 1-5.
–: Grundlinien und neuere Entwicklungen des Verwaltungsrechtsschutzes in Frankreich und Deutschland, in: Neue Zeitschrift für Verwaltungsrecht 1996, S. 22–29.
–: Grundzüge und neuere Entwicklung des Rechtsschutzes im Recht der Europäischen Gemeinschaft, in: Neue Juristische Wochenschrift 1992, S. 1065–1072.
–: Möglichkeiten und Grenzen interinstitutioneller Vereinbarungen nach Maastricht, in: Georg Ress/ders./Torsten Stein (Hg.), Die Organe der Europäischen Union im Spannungsfeld zwischen Gemeinschaft und Zusammenarbeit, Europarecht Beiheft 2/1995, S. 49–67.
Schweitzer, Michael/Hummer, Waldemar: Europarecht – Das Recht der Europäischen Union – Das Recht der Europäischen Gemeinschaften (EGKS, EG, EAG) – mit Schwerpunkt EG –, 5. Aufl., Neuwied/Kriftel/Berlin 1996.
Schwintowski, Hans-Peter: Ökonomische Theorie des Rechts, in: Juristen-Zeitung 1998, S. 581–588.
Scorey, David W. J.: A new model for the Communities judicial architecture in the new Union, in: European Law Review 21 (1996), S. 224–231.
Sedemund, Jochim/Montag, Frank: Die Entwicklung des Europäischen Gemeinschaftsrechts, in: Neue Juristische Wochenschrift 1995, S. 1126–1133.
Seer, Roman: Die Unvereinbarkeitserklärung des BVerfG am Beispiel seiner Rechtsprechung zum Abgabenrecht, in: Neue Juristische Wochenschrift 1996, S. 285–291.
Seibert, Gerhard: Parlamentarischer Untersuchungsausschuß und Steuergeheimnis, in: Neue Juristische Wochenschrift 1984, S. 1001–1009.
Seidel, Dietmar: Der Bundespräsident als Träger der auswärtigen Gewalt, Berlin 1972.
Seidel, Martin: Die Einstimmigkeit im EU-Rat – eine leidige, aber nicht dispensable Regel, in: Europäische Zeitschrift für Wirtschaftsrecht 2000, S. 65.
Seidl-Hohenveldern, Ignaz: Völkerrecht, 9. Aufl., Köln u.a. 1997.
–: */Loibl, Gerhard:* Das Recht der Internationalen Organisationen einschließlich der Supranationalen Gemeinschaften, 6. Aufl., Köln u.a. 1996.
Seitz, Walter: Die DGHS-Entscheidung des BVerfG – ein Lichtblick?, in: Neue Juristische Wochenschrift 1996, S. 1518–1520.
Sellmann, Klaus-Albrecht: Der schlichte Parlamentsbeschluß – Eine Studie zum Parlamentsakt außerhalb des Gesetzgebungsverfahrens, dargestellt an Beschlüssen des Bundestages und des Bayerischen Landtages –, Berlin 1966.

Selmayr, Martin: Gefahr für die Europäische Zentralbank?, in: Europa-Blätter 1998, S. 39–44.
Sendler, Horst: Blüten richterlicher Unabhängigkeit und Verfassungsgerichtsschelte, in: Neue Juristische Wochenschrift 1996, S. 825–827.
–: Der Maria-Theresien-Taler (MTT) als Hilfe zur Rechtsfindung – Ein Beitrag zur Austrifizierung der Welt auf dem Gebiet der Rechtspflege –, in: Die öffentliche Verwaltung 1991, S. 521–530.
–: Gorbatschow und die lautere Wahrheit – Neue Erkenntnisse zum Restitutionsausschluß und zu einer verdeckten Junkerabgabe?, in: Neue Juristische Wochenschrift 1995, S. 3235.
Seuffert, Walter: Freiheit der Politik und Grenzen des Rechts – Zum Urteil des Bundesverfassungsgerichts vom 16.2.1983 –, in: Archiv des öffentlichen Rechts 108 (1983), S. 403–409.
Seyfarth, Georg: Die Änderung der Rechtsprechung durch das Bundesverfassungsgericht, Berlin 1998.
Shackleton, Michael: The Politics of Codecision, in: Journal of Common Market Studies 38 (2000), S. 325–342.
Shell, Kurt L.: Die Macht amerikanischer Präsidenten wird immer wieder überschätzt – Nicht die Sex-Affäre beschränkt Clintons Handlungsfähigkeit, sondern die Konstellation des „divided government" –, in: Frankfurter Allgemeine Zeitung vom 25.9.1998, S. 14.
Siebert, Derk: Die Auswahl der Richter am Gerichtshof der Europäischen Gemeinschaften – Zu der erforderlichen Reform des Art. 167 EGV –, Frankfurt a.M. 1997.
Sieckmann, Jan-R.: Beurteilungsspielräume und richterliche Kontrollkompetenzen, in: Deutsches Verwaltungsblatt 1997, S. 101–107.
–: Richtigkeit und Objektivität im Prinzipienmodell, in: Archiv für Rechts- und Sozialphilosophie 1997, S. 14–36.
Siedentopf, Heinrich/Hauschild, Christoph: Europäische Integration und die öffentlichen Verwaltungen der Mitgliedstaaten, in: Die öffentliche Verwaltung 1990, S. 445–455.
Siedschlag, Alexander: Die aktive Beteiligung Deutschlands an militärischen Aktionen zur Verwirklichung Kollektiver Sicherheit, Frankfurt a.M. 1995.
Simon, Helmut: Verfassungsgerichtsbarkeit, in: Ernst Benda/Werner Maihofer/Hans-Jochen Vogel (Hg.), Handbuch des Verfassungsrechts der Bundesrepublik Deutschland, 2. Aufl., Berlin/New York 1994, S. 1637–1677 (§ 34).
Simons, Cornelius: Grundrechte und Gestaltungsspielraum – Eine rechtsvergleichende Untersuchung zum Prüfungsinstrumentarium von Bundesverfassungsgericht und US-amerikanischem Supreme Court bei der Normenkontrolle –, Berlin 1999.
Slaughter-Burley, Anne-Marie: Are Foreign Affairs Different?, in: Harvard Law Review 106 (1993), S. 1980–2008.
Smend, Rudolf: Das Recht der freien Meinungsäußerung, in: Veröffentlichungen der Vereinigung der Deutschen Staatsrechtslehrer 4 (1928), S. 44–74.
–: Die politische Gewalt im Verfassungsstaat und das Problem der Staatsform (1923), in: ders., Staatsrechtliche Abhandlungen und andere Aufsätze, 3. Aufl., Berlin 1994, S. 68–88.
–: Ungeschriebenes Verfassungsrecht im monarchischen Bundesstaat, in: Festgabe für Otto Mayer zum 70. Geburtstag, Tübingen 1916, S. 245–270.
–: Verfassung und Verfassungsrecht, München/Leipzig 1928.
Smis, Stefaan/van der Borght, Kim: The Cuban Liberty and Democratic Solidarity (Libertad) Act of 1996 – Some Aspects from the Perspective of International Economic Law –, in: Revue belge de droit international XXXI (1998), S. 217–258.
Smith, Steven D.: The Pursuit of Pragmatism, in: Yale Law Journal 100 (1990), S. 409–449.
Sobota, Katharina: Die Ethik-Kommission – Ein neues Institut des Verwaltungsrechts?, in: Archiv des öffentlichen Rechts 121 (1996), S. 229–260.
Sodan, Helge: Das Prinzip der Widerspruchsfreiheit der Rechtsordnung, in: Juristen-Zeitung 1999, S. 864–873.

–: Die funktionelle Unabhängigkeit der Zentralbanken, in: Neue Juristische Wochenschrift 1999, S. 1521–1524.

–: */Ziekow, Jan (Hg.):* Nomos-Kommentar zur Verwaltungsgerichtsordnung, Baden-Baden (Loseblatt), Bd. I.

Söhn, Hartmut: Die abstrakte Normenkontrolle, in: Bundesverfassungsgericht und Grundgesetz, Festgabe aus Anlaß des 25jährigen Bestehens des Bundesverfassungsgerichts, hg. von Christian Starck, Erster Band: Verfassungsgerichtsbarkeit, Tübingen 1976, S. 292–322.

Söllner, Alfred: Zur Entlastung des Bundesverfassungsgerichts durch eine „Verfassungsanwaltschaft“, in: Zeitschrift für Rechtspolitik 1997, S. 273–276.

Söllner, Renate: Art. 5 EWG-Vertrag in der Rechtsprechung des Europäischen Gerichtshofes, München 1985.

Soergel, Hans Theodor (und Bearbeiter): Bürgerliches Gesetzbuch mit Einführungsgesetz und Nebengesetzen, Bd. 2: Schuldrecht I (§§ 241–432), Wiss. Red. Hans-Joachim Mertens, 12. Aufl., Stuttgart/Berlin/Köln 1990.

Sofaer, Abraham D.: The ABM Treaty and the Strategic Defense Initiative, in: Harvard Law Review 99 (1986), S. 1972–1985.

Sommermann, Karl-Peter: Staatsziele und Staatszielbestimmungen, Tübingen 1997.

–: Verordnungsermächtigung und Demokratieprinzip – Verfassungsrechtliche Grenzen parlamentarischer Änderungsvorbehalte –, in: Juristen-Zeitung 1997, S. 434–441.

Sontheimer, Kurt: Grundzüge des politischen Systems der neuen Bundesrepublik Deutschland, Neuausgabe München/Zürich 1993.

Spanner, Hans: Zur Rechtskontrolle des bundesfreundlichen Verhaltens, in: Die öffentliche Verwaltung 1961, S. 481–486.

Spieker, Wolfgang: Der steinige Weg zur nächsten Reform der Europäischen Union, in: WSI-Mitteilungen 1994, S. 721–735.

Stachowiak, Herbert: Normenwandel und Normenvalidierung – Ein Beitrag zur Gesellschaftstheorie und politischen Ethik –, in: ders. (Hg.), Pragmatik – Handbuch pragmatischen Denkens -, Bd. III: Allgemeine philosophische Pragmatik, Hamburg 1989, S. 109–143.

Stadler, Rainer: Der rechtliche Handlungsspielraum des Europäischen Systems der Zentralbanken, Baden-Baden 1996.

Starck, Christian: Das Verwaltungsermessen und dessen gerichtliche Kontrolle, in: Bürger – Richter – Staat, Festschrift für Horst Sendler, hg. von Everhardt Franßen, Konrad Redeker, Otto Schlichter, Dieter Wilke, München 1991, S. 167–181.

–: Der Gesetzesbegriff des Grundgesetzes – Ein Beitrag zum juristischen Gesetzesbegriff –, Baden-Baden 1970.

–: Die Bindung des Richters an Gesetz und Verfassung, in: Veröffentlichungen der Vereinigung der Deutschen Staatsrechtslehrer 34 (1976), S. 43–93.

–: Die Verfassungsauslegung, in: Josef Isensee/Paul Kirchhof (Hg.), Handbuch des Staatsrechts der Bundesrepublik Deutschland, Bd. VII: Normativität und Schutz der Verfassung – Internationale Beziehungen, Heidelberg 1992, S. 189–229 (§ 164).

–: Verfassungsgerichtsbarkeit und Fachgerichte, in: Juristen-Zeitung 1996, S. 1033–1042.

Starr, Kenneth W./Sunstein, Cass R./Willard, Richard K./Morrison, Alan B.: Judicial Review of Administrative Action in a Conservative Era, in: Administrative Law Review 39 (1987), S. 353–398.

Stati, Marcel O.: Le Standard Juridique, Paris 1927.

Stauffenberg, Franz Ludwig Graf/Langenfeld, Christine: Maastricht – ein Fortschritt für Europa?, in: Zeitschrift für Rechtspolitik 1992, S. 252–259.

Staupe, Jürgen: Parlamentsvorbehalt und Delegationsbefugnis – Zur „Wesentlichkeitstheorie“ und zur Reichweite legislativer Regelungskompetenz, insbesondere im Schulrecht –, Berlin 1986.

Stauß, Michael: Das Europäische Parlament und seine Untergliederungen als Parteien im Verfahren der Nichtigkeitsklage (Art. 173 EGV), Baden-Baden 1996.

Stefanou, Constantin/Xanthaki, Helen: A Legal and Political Interpretation of Articles 224 and 225 of the Treaty of Rome – The Former Yugoslav Republic of Macedonia Cases –, Aldershot/UK et al. 1997.

Steffani, Winfried: Der Gesetzgebungsprozeß, in: Wolfgang Jäger/Wolfgang Welz (Hg.), Regierungssystem der USA – Lehr- und Handbuch –, München/Wien 1995, S. 184–197 (§ 9).

–: Parlamentarische und präsidentielle Demokratie – Strukturelle Aspekte westlicher Demokratien –, Opladen 1979.

–: Parlamentarisches und präsidentielles Regierungssystem, in: Lexikon der Politik, hg. von Dieter Nohlen, Bd. 3: Die westlichen Länder, hg. von Manfred G. Schmidt, München 1992, S. 288–295.

–: Parteien (Fraktionen) und Ausschüsse im Deutschen Bundestag, in: Uwe Thaysen/Roger H. Davidson/Robert G. Livingston (Hg.), US-Kongreß und Deutscher Bundestag – Bestandsaufnahmen im Vergleich –, Opladen 1988, S. 260–280.

Steiger, Heinhard: Organisatorische Grundlagen des parlamentarischen Regierungssystems – Eine Untersuchung zur rechtlichen Stellung des Deutschen Bundestages –, Berlin 1973.

Steiker, Carol: Capital Sentencing – Roads Taken and Not Taken –, in: Harvard Law Bulletin (Summer 1998), S. 21–23.

Stein, Ekkehart: Staatsrecht, 16. Aufl., Tübingen 1998.

Stein, Klaus D.: Der gemischte Vertrag im Recht der Außenbeziehungen der Europäischen Wirtschaftsgemeinschaft, Berlin 1986.

Stein, Torsten: Amtshilfe in auswärtigen Angelegenheiten, Berlin/Heidelberg/New York 1975.

–: „Bananen-Split“? – Entzweien sich BVerfG und EuGH über den Bananenstreit? –, in: Europäische Zeitschrift für Wirtschaftsrecht 1998, S. 261–264.

–: Das Zusammenspiel von Mitgliedstaaten, Rat und Kommission bei der Gemeinsamen Außen- und Sicherheitspolitik der Europäischen Union, in: Georg Ress/Jürgen Schwarze/ders. (Hg.), Die Organe der Europäischen Union im Spannungsfeld zwischen Gemeinschaft und Zusammenarbeit, Europarecht Beiheft 2/1995, S. 69–81.

–: Die verfassungsrechtliche Zulässigkeit einer Beteiligung der Bundesrepublik Deutschland an Friedenstruppen der Vereinten Nationen, in: Jochen Abr. Frowein/ders. (Hg.), Rechtliche Aspekte einer Beteiligung der Bundesrepublik Deutschland an Friedenstruppen der Vereinten Nationen – Materialien des Kolloquiums vom 17./18.8.1989 –, Berlin u.a. 1990, S. 17–30.

–: Richterrecht wie anderswo auch? – Der Gerichtshof der Europäischen Gemeinschaften als „Integrationsmotor“ –, in: Richterliche Rechtsfortbildung – Erscheinungsformen, Auftrag und Grenzen –, Festschrift der Juristischen Fakultät zur 600–Jahr-Feier der Ruprecht-Karls-Universität Heidelberg, Heidelberg 1986, S. 619–641.

–: */Kröninger, Holger:* Bundeswehreinsatz im Rahmen von NATO-, WEU- bzw. VN-Militäraktionen – BVerfG vom 12.7.1994 – 2 BvE 3/93, 2 BvE 5/93, 2 BvE 7/93, 2 BvE 8/93 –, in: Jura 1995, S. 254–262.

Steinberg, Rudolf: Grundgesetz und Europäische Verfassung, in: Zeitschrift für Rechtspolitik 1999, S. 365–374.

–: Staatliches Risikomanagement im europäischen Anlagenrecht – Generalbericht –, in: Eibe Riedel (Hg.), Risikomanagement im öffentlichen Recht – Landesberichte und Generalbericht der Tagung für Rechtsvergleichung 1996 in Jena –, Baden-Baden 1997, S. 17–54.

–: Verfassungsgerichtliche Kontrolle der „Nachbesserungspflicht“ des Gesetzgebers, in: Der Staat 26 (1987), S. 161–186.

Steinberger, Helmut: Auswärtige Gewalt unter dem Grundgesetz, in: Reinhard Mußgnug (Hg.), Rechtsentwicklung unter dem Bonner Grundgesetz – Ringvorlesung der Juristischen Fakultät der Ruprecht-Karls-Universität Heidelberg aus Anlaß der 40. Wiederkehr des Inkrafttretens des Bonner Grundgesetzes –, Heidelberg 1990, S. 101–124.

–: Der Verfassungsstaat als Glied einer europäischen Gemeinschaft, in: Veröffentlichungen der Vereinigung der Deutschen Staatsrechtslehrer 50 (1991), S. 9–55.
–: Entwicklungslinien in der neueren Rechtsprechung des Bundesverfassungsgerichts zu völkerrechtlichen Fragen, in: Zeitschrift für ausländisches öffentliches Recht und Völkerrecht 48 (1988), S. 1-17.
–: Konzeption und Grenzen freiheitlicher Demokratie – Dargestellt am Beispiel des Verfassungsrechtsdenkens in den Vereinigten Staaten von Amerika und des amerikanischen Antisubversionsrechts –, Berlin/Heidelberg/New York 1974.
–: 200 Jahre amerikanische Bundesverfassung – Zu Einflüssen des amerikanischen Verfassungsrechts auf die deutsche Verfassungsentwicklung –, Berlin/New York 1987.
Steinwedel, Ulrich: „Spezifisches Verfassungsrecht" und „einfaches Recht" – Der Prüfungsumfang des Bundesverfassungsgerichts bei Verfassungsbeschwerden gegen Gerichtsentscheidungen –, Baden-Baden 1976.
Stepan, Alfred/Skach, Cindy: Constitutional Frameworks and Democratic Consolidation: Parliamentarism versus Presidentialism, in: World Politics 46 (1993/94), S. 1–22.
Stern, Brigitte: Einseitige Wirtschaftssanktionen – Helms-Burton, D'Amato und die Europäer –, in: Internationale Politik 4/1997, S. 7–12.
Stern, Klaus: Außenpolitischer Gestaltungsspielraum und verfassungsgerichtliche Kontrolle – Das Bundesverfassungsgericht im Spannungsfeld zwischen Judicial Activism und Judicial Restraint –, Regensburg 1994.
–: Das Staatsrecht der Bundesrepublik Deutschland, – Bd. I: Grundbegriffe und Grundlagen des Staatsrechts, Strukturprinzipien der Verfassung, 2. Aufl., München 1984; – Bd. II: Staatsorgane, Staatsfunktionen, Finanz- und Haushaltsverfassung, Notstandsverfassung, München 1980; – Bd. III: Allgemeine Lehren der Grundrechte, 1. Halbband, München 1988.
–: Die Kompetenz der Untersuchungsausschüsse nach Artikel 44 Grundgesetz im Verhältnis zur Exekutive unter besonderer Berücksichtigung des Steuergeheimnisses, in: Archiv des öffentlichen Rechts 109 (1984), S. 199–303.
–: Diskussionsbeitrag, in: Veröffentlichungen der Vereinigung der Deutschen Staatsrechtslehrer 56 (1997), S. 97–100.
–: Grundideen europäisch-amerikanischer Verfassungsstaatlichkeit – Festvortrag gehalten aus Anlaß der Feier des 125jährigen Bestehens der Juristischen Gesellschaft zu Berlin am 12. Mai 1984 -, Berlin/New York 1984.
–: Verfassungen müssen von Schwärmereien frei bleiben – Das Grundgesetz – bewährt, bewahrt, unlängst maßvoll ergänzt, stets im Wandel –, in: Frankfurter Allgemeine Zeitung vom 26.1.1995, S. 8.
–: Verfassungsgerichtsbarkeit zwischen Recht und Politik, Opladen 1980.
–: */Bethge, Herbert:* Öffentlich-rechtlicher und privatrechtlicher Rundfunk – Rechtsgutachtliche Untersuchung der Verfassungsmäßigkeit des Zweiten Gesetzes zur Änderung und Ergänzung des Gesetzes Nr. 806 über die Veranstaltung von Rundfunksendungen im Saarland vom 7. Juni 1967 –, Frankfurt a.M./Berlin 1971.
Stettner, Rupert: Der Verwaltungsvorbehalt – Zum zweiten Beratungsgegenstand der Staatsrechtslehrertagung –, in: Die öffentliche Verwaltung 1984, S. 611–622.
–: Die Verpflichtung des Gesetzgebers zu erneutem Tätigwerden bei fehlerhafter Prognose, in: Deutsches Verwaltungsblatt 1982, S. 1123–1128.
–: Grundfragen einer Kompetenzlehre, Berlin 1983.
–: Not und Chance der grundgesetzlichen Gewaltenteilung, in: Jahrbuch des öffentlichen Rechts, Neue Folge 35 (1986), S. 57–81.
Stolleis, Michael: Geschichte des öffentlichen Rechts in Deutschland, – Erster Band: Reichspublizistik und Policeywissenschaft 1600–1800, München 1988; – Zweiter Band: Staatsrechtslehre und Verwaltungswissenschaft 1800–1914, München 1992.
Storing, Herbert J.: What the Anti-Federalists Were FOR – The political thought of the opponents of the Constitution –, Chicago/London 1981.

Strauss, Peter L.: An Introduction to Administrative Justice in the United States, Durham, NC 1989.

Streinz, Rudolf: Bundesverfassungsgerichtlicher Grundrechtsschutz und Europäisches Gemeinschaftsrecht – Die Überprüfung grundrechtsbeschränkender deutscher Begründungs- und Vollzugsakte von Europäischem Gemeinschaftsrecht durch das Bundesverfassungsgericht –, Baden-Baden 1989.

–: Der „effet utile" in der Rechtsprechung des Gerichtshofes der Europäischen Gemeinschaften, in: Festschrift für Ulrich Everling, hg. von Ole Due, Marcus Lutter, Jürgen Schwarze, Baden-Baden 1995, S. 1491–1510.

–: Der Verfassungsstaat als Glied einer europäischen Gemeinschaft, in: Deutsches Verwaltungsblatt 1990, S. 949–963.

–: Der Vertrag von Amsterdam – Die institutionellen Veränderungen für die Europäische Union und die Europäische Gemeinschaft –, in: Jura 1998, S. 57–65.

–: Der Vertrag von Amsterdam – Einführung in die Reform des Unionsvertrages von Maastricht und erste Bewertung der Ergebnisse –, in: Europäische Zeitschrift für Wirtschaftsrecht 1998, S. 137–147.

–: Die EG-Verordnung über neuartige Lebensmittel und neuartige Lebensmittelzusätze – Eine Analyse der Novel Food-Verordnung –, in: Europäische Zeitschrift für Wirtschaftsrecht 1997, S. 487–491.

–: Die Luxemburger Vereinbarung – Rechtliche und politische Aspekte der Abstimmungspraxis im Rat der Europäischen Gemeinschaften seit der Luxemburger Vereinbarung vom 29. Januar 1966 –, München 1984.

–: Europarecht, 4. Aufl., Heidelberg 1999.

Strempel, Rüdiger: Der Europäische Bürgerbeauftragte, in: Juristische Arbeitsblätter 1997, S. 261–264.

Stricker, Gregor: Der Beirat – ein Rat contra legem?, in: Zeitschrift für Rechtspolitik 1996, S. 184–187.

Studenroth, Stefan: Einflußnahme des Bundestages auf Erlaß, Inhalt und Bestand von Rechtsverordnungen, in: Die öffentliche Verwaltung 1995, S. 525–537.

Sunstein, Cass R.: Constitutionalism After the New Deal, in: Harvard Law Review 101 (1987), S. 421–510.

Suski, Birgit: Das Europäische Parlament – Volksvertretung ohne Volk und Macht? –, Berlin 1996.

Thaysen, Uwe/Davidson, Roger H./Livingston, Robert G.: US-Kongreß und Deutscher Bundestag im Vergleich. Ein ergänzendes Resümee, in: dies. (Hg.), US-Kongreß und Deutscher Bundestag – Bestandsaufnahmen im Vergleich –, Opladen 1988, S. 517–568.

Thieme, Werner: Demokratie – Ein Staatsziel im Wandel der gelebten Verfassung, in: Die öffentliche Verwaltung 1998, S. 751–760.

–: Verwaltungslehre, 4. Aufl., Köln u.a. 1984.

Thoma, Richard: Das Reich als Bundesstaat, in: Gerhard Anschütz/ders. (Hg.), Handbuch des Deutschen Staatsrechts, Erster Band, Tübingen 1930, S. 169–186 (§ 15).

–: Die rechtliche Ordnung des parlamentarischen Regierungssystems, in: Gerhard Anschütz/ders. (Hg.), Handbuch des Deutschen Staatsrechts, Erster Band, Tübingen 1930, S. 503–511 (§ 43).

Thunert, Martin: Die Innenpolitik der USA unter Präsident Clinton zwischen Reform und Gegenreform, in: Aus Politik und Zeitgeschichte B 17/1995, S. 3–12.

Tietje, Christian: Die Stärkung der Verfassungsgerichtsbarkeit im föderalen System Deutschlands in der jüngeren Rechtsprechung des BVerfG, in: Archiv des öffentlichen Rechts 124 (1999), S. 282–305.

–: Europäischer Grundrechtsschutz nach dem Maastricht-Urteil, „Solange III"? – BVerfG, NJW 1993, 3047 –, in: Juristische Schulung 1994, S. 197–202.

de Tocqueville, Alexis: Über die Demokratie in Amerika, Erster Teil (1835), hg. von Jacob P. Mayer, übers. von Hans Zbinden, München 1976.
Tomuschat, Christian: Asylrecht in der Schieflage – Anmerkung zu den drei Asylrechtsurteilen des BVerfG –, in: Europäische Grundrechte-Zeitschrift 1996, S. 381–386.
–: Das Endziel der europäischen Integration – Maastricht ad infinitum?, in: Deutsches Verwaltungsblatt 1996, S. 1073–1082.
–: Der Verfassungsstaat im Geflecht der internationalen Beziehungen, in: Veröffentlichungen der Vereinigung der Deutschen Staatsrechtslehrer 36 (1978), S. 7–63.
–: Die Europäische Union unter der Aufsicht des Bundesverfassungsgerichts, in: Europäische Grundrechte-Zeitschrift 1993, S. 489–496.
–: Die parlamentarische Haushalts- und Finanzkontrolle in der Bundesrepublik Deutschland, in: Der Staat 19 (1980), S. 1–28.
–: Die staatsrechtliche Entscheidung für die internationale Offenheit, in: Josef Isensee/Paul Kirchhof (Hg.), Handbuch des Staatsrechts der Bundesrepublik Deutschland, Bd. VII: Normativität und Schutz der Verfassung – Internationale Beziehungen, Heidelberg 1992, S. 483–524 (§ 172).
–: Diskussionsbeitrag, in: Veröffentlichungen der Vereinigung der Deutschen Staatsrechtslehrer 56 (1997), S. 114–116.
–: Parliamentary Control over Foreign Policy in the Federal Republic of Germany, in: Antonio Cassese (ed.), Parliamentary Control over Foreign Policy – Legal Essays –, Alphen aan den Rijn/Germantown, MD 1980, S. 25–51.
–: Verfassungsgewohnheitsrecht? – Eine Untersuchung zum Staatsrecht der Bundesrepublik Deutschland –, Heidelberg 1972.
Torka, Andreas: Nichtnavigatorische Wassernutzungen – Mechanismen der Internationalen Zusammenarbeit –, Frankfurt a.M. 1999.
Traumann, Dodo: Die Organisationsgewalt im Bereich der bundeseigenen Verwaltung, Baden-Baden 1998.
Trautwein, Thomas: Bestellung und Ablehnung von Bundesverfassungsrichtern, München 1994.
–: Zur Rechtsprechungskompetenz des BVerfG auf dem Gebiet des Europäischen Gemeinschaftsrechts, in: Juristische Schulung 1997, S. 893–897.
Trebesch, Jochen: Stellung und Funktion des Kongresses der Vereinigten Staaten von Amerika im Bereich der auswärtigen Angelegenheiten – Aspekte der politischen Kontrolle und Mitwirkung –, in: Der Staat 12 (1973), S. 23–44.
Treviranus, Hans D.: Außenpolitik im demokratischen Rechtsstaat, Tübingen 1966.
Tribe, Laurence H.: Abortion: The Clash of Absolutes, New York/London 1990.
–: American Constitutional Law, 2nd ed., Mineola, NY 1988.
–: Constitutional Choices, Cambridge, MA/London 1985.
–: God save this Honorable Court – How the Choice of Supreme Court Justices Shapes Our History –, New York 1986.
–: Taking Text and Structure Seriously: Reflections on Free-Form Method in Constitutional Interpretation, in: Harvard Law Review 108 (1995), S. 1221–1303.
–: The Puzzling Persistence of Process-Based Constitutional Theories, in: Yale Law Journal 89 (1980), S. 1063–1080.
Tridimas, Takis: The Court of Justice and Judicial Activism, in: European Law Review 21 (1996), S. 199–210.
Triepel, Heinrich: Die Entscheidung des Staatsgerichtshofs im Verfassungsstreite zwischen Preußen und dem Reiche, in: Deutsche Juristen-Zeitung 1932, Sp. 1501–1508.
–: Die Reichsaufsicht – Untersuchungen zum Staatsrecht des Deutschen Reiches –, Berlin 1917.
–: Unitarismus und Föderalismus im Deutschen Reiche – Eine staatsrechtliche und politische Studie –, Tübingen 1907.

Trimble, Phillip R.: The President's Foreign Affairs Power, in: American Journal of International Law 83 (1989), S. 750–757.

Troßmann, Hans: Der Bundestag: Verfassungsrecht und Verfassungswirklichkeit, in: Jahrbuch des öffentlichen Rechts, Neue Folge 28 (1979), S. 1–304.

Trute, Hans-Heinrich: Staatliches Risikomanagement im Anlagenrecht – Länderbericht Deutschland –, in: Eibe Riedel (Hg.), Risikomanagement im öffentlichen Recht – Landesberichte und Generalbericht der Tagung für Rechtsvergleichung 1996 in Jena –, Baden-Baden 1997, S. 55–109.

–: Zur Entwicklung des Föderalismus in den Vereinigten Staaten von Amerika, in: Zeitschrift für ausländisches öffentliches Recht und Völkerrecht 49 (1989), S. 191–256.

Tsatsos, Dimitris Th.: Die Europäische Unionsgrundordnung – Grundsatzfragen und fünf Anregungen zum Umdenken anläßlich der Regierungskonferenz 1996 –, in: Europäische Grundrechte-Zeitschrift 1995, S. 287–296.

Tuschhoff, Gisela: Die Ratifikation völkerrechtlicher Verträge durch den Bundespräsidenten unter Berücksichtigung der Bedeutung des Vertragsgesetzes, Diss. Mainz 1976.

Tushnet, Mark: Darkness on the Edge of Town: The Contributions of John Hart Ely to Constitutional Theory, in: Yale Law Journal 89 (1980), S. 1037–1062.

Uechtritz, Michael: Bodenreform II – Ende der Diskussion?, in: Deutsches Verwaltungsblatt 1996, S. 1218–1223.

Umbach, Dieter C./Clemens, Thomas (Hg.): Bundesverfassungsgerichtsgesetz – Mitarbeiterkommentar und Handbuch –, Heidelberg 1992.

von Unruh, Georg-Christoph: Führung und Organisation der Streitkräfte im demokratisch-parlamentarischen Staat, in: Veröffentlichungen der Vereinigung der Deutschen Staatsrechtslehrer 26 (1968), S. 157–206.

–: Nordamerikanische Einflüsse auf die deutsche Verfassungsentwicklung, in: Deutsches Verwaltungsblatt 1976, S. 455–464.

Ury, William: Getting Past No – Negotiating Your Way From Confrontation To Cooperation –, New York 1993.

Usher, J. A.: Variable Geometry or Concentric Circles: Patterns for the European Union, in: International and Comparative Law Quarterly 46 (1997), S. 243–273.

Valenzuela, Arturo: Latin America: Presidentialism in Crisis, in: Journal of Democracy 4/1993, S. 3-16.

Vasey, Martin: Decision-Making in the Agriculture Council and the „Luxembourg Compromise", in: Common Market Law Review 25 (1988), S. 725–732.

Vaubel, Roland: Constitutional Safeguards Against Centralization in Federal States – An International Cross-Section Analysis –, in: Constitutional Political Economy 7 (1996), S. 79–102.

–: Institutional Design for a Larger EU – The constitutional reform of the European Union –, in: European Economic Review 41 (1997), S. 443–450.

Vedder, Christoph: Die „verfassungsrechtliche Dimension" – die bisher unbekannte Grenze für Gemeinschaftshandeln? – Anmerkung zum Gutachten 2/94, EMRK, des EuGH –, in: Europarecht 1996, S. 309–319.

Verdross, Alfred: Die bona fides als Grundlage des Völkerrechts, in: Gegenwartsprobleme des internationalen Rechts und der Rechtsphilosophie, Festschrift für Rudolf Laun zum 70. Geburtstag, hg. von D. S. Constantopoulos und Hans Wehberg, Hamburg 1953, S. 29–33.

–: */Simma, Bruno:* Universelles Völkerrecht – Theorie und Praxis –, 3. Aufl., Berlin 1984.

Vetter, Joachim: Die Bundesstaatlichkeit in der Rechtsprechung des Staatsgerichtshofs der Weimarer Republik, Baden-Baden 1979.

Vitzthum, Wolfgang Graf: Begriff, Geschichte und Quellen des Völkerrechts, in: ders. (Hg.), Völkerrecht, Berlin/New York 1997, S. 1–100.

–: Der Föderalismus in der europäischen und internationalen Einbindung der Staaten, in: Archiv des öffentlichen Rechts 115 (1990), S. 281–304.

–: Der Spannungs- und der Verteidigungsfall, in: Josef Isensee/Paul Kirchhof (Hg.), Handbuch des Staatsrechts der Bundesrepublik Deutschland, Bd. VII: Normativität und Schutz der Verfassung – Internationale Beziehungen, Heidelberg 1992, S. 415–454 (§ 170).

–: Die Bedeutung gliedstaatlichen Verfassungsrechts in der Gegenwart, in: Veröffentlichungen der Vereinigung der Deutschen Staatsrechtslehrer 46 (1988), S. 7-56.

–: Gemeinschaftsgericht und Verfassungsgericht – rechtsvergleichende Aspekte, in: Juristen-Zeitung 1998, S. 161–167.

–: Parlament und Planung – Zur verfassungsgerechten Zuordnung der Funktionen von Bundesregierung und Bundestag bei der politischen Planung –, Baden-Baden 1978.

–: Raum, Umwelt und Wirtschaft im Völkerrecht, in: ders. (Hg.), Völkerrecht, Berlin/New York 1997, S. 393–524.

Vogel, Friedrich: Der Vermittlungsausschuß, in: Bundesrat (Hg.), Vierzig Jahre Bundesrat – Tagungsband zum wissenschaftlichen Symposion in der Evangelischen Akademie Tutzing vom 11. bis 14. April 1989 –, Baden-Baden 1989, S. 213–225.

Vogel, Hans-Jochen: Die bundesstaatliche Ordnung des Grundgesetzes, in: Ernst Benda/Werner Maihofer/ders. (Hg.), Handbuch des Verfassungsrechts der Bundesrepublik Deutschland, 2. Aufl., Berlin/New York 1994, S. 1041–1102 (§ 22).

–: Gewaltenvermischung statt Gewaltenteilung? – Zu neueren Entwicklungen im Verhältnis der Verfassungsorgane zueinander –, in: Neue Juristische Wochenschrift 1996, S. 1505–1511.

–: Zu einigen aktuellen verfassungspolitischen Problemen im Bund-Länder-Verhältnis, in: Festschrift für Wolfgang Zeidler, hg. von Walther Fürst, Roman Herzog, Dieter C. Umbach, Bd. 2, Berlin/New York 1987, S. 1059–1075.

Vogel, Klaus: Rechtskraft und Gesetzeskraft der Entscheidungen des Bundesverfassungsgerichts, in: Bundesverfassungsgericht und Grundgesetz, Festgabe aus Anlaß des 25jährigen Bestehens des Bundesverfassungsgerichts, hg. von Christian Starck, Erster Band: Verfassungsgerichtsbarkeit, Tübingen 1976, S. 568–627.

Vogel, Kurt: Das Bundesverfassungsgericht und die übrigen Verfassungsorgane – Bundesverfassungsgerichtliche Argumentationsfiguren zu den Grenzen der Verfassungsgerichtsbarkeit –, Frankfurt a.M. 1988.

Volkmann, Uwe: Qualifizierte Blankettnormen – Zur Problematik einer legislativen Verweisungstechnik –, in: Zeitschrift für Rechtspolitik 1995, S. 220–226.

–: Solidarität – Programm und Prinzip der Verfassung, Tübingen 1998.

Voßkuhle, Andreas: Der Grundsatz der Verfassungsorgantreue und die Kritik am Bundesverfassungsgericht, in: Neue Juristische Wochenschrift 1997, S. 2216–2219.

–: Rechtsschutz gegen den Richter – Zur Integration der Dritten Gewalt in das verfassungsrechtliche Kontrollsystem vor dem Hintergrund des Art. 19 Abs. 4 GG -, München 1993.

Wachsmann, Patrick: L'avis 2/94 de la Cour de justice relatif à l'adhésion de la Communauté européenne à la Convention de sauvegarde des droits de l'homme et des libertés fondamentales, in: Revue trimestrielle de droit européen 1996, S. 467–491.

Wade, Emlyn C./Bradley, Anthony W.: Constitutional and Administrative Law, 11th ed., London/New York 1993.

Waechter, Kay: Geminderte demokratische Legitimation staatlicher Institutionen im parlamentarischen Regierungssystem – Zur Wirkung von Verfassungsprinzipien und Grundrechten auf institutionelle und kompetenzielle Ausgestaltungen –, Berlin 1994.

Wägenbaur, Rolf: „Mitentscheidung": Stärkung der Rechte des Europäischen Parlaments?, in: Europäische Zeitschrift für Wirtschaftsrecht 1996, S. 587–589.

Wagner, Edgar/Brocker, Lars: Das „verordnungsvertretende Gesetz" nach Art. 80 IV GG, in: Neue Zeitschrift für Verwaltungsrecht 1997, S. 759–761.

Wagner, Volkmar: Einzelfallentscheidung oder Paradigmenwechsel? – Zum Verhältnis zwischen objektiver und subjektiver Funktion der Verfassungsbeschwerde nach dem Urteil des BVerfG zur Rechtschreibreform vom 14.7.1998 –, in: Neue Juristische Wochenschrift 1998, S. 2638–2640.

Wahl, Rainer: Der Vorrang der Verfassung, in: Der Staat 20 (1981), S. 485–516.

–: Risikobewertung der Exekutive und richterliche Kontrolldichte – Auswirkungen auf das Verwaltungs- und das gerichtliche Verfahren, in: Neue Zeitschrift für Verwaltungsrecht 1991, S. 409–418.

–: */Wieland, Joachim:* Verfassungsrechtsprechung als knappes Gut – Der Zugang zum Bundesverfassungsgericht –, in: Juristen-Zeitung 1996, S. 1137–1145.

Walter, Hannfried: Unlauterer Wettbewerb unter Bundesländern? – Verfahrensrechtliche und materiellrechtliche Überlegungen zu einer Zeitungsanzeige der Freien Hansestadt Bremen –, in: Die öffentliche Verwaltung 1967, S. 622–628.

Walzer, Michael: On Toleration, New Haven/London 1997.

Wasmuth, Johannes: Zur Verfassungswidrigkeit des Restitutionsausschlusses für Enteignungen auf besatzungsrechtlicher oder besatzungshoheitlicher Grundlage, in: Neue Juristische Wochenschrift 1993, S. 2476–2484.

Wassermann, Rudolf: Wie lange noch Sonderrecht für die in der SBZ Enteigneten?, in: Neue Juristische Wochenschrift 1997, S. 438 f.

Weber, Albrecht: Die Bananenmarktordnung unter Aufsicht des BVerfG?, in: Europäische Zeitschrift für Wirtschaftsrecht 1997, S. 165–169.

–: Generalbericht, in: Christian Starck/ders. (Hg.), Verfassungsgerichtsbarkeit in Westeuropa, Teilband 1: Berichte, Baden-Baden 1986, S. 41–120.

Weber, Claus: Das Verhältnis der Kompetenzen von europäischen und nationalen Gerichten – Neue Konflikte zwischen Europäischem Gerichtshof und Bundesverfassungsgericht –, in: Die öffentliche Verwaltung 1997, S. 624–629.

Weber, Martin: Die Kompetenzverteilung im Europäischen System der Zentralbanken bei der Festlegung und Durchführung der Geldpolitik, München 1995.

Weber, Max: Soziologische Grundbegriffe, 3. Aufl., Tübingen 1976.

Weber, Werner: Die Teilung der Gewalten als Gegenwartsproblem, in: Festschrift für Carl Schmitt zum 70. Geburtstag, hg. von Hans Barion, Ernst Forsthoff, Werner Weber (1959), 3. Aufl., Berlin 1994, S. 253–272; Zweitveröffentlichung in: Heinz Rausch (Hg.), Zur heutigen Problematik der Gewaltentrennung, Darmstadt 1969, S. 185–209.

–: Spannungen und Kräfte im westdeutschen Verfassungssystem, 3. Aufl., Berlin 1970.

Weber-Fas, Rudolf: Zur staatsrechtlichen Stellung des Bundespräsidenten, in: Festschrift für Konrad Duden zum 70. Geburtstag, hg. von Hans-Martin Pawlowski, Günther Wiese, Günther Wüst, München 1977, S. 685–704.

Weber-Panariello, Philippe A.: Nationale Parlamente in der Europäischen Union – Eine rechtsvergleichende Studie zur Beteiligung nationaler Parlamente an der innerstaatlichen Willensbildung in Angelegenheiten der Europäischen Union im Vereinigten Königreich, Frankreich und der Bundesrepublik Deutschland –, Baden-Baden 1995.

Wechsler, Benedikt: Der Europäische Gerichtshof in der EG-Verfassungswerdung, Baden-Baden 1995.

Wechsler, Herbert: The Courts and the Constitution, in: Columbia Law Review 65 (1965), S. 1001–1014.

–: Toward Neutral Principles of Constitutional Law, in: Harvard Law Review 73 (1959), S. 1–35.

Weidenfeld, Werner: Europa '96 – Unterwegs wohin? – Die Europäische Union vor der Regierungskonferenz –, in: Aus Politik und Zeitgeschichte B 1–2/1996, S. 3–10.

–: */Jung, Christian:* Das Entscheidungsgefüge der Europäischen Union: Institutionen, Prozesse und Verfahren, in: Werner Weidenfeld (Hg.), Maastricht in der Analyse – Strategien und Optionen für Europa –, Gütersloh 1994, S. 11–53.

Weigert, Manfred: Besteht ein Rechtsgrundsatz der „Kreistreue"?, in: Bayerische Verwaltungsblätter 1978, S. 597 f.

Weiler, Joseph H. H.: Does Europe Need a Constitution? – Demos, Telos and the German Maastricht Decision –, in: European Law Journal 1 (1995), S. 219–258.
–: The European Union Belongs to its Citizens: Three Immodest Proposals, in: European Law Review 22 (1997), S. 150–156.
–: The Transformation of Europe, in: Yale Law Journal 100 (1991), S. 2403–2483.
–: */Haltern, Ulrich R.:* The Autonomy of the Community Legal Order – Through the Looking Glass, in: Harvard International Law Journal 37 (1996), S. 411–448.
Weiß, Siegfried: Auswärtige Gewalt und Gewaltenteilung, Berlin 1971.
von Weizsäcker, Carl Christian: Demokratie ist Konkurrenz, nicht Konsens – Die konstitutionell bedingte Unfähigkeit zur Veränderung wird zur Belastung –, in: Frankfurter Allgemeine Zeitung vom 4.7.1997, S. 17.
von Weizsäcker, Richard/Dehaene, Jean-Luc/Simon, David: Die institutionellen Auswirkungen der Erweiterung – Bericht an die Europäische Kommission –, Brüssel 1999.
Welz, Wolfgang: Budget und Haushaltsverfahren, in: Wolfgang Jäger/ders. (Hg.), Regierungssystem der USA – Lehr- und Handbuch –, München/Wien 1995, S. 198–211 (§ 10).
–: Die bundesstaatliche Struktur, in: Wolfgang Jäger/ders. (Hg.), Regierungssystem der USA – Lehr- und Handbuch –, München/Wien 1995, S. 80–108 (§ 5).
Wessels, Wolfgang: Verwaltung im EG-Mehrebenensystem: Auf dem Weg zur Megabürokratie?, in: Markus Jachtenfuchs/Beate Kohler-Koch (Hg.), Europäische Integration, Opladen 1996, S. 165–192.
–: Wird das Europäische Parlament zum Parlament? – Ein dynamischer Funktionenansatz –, in: Gedächtnisschrift für Eberhard Grabitz, hg. von Albrecht Randelzhofer, Rupert Scholz, Dieter Wilke, München 1995, S. 879–904.
Weustenfeld, Ingo: Die Bananenmarktordnung der EG und der Handel mit Drittstaaten – Insbesondere zur Rechtmäßigkeit von Titel IV EG-VO 404/93 und zu den Auswirkungen von völkerrechtswidrigem und grundrechtswidrigem sekundärem Gemeinschaftsrecht –, Frankfurt a.M. 1997.
Weyreuther, Felix: Bundesverfassungsgericht und Verfassungsbeschwerde: Kompetenz und Kompetenzüberschreitung, in: Deutsches Verwaltungsblatt 1997, S. 925–931.
Wichard, Johannes Christian: Wer ist Herr im europäischen Haus? – Zu Struktur und Rechtsnatur der Europäischen Union nach Amsterdam –, in: Europarecht 1999, S. 170–184.
Wieland, Joachim: Der Zugang des Bürgers zum Bundesverfassungsgericht und zum U.S. Supreme Court, in: Der Staat 29 (1990), S. 333–353.
–: Die Beteiligung der Bundeswehr an gemischtnationalen Einheiten – Rechtsfragen offener Staatlichkeit auf militärischem Gebiet –, in: Offene Staatlichkeit, Festschrift für Ernst-Wolfgang Böckenförde zum 65. Geburtstag, hg. von Rolf Grawert, Bernhard Schlink, Rainer Wahl, Joachim Wieland, Berlin 1995, S. 219–236.
–: Haushaltsentscheidungen im gewaltenteiligen Staat – Zur Wiederbelebung der Gewaltentrennungsdoktrin in den USA –, in: Archiv des öffentlichen Rechts 112 (1987), S. 449–484.
Wiese, Walter: Verfassungsrechtliche Aspekte der Vorbehalte zu völkerrechtlichen Verträgen, in: Deutsches Verwaltungsblatt 1975, S. 73–79.
Wiesner, Herbert: Öffentliche Finanzwirtschaft I – Haushaltsrecht –, 8. Aufl., Heidelberg 1986.
Wild, Michael: Verfassungsrechtliche Möglichkeiten und Grenzen für Auslandseinsätze der Bundeswehr nach dem Kosovo-Krieg – Versuch einer Systematisierung –, in: Die öffentliche Verwaltung 2000, S. 622–631.
Wilhelm, Paul: Europa im Grundgesetz: Der neue Artikel 23, in: Bayerische Verwaltungsblätter 1992, S. 705–710.
Wilke, Dieter/Koch, Gerd H.: Außenpolitik nach Anweisung des Bundesverfassungsgerichts? – Bemerkungen zur Bindungswirkung des Grundvertrags-Urteils –, in: Juristen-Zeitung 1975, S. 233–240.

Wilker, Lothar: Bundestag und Außenpolitik, in: Uwe Thaysen/Roger H. Davidson/Robert G. Livingston (Hg.), US-Kongreß und Deutscher Bundestag – Bestandsaufnahmen im Vergleich –, Opladen 1988, S. 383–399.

Willke, Helmut: Ironie des Staates – Grundlinien einer Staatstheorie polyzentrischer Gesellschaft -, Frankfurt a.M. 1992.

Willms, Bernard: Postmoderne und Politik, in: Der Staat 28 (1989), S. 321–352.

Wilms, Heinrich: Die Vorbildfunktion des United States Supreme Court für das Bundesverfassungsgericht, in: Neue Juristische Wochenschrift 1999, S. 1527–1529.

Wilson, James Q.: Bureaucracy – What Government Agencies Do and Why They Do It –, New York 1989.

Wilson, Woodrow: Congressional Government – A Study in American Politics –, Boston 1885 (Neudr. Baltimore/London 1981).

Winkler, Hans-Joachim: Der Bundespräsident – Repräsentant oder Politiker? –, Opladen 1967.

Winkler, Markus: Toleranz als Verfassungsprinzip?, in: Ingo Erberich u.a. (Hg.), Frieden und Recht – 38. Assistententagung Öffentliches Recht 1998 –, Stuttgart u.a. 1998, S. 53–83.

Wischermann, Norbert: Rechtskraft und Bindungswirkung verfassungsgerichtlicher Entscheidungen – Zu den funktionsrechtlichen Auswirkungen der extensiven Auslegung des § 31 Abs. 1 BVerfGG –, Berlin 1979.

Wolf, Ernst: Keine Verfassungswidrigkeit des Restitutionsausschlusses, in: Neue Juristische Wochenschrift 1996, S. 2013–2015.

Wolff, Hans J.: Rechtsgrundsätze und verfassunggestaltende Grundentscheidungen als Rechtsquellen, in: Forschungen und Berichte aus dem Öffentlichen Recht, Gedächtnisschrift für Walter Jellinek, hg. von Otto Bachof, Martin Drath, Otto Gönnenwein, Ernst Walz, München 1955, S. 33–52.

–: */Bachof, Otto/Stober, Rolf:* Verwaltungsrecht I – Ein Studienbuch –, 10. Aufl., München 1994.

Wolff, Heinrich A(madeus): Die Asylrechtsänderung in der verfassungsgerichtlichen Prüfung – Die Asylrechtsentscheidungen des Bundesverfassungsgerichts vom 14. Mai 1996 –, in: Die öffentliche Verwaltung 1996, S. 819–826.

–: Ungeschriebenes Verfassungsrecht unter dem Grundgesetz, Tübingen 2000.

Wolffgang, Hans-Michael: Die Fortgeltung von Kreditermächtigungen nach § 13 Abs. 2 Satz 1 HGrG – Grundlage für eine „Schattenkreditwirtschaft"?, in: Deutsches Verwaltungsblatt 1984, S. 1049–1054.

Wolfrum, Rüdiger: Generalbericht und Länderbericht Deutschland, in: Eibe Riedel (Hg.), Öffentliches Schulwesen im Spannungsfeld von Staat und Kirche – Länderberichte und Generalbericht der 26. Tagung für Rechtsvergleichung 1997 –, Baden-Baden 1998, S. 17–51.

–: Kontrolle der auswärtigen Gewalt, in: Veröffentlichungen der Vereinigung der Deutschen Staatsrechtslehrer 56 (1997), S. 38–66.

Woll, Peter: American Government – Readings and Cases –, 11th ed., New York 1993.

Wollenschläger, Michael/Herler, Gregor: Das Asylrecht auf dem Prüfstand des Bundesverfassungsgerichts – Bemerkungen zu den Entscheidungen vom 14.5.1996 –, in: Juristische Arbeitsblätter 1997, S. 591–599.

Wood, Gordon S.: The Creation of the American Republic (1776–1787), New York/London 1969.

Wrege, Wolf Reinhard: Das System der Gewaltenteilung im Grundgesetz, in: Jura 1996, S. 436–440.

Wright, Benjamin F.: The Growth of American Constitutional Law, New York 1942/46.

Wuermeling, Joachim: Kooperatives Gemeinschaftsrecht – Die Rechtsakte der Gesamtheit der EG-Mitgliedstaaten, insbesondere die Gemeinschaftskonventionen nach Art. 220 EWGV –, Kehl a.Rh./Straßburg/Arlington 1988.

–: Streicht die Räte und rettet den Rat! – Überlegungen zur Reform des EU-Ministerrats –, in: Europarecht 1996, S. 167–178.
Würtenberger, Thomas: Staatsrechtliche Probleme politischer Planung, Berlin 1979.
Zeh, Wolfgang: Bundestagsauflösung und Neuwahlen, in: Der Staat 22 (1983), S. 1–20.
Zehnpfennig, Barbara: Das Experiment einer großräumigen Republik – Kann Europa sich den amerikanischen Weg zur Union zum Vorbild nehmen? –, in: Frankfurter Allgemeine Zeitung vom 27.11.1997, S. 11.
Zeitler, Franz Christoph: Judicial Review und Judicial Restraint gegenüber der auswärtigen Gewalt – Eine verfassungsvergleichende Studie –, in: Jahrbuch des öffentlichen Rechts, Neue Folge 25 (1976), S. 621–647.
Ziekow, Jan: Abweichung von bindenden Verfassungsgerichtsentscheidungen?, in: Neue Zeitschrift für Verwaltungsrecht 1995, S. 247–250.
Zierlein, Karl-Georg: Zur Prozeßverantwortung der Fachgerichte im Lichte der Verwerfungskompetenz des Bundesverfassungsgerichts nach Art. 100 Abs. 1 GG, in: Grundrechte, soziale Ordnung und Verfassungsgerichtsbarkeit, Festschrift für Ernst Benda zum 70. Geburtstag, hg. von Eckart Klein, Heidelberg 1995, S. 457–498.
Zimmer, Gerhard: Funktion – Kompetenz – Legitimation - Gewaltenteilung in der Ordnung des Grundgesetzes -, Berlin 1979.
Zippelius, Reinhold: Allgemeine Staatslehre (Politikwissenschaft), 11. Aufl., München 1991.
–: Der Weg der Demokratie – ein Lernprozeß, in: Neue Juristische Wochenschrift 1998, S. 1528–1534.
–: Die experimentierende Methode im Recht (1991), in: ders., Recht und Gerechtigkeit in der offenen Gesellschaft, Berlin 1994, S. 21–38.
–: Die Modernität des Föderalismus (1988), in: ders., Recht und Gerechtigkeit in der offenen Gesellschaft, Berlin 1994, S. 202–211.
–: Problemfelder der Machtkontrolle, in: Detlef Merten (Hg.), Gewaltentrennung im Rechtsstaat – Zum 300. Geburtstag von Charles de Montesquieu –, 2. Aufl., Berlin 1997, S. 27–35.
–: Verfassungskonforme Auslegung von Gesetzen, in: Bundesverfassungsgericht und Grundgesetz, Festgabe aus Anlaß des 25jährigen Bestehens des Bundesverfassungsgerichts, hg. von Christian Starck, Zweiter Band: Verfassungsauslegung, Tübingen 1976, S. 108–124.
Zuck, Rüdiger: Die Entlastung des Bundesverfassungsgerichts – Fragen zur Benda-Kommission –, in: Zeitschrift für Rechtspolitik 1997, S. 95–99.
–: Die Stellung des Bundesverfassungsgerichts im Verfassungsgefüge, in: Deutsches Verwaltungsblatt 1979, S. 383–388.
–: Politische Sekundärtugenden (III): Die Kunst, das Los zu werfen, in: Neue Juristische Wochenschrift 1997, S. 297–299.
–: Vom Winde verweht: § 93 d BVerfGG und menschliche Schicksale, in: Neue Juristische Wochenschrift 1997, S. 29 f.
–: */Lenz, Christofer:* Verfassungsrechtlicher Rechtsschutz gegen Europa – Prozessuale Möglichkeiten vor den Fachgerichten und dem BVerfG gegen Rechtsakte der Europäischen Gemeinschaft –, in: Neue Juristische Wochenschrift 1997, S. 1193–1200.
Zuleeg, Manfred: Bananen und Grundrechte – Anlaß zum Konflikt zwischen europäischer und deutscher Gerichtsbarkeit, in: Neue Juristische Wochenschrift 1997, S. 1201–1207.
–: Der Bestand der Europäischen Gemeinschaft, in: Das Europa der zweiten Generation, Gedächtnisschrift für Christoph Sasse, Bd. I, Baden-Baden 1981, S. 55–72.
–: Deutsches und europäisches Verwaltungsrecht – Wechselseitige Einwirkungen, in: Veröffentlichungen der Vereinigung der Deutschen Staatsrechtslehrer 53 (1994), S. 154–201.
–: Die Europäische Gemeinschaft als Rechtsgemeinschaft, in: Neue Juristische Wochenschrift 1994, S. 545–549.
–: Die Rolle der rechtsprechenden Gewalt in der europäischen Integration, in: Juristen-Zeitung 1994, S. 1–8.

–: Die Verfassung der Europäischen Gemeinschaft in der Rechtsprechung des Europäischen Gerichtshofs, in: Betriebs-Berater 1994, S. 581–587.

–: The European Constitution under Constitutional Constraints: The German Scenario, in: European Law Review 22 (1997), S. 19–34.

Zweigert, Konrad: Einige rechtsvergleichende und kritische Bemerkungen zur Verfassungsgerichtsbarkeit, in: Bundesverfassungsgericht und Grundgesetz, Festgabe aus Anlaß des 25jährigen Bestehens des Bundesverfassungsgerichts, hg. von Christian Starck, Erster Band: Verfassungsgerichtsbarkeit, Tübingen 1976, S. 63–75.

Zwissler, Thomas: Das BVerfG und die Europäische Währungsunion, in: Neue Juristische Wochenschrift 1997, S. 179 f.

Sachregister

Hauptfundstellen erscheinen *kursiv*.

Jus Publicum

Beiträge zum Öffentlichen Recht

Alphabetisches Verzeichnis

Axer, Peter: Normsetzung der Exekutive in der Sozialversicherung. 2000. *Band 49.*
Bauer, Hartmut: Die Bundestreue. 1992. *Band 3.*
Becker, Joachim: Transfergerechtigkeit und Verfassung. 2001. *Band 68.*
Blanke, Hermann-Josef: Vertrauensschutz im deutschen und europäischen Verwaltungsrecht. 2000. *Band 57.*
Böhm, Monika: Der Normmensch. 1996. *Band 16.*
Bogdandy, Armin von: Gubernative Rechtsetzung. 2000. *Band 48.*
Brenner, Michael: Der Gestaltungsauftrag der Verwaltung in der Europäischen Union. 1996. *Band 14*
Britz, Gabriele: Kulturelle Rechte und Verfassung. 2000. *Band 60.*
Burgi, Martin: Funktionale Privatisierung und Verwaltungshilfe. 1999. *Band 37.*
Claasen, Claus Dieter: Die Europäisierung der Verwaltungsgerichtsbarkeit. 1996. *Band 13.*
Danwitz, Thomas von: Verwaltungsrechtliches System und Europäische Integration. 1996. *Band 17.*
Detterbeck, Steffen: Streitgegenstand und Entscheidungswirkungen im Öffentlichen Recht. 1995. *Band 11.*
Di Fabio, Udo: Risikoentscheidungen im Rechtsstaat. 1994. *Band 8.*
Enders, Christoph: Die Menschenwürde in der Verfassungsordnung. 1997. *Band 27.*
Epping, Volker: Die Außenwirtschaftsfreiheit. 1998. *Band 32.*
Felix, Dagmar: Einheit der Rechtsordnung. 1998. *Band 34.*
Gellermann, Martin: Grundrechte im einfachgesetzlichen Gewande. 2000. *Band 61.*
Gröpl, Christoph: Haushaltsrecht und Reform. *2001. Band 67.*
Gröschner, Rolf: Das Überwachungsrechtsverhältnis. 1992. *Band 4.*
Groß, Thomas: Das Kollegialprinzip in der Verwaltungsorganisation. 1999. *Band 45.*
Gurlit, Elke: Verwaltungsvertrag und Gesetz. 2000. *Band 63.*
Häde, Ulrich: Finanzausgleich. 1996. *Band 19.*
Hase, Friedhelm: Versicherungsprinzip und sozialer Ausgleich. 2000. *Band 64.*
Heckmann, Dirk: Geltungskraft und Geltungsverlust von Rechtsnormen. 1997. *Band 28.*
Hellermann, Johannes: Örtliche Daseinsvorsorge und gemeindliche Selbstverwaltung. 2000. *Band 54.*
Hermes, Georg: Staatliche Infrastrukturverantwortung. 1998. *Band 29.*
Hösch, Ulrich: Eigentum und Freiheit. 2000. *Band 56.*
Holznagel, Bernd: Rundfunkrecht in Europa. 1996. *Band 18.*
Horn, Hans-Detlef: Die grundrechtsunmittelbare Verwaltung. 1999. *Band 42.*
Huber, Peter-Michael: Konkurrenzschutz im Verwaltungsrecht. 1991. *Band 1.*
Ibler, Martin: Rechtspflegender Rechtsschutz im Verwaltungsrecht. 1999. *Band 43.*
Jestaedt, Matthias: Grundrechtsentfaltung im Gesetz. 1999. *Band 50.*
Kadelbach, Stefan: Allgemeines Verwaltungsrecht unter europäischem Einfluß. 1999. *Band 36.*
Kämmerer, Jörn Axel: Privatisierung. 2001. *Band 73.*
Kahl, Wolfgang: Die Staatsaufsicht. 2000. *Band 59.*

Koch, Thorsten: Der Grundrechtsschutz des Drittbetroffenen. 2000. *Band 62.*
Korioth, Stefan: Der Finanzausgleich zwischen Bund und Ländern. 1997. *Band 23.*
Kluth, Winfried: Funktionale Selbstverwaltung. 1997. *Band 26.*
Kugelmann, Dieter: Die informatorische Rechtsstellung des Bürgers. 2001. *Band 65.*
Lehner, Moris: Einkommensteuerrecht und Sozialhilferecht. 1993. *Band 5.*
Lorz, Ralph Alexander: Interorganrespekt im Verfassungsrecht. 2001. *Band 70.*
Lücke, Jörg: Vorläufige Staatsakte. 1991. *Band 2.*
Luthe, Ernst-Wilhelm: Optimierende Sozialgestaltung. 2001. *Band 69.*
Manssen, Gerrit: Privatrechtsgestaltung durch Hoheitsakt. 1994. *Band 9.*
Masing, Johannes: Parlamentarische Untersuchungen privater Sachverhalte. 1998. *Band 30.*
Morgenthaler, Gerd: Freiheit durch Gesetz. 1999. *Band 40.*
Morlok, Martin: Selbstverständnis als Rechtskriterium. 1993. *Band 6.*
Niedobitek, Matthias: Das Recht der grenzüberschreitenden Verträge. 2001. *Band 66.*
Oeter, Stefan: Integration und Subsidiarität im deutschen Bundesstaatsrecht. 1998. *Band 33.*
Pauly, Walter: Der Methodenwandel im deutschen Spätkonstitutionalismus. 1993. *Band 7.*
Pielow, Johann-Christian: Grundstrukturen öffentlicher Versorgung. 2001. *Band 58.*
Puhl, Thomas: Budgetflucht und Haushaltsverfassung. 1996. *Band 15.*
Reinhardt, Michael: Konsistente Jurisdiktion. 1997. *Band 24.*
Rodi, Michael: Die Subventionsrechtsordung. 2000. *Band 52.*
Rossen, Helge: Vollzug und Verhandlung. 1999. *Band 39.*
Rozek, Jochen: Die Unterscheidung von Eigentumsbindung und Enteignung. 1998. *Band 31.*
Sacksofsky, Ute: Umweltschutz durch nicht-steuerliche Abgaben. 2000. *Band 53.*
Sarcevic, Edin: Das Bundesstaatsprinzip. 2000. *Band 55.*
Schlette, Volker: Die Verwaltung als Vertragspartner. 2000. *Band 51.*
Schmidt-De Caluwe, Reimund: Der Verwaltungsakt in der Lehre Otto Mayers. 1999. *Band 38.*
Schulte, Martin: Schlichtes Verwaltungshandeln. 1995. *Band 12.*
Sobota, Katharina: Das Prinzip Rechtsstaat. 1997. *Band 22.*
Sodan, Helge: Freie Berufe als Leistungserbringer im Recht der gesetzlichen Krankenversicherung. 1997. *Band 20.*
Sommermann, Karl-Peter: Staatsziele und Staatszielbestimmungen. 1997. *Band 25.*
Trute, Hans-Heinrich: Die Forschung zwischen grundrechtlicher Freiheit und staatlicher Institutionalisierung. 1994. *Band 10.*
Uerpmann, Robert: Das öffentliche Interesse. 1999. *Band 47.*
Wall, Heinrich de: Die Anwendbarkeit privatrechtlicher Vorschriften im Verwaltungsrecht. 1999. *Band 46.*
Wolff, Heinrich Amadeus: Ungeschriebenes Verfassungsrecht unter dem Grundgesetz. 2000. *Band 44.*
Volkmann, Uwe: Solidarität – Programm und Prinzip der Verfassung. 1998. *Band 35.*
Voßkuhle, Andreas: Das Kompensationsprinzip. 1999. *Band 41.*
Ziekow, Jan: Über Freizügigkeit und Aufenthalt. 1997. *Band 21.*